DIE STAUFER UND ITALIEN

Alfried Wieczorek
Bernd Schneidmüller
Stefan Weinfurter (Hrsg.)

Die Staufer und Italien

Drei Innovationsregionen im mittelalterlichen Europa

Band 1
Essays

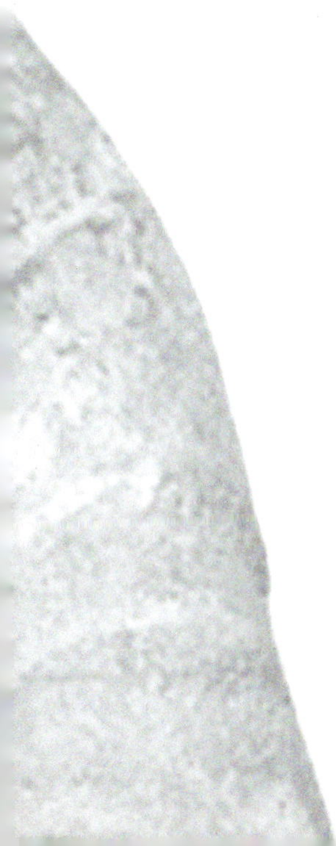

Covergestaltung: Tobias Mittag, Mannheim
Corporate Design: www.hgb44.com
Coverbild: Thronender König, Norditalien (Veneto), um 1230–1240,
New York, The Metropolitan Museum, Mrs. Stephen V. Harkness Fund,
1922 (22.31.2)
Foto: © 2004 The Metropolitan Museum of Art
Bild Rückseite Schuber: Adlerfibel, Darmstadt, Hessisches Landesmuseum,
Inv.-Nr. Kg 31:10
Foto: Hessisches Landesmuseum, Darmstadt

Die Deutsche Nationalbibliothek verzeichnet diese Publikation
in der Deutschen Nationalbibliografie;
detaillierte bibliografische Daten sind im Internet über
http://dnb.d-nb.de abrufbar.

Die Herausgabe des Werkes wurde durch die Vereinsmitglieder der WBG ermöglicht.
Gedruckt auf säurefreiem und alterungsbeständigem Papier
Layout, Satz und Prepress: schreiberVIS, Seeheim
Redaktion: Elisabeth Handle, Mannheim
Printed in Germany

Besuchen Sie uns im Internet: **www.staufer2010.de**

ISBN 978-3-927774-32-2

Diese Publikation wurde gedruckt mit freundlicher Unterstützung von:

Partner

RheinlandPfalz
Generaldirektion Kulturelles Erbe

Ruprecht-Karls-Universität Heidelberg
Institut für Fränkisch-Pfälzische Geschichte und Landeskunde

HESSEN
Staatliche Schlösser und Gärten

Förderer und Sponsoren

Baden-Württemberg Stiftung
Wir stiften Zukunft

Klaus Tschira Stiftung Gemeinnützige GmbH
KTS

Heinrich – Vetter – Stiftung

rem
Reiss-Engelhorn-Museen
Curt-Engelhorn-Stiftung für die Reiss-Engelhorn-Museen

WÜRTH

Kooperationen

Die Bahn DB

SÜDZUCKER

Staufen®

Dorint
Kongresshotel Mannheim

MUSEUMS PASS MUSÉES

RNF
RHEIN-NECKAR FERNSEHEN

FAHRTZIEL KULTUR®

MORGENCARD

Baden-Württemberg
TOURISMUS MARKETING
www.tourismus-bw.de

SWR2

HDM-I

rnv

Die Staufer und Italien.

Drei Innovationsregionen im mittelalterlichen Europa

Ausstellung der Länder Baden-Württemberg, Rheinland-Pfalz und Hessen
Curt-Engelhorn-Stiftung für die Reiss-Engelhorn-Museen
vom 19. September 2010 bis 20. Februar 2011

Gesamtleitung und Idee

Alfried Wieczorek

Grundkonzeption

Bernd Schneidmüller
Stefan Weinfurter
Alfried Wieczorek

Projektleitung

Irmgard Siede
Alfried Wieczorek

Wissenschaftliches Organisationsbüro

Eva-Maria Günther
Thomas Haas
Elisabeth Handle
Alexander Schubert
Irmgard Siede
Verena Türck

International Affairs

Friedrich-Wilhelm von Hase

Koordination Stauferjahr 2010

Alexander Schubert
in Zusammenarbeit mit CAB Artis, Bamberg
Kulturnetz e. V., Mannheim

Finanzcontrolling

Monika Lange

Organisation Leihgaben

Irmgard Siede unter Mitarbeit von
Alexandra Berend
Elisabeth Handle
Verena Türck
Alfried Wieczorek

Leihverkehr und Transporte

Marianne Aselmeier
unter Mitarbeit von
Maria Schmitt
Martin Reuter

Restauratorisch-konservatorische Betreuung

Bernd Hoffmann-Schimpf (Leitender Restaurator)
Ann-Kathrin Eisenbach
Sandra Gottsmann
Gisela Gulbins
Annette Kirsch
Isabel Luft
Corinna Mayer
Elke Michler
Peter Will

Ausstellungsaufbau

Christoph Lind (Leitung)
Ulrich Debus
Robert Leicht
Orazio Petrosino
Giuseppe Presentato
Uwe Rehberger

Wissenschaftliche Kartographie

Thomas Haas (Betreuung)
Homann – Güner – Blum,
Visuelle Kommunikation, Hannover

Ausstellungsgestaltung und -grafik

Homann – Güner – Blum,
Visuelle Kommunikation, Hannover
Tobias Mittag

Digitale Rekonstruktionen

Faber-Courtial – Atelier für digitale Produktionen, Darmstadt

Ausstellungsfotographie

Jean Christen
Ines Mütsch

Presse- und Öffentlichkeitsarbeit/Marketing

Alexander Schubert (Leitung)
Yvonne Berndt
Eva Gramlich
Maren Lehmann
Tobias Mittag
Magdalena Pfeifenroth
Cornelia Rebholz
Norman Schäfer

Museumsvermittlung

Sibylle Schwab

Führungsorganisation und Besucherdienste

Cathérine Börschinger (Leitung)
Manfred Bauer
Ruth Wieczorek

Ausstellungstexte

Thomas Haas
Elisabeth Handle
Ellen Kühnelt
Luisa Reiblich
Irmgard Siede
Verena Türck

Übersetzungen der Ausstellungstexte

Krister Johnson, Magdeburg

Redaktion Ausstellungstexte

Ellen Kühnelt

Transporte

Hasenkamp International Transporte GmbH, Berlin

Versicherung

Kuhn und Bülow, Berlin

Medientechnik

Frank Wanderer

Audio-Guide

Christoph Lind (Betreuung)
Linon Medien

Kurzführer Stauferregion

Eva-Maria Günther

Wissenschaftliche Hilfskräfte

Elisabeth Hage
Carolin Hoffmann
Lena Maurach
Francesco Rosada
Christine Wegerle

Praktika

Daniel Christ
Anna Gordon
Carolin Hoffmann
Natascha Korn
Ulrike Neumann
Carolin Paul
Vanessa Utsch

Katalog

DIE STAUFER UND ITALIEN

Publikationen der Reiss-Engelhorn-Museen **Band 37**
Band 1: **Essays**

Herausgeber

Alfried Wieczorek
Bernd Schneidmüller
Stefan Weinfurter

Inhaltliche Konzeption

Alfried Wieczorek
Bernd Schneidmüller
Stefan Weinfurter
Elisabeth Handle
Irmgard Siede
Verena Türck

Wissenschaftliche Redaktion und Lektorat

Elisabeth Handle (Leitung)
Nina Kühnle
Lena Maurach
Kirsten Tobler
Christine Wegerle

Bildredaktion

Elisabeth Handle
unter Mitarbeit von
Alexandra Berend

Übersetzungen aus dem Italienischen

Dorothee Wolff Bascone,
Rom

Wissenschaftliche Kartographie

Thomas Haas (Betreuung)
Homann – Güner – Blum,
Visuelle Kommunikation, Hannover

Verlagslektorat

Daniel Zimmermann, WBG

Layout und Satz

schreiberVIS, Seeheim

Druck und Verbreitung

WBG, Darmstadt

Ehrenkomitee

Doris Ahnen | Ministerin für Bildung, Wissenschaft, Jugend und Kultur des Landes Rheinland-Pfalz, Mainz

Dottor Salvatore Abita | Soprintendente a. D., Soprintendenza per i Beni Storici, Artistici ed Etnoantropologici per le provincie di Salerno ed Avellino, Salerno

Assessore Prof. Avv. Gaetano Armao | Assessorato dei Beni Culturali e dell'Identità Siciliana, Palermo

Dott.ssa Ninfa Cannada Bartoli | Dirigente, Giunta Regionale della Lombardia, Milano

Dottor Francesco Buranelli | Segretario della pontificia Commissione per i Beni Culturali della Chiesa, Città del Vaticano

Dirigente Generale, Arch. Gesualdo Campo | Assessorato dei Beni Culturali e dell'Identità Siciliana, Palermo

Eberhard Chedron | Kirchenpräsident der Evangelischen Landeskirche der Pfalz, Speyer

On. Presidente Alessandro DeFranciscis | Presidente della provincia di Caserta a. D.

Dottor Fabio DeChirico | Soprintendente, Soprintendenza per i Beni Storici, Artistici ed Etnoantropologici della Calabria, Cosenza, e Soprintendente ad interim, Soprintendenza per i Beni Storici, Artistici ed Etnoantropologici per le provincie di Salerno e Avellino, Salerno

Prof. Dr. Bernhard Eitel | Rektor der Universität Heidelberg, Heidelberg

S. Em. Cardinale Don Raffaele Farina | Archivista e Bibliotecario di Santa Romana Chiesa, Città del Vaticano

Dr. Ulrich Fischer | Landesbischof der Evangelischen Landeskirche in Baden, Karlsruhe

On. Dottor Raffaele Fitto | Ministro per i rapporti con le Regioni, Roma

Prof. Cosimo Damiano Fonseca | Direttore dell'Istituto Internazionale di Studi Federiciani, Lagopesole

Prof. Dr. Peter Frankenberg | Minister für Wissenschaft, Forschung und Kunst des Landes Baden-Württemberg, Stuttgart

S. Exz. Erzbischof Dr. Jean-Pierre Grallet | Erzbischof von Strasbourg, Strasbourg

Dr. Volker Jung | Kirchenpräsident, Evangelische Kirche in Hessen und Nassau, Darmstadt

Eva Kühne-Hörmann | Ministerin für Wissenschaft und Kunst des Landes Hessen, Wiesbaden

S. Em. Cardinale Giovanni Lajolo | Presidente del Governatorato dello Stato della Città del Vaticano, Città del Vaticano

Dott.ssa Annamaria Lorusso | Direttrice del Castello Svevo di Bari, Bari

Prof. Arch. Ruggero Martines | Direttore Regionale, Direzione Regionale per i Beni Culturali e Paesaggistici della Puglia, Bari

Dottor Attilio Maurano | Soprintendente a. D., Soprintendenza per i Beni Architettonici e per il Paesaggio per le province di Bari e Foggia, Bari

Dott.ssa Adele Mormino | Soprintendente, Soprintendenza ai Beni Storici Artistici et Etnoantropologici, Soprintendenza ai BB. CC. AA di Palermo, Palermo

Dott.ssa Grazia Musolino | Soprintendente a. D., Soprintendenza per i Beni Culturali ed Ambientali, Servizio per i Beni storici artistici ed etnoantropologici, Messina

S. Ecc. Monsignor Salvatore Nunnari | Arcivescovo Metropolita di Cosenza-Bisignano, Cosenza

Dottor Luciano Scala | Direttore Generale, Direzione Generale degli Archivi, Roma

Prof. Antonio Paolucci | Direttore dei Musei Vaticani, Città del Vaticano

Arch. Maria Costanza Pierdominici | Soprintendente, Soprintendenza BAP per le provincie di Bari, BAT e Foggia, Bari

Dottor Fabrizio Vona | Soprintendente, Soprintendenza Beni Storici, Artistici ed Etnoantropologici della Puglia, Bari

S. Exz. Bischof Dr. Karl-Heinz Wiesemann | Bischof von Speyer, Speyer

S. Exz. Erzbischof Dr. Robert Zollitsch | Erzbischof von Freiburg, Vorsitzender der Deutschen Bischofskonferenz, Freiburg i. Brg.

Wissenschaftliches Ausstellungskomitee

Dr. Reinhard Friedrich | Europäisches Burgeninstitut, Einrichtung der Deutschen Burgenvereinigung e. V., Braubach

Prof. Dr. G. Ulrich Großmann | Germanisches Nationalmuseum, Nürnberg

Prof. Dr. Claus-Peter Haase | Museum für Islamische Kunst, Berlin

Prof. Dr. Hubert Houben | Dipartimento dei Beni delle Arti e della Storia, Università del Salento, Lecce

Dr. Hans-Jürgen Kotzur | Bischöfliches Dom- und Diözesanmuseum, Mainz

Dr. Dankwart Leistikow (†) | Dormagen

Prof. Dr. Michael Matheus | Deutsches Historisches Institut, Rom

Prof. Dr. Valentino Pace | Dipartimento di Storia e Tutela dei Beni Culturali, Università di Udine

Dr. Veit Probst | Universitätsbibliothek Heidelberg

Dr. Karl-Heinz Rueß | Archiv und Museen Göppingen

Prof. Dr. Bernd Schneidmüller | Historisches Seminar, Universität Heidelberg

Prof. Dr. Wolfgang Stürner | Oberstenfeld

Prof. Dr. Stefan Weinfurter | Historisches Seminar, Universität Heidelberg

Prof. Dr. Gerhard Wolf | Max-Planck-Institut für Kunstgeschichte, Florenz

Unser besonderer Dank für Rat und Unterstützung gilt:

Adjemian, Artin | Mannheim
Andaloro, Maria | Viterbo
Bacher, Emil | Wurmlingen
Baltruschat, Peter | Mannheim
Bertelli, Gioia | Bari
Bießenecker, Stefan | Frankfurt
Biondo, Stefano | Palermo
Birk, Dietrich | Göppingen
Brechter, Claus | Bad Wimpfen
Bomm, Werner | Heidelberg
Born, Ariane | Heilbronn
Braun, Andreas | Stuttgart
Braun, Claudia | Mannheim
Bruno, Aurelio | Palermo
Bürkle, Frank | Mannheim
Caratiola, Peter | Mainz
Christen, Jean | Mannheim
Ciolino, Caterina | Messina
Claes, Gisela | Bad Homburg
Clemens, Lukas | Trier
Colareta, Marco | Pisa
Cusimano, Lelio | Palermo
De Giorgi, Manuela | Florenz
Euteneuer, Klaus | Wiesbaden
Ferch, Katharina | Ingelheim
Fernando, Renate | Mannheim
Fontanella, Dario | Mannheim
Frankenberg, Peter | Stuttgart
Frey, Günter | Annweiler
Füeß, Stefan | Mannheim
Gallé, Volker | Worms
Giese, Martina | München
Geber, Birgitta | Mannheim
Geltz, Katja | Koblenz
Glaser, Günter | Mannheim
Grewe, Holger | Ingelheim
Grieshaber, Andrea | Mannheim
Güngör, Emine | Koblenz
Günther, Carsten | Heidelberg
Handschell, Christian | Bielefeld
Haug, Henrike | Berlin
Heer, Wolfgang | Mannheim
Heilmeyer, Marina | Berlin
Herkommer, Hubert | Schwäbisch Gmünd
Homering, Liselotte | Mannheim
Horch, Caroline | Cleve
Jung, Karl | Mannheim
Jung, Ruth | Bad Wimpfen
Kaiser-Lahme, Angela | Koblenz
Kappl, Kai | Mainz
Kerker, Hanne | Mannheim
Kirchner, Matthias | Heidelberg
Kirsch, Mona Alina | Heidelberg
Kluger, Helmuth | Köln
Költzsch, Joachim | Mannheim
Köster, Gabriele | Magdeburg
Krismer, Julia | Prutz
Krismer, Lara | Prutz
Krüger, Jürgen | Karlsruhe
Laubig, Rainer | Stuttgart
Leitner, Bernd | Worms
Little, Charles T. | New York
Ludwig, Thomas | Bad Homburg
Maierhofer, Peter | Bamberg
Mariani Calò, Maria Stella | Bari
Martinsohn, Nicole | Mannheim
Mayer, Hans-Jörg | Oggersheim
Melcher, Andrea | Stuttgart
Merra, Alessandra | Palermo
Miani, Laura | Bologna
Mitschke, Sylvia | Mannheim
Müller, Michael | Mannheim
Musolino, Grazia | Messina
Natemeyer, Birke | Frankfurt
Neugebauer, Anton | Mainz
Pauels, Lutz | Mannheim
Peltzer, Jörg | Heidelberg/Cambridge
Penserot, Fritz | Koblenz
Peroni, Adriano | Florenz
Pfitzenmaier, Birgit | Stuttgart
Philipp, Ingrid | Mannheim
Poeschel, Matthias | Magdeburg
Reinhardt, Susanne | Stuttgart
Reither, Hans | Trifels/Annweiler
Risser, Dominik | Mannheim
Roden, Geraldine | Koblenz
Ruoß, Natalie | Mannheim
Reinhold, Susanne | Berlin
Scaduto, Giovanni | Palermo
Schilp, Thomas | Dortmund
Schmidt, Eike D. | Los Angeles
Schönhammer, Christiane | Bamberg
Seitz, Edelgard | Mannheim
Sola, Valeria | Palermo
Speciale, Lucinia | Lecce
Spindler, Thomas | Bamberg
Sprenger, Kai | Ravensburg
Stauffer, Annemarie | Köln
Stegmüller, Rudolf | Mannheim
Steinle, Veit | Berlin
Suckale, Robert | Berlin
Suckale-Redlefsen, Gude | Berlin
Tounta, Eleni | Saloniki
Tröger, Jörg | Mannheim
Troßbach, Barbara | Stuttgart
Utech Pinto, Silvana | Mannheim
Wagenmann, Rainer A. | Mannheim
Wagner, Johann W. | Mannheim
Wichert, Susanne | Mannheim
Wirth, Klaus | Mannheim
Wünsch, Michael | Tauberbischofsheim

Grußwort

Als Höhepunkt des Stauferjahres 2010 eröffnet am 18. September dieses Jahres die gemeinsame Ausstellung der Länder Baden-Württemberg, Rheinland-Pfalz und Hessen „Die Staufer und Italien“ in den Mannheimer Reiss- Engelhorn-Museen. Gerne habe ich gemeinsam mit den Ministerpräsidenten von Hessen und Rheinland-Pfalz, Roland Koch und Kurt Beck, die Schirmherrschaft für dieses große Kulturereignis übernommen.

Die Staufer, die ihren Namen von der Burg Hohenstaufen auf dem am Nordrand der Schwäbischen Alb bei Göppingen gelegenen Berg Hohenstaufen ableiteten, haben wie kaum ein anderes Adelsgeschlecht im 12. und 13. Jahrhundert die Entwicklung des römisch-deutschen Reiches, Italiens und ganz Europas geprägt. Für Baden-Württemberg sind die Staufer seit jeher von besonderer historischer Bedeutung, denn schließlich begann ihr Aufstieg im damaligen Herzogtum Schwaben – einem Gebiet, das weite Teile des heutigen Bundeslandes Baden-Württemberg umfasste.

Welche besondere Rolle die Staufer für die Identität Baden-Württembergs spielen, sieht man nicht zuletzt an den drei schreitenden Löwen des baden-württembergischen Landeswappens. Schon das Wappen Herzog Friedrichs V. von Schwaben (1181), einem Sohn Kaiser Friedrich Barbarossas, führte einen Löwen. Drei Löwen übereinander finden sich erstmals nachweislich in den Wappen des Schwäbischen Herzogs und späteren Königs Philipp (1198 – 1208) und Herzog Heinrichs von Schwaben (1216 – 1220). Auch die Farben Schwarz und Gold des Löwenwappens sind aus dieser Zeit überliefert. Auf diese Weise stellten sich die Staufer unter den symbolischen Schutz der Löwen, die ihren Herrschaftsanspruch sowie die postulierten Eigenschaften Stärke, Kühnheit und Macht, aber auch Großmut symbolisieren sollten.

Mehr als dreißig Jahre nach der viel beachteten Stuttgarter Staufer-Ausstellung 1977 präsentieren in Mannheim drei Bundesländer gemeinsam eine große kulturhistorische Ausstellung, die sich mit den Staufern als einer der bedeutendsten und einflussreichsten Dynastien des hohen Mittelalters befasst. Die Ausstellung stellt den Rhein-Neckar- Raum, Oberitalien und das Königreich Sizilien als Handlungsfelder der staufischen Herrscher vor und zeigt wichtige Errungenschaften in den Bereichen Kunst, Kultur, Wissenschaft, Recht, Wirtschaft und Religion. Einen besonders prägenden Eindruck von Kunst und Kultur der Stauferzeit geben zahlreiche bedeutende Kunstwerke, von denen viele noch nie in Deutschland ausgestellt waren.

Das Jahr 2010 steht für Baden-Württemberg ganz im Zeichen der Staufer: Zahlreiche stauferzeitlich geprägte Orte wie Eberbach, Heidelberg, Neckarmühlbach, Bad Wimpfen, Schwäbisch Hall, Ellwangen, Waiblingen, Schwäbisch Gmünd, Lorch, Wäschenbeuren, Rechberg, Hohenstaufen, Göppingen, Ulm, Rottweil oder Meersburg haben als Rahmenprogramm mit Ausstellungen, Führungen und Festen bereits an das bedeutende Adelsgeschlecht und sein kulturelles Erbe erinnert und freuen sich auch weiterhin auf zahlreiche Besucherinnen und Besucher.

Allen Verantwortlichen und Organisatoren sowie den Mitarbeiterinnen und Mitarbeitern, die mit großem Engagement an der Realisierung dieses großen Kulturereignisses mitgewirkt haben, danke ich herzlich. Ich wünsche der Ausstellung „Die Staufer und Italien“ in Mannheim, der zweitgrößten Stadt Baden-Württembergs, den verdienten Erfolg und große Resonanz. Den Besucherinnen und Besuchern wünsche ich angenehme und interessante Stunden beim Museumsbesuch in Mannheim.

Stefan Mappus | Ministerpräsident
des Landes Baden-Württemberg

Grußwort

Das Jahrhundert der Staufer zählt zu den bedeutsamen Epochen der deutschen und europäischen Kulturgeschichte. Die Vergangenheit des Gebietes unseres heutigen Landes Rheinland-Pfalz ist mit dieser Zeit verbunden. Auch wenn die hochmittelalterlichen Kaiser keine Residenz und keinen Regierungssitz kannten, gibt es doch einen symbolischen Mittelpunkt des Stauferreiches. Dieser liegt in Rheinland-Pfalz. Die Reichsburg Trifels bei Annweiler war der Aufbewahrungsort der Herrschaftszeichen: Krone, Zepter, Kreuz, Reichsschwert, Heilige Lanze und Reichsapfel wurden hier für die staufischen Könige und Kaiser verwahrt. Die Burg war Verwaltungszentrum für eines der steuerlich lukrativen Gebiete und hatte den Ruf, einer der sichersten Orte des damaligen Reiches zu sein. Nicht umsonst galt im Mittelalter deshalb das geflügelte Wort: *Wer den Trifels hat, hat das Reich.*

Es erfüllt mich mit Stolz, dass die Reichsburg Trifels, die heute die Nachbildungen der Reichsinsignien beherbergt, sich pünktlich zum Stauferjahr mit einer Neupräsentation an die Öffentlichkeit wendet. Als zentraler Erinnerungsort bietet der Trifels nun die besondere Gelegenheit, sich auf unterhaltsame und anschauliche Weise der mittelalterlichen Geschichte zu nähern.

Rheinland-Pfalz ist Stauferland. Viele weitere Städte, Burgen und Pfalzen sind untrennbar mit dem Namen der Staufer verbunden. Sie gehören zur Geschichte und zum Kulturerbe des Landes. Die Landesregierung engagiert sich auf vielfältige Weise, um dieses Erbe zu erhalten. Mit der Ingelheimer Kaiserpfalz oder den Kaiserdomen von Mainz, Worms und Speyer liegen weitere bedeutende Orte und Stätten in Rheinland-Pfalz. Hier wurde Geschichte geschrieben. In Mainz etwa feierte Kaiser Friedrich Barbarossa 1184 einen prachtvollen Hoftag. Er blieb den Zeitgenossen als größte Festveranstaltung des gesamten Mittelalters in Erinnerung. Der gleiche Kaiser sorgte in Ingelheim dafür, dass die bereits von Karl dem Großen erbaute Pfalzanlage umfassend renoviert wurde. Sein Sohn, König Philipp von Schwaben, fand im Dom zu Speyer seine letzte Ruhestätte und Kaiser Friedrich II. wiederum hielt in Worms 1235 Hochzeit mit der englischen Prinzessin Isabella.

Die Verbundenheit mit der Stauferzeit ist an diesen Orten so groß, dass gemeinsam ein umfangreiches Rahmenprogramm organisiert werden konnte. Es reicht von Begleitausstellungen und Dokumentationen wissenschaftlicher Befunde über Konzerte, Theaterstücke und Themenführungen, bis hin zur Präsentation der rheinland-pfälzischen Stauferweine.

Nicht zuletzt der Reichtum an Weinbergen mag den Ausschlag gegeben haben, dass sich die staufischen Herrscher bei uns besonders häufig und gerne aufgehalten haben. Die in unserer Region gebotenen, vortrefflichen Lebensbedingungen, das milde Klima und die schon damals blühenden Städte haben sicherlich auf Friedrich Barbarossa, Heinrich VI. und Friedrich II. einen besonders großen Reiz ausgeübt. Und so anziehend unsere Gegend auf die Herrscher des Mittelalters gewirkt haben muss, so faszinierend präsentiert sich Rheinland-Pfalz in unserer Zeit.

Die Staufer-Ausstellung im nahegelegenen Mannheim bietet den Anlass, sich besonders mit den historischen Wurzeln des Landes zu beschäftigen und seine authentischen Orte zu besuchen. Es ist den Reiss-Engelhorn-Museen ausdrücklich zu danken, rund um ihre große Mittelalterschau ein länderübergreifendes Projekt initiiert und organisiert zu haben, das die gemeinsame Geschichte ins Bewusstsein rückt. Tatkräftige Unterstützung fanden sie dabei bei der Generaldirektion Kulturelles Erbe Rheinland-Pfalz, die ihre Liegenschaften gerne in den Veranstaltungsreigen einbrachte. Mit der Ausstellung „Die Staufer und Italien" präsentieren erstmals die drei an der Metropolregion Rhein-Neckar beteiligten Länder Rheinland-Pfalz, Baden-Württemberg und Hessen gemeinsam eine große Geschichtsausstellung. Dies unterstreicht den besonderen Stellenwert der Metropolregion als eine der zentralen Zukunftsregionen Europas in kultureller wie auch touristisch-wirtschaftlicher Hinsicht.

Die große Ausstellung in Mannheim stellt Ihnen hochrangige originale Kunstwerke der Stauferzeit vor. Ich lade Sie herzlich ein, im Anschluss an Ihren Ausstellungsbesuch die originalen Schauplätze der Geschichte in Rheinland-Pfalz zu besuchen und dabei auch die Vorzüge rheinland-pfälzischer Lebensart und unseren großen Kulturschatz, die Lebensfreude, zu entdecken.

Kurt Beck | Ministerpräsident
des Landes Rheinland-Pfalz

Grußwort

Die staufischen Herrscher haben die europäische Geschichte des Hochmittelalters entscheidend geprägt. Sie haben ihre Epoche gestaltet und so die Entwicklung der folgenden Jahrhunderte mitbestimmt. Ihre Zeit kennen zu lernen heißt also, unsere eigene Geschichte kennen zu lernen. Um die eigene Vergangenheit und Herkunft zu wissen, ist für jede Generation bedeutsam, auch für uns heute. Es ist wichtig zu wissen, woher wir kommen, und welchen Einflüssen unsere Zeit ausgesetzt ist. Nur so können wir unsere Gegenwart mit ihren spezifischen Existenzbedingungen verstehen. Dabei reicht der Rückgriff auf die zuletzt vergangenen Jahrzehnte und Jahrhunderte nicht aus. Die Antike wirkt bis heute, ebenso das Mittelalter. Die Beschäftigung zum Beispiel mit den Staufern hat also nicht nur musealen Charakter. Sie erklärt uns auch einen Teil unserer eigenen Zeit.

Gerade eine Gesellschaft, die einem stetigen und im historischen Vergleich raschen Wandel unterworfen ist, die sich immer wieder neuen Herausforderungen und veränderten Bedingungen ausgesetzt sieht, braucht feste Fundamente und klare Wegmarken. Andernfalls könnte sie den Wandel nicht im Sinne der Menschen gestalten, käme es möglicherweise zu Verwerfungen und Brüchen. Solche Orientierungspunkte kann die Auseinandersetzung mit der Geschichte bieten. Wer frühere Entwicklungen und Lebensbedingungen nachvollzieht, schärft auch den Blick für die Gegenwart.

Die Ausstellung „Die Staufer und Italien“ in Mannheim widmet sich einer besonders bedeutenden Epoche unserer Geschichte, gleichzeitig bezieht sie mit der Metropolregion Rhein-Neckar eine der zentralen Regionen Mitteleuropas ein. Hier zeigt sich eine historische Kontinuität: Der Rhein-Neckar-Raum, der in der Ausstellung neben Oberitalien und Sizilien als eine Innovationsregion vorgestellt wird, ist bis heute ein wirtschaftliches und kulturelles Zentrum. Er zeichnet sich durch hohe Wohn- und Lebensqualität und gute Standortbedingungen für die Wirtschaft aus. Hessen ist mit seinem südlichen Gebiet Teil dieser Region. Im Zusammenhang mit der Ausstellung spielt das Kloster Lorsch eine besondere Rolle, im weiteren Umfeld sind daneben Gelnhausen, Münzenberg und Breuberg zu nennen.

Das Land Hessen unterstützt die Ausstellung nicht nur im Rahmen der Kooperation mit den Originalschauplätzen, sondern auch mit einer ganzen Reihe wichtiger Leihgaben. Die wertvollste und prominenteste ist die so genannte Welfenchronik, die aus der Hochschul- und Landesbibliothek Fulda kommt. Die in der zweiten Hälfte des 12. Jahrhunderts entstandene Geschichte der Welfenfamilie enthält eine Miniatur von Kaiser Friedrich I. Barbarossa und seinen beiden Söhnen. Darüber hinaus werden unter anderem zwei Bogenfelder aus der Kaiserpfalz Gelnhausen im Main-Kinzig-Kreis und eine Reihe von Architekturfragmenten aus der Burg Münzenberg im Wetteraukreis, aus Lorsch im Landkreis Bergstraße und Breuberg im Odenwaldkreis zu sehen sein. Aus dem Hessischen Landesmuseum Darmstadt kommen Glasmalereien, ein Reichssiegel und eine Adlerfibel sowie Skulpturfragmente.

Es ist zu hoffen, dass sich viele Menschen in den Bann dieser für die deutsche und europäische Geschichte so wichtigen Epoche ziehen lassen. Die Ausstellung erlaubt es den Besucherinnen und Besuchern, ihre Heimat unter dem Leitmotiv der Staufer neu zu entdecken. Herzlich zu danken ist allen, die dazu beitragen, dass diese Ausstellung stattfinden kann.

Der Hessische Ministerpräsident

Vorwort der Herausgeber

Die Reiss-Engelhorn-Museen Mannheim machen mit der Ausstellung „Die Staufer und Italien. Drei Innovationsregionen im mittelalterlichen Europa" eine bedeutende Epoche europäischer Geschichte erfahrbar. Von der Region an Rhein, Main und Neckar spannt sich der Bogen bis nach Süditalien. Ein Reich von ungeheuerer Größe, dynamischer Wirtschaftskraft und voller kultureller Blüte wird durch zahlreiche Exponate lebendig. Es handelt sich dabei um die erste große Ausstellung seit über 30 Jahren, bei der die Stauferdynastie im Mittelpunkt steht.

Die legendäre Stauferausstellung von 1977 in Stuttgart bildete den ersten Höhepunkt einer langen Reihe dynastischer Ausstellungen, die als Vorbild vieler Großausstellungen stets präsent blieb. Erstmals wurden umfassend Exponate der staufischen Kunst- und Kulturgeschichte hinsichtlich gattungsspezifischer Kriterien zusammengetragen und bewusst in diesem Kontext dargeboten. Der mehrbändige Ausstellungskatalog wurde zum Standardwerk der Epoche. Seit dieser eher kunsthistorisch orientierten Schau vollzog sich ein Wechsel hin zur sozialgeschichtlichen Präsentation. Historische Regionen werden immer stärker als zentrale Bezugsgrößen der Orientierung und Identifizierung erkannt. Wissenschaft, Politik, Wirtschaft und Tourismus messen diesen Gebieten heute eine bedeutende Rolle als Keimzellen gesellschaftlicher, wirtschaftlicher, politischer und kultureller Entwicklungen zu, die in der Ausstellung definiert und in ihren Auswirkungen vorgestellt werden. In diesem Sinne stehen in der Ausstellung „Die Staufer und Italien. Drei Innovationsregionen im mittelalterlichen Europa" drei Kernregionen der staufischen Herrschaft in Europa, die Rhein-Main-Neckar-Region, Oberitalien und das ehemalige Königreich Sizilien in Süditalien im Zentrum der Betrachtung. In der Stauferzeit beeinflussten sich diese drei Regionen gegenseitig. Die vielfältigen Innovationen für Wirtschaft, Wissenschaft, Gesellschaft sowie Kunst und Kultur, die aus Austausch- und Transferprozessen hervorgingen, werden in der Schau aufgezeigt. Bedeutende originale Zeugnisse und Pretiosen, von denen viele nie zuvor in Deutschland zu sehen waren, kommen für begrenzte Zeit in Mannheim zusammen, um das staufische Zeitalter erneut lebendig werden zu lassen. Die Ausstellung leistet damit, genau wie die erste Schau 1977, einen wichtigen Beitrag zur nachhaltigen Steigerung des Geschichtsinteresses in der Öffentlichkeit. Nie zuvor wurde das vielschichtige Kapitel der nord- und südalpinen Beziehungen in der Stauferzeit so umfassend gewürdigt. Wir freuen uns, dass dies Dank der gemeinsamen Anstrengungen in Deutschland und Italien gelungen ist und dass die Ausstellung in beiden Ländern gezeigt werden kann.

Besonders hilfreich hierbei waren die frühzeitig geschlossenen Kooperationen mit dem Regionalministerium für kulturelle Angelegenheiten, Umweltbelange und Bildung der autonomen Region Sizilien und dem Ministerium für kulturelle Belange der Region Lombardei. Diese intensiven Bemühungen führten dazu, dass von italienischer Seite Leihgaben nach Mannheim kommen, die bisher noch nie in Deutschland gezeigt wurden.

Die Leistungsfähigkeit der Rhein-Main-Neckar-Region wurde zur Stauferzeit durch den zeitgenössischen Chronisten Otto von Freising hervorgehoben. Heute treffen in dieser prosperierenden Gegend die drei Bundesländer Baden-Württemberg, Hessen und Rheinland-Pfalz zusammen, deren Ministerpräsidenten die Schirmherrschaft für die Ausstellung übernahmen.

Wir wollen allen, die uns seit 2006 mit Rat und Tat begleitet und zum Gelingen dieser Ausstellung beigetragen haben, herzlich danken. Zur Vorbereitung des gesamten Projekts wurde auf Einladung der Reiss-Engelhorn-Museen, der Universität Heidelberg, der Generaldirektion Kulturelles Erbe Rheinland-Pfalz und der Verwaltung der Staatlichen Schlösser und Gärten Hessen in Mannheim im Herbst 2008 ein wissenschaftliches Symposium „Verwandlungen des Stauferreichs" in den Reiss-Engelhorn-Museen Mannheim abgehalten. Wissenschaftlerinnen und Wissenschaftler aus Deutschland, Italien, der Schweiz, Griechenland und den USA stellten in zahlreichen Vorträgen ihre Forschungen vor. Allen Teilnehmern gilt der Dank, da sie mit ihren Beiträgen wichtige Impulse für das Projekt vermittelt haben. Besonders erfreulich ist es, dass schon bald nach Abschluss der Tagung deren Erträge in einem 500 Seiten starken Band vorlagen, so dass all diejenigen, die sich über den Ausstellungskatalog und Essayband hinaus intensiv den Staufern widmen wollen, dies nun anhand des neuesten Forschungsstandes ausführlich tun können. Dass dies gelingen konnte, verdankt sich sowohl der Disziplin der Autoren, als auch der vorzüglichen Redaktionsarbeit. Eine weitere wissenschaftliche Tagung fand im Herbst 2009 unter Federführung der Generaldirektion Kulturelles Erbe Rheinland-Pfalz im Landesmuseum Mainz statt, deren Erträge ebenfalls pünktlich zur Ausstellung in einem Begleitband publiziert wurden. Zusammen mit den vorliegenden Bänden und einem kulturtouristischen Führer durch die Stauferregion liegen insgesamt fünf, die Ausstellung begleitende Veröffentlichungen vor, die rasch den Ruf von Standardwerken zur Stauferzeit erlangen werden.

Die Ergebnisse beider Tagungen flossen als Grundlage in die Konzeption der Ausstellung mit ein, die ihrerseits auf eine mehrjährige Planungs- und Vorbereitungszeit zurückblickt. Über all diese Jahre gab das wissenschaftliche Ausstellungskomitee wichtige Anregungen zur Konzeption der Ausstellung und bereicherte die Vorbereitung der Schau mit großem Wissen. Allen Mitgliedern in diesem Komitee sind wir zu besonderem Dank verpflichtet. Den Kooperationspartnern auf Länderebene sei ebenfalls für die freundschaftliche Unterstützung herzlich gedankt: Thomas Metz, Generaldirektor der Generaldirektion Kulturelles Erbe Rheinland-Pfalz ebenso wie Karl Weber, Direktor der Verwaltung der Staatlichen Schlösser und Gärten Hessen. Die Ausstellung ging aus einer nicht selbstverständlichen Kooperation mit dem Institut für Fränkisch-Pfälzische Geschichte und Landeskunde der Universität Heidelberg hervor. Aufgrund der guten und freundschaftlichen Zusammenarbeit haben wir die feste Absicht, auch künftig eng miteinander zu arbeiten.

Die Gestaltung der Ausstellung und der Druckmedien lag in den erfahrenen Händen des Gestalterbüros Homann Güner Blum, Hannover. Für ihren ideenreichen Entwurf der Räume, in denen die Objekte ihre ganze Schönheit entfalten konnten und für ihr stetiges Engagement sind wir ihnen sehr verbunden. Weiterer Dank geht an die Mediengestalter Faber-Courtial, Darmstadt, für ihre überzeugenden Medieninstallationen.

Den zahlreichen Museen und Institutionen, die es durch ihre Leihgaben ermöglichen, das Wirken des Adelsgeschlechts in den einzelnen Regionen umfassend und spannend nachzuzeichnen, sei an dieser Stelle vielmals gedankt. Nicht minder herzlich danken wir den zahlreichen öffentlichen und privaten Sammlungen für ihre großzügige Bereitschaft, der Ausstellung bedeutende und einzigartige Objekte zur Verfügung zu stellen. Nahezu alle Leihgeber wurden von dem „Reiseteam“, Friedrich-Wilhelm v. Hase, Irmgard Siede und Alfried Wieczorek zur Gewinnung der Leihgaben besucht. Für die weiterführenden Gespräche in freundschaftlicher Atmosphäre sei den Leihgebern, die das Projekt von Anfang an mit Enthusiasmus und Wohlwollen begleiteten, gedankt. Dem italienischen Außenministerium und dem Ministerium per i Beni Culturali e Ambientali sind wir ganz besonders für die Bereitstellung vieler Exponate und die unbürokratische behördliche Abwicklung verpflichtet. Auch hier ein herzliches Dankeschön.

Ein solch ehrgeiziges Projekt mit Leihgaben aus der ganzen Welt ließe sich nicht ohne die großzügige Hilfe von Partnern realisieren. Wichtige materielle Förderung erhielt die Ausstellung durch die finanziellen Beiträge einer ganzen Reihe von Sponsoren, allen voran der Baden-Württemberg Stiftung und der Curt-Engelhorn-Stiftung Mannheim, die unter anderem die sorgfältige Restaurierung zahlreicher Werke ermöglichte, von der man noch viele Jahrzehnte profitieren wird. Ihnen sei ausdrücklich gedankt. Mit der Klaus-Tschira-Stiftung und der Heinrich-Vetter-Stiftung standen uns Partner zur Seite, die nicht nur finanziell die Verwirklichung der Ausstellung unterstützen, sondern auch mit großem Interesse die Arbeit an den rem seit Jahren verfolgen. Ein großer Dank geht auch an die Firmen Würth, Südzucker und Staufen-Demmler für ihr Vertrauen in unsere Arbeit und Förderung dieses besonderen Projekts. Besonderer Dank geht auch an das Tourismus-Marketing Baden-Württemberg, an Fahrtziel Kultur sowie die Deutsche Bahn, die uns als weitere Partner der Ausstellung unterstützen.

Weit über das übliche Maß hinaus haben sich die Mitarbeiter des Ausstellungsteams für das Gelingen der Ausstellung und ihrer Begleitpublikationen eingesetzt. Ihnen allen ein herzliches Dankeschön. Besonderer Dank gilt Irmgard Siede, die zusammen mit Alfried Wieczorek das Projekt leitete und es mit großem Engagement in allen Phasen begleitete. Auch die akribische Erstellung des Katalogs ist ihr Verdienst. Dank der weitreichenden Verbindungen von Friedrich Wilhelm v. Hase in Italien konnten bedeutende Exponate als Leihgaben für die Ausstellung gewonnen werden. Elisabeth Handle hat als Kuratorin das Gelingen der Ausstellung in allen Bereichen maßgeblich gefördert. Ebenso lag die redaktionelle Betreuung des Essaybandes in ihren bewährten Händen. Der kulturhistorische Reiseführer durch die Stauferregion wurde von Eva-Maria Günther in verdienstvoller Weise erstellt. Auch Verena Türck und Thomas Haas, die mit ihrem Einsatz bis zuletzt das Projekt unterstützt haben, sei herzlich gedankt.

Weiter gilt unser Dank Alexander Schubert, der der Ausstellung von Anfang an wichtige inhaltliche Impulse vermittelte und das länderübergreifende Stauferjahr koordinierte. Das überaus große Interesse an der Ausstellung bereits vor ihrer Eröffnung sowie die Einbindung der Schau in eine groß angelegte Marketingkampagne, die bundesweit für Aufmerksamkeit sorgt, ist ebenso sein Verdienst.

Schließlich möchten wir allen Mitarbeiterinnen und Mitarbeitern der Reiss-Engelhorn-Museen und der Curt-Engelhorn-Stiftung danken, denn der Erfolg dieses außergewöhnlichen Ausstellungsprojekts ruht auf vielen Schultern.

So hoffen wir, dass die Ausstellung eine erneute Stauferbegeisterung auslösen möge!

Alfried Wieczorek | Bernd Schneidmüller | Stefan Weinfurter

Inhalt

Bernd Schneidmüller

Staufer – Italien – Innovationsregionen. Begriffe und Blickachsen

Die Mannheimer Ausstellung und die Beiträge dieses Bandes verschränken zwei unterschiedliche Blickachsen in die mittelalterliche Geschichte. Verknüpft wird die Reichspolitik des 12. und 13. Jahrhunderts mit der Geschichte großer Entscheidungslandschaften. Neben das Interesse an großen Menschen tritt damit das Gespür für beschleunigten Wandel in Gesellschaft, Wirtschaft und Kultur.[1]

Begriffe I: Die Staufer und Italien

Die Staufer und Italien – Das ist seit Jahrhunderten eines der großen Themen nationaler wie europäischer Historie, von der Geschichtswissenschaft seit Generationen in immer neuen Anläufen beschrieben und bewertet. Der Wandel und die Gegensätzlichkeit der Urteile bilden für sich schon ein Kaleidoskop des Umgangs mit Vergangenheit. Das scheinbar so eindeutige Begriffspaar „Staufer und Italien" verlangt freilich nach Differenzierung.

Staufer dient nämlich als Sammelbezeichnung für eine Familie, die noch nicht in den Kategorien einheitlicher Dynastien handelte. Zeitgenössische Bezeichnungen „von Stauf(en)" sind selten. 1247 ordnete Kaiser Friedrich II. einmal das Kaisertum dem „staufischen Haus" (*domus Stoffensis*) zu. Die Benennung nach der Burg Stauf/Staufen (auf dem Hohenstaufen bei Göppingen) folgte vergleichbaren Zusammenfügungen von Fürsten und ihren Stammburgen aus dem späteren Mittelalter (Zähringer, Wittelsbacher, Habsburger, Hohenzollern). Aufenthalte der Könige und Kaiser auf dem Hohenstaufen blieben allerdings seltene Ausnahmen. Auch die ältere Familiengrablege im schwäbischen Kloster Lorch wurde von den staufischen Herrschern aufgegeben. Die frühe Überlieferung zur Familie ging von Friedrich von Staufen aus, der 1079 Herzog von Schwaben wurde und mit Agnes die Tochter des salischen Herrschers Heinrich IV. zur Frau erhielt.

Diese Nähe zum salischen Kaiserhaus prägte den Aufstieg der frühen Staufer bis zum Königtum Konrads III. (1127 – 1135 Gegenkönig gegen Kaiser Lothar III., 1138 – 1152 unangefochtener römischer König). Jetzt wurde die Herkunft von den salischen Kaisern immer deutlicher zur Legitimation genutzt. Über seine Mutter Agnes war König Konrad III. ein Enkel Kaiser Heinrichs IV. (1056 – 1106) und ein Neffe Kaiser Heinrichs V. (1106 – 1125). Nachdem Friedrich I. Barbarossa (1152 – 1190), der Urenkel Kaiser Heinrichs IV., 1155 Kaiser geworden war, leitete Otto von Freising († 1158) dessen Familie von den „Heinrichen von Waiblingen" ab. So wurden der salische Name Heinrich und der sagenhafte Ursprung der Salier aus Waiblingen für die neuen Herrscher in Anspruch genommen. In der zweiten Hälfte des 12. Jahrhunderts entwickelte Gottfried von Viterbo († nach 1191) das Modell einer großen „kaiserlichen Familie". Sie reichte vom antiken Imperator Augustus († 14 n. Chr.) bis zu Friedrich I. und Heinrich VI. (1190 – 1197) (Abb. 1).

Mit immer neuen Hochzeiten und Verwandtschaftsnetzen erweiterte sich der Rahmen familiärer Identifikation nach Burgund, Byzanz, Sizilien, Aragon, Jerusalem oder England. Doch trotz der Kontinuität der Familie blieb im römisch-deutschen Reich die Wahl durch die Fürsten die Grundlage für die Königserhebung. Versuche zur formalen Etablierung einer dynastischen Thronfolge, wie sie mittlerweile in den übrigen europäischen Monarchien praktiziert wurde, misslangen. Vielmehr betonte Otto von Freising im Bericht zur Frankfurter Königswahl Friedrichs I. von 1152: „Denn dieses Recht, dass nämlich das Königtum nicht nach der Blutsverwandtschaft weitergegeben wird, sondern dass die Könige durch die Wahl der Fürsten eingesetzt werden, beansprucht das römische Reich als besonderen Vorzug."[2]

Mit diesem Wahlmodell bewältigte der Chronist die Zäsur bei der ersten staufischen Thronfolge. Denn beim Tod Konrads III. wurde nicht sein minderjähriger Sohn König, sondern der erfolgreichere Neffe Friedrich I. Barbarossa. Mit ihm etablierte sich die staufische Herrschaft über vier Generationen im Reich. Auf Barbarossa folgten seine Söhne Kaiser Heinrich VI. (1190 – 1197) und König Philipp („von Schwaben", 1198 – 1208), danach Kaiser Friedrich II. (1211/1212 – 1250), Heinrich (VII.) und König Konrad IV. (1250 – 1254). Das nur scheinbar so geradlinige staufische Jahrhundert wurde allerdings 1198 durch die Doppelwahl des Staufers Philipp und des Welfen Otto IV. (1198 – 1218) sowie durch einen zwanzigjährigen Thronstreit unterbrochen. In diesen Jahrzehnten festigte sich das Wahlprinzip so sehr, dass mit dem Ende der Stauferzeit die Verengung der Wählergruppe auf die späteren sieben Kurfürsten begann.

Die Sammelbezeichnung „Staufer" ruft also nur scheinbar die Einheit einer Herrscherdynastie hervor. Tatsächlich verwandelten sich zwischen 1138 und 1254 die familiären Orientierungen so

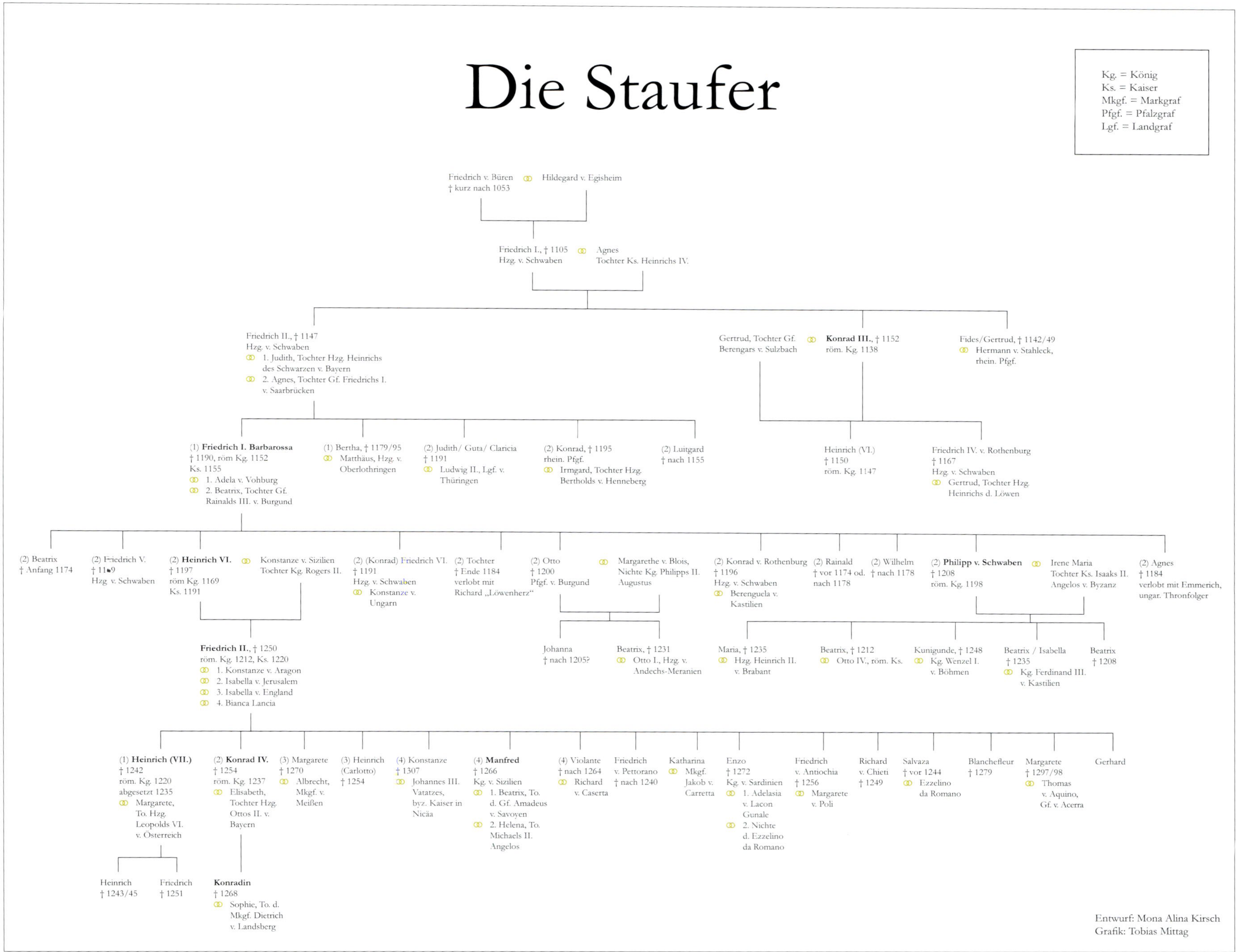

1 Die Familie der Staufer

sehr, dass der Begriff „Staufer" ein Konstrukt mit Quellengrundlage ist.

Eindeutiger scheint „Italien" zu sein, erst Bezugs- und dann Handlungsraum staufischer Politik. Anders als das römisch-deutsche Reich nördlich der Alpen mit seinen wechselvollen Bezeichnungen in den verschiedenen europäischen Sprachen war Italien als geographischer Raum seit der Antike definiert. Die politische Landkarte des 12. und 13. Jahrhunderts präsentiert freilich ein buntes Bild (Abb. 2).

Der Norden mit der Lombardei, den Marken Verona und Aquileia und der Markgrafschaft Tuscien gehörte als Königreich der Lombarden oder als Königreich Italien seit der Eroberung durch Otto I. den Großen 951 zum ostfränkisch-deutschen Königtum. Dieses Erobererrecht wurde seither wiederholt aktualisiert. Dagegen entwickelte sich die Republik Venedig mit Istrien seit der Jahrtausendwende unabhängig vom Reich. In Italiens Mitte, vom Tyrrhenischen zum Adriatischen Meer, hatten die Päpste ihre weltliche Herrschaft ausgebildet, die von den fränkischen und ostfränkischen Herrschern seit der Karolingerzeit bestätigt worden war. Gleichwohl stand dieser Besitz des heiligen Petrus (*patrimonium s. Petri*) wegen der kaiserlichen Schutzherrschaft über Rom lange im Bann der Könige und Kaiser aus dem Norden.

Im Süden fasste die normannische Reichsbildung unterschiedliche Regionen zusammen, die lange unter byzantinischer oder sarazenischer Herrschaft gestanden hatten. Im 12. Jahrhundert reichte das normannische Königreich Sizilien bis an die Grenzen des Patrimonium des heiligen Petrus. Die Päpste behaupteten sich zwischen den Mächten im Norden wie im Süden in wechselnden Koalitionen. Die Vereinigung des Königreichs Sizilien mit dem staufischen König- und Kaisertum (*unio regni ad imperium*) unter Heinrich VI. und Friedrich II. stellte für die Nachfolger des Apostels Petrus die größtmögliche Bedrohung dar.

Niemals gelang den Staufern aber eine gleichmäßige Herrschaft in den verschiedenen Teilen Italiens. Zweimal vereinten sich im Norden die großen Stadtkommunen unter Mailands Führung gegen die staufischen Friedriche zum lombardischen Städtebund. Beständig mussten die Staufer zwischen städtischen Bundesgenossen und Feinden lavieren. Italien war darum im Hochmittelalter ein geographischer Großraum ohne politische Einheit.

Begriffe II: Drei Innovationsregionen im mittelalterlichen Europa

Der Untertitel der Ausstellung fordert heraus. Bei den wissenschaftlichen Vorbereitungen führte er zu kontroversen Debatten. Kann Mittelalter innovativ sein? Oder ist das nicht ein Widerspruch in sich selbst? Heute deutet der positiv besetzte Innovationsbegriff auf Lösungsstrategien von der Gegenwart auf die Zukunft hin. Deshalb fällt es nicht leicht, ihn auch für ältere Erfahrungsstufen zu verwenden. Dabei lehrt das klassische Modell von Joseph Schumpeter (1883 – 1950) doch die wiederkehrenden Zusammenhänge von Invention, Innovation und Distribution. Solche Anstöße können durchaus für die Vormoderne erprobt werden. Bislang geschah das bevorzugt in der Technik-, der Wirtschafts- und der Sozialgeschichte. Unstrittig sind mittelalterliche Innovationen in Landwirtschaft (Durchsetzung von Grundherrschaft, Dreifelderwirtschaft, verbesserte Pflugtechniken), Kriegstechnik (Steigbügel oder Pulverwaffen), Energieversorgung (Nutzung von Wind- und Wasserkraft) oder Kommunikation (Durchsetzung des Buchdrucks in Europa).

Provokant wirkt dagegen die Verbindung von Innovation und Staufern. Gewiss gingen manche Veränderungen zwischen 1138 und 1254 von den staufischen Königen und Kaisern aus: neue monarchische Herrschafts- und Ordnungsformen, wirtschaftliche Initiativen, fromme Stiftungen oder künstlerisches Mäzenatentum. Aber mit dem Innovationsbegriff, so wie er heute empathisch besetzt ist, mag man die Staufer nicht so leicht zusammenbringen. Trotz aller Heldenverehrung, die Friedrich I. Barbarossa oder sein Enkel Friedrich II. früher in deutschen oder italienischen Meistererzählungen beanspruchten, beeindrucken neuerdings vor allem ihre Gegenbilder.

Die staufischen Könige und Kaiser gestalteten die großen Veränderungen ihrer Epoche nämlich nicht „innovativ". Die Potenziale des römischen oder des neu systematisierten kanonischen Rechts wurden nicht gezielt für die Modernisierung des Herrschaftssystems genutzt, die explosive Kraft der oberitalienischen Städte nicht richtig erkannt, die neuen Methoden scholastischer Wissenschaft nicht angemessen rezipiert. Der Vorrang des Imperiums, den man im 10. und 11. Jahrhundert noch auf großen Bühnen inszenierte, schmolz im Hochmittelalter dahin. Jetzt gaben die westeuropäischen Monarchien und die italienischen Stadtkommunen den Takt der Modernisierung vor. Dem Kaisertum blieb nur noch der zeremonielle Vorrang in einem pluralen System selbstbewusster „Mitspieler". Die Innovationen des 12. und 13. Jahrhunderts gingen also nicht aus dem Handeln imperial auftretender Herrscher hervor. Sie entwickelten sich freilich in engen Kontakten mit den Staufern. Dabei lagen Aneignungen und Abgrenzungen, Nutzung und Unverständnis, Spannungen und Ungleichgewichte eng beieinander.

Die Ausstellung macht den Innovationsbegriff deshalb nicht an der Dynastie, sondern an drei herausragenden Regionen fest. Hier vollzog sich beschleunigte und wirksame Modernisierung – mit den Herrschern, gegen sie oder durch sie. Hilfreich für die Beschreibung ist der wertneutrale Innovationsbegriff der jüngeren Forschung. Der von Rainer Christoph Schwinges für die Mediaevistik entwickelte Terminus der Innovationsräume verbindet prozessuale Beschleunigungen in Kultur und Gesellschaft mit dem Raum. Für die Bestimmung einer Innovationsregion im europäischen Vergleich sind vier Faktoren von besonderem qualitativen Gewicht entscheidend:

- Wissen
- Gewerbe
- Politik und Verwaltung
- Kommunikation und Verkehr.

In diesen vier Bereichen muss eine Innovationsregion ihre Umgebung qualitativ herausragend und mit zeitlicher Nachhaltigkeit übertreffen. Beschleunigte Fortschrittsprozesse werden räumlich verankert und nicht aus der inneren Logik von Technik und Naturforschung, sondern aus der Gestaltungskraft sozialer Systeme entwickelt. In zwei Blickachsen soll diese doppelte Fokussierung verbunden werden.

2 Das Reich der Staufer und die Innovationsregionen an Rhein-Main-Neckar, in Oberitalien und im Königreich Sizilien

Blickachsen I: Staufer und Italien

Mit seiner Kaiserkrönung am Weihnachtstag des Jahres 800 in Rom hatte Karl der Große die antiken Traditionen des römischen Kaisertums erneuert und seinen Vorrang in der lateinischen Welt in Szene gesetzt. Die Kaiserkrönung Ottos des Großen 962 öffnete den ostfränkisch-deutschen Königen die imperialen Potenziale. Sie nutzten sie bis zum Ende des Heiligen Römischen Reichs 1806 unterschiedlich. Im Mittelalter empfingen Herrscher aus dem Norden in Rom ihre Kaiserkrönung. Erst Maximilian I. verzichtete auf den Romzug und nannte sich seit 1508 „Erwählter Römischer Kaiser".

In diese Traditionslinien sind die Staufer einzufügen. Die ersten beiden Generationen handelten noch aus den traumatischen Erfahrungen ihres salischen Vorfahren Heinrich IV. 1153 garantierte Friedrich I. Barbarossa der Kurie den besten Zustand zwischen Römern und Papst seit 100 Jahren. Diese Jahrhundert-Erfahrung saß tief in frühstaufischer Zeit. Bischof Otto von Freising, auch er ein Enkel Kaiser Heinrichs IV., sinnierte zwei Menschenalter später immer noch über das fundamentale Zerwürfnis im sogenannten Investiturstreit: „Ich lese wieder und wieder die Geschichte der römischen Könige und Kaiser, aber ich finde vor Heinrich keinen einzigen unter ihnen, der vom römischen Pontifex exkommuniziert oder abgesetzt worden ist."[3]

Darum bemühte Otto die Geschichte von der Abfolge der Weltreiche aus dem alttestamentlichen Buch Daniel. König Nebukadnezar hatte geträumt, dass ein gewaltiges Standbild als Sinnbild aufeinanderfolgender Reiche – der Kopf aus Gold, Brust und Arme aus Silber, Körper und Hüften aus Bronze, die Beine aus Eisen, die Füße aus Eisen und Ton – von einem Stein an den Füßen getroffen und zu Staub zerfallen war (Daniel 2 und 7). Im Mittelalter sah man das römische, eigene Reich als das vierte und letzte dieser Folge. Seine Bewahrung geriet für Otto von Freising in höchste Gefahr. Er deutete den zerstörerischen Stein des Danielbuchs als die Kirche. Sie habe das römische Reich zermalmt, „als sie beschloss, den römischen König nicht als den Herrn des Erdkreises zu ehren, sondern als ein wie alle Menschen aus Lehm gemachtes tönernes Geschöpf mit dem Schwert des Banns zu treffen."[4]

Konrad III. und Friedrich I. Barbarossa lösten sich kaum aus solchen Krisenerinnerungen. Dabei verpassten sie viele Verwandlungen Italiens vom 11. zum 12. Jahrhundert. 1157 stilisierte die staufische Kanzlei das „geheiligte Reich" (*sacrum imperium*) erstmals als Gegenmodell zur heiligen römischen Kirche (*sancta Romana ecclesia*). Die Rede vom Heiligen Römischen Reich verstetigte sich dann in der Stauferzeit.

Konrad III. war der erste nordalpine Herrscher seit Otto dem Großen, der nicht mehr nach Rom zog. Dabei wurde Konrad gleich doppelt zur Kaiserkrönung eingeladen, von Papst Eugen III. (1145 – 1153) und von den römischen Bürgern, die sich gerade gegen ihren päpstlichen Stadtherrn zur Kommune zusammengeschlossen hatten. Aus der alten Kaiseridee des römischen Volkes sollte der erste Staufer seine Würde empfangen, damit er „nach Beseitigung aller Behinderung durch die Geistlichkeit" um so „freier und besser" über Italien und Deutschland herrschen könne (Wibald von Stablo). Beiden Einladungen leistete der König keine Folge. Doch die Konkurrenz um die Begründung des Kaisertums durch den Papst oder das römische Volk war eröffnet.

Friedrich I. Barbarossa entschied sich in bewährter Weise im Jahr 1155 für die Kaiserkrönung durch den Papst. Die Stadt, die sich dem Staufer als „Segen spendende Herrin des Erdkreises" präsentierte, erfuhr eine schroffe Abfuhr. Als Nachfolger der großen Erobererkaiser Karl und Otto, so argumentierte die staufische Kanzlei, besitze Friedrich ein originäres Recht auf das Kaisertum. Es basiere nicht auf kommunaler Gunst, sondern auf der kriegerischen Vormacht der Franken und Deutschen.

Diese Entscheidung führte zur offenen Gewalt. Blutig verteidigten deutsche Truppen die hastig inszenierte Kaiserkrönung in der Peterskirche gegen die Römer. Markig beschrieb Otto von Freising die Emotionen: „Da konnte man sehen, wie unsere Krieger ebenso schrecklich wie kühn die Römer töteten, indem sie sie niederstreckten, und niederstreckten, indem sie sie töteten, als ob sie sagen wollten: Empfange jetzt, Rom, statt arabischen Goldes deutsches Eisen! Das ist das Geld, das dir dein Kaiser für deine Krone zahlt. So wird von den Franken die Kaiserkrone gekauft."[5]

Was als kriegerische Aneignung begonnen hatte, entwickelte sich für Barbarossa zur Lebensaufgabe. Auf mehreren Italienzügen lotete er die Spielräume kaiserlicher Politik aus. Die Begegnung mit italienischen Juristen eröffnete dem staufischen Kaisertum eine neue Welt, die nur zaghaft betreten wurde. Das transkulturelle Lernen bewirkte immerhin eine Präzisierung des Lehnrechts südlich wie nördlich der Alpen. Schonungslos zeigte aber ein Papstschisma seit 1159 das Ende der imperialen Gestaltungskraft. Im Ringen über 20 Jahre setzten sich nicht die von Barbarossa massiv geförderten Päpste durch. Sieger blieb Papst Alexander III. (1159 – 1181), der von den großen europäischen Königreichen und den oberitalienischen Städten gestützt worden war. Der Friede, den der rechtmäßige Petrusnachfolger und der aus dem Kirchenbann gelöste Kaiser 1177 in Venedig abschlossen, wurde als vollständige zeremonielle Unterwerfung Barbarossas unter den Papst mit Bußgang, Kniefall und Fußkuss inszeniert.

Ein Jahr zuvor hatte Friedrich I. in der Schlacht von Legnano (nahe Mailand) eine katastrophale Niederlage gegen die oberitalienischen Stadtkommunen unter Mailands Führung erlitten. Mit knapper Not rettete der Kaiser sein Leben. Allein sein diplomatisches Geschick ermöglichte ihm die Gesichtswahrung, als er mit den Städten 1183 in Konstanz Frieden schloss. Bis zum Ende 1254 war das Tableau staufischer Herrschaft in Oberitalien eröffnet: Nähe und Ferne zu den Päpsten, Konkurrenz mit der zukunftsträchtigen kommunalen Bewegung, Attraktion des kulturellen Zaubers.

Früher beschrieb die Geschichtswissenschaft staufische Italienpolitik aus nationalen Antagonismen zwischen Deutschen und Italienern. Das trifft die Handlungsspielräume des 12. und 13. Jahrhunderts nicht. Friedrich I. argumentierte zwar mit fränkisch-deutschem Erobererrecht. In der Herrschaftspraxis verklammerte er aber die Reiche nördlich und südlich der Alpen. Das Thema „Staufer und Italien" muss darum seiner nationalen Scheuklappen entkleidet und in die hochmittelalterlichen Deutungsmuster überführt werden. Dabei wird der Wechsel Italiens vom Raum der Aneignung zum Handlungsraum klar. Von seinen 38 Herrschaftsjahren verbrachte Friedrich I. 13 Jahre in Italien (etwa 34 %). Seinem Sohn Heinrich VI. ermöglichte er die Ehe mit der normannischen Prinzessin Konstanze, die nach dem unerwarteten Ende ihrer männlichen Verwandten die Krone des Königreichs Sizilien erbte. Heinrich VI. verbrachte etwa ein Viertel seiner Herrschaftszeit in Italien. Bei seinem Sohn Friedrich II. verkehrte sich das Verhältnis. Fast drei Viertel seiner Regierungsjahre lebte er südlich der Alpen.

Solche Prozesse von Aneignung und Rivalität veränderten die Könige und ihr Amt. Seit den 1150er Jahren wird man die Staufer nicht mehr als deutsche Könige beschreiben, die Nord- oder Süditalien eroberten. Das Engagement für die Kreuzzüge lässt den Perspektivenwechsel erkennen. Konrad III. und Friedrich I. wählten 1147 und 1189 bei ihren Zügen ins Heilige Land noch den Landweg über den Balkan. Heinrich VI. und Friedrich II. nutzten 1197 und 1228 bereits ihre süditalienischen Häfen als Ausgangspunkte über das Mittelmeer.

Das politische Ende der Staufer als Könige 1254 und das biologische Ende durch die Hinrichtung des letzten männlichen Erben Konradin 1268 beendeten die europäischen Entwicklungsmöglichkeiten einer Generationenfolge, die sich immer heftiger in Italien einrichtete und das Reich nördlich der Alpen zunehmend als Nebenland betrachtete. Die mediterranen Handlungsräume Friedrichs II. zeigen die neue Bedeutung des römischen Kaisertums wie der süditalienischen Basislandschaft. Der offizielle Herrschertitel präsentiert die Trias der Würden: Kaiser der Römer, König von Jerusalem und von Sizilien.

Nach seinem Tod suchten sein Sohn König Konrad IV. (1250–1254) und sein Enkel Konradin die Entscheidung um die staufische Zukunft in Italien. In der Schlacht von Tagliacozzo endete 1268 Konradins Versuch, das an König Karl I. (von Anjou) verlorene Königreich Sizilien zurückzugewinnen. Am 29. Oktober 1268 wurde der letzte Staufersprossauf dem Marktplatz von Neapel hingerichtet. Der Untergang der Staufer und das Scheitern ihrer imperialen Konzepte öffneten der Nationalisierung der europäischen Monarchien und der weitgehenden Verselbständigung der italienischen Mächte die Bahn.

Blickachsen II: Drei Innovationsregionen

Räume sind soziale Konstrukte, entworfen aus menschlichen Ordnungsleistungen. Die zweite Blickachse wechselt die Perspektive von den Herrschern zu den Regionen. Aus der größeren Gruppe europäischer Innovationsregionen präsentiert die Ausstellung die drei wichtigsten Räume im staufischen Reich. Deutlich wird dabei die Vielfalt eines Reichs, das sich südlich wie nördlich der Alpen unterschiedlich entwickelte. So richtet die Verschränkung der beiden Blickachsen den Fokus auf die Gleichzeitigkeit des Andersartigen.

Die Auswahl der drei Innovationsregionen fußt auf mittelalterlichen Ordnungsleistungen, die bereits den Vorrang und die Dynamik von Zentrallandschaften erkannten. Klar entwarf Otto von Freising die beiden wichtigsten Räume im Reich Barbarossas: das Rheintal zwischen Basel und Mainz als größte Kraft des Reichs und die Städte in der Ebene des Po als Garten der Wonnen. In einem Brief von 1190 wurde die glückliche Insel Sizilien (*beata illa insula*) schließlich allen Königreichen wegen ihrer „glänzenden Vorzüge und herrlicheren Verdienste“ vorangestellt. Damals erschien der staufische Zugriff noch als „räuberische Grausamkeit der Deutschen“. Später errichtete Friedrich II. im Königreich Sizilien eine neue monarchische Ordnung über alle regionalen Differenzen hinweg. Mit der Strenge der Gerechtigkeit (*rigor iustitiae*) griff der Kaiser in nahezu allen Lebens- und Politikbereichen durch.

Es ist lohnend, sich auf solche Raumkonstrukte einzulassen und die Wahrnehmung hochmittelalterlicher Innovationsregionen aus Worten des 12. und 13. Jahrhunderts zu beschreiben. Dabei treten die Unterschiede hervor: (1) Die Region an Rhein, Neckar und Main präsentierte sich offener als die beiden italienischen Vergleichsräume, weil die sich ausbildenden föderalen Strukturen konsensualer Herrschaft keine Einheitlichkeit schufen; aus ökonomischer Kraft und sozialer Wandlungsfähigkeit entwickelte sich hier eine offene Bühne der vielen Mitspieler. (2) Am klarsten in Konsistenz und Nachhaltigkeit tritt die oberitalienische Städtelandschaft hervor; hier entfaltete sich ein kommunales System mit unvergleichlicher Wirtschaftskraft, das ältere feudale Ordnungen herausforderte und der europäischen Stadtgeschichte kräftige Impulse gab. (3) Die durchgreifende Herrschaftsorganisation Kaiser Friedrichs II. in seinem Königreich Sizilien lässt ein innovatives monarchisches Modell erkennen, das auf neuzeitliche Staatlichkeit verwies; in Süditalien selbst wirkte es freilich nicht nachhaltig, auch wenn Teile der staufischen Gesetzgebung bis weit in die Neuzeit ihre Rechtskraft behielten.

Die größte Kraft des Reichs

Am Anfang steht das Land am oberen Rhein. Zum Jahr 1155 berichtete Otto von Freising von der Kaiserkrönung Friedrichs I. Barbarossa in Rom und von der Rückkehr ins Reich nördlich der Alpen. Über Regensburg an der Donau, einem der drei wichtigsten Flüsse Europas, ging der Weg zum Weihnachtsfest nach Worms. Diese Landschaft rühmte Otto von Freising mit folgenden Worten: „Dieses Gebiet nämlich, das der hochberühmte Rhein, einer der drei bedeutendsten Ströme Europas, durchschneidet, an dessen einem Ufer die Grenze Galliens, an dessen anderem diejenige Germaniens verläuft, ist reich an Getreide und Wein und bietet eine Fülle von jagdbarem Wild und Fischen. Auf der gallischen Seite liegen nämlich die Vogesen und die Ardennen in der Nähe, auf der germanischen Seite ausgedehnte Wälder, die bis heute noch ihre barbarischen Namen tragen. Dort können daher die Herrscher, wenn sie sich im Gebiet nördlich der Alpen aufhalten, am längsten versorgt werden.“[6]

Der Rhein trennte nicht, bildete vielmehr die Hauptverkehrsachse und verband die Region mit dem Norden und dem Süden. So erwuchs die Region zu einer der produktivsten Wirtschafts- und Kulturlandschaften Europas. Hier, so schrieb Otto von Freising an anderer Stelle, „liegt bekanntlich die größte Kraft des Reichs“ (*maxima vis regni*).[7]

Unter den Staufern wurde Worms zu einem der wichtigsten Herrschaftszentren im Reich. Hier feierte Friedrich I. Barbarossa wiederholt die hohen Kirchenfeste Weihnachten und Pfingsten; hier hielt er zahlreiche Hoftage ab; hier ließ Heinrich VI. König Richard Löwenherz von England 1193 gefangen halten; hier erschien 1235 Kaiser Friedrich II., um das Urteil über seinen abtrünnigen Sohn Heinrich (VII.) zu fällen und in einer glanzvollen Inszenierung die englische Königsschwester Isabella zu heiraten; hier versammelten sich immer wieder die Eliten des Reichs.

Ähnliche Bedeutung besaß Mainz, die Krönungsstadt Philipps von Schwaben und Friedrichs II., Sitz des wichtigsten Erzbischofs im Reich: „Denn der Mainzer Stuhl ist sowohl berühmt wegen seiner Suffraganbistümer als auch der edelste wegen seiner Fürsten und der reichste an Menschen und Gütern, sowie an Macht und Gewalt der umfangreichste. Ihm gehorchen nämlich Sachsen und Thüringen, Franken und Hessen, Schwaben, Böhmen und Mähren."[8] Hier inszenierte Friedrich I. Barbarossa auf einem berühmten Hoftag zu Pfingsten 1184 den Glanz kaiserlicher Majestät. Hier wurde vier Jahre später auf dem „Hoftag Jesu Christi" das gewaltige Unternehmen des 3. Kreuzzugs vorbereitet. Hier verkündete Kaiser Friedrich II. 1235 eine umfassende Friedensordnung und setzte den endgültigen Ausgleich mit dem welfischen Haus feierlich in Szene.

Die herausragenden Bischofssitze markierten den Raum, der seine Konturen aus dem pluralen Zusammenspiel königlicher, bischöflicher und fürstlicher Orte gewann (Abb. 3). Dazu gehörten die Bischofsstädte Speyer und Straßburg, die aufstrebende Pfalzstadt Frankfurt am Main, seit 1147/1152 Ort der römischen Königswahl, die staufischen Pfalzen in Ingelheim, Gelnhausen, Wimpfen, Kaiserslautern und Hagenau, die ehrwürdigen Reichsabteien Weißenburg oder Lorsch, berühmte Burgen wie die Hohkönigsburg im Elsass oder der Trifels, denen sich mächtige Ministerialenburgen hinzugesellten, und schließlich neue Mittelpunkte wie Bacharach oder Heidelberg als Zentren der rheinischen Pfalzgrafschaft. Die Landschaft zwischen Mainz und Straßburg war kein ausschließliches Königsland. Charakteristisch wurde für sie vielmehr das Wechselspiel zwischen großen und kleinen Herrschaftsträgern. Neben Königtum, Bistümer und Abteien traten in staufischer Zeit die Stadtgemeinden und die fürstliche Herrschaftsbildung der rheinischen Pfalzgrafschaft. Gerade die Pfalzgrafschaft schuf neue Eckpunkte. Hier folgten in dichter Reihe die wichtigsten Herrschergeschlechter der Zeit aufeinander: Staufer, Welfen und Wittelsbacher. Der englische Chronist Roger von Howden stellte bereits um 1200 den rheinischen Pfalzgrafen an die Seite der drei Erzbischöfe von Mainz, Köln und Trier als die hauptsächlich Verantwortlichen für die deutsche Königswahl. Seit der Mitte des 13. Jahrhunderts stiegen die Pfalzgrafen dann in den exklusiven Kreis der sieben Königswähler auf, der in der Goldenen Bulle von 1356 seine endgültige Formierung erfuhr.

Friedrich I. Barbarossa hatte seinen Bruder Konrad mit der Zusammenfassung salischen und staufischen Besitzes im Rhein-Neckar-Raum beauftragt. Konrad fügte diese Grundlagen mit Lorscher und Wormser Vogteirechten zusammen und baute neben Bacharach Heidelberg zu einem neuen Schwerpunkt aus. Auch für diese zukunftsträchtige Herrschaftsbildung wurde der Rhein mit seinen lukrativen Zollstätten zur Kraftquelle. Langsam etablierte sich westlich wie östlich des Flusses die „Pfalz", die sich in erbitterten territorialen Kämpfen gegen die Erzbischöfe von Mainz behauptete. In dieser Rivalität wurde das ehrwürdige Reichskloster Lorsch regelrecht zerrieben. 1232 verlor es seine Eigenständigkeit. Die Herrschaftsverdichtung aus spätstaufischer Zeit ließ die großen territorialen Konfliktfelder zwischen Mainz, Heidelberg, Worms, Speyer oder Baden bereits erkennen.

Neben die Herrschaft von Königen, Bischöfen, Äbten und Fürsten schoben sich seit der ausgehenden Salierzeit die selbstbewussten Stadtkommunen. Die Bürger von Worms und Speyer erlangten als erste im Reich seit der Zeit Heinrichs IV. und Heinrichs V. (zwischen 1074 und 1114) königliche Privilegien. Unter Friedrich I. Barbarossa und seinen Nachfolgern setzte sich die Herauslösung der Städte aus grundherrschaftlichen Bindungen fort. 1182 und 1184 gewährte der Kaiser den Bürgern von Speyer und von Worms wichtige persönliche Freiheiten. Um 1200 sind in Straßburg, Speyer und Worms Vertreter der Bürger als Ratgeber der Bischöfe zu erkennen (*consiliarii*). Wenig später nannten sie sich Ratsherren (*consules*) und schlossen damit die kommunale Verfassungsbildung ab. Fortan agierten die wirtschaftlich prosperierenden Kommunen am Rhein zwischen Königen und Bischöfen als kraftvolle Mitspieler auf der politischen Bühne. Ein Zollvertrag zwischen Speyer und Worms von 1207/1208 lässt bereits einen gemeinsamen städtischen Gestaltungswillen erkennen.

3 Stauferzeitliches Adlerkapitel in der Pfalz Gelnhausen, Torhalle, um 1180

Geld und Geldwirtschaft bestimmten mehr und mehr Handel, Politik und Religion. Diese „Monetarisierung" maß Werte jeder Art in Geld. Jetzt begann der Ablasshandel. In die Territorialpolitik zogen Kauf oder Verpfändung ein. Dafür stellten Geldverleiher, die vor allem aus der Lombardei kamen, weltlichen wie geistlichen

Fürsten große Mittel gegen Zins zu Verfügung. Bald zeigte sich die Kraft des Geldes auch im Land an Rhein und Neckar. In Worms veröffentlichte Friedrich I. Barbarossa 1179 den Ankauf des schwäbischen Welfenerbes von Herzog Welf VI. 1193/1194 fand eine der größten Transaktionen des Jahrhunderts im Raum zwischen Speyer und Worms statt. Wegen Beleidigung der deutschen Kreuzfahrer und Verrat des Heiligen Landes hatte Kaiser Heinrich VI. den gefangenen englischen König Richard Löwenherz verurteilen lassen. Eine gigantische Summe von angeblich 100 000 Mark Silber musste als Lösegeld für seine Freilassung bezahlt werden. 1194 rollten die Wagen mit Tonnen englischen Silbergelds nach Worms und auf den Trifels. Mit diesem Kapital konnte der Kaiser das widerspenstige Königreich Sizilien erobern, unterstützt von Ministerialen aus dem Land zwischen Pfälzerwald und Neckar. Unter ihnen ragte Markward von Annweiler hervor, der wohl aus der Mannheimer Gegend stammte, nach seiner Burg am Trifels benannt wurde und im Königreich Süditalien als durchsetzungsfähiger Feldherr einen kometenhaften Aufstieg nahm.

Geprägt wurde die Landschaft beiderseits des oberen und mittleren Rheins von Aushandlungsprozessen verschiedener Herrschaftsträger und von einem Wandel, der Gesellschaft und Wirtschaft nachhaltig veränderte. Man wird diese prosperierende Region vielleicht am besten als Bühne der vielen Mitspieler bezeichnen: Könige, geistliche wie weltliche Fürsten, kleine Adlige, selbstbewusste Stadtkommunen. Hier bildeten sich auf überschaubarem Raum eng verwobene Netze von Menschen und Institutionen aus, die prägend für die deutsche Geschichte der folgenden Jahrhunderte wurden. Die Innovationsregion an Rhein, Neckar und Main zeichnete sich in staufischer Zeit nicht durch die klare Dominanz einer raumbestimmenden Größe, sondern durch die Vielfalt ihrer Herrschaftsträger von unterschiedlichem Rang aus. Wie in einem Laboratorium erprobten Könige, Kleriker, Fürsten, freie Herren und Bürger die variierende Suche nach Konsens und Kompromiss, die so typisch für die deutsche Geschichte in alteuropäischer Zeit wurde.

Der Garten der Wonnen

Die zweite Basis staufischer Herrschaft bildete Oberitalien. Auch diese Region erhielt im Bericht Ottos von Freising aus der Mitte des 12. Jahrhunderts klare Konturen und hohes Lob. Die Lombardei „erstreckt sich als ein wahrhafter Garten der Wonnen vom Tyrrhenischen bis zum Adriatischen Meer. [...] Durch den Po oder Eridanus, den die Geographen unter die drei berühmtesten Ströme Europas rechnen, und andere Flüsse wird das Land bewässert, und wegen des fruchtbaren Bodens und des milden Klimas trägt es Getreide, Wein und Öl, und zwar in solchen Mengen, dass es geradezu Wälder von fruchttragenden Bäumen, vor allem Kastanien, Feigen- und Ölbäumen, hervorbringt. [...] Die Lombarden legten ihre rohe barbarische Wildheit ab und [...] bewahren die Eleganz der lateinischen Sprache und die verfeinerte Lebensart. Auch in der Verwaltung der Städte und in der Bewahrung der Staatsform ist ihr Vorbild noch heute die Klugheit der alten Römer. Schließlich lieben sie die Freiheit so sehr, dass sie sich jedem Übergriff der Gewalt entziehen und sich lieber von Konsuln als von Herrschern regieren lassen. Da es bekanntlich bei ihnen drei Stände gibt, nämlich Kapitane, Valvassoren und Bürger, werden, um keinen Hochmut aufkommen zu lassen, die Konsuln nicht aus einem, sondern aus allen Ständen gewählt und [...] fast jedes Jahr ausgetauscht."[9]

In diesen Worten präsentiert sich eine Region mit ungeheuren ökonomischen Ressourcen und den neuen Ordnungsprinzipien einer geschichtsmächtigen urbanen Gesellschaft. Auch wenn die Schätzung mittelalterlicher Einwohnerzahlen schwierig und schwankend ist, beherbergte Mailand (die Annahmen schwanken zwischen 80 000 und mehr als 100 000) in staufischer Zeit mehr Menschen als die rheinischen Bischofsstädte Mainz, Worms, Speyer und Straßburg zusammen. Die lombardischen Stadtkommunen glänzten in ihrem Reichtum, behaupteten unbedingte kommunale Unabhängigkeit und „liebten die Freiheit so sehr",[10] dass sie sich eigene Konsuln wählten und zweimal große staufische Kaiser militärisch in die Knie zwangen, Friedrich I. Barbarossa und seinen Enkel Friedrich II.

Trotz mancher Einzelerfolge scheiterte der historisch begründete imperiale Herrschaftsanspruch der Staufer an den oberitalienischen Stadttoren. Anfangs vermochte Barbarossa durchaus noch städtische Rivalitäten sowie den Neid der Nachbarn auf das mächtige Mailand zu nutzen. Die demütigende Zerstörung dieser Metropole 1162 durch kaiserliche Truppen und die Vertreibung der Einwohner gruben sich tief ins kollektive Gedächtnis ein und bestärkten die Ressentiments gegen die Herrscher aus dem Norden. Doch mit dem Wiederaufbau Mailands seit 1167 sank der staufische Stern in Oberitalien. Im Bund vermochten die lombardischen Städte den Panzerreitern aus dem Norden zu trotzen. Unter dem Eindruck der kaiserlichen Strafgewalt an Mailand wurden zwischen 1164 und 1167 zwei Städtebünde gegründet, die sich 1167 zur Lombardischen Liga vereinigten. Gestützt durch Papst Alexander III., den König von Sizilien und Venedig schuf man sich unter Mailands Führung interurbane Organisationsformen. 1176 gelang in Legnano ein triumphaler Schlachtensieg gegen Friedrich I. Mühsam mit dem Leben davon gekommen, musste der Kaiser seine Städtepolitik ganz neu ausrichten. Im Konstanzer Frieden von 1183 erkannten Barbarossa und sein Sohn Heinrich VI. die Existenz des Lombardenbunds und die Autonomie seiner Mitglieder an.

1226 verbündeten sich Kommunen und Signorien der Poebene in einem zweiten Lombardenbund gegen Friedrich II. und knüpften programmatisch an die antikaiserliche Gemeinschaft des 12. Jahrhunderts an. Auch hier folgten grausame Kampfhandlungen. Trotz mancher Zwischenerfolge wurde der Kaiser 1248 vor Parma in die Knie gezwungen. Die Erinnerung an diese zweifache kommunale Selbstbehauptung erhielt sich über die Jahrhunderte in Oberitalien und führte noch im 20. Jahrhundert zur Instrumentalisierung durch die Lega Nord. Zukunftsträchtig und konkurrierend hatte sich im 12. und 13. Jahrhundert eine Landschaft oligarchisch regierter Kommunen in das Europa der Monarchien hineingeschoben.

Trotz all dieser Konflikte begann unter Friedrich I. Barbarossa ein Jahrhundert intensivster Begegnungen zwischen dem Reich nördlich der Alpen und Italien. Die Zeit zwischen 1150 und 1250 wurde entscheidend vom kulturellen Austausch geprägt, wobei die Strahlkraft Italiens die schwächeren Impulse aus dem Norden bei weitem überragte. Über Jahrzehnte hielten sich „deutsche" Fürsten und Ritter in Italien auf, lernten Land, Sprache und Sitten kennen, übernahmen Herrschaftsfunktionen, Baustile und die neuen Angebote der Wissenschaften. Am Ober- und Mittelrhein schlugen sich diese Erfahrungen vielfältig nieder. Bauformen und Kunstwerke der Kathedralen wurden vom Süden beeinflusst. Die Gelehrten des kanonischen und römischen Rechts spielten an den Höfen der Bischöfe eine immer wichtigere Rolle. Kommunale Begriffe aus Italien wurden in Mainz und Trier übernommen (*capitanei* = Kapitane als Führungsgruppe der Stadt). So gesellte sich der beständige Austausch der Menschen und Formen zu den Differenzen der großen Politik.

Von Oberitalien strahlten an der Wende vom 12. zum 13. Jahrhundert aber nicht nur die kommunalen Ideen, die Macht des Geldes oder der Glanz mediterraner Kultur über die Alpen nach Norden. In der gärenden Dynamik der auf Geldwirtschaft gegründeten Stadtgesellschaften formten sich spirituelle Gegenwelten, die nach dem Vorbild der Apostelgeschichte ein radikales Armutsgebot propagierten. Die Forderungen nach Abkehr von der Welt, Buße, Demut und Gehorsam boten ein Alternativmodell gegen urbane Verlockungen. Franziskus (1181/1182 – 1226), als Sohn eines reichen Tuchhändlers in Assisi geboren, hatte im frühen 13. Jahrhundert das biblische Ideal für sich entdeckt und es mit einer kleinen Anhängerschar in Umbrien provokativ vorgelebt. Was spontan begann und von charismatischer Begeisterung getragen wurde, fand sehr bald nachhaltige Resonanz und institutionelle Formierung. Die neuen Ordensgemeinschaften des 13. Jahrhunderts krempelten das traditionelle monastische Leben der Benediktiner und Zisterzienser radikal um. Im Gegensatz zu den etablierten Klöstern lehnten sie eigenen Besitz programmatisch ab, lebten vom Betteln und orientierten sich auf die Städte und die Hohen Schulen.

Innerhalb weniger Jahre und Jahrzehnte verbreiteten sich die vom Papsttum approbierten franziskanischen Gemeinschaften über Italien hinaus und fixierten ihre neuen Strukturen in Ordensprovinzen. Die vom westlichen Mittelmeerraum ausgehenden Dominikaner (benannt nach Dominikus aus Caleruega bei Burgos/Kastilien, um 1170 – 1221) kamen ebenso hinzu wie die Waldenser (benannt nach dem Lyoner Kaufmann Petrus Valdes, † um 1207) oder Humiliaten (nach *humilis*, niedrig, demütig). Diese sogenannten Bettelorden entstanden aus einem sozialen wie mentalen Umbruch, bei dem die Anhäufung ungeheurer Geldvermögen und das Postulat, „nackt dem nackten Christus zu folgen", zusammengehörten. Die franziskanischen und dominikanischen Gemeinschaften bedienten sich in ihrer Statutengesetzgebung und in ihrer enzyklopädischen Sammelleidenschaft einer geradezu explosionsartig wachsenden Schriftlichkeit. Dabei entwickelten sie eine bislang unerreichte Rationalität der Lebensgestaltung. Vom 12. zum 13. Jahrhundert entstanden in den Klöstern die Modelle jenes gesellschaftlichen wie kulturellen Aufbruchs, aus denen sich später die spezifischen Ordnungskonfigurationen der europäischen Moderne formten. Bald schon etablierten sich die Bettelorden auch in den rheinischen Bischofsstädten Mainz, Worms und Speyer.

Die Strenge der Gerechtigkeit

Nach anfänglichen Rivalitäten mit den normannischen Königen rückte im späten 12. Jahrhundert der Süden Italiens, nämlich die Insel Sizilien mit Kalabrien und Apulien, als weitere Kernregion in den Blick der Staufer. Normannische Eroberer hatten diese Ländereien im 11. und 12. Jahrhundert den früheren byzantinischen oder muslimischen Herren abgerungen und daraus ein neues Königreich vom Ceprano-Pass ca. 100 km südlich von Rom bis zur Südspitze Siziliens geformt. 1130 erlangte Roger II. († 1154), vormals Graf von Sizilien, die Anerkennung seines Königtums durch den damaligen Gegenpapst Anaklet II. In diesem Königreich Sizilien (*regnum Siciliae*) verbanden sich die Kulturen des Mittelmeerraums zu einem neuen transkulturellen Lebensexperiment. Aus griechisch-byzantinischen, normannisch-christlichen, jüdischen und muslimisch-arabischen Traditionen versammelten König Roger II. und seine Nachfolger die Kräfte der europäischen und mediterranen Welt in Palermo. Hier erfuhren Dichtung, Wissenschaften und Kunst einen mächtigen Aufschwung. Arabische Geographie und Lyrik, byzantinische Homiletik und lateinische Chronistik entfalteten sich gleichermaßen. Vor allem entstand aus byzantinischen wie normannischen Wurzeln ein neues Herrschaftsmodell, das eine durchgreifende Herrschergewalt als Voraussetzung für Einheit und Frieden stilisierte.

Daran knüpften die Staufer an. Nur durch dynastische Zufälle und beherzte Tatkraft waren sie in den Besitz Siziliens gelangt. 1186 heiratete Barbarossas Sohn und Nachfolger Heinrich VI. Konstanze, die Tochter König Rogers II. und Tante des regierenden Königs Wilhelm II. von Sizilien (1166 – 1189). Als dieser ohne Nachkommen starb, setzte Heinrich VI. den Erbanspruch seiner Frau gegen normannische Konkurrenten durch. Mit hohem militärischen Einsatz wurde das Königreich Sizilien mit dem römisch-deutschen Reich vereint. Kaiser Friedrich II., 1194 als einziges Kind Heinrichs VI. und Konstanzes in Jesi bei Ancona geboren, beherrschte ein Reich von der Ostsee bis zur Südspitze Siziliens.

Die glückliche Insel Sizilien (*beata illa insula*) wurde in einem Brief von 1190 allen Königreichen wegen ihrer „glänzenden Vorzüge und herrlicheren Verdienste" vorangestellt.[11] Hier entwickelte sich die dritte große Innovationsregion im staufischen Reich. Unter Friedrich II. entstand eine monarchische Ordnung, die alle Partikularismen zu überwölben versuchte. Dafür baute er Hierarchien loyaler Amtsträger auf, die auf die neuzeitliche Beamtenschaft zu verweisen scheinen. Zu ihrer Ausbildung richtete der Kaiser in Neapel eine Universität ein, deren Bildungsprogramm auf die Interessen der Monarchie ausgerichtet wurde. Sein Reich regierte Friedrich mit einer schriftlich fixierten Gesetzgebung (Liber Augustalis oder Konstitutionen von Melfi von 1231) und mit einer rigorosen, von der Person des Monarchen ausgehenden Gerichtsbarkeit (*rigor iustitiae*).

Dieser Entwurf einer Ordnungs- und Friedensgemeinschaft erforderte den mit äußerster Strenge handelnden Kaiser, der aus den Traditionen des lateinisch-christlichen Gottesgnadentums wie des byzantinisch-orientalischen Herrscherverständnisses agierte. Seine Autorität, orientiert am Vorbild der römischen Caesaren, inszenierte Friedrich in seiner Goldmünzenprägung (Augustalen) oder in einer prachtvollen Repräsentationskunst. Residenzpaläste (Foggia), mächtige Kastelle (Castel del Monte) und Pfalzbauten, Jagdschlösser oder Tore (Brückenkastell von Capua) vergegenwärtigten eine Majestät, die keinen Widerspruch oder Zweifel duldete. Mit strengster Bestrafung musste jeder rechnen, der die weltlichen oder kirchlichen Gebote übertrat. Aus diesem Zusammenhang erwuchs auch die erbarmungslose Gesetzgebung gegen Ketzer.

In einer Person wurde der Kaiser zum Gesetzgeber und zum Vollstrecker der Gesetze (Abb. 4). Dieses Konzept griff auf die

4 Übergabe des Liber Augustalis an Kaiser Friedrich II., Ausschnitt aus einer Handschrift des Liber Augustalis, 2. Hälfte 13. Jahrhundert, Vatikanstadt, Biblioteca Apostolica Vaticana, Cod. Reg. lat. 1948, fol. 4r

göttliche Weltordnung zurück. Die Vorrede zum sizilianischen Gesetzeswerk von 1231 verwies auf den menschlichen Sündenfall, aus dem Herrschaft zur Eindämmung des Unrechts erwachsen sei. Wenn die kaiserliche Macht Frieden und Gerechtigkeit gewährleiste, könnten die Menschen den Weg zur bewahrenden göttlichen Ordnung beschreiten. Göttlicher Auftrag und staufische Vollgewalt ergänzten sich.

Dieser Anspruch auf Ordnung führte zu einem regelrechten „Friedenszwang", der die Fehde ausschalten wollte. Damit einher ging eine enorme politische und ökonomische Expansion. Der systematisch geförderte Flottenbau in Sizilien und Unteritalien erlaubte dabei die Kontrolle der Küsten und des Mittelmeeres. Das wirtschaftliche Leben, die Grundversorgung der Menschen und die Erhaltung der Umwelt wurden bis ins Detail geregelt. Dieser Erfassungswille bezog auch die Wissenschaften und ihre Erklärungspotenziale mit ein. In vielen Feldern – etwa der Mathematik oder der Vogelkunde – förderte der Hof die Erkenntnis und Systematisierung von Natur und Gesellschaft.

5 Haubenkrone (Kamelaukion), die im Grab der ersten Gemahlin Friedrichs II., Konstanze von Aragón, gefunden wurde. Palermo, um 1220–1222, Palermo, Tesoro della Cattedrale

Auf der Basis normannischer Staatlichkeit gestaltete Friedrich II. in seinem Königreich Sizilien also ein anderes Politikexperiment als im Reich nördlich der Alpen oder in Oberitalien. Im Gefüge der konsensualen Herrschaft vieler Mitspieler oder in der selbstbewussten Welt der Kommunen ließ sich ein derart rigoroses monarchisches Modell nicht einmal ansatzweise durchsetzen. Auch in Sizilien gelang das sicher nur bedingt, weil der Kaiser Zeit seines Lebens mit Widerstand in den Regionen und am Hof konfrontiert war. Der Untergang der Staufer, der Übergang Siziliens an die Herrschaft König Karls I. von Anjou 1265/1266 und die Aufteilung des alten normannisch-staufischen Reichs zwischen den Häusern Anjou und Aragón 1282 bescherten der „Strenge der Gerechtigkeit“ keine wirkliche Nachhaltigkeit. Die Ideen absoluter monarchischer Suprematie wurden erst Jahrhunderte später wieder neu entworfen.

Als Fazit: Drei Innovationsregionen im Stauferreich, drei unterschiedliche Ordnungssysteme! Die zweite Blickachse der Ausstellung präsentiert die in Qualität wie Quantität sehr verschiedenen Kraftimpulse, die sich im 12. und 13. Jahrhundert im Land am Rhein, in Oberitalien und in Sizilien entwickelten. Die Aushandlung des konsensualen Miteinanders, die Entfaltung der kommunalen Idee und der Wille zur monarchischen Ordnungsstiftung sind unvergleichlich. Sie demonstrieren die Pluralität eines Zeitalters, die Beschleunigung im historischen Wandel und die Verschiedenheit des staufischen Reichs. Darum bietet die Ausstellung keine homogene Einheit, sondern versteht sich eher als eine neue Betrachtung alter Dinge im Sinne einer Defragmentierung. Die Verschränkung der beiden Blickachsen belässt den großen Herrschern durchaus ihre gestalterische Kraft, bindet sie aber zugleich in die Bedingtheiten ihrer Zeit und ihrer Herrschaftsräume ein.

1 Zum Thema: Schneidmüller/Weinfurter/Wieczorek 2010; Weinfurter 2008a; Görich 2008a; Grasshoff/Schwinges 2008; Schneidmüller 2007; Engels 2005; Schneidmüller/Weinfurter 2003; Weinfurter 2002b; Schwinges/Messerli/Münger 2001; Ausst.-Kat. Stuttgart.
2 Otto von Freising und Rahewin, Die Taten Friedrichs, lib. II, cap. 1.
3 Otto von Freising, Chronica, lib. VI, cap. 35. Deutsche Übersetzung: Otto von Freising, Chronik, lib. VI, cap. 35.
4 Otto von Freising, Chronica, lib. VI, cap. 36. Deutsche Übersetung: Otto von Freising, Chronik, lib. VI, cap. 36.
5 Otto von Freising und Rahewin, Die Taten Friedrichs, lib. II, cap. 35.
6 Otto von Freising und Rahewin, Die Taten Friedrichs, lib. II, cap. 48.
7 Otto von Freising und Rahewin, Die Taten Friedrichs, lib. I, cap. 12.
8 Vita Arnoldi; Übersetzung von Stefan Weinfurter.
9 Otto von Freising und Rahewin, Die Taten Friedrichs, lib. II, cap. 14.
10 Otto von Freising und Rahewin, Die Taten Friedrichs, lib. II, cap. 14.
11 Hugo Falcandus, La historia, S. 171.

Staufermythen I.

1 Kaiser Friedrich I. Barbarossa erwacht aus seinem jahrhundertelangen Schlaf, Kyffhäuserdenkmal, 1896 eingeweiht

Alexander Schubert

Heilserwartung und Wiederkehrglaube

Ginge die Welt zugrunde mit großem Erschrecken,
ich hielte es nicht für eine Ungeheuerlichkeit;
oder wenn sich zumindest alles was glänzt, verdunkelte;
weil Konrad der König, … und Österreichs hoher Herzog Friedrich, …
so übel gestorben sind. Ach welch ein Verlust ist das![1]

Inhaftiert im Gefängnis von Genua verfasste der venezianische Kaufmann und Troubadour Bartolome Zorzi 1268 ein provenzalisches Klagelied, in dem er über eine Katastrophe für die Menschheit von unvergleichlichem Ausmaß berichtete. Das Unheil, das seine Strophen beschreiben, empfand Zorzi als so überwältigend, dass er sich über sich selbst wundern musste, wie es ihm überhaupt gelingen konnte, solches zu berichten. Nur die heitere und angenehme Melodie, die er seiner Dichtung vorsichtshalber hinzufügte, ermöglichte es, seine Verse zu singen und anzuhören. Denn ohne diesen Kunstgriff sei das grausame Geschehen so machtvoll, dass allein von der Erinnerung eine tödliche Wirkung ausginge.

Die Tragödie, die Zorzi zu seinem Werk veranlasste, hatte sich kurz zuvor auf dem Marktplatz von Neapel zugetragen. Dort hatte der letzte männliche Staufer in direkter Linie, König Konradin, gemeinsam mit seinem Mitstreiter, Herzog Friedrich von Österreich, den Tod gefunden. Nachdem er gegen Karl von Anjou eine vernichtende Niederlage hatte hinnehmen müssen, war Konradin auf der Flucht ergriffen, verurteilt und enthauptet worden (Abb. 2). Zorzi beschrieb die Hinrichtung des Staufers als finales Unglück, bei dem das Leben eines Königs ausgelöscht wurde, der allen anderen an Tugenden überlegen war, der, gottesfürchtig und gerecht, an Weisheit fast Salomon gleich, von schöner Gestalt und hochgeborener Herkunft, geschickt im Umgang mit Waffen und freigiebig über alle Maßen, das Ideal eines mittelalterlichen Herrschers in Perfektion verkörperte. Die Klagen über den Verlust gipfeln bei Zorzi in einer Art „Verdunklungsszenario“: Die Deutschen hätten durch die Tötung Konradins ihr Bestes verloren. Die Welt insgesamt habe großen Schaden erlitten. Ja, man müsse Hass empfinden, wie schmählich mit Verdiensten und hoher Geburt umgegangen worden war.

Zunächst blieb Bartolome Zorzi der einzige Künstler, der den Tod Konradins und das Aussterben der Staufer auf diese Weise beweinte.[2] Während sein Lied im Wesentlichen Trauerarbeit leistete, entwickelten sich unter den Anhängern der Staufer parallel dazu andere Bewältigungsstrategien. Im Kern leugneten diese jeweils das Ende der Dynastie nach über 100 Herrschaftsjahren im höchsten Amt des Reichs. Sie hielten trotz des Aussterbens der männlichen Linie die Hoffnung auf Wiederkehr eines staufischen Repräsentanten aufrecht. Die Sehnsüchte richteten sich dabei in erster Linie auf Friedrich II., dessen Herrschaft eine Fortsetzung finden sollte. Je nach Horizont und Weltbild hatten die Zeitgenossen dabei die Auswahl unter mehreren Erklärungsmustern, die den Glauben an eine Rückkehr des letzten staufischen Kaisers nährten.

Man konnte ganz konkret Friedrich II. *in persona* erwarten, wenn man die Überzeugung teilte, dass er noch lebte und in Kürze die Regierungsgeschäfte wieder übernehme. Es hielt sich vehement das Gerücht, dass der Kaiser 1250 gar nicht gestorben sei, sondern sich nur auf einer langen Pilgerfahrt befände. Der Umstand, dass Friedrichs II. Tod 1250 im Alter von sechsundfünfzig Jahren zunächst geheim gehalten worden war, förderte solche Spekulationen. Noch 1257, also ganze sieben Jahre nachdem er verstorben war, wurden hohe Belohnungen für den Nachweis ausgelobt, dass der Kaiser am Leben sei.[3] Und 1280, weitere 23 Jahre später, wurde in Italien weiterhin spekuliert, Friedrich II. lebe noch *in der werlte* (Abb. 3).[4]

Möglich war es aber auch, sinnbildlich auf die Rückkehr des Kaisers zu hoffen, indem ein neuer „Friedrich“, ein leiblicher oder geistiger Nachfahre, eines Tages dessen Werk vollenden würde. Staufische Abstammung und Namensgleichheit erhöhten durchaus die Chancen eines Herrschaftsanwärters, dass man in ihm den allseits erwarteten Erben des Friedens- und Reformkaisers erblicken konnte. Auf den mütterlicherseits mit den Staufern verwandten, 1257 geborenen Friedrich den Freidigen aus dem Geschlecht der Wettiner (Kat.-Nr. IV.A.4.9) etwa richteten sich große Hoffnungen, ein dritter Friedrich (*Fredericus tercius*) zu sein, der das Geschlecht Karls von Anjou vernichte und die Weltherrschaft erringe.[5]

Und schließlich bot es sich an, daran zu glauben, dass Friedrich II. eines Tages als übernatürliche, mythische Gestalt, die Naturgesetze überwindend, zurückkommen würde. Im Volk entwickelte sich die phantastische Idee, der Kaiser werde am Ende der Zeiten wiederkehren, um Reich und Kirche zu erneuern. Aus solchen Wünschen entstand allmählich die Kaisersage, die einen Berg, wahlweise den Kyffhäuser in Thüringen, den Untersberg bei Salzburg, den Ätna, einen Berg bei Kaiserslautern, den Trifels, den Odenberg oder den Gudensberg in Hessen als Schlafstätte des ruhenden Herrschers bestimmten. Dort, so erzählte man sich, warte der Untote, um sein Werk zu vollenden.

2 Die öffentliche Enthauptung Konradins auf dem Marktplatz von Neapel 1268. Miniatur aus der Cronica Nuova des Giovanni Villani, 2. Hälfte 13. Jahrhundert, Vatikanstadt, Biblioteca Apostolica Vaticana, Cod. Chigi L VIII 296, fol. 112v

Diese Vorstellungen, die weit mehr Ausdruck eines konkreten Geschichtsbildes waren denn bloßes nostalgisches Schwelgen in Erinnerungen, wurden zum Ende des Mittelalters hin allmählich auf Friedrichs II. Großvater, Friedrich I. Barbarossa, übertragen und erfuhren in den folgenden Jahrhunderten zahlreiche Ausschmückungen (Abb. 1). „Augenzeugen" wussten nach Zufallsbegegnungen etwa zu berichten, dass der berühmte Herrscher seine Rückkehr davon abhängig machen müsse, ob die den Kyffhäuser umkreisenden Raben ihren Rundflug einstellten und er bereits solange im Berg auf einer Bank sitzend verharre, dass sein langer roter Bart durch die Tischplatte gewachsen sei oder den Fuß des Tisches mehrfach umschlungen hätte.[6]

Mit dem auf diese Weise in der modernen Herrschertugend des „Aussitzens" bestens geübten Kaiser stand allen künftigen Regenten gewissermaßen eine „staufische Schattenregierung" gegenüber, die für die Folgezeit, selbst bis in unsere Gegenwart, zum festen Bestandteil der politischen Realität in Deutschland wurde. Je nach politischer Lage und Gesinnung konnte in den folgenden Jahrhunderten der schlafende Kaiser Friedrich I. Barbarossa als Gegenbild zu den herrschenden Zuständen im wahrsten Sinne des Wortes „wachgerufen" werden. Friedrich Rückerts Gedicht *Der alte Barbarossa* von 1817 etwa stilisierte den Rotbart zum Sinnbild für die Sehnsucht nach einem geeinten Kaiserreich, wie es nach der Auffassung der Zeitgenossen unter seiner Ägide existiert hatte.[7]

Der alte Barbarossa,
der Kaiser Friederich,
im unterirdischen Schlosse
hält er verzaubert sich.
Er ist niemals gestorben,
er lebt darin noch jetzt;
er hat im Schloss verborgen
zum Schlaf sich hingesetzt.
Er hat hinabgenommen
des Reiches Herrlichkeit
und wird einst wiederkommen
mit ihr, zu seiner Zeit.

Heinrich Heine persiflierte wiederum in seinem satirischen Versepos *Deutschland. Ein Wintermärchen* 1844 diese rückwärts gewandte Barbarossa-Sehnsucht.[8] In CAPUT XVI schildert er eine

Traumbegegnung mit Kaiser Friedrich I. im Kyffhäuser, in der er dem Hoffnungsträger eine klare Absage erteilt:

„Herr Rotbart" – rief ich laut –, „du bist
Ein altes Fabelwesen,
Geh, leg dich schlafen, wir werden uns
Auch ohne dich erlösen.
Die Republikaner lachen uns aus,
Sehn sie an unserer Spitze
So ein Gespenst mit Zepter und Kron';
Sie rissen schlechte Witze.
…
Das beste wäre, du bliebest zu Haus,
Hier in dem alten Kyffhäuser –
Bedenk ich die Sache ganz genau,
So brauchen wir gar keinen Kaiser."

Wie weit der Schatten des Kyffhäuserbergs mit seinem schlafenden Insassen reicht, beweist ein Blick in die Tagespresse. Denn selbst Helmut Kohl musste sich 1996, zwei Jahre vor seiner Abwahl, in einer Karikatur des Kölner Stadt-Anzeigers als „der ewige Kanzler" an Barbarossas „Regierungszeit" messen lassen.[9] Und als im Herbst 2009 nach den Landtagswahlen durch Parteienstreit eine Regierungsvakanz in Thüringen drohte, verwies die Frankfurter Allgemeine Zeitung auf Ihrer Titelseite darauf, dass der Kyffhäuser im Norden des Landes „aus der vertrackten Lage" helfen könne. Denn „dort schlummert angeblich seit Jahrhunderten ein Regierungschef, der auf seine Erlösung wartet". Der Mythos schreibt, zuweilen auch in Satire und Zeitkritik, die Geschichte der Staufer ohne deren Zutun immer weiter fort.

3 Ein junger Falkner vor Friedrich II. Miniatur aus der Weltchronik des Jansen Enikel, Süddeutschland, 2. Hälfte 14. Jahrhundert, Regensburg, Fürstlich Thurn und Taxis'sche Hofbibliothek, Ms Perg III, fol. 165r

Zurück zu den Ursprüngen

Das faktische Ende staufischer Herrschaft vor fast 750 Jahren bedeutete zugleich den Beginn einer schier unglaublichen Wirkungsgeschichte der Staufer, die bis in unsere Tage reicht. Während Friedrichs I. Barbarossa Zweitkarriere allerdings erst in der frühen Neuzeit an Fahrt aufnahm, wurden die Grundlagen für den Mythos um seinen Enkel schon zu dessen Lebzeiten gelegt. Dabei sind die ersten Hinweise auf die Verklärung Friedrichs II. bereits ganz am Anfang seines Lebens zu suchen. Die Tatsache der Geburt Friedrichs II. im Jahre 1194 war von Beginn an extrem bedeutungsgeladen, sollte doch in ihm, dem Sohn des römischen Kaisers Heinrich VI. und Konstanze, der posthum geborenen Tochter und Thronerbin König Rogers II. von Sizilien, die Vereinigung zweier Reiche manifestiert werden. In dieser Rolle wurde Friedrich II. bereits als Säugling zum Politikum, das sich die Freunde und Gegner dieser Machtkonzentration mit übernatürlichen Planspielen zu erklären versuchten. In seiner Kaiser Heinrich VI. gewidmeten Chronik pries Petrus von Eboli den staufischen Nachwuchs unmittelbar nach der Geburt als den vom römischen Dichter Vergil in der vierten Ekloge angekündigten Sprössling, der nicht nur zwei Herrscherhäuser in seiner Person zusammenführe, sondern ein Reich ewigen Friedens erschaffen und auch selbst ewig strahle werde:[10]

Knabe verheißen der Welt, Erneurer der Zeiten und Reiche,
Roger und Friedrich, eins werden beide in dir, …
Lebe, du strahlendes Licht, und strahle als ewige Sonne,
der aus der Wiege du schon hellest den düsteren Tag
Lebe, du Jupiterspross, du Erbe des römischen Namens,
der du das Reich und die Welt uns zu erneuern bestimmt. …
Lebe, du Sohn des Glücks, du glücklicher Sprößling der Eltern,
Lebe, erlauchtes Kind, Liebling der Götter der Welt.

Aus dem stauferfeindlichen Umfeld des kalabrischen Zisterzienserabts Joachim von Fiore wurden hingegen Gerüchte und Prophezeiungen lanciert, die geeignet waren, dem neugeborenen Friedrich II. die sizilischen Erbansprüche von Beginn an abzustreiten. Es wurde nicht nur behauptet, der Säugling sei niederer Herkunft und der in ihrem fortgeschrittenen Alter nicht mehr gebärfähigen Konstanze untergeschoben worden, sondern es wurde auch die angebliche Weissagung verbreitet, die Kaiserin sei von einem Dämon schwanger geworden. Die durch diabolischen Einfluss zustande gekommene Empfängnis diente wiederum zum Beleg einer weiteren antichristlichen Prophezeiung, von der bereits die Großelterngeneration betroffen gewesen sei. Ein Hofastrologe hätte nämlich angeblich bei der Geburt Konstanzes im Jahre 1154 geweissagt, dass diese Unheil und Verderben über Sizilien bringen werde. Um das zu verhindern, sei Konstanze zur Nonne gemacht worden (Abb. 4). Heinrich VI. hätte dann aber seine Braut aus dem Kloster mit Gewalt entführt, um der Verheißung Genüge zu tun, dass der kommende Antichrist von einer Geistlichen geboren werde.[11]

Mit dieser Vorgeschichte war es ein leichtes, Friedrich II. im Laufe seines Lebens in den Mittelpunkt weiterer Prophezeiungen

4 Königin Konstanze von Hauteville gehört zu den Seelen, die an der Erfüllung ihres Gelübdes gehindert wurden und die sich Dante im Mondlicht zeigen (Divina Comedia, Paradiso, Canto III). Miniatur aus einer Handschrift des 15. Jahrhunderts, Vatikanstadt, Biblioteca Apostolica Vaticana, Cod. Urb. lat. 365, fol. 203r

zu stellen. Friedrichs II. lebenslanger Konflikt mit dem Papsttum, der ihm Häresievorwürfe und die zweimalige Exkommunikation 1227 und 1239 einbrachte, führte zu einer beiderseitigen, sich zunehmend verschärfenden Propagandaschlacht, in der Argumente religiös verbrämt und Friedrich II. als Günstling vermeintlich übernatürlicher, göttlicher oder diabolischer, Wirkmächte charakterisiert wurde.[12]

Ein von den Anhängern Joachims von Fiore um 1240 verfasster Kommentar sagte die vollständige Zerstörung der christlichen Kirche durch Friedrich II. für das Jahr 1260 voraus.[13] Der Kaiser starb aber 1250, also zehn Jahre zu früh, um diese Weissagung noch zu erfüllen. Um dieses prophetische Gedankenkonstrukt, das Friedrich mit dem Antichrist gleichsetzte, dennoch aufrechtzuerhalten, blieb auch jenen, die das Ende der staufischen Ära eigentlich mit Genugtuung hätten quittieren können, nichts anderes übrig, als an Friedrichs II. Wiederkehr zu glauben. Gemäß der Lehre Joachims von Fiore wähnten sich die Zeitgenossen im zweiten von drei Weltaltern, das mit der Vernichtung der Kirche in ihrer gegenwärtigen Form enden würde. Hinsichtlich der bevorstehenden Ankunft des Antichrist war es deshalb für weite Kreise keine Frage, *ob* es dazu käme sondern lediglich, *wann* es soweit sein würde.

Nahrung erhielt die Vorstellung, Friedrich II. werde zurückkehren, um sein (Schreckens-)Werk zu vollenden, durch eine weitere prophetische Schrift, die vermeintlich aus der Zeit des Trojanischen Krieges stammte, tatsächlich aber erst in der Mitte des 13. Jahrhunderts entstanden war. Aus dem Blickwinkel des 12. vorchristlichen Jahrhunderts kündigte die sogenannte Erythräische Sibylle, das Werk eines unbekannten Autors, in geschickter Verbindung tatsächlich bereits Geschehenes und Zukünftiges an, was ihren Weissagungen allgemein einen hohen Grad an Glaubwürdigkeit verlieh.

Die sibyllinische Schrift setzte Friedrich II., den sie als Adler bezeichnete, mit der biblischen Ankündigung der Bestie, und damit dem Antichrist gleich. Für das Ende des Kaisers wagte sie eine vielsagende und folgenschwere Prophezeiung: „Sein Tod wird verborgen und unerkannt sein, und es wird im Volk erschallen: Er lebt und lebt nicht."[14]

Aber auch die pro-staufische Publizistik trug zu einem Klima bei, das sich später dem Legenden-Wachstum um eine Wiederkehr Friedrichs II. als förderlich erweisen sollte. Auf die seitens der päpstlichen Partei erhobenen Vorwürfe, der Kaiser sei Vorläufer des Antichrist oder der Leibhaftige selbst, reagierte die Kanzlei des Herrschers, indem sie das Profil des Staufers als des von Gott gesandten Kaisers der Endzeit schärfte und ihn mit einer Vielzahl biblischer Prophezeiungen in Beziehung setzte. 1236 etwa kündigte Petrus von Vinea in einer Rede vor den Einwohnern Piacenzas den herannahenden Friedrich II. mit den Worten aus der Messiasverheißung Jesaja 9,2 an und wies ihm eine ursprünglich auf Christus zu beziehende Metapher zu: „Das Volk, das im Finsteren wandelte, sieht ein großes Licht, denen die im Schatten des Todes wohnen, ist ein Licht erschienen."[15]

Nikolaus von Bari verfasste in diesem Zusammenhang einen Lobpreis auf den Kaiser, der geeignet war, den Glauben an einen Fortbestand der staufischen Herrschaft bis zum Jüngsten Tage zu befördern: „Nicht wird genommen werden, heißt es, das Szepter aus der Hand des Herrn Friedrich, noch der Stab des Herrschers von seinen Füßen, das heißt die Herrschaft von seinen Erben, bis der kommt, der gesandt wird, also Christus zum Gericht, das heißt, es ist bis zum Ende der Welt, dass dieses Geschlecht herrschen wird."[16]

Dieser Gedanke, der zunächst wohl die dynastische Kontinuität der königlichen Würde betonen sollte, wurde auch nach dem Tode Friedrichs II. in der Hofkanzlei durch Petrus von Precce wiederholt. In einem Schreiben äußerte er, dass der Kaiser, selbst wenn er wirklich gestorben sei, dennoch weiterlebe in zahlreichen Nachkommen.[17] Spätestens, als mit der Hinrichtung Konradins der letzte legitime Staufer zu Tode gekommen war, konnte dieses Diktum jedoch nicht mehr ohne weiteres als juristisches Argument für den Fortbestand staufischer Ansprüche interpretiert werden. Umso mehr entfaltete sich von nun an die innewohnende Kraft einer wörtlich zu glaubenden Verheißung staufischer Wiederkehr.

Der Kaiser „kehrt zurück“

Die auf den Tod Friedrichs II. folgenden Jahre vergingen, ohne dass sich der von Freund und Feind gleichermaßen erwartete Kaiser zeigen sollte. Konrad IV., den Friedrich II. zum Nachfolger bestimmt hatte, war unterdessen beim Versuch gescheitert, die staufische Herrschaft des Vaters fortzusetzen und 1254 im Heerlager bei Lavello an Malaria verstorben. Dessen Sohn Konradin befand sich noch im Säuglingsalter, so dass Friedrichs II. weiterer Sohn Manfred zunächst stellvertretend die Regierung in Italien übernahm, ehe er sich am 10. August 1258 selbst zum König von Sizilien krönen ließ. Bereits ein Jahr später wurde Manfred vom Papst gebannt. Im nordalpinen Reich hatte man inzwischen 1257 mit Richard von Cornwall und Alfons von Kastilien gleichzeitig einen englischen und einen spanischen Stauferverwandten zum römischen König erhoben, die sich beide freilich nur regional durchsetzen konnten.

So verging ein ganzes Jahrzehnt, ehe endlich 1261 in Süditalien die Nachricht glaubhaft verbreitet werden konnte, dass Friedrich II. durchaus wohlauf sei. Zurück von einer langen Pilgerfahrt, die er angeblich zur Buße seiner Sünden unternommen haben wollte, trat allerdings ein gänzlich „geläuterter“ Friedrich II. in Sizilien auf.[18] Statt seinen Kampf gegen die Kurie fortzusetzen, suchte er gerade bei ihr Unterstützung – und – nicht minder überraschend, fand sie dort auch. Papst Urban IV. sprach vom „wunderbaren Wirken der Hand des Herrn“ und schickte einen Bevollmächtigten, der den Rückkehrer in seinem Unterfangen ermutigen sollte, Macht und Herrschaft zurückzuerobern. Gänzlich paradoxe Züge nahm die Politik des wiedergekehrten Friedrichs II. an, als er den Kampf gegen seinen Sohn Manfred eröffnete, den er noch selbst in seiner „ersten Ära“ zum Verweser Reichsitaliens und Siziliens bestellt hatte. Was war geschehen? Hatte die Dekade als Pilger den inzwischen hochbetagten Kaiser wirklich zu völlig neuen Einsichten gebracht, die ihn in seiner zweiten Regierungszeit zur Speerspitze päpstlicher Politik machen sollten?

Tatsächlich war es ein Hochstapler, der sich den fortbestehenden Glauben an eine Wiederkehr Friedrichs II. zu Nutze machte und als falscher Herrscher in die Rolle des ersehnten Heilsbringers geschlüpft war. Nach Auskunft einer späteren Chronik handelte es sich um einen Bettler namens Johannes von Cocleria, der auf seine Ähnlichkeit mit dem alten Kaiser aufmerksam gemacht wurde, sich dessen Sprache und Gestus aneignete und so rasch Anhänger gewann. Für Papst Urban IV. bot das überraschende Auftauchen „Friedrichs“ ein willkommenes Machtmittel im Kampf gegen Manfred. Dementsprechend konsequent ging dieser gegen den vermeintlich wiedergekehrten Vater vor, ließ ihn gefangen nehmen und zusammen mit elf Gefolgsleuten hinrichten.[19]

Das Phänomen des falschen Herrschers ist kein Einzelfall in der mittelalterlichen Geschichte. Immer wieder schickten sich Menschen niederer oder zweifelhafter Herkunft an, Macht und Anerkennung zu erlangen, indem sie sich als verstorbene Herrscher ausgaben.[20] Wir wissen aus dem Jahre 1138 vom Erscheinen eines falschen Kaisers Heinrich V., von einem 1225 auftretenden falschen Grafen Balduin von Flandern oder von einem falschen Markgraf Woldemar, der von 1348 bis 1350 mit königlicher Anerkennung Brandenburg regierte. Keine andere Epoche rief allerdings vergleichbar viele falsche Herrscher auf den Plan wie die krisenhafte nachstaufische Zeit, die vom Glauben an die Rückkehr Friedrichs II. ebenso geprägt war, wie von adligen Thronanwärtern, denen es weder gelang, dynastische Kontinuität aufzubauen noch die Kaiserwürde für sich zu erringen. Zweifellos kann Friedrich II. als der am meisten imitierte Herrscher des gesamten Mittelalters bezeichnet werden. Mindestens sechs Epigonen sind in den Quellen greifbar, die sich in der zweiten Hälfte des 13. Jahrhunderts für den zurückgekehrten Kaiser ausgaben und die teilweise sogar gleichzeitig erschienen.

Nachdem ein zwischen Basel und Worms 1284 auftretender falscher Friedrich, der tatsächlich ein Eremit namens Heinrich gewesen sein soll, rasch vor König Rudolf von Habsburg zurückgewichen und bald wieder verschwunden war, griff ein anderer weit mehr in die Reichsgeschichte ein. Dieser Hochstapler, an den man sich später unter dem Namen Tile Kolup oder Dietrich Holzschuh erinnern sollte, scheiterte 1284 zunächst in Köln, wo man ihn zum Spott mit einer minderwertigen Krone ausgestattet, misshandelt und vertrieben hatte.[21] Rheinabwärts in Neuss gewann er jedoch zahlreiche Anhänger, richtete sich dort nach kaiserlicher Manier Hofstaat und Kanzlei ein, stellte Privilegien aus, sandte mehrere Friedens- und Kriegsbotschaften an einzelne Fürsten und lud diese nach Neuss, damit sie ihm huldigen könnten. Die Zeitgenossen verblüffte er mit einer umfangreichen Detail- und Personenkenntnis, die er möglicherweise durch Kontakt zu Gefolgsleuten Friedrichs II. oder Manfreds erlangt hatte, die es aber zugleich erschwerte, ihn zu entlarven. Eine von Rudolf von Habsburg eingesetzte Kommission, die den Rückkehrer prüfen sollte, konnte lediglich befinden, dass das vergleichsweise jugendliche Alter des Betrügers verdächtig sei, der schließlich die Rolle eines Neunzigjährigen angenommen hatte.[22] Selbst bis nach Italien reichte die Kunde vom zurückgekehrten Kaiser, der in Neuss residiere. Eigens reiste eine oberitalienische Gesandtschaft an, um sich zu vergewissern, was es mit dem wiedergekehrten Friedrich auf sich habe.

Als der Kölner Erzbischof schließlich der Stadt Neuss die Auslieferung befahl, zog der falsche Friedrich weiter nach Wetzlar. Dort war er durchaus willkommen, stand die Stadt doch wegen steuerlicher Abgaben im Streit mit König Rudolf von Habsburg. Angeblich plante der falsche Friedrich, „seine“ Frankfurter Wahl von 1212 von den Fürsten bestätigen zu lassen. König Rudolf, mit dem der vermeintliche Kaiser um die Herrschaft im Reich konkurrierte, bot er eine gemeinsame Regentschaft unter der Voraussetzung an, dass sich dieser ihm als Vasall unterstellen würde. Das Machtstreben des falschen Friedrichs fand erst ein Ende, als ihn die Bürger von Wetzlar schließlich an Rudolf auslieferten, der ihn verurteilen und als Ketzer und Zauberer verbrennen ließ.

Bemerkenswert ist, wie sehr dieser falsche Friedrich offenbar mit den Vorstellungen einer übernatürlichen Rückkehr des staufischen Kaisers operierte. Kurz vor seiner Hinrichtung soll er seine Anhänger noch ermutigt haben, nach Frankfurt zu ziehen und ihn dort wieder zu erwarten. Bereits sein Erscheinen nach jahrelanger Abwesenheit hatte er nicht nur mit dem Ende einer Pilgerfahrt begründet, sondern sich in die Tradition des Sagenkreises gestellt, dem zufolge Friedrich in einem geheimen Tod auf seine Wiederkehr wartete. Viele Jahre habe er sich wie ein Wurm zur Winterszeit unter der Erde verborgen gehalten, breche nun aber im Frühling aus der Tiefe zum allgemeinen Nutzen und Heile des Menschengeschlechts wieder hervor, schrieb er in einem Brief an Johann von Brabant.[23]

Übernatürliche Zusammenhänge machte auch der nächste falsche Friedrich für sein Erscheinen verantwortlich. Dieser trat kurz nach dem Flammentod Tile Kolups auf und gab sich überraschenderweise nicht direkt als Kaiser Friedrich II. aus, sondern behauptete, aus der Asche des Verbrannten auferstanden zu sein. Erst mit einer „erneuten" Hinrichtung fand die Episode des Tile Kolup und seines Nachahmers ihren Abschluss. Weitere falsche Friedriche folgten 1287 in Lübeck und 1295 in Esslingen, die aber relativ rasch entlarvt und zum Tode verurteilt wurden.

Doch nicht nur Friedrich II. wurde imitiert. Auch die Geschichte des letzten Staufers Konradin fand eine unfreiwillige Fortsetzung. Da dieser öffentlich durch Enthauptung auf dem Marktplatz von Neapel gestorben war, konnten für seine Rückkehr eigentlich nur übernatürliche Gründe geltend gemacht werden. Ein deutscher Student namens Stöcklin, der der Sohn eines Schmieds aus Ochsenfurt gewesen sein soll, übernahm zwei Jahre nach Konradins Tod dessen Rolle und füllte die hinterlassene Lücke an der Spitze des staufischen Heeres aus.[24] In Pavia, Zürich und Konstanz stieß der zurückgekehrte letzte Staufer auf große Zustimmung bei der Bevölkerung. Ein vom Konstanzer Bischof und vom St. Galler Abt bestelltes Gutachten über die Echtheit „Konradins" fiel unentschieden aus. Schließlich gelang es dem Bischof, ihn gefangen zu nehmen und heimlich, unter Aufgabe seiner königlichen Rolle, zurück nach Franken ziehen zu lassen, so dass sich die weiteren Spuren verlieren. Möglicherweise sind jedoch die kryptischen Äußerungen, die vom falschen Konradin überliefert sind, als bewusstes Spiel mit den Ungewissheiten, Erwartungen und Prophezeiungen zu interpretieren, die sich an eine staufische Wiederkehr koppelten: „Ich bin nicht der, für den ihr mich haltet, aber bald werdet ihr sehen, was ihr begehrt."[25]

Auftreten und Entlarvung der falschen Herrscher taten dem Glauben an eine staufische Wiederkehr offenbar keinen Abbruch. Vielmehr hat es den Anschein, dass alle Epigonen, die sich den Mythos bewusst zu Nutze machten, diesen gleichzeitig weiter beförderten. Im Jahre 1546, als eine Rückkehr der Stauferherrscher biologisch längst vollkommen ausgeschlossen war, trat in Thüringen am Kyffhäuserberg ein Mann auf, von dem folgende Worte überliefert sind: „Ich bin Kaiser Friedrich und deshalb hier erschienen, dass ich wieder Friede auf die Welt bringen will, denn die Fürsten, die jetzo regieren, werden's nicht ausmachen." Es mag sein, dass es sich bei diesem Kaiser Friedrich um einen irren „Sonderling" gehandelt hat, der wunderlich gekleidet war und in Gewahrsam genommen werden musste;[26] doch verweist sein Auftreten zugleich auf eine Eigenschaft, die die Staufer seit ihrem Untergang auf ewig anhaften wird: Ihre Geschichte endete nicht mit der Hinrichtung Konradins auf dem Marktplatz von Neapel – sie wird stetig fortgeschrieben.

1 Angeglichene Übersetzung nach: Bären Gässlin, Waere die Welt alle min. Minnelied und Herrscherlob am Hof der Stauferkönige, Schallplatte, Freiburg//Köln 1986.
2 Vossler 1903, S. 140.
3 Vgl. Kaul 2007, Textbd. S. 36 mit Anm. 36.
4 Jansen Enikel, Weltchronik, V. 28956.
5 Vgl. Houben 2008, S. 200.
6 Vgl. Schreiner 1977, S. 260.
7 Rückert 1882.
8 Heine 1985, Caput XVI, S. 128 f.
9 Klaus Pielert, Der ewige Kanzler 1996, in: Kölner Stadtanzeiger vom 31. 10./1. 11. 1996, S. 2.
10 van Eickels/Brüsch 2000 2000, S. 26.
11 Vgl. Schreiner 1977, S. 250.
12 Vgl. van Eickels/Brüsch 2000, S. 358.
13 Vgl. Schreiner 1977, S. 249.
14 Sibilla Erithea Babilonica, S. 504. Übersetzung bei Jostmann 2006, S. 300.
15 Annales Placentini Gibellini, S. 471. Hierzu auch Möhring 2000, S. 210.
16 van Eickels/Brüsch 2000, S. 370.
17 Bei Schreiner 1977, S. 250.
18 Vgl. Houben 2008, S. 196 – 198.
19 Vgl. hierzu Möhring 2000, S. 222 und 233.
20 Hierzu allgemein Schubert 2006.
21 Vgl. hierzu Kluger 1979.
22 Ottokar, Österreichische Reimchronik, V. 32 611 ff., S. 427. Vgl. hierzu Struve 1988, S. 335 – 337.
23 Schwinges 1987, S. 194.
24 Schreiner 1977, S. 253.
25 Zitiert nach: Borst 1969, S. 164.
26 Schreiner 1977, S. 255.

Kai-Michael Sprenger

Tyrann, Wohltäter, Heiliger – Oberitalienische Erinnerungen an Kaiser Friedrich I. Barbarossa

In der Regierungszeit Friedrichs I. (1152 – 1190) bildete die Italienpolitik einen der wesentlichen Schwerpunkte. Auf insgesamt sechs Italienzügen hielt sich Barbarossa nahezu ein Drittel seiner Regierungszeit südlich der Alpen auf. Kein anderer deutscher Herrscher vor ihm konnte eine derart kontinuierliche Präsenz im *regnum Italiae* für sich geltend machen. Keiner seiner Vorgänger war allerdings in derart vielschichtige und komplizierte Auseinandersetzungen verwickelt, die sich nicht nur auf die Frage des Vorrangs zwischen Imperium und Sacerdotium bezogen, sondern in einem bisher nicht bekannten Ausmaße städtische Kommunen, das Papsttum, aber auch Mächte wie Byzanz und Sizilien in scheinbar ein und denselben Konflikt einbezogen. Das wissenschaftliche Bemühen um dieses Thema hat sich längst aus den engen, national begrenzten Perspektiven des 19. und beginnenden 20. Jahrhunderts heraus zu einer äußerst differenzierten und facettenreichen Betrachtung weiterentwickelt, die den Begriff der „Italienpolitik" gleichsam obsolet erscheinen lässt. Und doch ist Kaiser Friedrich I. Barbarossa für die Italiener noch immer eine ambivalente, ja polarisierende Figur. Für die Mailänder gilt er damals wie heute als Symbol einer erdrückenden Fremdherrschaft, in Como, Pavia, Lodi sowie anderen zur Stauferzeit tatsächlich oder aber vermeintlich kaiserfreundlichen Kommunen erinnert man den Rotbart dagegen noch immer als einstigen Förderer oder gar Motor der eigenen Stadtentwicklung; denn war der unter Barbarossa ganz neu formulierte Herrschaftsanspruch des Reichs für die einen Kommunen und Gruppierungen der ursächliche Stachel für die langjährigen Auseinandersetzungen in Oberitalien, eröffnete er für die anderen eine Chance, sich in enger Kooperation mit dem staufischen Herrschaftsapparat eine gewisse kommunale Autonomie gerade gegen ihre mächtigeren Nachbarn zu sichern, allen voran gegenüber Mailand.[1] Angesichts dieser konträren Traditionen und Erinnerungskulturen in Oberitalien wird man bei der Frage nach der – oder besser – *den* italienischen Perspektiven auf den Rotbart schon bei den Zeitgenossen mit sehr diversen Befunden rechnen müssen, welche in den nachfolgenden Jahrhunderten in qualitativ sehr unterschiedlichen Ausprägungen und Wertigkeiten ihren Niederschlag finden sollten.

Die großen und entscheidenden Ereignisse der Italienpolitik haben hierbei auch im Hinblick auf ihre Rezeption verständlicherweise ein nachhaltigeres und breiteres Echo erfahren als Begebenheiten von eher lokalem Charakter, die mangels einer zuverlässigen schriftlichen Überlieferung eher die Chance oder gar die Notwendigkeit für wenig überprüfbare Legendenbildungen eröffneten. Als eindrucksvolles Beispiel für eine zumindest aus der Perspektive der Zeitgenossen hochpolitische Dimension steht der Friede von Venedig im Jahr 1177. Er markiert ohne Zweifel eine gleichsam welthistorische Zäsur und einen Höhepunkt der hochmittelalterlichen Geschichte,[2] der wie kaum ein anderes Ereignis des 12. Jahrhunderts nicht nur Generationen von Mediävisten beschäftigt hat, sondern seit Luther über Bismarck bis zur modernen *Lega* immer wieder als Instrument aktueller politischer Ansprüche interpretiert und instrumentalisiert worden ist.[3] Schon diese weit gesteckten und politisch relevanten, nutzbaren Interpretationsvarianten mögen auch das überaus reiche Echo erklären, das der Friede von Venedig in der Literatur und Kunst erfahren hat, nicht nur mit zum Teil unterschiedlicher konfessioneller Motivation nördlich und südlich der Alpen,[4] sondern durchaus auch in Reichsitalien selbst. So hat, um ein vielleicht prominenteres Beispiel anzuführen, die Inschrift, die in der Sala Regia des Vatikans unter dem Fresko Giuseppe Porta di Castelnuovos zum Frieden angebracht und 1635 modifiziert worden war, zwischen 1635 und 1638 zu einem handfesten Streit zwischen der Kurie und der Seerepublik Venedig geführt, die ihre Verdienste bei der Beendigung des Schismas 1177 in der erneuerten Inschrift zu wenig gewürdigt bzw. übergangen sah. Wie emotional diese Causa in diversen umfangreichen Streitschriften be- und verhandelt wurde, mag auch an dem Umstand deutlich werden, dass Venedig sogar mit der Ausweisung des Apostolischen Nuntius drohte, sollte die alte Inschrift nicht wieder angebracht werden. Der Streit erhielt schließlich eine internationale Konnotation, als sich Spanien, die Niederlande und Frankreich einschalteten und für die Verschärfung bzw. spätere Vermittlung zwischen der Kurie und Venedig nicht ohne eigene Interessen eine wichtige Rolle einnehmen sollten.[5]

Tyrann

Aber auch weniger politisch entscheidende oder weitreichende Episoden der staufischen Italienpolitik waren von ihrer emotionalen Qualität durchaus prädestiniert, ein überregionales und lang anhaltendes Echo hervorzurufen. So wurde etwa der grausame Tod der Geiseln bei der Belagerung von Crema 1159/1160, die auf

1 Aktuelle Barbarossa-Rezeption in Italien: Lorenzo Martinellis Monumentalfilm von 2009

Befehl des Kaisers an die Belagerungsstürme der Reichstruppen gefesselt worden waren, zum Sinnbild des selbstlosen und heroischen Widerstandes der Lombarden gegen die Anmaßungen des staufischen Herrschaftsanspruchs – und in diesem Sinne mehrfach und eindrucksvoll in Kunst und Literatur inszeniert, so etwa in dem bekannten Bild Gaetano Previatis von 1879[5] oder in einer eindrucksvollen Bronzeplastik, die Tullio Figini 1960 zum 800. Jahrestag der Belagerung für Crema geschaffen hat. Dabei stellten die Geiseln von Crema nur einen Teil eines seit dem Risorgimento entwickelten bzw. unter spezifischen Deutungsparametern erinnerten Gesamtszenarios dar, das mit der Zerstörung Mailands, der Gründung der *Lega Lombarda* und der Schlacht von Legnano bis zum heutigen Tag die wohl markanteste Facette einer sehr spezifischen antistaufischen Erinnerungskultur in Oberitalien markiert. Die politisch äußerst aufgeladenen seit 1990 jährlich abgehaltenen Gedenkfeiern des Schwures von Pontida von 1167 am Rande des gleichnamigen Dorfes in der Nähe Bergamos belegen deutlich, wie dieser historisch keinesfalls gesicherte Gründungsakt der *Lega Lombarda* das antistaufische Bündnis des 12. Jahrhunderts auch in der jüngsten Geschichte zum politischen Symbol und Instrument werden lässt, insbesondere wenn die moderne „Lega Nord“ in der Tradition ihrer historischen Patina ihre freie, virtuelle Republik Padania gegen ein vermeintlich zentralistisch-imperialistisches Rom verteidigen und beschwören zu müssen glaubt.

Eher folkloristisch anmutend, allerdings nicht weniger politisch motiviert, wird jedes Jahr um den 29. Mai der Pallio di Legnano mit Ritterspektakeln und Festumzügen unter großem Volkszulauf begangen, um an den Sieg der verbündeten oberitalienischen Kommunen über den staufischen Invasor zu erinnern. Er manfestiert damit in ausgesprochen publikumswirksamer Weise, wie präsent und politisch relevant in der Erinnerung der einstigen Gegner des Staufers, allen voran Mailands, diese Ereignisse noch heute sind und wie sie die aktuellen Geschichtsbilder schon traditionell mitbestimmen. So stand der Lombardische Bund nicht nur im gesamten 19. Jahrhundert als Symbol für den Verzicht auf innere Streitigkeiten zugunsten einer nationalen Einigung genauso wie für die gemeinschaftliche Abwehr einer äußeren Bedrohung, die in Verdis, eines glühenden Verfechters der Einigungsbewegung, berühmter Risorgimento-Oper „La battaglia di Legnano“ 1849 einen ersten rezeptionsgeschichtlichen Höhepunkt erfuhr. Gerade vor dem Hintergrund von Renzo Martinellis erst im Oktober 2009 in den italienischen Kinos angelaufenen 30 Millionen Euro schweren Monumentalfilms über Barbarossa (Abb. 1) wird deutlich, in welchem Maße die Italienpolitik des Staufers – hochaktuell und brisant – zu emotionalisieren, zu polarisieren und als Projektionsfläche fragwürdiger aktueller regionaler Bestrebungen in Oberitalien instrumentalisiert zu werden vermag. Nicht ohne Grund wurde der Film von Kritikern auch als „film leghista“, gleichsam als Propagandawerk der „Lega Nord“, bezeichnet, welche sich nicht nur maßgeblich an der Finanzierung beteiligte, sondern welche den Hauptprotagonisten und Kontrahenten des Stauferkaisers, Alberto da Giussano, schon seit ihrer Gründung im Jahre 1990 im Wappen und im Logo ihrer Partei führt.[6]

Im konkreten Fall zeitigte diese Mystifizierung Alberto da Giussanos, des legendären Helden der Schlacht von Legnano, in Renzo Martinellis Film jedoch nicht den erwarteten Erfolg. Nicht nur, dass von mehreren Seiten Kritik an der stark verzerrenden und einseitigen Behandlung dieses durchaus sensiblen historischen Stoffes laut wurde und der Film nur vergleichsweise kurz in den vornehmlich oberitalienischen Kinos lief. Auch zeigte sich die Schauspielerin Cécile Cassel, die als Barbarossas zweite Frau Beatrix von Burgund eine der Hauptrollen des Filmes übernommen hatte, empört über die ihr vorher offensichtlich nicht ausreichend kommunizierten aktuellen politischen Konnotationen des Films durch die „Lega Nord“ und blieb aus Protest der parteipolitisch inszenierten Vorpremiere fern.[7]

Wohltäter

Inwieweit hier allerdings tatsächlich eine historisch-kritische Auseinandersetzung mit dem Stoff für den Misserfolg des Filmes bei den Zuschauern maßgeblich gewesen sein mag, sei dahingestellt. Unbestritten existieren aber in Oberitalien, insbesondere in der Lombardei, in unmittelbarer lokaler Nachbarschaft zu den staufischen Feindbildern sehr positive Erinnerungskulturen an den Stauferkaiser, die vielleicht nicht mit demselben Aufwand betrieben, aber dennoch gepflegt werden und ebenfalls über einen langen Zeitraum tradiert worden zu sein scheinen. Ohne dieses weite Feld einer vergleichenden und für Oberitalien bislang noch wenig systematisch aufgearbeiteten rezeptionsgeschichtlichen Fragestellung hier auch nur ansatzweise ausbreiten zu können,[8] sollen die nachfolgenden, schlaglichtartig angeführten Beispiele zumindest einen Eindruck davon vermitteln, mit welch unterschiedlichen Perspektiven hier auf engem Raum nebeneinander gerechnet werden muss. Ein Blick nach Pavia, der 25 Kilometer südöstlich gelegenen traditionellen Rivalin Mailands, mag dies mit zwei ebenso kuriosen wie von der deutschen Mediävistik kaum beachteten Beispielen einer ausgesprochen positiven Barbarossa-Rezeption verdeutlichen. Pavia galt schon zeitgenössischen Autoren, wie etwa dem Archipoeta,[9] als die zuverlässigste Stütze des Kaisers in der Lombardei; sie nimmt im Itinerar Friedrichs I. auf nahezu allen Italienzügen eine herausragende Stellung ein[10] und verdankte dem Kaiser durch das große Privileg vom 8. August 1164 nicht zuletzt die juristische Unabhängigkeit vom Pfalzgrafen.[11]

Im Archivio Notarile distrettuale zu Pavia befindet sich ein bemerkenswertes Ölgemälde des Paveser Notars und Malers Bernardo Cane (Abb. 2).[12] Es zeigt Friedrich I. Barbarossa in wenig kämpferischer oder heroischer Pose. Die filigranen, zarten Finger des schmalschultrigen Kaisers im prunkvollen Ornat und Mantel erinnern eher an einen Klavierspieler als an den Staufer, der mit eiserner Faust auf sechs Italienzügen vergeblich versucht hatte, dem Land seine Vorstellungen aufzuzwingen. Sein Gesichtsausdruck hat nichts von dem Tyrannen, als den man Barbarossa in verschiedenen Kommunen Oberitaliens lange Zeit ansah; stattdessen begegnet uns ein eher gutmütiger Herrscher, der ohne alle kriegerischen Attribute auszukommen scheint und nicht einmal das kaiserliche Schwert in Händen hält. Ein Mailänder Maler hätte zweifelsohne eine andere, weniger harmlose Interpretation des Rotbarts favorisiert. Beispielhaft für eine solche dezidiert stauferkritische Perspektive mag hier unter vielen etwa jene stehen, welche der Mailänder Maler Cherubino Cornienti (1816 – 1860) in seinem 1843 entstandenen Portrait Barbarossas gewählt hat (Abb. 3). In diesem Bild begegnen wir einem Kaiser mit kühlem, entschlossenem und harten Blick, den nicht der prachtvolle Kaisermantel, sondern ein schmutziger Kriegsharnisch ziert, und das den Staufer in einem für die Geschichte Mailand geradezu schicksalhaften Moment zeigt, kurz bevor er seinen endgültigen Befehl zur vollständigen Zerstörung der Stadt gab.[13]

Die demgegenüber friedvolle, idealisierende Darstellung Kaiser Friedrichs I. durch den Paveser Bernardo Cane sagt insofern etwas aus über das Ansehen, das der rotbärtige Staufer gegen Ende des 16. Jahrhunderts in der Ticinostadt Pavia genoss. Aufschlussreich ist in diesem Zusammenhang, dass der Kaiser in Öl den Versammlungssaal des Paveser Notarenkollegiums in Pavia zierte, dem für die Jahre 1577 bis 1588/1590 auch der Maler Bernardo Cane angehörte. Dies legt nahe, dass das Bild in dieser Zeit im Auftrag jenes Kollegs entstanden sein dürfte, das zumindest einer lokalen

2 Bernardo Cane, Friedrich I. Barbarossa, vor 1583, Öl auf Leinwand, Pavia, Archivio Notarile distrettuale

3 Cherubino Cornienti, Federico Barbarossa, 1843, Öl auf Karton, Mailand, Galleria d'arte Moderna

Tradition nach dem Kaiser seine Errichtung verdankte.[14] Als terminus ante quem kann das Jahr 1583 präzisiert werden, denn aus diesem Jahr ist ein Anfrage des Pavesen Aldo Manuzio d. J. an den Maler Guarnerio Beretta überliefert, ihm eine exakte Kopie jenes Barbarossabildes aus dem Versammlungssaal der Paveser Notare anzufertigen; offensichtlich gab es noch weitere Interessenten in Pavia, ein derartig idealisierendes Bild des in der Ticinostadt hochgeschätzten Stauferkaisers zu besitzen.[15]

Die positive Erinnerung an den Staufer in Pavia lässt sich sogar noch weiter zurückverfolgen. So ist in Pavia tatsächlich ernsthaft die Frage erörtert worden, ob man ein bzw. das Grab Friedrichs I. Barbarossa in der Domkirche (*ecclesia maior*) zu vermuten habe. Eine solche Nachricht, die in der deutschen Forschung bislang unbeachtet geblieben ist, mag auf den ersten Blick sehr verwundern, wähnt doch die Welt der Mediävisten Barbarossa samt Legende im Kyffhäuser. Doch finden wir in einem Notariatsinstrument vom 6. Februar 1400 tatsächlich folgende überraschende Nachricht: Der damalige Paveser Bischof habe den Handwerkern für die bevorstehenden Umbauarbeiten der Kirche angeordnet, das Grab des viel gerühmten König Friedrichs und seiner Gemalhlin nicht zu zerstören (*quod tumulos seu sepulcra incliti condam regis Federici, qui ecclesiam ipsam pro magna sui parte fecit hedificare, et inclite condam consortis sue, in loco predicto positos, non possitis facere demoliri*).[16] Faustino Gianani, der frühere Rektor des Paveser Priesterseminars, hat auf diese kuriose Stelle aufmerksam gemacht und betont, dass es sich hierbei erwartungsgemäß nicht um das Grab des 1190 auf dem Kreuzzug ertrunkenen Kaisers, sondern vielmehr um einen Gedenkstein, ein Mnemosynon, wie er es formuliert, für Friedrich I.[17] gehandelt haben muss. Abgesehen von dem Hinweis, Friedrich habe den Bau der Kirche begünstigt,[18] ist für unseren Zusammenhang wesentlich, dass die Paveser Tradition Friedrich hier als *rex* und nicht etwa als *imperator* tituliert. Allerdings wird die Titulatur als *rex* und nicht als *imperator* hierbei wohl stärker von der Grablegetradition der langobardischen Könige in Pavia angeregt worden sein. Zumindest liegt nahe, dass die Königstitulatur wohl im speziellen Sinne für den König des *regnum Italiae* zu verstehen ist, was auch durch den Ort der Aufstellung betont wird. Schließlich brannte in der Doppelkathedrale seit den Tagen der *Honorantiae civitatis Papie* eine Lampe *pro anima regis*.[19] Ohnehin wird man Friedrichs Stellung als *rex Italiae* für das Selbstverständnis der Stadt nicht zu gering einschätzen dürfen, definierte sich die Stellung der Ticinostadt als *caput regni* doch letztlich traditionell über die enge Beziehung zum König des italienischen Reichsteils und bestimmte wohl aus diesem Grunde die Tradition.[20] So hatte auch Gunther der Dichter in seinem Ligurinus dieses alte, restaurierte Selbstbewusstsein der Stadt erkannt, wenn er z. B. der Paveser Jugend im Kontext der Festkrönung Friedrichs I. in S. Michele 1155 kurz vor seiner Kaiserkrönung in Rom die Worte in den Mund legt, dass es sonst in Italien keinen Ort gebe, der solcher Ehrung entspreche und sie Friedrich sogar ausdrücklich als *ihren* König bezeichnen lässt.[21] Dieses Gefühl der engen Verbundenheit der – aus Paveser Sicht – Hauptstadt des Regnum zu Friedrich fand seinen wohl augenfälligsten Ausdruck in einem eigenen Kenotaph, den man dem Staufer und seiner Gemahlin in der Hauptkirche errichtete und der aller Wahrscheinlichkeit nach noch aus dem 12. oder 13. Jahrhundert stammt.

Heiliger

Eine ebenso kuriose wie hierzulande unbekannte spezielle Facette der Rezeption des Kaisers soll unsere Beobachtungen beschließen und einen Bogen in unsere Tage schlagen. In der Pfarrkirche SS. Nazaro e Celso in Brienno, einer kleinen Gemeinde von 440 Einwohnern am Westrand des südlichen Comer Sees, wird in der Sakristei ein kleiner Reliquienschrein verwahrt, der aufgrund seiner Form und Verzierung wohl in das 16. Jahrhundert zu datieren ist. Neben den säuberlich eingewickelten und beschrifteten Reliquien verschiedener Heiliger, darunter S. Sebastian, S. Fidelis von Sigmaringen, S. Clemente, Sta. Giustina, findet sich dort zumindest noch der Rest einer früher hier verwahrten *Reliquia Sancti imperatoris Federici Barbarossae* (Abb. 4).[22] Die Beschriftung des kleinen Reliquienpäckchens weist paläographisch in das ausgehende 14. oder frühe 15. Jahrhundert, so dass man davon ausgehen muss, dass spätestens seit dieser Zeit in Brienno eine entsprechende Barbarossareliquie aufbewahrt, ja womöglich sogar verehrt wurde. Doch die erhaltenen Spuren sind mager. Im Pfarrarchiv mit nur wenigen Urkunden seit dem 14. Jahrhundert findet sich nichts, womit sich der Beginn dieser heiligmäßigen Verehrung Barbarossas in Brienno näher eingrenzen ließe. Zumindest erfahren wir aus späteren Quellen, dass bei einer im Jahre 1593 durchgeführten Visitation der Pfarrkirche durch den damaligen Comasker Bischof Feliciano Ninguarda (1588 – 1599) die Reliquien des Kaisers zumindest summarisch mit den anderen Reliquien erwähnt werden.[23] Auch wenn diverse spätere Visitationsprotokolle und Reliquienbestätigungen des 17. und 18. Jahrhunderts die Reliquien des Stauferkaisers nicht mehr explizit erwähnen, müssen diese noch gegen Ende des 19. Jahrhunderts in dem kleinen Pfarrarchiv *materialiter* vorhanden gewesen sein. Dies legen zumindest die handschriftlichen, ebenfalls im Pfarrarchiv verwahrten Beschreibungen des Comasker Lokalhistorikers und Mediävisten Santo Monti (1855 – 1923) nahe, der sogar noch zwei, jeweils leicht unterschiedlich beschriftete Barbarossareliquien gesehen hatte. Eine, so Monti, wies auf der Papierumwicklung die Worte *Reliq. Federici Imperatoris* auf, während auf dem zweiten Exemplar die Worte *Reliq. Federici Imperatoris Barberosse* in „caratteri gotici" zu lesen gewesen wären.[24] Heute ist von den ehemals zwei Reliquien nur noch letztere erhalten geblieben, deren Umschrift in Ergänzung zu Monti den Kaiser allerdings als Heiligen erwähnt: *Rel(iquia) S(an)c(t)i F(r)id(e)rici imp(e)r(atoris) barbaros(sae)*. Öffnet man deren Papierumwicklung, so wird die Hoffnung auf eine Begegnung mit den sterblichen Resten des Kaisers, insbesondere mit dem in lokaler Tradition erwähnten Zahn, jedoch enttäuscht und man hält ein derzeit noch undefinierbares Stückchen Holz in Händen.

Mit historischen Fakten des 12. Jahrhunderts lässt sich diese heiligmäßige Verehrung Kaiser Friedrichs. I. Barbarossa in Brienno bislang nicht in Verbindung bringen.[25] Lediglich die nachweislich überaus guten Beziehungen des Staufers zur nahe gelegenen Stadt Como, die ähnlich wie Pavia zu den traditionellen Gegnerinnen Mailands und somit zu den wichtigsten Verbündeten Barbarossas während seiner Italienzüge gehörte, könnte als Indiz für die ungewöhnlich positive Erinnerung an den Stauferkaiser angeführt werden. So diskutierte bereits Primo Luigi Tatti in seiner gegen Ende

4 Rest der Barbarossa-Reliquie: ein Papierstreifen (links) weist das kleine Holzstück (rechts) als Reliquie des Heiligen Kaisers Barbarossa aus (*Rel[iquia] S[an]c[t]i F[r]id[e] rici imp[e]r[atoris] barbaros[sae]*), Brienno, SS. Nazaro e Celso, Sakristei (Kat.-Nr. I.5)

des 17. Jahrhunderts verfassten Comasker Kirchengeschichte kritisch einen vergleichbaren Fall einer heiligmäßigen Verehrung des nach einer Volkslegende vermeintlich in dem Comasker Kloster S. Giuliano bestatteten Kaisers Friedrich I. Barbarossa.[26]

Wenn es an griffigen Belegen mangelt, helfen bisweilen Legenden, und auch die Tradition in Brienno hatte und hat für die ungewöhnlichen Reliquien des Rotbarts eine Erklärung, die durchaus phantasievolle Varianten kennt. So habe Barbarossa nach der verlorenen Schlacht von Legnano zu viel des in Brienno besonders guten Weines genossen und sei dann beim Verlassen der Taverne auf einer Treppe derart unglücklich gefallen, dass er sich einen Zahn ausgeschlagen habe, den die Bewohner darauf voll Respekt aufbewahrt hätten – so kann man es nicht nur auf der homepage der Gemeinde lesen, sondern auch von den Bewohnern noch heute *al bar* hören.[27] Befragt man indessen den Mesmer der Pfarrei vor Ort, so zeigt einem dieser sogar genau die Stelle, an der der Rotbart der Legende nach seinen Zahn verloren habe – voller Stolz und mit großer Freude darüber, dass sich endlich ein Deutscher für diese Dinge interessiert. Noch bis 1937 sei der Zahn des Kaisers sorgsam in der Sakristei der Pfarrei verwahrt worden bis der Comasker Bischof Alessandro Macchi (1930 – 1947) sich veranlasst sah, bei einer Visitation der Pfarrei dem Brienneser Barbarossakult in einem Akt der *damnatio memoriae* ein offizielles Ende zu setzen;[28] doch auch er konnte die Erinnerung an die Reliquien des Kaisers nicht völlig unterbinden. Wenn auch heute die eigentlichen Reliquien des Kaisers in Brienno fehlen, so lebt zumindest die Tradition fort und man empfindet durchaus einen gewissen Stolz über das, was von den Barbarossareliquien noch an Spuren geblieben ist. Ja man hofft vielleicht sogar auf eine *renovatio* im Rahmen der großen Stauferausstellung, in der das hagiographische Kuriosum als Leihgabe erstmals nördlich der Alpen betrachtet werden kann.

1 Z. B. in Lodi und Pavia. Zu Lodi siehe OPLL 1987. Die Tradition eines überaus positiven Barbarossabildes für Lodi spricht z. B. auch aus dem 1668 von dem adeligen Lodeser Autor Filiberto Villani verfassten Versepos Il Federico ovvero Lodi riedificata, ed. C. Mancini, Vol. I – II. Lodi 1828. Am 19. Dezember 2009 wurde in Lodi ein neues Barbarossa-Reiterdenkmal eingeweiht, zum Abschluss des Fest-Jahres der Stadt-Neugründung Lodis durch Barbarossa im Jahr 1158; zu Pavia ausführlich SPRENGER 1994.

2 Reg. Imp. 4,2, Nr. 2282, hier S. 165. Opll begründet die Verwendung dieses Begriffs mit dem ungewöhnlich reichen Echo in den zeitgenössischen Quellen.

3 Zur Rezeption mit grundlegenden Beobachtungen SCHREINER 1986.

4 Ebd.

5 s/w Abbildung in TINTORI 1993, S. 439.

6 PASTOR 1929, S. 718 f. mit Anm. 2 und 4 mit dem alten bzw. neuen Text der Inschrift.

7 Film von Renzo Martinelli, Barbarossa, Italien 2009, Dauer 139 Min., vgl. die Kritik: Barbarossa Il film „leghista". Le imprese di Alberto da Giussano „Comparse rom, costano poco" von Giuseppina MANIN im Corriere della Sera vom 24. Juli 2008, S. 45 sowie zur aktuellen politischen Instrumentalisierung des Films durch die Lega Nord den Artikel: Bossi e Berlusconi assieme all'anteprima di „Barbarossa" von Paolo FOSCHINI im Corriere della Sera vom 2. Oktober 2009, S. 23.

8 Vgl. den Artikel: Anteprima del film di Renzo Martinelli su Alberto da Giussano „Barbarossa" al Castello con Berlusconi Bossi, Tremonti e i leader di Lega e Pdl. Assente l'attrice Cécile Cassel, paladina dei clandestini in Francia in der Internetausgabe des Corriere vom 2. Oktober 2009 unter: http://milano.corriere.it/milano/notizie/politica/09_ottobre_2/lega-anteprima-barbarossa-castello-sforzesco-bossi-moratti-1601834163015.shtml (Datum des letzten Zugriffs: 1. 04.2010).

9 Dies soll durch den Verfasser im Rahmen eines eigenen Studienprojektes am Deutschen Historischen Institut in Rom während der nächsten Jahre erfolgen.

10 Vgl. STACH 1939, S. 99 und 103; WATENPHUL 1958, S. 70 mit Kommentar S. 135.

11 Übersicht über die Aufenthalte des Kaisers in Pavia bei SPRENGER 1994, S. 218 – 220 sowie BRÜHL 1968, S. 587 f.

12 MGH D F I. Nr. 455 (nur in notarieller Abschrift von 1319 erhalten).

13 Eine Reproduktion mit einer kurzen Erläuterung des Gemäldes durch Donata Vicini findet sich im Appendice alle tavole bei VICINI 1992, Tav. I, S. 497. Zu Bernardo Cane siehe auch ALBERTARIO 1995, S. 815 – 847, hier S. 825 – 827.

14 Das Bild ist wohl als Beitrag zu einem von der Accademia di Brera 1843 ausgeschriebenen Wettbewerb gemalt worden und sollte den Kaiser exakt in dem Moment zeigen, als Barbarossa die Bitten der besiegten Mailänder, die Stadt nicht den mit den Staufern verbündeten Kommunen Pavia, Lodi, Cremona und Como zur Zerstörung zu übergeben, in grausamer Weise abgelehnt haben soll, vgl. hierzu die Objektbeschreibung in: Ausst.-Kat. Mailand 1993, S. 449 (Sergio Rebora).

15 Zur Entwicklung des Paveser Notariats, insbesondere in der Regierungszeit Barbarossas siehe BARBIERI 1990, S. 22 – 28.

[16] Freundlicher Hinweis von Prof. Donata Vicini, Pavia, mit Verweis auf Levi 1905, S. 170.

[17] Zitiert nach Gianani 1984, S. 64.

[18] An einen anderen *rex Federicus inclitus* lässt sich in Zusammenhang mit Pavia nicht denken. Friedrich II. favorisierte eindeutig Cremona.

[19] Es kann sich hier nur um einen Umbau bzw. um Renovierungsarbeiten, nicht aber um einen Neubau gehandelt haben. Die Kirche war wie zahlreiche andere der Stadt durch das Erdbeben von 1117 stark beschädigt worden.

[20] Honorantie Civitatis Papie, S. 23.

[21] Hierzu ausführlich Sprenger 1994, S. 46 – 55.

[22] Gunther der Dichter, Ligurinus, lib. III, V. 177 f. S. 240: *Non est in finibus [...] Italiae tanto locus aptior ullus honori* sowie lib. III, V. 188, S. 241: *Ingressuque sui regis gaudere Papiam.*

[23] Roveda 1991, S. 311 – 321 zu den Reliquien der Pfarrei.

[24] Ebd., S. 311. *Del lato del episola vi è un armario nel muro con una ferata serata con chiave et ante di legno, nel quale se gli tiene uno tabernaculo di legno con dentro licenze, reliquie, ut infra cioè: di Santo Fidele, di Santo Provino vescovo, Santo Federico imperatore Barbarossa, Santo Felice vescovo* [...]. Zu den Visitationen Bischof Ninguardas siehe Varischetti/Cecini/Monti 1963.

[25] Roveda 1991, S. 313. Die handschriftlich von Monti 1885 erfassten Notizie Storiche ed artistiche della chiesa Parrocchiale di SS. Nazaro e Celso, S. 12 bestätigen, dass Monti noch beide Reliquien gesehen hat:
Eppure la reliquia c'é; anzi ve ne sono due, quantunque non esposte alla venerazione del popolo; ed io potei averle fra le mani per permissione di quel cortese parroco D. Filippo Orsenigo. Sono due involti, che con altri molti si conservano in una custodia esagona d' ottone a vetri, poggiata a modo di piramide. L' uno porta all' esterno semplicemente la scritta „Rel. Federici Imperatoris" in caratteri comuni; l' altro „Rel. Federici Imperatoris Barbarosse" in caratteri gotici.

[26] Der Barbarossa-Forschung ist dieser Aufenthalt des Kaisers in Brienno nicht bekannt, vgl. zum Itinerar Kaiser Friedrichs I. vgl. Opll 1978, passim.

[27] Tatti, Annali, S. 507: *Havendo dunque havuta Federico la tomba di Tiro, è una favola spropositata d'alcuni, che stimano trovarsi fuori di Como le di lui ossa nella Badia di San Giuliano, anzi non solo sognano, che quest'imperatore sia qui dipositato, ma gli attribuiscono ancora falsamente it titolo di Beato.*

[28] Vgl. http://www.comune.brienno.co.it unter monumenti: „[...] La tradizione vuole che l'imperatore, dopo la sconfitta di Legnano, tornando in Germania, si fosse fermato a Brienno, dove ebbe occasione di assaggiare il vinello locale. Ubriaco fradicio, inciampò, battendo il capo e rompendosi un dente, che venne sollecitamente raccolto e custodito gelosamente dagli abitanti del paese." (Datum des letzten Zugriffs: 1. 04. 2010).

[29] Albano 2001: „La tradizione narra di una sosta notturna del Barbarossa dopo la sconfitta di Legnano. Si sussurra che qui si ubriacò in modo indecente. Uscendo dalla taverna inciampò in un gradino battendo il capo e perdendo un dente. La preziosa reliquia fu conservata nella Parrocchiale fino al 1937, anno in cui il vescovo di Como, in un fermento iconoclasta, decise di sbarazzarsene." Diese Information ließ sich bislang nicht überprüfen und hat in den Akten des Pfarrarchivs keine Spuren hinterlassen. Eine evtl. vorhandene Gegenüberlieferung in Archivio Diocesano di Como konnte bislang nicht eingesehen werden.

1 Weinsberg, Gesamtansicht der Burgruine Weibertreu (Foto: J. Friedhoff 2009)

Jens Friedhoff

Stauferzeitliche Burgen im Spiegel der frühen Burgenforschung und Burgenrestaurierung im 19. und beginnenden 20. Jahrhundert

Von mancher edlen Burg in Deutschlands Gauen versanken längst in Nacht die letzten Trümmer / Auch Barbarossas Burg erblickt ihr nimmer / Kahl steht der Berg, auf dem sie war zu schauen / In Staub verweht, was Stolz und Herrschsucht bauen / Was Treu und Liebe bauen dauert immer / Seht Weinsbergs Burg! Wie glänzt in neuem Schimmer / Die Mal der Lieb' und Treue deutscher Frauen". Diese in die Mauern des frühneuzeitlichen Geschützturms der Burgruine Weinsberg (Abb. 1) eingemeißelten Zeilen des schwäbischen Dichters und Romantikers Justinus Kerner (1786 – 1862) nehmen Bezug auf das Verhalten der treuen, welfisch gesinnten Weiber von Weinsberg, die, einem Zugeständnis des siegreichen staufischen Königs Konrad III. folgend, nach der Einnahme von Weinsberg im Dezember 1140 so viel herab tragen durften, wie sie auf ihren Schultern zu tragen vermochten und auf dem Rücken ihre angetrauten Männer aus der Burg führten. Erstmals berichtet um 1175 die Kölner Königschronik über die Belagerung, und der Chronist versäumt es nicht, die Milde und Treue König Konrads hervorzuheben, der sein einmal gegebenes Wort nicht mehr brechen wollte. Ob es sich bei der von den Weinsberger Frauen geübten „Weiber-Treu" um ein historisches Ereignis oder eine Sage handelt, lässt sich bis heute nicht mit letzter Sicherheit sagen. Am 8. Dezember 1823 wurde auf Anregung unter der Leitung des seit 1819 in Weinsberg unterhalb der sagenumwobenen Burgruine wohnhaften Oberamtsrats Justinus Kerner der „Frauenverein zu Weinsberg" gegründet, zu dessen vornehmster Aufgabe die Rettung der seit dem 18. Jahrhunderts als „Weibertreu" bezeichneten Burgruine zählte.[1]

Im Bauernkrieg 1525 zerstört, teilte Weinsberg das Schicksal zahlreicher mittelalterlicher Burgen, die infolge kriegerischer Wirren zerstört oder als Wohn- bzw. Verwaltungssitze aufgegeben worden waren und deren Baubestand durch rasch fortschreitenden Verfall sowie Steinraub seitens der Bevölkerung der umliegenden Orte in starkem Maße dezimiert wurde. Neue Aufmerksamkeit erregten die steinernen Zeugen mittelalterlicher Geschichte erst seit dem ausgehenden 18. und beginnenden 19. Jahrhundert im Zuge einer Rückbesinnung auf ein verklärtes und idealisiertes Mittelalter. In Weinsberg erfolgte die Rettung der geschichtsträchtigen Burgruine, deren Ringmauern nach einem Einsturz 1729 teilweise abgetragen wurden, zu einem Zeitpunkt, als die Staufer in Literatur und Historiographie zunehmend Bedeutung erfuhren. Unterstützung erfuhr der „Weinsberger Frauenverein" von König Wilhelm I. von Württemberg (1781 – 1864; Regierungsantritt 1816), der die Burgruine käuflich erwarb und sie am 30. August 1824 dem Verein schenkte. Großfürstin Helene von Russland, eine geborene Prinzessin von Württemberg, spendete für den Erhalt der Ruine 500 Gulden. 1824 wurde der Fußweg von der Stadt zur Burgruine angelegt, der Fahrweg ausgebessert, Weinberge innerhalb der Ringmauer gerodet, die Türme zugänglich und ersteigbar gemacht, der Trümmerschutt entfernt, die Mauern ausgebessert, das Burginnere gärtnerisch gestaltet und der Öffentlichkeit zugänglich gemacht. Als Wärter- und Unterstandraum errichtete der Hofbaumeister Nikolaus Friedrich Thouret (1767 – 1845) 1824 aus Trümmermaterial an der Südseite der Ringmauer die so genannte „Kapelle".[2] Um die notwendigen Erhaltungsmaßnahmen zu finanzieren, versprach Justinus Kerner jeder „Geberin von dem Vereine einen niedlich gearbeiteten Ring, in dem ein Steinchen von der Burg-Ruine gefasst"[3] ist. Mit Gedichten versehen, übersandte Kerner seine Weibertreu-Ringe, die sich insbesondere als Verlobungsringe anboten, an hochgestellte Persönlichkeiten. Die von dem Architekten, Maler und Konservator Carl Alexander von Heideloff (1788 – 1865) 1855 angefertigten Entwürfe zum Bau einer Ruhmeshalle für bedeutende deutsche Frauen auf der Burgruine Weibertreu gelangten nicht zur Ausführung.[4]

Während der Reisende des frühen 19. Jahrhunderts in Weinsberg noch auf recht beachtliche Trümmer der hochmittelalterlichen Burg stieß, fand er auf dem Hohenstaufen, der 1525 zerstörten Stammburg des mächtigen Herrschergeschlechts, im Wesentlichen noch einen wenige Meter hoch aufragenden Mauerzahn vor. Die stattlichen Ruinen waren 1736/1737 im Zuge eines geplanten, aber nicht durchgeführten landesherrlichen Festungsbaus auf Befehl des Herzogs Karl Alexander (reg. 1733 – 1744) bis auf geringe Reste abgetragen worden.[5] 1769 erhielt der Amtmann von Hohenstaufen die Erlaubnis, 50 bis 60 Wagen Mauersteine aus dem Fundament der Burg abzutransportieren. Ein wesentlicher Impuls für die „Entdeckung" des Hohenstaufen durch den frühen Fremdenverkehr ging von den Besuchen verschiedener Fürsten

2 Steinsberg, Gesamtansicht der Burgruine mit achteckigem Hauptturm (Foto: J. Friedhoff 2009)

aus. Am 6. Oktober 1795 begab sich Markgraf Karl Friedrich von Baden mit seiner Familie auf den Hohenstaufen. Friedrich II., seit dem 27. April 1803 Kurfürst von Württemberg, fuhr am 12. August 1803 nebst Gefolge auf einer eigens für diesen Besuch angelegten Straße zum Gipfel des Hohenstaufen, auf dem für den Empfang des Landesherren ein Obelisk mit Säulen errichtet worden war. Im gleichen Jahr sprach sich der Pfarrer und Publizist Johann Gottfried Pahl für die Errichtung eines Tempels oder Pantheons auf dem geschichtsträchtigen Burgberg aus. 1804 verfasste der Hohenstaufener Pfarrer Johann Friedrich Aumüller ein Büchlein zum Hohenstaufen, das 1805 in erster und 1815 bereits in zweiter Auflage erschien. Aumüllers Amtsnachfolger, der Pfarrer Eduard Keller, gründete 1833 den ersten Hohenstaufenverein, der sich für den Bau eines Hohenstaufen-Denkmals auf dem Burgareal einsetzte, das jedoch ebenso wenig verwirklicht wurde wie ein zweites ehrgeiziges und kostenintensives Denkmalprojekt in den 1870er Jahren. Ausgeführt wurde hingegen das Vorhaben, die ehemalige Dorfkirche von Hohenstaufen, deren Funktion ein 1838/1839 errichteter Neubau übernahm, 1852 in eine Gedächtnisstätte für die Dynastenfamilie der Staufer („Barbarossakirche") umzuwandeln. Der 1859 neu aufgeführte Westgiebel der im Kern spätgotischen St. Jakobskirche wurde mit Wappen und Inschriften der Reichsoberhäupter aus dem Hause Hohenstaufen geschmückt.[6]

Im frühen 19. Jahrhundert konzentrierte sich die Hinwendung der gebildeten Öffentlichkeit in Deutschland vornehmlich auf die mittelalterliche Geschichte. Besonderer Aufmerksamkeit erfreuten sich die Jahrhunderte der Kaiser seit dem Ende der Karolingerzeit, und darunter rangierten die Herrscher aus dem südwestdeutschen Dynastengeschlecht der Staufer sowie die zahlreichen in der Glanzzeit des Hochmittelalters, zwischen 1150 und 1250, errichteten profanen und sakralen Bauwerken an erster Stelle.[7] Weit weniger Beachtung schenkte man dem Spätmittelalter, da es als Epoche des Partikularismus und des Verfalls nationaler Größe galt. In dem erwachenden Interesse am deutschen Mittelalter verband sich die romantische Besinnung auf die Vergangenheit mit der Suche nach den historischen Wurzeln der deutschen Nation.

Grundlegend für das kulturhistorische „Erleben" mittelalterlicher Burgen war die Erschließung der geschichtsträchtigen Wehr- und Wohnbauten. Die Ruinenromantik des ausgehenden 18. und beginnenden 19. Jahrhunderts erfasste nicht nur die „klassischen", von zahlreichen Fremden aufgesuchten Landschaften wie Mittelrhein- und Moseltal, sondern alle Regionen Deutschlands, wenngleich die „Entdeckung" einiger abgelegener und verkehrstechnisch schlecht erschlossener Mittelgebirgsregionen durch den Frühtourismus erst in der zweiten Hälfte des 19. Jahrhunderts einsetzte.[8] Spätestens seit den 1860er Jahren nimmt die Zahl jener Publikationen zu, deren Autoren die Burgen nicht mehr nur vor dem Hintergrund eines romantischen Kultur- und Ruinenerlebnisses betrachten, sondern die Bauwerke durchaus historisch und architekturgeschichtlich bearbeiten.[9]

Besondere Aufmerksamkeit erlangten jene Burgen, deren Bergfriede als Aussichtspunkte erschlossen werden konnten und die sich durch qualitätvollen bauplastischen Schmuck bzw. imposante Baureste auszeichneten. Die stauferzeitliche Burg Steinsberg im Kraichgau (Abb. 2), die die Herren von Venningen nach ihrer Zerstörung im Bauernkrieg 1525 wiederherstellen ließen, wurde 1797 mit ausdrücklicher Genehmigung der kurfürstlichen Behörden ihrer Dächer beraubt und zur Ruine.[10] Der imposante achteckige, mit Buckelquadern verkleidete Bergfried, dessen Dach 1777 durch einen Blitzschlag zerstört worden war, erhielt 1792 einen ebenerdigen Eingang und konnte 1798 mittels hölzerner Leitern bestiegen werden. Mitte der 1830er Jahre beauftragten die Herren von Venningen den großherzoglich badischen Gartendirektor J. Metzger, der u. a. an der Heidelberger Schlossruine tätig war, den Zwinger der Burg Steinsberg instand setzten zu lassen und in der Umgebung der Burg sowie im Burghof Gebüsche und Bäume anzupflanzen.

In zahlreichen frühen burgenkundlichen Abhandlungen datierten die Autoren die in vorzüglicher Buckelquadertechnik ausgeführten hochmittelalterlichen Türme in römische Zeit. Ein prägnantes Beispiel bieten die Ausführungen des Burgenforschers Georg Heinrich Krieg von Hochfelden (1798 – 1860) zu der Burg Steinsberg, deren wichtigster Bauteil seiner Ansicht nach der in der Mitte des polygonalen Berings gelegene achteckige Hauptturm darstellte: „Die militärischen Motive dieser Anlage zeigen, dass der Bau der Burg noch in die besseren Zeiten der zweiten Periode römischer Kriegsführung hinaufreichte, wo noch der Gränzwall aufrecht und das römische Heer zu schneller Hilfe auf dem linken Rheinufer stand. Die hohe technische Vollendung [...] bestätigt diese Vermuthung, den die technische Ausführung war bei den Römern in dem Maße besser, als sie dazu die nöthige Muse hatten, und am reichlichsten ward ihnen diese in den Zeiten der Antonine, d. h. im Lauf des II. Jahrhunderts. [...] der Steinverband des Thurmes gehört unter das trefflichste, was sich in dieser Art diesseits der

Alpen erhalten hat."[11] Stützte der großherzoglich badische Generalmajor Krieg von Hochfelden seine 1890 von Friedrich Pfaff[12] widerlegte These vom römischen Ursprung der Burg Steinsberg auf die großartige „technische Ausführung" des Buckelquadermauerwerks, so untermauerte der großherzoglich hessische Archivdirektor Ludwig Baur seine Annahme, dass es sich bei dem Roten Turm der Kaiserpfalz Wimpfen um ein römisches Bauwerk handele, auf einige in einem Garten am Fuße der Stadtmauer, jedoch außerhalb des Pfalzbereiches gefundene römische Gefäße, die man ihm für das Kabinett des Großherzogs überlassen habe.[13]

Mit dem großherzoglich badischen Generalmajor Krieg von Hochfelden begegnet uns einer der frühen Burgenforscher und -schriftsteller, dessen militärische Karriere maßgeblich seine Betrachtungsweise des mittelalterlichen Burgenbaus bestimmte. Julius Ernst Naeher (1824 – 1911) ein bedeutender Burgenforscher Südwestdeutschlands,[14] stand in großherzoglich-badischen Diensten als Ingenieur und Inspektor, während August von Cohausen (1812 – 1894) einen militärischen Dienstrang als preußischer Ingenieur-Oberst a. D. bekleidete und als Konservator des Regierungsbezirks Nassau in Wiesbaden arbeitete.[15] August von Essenwein (1831 – 1892) war als Architekt und Geheimer Rat, Direktor des Germanischen Nationalmuseums in Nürnberg ebenso als ausführender Künstler wie auch als Wissenschaftler im Bereich der Burgenkunde tätig.[16] Gegen Ende des 19. Jahrhunderts trat der Jurist Otto Piper (1841 – 1921) mit der von ihm 1895 verfassten „Burgenkunde" in Erscheinung; ein frühes Standardwerk, das sich ungeachtet früh erkannter Mängel mit drei Auflagen (und Reprints von 1967 und 1993) behaupten konnte.[17] Bodo Ebhardt (1865 – 1945), Initiator der Deutschen Burgenvereinigung, der wie Essenwein Architekt war, favorisierte erstmals eine Burgenkunde auf der Grundlage systematischer Bauforschung am Objekt unter Berücksichtigungen der historischen Voraussetzungen der Baudenkmäler. Um die Jahrhundertwende gelangte sein mit einer Vielzahl zeichnerischer Aufnahmen versehenes zweibändiges Werk „Deutsche Burgen" (1899 ff.) zum Druck, dem ein Supplementband über die von ihm 1901 bis 1908 im Auftrag Kaiser Wilhelms II. wieder aufgebaute Hohkönigsburg (1908) und das groß angelegte Tafelwerk über „Die Burgen Italiens" (ab 1907) folgen sollte.[18]

In Wimpfen leitete die Freilegung der zugemauerten Palasarkaden 1833/1834 unter Bürgermeister Riedling die allmähliche „Wiederentdeckung" der imposanten staufischen Pfalzanlage ein.[19] Der am östlichen Ende der Pfalz befindliche „Rote Turm" erhielt 1842 einen ebenerdigen Zugang in der Nordwand. Damals wurde vorübergehend „Holzwerk zur Ersteigung eingelegt".[20] 1895 erfolgte einer Sicherung der Mauerkrone des Turmes. Am westlichen Ende der Areals der Pfalz Wimpfen liegt der „Blaue Turm", der, im Spätmittelalter an die Stadt veräußert, u. a. als Gefängnis diente und dessen Turmhaube mehrmals, 1674, 1701, 1776 und schließlich 1848, durch Feuer bzw. Blitzeinschlag zerstört wurde. Mit Entwürfen zur Wiederherstellung betraute die Stadt den Darmstädter Architekten Christian Misselbeck, der im August 1848 einen „Entwurf zum Wiederaufbau des sg. [so genannten] blauen Thurmes zu Wimpfen" (Abb. 3) vorlegte.[21] 1851/1852 erhielt der „Blaue Turm" schließlich ein neues Obergeschoss in spätgotischen Formen mit vier schmalen spitzbehelmten Eckwarten, Miniaturzinnen und steilem Zeltdach. Erregten die beiden Haupttürme sowie die imposante, dem Neckar zugewandte Palasfront der Wimpfener Pfalz bereits frühzeitig das Interesse der Denkmalpflege, so bot die nach der Reformation profanisierte und als Magazin genutzte Pfalzkapelle noch Ende des 19. Jahrhunderts ein Bild des fortschreitenden Verfalls und der Verwahrlosung. Während des Dreißigjährigen Krieges hatten kurzzeitig Kapuzinermönche den romanischen Saalbau erneut für kirchliche Zwecke genutzt. 1837 veräußerte der Magistrat der Stadt die Kapelle an Privatpersonen, die das Erscheinungsbild des Innenraumes durch den Einbau von drei Geschossen verunklärten sowie den ehemaligen Chor und die Sakristei zu einer Scheune umfunktionierten.[22] Der Verfasser des Kunstdenkmälerinventars Wimpfen, Georg Schäfer, äußerte sich zu der „modernen Umnutzung" des herausragenden Sakralbaus wie folgt: „Durch dieses Verfahren ist aus dem einstigen Urbild des Hohenstaufenheiligtums das heutige Zerrbild geworden, dessen Anblick den Freund vaterländischer Geschichte und Kunst mit berechtigtem Unwillen erfüllen muß."[23] 1905 erwarb die großherzoglich hessische Regierung die Pfalzkapelle, um in den beiden Obergeschossen zwei Wohnungen und im Erdgeschoss das städtische Archiv einzurichten.[24] Als begleitende Maßnahme zu der Wiederherstellung des Gebäudes 1908 – 1911 berief der Denkmalausschuss für die hessische Provinz Starkenburg, vertreten durch Graf Erbach-Fürstenau, Oberst von Heyl, Prof. Dr. Kautzsch und den Geheimen Baurat Prof. Wickop, Anfang April 1909 zahlreiche auswärtige Denkmalpfleger und Kunsthistoriker zu einer Tagung nach Wimpfen ein. Der Sitzung mit verschiedenen Vorträgen und Diskussionen folgte die „Lokalbesichtigung der hergestellten [von Einbauten befreiten] Kapelle und der freigelegten Chorruine und Fundamentreste". Als denkmalpflegerisch problematisch erwies sich die Frage, ob der an den romanischen Saalbau angefügte gotische Chor oder der romanische „Rundchor" rekonstruiert werden sollte. Der Chor wurde schließlich „auf der Grundlage der gotischen Fundamente jedoch ohne die Strebepfeiler" wieder aufgebaut. Unter Berücksichtigung der „Wichtigkeit der Erhaltung und Betonung der romanischen Baureste der Kapelle" entschied sich das Gremium gegen ein steiles gotisches Dach und für ein niedriges Walmdach, das auf den romanischen Ostgiebel mit seiner Ziersäule Rücksicht nahm (Abb. 4). Die Kapelle wurde „ohne Emporen […] als schlichter einschiffiger Raum mit hellen Wänden, einfach aber wirksam bemalter glatter Holzdecke, Steinplattenboden, hellen Glasfenstern und schwer beschlagener Eichenholztür ausgebaut".[25] Im Inneren des Bauwerks wurden 1911 das Archiv der Stadt Wimpfen, die Sammlung des Vereins „Alt-Wimpfen" sowie eine Sammlung der im Zuge der Restaurierung geborgenen Gegenstände und erläuternde Zeichnungen und Fotografien untergebracht.

In Gelnhausen war es der Germanist, Bibliothekar und Kunsthistoriker Helfrich Bernhard Hundeshagen (1784 – 1858), der bereits im ersten Jahrzehnt des 19. Jahrhunderts die Aufmerksamkeit des hessischen Großherzogs auf die dortige Kaiserpfalz lenkte und den noch als Ruine großartigen Profanbau durch eine Publikation einer historisch und kunsthistorisch interessierten Leserschaft näher bringen wollte. In einem Schreiben an den Großherzog bezeichnet Hundeshagen den „Pallast" zu Gelnhausen als „eine architektonische Urkunde vom Adel der Hohenstaufen und den blühensten Zeiten des goldenen Mittelalters", der „nur vergleichungswürdig

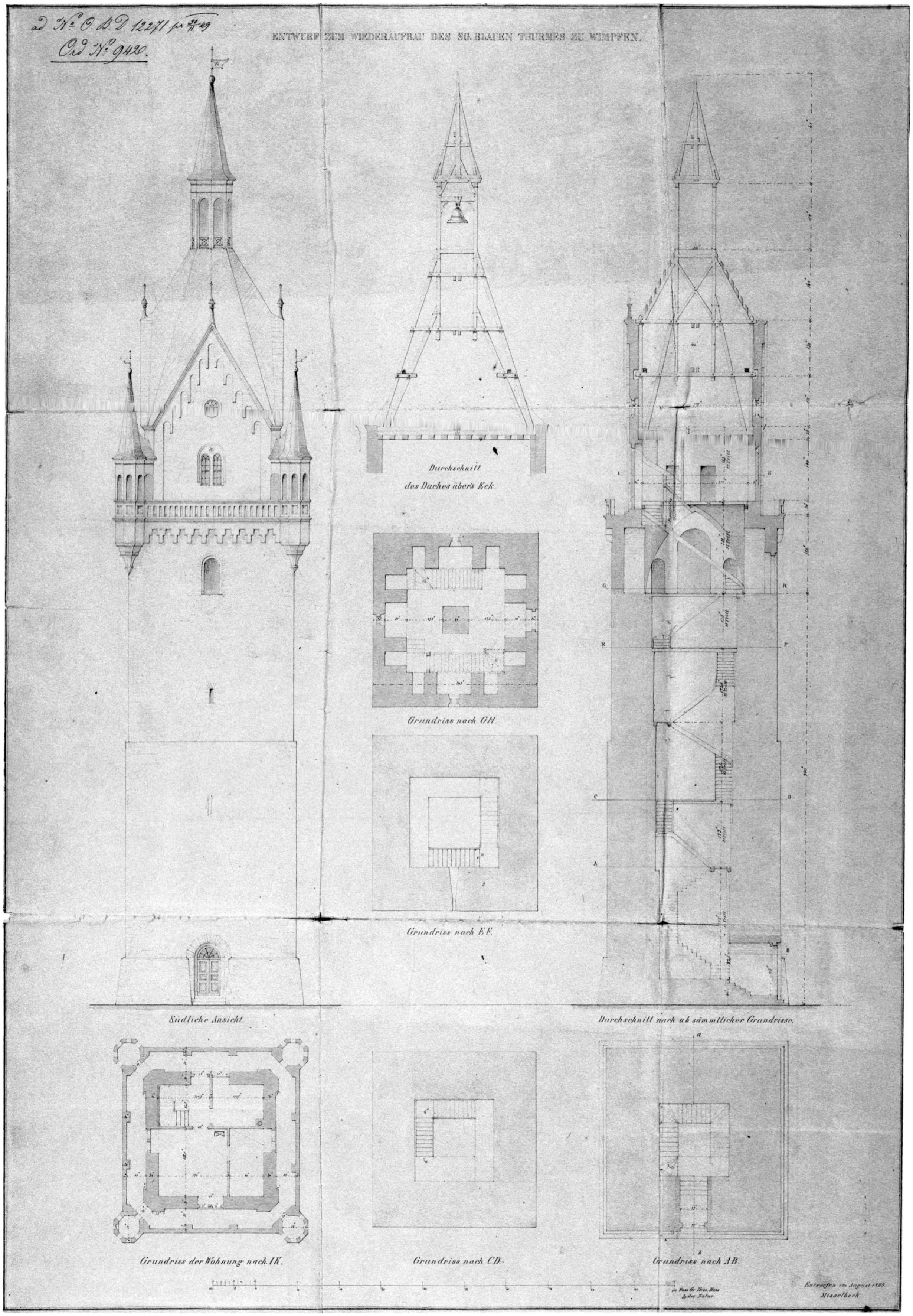
ad No. O.B.D 12271 pr 30/11 49
Ord No. 9420.
ENTWURF ZUM WIEDERAUFBAU DES SG. BLAUEN THURMES ZU WIMPFEN.
Durchschnitt des Daches über's Eck.
Grundriss nach GH.
Grundriss nach EF.
Südliche Ansicht.
Durchschnitt nach ab sämmtlicher Grundrisse.
Grundriss der Wohnung nach IK.
Grundriss nach CD.
Grundriss nach AB.
Entworfen im August 1848
Misselbeck

4 Wimpfen, Pfalzkapelle (Foto: J. Friedhoff 2009)

mit den schönsten Ueberreste[n] alter Gebäude zu Rom [und] in Athen [sei]".[26] Die von Hundeshagen verfasste Monographie mit einer umfangreichen „Lebensbeschreibung Barbarossa's", beginnend mit der Jugend des Staufers bis zu seinem Tod 1190, wurde mit dreizehn Kupfertafeln ausgestattet und sollte 1811 publiziert werden. Zur Drucklegung gelangte das Werk freilich erst 1819.[27] Ungeachtet der Wertschätzung der staufischen Architektur der Pfalz Gelnhausen, genehmigte die Rentkammer zu Hanau am 3. September 1816 den Abbruch und Abtransport von Mauerwerk aus dem Bereich der Pfalzruine.[28] Eine am 20. September 1816 erlassene allerhöchste Resolution des Kurfürsten verhinderte eine Dezimierung des Baubestandes. Nachdem in den 1830er Jahren verschiedentlich Gelder zum Erhalt der Pfalz bereitgestellt worden waren, erfolgte 1855 der Abbruch des Daches der Torkapelle (Abb. 5). Um die Kosten für diese Maßnahme zu bestreiten, waren der Verkauf des beim Abriss gewonnenen Baumaterials (121 Taler) sowie ein Zuschuss der landesherrlichen Regierung (14 Taler) erforderlich. Im Zuge einer umfassenden Restaurierung der Pfalzkapelle wurden 1860 die Säulenhalle mit den Gewölben und Sockeln ausgebessert, zwei Strebepfeiler an der Nordseite aufgeführt und die Häuser innerhalb der Ringmauer der Pfalz mitsamt ihren Kellern abgebrochen. Darüber hinaus erfolgten Baumaßnahmen an der südlichen Ringmauer und im zweiten Stock der Kapelle. An der Südseite des Palas wurden einige Säulen ergänzt. Statische Probleme der auf einem Pfahlrost gegründeten Pfalz erforderten 1881 im Bereich des Eingangstores eine Investition von 7000 Mark für die Errichtung von Strebepfeilern. Die Kaiserpfalz Gelnhausen, die bereits zu Beginn des 19. Jahrhunderts Aufmerksamkeit eines kunstgeschichtlichen Publikums erregte, zählt zu den am besten erforschten Königspfalzen nördlich der Alpen. Wegweisende Untersuchungen legten – sieht man einmal von den frühen Arbeiten von Hundeshagen und Bickell ab – 1927 Karl Nothnagel, 1963 Günther Binding und 1995 Fred Schwind vor.[29]

Zu den bedeutendsten Wehranlagen im pfälzisch-elsässischen Raum, der sich durch eine Vielzahl stauferzeitlicher Burgen[30] auszeichnet, zählt die 1081 erstmals urkundlich erwähnte Burg Trifels in der Südpfalz, deren kunsthistorisch wertvollste Bauten aus der Stauferzeit stammen. Ihre herausragende geschichtliche Bedeutung verdankt die in eindrucksvoller Gipfellage auf dem schmalen Fels-

3 Kaiserpfalz Wimpfen, Blauer Turm, Grundriss, Aufriss und Schnitt zum Wiederaufbau, Entwurfszeichnung Christian Misselbeck, Aug. 1848, mehrfarbig kolorierte Zeichnung 74 × 53 cm, Maßstab 1 : 100, HStAD P 11 Nr. 17498

5 Gelnhausen, Kaiserpfalz mit Palasfront, Torbau und Torkapelle, Historische Fotografie, um 1880, HStAD R 4 Nr. 19369

riff des 500 m hohen Sonnenberges errichtete Burg nicht zuletzt ihrer Funktion als zeitweiliger Aufbewahrungsort der Reichskleinodien während des 12. und 13. Jahrhunderts[31] sowie der legendären Gefangenschaft des englischen Königs Richard Löwenherz 1193. Ein Brand im Jahre 1602 leitete den baulichen Verfall des Trifels ein, dessen Ruine ab 1841 durch den bayerischen Staat schrittweise restauriert wurde (Abb. 6).[32] Der 1866 gegründete Trifels-Verein verfolgte das Ziel der „Erhaltung, Aufräumung und Zugänglichmachung der Ruine",[33] leitete 1867 Ausgrabungen ein und ließ den Kapellenturm innen sowie außen restaurieren. 1878 sprach sich die Regierung in Speyer gegen das Vorhaben des Vereins aus, eine begehbare Turmplattform zu errichten und diese mit einem eisernen Gitter zu sichern. Im November 1878 richtete der Regierungspräsident Anfragen an die Staatsbibliothek in München und das Germanische Nationalmuseum in Nürnberg, die Baugeschichte des Trifels zu erforschen, da die Regierung beabsichtigte, „die Kapelle und die ober- und unterhalb liegenden Räume in stilgerechter Weise restaurieren zu lassen".[34] Beide Institutionen lehnten ein solches Ansinnen ab, und August von Essenwein, der damalige Direktor des Nationalmuseums, sprach sich in seinem Gutachten mit dem Hinweis auf die missglückte Rekonstruktion der hochmittelalterlichen Wartburg in Thüringen ausdrücklich gegen eine Wiederherstellung der Burg Trifels aus: „Der Wiederaufbau des Schlosses Trifels würde jedenfalls eine überaus schwierige Aufgabe sein. Es geht aus er hochgeneigten Zuschrift nicht hervor, wie weit die Restaurationen geführt werden, namentlich ob die Burg etwa auch für unsere Zeit bewohnbar und angenehm benützbar gemacht werden soll. Unsere Anforderungen sind von denen des 12. Jahrhunderts so gründlich verschieden, dass in diesem Falle eine wirkliche stilgemäße Wiederherstellung geradezu unmöglich wäre. Man hat bei der Restauration der Wartburg mit großen Geldmitteln in einer langen Reihe von Jahren versucht beides zu vereinigen. Es konnte nicht gelingen. Die heutige Warburg ist von dem Baue des 12. Jahrhunderts so grundverschieden, dass kein Fürst jener Zeit mit derselben mehr anzufangen wüsste als mit einem modernen Wohnhause."[35] Fünfzehn Jahre später, 1893, erfolgte der grundlegende Umbau des dritten Turmgeschosses mit der Errichtung einer von einem Zinnenkranz umgebenen Aussichtsplattform, die bis zum Neubau des vierten Turmobergeschosses in den 1960er Jahren Bestand haben sollte.[36]

Südlich von Amorbach erhebt sich in Spornlage die Burgruine Wildenberg (Abb. 7), die zu den bedeutendsten hochmittelalterlichen Burgen Deutschlands zählt und die, wie Walter Hotz 1988 hervorhob, „durch [ihre] architektonische Qualität und den Reichtum [ihrer] Ausstattung den Kaiserpfalzen ebenbürtig [ist]".[37] Julius Naeher gelangte zu dem Urteil, dass die Burg Wildenberg „zu den architektonisch kunstvoll ausgeführten mittelalterlichen Burgen der romanischen Bauperiode" zu zählen sei und wollte sie vornehmlich als ein „nicht genug zu schätzendes Lehrmittel für die Kenntnis der mittelalterlichen Kriegsbaukunst" verstanden wissen.[38] Albert Schreiber erbrachte 1922 in seinen „Neuen Bausteinen zu einer Lebensgeschichte Wolframs von Eschenbach"[39] den Nachweis, dass es sich bei der im Parzival beschriebenen Gralsburg mit dem Namen „Munsalvasche" (=Mont sauvage; Wilder Berg) um die Burg Wildenberg im Odenwald handelt. Aus Dankbarkeit für die Gastfreundschaft setzte Wolfram von Eschenbach (um 1170 – um 1220) den Herren von Durne ein literarisches Denkmal, „indem er die herrlichste Burg der höfischen Dichtung mit dem ins Französische übertragenen Namen ihrer Burg versah".[40] Zu Beginn des 19. Jahrhunderts gelangte die von den in staufischen Diensten stehenden Herren von Durne (Dürn) sehr wahrscheinlich im letzten Drittel des 12. Jahrhunderts errichtete Burg an das fürstliche Haus Leiningen. 1814 erließ die fürstliche Generalverwaltung ein Dekret, das die Abfuhr von Steinen aus der Ruine untersagte. Sieben Jahre später erhielt Graf Franz von Erbach-Erbach zum Zwecke der Förderung „freundnachbarlicher Beziehungen" die Genehmigung für einen Neubau der künstlichen Burgruine Eberhardsburg im englischen Landschaftspark des Jagdschlosses Eulbach. „Einer antiquarischen Sünde", so schreibt Graf Franz im Nachtrag eines Verzeichnisses der Eulbacher Anlagen, „kann man mich bey den Beraubungen der Burg Wildenberg nicht beschuldigen; denn obgleich diese herrliche Burg noch die Würde der Vorzeit umschwebt und obgleich noch überall der Sinn ihrer Erbauer, für die Unvergänglichkeit gebaut zu haben hervorleuchtet, so verfällt sie doch mit jedem Tag mehr und die Bauern aus der Umgegend verführen ihre Trümmer, die zu ihrem Gebrauch dienen können. Anstatt also Räuber zu sein, war ich vielmehr Retter würdiger Überbleibsel der Vorzeit aus den Händen profaner unkundiger Menschen."[41] Den Archivrat Christian Kehrer beauftragte der Graf, ein Verzeichnis der aus der Ruine Wildenburg entfernten Steine anzulegen und eine Geschichte der Burg zu verfassen, die 1822 mit vier von A. T. Dahlheimer signierten Aquarellen und einem Lageplan der Burg versehen wurde. Der Plan des Fürsten Karl Emich von Leiningen, auf dem so genannten „Teeplatz" unmittelbar vor der Burg Wildenberg 1824 ein kleines Jagdschloss zu errichten, wurde nicht ausgeführt.

Erste Maßnahmen zur Sicherung des Baubestandes der imposanten Höhenburg wurden 1871 eingeleitet. Die 1891 erfolgte Niederlegung des Palasostgiebels sowie der Einsturz des als Aussichtspunkt zugänglichen Westturmes stellten empfindliche Substanzverluste des Baubestandes dar. Eine erste brauchbare baugeschichtliche Darstellung legte 1898 Bodo Ebhardt vor (Abb. 8). Ebhardt, der für seinen Beitrag zur Burg Wildenburg u. a. Archivalien aus dem Fürstlich-Leiningischen Archiv in Amorbach heranzog, warnte eindringlich vor dem rasch fortschreitenden Verfall der Anlage: „Dieses Kleinod, bezaubernd durch Lage und eigene Schönheit, von dessen Kunstformen hier in engem Rahmen nur wenig in Wort und Bild Erwähnung finden können, möge es einer besseren Zukunft entgegen gehen und die Würdigung finden, die es neben seinen berühmten Verwandten zu Gelnhausen und Münzenberg verdient – eine Rettung der drohenden Vernichtung, ehe es zu spät ist."[42] 1905 leitete der Oberarchivrat Dr. Richard Krebs eine baugeschichtliche Untersuchung der Burg ein, an der sich der Milterberger Architekt Oskar Winterhelt beteiligte und 1934 ergriff der Odenwaldklub, vertreten durch den Ministerpräsident und Staatsminister a. D. Prof. Dr. Werner aus Darmstadt, die Initiative zur Rettung und regte gemeinsam mit dem neu gegründeten Wolfram von Eschenbach-Bund eine Generalsanierung an, die 1935 – 1939 durchgeführt wurde.[43] Die 1821 nach Eulbach verbrachten elf Bauteile – es handelt sich u. a. um zwei Bauinschriften, die vermutlich die Initiatoren der Burggründung „RVbreht" und „Bvrcherd von Dvrn" nennen, ein romanisches Doppelfenster aus der Nordwand des Palasobergeschosses, ein mit Säule gekup-

6 Trifels, Gesamtansicht der Burgruine, vor 1930, Historische Postkarte

7 Wildenberg, Torbau der Burgruine mit Burgkapelle und Apsis (Foto: J. Friedhoff 2009)

peltes Spitzbogenfenster mit Vierpass aus dem Palasobergeschoss, ein Knospenkapitell sowie spätromanische Eckdienste und Kämpfer[44] – wurden 1936 mit Ausnahme von zwei Stücken auf die Burg zurück geführt. Grundlegend für die „Möglichkeiten der Erhaltung" der Burgruine Wildenberg war die Vorgabe, sich bei den durchzuführenden Maßnahmen weitgehend auf die Erhaltung der Originalsubstanz zu beschränken, wie aus dem Briefwechsel zwischen dem Odenwald-Klub und der Fürstlich-Leiningischen Generalverwaltung im Spätsommer 1934 deutlich hervorgeht: „Vor allen Dingen soll sie [die Burg Wildenberg], wie in allen Bestrebungen und Stellungnahmen zum Ausdruck kommt, nur gerettet und erhalten werden. Um Gottes Willen nicht restaurieren und mit Attributen unserer Zeit versehen ‚wieder in Stand setzen' wollen. Ein gütiges Geschick und Mangel an Geldmitteln hat sie davor bewahrt, eine entstellte Rolle spielen zu müssen, zu der man leider manche unserer hehren Burgen entwürdigt hat – in denen man vergeblich nach mittelalterlicher Romantik, nach Rittertum – Bardensang und Minneliedern sucht […]."[45]

Ebenso wie die Burgen nördlich der Alpen waren auch die staufischen Kastelle in Italien,[46] sofern sie nicht bereits im Spätmittelalter dem Verfall Preis gegeben wurden, in nachmittelalterlicher Zeit im Zuge von Umnutzungen zu Kasernen oder Gefängnissen baulichen Veränderungen unterworfen worden. Das spätstaufische Kastell in Prato (Toskana) wurde, nachdem es lange Zeit leer gestanden hatte, 1767/1768 zu einem Domizil für Kriegsveteranen umgebaut.[47] Im Zuge dieser baulichen Aktivitäten wurden zwei hoch aufragende Flankentürme bis auf die Höhe der Ringmauer abgetragen. Das gewonnene Steinmaterial diente dazu, im Innenhof des Kastells das aus drei Flügeln bestehende Veteranenheim aufzuführen. Es entstanden mehrgeschossige spätbarocke Flügelbauten, die erst im Zusammenhang mit den Restaurierungen des Kastells nach 1927, 1932/1933, 1936–40 und 1943 teilweise abgerissen oder in ihrer Höhe reduziert wurden. Ferner wurden im Innenhof Grabungen durchgeführt und Rekonstruktionen im Bereich des Wehrgangs und der Zinnen vorgenommen. Grundsätzlich ist festzuhalten, dass die staufischen Bauten südlich der Alpen von zahlreichen Italienreisenden erst Ende des 18. bzw. zu Beginn des 19. Jahrhunderts zögernd wahrgenommen wurden. Johann Wolfgang von Goethe erwähnt in den Tagebuchaufzeichnungen zu seiner italienischen Reise als einziges spätstaufisches Kunstwerk die beiden in Palermo aufbewahrten antiken Widderstatuen, die einst das Portal des Castello Maniace in Siracusa schmückten, ohne sie mit dem staufischen Herrscher Friedrich II. in Verbindung zu bringen.[48]

Das Fehlen von Bauuntersuchungen verschiedener staufischer Kastelle in Süditalien mag damit zusammenhängen, dass sie als militärische Objekte (Kasernen) zum Teil bis in die 1970er bzw. 1980er Jahre für den Burgenforscher nicht zugänglich waren und es Sondergenehmigungen bedurfte, um zumindest Teilbereiche der Anlagen zu besichtigen. So dienten z. B. Kastelle von Augusta und Siracusa (Castello Maniace) im 18. bzw. 19. Jahrhundert als Gefängnis bzw. Kaserne.[49] Diese neuzeitliche Nutzungsgeschichte verhinderte eine eingehende kunsthistorische Untersuchung der Anlagen, deren Erscheinungsbild zudem durch zahlreiche bauliche Veränderungen in nachstaufischer Zeit, vor allem im 16. und 17. Jahrhundert, verändert worden war. In Augusta führte ein Erdbeben 1693 zu einer Pulverexplosion, die den Turm und den angrenzenden Ostflügel zu großen Teilen zerstörte. Die vereinfachte Wiederherstellung der Bauteile verunklärte das Erscheinungsbild des Kastells erheblich. Um das Castello Maniace in Siracusa den Anforderungen des Artilleriezeitalters anzupassen, wurde unter dem Militärarchitekten Carlos Grunemberg ab 1673 das (oder die?) Obergeschoss(e) abgebrochen. Bereits in den 1540er Jahren wurde die hochmittelalterliche Burganlage in eine frühneuzeitliche Festungsanlage eingebunden, um türkische Einfälle vom Meer her abzuwehren. Carlos Grunemberg vollendete schließlich ab 1673 ein aufwendiges Befestigungssystem, das durch Wassergräben, Bastionen und Kanäle die Halbinsel, auf der sich das Kastell befand, vom Festland abtrennte.

Der Baubestand des in den 30er Jahren des 13. Jahrhunderts errichteten berühmten Brückentores in Capua wurde im Zuge einer renaissancezeitlichen Neubefestigung der Stadt 1557 durch den Abbruch der Obergeschosse erheblich dezimiert.[50] Erst die Entdeckung zeichnerischer Darstellungen des Brückentores zu Beginn des 20. Jahrhunderts in den Graphischen Sammlungen zu Wien und Florenz lieferte einen wichtigen Impuls zu einer intensiveren wissenschaftlichen Beschäftigung mit der Anlage. Die Entmilitarisierung des Brückentores und die nachfolgende Freilegung des staufischen Mauerwerks 1927–1934 bot erstmals die Möglichkeit, am Objekt selbst baugeschichtliche Untersuchungen durchzuführen.

8 Wildenberg, Wiederherstellungsentwurf der Wildenburg im 13. Jahrhundert, in: Bodo Eberhardt, Deutsche Burgen (1898)

Castel del Monte[51] diente nach dem Ende der staufischen Herrschaft in Süditalien den neuen Herrschern aus dem Hause Anjou zur Unterbringung von Gefangenen und gelangte 1552 an die Familie Caraffa, die die Anlage letztmalig 1656 herrichten ließen, um die entlegene Burg während einer Pestepidemie zu Wohnzwecken zu nutzen.[52] In der Folgezeit stand das Gebäude leer und verfiel infolge mangelnden Bauunterhalts. Vermutlich verdankt Castel del Monte seiner abgelegenen, schwer erreichbaren Lage und der hohen Kosten für den Abbruch und Abtransport des Steinmaterials seinen relativ gut erhaltenen Baubestand. In das Jahr 1757 datiert der Bericht eines Bausachverständigen des Bourbonen-Hofes in Neapel, dem der Auftrag erteilt worden war, Castel del Monte auf die Verwertbarkeit der dort erhaltenen Baumaterialen eingehend zu untersuchen. Außer 96 weißen Marmorsäulen fand man in dem Kastell jedoch kein Material vor und mit Blick auf die hohen Ausbau- und Transportkosten verzichtete man auf die Translozierung der Säulen, die an Ort und Stelle blieben. Den Bemühungen Ferdinands Gregorovius, der am 12. Mai 1875 zu Pferde mit einigen bewaffneten Begleitern von Andria aus Castel del Monte aufsuchte,[53] ist es zu verdanken, dass der italienische Staat 1876 die Burg von den Grafen Caraffa käuflich erwarb, sie zum „Monumenta nazionale“ erklärte und ab 1879 erste Restaurierungsarbeiten einleitete.

Das Kastell von Lucera[54] wurde offenbar bereits kurz nach 1300 mit dem Ende der dortigen Sarazenensiedlung als Wehranlage aufgegeben (Abb. 9).[55] Den Kernbau, einen mächtigen Donjon, den der französische Zeichner Louis-Jean Desprez 1778 als imposante Ruine festgehalten hat, wurde 1790 gesprengt und die Steine zum Wiederaufbau der neuen Prokuratur in Lucera verwendet. 1871 zum „Monumenta nazionale“ erklärt, fanden erste Restaurierungen in den 1930er Jahren statt.

Während im ausgehenden 18. und beginnenden 19. Jahrhundert die Beschäftigung mit der Kunst und Geschichte der Stauferzeit in Italien vornehmlich der „romantischen Schwärmerei“ für das Mittelalter entsprang, setzte eine wissenschaftliche Beschäftigung mit profanen und sakralen Baudenkmälern in Deutschland und Frankreich erst im zweiten Viertel des 19. Jahrhunderts ein und erreichte im wilhelminischen Deutschland im ersten Jahrzehnt des 20. Jahrhunderts einen ersten Höhepunkt.[56] Der Kunsthistoriker Arthur Haseloff[57] konstatierte im Vorwort zu seinem 1920 erschienenen ersten Band zu den „Bauten der Hohenstaufen in Unteritalien“, dass die „[...] Bewunderung der mittelalterlichen Kunstwelt Unteritaliens, die sich gegen Ende des 18. Jahrhunderts zu äußern beginnt, [...] aber an Kraft und Ausdehnung zunehmen [musste], je mehr die Geschichtsforschung, der romantischen Strömung der Zeit folgend, den Blick auf jene Gegenden lenkte, je mehr sie den Glanz und die einstige Herrlichkeit des Reiches der normannischen, staufischen und anjouischen Könige in neuem Lichte erstrahlen ließ“.[58]

Die italienischen Burgen der Staufer wurden von den frühen Burgenforschern nur gelegentlich als Forschungsgegenstand the-

9 Lucera, Ringmauer mit der Torre della Regina, Historische Fotografie, März 1902, DBV-Archiv Dokumentation „Lucera"

10 Arthur Haseloff beim Fotografieren auf der Mauerkrone des „palatiums" in Lucera, Mai/Juni 1911, Christian-Albrechts-Universität Kiel, Kunsthistorisches Seminar, Nachlass Haseloff, Inv. Nr. 5990

matisiert. 1844 legte der Historiker Wachsmuth eine Dissertationsschrift über Lucera[59] vor und im selben Jahr erschien in Frankreich mit den „Recherches sur les Monuments et l'histoire des Normands et de la Maison de Souabe dans l'Italie méridionale" die erste Veröffentlichung des Archivrats Jean Louis Alphonse Huillard-Bréholles, der ergänzend einige Jahre später eine grundlegende Dokumentensammlung folgte.[60] Bereits 1831 hatte der Dresdner Architekt und Historiker Heinrich Wilhelm Schulz (1808 – 1855) gemeinsam mit dem Hannoveraner Maler und Architekten Anton Hallmann (1812 – 1845) von Rom aus Süditalien mit dem Ziel bereist, die baulichen Zeugnisse des Mittelalters zu dokumentieren und auf der Grundlage umfangreicher Archivstudien auch vor dem historischen Hintergrund darzustellen. Das umfangreiche Werk wurde freilich erst nach seinem Tode von Ferdinand von Quast (1807 – 1877) in fünf Bänden herausgegeben.[61] Eine systematische Erfassung der Kunstwerke Unteritaliens legte 1903/1904 der Franzose Emile Bertaux vor.[62] Die von Bertaux geplante umfassende Geschichte des Burgenbaus Friedrichs II. unter dem Titel „Les Châteaux de l'Empereur Frédéric II." kam nicht zustande.[63] Das 1909 von Bodo Ebhardt begonnene monumentale Publikationsvorhaben, das auf eine überblickartige Gesamtdarstellung der Burgenlandschaft Italiens abzielte, konnte erst 1927 mit dem sechsten und letzten Band des beeindruckenden Tafelwerkes abgeschlossen werden.[64]

Anlässlich eines Süditalienaufenthalts Kaiser Wilhelms II. 1904 gelang es dem Direktor des Königlich Preußischen Historischen Instituts in Rom, Paul Fridolin Kehr (1860 – 1944), den Monarchen zur Unterstützung seines Vorhabens zu bewegen, am Römischen Institut eine kunsthistorische Abteilung einzurichten, die sich schwerpunktmäßig der staufischen Baukunst in Süditalien zuwenden sollte.[65] Die Projektleitung übertrug Kehr dem jungen Kunsthistoriker Arthur Haseloff, der in den nachfolgenden Jahren – in einer beispielhaften interdisziplinären Zusammenarbeit[66] mit dem ihm beigeordneten Historiker Eduard Sthamer – die Bauten des Südreichs der Staufer untersuchte (Abb. 10). Parallel zu der systematischen Aufarbeitung der Objekte vor Ort mit kunsthistorischen Methoden und ihrer Vermessung durch Architekten erfolgte auf breiter Basis die Erfassung der archivalischen Überlieferung sowie deren Erschließung für die Baugeschichte.[67] Zu den Zielen des Projekts und zur Methodik bei der Bearbeitung der Objekte notierte Haseloff: „Geschichtliche und kunstgeschichtliche Betrachtungsweise und Forschungsziele sind mit dem gestellten Thema so eng verbunden, dass es unmöglich erscheint die vorliegende Arbeit für das eine oder andere Gebiet ausschließlich in Anspruch zu nehmen. Im Mittelpunkt der Aufgabe stehen die Schloss- und Kastellbauten eines der größten und eifrigsten Bauherrn aller Zeiten: Kaiser Friedrichs II."[68]

Infolge des Ausbruchs des Ersten Weltkrieges wurde das Königlich-Preußische Historische Institut in Rom 1915 geschlossen und das ehrgeizige Projekt einer Bestandsaufnahme und Untersuchung der staufischen Kastelle in Unteritalien eingestellt. Nach Kriegsende wurde als einziger der geplanten Teile des umfassenden Publikationsvorhabens der Band 1 zu den Bauten der Capitanata zusammen mit einem Tafelband und drei Ergänzungsbänden von Eduard Sthamer (1912, 1914, 1926), veröffentlicht. Der Schwerpunkt der Forschung staufischer Baukunst in Unteritalien verlagerte sich in andere Länder. In der zweiten Hälfte des 20. Jahrhunderts haben schließlich u. a. Carl Arnold Willemsen (1902 – 1986), Wolfgang Krönig (1904 – 1992) und Hubert Houben die Thematik erneut aufgegriffen und entscheidende Beiträge zum staufischen Burgenbau in Italien vorgelegt.[69]

1 Zu den Weibern von Weinsberg und zur Burgruine Weibertreu: WILDERMUTH 1990.
2 Zur Instandsetzung der Burgruine und zur Gestaltung des Burggeländes: JÄGER 1825, S. 1 – 5.
3 WILDERMUTH 1990, S. 36.
4 Schreiben des Carl Alexander Heideloff an König Wilhelm I. von Württemberg: Skizze zur Errichtung und Erneuerung der Burg-Ruine Weibertreue bei Weinsberg, als Denkmal der Frauen-Würde zum Moralischen und Nützlichen Zweck der jetztzeit unter dem deutscen Namen Pallas oder Halle des Ruhms vaterlandstreuer Wohlthätiger und grosser Frauen Deutschlands. (Stuttgart 1855 Mai 25). Germanisches Nationalmuseum Nürnberg, Archiv für bildende Kunst.
5 Zum Schicksal der Burg Hohenstaufen in nachmittelalterlicher Zeit: PAULUS/GRADMANN 1914, S. 107 – 109; MAURER 1977, S. 168 – 170; SCHMOLL 2000, S. 88 – 92.
6 ACKERMANN 2000, S. 93 – 96.
7 Grundlegend zu Stauferrezeption und zur Denkmalpflege: SPEITKAMP 2001, S. 273 – 283.
8 Eine grundlegende Untersuchung des Phänomens der „Wiederentdeckung" mittelalterlicher Burgen im 19. Jahrhundert steht noch aus. Immerhin existieren für verschieden Burgenlandschaften wegweisende Einzelstudien. Vgl. LOSSE 1998; FRIEDHOFF 2000; FRIEDHOFF/WAGENER 2009.
9 Zu den Anfängen der „Burgenkunde" im 19. Jahrhunderts und zur Entwicklung einer interdisziplinär verstandenen Burgenforschung: BILLER 1994; ZEUNE 1996; BILLER 2007, S. 134 – 143.
10 OECHELHÄUSER 1909, S. 124 – 127.
11 KRIEG VON HOCHFELDEN 1859, S. 91.
12 PFAFF 1890, S. 89 f.
13 BAUR 1842, S. 4.
14 Zu Leben und Werk Naehers: LEISTIKOW 1994a, S. 169 – 188 mit einer ausführlichen Bibliographie.
15 In der frühen Burgenforschung trat Cohausen mit seinem Standardwerk zum Befestigungswesen hervor: COHAUSEN 1898.
16 Vgl. HOLZAMER 1985.
17 PIPER 1895, 2. Aufl. 1905, 3. Aufl. 1912, ND 1967, 1993.
18 EBHARDT 1898 – 1907; EBHARDT 1909 – 1927. Zu Leben und Werk Bodo Ebhardts: VON DER DOLLEN/SCHOCK-WERNER 1999.
19 Die erste Erwähnung des Palas findet sich bei BAUR 1844, S. 11. Ferner STEIN 1851, S. 28; LOTZ 1863, S. 579; OTTE 1874, S. 697. Grundlegend zur Geschichte und Baugestalt der Pfalz: ARENS 1967, mit Hinweisen auf die Restaurierung 1833/1834, S. 56 (Palasarkaden), S. 119 (Roter Turm), S. 124 (Blauer Turm) sowie zur Bedeutung der Pfalz Wimpfen für die Herrscher aus dem Hause Hohenstaufen: HABERAUER 2008.
20 SCHÄFER 1898, S. 154.
21 HStAD Best. P 11, Nr. 17498: Grundrisse, Aufriss und Schnitt zum Wiederaufbau des „Blauen Turmes" der Kaiserpfalz zu Wimpfen. Christian Misselbeck (1848 Aug.). Kolorierte Schwarzzeichnung (74 × 53 cm). Arens datiert den Brand des „Blauen Turmes" irrtümlich in den Winter 1848.
22 HStAD Best. G 34, Nr. 5047: Ankauf der baufälligen so genannten Kapuzinerkirche (ehem. Pfalzkapelle) zu Wimpfen am Berg und deren Wiederaufbau bzw. Umbau zu Wohnungen (1904 – 1914). Vortrag des Geheimen Baurats Prof. Wickop anlässlich der Tagung des erweiterten Denkmalausschusses der Provinz Starkenburg zu Wimpfen (1909 April 24).
23 SCHAEFER 1889, S. 146.
24 HStAD Best. G 34, Nr. 5047: Schreiben des Großherzoglichen Ministeriums der Finanzen, Abteilung Bauwesen an das großherzogliche Bauamt Bensheim (1904 Dez. 7).
25 HStAD G 34, Nr. 5047: Baubericht, die Kaiserpfalz Wimpfen betreffend (1911).
26 HStAD, Best. D 12, Nr. 18/40: Schreiben des Bernhard Hundeshagen an den Großherzog (1808 Juni 18).
27 HStAD Best. D 12, Nr. 18/40: Schreiben des Bernhard Hundeshagen an den Großherzog (1818 Dez. 24). Hundeshagen 1819, 2. Aufl. 1832.
28 Zur Sicherung des Baubestandes der Pfalz Gelnhausen im 19. Jahrhundert: BICKELL 1901, S. 18 – 19.
29 Vgl. NOTHNAGEL 1927; BINDING 1963; SCHWIND 1995.
30 Für die Burgenlandschaft des Elsass liegen mit den Werken von WAGNER (1913) und WOLFF (1908) gleich zwei wichtige ältere Überblickswerke vor. In der Pfalz arbeitet LEHMANN (1857 – 1866) die urkundliche Geschichte der „Burgen und Bergschlösser" auf. Grundlegend zu den hochmittelalterlichen Burgen der Pfalz und des Elsaß: KEDDIGKEIT/THON/SCHERER/ÜBEL/BURKHART (1999 – 2007); BILLER/METZ 1995; BILLER/METZ 2007.
31 LEISTIKOW 1974; JOST 2001.
32 Zu den Restaurierungsmaßnahmen des 19. Jahrhunderts: MEYER 2001, S. 115 – 131.
33 § 1 der Vereinssatzung, in: BIUNDO 1935, S. 6.
34 Ebd., in: BIUNDO, S. 11.
35 Schreiben des August von Essenwein an den Regierungspräsidenten der bayerischen Pfalz, von Braun (1878 Nov. 14, Nürnberg). Abschrift im DBV-Archiv Schloss Philippsburg, Dokumentation „Trifels".
36 MEYER 2001, S. 129.
37 HOTZ 1988, S. 191.
38 NAEHER 1901, S. 126 f.
39 Vgl. SCHREIBER 1922; LENZ 1934, Teil I und II.
40 HOTZ 1963, S. 92.
41 Zitiert aus einem Schreiben von Walter Hotz an die Fürstlich-Leiningische Verwaltung Amorbach (1936 Okt. 9). Fürstlich-Leinigisches Archiv Amorbach Reg. Nr. CN Nr. 24932: Bautagebücher Burg Wildenberg (1932 – 1940).
42 EBHARDT 1898, Bd. 1, S. 26 – 39 (Burg Wildenberg), hier S. 31.
43 Zur Restaurierung und Erforschung der Burg Wildenberg im 19. und frühen 20. Jahrhundert: HOTZ 1963, S. 20 – 27.
44 Ein Verzeichnis der Spolien findet sich als Anlage zu dem im Fürstlich-Leiningischen Archiv Armorbach aufbewahrten Schreiben von W. Hotz (1936 Okt. 9).
45 LENZ 1934, Teil III, S. 4.
46 Grundlegend zu den den staufischen Kastellen in Süditalien: LEISTIKOW 1994 a; LEISTIKOW 1996; KNAAK 2001b; WAGNER 2005; BARGHOLZ 2008.
47 Zum Kastell von Prato: KAPPEL/TRAGBAR 1996, S. 427.
48 Vgl. TRUNZ 1978, S. 237 und 249.
49 Zur Baugeschichte sowie Nutzung und Erforschung der Kastelle Augusta und Maniace: KNAAK 2001b, S. 38 – 46 (Augusta) und S. 47 – 57 (Maniace); KNAAK 1996b.
50 Vgl. ebd., S. 58 – 109.
51 Aus der Vielzahl von Publikationen zu Castel del Monte seien hier lediglich folgende Untersuchungen aufgeführt: MECKSEPER 1970; KRÖNIG 1994; LEISTIKOW 1994b; SCHIRMER 2000; KNAAK 2001b; LEISTIKOW 2001; LEISTIKOW

2005; Houben 2005a; Leistikow 2008; Legler 2008.

52 Knaak 2001b, S. 110 – 138.

53 Zu den Italienreisen des Ferdinand Gregorovius: Gregorovius 1853 – 1877; Gregorovius 1877; Gregorovius 1852 – 1889.

54 Zu Lucera: Knaak 1996a.

55 Vgl. Knaak 2001b, S. 24 – 37.

56 Vgl. Leistikow 1994b, S. 5 – 32; Houben 1997b, S. 33 – 49.

57 Zu Haseloff vgl. Willemsen 1997; Ausst.-Kat. Kiel 2005.

58 Haseloff 1920, Vorwort, S. V.

59 Wachsmuth 1844.

60 HB 1844; HB 1852 – 1861.

61 Schulz 1860.

62 Bertaux 1903.

63 Vgl. Haseloff 1920, S. 29, Anm. 1.

64 Ebhardt 1909 – 1927; Vgl. hierzu auch Tragbar 1999, S. 72 – 80.

65 Vgl. Houben 2005, S. 9 – 24.

66 Zur Problematik eines interdisziplinären Zugangs zur Burgenforschung und zur Bedeutung des Quellenstudiums vgl. zuletzt: Friedhoff 2009, S. 199 – 113.; Friedhoff 2007, S. 37 – 41.

67 Vgl. Sthamer 1912 – 1926; Sthamer 1914; Houben 2006a.

68 Haseloff 1920, Vorwort, S. VIII.

69 Vgl. Krönig 1950; Willemsen 1968; Willemsen 1977a

Camilla G. Kaul

Die Stauferrezeption im 19. und 20. Jahrhundert aus kunsthistorischer Sicht

19. Jahrhundert

So vielfältig und differenziert die Rezeption der Staufer in der bildenden Kunst über die Jahrhunderte und vor allem im 19. Jahrhundert gewesen ist, kann als verbindendes Element festgehalten werden, dass diese stets mit mehr oder weniger fordernden Intentionen geschah, die den Bedürfnissen der jeweiligen Zeit entsprangen.[1] Auf diese Weise verschiebt sich der Zugriff jeweils in Abhängigkeit von der politischen Situation und den lokalen Voraussetzungen – in Italien hatte man die Staufer als *stranieri* erlebt und als Gegner städtischer Selbstbestimmung, in Deutschland verband sich mit ihnen die Erinnerung an die glanzvollste Zeit deutscher Kaiserherrlichkeit, auch wenn man dabei unterschiedliche Einstellungen zu ihrer Italienpolitik oder ihrer Auseinandersetzung mit Kirche und Papsttum haben konnte. Bereits anhand dieser beiden, hier nur angedeuteten Kernkonflikte staufischer Herrschaft wird deutlich, dass die staufische Politik zur Stellungnahme geradezu herausforderte – und damit ihre historische Leistung für Interpretationen und Auslegungen offen und anfällig war. Dabei lassen sich in einem ersten groben Raster dynastische Motive, landesständische bzw. lokale Traditionen sowie Herrschaftsbegründung anderer Dynastien oder Städte unterscheiden, ergänzt um die frühen Programme zur nationalen Erziehung, die später übergehen in gesamtstaatliche bzw. reichsbegründende Interessen. Daneben existiert die von einer allgemeinen romantischen Mittelalter- und Reichssehnsucht getragene Rezeption. Obwohl sich dabei zahlreiche Überschneidungen ergeben, soll im Folgenden versucht werden, diesen Rezeptionssträngen nachzugehen.

Deutschland

Der Prozess, aufgrund dessen gerade das Mittelalter und damit die Periode der Staufer seit dem Ende des 18. Jahrhunderts ins Bewusstsein breiterer Bevölkerungsschichten traten, beruhte auf einer Wechselwirkung vielerlei Faktoren. Entscheidend war einerseits die Prädominanz historischen Denkens im Bereich der Geisteswissenschaften, andererseits trugen außerwissenschaftliche Faktoren wie das erwachende Nationalgefühl in Deutschland sowie Veränderungen auf wirtschaftlichem, politischem, sozialem und kulturellem Gebiet zu einer immer stärkeren Beschäftigung mit dem Mittelalter bei. In der Epoche der staufischen Kaiserzeit sah man die Manifestation des vermeintlich unverfälschten Wesens der deutschen Nation und zugleich eine festgefügte, geistig wie herrschaftlich geordnete Welt, die zum Ideal der eigenen Gegenwart werden konnte. Eine wichtige Rolle bei der Vermittlung der Kenntnis dieser Zeit fiel den Historikern zu, denen es oblag, dieses gemeinsame politische und kulturelle Erbe aufzudecken und präsent zu machen. Für die Staufer geschah dies maßgeblich durch Friedrich von Raumers von 1823 – 1825 erschienenes sechsbändiges Werk „Die Geschichte der Hohenstaufen und ihrer Zeit", das große Resonanz erfuhr. Aufgrund seiner emotionalen Schilderung wurde es Grundlage der im Folgenden einsetzenden umfangreichen Beschäftigung mit den Staufern auf dem Gebiet der bildenden Künste sowie in Drama und Lyrik.

Waren bereits vor dem 19. Jahrhundert historische Darstellungen gerne als Beispiel für tugendhaftes Verhalten herangezogen worden, verschiebt sich im Zuge der nationalen Selbstfindung der Fokus langsam auf die mittelalterliche Reichsgeschichte. Den Auftakt bildet das Gemälde „Konradin von Schwaben und Friedrich von Österreich vernehmen im Gefängnis von Neapel ihr Todesurteil" (Abb. 1) von Wilhelm Tischbein, das 1784 entstand, und das in mehrfacher Hinsicht an einer Schnittstelle steht:[2] einerseits verdeutlicht es den Übergang der Geschichtsauffassung von den *exempla virtutis* und der zyklischen Wiederholbarkeit der Geschichte zum einmaligen, individuellen Erlebnis in einer nun als fortschreitende Entwicklung begriffenen Geschichte. Andererseits zeigt es für die Historienmalerei deren Loslösung von der ihr als höchster Stilstufe bisher als angemessen zugeordneten Stil und Inhalt zur Darstellung mittelalterlicher Themen und deren möglichst historisch detailgetreuer Wiedergabe. Seine Anregung hatte Tischbein von J. J. Bodmer erfahren, der die Künstler angehalten hatte, „man solle der Nation die Taten edler und großer deutscher Männer in Werken der Dichter und Maler als Heiligtümer aufstellen; dies bilde den Charakter des Volkes, erwecke und nähre die Vaterlandsliebe und errege den Geist und die Kraft zu edler Nacheiferung".[3]

Mit dem fortschreitenden Jahrhundert werden sich sowohl die Forderung nach Darstellung von mittelalterlichen Episoden wie auch dem historischen Detail aus nationalerzieherischen Gründen durchsetzen. Entscheidenden Anteil daran hat ein Medium, das als untergeordnete Kunst den strengen Normen des hohen Stils nicht, dafür dem zugrundeliegenden Text umso mehr verpflichtet war: die Illustration von Geschichtswerken. Eine wichtige Rolle spiel-

1 Wilhelm Tischbein, Konradin von Schwaben und Friedrich von Österreich empfangen beim Schachspiel ihr Todesurteil, 1784, Öl auf Leinwand, Gotha, Schlossmuseum Schloss Friedenstein, Inv.-Nr. 9251

ten Bernhard Rodes Illustrationen für Johann Matthias Schröckhs „Weltgeschichte für Kinder".[4] In der vom Autor vorgenommenen Auswahl findet sich aus der Zeit der Staufer „Der junge Prinz Konrad wird in seinem väterlichen Reiche zu Neapel enthauptet" (Abb. 2). „Hier hat sich die Geschichtsdarstellung, vom einengenden Zwang des hohen Stils befreit, bemüht, kulturelle Eigentümlichkeiten in Handlung, Kleidung und teilweise auch Architektur ins Bild zu bringen."[5] Konradin hingegen und dessen Schicksal als „letzter Staufer" wird im 19. Jahrhundert in Deutschland mehr oder weniger ausgeklammert, hätte dies doch die Erinnerung an die ansonsten vielbeschworene glanzvolle Herrschaft der Staufer getrübt. Das an seinem Grab in Neapel in Sta. Maria del Carmine nach Entwurf von Bertel Thorvaldsen und im Auftrag des bayerischen Kronprinzen und späteren König Max II. Joseph entstandene und am 22. Mai 1847 eingeweihte Standbild (Abb. 3) entspringt ganz anderen Intentionen und zeigt Konradin nicht als Besiegten, sondern als Gestalt, an die sich einst große Hoffnungen knüpften.[6]

Ohnehin zeigte man in Bayern großes Interesse an den Staufern, hatte sich Otto von Wittelsbach doch in seiner Treue diesen gegenüber bewährt und war als Belohnung nach dem Sturz Heinrichs des Löwen 1180 in Altenburg mit dem Herzogtum Bayern belehnt worden.[7] Entsprechend lieferte Ernst Förster 1826 – 1829 für die Münchner Hofgartenarkaden die Darstellung „Befreyung des teutschen Heeres im Engpasse von Chiusa durch Otto den Großen von Wittelsbach 1155"[8] und stellte Wilhelm Lindenschmit in den 1830er Jahren „Otto von Wittelsbach unterstützt Kaiser Friedrich Barbarossa gegen die aufrührerischen Römer" im Stauferzimmer von Schloss Hohenschwangau dar. Die „Belehnung" findet sich ebenfalls in den Münchner Hofgartenarkaden, die Ludwig I. in national-pädagogischer Absicht konzipiert hatte, um dort seinem bayerischen Volk die Geschichte des Hauses Wittelsbach vor Augen zu führen. Im Rahmen der reichsgeschichtlichen Ausstattung der Kaisersäle der Münchner Residenz – je ein Saal war mit Szenen aus der Geschichte Karls des Großen, Rudolfs von Habsburg und Friedrichs I. Barbarossa ausgestattet worden – erscheint die Belehnung immerhin in einer Nebenszene des von Julius Schnorr von Carolsfeld 1837 – 1842 nach einem vom König selbst redigierten Programm ausgemalten Barbarossa-Saals.[9] Die das Ausstattungsprogramm ergänzenden figuralen

Kaminuhren schlugen sowohl den Bogen zum tragischen Ende der Staufer – Konradin – als auch zu deren Nachleben und Bedeutung für das 19. Jahrhundert – Friedrich I. Barbarossa im Kyffhäuser.[10] Inhaltlich wie formal folgen die Darstellungen dabei über weite Strecken dem Heltorfer Freskenzyklus, der am Anfang der Aufnahme Friedrichs I. Barbarossa in die (Monumental-) Malerei steht und dessen Bildfindungen sowohl prägend für weitere bildliche Umsetzungen werden sollten als auch den Auftakt zur national konnotierten Rezeption des Kaisers bildeten.[11] Das Thema der „Belehnung Otto von Wittelsbachs" findet nach 1844 nochmals Aufnahme im Bilderzyklus des Bayerischen Nationalmuseums, in dem Barbarossa zudem noch in einer der sechs welfischen Darstellungen „Heinrich der Löwe verteidigt Friedrich I. Barbarossa gegen die aufständischen Römer" erscheint, einem Thema, „das in besonderer Weise Reichsverbundenheit demonstriert, indem es auf die mittelalterlichen Wurzeln der Dynastie verwies".[12]

Bereits vor dem 19. Jahrhundert waren die Staufer teil gemalter Herrscherreihen gewesen, denen die Vermittlung historischer Kontinuität und die Verbildlichung herrscherlicher Tugenden zugrunde lag.[13] Die von 1838 – 1853 im Kaisersaal des Frankfurter Römer angebrachte Kaisergalerie knüpfte dagegen an die Bedeutung der Stadt für die Kaiserwahl an und spiegelte die Idee der Einheit und Kontinuität der deutschen Nation wider.[14] Dabei entstand eine Herrscherreihe, die „halb Ahnengalerie regierender Dynasten, halb ‚Nationaldenkmal'"[15] war. Für die Darstellung der Kaiser stand der Anspruch nach historischer Treue an höchster Stelle. Von den staufischen Herrschern finden sich hier Konrad III. von Ferdinand Fellner, Friedrich I. Barbarossa von Carl Friedrich Lessing, Heinrich VI. von Johann Baptist Zwecker, Philipp von Schwaben von Alfred Rethel, Otto IV. von Moritz Daniel Oppenheim und Friedrich II. von Philipp Veit. Einer ganz anderen Intention folgte Ludwig I. bei der Errichtung und Ausstattung der Walhalla, wenn er dort die Büsten bedeutender Deutscher unter dem Motto „auf daß teutscher der Teutsche aus ihr trete, besser, als er gekommen"[16] aufstellen lässt und auf diese Weise der Vorstellung von der deutschen Kulturnation einen politischen Akzent verleiht. Die Büsten von Friedrich I. (Ludwig Schwanthaler, 1838), Friedrich II. (Christian Friedrich Tieck, 1832) und Heinrich dem Löwen (Gottfried Schadow, 1811) fanden hier Aufnahme. In einer Reihe von 16 – auch der Antike entnommenen – Gesetzgebern und Königen im Thronsaal des Dresdner Schlosses, die Eduard Bendemann dort seit 1839 ausführte, erscheint Friedrich I. als einziger Staufer, gerahmt von Konrad II. und Rudolph I.[17] Das heute zerstörte Fresko zeigt ihn, wie er unter der Devise „Christus streitet für uns" mit wehender Fahne die Mauern des erstürmten Ikonium erklimmt.[18] Wie in dem etwa ein Jahrzehnt später entstehenden Entwurf August Krelings für eine Kaiserreihe auf der Nürnberger Burg, erscheint der Kaiser wie ein auferstandener Christus, der den Tod überwunden hat und mit wehender Fahne aus dem Grabe steigt.[19] Dieses Bildschema gerade Friedrich I. Barbarossa zu hinterlegen, unterstreicht einerseits die christliche Komponente, andererseits ruft es die Assoziation an die mit diesem Kaiser verknüpfte Sage wach, nach der dieser zu gegebener Zeit „auferstehen" soll, um sein Volk zu retten.

Dieser Gedanke sollte für die Rezeption Friedrichs I. bald beherrschend werden und ihn zum am stärksten rezipierten Staufer des 19. Jahrhunderts machen. Durch die Sagensammlung der Gebrüder Grimm und das Gedicht von Friedrich Rückert wurde die Kyffhäusersage einem interessierten Publikum erschlossen und der in der Sage verklärte Barbarossa zur Verkörperung nationaler Sehnsucht.[20] Brachte die Revolution 1848/1849 noch nicht das erhoffte Ergebnis, schlug 1871 die Stunde der „Kyffhäuserdeutschen", die das Erstehen Barbarossas in Wilhelm I. „Barbablanca" feierten. Das um Legitimation und Tradition bemühte Kaiserreich griff dieses Bild, etwas widerwillig zunächst, spätestens unter Wilhelm II. jedoch absichtsvoll und mit Kalkül auf, um sich für die Reichsgründung „von oben" breite Zustimmung zu sichern und sich auf diese Weise in eine Traditionskette zu stellen, die in Wirklichkeit nicht gegeben war. In der bildendenden Kunst findet sich diese offizielle und reichsaffirmative Aneignung des Barbarossa-Mythos vor allem in den Denkmälern und Denkmalprojekten bzw. in der Ausstattung öffentlicher Bauten, und dies von Berlin über den Kyffhäuser bis nach Straßburg,[21] Posen[22] und Jerusalem.[23] Als für die damalige Zeit am wirkungsmächtigsten seien hier nur einige Beispiele herausgegriffen, wie das nach Entwurf von Anton von Werner 1873 an der Siegessäule in Berlin ausgeführte Mosaik, das im Hintergrund der Szene der „Aufrichtung des deutschen Kaiserthrons" den rotbärtigen Kaiser mit Reichskrone samt fliehenden Raben zeigt (Abb. 4).[24] Auch in der Ruhmeshalle des Berliner Zeughau-

2 Bernhard Rode, Der junge Prinz Konrad wird in seinem väterlichen Reiche zu Neapel enthauptet, um 1781, Kupferstich

3 Bertel Thorvaldsen (Entwurf) und Peter Schöpf (Ausführung), Konradin von Hohenstaufen, 1836 (Modell) / 1845 – 1847 (Ausführung in München), Marmor, Neapel, Sta. Maria del Carmine

4 Anton von Werner, Die Rückwirkung des Krieges gegen Frankreich auf die Einigung Deutschlands und die Schaffung der deutschen Kaiserwürde (Detail aus dem Karton zum Siegesdenkmalfries, Teil 5), 1873, Öl auf Leinwand, Berlin, Stadtmuseum (Depositum), Inv. Nr. Ww. 1873-7

ses, einem der aufwendigsten Denkmalprojekte, die der preußische Staat in Berlin verwirklichte, erscheint in den beiden Darstellungen von Friedrich Geselschap „Wiedererrichtung des Kaiserreiches" und „Aufnahme der Gefallenen nach Walhalla" Friedrich I. als wiedererstandener Kaiser bzw. Zeuge des Geschehens.[25] In zahlreichen Denkmälern für Wilhelm I., die dem Reichsgründer erst nach seinem Tod 1888 gesetzt werden durften, finden sich mehr oder weniger deutliche Anspielungen, in jeder Hinsicht unübersehbar dann am Kyffhäuser-Denkmal, in dem schlaglichtartig die Aussage des in Wilhelm I. wiedererstandenen Barbarossa in den übereinander angebrachten Figuren an der Schauseite des Denkmals zusammengefasst wird. In epischer Breite ergeht sich dagegen die Ausmalung der Goslarer Kaiserpfalz,[26] die seit 1879 von Hermann Wislicenus und Gehilfen mit einem sich in Haupt-, Neben- und Seitenbildern ausbreitenden geschichtlichen Programm versehen worden war, das im „Erwachen Barbarossas" bzw. in der „Wiedererrichtung des Deutschen Reiches" kulminierte. Teil der hier dargestellten Reichsgeschichte waren aus dem staufischen Haus neben Friedrich I. auch Konrad III., Heinrich VI., Friedrich II. und Konradin.

Werden die Staufer außerhalb explizit nationaler und dynastischer Interessen rezipiert, steht „die Suche nach den spannungsvollen, psychologisch reichen, ja sensationellen Momenten"[27] im Vordergrund. Friedrich I. interessierte dabei vor allem in seiner Auseinandersetzung mit Heinrich dem Löwen[28] oder Papst Alexander III.,[29] Konrad III. fand über die „Weiber von Weinsberg"[30] Eingang in die Malerei und Friedrich II. besonders über seine Vermählung mit Isabella von England,[31] seinen Kreuzzug nach Jerusalem[32] und seine Hofhaltung in Palermo,[33] um nur einige herauszugreifen. Dabei ist die Themenwahl in enger Abhängigkeit von den Intentionen der jeweiligen Auftraggeber zu sehen. Ein Großteil der Stauferrezeption vollzieht sich im Zusammenhang mit historischen Zyklen,[34] Auslöser für das Aufgreifen ist zumeist ein lokaler Anknüpfungspunkt, sei es nun ein rechtsbegründender Akt an diesem oder für diesen Ort oder die Gesamtschau über die Entwicklung einer Dynastie an deren Herrschaftssitz. Beispielhaft sei hier etwa die um 1824 entstandene Folge von Glasfenstern für die Marienburg, die die Geschichte des Deutschritterordens vor Augen führen soll, angeführt, für die Wilhelm Wach den Entwurf „Kaiser Friedrich II. verleiht dem Hermann von Salza an geweihter Stätte die Ordensfahne mit dem Reichswappen" lieferte. Die Wittelsbacher zeigen sich über die bereits beschriebenen Zyklen in der Residenz und den Hofgartenarkaden hinaus als überaus geschichtsbewusst, und für die „Historische Gallerie" des Maximilianeum beauftragte König Max II. Joseph von Bayern Philipp von Foltz mit „Friedrich I. Barbarossa und Heinrich der Löwe in Chiavenna" und Arthur von Ramberg mit der „Hofhaltung Friedrichs II. in Palermo". Auf der Wartburg suchte man lokale Anknüpfungspunkte und bezog sich einerseits auf Friedrich I. in der Darstellung der Überlieferung

5 Gustav Halmhuber (Entwurf), Karl Federlin (Modell) und Württembergische Metallwarenfabrik, Geislingen a.d. Steige (Austuhrung), Die Kaisertafel auf dem Hohenstaufen, 1905, Bronze patiniert, Hohenstaufen, Schutzhalle des Schwäbischen Albvereins

„Ludwig II. der Eiserne zeigt Friedrich Barbarossa die aus seinen Getreuen bestehende Ringmauer“, während man Friedrich II. für die „Erhebung der Gebeine der Hl. Elisabeth“ heranzog.[35] Carl Christian Andreae schuf 1864 für Schloss Sinzig das Gemälde „Kaiser Friedrich I. Barbarossa erteilt dem Bischof von Trier ein Bergwerksprivileg (1158)“ und in Wien referierte man bei den Fresken für die Ruhmeshalle des Arsenals auf die rechtsbegründende Szene „Friedrich Barbarossa belehnt Heinrich Jasomirgott und Heinrich den Löwen“.[36] Peter Janssen brachte 1878 – 1881 im Erfurter Rathaus das Gemälde „Kniefall Heinrich des Löwen vor Friedrich Barbarossa in Erfurt“ an, für die Alte Aula der Universität Marburg entwarf er „Kaiser Friedrich II. entlässt nach Preußen ziehende Deutschordensritter (1236)“.[37]

Ein ganz besonderes Nachleben führten die Staufer in ihren Stammlanden, und hier neben Lorch, Schwäbisch Gmünd, Weinsberg besonders am und um den Hohenstaufen, der bereits seit dem Ende des 18. Jahrhunderts als Geschichts- und Naturdenkmal ins Blickfeld gerückt war. Deutlich zeigt sich hierbei eine über das Territorium definierte Stauferrezeption, die sowohl von der herrschenden Dynastie als auch der Bevölkerung getragen wird und die eine ganz andere Prägung hat als die „mystischen Sehnsuchtserwartungen, wie sie sich im Bannkreis des thüringischen Kyffhäusers bildeten“.[38] Angeregt von einem Besuch Herzog Friedrichs von Württemberg 1803 am Hohenstaufen erwachen erste Denkmalpläne.[39] Auch in der sogenannten „Barbarossakirche“ am Fuße des Hohenstaufen zeigt sich lokaler Patriotismus: Der dortige Pfarrer Ammermüller ließ das 1723 auf der zugemauerten Nordpforte der Kirche, von der man annahm, dass durch sie Barbarossa die Kirche einst betreten hatte, angebrachte Kaiserbild mit der Überschrift „Hic transibat Caesar“ durch den Stuttgarter Maler Carl Alexander von Heideloff restaurieren.[40] Die Idee eines Denkmals blieb durch das ganze 19. Jahrhundert virulent und wurde mit Macht 1888 wieder lebendig, als der Tod Wilhelms I. in ganz Deutschland den Wunsch nach Denkmalsetzungen auslöste. Jedoch konnten sich die Göppinger nicht gegen das vom Königshaus unterstützte Stuttgarter Projekt durchsetzen und so flossen die bis 1892 bereits eingegangenen Spenden in die Renovierung der Barbarossakirche, den Bau eines Schwimmbades und einer Schutzhütte für den Albverein, in der 1905 eine Gedenktafel nach einem Entwurf von Gustav Halmhuber angebracht wurde (Abb. 5).[41] Obwohl der Hohenstaufen spätestens nach 1871 auch wegen des benachbarten Hohenzollern Eingang in die Geschichts- und Gedichtbücher fand und nicht weniger an die Staufer-Herrlichkeit erinnerte als es „die verwitterten Ruinen auf dem Kyffhäuser vermochten“,[42] erfreuten sich die mit ihm verbundenen Denkmalpläne zu keiner Zeit einer reichsweiten Unterstützung, er war und blieb ein speziell schwäbisches Erinnerungsmal. Der Kyffhäuser hatte ihm auf nationalem Gebiet spätestens nach der Reichgründung und ganz besonders nach der

Grundsteinlegung zu dem dortigen Kaiser-Wilhelm-Denkmal den Rang abgelaufen.

Italien

Die politische und nationale Entwicklung im 19. Jahrhundert in Italien verlief in ähnlichen Phasen wie in Deutschland und zeigte mit der Revolution von 1848, der ersten Gründung des noch unvollständigen Reichs 1859 sowie seiner Vervollständigung nach der Einnahme von Rom 1870 ähnliche Zäsuren. In dieser Epoche des sogenannten „Risorgimento" stand auch bei den Italienern das Ringen um nationale Einigung im Vordergrund und in enger Abhängigkeit von den politischen und sozialen Umwälzungen, die die Entwicklung der frühindustriellen Gesellschaft mit sich brachte. Auch hier wandte man sich der Vergangenheit auf der Suche nach Momenten zu, in denen sich die Wünsche der Gegenwart anschaulich vor Augen führen ließen. Grundlegend für „die gesamte Wiederentdeckung des Mittelalters im 19. Jahrhundert"[43] wird dabei Jean-Charles-Léonard Simonde de Sismondis „Histoire des Républiques italiennes du moyen âge", in der französischen Erstausgabe 1807 – 1818 erschienen.[44]

Auch die Staufer erlangen auf diese Weise Aktualität, aber natürlich wird ihr Auftreten unter einem ganz anderen Blickwinkel als in Deutschland wahrgenommen: „Hatten die Staufer, unabhängig von der Bewertung ihrer Leistungen im einzelnen auf deutschem Boden ihren festen Platz in der die Kontinuität des Reichsregiments vor Augen führenden Reihe der römischen Kaiser, so stellte das ‚guelfische' Italien mit den Vertretern des mittelalterlichen Kaisertums dieses selbst in seinem imperialen Anspruch in Frage. Italien hatte den Schauplatz für das Ringen zwischen Friedrich Babarossa und den oberitalienischen Städten einerseits, dem Kaiser und dem Papst andererseits abgegeben. Daß die Staufer nach der Niederlage der ghibellinischen Partei in Italien als warnendes Beispiel, als Besiegte und Gedemütigte im Bild Platz finden, versteht sich."[45]

Besonders deutlich wird dies an den Darstellungen zum Lombardischen Bund, die sich in drei große Gruppen einteilen lassen: die vorausgehende Eroberung bzw. Zerstörung Mailands, den Schwur von Pontida 1163 als Gründungsakt der „Lega lombarda" und die Schlacht von Legnano 1176 mit dem Carroccio, in dem die Schlagkraft des Bundes unter Beweis gestellt und das Heer Friedrichs I. Barbarossa besiegt wurde.[46] Die Popularität des Themas zeigt sich an seiner Verbreitung in wissenschaftlichen Abhandlungen, Dichtkunst und Musik, wobei die bildende Kunst neben Sismondis Werken vor allem von Cesare Cantùs „Algiso" und der Romanze „Le fantasie" von Giovanni Berchet beeinflusst wurde.[47] Da sich im Kampf um ihre Autonomie nicht nur ansonsten feindlich gesinnte Vertreter der Städte, sondern auch die Kirche und die Kommunen gegen Friedrich I. Barbarossa zusammengeschlossen hatten, wurde der Lombardische Bund „zum wohl eindrücklichsten Bild für eine nationale Identität und galt sowohl zwischen Restauration und Einigung Italiens als auch im vereinten Italien immer wieder als Symbol für den Verzicht auf innere Zwistigkeiten zugunsten der nationalen Einheit".[48] Zahlreiche Maler setzten sich mit dem Thema auseinander, wobei man von katholischer Seite eher zum – in Quellen nicht belegten – „Schwur von Pontida" tendierte, der in einer Kirche und unter dem Zeichen des Kreuzes stattgefunden hatte und sich so etwa bei Giuseppe Diotti[49] und Amos Cassioli[50] findet, während die andere Seite die „Schlacht von Legnano" bevorzugte, wozu sich u. a. Darstellungen von Amos Cassioli (Abb. 6),[51] Massimo d'Azeglio,[52] und Andrea Gastaldi finden.[53] Als Vorgriff ins 20. Jahrhundert darf an dieser Stelle vermerkt werden, dass Umberto Bossi für seine 1984 gegründete „Lega lombarda" das Standbild von Enrico Butti, das in Legnano als Erinnerung an die Schlacht errichtet wurde, in deren Wahrzeichen übernahm.

Zeigt die Schlacht von Legnano Friedrich I. als Unterlegenen und Gedemütigten, führen ihn andere Darstellung als Tyrannen vor Augen, wenn sie etwa seine Zerstörung Mailands, das Schicksal der Flüchtlinge oder die Belagerung von Tortona zum Thema machen. Obwohl in Italien verortet, ist dagegen der „Fußfall Friedrich Barbarossas vor Heinrich dem Löwen" in Chiavenna nur in einem Gemälde von Filippo Carcano überliefert.[54] Die äußerst demütigende Situation für den Kaiser sowie die Verweigerung Heinrichs des Löwen, die im Sinne des Neoguelfismus als Parteinahme für das Partikularstreben der italienischen Kommunen entgegen dem von Friedrich I. vertretenen universalen Anspruch des christlichen Kaisertums hätte verstanden werden können,[55] genügten scheinbar nicht, das Thema populär zu machen.

Die „Schlacht von Benevent", am 26. Februar 1266 zwischen den Truppen Karls von Anjou und Manfreds von Sizilien, dem einzigen Sohn Kaiser Friedrichs II. aus seiner dritten Ehe, ausgetragen, markiert einen weiteren Höhepunkt der Stauferrezeption. Die Niederlage und Manfreds Tod führten zur Eroberung des Königreichs Sizilien durch Karl von Anjou. Dabei werden für die Historienmalerei besonders die persönlichen Dramen, wie sie sich in der Person des Verräters Buoso da Duero oder Manfreds manifestieren, darstellungswürdig. Um sich seines Sieges gewiss zu sein, hatte Karl von Anjou nach dem Leichnam Manfreds suchen lassen, der ausgeplündert und nackt entdeckt und auf Geheiß Karls von einigen seiner Getreuen identifiziert wurde. Diese Szene wurde besonders gerne adaptiert, beispielhaft mögen dies die Darstellungen von Giuseppe Bezzuoli von 1838 (Abb. 7)[56] und Carlo Bellosio von 1849[57] belegen, die aufgrund ihrer an den Tag gelegten Emphase eher der ghibellinischen Richtung zuzuordnen sind.[58] Auch im Schicksal Konradins und seiner Hinrichtung finden deutsche und italienische Vorstellungen zusammen und rücken das tragische Moment in den Vordergrund.[59]

20. Jahrhundert

Mit dem Niedergang des Historismus ging auch der Niedergang des Historienbildes und seiner legitimierenden bzw. belehrenden Form einher. Die enge Verbindung zur Geschichtswissenschaft verlor sich, die dort erarbeiteten „Stauferbilder" fanden in der bildenden Kunst keine Resonanz mehr. Jedoch bedeutete dies nicht das Ende der Stauferrezeption an sich, diese vollzog sich nur auf anderen Gebieten und mit anderem Anspruch.[60] Für die bildende Kunst spielten sie allerdings fast keine Rolle mehr und finden sich vor allem auf dem Gebiet der angewandten Kunst. So benagelte man etwa in Stuttgart als Kriegsspende 1915 den „Wackeren Schwaben" nach Entwurf von Joseph Zeitler[61] und in Göppingen den „Barbarossa",[62] nach dem Krieg findet man die Staufer etwa

6 Amos Cassioli, La battaglia di Legnano 1859 – 1870, Öl auf Leinwand, Florenz, Galleria d'Arte Moderna di Palazzo Pitti

auf Notgeldscheinen.[63] Politisch fehlte es auch nach 1918 an Identifikationsfiguren und historischen Wurzeln, so dass die Hoffnung auf eine messianische Führergestalt wieder lebendig wurde: „Die ‚echt deutsche Gestalt' Kaiser Friedrich Rotbarts beflügelte die Phantasie historisch interessierter Bürger; sie bot Ersatz für abhanden gekommene Größe; sie bestärkte in der Überzeugung, dass die gegenwärtige Krise der Nation nicht durch parlamentarische Abstimmungsmechanismen, sondern allein durch die schöpferische Kraft des großen einzelnen überwunden werden könne. In der Zuwendung zu Friedrich Barbarossa artikulierte sich das Verlangen nach einem geschichtsmächtigen Helden, Herrscher und Führer."[64] Jedoch fand dieses Verlangen keinen Ausdruck in der bildenden Kunst, ebenso wenig wie der im Kreis um Stefan George betriebene Kult um Friedrich II.[65] oder der in der Gestalt Konradins für die deutschen Hitlerjungen wiederbelebte Opfergedanke.

Die Nationalsozialisten sahen in Friedrich I. zwar den Kaiser, in dem „die germanische Kraft zur höchsten glanzvollen Würde"[66] aufgestiegen sei, aber man tadelte seine Italienpolitik und hob stattdessen Heinrich den Löwen und seine Ostkolonisation hervor, die eine willkommene historische Parallele für die Expansionswünsche der Nationalsozialisten bot.[67] Damit war die Aufmerksamkeit auf Braunschweig gelenkt, wo 1935 das Grab Heinrichs geöffnet wurde, dem sogar Hitler seine Aufwartung machte. 1935 – 1940 folgten der Umbau des Braunschweiger Doms und seine komplette Umgestaltung zum „Staatsdom".[68] Zum Ausstattungsprogramm gehörte auch eine Reihe von acht Sgraffiti für die Mittelschiffwände nach Entwurf von Wilhelm Dohme, auf denen in markanter Auffassung und in der aufschlussreichen Szene „Auseinandersetzung zwischen Kaiser Friedrich Barbarossa und Heinrich dem Löwen über die Ostpolitik" auch der Stauferkaiser erscheint. Diese Auseinandersetzung war nach Meinung einiger Zeitgenossen jedoch längst entschieden: „Wer heute Deutsches Reich sagt, sagt nicht Friedrich I. Barbarossa, sondern sagt Heinrich der Löwe, heute wie immerdar!"[69] Dennoch blieb Heinrich der Löwe eine lokale Gestalt und ohne nationale Wirkung. Friedrich I. dagegen erfuhr im Rahmen der imperialistischen Pläne wieder eine Aufwertung, was in der durch Hitler selbst so benannten Ostoffensive 1941 als „Unternehmen Babarossa" gipfelte. Ungebrochen hatte die Stauferrezeption im „Gau Württemberg" fortbestanden.[70] Hier vertraute man weiterhin auf die Wirkmacht der Staufer und setzt diese im Sinne der neuen Ideologie ein: Sonnwendfeiern, Bannerweihen, Hitlerjugend-Treffen und -Feste fanden auf dem Hohenstaufen statt und gingen mit Einschwörungen auf „Heimat und Boden" einher. Ansteckzeichen oder Festplaketten thematisierten Barbarossa und den Hohenstaufen im Verein mit dem Hakenkreuz.[71]

Ähnlich widmete die patriotische Propaganda in Italien das Symbol von Pontida und dem Carroccio um und nutzte es als historische Legitimation für einen beherzten und gemeinsamen Kampf.[72]

Am 7. April 1918 wurde der Jahrestag des „Schwurs von Pontida" als Vorspiel und Vorbereitung des großartigen Sieges bei Legnano und der damit einhergehenden Emanzipierung von Deutschland gefeiert. Im Faschismus konnte dieser Faden weitergesponnen werden: „Pontida" galt nun als Zeichen der Aversion gegen alles „Fremde" und wurde gerne umgemünzt auf den Kommunismus. Dabei vermied das Regime auch vor dem Hintergrund der 1929 geschlossenen Lateranverträge in Konkurrenz mit der katholischen Tradition zu treten, die darin weiterhin ein Zeichen für die unersetzliche Rolle des Papsttums für die Staatsbildung in Italien sah.

Nach 1945 beschränkte sich das Staufernachleben ganz auf regionale und lokale Bezüge, „nur dort, wo eine räumliche Beziehung zur staufischen Geschichte hergestellt werden kann, erscheint ein Pflege von Staufererinnerungen noch sinnvoll".[73] Dies mag auch mit dem Verlust von gesamtnationalen Identifikationsangeboten zusammenhängen, auf jeden Fall finden sich die Staufer fortan mit wenigen Ausnahmen im Folklorismus und der Produktwerbung, in Schauspielen und Festzügen. Von einem Bildungsauftrag ist man dabei weit entfernt, lokale Geschichtspflege folgt vorwiegend ökonomischen Interessen und wird entsprechend in Fremdenverkehr und Gastronomie genutzt. Dass dies funktioniert, scheint an einem noch immer vorhandenen und tiefverwurzelten Sehnen des Einzelnen nach Einbindung in größere Zusammenhänge und Traditionen zu liegen. Gleiches gilt für Italien, wo etwa 1967 von einer kleinen Gruppe von Studenten die 800-Jahr-Feier in Pontida begangen wurde und dabei die Erinnerung an die in der Ära des Risorgimento und des Neoguelfismus gepflegten Rückbezüge auf die „Concordia" und den „Schwur im Namen Gottes" wieder auflebten, sich weitere Staufermanifestationen aber ebenfalls im folkloristischen Bereich oder in der Fremdenverkehrswerbung für Apulien finden. Überhaupt ist das Interesse an den Staufern in Italien ausgeprägter, wie sich am 800. Geburtstag Friedrichs II. 1994 symptomatisch aufzeigen lässt, der in Italien mit zahlreichen Ausstellungen und Tagungen gefeiert wurde, während man in Deutschland seiner nur in Göppingen gedachte.

Selbst in der modernen Rezeption zeigt man sich dabei von den alten Mythen und Bildern noch geprägt: Von Friedrich I. Barbarossa tradierte sich sein Vorherrschaftsgedanke in Europa, sein Kreuzzug und sein tragischer Tod, Friedrich II. begleitet der Mythos seiner religiösen Toleranz, seines multikulturellen Hofes sowie des ersten modernen Herrschers. Richard Seewald will genau mit diesen alten und neuen Mythen in seinem Zyklus „Stupor mundi. 13 Allegorien zum Leben des Staufers Friedrich II." von 1974 aufräumen und zeigt dem Betrachter in Gestalt des Staufers ein „exemplum tremendum des totalitären Staates".[74] Was andere zeitgenössische Künstler dem Thema Barbarossa und Kyffhäuser abgewinnen können, mag man sich im Internet selbst ansehen.[75]

7 Giuseppe Bezzuoli, Il ritrovamento del corpo di Manfredi, 1838, Öl auf Leinwand, Benevent, Museo del Sannio

8 Markus Wolf, Stauferstele, 2002, Apulischer Marmor, Hohenstaufen bei Göppingen

Einen ganz anderen Ansatz zeigen die oktogonalen Staufer-Stelen, die einem Treffen von „Stauferfreunden" mit dem Bildhauer Markus Wolf entsprungen sind.[76] Sie greifen den Grundriss des Castel del Monte auf und werden oben von einem die achteckige Kaiserkrone symbolisierenden goldenen Band umschlossen, darunter erscheinen ein Wappenfries und eine Inschrift (Abb. 8). Eigentlich für Fiorentino konzipiert, entschied man sich, auch an anderen Stellen den Staufern auf diese Weise ein Gedächtnis zu setzen.[77] In ihrer Ungegenständlichkeit mag hier vielleicht die adäquate Form gefunden worden sein, den Geist der Staufer für unsere Zeit einzufangen. Wie in den vorangegangenen Jahrhunderten werden die Staufer und ihre historische Leistung aber weiterhin interpretiert und gedeutet, genutzt und benützt – mag die Aufschrift der Stele, die am 1. Juni 2002 anlässlich des 50-jährigen Bestehens des Bundeslandes Baden-Württemberg auf dem Hohenstaufen enthüllt wurde, auch anderes suggerieren:

HOHENSTAUFEN
EIN BERG
EINE BURG
EINE DYNASTIE
EIN ZEITALTER
EIN MYTHOS

1 Eine ausführliche Fassung dieser Untersuchung erschien in kunsttexte.de, Nr. 4, 2009, der hier dem Umfang geschuldete Kürzungen in den Anmerkungen zu entnehmen sind. Als grundlegende Literatur sei verwiesen auf Löcher 1977, Weigend/Baumunk/Brune 1978 und Boockmann 1990. Betrachtungen zu einzelnen Personen bzw. Sujets bei Schreiner 1986, Ulferts 1995, Fastert 2000, S. 107 – 115 und Skokan 2009. Für die kritische Durchsicht geht mein herzlicher Dank an Ralph Gleis.

2 Vgl. Büttner 1986.

3 Vgl. Tischbein 1922, S. 156.

4 Schröckh 1779 – 1786.

5 Büttner 1986, S. 416. Rode selbst schafft im Anschluss daran, und z. T. den Illustrationen und eigenen Gemälden folgend, großformatige Radierungen, in denen er sich noch mehr um historische Genauigkeit bemüht zeigt; vgl. etwa ebenfalls zum Thema Konradin „Der junge Konradin küsst den Kopf des vor ihm enthaupteten Freundes", 1781, Radierung, Kunsthalle zu Kiel.

6 Vgl. Diener 1988, S. 151 – 154. Schwarzmaier 2000 geht darauf im Zusammenhang mit Anton von Werners Gemälde „Konradin und Friedrich erfahren ihr Todesurteil", 1866, Öl auf Leinwand, Karlsruhe, Kunsthalle, ein.

7 Auch für Altenburg bedeutete dies einen wichtigen geschichtlichen Anknüpfungspunkt, vgl. Gustav Goldberg, „Die Belehnung Pfalzgraf Ottos von Wittelsbach mit dem Herzogtum Bayern in Altenburg am 16. September 1180", 1880, Öl auf Leinwand, Altenburg, Schlossmuseum.

8 Vgl. Schulten 2006.

9 Im Zweiten Weltkrieg zerstört; Szenen der Hauptbilder: „Barbarossa wird in Frankfurt zum König ausgerufen", „Einzug Barbarossas in Mailand 1162", „Versöhnung Friedrich Barbarossas mit Papst Alexander III. in Venedig", „Das Reichsfest in Mainz 1184", „Die Schlacht von Ikonium" und „Barbarossas Tod im Fluß Kalykadnos"; vgl. Fastert 2000, S. 167 – 177. Außerdem erscheint die „Belehnung" nach Entwurf von Ludwig Schwanthaler auch auf einem der 14 Historienmedaillons am Festsaalbau.

10 Beide Figuren nach Entwurf von Ludwig Schwanthaler auf einem Sockel von Leo von Klenze; für die Uhr mit Friedrich I. Barbarossa hat sich nur der Entwurf erhalten (München, Münchner Stadtmuseum, Schwanthaler-Sammlung Nr. 1498). Von derjenigen zu Konradin von Schwaben Entwurf (München, Münchner Stadtmuseum, Schwanthaler-Sammlung Nr. 1355) und Uhr (München, Bayerische Verwaltung der Staatlichen Schlösser, Gärten und Seen, Residenz München Depot. U 52). Von Schwanthaler stammt auch der im Barbarossa-Saal unterhalb der Decke umlaufende Fries zum Kreuzzug Friedrichs I. Barbarossa.

11 Vgl. Kaul 1992; Fastert 2000, S. 118 – 132 und Kaul 2007, S. 110 – 129. Bis 1843 werden von Carl Stürmer, Heinrich Karl Anton Mücke, Carl Friedrich Lessing und Hermann Freihold Plüddemann folgende Hauptszenen ausgeführt: „Die

Krönung Friedrich Barbarossas in Rom", „Die Demütigung der Mailänder", „Der Kniefall Heinrich des Löwen", „Die Versöhnung Friedrich Barbarossas mit Papst Alexander III. in Venedig 1177", „Die Erstürmung von Ikonium", „Die Schlacht von Ikonium" und „Der Tod Friedrich Barbarossas", ergänzt um die Supraporten „Die Gesandtschaft von England und Byzanz" und „Der Kniefall Heinrich des Löwen". Die Beschäftigung mit diesem Thema führte bei einigen der beteiligten Künstlern zu weiteren Darstellungen aus der Zeit der Staufer, vgl. etwa Karl Stürmer, „Heinrichs des Löwen Verrat in Chiavenna, März 1176", vor 1881, Aquarell, Verbleib unbekannt; Heinrich Anton Mücke, „Friedrich Barbarossas letztes Zusammentreffen mit seiner vormaligen Frau Gela", 1837, Aachen, Privatbesitz; Carl Friedrich Lessing, „Der Tod Kaiser Friedrich's II.", Blei, leicht getuscht, Cincinnati Art Museum, Inv.-Nr. 1882.46; Hermann Freihold Plüddemann, „Friedrich Barbarossa schlichtet auf dem Reichstag zu Besancon den Streit der Parteien", 1859, Öl auf Leinwand, Dresden, Staatliche Kunstsammlungen, Gemäldegalerie Neue Meister.

12 Ulferts 1995, S. 62. Gleiches gilt auch für das Gemälde der Gebrüder Riepenhausen, „Heinrich der Löwe verteidigt Friedrich Barbarossa gegen die rebellischen Römer", 1825, Öl auf Leinwand, Schloß Marienburg, SKH Ernst August Prinz von Hannover.

13 Schomann 1981, S. 7. Zur Tradition der Kaiserreihen und ihrer Ikonologie zur Zeit des Barock vgl. Herbst 1970. Auf die plastischen Kaiser- oder Herrscherreihen, die Ende des 19. Jahrhunderts an den Rathäusern von Köln, Osnabrück, Aachen, Hamburg, Frankfurt am Main und Elberfeld entstehen und die Dokument von spezifisch städtischem Selbstbewusstsein und dessen Bezugsetzung zum Reich sind, kann in dieser Untersuchung nicht weiter eingegangen werden.

14 Vgl. jüngst Kaisergalerie 2007.

15 Schoch 1998, S. 96.

16 Walhallas Genossen 1842, S. VII. Vgl. auch Traeger 1979.

17 Publiziert in Gesetzgeber und Könige 1858, Tafel 8: Friedrich Barbarossa.

18 Vgl. Pohlack 1988, Bd. 1, S. 97.

19 Vgl. Kaul 2007, Bd. 1, S. 369 – 371.

20 Vgl. dazu ausführlich Kaul 2007.

21 Vgl. Kaul 2007, Bd. 2, S. 12, Kat.-Nr. M 18: Hermann Wilhelm Knackfuß, „Die Übertragung der Reichskleinodien nach Hagenau durch Kaiser Friedrich I." und „Die Begrüßung Kaiser Wilhelms I. durch die Elsässer Landbevölkerung", 1883, Straßburg, Bahnhof (1918 beseitigt) sowie S. 35, Kat.-Nr. 15: Johannes Riegger, „Friedrich Barbarossa", 1896 – 1899, Straßburg, Hauptpost, Mittelbau (1918 zerstört).

22 Vgl. Kaul 2007, Bd. 2, S. 10, Kat.-Nr. M 16: Marno Keller, „Friedrich Barbarossa", vor 1910, Posen, Schloss, Thronsaal und S. 39, Kat.-Nr. 21: Unbekannt, „Friedrich Barbarossa", vor 1910, Skulptur, Posen, Residenzschloss (1940 entfernt).

23 Vgl. Kaul 2007, Bd. 2, S. 22, Kat.-Nr. M 30: Max Seliger, „Thronender Friedrich Barbarossa", 1902, Jerusalem, Ölberg, Kreuzfahrerbau der Auguste-Victoria-Stiftung und Kat.-Nr. M 32: Otto Vitali, „Friedrich Barbarossa" als einer von acht Kreuzfahrern, 1910 – 1911, Jerusalem, Himmelfahrtskirche.

24 Zur Siegessäule vgl. Alings 2000; zum Entwurf Anton von Werners vgl. Ausst.-Kat. Berlin 1993, S. 318 – 331.

25 Vgl. dazu ausführlich Müller 1994.

26 Hierfür immer noch grundlegend Arndt 1976.

27 Löcher 1977, S. 299.

28 Vgl. hierzu Boockmann 1988; Berg 1994 und Ausst.-Kat. Braunschweig 1995, Bd. 3.

29 Vgl. Schreiner 1986.

30 Vgl. Löcher 1977, S. 295; Weigend/Baumunk/Brune 1978, S. 149 – 157 und Wallrath 1989, S. 23 – 66.

31 Etwa im Rahmen der 1843 – 1846 auf Schloss Stolzenfels von Hermann Stilke ausgeführten sechs Rittertugenden als stellvertretend für die „Minne". Barbarossa findet hier Aufnahme in der Darstellung „Treue", exemplifiziert an der „Aufopferung Hermanns von Siebeneichen für Kaiser Friedrich Barbarossa".

32 Vgl. etwa Wilhelm Lindenschmit d. Ä., „Friedrich empfängt die Schlüssel Jerusalems", um 1830, Wandmalerei, Schloß Hohenschwangau, Hohenstaufenzimmer, oder Hermann Wislicenus, „Kaiser Friedrich im Banne setzt sich in Jerusalem die Krone auf", 1887 vollendet, Wandbild, Goslar, Kaiserpfalz.

33 Vgl. Hermann Wislicenus, „Hofhaltung Friedrichs II. in Palermo. Der Kaiser begrüßt eine türkische Gesandtschaft, die ihm reiche Huldigungsgeschenke des Sultans überbringt", 1890 – 1891, Wandbild, Goslar, Kaiserpfalz, und Arthur (Georg Freiherr) von Ramberg, „Hofhaltung Friedrichs II. in Palermo", 1865, Öl auf Leinwand, München, Stiftung Maximilianeum, Inv.-Nr. L 1777.

34 Entsprechend sind nur wenige freie Arbeiten nachweisbar, auf deren Darstellung hier weitestgehend verzichtet werden musste, ebenso wie auf die Untersuchung der Illustrationen von Geschichtswerken, obwohl hier viele Bildfindungen vorgeprägt bzw. weitergeführt und einem breiten Publikum zugänglich gemacht werden.

35 Beide 1855 durch Moritz von Schwind ausgeführt. 1906 folgte das Mosaik in der Elisabethkemenate von August H. H. Oetken, „Landgraf Ludwig und Kaiser Friedrich II. von Hohenstaufen bei der Fahrt von Brindisi ins Heilige Land".

36 Durch Karl Ritter von Blaas 1872 ausgeführt. Zu den Arsenalfresken vgl. jüngst Gleis 2009.

37 Skizze im Universitätsmuseum für Kunst und Kulturgeschichte Marburg.

38 Weigend/Baumunk/Brune 1978, S. 9. Dort S. 7 – 33 zum Nachleben des „Staufischen" bis zum 19. Jahrhundert und besonders im heutigen Württemberg, S. 83 – 147 speziell zum Hohenstaufen. Vgl. auch Maurer 1977 und Mühlberger 1993.

39 Vgl. Pahl 1803, S. 301. Zu den Bemühungen um ein Denkmal auf dem Hohenstaufen vgl. Akermann 1977 und Schmoll 1995, S. 175 – 208.

40 Ausführlich dazu Schreiner/Hofacker 1977, S. 318; Baumunk 1977, S. 155 – 156 und Abb. 28.

41 Vgl. Ausst.-Kat. Stuttgart 1977, Bd. I, S. 756, Kat.-Nr. 1069 und Abbildung in Ausst.-Kat. Stuttgart 1977, Bd. II, Abb. 718. Viele nach 1905 entstandene Postkarten vom Hohenstaufen nehmen die Gedenktafel oder auch nur das Tondo mit Friedrich I. Barbarossa in ihre Gestaltung auf; vgl. Göppingen, Stadtmuseum, Inv.-Nr. stf AK 1, 11, 15, 24.

42 Weigend/Baumunk/Brune 1978, S. 83. Vgl. auch Kallenberg 1968.

43 Porciani 1998, S. 200. Sie untersucht in ihrem Beitrag fünf italienische Mythen: Dante, Die Sizilianische Vesper, Der Lombardische Bund, Der Aufstand in Genua und Das Treffen von Teano und baut dabei auf ihrer früheren Untersuchung Porciani 1988 auf. Zur Historienmalerei in Italien vgl. außerdem Lankheit 1988; Röttgen 1990; Villari 2006 und Villari 2007.

44 Die italienische Ausgabe „Storia delle Repubbliche Italiane dei secoli di mezzo" folgte 1831 – 1832.

45 Löcher 1977, S. 291. In diesem Sinne auch Cardini 1990. Bezeichnenderweise erfolgt die Zusammenstellung der im 19. Jahrhundert in Italien entstehenden Darstellungen von Szenen aus der Zeit der Staufer im Ausst.-Kat. Florenz 1973, S. 33 – 37, unter der Kapitelüberschrift „Le invasioni straniere in Italia durante il Medioevo"; dort findet sich zu allen hier behandelten Themen eine umfangreiche Materialsammlung.

46 Vgl. Ausst.-Kat. Florenz 1973, S. 33 – 35 und Bocchi 1970, S. 460, Anm. 5. Vgl. auch Brunello 1996 und Skokan 2009, S. 204 – 250.

47 Cantù 1828 bzw. Berchet 1829.

48 Porciani 1998, S. 210.

49 Giuseppe Diotti, „Il Giuramento di Pontida", um 1837, Öl auf Leinwand, Mailand, Galleria d'arte moderna.

50 Amos Cassioli, „Il Giuramento di Pontida", um 1885, Öl auf Leinwand, Siena, Palazzo Comunale.

51 Amos Cassioli, „La battaglia di Legnano", 1870, Öl auf Leinwand, Florenz, Galleria d'arte moderna di Firenze sowie Amos Cassioli, „ Il Carroccio di Legnano", Verbleib unbekannt.

52 Massimo Taparelli d'Azeglio, „Il carroccio", zwischen 1832 – 1866, Öl auf Leinwand, Turin, Galleria d'arte moderna.

53 Andrea Gastaldi, „Federico Barbarossa sconfitto a Legnano", vor 1858, Turin, Palazzo Reale.

54 Filippo Carcano, „Der Fußfall Barbarossas vor Heinrich dem Löwen", um 1860, Öl auf Leinwand, Mailand, Pinacoteca di Brera, Inv.-Nr. Reg. Cron. 6341. Vgl. Scaramellini 1976.

55 Vgl. Röttgen 1990, S. 294.

56 Giuseppe Bezzuoli, „Il ritrovamento del corpo di Manfredi", 1838, Benevento, Museo del Sannio.

57 Carlo Bellosio, „Carlo d'Angiò fa scoprire il volto del Re Manfredi onde sia riconosciuto dal conte Giordano Lancia", nach 1827, Bleistift, Kohle, Bleiweiß, Aquarell auf Karton, Mailand, Accademia di Brera. Vgl. dazu auch Röttgen 1990, S. 294.

58 „Demselben geschichtlichen Raum entnahmen die Österreicher, welche das italienische Problem vom Reich geerbt und sich während des ganzen 19. Jahrhunderts damit herumzuschlagen hatten,

ihre verklärenden Darstellungen deutscher Herrschaft auf italienischem Boden – auch diese im Sinne historischer Beweisführungen und verbürgter Besitzansprüche." (LÖCHER 1977, S. 299) Im Folgenden zählt er auf: Carl Rahl, „Auffindung der Leiche Manfreds auf dem Schlachtfeld von Benevent", 1836, Wien, Österreichische Galerie; Carl Rahl, „Enzio im Gefängnis", 1839; Carl Rahl, „Einzug Manfreds in Luceria", 1846, Wien, Österreichische Galerie; Eduard von Engerth, „Gefangennahme der Gattin Manfreds", 1853, Wien, Österreichische Galerie.

59 Vgl. MÜHLBERGER 1982 und DIENER 1988.

60 Vgl. dazu besonders BRUNE/BAUMUNK 1977 und SCHREINER 1979, S. 551 – 579.

61 Joseph Zeitler, „Der wackere Schwabe", 1915, Eichenholz, geschnitzt; Modell für Nagelfigur, Stuttgart, Archiv der Stadt Stuttgart, Stadtgeschichtliche Sammlungen, Inv.-Nr. S 1624.

62 Kolb und Gmehlich, „Der eiserne Barbarossa", 1915, Holz, bemalt und genagelt, Göppingen, Stadtarchiv.

63 Vgl. WEIGEND/BAUMUNK/BRUNE 1978, Abb. 46.

64 SCHREINER 1979, S. 552.

65 Zum Nachleben Friedrichs II. vgl. THOMSEN 2005; THOMSEN 2008 und HOUBEN 2008, S. 207 – 228.

66 Offizielle Erklärung anlässlich des Festzuges „Zweitausend Jahre Deutsche Kultur" am 18. Juli 1937 in München. Zit. nach: HARTMANN 1976, S. 279.

67 Vgl. BERG 1994, S. 161 – 249.

68 Vgl. ARNDT 1995.

69 ELSTER 1940, S. 376.

70 Vgl. BRUNE 1977, S. 47 – 69 und PLIENINGER 1994.

71 Vgl. PLIENINGER 1994, Abb. S. 152 und Abb. S. 153.

72 BRUNELLO 1996, S. 24 – 25.

73 BRUNE/BAUMUNK 1977, S. 331. Nur summarisch und in beliebiger Auswahl mag hier etwa der Barbarossa-Brunnen in Konstanz, das Glasfenster von M. Schädel-Erbe „Barbarossa" im Hohenstaufen Hotel Göppingen, das Relief „Hochzeit von Friedrich II. mit Isabella von England 1235" in Worms sowie ebenda von Gustav Nonnenmacher „Barbarossas Freiheitsprivileg von 1184" am Dom oder die Skulptur Friedrichs II. an der Ecke des Annweiler Rathauses genannt werden.

74 SEEWALD 1974, o. S.

75 Unter www.kunst.ag, Suchbegriff „Barbarossa" (Abruf vom 21. 09. 2009).

76 Alle Informationen auf www.stauferstelen.com (Abruf vom 21. 09. 2009).

77 Die von privater Seite finanzierten Stelen fanden inzwischen an folgenden Orten Aufstellung: Fiorentino (2000), Hohenstaufen (2002), Hagenau (2006), Waiblingen (2007), Trifels (2008), Lorch (2008), Adelberg (2008), Klosterneuburg bei Wien (2009), Bari (2009) und Bad Wimpfen (2009), weitere sind in Vorbereitung.

Die Staufer: Aufstieg einer Familie II.

1 Diese älteste erhaltene bildliche Darstellung eines mittelalterlichen Adelsgeschlechts überhaupt entstand wohl in den letzten Jahrzehnten des 12. Jahrhunderts in der alten welfischen Grablege, dem Kloster Weingarten. Die Darstellung wird durch den grün unterlegten „Hauptstamm“ der in welfischer Erinnerung rekonstruierten Generationenfolge dominiert. Ganz oben rechts erscheint die Mutter Barbarossas, die Welfin Judith, die übergroße Darstellung des Kaisers selbst, links davon, wurde nicht ausgeführt. Die „Ecksteinfunktion“ Barbarossas zwischen Staufern und Welfen wird hier radikalisiert: ab Friedrich, so suggeriert das Bild, sind es die Staufer, die den Welfenstamm fortsetzen. Fulda, Hochschul- und Landesbibliothek, Handschrift D 11, fol. 13v (Kat.-Nr. II.A.20)

Stefan Burkhardt

Anfänge der Staufer nördlich der Alpen – Normannische Wurzeln im Süden

Im Jahr 1208 suchte Papst Innozenz III., König Peter II. von Aragón von den Vorzügen seines Mündels zu überzeugen, damit Peter ihm seine Schwester Konstanze zur Frau gäbe: „Sehr hochgestellt ist nämlich der Bräutigam: Er trägt den Titel eines Königs von seiner Mutter her; um den Adel seines Geschlechts ist es nicht schlechter bestellt, sondern auf beiden Füßen schreitet er fest einher und vermehrt die von Geschlecht zu Geschlecht vererbte Größe seines Blutes durch die Herrlichkeit seiner Gaben. Sohn und Enkel nämlich ist er von Kaisern; denn nicht nur sein Vater war Kaiser, sondern auch sein Großvater. Von einer erhabenen Mutter stammt er ab, die, selbst Königin von Sizilien, einst eines Königs Schwester war, eines Königs Tante, eines Königs Tochter und außerdem die Enkelin dessen, der, ruhmvoller durch seine Taten als durch seinen Namen, König über zwei unterschiedliche und feindliche Mächte, über die Venezianer und andere Völker an einem Tage in verschiedenen Gegenden der Erde zu Wasser und zu Lande triumphiert haben soll."[1]

Innozenz lag mit seinen Aussagen nicht falsch, obwohl böse Zungen die Legitimität des Bräutigams in Zweifel ziehen und ihn wahlweise als Sohn eines Arztes, Müllers, Falkners oder Fleischers bezeichnen sollten.[2] Der so Gerühmte, Friedrich II., gilt zu Recht als einer der bedeutendsten Kaiser des Mittelalters, der bereits das Staunen der Zeitgenossen erregte, bevor ihn spätere Zeiten wahlweise zum Ketzer oder geniösen Weltenkaiser mystifizierten. Die eigentümliche Faszination, die von Friedrich II. ausgeht, ist aber vielleicht weniger Folge eines wie auch immer gearteten singulären Genies als vielmehr der Tatsache zu verdanken, dass sich in ihm zwei Dynastien vereinten, die jede für sich genommen als ungemein tatkräftig, manchen als geradezu schreckenerregend galten. Sie vermachten Friedrich ein gewaltiges Erbe, das große Möglichkeiten beinhaltete, aber auch durch eine Fülle schwerer Hypotheken belastet war.

Nun ist der Begriff „Dynastie" nicht unproblematisch, suggeriert er doch ein allgemeines Zusammengehörigkeitsgefühl, die Konzentration auf eine Residenz, eine gemeinsame Politik und/oder eine feste Vater-Sohn-Folge mit klar abgegrenzten Herrschaftsrechten – Vorstellungen, die im Zeitverlauf durchaus gewissen Wandlungen unterlagen und für den betrachteten Zeitraum nicht als allgemein gültig – ja, vielleicht nicht einmal als definierend für ein bestimmtes „Geschlechterbewusstsein" betrachtet werden dürfen. Gerade die eingangs zitierten Worte Innozenz' III. zeigen, worauf das Selbstverständnis von Staufern und Hauteville primär beruhte: „Rang und Ansehen der Vorfahren"[3] egal welcher Provenienz und jenseits von „Stammtafeldenken". Das mangelnde Interesse der Zeitgenossen an allumfassenden Genealogien macht auch exakte Aussagen zu geschichtlichen Wurzeln etwas schwierig.

Der Aufstieg der Hauteville

Beide Dynastien treten um 1030 langsam aus dem Dunkel der Quellen – ihr Beginn könnte freilich unterschiedlicher nicht sein. Tankred, ein niederer normannischer Adliger, hatte die kleine Herrschaft Hauteville in der Nähe von Coutance inne. Sein wahrer Reichtum waren jedoch seine 12 Söhne, die ihm wohl aber zunächst eher Kopfzerbrechen hinsichtlich ihrer Versorgung bereiteten. Seit dem frühen 10. Jahrhundert waren die Normannen unter ihrem legendären Anführer Rollo in der Normandie sesshaft geworden, was allerdings in der folgenden Phase der Verdichtung des Herzogtums auch die Möglichkeiten nachgeborener Generationen beschränkte. 1035 übertrug Tankred seinen Besitz an seinen vierten Sohn, während die ältesten Söhne, Wilhelm und Drogo, nach Süditalien zogen. Dort waren nämlich glänzende Möglichkeiten des Aufstiegs vorhanden.

Während das übrige Italien zunächst durch die Langobarden und später die Franken unter Karl dem Großen erobert wurde, hatten die Byzantiner vorerst die Herrschaft über Apulien, Kalabrien und Sizilien halten können. Ein tiefgreifender Byzantinisierungsprozess prägte Verwaltung, Recht, Religion, Sprache und Kultur. Im Laufe des 9. Jahrhunderts gelang es aber muslimischen Eroberern, in langwierigen Kämpfen das vor allem wegen seiner Getreideproduktion reiche Sizilien zu erobern. In den folgenden 200 Jahren sollte sich eine arabische Schicht über Administration, Wirtschaft und Religion legen und die Spuren vorangegangener Machthaber palimpsestartig überdecken, ohne sie ganz auszulöschen. Auf dem süditalienischen Festland war die Lage noch unübersichtlicher: Im 11. Jahrhundert kämpften lokale Machthaber byzantinischer und langobardischer Provenienz gegen arabische Raubzüge, aber auch gegen die byzantinischen Kaiser und ebenso häufig untereinander.[4]

Söldner waren in dieser Situation hoch begehrt, und so verdingten sich auch normannische Krieger, die teilweise als Pilger nach

Süditalien gezogen waren, recht rasch in dem Metier, das sie laut einhelliger Meinung der Quellen am besten verstanden. Als Anführer setzte sich derjenige durch, der „Erfolg, Geld und Mut" aufweisen konnte.[5] Wilhelm „Eisenarm" und Drogo kämpften zunächst noch für die Byzantiner, konnten sich dann jedoch – verstärkt um weitere Hauteville-Brüder – im Krieg gegen Byzanz stetig wachsende Herrschaften sichern. Auch aufgrund ihres gewalttätigen Vorgehens zogen die normannischen Kämpfer aber rasch die Feindschaft fast aller süditalienischer Machthaber auf sich, und das Bewusstsein, von übermächtigen Gegnern stets existentiell bedroht zu sein, mag über die Jahrhunderte bis in die Zeit Friedrichs II. nachgewirkt haben.

Insbesondere das Verhältnis zwischen Normannen und dem Papsttum war – auch dies ein Erbe, das Friedrich II. zu tragen hatte – von einem geradezu abenteuerlich anmutenden Wechsel von Kooperation und Konfrontation geprägt. Papst Leo IX. wollte sich 1053 mit byzantinischer Hilfe der Normannen entledigen, geriet jedoch – bei Civitate geschlagen – in Gefangenschaft und musste die erworbene Stellung seiner Feinde anerkennen. Die Führung der Normannen übernahm bald ein weiterer Hauteville: Robert, genannt „Guiscard", was in etwa „listiger Schlaukopf" bedeutet. Unter ihm und seinem jüngeren Bruder Roger eroberten die Normannen nahezu ganz Süditalien und 1059 belehnte Papst Nikolaus II. Robert mit den Herzogtümern Apulien und Kalabrien sowie dem noch nicht eroberten Sizilien.[6]

Die Folgen dieser Belehnung sind in ihrer langfristigen Bedeutung kaum zu unterschätzen: Erstens markierte sie den ersten Schritt der Normannen auf dem Legitimationsweg „vom Parvenü zum Bündnispartner"[7] der europäischen Mächte. Zweitens spielten die Normannen nun eine wichtige Rolle bei der Rechristianisierung und Latinisierung Süditaliens, die das Selbstbewusstsein ihrer Herrscher bis zu Friedrich II. nicht unbedeutend prägen sollte. Drittens nahmen die Normannen bereits jetzt eine Art Schutzfunktion des Papsttums wahr – wenngleich man sich an der Kurie nicht immer des Eindrucks erwehren konnte, gleichsam den „Bock zum Gärtner" gemacht zu haben. Deutlich sollte sich dies erweisen, als die Truppen Robert Guiscards zwar 1084 Kaiser Heinrich IV. aus Rom vertrieben, dabei aber verheerende Zerstörungen anrichteten. Viertens wurde durch die Belehnung auch eine Frage höchster Brisanz aufgeworfen, die in den folgenden Jahrhunderten für weitere Irritationen sorgen sollte: Wer war der eigentliche Herr Süditaliens, der Papst oder der Kaiser? Fünftens sollte auch die Lehnsnahme die Normannen künftig nicht davon abhalten, die Elemente des Eroberungsrechtes zu betonen und eine Herrschaft aus eigenem Recht zu behaupten. Sechstens ergaben sich auch deshalb stetige Reibereien und Grenzstreitigkeiten mit dem päpstlichen Lehnsherrn.

Robert Guiscard gab sich mit den ihm verliehenen Besitzungen nicht zufrieden und suchte in der Folge den Balkan und wohl weitere Gebiete von Byzanz zu erobern. Obschon er selbst erfolglos war und seine letzte Expedition mit dem Seuchentod im Heerlager bezahlte, prägte er doch die außenpolitische Linie der nachkommenden Herrschergenerationen: die Orientierung des Normannenreichs auf das Mittelmeer und die Feindschaft zu Byzanz. Der eigentliche Erbe Roberts sollte jedoch nicht sein Sohn und Enkel sein, sondern sein Bruder Roger, der jüngste der Tankredsöhne.

Die Anfänge der Staufer

Im Norden scheinen die Anfänge der Staufer von einer gediegenen Beschaulichkeit geprägt zu sein. Doch der Eindruck trügt. Hier ist nicht der Ort, die Frage nach dem genauen Ursprung der Staufer erneut zu stellen – man kann ihn salomonisch im Herzogtum Schwaben und seiner näheren Umgebung verorten (Abb. 2). Aller Wahrscheinlichkeit nach gehörten sie bereits um 1050 zu den führenden Geschlechtern Schwabens. Dennoch waren es die Staufer, die zunächst einiges nachzuholen hatten: Erst 20 Jahre nach den Hauteville erhielt Friedrich I. einen Herzogstitel, jenen von Schwaben. Der Titel war allerdings nicht nur besser legitimiert, sondern auch mit der Hand der Tochter Kaiser Heinrichs IV. – Agnes – verbunden. Hier zeigt sich ein deutliches Kennzeichen des staufischen Aufstiegs: die enge Anlehnung an das salische Kaisertum und die Unterstützung Heinrichs IV. gegen seine verschiedenen Widersacher.[8]

Herzog Friedrich I. konnte hierdurch beachtliche Zuwächse an Besitzungen verzeichnen, die sich nun auch – Schwaben überschreitend – im Gebiet der heutigen Pfalz konzentrierten (vgl. S. 222, Abb. 1). Die prominente Stellung des Staufers zeigt sich darin, dass Herzog Friedrich I. beim Italienzug Heinrichs IV. eine Art Stellvertreterschaft wahrnahm. Für die künftige Geschichte der Staufer ist diese frühe Nähe zu den salischen Herrschern und dem Kommunikationszentrum des salischen Hofes aber auch in anderer Hinsicht kaum zu unterschätzen: Die Zeiten tiefster Umbrüche und Verunsicherung und die Suche nach neuen Ordnungsmodellen, die das gefallene Sakralkönigtum ersetzen sollten, sind nicht ohne Folgen für die Herrschaftskonzeption der Staufer geblieben.[9] Herzog Friedrich hinterließ zwei Söhne – Herzog Friedrich II. und den späteren König Konrad III. Wie auch bei den Hauteville, sollte es die „Nebenlinie" sein, die das Königtum erwarb.

Graf Roger I. von Sizilien

Im Süden hatte nämlich Roger, der Bruder Robert Guiscards, in mühevollen und zähen Kämpfen die Insel Sizilien schrittweise zurückerobert. Als Motivlage meinte der Chronist Gaufredus Malaterra erkannt zu haben, „dass er auf zwei Arten Gewinn davon haben könnte, sowohl für seine Seele als auch für seinen Körper", wenn er „sich die Früchte und Einkommen des Landes sichern könnte, das von einem Volk besetzt wurde, das Gott zuwider war, und sie in den Dienst Gottes stellen könnte".[10] Malaterra kennzeichnet so recht treffend das – eines gewissen Pragmatismus nicht entbehrende – Sendungsbewusstsein der normannischen Herrscher, das auch ein Charakteristikum Friedrichs II. sein sollte.

Roger fand wohl eine weitgehend islamisch geprägte Insel mit einer starken griechischen Minderheit vor und zeigte einen für normannische Herrschaften kennzeichnenden Zug, den man mit „kluge Flexibilität zum Vorteil der eigenen Herrschaft" umschreiben kann und nicht als reflektierte Toleranz interpretieren sollte.[11] So verzichtete Roger auf eine harsche Bekehrungspolitik, übernahm die arabischen Verwaltungseinrichtungen und schätzte – wie alle normannischen Herrscher des Südens – das islamische Kunsthandwerk. Ebenso förderte er jedoch das griechische Mönchtum auf der Insel und sicherte sich überragende Einflussmöglichkeiten auf die entstehende lateinische Kirchenorganisation. Spätestens mit dem Erwerb Siziliens wuchs die normannische Herrschaftsorganisation Süditaliens in das Kräftefeld des Mittelmeers und war nicht mehr allein mit den Kriterien der lateinischen Adelsgesellschaft zu messen. Dennoch wurden die Normannen in zunehmendem Maße bündnisfähig, und an ihrer Heiratspolitik (*Konnubium*) lässt sich auch der baldige Erwerb der Königskrone ablesen: So heirateten drei der Töchter Graf Rogers (und ebenso seine Witwe nach seinem Tod) Könige – wenngleich der jeweilige Bräutigam und der Verlauf der Ehe nicht immer als ideal zu bezeichnen sind.[12]

Zwei Stauferbrüder: Friedrich und Konrad

Im Norden war 1106 Heinrich V. seinem Vater in der Königsherrschaft nachgefolgt. Die staufische Stellung wurde durch den Thronwechsel nach kurzfristigen Irritationen nicht ernsthaft gefährdet. Als Heinrich V. 1116 nach Italien zog, nahmen erneut die Staufer – nun die Brüder Herzog Friedrich II. und Konrad – eine Art Stellvertretung des Salierherrschers wahr; ja, Konrad wurde zum Herzog von Ostfranken ernannt. Energisch hielten sie – auch im Interesse ihrer ständig wachsenden Hausmacht – die Gegner des Kaisers in Schach. Von Friedrich soll man sich laut Otto von Freising erzählt haben, dass er am Schwanz seines Pferdes stets eine Burg hinter sich hergezogen habe.[13]

Dennoch neigten die Brüder auch der Sache der Großen des Reichs zu, die in den Auseinandersetzungen zwischen Kaiser und Papst „Recht und Ehre des Reiches“[14] gewahrt wissen wollten – fürstliche Mitverantwortung für das Reich war bereits frühzeitig ein wichtiges Element staufischer Herrschaftskonzeptionen. Gleichwohl konnten sich die Staufer beim Tod Heinrichs V. zunächst nicht durchsetzen. Obwohl das Königtum Herzog Friedrichs II. – gleich dem normannischen – praktisch „in der Luft lag“, scheiterte er möglicherweise nicht primär an territorialen Interessendifferenzen mit den anderen Großen, sondern wegen seines Verhaltens auf der Wahlversammlung, das man auch als Unfähigkeit werten konnte, im Einklang mit den Fürsten zu herrschen, sie an der Herrschaft zu beteiligen und zu integrieren. Gewählt wurde Lothar, der sächsische Herzog.

Als eine der schwerwiegenden Fragen sollte sich die enge Verschränkung von staufischem Hausgut und Reichsgut erweisen; durch mögliche Rückforderungen Lothars III. war die staufische Stellung im Kern bedroht und trieb sie in den Widerstand. 1127 – fast zeitgleich zur Königserhebung Rogers II. – ließ sich Konrad zum Gegenkönig ausrufen. Anders als der Hauteville konnten sich die Staufer jedoch mangels Ressourcen und wegen des Fehlens eines geeigneten Rückzugraumes nicht halten; beide, Konrad und Friedrich, mussten sich bald Lothar III. unterwerfen. Das Gegenkönigtum sollte sich trotz seines Scheiterns jedoch in zweierlei Hinsicht als nützlich erweisen: Zum einen waren die Staufer erstmals in den Königsrang aufgestiegen – wenngleich dieser nicht allgemein anerkannt war, konnte daran künftig angeschlossen werden; zum anderen war auch von Seiten Lothars III. nach der Versöhnung Wohlverhalten zu erwarten.[15]

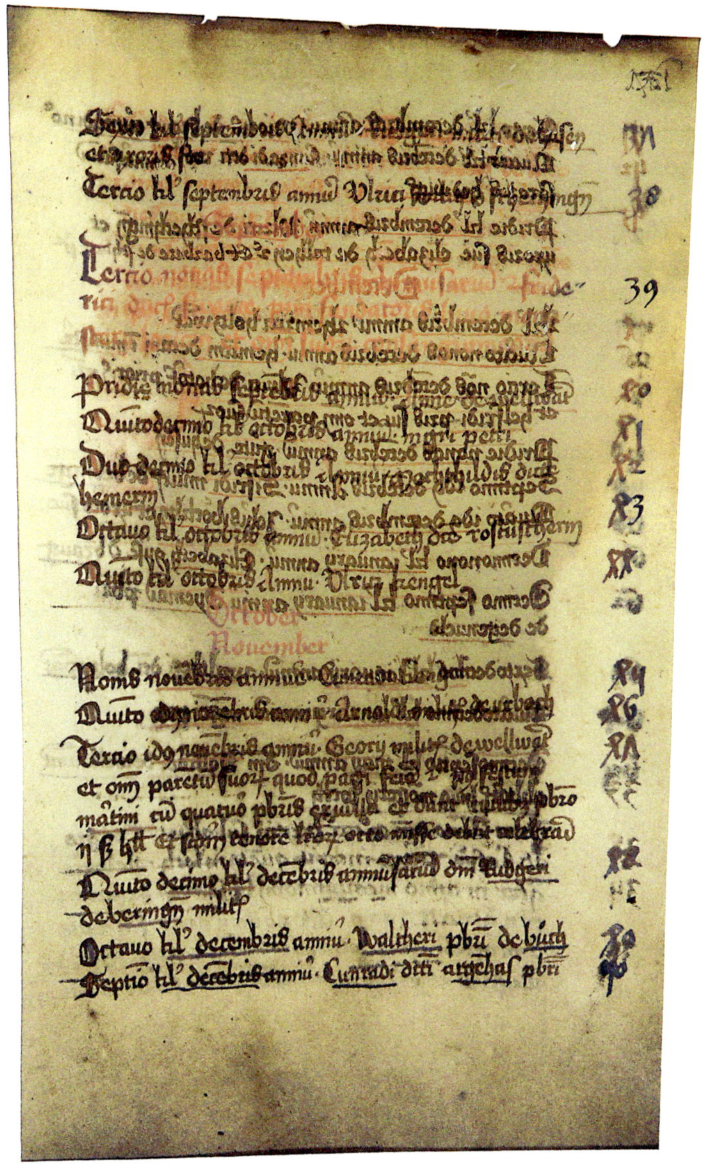

2 Durch die schweren Schäden, die das „Rote Buch“ des Klosters Lorch im Zweiten Weltkrieg erlitt, schienen die darin enthaltenen, grundlegenden Informationen zur Genealogie der frühen Staufer für immer verschollen. Nach der spektakulären Restaurierung des Buches aufkommende Hoffnungen auf neue Forschungserkenntnisse wurden enttäuscht: die 1977 publizierten, angeblich auf Exzerpten der Vorkriegszeit beruhende Texte erwiesen sich als nicht authentisch. Auf der vorliegenden Seite des Nekrologs wird unter Nr. 39 Herzog Friedrich I. von Schwaben als Gründer des Klosters aufgeführt. Stuttgart, Landesarchiv Baden-Württemberg, Hauptstaatsarchiv Stuttgart, H 14, Nr. 175, Bl. 136

Roger II. von Sizilien

Im Süden folgte Roger II. 1112 seinem gleichnamigen Vater zunächst als Graf von Sizilien. In seiner Hand wurden erstmals die normannischen Gebiete in Apulien, Kalabrien und Sizilien vereint. Sein Aufstieg war auch Folge einer Politik, die sehr geschickt die Spielräume zwischen und in den Machtblöcken nutzte und notfalls auch – in guter normannischer Tradition – vor Gewalt gegenüber dem päpstlichen Nachbarn nicht zurückschreckte. Weiterhin war nämlich die Legitimität der normannischen Herrschaft keineswegs unumstritten und ihr unversehrter Bestand immer wieder bedroht – eine weitere Kontinuitätslinie zu Friedrich II. So versuchte Papst Honorius II. 1128 die Macht Rogers II. gewaltsam zu beschränken, scheiterte aber und musste die vergrößerte Herrschaft des Normannen anerkennen, die schon lange königsgleich geworden war. Schließlich gelang es Roger, ein Schisma auszunutzen, um 1130 durch den Gegenpapst Anaklet II. den Königstitel zu erhalten. Schwierig wurde die Situation für Roger aber, als sich Innozenz II. gegen Anaklet II. durchsetzte und zusammen mit Kaiser Lothar III. energisch gegen den Hauteville vorging. Wie schon knapp 90 Jahre zuvor, wurde aber auch Innozenz II. nach einer verlorenen Schlacht durch die Normannen gefangen genommen und musste nun Roger II. als König anerkennen (Abb. 3).[16]

3 Byzantinischer Einfluss dominiert dieses Mosaik: Der in dunkelsten Purpur gewandete Christus krönt den ersten normannischen König Roger II. Der Normanne trägt das wertvoll verzierte Galakostüm eines Basileus, deutlich erkennbar sind Loros (die um den Körper geschlungene Kaiserbinde) und Purpurstiefel. Die Aussage des Mosaiks ist klar: die Herrschaft des Normannen gründet allein und unmittelbar auf Gott; er bedarf keiner sonstigen Legitimation, etwa durch Papst oder Kaiser. Palermo, Chiesa della Martorana

Auch hier zeigte sich, dass vor allem fünf Faktoren die Hauteville-Herrscher immer wieder vor ihren Gegnern retten sollten: Erstens die naturräumlichen Gegebenheiten, vor allem das Klima, das kaiserliche Militäraktionen immer wieder behinderte, aber auch der Rückzugsraum der Insel Sizilien, wo zweitens eine hervorragend organisierte Quelle großen Reichtums vorhanden war. Drittens erwies sich die Uneinigkeit von Papst sowie römisch-deutschem und byzantinischem Kaiser hinsichtlich der Lehnshoheit in Süditalien für die Hauteville als günstig. Der vierte Faktor liegt in der Möglichkeit der normannischen Herrscher, Nachfolgekrisen in der Mehrzahl der Fälle durch erfolgreiche Sukzessionsregelungen zuvorzukommen. Großen Anteil hieran hatten tatkräftige Herrscherwitwen, die die Regentschaft für die noch minderjährigen Erben ausübten (Adelheid/Adelasia, Margarete, Konstanze). Fünftens ist schließlich der enge Wirkverbund zwischen König und sizilischem Episkopat zu nennen, der auch über staufische Zeiten hinweg selten ernsthaft erschüttert wurde.

Roger suchte in mehrfacher Hinsicht sein Reich zu integrieren. Prägend sollte nämlich der Gegensatz zwischen Festland und Insel bleiben, der nicht allein religiöser Natur war: In Kalabrien und Apulien und nochmals verstärkt in den weiter nördlich gelegenen Gebieten musste Roger auf die mächtigen Lehnsherren Rücksicht nehmen, die es in dieser Form auf Sizilien nicht gab. Häufig kam es zu Aufständen, die insbesondere dann bedrohlich wurden, wenn die Rebellen den Anschluss an Papsttum, Kaisertum und Byzantiner suchten. Roger ließ durchaus Gnade walten, reagierte aber bei Mehrfachtätern ähnlich unnachsichtig und grausam, wie man es später Heinrich VI. und Friedrich II. zum Vorwurf machen sollte. Im Reich nördlich der Alpen war nämlich die in Süditalien übliche Blendung und Entmannung hoher Adliger undenkbar. Man wird hier nicht fehlgehen, byzantinische Traditionen am Werk zu sehen, die aber auch in anderen normannischen Herrschaften bereits rezipiert worden waren. Zwar war ebenso im übrigen Europa des 12. Jahrhunderts eine Kultur härterer Strafe auf dem Vormarsch, diese wurde allerdings immer durch die Tugend der herrscherlichen Milde gemäßigt.[17]

Doch nicht nur mittels des *rigor iustitiae* („Strenge des Rechtswesens") suchte Roger sein Königreich zu integrieren. Ein wichtiges, auch von seinem Enkel Friedrich II. prominent genutztes Instrument Rogers II. war die Gesetzgebung. Sicherlich darf man die um 1140 erlassenen sogenannten *Assisen* von Ariano nicht mit modernen Gesetzessammlungen vergleichen, stark war die Geltung der „Gewohnheitsrechte", noch recht unsystematisch das *Corpus*. Dennoch wird die eigentliche Funktion der sich wie ein Netz über die regionale Vielfalt legenden Regelungen in seinem Knotenpunkt klar ersichtlich: Die „Zuspitzung auf die fast sakrale Person des Königs war der Schlussstein, der das Königreich zusammenhielt."[18] Zur Gesetzgebung traten die Möglichkeiten der normannischen Machthaber, auf byzantinische und arabische Verwaltungstraditionen aufzubauen und sie mit normannischen Techniken – wie etwa den Lehnsverzeichnissen – zu verbinden. Trotz aller Schwierigkeiten, von „Beamten" und „Staatsverwaltung" zu sprechen und ihre reale Wirkung zu beurteilen, kann man hier doch den Kern für die Modelle des *Liber Augustalis* sehen.[19]

Über Sizilien hinaus erstrebten die Normannen zumindest eine Art Hegemonie im näheren Umfeld des Mittelmeers – Kontinuitätslinien, die bis zu Friedrich II. gezogen werden können: Auf die Züge Robert Guiscards nach Byzanz wurde bereits hingewiesen; Roger II. eroberte einige Küstenstädte Nordafrikas und pflegte gute Beziehungen zum Kalifen von Ägypten; seine Mutter sollte – wenngleich ohne größeren Erfolg – den König von Jerusalem heiraten. Hier wurden Netzwerke und Verbindungen geknüpft, die in der langen Dauer die Politik aller sizilischen Herrscher bestimmen sollten. Aber auch im Westen Europas wurden die Normannen – wie bereits angedeutet – in zunehmendem Maße akzeptiert: Der gleichnamige älteste Sohn Rogers II. heiratete eine Urenkelin Wilhelms des Eroberers, Roger II. selbst vermählte sich nacheinander mit Töchtern aus dem spanischen bzw. französischen Hochadel (Abb. 4).

Konrad III. und Friedrich I. Barbarossa

Im Norden hatte sich nach dem Tode Lothars III. 1138 Konrad III. in einem zweiten Anlauf als staufischer Thronprätendent gegen den Welfen Heinrich den Stolzen durchsetzen können. Der Gegensatz zwischen Staufern und Welfen sollte die Regierungszeit Konrads dominieren, wenngleich man nicht von einer starren Frontlinie zwischen den Parteien ausgehen sollte, sondern viele Grauschattierungen in Rechnung stellen muss. Entscheidend war in dieser Situation unter anderem die Unterstützung durch das Papsttum, auf die Konrad III. zählen konnte. Ja, man kann sagen, dass seit Lothar III. zwei Elemente über Erfolg oder Misserfolg der Herrschaft des römisch-deutschen Königs entschieden, die auch eine Art bewusstes Gegenmodell zur salischen Herrschaft konstituierten: die Bereitschaft des Herrschers zur Einbindung der Großen des Reichs und zum engen Zusammenwirken mit dem Papsttum.[20]

Der Einbindung der Großen und der Verbreiterung der eigenen Machtbasis dienten auch die Heiratsverbindungen, die Konrad für sich selbst und über die Verwandtschaft seiner Frau aus dem Haus der Grafen von Sulzbach schloss und die bis nach Byzanz reichen sollten. Nicht nur in dieser Hinsicht öffneten sich die Staufer dem Mittelmeerraum. Bernhard von Clairvaux konnte Konrad und dessen Neffen Friedrich, den späteren, „Barbarossa" genannten Kaiser, für die Sache des 2. Kreuzzuges begeistern. Zwar sollte dieses Unternehmen weitgehend scheitern und den Blick auf die Herrschaftsleistung Konrads dauerhaft verdunkeln, doch Bedeutung gewann es dadurch, dass die Staufer und mit ihnen der römisch-deutsche Herrscherhof in verstärktem Maße mit den Herrschaftsvorstellungen des byzantinischen Kaisers konfrontiert wurden.

Der Basileus war für die europäischen Herrscher über die Jahrhunderte hinweg das ferne Paradigma höchster weltlicher Machtausübung geblieben. In gleichmäßigen Zyklen fast schon astronomischer Regelhaftigkeit trat er, begleitet vom wiederauflebenden Phänomen des Zweikaiserproblems, in den Nahbereich westlicher Aufmerksamkeit. Nicht nur der Eindruck sagenhaften Reichtums, sondern auch seine singuläre Überhöhung in Zeremoniell und Diplomatik sowie seine starke Stellung gegenüber der geistlichen Gewalt übten eine gewisse Faszination auf den römisch-deutschen Herrscher aus, der nach den Wirren des sogenannten „Investiturstreites" auf der Suche nach neuen Ordnungsmodellen war.[21] Byzanz könnte bereits zur Zeit Konrads III. in dreierlei Hinsicht für die Tendenzen der Herrschaft Barbarossas prägend geworden sein, die ihren Kristallisationspunkt in der Ausgestaltung des Kaisertums fanden: Erstens durch das Bedürfnis, hinsichtlich der ökonomischen Ausstattung des eigenen Herrschertums eine signifikante Verbesserung herbeizuführen, zweitens in der Absicht, die herrscherliche Stellung durch Orientierung an der Antike mit ihren Epitheta und ihren Rechtscorpora zu stärken, sowie drittens durch die Intention, das Verhältnis von geistlicher und weltlicher Gewalt neu zu definieren. Byzanz war jedoch wahrscheinlich nur die Initialzündung – die eigentliche „intoxication with Antiquity",[22] die manche berauschen sollte, fand in Italien statt.

Ein erster Zugriff war in Süditalien geplant. Konrad III. hatte mit dem Basileus Manuel Komnenos ein Bündnis geschlossen, das die Eroberung des Normannenreichs zum Ziel hatte. Dieser Vertrag stieß jedoch nicht nur bei Roger II. auf Widerstand: Auch Papst Eugen III. war nicht gewillt, eine eigenständige römisch-deutsche oder byzantinische Intervention im Gebiet seines Lehnsmannes zu akzeptieren. Ebenso stellte sich der französische König auf die Seite des Hauteville – verschwommen zeichnen sich die Konstellationen des Alexandrinischen Schismas (1159 – 1177) bereits ab. Der Tod Konrads III. verhinderte letztlich die Realisierung der großen Pläne.

Zu seinem Nachfolger wurde nicht sein noch minderjähriger Sohn, sondern sein bereits erfahrener Neffe Friedrich I. Barbarossa gekrönt. Darüber hinaus konnte Barbarossa – wohl nicht nur für Otto von Freising – aufgrund seiner Mutter Judith (einer Welfin) als „Eckstein" (*angularis lapis*[23]) zwischen Staufern und Welfen dienen und so das Reich befrieden (Abb. 1). Der neue König schien aber auch in anderer Hinsicht mehrere Kontinuitätslinien zu vereinen: Die Idee einer konsensualen Handlungsgemeinschaft zwischen König und Fürsten, der gegenseitigen Rang- und Ehrwahrung zum gemeinsamen Nutzen, wurde – gleichsam in der Kaiseridee überhöht – „imperialisiert" und in Urkunden und erzählenden Quellen unter der Formel des *honor imperii* bzw. *honor imperatoris* gefasst.[24] Papst Eugen III. ging auf das Angebot einer engen Kooperation mit dem Abschluss des sogenannten Konstanzer Vertrages ein, der aus päpstlicher Perspektive auch als Versuch gelesen werden kann, die bereits konstatierte „Aufladung" des Kaisertums zu beeinflussen, die neuen Energien zu kanalisieren und manche der unter Konrad III. erfolgten Entwicklungen zu revidieren: Nach päpstlichem Willen sollte Barbarossa als Kaiser das vollziehen, was Konrad unterlassen hatte, und das unterlassen, was Konrad zu vollziehen beabsichtigte.

Der Preis für die Kaiserkrone sollte nicht nur die Eroberung des rebellischen Roms für Eugen III., sondern auch die Aufkündigung des Bündnisses mit Byzanz und eine gemeinsame Aktion von Kaiser und Papst gegen die Normannen sein, um unter pontifikaler Ägide die süditalienischen „Parvenüs" in die Schranken zu weisen. Erneut wurden die Normannen jedoch durch die klimatischen Verhältnisse gerettet: Von der sommerlichen Hitze belastet, lehnten die Großen des Reichs einen Zug über Rom hinaus, ja, sogar die Eroberung Roms ab, sodass Barbarossa – vielleicht nicht unwillig – nicht nur „arabisches Gold", sondern auch „deutsches Eisen" für die Kaiserkrone schuldig blieb.[25] Süditalien, das zeigten die Erfahrungen Ottos II. (961 – 983), Heinrichs II. (1002 – 1024) und Lothars III. (1125 – 1137), war ein undankbares Interventionsgebiet.

4 Ort und Bistum von Cefalù sind aufs engste mit Roger II. verbunden. Kurz nach seiner Krönung ließ Roger 1131 das Bistum gründen und begann mit der Erbauung der Kathedralkirche, die er als Grablege plante. Der mit ausgesprochen hochwertigen Mosaiken und Porphyrsarkophagen ausgestattete Kirchenbau diente jedoch nie dem zugedachten Zweck. Nach jahrzehntelangem Streit vermochte sich der Erzbischof von Palermo schließlich 1215 durchzusetzen: Roger II. wurde wie auch Friedrich II. im Dom von Palermo bestattet – in den Porphyrsarkophagen aus Cefalù.

Größere Gewinne schien Oberitalien zu versprechen. „Gewinn" ist hierbei nicht rein materiell zu verstehen; auch soziales Kapital – Beziehungen – und kulturelles Kapital – etwa in der Form juristischen Wissens (etwa über Regalien und ihre finanzielle Nutzbarkeit) – gehören dazu. Vor allem aber boten Ober- und Mittelitalien auch die Möglichkeit, kaiserliche Herrschaft und ihre Ordnungsvorstellungen wirksam zu inszenieren, also auch das symbolische Kapital Barbarossas mehren zu können.[26] Gerade der letzte Punkt könnte auf die erhebliche Dauer und Intensität der Auseinandersetzungen von großem Einfluss gewesen sein: Der Kampf in Italien konnte auch als Mittel dienen, im Süden das nördliche Reich zu einen. Und trotz des mitunter geäußerten Missmuts, erstaunt doch die Ausdauer, mit der die Fürsten bereit waren, sich an den Italienzügen zu beteiligen. Mindestens ebenso wichtig für die andauernden Kämpfe war jedoch die Tatsache, dass ein beachtlicher Teil der kaiserlichen Interventionen durch die Anhänger untereinander verfeindeter italienischer Parteien angeregt wurde. Über mehr als 20 Jahre hinweg bemühte sich der Kaiser in zum Teil erbittert geführten Kriegs- und Verwüstungszügen, die Lombardei zu unterwerfen, scheiterte aber an der wirtschaftlichen Überlegenheit und fortifikatorischen Stärke der oberitalienischen Städtelandschaft.[27] Weit entfernt davon, dauerhaft Hegemonie entfalten und eigene Ordnungsvorstellungen etablieren zu können, war der Kaiser aus der Sicht der Kommunen theoretisch kaum mehr als eine unverbindliche Abstraktion, praktisch eine Partei unter vielen.

Letztlich entscheidend für das Scheitern der kaiserlichen Pläne war jedoch der „sakrale Bankrott" Barbarossas im Alexandrinischen Schisma. Allzu stark hatte der Staufer die kaiserliche Autorität damit verknüpft, die Durchsetzung Alexanders III. im Schisma zu verhindern, und dadurch praktisch den ganzen *orbis latinus* gegen sich aufgebracht. Drei aufeinanderfolgende Gegenpäpste drohten ihn schließlich in die Tiefe zu ziehen. Ein vermeintlich heilswirksames Eingreifen der höchsten weltlichen Gewalt, die beim Ausbruch des Schismas in verstärktem Maße in den rhetorischen Purpur der Sakralepitheta gekleidet worden war, war seit dem Frieden von Venedig (1177) desavouiert.[28] Welche Rolle dem Kaisertum künftig zukommen sollte, blieb letztlich ungeklärt. Wie stark die Herrschaft Barbarossas das Verhältnis von Kaiser und Kommunen, aber auch von Papst und Kaiser prägte, sollte sich zur Zeit Friedrichs II. zeigen.

Die späten Normannenherrscher

Im Süden folgten auf Roger II. zwei Könige, die den Namen Wilhelm trugen. Wilhelm I. wurde in späteren Jahrhunderten mit dem Beinamen „der Böse" geschmückt.[29] Die Gründe für diese anachronistische Charakterisierung mögen aber durchaus in der Zeit bzw. der Person selbst liegen. Auf den ersten Blick schien sich wenig geändert zu haben: Weiterhin drohten kaiserliche Interventionen und Aufstände der eigenen Barone, die das normannische Königtum bereits zuvor häufig an den Rand des Abgrunds gebracht hatten. Erneut gelang jedoch mit dem „Vertrag von Benevent" der Ausgleich mit dem Papsttum und konnte mit dem Alexandrinischen Schisma wiederum Spielraum gewonnen werden – was aus „deutscher" Sicht neu, negativ und bedrohlich konnotiert war, erweist sich „von unten" (Sizilien) betrachtet als nicht außergewöhnlich.

Allmählich sollte das sizilische zusammen mit dem französischen Königtum an die Stelle des römisch-deutschen Kaisers als Schutzmacht der Kirche treten. Die gestiegene Bedeutung des normannischen Reichs zeigte sich auch am Ziel des letztlich in der Seuchenkatastrophe vor Rom 1167 gescheiterten vierten Italienzugs Barbarossas: Er wollte nicht nur Alexander III. aus Rom vertreiben, sondern auch das sizilische Königtum stürzen. Erneut war es das Klima, das die Normannen rettete. Ebenso erklärt das neue Gewicht der normannischen Monarchie auch den energischen Widerstand des Papsttums gegen die später durch Heinrich VI. beabsichtigte Vereinigung von Sizilien mit dem Reich (*unio regni ad imperium*).

Neu waren darüber hinaus zwei Entwicklungen die – vom Schisma überdeckt – bereits ihre Wirkung entfalteten: Zum einen wurden die kirchlichen Sonderrechte des sizilischen Königs von päpstlicher Seite immer weniger akzeptiert – eine Entwicklung, die letztlich auch mit der zunehmenden Latinisierung Süditaliens einherging. Zum anderen entfernte sich das Königtum immer stärker vom übrigen Hochadel und legte die eigentliche Machtausübung anscheinend in die Hände herausragender „Beamter". Dies wiederum provozierte Aufstände verschiedenster Couleur, die im Namen des Herrschers mit großer Härte niedergeschlagen wurden – erneut kann man die Kontinuitätslinien zu Friedrich II. erkennen.

Die zeitgenössische Kennzeichnung des Sohns Wilhelms I., Wilhelms II., als „der Gute", seine Gleichsetzung als der Bezugspunkt „rechter Herrschaft" durch Friedrich II., beruht auch darauf, dass Sizilien für längere Zeit eine Epoche des Friedens genoss. Ja, mehr noch, ein Friedensschluss mit dem westlichen Kaiser – bekräftigt durch eine Eheverbindung – sollte nicht nur das sizilische Königtum im Kreis der europäischen Mächte stärker als bisher verankern und seine Legitimität unanfechtbar machen. Offensichtlich plante Wilhelm II. auch eine Wiederaufnahme der Expansionspolitik seines Großvaters Rogers II. – Linien, die durch Friedrich II. fortgeführt werden sollten.[30]

Heinrich VI.

Im Norden war es nach dem „Frieden von Venedig" um das staufische Kaisertum zunächst etwas ruhiger geworden. Der Hof Friedrich I. Barbarossas war im Laufe der Jahre immer mehr zu einer Art Treffpunkt von Verwandten, Freunden und Aufsteigern (*homines novi*) geworden.[31] Der Hochadel widmete sich verstärkt dem Ausbau seiner Territorien und geriet – wie etwa der Kölner Erzbischof Philipp – nun immer wieder in Konflikt mit den gleichgerichteten Bestrebungen der staufischen Herrscher. Ihre Hauptstütze fanden die Staufer in verstärktem Maße in der Reichsministerialität, die zunehmend Diplomatie, Verwaltung und Kriegsführung dominierte. Sie hatten sich bereits während der Italienzüge bewährt und sollten unter Heinrich VI. und im Thronstreit mitunter zu hochadliger Macht gelangen – man denke nur an Markward von Annweiler.[32] Diese Tendenzen können auch im Zusammenhang mit den Bestrebungen der staufischen Höfe gesehen werden, das römisch-deutsche König- und Kaisertum auf neue Grundlagen zu stellen. Hierzu zählte eine Stärkung des Erbgedankens, wie er sich etwa in der Idee eines Kaisergeschlechts bei Gottfried von Viterbo oder dem sogenannten Erbreichsplan unter Heinrich VI. Bahn brechen sollte.[33] Eine ganz neue Qualität erhielt die staufische Herrschaft durch die angestrebte *unio regni ad imperium*: Sizilien, nicht mehr Rom oder Oberitalien, wurde nun letztlich bis Heinrich (VII.) als entscheidende Grundlage kaiserlicher Herrschaft angesehen.

In Mailand, zwischen Norden und Süden, im Zentrum des Widerstandes gegen Barbarossa wurde die bereits erwähnte Hochzeit zwischen Konstanze und Heinrich VI. gefeiert. Es wird nie ganz zu klären sein, welche Kalkulationen mit diesem Eheprojekt verbunden waren. Stand für die Normannen wohl eine Neutralisierung der kaiserlichen Bedrohung im Vordergrund, so könnte am Stauferhof – wenn es auch keine Hoffnung auf eine unmittelbare Beerbung Wilhelms II. gab, die so wohl noch nicht abzusehen war – doch die Etablierung eines ersten „erbrechtlichen Brückenkopfes" im Vordergrund gestanden haben. Der anlässlich der Hochzeit vom normannischen Adel geleistete Eid, die Hauteville als Erbin anzuerkennen, wurde von manchen Großen nach dem Tod Wilhelms II. nicht gehalten: Sie wählten Tankred von Lecce, einen illegitimen Enkel Rogers II., zum König. Im Gegensatz zu seiner boshaften Karikierung als missgestalteter und lachhafter Zwerg in den staufischen Quellen, scheint Tankred durchaus größeres Talent zum Herrschen in bester normannischer Tradition mutig-verschlagener Klugheit besessen zu haben.[34]

Jedenfalls gelang es ihm nicht nur, das Papsttum, die Byzantiner und Richard Löwenherz auf seine Seite zu ziehen, sondern auch den ersten Versuch Heinrichs VI., das Königreich zu erobern, zurückzuschlagen – erneut kam das Klima in Form einer Lagerseuche, diesmal vor Neapel, zu Hilfe. Gleichwohl litt die normannische Herrschaft: Das Festland tendierte zu Heinrich VI. und die Barone nutzten einmal mehr die Gelegenheit, ihre eigenen Interessen zu verfolgen. Darüber hinaus war Tankred gezwungen, im Konkordat von Gravina dem Papsttum verstärkte Eingriffsrechte in die sizilische Kirche einzuräumen bzw. die Rechte des sizilischen Königs zu beschränken. Zugleich darf nicht vergessen werden, dass die Legitimität Tankreds nicht unumstritten war: Heinrich VI.

konnte nicht nur als Kaiser ein altes *ius imperii ad regnum* für seinen Zug nach Süden anführen, sondern auch als Ehemann das von den Baronen beschworene Erbrecht Konstanzes.

Als entscheidend für die Durchsetzung des Kaisers sollte sich eine Kombination von drei Faktoren erweisen: Erstens die überragenden ökonomischen Reserven, über die Heinrich VI. durch das berüchtigte Lösegeld für den in seinem Machtbereich gefangenen Richard Löwenherz verfügte, zweitens der Tod des sizilischen Thronfolgers und Tankreds selbst innerhalb kurzer Zeit und drittens die Minderjährigkeit Wilhelms III., des anderen Sohns von Tankred. Auf seinem zweiten Sizilienzug stieß Heinrich VI. kaum auf Widerstand und erhielt bald die sizilische Königskrone.

Ließ Heinrich auch den Normannenschatz rasch aus Palermo auf den Trifels abtransportieren, so nahm das eroberte Sizilien bald den Eroberer gefangen. Bereits die grausame Bestrafung einer angeblichen Verschwörung, die auch Anlass bot, die Gattin Tankreds und den kleinen Wilhelm III. praktisch auszuschalten, zeigt deutlich, dass Heinrich in das südliche Normensystem mit seiner byzantinisch anmutenden Strafkultur des *rigor iustitiae* eintrat. Auch schien er recht rasch in das Kommunikationsnetzwerk und die Expansionspolitik der normannischen Herrscher eingebunden worden zu sein – seinem geplanten Kreuzzugsunternehmen gingen vielfältige Kontakte zu Machthabern im ganzen Mittelmeerraum voraus. Sein überraschender Tod setzte diesen Bestrebungen jedoch ein Ende. Vielleicht wurde Heinrich so aber auch nur vor einer imperialen Überdehnung seiner Herrschaft bewahrt.[35]

Friedrich II.

Groß waren nämlich die Schwierigkeiten und ungelösten Probleme, die er seinem Sohn Friedrich II. überließ. Auf den Schultern des kleinen Staufer-Hauteville lastete das Erbe zweier Imperien. Da war zunächst die Frage der Erbfolge: Im sizilischen Reich schien seine Thronfolge, auch wegen der traditionsgemäß zupackenden Regentschaft der Konstanze, zunächst gesichert. Erst der frühe Tod Konstanzes sollte das Leben Friedrichs II. mitunter doch recht bedroht erscheinen lassen. Im römisch-deutschen Reich war hingegen seine Nachfolge grundsätzlich fraglich. Heinrich VI. hatte nicht den Übergang zu einem Erbkönigtum einleiten können. Der sich abzeichnende Thronstreit zwischen Staufern und Welfen empfahl die Kandidatur eines erfahrenen Dynastiemitgliedes, nämlich Philipps von Schwaben. Der überraschende Tod Philipps verschlechterte die Situation Friedrichs bis zur Aussichtslosigkeit. Erst das Papsttum brachte ihn wieder als römisch-deutschen König ins Spiel.

Das Verhältnis Friedrichs II. zum Papsttum war in mehrfacher Hinsicht belastet und wurde durch die von ihm gegen alle päpstlichen Widerstände betriebene *unio regni ad imperium* gewiss nicht einfacher, verschränkten sich hier doch mehrere Problemlinien: Dies waren erstens die territorialen Streitigkeiten des römischen Kaisertums mit dem Papsttum um den Umfang der päpstlichen Besitzungen in Italien, die seit Barbarossa mit großer Heftigkeit geführt worden waren und die sich um die traditionellen Grenzstreitigkeiten zwischen normannischen Herrschern und Päpsten im Süditalien ergänzten. Zweitens bildeten die durch Friedrich II. weiterhin wahrgenommenen Sonderrechte des sizilischen Königs gegenüber seiner Kirche Anlass zu ständigen latenten Spannungen. Drittens war die Frage nach der Stellung des Kaisertums in der Welt und seines Verhältnisses zur höchsten geistlichen Gewalt weiterhin ungeklärt. Hier könnten möglicherweise normannische Auffassungen über die herrscherliche Stellung die bereits unter Barbarossa erkennbaren Tendenzen einer antikisierenden Sakralisierung des Herrschers befördert haben.

Eine ähnliche Kombination könnte die Eskalation der Auseinandersetzungen zwischen Friedrich II. und den Kommunen in Oberitalien erklären. Es erstaunt die scheinbare Parallelität der Ereignisse zur Italienpolitik Friedrichs I. Barbarossa. Neben wohl teils personell bedingten Kontinuitäten in der staufischen Herrschaftsauffassung kam es möglicherweise auch hier zu einer Verschärfung der kaiserlichen Politik durch das spezifisch normannische Verständnis des *rigor iustitiae* gegenüber den aufständischen Kommunen.

Letztlich erwiesen sich die Probleme als allzu groß: Friedrich II., Manfred, Konradin und auch Heinrich (VII.) scheiterten hinsichtlich der *unio regni ad imperium*. Erst unter Karl V. sollten Norden und Süden unter ganz anderen Bedingungen kurzfristig wiedervereint werden.

1 HB 1, S. 132; Übersetzung nach HEINISCH 1968, S. 23f.
2 Albert von Stade, Annales, ad a. 1220, S. 357; Salimbene de Adam, Cronica (a), ad a. 1229, S. 43.
3 GÖRICH 2008a, S. 20.
4 CILENTO/BURGARELLA 2006, S. 56 – 149
5 PLASSMANN 2008, S. 109; vgl. zur Frühzeit der Normannen HOFFMANN 1969.
6 BÜNEMANN 1997, S. 6 – 41.
7 REUTER 1996.
8 SEIBERT 2005.
9 WEINFURTER 2007, insb. S. 73f.
10 Gaufredus Malaterra, De rebus gestis, lib. II, cap. 1, S. 29; Übersetzung nach PLASSMANN 2008, S. 116.
11 HOUBEN 1994, insb. S. 197; KOLLER 1998, insb. S. 184f.
12 BECKER 2008.
13 Otto von Freising und Rahewin, Gesta Friderici I., lib. I, cap. 12, S. 28.
14 GÖRICH 2008a, S. 24; vgl. zu den Staufern und Heinrich V.: DENDORFER 2005.
15 NIEDERKORN 1993.
16 HOUBEN 2010, S. 32 – 75.
17 BROEKMANN 2005; VAN EICKELS 2004.
18 PLASSMANN 2008, S. 140.
19 HOUBEN 2005c, S. 175 – 180; JOHNS 2002; TAKAYAMA 1993, S. 47 – 93.
20 SCHLICK 2001, S. 95 – 145.
21 LILIE 2003, insb. S. 387 – 422 und 444 – 461.
22 BENSON 1982, S. 359.
23 Otto von Freising und Rahewin, Gesta Friderici I., lib. II, cap. 2, S. 103.
24 GÖRICH 2001.
25 Vgl. die berühmte waffenklirrende Wortspielerei Ottos von Freising in Gesta Friderici I., lib. II, cap. 33, S. 28.
26 Vgl. zur Kapitaltheorie BURKHARDT 2008, insb. S. 14 – 16.
27 BERWINKEL 2007.
28 WEINFURTER 2002a.
29 ENZENSBERGER 1980.
30 SCHLICHTE 2005, S. 233 – 309.
31 KÖLZER 2002, insb. S. 227.
32 KEUPP 2002.
33 VONES 2002.
34 REISINGER 1992.
35 CSENDES 1993, S. 144 – 202.

Wilfried Rosendahl

Vom Jurameer zum Kaiserberg – Der Hohenstaufen aus erd- und vorgeschichtlicher Sicht

Mit seiner markanten Kegelform und einer Höhe von 684 m ü. NN ist der Hohenstaufen ein prägendes Element in der Landschaft um Göppingen. Zusammen mit seinen etwas höheren Nachbarn, dem Rechberg (707 m ü. NN) und dem Stuifen (757 m ü. NN), bildet er eine der Schwäbischen Alb vorgelagerte Gebirgsgruppe, welche seit dem 19. Jahrhundert als „Drei Kaiserberge" bezeichnet wird. Die Namensgebung steht im Zusammenhang mit dem Stammsitz der Staufer, der Burg Hohenstaufen, welche auf dem Gipfel des gleichnamigen Berges thronte (Abb. 1 und 2). Von der Burg sind heute nur noch Ruinen erhalten (Abb. 3). Gleiches gilt auch für den Rechberg, auch hier befinden sich auf der westlichen Schulter noch Reste einer stauferzeitlichen Burg, der Burg Hohenrechberg (Abb. 4). Lediglich der Gipfel des dritten Kaiserberges, des Stuifen, trug nie eine Burg.

Der Name des Hohenstaufen und damit auch der Name des Adelsgeschlechtes leiten sich von der Bergform ab, welche an einen umgedrehten Trinkbecher (mittelhochdeutsch „Stauf") erinnert. Auch wenn man es vermuten könnte, der Name des Stuifen entspringt nicht der gleichen Ableitung. Die Namensgebung für diesen Berg soll im Zusammenhang mit dessen steilen Hängen stehen und sich über das mittelhochdeutsche Wort „stief" (steil) und dessen mundartliche Veränderung (stief – stiaf – stuif) erklären.[1]

Den „Drei Kaiserbergen" gemeinsam ist ihre auffällige Lage in der Landschaft vor dem eigentlichen Mittelgebirgszug der Schwäbischen Alb, ein Ergebnis aus 170 Millionen Jahre zurückreichender erd- und landschaftsgeschichtlicher Entwicklung.

1 Älteste Ansicht der Burg Hohenstaufen aus dem Jahr 1438 auf einem Fresko in der Stiftskirche Oberhofen in Göppingen

Erd- und Landschaftsgeschichtliche Entwicklung

Die den Hohenstaufen aufbauenden Gesteine stammen aus der Jurazeit (195 bis vor 144 Millionen Jahre). Während dieser erdgeschichtlichen Periode lag der gesamte Südwestdeutsche Raum unter Meeresbedeckung.[2] Die Ablagerungen dieser Zeit lassen sich in die drei großen Einheiten Unterer, Mittlerer und Oberer Jura bzw. Schwarzer, Brauner und Weißer Jura gliedern. Während sich am Hohenstaufen Schichten des Unteren Jura nur im tieferen Untergrund finden, bilden die Ablagerungen aus dem Mittleren Jura die Basis des Berges. Es handelt sich um Tonsteine, Mergeln und Kalksteine sowie eisenreiche, ocker bis rot-braune Sandsteine. Letztere waren schon in der Stauferzeit ein sehr geschätztes regionales Baumaterial (z. B. Donzdorfer Sandstein). Zeugnis dafür ist z. B. die Burg Hohenrechberg oder die oberhalb der Gemeinde Salach liegende Burg Staufeneck (Abb. 5) mit ihren typischen staufischen Buckelquadern.

2 Die „Drei Kaiserberge“ aufgenommen aus Nordosten

Gegen Ende des Mittleren Jura änderten sich die paläogeographischen Verhältnisse Südwestdeutschlands erheblich. Der nordwestliche Teil des Jurameeres wurde Festland. Einhergehend damit kam es im Oberen Jura (157 bis vor 142 Millionen Jahre) zu veränderten Ablagerungsverhältnissen. In einem warmen, tropischen Randmeer wurden nun im wesentlichen Kalksteine und Mergel abgelagert.

Nach Süden hin war das Meer offen, in Nordrichtung traf man z. B. bei Frankfurt a. M. auf eine Landbrücke, die von Westen kommend über Brüssel bis fast nach Wien im Osten reichte.[3] Diese Landbrücke war weit genug von der heutigen Region der Schwäbischen Alb entfernt, sodass der Eintrag von gröberen, festländischen Verwitterungsprodukten in diesen Meeresbereich unterblieb, weshalb vornehmlich Kalkschlamm abgesetzt wurde. Eine bedeutende Komponente der Ablagerungen dieser Zeit sind Riffe. Es handelt sich hierbei nicht um Korallenriffe im typischen Sinne, welche bevorzugt in geringer Wassertiefe entstehen, sondern um sogenannte Schwammriffe. Diese werden hauptsächlich durch Algen-/Bakterienmatten und Schwämme aufgebaut. Im Gegensatz zu heutigen Riffen handelt es sich um Bildungen in größerer Wassertiefe, d. h. unterhalb der Sturmwellenbasis und zumeist jenseits der von Licht durchfluteten Zone. Zwischen den einzelnen aufwachsenden Riffkörpern blieben Areale, in denen sich der Kalkschlamm ablagerte. Seitlich verzahnten sich Riff- und Kalkschlammablagerungen. Durch die Riffbauten hatte der Meeresboden einen Reliefunterschied mit Höhendifferenzen bis zu 50 Metern. Die Verbreitung von Schwammriffen erreichte in der Mittleren Phase des Oberen Jura (Kimmeridge 2 & 3) seine größte Ausdehnung.[4] Ablagerungen dieser Zeit finden sich heute jedoch nicht mehr am Hohenstaufen, da sie bereits abgetragen worden sind. Am etwas höheren Rechberg dagegen sind zuoberst noch Schichten dieser Phase (Kimmeridge 2) erhalten.

Zum Ende der Jurazeit vor 145 Millionen Jahren verflachte das Meer und verlagerte sich in Folge von Hebungsvorgängen der Erdkruste langsam nach Süden in den Alpenraum.[5] Das gesamte ehemals überflutete Gebiet wurde Festland.

In der nachfolgen Kreidezeit (142 bis 65 Millionen Jahre) setzten sich die Erdkrustenbewegungen nicht oder nur in geringem Maße fort. Hinweis dafür sind geringe Abtragungsraten der damaligen Landoberfläche. So finden sich in der Vulkanschlot-Füllung des am Beginn des Tertiärs bzw. Paläogens aktiven Vulkans „Katzenbuckel“, am Ostrand des heutigen Odenwaldes bei Eberbach, Gesteine des Oberen Jura.[6] Diese im vulkanischen Tuff eingebetteten Kalksteine zeigen, dass die Oberjurafläche der damaligen Landschaft bis zur Ausbruchszeit des Katzenbuckel-Vulkans vor etwa 60 Millionen Jahren noch weit nach Norden reichte. Nach Süden hin hatte das Land in der Kreidezeit zeitweilig eine Ausdehnung bis in den Raum der heutigen Kalkalpen, die erst viel später entstanden sind.

Die Festlandslage dieses Gebietes in Kombination mit relativer Ruhe in der Erdkruste und geringer Abtragung führten dazu, dass Ablagerungen aus der Kreidezeit auch im Bereich der heutigen Schwäbischen Alb nur in wenigen Spuren erhalten sind.[7]

Auch zu Beginn des Tertiärs bzw. Paläogens (65 bis 24 Millionen Jahre) blieb die Region Abtragungsgebiet. Unter tropischen Klimabedingungen und dichter Waldbedeckung setzten eine intensive Verwitterung und eine erste Verkarstungsphase der oberflächennahen Kalksteine ein.

Als Verkarstung bezeichnet man den natürlichen chemisch-physikalischen Auflösungsprozess dieser Gesteine. Oberirdische Spuren einer Verkarstung sind zum Beispiel Karstspalten, d. h. durch die Verkarstung erweiterte, senkrecht von der Oberfläche in die Tiefe reichende Spalten, die offen oder mit Bodenablagerungen gefüllt sein können. Unterirdische Spuren der Verkarstung sind Höhlen.[8] Beispiele dafür finden sich in Form von Kleinhöhlen, lokal auch Heidenlöcher genannt, in den Kalksteinen aus dem Oberen Jura am Nordhang des Hohenstaufens.[9]

Im weiteren Verlauf des Paläogens vor etwa 50 Millionen Jahren kam es durch die globale Bewegung der Kontinente ver-

3 Runinenreste der Burg Hohenstaufen auf dem Gipfelplateau des Hohenstaufen

4 Die Burg Hohenrechberg und der Hohenstaufen, Aquarell von Louis Mayer aus dem Jahr 1836

5 Bergfried der Burgruine Staufeneck im mittleren Filstal bei Süßen. Deutlich erkennbar ist die Verwendung des rot-braunen Eisensandsteins als Baumaterial.

stärkt zu Bewegungen in der Erdkruste. Als Folge begann sich im Norden der Oberrheingarben einzusenken, während im Süden die Auffaltung der Alpen einsetzte.[10] Während die Hebung der östlichen Grabenschulter des Oberrheingrabens mit einer Hebung und Schiefstellung des Südwestdeutschen Juragebirges einherging, kam es von den im Süden entstehenden Alpen zu einem Nordschub auf das Juragebirge. Diese Bewegungen dokumentieren sich heute in einer Reihe von Bruchzonen bzw. tektonischen Linien, welche für die weitere Landschaftsgeschichte von großer Bedeutung sind.

Eine bedeutende Bruchzone ist das sogenannte „Schwäbische Lineament" am heutigen Nordrand der Schwäbischen Alb.[11] Das komplexe Störungssystem zieht sich in West-Südwest/Ost-Nordost Richtung von Freudenstadt am Schwarzwald bis zum Nördlinger Ries und besteht aus einer Reihe von Gräben und Brüchen. Im Bereich des Hohenstaufen nennt man diese nördlich verlaufende tektonische Linie auch Albrandverwerfung. Wichtig in Bezug auf die Entstehung der Kaiserberge ist, dass es auch südlich eine Störungszone gibt, welche parallel verläuft. In Kombination mit quer zu den Hauptstörungszonen verlaufenden Dehnungsbrüchen entstanden Grabenstrukturen, in welchen die Ablagerungen im Vergleich zur Umgebung abgesenkt wurden. Dies erklärt z.B., warum am Hohenstaufen bzw. im Hohenstaufengraben die Schichten des Oberen Jura 60 m tiefer liegen (Abb. 6a und 6b).

Durch das Absinken waren die Schichten länger vor der Abtragung geschützt als die höher liegenden Ablagerungen im Umland, welche zeitgleich entstanden. Nachdem dort die verwitterungsresistenteren Kalksteine aus dem Oberen Jura vollständig erodiert waren, setzte die Abtragung der weicheren Schichten aus dem Mittleren Jura ein. Im Verlaufe des Neogens (24 bis vor 2,6 Millionen Jahre) war die Abtragung der Oberflächenablagerungen soweit fortgeschritten, dass auch die abgesenkten Schichten des Oberen Jura im Hohenstaufengraben wieder an die Oberfläche kamen und der Erosion ausgesetzt waren. Da, wie bereits erwähnt, die Kalksteine des Oberen Jura erosionsbeständiger sind als die Schichten des Mittleren Jura, wurde das Umland um die Kalksteine schneller abgetragen als sie selbst. Das führte dazu, dass die härteren Schichten aus dem Oberen Jura langsam als Erhöhung in der Landschaft herausmodelliert wurden. Da das ursprünglich tiefer Gelegene nun höher liegt, nennt man diesen Prozess auch Reliefumkehr.

Es bleibt noch zu klären, welche Abtragungsprozesse gewirkt haben, die dafür verantwortlich sind, dass der vor etwa 65 Millionen Jahre (Wende Kreidezeit/Paläogen) noch bei Heidelberg gelegene Nordrand des Juragebirges allmählich nach Süden verlagerte wurde, nämlich dorthin, wo er an seiner heutigen Position den Nordrand der Schwäbischen Alb bildet.

Einhergehend mit den verstärkten Bewegungen in der Erdkruste bzw. mit der Entstehung des Oberrheingrabens entwickelten sich im Paläogen und Neogen im Norden des heutigen Baden-Württemberg mehr und mehr die Zubringer des Rheins. Die Re-

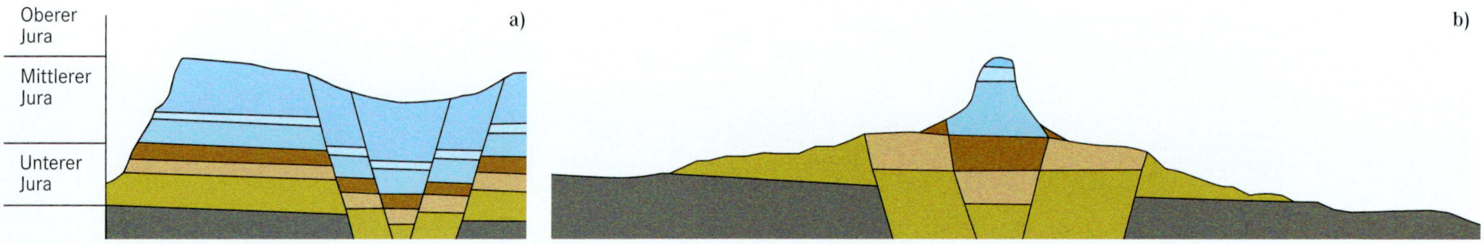

6a Vereinfachter geologischer Schnitt durch den Hohenstaufengraben zur Beginn der Einsenkung (Grafik W. Rosendahl)
6b Vereinfachter geologischer Schnitt durch den Hohenstaufen heute (Grafik W. Rosendahl)

gion um den Hohenstaufen entwässerte zu dieser Zeit noch nach Süden in die Donau.

Zum Ende des Neogens bzw. im Pliozän (5 bis vor 2,6 Millionen Jahre) begann wieder eine Phase intensiver Krustenbewegungen. Weite Teile Südwestdeutschlands wurden verstärkt herausgehoben. Dies führte zu einem höheren Relief und damit zu einem steileren Gefälle für die Flüsse. Die Rheinzubringer und somit der Neckar als dessen wichtigster württembergischer Zufluss begannen sich verstärkt von Norden in die Albtafel einzusägen. Dies führte einerseits dazu, dass seit dem Altpleistozän (2,6 Millionen Jahre bis vor 780 000 Jahre) die Fils und ihre Nebenbäche nach Norden hin über den Neckar zum Rhein hin entwässerten, und andererseits dazu, dass die Nordkante der Alb Stück für Stück (keinesfalls als lineares Ereignis[12]) abgetragen und nach Süden verlagert wurde. Vor etwa 18 Millionen Jahren lag die Nordkante noch bei Stuttgart.[13]

Dass die Abtragungsprozesse auch heute noch aktiv sind zeigt z.B. die bei Bad Überkingen im Stauferkreis Göppingen gelegene Hausener Wand. Sie entstand durch einen nacheiszeitlichen Bergsturz und ist ein eindrücklicher Beleg dafür, dass der Albtrauf weiter auf dem Rückzug ist.

Auch am Hohenstaufen selbst finden sich Spuren eines ähnlichen, wenn auch älteren Ereignisses. Am südwestlichen Fuß des Berges liegt ein großer Gesteinskomplex, Spielburg genannt (Abb. 7), welcher eine Rutschscholle aus Schichten des Oberen und Mittleren Jura darstellt. Das Material bildete ursprünglich einen Teils des südwestlichen Bergplateaus und zeigt, dass der Hohenstaufen an der Wende Neogen/Quartär vor 2 bis 3 Millionen Jahren noch etwa 120 m höher war als heute.[14] Zur Zeit des Abganges der Rutschscholle muss der Hohenstaufen bereits von der Schwäbischen Alb getrennt gewesen sein.

Mit ihrer besonderen Lage vor der Schwäbischen Alb sind die „Drei Kaiserberge" markante Landschaftszeugen dafür, dass das Juragebirge bzw. die Schwäbische Alb ursprünglich viel weiter nach Norden reichte. Aus diesem Grund werden solche, durch Abtragungsprozesse von einem Gebirgskörper getrennte Einzelberge auch als Zeugenberge bezeichnet.

Ur- und frühgeschichtliche Besiedlung

Seiner exponierten Lage wegen stellte der Hohenstaufen für den Menschen sicherlich immer schon einen besonderen Ort in der Landschaft dar.

Die ältesten Hinweise sind typische Artefakte aus der Mittelsteinzeit (8000 bis vor 5500 Jahre v. Chr.). Sie belegen die Anwesenheit von nacheiszeitlichen Jägern und Sammlern am Fuß des Berges.[15]

7 Blick auf die Südflanke des Hohenstaufen. Der Pfeil markiert die sogenannte Spielburg, eine vor 2 – 3 Millionen Jahren vom Gipfelplateau abgerutschte Gesteinsscholle aus Kalksteinen des Oberen Jura.

Vor- und frühgeschichtliche Funde vom Hohenstaufen sind seit der ersten Hälfte des 19. Jahrhunderts in Form verschiedener Lesefunde aus Bronze-, Eisen- und Römerzeit bekannt.[16]

Von 1935 bis 1938 wurden im Bereich des Burgareals archäologische Grabungen durchgeführt, die verschiedene Begehungs- und Belegungsphasen dokumentieren. Demnach haben bereits Menschen der Jungsteinzeit den Berggipfel aufgesucht.[17] Eine größere Anzahl aussagekräftiger Funde stammen aus der nächsten Zeitphase. Keramikscherben und eine Lanzenspitze zeigen eine Belegung für die mittlere Bronzezeit bzw. die Urnenfelderkultur an.[18]

Der größte Teil der Grabungsfunde stammt aus der Eisenzeit. Diese belegen die Existenz einer in der späten Hallstattzeit beginnenden und wahrscheinlich bis in die frühe Latènezeit bestehenden Höhensiedlung.[19] Für die weitere Eisenzeit fehlen Funde und für die Römerzeit werden lediglich Einzelfunde in Form von zwei Münzen und Terra Sigillata-Scherben erwähnt.[20]

Die nächste und im Zusammenhang mit der Geschichte der Staufer die wichtigste Siedlungstätigkeit ist die des Mittelalters und die Errichtung der Burg Hohenstaufen um 1070 durch Stauferherzog Friedrich I. von Schwaben. Die Burg wurde während des Bauernkrieges 1525 eingenommen und zerstört. Ein Teil der Bausteine von der Burg sollen beim Bau des Göppinger Schlosses (1555 – 1568) Verwendung gefunden haben.

1 Schnitzer 2003.
2 Heizmann 1998; Rosendahl/Junker/Megerle/Vogt 2008.
3 Bloos 1998.
4 Lauxmann/Schweigert/Kapitzke 1998.
5 Geyer/Gwinner 1984; Bloos 1998; Villinger 2008.
6 Geyer/Gwinner 1991.
7 z.B. Borger 2000.
8 Kempe/Rosendahl 2008; Rosendahl/Müller 2009.
9 Hegele 2009.
10 Rothe 2006.
11 Geyer/Gwinner 1984.
12 Eberle/Eitel/Blümel/Wittmann 2007.
13 Simon 1987.
14 Hegele 2009.
15 Ebd.
16 Paulus 1877; Nestle 1893; Biel 1984.
17 Biel 1984.
18 Veeck 1939, S. 2.
19 Bachteler/Rademacher 1996.
20 Paulus 1877; Nestle 1893.

1 Cappenberger Kaiserkopf, Frontalansicht, Cappenberg, Schlosskirche, St. Johannis Evangelista (Kat.-Nr. II.A. 16)

Ursula Nilgen

Staufische Bildpropaganda: Legitimation und Selbstverständnis im Wandel

Bildpropaganda ist zu allen historisch fassbaren Zeiten als ein probates und durchaus legitimes Mittel der öffentlichen Selbstdarstellung herrschender Personen oder Institutionen empfunden worden. Freilich waren der Verbreitung derartiger Bilder – verglichen mit der heutigen omnipräsenten Medien-Überflut – enge Grenzen gesetzt. Bildort und Bildmotiv waren sorgfältig zu wählen, um größtmögliche Effizienz zu erreichen. Eine gewisse Verbreitung war im hohen Mittelalter den Bildern auf Münzen und Siegeln garantiert. Siegelbilder, vor allem die Sonderform der Metallbullen, sind daher auch bevorzugter und geradezu „natürlicher" Ort herrscherlicher Bildpropaganda.

Bildpropaganda konnte in sehr unterschiedlichem Habitus auftreten: Eine weithin anerkannte und fraglos akzeptierte Vormacht wie das ottonische Kaisertum des 10. und frühen 11. Jahrhunderts präsentierte sich auf seinen Siegeln in vornehmer Gelassenheit, die Insignien vorweisend, aber ohne zusätzliche Hinweise. Seit dem späteren 11. Jahrhundert, mit der beginnenden und im Investiturstreit gipfelnden Auseinandersetzung zwischen *Regnum* und *Sacerdotium*, dem deutschen König bzw. römischen Kaiser und dem Papst, ändert sich die Situation gravierend. Die Vormachtstellung des Reichs wird von nun an bei aller grundsätzlicher Akzeptanz von den Nachbarmächten nicht mehr uneingeschränkt hingenommen, und auch im Reich mehren sich die Reserven gegen ein mit dem Papst im Streit liegendes Kaisertum. Trotz des Friedensschlusses im Wormser Konkordat 1122 bleibt die Stimmung latent gereizt. Unter Friedrich I. Barbarossa und seinen Nachfolgern kommt es zu weiteren schweren Auseinandersetzungen mit dem Papsttum.

Die veränderte Situation ruft eine neue, das Selbstverständnis des Herrschers bzw. der „Vordenker" in seinem intellektuellen Umfeld zugespitzt verdeutlichende Bildpropaganda auf den Plan. Dies zeigen vor allem die Bilder auf den kaiserlichen Blei- bzw. Goldbullen, der vornehmsten und für die gewichtigsten Urkunden und bedeutendsten Empfänger reservierten Siegelform.[1] Schon bei Karl dem Großen, dann bei Otto III. und seinen Nachfolgern hatte – als Gegenstück der Hauptseite mit dem „Bildnis" des jeweiligen Kaisers – auf dem Revers der Metallbullen das Abbild der Kaiserstadt Rom, als weibliche Personifikation bzw. meist als Architektur-Kürzel mit der Inschrift ROMA, seinen Platz gefunden. Unter Heinrich II., dem letzten Ottonenkaiser, war dabei ein singulärer neuer Typ eingeführt worden, ein Mauerkranz, der die Halbfigur des Apostels Petrus mit den Schlüsseln umgab. Doch diese die Rolle des Kaisers zurücknehmende, auf Rom als Apostelstadt zielende Botschaft entsprach wohl schon nicht mehr dem Konzept der salischen, sicher dann der staufischen Herrscher. Nun ist es der deutsche König (als Anwärter auf die Kaiserkrone) bzw. der Kaiser, der auf der Vorderseite der Goldbulle namentlich bezeichnet und im Schmuck seiner Insignien aus dem Mauerkranz Roms ragt. Der Anspruch ist eindeutig: Der Kaiser ist der Herr der AUREA ROMA, des CAPVT MVNDI, des Hauptes der Welt, nicht der Papst, auch nicht der Senat.[2] Unter Barbarossa wird noch ein wichtiger Akzent hinzugefügt: Als Gegenstück auf der Rückseite der Goldbulle erscheint im Mauerkranz der AUREA ROMA das Kolosseum, der allezeit bewunderte antike Großbau, an dessen Bestand die mittelalterliche Legende die Dauer der Stadt Rom und des Erdkreises knüpfte. Der Kaiser ist es also, der für diese Dauer steht (vgl. Abb. auf S. 127 und Kat.-Nr. II.A.3).[3]

Eine bemerkenswerte dreidimensionale Monumentalisierung scheint das Herrscherbild der Goldbullen Barbarossas im Cappenberger Kopf zu erfahren, einem (deutlich unterlebensgroßen) Objekt aus vergoldetem Bronzeguss, das in der Forschung weithin als Bildnis Friedrichs I. Barbarossa gilt (Abb. 1 und Kat.-Nr. II.A.16).[4] Es ist sicher die Darstellung eines Kaisers, allerdings in antikischer Aufmachung; der Platz für das ursprünglich vorhandene Diadem, eine mit Lorbeer und/oder Juwelen besetzte Binde, wohl aus kostbarerem Material gefertigt, ist deutlich zu sehen. Dieser Kopf mit seinem mächtigen Hals-Sockel steht auf einem separat gearbeiteten, durchbrochenen Untersatz. So scheint er sich aus einem doppelten Zinnenkranz zu erheben, dessen oberer von Engeln gestützt wird. Bei aller allgemein formaler Assoziation mit der Kaiserbulle – Engel als Wächter und dienstbare Geister des die Stadt dominierenden lebenden Kaisers in den Bildtypus einzufügen, das wäre eine Anmaßung gänzlich neuer Qualität, welche die Grenze des Decorum, des Denkmöglichen, mit Sicherheit überschritten hätte.[5] Das goldene, von Engeln über den Zinnen erhobene Haupt kann nicht das eines Lebenden, es muss das eines Heiligen sein.

Dass es als solches auch tatsächlich interpretiert wurde, erweist die auf den Gewandborten am Hals und – wenig glücklich – auf dem oberen Zinnenkranz eingravierte Inschrift. Sie besagt, dass hier (d. h. in dem Ensemble von Kopf und Untersatz) Reliquien vom Haar des Apokalyptikers Johannes (des Apostels und Evangelisten) bewahrt sind und bittet für den Schenker Otto um den Schutz des Heiligen. Mit diesem Otto ist offenbar der Graf von

2 Kameo des Kaisers Augustus, um 1000 wiederverwendet als zentraler Schmuck des sog. Lotharkreuzes, Aachen, Münsterschatz

Cappenberg und seit 1156 bis zu seinem Tod 1171 Propst des von ihm und seinem Bruder Gottfried gegründeten Prämonstratenserklosters Cappenberg gemeint. Doch war der antikisch gebildete Imperatorenkopf ursprünglich sicher nicht als Reliquiar des Apostels Johannes geschaffen worden; zu sehr widerspricht er dessen geläufiger Ikonographie, die immer einen jugendlich bartlosen oder aber greisenhaften Apostelt yp wiedergibt.[6] Die offensichtlich nachträglich in begrenzte Freiräume auf Büste und Untersatz gezwängte Inschrift indiziert eine Umwidmung.

Neutraler bezeichnet Otto von Cappenberg den Kopf in seinem sogenannten Testament, in dem er die kostbaren Gegenstände aufzählt, die er seiner Kirche vermacht, darunter auch *capud (!) argenteum ad imperatoris formatum effigiem cum sua pelvi nichilominus argentea* („ein silbernes Haupt, nach dem Bild des (oder eines) Kaisers geformt, mit seiner ebenfalls silbernen Schale"). Versilbert war der Bronzekopf zwar vermutlich nie, doch war das laut zeitgenössischer Notiz im frühen 19. Jahrhundert (wohl wegen seines Materialwertes) „säcularisiert(e)" Diadem ursprünglich aus Silber gebildet, möglicherweise auch die Augäpfel, so dass die Ungenauigkeit verständlich wäre.[7] Wichtig ist der Hinweis auf die zugehörige Silberschale. Auch sie hat sich erhalten, wurde aber nach der Säkularisation von dem Kopf getrennt und gelangte in das Berliner Kunstgewerbemuseum. Sie gilt als „sogenannte Taufschale" Friedrichs I. Barbarossa (vgl. Kat.-Nr. II.A.17).[8] Otto von Cappenberg, der Taufpate Friedrichs, ließ ein Erinnerungsbild der Taufe sowie eine erbauliche und die Schenkungsumstände erwähnende Inschrift in die ursprünglich wohl schlichte Schüssel eingravieren. Demnach erhielt er sie mit anderen Geschenken (*hec munera*) von seinem Patensohn und weihte sie Gott. Kopf und Schale gehörten also als Geschenk Barbarossas an seinen Paten zusammen, so ergänzen sich der Text von Ottos Testament (*capud […] cum sua pelvi*) und die Inschrift der Schale (*hec munera*). Damit ist klar, dass der Imperatorenkopf von Barbarossa an Otto von Cappenberg gelangte. Welche Funktion er damals hatte, welche Interpretation er erfuhr, berichten die Schriftquellen nicht.[9] Erst durch die Inschrift an Hals und Untersatz erfahren wir von einer Umwidmung an den Apostel Johannes, die daher vermutlich später als die neutrale Erwähnung des „als Kaiserbild geformten" Kopfes im sogenannten Testament Ottos anzusetzen ist.

Auch das Verhältnis von Imperatorenhaupt und Untersatz ist problematisch. Nicht nur ist die Standfläche des Halses etwas zu groß für den Untersatz, so dass die oberen Zinnen leicht nach außen gebogen werden mussten, um Platz zu schaffen. Auch die zur Befestigung auf einem Untersatz dienenden Zapfen an der Unterseite des Halses sind für die jetzige Montierung viel zu groß und bleiben störend sichtbar; sie waren offenbar für einen anders gearteten Untersatz bestimmt. Die Unstimmigkeiten weisen darauf hin, dass der Imperatorenkopf aus einem anderen Zusammenhang genommen und nachträglich mit dem jetzigen Untersatz verbunden wurde, der aber in einer Werkstatt mit nur ungenauer Kenntnis der Maße des Kopfes hergestellt worden war. Ob dies noch auf Barbarossas Veranlassung oder erst durch Ottos Initiative geschah, bleibt offen. Doch spricht die Tatsache, dass Otto für seine Inschrift auf dem Untersatz nur ungenügend Platz fand, wie auch die formale Assoziation des Ensembles an die Kaiserbulle eher dafür, dass dies vor der Weggabe des Kopfes an den Paten geschah. Die turm- und zinnenbewehrten Mauern bezeichnen hier jedoch nicht die Kaiserstadt Rom; vielmehr weisen die dienenden und den Drachenfüßen abwehrend zugewandten Engel das Gebilde als Himmelsstadt, als Himmlisches Jerusalem, aus.[10]

Dass solch ein singuläres Objekt, ein antikisch anmutender Kaiserkopf aus dem Besitz Friedrichs. I. Barbarossa, etwas mit Bildpropaganda für Kaiser und Reich zu tun haben dürfte, liegt auf der Hand. Dass dieser Kopf aber ein Bildnis Barbarossas sei, wie die historische wie kunsthistorische Forschung seit 1886 fast einhellig behauptet, ist nach meiner Überzeugung ein zu nicht mehr hinterfragter Sicherheit geronnener Fehlschluss aus falsch gedeuteten Indizien und – wenigstens zu Anfang – aus vaterländischer Barbarossa-Euphorie, der die Forschung zu diesem Stück blockiert. Ein so eminenter Forscher wie Herbert Grundmann setzte 1959 seine Energie daran, die Übereinstimmung der stark stilisierten Gesichtszüge der Skulptur mit der zeitgenössischen Beschreibung des Stauferkaisers durch Rahewin zu erweisen, was, nüchtern betrachtet, nicht gelingt. Die Evidenz der maßgeblichsten zeitgenössischen Bildnisse, der Siegel und Bullen, wurde dabei – weil der These offenbar widersprechend – als irrelevant abgetan.

Hier ist festzuhalten, dass Portraitähnlichkeit im modernen Sinne im früh- und hochmittelalterlichen Herrscherbild nie angestrebt war, wohl aber die Wiedergabe eines durch das Individuum vertretenen Typus. Dieser auf Siegeln und anderen Denkmälern für Barbarossa nachweisbare und auch mit Rahewins (z. T. durchaus topischer) Beschreibung zusammengehende Typus zeigt den Kaiser mit weich gewelltem Haupthaar und glattem Wangenbart, in den der glatte Schnurrbart seitlich verläuft. Dies widerspricht nun aber gerade wesentlichen Zügen des Cappenberger Kopfes. Die eng gedrehten Schnecken des Haupt- und Barthaars dort sind weder für Barbarossa noch für einen anderen mittelalterlichen Herrscher typisch; sie sind offenbar von spätantiken Vorbildern angeregt, wie auch die den „angestrengten" Blick bewirkenden mehrfachen Oberlid-Bögen, die Bildnissen des 4. Jahrhunderts nachempfunden zu sein scheinen. Erstaunlich individuell wirkt die Höckernase, doch auch sie ist offensichtlich antik, nämlich vom Augustus-Kameo des Aachener Lotharkreuzes inspiriert (Abb. 2).[11]

Auf eine andere, entscheidende Spur verweist dagegen der auffallende, quer stehende Schnurrbart des Cappenberger Kopfes (Abb. 1), der ebenfalls nirgends für Barbarossa nachweisbar ist: Er ist charakteristisch für das Bild, das man sich im 12. Jahrhundert von dem Kaiser schlechthin machte, von Karl dem Großen! Sowohl sein Bild in dem älteren Exemplar der Chronik des Ekkehard von Aura von 1113 – 1114 (Abb. 3)[12] als auch das seit 1134 nachgewiesene, später als Siegel der Stadt Aachen verwendete Karlssiegel (Abb. 4)[13] als auch noch die Gestalt Karls an der Stirnwand des Aachener Karlsschreins (Abb. 5) tragen diesen ungewöhnlichen Schnurrbart. Er scheint sogar schon zeitgenössische Darstellungen des großen Kaisers charakterisiert zu haben, wie einigen Nachzeichnungen nicht erhaltener römischer Mosaiken mit Karl als Stifter zu entnehmen ist.[14] Außerdem entspräche das anzunehmende antikische Lorbeerdiadem des Cappenberger Kopfes den weit verbreiteten und gut „lesbaren" Münzbildern Karls des Großen (und seiner karolingischen Nachfolger), während es für Barbarossa nahezu singulär wäre.

Wenn man sich entschließt, unter dem Eindruck dieser Evidenz im Cappenberger Imperatorenkopf nicht mehr ein „Bildnis" Barbarossas zu sehen, sondern eine von ihm bzw. seinem engsten Beraterkreis veranlasste antikisch überhöhte Darstellung Karls des Großen, so öffnet sich eine neue Perspektive auf zentrale Interessen des staufischen Reichs- und Selbstverständnisses. Die tiefe Verehrung, die Barbarossa seinem großen Vorgänger entgegenbrachte, dem die Staufer sich auch blutsmäßig verbunden wussten, aber ebenso politische Überlegungen zur Sicherung der Vorrangstellung des Reichs bewogen ihn, Karls Kanonisation zu betreiben. Am 29. Dezember 1165 wurde Karl in Aachen, in Anwesenheit des Kaisers und unter seiner Mitwirkung (und mit Zustimmung des kaiserlichen Gegenpapstes Victors IV.), heilig gesprochen, *ad corroborationem Romani Imperii*, wie Friedrich I. in seinem Aachen-Diplom vom 8. Januar 1166 selbst erklärt.[15] Die Stiftung eines „antiken" Bildnisses des neuen „Reichsheiligen", möglicherweise zunächst als Räuchergefäß vorgesehen, alsbald aber mit seinem Sockel als Reliquiar für Par-

3 Darstellung Karls des Großen in der Chronik des Ekkehard von Aura, 1113 – 1114, Cambridge, Corpus Christi College, Ms. 373, fol. 24r

4 Darstellung Karls des Großen im sog. Karlssiegel der Stadt Aachen, vor 1134?, Aachen, Stadtarchiv, Siegelstempel Nr. 49

5 Darstellung Karls des Großen an der Front des Karlsschreins, Aachen, Münster

tikel von Karls Reliquien konzipiert,[16] eignete sich vorzüglich zur Propagierung im kaiserlichen Umkreis entwickelter Vorstellungen vom Rang des Reichs als Fortsetzung des Römischen Imperiums und vom alles überragenden *honor Imperii*, der „Ehre“ des Reichs, für den der „Spitzenahn“ des mittelalterlichen Kaisertums als Garant stand.

Doch dieses Konzept wurde nicht durchgehalten; Barbarossa schenkte den Kaiserkopf zusammen mit der sogenannten Taufschale seinem Paten, der ihm eine neue Funktion als Reliquiar des Apokalyptikers und Evangelisten Johannes zuwies, eine Funktion, die weder zum kaiserlichen Schenker noch zur Gestalt des Geschenks eine Beziehung aufweist und die durch eine Inschrift kenntlich gemacht werden musste.[17] Es scheint fast als hätte man jedes mögliche Erinnern an die dem Kopf ursprünglich zugedachte Bedeutung vermeiden wollen. Warum? Wurde das Konzept in irgendeiner Weise als untauglich empfunden? Womöglich war die gänzlich ungewohnte Aufmachung des neuen Heiligen als antiker Kaiser doch zu „schockierend“. Tatsächlich sehen die Bilder Karls des Großen im 12. Jahrhundert (und später) – trotz des gemeinsamen quer stehenden Schnurrbarts – anders aus, „normaler“, eben wie mittelalterliche Herrscherbilder.

Welch zentrale Rolle Karl dem Großen – trotz dieses Fehlgängers – in der „staufischen Bildpropaganda“ zugedacht war, wird manifest in den beiden hoch bedeutenden, quasi offiziellen Reliquiaren für den neuen Reichsheiligen, dem Armreliquiar Karls (jetzt im Louvre) (Abb. 6) und dem großen Karlsschrein in Aachen (Abb. 7). Das kastenförmige Armreliquiar,[18] möglicherweise schon im Vorfeld der geplanten Erhebung der Karls-Gebeine im Auftrag Barbarossas und seiner Gemahlin Beatrix von einem hervorragenden maasländischen Goldschmied geschaffen, wurde dem Aachener Marienmünster übereignet und gelangte erst unter Napoleon nach Paris. Die heute nahezu schlichte Außenseite des Deckels entspricht wohl nicht dem ursprünglichen Zustand. Auf der Innenseite nennt eine Inschrift die ehemals darin geborgene Reliquie, das BRACHIVM, den Arm des heiligen und glorreichen Kaisers Karl. Das Bildprogramm des schmalrechteckigen Kastens zeigt auf den Seitenwänden als silberne Treibreliefs unter niedrigen Arkaden inschriftlich bezeichnete Halbfiguren von Heiligen und Herrschern: Auf der vorderen Langseite flankieren Barbarossa und seine Gemahlin Beatrix die von den Erzengeln Michael und Gabriel verehrte, gekrönte Muttergottes mit dem Christuskind, die Patronin des Aachener Münsters (Abb. 6a). Der Kaiser, Globus und Zepter in Händen, wendet sich mit leicht geneigtem Haupt der Mitte zu. Beatrix, die Hände ehrfurchtsvoll verhüllt, präsentiert ein Doppelkreuz, nach Form und Dekor offenbar eines der typischen, im 12. Jahrhundert aus Jerusalem importierten Kreuzreliquiare. Es liegt nahe, hier an die Kreuzreliquie zu denken, die Beatrix nachweislich dem Aachener Marienstift schenkte.[19] Auf der Rückseite sieht man zu Seiten des von Petrus und Paulus flankierten, segnenden Christus links *Conradus II Romanorum Rex* mit königlichen Insignien, womit sicher der Staufer Konrad III., Vorgänger und Onkel Friedrichs I. Barbarossa, gemeint ist (Abb. 6b); rechts entspricht ihm Herzog Friedrich von Schwaben, vermutlich der Vater (oder Großvater) Barbarossas, seinem niedrigeren Rang entsprechend gerüstet und mit der Fahnenlanze, wie häufig auf herzoglichen Siegeln der Zeit. An den Schmalseiten erscheinen, strikt frontal ihre Insignien vorweisend, die Kaiser Ludwig der Fromme, der Sohn Karls des Großen, der seinen Vater in Aachen bestatten ließ, und der jugendliche Otto III. aus dem sächsischen Haus, der schon einmal, im Jahr 1000, das Grab Karls des Großen hatte öffnen lassen.[20] Die Herrscherdarstellungen schließen sich in Haltung, Kleidung und Insignien eng an Siegel- und Bullenbilder an, auch wenn die Mitglieder der Staufersippe sich verehrend den Heiligen in der Mitte zuwenden.

Das Bildprogramm bindet in bemerkenswerter Zusammenstellung unterschiedliche Elemente zu einer Aussage zusammen. Vor allem ist es eine Versammlung der Staufersippe um die höchsten himmlischen Heiligen und um den heiligen Kaiser Karl, dem sie in Blutsverwandtschaft verbunden war. Barbarossa und seine Gemahlin sind durch ihre Positionierung vorne zu Seiten der Stiftspatronin Maria eindeutig als die Stifter des Reliquiars gekennzeichnet, übrigens auch durch ihre von den andern Herrschern deutlich unterschiedene verehrende Haltung. Dies muss angesichts einer schon 1998 aufgestellten, neuerdings von Saurma-Jeltsch zum Teil aufgegriffenen These zur angeblichen Stiftung des Armreliquiars durch den Herzog von Schwaben betont werden.[21] Ungewöhnlicher erscheint die Rückseite: Die Christus flankierenden Apostelfürsten Petrus und Paulus haben keinen spezifischen Bezug zur Aachener Stiftskirche und ihrem Reliquienschatz oder zur staufischen Familie. Sie sind aber die Patrone der Kirche und des Papsttums und mögen hier zur Bezeugung der Kirchentreue der Stauferdynastie erscheinen. Außerdem spielt Petrus mit seinen demonstrativ vorgewiesenen Schlüsseln deutlich auf die päpstliche Binde- und Lösegewalt an. Möglicherweise erscheinen die Apostel hier, um zu betonen, dass die Kanonisation Karls des Großen mit höchster kirchlicher (wenn auch gegenpäpstlicher) Sanktionierung vollzogen wurde. Offen für unterschiedliche Deutungen ist die Person des Herzogs Friedrich. Seine Interpretation als Vater Barbarossas hat jedoch alle Wahrscheinlichkeit für sich, da sie sich sinnvoll in die blutsgenealogische, auch durch seinen Bruder Konrad III. betonte Komponente des Programms einfügt. Die beiden Kaiser auf den Schmalseiten des Kastens erscheinen dort sicher zunächst wegen ihres oben erwähnten spezifischen Bezugs zu Karl dem Großen und der Relevanz ihrer Unternehmungen für Barbarossas Initiative. Mit ihnen (übrigens auch mit Konrad III.) ist aber wohl auch die von Karl ausgehende „amtsgenealogische" Komponente aufgerufen, in deren Tradition Barbarossa sich ebenfalls sah. Das in der Reliquie manifeste Heil des Reichsheiligen wird damit sowohl persönlich auf Barbarossa und seine engste Sippe als auch auf Amt und Reich herabgerufen.

Eigentliche Widmungsträgerin des dem Aachener Marienstift geschenkten Armreliquiars ist Maria, die Stiftspatronin; ihr wenden sich die Stifter verehrend zu. Das strahlendste Objekt der staufischen Schenkungen an Karls ehemalige Hofkapelle war aber der Radleuchter, noch im heutigen reduzierten Zustand ein prachtvolles, das Aachener Oktogon beherrschendes Gebilde (Abb. 8).[22] In der langen umlaufenden Inschrift wird es als Bild des Himmlischen Jerusalem gefeiert, als oktogonale königliche Krone (*Corona regalis*), die die Struktur des Bauwerks aufgreift, und als Votivgabe Barbarossas und seiner Gemahlin Beatrix an die Gottesmutter. Karl wird nicht ausdrücklich erwähnt, aber auf ihn, den neuen Heiligen und Bürger der Himmelsstadt, und auf die Position seines (vorläufigen) Schreins war der Radleuchter natürlich bezogen. Das Inschriften- und Bildprogramm mit den Darstellungen der Lebensstationen Christi und der 8 Seligpreisungen des Evangeliums auf den gut sichtbaren Unterseiten der Türmchen ist rein spirituell ausgerichtet und traditionell. Die Selbstdarstellung des Herrscher-

a)

b)

6 Armreliquiar Karls des Großen, Langseiten: Marienseite (a) und Christusseite (b), Paris, Musée du Louvre, Département des Objets d'Art, Inv. Nr. D 712

paars beschränkt sich auf ihre die zukünftige Teilhabe an der Himmelsstadt erhoffende Nennung als Stifter.

Der beim Armreliquiar so betonte persönliche Bezug auf Barbarossa und die Sippe der Staufer, beim Radleuchter schon ganz auf das nur inschriftlich präsente Stifterpaar zurückgenommen, tritt auf dem Aachener Karlsschrein, dem eigentlichen, wenn auch erst zwei Generationen später vollendeten Monument für den zur Ehre der Altäre erhöhten Kaiser, gänzlich zurück (Abb. 7).[23] Hier ist es allein die mit Karl dem Großen beginnende und bis auf die Staufer führende Serie der karolingischen und deutschen Herrscher meist kaiserlichen Ranges, die als Beisitzer des neuen Heiligen diesen und die Patronin des Aachener Marienstifts umgeben. Maria ist auf einer Stirnseite des hausförmigen Schreins ebenso wie auf dem Armreliquiar zwischen den Erzengeln Michael und Gabriel dargestellt; über ihr erscheinen die Personifikationen der drei theologischen Tugenden. Auf der anderen Stirnseite thront Karl der Große (Abb. 5) – durch den betont quer stehenden Schnurrbart auf das „authentische" Bildnis des Karlssiegels bezogen (Abb. 4) – unter der Büste des Pantokrators; ihm zur Seite stehen die wichtigsten Vertreter des Klerus seiner Zeit, Papst Leo III. und Erzbischof Turpin von Reims, die nach der Karlslegende die Aachener Pfalzkapelle weihten. Entsprechend den Regeln des Bedeutungsmaßstabs sind sie kleiner als der heilige Schreinsinhaber dargestellt, doch wird damit wohl auch bewusst die Gelegenheit genutzt, den Kaiser über den Papst erhöht darzustellen. Auf den Langseiten, sonst bei derartigen Reliquienschreinen der Platz für Apostel, Propheten oder andere Heilige, sitzen unter je 8 Arkaden nun die Herrscher des Reichs, alle, bis auf einen, inschriftlich benannt. Die Anordnung der Inschriften, jeweils im inneren Arkadenbogen, entspricht weder der chronologischen noch einer anderen sinnvollen Folge; sie ist aber die ursprüngliche, während die Herrscherfiguren bei älteren Reparaturen mehrfach umgesetzt wurden. Auf den Dachflächen werden in 8 Reliefs zentrale Episoden aus der Karlslegende, besonders aus dem dort eine wichtige Rolle spielenden Maurenfeldzug Karls, und seine Stiftung der Pfalzkapelle an Maria gezeigt.

Die Serie der 16 ausgewählten Herrscher auf den Schreinsseiten umfasst (hier in chronologische Reihenfolge gebracht): Ludwig den Frommen, Lothar (I.), Karl (III. den Dicken) und Zwentibold (von Lotharingien), also vier Karolinger, die über das Gesamtreich bzw. über Lothringen oder das ostfränkische Reich herrschten; die französische Linie der Karolinger ist nicht berücksichtigt. Ferner die Deutschen Heinrich I., Otto I., II., III. und Heinrich II. aus dem sächsischen Haus, die Salier Heinrich III., IV. und V., die Staufer Heinrich VI. und Friedrich II. sowie, zwischen ihnen einzuordnen, der Welfe Otto IV., außerdem ein unbenannter Herrscher. Auffallend sind die Lücken: es fehlen der Salier Konrad II., Lothar III. (von Süpplingenburg) und vor allem die ersten Staufer Konrad III. und Friedrich I. Barbarossa, der Urheber der Kanonisation Karls

7 Karlsschrein, Front mit Karl dem Großen und Längsseite mit Herrscherreihe, Aachen, Münster

des Großen. Das kann so dem ursprünglichen Plan nicht entsprechen, auch wenn es erst der letzte am Schrein dargestellte Herrscher, Friedrich II. war, der 1215 das Werk mit dem Einschlagen der letzten Nägel vollendete. Es ist zu bedenken, dass die eigentliche Durchführung der Arbeit am Karlsschrein einen langen Vorlauf hatte. Die dendrochronologische Untersuchung des hölzernen Innenkastens hat für den Arbeitsbeginn die frühen 1180er Jahre nach 1182 wahrscheinlich gemacht. Damals, das heißt noch gut in Barbarossas Regierungszeit, muss das Programm für die figürliche Ausstattung schon vorgelegen haben, da der innere Holzkasten die 16 Arkaden der Langseiten zwingend vorgibt, und es wird vermutlich außer den vier Karolingern die vollständige, damals 12 Personen zählende Herrscherreihe der deutschen Kaiser und Könige bis auf den regierenden Kaiser vorgesehen haben. Die drei Nachfolger Barbarossas müssen im Lauf des schleppenden Fortgangs der Arbeit am Schrein auf Kosten der Vorgänger eingefügt worden sein, möglicherweise im Interesse des Marienstifts, in dessen Zuständigkeit die Durchführung der Arbeiten, wenigstens in der späteren Phase, lag. Dass dabei selbst der Promotor der Karls-Erhebung aus dem Programm herausfiel, zeigt eine erstaunliche Interesselosigkeit der damals Verantwortlichen, also des Stiftskapitels, die übrigens auch aus der schon erwähnten originalen, aber sinnlosen Reihenfolge der Herrscher am Schrein spricht.

Die ursprüngliche, noch aus Barbarossas Zeit stammende Konzeption des Schrein-Programms bot also eine klare, auf den überragenden Rang des Reichs zielende Aussage, hinter der persönliche oder dynastische Aspekte des regierenden Kaisers zurücktraten. Das Thema, das hier mit größter Pracht propagiert werden sollte und wird, ist die von Karl dem Großen ausgehende und über dynastische Brüche hinweg alle Herrscher des Reichs – und nur diese! – einbeziehende „Amtsgenealogie" des Imperium Romanum. Selbst Zwentibold, der nur König von Lotharingien war, wird durch die den Sachverhalt korrigierende Inschrift REX ROMANOR(UM) dieser Gruppe eingeordnet. Der Grund für eine solche Manipulation mag in seiner lokalen kultischen Verehrung bzw. seiner Bedeutung als Stifter für Aachen liegen, also spezifische Interessen des Marienstifts widerspiegeln.[24] Stifterehrung – Memoria – wird als ein weiterer, aber untergeordneter Aspekt also mitspielen, zumal die meisten deutschen Herrscher den Ort der Königskrönung beschenkt haben dürften. Doch fallen nicht alle am Schrein Dargestellten unter diese Gruppe, und andererseits fehlt der prominenteste Stifter, Barbarossa.[25] Hinzu kommt ein wesentlicher Gesichtspunkt der anschaulichen Repräsentation: Die Herrscher erscheinen am Schrein wie Heilige, golden in der goldenen, von Engeln über den Arkaden bewachten Himmelsstadt. Das kann nicht leichthin als vorweggenommene himmlische Belohnung von Stiftern interpretiert werden, von Verstorbenen (und Lebenden), die im Sinne der Memoria des Fürbittgebetes für ihr Seelenheil ja noch dringend bedürftig, eben noch nicht heilig sind. Die Präsentation der Herrscher des Reichs im himmlischen Glanz zeigt sie vielmehr – über alle menschliche Schwachheit hinweg – in eine Aura der „Amtsheiligkeit" erhoben, die vom heiligen Kaiser Karl auf sie überstrahlt und das Reich als *Sacrum Imperium*, als „Heiliges Reich", erweist.[26] Der Heilige selbst wird in den Dachreliefs als der exemplarische Kämpfer gegen die Heiden, als der Stifter der Pfalzkapelle und – in der (dem gefälschten Karlsprivileg entnommenen) langen Inschrift

8 Radleuchter, sog. Barbarossaleuchter, Aachen, Münster

an den Schreinsseiten – als der Garant des ausschließlich den in Aachen inthronisierten deutschen Königen vorbehaltenen Rechts auf das Kaiseramt definiert.[27] Diese Betonung des Rechtsanspruchs der in Aachen gekrönten deutschen Könige auf die Kaiserwürde zeigt deutlich, worauf der Akzent des Bildprogramms liegt. Von Stifterehrung ist nirgends die Rede.

Wie anders analoge Programme am liturgischen Gerät akzentuiert sein konnten, zeigen die Beschreibungen des wohl kurz vor 1167 in Metz geschaffenen Reliquienschreins des heiligen Arnulf, eines Spitzenahns der Karolinger und späteren Bischofs von Metz.[28] Basierend auf einer kurz vorher in Metzer Klerikerkreisen verfassten Genealogie des bedeutenden Patrons der karolingischen Dynastie waren auf seinem Schrein in zwei langen Serien Darstellungen von fürstlichen Vor- und Nachfahren in Form von offenbar beschrifteten Köpfen versammelt. Die obere Serie führte aus sagenhaften Anfängen des Frankenstammes über frühfränkische Könige zu den Merowingern und Karolingern und endete auf einer Schreinsseite mit Karl dem Großen; auf der Gegenseite setzte sich die Serie fort mit Ludwig dem Frommen und den späteren Karolingern vorwiegend der französischen Linie und den Kapetingern bis auf den regierenden König Ludwig VII. von Frankreich. Am Sockel des Schreins führte eine zweite Serie, anfangs niedrigeren sozialen Ranges, von Bischof Arnulf von Metz, als Schreinsinhaber wohl auf einer der Stirnseiten platziert, über seine Nachkommen und die Pippine und Karl Martell wieder zu Karl dem Großen und weiter in die ostfränkische, deutsche Herrscherreihe, die mit den Staufern Konrad III. und dem regierenden Kaiser Friedrich I. Barbarossa endete. Dieses Programm zeugt, trotz der postulierten sagenhaften Ursprünge der Franken, von einem ausgewogenen, die Ansprüche des Reichs wie Frankreichs auf die großen karolingischen Vorgänger gleichermaßen berücksichtigenden, historischen Bewusstsein. Vor diesem Hintergrund tritt der allein die staufische Vorstellung vom *Sacrum Imperium* propagierende Aspekt des Programms des Karlsschreins nur umso klarer heraus.

Eine ähnliche Konzeption wie die des Aachener Karlsschreins mit einer ursprünglich vermutlich ebenso auf Karl den Großen bezogenen Reihe deutscher Herrscher lässt sich aus erhaltenen Resten der Verglasung des romanischen Straßburger Münsters rekonstruieren, wo die Karls-Verehrung schnell Fuß gefasst hatte.[29] Die beim Einbau in das nördliche Seitenschiff des gotischen Neubaus veränderten und ergänzten Fenster dürften ursprünglich die vollständige Serie der 12 Herrscher von Heinrich I. bis zu Friedrich I. Barbarossa umfasst haben. Diese waren einem thronenden, nimbierten Herrscher, vermutlich Karl dem Großen (Abb. 9), in zentraler Position vielleicht im alten Westbau zugeordnet und standen 12 alttestamentarischen Propheten im Südseitenschiff gegenüber. Die monumentalen Figuren im feierlichen Ornat präsentieren ihre Insignien und sind durch große Nimben mit Namensinschriften und vielfach nur mit dem Königstitel ausgezeichnet. Unter ihnen ist auch FRIDERICUS REX erhalten, in dessen späten Lebensjahren der Zyklus wahrscheinlich entstand. Auch in dieser zu erschließenden ersten, offensichtlich vor dem Karlsschrein vollendeten Bilderserie dürfte also schon die von Karl dem Großen ausgehende Amtsgenealogie der deutschen Repräsentanten des Reichs und ihre von dem Ahnherrn auf sie ausstrahlende Amtsheiligkeit thematisiert gewesen sein.

9 Darstellung Karls des Großen, Fenster aus dem Münster in Strasbourg, heute Strasbourg, Musée de l'Œuvre Notre Dame, MAD XLV. 12

Karl der Große als „Spitzenahn" einer Amtsgenealogie der Herrscher des Imperium Romanum und als Reichsheiliger des *Sacrum Imperium*, das ihnen die Aura der Amtsheiligkeit verlieh, war offenbar die zentrale Figur, um die sich staufische Bildpropaganda zur Zeit Friedrichs I. Barbarossa entfaltete. Fokus dieser Propaganda in den großen öffentlichen Programmen – soweit wir sie kennen – war das Reich, das alles überragende und die Jahrhunderte überdauernde *Sacrum Imperium*, nicht so sehr der regierende Kaiser oder die staufische Dynastie, die im Programm des Armreliquiars noch eine Rolle gespielt hatte. Wohl bleibt das dynastische Element in den zeitgenössischen Stammbäumen oder der regierende Herrscher als Stifter in Bildern der Buchmalerei oder am Kirchenportal präsent, doch bewegt sich dies im Rahmen des Üblichen und hebt sich nicht signifikant vom Usus anderer Fürsten ab.

Es ist erstaunlich, wie sehr sich das Bild unter Barbarossas Nachfolgern, seinen Söhnen und seinem Enkel, ändert. Zwar zieht sich die Arbeit am Karlsschrein bis in die Regierungszeit Friedrichs II. hin, und dieser wirkt bei der Schließung des Schreins aktiv mit. Aber wir sahen, dass die Konsistenz des ursprünglichen Bildprogramms nicht mehr im Fokus des Interesses der Verantwortlichen stand. Die Siegel und Metallbullen der Nachfolger[30] nehmen die älteren Bildformulierungen auf, aber ohne die spezifischen Zusätze Barbarossas. Mit den frühen Siegeln Friedrichs II. kommt vorübergehend ein gänzlich neuer Aspekt in diese Selbstdarstellung (Kat.-Nr. II.A.7): Der junge König von Sizilien und gewählte römische Kaiser (1211 – 1212) erscheint in der vom byzantinischen Basileus entlehnten Loros-Tracht der normannischen Könige Siziliens. Seine Krone erhält – dem Stilwandel zur Gotik und damit der Mode entsprechend – ausladende Zacken, eine Formänderung, die auch die späteren Siegel Friedrichs II. und seines Sohnes Heinrichs (VII.) prägt. Generell gleichen sich die spätstaufischen Herrschersiegelbilder zunehmend den gotischen Siegeln der westeuropäischen Souveräne an.

Die Bildpropaganda unter den späteren Staufern – soweit wir sie kennen – hat vor allem das seit 1189/1194 mit dem Reich verbundene Königreich Sizilien zum Thema und zielt zunächst auf gänzlich andere, konkreter tagespolitisch bestimmte Inhalte als zur Zeit Barbarossas. Wie scharf der Ton nun plötzlich werden konnte, zeigt der *Liber ad honorem Augusti*,[31] ein langes, mit zahlreichen lebendig schildernden Bildern ausgestattetes Preisgedicht, das Petrus von Eboli, Gelehrter und Arzt am kaiserlichen Hof im Königreich Sizilien, um 1195/1196 zu Ehren Kaiser Heinrichs VI. verfasste und vermutlich in Palermo ausstatten ließ. Die sicher durch einflussreiche Personen am Hof (möglicherweise durch die Kaiserin Konstanze bzw. den Kanzler Konrad von Querfurt) veranlasste Dichtung schildert im ersten Teil den Kampf zwischen den Thronprätendenten und schließlich die Eroberung Siziliens durch Heinrich VI. Sie berichtet natürlich einseitig aus der Sicht der Staufer, aber in ihrer extremen, den Gegner, König Tankred, in abstoßender Weise diffamierenden und die Tatsachen zum Teil grob verfälschenden Polemik jedes Maß missachtend. Der letzte Teil preist in ebenfalls überzogenen Tönen die weise und glückliche Herrschaft Heinrichs VI. Bei alledem steht nur das Königreich Sizilien im Blick; das Reich und die dortigen Ereignisse werden nicht erörtert. Hervorgehoben werden die dynastischen Verbindungen der Kaiserin Konstanze, der sizilischen Erbin. Gelegentlich kommt auch der Preis der staufischen Dynastie, vor allem Barbarossas mit Rückbezug auf Karl den Großen, zur Sprache (fol. 106v–107r) (vgl. S. 375; Abb. 1). Hierzu gehört auch die – wohl fiktive – Beschreibung einer Bilderfolge im kaiserlichen Palast von Palermo, wo Petrus von Eboli die Weltgeschichte mit Friedrich I. Barbarossa und seinen Söhnen und dem alten Kaiser auf dem Kreuzzug enden lässt (fol. 142v–143r) (vgl. S. 377, Abb. 2).

Die Handschrift des *Liber ad honorem Augusti* ist – nach heutigem Kenntnisstand – ein Unikat; es gibt keinen Hinweis auf eine weitere Verbreitung des Textes und der zugehörigen Bilderfolge. Laut Widmungsbild (Abb. 10) wurde sie Kaiser Heinrich VI. übergeben, und sie mag nach dessen Tod zunächst im staufischen Besitz geblieben sein. Doch zeugt der Erhaltungszustand mit seinen Abnutzungsspuren von intensivem Gebrauch. Die massive Staufer-Propaganda in Text und Bild dürfte also in Hofkreisen durchaus Verbreitung gefunden und die Erinnerung an die historischen Ereignisse nachhaltig beeinflusst haben.

Von mächtiger öffentlicher, auch die allgemeine Bevölkerung betreffender Wirkung sollte dagegen die Bildpropaganda eines bedeutenden staufischen Bauwerks gewesen sein, des Brückentors von Capua, das Kaiser Friedrich II. 1234 – 1239 am Volturno, dem Grenzfluss zwischen seinem Königreich Sizilien und dem Kirchenstaat errichten ließ.[32] Die nach Norden, zum angrenzenden Patrimonium Petri gerichtete Fassade zwischen den zwei, antiken Stadttoren nachgebildeten, Türmen war mit Skulpturen antikischer Prägung und Inschriften besetzt, von denen nur Fragmente und flüchtige Nachzeichnungen überliefert sind, die jedoch eine Rekonstruktion des Programms erlauben (Kat.-Nr. IV.C.13 – IV.C.15). Demnach empfing dieses Ensemble den Eintretenden warnend bis drohend wie ein säkularisiertes Jüngstes Gericht: Hoch oben in der Mitte thronte der Kaiser (nur als Torso erhalten, Kat.-Nr. IV.C.1), nach einer Beschreibung noch des 13. Jahrhunderts mit richtend weisenden Handgesten nach rechts und links. Unter ihm, über dem Durchgang, sah man in Rundnischen die (erhaltenen) überlebensgroßen Büsten einer bekränzten Frau, flankiert von zwei bärtigen Männern, die als Personifikation der *Iustitia Imperialis* bzw. als zwei kaiserliche Richter interpretiert werden (Kat.-Nr. IV.C.4 und IV.C.5). Die um die Nischen laufenden Inschriften bezeichneten die Justitia als die nach des Kaisers Willen das Königreich (Sizilien) schützende und alle „Abweichler“ bedrohende Macht. Der Richter links (also zur Rechten des Kaisers) lud die Gutwilligen ein, sicher einzutreten; sein Gegenüber (zur Linken des Kaisers) drohte dem Treulosen mit Ausschluss und Kerker.[33] Die Analogie zu den Worten Jesu beim Weltgericht ist offenkundig, die Anmaßung des sich als Herr der Welt gebärdenden Kaisers auch! Denn nichts in diesem Programm erinnerte mehr an den göttlichen Ursprung kaiserlicher Macht und Gerechtigkeit. Eine der Friedrich II. im oberen Register flankierenden Figuren ließ sich vielmehr als – im Torso erhaltene – antike Statue der Göttin Diana identifizieren (Kat.-Nr. IV.C.3). Hier stellte sich der aus eigener Machtvollkommenheit regierende und richtende Kaiser dar, im Angesicht des Patrimonium Petri. Die ganz und gar antikisch sich gebende künstlerische Form dieses Manifests zeigte dem Kundigen, dass nicht mehr Karl der Große der Bezugspunkt war, sondern das antike Imperium Romanum. Dass sich gegen diese kaiserliche Kundgebung, soweit wir wissen, kein öffentlicher Protest erhob, liegt möglicherweise an der gemäßigten Sprache der Bilder im ungewohnten antiken Gewand, die, wenn man die Inschriften nicht las oder verstand, allgemein akzeptierte Inhalte assoziieren mochten.

Bildpropaganda im staufischen Reich erweist sich nach den wenigen Denkmälern, die uns eine Rekonstruktion erlauben, als sehr unterschiedlich akzentuiert. Die auf das Reich als Vor- und

10 Widmungsbild mit Kaiser Heinrich VI. im Liber ad honorem Augusti des Petrus von Eboli, zwischen 1194 – 1197, Bern, Burgerbibliothek, Cod. 120.II, fol. 139r

Schutzmacht der Christenheit in der Nachfolge Karls des Großen fokussierte Vorstellung scheint mit dem Tod Barbarossas auf dem Kreuzzug abzubrechen. Sein Sohn, Heinrich VI., und sein Enkel, Friedrich II., wenden sich mit Energie dem Königreich Sizilien und der Festigung ihrer süditalienischen Machtposition zu. Als historischer Bezugspunkt erscheint das säkular aufgefasste antike Imperium Romanum. Doch müssen wir angesichts der mit Sicherheit anzunehmenden großen Verluste an Bildausstattungen vor allem im Profanbereich, in Palästen, Burgen und Stadthäusern, mit einer ursprünglich vorhandenen, erheblich größeren Bandbreite bei öffentlichen Darstellungen staufischer Herrschaft im Bild rechnen, die den holzschnittartigen Charakter der uns zugänglichen Evidenz zu differenzieren im Stande gewesen wäre.

1 Zu den Bullen vgl. Schramm 1983, Nr. 194, 208, 209, auch Nr. 118 und öfter; Nilgen 2000, S. 358; Nilgen 2001, S. 452 – 453, mit Abb. und weiterer Literatur.

2 Deér 1961, S. 82 – 85

3 Nilgen 2001, S. 452 – 453 mit Anm. 12; vgl. auch Saurma-Jeltsch 2010, S. 269. Ich danke Frau Saurma-Jeltsch für die freundliche Überlassung ihres noch nicht publizierten Manuskripts.

4 Zum Cappenberger Kopf vgl. generell Grundmann 1959; Fillitz 1963, der S. 44 – 45 erstmals auf die Parallele zu den Goldbullen hinweist; Appuhn 1973 (Lit.); Ausst.-Kat. Stuttgart 1977, Bd. I, Kat.-Nr. 535 (Hermann Fillitz); Schramm 1983, Nr. 213; Falk 1993, S. 135 – 136, 171 – 175; Hütt 1993, S. 138 – 192; Schneider 1995; Nilgen 2000, S. 358 – 360, mit Einzelnachweisen in der Literatur; Horch 2001, S. 102 – 154; Wittekind 2004, S. 192 und Wittekind 2005, S. 108, 115 – 118, 130, sowie in Ausst.-Kat. Magdeburg 2006, Bd. 1, Kat.-Nr. IV.5 (Susanne Wittekind); Saurma-Jeltsch 2010, S. 274 – 281; Claussen 2010, S. 357 – 359. In den neuesten Studien zum Thema nach Erscheinen meiner These im Jahr 2000 zum Kopf als vermutlichem Bild nicht Barbarossas sondern Karls des Großen wird die Deutung als Bildnis Barbarossas mehr oder weniger relativiert, teils zugunsten weit hergeholter und nicht überzeugender neuer Interpretationen, teils, indem von allen Thesen etwas übernommen und damit das Problem umgangen wird.

5 Schneider 1995, S. 22 – 32 will die Träger-Engel, ihrer letztendlichen formalen Herkunft entsprechend, als Victorien im Akt einer säkular zu verstehenden Kaiser-Apotheose interpretieren, was weder der anschaulichen Form der Engel noch dem zeitgenössischen Vorstellungshorizont entspricht. Vgl. auch Saurma-Jeltsch 2010, S. 276.

6 Lechner 1974, Sp. 108 – 130.

7 Fillitz erwog im Katalog-Eintrag Ausst.-Kat. Stuttgart 1977, Bd. I, Kat.-Nr. 535, ob außer der Ergänzung der Augäpfel im 19. Jahrhundert damals nicht auch die Vergoldung über ursprünglich versilberte Partien des Kopfes (nackte Körperteile?) gezogen worden sei. Der im Jahr 2000 mit dem Kopf befasste Restaurator, Herr Peter Bolk/Köln, dem ich sehr für seine Auskunft danke, erklärte im persönlichen Gespräch dagegen, dass sich keine Spur einer ehemaligen Versilberung gefunden habe und eine solche bei dem Bronzematerial auch technisch nicht möglich war. In einem Zusatz zu einer Vita Gottfrieds, des Bruders Ottos von Cappenberg, in den Acta Sanctorum von 1643 wird übrigens berichtet, dass Otto Reliquien *in capite deaurato* barg, was zeigt, dass der Kopf zur Zeit der Abfassung dieser Quelle jedenfalls vergoldet war; vgl. Horch 2001, S. 107 – 108, 133 – 134. Zur Notiz über die Säkularisierung des Diadems („[…] die silberne Krone ist säcularisiert“) vgl. Horch 2001, S. 112.

8 Hierzu zuletzt Ausst.-Kat. Magdeburg 2006, Bd. 1, Kat.-Nr. IV.6 (Lothar Lambacher).

9 Horch 2001, S. 102 – 148, die fraglos den Kopf als Bildnis Barbarossas akzeptiert, entwickelt u. a. aus dieser Voraussetzung ihre These eines dem Paten geschenkten Memorialbildnisses.

10 Das muss vor allem gegen Schneider 1995 und Saurma-Jeltsch 2010, S. 276 betont werden.

11 Zu den Bildern Friedrichs I. Barbarossa vgl. Schramm 1983, Nr. 206 – 209, 211, 214 – 215 und ff. Zum Lotharkreuz vgl. Schnitzler 1957, Nr. 32, Abb. 90 – 91 und Schramm/Mütherich 1962, Nr. 106. Die von Tölle-Kastenbein 1975 aufgestellte, von Saurma-Jeltsch 2010, S. 277 – 279 aufgegriffene These eines sassanidischen Einflusses auf den Cappenberger Kopf überzeugt nicht, da offenbar nur ähnliche, bei den sassanidischen Beispielen aber unmittelbarer umgesetzte antike Quellen wirksam wurden.

12 Cambridge, Corpus Christi College, Ms. 373, fol. 24r; zur Handschrift vgl. Schramm 1983, Nr. 184.

13 Meuthen 1965; Groten 1986; Nilgen 2000, S. 360 Anm. 5 mit weiterer Literatur. Vgl. auch Saurma-Jeltsch 2002/2003, S. 423 – 425, und Saurma-Jeltsch 2010, S. 279 – 280.

14 Schramm 1983, Nr. 7 f – 8 d.

15 Meuthen 1967; Nilgen 1985, S. 217, mit weiterer Literatur; Petersohn 1994, S. 108 – 112, 128 – 131. Dass hier auch die Interessen des Aachener Marienstifts mit am Werke waren, ist anzunehmen, doch äußern diese sich nicht öffentlich.

16 Lebensgroße oder leicht unterlebensgroße Bronzebildwerke in Gestalt eines menschlichen Kopfes waren im Mittelalter sowohl als Räuchergefäße als auch als Reliquiare gebräuchlich. Hinweise auf eine ursprünglich geplante Verwendung des Cappenberger Kopfes als Räuchergefäß stellte Appuhn 1973, S. 144, 150 – 154 am Objekt fest. Ein solches Bild des Wohlgeruch verbreitenden Heiligen würde durchaus mittelalterlichen Vorstellungen entsprechen und zur Deutung auf den heiligen Kaiser Karl passen, ebenso natürlich die Verwendung als Reliquiar (vgl. Falk 1993, S. 135 – 136). Für die von der Forschung hochgehaltene Deutung des Kopfes als Bild des lebenden Barbarossa gibt es jedoch – das muss immer wieder betont werden – keinen Analogiefall.

17 Dass die Tatsache dieser Schenkung etwas mit der in Cappenberg zu pflegenden „Memoria“ für Barbarossa (und das Reich) zu tun haben sollte, wie verschiedentlich und zuletzt von Horch 2001 vorgeschlagen, ist durchaus wahrscheinlich, hängt aber nicht von der von Horch fraglos übernommenen Deutung des Kopfbildes als Barbarossa ab. Immerhin wundert auch Horch sich über das totale Verschweigen des Namens Friedrichs I. Barbarossa in den Cappenberger einschlägigen Quellen (ebd., S. 147).

18 Zum Armreliquiar Karls des Großen vgl. Deér 1961, S. 47 – 54 und passim; Ausst.-Kat. Stuttgart 1977, Bd. I, Kat.-Nr. 538; Schramm 1983, Nr. 211; Kroos 1985, S. 100 – 101; Nilgen 1985, S. 217 – 218; Pamme-Vogelsang 1998, S. 239 – 257; Nilgen 2000, S. 360 – 361, mit Einzelnachweisen in der Literatur; Saurma-Jeltsch 2010, S. 284 – 288, 305, ausgehend von der sehr „konstruierten“ These von Pamme-Vogelsang und mit mir nicht nachvollziehbaren Folgedeutungen.

19 Kroos 1985, Anm. 191; Pamme-Vogelsang 1998, S. 241 – 242 weist jeden möglichen Zusammenhang der Quellen mit dem Armreliquiar zurück (der ihrer These zur Stiftung widersprechen würde). Zu den Jerusalemer Kreuzreliquiaren vgl. Meurer 1985, S. 65 – 76.

20 Zu diesem bemerkenswerten Vorgang und möglichen weitergehenden Plänen vgl. Görich 1998.

21 Pamme-Vogelsang 1998 sowie Saurma-Jeltsch 2010, s. o. Anm. 18.

22 Zum Aachener Radleuchter vgl. Schramm/Mütherich 1962, Nr. 177; Ausst.-Kat. Stuttgart 1977, Bd. I, Kat.-Nr. 537; Bayer 1986, S. 213 – 240; Lepie/Schmitt 1998; Saurma-Jeltsch 2010, S. 282 – 284.

23 Zum Karlsschrein in Aachen vgl. generell Kroos 1985. S. 120 – 123; Nilgen 1985, S. 218 – 220, mit älterer Lit. in Anm. 10; Grimme 1988, S. 124 – 135; Kroos 1994, S. 49 – 61; Der Schrein Karls des Großen 1998; Kroos 1999, S. 302 – 309; Nilgen 2000, S. 361 – 362, mit Einzelnachweisen in der Literatur; Wiese 2001.

24 Zu Zwentibold vgl. Schneidmüller 1998, Sp. 726. Zwentibold schenkte laut Aachener Totenbuch dem Marienstift Kesselheim, vgl. Kroos 1994, S. 59 – 60.

25 Dies muss gegen Renate Kroos 1994, S. 51, 57 – 61 betont werden, die das Schreinsprogramm ganz aus den Interessen des Aachener Stiftskapitels erklären will; in Ergänzung dazu auch Wiese 2001. Nach den Stifterlisten, auf die Kroos 1994, Anm. 50 und Wiese 2001, Anm. 26 sich berufen, sind von den am Schrein Dargestellten nur 10 der Vorgänger Barbarossas und seine drei Nachfolger aufgeführt.

26 Zur „Amtsheiligkeit“ vgl. Meuthen 1967, S. 63 – 64; Nilgen 1985, S. 220 – 221.

27 Zum Karlsprivileg vgl. Meuthen 1967. Die Schreinsinschriften in Der Schrein Karls des Großen 1998, S. 28 – 31.

28 Zum Arnulfschrein ehem. in Metz vgl. generell Kroos 1985, Anm. 372, S. 122 mit Anm. 415; Nilgen 1985, Postscriptum S. 231; Nilgen 2000, S. 361.

29 Zu den Straßburger Fenstern vgl. Schramm 1983, Nr. 221; Nilgen 1985, S. 226 – 230 und Anm. 41 mit der älteren Literatur; Beyer/Wild – Block/Zschokke 1986, S. 141 –200, 584 – 500; Nilgen 2000, S. 362 – 364.

30 Ausst.-Kat. Stuttgart 1977, Bd. I, Kat.-Nr. 32 – 54, Bd. III, Abb. 6 – 24; Ausst.-Kat. Rom 1995, S. 295 – 305, Taf. VI; Nilgen 2000, S. 364 – 365.

31 Schramm 1983, Nr. 220; Kölzer/Stähli 1994; Nilgen 1997, S. 33 – 34; Nilgen 2000, S. 364; Kraft 2006; Claussen 2010, S. 352 – 354.

32 Zum Brückentor von Capua vgl. Meredith 1994; Claussen 1995b, S. 94 – 97; Ausst.-Kat. Rom 1995, S. 229 – 240, Taf. II–III; alle mit älterer Literatur.

33 Die Inschriften lauteten: *Caesaris imperio regni custodia (oder concordia) fio, quam miseros facio quos variare scio* (bei der Frau), *intrent securi qui querent vivere puri* (beim Mann links, d. h. unterhalb der Rechten des Kaisers) und *infidus excludi time(a)t (vel) carcere trudi* (beim Mann rechts, unterhalb der Linken des Kaisers).

Meinem Kollegen Knut Görich, München, danke ich für kritische Durchsicht meines Manuskripts und für erhellende Diskussion.

Tobias Weller

Staufische Heiratspolitik im europäischen Kontext

Labor et coniugium pro exigentia negotii sunt indissolubiliter federata[1] – mit diesen Worten umriss Friedrich II. die Bedeutung seiner zweiten Heirat mit Isabella von Brienne: „Unternehmung [in diesem Fall der vom Kaiser geplante Kreuzzug] und Ehebund sind, wie es die Angelegenheit erfordert, unauflöslich miteinander verbunden." Diese Sichtweise ist typisch für das fürstliche Heiratsverhalten der Vormoderne. Der Ehebund, seiner Natur nach auf Dauer angelegt, sollte die Nachhaltigkeit bei der Erreichung des mit ihm verbundenen politischen Zieles gewährleisten, und insofern war das Knüpfen dynastischer Verbindungen ein viel bemühtes Instrument politischen Agierens.

Die staufische Heiratspolitik unterscheidet sich hinsichtlich der Motive, die hinter den jeweiligen Eheabsprachen standen, nicht grundlegend von der Praxis anderer Fürstengeschlechter: Die Vermählung von Familienangehörigen diente der Absicherung von politischen Übereinkünften oder Bündnissen, sie besiegelte die einvernehmliche Beilegung eines Konfliktes oder wurde im Hinblick auf den Erwerb territorialer Herrschaftstitel vereinbart.

In ihrer Bedeutung für den Werdegang und das Selbstverständnis des Geschlechtes kaum zu überschätzen ist die Verbindung des ersten Stauferherzogs Friedrich I. mit der salischen Kaisertochter Agnes. Als Heinrich IV. im Frühjahr 1079 dem Erbauer der Burg Staufen nicht nur das Herzogtum Schwaben übertrug, sondern ihm auch seine einzige Tochter in die Ehe versprach, machte er ihn zu seinem unbedingten Gefolgsmann in dem das Reich erschütternden Konflikt mit der deutschen Fürstenopposition: Friedrich I. hat in der Folgezeit das Regiment seines Schwiegervaters aktiv mitgetragen, nutzte aber natürlich auch die Möglichkeiten, die ihm seine zunächst noch angefochtene Herzogsstellung bot, um den staufischen Besitz im nördlichen Schwaben, in Franken, der Pfalz und insbesondere im Elsass auszubauen.[2] Seinen beiden Söhnen, Herzog Friedrich II. und Konrad, war mit dieser Politik die Richtung gewiesen: Auch sie engagierten sich im Königsdienst für den salischen Herrscher und weiteten ihre territoriale Herrschaftsstellung am Mittelrhein und in Mainfranken aus.[3] Auf die salische Abstammung gründeten sich zudem die Ansprüche der beiden Stauferbrüder auf die Hinterlassenschaft ihres im Mai 1125 kinderlos gestorbenen Onkels Heinrich V., und es gelang ihnen in langjährigen Kämpfen, sich einen Großteil dieses Erbes in Rhein- und Mainfranken sowie im Neckarraum zu sichern.[4]

Ein Überblick über das Heiratsverhalten der Staufer in der ersten Hälfte des 12. Jahrhunderts zeigt, in welchem Maße Rangdenken und Bündnispolitik die Auswahl ihrer Ehepartner bestimmten.[5] (vgl. hierzu S. 20, Abb. 1) Herzog Friedrich II. von Schwaben heiratete ca. 1116/1121 die aus der welfischen Herzogsfamilie gebürtige Judith und gab damit dem damals ausgeglichenen Verhältnis zwischen beiden Fürstenhäusern Ausdruck. Auch seine beiden Töchter heirateten auf reichsfürstlichem Niveau: Bertha wurde Ende der 1130er Jahre dem oberlothringischen Herzogssohn Matthäus in die Ehe gegeben; für die noch im Kindesalter stehende Jutta wurde 1140 eine Eheabsprache mit dem thüringischen Landgrafen Ludwig II. getroffen, dessen Vater unmittelbar nach der Erhebung Konrads III. das staufische Königtum tatkräftig unterstützt hatte.

Dagegen zeigt sich während des zehnjährigen Streites Herzog Friedrichs II. und seines Bruders Konrad mit der Reichsregierung unter Lothar III. um den Besitz der umfangreichen Güter, die sie als Erben Heinrichs V. für sich reklamierten, eine Tendenz zu rangniedrigeren Heiraten: Anfang der 1130er Jahre vermählte sich Herzog Friedrich II. in zweiter Ehe mit der Saarbrücker Grafentochter Agnes, während sein Bruder Konrad etwa gleichzeitig Gertrud von Sulzbach zur Frau nahm. Indes waren verwandtschaftliche Beziehungen zu den Grafenfamilien von Saarbrücken und Sulzbach, die am Mittelrhein und im Unterelsass bzw. im nördlichen Bayern über beträchtlichen Einfluss verfügten, unter strategischen Gesichtspunkten ausgesprochen wertvoll für die staufischen Brüder, denn sie trugen zur Sicherung ihrer territorialen Positionen in Rhein- und Mainfranken bei.

Der Aufstieg Konrads III. zum Königtum (März 1138) markiert einen qualitativen Sprung in der staufischen Heiratspolitik. Nunmehr wurden dynastische Verhandlungen und Vereinbarungen mit europäischen Königsfamilien Usus. Noch 1139 arrangierte Konrad III. für seinen damals erst zwei- oder dreijährigen Sohn Heinrich eine Verlobung mit der ungarischen Königstochter Sophia. Hier zeigt sich freilich auch, welche Unwägbarkeiten bei solchen dynastischen Absprachen im Spiel waren: Sophia wurde mit einem reichen Brautschatz ausgestattet und zur weiteren Erziehung nach Deutschland überstellt, zur Eheschließung kam es jedoch nicht, da sich die Beziehungen zwischen Konrad III. und dem ungarischen Königshof in den 1140er Jahren akut verschlechterten. Die Braut zog sich schließlich in den Nonnenkonvent des steirischen Klosters Admont zurück. Einer zufällig überlieferten Briefkorrespon-

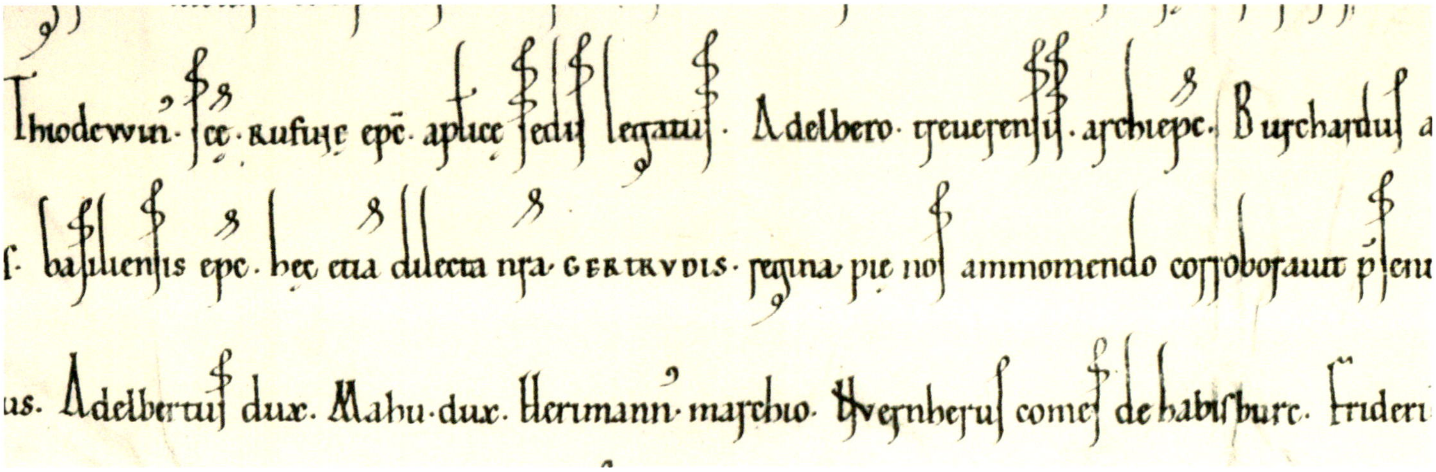

1 Königin Gertrud an der Spitze der Zeugen weltlichen Standes in einer Urkunde Konrads III. für das Kloster St. Jakob / Lüttich (MGH D Kon. III. 56; Apr. 1141): *hęc etia(m) dilecta n(ost)ra* Gertrvdis *regina pię nos ammomendo* (sic!) *corroboravit p(re)sentia.*

denz verdanken wir nähere Einblicke in das persönliche Schicksal Sophias, die sich bei ihrem Bruder, König Géza II. von Ungarn, bitter über die entwürdigende Behandlung beschwerte, die sie in Deutschland habe erdulden müssen.[6]

In den Rahmen dieser „internationalen“ Heiratspolitik wurden auch enge Verwandte Konrads III. einbezogen: Seine Schwägerin Bertha von Sulzbach wurde im Kontext einer gegen das süditalienische Normannenreich gerichteten Allianz mit Kaiser Manuel von Konstantinopel vermählt. Da beide Vertragspartner Hoheitsansprüche auf Süditalien geltend machten, zog diese Verbindung weitere Verhandlungen nach sich, bei denen nacheinander der staufische Thronfolger Heinrich (VI.), dann der seit 1146 verwitwete Konrad III. und schließlich Friedrich I. Barbarossa um eine byzantinische Prinzessin warben.[7]

Realisiert wurde keines dieser Projekte, allerdings zählte die byzantinische Brautwerbung Barbarossas zu den Gründen, warum er im März 1153 seine erste Ehe mit der nordbayerischen Markgrafentochter Adela von Vohburg auflösen ließ. Hinzu kamen persönliche Motive, worüber uns die Quellen aber nur vage unterrichten. Als offizieller Trennungsgrund wurde das kanonisch unzulässige Verwandtschaftsverhältnis der Eheleute vorgeschützt. Geheiratet hatte Friedrich I. Barbarossa seine erste Gemahlin einige Jahre vor seiner Königswahl im März 1152, als seine Thronfolge noch nicht abzusehen war, sondern ihm eine Laufbahn als Herzog von Schwaben vorgezeichnet schien. Die Verbindung diente territorialpolitischen Interessen und sollte den Übergang des Egerlandes an die Staufer legitimieren, das Konrad III. nach dem Tod von Adelas Vater (1146) eingezogen hatte.[8]

In zweiter Ehe vermählte sich Friedrich I. Barbarossa mit Beatrix, die ihm als Erbin ihres 1148 gestorbenen Vaters die Grafschaft Burgund, also das zwischen Saône und Jura gelegene Territorium mit dem Zentrum Besançon, zubrachte.[9] Dieser Territorialgewinn verlieh der staufischen Königsherrschaft im gesamten burgundischen *regnum* ein stärkeres Gewicht, was Otto von Freising zu der sachlich unzutreffenden Behauptung verleitete, der Kaiser habe sowohl Burgund als auch die Provence „unter dem Rechtstitel seiner Frau“ (*sub uxoris titulo*) in Besitz genommen.[10] Beatrix wurde von einer standesgemäßen Delegation aus ihrer Heimat nach Deutschland geleitet, wo sie am 9. Juni 1156 in Worms vom Trierer Erzbischof zur Königin gekrönt wurde. In der folgenden Woche wurde die Hochzeit mit großem Aufwand in Würzburg gefeiert.

Die Kompetenzen und Handlungsspielräume der römisch-deutschen Herrscherin waren zu keiner Zeit klar definiert, doch haben es die Königinnen und Kaiserinnen des Hochmittelalters bis hin zu Richenza († 1141), der Gemahlin Lothars III., immer wieder vermocht, eine substanzielle Rolle bei Regierungshandlungen zu spielen, die sich aus ihrer Position als Teilhaberin der Reichsherrschaft (*consors regni*) herleitete. Bei den staufischen Königinnen und Kaiserinnen ist das nur noch in Ausnahmesituationen der Fall. Ihre verfassungspolitische Stellung wurde stärker durch die jeweiligen erbrechtlich begründbaren Herrschaftsansprüche bestimmt.[11] Konrads III. Gemahlin Gertrud von Sulzbach tritt fast ausschließlich als Intervenientin, zuweilen auch als Zeugin in den Herrscherurkunden in Erscheinung, und auch dies vergleichsweise seltener als ihre Vorgängerin Richenza (Abb. 1).[12] Friedrich I. Barbarossas erste Gemahlin Adela taucht lediglich einmal und ohne Namensnennung in den Urkunden ihres Mannes auf; die historiographischen Quellen erwähnen sie nur anlässlich der Ehetrennung. Auch im Zusammenhang der ansonsten gut dokumentierten Königskrönung Barbarossas wird sie nirgends erwähnt.

Dagegen trat Beatrix von Burgund häufig an der Seite ihres Gemahls auf.[13] Nicht weniger als viermal hat sie ihn nach Italien begleitet. Zudem wurde sie in die demonstrative Herrschaftsinszenierung des Kaisers miteinbezogen (Abb. 2). Mehrfach zeigte er sich mit ihr öffentlich unter der Krone, so zu Ostern 1162 in Pavia oder bei dem großen Mainzer Pfingsthoffest 1184. Nach der Einnahme Roms im Sommer 1167 ließ sich das Paar in der Peterskirche von (Gegen)Papst Paschalis III. feierlich krönen. Im August 1178 nahm Barbarossa einen Hoftag in Vienne zum Anlass, seiner Gemahlin das *diadema Burgundie* aufsetzen zu lassen, „damit der Kaiserin nichts zu ihrem Ruhm fehle“.[14] Wiederholt ist auch belegt, dass sich Bittsteller gezielt an Beatrix um Fürsprache beim

Kaiser wandten. Bekannt ist die Aktion der besiegten Mailänder im März 1162: Vom Kaiser erhielten sie zunächst kein Zeichen der Gnade, obwohl sie sich ihm fußfällig und mit Kreuzen in der Hand unterworfen hatten. Daraufhin gingen sie zur Kaiserin, und als sie nicht zu ihr vorgelassen wurden, warfen sie „in der Hoffnung auf Barmherzigkeit" (*spe misericordie*) die Kreuze durchs Fenster in ihre Kemenate.[15]

Eigenständige Herrschaftsakte hat Beatrix indes nur in Bezug auf ihre burgundischen Erblande vorgenommen. Schon im Zuge der Eheschließung war vereinbart worden, dass die Grafschaft Burgund als gesonderter Herrschaftsbereich erhalten bleiben und künftig dem Regiment einer staufischen Nebenlinie unterstellt werden sollte.[16] In burgundischen Angelegenheiten hat die Kaiserin selbständig und mit eigenem Siegel geurkundet. Zudem begegnet sie hier in lehnsherrlichen Funktionen.[17]

Ein summarischer Überblick über die Heiratsprojekte, die Friedrich I. Barbarossa für seine Kinder in Aussicht genommen hat, offenbart sein ausgeprägtes Rangbewusstsein: Er hat ausschließlich mit Herrscherhöfen dynastische Verhandlungen geführt. Schwiegerkinder nicht-königlicher Herkunft wurden von ihm gar nicht erst in Betracht gezogen.[18] Seinen ältesten Sohn verlobte der Stauferkaiser mit einer englischen Prinzessin. Für den dritten Sohn, Herzog Friedrich VI. von Schwaben, wurde zunächst die Eheschließung mit einer dänischen Königstochter vereinbart, doch ließ Barbarossa dieses Projekt 1187 wieder fallen wegen der deutlichen Verschlechterung des staufisch-dänischen Verhältnisses nach der Thronbesteigung Knuts VI. und dessen Weigerung, die finanziellen Konditionen des Heiratsvertrages vollständig zu erfüllen.[19] Herzog Friedrich wurde dann auf dem Durchzug des Kreuzfahrerheeres durch Ungarn im Sommer 1189 mit einer Tochter König Bélas III. verlobt; auch diesmal kam es jedoch nicht zur Hochzeit, denn der staufische Bräutigam starb im Januar 1191 vor Akkon. Schon 1180 war Barbarossas Tochter Agnes einem Sohn Bélas in die Ehe versprochen worden. Auch sie starb jedoch noch vor der Hochzeit, ebenso wie ihre namentlich unbekannte Schwester, die 1184 als Braut für den englischen Kronprinzen Richard Löwenherz vorgesehen worden war.

2 Typar des Siegels der Stadt Gelnhausen mit dem Doppelbildnis Kaiser Friedrichs I. Barbarossa und der Kaiserin Beatrix (vor 1248). Umschrift: + SIGILLVM · SCULTETI · ET · CIVIUM · DE · GEILENHVSEN

Zudem wurde der Stauferkaiser in seinem dynastischen Gestaltungsspielraum von der päpstlichen Kurie eingeengt. Während des alexandrinischen Schismas (1159 – 1177) obstruierte Alexander III. zweimal gezielt kapetingisch-staufische Sondierungen über eine etwaige Familienverbindung. Papst Coelestin III. schickte in der zweiten Jahreshälfte 1191 eigens einen Kardinallegaten nach Spanien, der erreichte, dass die Verbindung der kastilischen Königstochter Berengaria mit Barbarossas Sohn Konrad von Rothenburg aufgelöst wurde.[20]

Nur ein einziges der von Friedrich I. Barbarossa ausgehandelten dynastischen Projekte wurde tatsächlich realisiert: Die Verbindung des Thronfolgers Heinrich VI. mit Konstanze von Sizilien (Abb. 3). Dabei stand zum Zeitpunkt der Verlobung im Herbst 1184 noch nicht das Motiv im Vordergrund, das Königreich Sizilien „unter dem Rechtstitel der Mitgift" (*dotis nomine*) für die Staufer zu gewinnen, wie dies Otto von St. Blasien ein Vierteljahrhundert später darstellt.[21] Vielmehr war die Vermählung das Resultat eines Kurswechsels der kaiserlichen Politik gegenüber Reichsitalien und dem süditalienisch-sizilischen Normannenreich.[22] Bereits 1155 hatte Barbarossa vergeblich dazu angesetzt, die in seinen Augen usurpatorische Königsherrschaft der Hauteville mit militärischen Mitteln zu beseitigen, bis ihm die Niederlage bei Legnano (29. Mai 1176) unmissverständlich die Vergeblichkeit seiner bisherigen Italienpolitik aufzeigte. Danach verlegte er sich – ebenso wie mit Papst Alexander III. und den oberitalienischen Kommunen – auch mit König Wilhelm II. von Sizilien auf eine Politik der Verständigung, die schließlich in die Heiratsabsprache von 1184 mündete. Für den Normannenherrscher bedeutete dies die endgültige Anerkennung im Kreis der europäischen Monarchen.

Im Zuge der Eheabrede war auch das Eventualerbfolgerecht Konstanzes im sizilischen Königtum vereinbart worden, und folglich meldeten sie und Heinrich VI. Ansprüche auf die normannische Krone an, als Wilhelm II. im November 1189 kinderlos starb. Dagegen aber erhob eine sizilische Hofpartei den illegitimen Hauteville-Sproß Tankred von Lecce auf den Thron. Erst nach dessen Tod († 20. Feb. 1194) gelang es Heinrich VI., der zwischenzeitlich gemeinsam mit Konstanze zum Kaiser bzw. zur Kaiserin gekrönt worden war, die Vereinigung des Regno mit dem Kaiserreich militärisch durchzusetzen: Nach einem triumphalen Einzug in Palermo (vgl. S. 332, Abb. 1) wurde er Weihnachten 1194 zum König von Sizilien gekrönt.

Dabei betrachtete er das Erbrecht Konstanzes lediglich als subsidiären Legitimationsfaktor der staufischen Herrschaft, der von dem *antiquum ius imperii*, dem angestammten Recht des Kaisertums auf die gesamte italienische Halbinsel, überlagert wurde.[23] Konstanze selbst sah dies freilich anders. In normannischer Tra-

3 Darstellung der Hochzeit Heinrichs VI. mit Konstanze von Sizilien (27. Jan. 1186 in Mailand) (links). Das frisch vermählte Paar begibt sich nach Deutschland und nimmt den Segen des Papstes entgegen (rechts). Ausschnitt aus dem Liber ad honorem Augusti des Petrus von Eboli, zwischen 1194 und 1197, Bern, Burgerbibliothek, Cod. 120.II, fol. 96r

dition betonte sie den Status Siziliens als Erbmonarchie, weshalb ihr als Tochter Rogers II. das Regno aufgrund väterlicher Erbfolge zustehe. Diese divergierenden Ansichten sorgten für Spannungen zwischen den Eheleuten. Zwar übertrug Heinrich VI. seiner Gemahlin im März 1195, bevor er sich wieder nach Deutschland begab, die Regierung des Königreichs Sizilien, doch wurden ihr dabei kaiserliche Vertrauensmänner zur Seite gestellt. Außerdem musste Konstanze ihren erst wenige Wochen alten Sohn Friedrich II. in Reichsitalien zurücklassen und der Herzogin von Spoleto zur Erziehung übergeben (Abb. 4). In den folgenden anderthalb Jahren hat Konstanze von Palermo aus zahlreiche Urkunden für sizilische Empfänger ausgestellt; als jedoch Heinrich VI. Ende 1196 in das Königreich zurückkehrte, nahm er selbst die Zügel der Regierung wieder fest in die Hand. Sein hartes Regiment rief eine Verschwörergruppe auf den Plan, deren Umsturzversuch in letzter Minute vereitelt werden konnte. Einige Quellen kolportieren das Ondit, Konstanze habe von diesem Komplott gewusst bzw. sei sogar daran beteiligt gewesen.[24] Das ist sicher eine Unterstellung, doch allein die Existenz eines solchen Gerüchts zeugt davon, dass die Zeitgenossen das Verhältnis des Kaiserpaares zueinander nicht als sonderlich vertrauensvoll einschätzten.

Kaum war Heinrich VI. gestorben († 28. Sep. 1197), ließ Konstanze ihren Sohn aus dem umbrischen Foligno zu sich nach Palermo holen und regierte fortan als Souverän das Königreich Sizilien, seit Dezember 1197 auch im Namen des noch minderjährigen Friedrich II. Dabei setzte sie eigene Akzente und verwies die von ihrem kaiserlichen Gemahl im Regno eingesetzten deutschen Amtsträger kurzerhand des Landes.[25] Sie starb aber bereits am 28. Nov. 1198 und ließ Friedrich II. im Alter von knapp vier Jahren als Vollwaise zurück.

Bei der Einnahme Palermos Ende 1194 waren Heinrich VI. neben dem normannischen Kronschatz auch die hinterbliebenen Familienangehörigen Tankreds von Lecce in die Hände gefallen. Unter ihnen befand sich Irene, Tochter Kaiser Isaaks II. Angelos von Konstantinopel, die 1193 im Rahmen eines byzantisch-sizilischen Bündnisses mit Roger III., dem zum Mitkönig erhobenen ältesten Sohn Tankreds, vermählt worden war.[26] Durch den frühen Tod Rogers jedoch war Irene schon im Dezember 1193 Witwe geworden. Heinrich VI. wiederum wollte die Kontakte seines verstorbenen Feindes Tankred zum byzantinischen Kaiserhof nutzen und sorgte dafür, dass sich sein jüngster Bruder Philipp noch im Frühjahr 1195 mit Irene verlobte. Eine solche Verbindung mochte nicht zuletzt im Hinblick auf den vom Kaiser geplanten Kreuzzug als vorteilhaft erscheinen. Pfingsten 1197 – inzwischen war Philipp zum Herzog von Schwaben avanciert – wurde in Augsburg die Hochzeit gefeiert.

Durch die Königserhebung Philipps von Schwaben im März 1198 stieg die gebürtige Byzantinerin, die den im Abendland geläufigeren Namen Maria annahm, zur römisch-deutschen Herrscherin auf. Anders aber als ihre Vorgängerinnen Beatrix von Burgund und Konstanze von Sizilien besaß sie keine ererbte „Hausmacht“, die ihr ein eigenständiges Herrschaftshandeln ermöglicht hätte. So beschränkt sich ihre politische Rolle in erster Linie auf Akte der Herrschaftsrepräsentation: Bezeugt ist die gemeinsame Krönung Philipps und seiner Gemahlin 1198 in Mainz und 1205 in Aachen sowie das hoheitsvolle Auftreten des Königspaares beim Weihnachtshoftag 1199 in Magdeburg, das kein Geringerer als Walther von der Vogelweide verewigt hat.[27] Erst nach dem Mordanschlag auf Philipp († 21. Juni 1208) sehen wir sie politisch tätig, als sie die gegen Otto IV. von Braunschweig gerichteten Thronambitionen des Herzogs von Brabant unterstützte.[28] Zudem trat Irene jetzt als Erbin der staufischen Hausgüter auf (Abb. 5), doch starb sie schon zwei Monate nach ihrem Gemahl Ende August 1208 an den Folgen einer Fehlgeburt.

Unter der Ägide Philipps von Schwaben (1198 – 1208) gerieten auswärtige Königshäuser völlig aus dem Blickfeld der staufischen

Heiratspolitik. Der Thronstreit mit Otto IV. bestimmte das Regierungshandeln Philipps nahezu vollständig, und so musste es sein Bestreben sein, möglichst viele fürstliche Gefolgsleute im Reich an sich zu binden und zu einem Ausgleich mit dem Papsttum zu gelangen. Diesen Prioritäten wurden die dynastischen Pläne angepasst.[29] 1203 unterbreitete der Stauferkönig der Kurie ein Verständigungsangebot, das u. a. vorsah, eine seiner Töchter mit einem Neffen des Papstes zu verheiraten.[30] Auf diese Offerte ging Innozenz III. zunächst nicht ein, doch nachdem Philipp in Deutschland mehr und mehr die Oberhand gegen Otto IV. hatte gewinnen können, kamen beide Seiten auf das Projekt einer dynastischen Verbindung zwischen dem staufischen Herrscherhaus und der Familie des Papstes zurück; entsprechende Abmachungen blieben jedoch infolge der Ermordung König Philipps Makulatur.

Zudem suchte Philipp gezielt, bestimmte Fürsten durch Heiratsabsprachen an sein Königtum zu binden: Nachdem Herzog Heinrich I. von Brabant – zunächst ein entschiedener Parteigänger Ottos IV. – Ende 1204 die Fronten gewechselt und sich hernach Verdienste als Gefolgsmann des Staufers erworben hatte, zeichnete ihn Philipp dadurch aus, dass er ihm 1207 seine Tochter Maria zur weiteren Erziehung anvertraute, die bei Erreichen eines heiratsfähigen Alters mit einem Sohn des Brabanters vermählt werden sollte. Im gleichen Jahr verlobte Philipp seine Tochter Kunigunde mit Wenzel, dem Sohn des böhmischen Königs Přemysl Otakar I. Auch dieser Ehehandel stand im Zusammenhang eines fürstlichen Parteiwechsels, denn Otakar hatte sich in den Jahren 1203/1204 tatkräftig im Lager Ottos IV. engagiert, suchte aber, nachdem er militärisch in die Defensive gedrängt worden war, wieder die politische Annäherung an den Stauferhof. Die dynastische Vereinbarung lässt darauf schließen, wie wichtig die Gefolgschaft des Böhmenkönigs für Philipp von Schwaben war. Derselbe ist schließlich seinen heiratspolitischen Aktivitäten zum Opfer gefallen: In bedrängter Lage nach einem unglücklich verlaufenen Feldzug nach Thüringen im Sommer 1203 hatte Philipp eine seiner Töchter dem bayerischen Pfalzgrafen Otto von Wittelsbach in die Ehe versprochen. Einige Jahre später aber kündigte er diese Abmachung einseitig auf, weil er die Tochter für ein anderes Heiratsprojekt benötigte. Dieses Vorgehen empfand der Pfalzgraf als derart entehrend, dass er am 21. Juni 1208 den königlichen Brautvater mit dem Schwert erschlug (Abb. 6).[31]

Diese Tat brachte den auf seinen Erbbesitz um Braunschweig abgedrängten Otto IV. unversehens auf die politische Bühne zurück. Um dem Thronstreit ein Ende zu setzen, wurde sein Kö-

4 Konstanze übergibt ihren Sohn Friedrich II. der Herzogin von Spoleto zur Erziehung. Ausschnitt aus dem Liber ad honorem Augusti des Petrus von Eboli, zwischen 1194 und 1197, Bern, Burgerbibliothek, Cod. 120.II, fol. 138r

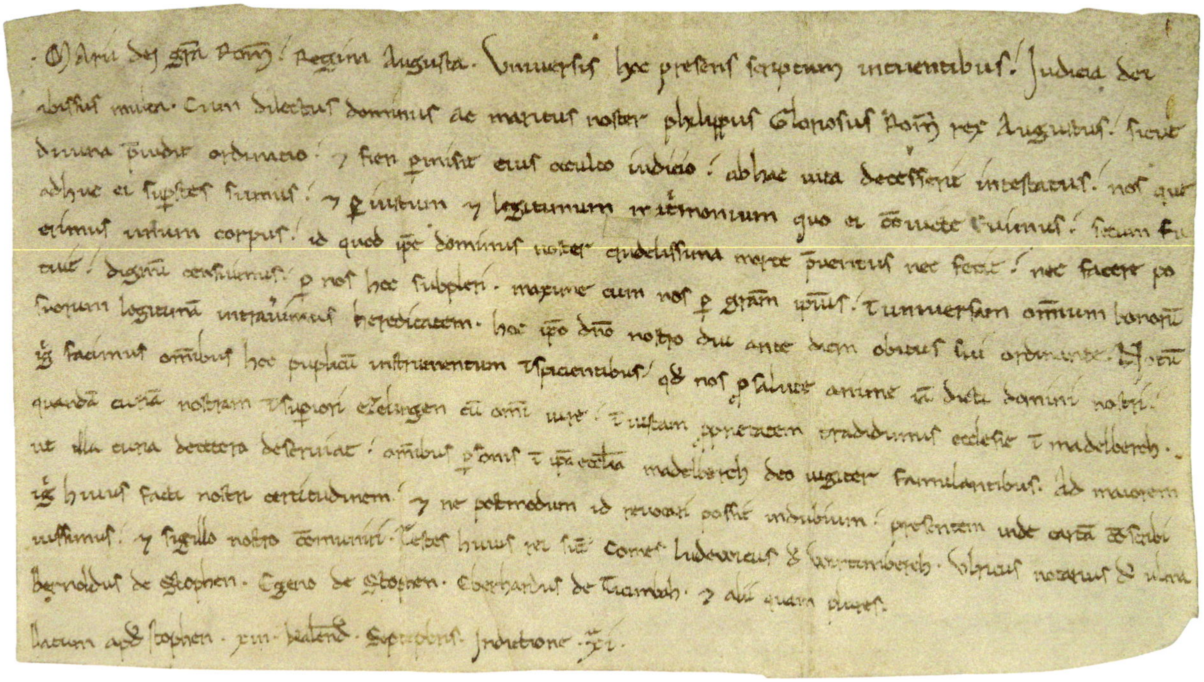

5 Urkunde der Königin Irene/Maria vom 20. Aug. 1208, mit der sie als Erbin der staufischen Güter dem Prämonstratenserstift Adelberg einen Hof in Oberesslingen schenkt, Stuttgart, Hauptstaatsarchiv, A 469, U 15

nigtum auf dem Frankfurter Hoftag im November 1208 von der überwiegenden Mehrheit der deutschen Fürsten anerkannt. Das lag auch im Interesse der maßgeblichen Kräfte am staufischen Hof, insbesondere der Spitzen der Reichsministerialität, die deshalb ein Ehebündnis zwischen dem Welfenkönig und Beatrix, der ältesten Tochter Philipps von Schwaben, betrieben.[32] Die Heirat sollte zur allgemeinen Versöhnung und Befriedung der Konfliktparteien beitragen. Gleichzeitig wurde auf diese Weise der Übergang der staufischen Erbgüter an Otto IV. legitimiert. Den aufgrund der Verwandtschaft der Brautleute nötigen Dispens gewährte Papst Innozenz III. bereitwillig, so dass das offizielle Verlöbnis auf dem Würzburger Hoftag im Mai 1209 vor einer breiten Öffentlichkeit „zur Wahrung des Friedens und zum Besten des Römischen Erdkreises“ gefeiert werden konnte.[33]

Die Vermählung fand drei Jahre später im Juli 1212 statt, zu einem Zeitpunkt, als Otto IV. sich einer breiten fürstlichen Opposition gegenübersah; der gegen ihn zum römisch-deutschen Herrscher erhobene Staufer Friedrich II. war bereits auf dem Weg von Sizilien nach Deutschland. In dieser Situation wollte sich Otto durch die Eheschließung der Loyalität des traditionell staufisch gesinnten oberdeutschen Adels und der Reichsministerialität versichern. Als Beatrix drei Wochen nach der Hochzeit starb, verließen denn auch prompt die schwäbischen und bayerischen Kontingente das Heerlager Ottos IV., dem sie sich nach dem Tod ihrer „Erbherrin“ nicht mehr in gleicher Weise verbunden fühlten.[34]

Die dynastische Politik Friedrichs II. bietet auf den ersten Blick ein recht schematisches Bild: Alle seine drei legitimen Ehefrauen waren Königstöchter, für seine in Deutschland als (Mit)Könige regierenden Söhne Heinrich (VII.) und Konrad IV. sowie für die Tochter Margarete hat er Verbindungen mit deutschen Fürstenhäusern arrangiert, und seine illegitimen Kinder wurden zumeist mit italienischen Potentaten verheiratet, auf die der Kaiser seine Herrschaft stützte.

Bei den regulären Eheschließungen Friedrichs II. hat das Papsttum jeweils eine entscheidende Rolle gespielt. 1202 warb Innozenz III. bei König Peter II. von Aragón um dessen Schwester als Braut für den damals siebenjährigen sizilischen König, wobei er an Verhandlungen anknüpfen konnte, die bereits unter Kaiserin Konstanze geführt worden waren.[35] Dieselbe hatte kurz vor ihrem Tod den Papst testamentarisch zum Verweser für das Königreich Sizilien bestellt und ihren Sohn dem päpstlichen Schutz anvertraut. Angesichts zunehmend anarchischer Verhältnisse im Regno[36] wollte Innozenz mit Hilfe der Krone von Aragón seinen Einfluss auf die sizilischen Angelegenheiten ausweiten. Als Braut für Friedrich II. wurde zunächst Prinzessin Sancha gehandelt. Bei der „Mitgift“ dachte man an der Kurie an Militärhilfe zur Befreiung des jungen Stauferkönigs aus der Verfügungsgewalt Markwards von Annweiler. Dann allerdings wurde das Projekt vom aragonesischen Königshof verschleppt und erst 1208 nach energischem Drängen der Kurie zum Abschluss gebracht – allerdings in veränderter Besetzung: An die Stelle Sanchas trat ihre ältere Schwester Konstanze von Aragón, die Witwe des im Herbst 1204 verstorbenen Königs Emmerich von Ungarn. Im August 1209 landete die Braut in Palermo, wo unverzüglich die Hochzeit gefeiert wurde. Ein Großteil der angeblich 500 aragonesischen Ritter, die Konstanze in ihrem Gefolge mitbrachte, fiel jedoch kurz nach der Ankunft auf Sizilien einer von der Sommerhitze begünstigten Seuche zum Opfer, so dass Friedrich II. den eigentlich geplanten Feldzug auf das süditalienische Festland wieder abblasen musste.

Schon ein Dreivierteljahr nach Konstanzes Tod († 23. Juni 1222) wurde für Friedrich II. eine neue Ehe ausersehen, auch diesmal auf massives Betreiben des Papstes, dem der Kaiser später die Rolle des Brautführers (*paranymphus*) zuschrieb.[37] Nach der Niederlage des christlichen Kreuzfahrerheeres bei Damiette 1221 drängte Honorius III. energisch auf die Durchführung des von Friedrich schon mehrfach beschworenen, aber immer wieder aufgeschobenen

Kreuzzuges. Zur Beförderung des Unternehmens trafen sich Papst und Kaiser im März 1223 in Ferentino, wo sich Friedrich nicht nur auf einen verbindlichen Termin zum Antritt der Kreuzfahrt verpflichtete, sondern auch eine Eheschließung zwischen ihm und Isabella von Brienne, der Thronerbin des Königreiches Jerusalem, vereinbart wurde.[38] Deren Vater König Johann war bei der Konferenz zugegen. Im Herbst 1225 wurde die Braut aus Akkon nach Italien geholt und noch kurz vor der Überfahrt in Tyrus zur Königin von Jerusalem gekrönt. Gleich nach der Hochzeit am 9. November in Brindisi (Abb. 7) erweiterte Friedrich II. seine Titulatur in *Romanorum imperator semper augustus Ierusalem et Sicilie rex.* Zudem forderte er von den anwesenden Baronen aus dem Heiligen Land die Lehnshuldigung ein und verlieh so seiner Auffassung Nachdruck, dass aufgrund der Eheschließung mit Isabella nunmehr ihm die königlichen Herrschaftsbefugnisse im Orient zukämen. Damit machte er sich freilich seinen Schwiegervater Johann von Brienne, der seine eigenen Ansprüche brüsk beiseite geschoben sah, zum unversöhnlichen Feind.[39]

Auch die dritte Ehe Friedrichs II. mit Isabella, der Schwester König Heinrichs III. von England, ist auf Initiative des Papstes zustande gekommen; zu ihr hat Gregor IX. dem Kaiser im Anschluss an ihr Treffen im Juni 1234 in Rieti geraten. Dabei hatte die Kurie wohl im Sinn, mit kaiserlicher Hilfe zumindest einen befristeten Ausgleich im englisch-französischen Dauerkonflikt um die Festlandbesitzungen der englischen Krone zu erreichen, der wiederum die Voraussetzung für einen neuerlichen Kreuzzug der abendländischen Christenheit bildete.[40] Der Kaiser zeigte sich bei den Verhandlungen mit dem englischen Hof vor allem an der Mitgift von 30 000 Mark Silber und den Zahlungsmodalitäten interessiert. Sämtliche diesbezügliche Absprachen wurden ebenso wie die Bestimmungen hinsichtlich der Morgengabe im Februar 1235 in London schriftlich niedergelegt.[41] Bei der Gelegenheit wurde Prinzessin Isabella der kaiserlichen Verhandlungsdelegation vorgeführt und „des kaiserlichen Ehebettes in allem für würdig befunden".[42] Unmittelbar darauf fand eine (Fern)Verlobung statt. Sodann wurde die überreich ausgestattete Braut im Mai 1235 von einer standesgemäßen Gesandtschaft eingeholt und über Antwerpen und Köln nach Worms geleitet, wo am 15. Juli die Hochzeit mit großem Aufwand gefeiert wurde (Abb. 8). Den Argwohn, den die englisch-staufische Verbindung bei König Ludwig IX. von Frankreich weckte, suchten Kaiser und Papst mit beschwichtigenden Briefen zu dämpfen.[43]

Die Gemahlinnen Friedrichs II. sind als Herrscherinnen in ganz unterschiedlichem Ausmaß in Erscheinung getreten. Konstanze hat ihrem Mann 1212 dringend von dem abenteuerlichen Unternehmen abgeraten, dem Ruf der Fürsten zu folgen und zur Aufrichtung seiner Königsherrschaft nach Deutschland zu ziehen.[44] Friedrich hat die Reise dennoch angetreten, doch vertraute er seiner Gemahlin für die Zeit seiner Abwesenheit die Regierung Siziliens an. In den folgenden Jahren begegnet sie gemeinsam mit ihrem Sohn König Heinrich (VII.) als Urkundenausstellerin.[45] Von der hohen Wertschätzung, die Friedrich II. seiner ersten Gattin entgegenbrachte, zeugt ihre prunkvolle Grablege im Dom zu Palermo (vgl. S. 29, Abb. 5). Dagegen stand Isabella von Brienne vollkommen im Schatten ihres Gemahls, was sicher auch daran lag, dass sie bei ihrer Vermählung erst 14 Jahre alt war und schon nach 2½-jähriger Ehe kurz nach der

6 Pfalzgraf Otto von Wittelsbach erschlägt Philipp von Schwaben. Miniatur aus der Sächsischen Weltchronik, Norddeutschland, 1. Viertel 14. Jahrhundert, Berlin, Staatsbibliothek Preußischer Kulturbesitz, Ms. germ. fol. 129, fol. 117v

Geburt ihres Sohnes, des späteren Königs Konrad IV., im Kindbett starb. Wie wichtig ihre Person für den Herrschaftsanspruch Friedrichs II. im Heiligen Land war, erkannte der Kaiser an, wenn er das Königreich Jerusalem als *nostrum dotale Ierosolimitanum regnum* und Isabella als dessen *hereditaria domina* bezeichnete.[46]

Auch bei seiner dritten Gemahlin Isabella von England hören wir nirgends von einer Einflussnahme auf politische Entscheidungen des Kaisers. Nach Angaben eines englischen Chronisten soll Friedrich II. sie nach der Hochzeit arabischen Eunuchen zur Bewachung übergeben haben,[47] doch werden hier die Gepflogenheiten am sizilischen Königshof in offenbar phantastischer Verzerrung wiedergegeben. Soweit sich aus zuverlässigeren Quellen ersehen lässt, hat Friedrich gewissenhaft dafür Sorge getragen, dass seine Gemahlin eine standesgemäße Hofhaltung führen konnte.[48]

Pikanterweise war Isabella von England zehn Jahre vor ihrer Heirat mit Friedrich II. als Braut für Heinrich (VII.) ins Auge gefasst worden, den Sohn des Kaisers aus erster Ehe, der im April 1220 zum (Mit)König in Deutschland erhoben worden war. Diese Verbindung hatte 1224/1225 der zum *provisor* des Reichs bestellte Erzbischof Engelbert von Köln einzufädeln versucht – nicht zuletzt wegen der traditionell großen Bedeutung des Englandhandels für seine Bischofsstadt.[49] Gleichzeitig wurde dem jungen Stauferkönig die Heirat mit einer Tochter des Königs von Frankreich, des Königs von Ungarn sowie des Königs von Böhmen angeboten, wobei die präsumtiven Brautväter alle zur Zahlung erheblicher Mitgiftsummen bereit waren. Doch wurden derlei Überlegungen bald hinfällig, denn Kaiser Friedrich II. wollte sich nicht durch ein Ehebündnis in den englisch-französischen Konflikt hineinziehen lassen, der

7 Heirat Friedrichs II. mit Isabella von Brienne; rechts neben der Braut Johann von Brienne, König von Jerusalem. Miniatur aus der Cronica Nuova des Giovanni Villani, 2. Hälfte 13. Jahrhundert, Vatikanstadt, Biblioteca Apostolica Vaticana, Cod. Chigi L VIII 296, fol. 74r

gerade damals wieder zu eskalieren drohte. Vielmehr einigte er sich rasch mit Herzog Leopold VI. von Österreich darauf, dass dessen Tochter Margarete mit Heinrich (VII.) verheiratet werden sollte. Die Hochzeit fand Ende November 1225 in Nürnberg statt.[50]

Als Königin an der Seite Heinrichs (VII.) ist Margarete kaum hervorgetreten, sieht man einmal von ihrer Aachener Krönung im März 1227 ab. Zeitweise trug sich der junge Staufer sogar mit Scheidungsabsichten, u. a. weil die vereinbarte Mitgift auch nach mehrjähriger Ehe noch nicht ausgezahlt worden war.[51] Als Kaiser Friedrich II. seinen Sohn 1235 von der Königsherrschaft absetzte und als Gefangenen mit nach Italien führte, nahm er auch dessen Söhne mit, die am kaiserlichen Hof erzogen wurden; ihre Mutter Margarete blieb in Deutschland zurück.[52] Erst nach dem Tod Heinrichs (VII.) ist sie als Urkundenausstellerin aufgetreten, wobei sie zeitweise den Titel einer Römischen Königin im Siegel führte (Kat.-Nr. II.B.3).[53] 1252 heiratete sie in zweiter Ehe Otakar II. von Böhmen, der nach dem Erlischen des Geschlechtes der Babenberger im Mannesstamm seine Übernahme der Herzogsherrschaft in Österreich dynastisch absichern wollte. Als er hier einigermaßen fest im Sattel saß, hat er Margarete 1261 wieder verstoßen.

Die zweite Exkommunikation Friedrichs II. im März 1239 und sein zunehmend feindseliges Verhältnis zum Papsttum haben den Spielraum seiner dynastischen Politik natürlich eingeschränkt, dennoch gelang es auch weiterhin, hochrangige Eheverbindungen zu arrangieren. Das Verlöbnis seiner Tochter Margarete mit dem jungen thüringischen Landgrafen Hermann II. ist zwar noch 1239 wieder gelöst worden, doch wenige Jahre später wurde sie als Braut für Albrecht, den Sohn Markgraf Heinrichs von Meißen, dem wettinischen Fürstenhof zur Erziehung übergeben. Papst Innozenz IV. ermahnte den Markgrafen vergeblich von Lyon aus, die Stauferin wieder zu ihrem Vater zurückzuschicken, um sein Haus nicht „mit dessen verbrecherischem Blut zu vergiften".[54]

Für den 1237 zum (Mit)König in Deutschland erhobenen Sohn Konrad IV. hat Friedrich II. zunächst beim französischen Königshof um eine Prinzessin geworben;[55] im Herbst 1245 bemühte er sich dann intensiv, aber ergebnislos darum, die Erbtochter des kurz zuvor verstorbenen Grafen Raimund Berengar V. von der Provence als Gemahlin für seinen Sohn zu gewinnen.[56] Schließlich wurde Konrad IV. Anfang September 1246 mit Elisabeth von Bayern verheiratet. Nicht einmal die Absetzung Friedrichs II. auf dem Konzil von Lyon hat den Brautvater Herzog Otto II. von der Verbindung mit dem Stauferhaus abhalten können, obwohl er noch Ende der 1230er Jahre unter dem Einfluss des päpstlichen Sonderbeauftragten Albert Behaim offen gegen den Kaiser gearbeitet hatte.[57] Auch in diesem Fall ließ die Reaktion der Kurie nicht lange auf sich warten: Dem Bayernherzog wurde umgehend die Exkommunikation und das Interdikt über seiner Länder angedroht, falls das Ehebündnis seiner Tochter nicht innerhalb kürzester Zeit widerrufen werde. Zugleich versuchte auch Albert Behaim, den Herzog zu einer Auflösung der *sponsalia* zu bewegen.[58] Dennoch hat Herzog Otto keine Anstalten unternommen, die Verbindung seiner Tochter wieder zu trennen.

Als Konrad IV. im Herbst 1251 nach Italien aufbrach, um sich die Herrschaft über das Königreich Sizilien zu sichern, blieb Elisabeth in Deutschland zurück.[59] Der Staufer betraute in dieser Situation nicht seine Gemahlin mit der stellvertretenden Wahrnehmung der Regierung, sondern seinen Schwiegervater Herzog Otto II. Erst nach dem Tod ihres Gemahls hat Elisabeth Urkunden ausgestellt, führte dabei allerdings nie den Titel einer Römischen Königin, sondern zunächst den einer Königin von Jerusalem und Sizilien; nach ihrer 1259 erfolgten zweiten Eheschließung mit Meinhard II. von Görz-Tirol nannte sie sich *regina et comitissa Goritie ac Tyrolis*.

Nach dem Tod seiner dritten Gemahlin Isabella von England († 1. Dez. 1241) ging Friedrich II. auch für seine eigene Person wieder auf Brautschau. Kurz vor dem Konzil von Lyon 1245 plante er die Heirat mit einer Angehörigen des babenbergischen Herzogshauses, um sich auf diese Weise Erbansprüche für den absehbaren Fall zu sichern, dass Herzog Friedrich II. von Österreich und Steiermark, der Onkel der Braut, kinderlos sterben sollte.[60] In seinen letzten Regierungsjahren scheint sich der Stauferkaiser mit einer Tochter des Herzogs von Sachsen verlobt zu haben.[61]

Abgesehen davon unterhielt Friedrich II. zeit seines Lebens außereheliche Beziehungen, aus denen eine stattliche Nachkommenschaft hervorgegangen ist. Seine langjährige Geliebte Bianca Lancia soll er sogar kurz vor ihrem Tod noch geheiratet haben, um die beiden gemeinsamen Kinder Manfred und Konstanze zu legitimieren.[62] Immerhin wurde Konstanze von Johannes III. Vatatzes, dem Herrscher des byzantinischen Kaiserreiches von Nikaia, als Gemahlin akzeptiert. Die Heirat fand Ende 1240/Anfang 1241 statt und entsprach der gemeinsamen Parteistellung des gebannten Staufers und des griechischen Kaisers gegen die Politik der Kurie, die ihrerseits auf eine Stärkung des von Vatatzes bedrängten Lateinischen Kaiserreichs von Konstantinopel aus war.[63]

8 Heirat Friedrichs II. mit Isabella von England. Miniatur aus der Chronica maiora des Matthew Paris, um 1250, London, British Library, MS Royal 14 C VII, fol. 123v

Für Manfred wurde im April 1247 eine Heirat mit Beatrix, der Tochter des Grafen Amadeus IV. von Savoyen, vereinbart, wobei sich der Kaiser verpflichtete, seinen Sohn mit der Region westlich Pavias bis zu den Alpen sowie dem *regnum Arelatense* auszustatten. Diese Bestimmung sollte offenkundig die territorialpolitische Stellung des Hauses Savoyen in Piemont absichern und konvergiert mit der Maßnahme, dass Friedrich II. Graf Thomas, den Onkel der Braut, im Herbst 1248 zu seinem Stellvertreter im Nordwesten Italiens machte.[64] Dieses Vorgehen ist symptomatisch für das kaiserliche Regiment der späten Herrscherjahre Friedrichs II., der sich damals in Ober- und Mittelitalien angesichts der Anfeindungen seitens der widerspenstigen Kommunen und der Kurie in zunehmendem Maße auf Familienangehörige stützte. Dementsprechend richtete er seine dynastische Politik aus und verheiratete seine illegitimen Kinder als „Preis oder Lohn für die Gefolgschaft italienischer Großer".[65] Eine Tochter (Katharina?) gab er 1247 dem Markgrafen Jakob von Carretto in die Ehe. Im gleichen Jahr ist auch Thomas II. von Aquino, Graf von Acerra, als Schwiegersohn des Kaisers belegt, der 1249 zum Generalkapitän in Spoleto und der Romagna eingesetzt wurde; er war ein Enkel jenes gleichnamigen Grafen, der dem Kaiser jahrzehntelang in leitenden Funktionen gedient hatte. Graf Richard von Caserta wurde mit der Kaisertochter Violante vermählt, auch er ein langjähriger Vertrauter des staufischen Hofes. Ezzelino III. da Romano, Friedrichs wichtigster und energischster Gefolgsmann im Nordosten Italiens, heiratete im Mai 1238 die Kaisertochter Selvaggia. Im selben Jahr vermählte sich Friedrichs illegitimer Sohn Enzo mit Adelasia, der Erbin der sardischen Kleinkönigreiche (Judikate) Torres und Gallura. Dies geschah gegen den ausdrücklichen Willen des Papstes, der die Oberhoheit über Sardinien beanspruchte und den staufischen Territorialerwerb auf der Insel als Exkommunikationsgrund wertete.[66] Davon unbeeindruckt führte Enzo nach der Hochzeit den Titel eines Königs von Torres und Gallura und nannte sich später sogar *rex Sardinie*. 1249 heiratete er in zweiter Ehe eine Nichte Ezzelinos da Romano.[67] Die Gemahlin Friedrichs von Antiochien – auch er ein illegitimer Sohn Friedrichs II. und ebenso wie Enzo mit wichtigen Regierungsfunktionen in Reichsitalien betraut – stammte aus dem mittelitalienischen Adelsgeschlecht der Conti di Poli. Ihr Vater Johannes, ein Neffe Papst Innozenz' III., amtierte mehrfach als römischer Senator und war für den Kaiser als Kontaktperson zum stadtrömischen Adel wichtig.[68]

In der diachronen Perspektive zeigt sich, wie flexibel sich die Staufer in ihrem Heiratsverhalten den jeweiligen Gegebenheiten anpassten. Im Regelfall legte man großen Wert auf standesgleiche Verbindungen, nicht zuletzt aus repräsentativen Gründen: Das Rangdenken der Zeit forderte von Fürsten und Herrschern, dass sich ihr Status in einem entsprechenden Konnubium ausdrückte. Zudem schlug sich dieser Status in der Höhe der Mitgift nieder: Als Kaiser konnte Friedrich II. für seine Heirat mit Isabella von England eine Summe von 30 000 Mark Silber verlangen, und König Heinrich III. hat dies akzeptiert, obwohl er seinen Staatshaushalt damit weidlich strapazierte.[69] Allerdings waren die Staufer durchaus bereit, beim Rang der Ehepartner gewisse Abstriche zu machen, wenn die Heirat einen substanziellen territorialen Gewinn verhieß: So hat Friedrich I. Barbarossa selbst als regierender Kaiser keine Prinzessin aus königlichem Haus zur Frau genommen. Die Erbin der Grafschaft Burgund war in seinen Augen weit attraktiver.

In Krisenzeiten legten die Staufer tendenziell weniger Wert auf standesgleiche Abkunft der Ehepartner, sondern suchten durch Heiratsabsprachen fürstliche Gefolgsleute an ihr Königtum zu binden, betrieben also Herrschaftskonsolidierung (auch) auf dynastischem Wege. Beispielhaft hierfür ist die Heiratspolitik Philipps von Schwaben oder Friedrichs II. in der Spätphase seiner Regierung. Letzterer hat auch seine illegitimen Kinder in diesem Sinne „investiert" – der Makel ihrer unehelichen Geburt hat die Anhänger des Kaisers offenkundig nicht gestört.

1 Acta imperii inedita 1, S. 237, Nr. 261.
2 Seiler 1995, S. 37 – 120; Zotz 2001, S. 429 – 434; Weller 2004, S. 13 – 21; Seibert 2005, S. 13 – 15, 22 – 25; Lorenz 2007, S. 9 – 17, 25 – 28; Legl 2007.
3 Engels 2005, S. 21 – 24; Dendorfer 2005.
4 Wadle 1969, S. 48 – 100; Engels 2005, S. 24 – 31.
5 Zusammenfassend Weller 2004, S. 21 – 46.
6 Jaksch 1888; Weller 2004, S. 47 – 52; Roitner 2004.
7 Vollrath 1977; Hiestand 1993; Weller 2004, S. 57 – 84.
8 Niederkorn 1991; Weller 2004, S. 84 – 90, 792 f.
9 Herkenrath 1986; Locatelli 1992, S. 178 f.; Opll 1998, S. 53 f., 197 f.; Weller 2004, S. 91 – 99.
10 Otto von Freising und Rahewin, Gesta Frederici, lib. II, cap. 48, S. 156.
11 Fössel 2000, S. 377 – 387; Fössel 2006.
12 Kowalski 1913, S. 5 – 8; Goez 2006a; Ziegler 2008a, S. 643 – 646.
13 Kowalski 1913, S. 11 – 21; Kęszycka 1923; Goez 1998a; Görich 2006a.
14 Radulf von Diceto, Ymagines historiarum, S. 270 f. (zu 1178): *… ne quid imperatrici deesset ad gloriam …*
15 Güterbock 1949, S. 63 f.
16 Appelt 1983; Fössel 2000, S. 357 f.
17 MGH D F I. 515; Reg. Imp. 4,2, 2445.
18 Im Detail Weller 2004, S. 99 – 180; siehe auch Assmann 1977. Einzig Margarete, die Gemahlin von Barbarossas viertem Sohn, Pfalzgraf Otto von Burgund, war keine Königstochter. Die Verbindung wurde jedoch erst nach dem Tod des Kaisers geschlossen. Zudem entstammte Margarete immerhin dem Champagner Grafengeschlecht, also aus vornehmstem französischem Adel. Vgl. hierzu Mariotte 1986.
19 Arnold von Lübeck, Chronica Slavorum, lib. III, cap. 2, S. 70 f.; cap. 21, S. 110; Engels 1992, S. 381 – 384.
20 Rassow 1950, S. 72 – 87; Meyer 2002, S. 49 – 66.
21 Otto von St. Blasien, Chronica, cap. 28, S. 39.
22 Hierzu Kölzer 1990; Houben 1992; Csendes 1993, S. 52 – 57; Reuter 1996; Schlichte 2005, S. 265 – 273.
23 Kölzer 1983, S. 26 ff.; Csendes 1993, S. 159 – 163.
24 Zusammenstellung der Quellen bei Toeche 1867, S. 582 f.
25 Zu Konstanzes selbständiger Regierung Kölzer 1983, S. 21 – 25; Stürner 1992, S. 80 – 85; Kölzer 2006c, S. 66 – 71.
26 Zur Person Irenes Schütte 2002, S. 490 – 492; Csendes 2003, S. 27 ff., 35 f., 97, 154, 193 ff.; Weller 2004, S. 155 – 167; Rückert 2006.
27 Walther von der Vogelweide, Spruchlyrik, Erster Philippston [19,5], S. 86. Ferner Gesta episcoporum Halberstadensium, S. 113 f.
28 Chronica Regia Coloniensis, Continuatio II, S. 183 (zu 1208).
29 Zusammenfassend Weller 2010; ferner Schütte 2002, S. 467 f., 534 – 537.
30 Krieb 2000, S. 158 – 162.
31 Keupp 2008.
32 Hucker 1990, S. 96 – 101, 301 f.; Weller 2004, S. 292 – 302.
33 Otto von St. Blasien, Chronica, cap. 51, S. 84 – 86; Arnold von Lübeck, Chronica, lib. VII, cap. 17, S. 289 – 291 (Zitat ebd. S. 291: *pro bono pacis et statu Romani orbis*).
34 Cronica sancti Petri Erfordensis moderna, S. 211 (zu 1212).
35 MGH D Ks. Dep. 70; Hampe 1901, S. 161 – 172; Heinisch 1970, S. 483 – 487; Kamp 1984a, S. 356 f.; Stürner 1992, S. 100, 104 f., 120; Hechelhammer 2008, S. 123 – 125.
36 Stürner 1992, S. 80 – 113; Kölzer 1993b.
37 Acta imperii inedita 1, S. 237, Nr. 261.
38 Heinisch 1970, S. 495 – 497; Stürner 2000, S. 91 f.; Hechelhammer 2004, S. 138 – 142, 172 – 176; Hechelhammer 2008, S. 125 – 127.
39 Böhm 1938, S. 77 – 88; Stürner 2000, S. 96 f., 171 – 174, 178 f.
40 Heinisch 1970, S. 589 f.; Stürner 2000, S. 309; Weiler 2006, S. 60 – 67; Hechelhammer 2008, S. 127 ff.
41 MGH Const. 2, S. 230 – 235, Nr. 188 – 191.
42 Roger von Wendover, Flores historiarum, S. 71 (zu 1235): *… et eam imperiali thoro dignissimam in omnibus iudicassent, …*
43 HB 4, S. 536 f. (Gregor IX. an Ludwig IX., 16. Apr. 1235); ebd. S. 539 f. (Friedrich II. an Ludwig IX., 25. Apr. 1235).
44 Burchard von Ursberg, Chronik, S. 99 f.
45 Stürner 1992, S. 192 – 195; Fössel 2000, S. 364 f.
46 Acta imperii inedita 1, S. 237, Nr. 261 (5. März 1224); HB 2, S. 532 (Jan. 1226); MGH Const. 2, S. 151, Nr. 116 (6. Dez. 1227).
47 Matthaeus Paris, Chronica maiora, S. 131 (zu 1235).
48 Stürner 2000, S. 311 f.
49 Thorau 1998, S. 232 – 245, 253 – 255; Weiler 1999; Weiler 2006, 31 – 33.
50 Zöllner 1966; Hausmann 1974, S. 240 f.; Thorau 1998, S. 255 – 258, 262 f.
51 Konrad von Fabaria, Casuum sancti Galli continuatio, cap. 35, S. 88/90; Stürner 2000, S. 281 f.; Penth 2006, S. 92 f.
52 Zum weiteren Lebensweg Margaretes Penth 2006, S. 95 – 100.
53 Stieldorf 2000, S. 37.
54 MGH Epp. Saec. XIII,2, S. 258 f., Nr. 346: *… vis domum tuam et posteritatem inficere ipsius sanguine scelerato …*; Lutz 1977, S. 205 – 208.
55 HB 6, S. 97 f.
56 Annales Ianuenses, S. 218 f. (zu 1245).
57 Schwertl 1968, S. 20 – 35; Spindler/Kraus 1988, S. 39 – 42; Goez 2006b, S. 151 f.
58 RI 5, Nr. 10175; Albert Behaim, Brief- und Memorialbuch, Nr. 133, S. 475 – 480; Schwertl 1968, S. 36 – 39; Goez 2006b, S. 152.
59 Zum weiteren Lebensweg Elisabeths Goez 2006b, S. 152 – 158.
60 HB 6, S. 273 ff.; Annales Ianuenses, S. 516 f. (zu 1245); Hausmann 1974, S. 268 – 378; Stürner 2000, S. 529.
61 MGH Epp. Saec XIII,2, S. 322 f., Nr. 447 (26. Okt. 1247); Albert von Stade, Annales, S. 371 (zu 1247); Chronica principum Saxoniae, S. 479.
62 Annales Ianuenses, S. 228 (zu 1250); Matthaeus Paris, Chronica maiora, S. 360 f. (zu 1256); Thomas von Pavia, Gesta imperatorum et pontificum, S. 517; Salimbene de Adam, Cronica (b) 1, S. 311 (zu 1247); ebd. 2, S. 535 (zu 1250); Voltmer 1996, S. 460 – 462; Stürner 2000, S. 310; Bordone 2005; Hechelhammer 2008, S. 130.
63 Diehl 1909; Kiesewetter 1999.
64 HB 6, S. 526 – 528; MGH Const. 2, S. 379 f., Nr. 272; Hellmann 1900, S. 174 – 182; Stürner 2000, S. 570, 578 f.; Koller 2007, S. 633.
65 Im folgenden Maschke 1943, S. 109 – 135 (Zitat S. 133); Ohlig 1936, S. 53 f., 109 f.; Stürner 2000, S. 65, 92, 310, 461, 556 f.; Fasoli 1989; Sperle 2001, S. 98 f., 190; Bortolami 2005; Cuozzo 2005.
66 HB 5, S. 287.
67 Schaller 1959; Sperle 2001, S. 120 – 137 und 196 f.; Roversi Monaco 2005.
68 Schaller 1961; Thumser 1995, S. 88 – 92; Sperle 2001, S. 262 – 267; Meriggi 2005.
69 RI 5, Nr. 11189, 11209, 1507, 15069.

Ludger Körntgen

Das Verhältnis der Staufer zu Papst und Kirche

1. Staufer, Papst und Kirche: eine Familienaffäre?

Aus der Perspektive des großen Papstes Innozenz III. ließ sich das Verhältnis zwischen der staufischen Dynastie und der römischen Kirche auf eine Formel bringen: Die Staufer stammten aus dem „Geschlecht der Verfolger", das stets nur Unheil über Papst und Kirche gebracht hatte.[1] Auf den ersten Blick scheint Innozenz damit durchaus ein zentrales Motiv staufischen Selbstbewusstseins zu treffen, verdankten die Staufer doch ihren Aufstieg zum Kaisertum vor allem der Zusammenarbeit und Verwandtschaft mit ihren salischen Vorgängern Heinrich IV. und Heinrich V. Waren die jahrzehntelangen Konflikte Barbarossas und seines Enkels Friedrich II. mit den Päpsten also eine konsequente Fortsetzung des sogenannten Investiturstreits? Lässt sich der Friede von Venedig 1177 als Wiederholung von „Canossa 1077" deuten, und steht die Absetzung Kaiser Friedrichs II. auf dem Konzil von Lyon 1245 in einer Linie mit Bannung und Absetzung Kaiser Heinrichs IV. durch Papst Gregor VII.? Kein Geringerer als Papst Innozenz III. selbst ist als Kronzeuge dafür zu benennen, dass solche Jahrhunderte übergreifende Deutungsschemata wohl für die tagesaktuelle Propaganda taugten, aber nicht viel zum Verständnis der Motive und Bedingungen beitragen, die für das tagespolitische Handeln der mittelalterlichen Akteure ausschlaggebend waren. Denn gut ein Jahrzehnt, nachdem er die Eignung des Staufers Philipp von Schwaben für das Königtum bestritten hatte, zögerte Innozenz nicht, den nächsten Anwärter aus dieser Dynastie, Friedrich II., gegen den inzwischen bedrohlich agierenden Welfen Otto IV. aufzubieten. Diese kurzfristige Neuorientierung päpstlicher Politik ist nur ein Beispiel dafür, dass manche Kontinuitäten und Parallelen, die in langfristiger Perspektive offenkundig erscheinen, unter wechselnden Bedingungen ganz verschiedene Bedeutung und Wirkung erlangen konnten. Im Folgenden sollen deshalb die Konstellationen beschrieben werden, in denen sich über fast zwei Jahrhunderte hinweg das Verhältnis zwischen der staufischen Adels- und Herrscherfamilie und den Päpsten gestaltete und wandelte, sowie die verschiedenen Motive, die in kürzeren oder längerfristigen Zusammenhängen wirksam wurden.

2. Folgen und Überwindung des Investiturstreits

Die dynastische Fundierung der Staufer im salischen Kaisertum stand tatsächlich zunächst unter den Vorzeichen des erbitterten Kampfes der beiden letzten Salier mit dem Reformpapsttum. Als Schwiegersohn Heinrichs IV. und neuer Herzog von Schwaben war Friedrich I. ein wichtiger Helfer des Saliers bei den militärischen Auseinandersetzungen mit den geistlichen und weltlichen Exponenten der gregorianischen Reform im deutschen Südwesten, und seine Söhne Friedrich II. und Konrad I. unterstützten Heinrich V. gegen die fürstliche Opposition. Das bedeutet allerdings nicht, dass die frühen Staufer dem siegreichen Reformpapsttum und seinen Protagonisten in Deutschland langfristig feindlich gegenübergestanden hätten: Schon im Jahr 1102, in der Endphase des Königtums Heinrichs IV., übereignete dessen Enkel Friedrich II. von Schwaben das staufische Hauskloster Lorch an den Reformpapst Paschalis II.[2] und wählte damit die im Zuge der Kirchenreformen etablierte Möglichkeit, einer adeligen Klostergründung größtmögliche Eigenständigkeit und Dauerhaftigkeit zu verleihen, ohne die Rechte der Gründerfamilie aufzugeben. Trotz der grundsätzlichen Loyalität zum Kaiser zählten Friedrich und Konrad zu den Fürsten, die mehr oder weniger ultimativ die letztendliche Kompromissbereitschaft Heinrichs V. herbeiführten. Das „Heinricianum", den kaiserlichen Teil des sogenannten Wormser Konkordats, hat Herzog Friedrich II. als einer der wichtigsten Fürsten unterschrieben.[3]

3. Zusammenarbeit und Abgrenzung: Von Konrad III. zu Friedrich I. Barbarossa

Die von Herzog Friedrich II. erhoffte Wahl zum Nachfolger seines Onkels Heinrich V. wurde nicht vom Papst verhindert; es ist nicht einmal klar, ob der erbitterte Saliergegner im Reichsepiskopat, der Mainzer Erzbischof Adalbert, sich eindeutig gegen den Staufer positionierte. Es waren auch nicht kirchenpolitische Gegensätze, die den Schwabenherzog und seinen Bruder Konrad schon bald in einen Konflikt mit dem neuen König Lothar von Süpplingenburg führten; gestritten wurde vielmehr um das Erbe der Salier. Im Zuge dieser Auseinandersetzungen konnte Konrad, den staufische Anhänger schon 1127 zum Gegenkönig ausgerufen hatten, allerdings von Rangstreitigkeiten zwischen der Mailänder Kirche und dem Papsttum profitieren und sich in der oberitalienischen Metropole zum König von Italien krönen lassen, doch blieb das langfristig ohne Bedeutung. Bald nach der Kaiserkrönung Lothars III. im Jahr 1133 gaben die Staufer ihren Kampf auf, und Konrad agierte als einer der hervorragenden Helfer des Kaisers bei dessen zweitem Italienzug. Anders als Lothars Schwiegersohn, dem forsch auftretenden Welfen Heinrich dem Stolzen, gelang es dem Staufer trotz der in Italien immer wieder aufflammenden Positionsstreitigkeiten zwischen Kaiser und Papst, das Vertrauen kurialer Kreise zu gewinnen. Die überraschende, von einer kleinen Gruppe westdeutscher Fürsten in Gang gesetzte Königswahl Konrads III. nach dem Tod des Kaisers im Jahr 1137 hat man deshalb häufig auf den päpstlichen Legaten Dietwin zurückgeführt, doch dürften regionale Interessen des Trierer Erzbischofs Albero wichtiger gewesen sein als Überlegungen der römischen Kurie. Der Legat nahm wohl deshalb die Königsweihe in Aachen vor, weil der erwählte, aber noch nicht geweihte Kölner Erzbischof diese Zeremonie nicht dem Trierer Amtsbruder überlassen wollte.[4]

Das Königtum Konrads wurde weitgehend von der Konfliktsituation des Anfangs geprägt: Die Kämpfe mit dem bei der Königswahl übergangenen Welfen Heinrich dem Stolzen sowie dessen Bruder und Sohn, Welf VI. und Heinrich dem Löwen, absorbierten Aufmerksamkeit und Ressourcen des Königs, und schließlich verhinderte auch seine Teilnahme am 2. Kreuzzug, dass es zum Italienzug und zur Kaiserkrönung kam. Die Päpste erwarteten unter der doppelten Bedrohung des normannischen, nur formal vom Papsttum lehnsabhängigen Königtums in Süditalien und Sizilien und der um Selbständigkeit gegenüber dem päpstlichen Stadtherrn kämpfenden römischen Kommune vor allem militärischen Schutz vom deutschen König, weshalb Eugen III. dessen Engagement im Heiligen Land ursprünglich abgelehnt hatte. Die erneuerte Kreuzzugsbegeisterung ließ sich aber wie schon in den Jahren nach 1095 nicht vollständig kontrollieren, und vor allem gegen aktuelle Judenpogrome in den rheinischen Städten, die von selbsternannten Kreuzzugspredigern geschürt wurden, trug Bernhard von Clairvaux die offizielle päpstliche Kreuzzugspropaganda schließlich auch nach Deutschland. Die Forschung ist uneins darüber, ob es tatsächlich, wie von den Hagiographen Bernhards vermeldet, eine Speyerer Predigt des wortgewaltigen Zisterziensers war, die den Staufer ohne Rücksicht auf die tagespolitische Agenda zur spontanen Kreuznahme bewogen hat. Dass der gefährlichste Gegner im Reich, Welf VI., sich etwa gleichzeitig zur Kreuzfahrt verpflichtete, deutet wohl doch auf eine ausführlichere Vorbereitung und Absprache;[5] ungeachtet dessen wird man aber nicht in Abrede stellen, dass die Kreuzzugsteilnahme des Königs sich eher einer persönlich empfundenen religiösen Verpflichtung als politischen Nützlichkeitserwägungen verdankt. Die für die Kreuzzugsbewegung typische Verbindung von intensivierter Frömmigkeit, religiöser Heilsversicherung und kriegerischer Bewährung dürfte gerade in der Situation einer europaweit um sich greifenden Kreuzzugsbegeisterung auch für Konrad und seinen Neffen Friedrich, den späteren Kaiser, attraktiv gewesen sein. Der katastrophale Verlauf des Kreuzzugs und eine zwischenzeitliche Erkrankung des Königs ließen dann aber konkrete politische Konsequenzen in den Vordergrund treten: Das eher prekäre Verhältnis des Kreuzfahrers Konrad zu seinem Schwager, dem byzantinischen Kaiser Manuel, wandelte sich zu einem gegen die süditalienischen Normannen gerichteten Bündnis, das den Papst in Aufregung versetzte. Der wollte keinesfalls seine Lehnsherrschaft über das normannische Königtum, so wenig effektiv sie auch war, gegen eine reale Herrschaft von West- und Ostkaiser eintauschen. Es bedurfte komplizierter Absprachen über die kaiserliche Oberherrschaft über Süditalien, die als Mitgift der deutschen Kaiserin von Byzanz, Irene, und später einer für Konrads Sohn Heinrich ausersehenen byzantinischen Braut an den Westkaiser zurückfallen sollte, um zumindest die päpstlichen Vorbehalte gegen ein byzantinisches Engagement in Italien auszuräumen.

Der plötzliche Tod seines schon zum König gewählten Sohnes und bald darauf der Tod Konrads selbst verhinderten, dass diese Absprachen und die vorbereitete Kaiserkrönung realisiert werden konnten. Für den in bemerkenswert kurzer Frist gewählten Nachfolger Friedrich I. Barbarossa hätte sich durchaus die Möglichkeit geboten, die schon weit gediehenen Vorbereitungen zu nutzen und sich umgehend zur Kaiserkrönung nach Rom aufzumachen. Gemäß der Wahlanzeige, die Abt Wibald von Stablo und Corvey an den Papst sandte, haben das vor allem die deutschen Fürsten verhindert, die auf die vorgängige Befriedung des Reichs drängten.[6] Die Verhandlungen zwischen dem neuen König und der Kurie liefen aber ganz in den unter Konrad vorgezeichneten Bahnen: Schon im März 1153 wurden die gegenseitigen Ansprüche und Verpflichtungen im sogenannten Konstanzer Vertrag fixiert. Große Aufmerksamkeit hat die Grundsatzaussage gefunden, nach der sich beide Seiten zur Wahrung der „Ehre“ des Gegenübers verpflichteten. Der Begriff „Ehre“ (*honor*) hat in den aktuellen Forschungsdiskussionen um die personale Herrschafts- und Rangordnung des frühen und hohen Mittelalters besondere Aufmerksamkeit gefunden. Dabei geht es nicht um eine subjektiv empfundene Eigenschaft der Person, sondern um deren objektive Stellung, die mit dem Anspruch auf Achtung von Rang und Würde verbunden ist. Kaiser und Papst verpflichteten sich also darauf, den Rang des jeweils anderen zu wahren; das hat „nichts, wie man früher glaubte, mit einer Demonstration der Gleichrangigkeit von Kaiser und Papst zu tun“,[7] sondern zielte auf Konkreteres: der Papst verband damit auch die Forderung an den künftigen Kaiser, die Regalien des heiligen Petrus, d. h. die Herrschaftsrechte des Papstes im Kirchenstaat, zu wahren. In den weiteren Artikeln geht es deshalb auch darum, „die Italienpolitik des Staufers im Interesse der Kurie als Bedingung für die Kaiserkrönung“ festzulegen:[8] Friedrich musste versprechen, ohne die Zustimmung des Papstes keinen Frieden mit Normannen und Römern zu schließen, und der Papst verpflichtete sich, ggfs. mit eigenen Kräften die Vertreibung der Byzantiner aus Italien zu unterstützen. Eine engere Verbindung zwischen West- und Ostkaiser, die Konrad III. angezielt hatte, blieb in diesem Rahmen möglich; der Papst erlaubte sogar die Auflösung von Barbarossas erster Ehe mit Adela von Vohburg, die wohl die Heirat mit einer byzantinischen Kaisertochter ermöglichen sollte. Im Umfeld der Vereinbarungen legitimierte der Papst auch die von Barbarossa aus verschiedenen Gründen gewünschte oder unterstützte Absetzung von vier deutschen Bischöfen, während die Erhebung des Bischofs Wichmann von Naumburg zum Erzbischof von Magdeburg erst vom nächsten Papst Anastasius IV. akzeptiert wurde.

1 Papst Innozenz II. und Kaiser Lothar III. auf verlorenen Wandbildern im päpstlichen Lateranpalast, frühneuzeitliche Zeichnung in der Handschrift der Biblioteca Apostolica Vaticana, Barb. lat. 2738, fol. 104v–105r

Auch diese Vorgänge zeigen, dass man sich um pragmatische Lösungen und Kompromisse bemühte, um die von beiden Seiten gewünschte Kaiserkrönung möglich zu machen. Umso schwieriger ist zu erklären, dass es bei der ersten persönlichen Begegnung Barbarossas mit einem Papst, die am 8. Juni 1155 auf dem Weg nach Rom im mittelitalienischen Sutri stattfand, zu einem Eklat kam. Gemäß dem Marschall- und Stratordienst sollte der König bei der Begrüßung das Pferd des Papstes, inzwischen Hadrian IV., am Zügel führen und den Steigbügel halten. Nach nicht ganz eindeutig zu verstehenden Überlieferungen hat Barbarossa das gar nicht oder nicht in der erwarteten Form leisten wollen. In einer allgemeineren Perspektive hat man darin ein Ringen um den ersten Platz in der Weltordnung gesehen. Demgegenüber ist zu beachten, dass im Zeremoniell der Begegnung weniger abstrakte Vorstellungen und programmatische Aussagen zur Debatte standen als vielmehr die konkreten Ansprüche und Zuordnungen der Personen. Die wurden in den Ausdrucksformen der symbolischen Kommunikation ausgehandelt und bestätigt. Dabei kam es auf Nuancen der inszenierten Abläufe und deren Verständnis an; vor diesem Hintergrund erscheint der Eklat von Sutri als gescheiterte Kommunikation, als ein Missverständnis, verursacht durch mangelhafte Vorbereitung.[9] Der Papst erwartete den Strator- und Marschalldienst als Bestätigung und Achtung seiner Stellung als Nachfolger des Apostels Petrus und Haupt der Kirche; Barbarossa achtete darauf, dass seine Stellung und die Ehre des Reichs durch die Demutsgeste gegenüber dem Papst nicht geschmälert wurden. Einiges spricht dafür, dass der Ablauf der Begegnung nicht im Detail abgesprochen worden war und dass deshalb beide Seiten in ihren Erwartungen enttäuscht wurden. Unter dieser Voraussetzung wird auch verständlich, dass man sich nach ausführlichen Beratungen auf eine Wiederholung der Begegnung verständigen konnte, deren Ablauf jetzt tatsächlich detailliert abgesprochen und inszeniert wurde, nach dem Vorbild der mehr als zwei Jahrzehnte zurückliegenden Begegnung zwischen Kaiser Lothar III. und Papst Innozenz II.

Dass Barbarossa sehr genau auf die Wahrung seines Anspruchs in Darstellung und Deutung achtete, belegt auch eine Intervention, von der die Gesta Friderici des Rahewin von Freising berichten. Demnach hatte der neue Kaiser selbst verlangt, dass eine Inschrift im päpstlichen Lateranpalast getilgt wurde, die zu einer Darstellung der Kaiserkrönung Lothars III. den Kaiser als „Mann“ (*homo*) des Papstes bezeichnete (Abb. 1).[10] Das mochte zunächst die Unterstützung des Papstes Innozenz II. durch Lothar III. im innerkirchlichen Streit zur Geltung gebracht haben; mit dem „Mann" konnte aber auch der Lehnsmann gemeint sein, und dieses Verständnis wurde brisant im Zusammenhang eines weit gravierenderen Vorfalls, der sich im Oktober 1157 auf einem Hoftag im burgundischen Besançon ereignete. In einem von Legaten überbrachten Brief, mit dem Papst Hadrian IV. gegen die Gefangennahme des Erzbischofs Eskil von Lund protestieren wollte, wurde die Kaiserkrönung als päpstliches *beneficium* ausgewiesen.[11] Das konnte man als „Wohltat" übersetzen, aber auch als „Lehen", wie es der möglicherweise um einen Eklat bemühte Kanzler Rainald von Dassel tat. Dessen Übersetzung des Briefes rief Empörung unter den Fürsten hervor, und nur mühsam konnten die Wogen geglättet und das Verhältnis zwischen Kaiser und Papst – noch einmal – gerettet werden.

Unklar bleibt im Hinblick auf diesen Vorfall vor allem das Verhalten des Papstes: Hatte der tatsächlich nur seine eigene Rolle bei der Krönung als „Wohltat" rhetorisch herausstreichen wollen, wie es in nachträglichen Erläuterungen zu Protokoll gegeben wurde? Oder war es der Kurie darum gegangen, den Kaiser zu provozieren oder zumindest einmal dessen „Schmerzgrenze" auszutesten? Eine bewusste Wortwahl erscheint vor allem dann konsequent, wenn man mit Johannes Laudage annimmt, dass die päpstliche Seite schon zu diesem Zeitpunkt darauf aus gewesen wäre, ein hierokratisches Verständnis der Weltordnung mit dem Papst als der obersten, allein von Gott selbst legitimierten geistlichen und weltlichen Gewalt durchzusetzen.[12] Auch das Kaisertum wäre in einer solchen Ordnungsvorstellung von der Vollgewalt des Papstes abhängig gewesen.

Berufen konnte sich eine solche Deutung auf die seit dem Ende des Investiturstreits unbestrittene Stellung des Papstes als zentraler Autorität der Kirche, aber auch konkreter auf die sogenannte „Konstantinische Schenkung", ein im 8. oder frühen 9. Jahrhundert fabriziertes „Dokument", gemäß dem der erste christliche Kaiser, Konstantin der Große, dem Papst Silvester Rom und die gesamte westliche Hälfte des Imperiums überlassen hatte.[13] Es bleibt allerdings unklar, ob man an der Kurie unter Berufung auf dieses Dokument einen grundsätzlichen Angriff auf die Würde des Kaisers starten wollte. Wenn Barbarossa sich in Reaktion auf den in Besançon verlesenen Papstbrief darauf berief, durch seine Weihe und Salbung von Gott selbst auserwählt und zur Herrschaft berufen zu sein,[14] dann bezog er sich auf die selbstverständliche Tradition der deutschen Königsweihe und der römischen Kaiserkrönung, aber auch auf die vom spätantiken Papst Gelasius formulierte Zwei-Gewalten-Lehre. Unter dem jetzt von der kaiserlichen Kanzlei verwendeten Bild der zwei Schwerter, denen Gott die Lenkung der Welt anvertraut habe,[15] war in den Auseinandersetzungen des Investiturstreits eine kaiserliche Extremposition formuliert worden, die das geistliche, dem Papst und den Bischöfen anvertraute Schwert lediglich als Hilfsmittel zur Unterstützung der weltlichen Herrschaft akzeptieren wollte. In papstnahen Kreisen wiederum entwickelte sich in der ersten Hälfte des 12. Jahrhunderts eine Deutung, die darauf beharrte, dass der heilige Petrus und damit der Papst selbst über beide Schwerter verfüge und das weltliche dem Kaiser als seinem Sachwalter anvertraue. Beide Extrempositionen päpstlichen und kaiserlichen Selbstverständnisses waren unvereinbar, wenn man sie gegeneinander ins Spiel brachte; demgegenüber zeigt Barbarossas Berufung auf die Gleichrangigkeit der beiden Schwerter, dass die gelasianische Tradition weiterhin eine gemeinsame Grundlage bot, auf der man zusammenfinden konnte, auch wenn beide Seiten ihre jeweils verschiedenen Konsequenzen daraus zogen.

4. Ordnungsvorstellungen und persönlicher Konflikt: Friedrich I. Barbarossa und Alexander III.

Die Forschung hat in den vergangenen Jahren gelernt, dass Konflikte im Mittelalter nicht nur im Blick auf konkrete Streitfragen oder unversöhnliche politische Gegensätze zu beurteilen sind, sondern dass auch Verlauf, Mittel und Kommunikationsformen der Auseinandersetzungen eine wichtige Rolle gespielt haben. Einiges spricht dafür, dass auch der jahrzehntelange Konflikt Barbarossas mit Hadrians Nachfolger, Papst Alexander III., nicht die unvermeidliche Folge gegensätzlicher Vorstellungen von der göttlichen Ordnung der Welt war. Zwar kamen Vorstellungen vom jeweiligen Rang in dieser Ordnung auch ins Spiel, wenn man sich über konkrete, schon länger ungeklärte Fragen stritt: über die „Mathildischen Güter", die von der Markgräfin Mathilde von Canossa erst dem Papst, dann dem salischen Kaiser hinterlassenen Besitzungen in Oberitalien, und vor allem über die Petrusregalien. Gegenüber den oberitalienischen Städten hatte Barbarossa seine Verfügungsgewalt über die Regalien, die grundlegenden Herrschaftsrechte in Italien, in der Gesetzgebung von Roncaglia (1158) festgeschrieben und aus dem römischen Kaiserrecht der Spätantike begründet. Diese Regaliendefinition konnte auch die Grundlagen der unabhängigen Herrschaft des Papstes in Rom und im Kirchenstaat in Frage stellen;[16] eine Verständigung über solche ins Grundsätzliche tendierenden Positionen wurde aber auch schon dadurch erschwert, dass der Kaiser die Annäherung der Kurie an das normannische Königtum seit dem Vertrag von Benevent (1156) mit Misstrauen verfolgte, obwohl er selbst nach der Kaiserkrönung den verabredeten Feldzug gegen die Normannen unverrichteter Dinge abgebrochen hatte. In diesem Klima aus ideologischen Gegensätzen, konträren politischen Positionen und persönlichem Misstrauen eskalierte der Konflikt, als Papst Hadrian IV. starb. Die Papstwahl, deren Ablauf kirchenrechtlich immer noch nicht eindeutig geregelt war, brachte keinen Konsens, sondern zwei Gewählte, die um ihr Recht stritten: ein offenkundig vom Kaiser unterstützter Kardinal, der den Papstnamen Viktor IV. annahm, und der Kardinal Roland von S. Marco, jetzt Papst Alexander III., der zuvor zu den Verfechtern einer kompromisslosen päpstlichen Haltung gehört und der sich als Legat in Besançon die Feindschaft des Kaisers zugezogen hatte. Barbarossas Anspruch, in der Nachfolge spätantiker kaiserlicher Praxis ein Konzil zur Entscheidung einzuberufen, wurde nicht nur wegen der offensichtlichen Parteilichkeit des Kaisers, sondern auch unter Berufung auf die traditionell eingeforderte Nichtjudizierbarkeit des Papstes von Alexander und seinen Unterstützern abgelehnt. Das im Wesentlichen von Bischöfen aus dem Imperium besuchte Konzil von Pavia, das dann Viktor IV. als Papst bestätigte, trieb die Eskalation deshalb nur noch voran: Beide Seiten exkommunizierten einander, das Schisma war vollzogen.

Damit hatte der Konflikt seine höchstmögliche Eskalationsstufe erreicht. Entsprechend grundsätzlich gerieten die Ansprüche,

2 Friedrich I. Barbarossa als Kreuzritter, Miniatur aus der Geschichte des ersten Kreuzzuges des Robert de Saint-Remi, 1188/1189, Vatikanstadt, Biblioteca Apostolica Vaticana, Vat. Lat. 2001, fol. 1r

die beide Seiten in der Folgezeit formulierten, um ihre Positionen zu legitimieren und das Recht der jeweils anderen Seite zu bestreiten. Wenn Barbarossa zu diesem Zweck auch auf das spätantike römische Kaiserrecht zurückgriff, dann muss man darin nicht das eigentliche Motiv für seine jahrzehntelange Unversöhnlichkeit sehen. Wichtiger dürfte nach den Überlegungen von Knut Görich das Bewusstsein gewesen sein, die Ehre des Reichs (*honor imperii*) wahren zu müssen, die der Kaiser durch Person und Auftreten Alexanders, des vormaligen Kardinals Roland, beschädigt sah.[17] Dieser wiederum gehörte sicher zu den Vertretern der römischen Kirche, die den gewachsenen Anspruch des Papsttums mit besonderem Nachdruck auch gegenüber dem Kaiser zur Geltung bringen wollten; nach Eintreten des Schismas konnte es ihm aber nicht um die Durchsetzung konsequenter Programme gehen, sondern zunächst einmal darum, seine Stellung mit allen Mitteln zu verteidigen. Dafür war neben dem militärischen Rückhalt bei den Normannen vor allem die Haltung der Kirchen und Könige Westeuropas wichtig, die sich trotz manchem Lavieren und vorübergehenden Annäherungen nie eindeutig auf die Seite des Kaisers und seines Papstes stellten. Barbarossa suchte deshalb die militärische Entscheidung, die im Jahr 1167 greifbar nahe schien, bis sein vor Rom lagerndes Heer durch eine Seuche dezimiert wurde. Zwei Jahre zuvor hatte der Kaiser den Konflikt noch einmal verschärft, als er auf einem Hoftag in Würzburg gemeinsam mit vielen Fürsten mit einem feierlichen Eid bekräftigt hatte, Alexander III. niemals anzuerkennen.

Zum Sinneswandel des Kaisers trugen erst die verheerende Niederlage, die er im Jahr 1176 bei Legnano gegen die oberitalienischen Städte erlitt, und eine schwere Erkrankung bei, die ihn wohl auch um sein Seelenheil fürchten ließ. Trotzdem mussten die Erzbischöfe von Köln und Mainz ihr ganzes Prestige in die Waagschale werfen, um Barbarossa das Einverständnis mit dem Friedensschluss abzuringen, der dann 1177 in Venedig öffentlich vollzogen wurde. Der Kaiser musste als Büßer seine Schuld am Schisma anerkennen, doch blieb es ihm erspart, mit den äußeren Zeichen der Buße, also barfuß und im Büßergewand, vor den so lange bekämpften Gegner zu treten. Erst nach der Wiederaufnahme in die Kirchengemeinschaft und im vollen Ornat seiner kaiserlichen Stellung begegnete er Alexander III., um ihn mit dem Fußkuss anzuerkennen, worauf der Papst dem Kaiser mit dem Friedenskuss die volle Gemeinschaft gewährte.

Mit dem Frieden von Venedig war der erbitterte Konflikt nach 18 Jahren beigelegt, ohne dass man eine konkrete Streitfrage geklärt hatte.[18] Die Frage der „Mathildischen Güter" und die Klärung der zwischen Kaiser und Papst umstrittenen Herrschaftsrechte im Kirchenstaat wurden vertagt und boten auch in den Folgejahren immer wieder Anlass zu Auseinandersetzungen. Zudem schürte die Aussöhnung mit dem normannischen Königtum, eigentlich eine der Forderungen der päpstlichen Seite bei den Verhandlungen vor dem Friedensschluss, päpstliche Sorgen vor einer territorialen Einschnürung in Italien, denn zur Bekräftigung des Bündnisses zwischen den Herrschern wurde Barbarossas Sohn und Thronfolger, der schon zum König gewählte Heinrich VI., mit Konstanze, der Tante des Königs von Sizilien, verheiratet. Weil dieser zum Zeitpunkt der Hochzeit noch keine Nachkommen hatte, besaß Konstanze eine Aussicht auf das Erbe des Königs, doch war noch längst nicht entschieden, ob der Neffe kinderlos bleiben und vor seiner Tante sterben würde.

Ernster als die erneuten Konflikte mit dem Papst gestaltete sich für den Kaiser die Auseinandersetzung mit den Erzbischöfen von Köln und Trier um Personalfragen und territorialpolitische Konkurrenz, bis ein ganz Europa erschütterndes Ereignis auch in dieser Hinsicht eine neue Situation schuf: Der Sultan von Syrien und Ägypten, Saladin, hatte in der Schlacht von Hattin das Heer des Königreichs Jerusalem vernichtet und darauf die im Jahr 1099 von den Kreuzfahrern eroberte Stadt wieder unter muslimische Herrschaft gebracht. Der Papst suchte sofort die Unterstützung der wichtigsten europäischen Herrscher für ein neues Kreuzzugsprojekt, und um auch den Kaiser dafür zu gewinnen, stellte er nicht nur die eigenen politischen Interessen in Italien zurück, sondern nötigte auch die deutschen Erzbischöfe zum Einlenken. Trotz seines fortgeschrittenen Alters muss sich Barbarossa sehr schnell zur Kreuzzugsteilnahme entschlossen haben; neben dem Prestigegewinn eines Kreuzzugs unter kaiserlicher Leitung dürften dem Staufer, der schon als junger Mann am gescheiterten Kreuzzug seines Onkels Konrad III. teilgenommen hatte, auch die religiöse Verpflichtung und das Heilsversprechen des Kreuzzugs vor Augen gestanden haben (Abb. 2).

5. Das Papsttum, Sizilien und das Reich

Der plötzliche Tod des Kaisers nach einem ersten militärischen Erfolg in Kleinasien und der schon ein Jahr zuvor eingetretene Tod des Königs Wilhelm von Sizilien änderten langfristig die Prioritäten des staufisch-päpstlichen Verhältnisses: Der in Deutschland verbliebene Thronfolger Heinrich VI. profitierte zwar noch von den im Vorfeld des Kreuzzugs begonnenen Vorbereitungen, als er im Jahr 1191 von Papst Coelestin III. in Rom zum Kaiser gekrönt wurde; doch sein Anspruch, die Option seiner Gemahlin Konstanze auf das normannische Erbe zu sichern und zugleich die alten Rechte des Imperiums auf Sizilien zu wahren, wurde vom Papst nicht unterstützt. Dem zunächst glücklos agierenden Staufer kam vor allem der Zufall zu Hilfe, der ihm den aus dem Heiligen Land zurückkehrenden englischen König Richard Löwenherz als Schiffbrüchigen in die Hand brachte (Abb. 3). Dessen politisches Einwirken auf die um die Welfen gruppierten Gegner in Deutschland und nicht zuletzt das gigantische Lösegeld des vornehmen Gefangenen bescherten Heinrich den politischen Spielraum und die Mittel, um den Anspruch auf das normannische Erbe in Sizilien und Unteritalien militärisch durchzusetzen.

Harten und letztlich unüberwindlichen Widerstand nicht nur beim Papst fand aber Heinrichs Versuch, die deutschen Fürsten zum Verzicht auf ihr Recht der Königswahl zu bewegen. In diesem Zusammenhang will der Staufer der Kurie ein „höchstes Angebot" vorgelegt haben, wie es zuvor noch kein König dem Papst gemacht habe.[19] Worin dieses Angebot bestanden hat, konnte die Forschung bisher nicht zweifelsfrei klären; kaum weniger umstritten ist das „politische Testament" Heinrichs, das in einer radikalen politischen Kehrtwende der Kaiserin Konstanze und dem kleinen, schon zum König gewählten Sohn des Paares, Friedrich, die Anerkennung der päpstlichen Rechte gegenüber dem Königreich Sizilien und weitgehende territoriale Zugeständnisse an den Kirchenstaat empfiehlt. Überliefert ist kein Original, sondern nur eine Abschrift in der papstnahen Geschichtsschreibung;[20] schon das nährt Zweifel, ob wir es tatsächlich mit dem letzten politischen Willen des Kaisers zu tun haben oder nur mit einem „Verhandlungspapier", das vielleicht sogar das vielberufene „höchste Angebot" darstellte und nachträglich in römischen Kreisen zu einem Testament stilisiert worden wäre.[21]

Dass die politische Lage sich tatsächlich gemäß dem „Testament" Heinrichs entwickelte, war dann die Folge des plötzlichen Todes des Kaisers während der Vorbereitungen zu einem Kreuzzug, zu dem sich Heinrich schon Jahre zuvor gegenüber dem Papst verpflichtet hatte, um den Widerstand der Kurie gegen die staufische Herrschaft über Sizilien zu überwinden. Heinrichs Witwe Konstanze bemühte sich vor allem darum, ihrem Sohn das normannische Erbe zu erhalten. Dazu war sie bereit, die Lehnsherrschaft des Papstes über Sizilien anzuerkennen und auch auf die Vorbehalte der Kurie gegenüber der Verbindung von deutschem und sizilischem Königtum Rücksicht zu nehmen; nachdem Friedrich II. am 17. Mai 1198 mit päpstlicher Zustimmung zum König von Sizilien gekrönt worden war, wurde der dem Staufer eigentlich zustehende römisch-deutsche Königstitel nicht mehr erwähnt. Kurz vor ihrem Tod im November desselben Jahres gab Konstanze ihren erst vierjährigen Sohn sogar in die Vormundschaft des Papstes; das hatte zwar kaum Bedeutung für die Regentschaft in Sizilien und die Erziehung des jungen Friedrich, sicherte aber dessen Stellung zumindest in formaler Hinsicht.

Auf dem Papststuhl saß seit Beginn des Jahres 1198 ein mit etwa 37 Jahren auch für die Zeitgenossen überraschend junger Mann, dessen Pontifikat sich als eine prägende Epoche der Kirchengeschichte erweisen sollte. Kirchenrechtlich gebildet und mit mehreren Kardinälen verwandt, war der italienische Adelssohn Lothar von Segni, der den Papstnamen Innozenz III. annahm, in jeder Hinsicht auf das Amt vorbereitet. Die Handlungsspielräume, die sich aus der unklaren Situation nach dem Tod Heinrichs VI. ergaben, nutzte der neue Papst entschlossen: Eine energisch betriebene Rekuperationspolitik sicherte nicht nur Besitzungen, die dem Patrimonium Petri in den Jahren zuvor entglitten waren, sondern erfasste auch solche Territorien, die nie dazugehört hatten. Im Thronstreit zwischen dem Staufer Philipp von Schwaben und dem Welfen Otto IV. entschied sich der Papst nach Verhandlungen mit beiden Seiten für den Welfen. In einer ausführlichen Prüfung des Für und Wider nach allen Regeln der scholastischen Argumentation, vorgetragen zunächst zur Jahreswende 1200/1201 vor den Kardinälen und dann in der Bulle „Venerabilem" gegenüber der staufischen Partei bekräftigt,[22] leitete der Papst sein Recht auf entscheidende Stellungnahme in dieser Frage zum einen aus der *Translatio imperii* her, der schon seit dem hohen Mittelalter im Zusammenhang geschichtstheologischer und eschatologischer Deutungen verbreiteten, jetzt aber erstmals ausdrücklich zur Legitimation päpstlicher Entscheidungsgewalt herangezogenen Vorstellung, dass das Kaisertum von den Päpsten zum eigenen Wohl auf Karl den Großen und seine Nachfolger übertragen worden sei. Zum anderen berief Innozenz sich auf die jeweilige Krönung des Kaisers durch den Papst. Gegenüber diesen so grundsätzlich und

3 Die Gefangennahme des englischen Königs Richard I. Löwenherz, Miniatur aus dem Liber ad honorem Augusti des Petrus von Eboli, zwischen 1194 und 1197, Bern, Burgerbibliothek, Cod. 120.II, fol. 129r

programmatisch klingenden Aussagen ist allerdings zu bedenken, dass Innozenz damit eine situationsbezogene Entscheidungsgewalt rechtfertigte, die ihm durch die Doppelwahl von 1198 erst zugefallen war. Neben aller programmatischen Rhetorik etwa in Bezug auf Würde und Recht der beiden Kontrahenten ist die Entscheidung für den Welfen auch besonders in der Perspektive der *Utilitas*, des politischen Nutzens, durch die Furcht vor einer staufischen Umklammerung des Kirchenstaates motiviert.

Die dominierende Stellung und Persönlichkeit dieses Papstes am Beginn des 13. Jahrhunderts dürfen auch nicht darüber hinwegtäuschen, dass die Position der Kurie gerade im Hinblick auf die staufische Herrschaft über Sizilien letztlich bis zur Absetzung Friedrichs II. im Jahr 1245 im Grunde defensiv geprägt war. Zwar bemühten sich die Kanonisten der Zeit darum, die päpstliche Gewalt in weltlichen Angelegenheiten immer präziser zu fassen. Demnach war der Papst *ratione peccati*, d. h. mit Rücksicht auf die Sündhaftigkeit des Menschen, zur Kontrolle der weltlichen Herrscher und in letzter Konsequenz auch zu deren Absetzung befugt. Eine unbeschränkte politische Überordnung über Könige und Kaiser oder eine Letztzuständigkeit in politischen Angelegenheiten waren damit aber nicht definiert, oder konkreter gesagt: Ob der Kampf der Staufer um das normannische Erbe oder der Kampf Philipps um das Königtum *ratione peccati* das Eingreifen des Papstes auf sich zogen, hing letztlich davon ab, ob sich der Papst dadurch angegriffen fühlte und das politische Verhalten der Staufer als *peccatum* wertete. Wie groß der Handlungsspielraum dabei war, wurde sichtbar, als Innozenz III. sich nach langem Zögern doch auf Verhandlungen mit Philipp einließ, dessen politische Position in Deutschland immer stärker wurde. Eine Eheverbindung zwischen den Staufern und der Familie des Papstes sollte die Verständigung über die umstrittenen Gebiete in Mittelitalien ermöglichen und damit den seit Barbarossa virulenten Streit beilegen, doch machte die Ermordung Philipps diese Vereinbarung gegenstandslos. Als der so plötzlich seines erfolgreichen Konkurrenten entledigte und bald zum Kaiser gekrönte Otto IV. dann in die Bahnen staufischer Politik einlenkte und seinerseits zur Eroberung Siziliens ansetzte, blieb dem Papst nur noch der Ausweg, die Wahl des Staufers Friedrich II. zum deutschen König zu akzeptieren.

4 Die Grabeskirche in Jerusalem, Foto von 1890

6. Vom Schützling des Papstes zum „Antichrist“: Friedrich II.

Aus dem Abkömmling des „Geschlechts der Verfolger“ war der letzte Verteidiger des Papstes geworden, und der junge König nutzte geschickt die Spielräume, die sich ihm im Verhältnis zu seinem ehemaligen Vormund und dessen Nachfolgern boten. Schritt für Schritt gelang es dem Staufer, entgegen allen beschworenen Abmachungen die Bindungen zwischen dem Reich und Sizilien zu festigen und in wechselnden politischen Situationen jeweils auch die Akzeptanz der Kurie dafür zu gewinnen. Wichtigstes Faustpfand des Königs war dabei der von Innozenz und seinen Nachfolgern dringend gewünschte Kreuzzug, zu dem sich Friedrich schon bei seiner Aachener Krönung im Jahr 1215 verpflichtet hatte, sicher nicht nur aus politischen Erwägungen, sondern auch aus der Verpflichtung heraus, das Erbe seines Vaters und Großvaters anzutreten. Erst als sich das Kreuzzugsprojekt aus mancherlei Gründen, die der Kaiser nicht alle selbst zu verantworten hatte, immer weiter hinzog, nutzte der energische Papst Gregor IX. (1227 – 1241) die Möglichkeiten des Kirchenrechts und exkommunizierte den Kaiser als säumigen Kreuzfahrer. Friedrich sah in dieser Situation nur noch die Chance, den Papst durch einen schnellen Erfolg im Heiligen Land zum Nachgeben zu bewegen, und verständigte sich mit dem ebenfalls politisch bedrängten Sultan al-Kamil von Ägypten auf einen zehnjährigen Waffenstillstand, der den Christen Jerusalem mit Ausnahme der muslimischen Heiligtümer und einige weitere Gebiete einbrachte (Abb. 4).

Der Verzicht auf den Kampf und die Duldung muslimischer Religionsausübung in Jerusalem wurden Gegenstand heftiger propagandistischer Kontroversen mit der Kurie, in denen vor allem der Großmeister des Deutschen Ordens, Hermann von Salza, das Vorgehen des Kaisers verteidigte. Auch eine zwischenzeitliche Verständigung im Vertrag von S. Germano (1230) konnte das grundsätzliche Misstrauen des Papstes nicht ausräumen, das von Friedrichs energischem Auftreten gegenüber der Kirche in Sizilien und den italienischen Herrschaftsansprüchen des Papstes weiter geschürt wurde. Der Versuch des Kaisers, den Sieg über die Lombarden bei Cortenuova (1237) kompromisslos zur Sicherung seiner Herrschaft in Oberitalien auszunützen, brachte den Papst endgültig in ein Bündnis mit den lombardischen Städten sowie Venedig und Genua, das nicht weniger als die Vertreibung des Staufers aus dem Königreich Sizilien zum Ziel hatte. Dazu gehörte nicht nur das inzwischen schon überstrapazierte Kampfmittel der Exkommunikation, sondern eine ausufernde, von beiden Seiten mit nie gekannter Emphase ausgetragene publizistische Kontroverse, die das Bild Friedrichs II. in der Nachwelt nicht unwesentlich beeinflusst hat.

„Es steigt aus dem Meer ein Tier, voll mit den Namen der Lästerung“:[23] Mit diesem Zitat aus der Johannesapokalypse des Neuen Testaments schlug ein päpstliches Rundschreiben das Thema an, das zu einem Leitmotiv antikaiserlicher Propaganda werden sollte: Der Staufer erschien nicht mehr nur als politischer Feind der Kirche, sondern als Gestalt von apokalyptischer Qualität, wurde er doch mit dem Antichrist gleichgesetzt, der nach einer gerade zu Beginn des 13. Jahrhunderts intensivierten Erwartung vor der endgültigen Wiederkunft Christi eine Schreckensherrschaft über die Welt errichten sollte. Kaum weniger radikal waren Vorwürfe, die Friedrich als ungläubigen Ketzer zeichneten und ihm neben anderem den Ausspruch in den Mund legten, mit Christus, Moses und Mohammed sei die Welt drei großen Betrügern aufgesessen. In Verkennung ihres propagandistischen Charakters hat eine Tradition, die in Friedrich schon den Vorläufer aufgeklärter Religionskritik sehen wollte, an solche Verdikte angeknüpft und einen mittelalterlichen Herrscher zum modernen Menschen stilisiert. Der Kaiser selbst reagierte allerdings mit einer immer emphatischeren Berufung auf die göttliche Beauftragung zum Herrscheramt, und in bestimmten rhetorischen Kontexten hat seine Kanzlei jetzt auch die Nähe zwischen dem König als irdischem „Stellvertreter Christi“ und Christus selbst bis an die Grenze zur heilsgeschichtlichen Identifikation ausgespielt.[24]

Nicht nur im Kontext solcher extremen Herrschaftspropaganda erscheint Friedrich als Vertreter eines traditionellen christlichen Herrschaftsverständnisses. Das verband sich freilich im Blick auf Sizilien mit einem intensivierten, rational durchgearbeiteten und sowohl gesetzgeberisch als auch administrativ konsequent umgesetzten herrschaftlichen Zugriff auf Reich und Untertanen, der in der Tradition des deutschen Königtums nicht vorstellbar war. Gemäß der rationalen Klärung und Ausformulierung des eigenen Anspruchs vertrat der Kaiser gegenüber dem Papst einen konsequenten Dualismus von Kirche und Reich, der sich nicht zuletzt darin äußerte, dass Friedrich zwar an die Kardinäle und ein allgemeines Konzil als letzte Entscheidungsinstanz appellierte, aber anders als sein Großvater darauf verzichtete, selbst ein solches einzuberufen oder gar einen Gegenpapst zu installieren. Mit dem auch kanonistisch weiter ausdifferenzierten Anspruch des nachgregorianischen Papsttums, auch vom Kaiser Rechenschaft und Gehorsam fordern zu dürfen, war diese Fortschreibung traditioneller Herrschaftslegitimation nicht zu vereinbaren. Trotzdem ist nicht klar, ob der „Gegensatz in den fundamentalen Fragen der Gesellschaftsordnung“[25] dafür verantwortlich war, dass letzte Verständigungsbemühungen zwischen den beiden Gewalten scheiterten. Denn gerade mit Gregors zweitem Nachfolger Innozenz IV., einem hochgelehrten Kanonisten, konnten erste Vereinbarungen über die Vorbedingungen einer Aussöhnung getroffen werden. Bei der konkreten Umsetzung allerdings wollte keine der beiden Parteien den ersten Schritt tun, und der Papst fürchtete offenbar, ohne letzte Rückversicherung im Bündnis mit den Lombarden dem Machtanspruch des Staufers ausgeliefert zu sein. Dieses schließlich unüberwindbare Misstrauen lässt sich nicht zuletzt aus der langen Konfliktgeschichte und der damit verbundenen, gegenüber der Situation des 12. Jahrhunderts noch einmal gesteigerten Eskalation von Kampfmaßnahmen und Kriegspropaganda erklären; welche Rolle dabei das Bewusstsein gegensätzlicher Vorstellungen vom jeweiligen Platz in der Weltordnung spielte, wird sich wohl nicht mit letzter Gewissheit beurteilen lassen. Nachdem Innozenz sich zum Kampf entschlossen hatte, wurde der endgültige Bruch mit dem Kaiser vor dem Forum eines Konzils in Lyon (1245) in Szene gesetzt. Der Anspruch des Papstes, kraft seiner apostolischen Vollgewalt dem Staufer Kaiserwürde und Königsherrschaft über Sizilien abzusprechen, wurde auf der fast ausschließlich von romanischen Prälaten besuchten Kirchenversammlung nicht in Frage gestellt. Ob sich dieser Anspruch politisch und militärisch durchsetzen ließ, war aber noch längst nicht entschieden, als Friedrich II. im Jahr 1250 starb.

1 RNI, Nr. 29, S. 74 – 91.
2 Die Benediktinerklöster in Baden-Württemberg 1987, S. 370 – 381, 371.
3 MGH Const. 1, Nr. 107.
4 Vgl. Engels 2005, S. 34f.
5 Vgl. Görich 2006b, S. 33.
6 MGH D F I., Nr. 5, S. 9 – 11.
7 Engels 2005, S. 64.
8 Ebd.
9 Vgl. Deutinger 2004.
10 Otto von Freising und Rahewin, Die Taten Friedrichs, lib. III, cap. 12, S. 414 – 417.
11 Otto von Freising und Rahewin, Die Taten Friedrichs, lib. III, cap. 11 (9), S. 410 – 415, 412/413.
12 Vgl. Laudage 1997, S. 89 – 92.
13 Ebd., S. 43 – 57.
14 MGH D F I., Nr. 186, S. 313 – 315; Otto von Freising und Rahewin, Die Taten Friedrichs, lib. III, cap. 13 (11), S. 418 – 421.
15 Otto von Freising und Rahewin, Die Taten Friedrichs, lib. III, cap. 13 (11), S. 420f.
16 Vgl. Laudage 1997, S. 71 – 73 und 91 – 102.
17 Vgl. Görich 2001, S. 179 – 185.
18 Ebd., S. 177f.
19 MGH Const. 1, Nr. 376, S. 524f.
20 Gesta Innocentii III., cap. 27, im Anhang bei Thumser 2006, S. 132f.
21 Vgl. Thumser 2006.
22 RNI, Nr. 29, S. 74 – 91 bzw. Nr. 62, S. 166 – 175; vgl. Stürner 2007, S. 162 – 167.
23 MGH Epp. Saec. XIII,1, S. 646 – 654, 646; vgl. Offenbarung des Johannes 13,1 f. Zum Kontext vgl. Möhring 2000, 209 – 216.
24 Vgl. den Brief an die Bewohner seiner Geburtsstadt Jesi, MGH Const. 2, Nr. 219, S. 304.
25 Stürner 2000, S. 525.

1 Relief mit der Darstellung Friedrichs II. und seiner Söhne Heinrich (VII.) und Konrad IV. vor König David (wahlweise interpretiert als Friedrich I. Barbarossa, der das Zepter an Heinrich VI. weiterreicht, dahinter Friedrich II. u. Konrad IV.), um 1229, Bitonto, Kathedrale, Zugangstreppe zur Kanzel

Anna Laura Trombetti Budriesi

Glanz und Scheitern der Söhne Friedrichs II.

Friedrich II. hatte von seinen drei Frauen sechs Kinder: aus der Ehe mit Konstanze von Aragon, die er 1209 heiratete, ging 1211 Heinrich (VII.) hervor; aus der Ehe mit Isabella Jolanda von Brienne, mit der er sich 1225 vermählte, stammte der 1228 geborene Konrad IV.; Isabella von England, die er 1235 zur Frau nahm, gebar ihm vier Kinder: Margarete (geb. zwischen 1236/1238), Heinrich (auch Carlotto oder Zarlotus genannt) (geb. 1238), Friedrich (geb. zwischen 1239/1240), der jung verstarb, sowie einen weiteren Sohn, der bei der Geburt 1241 starb und dessen Name unbekannt ist. Aus der Verbindung mit Bianca Lancia, mit der Friedrich II. eine langjährige Liebesbeziehung unterhielt und die er kurz vor ihrem Tod (wohl 1248) noch heiratete (einigen Quellen zufolge bereits 1231/1232), stammten drei Kinder: Konstanze (geb. zwischen 1229/1230); Manfred (geb. zwischen 1231/1232) und Violante (geb. zwischen 1228/1232).

Friedrich hatte außerdem mindestens acht weitere, außereheliche Nachkommen, die er alle anerkannte und bei Hof erziehen ließ. Später übertrug er den Söhnen politische Aufgaben, Adelstitel und Lehen und sorgte für die Töchter durch standesgemäße Heiraten. Insgesamt machte er bei der strengen und umfassenden Erziehung keinen Unterschied zwischen seinen ehelichen und außerehelichen Söhnen: alle erhielten eine vielseitige kulturelle Bildung mit besonderem Nachdruck auf Poesie, Naturwissenschaften, Philosophie und körperlicher Ertüchtigung für Krieg und Jagd.

Nicht namentlich bekannt ist die Mutter des ersten unehelichen Sohnes, Friedrich von Pettorano, der zwischen 1212 und 1215 in Sizilien wahrscheinlich von einer sizilischen Adligen geboren wurde. Er wurde nach dem zwischen der Grafschaft Molise und dem Tal von Sulmona gelegenen Abruzzenkastell benannt, das ihm sein Vater mit der Absicht übertrug, diese strategisch wichtige Gegend unter Kontrolle zu halten. Dieser Friedrich starb nach 1240 in Spanien, wohin er sich infolge von Machenschaften gegen seinen Vater, an denen er beteiligt war, geflüchtet hatte.

Salvaza, zwischen 1214 und 1223 geboren, war angeblich die Tochter einer Angehörigen des Hauses Lancia, deren Namen wir nicht kennen; sie heiratete 1238 Ezzelino da Romano und starb noch vor 1244. Mit Sicherheit war die deutsche Adlige Adelheid von Urslingen – möglicherweise die Tochter von Herzog Konrad von Spoleto – die Mutter von Katharina, die zwischen 1214 und 1218 in Deutschland zur Welt kam, und von Enzo (Kurzform von Heinrich), der um 1220 vor der Rückkehr des Vaters ins Regnum nach seinem langen Aufenthalt in Deutschland geboren wurde.

Unzuverlässigen Quellen zufolge soll eine syrische Prinzessin mit Namen Maria die Mutter von Friedrich von Antiochia gewesen sein, der zwischen 1222 und 1225 zur Welt kam; in Wirklichkeit scheint die Mutter dieses Friedrich jedoch aus einer bedeutenden sizilischen Familie „von Antiochia" zu stammen. Manna, die Nichte des mächtigen Erzbischofs von Palermo, Berard von Castagna (oder Castacca), war vielleicht die Mutter des zwischen 1222 und 1225 geboren Richard von Chieti. Von der Cousine Isabellas von Brienne, Anais, auch „Blume von Syrien" genannt, stammt möglicherweise die 1226 geborene Blanchefleur. Und schließlich hatte Friedrich II. mit der schwäbischen Adeligen Richina von Wolfsöden wahrscheinlich die Tochter Margarete, die zwischen 1222 und 1230 geboren wurde. Manche Quellen nennen einen weiteren unehelichen Sohn, Gerhard, dessen Mutter nicht bekannt ist (vgl. S. 20, Abb. 1).

Wir wollen uns zunächst mit dem Geschick der beiden ältesten legitimen Söhne befassen: Heinrich (VII.) und Konrad IV., die gemäß Erbrecht Titel und Herrschaftsgebiete des Kaisers in Deutschland, Italien, Sizilien und Jerusalem erhielten. Wenig weiß man über den dritten Erben, Heinrich Carlotto. Anschließend betrachten wir die unehelichen, politisch an der Seite des Vaters engagierten Söhne Manfred, Friedrich von Antiochia, Enzo und Richard von Chieti. Dabei gehen wir von der allgemeinen Überlegung aus, dass der Kaiser von seinen Söhnen keinerlei Verstoß gegen seine eigene, absolute Autorität akzeptierte. Friedrich II. erachtete sich selbst über das Gesetz und seine Kinder in derselben Weise erhaben wie über seine Untertanen, die gewissermaßen Werkzeuge waren für die Verwirklichung seines politischen Programms. Dies entsprach durchaus dem damaligen Herrschaftsverständnis. Hinzu kam noch eine ausgeprägte persönliche Unnachgiebigkeit, die er bei jeder Regierungshandlung erkennen ließ, welche er getreu seiner Mission als ein unmittelbar von Gott berufener Herrscher der Völker vollbrachte. Vor diesem Hintergrund wird die konfliktträchtige Vater-Sohn-Beziehung mit seinem Erstgeborenen, Heinrich (VII.), verständlich. Dieser wuchs fernab von seinem Vater in Deutschland unter der Führung von Erziehern und Regenten auf und traf – vielleicht wegen seiner im Vergleich zu den Brüdern stärkeren Persönlichkeit – verschiedentlich politische Entscheidungen, die in krassem Gegensatz zu den Direktiven des Vaters standen und die ihm am Ende zum Verhängnis wurden.

Heinrich (VII.)

Heinrich (VII.) erhielt vom Vater, der 1212 Sizilien verließ, um ins Reich nördlich der Alpen zu reisen und dort die deutsche Königskrone zu übernehmen, die Krone des sizilischen Reichs. Die Regentschaft wurde Konstanze übertragen. Im Jahre 1216 holte Friedrich II. nach der im Vorjahr erfolgten Krönung in Aachen seine Gemahlin und den kleinen Heinrich zu sich. Er wollte seinen Sohn zum römisch-deutschen König krönen lassen, was ihm aber erst 1220 beim großen Hoftag in Frankfurt nach vielen Verhandlungen und nicht wenigen Schwierigkeiten gelang. Der Titel sollte die Kontinuität der staufischen Herrschaft in Deutschland garantieren und die Verbindung zwischen dem sizilischen Königreich und dem Imperium erhalten. Um sich für diese Maßnahmen der Loyalität der geistlichen Reichsfürsten zu versichern, machte ihnen Friedrich II. umfangreiche Zugeständnisse bei Hoheitsrechten und anderen wichtigen königlichen Privilegien. Als der Staufer kurz danach Deutschland verließ, um sich in Rom zum Kaiser krönen zu lassen (1220) und nach Sizilien zurückzukehren, wo er wieder Ordnung schaffen wollte, war Heinrich neun Jahre alt. Seine Mutter Konstanze starb zwei Jahre später. Der Junge wuchs umgeben von Getreuen des staufischen Hauses auf, unter ihnen Eberhard von Waldburg, Konrad von Winterstetten, Gerhard von Diez. Als Vormund setzte der Kaiser den Erzbischof von Köln, Engelbert von Berg, ein.

Nachdem Friedrich II. 1225 die Ehe zwischen Heinrich und Margarete, der Tochter des Herzogs Leopold von Österreich, arrangiert hatte, übertrug er nach dem Tod des Kölner Erzbischofs 1226 die Leitung der Regierungsgeschäfte in Deutschland Herzog Ludwig von Bayern – ohne vorab seinen Sohn zu konsultieren. Dies führte zum irreparablen Bruch zwischen Friedrich II. und Heinrich (VII.). Von nun an begann Heinrich eigenständig Entscheidungen zu treffen, unabhängig von den väterlichen Maßgaben.

Die ersten Anzeichen einer ganz persönlichen, in völligem Gegensatz zu seinem Vormund Ludwig stehenden Politik wurden anlässlich der Auseinandersetzungen mit dem bayerischen Herzog selbst und dem Bischof von Straßburg, Berthold, sichtbar, aus denen Heinrich siegreich hervorging. Von 1230 an wurde das Ringen zwischen König und Fürsten des Reichs immer härter. Diesen gelang es 1231, vom König jene Garantien zu erhalten, die Friedrich II. den Kirchenfürsten bereits 1220 zugestanden hatte. Dazu zählte die Bestätigung der Position der *domini terrae*. Außerdem verpflichtete sich der König, die äußerst intensive und von den Fürsten als lästig erachtete Förderung der königlichen Städte einzuschränken, ohne Gegenleistungen dafür zu erhalten. Die Politik Heinrichs wurde vom Vater kritisch beurteilt – trotz gewisser Erfolge, die der junge König vorzuweisen hatte. So gelang es ihm 1231, vom Grafen von Habsburg „Land und Leute" von Uri für das Reich zu erwerben. Damit konnte er die Kontrolle über den Gotthardpass an sich ziehen.

In den Augen des Kaisers war dennoch eine persönliche Zurechtweisung des Sohnes unumgänglich geworden. Dieser erschien jedoch im November 1231 nicht auf dem von Friedrich II. einberufenen Hoftag in Ravenna, an dem zahlreiche deutsche Fürsten trotz der von den lombardischen Städten errichteten Blockaden teilnahmen. Das Zusammentreffen kam dann erst ein Jahr später (1232) in Aquileia und Cividale zustande. Friedrich erkannte zwar die königliche Macht Heinrichs über Deutschland an, verlangte von seinem Sohn jedoch einen Treueid, durch den dieser in demütigender Weise zu strikter Unterordnung unter die kaiserlichen Direktiven verpflichtet wurde. Die deutschen Fürsten wiederum lösten sich vom König und schworen, Friedrich II. zu unterstützen, falls Heinrich das Gelübde brechen würde. Sollte sich Heinrich widersetzen, hätte dies seine Absetzung zur Folge.

Für Heinrich bedeutete das ganz offensichtlich einen wesentlichen Autoritätsverlust und die Beschneidung seines königlichen Entscheidungsrahmens durch den übermächtigen Vater. Dies führte wiederum zu politischen Entscheidungen, die von seiner tiefen Verunsicherung geprägt waren. Vor diesem Hintergrund erklärt sich das widersprüchliche Verhalten gegenüber den Städten ebenso wie der beispielsweise den Bürgern von Worms und Metz gewährte Beistand gegen ihre Bischöfe.

Weiteren Anlass für den Zwist mit dem Vater bot die Frage der Ketzerbekämpfung: Friedrich II. unterstützte die energische Politik des Papstes gegen die Ketzer in Deutschland. Auf diese Weise suchte er sich des päpstlichen Beistands in der lombardischen Frage zu versichern. Heinrich hingegen trat als konsequenter Gegner des Inquisitors, Konrads von Marburg, auf, der nicht zuletzt wegen seiner harten Kompromisslosigkeit 1233 ermordet wurde. In der Folge der militärischen Angriffe Heinrichs auf Gebiete Herzog Ottos von Bayern und gegen den Markgrafen Egino von Urach wandten sich seine Gegner unter Bezugnahme auf den königlichen Schwur von 1232 an den Kaiser. Dieser beschloss daraufhin, die Angelegenheit vor Ort zu regeln.

1235 reiste Friedrich II. daher nach Deutschland, wo er von den Fürsten, die sich Heinrich widersetzt hatten, freundschaftlich empfangen wurde. In Wimpfen wurde Heinrich (VII.) gezwungen, sich seinem Vater zu unterwerfen. Doch auch dieser Akt genügte nicht mehr, um ihn vor den Konsequenzen des Wortbruchs zu bewahren. Da Heinrich (VII.) in Worms nicht auf sein Königsamt verzichten wollte, ließ ihn der Vater gefangen nehmen. 1236 wurde Heinrich in Melfi auf der Burg von S. Fele und später, 1240, im Kastell von Nicastro (in der Nähe von Cosenza) eingekerkert. Während der Überführung in das Kastell von S. Marco beging Heinrich im Februar 1242 bei Martirano wahrscheinlich Selbstmord, indem er sein Pferd in den Abgrund stürzte. Der Vater ließ ihn im Dom von Cosenza beisetzen. Erst hier zeigte er seinen Schmerz über das tragische Ende seines Erstgeborenen.

Die Zeitgenossen brachten kein Verständnis für das Schicksal Heinrichs auf: Seine Missachtung der väterlichen Befehle wurde allgemein verworfen. Auch Papst Gregor IX., der dem Kaiser gewiss nicht freundlich gesinnt war, äußerte sich nicht negativ über das harte Verhalten Friedrichs II. seinem Sohn gegenüber. Was Heinrich nach vielen Jahrhunderten vorgeworfen werden kann, ist eine einseitige Sicht der politischen Ordnung in den weiten, heterogenen friderizianischen Herrschaftsgebieten sowie seine nicht immer weitschauende Betrachtung der deutschen Problematik. Anders als es seine Pflicht gewesen wäre, unterstützte er nicht die kaisertreuen Fürsten, sondern schloss vielmehr Kompromisse mit jenen, die sich später aus territorialpolitischen Gründen als seine Gegner erwiesen. Selbst die Bürger der häufig privilegierten Städte fühlten sich nicht sicher unter der Herrschaft eines Königs, dem es an einer kohärenten Linie fehlte. Zu seiner Rehabilitation sei gesagt, dass es ihm, der weit weg vom Vater und vom Hof aufgewachsen war, nicht leicht gefallen sein muss, die komplexen Gleichgewichte zu begreifen, auf die sich die Herrschaft des staufischen Hauses stützte. Dies gilt schließlich auch für die äußerst schwierigen und stets schwankenden Beziehungen zum Heiligen Stuhl, dessen Haltung sich bei gleichbleibender Feindseligkeit je nach geographischem Kontext und momentaner Interessenlage veränderte.

Konrad IV.

Als Heinrich (VII.) mit 25 Jahren im Regnum gefangen gesetzt wurde, war der Zweitgeborene Konrad IV., der Sohn von Isabella von Brienne, 8 Jahre alt. Die Mutter starb nur wenige Tage nach seiner Geburt. Seine Erziehung wurde dem *miles* Landolfo Caracciolo anvertraut. Konrad hielt sich beim Kaiser in Deutschland auf, als Heinrich (VII.) abgesetzt wurde, und er blieb dort anstelle seines Bruders, obgleich es nicht möglich war, ihm die Krone des Reichs zu übertragen. Zunächst wurde er zum kaiserlichen Vikar ernannt, später dann in Wien zum König der Römer gewählt. Aber die Krönung in Aachen erlangte er nie. Dagegen erhielt er die Krone von Jerusalem über sein Erbrecht und führte den Titel: *Dei gratia Romanorum in regem electus et heres regni Ierusalem*. Der Vater ernannte den Erzbischof von Mainz, Siegfried II. von Eppstein, zum Reichsprokurator. Außerdem stellte Friedrich II. seinem Sohn einen kaisertreuen Regentschaftsrat (*consilium regium*) zur Seite, an dessen Spitze Gottfried von Hohenlohe stand. Dieser führte den jungen König nicht nur in die Regierungsgeschäfte ein, sondern auch in die Hofkultur und vor allem in die Dichtkunst. Friedrich II. ließ seinem Sohn keinerlei Entscheidungsraum, aber Konrad widersprach ihm ohnehin nie (Abb. 1).

Bei einer wenngleich groben Bilanz der Lage des römisch-deutschen Reichs während der Regierungszeit von Friedrichs Zweitgeborenem lässt sich feststellen, dass dieser – nicht ganz ohne Versuche sich zu widersetzen – den Niedergang der staufischen Macht miterlebte: In den Jahren zwischen 1241 und 1251 verlor das staufische Haus in Deutschland praktisch seine Stellung. Dies begann mit dem Einfall in die Wetterau durch die päpstlichen Verbündeten, die Erzbischöfe von Mainz und Köln. Nach der Wahl von Papst Innozenz IV. 1243 verschlechterte sich die Lage weiter: Der Erzbischof von Mainz wurde zum päpstlichen Legaten berufen, und es gelang ihm, den Landgrafen von Thüringen, Heinrich Raspe, auf seine Seite zu ziehen. Unterdessen setzte der Papst alles daran, endgültig mit dem Kaiser zu brechen. Konrad erfuhr in Turin, wohin er sich mit seinem Vater begeben hatte, von dessen Absetzung am 17. Juli 1245 durch das Konzil von Lyon. Danach ließ Papst Innozenz IV. Heinrich Raspe zum Gegenkönig wählen. Hinzu kam der Verrat der Grafen Ulrich von Württemberg und Hartmann von Grüningen, die sich vom König lossagten, als ihnen von der Gegenseite die Macht im Herzogtum Schwaben angeboten wurde. Die von Innozenz IV. dekretierte Absetzung hatte auch Konrads IV. Amtsenthebung als römisch-deutscher König und Herzog von Schwaben zur Folge.

Nach dem Tod Heinrichs Raspe im Jahr 1247 übernahm Wilhelm von Holland die Rolle des Gegenkönigs. Konrad gelang es, dank der Unterstützung des Herzogs von Bayern, dessen Tochter Elisabeth er 1246 geheiratet hatte, seinen deutschen Feinden und dem Papst bedingt Widerstand zu leisten. Als Friedrich II. schon gestorben war – die Nachricht war aber noch nicht bis nach Deutschland vorgedrungen –, wurde Konrad in Regensburg Opfer eines schweren Attentats durch die Ministerialen des Bischofs. Im Januar 1251 erfuhr Konrad vom Tod des Vaters und von seiner Nachfolge in dessen Herrschaftsgebieten. Zu dieser Zeit war bereits der gesamte nördliche Teil des Imperiums verloren. Südlich des Mains war seine Herrschaft nicht mehr fest geschlossen, seine Besitzungen waren verwüstet, der Kreis seiner Anhänger auf einige wenige geschrumpft.

In der Folge seiner Exkommunikation am 13. Dezember 1251 beschloss Konrad, das Zentrum seines politischen Wirkungskreises ins Königreich Sizilien zu verlegen. Zu seinem Stellvertreter in Deutschland ernannte er seinen Schwiegervater, Otto von Bayern. Sodann richtete er in Goito einen Hoftag mit den ghibellinischen Anhängern aus, für dessen Durchführung er sogar Familienbesitz veräußerte. Anschließend wählte er den Seeweg über die Adria und segelte nach Pula an der Küste von Istrien. Dort erwarteten ihn die Galeeren seines Halbbruders Manfred, der zu jenem Zeitpunkt Regent des Königreichs Sizilien war. Nach der Unterwerfung Istriens gelangte Konrad auf dem Seeweg nach Siponto, wo Manfred ihn

2 Widmungsbild in der Manfredbibel, Vatikanstadt, Biblioteca Apostolica Vaticana, Vat. lat. 36, fol. 522v

im Januar 1252 – anscheinend zur Zusammenarbeit bereit – empfing.

Von da an nahm Konrad die Zügel des Königreichs Sizilien energisch in die eigene Hand und stützte sich dabei auf Männer wie den Kanzleinotar Walter von Ocre, den Markgrafen Berthold von Hohenburg und Petrus Ruffus, die Friedrich II. treu geblieben waren. Auf dem im Januar nach Foggia in Apulien einberufenen Hoftag bewies Konrad große Entschlusskraft. So strafte er die Rebellion in Neapel mit der Verlegung der Universität nach Salerno, schaffte die sogenannte *collecta*, eine schwere und ungerechte Steuer, ab und bestätigte die Lehen seines Halbbruders Friedrich von Antiochia. Zu einem tiefen Zerwürfnis kam es gegenüber Manfred und dessen Familie. Wahrscheinlich als Folge der Ernennung des Markgrafen Manfred Lancia zum Podestà von Mailand – was Konrad IV. als Verrat ansah – verstieß er alle Mitglieder der Familie Lancia aus dem Reich. In der Absicht seine Stellung in Mittel- und Norditalien zu festigen, schloss er Abkommen mit den Ghibellinen und verbündete sich insbesondere mit Uberto Pallavicini. In Deutschland nahm Konrad die Verhandlungen mit Wilhelm von Holland wieder auf und versuchte – mit Erfolg – den Prozess zu verzögern, den der Papst gegen ihn angestrengt hatte. Seine insgesamt markanten Initiativen wurden von einer Krankheit unterbrochen – möglicherweise ein erneuter Ausbruch von Malaria-Fieber –, an der Konrad IV. am 21. Mai 1254 verstarb. Man dachte zunächst, Manfred habe ihn vergiften lassen, aber es gab keine Beweise dafür. In seinem Testament bestimmte Konrad IV. seinen ehelichen Sohn Konradin zum Nachfolger (er hatte auch einen unehelichen Sohn mit demselben Namen) und übertrug die Reichsverwaltung bis zur Volljährigkeit seines Erben dem getreuen Berthold von Hohenburg (Kat.-Nr. II.A.13).

Als Herrscher fehlte es Konrad nicht an Energie und Initiative, die er in besonders kritischen Augenblicken und Bereichen sowohl im Deutschland der vierziger und fünfziger Jahre des 13. Jahrhunderts entfaltete als auch in den Regionen Oberitalien und Sizilien zeigte, die sich nach dem Tode Friedrichs II. in einer tiefen Krise befanden. Es wurde ihm ein ausschweifendes Leben nachgesagt; vor allem soll er viel getrunken haben. Diese Anschuldigungen gehören jedoch in den clichéhaften Rahmen der anti-imperialen Propaganda, deren Opfer auch der Vater und Manfred wurden. Gegenüber Friedrich II. und dessen Politik war Konrad zweifelsohne loyal, ebenso wie er geschickt und tapfer war im Krieg und seine Freunde und Verbündeten wohl zu wählen wusste. Er hatte sofort begriffen, dass eine Zusammenarbeit mit dem Halbbruder Manfred, der ihm von Anfang an feindlich gesinnt war, nicht möglich sein würde.

Heinrich (Carlotto)

Nur wenig wissen wir über den dritten legitimen Erben, Heinrich (Carlotto), der 1254 im Alter von 16 Jahren starb. Friedrich II. hatte die Geburt 1238 seinem Schwager Richard von Cornwall als ein überaus gutes Zeichen, als Verkündung künftigen Glanzes für das Reich mitgeteilt. Seit 1247 trug das Kind den Königstitel (von Sizilien?).

Manfred

Als Friedrich II. im Dezember 1250 starb, fühlte sich der 18-jährige Manfred, der infolge der Heirat seiner Mutter Bianca Lancia mit seinem Vater legitimiert (von der Kurie allerdings nicht anerkannt) wurde, als Erbe der väterlichen Herrschaft, obwohl er kein Thronfolger war. Laut Testament stand er erst an dritter Stelle nach den beiden überlebenden ehelichen Söhnen Konrad und Heinrich (Carlotto). Über seine Erziehung wissen wir mehr als über die der anderen Kinder des Kaisers. Manfred selbst berichtet, dass er in Philosophie und Theologie unterwiesen wurde, dass er die Universitäten von Paris und Bologna besucht und diesen nach seiner Ernennung zum König Übersetzungen philosophischer Werke zugesandt hatte. Wie auch die anderen außerehelichen, an der Seite des Vaters engagierten Söhne (Friedrich von Antiochia, Enzo und Richard von Chieti) stand Manfred dem Kaiser sehr nahe, vor allem in Zeiten bedeutender politischer und militärischer Aktivität in Mittel- und Norditalien im Kampf gegen die Kommunen der zweiten Lombardischen Liga.

Mit dem Vater hatte er die Leidenschaft für die Falkenjagd gemein, die *ars venandi cum avibus*. Während der Belagerung von Parma (1248) war er mit dem Kaiser zusammen in der Nähe des Feldlagers mit den Falken auf Jagd gegangen. Während ihrer Abwesenheit hatten die Parmenser die Zeltstadt zerstört, geplündert und den gesamten Kronschatz einschließlich der Krone und der wertvollen Kodices geraubt, die Friedrich II. stets mit sich führte, darunter möglicherweise auch das berühmte Falkenbuch, das der Kaiser selbst verfasst hatte.

Wenige Monate nach dieser Niederlage, die den Kaiser tief getroffen hatte, heiratete Manfred Beatrix, die Tochter des Grafen Amadeus von Savoyen. Zu diesem Anlass wurde er mit der westlichen Lombardei und dem Königreich von Arles belehnt. Seine Herrschaftsgebiete stellten das Verbindungsglied zwischen dem italienischen und dem deutschen Königreich dar, welches sein Halbbruder Konrad IV. nicht ohne Schwierigkeiten regierte. Nach dem Tod des Vaters verfügte Manfred – nach Mitteilung an den Erben Konrad IV. – die Bestattung des Vaters in der Kathedrale von Palermo. Manfred hatte von Friedrich II. – die im Testament bestätigte – Schenkung des Fürstentums Tarent mit den Grafschaften Tricario, Montescaglioso und Gravina sowie die Herrschaft über Monte S. Angelo erhalten. Er wurde damit zum mächtigsten Fürsten des sizilischen Reichs. Außerdem wurde er für den Fall der Abwesenheit Konrads IV. zum Regent (*balius*) in Italien und im Reich ernannt. Nach Friedrichs Tod nahm Manfred die Zügel des Königreichs Sizilien fest in die Hand, wo er sich mit aufständischen Lehnsherren und Städten auseinandersetzen musste.

Nachdem es ihm gelungen war, unmittelbar vor dem Eintreffen seines Bruders Konrad IV. im Königreich die Rebellionen in Neapel und Capua sowie die der Grafen von Caserta und Aquino niederzuschlagen, musste er die Verbindung zu seinem Halbbruder drastisch abbrechen. Als Konrad die Lancia aus dem Reich vertrieb, flüchteten diese zu Konstanze, Manfreds Schwester und Frau des Kaisers von Nicäa, Johannes Vatatzes. Konrad verlangte daraufhin, dass ihm die Verwandten ausgeliefert werden sollten, was die Kluft zwischen den Halbbrüdern weiter vertiefte. Das Problem löste sich

3 Manfred wird in Palermo zum König von Sizilien gekrönt (1258), Miniatur aus der Cronica Nuova des Giovanni Villani, 2. Hälfte 13. Jahrhundert, Vatikanstadt, Biblioteca Apostolica Vaticana, Cod. Chigi L VIII 296, fol. 85r

durch den vorzeitigen Tod Konrads IV. 1254. Entgegen der Testamentsverfügung Konrads IV., übernahm Manfred die Regentschaft, stieß damit aber auf heftigen Widerstand beim Papst. Im Blick auf die Rechte der Kirche im Königreich forderte dieser, dass ihm das Vikariat über das Königreich Sizilien übertragen werde. Als Innozenz IV. 1254 bei Ceprano ins Königreich einzog, um einen Hoftag in Capua zu leiten, musste Manfred dem Papst gezwungenermaßen huldigen und die Zügel des Pferdes halten. Die Situation war höchst brisant und konnte erst mit Waffengewalt gelöst werden. Dank der entscheidenden Intervention der sarazenischen Getreuen von Lucera, die Manfred militärisch unterstützten und ihm den Kaiserschatz übergaben, ging dieser zunächst als Sieger hervor. Am 2. Dezember 1254 hob er das von Papsttruppen besetzte Foggia aus und zwang den päpstlichen Legaten und Berthold von Hohenburg zum Rückzug aus der Capitanata. Wenige Tage später starb Innozenz IV. in Neapel, und sein schwacher Nachfolger Alexander VI. unterstützte umsonst die Kandidatur von Edmund von England für den sizilischen Thron. Der vom Papst gegen Manfred unter der Führung des Legaten Kardinal Ottaviano Ubaldini und des Markgrafen von Hohenburg inszenierte Feldzug scheiterte; die Papsttruppen mussten Apulien verlassen. Heinrich von Abate, der das westliche Sizilien beherrschte, brachte 1256 Palermo wieder an sich und nahm Rufino, den Kommandanten der päpstlichen Truppen gefangen.

Nachdem die Kontrolle über das Reich wieder hergestellt war, wurde Manfred am 10. August 1258 in Palermo gekrönt (Abb. 3). Da Manfred noch exkommuniziert war, wurde die Königssalbung nicht vom zuständigen Erzbischof, sondern von Rainald, dem Erzbischof von Agrigent, vorgenommen. Die Krönung erfolgte durch die Erzbischöfe von Salerno, Acerenza und Monreale im Beisein des Bischofs von Sorrent und des Abts von Montecassino sowie dessen engsten Ratgebern (Richard von Caserta, Thomas von Aquino [Graf von Acerra], Galvano und Federico Lancia). Über sie alle verhängte der Papst die Exkommunikation. Durch die feierliche Krönung wurde der endgültige Bruch zwischen Manfred und dem rechtmäßigen Thronerben Konradin festgeschrieben, was auch die Beziehung zum Heiligen Stuhl weiter erschwerte.

Die zweite Eheschließung des Königs von Sizilien mit Helena, der Tochter des Despoten von Epirus, Michael II. Angelos, fand wahrscheinlich 1259 statt. Aus Manfreds erster Ehe war die Tochter Konstanze hervorgegangen, die 1262 Peter III. von Aragon heiratete. Aufgrund dieser verwandtschaftlichen Beziehung erhob Peter Anspruch auf das Erbe des Königreichs (Sizilianische Vesper). In der Absicht, neue Unterstützung von außen zu erhalten, schloss sich der König den Ghibellinen in Rom, Siena, Fermo und Jesi an. Er verständigte sich mit Genua und Venedig, was ihn die Unterstützung Pisas kostete. Sich der Treue des Königreichs sicher, erließ Manfred 1259 neue Gesetze zur Verwaltungsreform und überführte das Archiv nach Melfi. Außerdem bestätigte er alle vom Vater erteilten Privilegien und versuchte, Gesetzeswidrigkeiten und Korruption auszumerzen. Er umgab sich mit tüchtigen und vertrauenswürdigen Personen, sodass nicht zuletzt seine Gegner ihm zugestehen mussten, dass er gerecht und im Interesse der Friedenswahrung im Reich regierte. Im Jahre 1263 gründete er an der Stelle des verseuchten Siponto die Stadt Manfredonia am Fuß des Gargano.

Trotz seiner umsichtigen Politik und zahlreicher Erfolge musste Manfred sich schließlich der Kirche beugen: 1263 erneuerte Papst Urban IV. den Kirchenbann. Sein Ziel war die Beseitigung der staufischen Herrschaft im Königreich – ein uraltes Problem, das mit der Heirat von Konstanze von Hauteville und Heinrich VI. seinen Anfang genommen hatte. Vor diesem Hintergrund hatte der Papst zunächst die sizilische Krone Ludwig IX. von Frankreich angeboten, damit dieser sie einem seiner Söhne übergeben würde. Nachdem Ludwig das Angebot ausgeschlagen hatte, nahm Urban IV. Kontakt zu dessen Bruder, Karl von Anjou, auf und unterbreitete ihm denselben Vorschlag.

Die Versuche Manfreds, den Anjou in Marseille und den Papst in Rom, Orvieto und Perugia mit Waffengewalt zu schlagen, verliefen ergebnislos. Andererseits erwiesen sich die Bemühungen des Heiligen Stuhls, Karl von Anjou endgültig in die Angelegenheiten des sizilischen Reichs zu involvieren, als sehr komplex. Erst 1265 unterzeichnete Karl eine ihm genehme Formulierung, nach der der Papst sich verpflichtete, Manfred unter Kontrolle zu halten, und versicherte, dass die Reichsfrage mit Waffengewalt gelöst werden würde. Die Wahl des Franzosen Clemens IV. zum Papst beschleunigte die Durchführung der Vereinbarung: Karl von Anjou landete am 20. Mai 1265 in Ostia, ohne auf Widerstand zu stoßen, und wurde im Januar 1266 zum König von Sizilien gekrönt.

Manfred widersetzte sich heftig mit rhetorischen Angriffen und Waffengewalt. In einem am 24. Mai 1265 an die Römer übersandten Manifest forderte er diese auf, den Anjou zu verjagen. Er konzentrierte sein Heer auf Capua in der Hoffnung, den Feind aufzuhalten und zu schwächen. Die entscheidende Schlacht fand bei Benevent statt: Als die ersten beiden Linien des staufischen Heeres geschlagen waren, warf sich Manfred persönlich in die Schlacht. Aber die Großen des Reichs weigerten sich, ihm zu folgen. Im Stich gelassen wurde er getötet und vom Gegner unter einem Steinhaufen auf der Brücke begraben, die nach Benevent führte. Später ließ der Erzbischof von Cosenza ihn exhumieren und am Ufer des Flusses Liri bestatten. Der Hass, den Manfred auf sich geladen hatte, übertrug sich nun auf seine Familie: Karl von Anjou nahm die Witwe Helena und ihre Kinder, Heinrich, Friedrich, Ansolino und Beatrix gefangen. Helena starb in Gefangenschaft; dasselbe Schicksal ereilte viele Jahre später zwei der drei Söhne, während Beatrix 1284 fliehen konnte.

Die Zeitgenossen beurteilten Manfred als Politiker und Krieger in recht unterschiedlicher Weise: mit den Beschreibungen, die sein gutes Aussehen hervorhoben (wie beispielsweise Saba Malaspina und nach diesem Dante in Inferno III. 107: „Schön war er und blond und angenehmen anzusehen"), stimmten die Urteile über sein politisches Verhalten nicht immer überein, und dies ist auch nicht verwunderlich angesichts der bereits erwähnten antistaufischen Propaganda der Kirche (Abb. 2). Diejenigen, die seine Talente hervorhoben, wurden übertönt von anderen, die ihn als engherzig, hinterlistig, hochmütig und habgierig beschrieben, als Epikuräer, Ehebrecher und Mörder seines Vaters. In Wirklichkeit war Manfred eine vielseitig begabte Gestalt, ein umsichtiger Herrscher. Er war äußerst gebildet, hatte weitreichende Interessen wie z. B. Mathematik, Naturwissenschaften, Philosophie, Astrologie, Theologie. Und schließlich war es sein Verdienst, dass die beiden ersten Bücher des von Friedrich II. verfassten Falknerei-Traktats *De arte venandi cum avibus* kopiert und mit wunderbaren Miniaturen ausgeschmückt wurden (Biblioteca Apostolica Vaticana, Cod. Pal. lat. 1071) (Abb. 4 und vgl. S. 379, Abb. 4 und S. 380, Abb. 5).

Enzo

Als sich Manfred gemeinsam mit dem Vater während der unseligen Belagerung von Parma in Vittoria aufhielt, kämpften andere uneheliche Söhne Friedrichs II. für die Sache des Kaisers: Heinrich, eher unter der Kurzform Enzo bekannt, und Friedrich von Antiochia (beide im Abstand von zwei Jahren von einer deutschen bzw. sizilischen Adeligen geboren) und auch der etwas jüngere Richard von Chieti. Enzo war vielleicht der Sohn, der Friedrich am meisten glich: schön, tapfer, gebildet. Um 1220 von Adelheid von Urslingen geboren (aus dieser Verbindung stammt auch die Tochter Katharina, die 1247 den Markgrafen Jakob von Carretta heiratete und dann als Witwe ihre letzten Lebensjahre in Bologna in der Nähe des dort gefangen gehaltenen Bruders verbrachte), wurde Enzo zusammen mit den anderen ehelichen und unehelichen Kindern Friedrichs II. am Hof erzogen. Bis zum Jahr 1238, als er vom Vater zum Ritter geschlagen wurde, berichten die Quellen nichts über ihn. In jenem Jahr wurde er auch von Friedrich legitimiert, was ihn jedoch nicht in die Thronfolge einschloss; Friedrich erwähnte weder ihn noch Manfred (dessen Mutter Friedrich II. noch geheiratet hatte) im Testament, das von der Kurie zudem nicht anerkannt wurde. Noch 1238 wurde Enzo nach Sardinien geschickt, um dort die Erbin der Kleinkönigreiche (Judikate) Torres und Gallura, die Witwe von Ubaldo Visconti, Adelasia von Lacon Gunale, zu heiraten. Die Eheschließung wurde vom Papst stark angefeindet, der den getreuen Guelfo von Porcari als Ehemann für die Königin vorgesehen hatte. Enzo und Adelasia wurden daraufhin exkommuniziert, sodass Friedrich II., der die Beziehungen zu Pisa bereinigen und den Papst nicht übermäßig verbittern wollte, Enzo auf das Festland zurückholte. Enzos Ehe dauerte kaum mehr als zehn Monate. Trotzdem führte er weiterhin den Titel „König von Gallura und Torres" oder auch „König von Sardinien" und ließ sich durch Vertrauensmänner über die Anliegen der Judikate informieren. Ihres Besitzes beraubt, zog Adelasia sich auf die Burg Gocéano zurück, wo sie auch starb. Um ihre Figur als verlassene und beraubte Frau rankten sich vielerlei Legenden, die im Wesentlichen den Spross Friedrichs II. verurteilten, mit dem Adelasia keine Kinder hatte.

Im Jahr 1239 wurde Enzo zum *legatus totius Italiae* ernannt – ein wahrhaftiges *alter ego* des Kaisers im nördlichen Teil des Reichs. Friedrich II., der Enzo große Lehen in der Gegend der Lunigiana und Garfagnana übertrug (die er ihm allerdings später wieder abnahm), betrachtete den Sohn als sein Ebenbild. Er war ein geschickter Krieger und erzielte an der Spitze des kaiserlichen Heeres, schonungslos sich selbst gegenüber, beachtliche Erfolge. Unter den vielen siegreichen Feldzügen sei hier die Schlacht um die Insel Giglio erwähnt, während der Genueser Schiffe gekapert wurden, die die von Papst Gregor IX. einberufenen Kardinäle nach Rom bringen sollten. Auf einem eigens anberaumten Konzil sollte der Entschluss zur Absetzung des Kaisers gefasst werden. In der Folge der Niederlage des Kaisers bei Vittoria, wo Enzo nicht anwesend war, übernahm dieser das Amt des Podestà der getreuen Stadt Cremona. Dort schlug er auch sein Quartier auf und heiratete ein Jahr später eine Nichte von Ezzelino da Romano, nachdem die Ehe mit Adelasia vom Papst annulliert worden war. 1249 fiel Enzo in Fossalto bei Modena während eines Scharmützels am Ufer des kleinen Flusses Tiepido bei der Brücke Sant'Ambrogio den Bolognesern in die

4 König Manfred als Falkner, Miniatur im Falkenbuch (*De arte venandi cum avibus*) Friedrichs II. mit Ergänzungen von Manfred, nach 1258, Vatikanstadt, Biblioteca Apostolica Vaticana, Pal. Lat. 1071, fol. 5v

Hände. Er hatte sich mit dem kaiserlichen Heer dorthin begeben, um dem Bündnispartner Modena zu helfen. Die Bologneser nahmen bei dieser Gelegenheit hunderte von deutschen Rittern gefangen, die allerdings später gegen Lösegeld freigelassen wurden. Dies galt nicht für Enzo: Er musste eine jahrelange Gefangenschaft im Palazzo Nuovo der Kommune (heute Palazzo di Re Enzo) durchstehen und starb dort 1272 infolge einer Krankheit (Abb. 5). Enzo wurde zum Symbol für das von einer kommunalen Gemeinschaft in einen Käfig gesperrte Imperium.

Als Friedrich II. die Nachricht von der Gefangennahme des geliebten Sohns erfuhr, wandte er sich an die Bologneser, umwarb sie erst, um sie dann zu bedrohen. Aber er konnte die Freilassung Enzos nicht erwirken. Die Halbbrüder hingegen unternahmen nichts für die Freilassung, nachdem der Kaiser gestorben war. Enzo überlebte – wenn auch eingekerkert – das Ende der Staufer-Dynastie. Und da er sich als rechtmäßiger, zur Erblassung befugter Nachfolger Friedrichs fühlte, verfügte er in einem mutigen, kurz vor seinem Tod abgefassten Testament über die Königreiche und das Imperium. Er bestimmte darin seine Verwandten König Alfons X. von Kastilien und Landgraf Friedrich II. von Thüringen sowie seine Enkel Enrico und Ugolino della Gherardesca (Kinder von Enzos Tochter Helena, der Frau des Guelfo della Gherardesca) als Erben.

Während seiner dreiundzwanzig Jahre dauernden Gefangenschaft kam Enzo (der mindestens noch zwei weitere Töchter, Magdalena und Konstanze, und einen Sohn Heinrich hatte) in Kontakt mit der gebildeten Schicht Bolognas. Da er über ausreichend persönliche Mittel und Bücher verfügte, befasste er sich mit der französischen Übersetzung des Falknereitraktats des Moamin, den sein Vater mit der Hilfe von Theodor von Antiochia aus dem Arabischen ins Lateinische hatte übertragen lassen (vgl. S. 286, Abb. 3). Er ließ auch die sechs Bücher des väterlichen Traktats *De arte venandi cum avibus* (Bologna, Biblioteca Universitaria, ms. lat. 717, Kat.-Nr. VI.C.20) kopieren. Sein dichterisches Talent bezeugen einige bemerkenswerte Werke. Seine zentrale Stellung in Bologna für die Kultur des friderizianischen Hofes ist von herausragendem Interesse. Zahlreiche Aspekte dieser ausgesprochen fruchtbaren Gefangenschaft sind erst in den letzten Jahren zutage getreten. Enzo wurde nach einer standesgemäßen Trauerfeier, die von den versöhnten Bolognesern ausgerichtet worden war, in der Basilika von S. Domenico begraben.

Friedrich von Antiochia

Auch Friedrich von Antiochia war eine facettenreiche Persönlichkeit, ein geschickter Politiker, trotz einer leichten körperlichen Behinderung ein tapferer Krieger und ein begabter Dichter. Sein Name erscheint in den Quellen erstmals 1240, als er bereits mit Margarete von Poli verheiratet war, der Großenkelin Papst Innozenz' III. und Tochter des Johannes von Poli. Dieser gehörte dem papstfeindlichen römischen Adel an, welcher Friedrichs II. besondere Aufmerksamkeit genoss. Friedrich von Antiochia verfügte auch dank der Erbschaft seiner Frau über einen umfangreichen Besitz, der sich über weite Gebiete in Latium und in den Abbruz-

5 Der geschlagene Enzo wird von den Bolognesern gefangen genommen (1249), Miniatur aus der Cronica Nuova des Giovanni Villani, 2. Hälfte 13. Jahrhundert, Vatikanstadt, Biblioteca Apostolica Vaticana, Cod. Chigi L VIII 296, fol. 82v

zen erstreckte. 1245 wurde er in Cremona vom Kaiser zum Ritter geschlagen und verteidigte – wie Enzo – die kaiserlichen Anliegen im Kampf gegen die Kommunen. Zwischen 1245 und 1250 war er Generalvikar der Toskana. Von 1246 bis 1250 bekleidete er auch das Amt des Podestà von Florenz, wo er zusammen mit Manente degli Uberti (dem „Farinata" bei Dante, Inferno X) schonungslos gegen seine Feinde vorging. Die Quellen dieser Jahre nennen ihn König.

Zu seinen militärischen Erfolgen gehört die Eroberung der belagerten und nach langer Hungersnot zur Aufgabe gezwungenen Stadt Viterbo. In Florenz siegte er über die Guelfen, die die Stadt nach einem heftigen Kampf besetzt hatten. Nach dem Tod seines Vaters konnte Friedrich von Antiochia jedoch weder der Lage in der Toskana Herr werden, noch den Abstieg des Ghibellinentums verhindern. Er genoss das Wohlwollen des legitimen Nachfolgers Friedrichs II., Konrads IV., zog es dann aber vor, Manfred zu unterstützen, was ihm die Verbannung aus dem Reich einbrachte. Nach dem Tode Konrads IV. (1254) suchte er gemeinsam mit Manfred die Annäherung an Innozenz IV. Die langen Gespräche, die sie mit dem Papst führten, hatten allerdings am Ende die Exkommunikation der beiden Staufer zur Folge.

Friedrich von Antiochia unterstützte weiterhin Manfred bei seinen Feldzügen in Apulien gegen das päpstliche Heer unter der Führung von Ottaviano Ubaldini und erreichte selbst die Kapitulation von Foggia (1255). Wenige Monate später starb er. Sein gesamter Besitz ging an seinen Sohn Konrad über, der das Werk des Vaters fortführte. Wie seine Geschwister war auch Friedrich gebildet und widmete sich der Dichtkunst. Von manchen Kritikern wird er als außerordentlich begabt bezeichnet.

Richard

Sehr spärlich sind die Quellenberichte über Richard, den Friedrich II. 1245 im Alter von ungefähr zwanzig Jahren zum Grafen von Chieti erhob und dem er 1247 das Amt des Generalvikars der Mark Ancona und des Herzogtums Spoleto übertrug. Im selben

Jahr trat Richard in der siegreichen Schlacht bei Terni an der Spitze des Reichsheeres gegen die Papsttruppen unter Ugo Novello auf. 1248 errang er bei Civitanova Marche erneut einen Sieg über Ugo Novello, dem sich die Verschwörer Pandolfo di Fasanella und Giacomo di Morra angeschlossen hatten. Er starb 1249, ein Jahr vor seinem Vater.

Die Töchter Friedrichs II.

Von den Töchtern Friedrichs II. sprechen wir im Zusammenhang mit ihren Heiraten: Margarete, die Tochter Isabellas von England, wurde 1254 mit dem Markgrafen Albert von Meißen verheiratet und starb 1270. Konstanze, die Tochter von Bianca Lancia, wurde 1241 dem Kaiser von Nicäa, Johann III. Vatatzes, zur Frau gegeben. Diese Heirat, die Friedrichs II. 1229 begonnene Politik im Osten krönte, wurde von Papst Innozenz IV. heftig angegriffen. Er beschuldigte Vatatzes als Häretiker und Schismatiker. Nach dem Tod ihres Mannes 1254 war Konstanze in der Folge der Missgeschicke in der väterlichen Familie sowie in der Familie Lancia und der komplexen Umstände in Benevent gezwungen, zu Karl von Anjou ins Exil zu gehen. Sie starb in hohem Alter (zwischen 1307 und 1313) in einem Kloster in Valencia. Ihre Schwester Violante heiratete vor 1246 den Grafen Richard von Caserta und starb nach 1264. Friedrichs uneheliche Tochter Salvaza heiratete 1238 Ezzelino da Romano und starb vor 1244. Die ebenfalls uneheliche Tochter Margarete, deren Mutter möglicherweise Richina von Wolfsöden war, ehelichte 1247 den Grafen von Acerra, Thomas von Aquino, und starb 1297/1298. Von Blanchefleur wissen wir lediglich, dass sie 1279 in Frankreich im Kloster von Montargis verstarb.

Über alle ehelichen wie unehelichen Söhne und Töchter Friedrichs II. brach – freilich in unterschiedlicher Weise – das tragische Schicksal herein, das die *unio regni ad imperium* kennzeichnete. Es begann mit der Ernennung Heinrichs VI. – des römisch-deutschen Königs und Kaisers – zum König von Sizilien infolge seiner Heirat mit Konstanze, der posthum geborenen Erbin Rogers II. Die damit ausgelöste „Vereinigung der Reiche" bestimmte jahrzehntelang das Ringen um die Gleichgewichte in Mitteleuropa, Italien und Sizilien ebenso wie die Politik des Heiligen Stuhls. Dieses Ereignis stand am Anfang einer in der mittelalterlichen Geschichte Europas besonders komplexen, reichhaltigen und anregenden Epoche – für das Herrschaftsverständnis ebenso wie für die Rechtskultur, die Literatur und die Wissenschaften.[1]

Aus dem Italienischen übersetzt von Dorothee Wolff Bascone

[1] Weiterführende Literatur: Allgemein: Schirrmacher 1871; Maschke 1943, Morghen 1963; Baaken 1972; Ausst.-Kat. Stuttgart 1977; Ausst.-Kat. Stuttgart 1979; Friedrich II., De arte venandi (a); Antonelli 1994; Pispisa 1994; Ausst.-Kat. Rom 1995; Dunbabin 1998. – Zu Friedrich II.: Stürner 2009. – Zu Heinrich (VII.): Goez 1998b; Thorau 1998; Hillen 1999; Heinrich (VII.) 2001; Stürner 2005 – Zu Konrad IV.: Zeller 1907; Hartmann 1944; Zinsmaier 1952; Baaken 1983; Eibl 1989; Schaller 1980a; Koller 2005a. – Zu Manfred: Pispisa 1991; Pispisa 1995; Bordone 1992; Carozzi 2000; Zielinski 1990; Koller 2005b. – Zu Enzo: Sperle 2001; Pini/Trombetti Budriesi 2001; Ausst.-Kat. Bologna 2000; Roversi Monaco 2005; Calenda 2005. – Zu Friedrich von Antiochia: Ridola 1886; Voltmer 1995; Sperle 2001; Meriggi 2005. –Zu Konstanze/Anna: Meliarakes 1898; Diehl 1908, Borghese 2005.

Italien: Vorbild und Faszination III.

1 Giotto di Bondone, Grablegung, um 1305, Padua, Capella degli Scrovegni (Arenakapelle)

Salvatore Settis

Ostentatio potentiae, doctrina antiquitatis: Die Antike und die „arte nuova", zwischen 1230 – 1260*

Erinnerung an die Antike: Wie äußert sie sich, wie entsteht sie, wie ist sie in der mittelalterlichen Kunst und später dann in der Kunst der Frührenaissance verwurzelt? Betrachten wir dazu gleich ein sehr berühmtes Beispiel, die Grablegung von Giotto in der Scrovegni-Kapelle (Arena-Kapelle) in Padua (ca. 1305) (Abb. 1). Hier verwendete Giotto für den heiligen Johannes die unvergessliche, ausdrucksvolle Geste der Verzweiflung: beide Arme sind heftig nach hinten geworfen. Jene Geste hatte für Giotto und seine Werkstatt zweifellos große Bedeutung und wurde zu einer „Pathosformel" des künstlerischen Repertoires. Beweis dafür ist, dass sie sich auf einigen anderen seiner Gemälde wiederholt. So kommt in der Tat ein paar Jahre später genau diese Geste zweimal in der Unterkirche von Assisi vor: bei der Darstellung einer der klagenden Frauen in der *Kreuzigung* und im *Bethlehemitischen Kindermord*, wo die Szene ähnlich wie in der Arena-Kapelle wieder auftaucht, ergänzt um einige Personen, darunter auch jener mit der beschriebenen „neuen" Geste.[1]

Bereits 1904 gab der berühmte Autor der „Einfachen Formen", André Jolles, der in jenen Jahren Aby Warburg sehr nahe stand, als „Quelle" für Giottos neue Geste einen antiken römischen Sarkophag mit dem Relief vom Tod des Meleager an (ca. 180 v. Chr.), der sich heute in der Sammlung Torno in Mailand befindet. Im Mittelalter hat er wahrscheinlich in einer Florentiner Kirche eine Wiederverwendung gefunden (Abb. 2).[2] Wie bei einigen anderen Sarkophagen identischer Ausführung ist Meleager auf dem Totenbett dargestellt, umgeben von klagenden Frauen, von denen eine genau jene Geste ausführt, die Giotto tausend Jahre später in seiner Malerei wieder aufgreifen sollte. Der Hinweis von Jolles war für lange Zeit in Vergessenheit geraten, bis ihn Erwin Panofsky – ohne den außerordentlichen Vortrag Jolles' zu zitieren bzw. ohne wahrscheinlich von ihm Kenntnis zu haben – in seinem Werk „Early Netherlandish Painting", 1953 wieder aufgriff.[3] Seitdem ist die Geste zu einem *locus classicus* für die Studien über die Umsetzungen der Antike in der „neuen" Kunst (*arte nuova*) geworden.

Jolles zitierte aber auch einen noch sehr viel älteren Fall das eigentliche Vorbild dieser Geste der Verzweiflung in der europäischen nachantiken Kunst: ein Kanzelrelief im Sieneser Dom von Nicola Pisano (ca. 1265), das ungefähr vierzig Jahre vor Giotto liegt (Abb. 3).[4] Wie in Assisi handelt es sich um die Darstellung eines *Bethlehemitischen Kindermordes,* in dem die große ausdrucksvolle, aus der antiken Kunst übernommene Geste den *ploratus et ululatus multus* der Mütter darstellen will, den Matthäus (2,18) – Jeremias (31,15) zitierend – hervorhebt. Es handelt sich – und das möchte ich hier betonen – um eine äußerst charakteristische, äußerst konventionelle Geste, die im Jahrtausend, das zwischen den römischen Sarkophagen und Nicola Pisano liegt, nie verwendet wurde. Wir können daher sicher sein, dass das Wiederauftauchen jener Geste in der Toskana durch die Wiederverwendung einer „spezifischen" Quelle bedingt war: Es handelt sich dabei sehr wahrscheinlich um den Sarkophag der Sammlung Torno, wenngleich auch ein anderer, sehr ähnlicher Sarkophag, der sich heute in Wilton House, Wiltshire befindet, im Mittelalter in Rom in der Kirche S. Angelo in Pescheria Wiederverwendung gefunden hatte. Giotto könnte jene Bildformel von Nicola oder direkt von dem Sarkophag übernommen haben. Die Verwendung der antiken „Quelle" steht in jedem Fall außer Zweifel.

In dieser klaren „Ableitung von der Antike" sehen wir die Verkörperung desselben Prozesses, den Giorgio Vasari in Bezug auf einen anderen Sarkophag beschrieb: den mit Phaedra und Hippolyt, der heute noch in Pisa zu sehen ist (Abb. 4), wo ihn sowohl Nicola Pisano als auch Vasari (der sich dabei übrigens in der Bezeichnung der Dargestellten irrte) gesehen hatten:

„Nun waren unter den vielen antiken Marmortrümmern, welche das Kriegsheer der Pisaner erbeutet hatte, einige Marmorsarkophage […], darunter ein vor allen köstlich, an welchem man die Jagd des Meleager auf den calydonischen Eber in sehr schöner Weise ausgehauen sah; denn Zeichnung und Ausführung der nackten Gestalten, sowohl als der bekleideten, waren daran aufs vollkommenste und mit größter Kunstfertigkeit gearbeitet. Dieser Sarkophag […] diente für den Leichnam der Mutter der Gräfin Mathilde […]. Niccola beachtete die Schönheit dieses Werkes, und da es ihm besonders wohlgefiel, wandte er großes Studium und viel Fleiß auf, diese und einige andere gute Skulpturen jener antiken Marmorsarkophag nachzuahmen; wodurch er bald als der beste Bildhauer seiner Zeit gerühmt wurde."[5]

Die Pisaner Kanzel von Nicola (ca. 1260) weist mehr als eine „Ableitung" von jenem „besonders köstlichen Sarkophag" auf. Der Text Vasaris liefert in der Tat ein lange Zeit gültiges interpretatives Paradigma zur Beschreibung der Beziehung zwischen den Künstlern und ihren antiken Modellen, das dann von der kunsthistorischen Forschung im 19. und 20. Jahrhundert wieder entdeckt und komplexer ausgestaltet wurde. Schon bei Vasari gründete sich

2 Tod des Meleager auf einem antik-römischen Sarkophag, 180 v. Chr., Mailand, Sammlung Torno

3 Nicola Pisano, Bethlemitischer Kindermord, um 1265, Siena, Dom, Kanzel

dieses Paradigma auf: 1. die herausragende Qualität der antiken Modelle; 2. ihre Zugänglichkeit für den Künstler; 3. eine bewusste Auswahl seinerseits (*ein* Sarkophag unter *vielen*); und 4. schließlich auf sein „Studium und Fleiß", das Modell zu wiederholen, was mit dem Schlüsselbegriff *Nachahmung* zusammengefasst werden kann. Es ist wichtig darauf hinzuweisen, dass wir in diesem Leit-Text in erster Linie die wiederverwendeten Sarkophage finden: dann versteht man auch, weshalb Jolles sagen konnte, dass „die Renaissance ihre Wiege in einem Grab hatte".[6]

Derselbe Prozess kann, bezogen auf Künstler des Mittelalters bzw. der Renaissance, auch aus anderer Sicht beschrieben werden, d. h. als *Erneuerung des Motivrepertoires*. Einen weiteren klassischen Fall zitierend könnten wir sagen, dass Raphael sein eigenes Bildrepertoire erneuerte, indem er von einem römischen Sarkophag mit der Grabtragung des Meleager, die große, ausdrucksvolle Geste des Todes, nämlich den leblos herabhängenden Arm des Christus, übernommen und auf dem Altarbild in der Galleria Borghese (1507) wiedergegeben hatte.[7] Der einst im Sciarra-Palast befindliche Sarkophag ist allerdings nicht unbedingt der von Raphael als Vorlage benutzte. Zu seiner Zeit gab es in Rom wenigstens drei desselben Typus. Er ist jedoch von großer Bedeutung, da sich aufzeigen lässt, dass eben dieser Sarkophag Hauptgegenstand eines berühmten Absatzes in *De Pictura* von Leon Battista Alberti ist:

„Berühmt ist in Rom eine Darstellung, in welcher der getragene, tote Meleager auf jenen schwer lastet, die das Gewicht tragen, und jedes einzelne seiner Glieder erscheint wirklich tot: Alles hängt herab, Hände, Finger und Haupt. Alles fällt kraftlos, was den Zustand eines toten Körpers ausdrückt; dies darzustellen ist gewiss sehr schwer, und wer an einem Körper jedes Glied so leblos darzustellen weiß, ist ein hervorragender Künstler."[8]

Auch Alberti – wie später Vasari – erkannte im antiken Relief ein Modell, das für die „modernen" Künstler als normativ zu gelten hatte. Die künstlerische Praxis (Nicola, Giotto, Raphael), die Traktatliteratur (Alberti) und die Geschichtsschreibung (Vasari) lenken alle zusammen unsere Aufmerksamkeit auf diese wesentliche Verknüpfung.

4 Hippolyt vor Phaedra, Relief auf einem antik-römischen Sarkophag, Pisa, Camposanto

Ganz schematisch könnte man also sagen, dass a) die Künstlerwerkstätten in Rom mit einem Basis-Repertorium arbeiteten, dessen Formelreichtum auch ihren Auftraggebern und ihrem Publikum bekannt wäre; b) viele Elemente dieses Repertoriums gerieten für mehr oder weniger lange Zeiträume in Vergessenheit, manchmal von der Spätantike bis zum Spätmittelalter oder bis zur Frührenaissance; c) auch die Künstler des Mittelalters und der Renaissance arbeiteten mit einem Basis-Repertorium, das u.a. Elemente einschließen konnte, die seit der Antike ununterbrochen verwendet wurden. Allerdings reifte in besonderen historischen Situationen (in unseren Beispielen: bei Nicola Pisano, Giotto und Raphael) ein Gefühl der Unzulänglichkeit des eigenen Repertoriums und gleichzeitig für die Qualität und die Wirkung des antiken Repertoriums. Charakteristische Merkmale aus der antiken Kunst wurden also von den Künstlern entliehen, wiederverwendet und angepasst; wie Vasari sagte, um „bei allen Mühen ungeheuer großen Vorteil" daraus zu ziehen.[9]

Die antiken Sarkophage wurden häufig in mittelalterlichen Kirchen als Prunk-Grabstätten wiederverwendet. Dies ist der Fall bei einem Sarkophag mit dem Raub der Proserpina, der in Aachen für Karl den Großen wieder benutzt wurde, oder der oben erwähnte Sarkophag der Phaedra, der in Pisa Wiederverwendung für Beatrix von Canossa fand. Diese in den Kirchen an gut sichtbaren Stellen platzierten Sarkophage boten sich schon von selbst als eine Art latentes oder potentielles Repertorium an, das nur darauf wartete von den „neuen" Künstlern übernommen, verstanden und „reaktiviert" zu werden. Dass Kompositions-Merkmale, Gesten und Entwürfe eines bestimmten Sarkophags zu einem zwar vergessenen, aber durchaus wieder verwendbaren Bildrepertoire gehörten, konnte dann deutlicher werden, wenn mehr als ein ähnliches Relief zu sehen war – und dies vor allem in derselben Stadt. So konnte zum Beispiel ein Künstler, der wenigstens zwei von drei der in Rom vorhandenen Sarkophage mit dem „Begräbnis des Meleager" gesehen hatte, gar nicht umhin, die Wiederholung von stereotypen, identischen Formeln zu erkennen, die gerade deshalb zur Nachahmung einluden. Und in eben dieser Weise erneuerte sich das Repertorium zwischen dem 13. und dem 16. Jahrhundert unter Rückgriff auf die Antike. So wie aus einem neuen klassischen Text, der in einer Klosterbibliothek aufgetaucht war, neue Vokabeln und neue Kunstgriffe für die Rede abgeleitet werden konnten, so konnte ein in einer Kirche entdeckter Sarkophag (im Sinne von L. B. Alberti) neue, der eigenen Komposition hinzuzufügende Glieder suggerieren. Große und sehr ausgefeilte, Jahrhunderte lang vergessene Ausdrucksgesten wurden auf diese Weise aufgegriffen und in einem vollständig anderen Kontext wiederverwendet, vom Heidnischen ins Christliche umgesetzt, wobei aber die Ausdrucksweise der menschlichen Leidenschaften als identisch galt.

Bei diesen beiden Beispielen – wie bei anderen, die man nach Belieben ausdehnen könnte – haben wir es mit zwei historisch unterschiedlichen und gleichzeitig miteinander verflochtenen Fragen zu tun: 1. aus welchen Gründen und auf welche Weise jene antiken Reliefs an einem gewissen Punkt zum Modell geworden sind; 2. wann, mit welchen Mechanismen und weshalb die Künstler begonnen haben aus antiken Sarkophagen Formen und Schemata „herauszuschneiden" und sie zu reaktivierten, indem sie sie in einen neuen Kontext stellten und damit die eigene Kunst mit der antiken Kunst verbanden. Dies sind keine irrelevanten Fragen, wenn es richtig ist, dass laut Cennino Cennini gerade durch diesen Prozess sich „die Kunst des Malens vom Griechischen (= Byzantinischen) ins Lateinische verwandelte und zum Modernen führte".[10] Wie wenig offensichtlich aber dieser Prozess ist, und wie notwendig es ist, Gründe und Zeiträume dafür zu hinterfragen, zeigt uns eine einfache Überlegung: der Sarkophag von Phaedra und Hippolyt, den Vasari zurecht als Modell für Nicola Pisano angab, wurde für die Grabstätte der Beatrix von Canossa 1076 an gut sichtbarer Stelle im Dom von Pisa wiederverwendet. Doch keiner der zahlreichen Bildhauer oder Maler, die in Pisa wirkten, hatte je vor Nicola Pisano 1259 – 1260 die Idee „Vorteil daraus zu ziehen". Kurz gesagt, fast zwei Jahrhunderte lang betrachtete sicher kein Künstler jenen Sarkophag, obwohl er doch so gut sichtbar war.

Und dennoch gab es gerade in Pisa, mehr als in anderen Städten – Rom eingeschlossen – Dutzende römischer Sarkophage, die für Prunk-Grabstätten wiederverwendet worden waren. Die Pisaner Bildhauer ließen es sich nicht nehmen, einzelne Motive und dekorative Partituren daraus zu kopieren, wie zum Beispiel beim Taufbecken von Calci (Ende 12. Jahrhundert). Dort wurde von einem damals im Dom (heute Camposanto) wiederverwendeten Sarkophag die Arkadengliederung übernommen. Die Engel mit ausgebreiteten Flügeln in den Nischen des Beckens geben die Sirenen des Sarkophags wieder. Jene an den Außenseiten blasen das Horn wie die beiden Tritonen in entsprechender Position auf dem Sakrophag. Diese und andere Kopien bzw. Übernahmen von der antiken Kunst beschränkten sich auf das Ornamentale; übertrugen vereinzelte Elemente ohne jedoch die formale Substanz zu erfassen; blieben auf einer Stufe stehen, die dann Nicola Pisano als Erster überschreiten sollte. Er leitete damit einen Prozess ein, der mit Giotto von der Bildhauerei zur Malerei übergehend in das mündet, was wir gewöhnlich als „Renaissance" bezeichnen (im Sinn von „Wiedererstehen der Antike" in den bildenden Künsten).

In einer radikalen Wendung übernahm Nicola vom antiken Modell nicht etwa den ornamentalen Rahmen, sondern die formale Substanz. Die Wiederverwendung von antiken Kompositionen und Formeln setzt die Indifferenz gegenüber dem Sujet der Vorlage voraus und sucht vielmehr bewusst nach Formen, die der eigenen Kunst zum Vorteil gereichen können. Sie konzentriert sich auf eine „gezielte" Auswahl der antiken Vorbilder, die vor der Wiederverwendung „gefiltert" und auf formale Aspekte reduziert werden. Woher kommt zum Beispiel die „herakleische" Figur (Abb. 5) auf der Pisaner Kanzel von Nicola? Lange Zeit hat man vergeblich nach der „Quelle" in irgendeinem Sarkophag mit Herkules-Szenen gesucht[11] Aber in Pisa hat es nie welche gegeben. Nicolas Modell muss vielmehr die Figur des Hippolyt des bei Vasari genannten Sarkophages gewesen sein (Abb. 3): ein natürlich vollkommen assimiliertes, „verdautes" und in robuste, plastische Formen umgestaltetes Modell, das dann in einer sozusagen „antikeren als der antiken" Fassung neu vorgelegt wurde.

Trotz der langen Tradition der Wiederverwendung von Antiken gab es in Pisa vor Nicola nichts Vergleichbares. Nichts Ähnliches zum Beispiel an der Kanzel des Guglielmo im Dom, die hundert Jahre zuvor entstanden ist (1159 – 1162), die 1312 in das zu Pisa gehörige Cagliari verbannt worden war, um Platz zu machen für die „modernere" von Giovanni Pisano, Nicolas Sohn. Die Inschrift

5 Nicola Pisano, Personifikation der Fortitudo, um 1260, Pisa, Baptisterium, Kanzel

auf der pisanischen Kanzel von Nicola lobt die „gelehrte Hand" (*tam bene docta manus*) ihres Künstlers,[12] mit einer Terminologie, die den häufigen und (selbst)lobenden Topos des Künstlers als gelehrt (*doctus*) wiederholt.[13] Unterschiede und Bedeutungsnuancen zwischen diesen verschiedenen Beispielen werden nur durch den Kontext ersichtlich, so bei den Cosmaten, wo das Beharren auf der *doctrina* begleitet wird von dem Beharren auf die staatliche Zugehörigkeit (*magistri doctissimi Romani*). Das impliziert nicht nur ein Vertrautsein mit Rom, sondern auch mit den Steinen, mit dem Marmor seiner Ruinen sowie mit dem bequemen Zugang zu den Trümmern, aus denen kostbare Marmorteile entnommen werden konnten. Auch die *doctrina* Nicolas' muss ähnlich, durch den Kontext definiert werden, und zwar vor allem vor dem Pisaner Hintergrund.

In der künstlerischen Tradition Pisas vor Nicola gibt es jedoch trotz der Menge von Sarkophagen um den Dom und trotz zwar außergewöhnlicher aber sporadischer Beispiele für den Blick auf die Antike (wie beim Taufbecken von Calci) keinerlei kontinuierliche Studien der antiken Kunst. Das wurde allerdings allzu häufig vermutet, fast aus einer wörtlichen *petitio principii* heraus, aber eben ausgehend von Nicola Pisano und seine Erfahrung zurück verfolgend, um ein eindimensionales Entwicklungsmodell zu konstruieren, das bis zu ihm hin führt: auf diese Weise ging jedoch genau das Revolutionäre und Überraschende in Nicolas Kunst verloren. Was wir am pisanischen Horizont (wie übrigens auch anderswo) sich abzeichnen sehen, ist dagegen eine Fokussierung der Antike in kurzen Augenblicken und Episoden mit langen Unterbrechungen – wie ein sprunghaftes, plötzliches Aufleuchten, das sofort wieder verglüht und nur etwas Staunen und ein paar (gute, später wieder verwendbare) Spuren hinterlässt. Aber „Ableitungen" und „Einflüsse" des Antiken lagern sich bei jedem kurzen oder langen Zugriff in die Sprache der Kunst ein, wie ein mal sichtbarer, mal versteckter Gärstoff, der dann manchmal in unerwarteten Erscheinungen hervortritt. Es liegt in der Natur dieser Ablagerungen oder Sedimente (fast) unsichtbar und (oft) wirksam zu sein, genau im Sinne Wittgensteins, der meinte „unsere Affinität mit den Wilden" zu demonstrieren, indem „in unserer Sprache eine ganze Mythologie gelagert ist", die um so aktiver wirkt je mehr sie uns selbst verborgen ist.[14]

Was mit der Pisaner Kanzel Nicolas und dann wenig später mit der von Siena geschieht, ist jedoch nicht einer jener vereinzelten Lichtschimmer, sondern sehr viel mehr: es ist ein sensationeller Überraschungseffekt, der ein ganz intensives, bis dahin in der Pisaner Szene beispielloses Formbewusstsein – und nicht allein das – impliziert. Nicola fand natürlich in Pisa die konsolidierte Präsenz kostbarer, wiederverwendeter Materialien im Dom und in anderen Kirchen vor; dass er aber so hoch hinaus nach oben schweben konnte, verdankte er der Tatsache, dass sein kühner Höhenflug nicht nur aus jenen *Lokal-Erinnerungen* einiger vorhergehenden Generationen, sondern aus einer frischeren, lebendigeren Erfahrung entstanden war, in der sein erstaunlicher Formsinn wurzelte. Nicola ist Pisaner, stammt aber *de Apulia,* wie es in den Quellen heißt.[15] Die von Bertaux (1904) geführte Argumentation über seine Abhängigkeit von Vorlagen, die im Umkreis Friedrichs II. entstanden waren, behält trotz der endlosen Diskussionen der Kritiker, ihren vollen Wert.

Wenden wir uns daher nun – des besseren Verständnisses wegen – seiner Herkunftslandschaft zu, nämlich dem südlichen Italien zur Zeit Friedrichs II., dieses *puer Apuliae,* der den grandiosen Plan einer radikalen *immutatio mundi* entwarf und beharrlich verfolgte, die sich auf die zentrale Rolle der kaiserlichen Autorität gründete, als Quelle und Organisationsprinzip nicht nur der Regierung, sondern auch des Wissens und des bürgerlichen Lebens. Jener Plan brachte einen kühnen, visionären Anspruch auf Universalität mit sich, der sich in erbarmungslos autoritären Handlungen niederschlug, häufig mit scharfem Bewusstsein auf eine höchst repräsentative und symbolische Ebene projiziert. Eine derartige Einstellung hatte zwei unvermeidliche Konsequenzen: den Frontalzusammenstoß mit der römischen Kirche und die Suche nach Legitimation – jenseits der Blutbande – in einer erklärten Kontinuität mit dem römischen Kaiserreich. Rom wurde somit für Friedrich II. Maßstab und Herausforderung, Hauptstadt der Imagination (die Stadt von Augustus und des Kapitols) und alltägliche Feindin (verkörpert durch Papst und Kurie). Rom war die Stadt, in der ihn sein Tutor, Innozenz III., 1212 zusammen mit den Kardinälen, dem Senat und dem Volk im Triumph empfangen hatte; wohin er im November

6 Sog. „Tazza Farnese", Neapel, Museo Nazionale Archeologico

1220 zu seiner Krönung in St. Peter zurückkam; wohin es ihm nicht mehr gelang vor seinem Tod 1250 zurückzukehren.

In diesem Kontext nun ist die ideologische wie die formale Aneignung des Erbes der antiken Kaiser zu einer der Grundlagen für den politischen Plan Friedrichs II. geworden. Er war ganz und gar nicht – wie manchmal angenommen – der „erste Sammler" von Antiquitäten,[16] sondern benutzte sie mit beeindruckender Kohärenz. Heute können wir die beiden Bronzestatuen – ein Mann und eine Kuh – die er aus Grottaferrata geholt und nach Lucera hatte bringen lassen, nicht mehr sehen; wohl aber einen der beiden Bronze-Widder, ein griechisches Kunstwerk, die im Castello Maniace in Syrakus wiederverwendet wurden (Kat.-Nr. III.B.18). Wir wissen nicht, was genau die *ymagines lapidee* waren, deren Transport von Neapel nach Lucera Friedrich II. 1240 befohlen hatte, aber wir können sehr wohl noch ein römisches Relief mit einer Triumphprozession sehen, die in Castel del Monte wiederverwendet wurde. Wir können nicht sicher sein, dass er Säulen aus Ravenna mitgenommen hatte, um sie in Palermo wiederzuverwenden, aber wir können heute noch im Kapitol in Rom die Säulen des Triumphdenkmals mit dem lombardischen Fahnenwagen (*carroccio*) aus grünem Marmor sehen. Wir können zwar nicht die zahlreichen Kameen identifizieren, die sein Sohn Konrad IV. nach dem Tod des Vaters bei einem Genueser Händler versetzt hatte, aber die *magna scutella de onichio,* die Friedrich 1239 zu einem enormen Preis von zwei provenzalischen Kaufleuten erstanden hatte, ist mit der Farnese-Tasse identifizierbar (Abb. 6).[17]

Im Triumphtor von Capua, das Friedrich *ipse manu propria consignavit* (d.h. nicht „entworfen", sondern „besiegelt" hatte)[18] gab es möglicherweise wiederverwendete Altertümer, aber auch Vieles andere. Eine Statue des Kaisers überragte das Tor auf der nach Rom gerichteten Seite, „die Arme nach vorn ausgestreckt und zwei Finger gekrümmt [d.h. in der Geste des Redens], fast so, als ob der Mund zu den Versen voller Drohungen ansetzen würde, die daneben eingemeißelt waren, um den Vorübergehenden Furcht einzuflößen" (Kat.-Nr. IV.C.1 und IV.C.2).

In der drohenden Inschrift sprach der Kaiser von sich in erster Person wie in einem irdischen Jüngsten Gericht: auf der einen Seite die *puri*, dem Kaiser ergeben und damit *securi*; auf der anderen die *infidi,* die verstoßen oder eingekerkert werden; und wehe dem, der hiervon abweicht (*Quam miseros facio quos variare scio!*).[19] Den Kaiser umgaben noch andere Figuren, darunter ein riesiger Frauenkopf, der die *Iustitia* oder die *Concordia* darstellen könnte, mit einer Krone aus reichem Efeu- oder Weinlaub, die wiederum synthetisch auf das biblische Bild der Erneuerung (*renovatio*) anspielen könnte (Kat.-Nr. IV.C.3) sowie zwei antik gestaltete Büsten – vielleicht Konstantin und Karl der Große (Kat.-Nr. IV.C.4 und IV.C.5). Für den Kopf der Friedrich-Statue dienten als Modell Porträts aus dem 1. Jahrhundert v. Chr., während die Modelle für die beiden Büsten möglicherweise antike griechische Porträts waren, allerdings unter Hinzufügung des römischen Lorbeerkranzes. Der Knoten im Umhang findet sich allerdings nur in weiblichen antiken Porträts. Diese Mischung aus charakteristischen Zügen, die gezielt von miteinander nicht kohärenten Modellen entlehnt worden waren, zeigt das fieberhafte Verlangen eine Kunst neu zu schaffen, die als „römisch-imperial" gelten konnte und zugleich die Abwesenheit jeglicher Kultur des Altertums. Was zu finden gesucht wurde, war ein allgemeines Zeichen antiker Art, eine Formel der Majestät: Die Wiederholung ein und desselben Gesichtes in den Büsten der beiden Kaiser muss in einem ganz und gar „mittelalterlichen" Sinn gesehen werden, als eine zusätzliche Garantie für Legitimation. Die Skulpturen von Capua müssen in engem Zusammenhang mit den sie begleitenden Inschriften gelesen werden; verstanden – wie es in einer Quelle heißt – zur Darstellung seiner Herrschaft und um gefürchtet und bewundert zu werden (*ad ostentationem sue potentiae et ad terrorem et admirationem hominum*):[20] die Statue des Kaisers war gleichsam sprechend (*quasi versiculos intonans*),[21] jenen bedrohend, der ihm nicht treu ergeben war. Worte und Marmor wirkten zusammen: beide mussten dieselbe Drohung ausstrahlen: die höchste Majestät, die zum Gehorsam zwingt, wer immer ins Reich kommt.

Alle Zeugnisse von der Verwendung von Altertümern seitens Friedrichs II. stammen aus der Zeit nach 1231, dem Jahr, in dem unter dem vielsagenden Titel *Liber Augustalis* die Konstitutionen von Melfi verkündet und die neuen kaiserlichen Münzen, die Augustalen, geprägt wurden (Kat.-Nr. III.A.2 – III.A.7).

Der *Liber Augustalis* war die erste Gesetzessammlung im mittelalterlichen Europa. Er enthielt allgemeine Regeln (manchmal arabischen oder byzantinischen Ursprungs) sowie normannische, von seinen Vorfahren mütterlicherseits erlassene Gesetze, die in römische Formen gekleidet wurden: die von Justinian entliehene *Form* ist die des römisch-imperialen Codex, der *Inhalt* aber ist ganz und gar ‚zeitgenössisch' (‚mittelalterlich'). Die in den Münzstätten von Brindisi und Messina geprägten Gold-Augustalen weisen eine ähnliche Mischung aus antiker Form und mittelalterlichem Inhalt auf (z.B. bei der Metrologie und der Schreibweise). Aber sie stellen eine dramatische Veränderung gegenüber den Münzen dar, die Friedrich selbst noch kurz zuvor herstellen ließ und die auch weiterhin geprägt wurden. Die Kenntnis dieser Veränderung attestiert

7 Kameo mit der Darstellung Josephs und seiner Brüder, St. Petersburg, Eremitage, Inv. Nr. K-690

8 Arche-Noah-Kameo, London, British Museum Department of Medieval and later Antiquities, Inv. Nr. M&L 90, 9 – 1, 15

ein späteres, offizielles Dokument (1248), in dem Friedrich seine Absicht erklärt, durch die „Form der neuen Münze [seinen] Namen und das Bild [seiner] Herrschaft den Untertanen beständig vor Augen zu führen“ (*ut ipsa nova monetae forma nostri memoriam nominis et nostre maiestatis imaginem eis iugiter representet*).[22] Hier wie in Capua ist die antike Form wiederverwendet als *instrumentum regni,* doch ist Friedrichs Intention keineswegs ein künstlerischer Plan, also keinerlei „Klassizismus“, sondern reflektiert und verkörpert vielmehr ein rein politisches Programm. Die Erinnerung an das antike Imperium ist für ihn weder evokativ noch retrospektiv, sondern kühn auf die Zukunft projiziert; berücksichtigt nicht die Geschichte des antiken Imperiums, sondern fordert vielmehr einen Neuanfang heraus.

Nur sehr wenig wissen wir über die Hofkunst Friedrichs; zurückgehend auf die Forschungen von Hans Wentzel ist die Glyptik ein beliebter Forschungsbereich.[23] Besonders berühmt sind die staufischen Kameen nach antikem Muster, wie jene mit der Darstellung des Herkules, der jedoch einen mittelalterlichen Basilisk zertritt oder jene, die Poseidon und Athena zeigt, die allerdings durch eine hebräische Inschrift als Darstellung mit Adam und Eva identifiziert wird. Noch sensationeller ist aber die Übertragung der Techniken und Stile der antiken Steinschneidekunst auf die biblische Thematik. Ich werde hier zwei, von Künstlerhand und „Schule“ her unterschiedliche Beispiele anführen, die gerade darum eine eher allgemeine Tendenz sichtbar machen: 1. der Kameo von St. Petersburg, auf der Josef und seine Brüder dargestellt sind (Abb. 7). Die Ikonographie beruht auf byzantinischen Elfenbein-Modellen einer anderen Szene und anderen Geschichte, nämlich der der vierzig Märtyrer von Sebaste. Wir haben hier also eine doppelte Translation von einer Ikonographie auf eine andere und von einem Material auf ein anderes. Die hebräische Inschrift authentifiziert sinngemäß die Translation zum biblischen Text hin. 2. der Arche-Noah-Kameo im British Museum (Abb. 8), auf der die Frau Noahs und seine Söhne mit ihren Kindern die Hälfte des Ovals einnehmen: Es ist eine Gruppe die von einem Sarkophag stammen könnte (was aber nicht so ist). Der Arche-Noah-Kameo ist eine völlig neue, zutiefst von antiken Formen genährte Schöpfung. Wie ein einem römischen Relief entnommener Held oder König schiebt einer der Söhne, nackt, mit der Linken seinen Umhang beiseite und legt die Rechte auf die Schulter des Bruders, der ebenfalls halbnackt ist. Der dritte Bruder hat – wie Noah und seine anderen Söhne – ein edles, bärtiges Antlitz, wie ein Gott oder ein Philosoph. Die Gruppe der vier Frauen, die zu zweit im Gespräch miteinander stehen, zeigt in den Gesichtern wie in den Faltenwürfen – nicht weniger als in den lebhaften Gesten und in der Komposition – eine sichere Hand, ein an antiken Vorbildern eingeübtes Auge. Die Studie des Künstlers ist hier wie in dem Josefs-Kameo (der mit Sicherheit von anderer Hand stammt) auf „imperiale“ Modelle ausgerichtet (und von ihnen geleitet): dort von Byzanz, hier von Rom.

Friedrich II. errichtete keine Kirchen in seinen Herrschaftsgebieten. Deshalb fehlt in seinem Herrschaftsbereich das Historienrelief: das höchst fortschrittliche Experimentieren im Bereich der biblischen Thematik ist auf die Prunk- und Privatsphäre der Glyptik begrenzt. Nur in einem begrenzten (weil nur Wenigen zugänglich) und gleichzeitig zentralen Raum (jene Wenigen konnten der Kaiser und sein Hof sein) und wegen der Kostbarkeit des Materials war es möglich so viel zu wagen. Das Triumphtor von Capua proklamiert und prahlt für die Augen und die Angst aller, die Kameen verlangen einen Blick aus der Nähe und mit privilegierten Augen – und dennoch weisen das eine wie die anderen trotz unterschiedlicher Techniken und Künstler dieselbe Verwendung der antiken Formen auf, dasselbe Beherrschen und Verwenden der Antike als eine wirkungsvolle Sprache. Es war die Suche nach Wirksamkeit um *admiratio* und *metus* einzuflößen, die Friedrich mit einer ein-

9 Kopf aus Pyrit von der Insel Elba, Rom, Museo Nazionale di Palazzo Venezia, Inv. PV9734

zigen Handbewegung, wie einen kraftvollen Gärstoff, in die Werkstätten und in die künstlerische Praxis schleuderte.

Trotz des tragischen Niedergangs des Reichs und des Scheiterns des politischen Plans Friedrichs II. stellte sich die antike Form als wirkungsvoll heraus. Das Experimentieren in der Glyptik zeigte, dass sie sehr wohl auf die christliche Kunst übertragen werden konnte und ihr damit eine unerwartete Prägung gab. Ein Kopf aus Pyrit von der Insel Elba aus dem Kircherianischen Museum (Abb. 9), der von außerordentlicher Qualität und mit der Glyptik verwandten Techniken gearbeitet, ist stilistisch denen der pisanischen Kanzel von Nicola ähnlich und wird daher – mangels biographischer Daten über die Jugend Nicolas – als „Brücke" zwischen der Glyptik und der Monumentalbildhauerei angenommen.[24] In jedem Fall schuf Nicola *de Apulia* 1260 in Pisa die Kanzel des Baptisteriums, ein Werk der sakralen Kunst: direkter Vorgänger ist also eher der Kameo des Noah als das Triumphtor von Capua. Das Experiment antike Formen zur Erzählung biblischer Geschichten zu verwenden, das bis dahin auf die Repräsentationskunst begrenzt war, gelangte in die Monumentalskulptur und führte dort wieder das Historienrelief ein – im vollen Bewusstsein der ‚Schrecklichkeit' (*terribilità*) der antiken Formen und ihrer Wirkung – und erzeugt so die „Wiederherstellung *ab ovo* eines modernen monumentalen Erzählstils".[25] Auf der Pisaner Kanzel wird das harte Latein des Triumphtors von Capua nun zu einer Art vornehmer Vulgärsprache, die „den Überfall auf die Kombüse der klassischen Ikonographie" (Borchardt) erforderte, um „ein fragmentarisches Glossar von anatomischen Merkmalen, von Gesten, physiognomischen Spielen, Kleidern, Faltenwürfen" herauszuholen.[26] Damals standen um den Dom von Pisa in zahlreichen Kopien die wiederverwendeten antiken Sarkophage, und dort „sah" Nicola als erster mit seinem in *Apulia* geübten Auge den Sarkophag von Phaedra und Hippolyt, den zweihundert Jahre lang kein Künstler wirklich betrachtet hatte. Nicola, der ein hervorragendes Bewusstsein für den Umgang mit Form und Sprache hatte, das er aus der Beschäftigung mit der staufischen Kunst ererbt hatte, wagte nun in Pisa sein eigenes Experiment, indem er dort wiederverwendete Altertümer gebrauchte, die Teil des Gemeinschaftsbewusstseins der Stadt geworden waren, jener – wir könnten sagen – *Lokalkenntnis,* jener *Lokalerinnerung* der römischen Antiquitäten.

Das enorme Glück dieser kühnen und nie da gewesenen Wiederverwendung der antiken Formen in den nachfolgenden Generationen, ihre Umsetzung in die Malerei bei Giotto und bei den nachfolgenden Künstlern finden ihre Erklärung nicht allein in der Persönlichkeit Nicola Pisanos. Ebenso wenig können sie allgemein dem mutmaßlichen „ewigen Wert" der „klassischen" Kunst zugeordnet werden. Es ist sozusagen eine weitere Zutat nötig, eine besondere Anforderung, auf die die bewiesene Wirksamkeit jener Sprache Antwort gegeben hat. Für Friedrich II. war es die Zurschaustellung der kaiserlichen Macht, die den Prozess ausgelöst hatte. Wodurch ist er aber im pisanischen Kontext ausgelöst worden, d. h. in einem städtischen und nicht in einem höfischen Kontext, wo es um ein Werk sakraler und nicht weltlicher Kunst ging, um ein Werk monumentaler Bildhauerkunst und nicht der Glyptik?

Dieses Zusätzliche im Kontext des Doms von Pisa liegt – so glaube ich – in dem für das Duecento charakteristischen Bedürfnis der dramatischen Wiederbelebung der Bibelgeschichten mit dem Ziel der gefühlsmäßigen Einbindung der Gläubigen. Die Kirche war sich dessen durchaus bewusst, und die neue Sprache „nach antiker Art", die gedacht war die *ostentatio potentiae* Friedrichs II. zu beugen, bot hier eine wirkungsvolle Gestaltungsmöglichkeit. Guillaume Durand drängte in seinem liturgischen Traktat (1295) darauf, dass das Volk von Bildern in Kirchen angezogen und beeindruckt werde (*ad ecclesiam trahatur et magis afficiatur*), die mehr als Worte rühren (*movent animum*).[27] In einem ganz anderen Kontext erkannte Thomas von Aquin (1270) – nach dem Vorbild von Aristoteles – als er die Gründe für Idolatrie untersuchte, dass sich der Mensch gewöhnlich von Bildern angezogen fühlt (*homo naturaliter de repraesentatione delectatur*) und ordnete der Sorgfalt und Aufmerksamkeit (*diligentia*) der Künstler (*artifices*) die Fähigkeit zu, die *homines rudes* anzuziehen und die *imagines hominum expressive factas* zu verehren.[28] Man könnte sagen, dass der Wunsch den *populus rudis* zur Anbetung zu führen, das Zurückgreifen auf diese natürliche Neigung des Menschen sozusagen rechtfertigte, während die Götzenanbetung als solche ganz natürlich abgelehnt wurde.

Doch schon vor 1215 hatte Sicard, der Bischof von Cremona, in seinem liturgischen Traktat *Mitrale* festgestellt, dass „in den Kirchen die Skulpturen Hochreliefs sind und fast aus den Wänden heraus zu treten scheinen, denn auf diese Weise werden die Dinge, die sie erzählen, den Gläubigen so präsent und vertraut, dass sie auf natürliche Weise in sie eindringen und sie dazu bringen, alle möglichen tugendhaften Handlungen auszuüben".[29]

Die dominierende Rolle der Bildhauerei gegenüber der Malerei im italienischen Duecento wurde wiederholt erkannt und bekräftigt: die Worte Sicards sind die bestmögliche Bestätigung der These, dass – wie Gombrich schrieb – „zu Anfang die Bildhauerei den neuen Anforderungen gegenüber aufgeschlossener war [d.h. „der dramatischen Beschwörung der Ereignisse"] als die Malerei".[30] Eben dieser „Wahrheit", die anziehen und rühren und dabei Respekt einflößen und dazu zwingen sollte, die Figuren auf den Hochreliefs genau anzusehen, musste sich das neue Vokabular der Kunst anpassen. In diese Richtung arbeitete Nicola, indem er nicht einfach die staufischen Erfahrungen wiederholte, sondern sie verherrlichte und in die Sakralkunst einbrachte.

Wenn die Kanzel von Pisa am Anfang der „neuen" Kunst (*arte nuova*) steht, so deshalb weil sie der Schnittpunkt zweier Linien ist: die staufische Tradition, aus der Antike Modelle und Formen bewährter Wirkung zu holen und das Bedürfnis nach *movere animum* der Gläubigen, dessen sich die Kirche bewusst wurde. Dieser Schritt war entscheidend für die nachfolgenden Entwicklungen, die in der Schlüsselfigur Giottos gipfelten, der – nach Giovanni Previtali – „vom Symbol zur Darstellung [...] gelangt ist mit Hilfe der Körperlichkeit der Objekte der Schwesterkunst", der Bildhauerei.[31] Der Erfolg der „Formel" von Nicola Pisano, die sein Sohn Giovanni bald zu neuen Höhen führte, und die die Maler sogleich als eine Trumpfkarte ausspielen sollten, ist also der glücklichen Verquickung zwischen Besessenheit von der antiken Form im politischen Plan Friedrichs II. und der Suche nach neuen Ausdrucksmöglichkeiten für die religiöse Kunst zu verdanken. Dies geschah in Verbindung mit der Überführung künstlerischer Arbeitsweisen und der *doctrina* von Apulien nach Pisa, vom Hof eines Kaisers in eine Stadt, von der weltlichen auf die religiöse Kunst, von der begrenzten Sichtbarkeit der Repräsentationskunst auf die einer Kanzel, die für alle und zur Unterweisung aller sichtbar ist.

Wir haben damit eine Antwort auf die beiden Eingangsfragen skizziert. Es wurde versucht aufzuzeigen, dass: wenn die antiken römischen Reliefs Vorbildstatus erreicht haben, dies eher auf machtbedingte als auf geschmacksbedingte Mechanismen zurückzuführen ist. Wenn die Künstler aus antiken Sarkophagen Formeln und Kompositionen „herausgeschnitten" und sie mit der Einfügung in einen neuen Kontext reaktiviert haben, war dies die Antwort auf das Bedürfnis nach *movere animum* und geschah mit der bewährten Wirksamkeit einer „imperialen" Sprache. Dieses Bedürfnis unterstrichen auch die Vertreter der Kirche immer wieder.

Aus dem Italienischen übersetzt von Dorothee Wolff Bascone

* Gekürzte Fassung eines Vortrags, gehalten in Rom in der Accademia Nazionale dei Lincei am 24. Oktober 2002. Die Belegstellen beschränken sich auf den Nachweis der Zitate. Erstmals abgedruckt unter dem Titel: Ostentatio potentiae, doctrina antiquitatis: l'antico e l'arte „nuova", circa 1230–1260, in: Il senso della memoria, Roma 23–25 ottobre 2002, Roma, Accademia Nazionale dei Lincei (Atti dei Convegni Lincei 195), Roma 2003, S. 71–95; darin mit ausführlichem Anmerkungsapparat und weiteren Abbildungen.

1 Settis, 2000/2002, S. 145–170.

2 Jolles 1905, S. 34–46. Über den Sarkophag und die Typologie, der er zugehört, vgl. Koch 1975, S. 121, Nr. 117.

3 Panofsky 1953, S. 367. Panofsky bezieht sich auf eine mündliche Mitteilung von Swarzenski und auf einen Artikel von Bush-Brown 1952, S. 42–46.

4 Seidel 1971, S. 24; Ders. 1975, S. 307–372.

5 Vasari, Le Vite (a), S. 294; siehe Seidel 1971; Ders. 1975 und Bober/Rubinstein 1986, S. 142ff., Nr. 111.

6 Jolles in einem Brief an Huizinga im Jahr 1921, in: Huizinga 1990, S. 326.

7 Obwohl hier, wie ich in einer meiner jüngsten Studien zu zeigen versucht habe, das Problem sehr viel komplexer ist. Siehe Anm. 1.

8 Alberti, De Pictura, S. 64.

9 Vasari, Le Vite (b), S. 139 (zu Nicola Pisano).

10 Zitat von Cennino Cennini zu Giotto in seinem *Buch von der Kunst,* ca. 1390. Cennini, Il libro dell'Arte, S. 2.

11 Beispielsweise bei Seidel 1971; Ders. 1975.

12 Vannucci 1987, S. 119–138, hier bes. S. 131, Nr. 16.

13 Unter anderem verwendet in Mailand für Girardo (1171); selbst in Pisa für Biduinus (1180); in Spoleto für Solsternus *doctor* (1207); in Pistoia für Guido von Como (1250). Vgl. hierzu weiterführend Dietl 1987, S. 75–125, hier bes. S. 84–89 (*doctus*) und 97ff. (*docta manus, pollice docto*). Auch Dietl 1994, S. 175–191.

14 Wittgenstein 1975, S. 30f.

15 Weiterführende Informationen und Zusammenfassung der Diskussion bei Belli Barsali 1978, S. 987–994; vgl. auch Angiola 1975, S. 100–109.

16 Calò Mariani 1993, S. 23–55.

17 Byrne 1935, S. 177–187, hier bes. S. 180 bzw. Pannuti 1989, S. 205–217; vgl. auch Giuliano 1994, S. 319–322; Gasparri 1994, S. 75–83.

18 Der zitierte Text stammt von Richard von San Germano, Chronik, S. 188. Allgemein hierzu: Willemsen 1953; vgl. Frugoni 1984, S. 3–72, hier bes. S. 24–27.

19 Die Inschrift wurde von dem Chronisten Andreas Ungarus, Descriptio, S. 559–580, hier bes. S. 571 erwähnt und erscheint auch in anderen Quellen in einigen Textvarianten. Zur Interpretation der Köpfe und Büsten vgl. auch Sauerländer 1994, S. 189–209, hier bes. S. 195.

20 Annales S. Iustinae Patavini, S. 177.

21 Vgl. Anm. 19 oben.

22 HB 6,2, S. 669.

23 Wentzel 1962, S. 42–77; Kahsnitz 1979, S. 477–520.

24 Cellini 1984, S. 95–108, hier bes. S. 108; Ausst.-Kat. Bari 1995, S. 406 und 477, Kat. Nr. 5.15.

25 Vgl. Mellini 1978, Nr. 179, S. 235–336, hier bes. S. 331.

26 Borchardt 1965, S. 49f.

27 Guillaume Durandus, Rationale Divinorum Officiorum, I, S. 49 und 36.

28 Thomas von Aquin, Summa Theologica, II. 2, q. 94, a. 4, 3. Der Bezug auf Aristoteles geht auf Aristoteles, De arte poetica, 4 (1448 b) zurück. Thomas von Aquin las das Werk in der auf seine Anregung entstandenen Version von Wilhelm von Moerbeke.

29 Sicard von Cremona, Mitrale, XII, S. 9–436, cap. 44 B.

30 Gombrich 1976, S. 34.

31 Previtali 1974, S. 65.

1 Castel del Monte, Gewölbeschlussstein mit Kopf des Silvanus

Maria Stella Calò Mariani

Friedrich II. und die Skulptur im Königreich Sizilien

Beschäftigt man sich mit der stauferzeitlichen Skulptur im Königreich Sizilien, so ist damit notwendigerweise eine Auseinandersetzung mit den Kernthemen des *Duecento* verbunden: der Gebrauch des Bildes durch die herrschende Macht, der Umgang mit dem Erbe der Antike, die Naturnähe und die europäische Dimension der Kunst.*

Die Allgegenwart des Kaisers

Zeugnisse in schriftlicher, bildlicher und gegenständlicher Form gestatten uns, Friedrich II. gewissermaßen selbst über Wert und Funktion zu befragen, die er seinem Abbild im weitesten Sinne beimaß. Allgegenwart in seinen Herrschaftsgebieten war das vorrangige Ziel, das er mit der Neugestaltung des Reichs nach seiner Rückkehr aus dem Herrschaftsgebiet nördlich der Alpen verfolgte.[1] Von 1220 an – und besonders intensiv in den Jahren nach der Rückkehr vom Kreuzzug 1229 – verwirklichte er ein Bauprogramm und eine Raumerschließung von bisher nie gekanntem Umfang. Abgesehen von einzelnen Episoden wurde die Erfassung des Raumes zur physischen Projektion der Macht. Die Präsenz des Herrschers war überall erkennbar – gleichgültig, ob es sich um den Raum des Krieges (Verteidigungswerke wie Türme, Kastelle, Stadtmauern) oder um den Raum des Friedens voller Residenzen, Parks, *defensae, vivaria*, Bauernhöfen und Vieh handelte.

Analog hierzu ist das 1229 von Abt Nikolaus von Bari verfasste Lehrgedicht zum Lob Friedrichs II. zu verstehen, in dem jeder Untertan ermahnt wird, dem Kaiser gehorsam zu sein (*quia ubique eius potentia invenitur et ideo fuge aditus denegatur*).[2] In einem ganz anderen Handlungsrahmen, d.h. in der Justizverwaltung des Reichs, spricht Friedrich als *iustitia animata in terris* selbst von einer Art „Ubiquität“ seiner eigenen Person durch die Richter (*Et sic nos etiam, qui prohibente individuitate personae ubique presentialiter esse non possumus, ubique potentialiter adesse credamur*).[3]

Die Prägung der Augustalen und die Aufstellung des Standbildes, das ihn in majestätischer Größe auf dem Capuaner Brückentor zeigt, waren in den dreißiger Jahren des 13. Jahrhunderts die einzigen Bildnisse des Kaisers, die eindeutig in seinem Auftrag entstanden waren. Sie zeigen vielleicht nicht die wirklichen Gesichtszüge Friedrichs II., wohl aber das offizielle Bild, das er seinen Untertanen übermitteln wollte. Im Jahre 1231, in dem die Konstitutionen von Melfi verkündet wurden, verfügte er, dass in den Prägeanstalten von Brindisi und Messina die Augustalen produziert werden sollten (Kat.-Nr. III.A.2 – III.A.7). Es waren Goldmünzen, die an Vorbilder aus der römischen Kaiserzeit erinnerten und die Richard von San Germano zusammenfassend so beschrieb: *Figura augustalis erat habens ab uno latere caput hominis cum media facie et ab alio aquilam.*[4] Für unser Thema ist in diesem Fall aber das unmittelbare Zeugnis des Kaisers aufschlussreicher. Im Jahre 1238 gestand Friedrich II. der Stadt Tortona zu, sein Bildnis auf die neue Münze zu prägen, damit – wie es im Privileg heißt – er den Untertanen beständig vor Augen stehe.[5] Format, Material, Umlauf und vor allem die *frequens inspectio* der Münzen garantierten eine eindringliche und umfassende „Sichtbarkeit“. Das Ziel bestand also darin, Name und Bild des Kaisers in der Erinnerung der Menschen zu verankern. Interessant ist die Feststellung, dass nach der Ansicht des Herrschers der gravierte Name und sein Abbild wohl dasselbe Gewicht hatten. Auch die Ruhmesinschriften, die wie ein Abdruck eines Siegels an den öffentlichen Bauwerken angebracht und gelegentlich von Statuen oder Büsten begleitet waren, verfolgten einen ähnlichen Zweck.

In der Skulptur wie auch in den Augustalen wurde einstimmig „ein vorwiegend politischer und instrumentaler Gebrauch der antiken Morphologie erkannt“.[6] In der Realität trug der Herrscher sein Bildnis in der ganzen imperialen Pracht zur Schau, mit prunkvollen Attributen und den Zeichen der Macht. Er war die „Majestät“, die im Ritual der Hofzeremonien bestätigt und dem faszinierten Volk bei öffentlichen Gelegenheiten präsentiert wurde: als er sich im Frühjahr 1228 *parato sibi tribunali sub divo propter gentis multitudinem quae copiosa erat* der Volksmenge auf offenem Feld in Barletta vor der Einschiffung nach Palästina zeigte (Richard v. S. Germano) oder als er 1235 (während des Aufenthalts in Deutschland) mit dem kaiserlichen Gefolge „in seinem ganzen Ruhm“ einherschritt[7] oder 1239, als er in Padua auf einem erhöhten Thron saß und sich der Gesamtheit heiter präsentierte (*in Prato Vallis [...] sedens in eminenciori loco in suo throno, se cunctis ostendit hilarem et iucundum*).[8] Friedrich II. schuf also ein unverwechselbares, unmittelbar zu erkennendes Bild, das sich die Hofkunst zu Eigen machte und vervielfältigte – angefangen bei den Siegeln, über die Buch- und Wandmalerei (die wahrscheinlich bei Hofzeremonien und Hoffesten den Hintergrund bildeten) bis hin zur Skulptur und selbst zur Hofkunst, vor allem auf Email-Objekten.

Im Festsaal der Residenz in Neapel ragte ursprünglich eine Darstellung mit stark symbolischem Charakter heraus: ein majestätischer Friedrich II. als Spender der Gerechtigkeit und Petrus von Vinea als vermittelnder Richter zwischen Kaiser und Volk. Die

Beschreibung dieser Szene ist in der Chronik des Francesco Pipino aus der ersten Hälfte des 14. Jahrhunderts zu lesen.[9]

Schramm und Elze haben den Insignien der Macht und ihren ritualisierten Formen der Repräsentation hervorragende Studien gewidmet. Hier mag es genügen, auf die prunkvolle Ausstattung des Hofes hinzuweisen, um aufzuzeigen, mit welcher Häufigkeit das kaiserliche Bildnis dort erschien. Karl I. von Anjou übergab dem Papst aus dem im Jahr 1266 bei Benevent erbeuteten staufischen Kronschatz zwei monumentale Fackelhalter aus Gold und das kaiserliche Faldistorium: *[...] facistorum Caesaris, sedem imperialem aurea massa conflatam, margaritis coruscantius undique circumseptam.*[10] Der Faltthron wird in einem Inventar des Papstschatzes erwähnt, das Bonifaz VIII. im Jahre 1295 zusammenstellen ließ und das die Einzelheiten peinlich genau beschreibt: Zwischen seltenen Edelsteinen und Emails glänzten die dynastischen Bilder.[11] 1298 erstattete Bonifaz VIII. den Schatz, den er Jahre zuvor als Pfand vom ersten Anjou-Herrscher erhalten hatte, zurück. In einer atemberaubenden Liste werden Kronen aufgeführt, Juwelen, Edelsteine und vor allem Gewänder, Stolen, Stoffe mit kaiserlichen Emblemen und Bildern. Reichtum und Menge dieser Prachtgegenstände werden sichtbar, wenn von einem kaiserlichen Gewand in rotem Samt mit goldenen Emails kaiserlicher Bilder und weißen Kreuzen die Rede ist (*Dalmatia una Imperialis de Samito Rubeo operata Smaldis de Auro ad ymagines Imperiales Sedentes in Maiestate et Cruces albas [...]*).[12] Wenn die offiziellen Repräsentationen – wie man wohl annehmen darf – die Funktion hatten, überall die Herrschaftsidee sichtbar zu machen und zu verbreiten, so verliert dagegen die Suche nach der physischen Ähnlichkeit in den im Übrigen ganz unterschiedlichen Werken, die den Kaiser darstellen, ihre Bedeutung.

Der Bezug zur Antike

In den letzten Jahrzehnten wurden Tragweite und Ausprägung der wechselvollen und widersprüchlichen Formen des Bezugs auf die Antike im Mittelalter – von der in einem gewissen Maße bewussten Wiederverwendung bis hin zur Neuinterpretation – in einer Reihe namhafter Studien eingehend untersucht.[13] Dazu zählt auch die Ausstellung „Exempla. La rinascita dell'antico nell'arte italiana. Da Federico II ad Andrea Pisano – Die Wiedergeburt der Antike in der italienischen Kunst. Von Friedrich II. bis Andrea Pisano", die 2008 in Rimini stattfand. Ziel der Ausstellung war es, die befruchtende Vitalität und den Reichtum jenes kulturellen Erbes der Antike hervorzuheben.

In einer Art ideologischer Aneignung antiker Vorbilder – angefangen beim Titel *Imperator Romanorum Caesar Augustus* bis hin zum offiziellen, durch repräsentative Skulpturen und auf Münzen verbreiteten Bildnis – wollte Friedrich II. sich selbst als Erben der römischen Kaiser präsentieren. Das Skulpturenprogramm des Capuaner Brückentors und das kapitolinische Denkmal begleiteten den politisch spannungsreichsten Moment in der sogenannten „friderizianischen Klassik". Hierin flossen neben kostbaren Spolien antikisierende Skulpturen zusammen, die in den Hofateliers ausgeführt worden waren. Zum Brückentor von Capua heißt es in den Annalen der Stadt: „Friedrich ließ inmitten der genannten Türme ein prachtvolles Tor aus schönem Marmor mit verschiedenen Verzierungen errichten; im oberen Teil ließ er mehrere Statuen aus den antiken Ruinen von Capua in bewundernswerter Anordnung aufstellen." Ebenso klar klingen die Worte des kampanischen Bischofs, der das königliche Schlafgemach (*regium cubiculum*) im Obergeschoss zwischen den beiden Türmen beschrieb, das mit Marmorstatuen und alten Bildern geschmückt war (*marmoreis statuis vetustisque imaginibus distinctum atque ornatum*). Die den Kaiser, ja die Erhabenheit selbst, verherrlichenden Statuen übernahmen Erhabenheit und Formen aus der Antike – wenn auch mittels heterogener Vorbilder und romanisch anmutender Entlehnungen.[14]

Auch das 1238 auf dem Kapitol errichtete Denkmal für den Carroccio wurde auf prächtigen Säulen aus Ruinen errichtet. Zwei Säulen aus grünem Marmor wurden im Konservatoren-Palast entdeckt.[15] In Castel del Monte – wie auch in Lucera und Foggia – ließ Friedrich II. antike Marmorfragmente und Skulpturen wiederverwenden. In eine der Mauern des Innenhofs wurde eine Platte mit der Darstellung eines Triumphbogens eingelassen.[16] Auf dem Gelände des Kastells von Lagopesole beförderten Ausgrabungen antike Marmorfragmente und Mosaiksteine ans Licht. Im kleineren Innenhof wurde aus protoangevinischen Schuttresten ein wunderbarer Marmorlöwe geborgen, der eine Antilope angreift (Mitte 3. Jahrhundert n. Chr). Er gehörte zu einem Sarkophag mit ausgestelltem Untersatz, dessen Vorderseite geriffelt war. An beiden Enden befanden sich Löwen, die sich über ihre Beute stürzten.[17] Das Fragment wurde umgearbeitet und in staufischer Zeit als Seitenstütze für einen Thron symmetrisch zu einem anderen Löwen wiederverwendet. Ähnlich war der Thron in seiner kaiserlichen Majestät am Brückentor von Capua gestaltet, wie die berühmte Zeichnung von Francesco di Giorgio Martini (1480) aus den Uffizien ohne Zweifel bestätigt (Kat.-Nr. IV.C.13).

Noch Ende des 17. Jahrhunderts erschien der zwar nur noch als Ruine bestehende Kaiserpalast von Foggia „reich an Marmor und auch an Statuen und Säulen", welche mit großer Wahrscheinlichkeit aus den Ruinen des antiken Arpi stammten.[18] Im Jahre 1240 erteilte Friedrich II. in Viterbo in einem Schreiben an den Sekreten von Messina *Obertus Commenalis legum professor, fidelis noster* die Erlaubnis, eine „Grabungskampagne" (*licentia fondendi*) an einem Ort in der Nähe von Augusta durchzuführen. In dieser Bewilligung kommt das persönliche Interesse des Kaisers explizit zum Ausdruck (*Nos autem sperantes inde habere posse proficuum*).[19] Abgesehen von der Jagd auf wertvolle Objekte zu Sammlungs- oder Ausstellungszwecken war die Wiederverwendung von Material aus archäologischen Stätten eine verbreitete Praxis. Dort, wo schriftliche Quellen keine Aussage möglich machen, lohnt es sich, die Material-Zeugnisse zu befragen und aus der Landschaft zu „lesen". Die manchmal zufällige Nähe der friderizianischen Siedlungen zu archäologischen Arealen lässt regelmäßiges Begehen und Inanspruchnahme der Standorte erkennen, die – wie aus Studien hervorgeht – das ganze Mittelalter hindurch echte Material- und Objektreservoirs darstellten.[20]

Die schriftlichen Quellen liefern zwar wenige, dennoch aber bedeutungsvolle Beweise für das Interesse Friedrichs II. an der Bildhauerkunst. Kostbare Bronzestatuen wurden zur Ausschmückung imperialer Bauwerke verwendet, wie zum Beispiel die beiden hellenistischen Widder, die an den Seiten des Haupteingangs von Castello Maniace in Syrakus aufgestellt waren, oder die beiden

Bronzestatuen – nach der Art der „Brunnenfiguren" –, die 1242 von Sta. Maria di Grottaferrata nach Apulien geschickt worden waren und im Turmpalast von Lucera sehr wahrscheinlich die Brunnenwanne in der Mitte des Innenhofes schmücken sollten.[21] Im Jahre 1240 waren auf den Rücken von Sklaven einige nicht weiter definierte Steinstatuen ebenfalls nach Lucera transportiert worden. Man kann – wenngleich mit Vorbehalt – annehmen, dass sich der Kaiser bei der Auswahl der Kunstwerke nicht nur vom politischen und symbolischen Wert verbunden mit dem Prestige der antiken Welt leiten ließ, sondern auch von der herausragenden naturalistischen Vitalität der griechisch-römischen Skulpturen. In den Baustellen und Ateliers des kaiserlichen Hofes blühte gleichzeitig eine die klassische Antike nachahmende Produktion, die ihre Höhepunkte in der Glyptik und in den Monumentalskulpturen fand.[22]

In der Architektur von Castel del Monte[23] finden sich Anklänge an die Antike in der feierlichen Umrandung des Portals, in den mit Lorbeergirlanden und Eierstab-Zierleisten umgebenen, auf den Innenhof hinausweisenden Fenstern oder im *opus reticulatum*, das die Wände von einigen der Säle im Obergeschoss arabeskenartig verziert. Am deutlichsten sind die Hinweise auf die Antike jedoch bei den Skulpturen wahrnehmbar, und zwar vor allem in der kopflosen Büste und in dem lorbeergekrönten Kopffragment, das sich heute in der Pinacoteca Provinciale von Bari befindet. Die Gewölbeschlusssteine stellen einen weinlaubbekränzten Kopf bzw. einen Männerkopf mit Bart dar (Abb. 1 und 2). Abgesehen von Vergleichen mit der antiken apulischen Tonproduktion oder mit der Bildhauerei nördlich der Alpen oder mit dem Werk Nicola Pisanos wurden sie aufgrund ihrer Sujetwahl mit der Verwendung der antiken Klassiker am Hof Friedrichs II., ja sogar mit der Lektüre Vergils in Verbindung gebracht. Diese Ansicht vertritt Claudia Villa,[24] die mit dem Verweis auf Servius, den mittelalterlichen Kommentator der Werke Vergils in dem Gewölbeschlussstein des siebten Saales im Erdgeschoss das Antlitz des Silenos mit Eselsohren und Weinlaubkranz erkannte. Im Schlussstein des Gewölbes, das den achten Saal des Obergeschosses überspannt, fand sie das Antlitz des Gottes Silvanus. Demselben fruchtbaren Ursprung entstammen der Knabenkopf von Lucera, die Kragen-Köpfe vom Donjon von Lagopesole sowie die Büste von Barletta.[25] In ihrer Anlehnung an die Antike spiegeln diese Werke eine neue Vision der Natur wider. Die durch das klassische Maß geadelte Eroberung des Realen verweist darauf, dass sich im kulturellen Umfeld, an dem die friderizianischen *magistri* teilhatten, ein tiefgreifender Wandel – ähnlich den Erfahrungen der Meister von Reims, Straßburg und der Sainte-Chapelle – vollzogen hatte.

Glyptik und Skulptur

Bereits in normannischer Zeit arbeiteten in Unteritalien Steinschneider, die fähig waren, meisterhaft und täuschend ähnlich die antike Glyptik neu aufzulegen.[26] Unter Friedrich II. wurde diese Produktion fortgeführt und dabei die Anlehnung an klassische Vorbilder betont. In diese friderizianische Periode sind Kameen zurückzuverfolgen, die biblische oder heidnische Szenen oder an der Antike orientierte Portraits darstellen. Nicht zufällig schwankte die Zuordnung dieser Arbeiten zwischen Antike und Mittelalter, wie das im Übrigen noch immer bei klassizistischen Skulpturen (vor allem bei Portraitbüsten) geschieht, die dem staufischen Umfeld im Süden zugewiesen werden.[27] In der Forschung konnten mittels verschiedener Ansätze Zusammenhänge zwischen der Glyptik und der Monumentalskulptur klassischer Prägung hergestellt werden, insbesondere bei der Untersuchung der frühen Werke des Nicola Pisano in der Toskana oder der Kanzelskulpturen in der Kathedrale von Ravello in Unteritalien. Settis sieht im Noah-Kameo den „direkten Vorläufer" der von Nicola 1260 für das Baptisterium in Pisa gefertigten Kanzel: „Das Experiment, antike Formen zur Erzählung biblischer Geschichten zu verwenden, das bis dahin auf die Repäsentationskunst begrenzt war, gelangt in die Monumentalskulptur und führt dort wieder das historische Relief ein, im vollen Bewusstsein der *terribilità* der antiken Formen und ihrer Wirkung."[28] Entsprechungen zwischen Kameen und Monumentalskulpturen sind an der Kanzel von Ravello erkennbar: so zum Beispiel an den beiden kleinen Profilportraits an den Seiten des Dreipassbogens, die von Castelnuovo mit dem Kameo in Wien (Kat.-Nr. III.D.6) in Verbindung gebracht wurden,[29] oder auch am Adler des Lesepults, der vergleichbar ist mit dem in feiner Steinschnittarbeit nach antikem Vorbild ausgeführten friderizianischen Emblem.

2 Castel del Monte, Gewölbeschlussstein mit Kopf des Silen

Lucera

Noch heute sind in der Stadt die Spuren der Antike sichtbar. Lucera bietet sich an als einer der besten Beobachtungspunkte für die Verflechtung und das gleichzeitige Bestehen verschiedenartiger Auffassungen von der Antike während des gesamten 13. Jahr-

3 Lucera, Museo Civico G. Fiorelli, Knabenkopf (Kat.-Nr. III.B.3)

4 Lucera, Museo Civico G. Fiorelli, Votivbild mit Knabenkopf

hunderts – von der rein utilitaristischen Benutzung über die ganz bewusste Wiederverwendung ästhetischer und ideologischer Prägung bis hin zur Nachahmung oder Neuinterpretation durch die Bildhauer.[30]

Schriftliche Quellen zeugen von der Sorgfalt Friedrichs II. bei der Ausschmückung der Residenz von Lucera mit Kunstwerken und lassen den Lebensstil bei Hof erahnen, die Arbeit in den Ateliers, die exotischen Kuriositäten des Serails. Unter den im Museo Civico Fiorelli aufbewahrten Objekten (Kapitelle, figürliche Skulpturen, Keramiken, Glas, Elfenbein) befindet sich ein der Forschung wohl bekannter Knabenkopf aus Marmor (Abb. 3).[31] Trotz der Abschürfungen ist die klassische Verwandtschaft so offensichtlich, dass man an eine Wiederherstellung einer antiken Marmorskulptur dachte. Die klare Ähnlichkeit zu anderen Werken aus dem staufischen Umfeld lässt allerdings auf eine mittelalterliche Arbeit schließen. Zur Bekräftigung dessen genügt der Vergleich mit einer der Kopfplastiken, die einstmals als eine Art Stirnziegel zum Schmuck des polygonalen Fundaments der Türme am Brückentor von Capua angebracht worden waren. Will man nach Vorbildern suchen, so braucht man nur das archäologische Material durchzusehen, welches das antike Lucera trotz jahrhundertelanger Plünderungen immer noch birgt. Dort finden sich insbesondere zahlreiche Votivgefäße aus einer auf dem Hügel von Belvedere zutage geförderten Weihestätte, die dem trojanischen Athena-Kult zuzuweisen wird. Unter den heute im Museum ausgestellten Objekten verdienen einige Männerköpfe aus der Zeit zwischen dem 4. und 3. Jahrhundert v. Chr. Beachtung (Abb. 4). Sie weisen jugendliche Züge auf sowie regelmäßig gewellte Haarsträhnen, welche die Stirn und die breiten Augen mit Pupillen und eingeschnittener Iris einrahmen.[32]

Im Museum von Lucera befindet sich auch der Kopf eines Mohren aus Kalkstein (Abb. 5). Wie der zuvor genannte Kopf scheint auch dieser vom Gelände der angevinischen Festung zu stammen, genauer gesagt aus jenem in den 1960er Jahren erforschten Areal, auf dem sich ursprünglich der Turmpalast Friedrichs II., umgeben von einem Pyramidenstumpf-Sockel, befand. An diesem Ort wurden auch elegante Halbkapitelle aus Marmor gefunden, vergleichbar mit den Skulpturen von Castel del Monte,[33] sowie Gewölbeschlusssteine aus Kalkstein, islamische Keramiken, syrisch anmutende Gläser und polychrome, kleine Glasscheiben und chinesisches Porzellan.[34] Es sind dies zwar fragmentarische, dennoch aber bedeutungsvolle Zeugnisse sowohl für den polyethnischen und polykulturellen Charakter des kaiserlichen Hofs als auch für die Vitalität des Austauschs mit anderen Kulturen. Der Kopf des Mohren erinnert an andere Werke aus der staufischen und späteren Zeit in Apulien

5 Lucera, Museo Civico G. Fiorelli, Kopf eines Mohren (Kat.-Nr. III.B.11)

(wie beispielsweise das Kapitell mit den Eckköpfen von Troia) oder an Nicola Pisano in der Toskana (in der Kathedrale von Siena). Gegenüber der exquisiten Eleganz, die das Kapitell von Troia auszeichnet, verweist die rauhe Unmittelbarkeit des Ausdrucks der Skulptur von Lucera auf das Skalpell eines aufmerksamen Beobachters der Wirklichkeit.

Nicola Pisano hatte zwischen die Skulpturen, die den Kämpfer der Kuppel in der Kathedrale von Siena schmücken, ein kraftvolles Mohren-Portrait eingefügt,[35] das Settis als „einen nahen Verwandten" des Mohren aus den Magazinen der *Opera della Primiziale* von Pisa bezeichnet.[36] Das in der staufischen Produktion verbreitete Sujet der Darstellung von Mohren ist nicht nur mit der in Lucera angesiedelten Sarazenenkolonie verbunden, sondern auch mit dem Hof, wo Beamte, Sklaven, Handwerker und Musiker aus dem islamischen Sizilien und aus Nordafrika wirkten. Mit der Vielfalt von Ethnien und Kulturen, die Nicola im staufischen Apulien kennengelernt hatte, wurde die Einbringung von zwei Mohren in den Zug der Weisen an der Kanzel von Siena erklärt – eine ikonographische Innovation von europäischer Tragweite.[37]

Troia

Die Geschichte der Auffindung des Kapitells mit Eckköpfen, das sich im Museo Diocesano von Troia befindet (Abb. 6), und des analogen Kapitells im Metropolitan Museum von New York sowie die schwankenden Meinungen der Wissenschaftler dazu sind hinreichend bekannt. Wentzel, der 1952 das erste Kapitell in der Sakristei der Kathedrale von Troia entdeckt hatte, erkannte sofort die hohe Qualität des Objekts, wies es dem Umfeld des staufischen Apulien zu und erfasste sehr subtil die Ähnlichkeit dieses Werkes mit der Skulpturenproduktion der Île-de-France.[38] Er gab als „wahrscheinliche" Datierung die Zeit vor 1229 an, die Zeit vor der kritischen Beziehung zwischen Friedrich II. und der Stadt Troia. 1965 untersuchte Vera Ostoia erstmals das Kapitell mit den Eckköpfen aus dem Metropolitan Museum, stellte es in die Nachbarschaft des Kapitells von Troia und nahm einen gemeinsamen Ursprung an.[39] Von diesem Augenblick an wurden beide als „Zwillinge" angesehenen Kapitelle Teil der kritischen Diskussion über die friderizianische Skulptur, wobei im Wesentlichen die gleichen Urteile gefällt wurden. Ein direkter Vergleich zwischen den beiden Objekten war anlässlich der Stuttgarter Ausstellung 1977 und nochmals im Rahmen der Ausstellung in Bari 1995 möglich. So konnte die stilistische Distanz zwischen beiden festgestellt werden, was wiederum zum Umdenken und der Forderung nach eingehenderen Untersuchungen und Überprüfungen führte.[40] Kürzlich wurde das vom Verdacht der Nicht-Authentizität freigesprochene Kapitell aus dem Metropolitan Museum in der Ausstellung „Set in stone. The Face in Medieval Sculpture" (New York 2006) gezeigt und mit einer Datierung um 1230 dem Milieu der friderizianischen Skulptur in Apulien zurückgegeben.[41]

Das Kapitell von Troia,[42] dieses eloquente Zeugnis der Mitwirkung Apuliens am Klima des gotischen Europa, enthüllt die fruchtbaren Bande zur Antike mit seinen aus einem kräftigen Blattrelief hervortretenden Köpfen.[43] In leichtem Gegensatz zum antikisierenden Hauch der jugendlichen Gesichter erscheint das offensichtlich Naturalistische am Kopf des Mohren, der eindeutige Zeichen des Alters und ethnische Merkmale zeigt. Zusammen mit dem „Molajoli-Fragment", den Gewölbeschlusssteinen und den Konsolsteinen von Castel del Monte und Lagopesole, reiht dieses Werk Apulien in die fruchtbare Kette der fränkisch-rheinischen Kultur ein, die von Reims bis Bamberg und in einem Crescendo nach Naumburg und Mainz führt. Es wird allerdings noch immer über Herkunft und Entstehungsdatum des Kapitells diskutiert. Wir sind der Ansicht, dass es zu einem Steinbaldachin auf Säulen gehörte. Es wurde während der Abbrucharbeiten eines Gebäudes gefunden, welches an die Apsis der Kathedrale anschloss. Als Baumaterial war es im 18. Jahrhundert wiederverwendet worden, als im Kircheninneren Modernisierungsarbeiten entsprechend dem neuen Geschmack vorgenommen und neue Gebäudeteile hinzugefügt worden waren.

Wie bei den meisten romanischen Kathedralen wurde auch in Troia der Chor der prunkvollen mittelalterlichen Dekorationen entledigt, von denen glücklicherweise der Pilger Adorno 1470 eine wertvolle, wenn auch nur kurze Beschreibung hinterließ: „Die Mauer, die den Chor vom Kirchenschiff trennt, trägt ein Mosaik wie die Kirche in Pisa" (*Cathedralis autem […] ecclesia pulchra est*

6 Troia, Museo Diocesano, Kapitell mit Eckköpfen (Kat.-Nr. III.B.12)

sed parva quantitate cujus murus, qui chorum a navi ecclesie separat, ex opere moysaico, quemadmodum illa Pisarum, edificatus est.)[44]

Ebenfalls im Zuge einer Restaurierung in der Kapelle des 17. Jahrhunderts links vom Presbyterium kamen einstmals robuste, nun zerbrochene mosaikverkleidete Chorschranken mit Sternmäandern und halben Engelsfiguren ans Licht. Wir sind der Meinung, dass sie zu der noch im 15. Jahrhundert sichtbaren Presbyteriumsschranke gehörten. Die Panelen sind vergleichbar mit jenen polychrom verzierten der prunkvollen Kanzel in der Kathedrale von Ravello, die aus protangevinischer Zeit stammt und aus der Werkstatt, in der Nicola di Bartolomeo da Foggia wirkte, hervorging.[45] Zusammenfassend könnte man also die These aufstellen, dass neben der von Adorno erkannten „Trennmauer" auch ein Tabernakel zur Ausstattung des Chors gehörte. Pate stand hier das Modell romanischen Ursprungs, das während des ganzen 13. Jahrhunderts erfolgreiche Repliken in Apulien (von Alfano da Termoli und Anseramo da Trani in der Kathedrale von Bari; von Gualtiero da Foggia in der Kathedrale von Bitonto) erfuhr und später auch an der dalmatinischen Küste eingeführt wurde.

Die staufische Kultur, die der unbekannte Bildhauer in feiner Arbeit übernommen hatte, ist in Sakralräumen weder unangebracht noch ungewöhnlich. Sie liefert den Beweis für den – wie bereits an anderer Stelle vermerkten – Austausch der Handwerker zwischen den königlichen Baustellen und denen der Kathedralen und Abteien.[46] Schließlich sei noch daran erinnert, dass im Kastell von Troia in staufisch-angevinischer Zeit wiederholt Reparaturen und Bauarbeiten durchgeführt wurden und dass im nahen sarazenischen Lucera auf der riesigen Baustelle von Kastell und Festung jahrzehntelang reger Betrieb herrschte: eine Konzentration von Begegnung und Austausch von *magistri* unterschiedlicher Herkunft und Fachkompetenz.[47]

Infolge eines erneuten Quellenstudiums schlug schon Buschhausen für die „Kapitelle von Troia" eine um einige Jahrzehnte spätere Datierung vor im Gegensatz zur allgemein von der Wissenschaft angenommenen (bis 1229).[48] Unserer Meinung nach kann man das Kapitell von Troia durchaus in die Zeit zwischen die letzten Jahre der staufischen Epoche und die protoangevinische Zeit datieren, d.h. in den Zeitraum, der außergewöhnliche Ereignisse wie die künstlerische Erfahrung eines Nicola Pisano und Nicola di Bartolomeo da Foggia einschließt. Bei einer späteren Datierung wäre das Kapitell losgelöst von der Entwicklung der Kunst im südlichen Italien.[49]

Bezug zur Natur und europäischer Horizont

Die hervorragende bildhauerische Ausstattung von Castel del Monte öffnete Perspektiven europäischen Ausmaßes.[50] Das qualitativ außergewöhnliche Vorbild der fränkisch-rheinischen Gotik wird an den der realen Natur nachempfundenen Pflanzen sichtbar, die die Gewölbeschlusssteine und Kapitelle verzieren. Bei der figürlichen Plastik wird das nicht allein an den Schlusssteinen und an den Konsolköpfen sichtbar, sondern vor allem an dem Fragment des 1928 von Molajoli aufgefundenen lorbeerbekränzten Kopfes, das sich heute in der Provinz-Pinakothek von Bari befindet (Kat.-Nr. II.A.15).[51]

In der staufischen Kunst des Südens spiegelt die Beobachtung der Natur das bei Hof kultivierte Interesse für die Naturwissenschaften wider, was allerdings auch den Erfahrungen entsprach, die jenseits der Alpen zu reifen begannen. Im Umkreis des gelehrten Kaisers erstreckten sich Forschungsarbeit und wissenschaftliche Produktion auf die Welt der Pflanzen (*erbaria*), auf die Welt der Tiere (Vogelkunde, Tiermedizin) und auf den Menschen selbst (*physionomica*, Medizin). Dies wird immer wieder in den Miniaturen des Falkenbuches *De arte venandi cum avibus* (Biblioteca Apostolica Vaticana, Pal. lat. 1071) deutlich, in denen Beobachtungen zu Merkmalen und Gewohnheiten der Vögel fixiert und in denen vor allem Gesten und Bewegungen dargestellt sind, wie zum Beispiel der Vogelflug oder die Arbeit des Falkners in drei Abschnitten: wie er aufs Pferd steigt mit dem Falken auf der Faust und die verschiedenen Phasen des Festmachens des Falken an der Jule. In den kleinen Szenen sehen wir in perfekter Übereinstimmung mit dem Text richtiggehende Zeitlupenfolgen *au ralenti*, eine Art „Animation" im Sinne einer glänzenden Beobachtung der Natur, wie man sie im 13. Jahrhundert antrifft.[52]

Dieselbe Aufmerksamkeit drückt sich aus in den Frühlingsknospen entlang des Kalathos der Kapitelle, in der Üppigkeit der gemeißelten Früchte und Blätter sowie bei den Emotionen, Altersanzeichen und ethnischen Merkmalen in den menschlichen Gesichtern, die von Konsolen und Kapitellen herabschauen. Vom Feigenblattkranz, der einen Gewölbeschlussstein im Obergeschoss von Castel del Monte schmückt, löst sich eine noch unreife Frucht und fügt sich in den freien Raum zwischen den Gewölberippen. In einigen Fensteröffnungen ranken sich wunderbar geschnittene Weinlaub- und Efeublätter in leichten Windungen vom Kapitellhals nach oben und erinnern in der Andeutung des noch nicht beendeten Wachstums der Knospen an die in Stein gehauene Flora nördlich der Alpen (angefangen bei den einzigartig fein gearbeiteten Exemplaren in Reims bis hin zu den jüngeren in der Ste. Chapelle).

Sechs nackte Figuren (*ignudi*), die als Stütze des Gewölbes des siebten Turms angebracht wurden, schweben sozusagen im Raum,

7 Castel del Monte, Gewölbe des dritten Turms, Konsole mit Frauenkopf

den sie durch die plastische Intensität ihrer Formen mitgestalten. Die unvermittelte, anscheinend spielerische Veränderung der Gesten und Haltungen verläuft wie nach einer geometrischen Übung, während das neugierig wache Auge in den Gesichtern den Ausdruckswandel feststellen kann. Ein dreiteiliges Gewölbe auf Rippen beschließt den dritten Turm. Hier brechen zwei Konsolköpfe – der weibliche mit vollem, lachendem Gesicht (Abb. 7) und der des Fauns mit gequältem Ausdruck (Abb. 8) – wuchtig aus den architektonischen Strukturen aus, mit denen sie durch das Spiel der luftig verwehten Haarsträhnen leicht verbunden sind. Sie drücken Ruhelosigkeit, Verwirrung, Freude und gegensätzliche Emotionen aus, die mit dem Ausdruck des zerstörten Antlitzes der dritten Konsole eine Einheit bilden konnten, und lassen auf eine tiefgehende interpretative Einfühlsamkeit des Bildhauers schließen.

Während das Frühmittelalter die Epoche des unterdrückten, erstickten Lachens war, stellt sich die Zeit vom 11. bis 13. Jahrhundert als „eine Phase der kontrollierten Befreiung des Lachens" dar.[53] Aus den Klöstern war das Lachen zwar verbannt, aber es konnte sich bei den Festen und im Leben am Hof entfalten und hallte auf den Plätzen wider, wo Possen gerissen und Zoten erzählt wurden. Von dort sprang es auf die Kirchenwände über in der Form von karikierten Mimiken bei einigen Skulpturen (die Konsolen der Kathedrale von Reims zeigen eine außerordentliche Vielfalt an Beispielen). In Castel del Monte scheint das Lachen unter dem Gewölbe des dritten Turms hervorzusprudeln, dort, wo der Kopf einer lachenden Frau aus der Wand herausragt. Das verborgene Lächeln gerät zur

8 Castel del Monte, Gewölbe des dritten Turms, Kopf-Konsole mit Faun

respektlosen Grimasse bei den Gebälkträgern (*telamone*), die das Schirmgewölbe des siebten Turms stützen. Das Wechselspiel der Gesichtsausdrücke lässt sich quasi als der Widerschein der Physiognomiestudien erkennen, die in jenen Jahren im friderizianischen Umfeld betrieben wurden. Der *Liber phisionomiae* etwa ist der dritte Teil der von Michael Scotus zwischen 1228 und 1235 geschriebenen und dem Kaiser gewidmeten Trilogie naturwissenschaftlicher Studien.[54] Im Gegensatz zur Pracht des großen Saales wird der Halbschatten der Türme von menschlichen Wesen belebt, die Camille auf den Rändern der mittelalterlichen Manuskripte, auf den Gesimsen und den Wasserspeiern (*gargouilles*), in der Ausstattung und den Einrichtungsgegenständen weiter verfolgt und dann auch an den Orten der Macht selbst erkannt hat: „[...] in the Margins of the Monastery, of the Cathedral, of the Court, of the City".[55] Ganz anderer Art ist das Lachen an den gotischen Kathedralen, wo es mit den klugen Jungfrauen und den Seligen erblüht, deren heiteres Antlitz das Gegenstück zu den fratzenhaften Masken der törichten Jungfrauen und der Verdammten bildet (wie z. B. am Fürstenportal des Bamberger Doms). Auch ist hier das höfliche, gekünstelte Lächeln der Engel (*au sourire*) zu finden (berühmt dafür ist Reims).

Dem Antlitz als „dem Ort der Kommunikation einer Bedeutung durch den Ausdruck" sind interessante Studien gewidmet, die 2006 anlässlich der Ausstellung in New York einen Höhepunkt erreichten. So beobachtete insbesondere Sauerländer – mit besonderem Augenmerk auf die Gotik nördlich der Alpen –, dass die Deformierung der Gesichtszüge bis hin zur Grimasse und zur Fratze in Beziehung zur Darstellung der Sünde gesetzt wird, während Ruhe und Harmonie im Antlitz eine visuelle Metapher der Heiligkeit ist.[56] Beobachtung der physiognomischen Wahrheit und Interesse für die seelischen Emotionen sind auch in Werken festzustellen, die ohne jegliche portraitistische Absicht geschaffen wurden. Die neue Vision der Natur sowie die Erforschung ihrer Gesetze und Formen in den wissenschaftlichen Traktaten spiegelt sich im Bereich der gestaltenden Kunst wider. Sauerländer äußert sich in einem tiefgreifenden Beitrag auch über die Beziehung zwischen Physiognomie und Portrait im 13. Jahrhundert sowie über die Darstellung „der Anderen".[57]

In der Reihe der schwebenden Gewölbeschlusssteine in den trapezförmigen Sälen von Castel del Monte ragen die außerordentliche Maske des mit Weinblättern und Trauben bekränzten, großohrigen Fauns an der Decke des achten Saals und ein klassizistischer Kopf mit wehendem Haar und Bart im Obergeschoss heraus (Abb. 1). Das von Molajoli entdeckte Kopffragment zeigt ein angstvolles, sterbendes Gesicht mit wilden Haarsträhnen in lebendiger Empfindsamkeit, ganz im Einklang mit der inneren Leidenschaft, die diesen Kopf beseelt. Diese drei, möglicherweise derselben Bildhauerhand oder Meistern ähnlicher Schule zugeschriebenen Köpfe lassen nicht allein die europäische Luft erahnen, die in den für Friedrich II. arbeitenden Werkstätten wehte, sondern bekräftigen die seit Langem bekannte fränkisch-rheinisch-apulische Achse. Die von Kutsch angenommene Beziehung zwischen dem „Molajoli-Fragment" und dem Kopf mit der Binde aus Mainz (Kat.-Nr. VI.D.34) stellt in höchstem Maße den Konvergenzpunkt zwischen der apulischen und der deutschen Plastik heraus.[58]

Im Hof von Lagopesole erhebt sich ein Donjon aus strengen Buckelquadern. In Höhe des einzigen Zugangs treten zwei Konsolen mit Figuren hervor: ein männlicher Kopf mit Faunsohren und einer Krone sowie ein weiblicher von einzigartiger Schönheit und Eleganz. Die bisher von der Wissenschaft vorgelegten Ergebnisse bestätigen allesamt, in welch fruchtbarem Boden die friderizianische Skulptur ihre Wurzeln hatte: sei es der Faun des dritten Turms von Castel del Monte (Bertaux) oder eine der weiblichen Kopfplastiken aus Capua (Shearer) bzw. Werke nördlich der Alpen wie z. B. die allegorischen Figuren von *Ecclesia* und Synagoge an der Kathedrale von Straßburg oder die so genannte Sigilgaita in der Kathedrale von Ravello (Mellini) (Kat.-Nr. III.B.13).

In der Atmosphäre der unteritalienischen Baustellen und Ateliers blühte der Genius des Nicola *de Apulia*, der in den Konsol-Köpfen des Doms von Siena seine noch frische Erinnerung an die apulischen Phänomene umsetzte.[59] Ein weiterer leuchtender Faden verbindet die Toskana mit Apulien durch die Ähnlichkeiten der kraftvollen zoomorphen Kopfplastiken (drei Molosser und ein Pferd) der *Fonte ai Canali* (1247) von Piombino mit den beiden Greifenköpfen aus Marmor im Diözesanmuseum von Trani, den einzigen Überresten der prunkvollen Chorausstattung der Kathedrale (Kat.-Nr. V.D.6).

Im staufischen Duecento in Apulien wurden keine Kathedralen gebaut (Altamura ist hier eine wundervolle Ausnahme). Dagegen wurden erstaunliche Modernisierungs- und Verschönerungsarbeiten an den normannischen Kathedralen vorgenommen durch Ergänzung von figürlichem Schmuck an den Außenseiten wie beispielsweise entlang des Kranzgesimses (wie an der Kathedrale von Ruvo) oder durch Erneuerung der strengen, auf die Jahrtausendwende zurückgehenden liturgischen Ausstattung. In Bari wie in Trani, Bitonto und Bisceglie, Barletta und Troia wurde namhaften *magistri*, die zum Teil selbst schon in kaiserlichen Ateliers gearbeitet hatten, ein ehrgeiziges Programm übertragen.

Äußerst aufschlussreich ist die Beschreibung der Kathedrale von Trani, die Festa im 18. Jahrhundert gemacht hat: Im Chor befanden sich Marmorgitter mit einer von symmetrisch angeordneten Löwen bewachten Öffnung in der Mitte. An die vordere Balustrade lehnte der große Ambo mit einer achteckigen Treppe aus weißem Marmor, die von Säulen gestützt war. Festa schrieb: „Im oberen Geschoss sah man Marmor unterschiedlicher Farbe vermischt mit dem grünem Marmor, aus dem es gemacht war. Dem Volk zugewandt war ein großer Adler berühmter Machart, der fest in seinen Klauen eine Figur hielt, die die Häresie darstellte." Ein Pilger des 16. Jahrhunderts, der die Kathedrale von Bisceglie besuchte, beschrieb einen analog gestalteten Ambo, der in den dreißiger Jahren des 13. Jahrhunderts auf Anordnung von Bischof Berto entstanden war und der mit Mosaiken geschmückt auf acht oder neun Marmorsäulen stand (*suggestum lapidum mosaico ornatum […] super octo vel novem columnis incirca marmoreis*). In der polygonalen Anlage sowie im plastischen und chromatischen Reichtum vermuten wir das Vorbild, das Nicola Pisano dann in die Toskana brachte. Die zeitliche Abfolge ist hierbei von Bedeutung. Die apulischen Kanzeln stehen somit zwischen der Produktion der säkularen friderizianischen Werkstätten und den späteren Kanzeln Nicola Pisanos, die in übereinstimmenden Formen konzipiert waren.[60]

10 Lagopesole, Donjon, Frauenkopf

9 Ruvo, Kathedrale, Konsole vom südlichen Kranzgesims, Frauenkopf (Abguss)

Ein weiterer Zweig des edlen staufischen Erbes trug in den siebziger Jahren des 13. Jahrhunderts im Königreich Sizilien Früchte in der Person des Nicola de Bartolomeo, einem *marmorius* aus Foggia, und seiner Werkstatt.[61] Die lebendigsten Figuren der Kanzel von Ravello (1272), die die Handschrift dieses Meisters trägt, finden ihre Erklärung im kaiserlichen Umfeld: die lachenden Köpfchen unter dem Lesepult, die beiden kleinen Profilportraits auf dem Dreipassbogen, der stolze Adler und schließlich die mysteriöse weibliche Büste – ein Bildnis, das mit Sicherheit seine Wurzeln in der klassischen Kultur staufischer Prägung hat.

Was nun die Beziehung zwischen Nicola da Foggia und Nicola de Apulia angeht, so lässt der Vergleich ihrer Werke darauf schließen, dass beide ihren glücklichen Anfang im schöpferischen Klima des friderizianischen Hofes gemacht hatten, ihre nachfolgenden Erfahrungen jedoch auf voneinander unabhängigen Wegen reiften. Das Erbe der Antike apulischer Prägung, das beiden Künstlern gemeinsam war, wird sichtbar, wenn man die Frauenköpfe von Ruvo (Abb. 9) und Lagopesole (Abb. 10), den Frauenkopf aus dem Dom von Siena und die Büste von Ravello neben antike Objekte stellt, wie zum Beispiel neben eines der mit Figuren versehenen Kapitelle von Canosa (Abb. 11) oder neben eine canosische Vase.[62]

Für eine gewisse Zeit beschritt der Architekt und Bildhauer Melchiorre von Montalbano den gleichen Weg wie der Meister von Foggia. Sein Name ist mit dem Ambo (auf 1279 datiert) der Kathedrale von Teggiano verbunden, dessen Form zeigt, dass der

11 Canosa, Basilica di San Leucio, Halbkapitell mit Figuren, vom italischen Tempel

Künstler den Ambo von Ravello gekannt haben muss; einige Teile davon interpretierte er mit strenger Kraft.[63] Ferdinando Bologna verband mit der apulisch-friderizianischen Richtung einige Fratzengesichter auf dem Brunnen der *99 Cannelle* in L'Aquila, der vom *Magister Tancredus de Pentoma de Valva* stammt und auf das Jahr 1272 datiert wird. Bologna zufolge ahmte dieser Bildhauer „Nicola Pisano und parallel dazu Nicola di Bartolomeo da Foggia nach" – also ein weiterer Künstler, der sich im apulischen Süden entwickelt hatte, „genau in einem der Zentren, die die treibende Kraft für die moderne, von den Staufern geförderte Kultur waren".[64]

Zwischen Castel del Monte, Lucera und Lagopesole trifft man neben der reifen Erfahrung von Künstlern, welche die modernere Kultur des nördlichen Europa interpretierten, auf die Frische von *magistri*, die in der zweiten Hälfte des 13. Jahrhunderts – verschiedenen Wegen folgend – die in den kaiserlichen Werkstätten geschaffenen Neuheiten fruchtbar umsetzten. Für einen solchen Weg steht Nicola di Bartolomeo, in dessen Werk sich die von Foggia ausgehende Richtung – der *sedes imperialis* – niederschlug. Für einen anderen Weg steht Nicola Pisano, mit dem die schöpferische Kraft der friderizianischen Bewegung *de Apulia* in die Toskana gelangte und den wunderbaren Lauf der italienischen Kunst einleitete.

Aus dem Italienischen übersetzt von Dorothee Wolff Bascone

* Der friderizianischen Porträtkunst sind insbesondere zwei neuere Artikel gewidmet: Pace 2010 und Claussen 2010. Auf diese wird für eine kritische Neubehandlung der Frage verwiesen.

1 Calò Mariani 1994.

2 Kloos 1954/1955, S. 169 – 179.

3 Liber augustalis, I, 17.

4 Richard von San Germano, Chronik.

5 HB 6,2, S. 669: *[…] nostri memoriam nominis et nostre maiestatis imaginem […] ut frequens ipsius nove monete inspectio eos in fide et devotione nostra magis corroboret et accendat.*

6 Bologna 1989.

7 Gottfried von Viterbo, Continuatio, S. 348.

8 Rolandinus Patavinus, Chronik, cap. IX, S. 64.

9 *In neapolitano palatio, imperatoris et Petri effigies habebantur. Imperator in throno, Petrus in cathedra residebat. Populus ad pedes imperatoris procumbens […],* Franciscus Pipinus, Chronicon.

10 Saba Malaspina, Historia, lib. II, S. 259.

11 Molinier 1882, S. 626 – 646, bes. S. 632 – 634.

12 Del Giudice 1887, Reg. 1298 – 1299, Nr. 95, fol. 155 und 156.

13 Der Kürze halber wird verwiesen auf Esch 1998 mit weiterführender Literatur.

14 Zu diesem Thema vgl. Calò Mariani 1993; Calò Mariani 2006.

15 Guarducci 1986.

16 De Lachenal 1991/1992.

17 Ausst.-Kat. Rimini 2008, S. 110 – 111 (Lucilla De Lachenal).

18 Pacichelli 1703, vgl. Calò Mariani 2006.

19 HB 5,2, S. 825.

20 Calò Mariani 1992.

21 Richard von San Germano, Chronik, S. 216.

22 Wichtige Etappen in den Forschungen zur staufischen Skulptur und Glyptik sind: Ausst.-Kat. Stuttgart 1977; Ausst.-Kat. Bari 1995; Ausst.-Kat. Palermo 1995; Ausst.-Kat. Rom 1995.

23 Im Verlauf meiner Forschungsarbeit bin ich zu dem Schluss gekommen, dass sich das bekannte Mandat Friedrichs II. (Gubbio, 29. Januar 1240) nicht auf den Baubeginn des *castrum apud Sanctam Mariam de Monte* bezog, sondern vielmehr eine dringende Aufforderung war, die Arbeiten fortzuführen. Vgl. Calò Mariani 1995a, S. 305.

24 Villa 1997.

25 Calò Mariani 1984a, S. 142 – 144, Abb. 188 – 194.

26 Vgl. die in Anm. 21 zitierten Ausstellungskataloge. Vgl. außerdem Giuliano 2003.

27 In den letzten Jahren haben klassizistische Portraitbüsten die ohnehin schon reichlich bestückte Szene der „friderizianischen" Repräsentativ-Skulptur weiter angefüllt. Nach Willemsen 1977b versuchten auch andere Wissenschaftler, die Reihe der Zuweisungen einzugrenzen: Claussen 1995a; Claussen 2010; Pace 2010.

28 Settis 2003.

29 Castelnuovo 1983, S. 167 – 227, Abb. 76 – 77.

30 Calò Mariani 2006.

31 Calò Mariani 1984a, S. 142 – 145, Abb. 188 – 189 und Abb. 196; Calò Mariani 1995c.

32 Calò Mariani 2008; Pietropaolo 2008.

33 Calò Mariani 1992, S. XXV – XXXV.

34 Whitehouse 1966.

35 Bagnoli 1981.

36 Settis 1998.

37 Kaplan 1987, S. 29 – 30.

38 Wentzel 1954.

39 Ostoia 1965.

40 Nach der Stuttgarter Ausstellung meldete Charles Little Zweifel an der Authentizität des Kapitells von New York an und das Metropolitan Museum leitete eine Reihe von archäometrischen Untersuchungen ein (Lazzarini, Tucci). 1955 wurde anlässlich der Ausstellung in Bari auch das in Troia (Zezza) befindliche Kapitell Untersuchungen unterzogen.

41 Ausst.-Kat. New York 2006, Kat.-Nr. 64, S. 156 – 157 (Lisbeth Castelnuovo-Tedesco).

42 Vgl. Ausst.-Kat. Rimini 2008, S. 136 – 137 (Maria Stella Calò Mariani).

43 Vgl. hierzu Calò Mariani 1984a, S. 113 – 115, Abb. 178 – 180.

[44] Anselme Adorno, Itinéraire, S. 402 – 403.
[45] Calò Mariani 1995b, Abb. auf S. 387.
[46] Bzgl. der Zirkulation von *magistri* zwischen staatlichen und kirchlichen Werkstätten vgl. Calò Mariani 1992, S. XLVII – LX.
[47] Haseloff 1992, S. 99 – 340.
[48] Buschhausen 1978a.
[49] Calò Mariani 1984b, S. 193 – 195.
[50] Erste Beobachtungen hierzu bei Poeschke 1973; Calò Mariani 1973.
[51] Molajoli 1934/1935.
[52] Zur Beobachtung der Bewegung in der Miniaturmalerei und zur Nachahmung der Natur durch mechanische Vögel und Automaten im Allgemeinen vgl. Calò Mariani 1993, S. 34 – 37.
[53] Le Goff 1989.
[54] Zu diesen Beobachtungen vgl. Calò Mariani 1992, S. LVIII.
[55] Camille 1992.
[56] Sauerländer 2006.
[57] Sauerländer 2003.
[58] Kutsch 1946/1948; vgl. hierzu auch Claussen 1995a; Claussen 1995b; Pace 1994.
[59] Zur ersten Tätigkeit Nicola Pisanos in der Toskana vgl. Testi Cristiani 1987 und zuletzt Testi Cristiani 2008a.
[60] Calò Mariani 1984c, bes. S. 153 – 156; Calò Mariani 1995b; Testi Cristiani 1987.
[61] Zum Meister von Foggia vgl. Calò Mariani 1984b, S. 193 – 195; Mellini 1998, S. 33 – 34; Calò Mariani 1996a, S. 143 – 147, Abb. 19 – 26; Ausst.-Kat. New York 2006, Kat.-Nr. 66, S. 159 – 162 (Christine Verzar); Ausst.-Kat. Rimini 2008, S. 175 – 176 (Marco Bona Castellotti/Lucilla De Lachenal). Die gleichzeitige Präsenz mehrerer *magistri,* die bei diesem Werk festgestellt wurde, schränkt jedoch weder Harmonie noch Gleichgewicht ein.
[62] Calò Mariani 1996b, S. 145; Calò Mariani 2008, Abb. 11 – 14. Zu den Konsolen der Kanzel von Ruvo vgl. Ausst.-Kat. Rimini 2008, S. 153 – 156 (Adriana Pepe).
[63] Calò Mariani 1984b, S. 195 – 197.
[64] Bologna 1995, S. 51 – 52 und 59.

1 Mainz, Dom, nördlicher Kapitellfries am Südostportal

Aquilante De Filippo

Die Bauskulptur des Mainzer und Wormser Domes und ihre Vorbilder in der Lombardei

Der Mainzer und der Wormser Dom nehmen aufgrund ihrer monumentalen Dimensionen und ihrer charakteristischen Eigenschaften in Bauform und Bauskulptur eine wichtige Stellung in der Architekturgeschichte Europas ein. Unter der Herrschaft der Salier begonnen, wurden sie für die Staufer symbolträchtige und repräsentative Zentren ihrer Macht.

Die Kunstgeschichtsforschung beschäftigt sich seit dem 19. Jahrhundert mit den architektonischen Formen dieser Bauten. Besonderes Interesse fand hierbei die Bauskulptur. Anfang des 12. Jahrhunderts treten sowohl in Mainz als auch in Worms figürliche und vegetabile Schmuckformen auf, die im Rheinland sehr innovativ erscheinen und deren Ursprung nicht dort, sondern in Oberitalien, wohl in der Lombardei, vermutet wird. Durch die spärliche Überlieferung schriftlicher Quellen ist eine Chronologie der Bauskulptur meist nur durch Stilistik möglich.

Der Mainzer Dom

Der unter Bischof Willigis (975 – 1011) erbaute Mainzer Dom wurde im Jahre 1009 kurz vor seiner Weihe durch einen Brand zerstört und anschließend wiederaufgebaut. Nach einem weiteren Brand im Jahre 1081 musste der Dom erneut rekonstruiert werden. Die Ostteile wurden wohl um 1110 in ihrer heutigen Form errichtet.[1] Ein gleichzeitiger Neubau der Westteile bei dieser Gelegenheit scheint aufgrund ihrer liturgisch größeren Bedeutung wahrscheinlich, kann jedoch nicht mehr überprüft werden. Die erhaltenen Westteile, um 1190 begonnen und 1239 durch Erzbischof Siegfried III. geweiht,[2] bieten keinerlei Anhaltspunkte für eine Rekonstruktion des vorherigen Zustands. Das Langhaus wurde erst nach den Ostteilen, wohl noch vor der 1137 geweihten Gotthardskapelle, umgebaut.[3]

Die Frage nach italienischen Vorbildern oder gar einer direkten Beteiligung italienischer Werkleute am Skulpturenprogramm des Mainzer Domes ist in der Forschung oft thematisiert worden.[4] In Verbindung mit Oberitalien kann ausschließlich die Bauskulptur der Ostteile gebracht werden.

Die Architektur der Ostteile weist eine innovative Formensprache auf. Ein mächtiger, mehrgeschossiger durch zwei Türme flankierter Querbau prägt das Erscheinungsbild der Ostfassade. Aus dem Querbau springt eine halbrunde Apsis hervor, dessen dreigeschossiger Wandaufbau aus Sockel, Fenstergeschoss und einer Zwerggalerie besteht. Die Sockelzone ist fast komplett bei neuzeitlichen Restaurierungen erneuert worden, das Fenstergeschoss ist vertikal durch eine Blendbogenarkade gegliedert. Die Zwerggalerie setzt sich mit ihrem offenen Laufgang von der massiven, flächigen Gestaltung des Querbaus ab, der im unteren Bereich durch zwei Rundbogenportale und im oberen nur durch kleine Fenster geschmückt ist. Die Portale öffnen sich nördlich und südlich der Apsis, sind mehrstufig gegliedert und springen aus der Wandflucht hervor. Die Archivolte wird jeweils von zwei der Wand vorgestellten Säulen getragen, ein Aufbau, der an eine Vorhalle erinnert.

Die Portale haben Säulenbasen ohne Eckverzierung und zeigen unterschiedlich reiche Ornamentik. Im Nordportal sind die Gewände mit einfachen Bossenkapitellen versehen, die für einen Formenvergleich wenig Anhaltspunkte bieten. Am Südportal hingegen sind die Schmuckformen aufwändiger gestaltet: Der nördliche Kapitellfries (Abb. 1) ist durch antikisierende, scharfkantige Akanthusblätter verziert, zwischen denen eine figürliche Darstellung in der innersten Gewändestufe steht, ein Löwenbändiger und ein auf einem Blatt sitzender Affe. Am südlichen Kapitellfries ist nur die äußerste Vorlage mit Akanthusblättern versehen, an den beiden mittleren Vorlagen sind zwei symmetrisch angeordnete Löwen, die sich, mit ihren Vorderpranken auf einen Widder stützend, dem Betrachter zuwenden. Charakteristisch sind bei den Löwen die spitze Form der Zähne und die Bearbeitung des Felles, dessen mehrsträhnige Locken einzeln ausgestaltet sind. Die fast vollplastisch ausgearbeiteten Figuren heben sich sehr deutlich vom glatten Hintergrund hervor. An der innersten Gewändestufe befindet sich ein Greif, der, den Kopf nach hinten gestreckt, mit dem Schnabel nach seinem linken Flügel greift.

Das Südportal führt ins Innere in einen kleinen gewölbten Vorraum, dessen Wandvorlagen ebenfalls reich gestaltete Kapitelle besitzen. Am Kapitell der nordwestlichen Vorlage ist ein Kentaur, der einen Hirsch jagt, dargestellt; am Kapitell über der Ecksäule ergreift ein frontal wiedergegebener Adler einen Hasen. Im Süden, an der gegenüber liegenden Vorlage, attackieren zwei symmetrisch angeordnete Greife zwei Drachen und über der Säule hält ein Adler zwei Drachen in den Krallen. Die mittlere Stütze der Nordwand ist durch ein Kompositkapitell geschmückt: Über hohen Kranzblättern verlaufen ein Perlstab und ein hohes Wellenband, zwischen

2 Mainz, Dom, Kapitell der Blendarkatur an der Nordseite der Ostapsis

diesen vermitteln aufwändig gearbeitete Voluten mit Fischgratmuster, deren Schnecken durch kleine Blätter verdeckt sind, ein weiteres Blatt verziert mittig den Abakus. Weiter westlich an derselben Wand nach dem Eingang zur Ostkrypta befindet sich ein Fries mit zwei Adlern und einem Hasen, die von Ranken umkreist sind.

Ranken- und Adlermotive finden sich auch im Außenbau im Fenstergeschoss der Apsis wieder. Die zweistufige Rundbogenblende ist nur beim nördlichen Fenster aufwändig ornamentiert: Die erste Stufe ist mit einem doppelten Taustab, die innere mit kreisförmigen Ranken und Lilienblüten versehen. Die Kapitelle der Blendarkade sind hier mit Tiermotiven verziert, bei denen die Tiere, im westlichen Kapitell Pferde und im östlichen Adler (Abb. 2), jeweils paarweise in streng symmetrischen Kompositionen angeordnet sind und von dreisträhnigen Ranken umrahmt werden.

Die Kapitelle der Zwerggalerie wurden meist als Bossen verbaut, die restlichen sind mit figürlichen und floralen Motiven skulptiert. Auch hier, wie schon bei der Rundbogenblende, sind die Figuren zum Teil in Ranken eingestellt, die sich jedoch mehrmals überschneiden und dadurch in der Komposition bewegter wirken. Auffällig ist das Motiv der konvex geführten Blätter in manchen Rankenknospen. Die Tatsache, dass die meisten Kapitelle unfertig eingebaut worden sind, könnte darauf zurückzuführen sein, dass die Steinmetze abgezogen sind, um möglicherweise an der Stiftskirche St. Maria in Ilbenstadt (Gründung 1123, Weihe nach Umbau 1159)[5] weiter zu arbeiten, wo ähnliche Formen belegt sind.

Aufgrund von Unterschieden im verwendeten Material und in der Steinbearbeitung ordnete Rudolf Kautzsch 1911 die unteren und die oberen Teile der Ostpartie zwei unterschiedlichen Bauphasen zu.[6] Auch die Bauskulptur ist ebenfalls zu differenzieren, was sich beispielsweise durch den Vergleich der Kapitelle mit dem gleichen Motiv feststellen lässt. Die Adler des südöstlichen Vorraums und diejenigen der Ostgalerie sind in der Grundform verschieden, wobei die oberen Skulpturen etwas schlanker sind, und weisen in der Bearbeitung des Gefieders und in der Gestaltung der Flügel Unterschiede auf.[7] Eine Datierung ist nur für die obere Bauphase gesichert: Hier konnte in einer der letzten Bauuntersuchungen ein Gerüstholz dendrochronologisch auf das Jahr 1125/1126 datiert werden.[8] Der genaue Bauanfang der Ostteile ist dagegen umstritten,[9] aber anhand der Vergleiche mit der Bauskulptur der Stiftskirche St. Maria in Ilbenstadt, deren Gründung erst 1123 erfolgt ist, wohl nicht vor 1110 anzunehmen.[10]

Davor ist das Formenrepertoire der Mainzer Ostteile im Rheinland nur in den ab 1082 unter Heinrich IV. neu gebauten Ostteilen des Speyerer Domes belegt, wo moderne oberitalienische Formen zum ersten Mal nördlich der Alpen auftreten. Der ursprüngliche Bau entstand wohl 1025 unter König Konrad II. (ab 1027 Kaiser) als neue Grablege des salischen Geschlechts und wurde 1061 geweiht.[11] Die Anlehnung des Mainzer Neubaus an Speyer wird durch einen Vergleich der architektonischen Formen deutlich. Die charakteristische Gestaltung der halbrunden Apsis mit Blendbogenarkade und Zwerggalerie wurde direkt aus Speyer übernommen, dem ersten erhaltenen Beispiel dieser Art.[12] Der Aufbau der Ostportale erinnert an die Ädikulen, die sich im Innenraum des II. Speyerer Baus vor den Ostwandnischen des Querhauses befinden, die Säulen tragen außerdem auch hier antikisierende Akanthusblattkapitelle. Auch der Außenbau des Speyerer Doms zeigt enge Parallelen.[13] Das neue Querhaus erhielt feingliedrig skulptierte Fenstergewände, mit in Ranken eingestellten Tieren, Blüten und Trauben, also Ornamente, die typologisch mit denen des nördlichen Mainzer Apsisfensters verwandt sind, sich jedoch von diesen im Detail unterscheiden. In den Gewänden des oberen Fensters des Südquerhauses[14] und in den Kapitellen der Afrakapelle[15] sind am Speyerer Dom Blüten mit konvex geführten Blütenblätter ausgearbeitet, die ferner mit den in gleicher Gestalt gehaltenen Kapitellblättern in der Mainzer Apsisgalerie in Verbindung gebracht werden können.

Die große Ähnlichkeit der Bauskulptur in Speyer und Mainz ließ immer wieder vermuten, dass an beiden Großbaustellen dieselben Steinmetze gewirkt haben könnten. Durch einen näheren Vergleich der Formen der Akanthusblätter zwischen Speyer und Mainz schloss Dethard von Winterfeld 1968 aus, dass sie von der gleichen Hand ausgeführt wurden.[16] Die Abwanderung einiger Steinmetze von der Speyerer Großbaustelle nach Mainz nach dem Tod Heinrich IV. 1106[17] erscheint plausibel. Eine Identität dieser Steinmetze an beiden Orten müsste aber von Fall zu Fall anhand der Befunde überprüft werden. Für einen Rückgang der finanziellen Mittel an der Baustelle nach dem Tod des Mäzens spricht die an vielen Stellen unfertig gebliebene Ornamentik, die zum großen Teil nach dem Versatz erfolgte.[18]

Der Ursprung der beschriebenen Formen ist nicht im Rheinland, sondern in Oberitalien zu suchen. Für Speyer könnten die Italienreise des Bischofs Benno II.[19] von Osnabrück 1082/1083 und die 1084 erfolgte Kaiserkrönung Heinrichs in Rom Anlässe gewesen sein, italienische Bauleute zu holen.

Die in Mainz verwendeten Motive, wie das Akanthusblatt oder die Löwen, sind in der romanischen Skulptur der gesamten Po-Ebene zu finden, wo sich im 12. Jahrhundert eine rege Bautätigkeit entwickelte. Für stilistische Vergleiche lassen sich allerdings nur wenige Objekte, meist aus der Lombardei, in Betracht ziehen. Die Erstellung einer Chronologie zwischen den einzelnen Skulpturen wird durch die Tatsache erschwert, dass die Datierung der oberitalienischen Bauten nur in seltenen Fällen gesichert ist.

Ein gut datierter Bau mit den bereits für Mainz beschriebenen Schmuckformen ist die Kirche S. Abbondio in Como, deren Weihe 1095 durch Papst Urban II. schriftlich überliefert ist.[20] Außen sind hier die Apsisfenster, wie das Mainzer Nordfenster, mit Ranken- und Tierreliefs dekoriert. Im Inneren befinden sich außerdem ähnliche Kapitelle mit scharfkantigen Akanthusblättern. Aus S. Abbondio stammt weiter ein Kapitellfragment mit der Darstellung eines Bogenschützen und eines Widders, heute im städtischen Museum von Como aufbewahrt,[21] der als früher Beleg für die Darstellungstradition dieser Motive in der Lombardei gelten darf, auch wenn stilistisch nicht direkt mit dem Mainzer Kapitell vergleichbar. Dieses Motiv wird nach Mainz eine Nachfolge in Ilbenstadt finden.[22]

3 Insel San Giulio im Ortasee, San Giulio, Kanzel

Gut datiert ist auch eine frühe Löwendarstellung[23] an einem Kapitell der Kirche SS. Maria e Sigismondo in Rivolta d'Adda (1088 – 1099),[24] die typologisch durch die analoge Gestaltung der Mähnenlocken und des gedrehten Schnurrbartes als eine Vorstufe der Mainzer Portallöwen zu betrachten ist.

Als Vergleichsbeispiel für die Skulpturen der unteren Ostteile des Mainzer Domes schlug Rudolf Kautzsch als erster die Kanzel der Kirche S. Giulio auf der gleichnamigen Inseln im Ortasee vor.[25] Die gut erhaltene Kanzel (Abb. 3) wird von vier Säulen getragen, setzt sich aus drei Boden- und sechs Brüstungsplatten aus Serpentin zusammen und hat einen polygonalen Grundriss.[26] Die in der Brüstung skulptierten Figuren und Blattranken lassen sich thematisch und stilistisch insbesondere mit den Kapitellen des Südostvorraumes der Mainzer Ostteile vergleichen: ein mit Bogen jagender Kentaur, eine Greif-Krokodil-Gruppe, ein Adler und ein Löwe, hier mit Flügeln als Symbol des Evangelisten Markus. Beim Löwen erinnern die Partien des Maules und die Mähnenlocken an die Mainzer Portallöwen. Eine große Ähnlichkeit mit den Mainzer Akanthusblattkapitellen zeigen zwei Kapitelle der tragenden Säulen der Kanzel. Insbesondere das Mainzer Kompositkapitell stimmt mit dem von S. Giulio sowohl in der Gesamtkomposition aus Kranzblättern, Perlstab und Wellenband als auch in den Details, wie den von Blättchen bedeckten, mit Fischgratmuster versehenen Voluten überein.[27] Ob eine direkte Verbindung zwischen Mainz und S. Giulio hergestellt werden kann, ist umstritten. Die große Ähnlichkeit der Skulpturen gab mehrmals Anlass, beide als das Werk des gleichen Meisters[28] oder zumindest der gleichen „Schulung"[29] zu interpretieren. Die Datierung der Kanzel ist, wie diejenige der unteren Mainzer Ostteile, nicht gesichert und schwankt zwischen 1100[30] und 1120, sie kann jedoch gut an die überlieferte Weihe der Kirche S. Giulio von 1118/1119 angelehnt werden.[31]

Einige Schmuckelemente aus S. Giulio finden sich in der Kirche S. Fedele in Como (um 1100/vor 1118)[32] wieder: Die Greif-Krokodil-Gruppe verziert in erstaunlich ähnlicher Gestaltung das südliche Gewände des Nordportals, dessen Giebel wiederum mit dem gleichen Wellenband der Kompositkapitelle abschließt.

Das Formenrepertoire der oberen Partien der Mainzer Ostteilen ist mit dem von S. Ambrogio in Mailand (um 1100 – 1110)[33] zu vergleichen.[34] Die Kapitelle der Mainzer Rundbogenblende der Ostapsis zeigen in der Komposition dieselbe strenge Symmetrie der Kapitelle in S. Ambrogio und im Dekor analoge dreisträhnige Ranken mit Lilienenden.[35] Des Weiteren finden sich in der Mailänder Kirche viele Motive des Mainzer Skulpturenprogramms wieder: antikisierende Akanthusblätter, Löwen- und Widderdarstellungen.

Der Wormser Dom

Der Wormser Dom wurde anfangs des 12. Jahrhundert als doppelchörige, dreischiffige Basilika neu erbaut. Sein Erscheinungsbild, mit sechs imposanten Türmen, hat die Architekturgeschichte der deutschen Romanik entscheidend geprägt.

Die Entstehungszeit des Domes war lange umstritten und schien erst nach der dendrochronologischen Datierung[36] der Gewölbezone des Querhauses (um 1132/1137) und des Langhausobergaden

4 Worms, Dom, Ornament einer Lisene an der Nordwand des Sanktuariums

(um 1161/1163) geklärt worden zu sein. Unter der Annahme einer Bauabfolge von Ost nach West[37] wurde der Baubeginn in der Zeit um 1120/1125[38] vermutet und die schriftlich überlieferte Weihe von 1181 schließlich in Verbindung mit den Westteilen gebracht. Unbeantwortet musste die Frage bleiben, warum das Querhaus des Wormser Domes ältere architektonische Formen zeigt als die vermeintlich früher gebaute Ostfassade. Aufgrund stilistischer Vergleiche mit der Klosterkirche Maulbronn (nach 1147) stellte Matthias Untermann für die Ostteile die Hypothese einer anderen Bauabfolge auf, die durch die ersten Untersuchungen bestätigt werden konnte.[39] Dementsprechend wären die oberen Partien des Altarhauses und die Ostfassade samt Türmen das Ergebnis eines um 1140/1150 erfolgten Umbaus der wenige Jahrzehnte zuvor bis zum Querhaus neu erbauten Ostteile. Die unteren Partien von Altar- und Querhaus könnten noch zur Bauphase vor dem Umbau gehören, für die ein Zusammenhang mit der überlieferten Weihe eines Petrus-Altars von 1110 neu zu diskutieren wäre.[40]

Eine Auseinandersetzung mit den neuen Befunden und mit der Hypothese einer früheren Datierung ist bei der Analyse der Bauskulptur nicht nur unvermeidlich, sondern auch notwendig, da sich sämtliche Schmuckelemente, deren Herkunft in Oberitalien vermutet wird, in den Ostteilen befinden. Vorausgesetzt, dass die Baugeschichte des Ostbaus erst nach Abschluss der laufenden kunsthistorischen Bauuntersuchung angemessen diskutiert werden kann, liefert vielleicht die Analyse der Bauskulptur weitere Hinweise bezüglich der neuen Überlegungen.

In der Ostapsis sind skulptierte Bauteile, aufgrund von Umbauten im 18. Jahrhundert,[41] nur in der dreibogigen Blendarkatur, in der sich drei Fenster öffnen, festzustellen. In den schmalen Diensten an den Kanten der Wandvorlagen sind kleine Würfelkapitelle mit abgesetztem, angedeuteten Kämpfer und Halsring ausgearbeitet. Von diesen unterscheiden sich deutlich die gedrungenen, unverzierten Polsterkapitelle am Ansatz der Apsiskalotte, die sicher in der zweiten Bauphase entstanden sind und sich gut mit den Kapitellen des Querhauses vergleichen lassen.

Die Nord- und Südwand des Sanktuariums erhielten ebenfalls dreibogige Blendarkaturen, bei denen die Kanten mit attischem Profil versehen sind. Die unteren Abschlüsse dieser Profile sind mit verschiedenen Figuren verziert: Menschen- und Widderköpfen. Die Menschenköpfe stehen vor der Aussparung der Kehle, auf dem Lisenenrücksprung. Sie sind stilisiert, das Gesicht oval und die Haare in parallelen Strähnen ausgearbeitet. Bei den Widderköpfen läuft das Profil nach einem Knick spitz unter den Figuren aus, in der Form des sogenannten „Hornauslaufes", eine Profilgestaltung, die von Worms aus eine überregionale Verbreitung erfahren hat.[42] Eine ebenso fantasievolle Lösung findet sich auch im westlichen Lisenenfuß (Abb. 4) der Sanktuarium-Nordwand, wo die Kantenprofile durch männliche Halbfiguren geschmückt sind, die sich mit den Händen an ihren zur Kante hin spitz verlaufenden Bart fassen. Aus Mund und Nase wachsen Ranken mit Halbpalmetten, die in symmetrischen Kompositionen die gesamte Quaderoberfläche verzieren.

Dasselbe Motiv findet sich am Außenbau im Tympanon des Portals im Südquerhaus wieder. Hier kommt auch das attische Profil erneut vor, diesmal horizontal in den Kapitellfriesen, wo an jeder Seite ein Adler die eingestellte Säule ornamentiert.

Für eine zeitnahe Entstehung von Querhaus und Sanktuarium spricht außerdem die typologische Einheitlichkeit der Eckverzierung in den Basen der Dienste, die ausschließlich als Widder- und Löwenköpfe gestaltet sind. Die Löwenköpfe[43] haben große Eckzähne und mehrsträhnige Mähnenlocken mit leicht aufgerollten Endungen. Nach Westen hin sind die letzten figürlichen Eckverzierungen zwei Löwenköpfe, die sich im ersten Doppeljoch des Mittelschiffes am Dienst der Nordseite befinden. Die unteren Teile dieses Doppeljoches gehören vermutlich in eine erste große Bauphase gemeinsam mit Sanktuarium und Querhaus.[44] Durch archäologische Grabungen wurde genau an dieser Stelle das Fundament einer provisorischen Abschlussmauer gefunden, die alle drei Langhausschiffe von Süden nach Norden durchquerte[45] und wohl den liturgischen Gebrauch der Ostteile nach deren Fertigstellung ermöglichte.[46]

Die einzige großformatige Skulptur der unteren Ostteile ist das sogenannte Juliana-Relief (Abb. 5), eine Figurengruppe in der nordwestlichen Wandvorlage des Sanktuariums. Es stellt die Heilige Juliana von Nikomedien dar, die, begleitet von einem Engel, den

5 Worms, Dom, Juliana-Relief an der Nordwand des Sanktuariums

Teufel an der Leine hält. Sie steht vor dem Lisenenprofil und packt den vor ihr kauernden Teufel am Schopf, der Engel steht westlich davon auf einer kleinen Konsole und traktiert ihn mit einem Stock. Die Figur des Teufels ist stark beschädigt und kaum zu erkennen. Juliana und der Engel tragen langärmelige Kleider, die am Rock breite parallele, ondulierte Falten zeigen. Charakteristisch ist in dieser Darstellung die Gestaltung der langen Haare der Juliana. Diese fallen nicht, eng am Kopf, gerade nach unten, sondern breiten sich in parallelen Strähnen weit über das dahinter stehende Lisenenprofil aus. In dem großen Quader der Skulptur sind drei Inschriften angebracht: oberhalb der Heiligenfigur die Bezeichnung *Juliana*, oberhalb des Engels die Signatur des Meisters, *Otto me fecit* und rechts der Juliana eine Stifterinschrift, *Adelbraht monetarius*.

Weitere Skulpturen sind am Außenbau in der im Zuge der dritten Bauphase errichteten Ostfassade zu finden. Hier ist die Wandfläche durch Rundbogenfriese und Lisenen gegliedert, die eine mehrstufige Profilierung aufweisen und sich dadurch von den älteren, kantigen Formen des Querhauses unterscheiden. Ein reiches Skulpturenprogramm schmückt die drei großen Fenster und die darüber befindliche Zwerggalerie. Auf den Fenstersohlbänken liegen Bestien: im Süden zwei Löwen, in der Mitte eine Chimäre, ein Widder und ein Löwe, im Norden ein Löwe, der über einem liegenden Mann steht und in dessen Kopfbedeckung beißt[47] und eine Bärin mit ihrem Jungen. In situ erhalten sind die Figuren des Nordfensters, die anderen wurden Anfang des 20. Jahrhunderts durch möglichst getreue Kopien ausgetauscht, wie aus dem Vergleich mit den aufbewahrten Originalen ersichtlich ist. Bei diesen Skulpturen fällt insbesondere die Bearbeitung der Felle und der Mähnen in einzelnen mehrsträhnigen, an den Endungen aufgerollten Locken auf. Sie stehen in der gleichen stilistischen Tradition der Eckverzierungen im Innenraum, sind jedoch durch eine feinere Ausarbeitung der Details gekennzeichnet, wie beispielsweise bei den Löwen in der Gestaltung der Zähne und des Nasenbeins, die hier deutlich schmäler und eleganter sind. Weitere, ausladende Figuren von Menschen und Tieren sind im Gesims unterhalb der Galerie angebracht und beleben die sonst schlichte Oberfläche der Fassade. Kopfkonsolen verzieren außerdem die Rundbogenfriese im untersten Geschoss der Türme. An den Kapitellen der Zwerggalerie, einfache Würfelkapitelle mit ausgeschiedenem Schild und angedeutetem Kämpfer, ist die feine Bearbeitung der Steinoberfläche in geometrischen Mustern nur aus unmittelbarer Nähe erkennbar. Diese sorgfältige Oberflächenbearbeitung ist an den Würfelkapitellen der Apsis im Innenraum nicht festzustellen.

Von zentraler Bedeutung im Skulpturenprogramm der Ostfassade ist eine große Figurengruppe, die den Schaft der vierten Säule von Süden verziert.[48] Eine männliche Figur in kurzem, langärmeligen Kleid, durch ein Werkzeug in der linken Hand wohl als der Baumeister gekennzeichnet, wird von einem auf seiner rechten Schulter stehenden Affen am Kopf berührt. Unter dem Affen war ursprünglich ein zweites Tier, von dem heute aufgrund starker Beschädigung nur die Umrisse zu erkennen sind. Obwohl diese Figurengruppe auf den ersten Blick große Ähnlichkeit mit dem Juliana-Relief aufweist, lassen sich auch hier kleine stilistische Unterschiede feststellen. Das Gesicht des Mannes ist länglich und nicht oval wie bei den Figuren im Sanktuarium, die Backenknochen stehen hervor. Am Kleid ist der Ausschnitt plastischer als bei der Juliana, wo er nur eingeritzt ist; die Rockfalten sind beim Baumeister anders gestaltet, sie sind flach, nicht parallel und verlaufen gerade nach unten.

Die beschriebenen Unterschiede zwischen der Gestaltung der Bauskulpturen des Innenraums und der Außenfassade lassen auf zwei verschiedene Skulpturengruppen schließen. Zur Datierung der Gruppe im Innenraum liefert die epigraphische Analyse der Inschriften am Juliana-Relief einige Hinweise. Rüdiger Fuchs vermerkte: „Der rein kapitale Charakter der Inschrift und ihre Schmucklosigkeit im Vergleich etwa zu den Mainzer Domtüren verführen dazu, eine Datierung weit vor 1130 zu suchen",[49] er datierte sie jedoch anhand der dendrochronologisch gesicherten Daten des Querhauses (1132/1137), in das Jahrzehnt vor 1132. Außerdem wurde der Stifter Adelbraht archivalisch in Verbindung mit Nennungen eines Aldalbertus in Urkunden von 1106 und 1110 gebracht.[50]

Stilistisch lässt sich die Halbpalmettenornamentik im Wormser Sanktuarium mit einem Werkstück aus der östlichen Kapelle des Nordquerarmes des Speyerer Domes (um 1090)[51] vergleichen.

6 Pavia, Kapitell aus der Kirche S. Agata al Monte, Pavia, Musei Civici

Das Wormser Beispiel ist in der Linienführung etwas bewegter und zeigt mehr Relief. Diese Unterschiede scheinen aber nicht einen Zeitabstand von etwa dreißig Jahre zu rechtfertigen, wie die bisher angenommene Datierung um 1120/1125 nahe legen würde. Ebenso mit dem Speyerer Dom vergleichbar sind auch die Kapitelle und die Dienste der Blendarkatur im Innenraum der Apsis.[52]

Diese Erkenntnisse aus der Beobachtung der Bauskulptur im Ostbau des Wormser Domes würden eine frühere Datierung seiner unteren Bauteile unterstützen.

Wie schon für Speyer und Mainz wurde auch für den Wormser Dom eine Beteiligung oberitalienischer Steinmetze angenommen.[53] Konkrete Vergleichsbeispiele wurden jedoch nicht erwähnt oder erwiesen sich als nicht zutreffend.[54] Die Herkunft der Wormser Schmuckformen ist wohl in der Lombardei zu vermuten. Insbesondere scheinen stilistische Parallelen auf einen engen Zusammenhang mit Bauten in Pavia hinzuweisen. Eine Verbindung zwischen dem Kaisertum und Pavia belegen mehrere Aufenthalte Heinrichs IV. in dieser Stadt, wo er von 1092 auf 1093 für mehrere Monate überwinterte.[55] Noch vor 1100 erfolgte dort außerdem die Gründung der Reichsabtei S. Pietro in Ciel d'Oro,[56] 1132 die Weihe der Kirche durch Papst Innozenz II.[57] Mit diesem Bau fing in Pavia eine Zeit intensiver Bautätigkeit an, in der etwa zehn Großbaustellen eröffnet wurden. Um die Arbeit besser zu bewältigen entstand eine große Bauhütte, die Aufträge für mehrere Baustellen durchführte.[58]

In Pavia lassen sich einige Formen der Wormser Skulpturen, wie die beschriebene Halbpalmettenornamentik, mehrfach feststellen. Die Tiermotive, Adler, Löwe und Widder, gehören zum allgemeinen Formenrepertoire der oberitalienischen Bildhauer dieser Epoche und weichen in der Ausführung an unterschiedlichen Orten meist voneinander ab. In Pavia hingegen lassen sich Ähnlichkeiten mit den Wormser Figuren erkennen. Charakteristisch sind insbesondere in den Paveser Löwendarstellungen, wie auch in den Wormser, große eckige Zähne, ein gedrehter Schnurrbart und die Gestaltung der Mähne in breiten, mehrsträhnigen Locken, die leicht aufgerollt enden.

Solche Merkmale finden sich in Pavia beispielsweise in Löwenbildnissen an Kapitellen im Innenraum der erwähnten Kirche S. Pietro in Ciel d'Oro oder in zwei Kapitellfragmenten, aus den Kirchen S. Agata al Monte (Ende des 11. Jahrhunderts[59]/um 1100[60]) und S. Stefano (um 1110/1120),[61] heute beide in den Musei Civici in Pavia (Abb. 6). In der Kirche S. Michele Maggiore (ca. 1100–1130) kommen zwei leicht unterschiedliche Löwenformen vor, eine frühere an den Kapitellen der Krypta (um 1100) und eine spätere (um 1110/1120) an den Langhauskapitellen, beispielsweise in der Szene Daniels in der Löwengrube (Abb. 7). Obwohl beide Typen die beschriebenen Eigenschaften besitzen, erinnert der spätere Typus, insbesondere mit den Löwenköpfen an den Kanten, jedoch stärker an die Wormser Eckverzierungen.

Da das Motiv des Widders in Pavia nur selten vorkommt, ist möglicherweise auch von einer Beteiligung Mailänder Steinmetze in Pavia und Worms auszugehen. Widderdarstellungen finden sich in mehreren gut miteinander vergleichbaren und vermutlich zeitgleich entstandenen Kapitellen der Mailänder Kirchen S. Am-

7 Pavia, San Michele, Langhauskapitell vom Westen

brogio und S. Celso (um 1100/1110),[62] hier in Verbindung mit Löwen.

Die Tradition der figürlich gestalteten Eckzier an den Säulenbasen ist in der Lombardei weit verbreitet: Basen mit aufwändig ausgearbeiteten, über ihre gesamte Höhe steigende Eckzier mit Tiermotiven sind in der erwähnten Kirche S. Pietro in Ciel d'Oro belegt.[63] Besonders hervorzuheben ist im Hinblick auf die Wormser Beispiele die Präsenz einer Säuleneckzier in Form eines Widderkopfes am Hauptportal der Westfassade von S. Ambrogio. Die Adlerkapitelle des Wormser Südquerhauses finden typologische Parallelen in Pavia, im Altarhaus von S. Michele und in Mailand, ebenfalls an der Westfassade von S. Ambrogio, gestalterisch weichen sie jedoch leicht von diesen ab.

Die größte Affinität mit den Skulpturen des Wormser Domes scheinen aber die Kapitelle der 1811 abgerissenen[64] Paveser Kirche S. Giovanni in Borgo (um 1100;[65] um 1110/1130[66]) gehabt zu haben, wovon einige erhaltene Werksteine heute in den Musei Civici aufbewahrt werden. Hier treten die für den Wormser Dom beschriebenen Formen mehrmals auf: Die Löwen mit der mehrsträhnigen Mähne, als Kopfstück[67] oder als Ganzkörperfigur (Abb. 8), Löwen und Widder jeweils paarweise, begleitet von männlichen Figuren mit fein ausgearbeiteten Haarsträhnen.[68] Die äußerst seltene Darstellungsweise der Haare am Juliana-Relief findet sich außerdem in einer Nixenfigur an einem Kapitell (um 1110/1120)[69] aus S. Giovanni in Borgo wieder, wo die streng parallelen Haarsträhnen nicht nach unten fallen, sondern sich auf den Hintergrund ausbreiten (Abb. 9). Denkbar ist, dass einige Bildhauer und Steinmetze aus Pavia, insbesondere aus den Werkstätten von S. Giovanni in Borgo und S. Michele nach Worms geholt wurden.

Mit der Bauskulptur der Ostteile scheint sich am Wormser Dom die Möglichkeit eines Vergleichs mit Paveser Vorbildern zu erschöpfen. Im Langhaus treten nämlich Formen auf, die sich von diesen unterscheiden.[70] Die Figuren im Tympanon des romanischen Langhaus-Südportals, heute aufgrund des gotischen Umbaus nach Innen gewendet, und die in der Annakapelle vermauerten, vermutlich dazugehörigen Skulpturen mit Propheten- und Löwendarstellungen zeigen eine andere Ornamentik, wie an der Gestaltung der Gewänderfalten und der Gesichter erkennbar ist, und stammen von einer anderen Werkstatt.[71] Eine Herkunft dieser Bildhauer in der Lombardei wurde mehrmals vermutet, jedoch durch die bisher erbrachten Vergleichsbeispiele noch nicht überzeugend belegt.[72] Das Auftreten von Ligaturen und Unzialen in den hier vorkommenden Inschriften lassen eine deutlich spätere Entstehungszeit dieser Figuren gegenüber dem Juliana-Relief annehmen,[73] die durch die dendrochronologisch gesicherten Daten für das Langhaus tatsächlich um 1160 festgesetzt werden kann.[74]

In Mailand und Pavia lässt sich um 1150 ein abrupter Rückgang der Bautätigkeit beobachten.[75] Entsprechend der angenommenen Baugeschichte würde dieser Zeitpunkt am Wormser Dom mit dem Wechsel der Bauformen im Langhaus übereinstimmen. Ein Zusammenhang zwischen den zwei Ereignissen kann hier nur vermutet werden.

In den Westteilen des Wormser Domes wird eine neue Auffassung der Wandflächen sichtbar. Durch den polygonalen Grundriss

8 Pavia, Kapitell aus der Kirche S. Giovanni in Borgo, Pavia, Musei Civici

der Westapsis, die Einführung von Zickzackprofilen und die wechselnde Ausarbeitung der Friese gewinnt die gesamte Architektur an Dynamik. Die Gliederung der Geschosse mit Blendarkaden, große mehrpässige Fenster und eine Säulengalerie tragen zur Auflösung der Wandfläche bei. Wie schon im Osten verzieren auch hier figürliche Skulpturen die unteren Teile der Galerie, nur springen diese im Westen unmittelbar aus der Basis heraus, nicht aus dem darunter stehenden Steinquader (Abb. 10). Sie sind außerdem komplizierter gestaltet als im Osten, als Menschen, Tiere und fantastische Wesen, und treten oft als Paar auf.

Die wohl bedeutendste Neuerung des Westchores ist jedoch die neue Form der Kapitelle, der sogenannten Kelchblockkapitelle, in denen die Komposition des klassischen korinthischen Kapitells auf wenige prägnante Elemente reduziert wird. Der untere Blattkranz besteht jetzt meist aus nur vier breiten, in Kelchform steigenden Blättern, über denen sich an jeder Seite zwei große Voluten befinden. Die Kapitelle tragen hohe mit Palmetten verzierte Kämpfer. Vorausgesetzt, dass die Frage nach der künstlerischen Herkunft der Wormser Westteile bis heute ungeklärt ist,[76] scheint das Innovationspotenzial dieser Bauteile bisher unterschätzt worden zu sein.

Resümee

Im Mainzer Dom ist im Osten eine erste kurze Bauphase (ca. 1110 – 1125) festzustellen, in der italienische Vorbilder eine große Rolle spielten und neue Formen hervorbrachten. Nachdem die lombardischen Steinmetze nach Ilbenstadt abwanderten, folgte mit dem Umbau des Langhauses bis 1137 eine Bauphase ohne große Neuerungen. Danach setzte bis etwa 1190 eine lange Baupause

9 Pavia, Kapitell aus der Kirche S. Giovanni in Borgo, Pavia, Musei Civici

ein. Beim Neubau der Westteile (von ca. 1190 bis zur Weihe 1239) wurden einerseits bereits Formen der französischen Gotik aufgegriffen, andererseits diese in seltsamer Weise noch mit romanischen Bauelementen kombiniert. Dadurch entstanden in Mainz für eine lange Zeit keine innovativen Formen.

Dagegen lassen sich am Skulpturenprogramm des Wormser Domes verschiedene Phasen ablesen. An den Ostteilen wurde die Präsenz lombardischer Formen über mehrere Jahrzehnte festgestellt, wahrscheinlich bis zur Mitte des 12. Jahrhunderts. Innerhalb dieses langen Zeitraumes sind aufgrund stilistischer Abweichungen zwei Skulpturengruppen zu unterscheiden, jeweils im Innenraum und am Außenbau, was der neu formulierten Bauabfolge entsprechen würde. Formenvergleiche mit dem Speyerer Dom und bestimmte Eigenschaften der Inschriften scheinen eine frühere Datierung des Sanktuariums zuzulassen. Dadurch würde der Wormser Dom chronologisch auf einer Ebene mit dem Mainzer stehen.

Unabhängig von der Frage der Wormser Datierung zeigen die Übereinstimmungen mit Beispielen an oberitalienischen Bauten, dass die oberrheinische Bauskulptur nicht eine späte Rezeption der lombardischen, sondern ein sich dazu parallel entwickelndes Phänomen darstellt. Die frühen lombardischen Belege (Como, S. Abbondio; Rivolta d'Adda, SS. Maria e Sigismondo) der am Oberrhein auftretenden Motive und ihre weite Verbreitung in Oberitalien rechtfertigen die Annahme, dass die Herkunft dieser Formen sicher in der Lombardei anzusiedeln ist. Der Grund des Imports dieser neuen Formensprache ist anscheinend in der hohen Qualität der lombardischen Steinmetzarbeiten zu suchen, die an beiden Domen angesichts der Bauaufgabe angemessen erscheint.

Der Wormser Dom fand, im Gegensatz zum Mainzer, auch überregional eine große Nachfolge bis in das Elsass. Die Bauformen, die sich von Worms aus ausbreiten, sind nicht die lombardischen der Ostteile, sondern die einheimischen der Westteile. Diese Formen schmückten am Nordportal die nachträglich eingebaute[77] Ädikula, in der das Stadtprivileg von 1184 von Kaiser Friedrich I. Barbarossa angebracht wurde. Diese elsässisch-oberrheinischen Formen sind diejenigen, die unser heutiges Bild der staufischen Architektur prägen.

10 Worms, Dom, Westapsis, Südseite der Zwerggalerie von Südwesten

1 UNTERMANN 1984, S. 183, Anm. 931.
2 VON WINTERFELD 1993, S. 123.
3 VON WINTERFELD 1986, S. 22; DERS. 1988a, S. 241; DERS. 1993, S. 121 – 122; DERS. 2007, S. 383.
4 Forschungsbericht in MERTENS 1995, S. 76 – 85.
5 Zur Baugeschichte der Stiftskirche S. Maria in Ilbenstadt: UNTERMANN 1984, S. 123 – 217.
6 KAUTZSCH 1911, S. 1; DERS. 1911 – 1912, S. 212 – 213.
7 Vgl. MERTENS 1995, Tafel X, Abb. 20 und Tafel XXXIV, Abb. 65.
8 HÄDLER 2002, S. 21; VON WINTERFELD 2007, S. 382.
9 Zu den Datierungsvorschläge MERTENS 1995, S. 75, Anm. 75.
10 UNTERMANN 1984, S. 183, Anm. 931, untere Bauteile um 1110/1120, obere um 1120/1130 und DERS., Beitrag in diesem Band.
11 Zur Chronologie der Baugeschichte von Bau I: HAAS 1972, S. 692 – 697.
12 VON WINTERFELD 1993, S. 67.
13 Ein Überblick über die bisherige Forschung zur Bauskulptur vom Bau II findet sich in: MERTENS 1995, S. 20 – 42.
14 Vgl. KUBACH/HAAS, Bildbd., Abb. 670, 674, 676, 678, 679, 695, 703.
15 Vgl. KUBACH/HAAS, Bildbd., Abb. 1279, 1280, 1287.
16 VON WINTERFELD 1968, S. 321 – 322.
17 KLUCKHOHN 1958, S. 17.
18 VON WINTERFELD 2007, S. 377.
19 HAAS 1972, S. 774 – 775.
20 PORTER 1916, S. 304 – 305.
21 QUINTAVALLE 2006, S. 155 und 158, Abb. 153.
22 Vgl. MERTENS 1995, Abb. 70.
23 Vgl. SCHMIDT-ASBACH 2002, Abb. 397.
24 PORTER 1917, S. 326.
25 KAUTZSCH 1922a, S. 123 – 130 und DERS. 1922b, S. 8.
26 CANESTRO CHIOVENDA 1955, S. 32, Abb. 6, S. 33, Abb. 7; CERVINI 2000, S. 125.
27 Vgl. MERTENS 1995, Tafel XII, Abb. 24 und Tafel XIII, Abb. 25.
28 MERTENS 1995, S. 7; 247 – 254, bes. 253.
29 KAUTZSCH 1922a, S. 125.
30 KAUTZSCH 1922a, S. 129.
31 CERVINI 2000, S. 131.
32 PORTER 1916, S. 335.
33 POESCHKE 1998, S. 57 – 58.
34 KAUTZSCH 1911, S. 2.
35 KAUTZSCH 1922a, S. 125.
36 VON WINTERFELD 1984, S. 11; DERS. 1988a, S. 219.
37 VON WINTERFELD 1993, S. 169.
38 VON WINTERFELD 1984, S. 11; DERS. 1993, S. 168 (1225/1230).

[39] Untermann 2009, S. 190 – 197.
[40] Untermann 2009, S. 194.
[41] Untermann 2009, S. 193.
[42] Krause 1963, S. 455 – 460.
[43] Siehe Eckzier mit Löwenkopf im Katalogband (Kat.-Nr. IV.A.3.9).
[44] Kautzsch 1926, S. 99; Krause 1963, S. 448; von Winterfeld 1984, S. 9.
[45] Vgl. Kautzsch 1938, Tafel 4, 5 und 6.
[46] von Winterfeld 1984, S. 9.
[47] Siehe Abbildung im Katalogband (Kat.-Nr. IV.A.3.5).
[48] Siehe Abbildung im Katalogband (Kat.-Nr. IV.A.3.7).
[49] Fuchs 1986, S. 86; Sinngemäß auch in: Ders. 1991, S. 19, Nr. 18.
[50] Bönnen 1998a, S. 15 mit Anm. 21.
[51] Haas 1972, S. 776; vgl. Kubach/Haas 1972, Bildbd., Abb. 870 und 760, 764 – 767.
[52] Vgl. Kubach/Haas 1972, Bildbd., Abb. 1040.
[53] Kautzsch 1938, Textband S. 208 – 209.
[54] Nothnagel/Arens 1971, S. 74, Anm. 29.
[55] Schmidt-Asbach 2002, S. 290 mit Anm. 882.
[56] Schmidt-Asbach 2002, S. 427.
[57] Tosco 1997, S. 208.
[58] Schmidt-Asbach 2002, S. 280.
[59] Ausst.-Kat. Parma 2006, S. 565 – 567, Kat.-Nr. 51b (Michele Luigi Vescovi).
[60] Schmidt-Asbach 2002, S. 373.
[61] Schmidt-Asbach 2002, S. 434 – 437, Abb. 368.
[62] Quintavalle 2006, S. 174.
[63] Schmidt-Asbach 2002, S. 420 – 421, Abb. 346; Quintavalle 2006, S. 185, Abb. 196.
[64] Vicini 2006, S. 391.
[65] Arslan 1955, S. 106 – 107.
[66] Schmidt-Asbach 2002, S. 383.
[67] Vgl. Schmidt-Asbach 2002, Abb. 277.
[68] Vgl. Ausst.-Kat. Parma 2006, S. 570, Kat.-Nr. 52d; S. 572 – 574, Kat.-Nr. 52g; S. 577, Abb. 52.1 und 52.2 (Michele Luigi Vescovi).
[69] Ausst.-Kat. Parma 2006, S. 570, Kat.-Nr. 52e und 572 – 577 (Michele Luigi Vescovi).
[70] von Winterfeld 1984, S. 18.
[71] Schmitt 1938, S. 260.
[72] Vgl. Schmitt 1938, S. 261 – 262; Sebald 1999, S. 18, insbesondere Anm. 55 und 61.
[73] Fuchs 1986, S. 86.
[74] Sebald 1999, S. 16.
[75] Schmidt-Asbach 2002, S. 275 – 277.
[76] von Winterfeld 1984, S. 12.
[77] von Winterfeld 1984, S. 11.

Beschleunigung: Drei Kraftregionen im Stauferreich

IV.

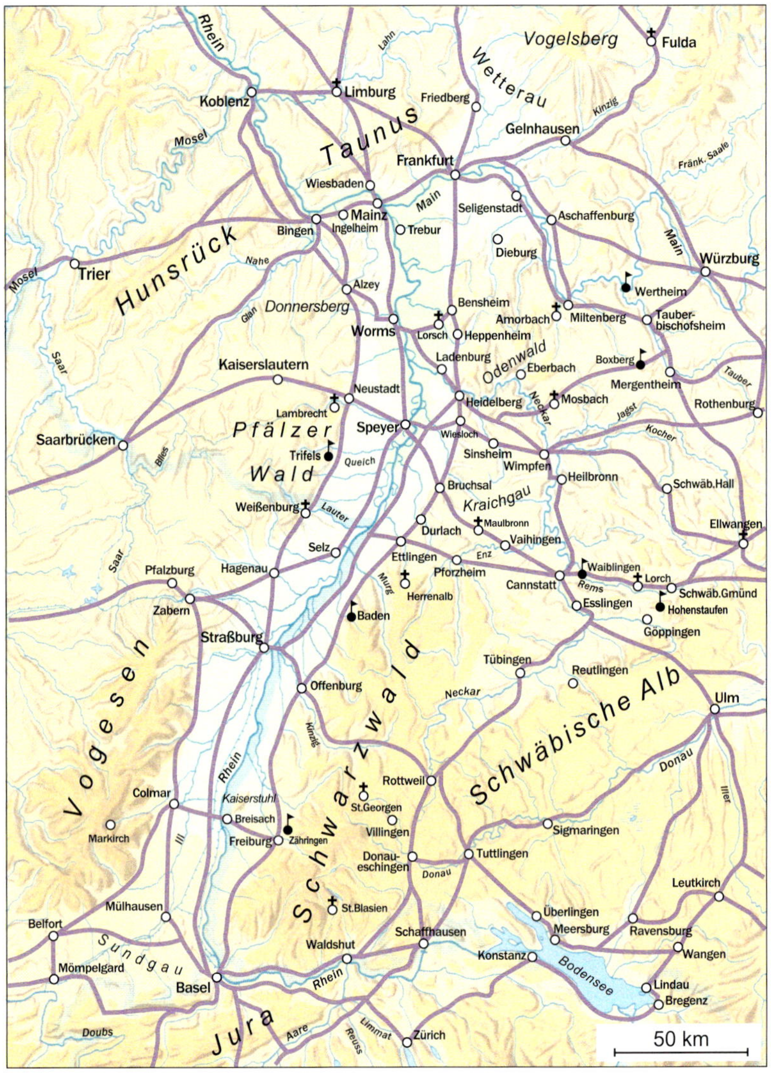

1 Oberrheinlande im Hochmittelalter*

Heinz Musall und Arnold Scheuerbrandt

Natur- und kulturräumliche Gegebenheiten der drei Regionen zur Stauferzeit[1]

I. Die Oberrheinlande (Abb. 1)

Kernbereich der Oberrheinlande, der bedeutendsten Großlandschaft Mitteleuropas, ist die von Südsüdwesten nach Nordnordosten verlaufende, vom insgesamt 1230 km langen, für den Wasser- und Landverkehr zwischen Mittelmeerraum und Nordsee besonders wichtigen Rheinstrom durchflossene Oberrheinische Tiefebene (Abb. 1). Bei ihr handelt es sich jedoch nicht um eine Tiefebene, sondern um einen tektonisch bedingten Grabenbruch, einen Teilabschnitt einer durch das westliche Mitteleuropa (Leinegraben, Hessische Senke, Oberrheingraben) und Ostfrankreich (Saône-Rhônefurche) ins westliche Mittelmeergebiet ziehenden, zum Teil in der Tertiärzeit (vor ca. 40 Millionen Jahren) durch wiederholte vulkanische Tätigkeit und bis heute des Öfteren durch Erdstöße gekennzeichnete Schwächezone. Durch sie verlaufen, teils schon seit vorgeschichtlicher Zeit, wichtige Verkehrswege. Der Oberrheingraben erstreckt sich auf einer Länge von etwa 300 Kilometern zwischen der nach Südwesten führenden Burgundischen Pforte, dem Sundgauer Hügelland und den Baselbieter Ausläufern des aus Kalken aufgebauten Schweizer Juras im Süden nach Norden bis zu den aus paläozoischen Gesteinen (Schiefer, Quarzit) bestehenden West-Ost ziehenden, zum Rheinischen Schiefergebirge gehörenden Bergländern Hunsrück (bis 816 m hoch) im Nordwesten und Taunus (bis 881 m hoch). Der Taunus bildet die westliche Grenze der von der Untermainebene zur Hessischen Senke, der nordöstlichen Fortsetzung des Oberrheingrabens, überleitenden lössbedeckten, daher fruchtbaren Durchgangslandschaft Wetterau. Von der alten Bischofsstadt Basel am Rheinknie (260 m über NN) und von der früheren Reichsstadt Mülhausen (234 m) aus fällt das Grabeninnere über Straßburg (134 m) und Speyer (98 m) bis auf weniger als 85 m (Mainz 82 m) ab. Bei Mainz verlässt der Rhein dann den Oberrheingraben und durchfließt das vor dem Taunus liegende Mainzer Becken (76 m). Im Oberrheingraben finden sich stellenweise bis zu fast 4000 m mächtige Ablagerungen (Schotter, Kiese, Löss, z. T. goldhaltige Sande), die aus den Alpen und dem Schweizer Mittelland sowie aus den westlich und östlich angrenzenden Landschaften stammen und vor allem während der Eiszeiten das Grabeninnere aufgefüllt haben. Der damals aus den abgelagerten Rheinsedimenten ausgewehte Lössstaub wurde in benachbarte Bereiche, z. B. in die Kraichgaumulde oder die Wetterau, verfrachtet.

Die im Rheingraben bzw. in dessen nordöstlicher Verlängerung liegenden Restvulkane Kaiserstuhl und Vogelsberg, der im Nordpfälzer Bergland entstandene Donnersberg, aber auch die im Bereich von parallel zum Grabenrand verlaufenden Störungslinien entstandenen Vulkanstotzen, z. B. Steinsberg (Kraichgau) und Katzenbuckel (Odenwald), weisen darauf hin, dass die Oberrheinebene eine tektonisch stark beanspruchte Zone war und ist. Neben den leicht erkennbaren vulkanischen Aktivitäten spricht dafür eine anomale Aufheizung im Untergrund (je 8 – 9 m Tiefe um + 1 °C) und, damit verbunden, das Auftreten von zahlreichen, zum Teil heißen Quellen im Bereich der beiden großen Randverwerfungen. Dort haben sich an einigen Stellen – zum Teil schon in der Römerzeit – Bade- und Kurorte entwickelt, am östlichen Grabenrand in Badenweiler, Baden-Baden und Wiesbaden, am Westrand in Bad Niederbronn im Elsass und Bad Dürkheim am Haardtrand. Die bei der Grabenbildung entstehenden Erdbewegungen, die sich seit dem späten Erdaltertum (Permzeit) erkennen lassen (z. B. anhand der Porphyrbrüche an der Bergstraße nördlich von Heidelberg), führten immer wieder zu leichten Erdstößen, manchmal aber auch zu zerstörerischen Erdbeben. Am 18. Oktober 1356 wurde die Altstadt von Basel im Gefolge von starken Erdstößen und durch dadurch ausgelöste Brände völlig zerstört.

Der Oberrheingraben ist ein den Durchgangsverkehr förderndes, in den lössbedeckten Bereichen seit der Jungsteinzeit (d. h. ab ca. 5500 v. Chr.) ackerbaulich genutztes Altsiedelland, das auf fast allen Seiten von verkehrsfeindlichen und siedlungsarmen Mittelgebirgen bzw. Bergländern eingerahmt ist: Im Südwesten und Südosten liegen die grabennah aus zum Teil erzreichem Grundgebirgsgestein (Gneis, Granit, kristalline Schiefer), grabenfern durch im Erdmittelalter (Mesozoikum) abgelagerte Sandsteine oder Kalke aufgebauten Mittelgebirge der Vogesen (Gr. Belchen 1424 m) bzw. des Schwarzwaldes (Feldberg 1493 m, Hornisgrinde 1164 m). Nördlich zweier für den West-Ost-Verkehr zwischen Pariser Becken und süddeutschem Schichtstufenland seit Urzeiten unentbehrlichen, überwiegend aus Kalken bestehenden, verbreitet lössbedeckten, altbesiedelten Einsenkungen, der Zaberner Senke im Westen und der klimatisch und bodenmäßig begünstigten Kraichgauer Hügellandmulde im Osten, erstrecken sich zwei weitgehend verkehrsfeindliche und bis heute waldreiche und siedlungsarme Jungsiedelländer: der verbreitet aus Buntsandstein aufgebaute Pfälzer Wald (Kalmit 673 m) im Westen bzw. das grabennah aus

Grundgebirgsgestein (Granit u.a.), grabenfern ebenfalls aus Buntsandstein mit weniger fruchtbaren Böden bestehende Bergland des Odenwaldes (Katzenbuckel 626 m). Der Pfälzer Wald endet im Norden an einer Senke, die im Bereich des aus paläozoischen Gesteinen bestehenden Nordpfälzer Berglandes (Donnersberg 687 m) liegt. Durch sie verläuft seit altersher und noch bis heute die wichtigste Straßenverbindung zwischen den zum Teil seit der Jungsteinzeit intensiver genutzten und dichter bewohnten Altsiedelgebieten in der Oberrheinebene und im Pariser Becken (Île de France) sowie in dessen ebenfalls altbesiedeltem Ostrand (Hochfläche von Lothringen, Champagne). Im Nordosten quert diese Senke das zum Oberrheingraben gehörende Rheinhessische Hügelland und den Bereich der ebenfalls zum Naturraum Oberrheingraben gehörenden Untermainebene mit ihren seit der Römerzeit vorhandenen und noch immer bedeutsamen Verkehrsknoten Mainz und Frankfurt. Sie setzt sich in der Hessischen Senke ins nördliche Mitteleuropa, nach Niedersachsen, den Kernraum des römisch-deutschen Reichs zur Zeit der Sachsenherrscher (ab Heinrich I. und Otto I.) fort.

Klima, Vegetation und Nutzung im Bereich der Oberrheinlande

Die Oberrheinebene und ihre Vorbergzonen sind, klimatisch gesehen, bis heute der begünstigste Bereich Mitteleuropas. Der Rheingraben liegt einerseits entfernt vom Ozean, andererseits ist er nicht zu kontinental geprägt. Er hat milde Winter (Januartemperaturen meist über 0 °C) und warme Sommer (Julitemperaturen über 18 °C), die Vegetationszeit beläuft sich auf etwa 240 Tage im Jahr. Die Randgebirge sind, was das Klima anbetrifft, weniger begünstigt. Hier kann es lange, kalte und schneereiche Winter geben. Der Frühling beginnt bis zu drei Wochen später als unten im Rheingraben. Die Wärmegunst hat dazu geführt, dass zum Teil wohl schon seit der Römerzeit, spätestens seit dem Frühmittelalter, in den Vorhügelzonen (z.B. an der – erst seit 1935 so genannten – Weinstraße im Regenschatten des Pfälzer Waldes), aber auch am Kaiserstuhl sowie im Alzeyer Hügelland und im Kraichgauer Hügelland Wein angebaut und bereits früh exportiert wurde. Edelkastanien gedeihen ebenfalls schon seit römischer Zeit in der Rheinebene bzw. an deren Rändern (z.B. bei Heidelberg). Mais, Kartoffeln und Tabak jedoch erst, nachdem sie durch die Spanier im Laufe des 16. Jahrhunderts aus der Neuen Welt nach Europa gebracht worden waren. Da die Oberrheinebene im Regenschatten der westlichen Randgebirge und Bergländer liegt, handelt es sich bei ihr weithin um einen recht trockenen Raum mit Niederschlägen, die zum Teil unter 500 mm/Jahr liegen. Lediglich die den vorwiegend aus dem Westen kommenden Regenwolken stärker ausgesetzten östlichen Randberge weisen mit zum Teil über 700 mm/Jahr etwas höhere Niederschläge auf. In den exponierten Lagen der Randgebirge, vor allem in den Vogesen und Schwarzwald, können auch Niederschläge von 1500 – 2000 mm/Jahr erreicht werden.

Besiedlung und Nutzung in den hochmittelalterlichen Jungsiedelgebieten

Im Hochmittelalter, ab dem späten 8. Jahrhundert, drangen Siedler aus der Rheinebene und anderen Gunsträumen in angrenzende, bis dahin noch nicht oder nur spärlich besiedelte Waldgebirge vor. Bei diesen handelte es sich um kühlere, regenreichere Gebiete mit wenig ertragreichen Böden. Die natürliche Waldgrenze lag hier bei etwa 1000 Metern. Es entstanden jedoch selten Siedlungen (meist Einzelhöfe) über 800 m Höhe. Rodungsträger waren vor allem Klöster (v. a. Benediktinerklöster, im Odenwald besonders Lorsch und Amorbach, im Schwarzwald St. Blasien und St. Peter) oder bedeutende Adelsfamilien (z.B. die Grafen von Calw im Nordschwarzwald). Das Ergebnis einer jahrhundertlangen Rodung in diesen Jungsiedelgebieten waren Waldhufendörfer (so zuerst im westlichen Grundgebirgsodenwald, aber auch auf den Buntsandsteinrandplatten im Nordostschwarzwald), Rodeweiler oder Einzelhöfe bzw. Hofreihen (z.B. Zinken im Schwarzwald). In diesem Jungsiedelland dominierte die Waldnutzung. Es wurde z.B. im Schwarzwald in Gewässernähe Holz eingeschlagen und als Bauholz, aber auch als Brennholz, über Flüsse wie die Murg oder die Kinzig, auch die Enz und von dort über den Neckar bzw. in den Vogesen über die Ill rheinabwärts zu den im Hochmittelalter zwischen ca. 10 000 und 30 000 Einwohner zählenden damaligen Großstädten (Straßburg, Mainz, Frankfurt, Köln) und z.T. bis in die bereits damals wichtigen Wirtschaftszentren im Küstenbereich der südlichen Nordsee geflößt.

Daneben wurde in den waldreichen Gebieten Holzkohle produziert. Die brauchte man besonders für die Verhüttung von Erzen. Der Bergbau (v.a. auf Blei, Zinn, Silber und Eisen), der spätestens seit dem Hochmittelalter, vorwiegend in den erzreichen Grundgebirgsteilen der Randgebirge (z.B. im Schwarzwald und den Vogesen, z.B. Blei und Silber bei Markirch) oder auch im oberen Muschelkalk (Blei und Silber schon im 8. Jahrhundert im Montanbereich um Wiesloch südlich von Heidelberg) betrieben wurde, erforderte große Mengen von Brennholz und Holzkohle. Viel Brennholz benötigte man für die Gewinnung von Salz durch das Sieden von an der Erdoberfläche austretendem salzhaltigem Wasser, von Sole. Plätze, an denen meist schon seit der Keltenzeit auf diese Art Salz gewonnen wurde, tragen oft die Bezeichnungen „hal/hall" (Schwäbisch Hall, Niedernhall, Halle), „sulz" (Sulz/Neckar), „Salz". Salzbergwerke und große Salinen, bei denen die Sole erbohrt und hochgepumpt werden muss, wie z.B. Beispiel die Salinen im Bereich von Wimpfen, Rappenau und Friedrichshall-Jagstfeld am Neckar, Bergwerke wie in Kochendorf und in Heilbronn ebenfalls am unteren Neckar, existieren im weiteren Oberrheingebiet aus technischen Gründen dagegen erst ab dem frühen 19. (Salinen) bzw. späten 19. Jahrhundert (Bergwerke).

Die Oberrheinlande als Durchgangsraum des Schiffs- und Straßenverkehrs

Trotz seiner zahlreichen, sich im Laufe der Zeit immer wieder verändernden Flussschlingen, die erst im 19. Jahrhundert durch die Rheinkorrektion beseitigt wurden, und seiner Stromschnellen beim Isteiner Klotz unterhalb von Basel und den Strudeln beim Binger Loch beim Loreleyfelsen unterhalb von Bingen, wurde der gesamte Rheinlauf, mindestens seit der Römerzeit, bis hin zum Bahnbau in der zweiten Hälfte des 19. Jahrhunderts, wie auch kleinere Rheinzuflüsse, z.B. Ill, Kinzig, Murg bzw. Main, Mosel oder Neckar, Seen wie der Bodensee und die oberitalienischen Seen, Meere wie die Nordsee und das Mittelmeer, als Transportwege für Massengüter mittels Booten, Schiffen bzw. kleinen und zunehmend auch größeren Flößen genutzt.

Abgesehen von der Bedeutung des Rheins als Schifffahrtsweg, die bis in die Römerzeit zurückreicht, war und ist der Oberrheingraben ein wichtiger Abschnitt der einzigen überragenden orographisch bedingten Nord-Süd-Straßenverbindung zwischen westlichen Mittelmeer und Nordsee und Ostsee. Im Süden bestand und besteht durch den Sundgau und die Burgundische Pforte eine Verbindung nach Burgund und in die Provence oder über Basel und die Schweizer Alpenpässe nach Oberitalien, im Norden über die Wetterau, das Lahntal und die Hessische Senke nach Mittel- und Norddeutschland. Andererseits erreichte und erreicht man vom Rheingau aus über den Mittelrhein und die Höhenstraßen im Rheinischen Schiefergebirge den Niederrhein mit der in der Römerzeit angelegten Bischofsstadt Köln, mit 30 000 Bewohnern die größte aller Städte des mittelalterlichen Reichs, und von dort aus die bedeutenden Handelsstädte im Küstenbereich der heutigen Niederlande.

Die alten, mindestens in die Römerzeit zurückreichenden Überlandwege verliefen zumeist an den beiden Grabenrändern entlang bzw. rheinnahe über die hochwasserfreie Niederterrasse. So verband z. B. auf der westlichen Rheinseite eine im Hochgestadebereich angelegte Römerstraße die wichtigen alten, in die Römerzeit zurückreichenden Bischofsstädte Basel, Straßburg, Speyer, Worms und Mainz. Einige Straßen querten schon in der Römerzeit die Oberrheinebene von West nach Ost und tun das bis zum heutigen Tag. Eine führte aus dem Pariser Becken über Nancy und die Zaberner Senke nach Straßburg, von dort über Offenburg durch den mittleren Schwarzwald (Kinzigtal) ins obere Donaugebiet, weiter bis nach Augsburg, dem Hauptort der römischen Provinz Raetica, und von dort über den Fernpass, Innsbruck und den Brenner nach Oberitalien.

Ein wichtiger Verkehrsknoten war im nördlichen Oberrheingebiet seit der Karolingerzeit Frankfurt am Main, wo eine im frühen 9. Jahrhundert von den Karolingerherrschern bevorzugte Kaiserpfalz stand. Seit Friedrich I. hat Frankfurt immer eine wichtige Rolle gespielt. Die seit Mitte des 12. Jahrhunderts durch die Staufer geförderte Stadtsiedlung kontrollierte den bedeutsamsten Übergang über den Main. Einen anderen Verkehrsknoten stellte die v. a. von den Salier- und den Stauferkaisern bevorzugte Bischofsstadt Worms dar. Von hier führte eine über die Stauferpfalz Kaiserslautern verlaufende Straße über Heidelberg durch den Kraichgau zu der Neckarbrücke in der stadtähnlichen Siedlung Wimpfen im Tal und weiter zu den Stauferstützpunkten Rothenburg und Nürnberg. Eine weitere wichtige West-Ost-Überlandstraße begann in der Bischofsstadt Speyer und führte mit der Fähre bei Rheinhausen über den Rhein und verlief ostwärts über den Marktort Wiesloch, in dessen Nähe seit dem Frühmittelalter Silbererz gefördert wurde, über Sinsheim nach Wimpfen im Tal. Von dort zog sie auf den Höhen zwischen Jagst und Kocher als „Hohe Straße“ Richtung Rothenburg, Nürnberg und Regensburg. Beim Abstieg ins Neckartal befand sich spätestens seit der Salierzeit über dem Westufer des Neckars auf Wormser Lehen eine Burganlage. An ihrer Stelle ließ Friedrich I. um 1170 die mit rund 19 ha größte staufische Kaiserpfalz nördlich der Alpen errichten, wohl auch zur Kontrolle des Neckarübergangs. Daneben wurde bald eine neue Stadt gegründet: Wimpfen (am Berg), bis 1803 freie Reichsstadt. Zu Anfang des Jahres 1300 wurde die Neckarbrücke von Wimpfen (im Tal) durch Eisgang zerstört und nicht wiederhergestellt. Fortan verlagerte sich der Neckarübergang flussauf zur Staufer- und späteren Freien Reichsstadt Heilbronn; Wimpfen wurde Ackerbürgerstadt. Aus römischer Zeit stammt die Reichsstraße von Speyer über Bruchsal nach Cannstatt und über die Schwäbische Alb nach Ulm. Das gilt auch für die von Frankfurt rechtsrheinisch über Heidelberg, Bruchsal, über die Staufergründungen Durlach und Ettlingen sowie über die Zähringergründungen Offenburg und Freiburg bzw. linksrheinisch von Mainz über Worms, Speyer und Straßburg zur Bischofsstadt Basel führenden Straßen.

II. Lombardei (Abb. 2)

Die Po-Ebene ist heute die bevölkerungsreichste und wirtschaftlich aktivste Region Italiens. Ganz besonders trifft dies für ihre westliche Hälfte, die heutigen Verwaltungsregionen Lombardia und Piemonte, zu. Günstige natürliche Gegebenheiten, was Relief, Klima, Boden und Bewässerungsmöglichkeiten angeht, haben hier zu der intensiven landwirtschaftlichen Nutzung aller verfügbaren Flächen geführt, und die guten Verkehrsverbindungen zum In- und Ausland haben wesentlich zu der stärksten Industrieansiedlung in Italien beigetragen.

Die heutige Region Lombardia stellt nur den Kernbereich des im Mittelalter als Lombardei begriffenen Raumes dar. Dieser umfasste auch heute piemontesisches sowie ligurisches Gebiet und reichte weit in die angrenzenden Alpentäler hinein wie auch südlich des Po in den Apennin bis zum Panaro, einem Nebenfluss des Po bei Modena. Ihren Namen hat die Lombardei von den in Italien eingedrungenen Langobarden, die nach der Eroberung der Po-Ebene in der zweiten Hälfte des 6. Jahrhunderts ihr Reich mit Pavia als Hauptstadt errichteten („Langobardia“), das gegen 670 dann fast ganz Italien umschloss. In der zweiten Hälfte des 8. Jahrhunderts eroberten die Franken unter Karl dem Großen das langobardische Königreich. Im Gefolge der karolingischen Reichsteilungen wurde die Lombardei Mittelpunkt des karolingischen, später ottonischen Königreiches Italien.

Naturräumliche Gegebenheiten

Die sich zwischen den Alpen im Norden und Westen und dem Apennin im Süden erstreckende Po-Ebene oder Padánia ist geologisch-tektonisch mindestens seit dem Jungtertiär ein großer Senkungs- und damit Aufschüttungsraum von ungefähr 400 km Länge und einer nach Osten zunehmenden Breite von 70 – 200 km. Noch im Jungtertiär (vor 5 Mio. Jahren) war die Po-Ebene ein flacher Meeresgolf. Die in den Kaltzeiten des darauf folgenden Pleistozäns sich ausdehnende, mehrmalige Vergletscherung der Alpen und des Apennins führte zu einer beträchtlichen Steigerung der Verwitterung und der Produktion von Schutt, der dann von den aus den Gebirgen kommenden Flüssen in die Ebene transportiert wurde. Die Senkung der Ebene hielt dabei mit der Auffüllung Schritt. Die aus den Alpen kommenden Flüsse schoben infolge der größeren Höhe des Gebirges, der höheren Reliefenergie und der mehrfachen vollständigen Vergletscherung während der Kaltzeiten große flache Schwemmfächer in die Senke vor, während von den Flüssen

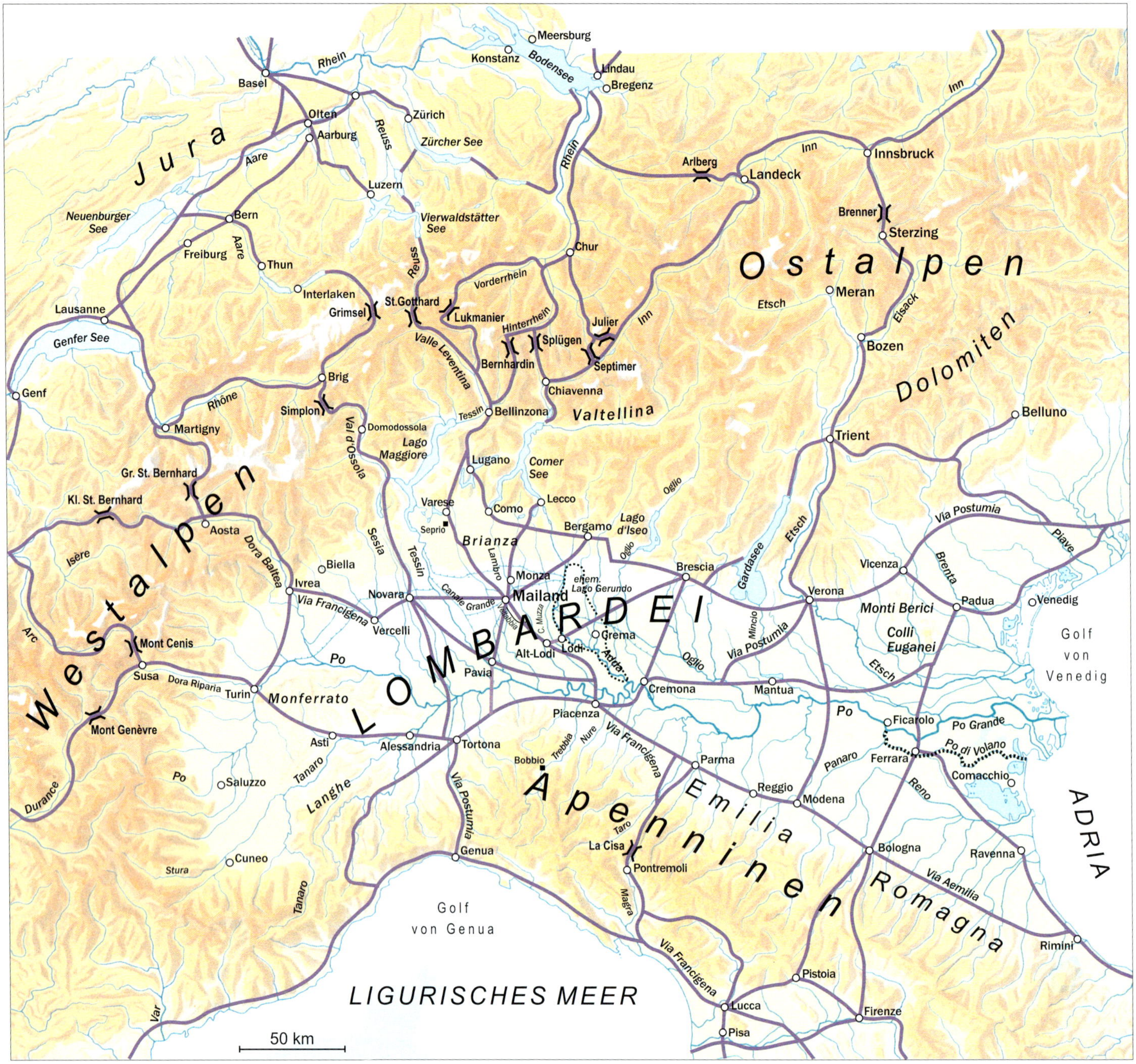

2 Lombardei im Hochmittelalter*

aus dem Apennin wegen der hier geringeren Vergletscherung nur kürzere Schwemmfächer aufgeschüttet wurden.

Nach Relief, Untergrund und Hydrographie lassen sich verschiedene Naturräume unterscheiden: Vor den Ausgängen der großen Alpentäler liegen Hügelgebiete, entstanden in den von den Talgletschern aufgeschobenen Endmoränenwällen. Es schließen sich die sogenannten Pianalti an, altpleistozäne steinig-sandige, trockene und stärker geneigte Schmelzwasserablagerungen. Der obere Teil der sich in der Ebene ausbreitenden großen Schwemmfächer wird als Alta Pianura bezeichnet und bildet einen Streifen von 10–30 km Breite. In Piemont ist sie durch bis zu 100 m tief zertalte Riedel und Terrassen geprägt, während sich in der Lombardei die Flüsse nur wenige Meter in die Schotterplatten eingeschnitten haben.

Die Alta Pianura wird von der sogenannten Fontanili-Zone begrenzt, einem Saum von maximal 30 km Breite, in dem zahllose Schichtquellen aus dem Grundwasser der Alta Pianura auf den lehmig-tonigen Ablagerungen des unteren Teils der Schwemmfächer, der Bassa Pianura, hervortreten. Wo diese Niederterrassenfelder aus Schluffen und Lehmen bestehen, kommt es zu Staunässe mit Versumpfung. Im Aufschüttungsbereich der Po-Nebenflüsse Adda,

Brembo und Serio hat sich z. B. der Lago Gerundo von Rivolta bis Castiglione d'Adda wohl bis ins 13./14. Jahrhundert als großer Sumpf gehalten. Seit dem Ende der letzten Kaltzeit vor ca. 12.000 Jahren hat sich der Po mit seinem Mäanderlauf 8 – 10 m tief in die Niederterrasse eingesenkt und seine Aue, den natürlichen Überflutungsbereich, ausgebildet.

Das Klima der Po-Ebene ist im Verhältnis zu Mitteleuropa infolge seiner südlicheren Lage und der geringeren Meereshöhe wärmebegünstigt und durch eine längere Vegetationsperiode von mindestens 245 Tagen gekennzeichnet. Die Po-Ebene stellt einen Übergangsraum zwischen dem kühl gemäßigten Klima Mitteleuropas und dem subtropisch mediterranen Klima dar. Durch die am Fuß der Emilia zwei bis drei Monate andauernde sommerliche Trockenheit nimmt das Klima hier schon mediterranen Charakter an. Auch wenn die Po-Ebene relativ milde Wintertemperaturen aufweist, ist sie aber doch zu kalt für mediterrane Gewächse bzw. Kulturen. Diese finden sich fast nur in den klimatischen Oasen um die großen Alpenseen.

Bei der für das Hochmittelalter nachgewiesenen wärmeren Klimaperiode geht man von einer um 1,5° – 2°C über den heutigen Werten liegenden Jahrestemperatur und einer um 150 – 200 m höher liegenden Schneegrenze aus. Dies hat sich in einer geringeren Vergletscherung und einer besseren, d. h. v. a. länger währenden Passierbarkeit der höheren Alpenpässe ausgewirkt. Auffallend sind die sich einstellenden Extremwerte im Jahresgang: Zahlreiche sehr strenge Winter mit ungewöhnlichen Gefrornissen von Flüssen und Seen werden z. B. für Südtirol und die nördliche Poebene erwähnt. Sowohl im Winter als auch im Sommer gab es des Öfteren große Überschwemmungen, denen extreme sommerliche Trockenzeiten gegenüberstanden mit ausgetrockneten oder zumindest nur wenig Wasser führenden Flüssen.

Die Lombardei im Hochmittelalter

Die Lombardei ist schon im Hochmittelalter in weiten Teilen eine alte Kulturlandschaft. Älteste, noch heute in der Landschaft sichtbare Spuren gehen auf die römische Eroberung und Kolonisierung mit ihrer schematischen Flureinteilung ab dem 2. Jahrhundert v. Chr. zurück. Wie in den Oberrheinlanden kann man Gebiete, die früh besiedelt worden sind, von später besiedelten unterscheiden. Altsiedelgebiete stellen die Hügellandschaften auf den Endmoränen am Ausgang der Alpentäler sowie die trockenen Teile der Schwemmfächer in der Alta Pianura mit ihren Dörfern und Einzelhöfen dar, wo Wein-, Obst- und Getreidebau dominierten. Frühmittelalterlich sind die Militär- und Agrarsiedlungen aus der Zeit des Langobardenreiches, z. B. die Festung Sibrium, das heutige Castelseprio in der Provinz Varese und das Kloster Nonantola bei Modena, und Namen von Kirchenheiligen (z. B. S. Martino, S. Giorgio) weisen auf die fränkische Zeit hin. Bis ins 19. Jahrhundert unfruchtbare, von ausgedehnten Heiden bedeckte Gebiete blieben dagegen die Pianalti, in der Lombardei als *Brughiere* bezeichnet, wo auf weiten Strecken keine Siedlung vorhanden war.

Jungsiedelgebiet stellt die Bassa Pianura dar, die wegen ihrer hydrographischen Gegebenheiten bis in die Neuzeit nur gebietsweise genutzt werden konnte.

Die Siedlungen der Bassa Pianura gehen vor allem auf den durch das Anwachsen der Bevölkerung ausgelösten Landesausbau im 12. und 13. Jahrhundert zurück, als vor allem in der Fontanili-Zone und an den Flussauen Kulturland durch Trockenlegung und Rodung gewonnen wurde. Deichbauten am Po und seinen Nebenflüssen sind seit dem 11. Jahrhundert nachgewiesen. Die ersten Be- und Entwässerungsversuche in der Fontanili-Zone sind dabei von Zisterziensern durchgeführt worden, die sich schon in Frankreich und Deutschland um die Entwicklung der Landwirtschaft verdient gemacht hatten. Einer der frühesten Bewässerungskanäle Oberitaliens, die Roggia Vettabbia, ist von der Zisterzienserabtei Chiaravalle Milanese bei Mailand angelegt worden. 1230 entstand der 40 km lange Bewässerungskanal (Canale della Muzza) am rechten Ufer der Adda.

Das bedeutendste Element der Kulturlandschaft bildeten indessen die Städte: Die in römischer Zeit gegründeten Städte prägten das Siedlungsbild der Po-Ebene auch im Mittelalter. Die älteste Städtereihe verläuft am Fuß der Apenninen an der Via Emilia, wo Passstraßen von Süden mündeten: Rimini, Bologna, Modena, Reggio. Das Gegenstück dazu findet sich am Rand der Alpen, mit Turin, Como und Lecco am Comer See, Bergamo, Brescia und Verona. In der Ebene liegen mehrere Städte am Rande der Fontanilizone, wie Novara, Vercelli, Mailand und Padua. Am Po, im Schutz der Überflutungen, waren einst Turin, Cremona und Piacenza angelegt worden, an Nebenflüssen in einiger Entfernung von deren Mündung in den Po Pavia am Tessin, Alt-Lodi am Lambro und Mantua am Mincio.

Seit der Jahrtausendwende war in der Lombardei ein Aufblühen von Handel und Verkehr festzustellen, nachdem v. a. die Bedrohung durch die Einfälle der Ungarn entfallen war und eine Erholungsphase folgte. Seit dem Ende des 11. Jahrhunderts hatten die im Handel reich gewordenen Städte die kommunale Selbstständigkeit entwickelt, die zu heftigen Kämpfen mit den Kaisern führte. Diese wollten nach langer Abwesenheit alte Rechte, sogenannte Regalien wie Ernennung der Stadtverwaltung, Hoheit über alle Verkehrswege samt Einkünften, Münzrecht u. a., wieder in Anspruch nehmen, wovon man sich u. a. erhebliche Einnahmen versprach. An erster Stelle dieser Entwicklung stand Mailand, das wichtige Passstraßen über die Alpen kontrollierte. Mailand, dessen mächtiger Erzbischof über eine starke Armee verfügte, entwickelte sich zur Seele des Widerstandes gegen den Kaiser. Nach der völligen Zerstörung 1162 durch Barbarossa schlossen sich 1167 zahlreiche Städte zusammen, um die ihnen vom Kaiser entzogenen, seit langem ausgeübten Rechte wieder zu erlangen. Mailand wurde wieder aufgebaut, und an strategischer Stelle errichtete man eine neue Festung, die nach Barbarossas Gegner, Papst Alexander III., 1168 Alessandria genannt wurde. In der Folge nahm Mailand einen enormen wirtschaftlichen Aufschwung, wobei v. a. die Metallverarbeitung, die Waffenherstellung sowie die Textilproduktion zu nennen sind. Um 1200 war Mailand mit weit über 100 000 Einwohnern die bevölkerungsreichste Stadt Italiens. Als ein Angriff Friedrichs II. drohte, umgab sich Mailand mit einem riesiges Netz von Kanälen, das in der Folgezeit der Bewässerung diente; es konnte vom Kaiser nicht überwunden werden.

Zu einer nachhaltigen Veränderung der gesamten Agrarlandschaft führte die Abschaffung der alten Feudalordnung im 12. Jahrhundert, nachdem die Städte die Herrschaft über ihr Umland (Contado) erlangt hatten. In ganz Oberitalien verbreitete sich in Verbindung mit der Einführung der sogenannten Halbpacht (Mezzadria) die heute in Oberitalien nur in Resten vorhandene sogenannten Coltura Mista, worunter das Nebeneinander von Boden-

3 Die Ronkalischen Felder bei Piacenza. Ausschnitt aus der Generalkarte des Lombardisch-Venetianischen Königreiches ..., Blatt III des K. K. Generalquartiermeisterstabs, Mailand, 1838. Maßstab 1 : 288 000. Vergrößert auf ca. 1 : 230 000.

kulturen und spalierartig angelegen Baum- und Rebkulturen auf demselben Ackerland zu verstehen ist.

Im 12. und 13. Jahrhundert entstanden viele neue Siedlungen im Umland der Städte in der Poebene. Besonders deutlich ist dies für Brescia und Cremona nachzuweisen, die dabei v. a. auf die Sicherung der Grenzen ihrer sich berührenden Herrschaftsbereiche bedacht waren. Das schon ab dem 10. Jahrhundert für ganz Italien nachweisbare „Incastellamento", d. h. der umfangreiche Burgen- oder Kastellbau, wird durch die Nachricht von Bonvesin della Riva illustriert, der 1288 für das Mailänder Contado etwa 50 befestigte *Borghi*, d. h. Marktflecken, die z. T. schon eher Stadtcharakter besäßen, und mindestens 150 Dörfer mit einer Burg angibt.

Die Lombardei war wie fast die ganze Po-Ebene von einem dichten Straßennetz überzogen, das auf die von den Römern angelegten Verkehrswege zurückging. Die meisten alten Fernstraßen wurden im Mittelalter weiter benutzt, so z. B. die Via Aemilia (Rimini–Piacenza) und die Via Postumia (Aquileia–Verona–Genua). Zum Unterhalt waren mangels einer staatlichen Zentralgewalt die Bewohner der umliegenden Ortschaften verpflichtet, was sich aber in der Regel auf Brücken beschränkte. Die Wegegelder für wichtige Flussbrücken wurden oft kirchlichen Einrichtungen überlassen als Gegenleistung für die Instandhaltung. Ansonsten war das Straßennetz mehr lokal auf die Städte ausgerichtet. Fernverbindungen bestanden so aus vielen kleinen Abschnitten ehemaliger Römerstraßen. Nur eine neue Fernverbindung hat sich im Mittelalter herausgebildet, die Via Francigena, die auch als Hauptpilgerweg Mitteleuropa mit Rom über den Großen St. Bernhard, Piacenza und Lucca verband. Die an den Fernstraßen einst von den Römern errichteten Gasthäuser wurden von christlichen Hospizen zur Beherbergung der Reisenden, bes. der Rompilger, abgelöst. Für das deutsche Königtum waren die Reichsabteien sichere Stützpunkte ihrer Italienpolitik. Bei den Heereszügen wurden auf der ganzen Strecke Vorkehrungen zur Unterbringung und Verpflegung des Herrschers und seiner Truppen getroffen.

Von den schon in der Römerzeit begangenen Pässen wurden im Hochmittelalter für die Italienzüge im Westen der Mont Cenis, der Kleine und Große St. Bernhard, von den Bündner Pässen der Septimer, Julier und Lukmanier benutzt. Friedrich I. bevorzugte ihn, weil im Gegensatz zu Septimer und Julier der Comer See nicht befahren werden musste, wo es wegen der steilen Ufer keine Straßen gab. Im Warenverkehr wurde allerdings immer der Wasserweg über die Seen bevorzugt. Wichtigster Weg nach Italien in der Kaiserzeit war der Brenner, der bei Verona aber durch die Etschklausen leicht zu sperren war. Der kürzeste Weg zum Oberrhein über den St. Gotthard öffnete sich erst Anfang des 13. Jahrhunderts.

Ein Ziel mehrerer Italienzüge waren die Ronkalischen Felder, Sammelplatz der Truppen und Ort mehrerer Reichstage. Nach Diskussionen über deren topographische Lage scheint klar zu sein, dass sie bei Piacenza nördlich des Po bei Castelnuovo di Roncaglia zu suchen sind, wo sie durch den Po, den Lambro und die Adda-Mündung geschützt waren (Abb. 3).

Es gibt nur wenige Nachrichten aus dem Mittelalter über die Schifffahrt auf dem Po. Belegt ist, dass sich im frühen Mittelalter der Fernhandel v. a. zur Deckung des Salzbedarfs Oberitaliens entwickelte, den Comacchio an der Mündung des Po durch seine Salinen decken konnte. Schiffe verkehrten nicht nur auf dem Po, sondern auch auf den Nebenflüssen, so z. B. auf dem Lambro, dem Oglio bis zum Iseo-See und dem Mincio.

Den Schlüssel der Po-Schifffahrt hatte Ferrara bis zum Po-Durchbruch von Ficarolo Mitte des 12. Jahrhunderts, wodurch der Fluss ein neues, nördlicheres Bett erhielt, der heutige Po Grande. Ferrara war dadurch vom direkten Zugang zum Po zugunsten von Venedig abgeschnitten.

Als die Kommunen Ende des 12. Jahrhunderts die Schifffahrtsrechte erlangten, wurde das bis dahin fast ausschließlich natürliche Gewässernetz durch neue Kanäle erweitert. Der Großhandel spielte sich damals hauptsächlich auf den Flüssen ab, da die Wasserwege die Hauptachsen der städtischen Wirtschaft bildeten. Aus dieser Zeit stammen die ersten bedeutenden, heute noch existierenden Kanäle wie der Naviglio Grande (1179 – 1271), der Mailand mit dem Tessin verbindet. Das im Mittelalter in der Po-Ebene bestehende integrierte System von Land- und Wasserstraßen änderte sich erst im 18. Jahrhundert, als der Verkehr mit Wagen wegen der größeren Schnelligkeit aufblühte.

III. Das Königreich Sizilien (Abb. 4)

Im Jahr 1194 war das bis dahin normannische Königreich Sizilien an den Staufer Heinrich VI. gefallen, der 1186 Konstanze von Sizilien, die Tochter des Normannenkönigs Roger II. von Sizilien und Erbin des letzten Normannenkönigs Wilhelm II., geheiratet hatte. Das von den Normannen im 11. und 12. Jahrhundert im Kampf gegen Byzanz und die Sarazenen eroberte Reich, das seine Nordgrenze bis zum Fluss Tronto an der Adria vorgeschoben und auch das Herzogtum Neapel eingegliedert hatte, umfasste fast das gesamte Unteritalien sowie die Insel Sizilien.

Es umschloss damit die heutigen politischen Regionen Abruzzen, Molise, Apulien, kleinere Teile von Latium, Kampanien, Basilikata, Kalabrien und Sizilien.

Naturräumliche Gegebenheiten

Naturräumlich wird dieses große Gebiet hauptsächlich vom Gebirgszug der Apenninen geprägt, die als ein Teil des tertiären Faltensystems im Mittelmeerraum die Halbinsel von Genua im Norden bis an die Nordküste von Sizilien im Süden wie ein Rückgrat durchziehen. Man kann sie in mehrere, geologisch unterschiedlich aufgebaute Abschnitte unterteilen, die alle jedoch eine mehr oder weniger ähnliche asymmetrische Form mit steilem Abbruch und vielen Senkungsfeldern auf der Westseite und meist gleichmäßiger Abdachung auf der Ostseite aufweisen.

In den Abruzzen, dem Kern des Hochapennins im nördlichen Teil des Königreichs, werden mit 2912 m im Gran Sasso und mit 2795 m in der Maiella die höchsten Höhen des gesamten Gebirges erreicht. Mit 110 km ist es hier auch am breitesten. Die aus Riffkalken bestehenden Gebirgsstöcke der drei Bergketten erheben sich steil und kahl über die eingesenkten Becken und Hochländer. Im Westen erstreckt sich das Karstbecken des ehemaligen Fuciner Sees und die Längstäler des Liri mit dem Benediktinerkloster Montecassino und des Salto, im Osten das breite Hochtal mit der Stadt L'Aquila. Der Fuciner See, auch Celano-See genannt (Abb. 5) besaß keinen natürlichen Abfluss und war bis zu seiner Trockenlegung – die schon Caesar vergeblich versucht hatte – im 19. Jahrhundert mit 155 qkm das größte Binnengewässer Mittelitaliens. Im Mittelalter war die Umgebung versumpft und malariaverseucht. Heute gehört das Fuciner Becken zu den fruchtbarsten Gebieten Italiens.

Südlich der Abruzzen steht der westliche Kalkapennin mit einer Vielzahl isolierter Kalkmassive (Matese 2050 m, südlich des Sele der Alburno mit 1742 m) mit z. T. wilder, alpin wirkender Formung dem aus Flysch bestehenden und Hochflächen mit abgeflachten, maximal 1500 m hohen Kuppen bildenden östlichen Apennin gegenüber. Basento und Bradano sind die ersten der nach Südosten fließenden Fiumaren, im Sommer oft völlig ausgetrocknete, breite Flussbetten. Weiter nach Süden folgen in Richtung Küste die Ton- und Mergelgebiete der alljährlich von Erdrutschen und Franen bedrohten Basilikata. Entsprechend liegen Siedlungen und Straßen auf den Bergrücken.

Im Osten des Apennins erstreckt sich an der Adria ein Streifen Hügel- und niedriges Bergland bis nördlich des Gargano, das von den Flüssen in lange breite Rücken zerschnitten wurde und in der Regenzeit stark durch Franen gefährdet ist.

Im Westen des Apennins sind die markanten Küstenhöfe entstanden, die wesentlich zur landschaftlichen Schönheit Unteritaliens beitragen: von steilen und meist kahlen Bergen und schroffen Vorgebirgen umrahmte und von bogenförmigen Strandlinien begrenzte Ebenen wie die des Sele und die große fruchtbare und dicht besiedelte kampanische Ebene, die – bedeckt von Flusssedimenten und Tuffen von den Vulkanen der Umgebung, dem Vesuv und den Phlegräischen Feldern – den Kern der „Campania felix“ bildete. Hier stellte Capua an der Brücke über den Volturno das „Eingangstor“ in das Königreich dar, außerdem befand sich hier auch die zweite Hauptstadt des Königreichs, Neapel.

Im Osten der Basilikata leitet ein flach gewelltes Hügelland zu der Apulischen Kalktafel über. Die starke, geologisch junge Hebung hat hier noch am Ende des Tertiärs vom Meer bedeckte Gebiete angegliedert wie den aus Kalk bestehenden Horst des Monte Gargano (1156 m) und die Apulische Kalkplatte. Die Schwemmlandebene des Tavoliere, bis Anfang des 19. Jahrhunderts überwiegend Weideland, stellt einen ehemaligen Meeresgolf dar, über dem sich mit über 100 m hohem Steilrand die bis 600 m hohe flache, flusslose Kreidekalktafel der besonders im Nordwesten kahlen und steinbedeckten Murge erhebt (Abb. 6 und 7). Die sich nach Süden anschließende Salentinische Halbinsel ist niedriger und besser zu nutzen, da die Kreidekalke hier von pliozänen Sanden und Tonen bedeckt sind.

An der Quersenke des Crati-Tales, über dem der Kalkapennin steil abbricht, beginnt der Kalabrische Apennin, der durch Längs- und Querbrüche in einzelne Horste zerlegt und aus Graniten und kristallinen Schiefern aufgebaut ist. Auf das Massiv des auch heute noch dicht bewaldeten Sila-Gebirges (1928 m) folgen die mit

ADRIATISCHES MEER
TYRRHENISCHES MEER
IONISCHES MEER
Chiusi
Perugia
Assisi
Fermo
Foligno
Ascoli
Tronto
Orvieto
Todi
Spoleto
Bolsena-See
Terni
Tiber
Gran Sasso
Aquila
Pescara
Montalto
Monti Cimini
Sabiner Berge
Abruzzen
Pescara
Lago di Bracciano
Sulmona
Maiella
Vasto
Civitavecchia
Tagliacozzo
Kap Linaro
Fuciner Becken
Termoli
Punta di San Nicola
Rom
Tiber
Albaner Berge
Anagni
Lesina
Gargano
Testa del Gargano
Monte S.Angelo
Manfredonia
Molise
Fortore
Castel Fiorentino
Ceprano
Monte Cassino
Liri
Lucera
Foggia
Kap Anzio
Pontinische Sümpfe
Volturno
Tavoliere
Ofanto
Barletta
Trani
Terracina
Gaeta
Molfetta
Kap Circeo
Canosa
Bari
Castel del Monte
Benevent
Capua
Guardia Lombarda
Melfi
APULIEN
Le Murge
Golf von Gaeta
Phlegräische Felder
Neapel
Monopoli
Ponza
Vesuv
Castel Lagopésole
Gravina
Altamura
Brindisi
Amalfi
Salerno
Eboli
Potenza
Ischia
Matera
Basento
Bradano
Tarent
Capri
Golf von Salerno
Monte Alburno
Basilikata
Lecce
Pesto
Francavilla
Salentinische Halbinsel
Castel Copertino
Cilento
Agri
Sinni
Policoro
Golf von Tarent
Rocca Imperiale
Murge Salentina
Golfo di Corigliano
Kap Santa Maria di Leuca
Crati
Rossano
Kap Trionto
La Sila
Cosenza
KALABRIEN
Cotrone
Kap Colonna
Golf von Sant'Eufemia
Kap Rizzuto
Stromboli
Squillace
Monteleone
Golf von Squillace
Tropea
Panarea
Alicudi
Filicudi
Salina
Nicotera
Lipari
Serra
Gioia
Vulcano
Roccella
Kap Peloro
Kap San Vito
Punta Raisi
Monte Pellegrino
Milazzo
Messina
Aspromonte
Palermo
Monreale
Conca d'Oro
Reggio
Trapani
Cefalù
Peloritani
Alcamo
Nebrodi
Melitto
Alcantara
Taormina
Favignana
Madonie
Salemi
Corleone
Marsala
Nicosia
Belice
Adrano
SIZILIEN
Monti Sicani
Ätna
Mazara
Castelvetrano
Simeto
Castrogiovanni
Sciacca
Platani
Monti Erei
Catania
Ebene von Catania
Girgenti
Salso
Lentini
Augusta
Monti Iblei
Licata
Syrakus
Eraclea Terranova
Ragusa
Noto
Pantelleria
Modica
Kap Passero
50 km

5 Der mittlere Apennin. Ausschnitt aus der Generalkarte von dem Koenigreiche Neapel oder Napoli. Verfasst von Herrn Joh. Ant. Rizzi Zannoni. Neu herausgegeben von Herrn F.A. Schraembl, MDCCLXXXIX. Originalgröße, Maßstab ca. 1 : 400 000. Östlich von Tagliocozzo liegt der Ort Scurcola Marsicana, in dem jährlich am 23. August der Schlacht des letzten Staufers, Konradin, von 1268 gedacht wird.

4 (Karte links) Das Königreich Sizilien im Hochmittelalter*

6 Blick auf den Monte Gargano vom Tavoliere / Apulien aus

etwa 1400 m niedrigeren, schmalen Serre und der Aspromonte (1955 m).

Eine Fortsetzung des Apennins in Sizilien jenseits der nur 3 km breiten Straße von Messina stellt das Peloritanische Gebirge dar (1286 m, Gneise, kristalline Schiefer), an das sich die Nebroden (1847 m, v.a. Sandsteine) und die Madonie (1979 m) anschließen, die wie das übrige westliche Bergland – so auch der Monte Pellegrino bei Palermo (606 m) – aus Kalken bestehen. Im Inneren Siziliens findet sich ein dem aus Flysch bestehenden Berg- und Hügelland auf der Ostseite des Südapennins vergleichbares Tertiärhügelland, dessen leicht abtragbare Gesteine stellenweise Reste einer Kalktuffdecke vor schnellerer Abtragung geschützt haben, so dass tafelförmige Berge wie bei dem im Mittelalter bedeutenden Castrogiovanni (948 m, heute Enna) erhalten geblieben sind. Der Südosten wird – ähnlich wie in Apulien – von einer Kalksandsteinplatte eingenommen, die im Norden von einer Basaltlavadecke überzogen ist. An der Ostseite Siziliens erhebt sich der aktive Riesenvulkan Ätna (3323 m, 140 km Umfang) über die größte Niederung der Insel, die bis vor kurzer Zeit noch versumpfte Aufschüttungsebene von Catania.

Noch im Quartär sind die Apenninen stark gehoben worden. Die junge Tektonik macht sich bis heute in Erdbeben bemerkbar, wobei besonders der mittlere Apennin mit seinen Horsten und Gräben sowie das südliche Kalabrien und Nordostsizilien durch die längs der Straße von Messina verlaufenden Verwerfung gefährdet sind. Im Jahr 1184 suchte dort ein starkes Beben das Crati-Tal heim und zerstörte die Stadt Cosenza. 1908 wurden Messina und Reggio durch ein Beben völlig zerstört.

Wird die Po-Ebene noch vom mitteleuropäischen Klima mitgeprägt, so beginnt sich südlich des nördlichen Apennin das für das übrige Italien charakteristische mediterrane Klima langsam durchzusetzen. Dabei ist das typische Mittelmeerklima mit seinem Wechsel zwischen milden, feuchten Wintern und heißen, trockenen Sommern sowie trockenem Herbst auf das südliche Italien und die Inseln beschränkt. Voll wirkt sich das sommertrockene und wintermilde Klima erst in Sizilien aus, wo an der Küste im Januar Durchschnittstemperaturen von +10,3 °C in Palermo, +12,4 °C in Trápani und +11,0 °C in Taormina herrschen (Neapel +8,7 °C) und die Monate Juni, Juli und August praktisch ohne Regen sind. Ein mediterranes Gebirgsklima mit kalten, feuchten Wintern und trockenen Sommern sowie nur kurzer Vegetationszeit im Frühjahr zeichnen dagegen den mittleren und südlichen Apennin aus. Während an den Luvseiten des Gebirges z. B. in Kalabrien bis 2000 m Niederschläge fallen, sinken diese im Lee des Gebirges in den inneren Becken des Apennins (bei Aquila und Fucino), im Tavoliere und am Golf von Tarent auf unter 500 mm.

Die bei der Lombardei schon erwähnte, etwa vier Jahrhunderte andauernde Wärmephase des Mittelalters hat zu einem Anstieg des Meeresspiegels und damit auch des Grundwasserspiegels in Küstennähe geführt: Die meisten flachen Küstenhöfe versumpften und wurden damit zu Malariaherden. Besonders betroffen waren die Küsten des Tyrrhenischen Meeres und der nördlichen Adria. Kalabriens Küsten galten bis ins 19. Jahrhundert als fieberverseucht. Auch nördlich der Alpen breitete sich die Malaria in dieser Zeit aus und wurde z. B. am Oberrhein erst durch die Trockenlegung von Sumpfgebieten bei der Korrektion im 19. Jahrhundert beseitigt.

Die Agrarlandschaft im südlichen Italien, v. a. in Sizilien, war im Mittelalter wie schon in der klassischen Antike vom Getreidebau geprägt, daneben war die Produktion von Olivenöl und Wein beträchtlich, auch wenn die Weinberge damals mehr mediterranen Gärten in Siedlungsnähe glichen – wie auch Obst- und Kräutergärten mit den damals für die Medizin eminent wichtigen Heilpflanzen – als den großen Rebanlagen, die erst viele Jahrhunderte später eingeführt wurden. Tiefgreifende Veränderungen hatte die arabische Herrschaft in Sizilien für die spätere Entwicklung der Landwirtschaft gebracht, was die Agrarlandschaft bis weit im Norden prägen sollte. Von den Arabern wurden Baumwolle, Reis und Zuckerrohr gebracht, die in Sizilien und Süditalien mindestens bis ins 16. Jahr-

7 Castel del Monte auf der Kalkplatte der Murge / Apulien

hundert eine bedeutende Rolle spielen sollten. Die stärksten landschaftlichen Veränderungen kamen indessen durch den Anbau von Orangen und Zitronen mit der erforderlichen Bewässerungstechnik sowie die Seidenraupenzucht, deren Zentren bis ins 16. Jahrhundert in Sizilien und Süditalien lagen. Erst danach wurde der Maulbeerbaum für die Toskana, die Marken und die Po-Ebene charakteristisch. Die typische Agrarlandschaft im Süden wurde durch die Verbreitung des Agrumenanbaus mit der Terrassierung der steileren Hänge seit dem Mittelalter geschaffen, damals wurden Sizilien und Teile Süditaliens das „Land, wo die Orangen blühen". An erster Stelle stand dabei die fruchtbare Küstenebene der „Goldenen Muschel", der *Conca d'Oro* um Palermo, wo z. T. noch heute die aus dem Kalk brechenden Quellen und das Grundwasser durch aus der arabischer Zeit stammende Leitungen aufgefangen werden.

Neben der Getreide- und Ölproduktion suchten nach den Normannen auch die Staufer die Viehzucht zu fördern. Zu der seit dem Frühmittelalter üblichen Zucht von freilaufenden Schweinen kam die Schafzucht, die durch strenge Regelungen bis hin zu Holzberechtigungen für die Wanderarbeiter begünstigt wurde. Weite Gebiete in den Abruzzen, Apuliens und der Basilikata wurden als Weideräume der Oberaufsicht der Krone unterstellt, die Einnahmen aus der Triftverpachtung, v. a. aber durch die Ausfuhrzölle auf Wolle und Wollfertigwaren erlangte. Große, bis zu mehrere zehntausend Tiere umfassende Herden wurden so in Apulien, aber auch westlich des Gebirges, im Mai in den Apennin getrieben und kehrten im Herbst in den Tavoliere zur Winterweide zurück. Die dabei benutzten, bis über 100 m breiten Triftwege (Tratturi) sind noch in den Karten des 18. Jahrhunderts deutlich zu sehen (Abb. 8). Gefördert wurde unter den Staufern auch die Pferdezucht. Von königlichen Aufzuchtbetrieben in Kalabrien konnten z. B. für die Einrichtung eines neuen Betriebes im nördlichen Apulien 600 Zuchthengste abgegeben werden.

Neben den alten Hafen- und Handelsstädten, den schon in der Antike an bedeutenden Verkehrsknotenpunkten entstandenen Städten und Bischofssitzen wie Bari, Benevent, Brindisi, Lecce, Messina, Neapel, Palermo, Potenza, Reggio, Salerno, Syrakus, Tarent, sind unter den Staufern einige städtische Siedlungen neu oder wieder entstanden wie Aquila in den Abruzzen, Altamura, Heraclea und Flagella bei Ceprano am strategisch wichtigen Übergang über den Liri in Kampanien und das in Caesarea Augusta umbenannte Otranto. In Apulien entstanden in der Friedenszeit unter Friedrich II., der sich ab 1221 vorwiegend hier aufhielt, auch verschiedene Großdörfer in geschützter Hügellage. Am stärksten prägte jedoch die Fülle der an strategischen Punkten erbauten, oft an römische Kastelle erinnernde Burgen bzw. die Erweiterung von vorhandenen Befestigungen die Siedlungslandschaft, so z. B. in Gravina, Oria, Gioia del Colle, Tarent, Barletta, Brindisi, Bari, Aquila, Celano, Copertino, Gaeta, Rocca Janula bei Montecassi-

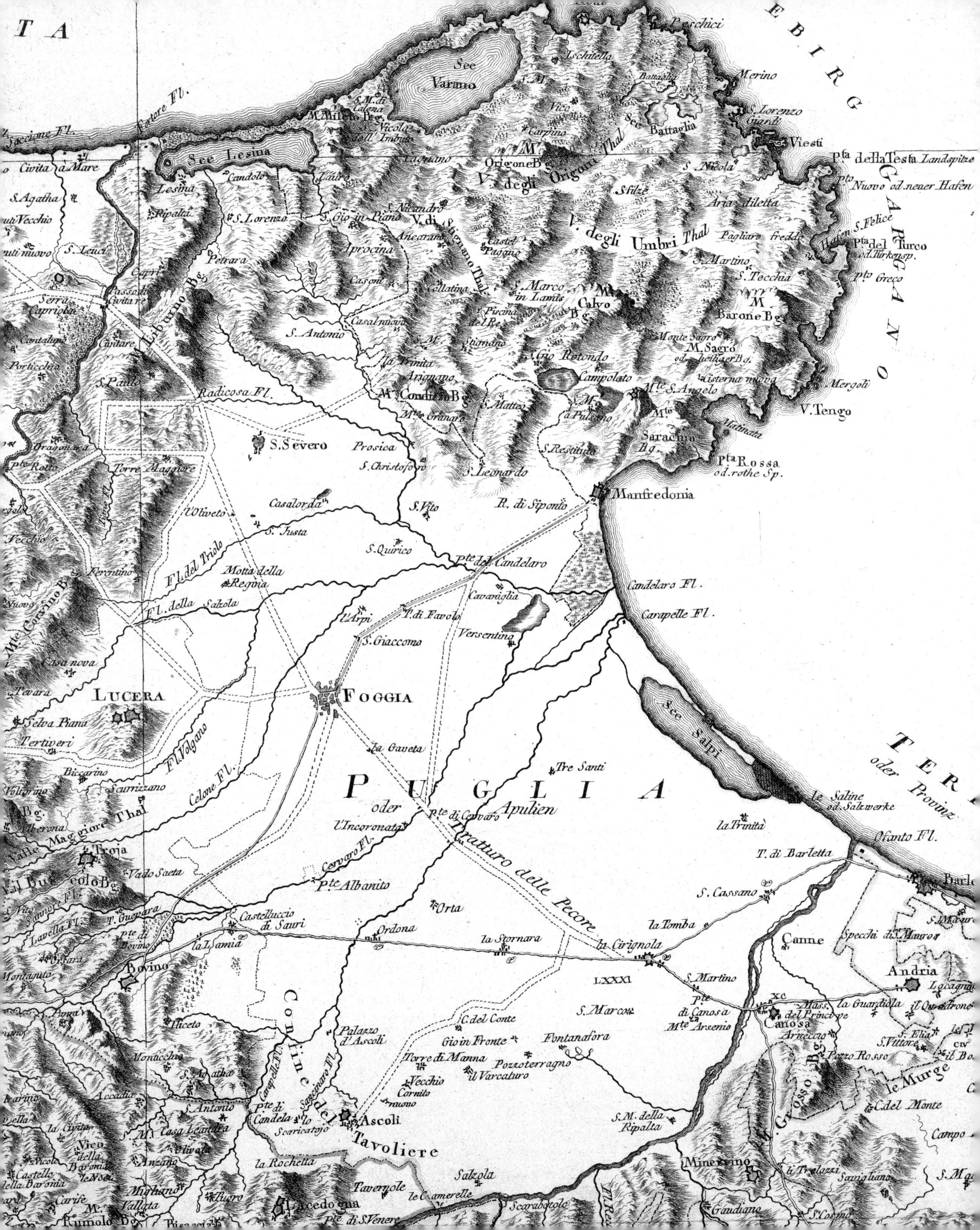

T A
See Varano
Ischitella
Peschici
Merino
S. Lorenzo
Viesti
See Battaglia
Carpino
Vico
Battaglia
See Lesina
Lesina
Civita a Mare
S. Agatha
Ripalta
Candolo
S. Lorenzo
S. Gio in Piano
S. Nicandro
Cagnano
Origone Bg.
V. degli Origoni Thal
S. Nicola
Pta della Testa Landspitze
Pto Nuovo od. neuer Hafen
Aria diletta
V. degli Umbri Thal
Pagliare fredde
S. Felice
Pta del Turco od. Türkensp.
Pto Greco
S. Martino
S. Tecchia
M. Barone Bg.
M. Calvo Bg.
S. Marco in Lamis
Castel Pagano
Aprocina
Capri
Petrara
Passo di Civitare
Serra Capriola
Liburno Bg.
Casoni
Collatina
Casal nuovo
S. Antonio
Cantare
Portichio
S. Paolo
Radicosa Fl.
Stignano
Gio Rotondo
Campolato
Monte Sagro
M. Sagro od. heiliger Bg.
Cisterna nuova
Mte. S. Angelo
Mergoli
V. Tengo
Mattinata
Saracino Bg.
Pta Rossa od. rothe Sp.
la Trinita
Arignano
Mte Condizio Bg.
Mte Granara
S. Matteo
S. Severo
Prosica
S. Christoforo
S. Leonardo
S. Restituta
Manfredonia
R. di Siponto
Torre Maggiore
Dragonara
Casalorda
L'Oliveto
S. Vito
S. Justa
S. Quirico
Pte del Candelaro
Fl. del Triolo
Motta della Regina
Ferentino
Mte Corvino Bg.
Fl. della Salzola
Cavaniglia
Candelaro Fl.
Carapelle Fl.
L'Arpi
T. di Favolo
Versentino
S. Giaccomo
Casa nova
LUCERA
FOGGIA
Selva Piana
Tertiveri
Fl. Volgano
la Gaveta
See Salpi
TERR
oder Provinz
Tre Santi
Biccarino
Celone Fl.
P U G L I A
oder
Apulien
Pte di Cervaro
L'Incoronata
Tratturo delle Pecore
le Saline od. Salzwerke
la Trinità
Ofanto Fl.
Valle Maggiore Thal
Troja
Vado Saeta
Cervaro Fl.
Pte Albanito
T. di Barletta
Barle
S. Cassano
Orta
la Tomba
Castelluccio di Sauri
Ordona
la Stornara
la Cirignola
Canne
Specchi di S. Mauro
Andria
Pte di Bovino
Bovino
la Lamia
LXXXI
S. Martino
Pte di Canosa
XC
Canosa
Mass. del Principe
la Guardiola
S. Marco
Mte Arsenio
C. del Conte
Gio in Fronte
Fontanafora
Palazzo d'Ascoli
Torre di Manna
Pozzoterragno
il Varcaturo
Vecchio Cornito
Confine del Tavoliere
Arneccio
Pozzo Rosso
S. Vittore
le Murge
C. del Monte
Grosso Bg.
Monticchio
S. Agatha
Accadia
S. Antonio
Pte di Candela
Ascoli
S. M. della Ripalta
Casa Leandra
Anzano
la Rochetta
Minervino
Salzola
Tavernole
le Camerelle
Lacedogna
Pte di S. Venere
Scarabotolo
Gaudiano
S. Cosmo
Campo
Sauigliano

8 Monte Gargano und Tavoliere in Apulien. Ausschnitt aus der Generalkarte von dem Koenigreiche Neapel oder Napoli. Verfasst von Herrn Joh. Ant. Rizzi Zannoni. Neu herausgegeben von Herrn F. A. Schraembl, MDCCLXXXIX. Auf 90% des Originalmaßstabs von ca. 1:400 000 verkleinert. Castel del Monte südlich Andria und Castel Fiorentino („Ferentino") nordwestlich Foggia sind eingetragen.

no und das Castel dell'Uovo in Neapel, in Sizilien Milazzo, Salemi, Castrogiovanni, Catania, Giuiana nördlich von Sciacca, Terranova (heute Gela), Augusta und das Castello Maniace in Syrakus. In Lucera bei Foggia wurden die endlich besiegten Sarazenen aus Westsizilien angesiedelt, die in der Folge zu Friedrichs Leibgarde wurden. Einige dieser Bauten in damals noch dicht bewaldeten Gebieten Kalabriens, aber auch Apuliens, dienten auch als Jagdschlösser, wie die frühere Normannenpfalz und seit 1242 ein Sommersitz Lagopesole, das Castel del Monte und das bei Foggia gelegene Castel Fiorentino, wo Friedrich II. 1250 starb. Eine in Foggia erhaltene Bauinschrift von 1223 deutet an, dass Foggia anstelle von Palermo der Mittelpunkt des Königreiches Sizilien werden sollte. Die Wirtschaftsförderung Friedrichs II. wird durch die Anlage königlicher Werften in Neapel, Brindisi und Nicotera/Kalabrien deutlich. Neue Häfen wurden in Sizilien in Trapani, Augusta und Eraclea Terranova (heute Gela) gebaut.

Auch im Königreich Sizilien blieb ein Großteil des römischen Fernstraßennetzes im Mittelalter erhalten, sofern nicht Naturkatastrophen oder aufgegebene Städte wie in weiten Teilen Süditaliens dies verhindert haben: die Via Popilia nach Reggio an der Überfahrt nach Sizilien und die Via Salaria, uralter Handelsweg und wichtige Salzstraße zur Adria, die jetzt entlang der Nordgrenze des Königreichs zur Tronto-Mündung führte. Die einst auf Brindisi zielende Via Appia war dagegen ab Gravina zum Viehtriebweg, dem „Tarentinischen Tratturo", geworden. Auf Sizilien blieb die Straße von Licata über Girgenti nach Marsala in Gebrauch, ebenso die Via Pompeia von Messina nach Syrakus, die eine berühmte römische Brücke über den Alcantara überquerte. Die arabische Bezeichnung *al qantarah* = Brücke war in arabischer Zeit auf den Fluss übertragen worden!

Charakteristische Zeugen bildeten die römischen Meilensteine, noch lange Zeit wichtige Orientierungspunkte, wenn die Straßen verschwunden waren, sowie die meist verlassenen Viadukte in der Landschaft des Mittelalters. Die römische Brücke über den Ofanto in Apulien hatte indessen dort zur Gründung eines Hofes durch Friedrich II. geführt. In vielen Gebieten hat sich das „kleine Netz" der römischen Lokal- und Regionalstraßen mehr oder weniger unverändert, zum Teil bis heute, zumindest als Wege erhalten. Auf der Flucht vor Invasoren waren viele Siedlungen aus Ebenen und Küstennähe in höhere Lagen verlegt worden, was – wie auch neu gegründete Klöster und Kastelle – Folgen für die Straßenführung hatte. So verlief z. B. auf Sizilien der Verkehr von Messina nach Palermo anstatt auf der römischen Via Valeria entlang der Küste ab byzantinischer Zeit auf einer neuen Strecke, die von den neuen Höhensiedlungen im Landesinneren kontrolliert werden konnte. Auch die Heere des 12. und 13. Jahrhunderts benutzten die Bergroute. Generell ist festzustellen, dass das Straßennetz Siziliens aus byzantinischer, arabischer und normannischer Zeit viele Jahrhunderte in Funktion blieb. Mittelalterliche Straßen vermieden – wenn möglich – sumpfige Ebenen und verliefen auf Höhenrücken bzw. Wasserscheiden, wo keine Brücken notwendig waren. Wo die Straßen nicht – wie zum größten Teil in Apulien – auf festem Untergrund, meist in Kalk, angelegt waren, stellte sich immer das Problem des Unterhalts.

Ab dem Ende des 12. Jahrhunderts beginnt sich das Straßenwesen Italiens zu wandeln. Der stark anwachsende Handel machte bessere und auch neue Verbindungen notwendig, worauf viele durch Handel und Handwerk reich gewordene Städte, zunächst v. a. im Zentrum und im Norden, mit umfangreichen Straßenbauprogrammen reagierten.

* Als topographische Grundkarten wurde Ausschnitte aus den Blättern 19–20 Mitteleuropa, westlicher Teil, 25 Norditalien und 26–27 Süditalien (Maßstab jeweils 1:2 Mill.) des ATLAS DER OBERFLÄCHENFORMEN, Sonderdruck aus dem BERTELSMANN ATLAS INTERNATIONAL, Kartographisches Institut Bertelsmann, Gütersloh, 1963, verwendet. Die als sog. stumme Karten (Geländedarstellung von Fritz Hölzel) vorliegenden Kartenausschnitte wurden einheitlich auf den gleichen Maßstab von ca. 1:2,7 Mill. verkleinert. Die topographischen Inhalte zeigen die Gegebenheiten um die Mitte des 20. Jh. Für die Topographie des Hochmittelalters ließen sich in diesem Maßstab zwar Küstenbereiche wie an der Arno-Mündung und dem Po-Delta rekonstruieren, nicht aber das gesamte Gewässernetz in Aufschüttungsebenen wie der Padania und auch dem Oberrheingraben, in denen frei mäandrierende Flüsse im Laufe der Jahrhunderte ihren Lauf ständig veränderten. Hierfür fehlen sowohl schriftliche Quellen, von lokalen Einzelnachweisen abgesehen, als auch geologisch-geomorphologisch-pedologische Datierungsmöglichkeiten.

Der Verlauf der mittelalterlichen Straßen wurden dem Historischen Atlas von Baden-Württemberg (1972–1988), dem Geschichtlichen Atlas von Hessen (1960–1984), dem Atlas der Schweiz (1965–1978), dem TCI-Atlas Vol. 4 Storia Antica e Medievale (1989) sowie dem Atlante Tematico d'Italia (1989–1992) entnommen.

[1] Zum Thema: Atlante Enciclopedico 1986; Atlante Enciclopedico 1989; Atlante Fisico Economico d'Italia 1940; Atlante Tematico d'Italia 1989–1992; Atlas der Schweiz 1965–1978; Capire l'Italia 1978; Geomorphological Map of Po Plain 1997; Geschichtlicher Atlas der Rheinlande 1982–2008; Geschichtlicher Atlas von Hessen 1960–1984; Großer Historischer Weltatlas 1979; Historischer Atlas von Baden-Württemberg 1972–1988; Historischer Atlas von Bayerisch-Schwaben 1955. – Agnoletti 2003; Almagia 1959; Baldacci 1972; Braunstein 1969; Castiglioni/Pellegrini 2001; Chiappa Mauri 2003; Darmstädter 1896; Deibel 1934; Doll 1970; Dongus 1966; Fischer 1895; Fliri 1998; Gambi 1978; Glaser 2008; Gribaudi 1966; Güterbock 1906; Hughes 2005; Iachello/Salvemini 1998; Kanter 1931; Kirsten 1975; Lehmann 1955; Lehmann 1961; Patitucci Uggeri 2002; Patitucci Uggeri 2004; Pecora 1974; Pinna 1969; Pracchi 1971; Ranieri 1972; Rill 1995; Rother 1971; Rother/Tichy 2008; Rückert 2001; Ruocco 1976; Ruoff 1938; Schaab 1966; Schood 1931; Sereni 1991; Settia 1984; Solmi 1910; Sprengel 1971; Tichy 1985; Upmeier 1981.

1 Itinerar von Susa bis Sarzana in der Chronica Maiora des Matthew Paris, um 1250, Cambridge, Corpus Christi College, Ms. 26, fol. IIv

Verena Türck

Regionen in der Wahrnehmung der Zeitgenossen. Rhein-Main-Neckar-Raum, Oberitalien und Sizilien in schriftlichen und kartographischen Quellen der Stauferzeit

Die Ausstellung „Die Staufer und Italien“ fokussiert drei zentrale Regionen des Reichs der Könige und Kaiser aus der Familie der Staufer. Wie aber wurden diese staufischen Innovationsregionen – Rhein-Main-Neckar-Raum, Oberitalien und das Königreich Sizilien – von den damaligen, gebildeten Zeitgenossen wahrgenommen? Wurden diese als umgrenzte Räume mit spezifischen Namen verstanden und beschrieben oder gingen sie in der Wahrnehmung der Königreiche als überregionale Gefüge unter und wie wurden diese drei Regionen bezeichnet? Oder noch grundsätzlicher gefragt: Gab es in der hochmittelalterlichen Wahrnehmung überhaupt Regionen?

„Regionen“ sind zunächst ein modernes Raumkonzept, das im 20. Jahrhundert als Gegenkonzept zu den nationalen Grenzen entstanden ist und die gemeinsamen Wurzeln und die Identität eines geographischen Raumes und seiner Bewohner jenseits von politischen Grenzen betont. Diese moderne Vorstellung von „Region“ als grenzüberschreitende Identifikationsgröße lässt sich nicht ohne weiteres auf das Mittelalter übertragen. Denn durch die geringe Mobilität war es einem Großteil der Bevölkerung nicht möglich, größere räumliche Zusammenhänge jenseits von seiner jeweiligen lokalen und regionalen Umgebung zu erfahren. Die persönliche Raumerfahrung dieser Menschen war also immer „regional“ begrenzt. Lediglich Adel, Klerus, Händler und Pilger konnten sich durch eine größere Mobilität einen räumlichen Überblick verschaffen. Deren Erfahrungen verschiedener Räume schlugen sich in schriftlichen Zeugnissen wie Chroniken und Pilgerberichten nieder. Daneben verarbeiteten die hochmittelalterlichen Eliten ihr Wissen und ihre Deutungen von Raum und Zeit in Karten. Pilgerberichte, Chroniken und Karten sind zwar ganz unterschiedliche Zeugnisse und werden daher im Folgenden getrennt untersucht, sie alle führen aber zur Wahrnehmung von Räumen – und darüber vielleicht von Regionen – im Hochmittelalter.

Pilgerberichte und Regionenbeschreibungen der Stauferzeit

Pilger- und Reiseberichte sind wegen der in ihnen erfolgten Verschriftlichung individueller Erfahrungen von großem Interesse für die Wahrnehmung von Regionen und deren Eigenschaften und Besonderheiten. So beschreibt der Isländer Nikulas von Munkathvera, Abt von Thingor, auf seiner Rompilgerfahrt im Jahr 1154 in seinem Pilgerbericht den Weg von Island nach Rom auf der Via Francigena – dem mittelalterlichen Pilgerweg nach Rom – und schildert dabei die von ihm durchreisten Gebiete. Bei der Durchquerung des Reichs fallen dem Abt in der staufischen Zentrallandschaft um Rhein und Neckar vor allem die vielen Bischofssitze entlang des Rheins auf: „Von Köln aus sind es drei Tagesreisen den Rhein entlang bis nach Mainz, wo der Bischofssitz in der Kirche der Hll. Stefan und Martin ist. Dann eine Tagesreise nach Worms, wo der Bischofssitz in der Kirche der Hll. Peter und Paul ist. Dann eine Tagesreise nach Speyer, wo sich der Bischofssitz in der Kirche der Mutter Gottes befindet. Dann eine Tagesreise nach Selz, dann eine Tagesreise nach Straßburg, wo der Bischofssitz in der Marienkirche ist. Dann sind es drei Tagesreisen nach Basel.“[1] Einen Namen für diese Region nennt der Abt jedoch nicht. Nach der Überquerung der Alpen über den Großen St. Bernhard kommt der Pilger nach Italien, das er geographisch näher erläutert: „Lombardia ist der Name der Region, die im Süden vom Apennin, im Norden von den Alpen begrenzt wird; die Grenzen der Alpen im Westen sind in der Region von Sutra, im Osten die Lagune in der Region von Venedig.“[2]

Der Abt kommt auf seiner Pilgerreise demnach durch zwei der drei staufischen Innovationsregionen. Auffällig ist die Erwähnung der Bischofskirchen in der Rhein-Main-Neckar-Region als den Raum kennzeichnende Elemente. Daneben ist die Nennung der Flüsse Rhein und Po als zentrale Landschaftsteile hervorzuheben. Charakteristika für die Wahrnehmung eines Raumes sind bei Nikulas von Munkathvera demnach naturräumliche und sakral-architektonische Merkmale.

Wegen seiner Randlage taucht das Königreich Sizilien, das sowohl die Insel Sizilien als auch das italienische Festland mit Kalabrien, Apulien, Basilikata und Kampanien umfasste, in den Beschreibungen der christlichen Rompilger meist nicht auf. Allerdings findet es in einigen Reiseberichten in jüdischen und muslimischen Kontexten Erwähnung. So lobt Benjamin von Toledo im 12. Jahrhundert Sizilien mit folgenden Worten: „Auf der Insel, deren Anfang Messina ist, gibt es alle schönen Dinge der Welt."[3] Ebenfalls im 12. Jahrhundert bereiste Ibn Ǧubair (1145–1217) auf der Rückreise seiner Pilgerfahrt nach Mekka im Jahr 1185 die Insel. Von der See aus näher kommend beobachtete er das italienische Festland und erfuhr, „dass es ein Teil von Kalabrien war und dem Herrn von Sizilien gehörte; seine Territorien auf dem Festland erstrecken sich zwei Monatsreisen von dieser Stelle."[4] Die politische Zugehörigkeit eines Raums ist hier für Ibn Ǧubair also Bestandteil der Wahrnehmung dieses Raumes.

Außerdem lobt Ibn Ǧubair Sizilien in höchsten Tönen: „Die Fruchtbarkeit der Insel übersteigt jede Beschreibung. [...] Die Berge sind mit Obstgärten übersät, die Äpfel, Kastanien, Haselnüsse, Birnen und andere Obstsorten tragen. [...] Palermo – möge Gott es den Muslimen zurückgeben – ist die Wiege der Kultur auf dieser Insel, sie vereint in sich die Vorzüge von Reichtum und Anmut; sie verfügt über alles, was das Ohr und das Auge bezaubern kann, auch alles, was man für ein üppiges, blühendes Leben benötigt. Es ist eine alte, elegante Stadt, prächtig und graziös, verführerisch anzusehen. Mit ihren offenen Höfen und freien Plätzen wirkt sie wie ein einziger Garten. Die breiten Straßen und weitläufigen Alleen verwirren das Auge durch ihre Schönheit und Vollendung. Staunen erregen ihre im Stile Córdobas errichteten Bauten; alle Häuser sind aus weißem behauenem Kalkstein, der kadhdân heißt. Ein Fluß teilt die Stadt, vier Quellen ergießen sich in den Vororten. Der König, dem sie seine Welt bedeutet, hat ihre Schönheit zur Vollendung geführt und sie zur Hauptstadt seines fränkischen Königreiches gemacht. – Möge Gott sie vernichten."[5]

Wie bei Nikulas von Munkathvera liegt auch im Pilgerbericht des Ibn Ǧubair das Augenmerk auf naturräumlichen Strukturen und den Städten eines Raums, daneben tritt die Einordnung in die politischen Grenzen und Zugehörigkeiten. Die überschwänglichen Beschreibungen Ibn Ǧubair sind nicht alle wörtlich zu nehmen, denn der muslimische Pilger verfasste seinen Bericht unter dem Eindruck eines blühenden, aber nicht mehr arabischen Palermos und Siziliens – daher rührt der deutlich hörbare Neid.

Einen ganz anderen Tenor als die Pilgerberichte hat das Gedicht „Lob der rheinischen Städte", das in der Weltchronik des Rudolf von Ems überliefert ist. Verfasst wohl zu Beginn des 13. Jahrhunderts für die ritterlich-adlige Schicht der Stadt Basel, handelt es sich hierbei um eine Art literarischen Reisebericht. In diesem werden ausführlich die Städte entlang des Rheins von Koblenz bis Köln gefeiert, wobei Basel den Schwerpunkt des Gedichtes bildet. Basel wird als Stadt des Rittertums gelobt, Straßburg *ist gezieret schone, si ist des landes krone.*[6] Weiter schildert der Autor Speyer als Königsgrablege: *úns kúndit ouh dú rehte zal – das bi dem Rine hin zetal – lit Spire wol gevestent, – da manege kúnege restent.*[7] Ebenso finden Worms und Mainz Erwähnung, außerdem der Trifels als Aufbewahrungsort der Reichsinsignien. In dieser Beschreibung der rheinischen Städtelandschaft erscheinen die drei Domstädte Mainz, Worms und Speyer als Landmarken für das Rhein-Main-Neckar-Gebiet, daneben Basel und Straßburg, und neu hinzu tritt der Trifels als wichtiger Ort des Reichs und der ritterlichen Gedankenwelt. Neben der Einordnung der Städte in Hinblick auf geographische Lage und ritterliche Vorstellungen werden diese vor allem durch ihre Eigenschaften für das Reich und die Könige charakterisiert.

Sowohl in den verschiedenen Pilgerberichten als auch im Gedicht aus Basel werden Räume beschrieben und durch naturräumliche und politische Merkmale abgegrenzt. Es handelt sich also um die Wahrnehmung eines Raumes in seiner historischen Dimension – und damit um die Wahrnehmung von Regionen. Beschreibungen von Regionen lassen sich auch in historiographischen Werken finden. So schreibt der Onkel Friedrichs Barbarossa und Freisinger Bischof Otto (um 1112–1158) in seiner *Gesta Friderici* – den Taten Friedrich Barbarossas – über den Südwesten des Reichs: „Nachdem er [Friedrich I. Barbarossa] nämlich den Rhein überschritten und von Deutschland (*Alemannia*) nach Gallien gegangen war, beugte er allmählich das ganze Gebiet von Basel bis Mainz, in dem bekanntlich die Hauptstärke des Reichs liegt, unter seinen Willen."[8]

Otto von Freising belässt es nicht bei dieser kurzen Charakterisierung des Oberrheins. An einer anderen Stelle beschreibt er ausführlich die naturräumlichen Gegebenheiten: „Dieses Gebiet nämlich, das der hochberühmte Rhein, einer der drei bedeutendsten Ströme Europas, durchschneidet, an dessen einem Ufer die Grenze Galliens, an dessen anderem die Germaniens verläuft, ist reich an Getreide und Wein und bietet eine Fülle von jagdbarem Wild und Fischen – denn auf der gallischen Seite liegen in der Nähe die Vogesen und die Ardennen, auf der germanischen Seite ausgedehnte Wälder, die bis heute noch ihre barbarischen Namen tragen – und kann daher die Fürsten, wenn sie sich jenseits der Alpen aufhalten, am längsten versorgen."[9]

Solche Regionenbeschreibungen gerade in historiographischen Werken sind nicht frei von bestimmten Topoi. Vor allem die Schwärmereien über die Fruchtbarkeit der Region sind meist als idealtypisch anzusehen, da sie regelmäßig und immer gleich lautend auftauchen. Die Feststellung, hier eine Region vor sich zu haben, in der die Herrscher sich am längsten aufhalten können, deckt sich jedoch mit den Tatsachen. Dies liegt wohl weniger an der ertragreichen Landschaft, sondern vielmehr am Besitzschwerpunkt der Staufer in der Rhein-Main-Neckar-Region und der geographisch nahen Lage der Region zu Italien. Die größte Kraft des Reichs war aus staufischer Perspektive genau hier zu finden.

An anderer Stelle widmet Otto eine ausführliche Beschreibung der ihm fremden Region Oberitalien: „Es [Italien] wird von zwei sehr hohen, zerklüfteten, sich langhin erstreckenden Gebirgen, den Pyrenäen [sic!] und dem Apennin von beiden Seiten eingehegt und bildet gewissermaßen das Zentrum dieser Gebirge oder richtiger dieses Gebirges und erstreckt sich als ein wahrhafter Garten der Wonnen vom Tyrrhenischen bis zum Adriatischen Meer [...]. Durch den Po oder Eridanus, den die Geographen unter die drei berühmtesten Ströme Europas rechnen, und andere Flüsse wird das Land bewässert, und wegen des fruchtbaren Bodens und des milden Klimas trägt es Getreide, Wein und Öl, und zwar in solchen Mengen, daß es geradezu Wälder von fruchttragenden Bäumen, vor allem Kastanien, Feigen- und Ölbäume hervorbringt. Die Kolonie der Römer hieß früher „das jenseitige Italien" und zerfiel in die drei Provinzen Venetien, Emilia und Ligurien; deren Hauptstädte waren Aquileja, Ravenna und Mailand. Doch innerhalb des Apennin, in dem bekanntlich auch Rom liegt, nannte man, was jetzt Tuscien heißt, mit Recht Inneritalien (*interior Italia*), weil es, vom Apennin eingeschlossen, auch Rom selbst in seinem Schoße enthält. Jene Ebene aber, die man nach dem Durchschreiten des Gebirges wahrnimmt und die deshalb auch, ihren Namen von der Sache ableitend, bis heute Kampanien (*Campania*) genannt wird, erstreckt sich bis zum Faro (-di Messina), einem Meeresarm, der für Schiffe wegen seiner Untiefen ungeeignet ist und Sizilien vom Festland trennt; denn Sizilien (*Siciliam*) bildet die Grenze von Europa und wird zu Sardinien und den übrigen italienischen Inseln gerechnet; jene Ebene hieß einst das diesseitige Italien (*citerior Italia*) oder das größere Griechenland (*Maior Grecia*), jetzt aber nennt man sie Apulien (*Apulia*) und Kalabrien (*Calabria*)."[10]

Im Weiteren beschreibt Otto von Freising ausführlich sowohl Geschichte als auch kulturelle Gegebenheiten Oberitaliens. So erwähnt er beispielsweise die Einfälle der Langobarden, die damit verbundene Namensgebung Lombardei für Oberitalien und die freiheitsliebende Lebensweise der oberitalienischen Städte und deren Organisation. In der Beschreibung Oberitaliens bemüht sich Otto einerseits um eine klare Abgrenzung der Regionen und um die Darstellung ihrer in der Antike liegenden Wurzeln, zum anderen versucht er die ihm und seinen Lesern fremde Städtelandschaft zu erklären.

Bei der Wahrnehmung beider Regionen – des Oberrheins und Oberitaliens – fällt die Orientierung an den Flüssen als geographisch markanten und wirtschaftlich prägenden Elementen auf. Die Landschaftsbeschreibungen Ottos von Freising sind in diesem Punkt mit den oben zitierten Pilgerberichten vergleichbar. Wie im „Lob der rheinischen Städte" arbeitet der Freisinger Bischof daneben die politische Bedeutung und Struktur der Regionen heraus. Darüber hinaus geht er auf weitere Details wie die historische Herkunft der Regionen ein. Regionen werden in den vorgestellten Texten also anhand von geographischen Merkmalen, Städten und politischen Grenzen beschrieben.

Antike Raumkonzepte in der mittelalterlichen Wahrnehmung von Regionen

Die hinter diesen Regionenbeschreibungen steckende Raumwahrnehmung Ottos von Freising – wie auch teilweise die der Pilgerberichte – nimmt einerseits auf individuelle Erfahrungen und Eindrücke Bezug, andererseits steht sie in der Tradition antiker Raumkonzepte. So erwähnt Otto selbst unter anderem den frühmittelalterlichen Autor Isidor von Sevilla (um 560 – 636), der antikes Wissen in seinen Werken zusammenstellte, explizit als Referenz.[11] Antike Autoren, Texte und Kenntnisse waren im Mittelalter eine wichtige und hoch angesehene Autorität. Die hochmittelalterlichen Autoren sahen sich als Bewahrer und Fortführer der antiken Kultur und knüpften darum auf vielfältige Weise an deren Werke an. Zudem konnten sie durch die Berufung auf antike Werke ihren eigenen Bildungsanspruch belegen. Daher ist es nicht verwunderlich, dass sich die Darstellung Oberitaliens bei Otto von Freising teilweise direkt an Isidors Beschreibung des gleichen Raumes in seinen enzyklopädischen *Etymologiae* anlehnt – beispielsweise in der Eingrenzung der Regionen oder in der Erwähnung der Fruchtbarkeit der Böden. Wenn Otto von Freising andererseits von der größten Kraft des Reichs spricht, dann bezieht er sich auf seinen eigenen Erfahrungsschatz, da die Rhein-Main-Neckar-Region erst in hochmittelalterlicher Zeit Machtzentrum der Herrscher war. Bei der Charakterisierung der Räume mischt Otto also eigenes Erleben und antikes Wissen.

Naturraumbeschreibungen waren in der Antike eine bekannte Gattung. Hierbei wurden sowohl Kulturlandschaften in Gegenüberstellung mit der Natur als auch die bekannte bewohnte Welt in Abgrenzung zu unbekannten Gebieten dargestellt. Vor allem die Werke des Paulus Orosius (um 385 – 418) und des Isidor von Sevilla prägten die mittelalterlichen Autoren von Weltbeschreibungen und Universalchronistik bis ins 13. Jahrhundert hinein stark. So beschreibt Isidor in den *Etymologiae* die Erde mit ihren damals bekannten Kontinenten Asien, Afrika und Europa. Innerhalb Europas nennt er unter anderem Germanien, „wo die Sueben (*Suevi*) den größten Teil bewohnen."[12] Germanien wird von den Flüssen Donau und Rhein und dem Ozean (Nordsee) eingeschlossen. Auch Italien und Sizilien fehlen bei seiner Beschreibung nicht. Die Einteilung Mitteleuropas in Provinzen bei Isidor entspricht exakt der Provinzeinteilung des römischen Reichs. Dies bedeutet, dass Isidor entgegen seiner eigenen Erfahrung, denn er lebte ein Jahrhundert nach dem Ende des Weströmischen Reichs, in der Tradition der römischen Autoren die Provinzeinteilung des Römischen Imperiums in sein Raumkonzept übernahm. Diese Orientierung an den römischen Provinzbezeichnungen ist auch noch bei Otto von Freising lebendig, wenn er die antike Provinz *Pannonia* (sie umfasste ein Gebiet, auf dem sich heute Ungarn und Teile von Österreich, Serbien, Slowenien und Kroatien befinden) zur Hilfe nimmt, um die italienischen Gebiete geographisch zu beschreiben.[13]

Alemannia, Italia und Sicilia – Namen und Bezeichnungen der Regionen

Auch die Bezeichnungen für die drei Regionen stammen teilweise aus der Antike. Die Rhein-Main-Neckar-Region hatte weder einen spezifischen antiken noch mittelalterlichen Namen, obgleich sie, wie oben gezeigt, von den Zeitgenossen als eigener Raum wahrgenommen und beschrieben wurde. Am ehesten ist die Oberrhein-Region noch mit *Alemannia* zu bezeichnen. Otto von Freising schreibt hierzu: „Nach jenem Lemannfluß [Genfer See] [...] heißt jene ganze Provinz Alemannia. Daher glauben manche, daß danach ganz Deutschland (*teutonicam terram*) Alemannien benannt ist, und pflegen alle Deutschen Alemannen zu nennen, während nur jene Provinz, das heißt Schwaben (*Suevia*), nach dem Lemannusfluß Alemannia heißt und allein deren Einwohner Alemannen genannt werden."[14] *Alemannia* ist bei Otto demnach die Bezeichnung des Raums zwischen Main und Alpen entlang des Rheins und des dazugehörigen Volksstammes der Alemannen. Gleichwohl ist ihm

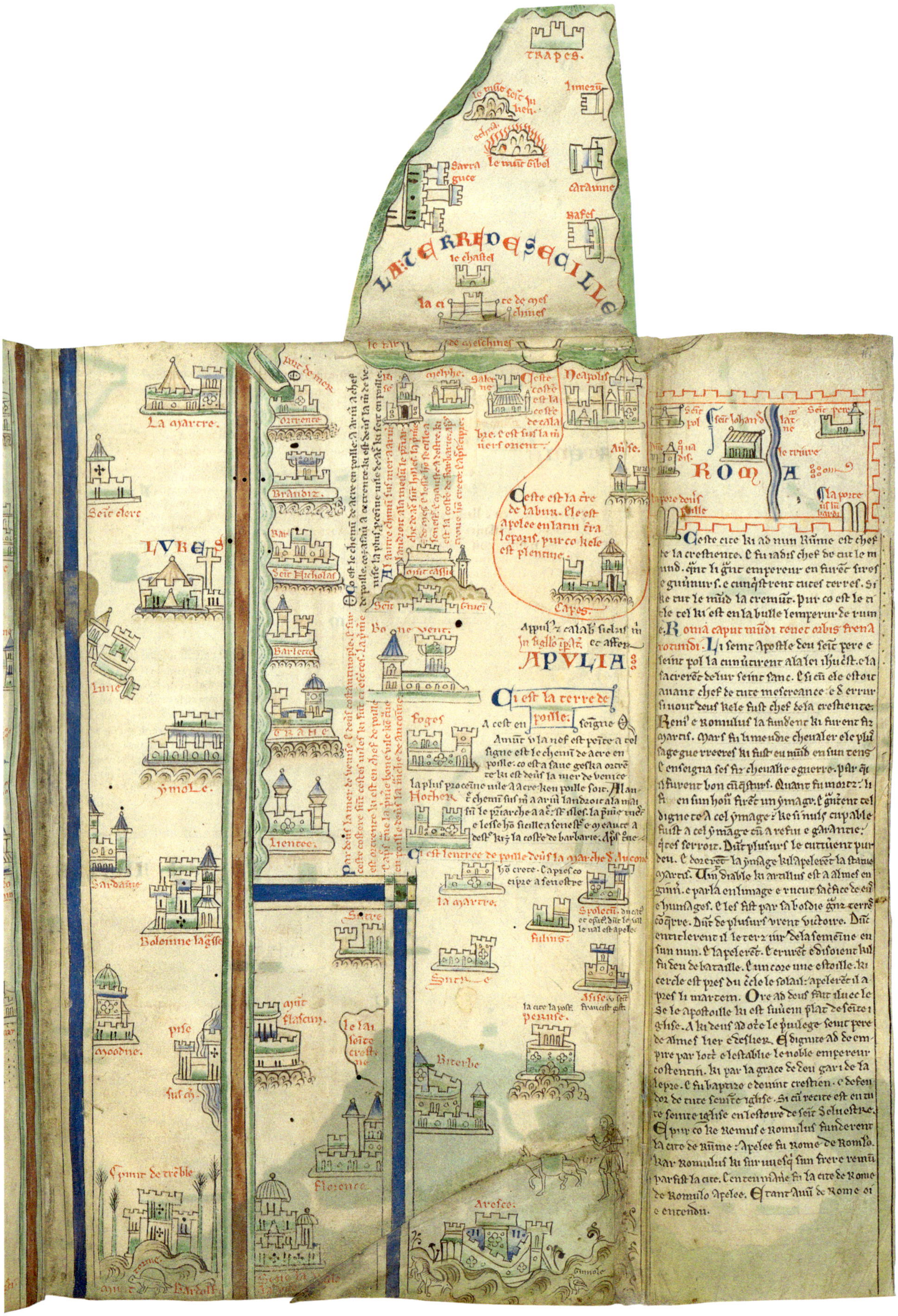

2 Itinerar von Apulien und Sizilien in der Chronica Maiora des Matthew Paris, um 1250, Cambridge, Corpus Christi College, Ms. 26, fol. IIIr

die Verwendung des Begriffs *Alemannia* für das ganze Reich – als Synonym zu *Germania* – bekannt.

Alemannia und *Suevia* gehen wie *Germania* auf die Bezeichnung der germanischen Volksstämme zurück und wurden durch die antiken Autoren geprägt. Ab dem 9. Jahrhundert wird die Bezeichnung *Alemannia* zunehmend durch *Suevia* verdrängt. *Germania* hingegen meint wohl meist einen größeren Raum als *Alemannia* und *Suevia*; so liegt bei Otto von Freising *Alemannia* bzw. *Suevia* in *Germania*. Hingegen bezeichnet Otto Morena (vor 1111 – nach 1167), Richter und Geschichtsschreiber aus Lodi, mit *Alemannia* das ganze Reich. An anderen Stellen spricht er für das gleiche Gebiet von dem deutschen Land (*terra teutonica*). Langfristig hat sich im Italienischen *Alemannia* nicht gegen *Germania* durchgesetzt, im Französischen und Spanischen wird Deutschland jedoch bis heute mit *Alemannia* (Allemagne, Alemania) bezeichnet. *Alemannia* meinte in der Stauferzeit also entweder den Südwesten des Reichs, das Gebiet rund um den Oberrhein oder aber das ganze Reich.

Ebenso schwierig wie für die Rhein-Main-Neckar-Region ist die Situation für Oberitalien. So taucht im Pilgerbericht des Abtes Nikulas von Munkathvera die Bezeichnung *Lombardia* auf. Hingegen wird die gleiche Region in einem Bericht über den Reiseweg des französischen Königs Philipp II. Augustus (1165 – 1223) von Rom nach Frankreich bei der Rückkehr vom 3. Kreuzzug 1191 als *Italia* bezeichnet, wie folgender Satz belegt: „Da endete die Toscana und es begann Italien."[15] Bei Otto von Freising wird in einem Brief Konrads III. das ganze heutige Italien mit *Apulia*, *Italia* und *Lombardia* umschrieben.[16] In seiner ausführlichen Länderbeschreibung meint Otto mit *Italia* und *Lombardia* anscheinend den gleichen Raum. Otto Morena umschreibt das Römische Reich bei der Einladung zum Hoftag von Roncaglia 1154 im *Libellus de rebus a Frederico imperatore gestis* mit den Worten: „Daher sandte der König seine Boten durch Alemannien, Sachsen, die Provence, Burgund, die Lombardei, Tuszien, die Romagna und das ganze Römische Imperium ..." (*Rex itaque suos legatos per Alamaniam, Saxoniam, Provinciam, Bergondiam, Longobardiam, Tussiam, Romaniam et per universum Romanum imperium misit ...*).[17] Sein Sohn Acerbus Morena († 1167), der dessen Werk fortführte, schreibt zum Jahr 1162, dass „alle Städte der Lombardei und ganz Italien" (*omnesque Longobardie ac tocius civitates Ytalie*)[18] von Friedrich I. Barbarossa unterworfen wurden. Studiert man den *Libellus de rebus a Frederico imperatore gestis* genauer, gewinnt man den Eindruck, dass Acerbus Morena mit *Italia* Reichsitalien umschreibt, mit *Longobardia* hingegen wirklich nur die Lombardei als Region innerhalb Reichsitaliens meint. Der aus Kampanien stammende Geschichtsschreiber und Erzbischof Romuald von Salerno (um 1115 – 1181) verwendet *Italia* ebenfalls nur für Reichsitalien.

Noch deutlicher wird die Verwendung des Begriffs *Italia* in der Schrift *De viis maris*. Diese zwischen 1191 und 1193 und wahrscheinlich von Roger de Hoveden (um 1174 – 1201) verfasste Schrift beschreibt den Seeweg von Yorkshire entlang der englischen Küste über die Bretagne, entlang der Küsten Spaniens und Portugals ins Mittelmeer und bis in den Vorderen Orient. Hierbei überschreibt der Autor das Kapitel mit der Beschreibung Oberitaliens: „Hier fängt das Gebiet Italien der römischen Kaiser an, das vom Mittelmeer bis zu den Alpen reicht." (*Incipit Ytalia terra Romanorum imperatorum [...]*).[19] Der Begriff *Italia* wurde also im 12. Jahrhundert in Reiseberichten und Beschreibungen für Oberitalien bzw. Reichsitalien verwendet. Obwohl er in der Antike die ganze italienische Halbinsel meinte, wurde er nun den politischen Veränderungen angepasst.

Der Begriff *Longobardia* wurde hingegen zwar meist für die Region Lombardei innerhalb Italiens verwendet, eindeutig definiert war er jedoch im Hochmittelalter nicht. So bezeichnet der Chronist Matthew Paris (um 1199 – 1259) in seinem illuminierten Itinerar der Via Francigena von England nach Rom Oberitalien mit: „Lombardei oder Italien oder Latium" (*Lvmbardie vel Italia vel Lativm*) (Abb. 1). Der Name *Longobardia* geht auf das Reich der Langobarden zurück, das ganz Oberitalien bis hinein nach Mittelitalien, ausgenommen der byzantinischen Gebiete, umfasste. *Longobardia* meinte also ursprünglich einen viel größeren Raum, der sich genau wie *Italia* durch die historische Entwicklung verkleinerte. *Latium* wiederum wird schon von Isidor von Sevilla als älterer Name für *Italia* erwähnt. Matthew Paris identifiziert diese verschiedenen historisch gewachsenen Regionennamen alle mit Oberitalien. Statt sich jedoch für einen zu entscheiden, nennt er – vielleicht auch aus einer gewissen Unsicherheit heraus – alle ihm bekannten Namen für Oberitalien.

Eindeutiger gestaltet sich die Verwendung des ursprünglich nur geographischen, die römische Provinz und Insel meinenden Begriffs *Sicilia* im 12. Jahrhundert. Der Autor der *De viis maris* übertitelt das Kapitel zum Königreich Sizilien mit „Hier fängt das Land des Königs von Sizilien an" (*Incipit terra regis Sicilie*)[20] und beschreibt dann nicht nur die Insel, sondern auch das zugehörige Festland. Romuald von Salerno und der anonyme Fortsetzer des *Libellus de rebus a Frederico imperatore gestis* verstehen ebenfalls unter *Sicilia* das ganze Königreich Sizilien. Auch der Titel der normannischen Könige lautet *rex de Sicilia* und verweist somit auf die politische Dimension des Begriffs *Sicilia* im Hochmittelalter.

Neben der politisch aufgeladenen Bezeichnung *Sicilia* blieb die auf die Insel beschränkte Bedeutung des Begriffs parallel bestehen. Beispielsweise kennt Otto von Freising *Apulia*, *Campania*, *Calabria* und *Sicilia* als Regionenbezeichnungen und Otto von Morena nennt *Apulia* und *Sicilia* bei der Beschreibung Süditaliens. Ibn Ǧubair kennt Kalabrien und die Insel Sizilien und lernt auf seiner Pilgerfahrt deren politische Zusammengehörigkeit kennen. Und in seinem illustrierten Pilgerweg, in dem Matthew Paris auch den Weg von Rom bis nach Apulien und Sizilien nachzeichnet, wird Apulien als eigene Region aufgefasst (Abb. 2), wie die Überschrift zeigt: „Dies ist das Land von Lavoro. Im Lateinischen wird es terra di lavoro genannt, weil es fruchtbar ist." (*Ceste est le terre de labur. Ele est apelee en Latin terra leporis pur co kele est plentine.*) Sizilien ist in angedeuteter geographischer Gestalt an die Karte auf einem Extrablatt angehängt und mit „Das Land Sizilien" (*La terre de Secille*) beschriftet. *Sicilia* hatte somit im Hochmittelalter eine doppelte Bedeutung: Einerseits meinte es als geographische Bezeichnung die Insel, andererseits verstand man darunter das Königreich Sizilien, bestehend aus der Insel Sizilien und den Festlandgebieten.

Namen und Bezeichnungen der behandelten staufischen Regionen basierten also oft auf den antiken Provinzbezeichnungen, daneben entstanden durch die historischen Entwicklungen auch neue Namen. Durch dieses Nebeneinander von antiken Namen und historisch veränderten Rahmenbedingungen sind viele Regionenbezeichnungen nicht eindeutig, sondern wurden je nach Kontext mit verschiedenen Bedeutungen gefüllt.

Regionen in der Kartographie des 12. und 13. Jahrhunderts

Bis jetzt wurden mit Ausnahme des Sonderfalls des illuminierten Itinerars des Matthew Paris nur schriftliche Zeugnisse beleuchtet. Doch stellt man die Frage nach der Wahrnehmung von Regionen und Räumen, denkt man auch an Karten als gezeichnete Umsetzung von Raumwahrnehmungen. Die geographischen Kenntnisse standen – genau wie die Beschreibungen von Regionen – bis ins Hochmittelalter in der Tradition der Werke Isidors von Sevilla. Die graphische Umsetzung dieses Wissens in Karten bezog sich im Frühmittelalter meist entweder auf die griechische Tradition der Zonenkarten oder die patristische Tradition der T-O-Karten. Beide Kartentypen sind nicht für eine nähere Ausdifferenzierung und eine exakte Wiedergabe bestimmter Räume und Regionen gedacht, sondern versuchen die Welt als Ganzes zu erfassen. Ab dem 12. Jahrhundert lässt sich dann generell ein zunehmendes Interesse an der Welt und der Beschreibung der Erde und des Raums feststellen. Hiervon zeugen die Entstehung der großen Weltchroniken und Enzyklopädien. Ebenso entwickelte sich um 1200 ein verstärktes Interesse an der Kartographie, die Zeit der großen Weltkarten (*mappae mundi*) begann, die in der Ebstorfer Weltkarte und der Hereford-Karte um 1300 ihren Höhepunkt fand. Diese Weltkarten dienten weniger der geographisch exakten Darstellung als vielmehr der Darstellung der Welt als Abbild der Schöpfung und der Deutung der Welt.

Für die Frage nach der Wahrnehmung von Regionen wären vor allem Regional- und Lokalkarten von Interesse, die sich im Gegensatz zu den Weltkarten auf eine geographische Region beschränken. Als eigene Gattung sind diese jedoch im 12. und 13. Jahrhundert noch unbekannt und treten erst im Spätmittelalter auf. Ein frühes, singuläres Beispiel für eine Länderkarte ist die Karte Großbritanniens (1250) von Matthew Paris in seinen *Chronica Maiora*.

Ein besonderes Zeugnis anderer Art ist die Italienkarte Guidos von Pisa (gest. 1169) in seinen *Historiae variae* (Abb. 3). Die Italienkarte stellt einen vergrößerten Ausschnitt der Weltkarte dar und ist daher nicht als eigenständige Regionalkarte konzipiert und zu werten. Allerdings ist diese Aufwertung einer Region durch die Vergrößerung an sich schon exzeptionell. Die Karte zeigt die italienische Halbinsel mit der Beschriftung *Italia*. Als einzige Städte sind Rom und Otranto – letzteres wohl wegen Guidos möglicher Heimat in Süditalien – eingezeichnet. Die umliegenden Regionen tragen ebenso wie auf der dazugehörigen Weltkarte Guidos die antiken römischen Provinzbezeichnungen. Daher ist auch *Italia* hier als römische Provinzbezeichnung zu verstehen und bezeichnet im Gegensatz zu den vorgestellten schriftlichen Berichten die ganze italienische Halbinsel. Guido von Pisa zitiert in seinem Werk Isidor von Sevilla und den frühmittelalterlichen Geographus Ravennas stellenweise wörtlich und beschreibt in seinem Werk die Erdteile und Regionen auf dieser Grundlage. Dadurch erklärt sich seine Bezugnahme auf die römische Provinzeinteilung.

Ein wichtiger Vorläufer der Hereford-Weltkarte ist die im 12. Jahrhundert entstandene Sawley-Weltkarte (Abb. 4). Sie zeigt eine Mischung aus realer und mythischer Welt, wie sie für die *mappae mundi* typisch ist, und lässt viele Bezüge zur Antike erkennen. So befinden sich beispielsweise direkt neben Sizilien die sagenhaften Skylla und Charybdis, die schon Isidor erwähnt. Außerdem sind die Regionenbezeichnungen *Apulia*, *Calabria*, *Lucania*, *Campania*, *Tuscia* und *Longobardia* zu finden. Quer über den italienischen Stiefel ist in roter Farbe *Italia* eingetragen. Italien wird hier also als übergeordnete Bezeichnung verwendet. Nördlich der Alpen findet sich für den Südwesten des Reichs der Begriff *Alemannia*. Im Reich sind als einziges die Städte Mainz und Köln eingezeichnet und beschriftet, in Italien Rom und Pisa; diese werden offenbar vom Autor als zentrale Städte angesehen. Insgesamt sind sämtliche Eintragungen eng an die antiken Vorbilder angelehnt, was erklärt, warum *Italia* hier ganz Italien meint.

Noch eine weitere frühe Weltkarte kennen wir: die kleinformatige Londoner Psalterkarte aus der Mitte des 13. Jahrhunderts (Abb. 5). Jerusalem steht hier im Gegensatz zu den älteren T-O-Weltkarten im Zentrum. Italien ist überhaupt nicht beschriftet,

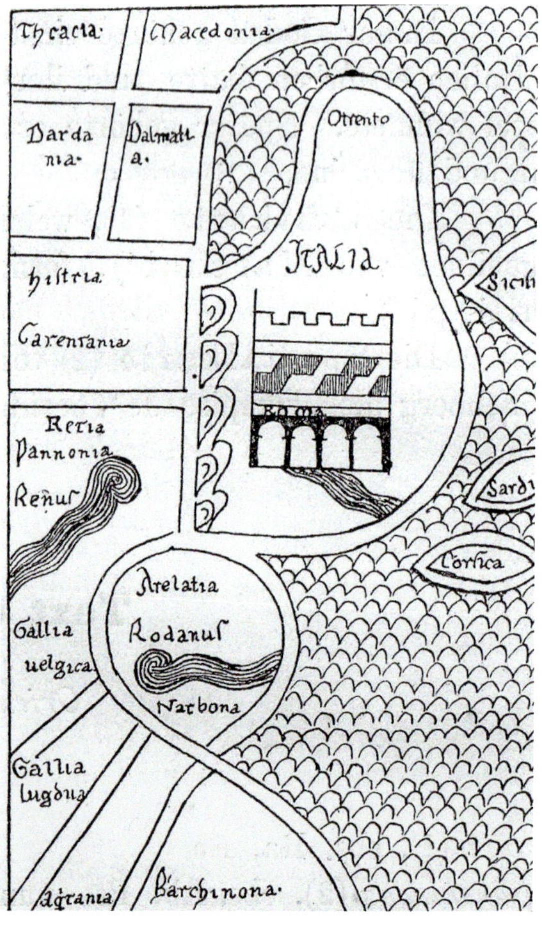

3 Italienkarte in der Historiae variae des Guido von Pisa, 1118, Brüssel, Bibliothèque Royale de Belgique/Bibliothèque de Bourgogne, Nr. 3897–3918, fol. 1v

4 Sawley Weltkarte zum Imago Mundi des Honorius Augustodunensis, 1110/1180, Cambridge, Parker Library, Ms. 66, S. 2

5 Londoner Psalterkarte, um 1262, London, British Library, Ms. Add. 28681, fol. 9r

nur Rom ist markiert und im Reich ist lediglich Köln verzeichnet. Auch hier fehlen Regionenbezeichnungen. *Sicilia* erscheint wie in der Sawley-Weltkarte als geographische Bezeichnung für die Insel Sizilien.

Für die Untersuchung der geographischen Darstellung Siziliens sind außerdem die Karten des Al-Idrisi (um 1100 – 1166) von zentraler Bedeutung. Der arabische Kartograph lebte am Normannenhof in Sizilien und fertigte im Auftrag Rogers II. unter anderem die sogenannte Tabula Rogeriana (Abb. 6) an. Das Werk Al-Idrisis wird als Höhepunkt der arabischen Kartographie gewertet, die sich nicht wie die *mappae mundi* der christlichen Kartographie als theologische Weltdeutung verstand, sondern am naturwissenschaftlichen Interesse ausgerichtet war. Bei der Tabula Rogeriana des Al-Idrisi wie auch bei seiner Weltkarte handelt es sich um gesüdete Karten, die Sizilien, den Wohnort des Kartographen, im Zentrum des Mittelmeeres darstellen. Der Schwerpunkt der Karten liegt auf der ausführlichen Darstellung der Geographie des Mittelmeerraums, der arabischen Welt, Westafrikas und vor allem Asiens bis nach China. Al-Idrisi verarbeitet hier Wissen, das im christlichen Europa verloren gegangen war. Die Karten repräsentieren somit eine ganz andere Wahrnehmung von Räumen und der Welt, die sich vor allem über die exakte geographische Wiedergabe der Kontinente definiert.

Für unseren Kontext sind neben den gezeigten Weltkarten zwei Europakarten wichtig. Karten von Europa sind im Hochmittelalter Raritäten, bildeten sie doch genau wie Regionalkarten nur einen Teil der Welt ab. Die Karte des Gerald von Wales (Abb. 7) zeigt Europa gesüdet mit dem Weg entlang der wichtigen Orte und Regionen von Britannien nach Rom. Ziel der Karte des Gerald ist es wohl, dem Betrachter den Verlauf der Via Francigena innerhalb Europas zu zeigen. Der Weg führt auf dem Festland durch *Flandria* und *Alemannia* über die Alpen nach *Italia*, von dort über den Apennin nach *Tuscia* und Rom und weiter nach *Apulia*, *Campania*, *Lucania* (heute Basilikata), *Calabria* bis nach *Sicilia*. Auch hier gliedern die einschneidend dargestellten Flussverläufe zusammen mit den Gebirgen die Regionen.

Eine zweite Europakarte hat sich erhalten. Es handelt sich um die Karte des Lambert von St. Omer in seinem *Liber Floridus*

6 Tabula Rogeriana des Al-Idrisi, 1154, Kopie um 1300, Paris, Bibliothèque Nationale de France, MSO Arabe 2221

aus der ersten Hälfte des 12. Jahrhunderts (Abb. 8). Diese Karte ist eine Ausschnittsvergrößerung aus der Weltkarte des Lambert, die durch ihre weiterführende Abstraktion und individuelle Beschriftung als eigenständiges Werk anzusehen ist. Die Karte zeigt Europa mit roter Markierung der politischen Grenzen der karolingischen Reichsteilung. Die fränkischen Reichsteile tragen hierbei keine übergeordneten Namen, sondern ganz Europa wird nur durch die Regionen beschrieben, wie dies auch in der Karte des Gerald von Wales zu beobachten ist. Europa wird in Lamberts Karte neben der naturräumlichen Gliederung durch Gebirge und Flüsse vor allem durch Städte und Regionen rhythmisiert. Von den eingezeichneten 120 Städten ist neben Rom nur Köln beschriftet, wohl weil Lambert aus der Nähe Kölns kam. Auch hier finden wir wieder *Alemannia*, *Italia*, *Tuscia*, *Apulia*, *Campania* als Regionenbezeichnungen, daneben tauchen in Italien noch *Lavinia*, *Sabinia*, *Etruria* und *Ymbria* auf. Auffällig ist die Anordnung der Regionen auf der Karte, da diese teilweise nicht in der geographisch richtigen Gegend eingezeichnet sind. So befindet sich beispielsweise *Etruria* in Süditalien, obwohl die antike Provinz Etrurien die heutige Toskana und Teile Latiums und Umbriens umfasste. Ebenso ist die Platzierung *Suevias* im Osten des Reichs verwunderlich. Da Lambert die ganze Karte einer starken geometrischen Abstraktion unterwarf, ist nicht auszuschließen, dass die unkorrekten Beschriftungen durch eine gleichmäßige Anordnung der Regionennamen auf der Karte zustande kamen. Gleichwohl nennt Lambert einige antike Regionen wie *Lavinia*, *Sabinia*, *Etruria und Ymbria* in Italien, die ansonsten von den hochmittelalterlichen Gelehrten kaum aufgegriffen wurden. *Italia* meint bei Lambert wie in den Regionenbeschreibungen Oberitalien und *Alemannia* den Südwesten des Reichs. In der Wahrnehmung Lamberts vermischen sich also bei der Beschreibung Europas antike und zeitgenössische Regionen.

Die beiden gezeigten Europakarten sind als Ausnahmen in einer Zeit der Weltkarten zu werten. Ob den Europakarten und Weltkarten die gleichen Raumkonzepte zu Grunde lagen, lässt sich am Besten bei Lambert von St.-Omer untersuchen, da seine Europakarte einen Ausschnitt aus der Weltkarte darstellt. In der Weltkarte (Abb. 9) finden sich in Italien neben den Städten Capua und Rom die Regionen *Apulia*, *Magna Grecia* und *Italia*. *Magna Graecia* taucht bei Isidor von Sevilla als ältere Bezeichnung für Italien auf. Ob Lambert *Magna Grecia* und *Italia* als Synonyme oder als zwei unterschiedliche Regionen innerhalb Italiens verstand, wird aus der graphischen Gestaltung nicht klar. Da Rom jedoch nördlich von *Italia* steht und keine weiteren Regionen auftauchen, ist davon auszugehen, dass *Italia* in der Weltkarte Lamberts nicht Oberitalien, sondern ganz Italien meint. Auch die Bezeichnung *Alemannia* taucht in der Weltkarte im Gegensatz zur Europakarte nicht mehr auf, *Germania* und *Suevia* werden hingegen verwendet. Offenbar hat sich Lambert bei der Gestaltung seiner Weltkarte eng an Isidor von Sevilla angelehnt, während er in seiner Europakarte auch anderes Wissen und seinen eigenen Erfahrungshorizont mit einfließen ließ.

Auffällig ist, dass die beiden einzigen bekannten Europakarten des Hochmittelalters beide mit *Italia* nur Oberitalien meinen und damit die zeitgenössischen politischen Gegebenheiten auf der italienischen Halbinsel in die Karten einbinden. Hingegen wird in den Weltkarten wie in der Sawley-Weltkarte, bei Guido von Pisa und Lambert von St.-Omer unter *Italia* ganz Italien in seinen antiken Grenzen verstanden. Die hochmittelalterlichen Weltkarten standen also ganz in der antiken Tradition Isidors von Sevilla, im Gegensatz zu den Europakarten, in denen zeitgenössische Raum-

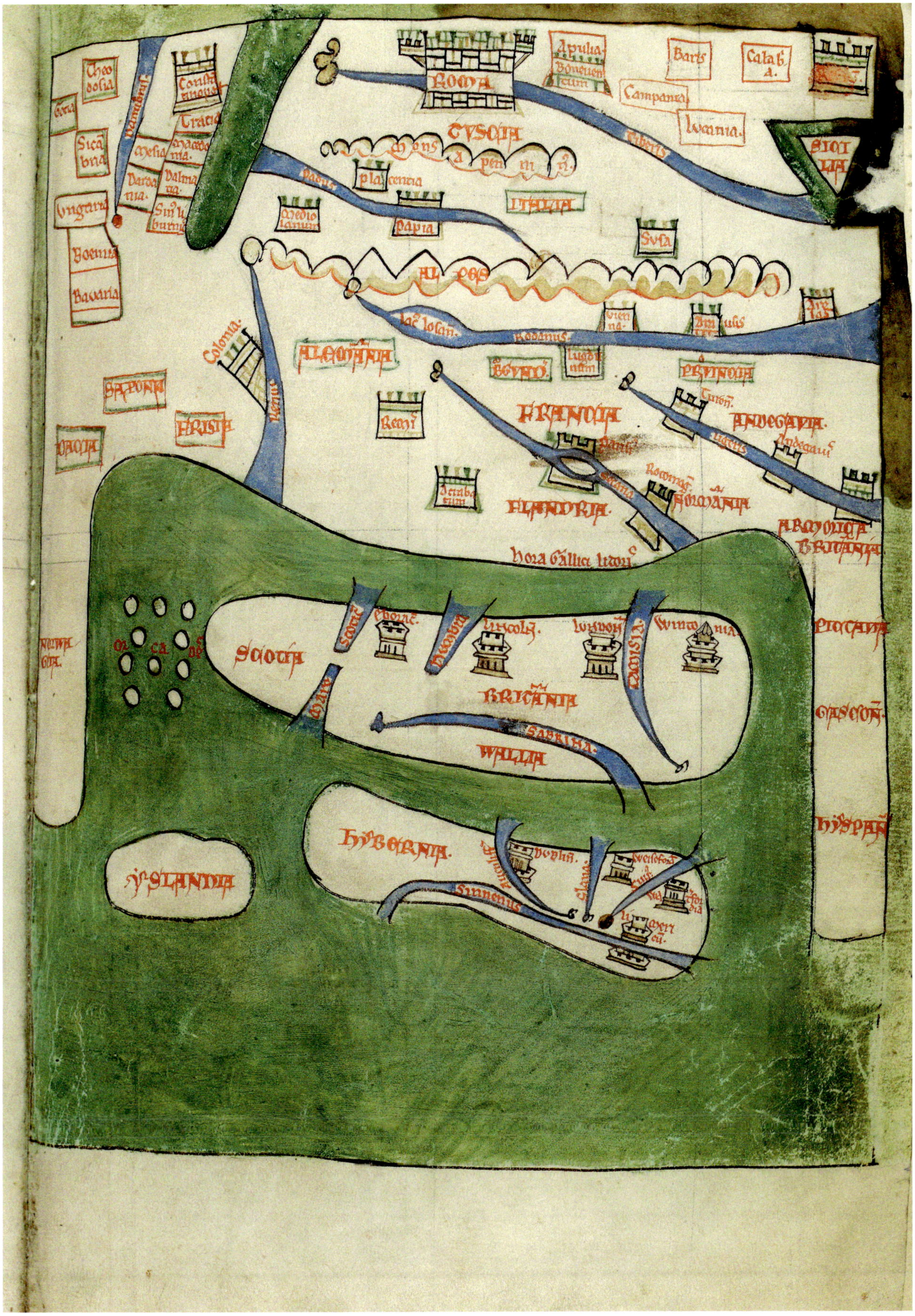

7 Europakarte in Topographia Hibernica/Expugnatio Hibernica des Giraldus Cambrensis, 1188, Dublin, The National Library of Irland, Ms. 700, fol. 48r

8 Europakarte im Liber Floridus des Lambert von St. Omer, 1115, Gent, Universiteitsbibliotheek, Ms. 92, fol. 241r

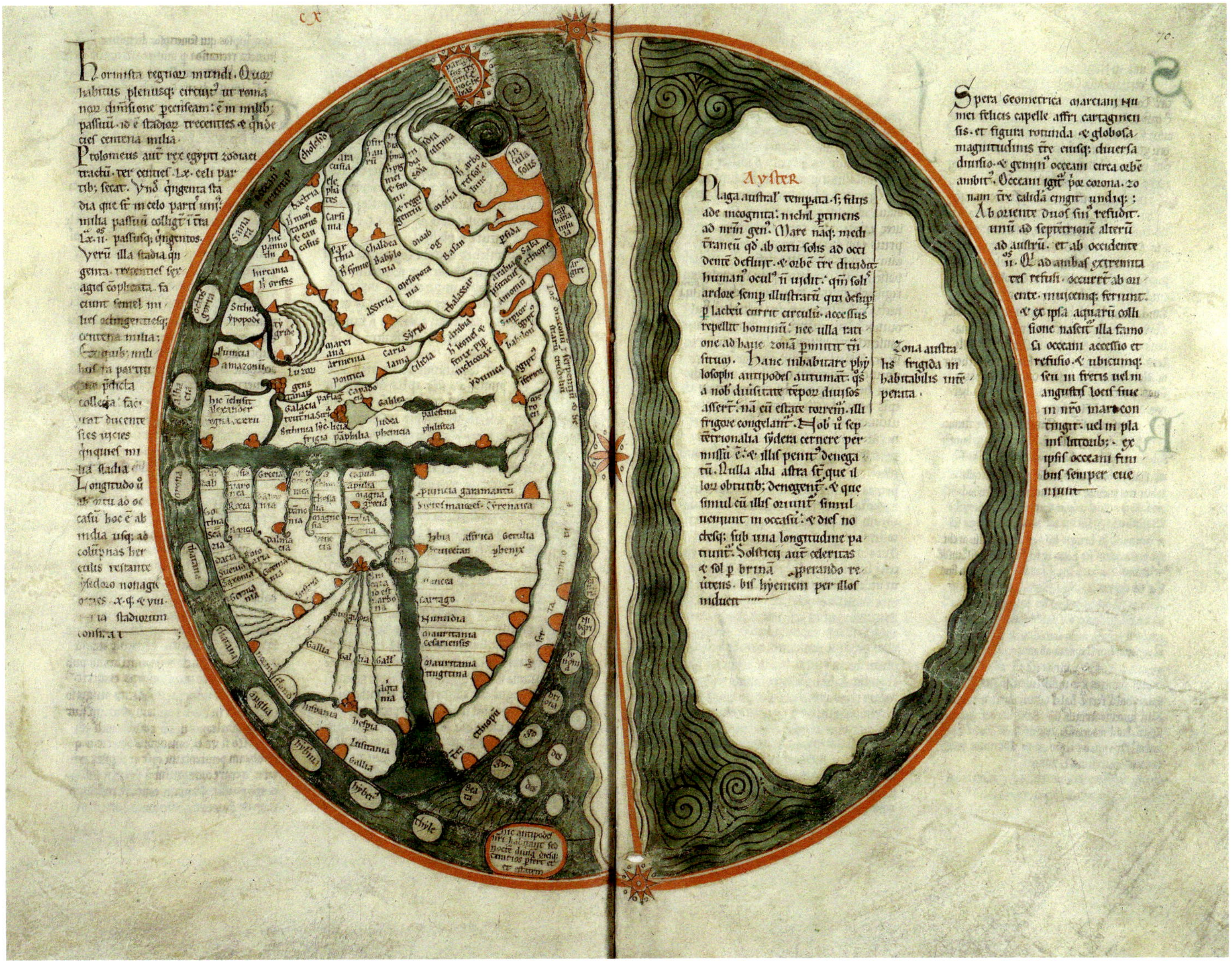

9 Weltkarte im Liber Floridus des Lambert von St. Omer, 1115 / 1180, Wolfenbüttel, Herzog August Bibliothek, Ms. Guelf. 1 Gudenus Lat., fol. 69v – 70r

vorstellungen abgebildet wurden. Allen vorgestellten Karten ist es gemein, dass sie nicht mit politischen Reichen als Gliederungsgröße arbeiten, sondern ausschließlich mit Städten, Flüssen und vor allem Regionen. Der Raum wurde also von den Kartographen durch Regionen wahrgenommen und mit ihrer Hilfe erfasst.

Fazit

In den schriftlichen Quellen, wie Pilgerberichten und Historiographie und in der Kartographie werden Regionen im Hochmittelalter nicht nur beschrieben, sondern auch als gliedernde Elemente verwendet. Regionen spielten also in der Raumwahrnehmung der Stauferzeit eine zentrale Rolle.

Insgesamt auffällig ist die starke Rezeption der antiken Geographie, die vor allem durch die Werke Isidors von Sevilla sowohl die Chronistik als auch die Kartographie der Stauferzeit beeinflusste. Gleichwohl hat sich neben der Übernahme antiker Traditionen eine Fülle an eigenen Erfahrungen in die gezeigten Werke gemischt. Denn die hochmittelalterlichen Gelehrten übernahmen antike Vorstellungen als Grundlage für ihre Denkmodelle und passten diese dann der aktuellen politischen Lage an, wie die Werke Ottos von Freising und Lamberts von St.-Omer eindrücklich belegen. Regionen wurden also zweifach wahrgenommen: durch die antike Tradition und durch persönliche Erfahrung.

Die drei staufischen Regionen – Rhein-Main-Neckar-Raum, Oberitalien und das Königreich Sizilien – werden in den schriftlichen und kartographischen Quellen als Regionen erkannt und beschrieben, allerdings in unterschiedlicher Qualität. So lassen sich Sizilien und Oberitalien relativ gut erkennen, da diese beiden Regionen die antiken Namen *Sicilia* und *Italia* beibehielten, auch wenn sie eine Bedeutungsverwandlung erfuhren und dadurch teilweise mehrdeutig wurden. Für die Rhein-Main-Neckar-Region hingegen entwickelte sich kein spezifischer Begriff; die Region *Alemannia* deckte sich zwar bis zu einem gewissen Grad mit der Rhein-Main-Neckar-Region, letztlich ist diese Region aber nur durch Umschreibungen wie die Nennung der Bischofsstädte oder ihrer Bedeutung für das Reich zu erfassen. Die Abgrenzung und Benennung der drei Regionen orientierte sich in staufischer Zeit vor allem an den politischen Grenzen, dem aufblühenden Städtewesen und naturräumlichen Landmarken. Regionen wurden also vor allem als Herrschaftsräume gesehen und – im Gegensatz zur heutigen Vorstellung von Regionen als kulturelle Identifikationsgrößen abseits von nationalstaatlichen Grenzziehungen – über politische Grenzen definiert. Somit ist die Bedeutung von „Region" im Mittelalter geradezu konträr zur heutigen. Dies hat aber im Falle der drei besprochenen Regionen keinen Einfluss auf die Kontinuität der Wahrnehmung und Identität dieser Regionen bis in die Gegenwart.

[1] Nikulas von Munkathvera, Tagebuch, S. 155.
[2] Nikulas von Munkathvera, Tagebuch, S. 155.
[3] Benjamin von Toledo, zit. nach: Rösch / Rösch 1996, S. 20.
[4] Ibn Ǧubair, Tagebuch eines Mekkapilgers, S. 239.
[5] Ibn Ǧubair, Tagebuch eines Mekkapilgers, S. 242 f. und 249 f.
[6] Lob der rheinischen Städte, Z. 2300 f., S. 25.
[7] Lob der rheinischen Städte, Z. 2320 – 2323, S. 26.
[8] Otto von Freising und Rahewin, Die Taten Friedrichs, S. 153; Otto von Freising und Rahewin, Gesta Friderici, lib. I, cap. 12, S. 28.
[9] Otto von Freising und Rahewin, Die Taten Friedrichs, S. 377 f.; Otto von Freising und Rahewin, Gesta Friderici, lib. II, cap. 46, S. 153 f.
[10] Otto von Freising und Rahewin, Die Taten Friedrichs, S. 305 – 307; Otto von Freising und Rahewin, Gesta Friderici, lib. II, cap. 13, S. 114 f.
[11] Otto von Freising und Rahewin, Gesta Friderici, lib. II, cap. 13, S. 115.
[12] Isidor von Sevilla, Enzyklopädie, S. 523; Isidori Hispalensis Episcopi, Etymologiarum sive originum, lib. XIV, cap. IV,3.
[13] Otto von Freising und Rahewin, Gesta Friderici, lib. II, cap. 13, S. 115.
[14] Otto von Freising und Rahewin, Die Taten Friedrichs, S. 147; Otto von Freising und Rahewin, Gesta Friderici, lib. I, cap. 8, S. 25.
[15] Zit. nach Zweidler 2003, S. 157.
[16] Otto von Freising und Rahewin, Gesta Friderici, lib. I, cap. 25, S. 39.
[17] Otto von Morena, Libellus de rebus a Frederico imperatore gestis, S. 45.
[18] Acerbus von Morena, Libellus de rebus a Frederico imperatore gestis, S. 185.
[19] De viis maris, cap. 8, S. 203.
[20] De viis maris, cap. 8, S. 205.

Francesco Gangemi

Die Kastelle als Regierungsinstrument im Königreich Sizilien

Civitas ipsa nullo modo bene regi poterat sine castro.[1] Diese vom Chronisten Niccolò von Jamsilla König Manfred zugeschriebene Bemerkung, dass keine Stadt ohne Kastell gut zu beherrschen sei, erklärt hervorragend die grundlegende Verbindung zwischen Kastellen und dem Stadtbild im Sinne des Kräfteverhältnisses, das diese im Herrschaftsgebiet herstellten. Das außerordentliche, von den normannischen und staufischen Dynastien dem Süden Italiens aufgezwungene Festungssystem lässt auch heute noch erkennen, dass es sich dabei vorwiegend um einen Kontrollapparat für Gesellschaft und Territorium handelte, eher Zwangsmaßnahme denn Schutzvorrichtung, wobei natürlich die Verteidigungsfunktion Ausgangspunkt jeglicher Militärarchitektur war. Damit verbunden waren politische und administrative Erfordernisse, welche die Kastelle zu Zentren der Repräsentation und wirtschaftlichen Verwaltung machten. Sie sind greifbare Zeichen ausgeprägter Macht – angefangen bei dem gänzlich lehnrechtlichen Verwaltungsgefüge des Normannenreiches bis hin zu der eindeutig mehr autokratisch und zentralisiert geführten Regierung Friedrichs II.

Die Kastelle stellen wegen ihrer Bauweise, ihrer architektonischen Qualität sowie ihres Symbol- und Funktionswertes ein einzigartiges Erbe dar. Sie waren aber vor allem als Verteidigungsapparat und Herrschaftsinstrument konzipiert und für ein unruhiges, oft Krieg führendes und im Innern von Aufständen und Gegnerschaften bedrohtes Reich unerlässlich. Dies zog die Ausbildung eines organischen Siedlungssystems nach sich, das zur Zeit der Staufer und später der Anjou mit einer richtiggehenden Verwaltung ausgestattet war. Die dort entstandenen Dokumente sind seit jeher für die Forschungen zu den Kastellen Unteritaliens von großem Wert. Sie stellen ein ebenso bedeutsames Instrumentarium dar wie die Bauten selbst, die noch heute in der Landschaft gut sichtbar und beredter Ausdruck ihrer unmittelbaren Verknüpfung mit dem Herrschaftsgebiet sind.

Es handelt sich dabei um ein – nicht nur unter geographischen und politischen Aspekten – weites und sehr unterschiedliches Territorium. Man denke nur an die verschiedenen Regierungsmodelle im frühmittelalterlichen Süditalien: Während die eher nach Westen ausgerichteten Regionen vollkommen in den langobardischen Machtbereich eingebunden waren, hatten die östlicher gelegenen Gebiete nie die Verbindung zur byzantinischen Welt verloren. Gleichzeitig erlebte Sizilien eine eigenständige Geschichte im Schatten der arabischen Herrschaft. Ein Wandel im Sinne einer tatsächlichen Verwaltungseinheit vollzog sich allerdings erst im Normannenreich. Im Zuge dieses Wandels veränderte sich das Erscheinungsbild der Regionen durch die Kastelle, die in der Folge der normannischen Eroberungen als eine unauslöschliche Präsenz im Herrschaftsgebiet entstanden.

Das Normannenreich: Verwaltungsstruktur und Befestigung

Bevor wir auf die Typologien und Strukturen der normannischen Kastelle im Süden eingehen, soll ein kurzer Einblick in die Organisation des Reichs und ihre Auswirkungen auf das parallel einhergehende Phänomen der Befestigung gegeben werden. Denn zwischen dem 11. und dem 12. Jahrhundert wurde das Herrschaftsgebiet grundlegend umgewandelt und das Siedlungssystem reformiert.

Wir wollen uns nicht bei den normannischen Eroberungsphasen aufhalten,[2] sondern den ganz speziellen Aufbau des im Entstehen begriffenen normannischen „Staates" betrachten, dem es – wenn auch mühsam und nicht widerspruchsfrei – gelungen war, die Zentrifugalkräfte einer komplexen „Lehnspyramide" in eine zentrale, öffentliche Verwaltung einzugliedern.[3] Der *Catalogus Baronum,* diese bekannte, Mitte des 12. Jahrhunderts erstellte Liste der Lehnsherren des Reichs,[4] zeigt das Novum einer derartigen Ordnung auf, in der das Lehnssystem perfekte Anwendung fand, ohne dass dadurch die zentrale Autorität beeinträchtigt wurde. Gewiss handelte es sich dabei um ein labiles Gleichgewicht, aber mit der allmählichen Vervollkommnung des Verwaltungsapparates konsolidierte sich allerdings die königliche Herrschaft auf Kosten der Grundherrschaft. Dies gilt insbesondere für die Zeit der „Wilhelme", der Könige Wilhelm I. (1154 – 1166), Wilhelm II. (1166 – 1189) und Wilhelm III. (1194 – 1198), als der Hof zur Spitze einer besser strukturierten Verwaltung wurde, die in der Lage war, das Reich mit Hilfe einer neuen Beamtengruppe zu regieren.[5] Der Monarch wurde so de facto von einer Art zentralem Regierungsorgan verkörpert, das im Vergleich zur Regierungszeit Rogers II. die Ansprüche der Lehnsherren und der einzelnen Gemeinden besser zu zügeln vermochte. Wenn man hinzufügt, dass die Kompetenzen der Krone nach und nach auf Kosten der

Machtparzellierung auf lokaler Ebene zunahmen, so kann durchaus behauptet werden, dass es dem Normannenreich besonders in seinen letzten Jahrzehnten gelungen war, eine Art „gemäßigten Feudalismus" zu verwirklichen.[6]

Die Zerbrechlichkeit des Systems trat im Augenblick des Niedergangs der Hauteville eindeutig zutage, doch vor der dynastischen Krise hatte sich diese Regierungsform als sehr wirkungsvoll erwiesen. Die eigentliche Kraft lag dabei in der militärischen Macht, die auch durch die materielle Präsenz der Kastelle zum Tragen kam. Das Wesen der normannischen Festung lag eben gerade darin, dass sie sich in den Dienst des Königreichs als unumgängliches Instrument der Macht stellte und dafür allerdings teilweise ihre Funktion als Schutzwall für Land und Untertanen opferte. Diese Verteidigungsfunktion war dagegen bestimmend für die vorhergehenden byzantinischen und langobardischen Erfahrungen gewesen, als den Kastellen eine rein strategische Rolle im Bereich der Gemeinschaftsverteidigung zugekommen war und sie noch kein Mittel im Machtstreben des Adels dargestellt hatten.[7]

Es bestand also eine enge Beziehung zwischen Machtausübung und Befestigungsnetz besonders im Königreich Sizilien. In diesem Zusammenhang sei darauf hingewiesen, wie beharrlich unsere Quellen die territoriale Souveränität mit dem Besitz von Kastellen verbinden und so den fest in der effektiven Realität verwurzelten Topos der Normannen als Kastellbauer bestätigen.[8] Die Chroniken aus dem 12. Jahrhundert bezeugen nicht allein den besonderen Hang zur Befestigung, sondern offenbaren auch ganz klar die Bestimmung der Kastellsiedlung und die entsprechenden Auswirkungen auf das umgebende Land und insbesondere auf die größeren sozialen Gemeinschaften, also die Städte. Der Annalista Saxo beschreibt treffend diese zweideutige Natur der Kastelle: Die Normannen befestigten die italienischen Städte mit *castella vel pro cohercendis vel defendendis habitatoribus*.[9] Diese Worte weisen deutlich auf die Ambivalenz des Kastells hin, die in den augenscheinlich widersprüchlichen Aspekten von Zwang und Verteidigung zum Ausdruck kommt.[10]

Die Tatsache, dass das Stadtkastell im Wesentlichen „ein die Stadt entkräftendes Element"[11] war, zeigte sich an der feindseligen Haltung der Stadtbevölkerung gegenüber den königlichen Burgen. So berichten die Chroniken mit kaum verhohlener Genugtuung von der Zerstörung einiger Kastelle.[12] Genauso aufschlussreich ist der Standpunkt der Eroberer, der die politische und militärische Strategie der Staufer vorwegnahm, indem den Kastellen eine wesentliche Rolle in der Beherrschung der Stadt beigemessen wurde. Somit wurde das gegliederte Kastellsystem Friedrichs II. in unmittelbare Verbindung gebracht mit der bereits von den Normannen erkannten Notwendigkeit eines solchen Systems. Man denke hier nur an die Worte Rogers II., der anlässlich der Wiedereroberung der Burg von Salerno 1129, meinte, dass keine Stadt ohne Kastell zu kontrollieren sei.[13] Ähnliches sollte später auch Manfred ebenso klar und pragmatisch feststellen.[14]

Dieser offensichtliche Antagonismus zwischen Stadt und Kastell spiegelte sich auch im besonderen Standort der Burganlagen wider. Das Verhältnis zwischen ihnen und den Stadtmauern war absolut zweideutig, denn oft befanden sich die Kastelle zwar in einer Randposition, aber dennoch nicht allzu weit entfernt vom Stadtzentrum. Der Zweck dabei war die Kontrolle über die Stadt. Die Entfernung zwischen Kastell und Siedlung sollte dabei so bemessen sein, dass sie einerseits Herrschaft über den Ort ermöglichte, dass aber andererseits auch genügend Sicherheitsabstand zu den Bürgern der Stadt vorhanden war. Gleichsam „getrennt unter einem Dach" waren Kastell und Stadt durch ihre jeweiligen Mauergürtel abgeschirmt, mit denen sie sich gegenseitig verteidigen konnten, zumal der Burgherr über eine eigene Garnison verfügte, „die den König vor der Stadt schützen musste".[15] Die strategisch geplante dezentrale Lage der Kastelle blieb sowohl im Fall der Küstensiedlungen als auch im Fall der Siedlungen im Landesinneren bestehen. Während im Landesinneren die neuen Festungsbauten fast überall an höher gelegenen Stellen entstanden, um so die Notwendigkeit der physischen Distanz zu betonen, die zugleich auch Symbol einer sichtbaren Vorherrschaft war, wurden die Kastelle in den maritimen Gegenden zwischen Meer und Stadt errichtet, so als sollten sie beides dominieren.[16]

Kastell- und Palast-Typologien zur Zeit der Normannen

Die normannische Eroberung zeitigte eine durchschlagende Wirkung nicht nur im Bereich von Verwaltung, Institutionalisierung und Siedlungswesen, sondern auch hinsichtlich der Architektur. Insbesondere den Normannen ist die Einführung eines neuen Befestigungstypus in Süditalien zu verdanken, des Donjon, der bereits in der Normandie und in England verbreitet war.[17] Darunter versteht man eine turmähnliche Anlage, die den eigentlichen Kern des Befestigungskomplexes darstellt und u.a. als Residenz des Burgherrn diente[18] – ein gut geschütztes, gemauertes Bollwerk.

Bevor die Normannen dazu übergingen, gemauerte Anlagen zu errichten,[19] hatten sie sich durch die schnelle Erstellung von eindrucksvollen Holzbauten ausgezeichnet, welche die Grundlage bildeten für die Belagerung des zu erobernden Territoriums und für den späteren Standort. Es trifft zwar zu, dass primitive Baumaterialien wie Holz und gestampfte Erde bereits in den einfacheren, auf italienischem Boden schon bestehenden Befestigungsformen verwendet worden waren[20] und dass die Errichtung von Kastellen in Stein erst im 12. Jahrhundert dringlich wurde. Doch die Technisierung des Krieges und Kreuzzugserfahrungen aus dem Heiligen Land führten bei den Normannen zur Einführung neuer Techniken in der Militärarchitektur. Das eigentlich Neue war die systematische Anwendung der Befestigung auf Motten. Die Motte ist ein künstlich aufgeschütteter Hügel aus gestampfter Erde in der Form eines Stumpfkegels unterschiedlicher Dimensionen. Sie war von einem Graben und einer Palisade umgeben. Auf dem höchsten Punkt konnte ein Holzturm stehen, die Inkunabel der komplexeren gemauerten Donjons.[21] Es handelte sich um leicht zu errichtende Festungen, weil das Baumaterial sämtlich lokaler Herkunft war und für die Motte der Aushub des Verteidigungsgrabens verwendet werden konnte. Motte und Donjon waren also die wesentlichen Elemente der normannischen Befestigung.

Betrachtet man nun insbesondere die Situation in Italien, so muss zunächst vermerkt werden, dass der Donjon – im Gegensatz zu den Aufzeichnungen der französischen Abhandlungen – hier

1 ◄ Paternò (Catania), Kastell, Außenansicht von Osten

2 ► Capua, Castrum lapidum, Außenansicht von Nordosten mit Wehrturm (mastio)

nicht immer einfach mit dem *mastio,* dem Hauptturm des Kastells, identifiziert werden kann. In den Quellen wird er auch als befestigter Turmbau innerhalb des Kastells bezeichnet, in den die grundlegenden Militär- und Residenzstrukturen und natürlich der Wachturm einbezogen waren.[22] Da der Turm größere Sicherheit bot, lag es nahe, hier die Residenz des Burgherrn zu errichten, wodurch ein einziges Gebäude die Räume und Funktionen des *palatium,* die seit dem Frühmittelalter ausgebildet waren, vereinte: Repräsentations- und Herrschaftsraum (*aula*), Wohnraum (*camera*) und Kultstätte (*cappella*).[23]

In Süditalien gibt es also isolierte und unabhängige Türme – man denke nur an die Verteidigungslinie in der Ätna-Gegend auf Sizilien mit den Wachtürmen von Paternò, Adrano und Motta Sant'Anastasia.[24] Der Turm von Paternò (Abb. 1) ist ein ikonographisch wertvolles und beredtes Beispiel für die Einführung des normannischen Donjon auf der Insel. Die Form eines Parallelepipedons, die großen Ausmaße (Höhe 30 m), die Innenaufteilung über drei Stockwerke sowie die entsprechende funktionale Polyvalenz (eine Kapelle vervollständigt den Residenzcharakter des Gebäudes) machen diesen Turm zu einem emblematischen Beispiel normannischer Militärarchitektur, wobei die Datierung allerdings nicht ganz unumstritten ist.[25]

In Kalabrien stößt man auf eine ähnliche chronologische Ungewissheit.[26] Dort war der zylinderförmige Turm von S. Marco Argentano auf der Grundlage von historischen, typologischen und bauspezifischen Daten der Durrazzo-Epoche des 14. Jahrhunderts zugeschrieben worden,[27] wenngleich Amato di Montecassino berichtet, dass bereits im Jahre 1048 Robert Guiscard diese Gegend befestigte und sie mit Holz verkleidete.[28] Im Übrigen ist die Frage der Gestaltung der ersten normannischen Garnisonsstandorte auch reichlich umstritten. An der Nordgrenze des Reichs, in der Terra di Lavoro,[29] gestaltet sich die Situation klarer. Hier erlaubt die Präsenz von mehreren viereckigen Wehrtürmen (z. B. von Roccaguglielma, Caiazzo und Rupecanina) sowie bestimmten, schon in das 11. Jahrhundert datierbaren Strukturen, wie die langobardische *turris* von Pandolfo Capodiferro an der Mündung des Garigliano, „eine italienische, nicht normannische Frühgeschichte des *mastio* zu entwerfen".[30] Die Terra di Lavoro war ein strategisch wichtiges Territorium, das stark befestigt sein musste. Die erhaltenen Zeugnisse davon sind spärlich und meist verunstaltet. Immerhin gibt es noch einige wirklich relevante Bauten wie das *Castrum lapidum* von Capua (Abb. 2), das wohl älteste italienische Beispiel eines Kastells mit quadratischer Schutzmauer und gut gegliedertem Wehrturm. Die neuesten Untersuchungen datieren seine Entstehung in das 12. Jahrhundert, in die Zeit nach der Eroberung durch die Hauteville.[31] Diese Chronologie könnte die komplexe Struktur des *mastio* erklären, der im Obergeschoss einen Saal mit zentralem Stützpfeiler enthielt, von dem vier kreuzgratgewölbte Joche ausgingen. Dieses singuläre und gleichzeitig innovative Beispiel könnte aufgrund einiger ganz besonderer Lösungen sogar mit der reichen

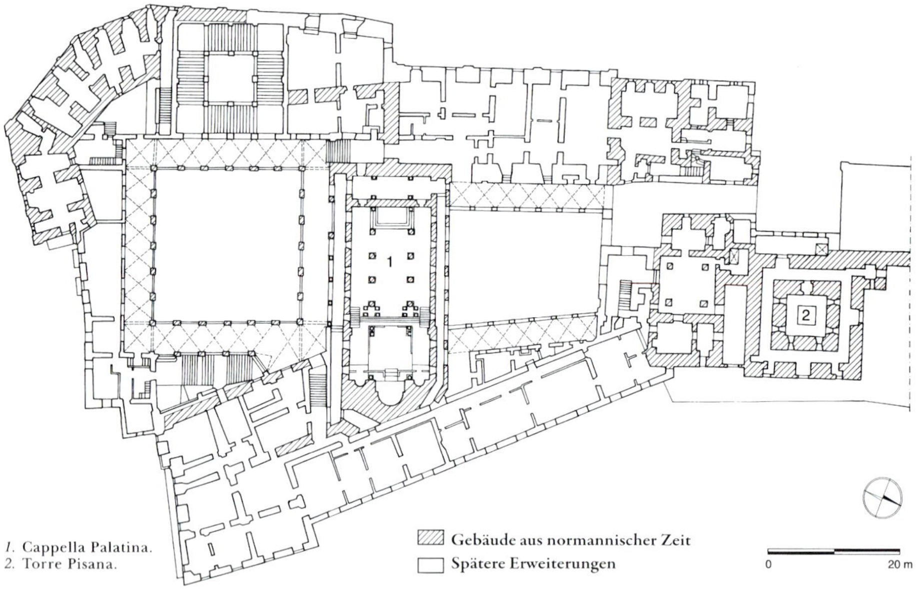

3 Palermo, Grundriss des Palazzo dei Normanni

Palastarchitektur in der Hauptstadt des *Regnum Siciliae* in Verbindung gebracht werden.

Palermo zur Zeit der Hauteville war ein Sonderfall im bunten Panorama des Normannenreichs: Einige Amtssitze (wie die *dohana baronum*) waren zwar nach Salerno, der Stadt, die zusammen mit Melfi die meisten Verwaltungseinheiten beherbergte,[32] ausgelagert, doch Roger II. machte die sizilische Hauptstadt zum Mittelpunkt seiner königlichen Macht. Wie bei den einfacheren Kastellen der Lehnsherren blieb das *palatium* jedoch klar getrennt von der *civitas*: Wie in einer Art Zitadelle waren die Säle, Türme, Kapellen, Werkstätten (darunter der berühmte *tariz,* die Weberei) in einer differenzierten Struktur zusammengeschlossen und formten einen Gebäudekomplex, der in der Wohnarchitektur jener Zeit einzigartig war (Abb. 3 und S. 323, Abb. 4).[33] Es handelte sich sowohl um eine Stadt in der Stadt als auch um eine Abgrenzung von der Stadt, da ja der Palast militärisch gut geschützt war.[34] In dieser räumlichen Isolation des Palastes fanden Verteidigung und Ausübung der königlichen Macht statt.[35] Die heute weitgehend zerstörte Palastanlage bestand im Wesentlichen aus einem Polygon aus miteinander durch Türme verbundenen Flügeln und war darin einigen Bauten der zeitgleichen Kreuzfahrerarchitektur im Heiligen Land verwandt.[36] Ein Turm, die so genannte *Torre Pisana*, ist – natürlich gemeinsam mit der *Cappella Palatina* – der heute noch erhaltene Hauptzeuge des Normannenpalastes. An der Außenseite ist dieses kompakte Bauwerk durch Blendarkaden auf doppeltem Sockel gegliedert, das Innere in zwei Stockwerke aufgeteilt; das obere schließt mit einem Kreuzgratgewölbe. Insgesamt erinnert der Bau an die Tradition des Donjon. Die noch verbliebene Dekoration verweist jedoch auf den im normannischen Sizilien beliebten Eklektizismus.[37]

Eine Bestätigung hierfür finden wir auch in der Architektur anderer Gebäude in Palermo. Der königliche Palast genügte allerdings den Wohnansprüchen der normannischen Monarchen nicht. Dem Beispiel ihrer arabischen Vorgänger folgend, hatten sie außerhalb des Stadtkerns eine Reihe komfortabler Wohnhäuser errichtet. Der Reisende Ibn Ǧubair berichtet eindrucksvoll darüber: „Die Paläste des Königs umgeben den Schlund der Stadt wie Ketten den Hals von Jungfern mit überschwänglichem Busen."[38] Die größten dieser Gebäude sind *La Zisa* und *La Cuba*, monumentale, in der Zeit von Wilhelm I. und Wilhelm II. entstandene Pavillons auf regelmäßigem Grundriss und mit hohen, mit Blendarkaden verzierten Mauern.[39] Das früheste Beispiel ist jedoch der auf Betreiben Rogers II. errichtete Palast von Maredolce – auch *La Favara* genannt (Abb. 4). Dieser Gebäudekomplex lag am Ufer eines Süßwassersees mit einer künstlichen Insel. Der See gewährleistete vor allem die Wasserversorgung der umliegenden Felder. Es handelt sich hierbei um eine für die Kulturen des Nahen Ostens typische Version von Residenzbauten, worauf auch die meisten der technischen und dekorativen Lösungen hinweisen.[40] Diese „Lustorte" waren von riesigen, wunderbar angelegten Gärten umgeben, in denen sich Tiere tummelten und Wasserspiele für Unterhaltung sorgten. Zeitgenossen berichteten mit großem Pathos davon[41] und arabische Inschriften auf den Palastmauern selbst liefern ein direktes Zeugnis: „Dies ist das Paradies auf Erden, das sich den Blicken öffnet" ist in die Seiten der Hauptarkade der *Zisa* eingemeißelt.[42]

Festigung, Zentralität, Kohärenz: das Reich Friedrichs II.

Mit dem Tod Wilhelms II. im Jahre 1189 und dem Ende der Dynastie der Hauteville stürzte das Königreich Sizilien in eine tiefe institutionelle Krise. Weniger Mächtige wie Kleinstädte und Lehnsherren nutzten diese Schwäche der Zentralgewalt zur Ausdehnung der eigenen Ansprüche im Herrschaftsgebiet. Dies waren Jahre der Unsicherheit für die königliche Macht, die gleichsam an einem dünnen Faden hing in Erwartung eines Erneuerers. Diese Rolle wurde dann in der Tat und außerordentlich kraftvoll von Friedrich II. übernommen.

Die friderizianische Gesetzgebung ist die eindeutigste, wenn auch nicht einzige Quelle,[43] in der sich die strenge Entschlossenheit des Kaisers sowie die Krise erkennen lassen, in welche die Monarchie abgesunken war. Wie sehr die Gesetze der Normannenkönige abgenutzt, ja buchstäblich „verrostet“ waren, kommt in einem berühmten Abschnitt des *Liber Augustalis* zum Ausdruck, jener in Melfi 1231 verkündeten Konstitutionen.[44] Es galt also, die Gesetze von ihrer erstickenden Patina zu befreien und im Bedarfsfall ihre Lücken mit völlig neuen Verordnungen zu füllen. Eiserne und entscheidende Regeln waren bereits 1220 mit den Assisen von Capua unmittelbar nach der Kaiserkrönung Friedrichs II. ausgegeben worden. Vorrang hatte dabei die Wahrung des Krongutes, das zu Recht als grundlegendes Regierungsinstrument und hauptsächliche Finanzquelle angesehen wurde. Demselben Ziel, jegliche selbständige Regung seitens der Lehnsherren endgültig zu unterdrücken, diente die *resignatio privilegiorum.*[45]

Es waren bedeutsame Maßnahmen. Einerseits zeugen sie von dem Willen, den normannischen Gesetzesrahmen wiederherzustellen; andererseits waren sie dazu bestimmt, den königlichen Apparat zu stärken und zu rationalisieren. Dies galt auch im Bereich der Architektur. Die Kastelle nahmen im Gesetzeswerk Friedrichs II. in der Tat einen Sonderplatz ein. Ganz klar treten Zeichen eines organischen Plans hervor, der Bauwerke, Verwaltungsapparat und militärische Stärke für die Ausübung von Macht und Regierungsgewalt in den Territorien des Reichs nutzte. Dies ist eben jenes „Festungssystem“ im Dienste eines entschlossenen und kohärenten Projekts, das zwar auf den normannischen Erfahrungen sowie den von ihnen ererbten Verwaltungs- und Baustrukturen basierte, aber eine wesentlich zentralisiertere, wesentlich stärkere Realität, d.h. eine umfassende und entschlossene Regierung des Herrschaftsgebiets, anstrebte.[46]

Die XIX. Assise von Capua zeigt die Wirkung jenes politischen Plans hinsichtlich der Festungen und ihrer Funktion, die ihnen im Rahmen der Bekräftigung des königlichen Zentralismus zugeordnet wurde: Darin wurde festgelegt, dass jedes seit dem Tode Wilhelms II. nicht auf königlichem Besitz errichtete Kastell der Krone übergeben werden musste.[47] Das Schicksal dieser unerlaubt angelegten Befestigungen war damit besiegelt: Sie sollten demoliert oder in den Zustand zurückgeführt werden, in dem sie sich zur Zeit der Normannen befunden hatten. Das eklatanteste Beispiel für die Unnachgiebigkeit der Verordnung ist der Abriss der Rocca Ianula in der Nähe von Montecassino.[48] Die in Melfi 1231 verkündeten *Constitutiones regni Siciliae* trieben den Zentralisierungswillen des Herrschers noch weiter. Einerseits wurde ausgeführt, was in Capua hinsichtlich der königlichen Festungen unvollendet geblieben war; andererseits wurden strenge Einschränkungen für den Kastellbau vorgeschrieben.[49]

Vor dem Hintergrund dieses radikalen Zentralisierungswillens wurde die Unterdrückung jeglicher autonomen Neigung durch die Errichtung eines eigens für die Verwaltung der Kastelle bestimmten Apparats erreicht. So entstanden Instanzen wie die *provisores castrorum,* königliche Beamte, die mit der Ernennung der Kastellane, der Instandhaltung der Gebäude sowie der Versorgung und Besoldung der Burgbesatzung betraut waren.[50] Eine Reihe von Mandaten aus dem Jahr 1239 definiert ihre Kompetenzen und nennt gleichzeitig einige strategisch wichtige Kastelle, die einer gesonderten Rechtssprechung unterstanden und unmittelbar von der Krone verwaltet wurden: die so genannten *castra exempta*.[51]

Das Statut zur Reparatur der Burgen (*Statutum de reparatione castrorum*) ist die Hauptquelle für die Verwaltung der Kastelle.[52] Es war verfasst worden, um jene mit der Instandhaltung der Kronkastelle beauftragten Gemeinden und Personen zu bestimmen, und enthält dabei aber auch reichhaltige Informationen über Zahl und Zustand der Gebäude sowie ihre Verteilung über das Herrschaftsgebiet und ihr Verhältnis zur Bevölkerung.[53] In dem Werk sind ca. 225 Kastelle aufgeführt, wobei zwischen *castra* (militärischen Festungen) und *domus solaciorum* („Lustorten“) unterschieden wurde. Nicht genannt sind die *palatia*, jene andere Form imperialer Residenzbauten. Die Unterscheidung in damaliger Zeit war allerdings nicht eindeutig und die in den Dokumenten verwende-

4 Palermo, Ansicht des Palastes Marledoce (Favara), Kupferstich aus dem 18. Jahrhundert, Palermo, Galleria Regionale della Sicilia di Palazzo Abbatellis, Gabinetto Disegni e Stampe, D. 313

te Terminologie erscheint teilweise unsicher und widersprüchlich. So konnte das *castrum* zu einem echten Schrein für Kunstwerke werden, während *palatia* und *domus* häufig Verteidungsanlagen aufwiesen.[54]

Zahlreiche *domus* sind in Apulien und insbesondere in der Capitanata verzeichnet, die der Kaiser bewusst zu seiner bevorzugten Residenz erkor, nachdem er Sizilien, die Insel seiner normannischen Vorfahren, verlassen hatte. Er blieb aber der Erinnerung an seine Kindertage im üppigen königlichen Park von Palermo treu, indem er das palermitanische Residenzmodell, welches wiederum von orientalischen Einflüssen durchdrungen war, exportierte und vielfach wiederholen ließ, sodass letztlich die ganze Region der Capitanata als Sitz eines reisenden Hofes angesehen werden konnte.[55] Abgesehen davon, dass die Capitanata näher an Mittelitalien und am Rest des Reichs lag und gleichzeitig ein guter Ausgangspunkt für Reisen ins Heilige Land war,[56] bot sie eine an Wäldern und Wasser reiche Landschaft und im Winter ein mildes Klima.

Sie war also der ideale Ort, um sich den Freuden der Jagd hinzugeben und die Natur mit jenem wissbegierigen und erfüllenden Gefühl zu erleben, das die literarischen Werke des Kaisers durchdrang und ihm die zum Regieren notwendige *serenitas* bieten konnte.[57] Nicht zufällig wurde daher Foggia zur idealen Hauptstadt des Reichs und es war eine apulische *domus*, jene in Fiorentino, wo Friedrich II. am 13. Dezember 1250 starb.

Die Basilicata, eine karge und bergige Region, war übersät mit weit mehr Felsenfestungen, die strategischen und militärischen Zwecken dienten. In Sizilien dagegen, wo einige der ausdrucksvollsten Beispiele friderizianischer Architektur entstanden, gingen die stilistischen Merkmale der Kastelle über Verwendung und Bestimmung hinaus und zeigten damit, dass die baulichen Eigenschaften die Heterogenität der Siedlungen außer Acht ließen. Bei aller Unklarkeit über die den einzelnen Gebäuden zugeteilten Rollen, die häufig militärische Funktionen, Repräsentationszwecke, landwirtschaftliche Nutzbarkeit und wohnbauliche Erfordernisse einschlossen, tritt deutlich hervor, dass das Festungsnetz Friedrichs II. über ein beachtliches Architektur- und Siedlungspotential im Dienste der Verteidigung des Reichs sowie der kaiserlichen Propaganda verfügte. Auf diese Weise übernahmen die Kastelle die Aufgabe, die Vorstellung der von Friedrich II. selbst angeordneten „Allgegenwart" des Kaisers in der Rechtsverwaltung zu verbreiten[58] – mit anderen Worten, den Untertanen eine ständige und konkrete „Etimasie der Macht"[59] aufzuerlegen.

Auftragsbauten Friedrichs II.

Mit den Worten „Frédéric II fut un grand constructeur" beginnt bei Emile Bertaux das der „art impérial" gewidmete Kapitel seines Monumentalwerkes „Art dans l'Italie méridionale".[60] Die Meinung von Bertaux wurde erwogen, diskutiert, abgelehnt[61] – Tatsache bleibt aber, dass Anzahl und Qualität der großzügig dem Stauferkaiser zugeschriebenen Kastellbauten sie zu einer einzigartigen und wesentlichen Erscheinung in der Geschichte der mittelalterlichen Architektur machen. Es ist ein reichhaltiges und anregendes Thema, das zu hochrangigen Studien Anlass gegeben hat, die gerade in den letzten zwei Jahrzehnten beachtliche Ergebnisse, aber auch eine große Menge von Kritiken erzielt hat.[62]

Insgesamt handelt es sich um eine Vielfalt von Interpretationen, die zum Teil die stilistische und typologische Vielfalt der friderizianischen Bauten widerspiegelt, welche mit Ausnahme einiger entscheidender Elemente nicht immer einem einheitlichen Muster folgten.[63] In einigen Fällen blieb z. B. die normannische Tradition des Wehrturms erhalten. Das gilt sowohl für den neu gebauten Turm, wie beim Kastell von Termoli, als auch für jenen aus einem Vorgängerbau wieder aufgebauten wie in Milazzo (Abb. 5). Hier wurde ein normannischer Turm zur Zeit Friedrichs II. durch eine Böschung verstärkt und durch einen neuen Mauerring geschützt.[64] Obwohl diese Arbeiten wahrscheinlich in den vierziger Jahren des 13. Jahrhunderts erfolgt waren, reflektiert der Turm von Milazzo Friedrichs II. entschiedene Absicht, das normannische Befestigungssystem wiederherzustellen und auszubauen, wie er es bereits in seinen ersten Regierungsjahren vor allem in der Terra di Lavoro, an der neuralgischen Grenze zum Kirchenstaat, umgesetzt hatte.[65]

Schon an diesen Gebäuden werden einige in den kaiserlichen Bauaufträgen immer wiederkehrende Elemente sichtbar. So wurde in Milazzo ein Saal mit Blendbögen verkleidet wie bereits in den apulischen *domus* von Fiorentino und Gravina. Aufgrund der Ähnlichkeit mit wichtigen Abteistrukturen – Refektorium und Schlafsälen[66] – wurde dieses System in direkten Zusammenhang mit der zeitgleichen zisterziensischen Architektur gebracht. Einige Quellendokumente unterstützen die Beteiligung der Zisterzienser an den friderizianischen Bauwerken. Dies bestätigt sich auch in den Befunden. So lassen z. B. erhaltene architektonische und skulpturale Fragmente der unvollständigen Basilica del Murgo auf Sizilien präzise Rückschlüsse auf das Castello Maniace in Syrakus zu (Abb. 6).[67]

Castello Maniace ist ein frühes Beispiel der vom Kaiser bevorzugten Bauweise: geometrisch regelmäßige Anlagen vor allem beim Typus des quadratischen Kastells, das aus vier gleichen Flügeln bestand und an den Ecken und jeweils in der Hälfte der Seiten mit Türmen bestückt war. Formvollendet wurde das Vorbild wohl auf Sizilien bei den Kastellen von Augusta, Catania und Syrakus wiedergegeben,[68] die alle in gewisser Weise mit der Person des *praepositus aedificiorum,* Richard von Lentini, verbunden waren. Das Kastell von Augusta (Abb. 7) kann von der Datierung her mit der Gründung der Stadt 1231 verknüpft werden. Aus einem nicht mehr existierenden Epitaph ging angeblich hervor, dass es 1242 vervollständigt wurde. Das Gebäude hat zwar schwere Schäden und umfassende Veränderungen erfahren, doch der Westflügel, wo sieben kreuzgratgewölbte Joche aufeinander folgen, ist noch intakt. Gleich angelegt war das Castello Ursino in Catania, ebenfalls am Ende der dreißiger Jahre entstanden (Abb. 8), das jedoch bescheidenere Ausmaße und anstatt der viereckigen runde Türme hatte. Castello Maniace in Syrakus (Abb. 9) weist außer dem quadratischen Grundmuster sowohl im Material als auch hinsichtlich der Verarbeitung und Einrichtung großartige Ausschmückungen auf. Dazu gehören auch die beiden bekannten Bronzewidder am Eingangsportal der Festung (Kat.-Nr. III.B.18). Die Funktion als kaiserliche Residenz wird weniger durch die antiken Spolien bestätigt als vielmehr durch die Bäder, Toiletten und Kamine sowie durch den eleganten Festsaal im Untergeschoss, wo eine Reihe von

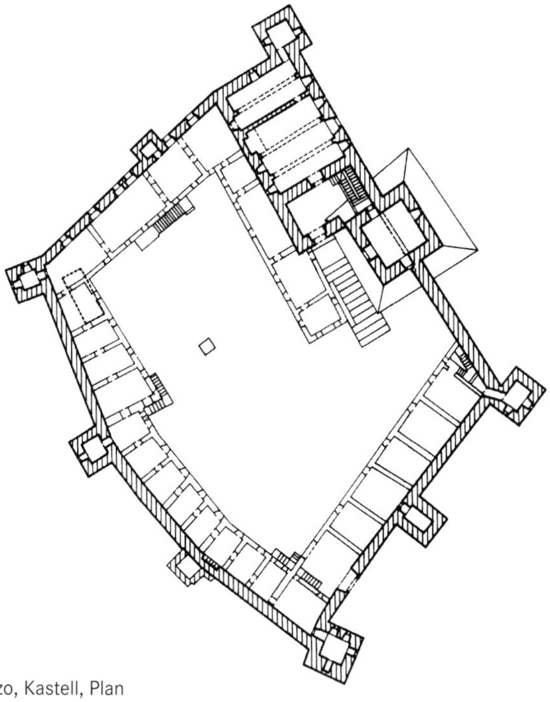

5 Milazzo, Kastell, Plan und axonometrische Wiedergabe des Kastells

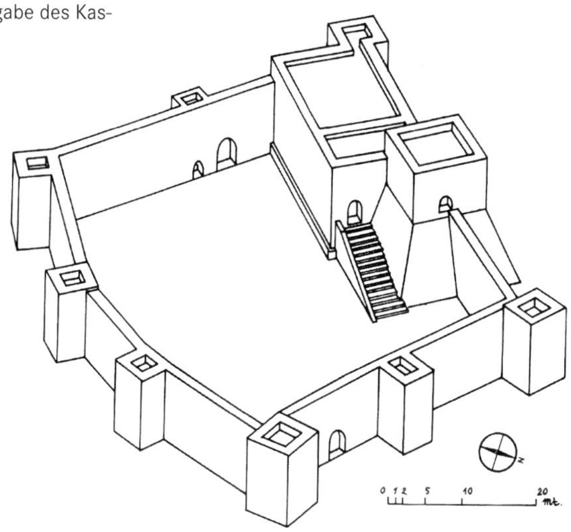

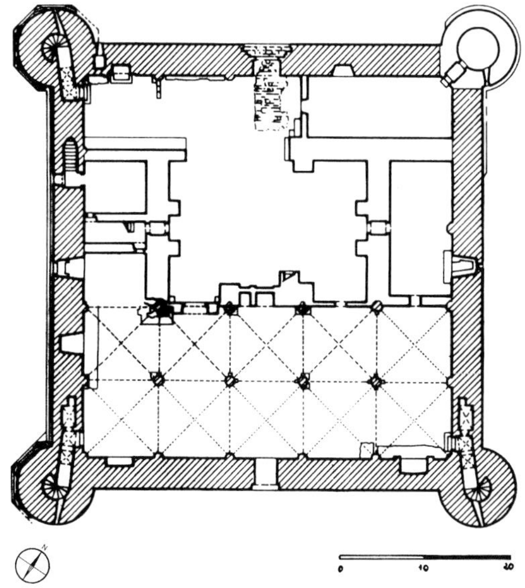

6 Syracus, Grundriss des Castello Maniace

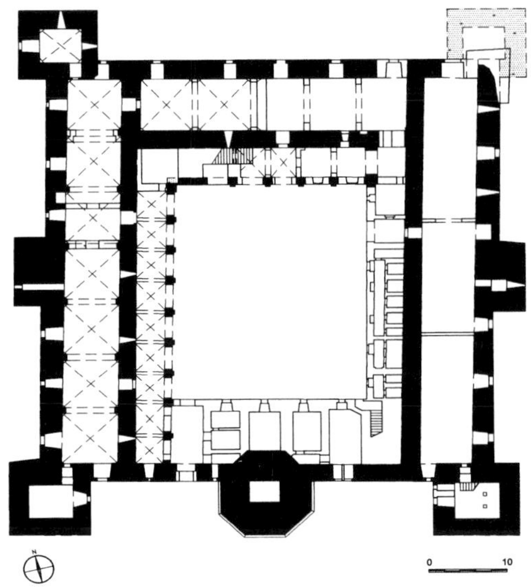

7 Augusta, Grundriss des Kastells

zylinderförmigen Pfeilern den Raum in 25 von Kreuzrippen überspannte Joche gliedern.[69]

Die besondere Art der Wölbung ist ein wesentliches Element dieser Gebäudeform und diente der Forschung – zusammen mit dem geometrischen Grundmuster der Bauten und den gotischen Schmuckelementen – als Beweis für die Rolle, welche die zisterziensische Architektur bei den friderizianischen Festungen gespielt hatte. Die geradlinigen, regelmäßigen Pläne der Mönche können jedoch nicht das absolute Vorbild für die quadratischen Kastelle Friedrichs II. gewesen sein, zumal es inzwischen andere und exaktere Vergleichspunkte gibt. Ohne die verschiedenen diesbezüglichen Thesen aufzurollen, lässt sich doch behaupten, dass die Idee des antiken *castrum* am Anfang der quadratischen friderizianischen Kastelle stand. Ein *castrum* war das von rechtwinkligen Achsen unterteilte römische Feldlager, dessen teilweise im islamischen Orient wach gehaltene Tradition durch die Kreuzfahrer im Verlauf des 12. Jahrhunderts wieder erweckt wurde.[70] Die Kreuzzüge gaben in der Tat Gelegenheit zu einer umfangreichen Modernisierung der militärischen Praxis und Architektur. In diesen Bereichen entstanden fortschrittliche Techniken[71] und das Heilige Land selbst war der Schauplatz für einen Krieg, in dem sich Orient und Okzident gegenüberstanden und die jeweiligen Erfahrungen teilten. Die Kreuzzugsmission des Kaisers ins Heilige Land zwischen 1228 und 1229 war demnach ein entscheidendes Moment für die Herausbildung der quadratischen Architektur-Typologie, die Friedrich II. seit den dreißiger Jahren systematisch für seine Kastelle verwendete. Was den Grundriss, die angewandten Techniken und die Funktion betrifft, bestehen starke Übereinstimmungen mit zahlreichen Militärbauten, die im Heiligen Land sowie auf Zypern und in Kontinentaleuropa von den Ritterorden oder mit dem Königreich von

8 Catania, Kastell von Ursino, Luftansicht von Norden

9 Syrakus, Castello Manice, Ansicht des Saales im Erdgeschoss

Jerusalem verbundenen Kreisen in Auftrag gegeben worden waren.[72] Dies verleiht den Kastellen Friedrichs II. den angemessenen historischen und architektonischen Kontext. Ihre chronologische Entwicklung im 12. und 13. Jahrhundert kann somit viel glaubwürdiger erklärt werden als durch die traditionellen Thesen, nach denen die Kastelle sich von den antiken Omayyaden-*castra* bzw. von den Überresten spätantiker und byzantinischer Festungsbauten herleiten.[73]

Das von Friedrich II. auf Sizilien angewandte Modell findet sich auch in anderen Gegenden Italiens. In Apulien in den Küstenburgen von Bari, Brindisi und Trani, die im Gegensatz zu den sizilischen Neugründungen zuweilen vorhergehende befestigte Strukturen ersetzten. Die Gründe für ihre unregelmäßige Form, die trotz der Beibehaltung des quadratischen Grundrisses mit Ecktürmen zum Trapez neigt, sind vielleicht die Vorgängerbauten und topographischen Bedingungen.[74] Eine derartige Anomalie könnte aber auch der totalen Anlehnung an das Kreuzfahrermodell, insbesondere das in Paphos (Zypern), zuzuschreiben sein, zumal der Baumeister der Burgen von Bari und Trani, Philippus Chinardus, ein zypriotischer Militärarchitekt war.

10 Prato, Kastell, Außenansicht von Westen

In Kampanien ist die von Thomas II. von Aquin, einem Verwandten des Kaisers, in Cancello 1247 errichtete Burg erwähnenswert.[75] Das beste Beispiel für diese Typologie ist aber wohl die Burg von Prato (Abb. 10), eine mächtige, von einem Verteidigungsgraben umgebene Festung mit quadratischen und fünfeckigen Türmen.[76] Sie ist die größte friderizianische Gründung außerhalb des Königreichs Sizilien. Von den dortigen Bauten wurden nicht allein der Grundriss und technische Lösungen übernommen, wie z. B. das teilweise in Buckelquaderform bearbeitete Mauerwerk,[77] sondern auch bildhauerische Elemente nach eindeutig staufischem Vorbild, wie Konsolen und Kapitelle im „Crochet-Stil" und insbesondere das imposante Portal, das dem von Castel del Monte nachempfunden ist.

Es bietet sich zwingend an, diese kurze Übersicht über die staufischen Kastelle mit Castel del Monte (vgl. Abb. S. 161 und S. 173, Abb. 7) abzuschließen, denn an diesem Baudenkmal fanden die Überlegungen der Architekten Friedrichs II. die vollkommenste und reifste Anwendung und Umsetzung in einen unverkennbaren Stil. Noch immer sind zahlreiche Rätsel zu lösen.[78] Seine durch bequeme Bäder und Toiletten und qualitativ herausragende Ausschmückungen gewährleistete Residenzfunktion machte es zu einem eindrucksvollen Jagdschloss, auch wenn wir keine präzisen Beweise hierfür haben. Die Verteidigungsaspekte haben dagegen in einer im Wesentlichen „durch die Einsamkeit geschützte" Burg nur geringe Bedeutung.[79] Der klarlinige Bau, der sich in der heute kargen Dürre der Murgen erhebt, verbirgt ausgeklügelte Zisternensysteme zur Sammlung des Regenwassers.[80] Der gesamte Bau ist auf der geometrischen Figur des Achtecks aufgebaut, die sich in den acht Ecktürmen wiederholt. Im Innern befinden sich, über zwei Stockwerke symmetrisch verteilt, trapezoidale ringförmig angeordnete Räume, in denen die Gewölbeschnitte in Form von Spitzbögen genau dieselbe quadratische, kreuzrippenüberwölbte Spannweite hervorbringen, die bereits an anderen staufischen Gründungen beobachtet wurde. Castel del Monte verwirklicht diese Merkmale in nie gekannter Weise und führt die für die besten friderizianischen Bauwerke typische Regelmäßigkeit von Raumverteilung und Grundriss zu einem architektonischen Höhepunkt. Gerade das Problem der Form behinderte die typologische Einordnung des Kastells, da für den achteckigen Grundriss unmittelbare Vergleiche in der zeitgleichen Militär- und Residenzarchitektur im Okzident wie im Orient fehlen. Daher ist es wahrscheinlicher, dass auf ideologische Modelle von intensivem symbolischen Wert zur Verherrlichung der kaiserlichen Majestät zurückgegriffen wurde.[81] Selbst die Präsenz von hypothetischen Prototypen ändert nichts an der Einzigartigkeit von Castel del Monte, die weit über die Zeit der staufischen Kastelle hinaus gültig bleibt. Es ist ein Baudenkmal, ein Symbol, das eine außergewöhnliche Zeit laizistischer Bauaufträge beschloss und auf wirkungsvolle Weise die Rolle einer in Stein verewigten Epitome der friderizianischen Architektur einnimmt.

Aus dem Italienischen übersetzt von Dorothee Wolff Bascone

[1] Niccolò di Jamsilla, Historia de rebus gestis Frederici II, Sp. 584. Die *civitas*, auf die Manfred Bezug nimmt, ist Castrogiovanni (Enna), das der König 1260 besuchte und dabei den Wiederaufbau eines von den Bürgern zerstörten Kastells anordnete. Die *Historia* von Jamsilla findet sich auch bei Del Re 1868, S. 102–200. Siehe auch Bocchi 1980, S. 53 und Bocchi 1987, S. 75; Licinio 1994, S. 192–193.

[2] Hierfür muss zumindest auf Chalandon 1907, Tramontana 1970, Delogu 1983; Delogu 1984 und Matthew 1997 verwiesen werden; vgl. außerdem Licinio/Violante 2006.

[3] Martin 1996, S. 113. Das Basiswerk zu diesem Thema ist Caravale 1966.

[4] Catalogus Baronum (a) und Catalogus Baronum (b).

[5] Vgl. hierzu Cuozzo 1999.

[6] Duprè-Theseider 1978, S. 80.

[7] Licinio 1995, S. 64. Vgl. auch Porsia 2006, S. 236–237.

[8] Vgl. z. B. Romuald von Salerno, Annales, S. 411 und Chronicon Vulturnense, Bd. 1, S. 231. Vgl. außerdem Masini 2006, S. 690 sowie für eine Übersicht der normannischen und staufischen Annalistik die kritische Zusammenfassung von D'Angelo 2003.

[9] Annalista Saxo, Reichschronik, S. 602.

[10] „Proteggere e dominare" ist das Motto, das Aldo Settia als Titel für seine den mittelalterlichen Kastellen gewidmete Artikelsammlung wählte. Vgl. Settia 1999.

[11] Porsia 2006, S. 247.

[12] Wie in Bari 1137 und in Ceppaloni 1138. Vgl. Falco von Benevent, Chronicon Beneventarum, S. 154 und 208.

[13] Alessandro di Telese, Storia di Ruggero II, S. 26: *Non enim se urbis illius dominari arbitrabatur, quamdiu arx illa non ei subesse cerneretur.*

[14] Vgl. hierzu Anm. 1.

[15] Delogu 1979, S. 202. Der Ausdruck bezieht sich insbesondere auf den Königspalast in Palermo.

[16] Vgl. Bocchi 1980, S. 55.

[17] Zu den französischen Donjons und ihren Ursprüngen vgl. Mesqui 1991, I, S. 89–220 und Decaëns 1997a; für England vgl. Brown 1962.

[18] Zum Wohnwert des Donjon vgl. Héliot 1974.

[19] Die Chroniken unterstreichen auch die von den Normannen im Bereich der Militärarchitektur eingeführten technischen Innovationen. Man denke nur an die *artificiosi caementarii* des Roger I., die beim Bau des Kastells von Messina Verwendung fanden. Vgl. Gaufredus Malaterra, De rebus gestis, S. 77.

[20] Vgl. Betti 1993, S. 396.

[21] Zu Definition und Typologie der Motten in Frankreich vgl. Mesqui 1991, I, S. 15 ff.; Decaëns 1994 und Decaëns 1997b, S. 273 ff.; Flambard Héricher 2002. In italienischer Sprache vgl. Settia 1999, S. 352; Coppola 2003 und Coppola 2005, S. 35 ff.

[22] Settia 2000, S. 300–301. Die benutzten Quellen betreffen allerdings Norditalien. Zum Vergleich der italienischen Türme mit ausländischen Donjons vgl. Chiesa 1998. Eine Auflistung der *masti* in Süditalien bei Coppola 2005, S. 46–47. Es gibt zahlreiche Einzelstudien zu kleineren geographischen Gebieten: Cielo 2000 für die Matese-Gegend in der Campania; Coppola/Muollo 1994 für die Irpinia; Masini 2006 für die Basilicata; für Apulien vgl. Licinio 1994; für Sizilien vgl. Maurici 1992.

[23] Literatur hierzu bei Rossini 1998.

[24] Vgl. Maurici 1992, S. 175–186. Kürzere Anmerkungen über das Festungswesen auf Sizilien bei Bresc 1994. Zu den drei erwähnten Bauwerken muss der wahrscheinlich ältere *mastio* von Milazzo ergänzt werden. Vgl. hierzu Anm. 63.

[25] Agnello 1958–1959 verlegte die *turris* von Paternò in staufische Zeit, als die Struktur einige Veränderungen erfahren hatte (Ausst.-Kat. Prato 1975, S. 166–168). Das nahe gelegene Adrano wurde sogar in aragonesische Zeit datiert. Vgl. Agnello 1965. Auch die Motta Sant'Anastasia wirft ähnliche Fragen auf. Doch die Tatsache, dass alle drei Bauwerke dem Modell nördlich der Alpen entsprachen, lässt die meisten Forscher annehmen, dass sie auf normannischen Auftrag zurückgehen. Vgl. Maurici 1992, S. 184–186.

[26] Zu den Siedlungsdynamiken und insbesondere dem Phänomen der Befestigungen vgl. Cuozzo 1995b.

[27] Trimboli 2008.

[28] Amatus Casinensis, Storia, S. 121: *appareilla de leigname*

[29] Pistilli 2003.

[30] Cadei 2003, S. VII.

[31] Pistilli 1999 und Pistilli 2003, S. 40–54. Zur älteren These, nach welcher der Bau der Burg mit dem Namen Richard Quarrels – dem ersten Normannenfürsten der Stadt – verbunden ist und ihre Entstehungszeit somit auf die siebziger Jahre des 11. Jahrhunderts vorgezogen wird, vgl. Santoro 1994, S. 210.

[32] Vgl. Cuozzo/Martin 1995, S. 10.

[33] Vgl. hierzu die Beschreibung von Idrisi in: Amari 1880, S. 61–62.

[34] Vgl. Anm. 1.

[35] Delogu 1979, S. 204 bezeichnet dies als „Entfremdung der Monarchie". Er sieht dieses Phänomen am besten in der Gründung der Kathedrale von Monreale durch Wilhelm I. ausgedrückt: eine von Mauern und Türmen beschützte *ecclesia munita*, günstig für den Hof gelegen, aber weit entfernt von der Stadt. Auch der Dom von Cefalù – von Roger II. begonnen – hatte befestigte Außenmauern. Vgl. Maurici 1992, S. 152.

[36] Vgl. Meier 1994a, S. 221. Die jüngste Monographie in italienischer Sprache (Calandra/La Manna/Scuderi 2002) ist reichlich kurz gefasst. Zum Königspalast von Palermo vgl. daher D'Angelo/Zoric 1992, S. 85–193 und Meier 1994b. Allgemein vgl. auch Martin 2004, S. 85–86.

[37] Knipp 2006. Weitere drei Türme sind in diesem Komplex belegt, der in den Quellen mit *Palatium novum* angegeben wird: die Türme Greca, Gioaria und Chirimbi. Vgl. Maurici 2001, S. 342–346.

[38] Amari 1880, S. 160.

[39] Zu *La Zisa*, die zur Zeit des Todes von Wilhelm I. im Jahre 1166 wohl fast vollendet war, vgl. Staacke 1991 und Bellafiore 1994; zu *La Cuba*, die nach einer Inschrift, in der Wilhelm II. genannt ist, auf das Jahr 1180 datiert wird, vgl. Caronia 1988. Allgemein vgl. Scerrato 1979, S. 307 ff. Zusammenfassende Bemerkungen und weitere bibliographische Hinweise zu Palermo in der Zeit der Normannen bei D'Angelo/Zoric 1992, S. 7–33 und Zoric 1998.

[40] Vgl. Pesez 1998, S. 566 mit knappen Angaben über Toiletteneinrichtungen und Belüftungssystem in den normannischen Palästen. Zu den palermitanischen Gärten und dem Bezug zur nahöstlichen Kultur vgl. Ungruh 2007. Zur Rolle der *solacia* in den normannischen Schlössern vgl. Calò Mariani 1983.

[41] Zu *La Zisa* vgl. Romuald von Salerno, Chronicon, S. 252–253.

[42] Amari 1971, S. 81–82.

[43] Zu Parallelinformationen der Chronisten vgl. Caravale 1998, S. 72 Anm. 2.

[44] Liber Augustalis, I. XXXVIII. 1 (Die Konstitutionen Friedrichs II., II, S. 52–54).

[45] Es handelt sich um die Konstitutionen X (*Demanium nostrum volumus habere plenum et integre*) und XV. Letztere verfügt – zusammen mit den Konst. XI, XII und XVII – praktisch die Überprüfung und Einschränkung des gesamten Lehnssystems im Reich. Der Text der Assisen von Capua bei Richard von San Germano, Chronik, S. 90–91, bes. die beiden hier betrachteten Konstitutionen. Literatur zum Thema bei Cernigliaro 2005.

[46] Zum „friderizianischen Kastellbauten-System" als Teil eines organischen „Regierungsplans für das Territorium" vgl. Licinio 1994, S. 150 und Licinio 1995, S. 64–65. Vgl. außerdem Houben 2005e mit Bibliographie sowie bezüglich der früheren normannischen Erfahrung Flambard Héricher 2000, bes. S. 160–161. Zu den staufischen Verwaltungsstrukturen vgl. Enzensberger 1985 und Martin 1985.

[47] Richard von San Germano, Chronik, S. 92.

[48] Die Zerstörung der Feste Ianula erfolgte 1221, wie die Assisen von Messina bestätigen. Vgl. Richard von San Germano, Chronik, S. 94. In erster Linie betroffen von der capuanischen Verfügung waren die strategisch wichtigen Burgen. So war der Abt von Montecassino gezwungen, die Kastelle Rocca d'Evandro und Atina herauszugeben, die verschiedene Knotenpunkte kontrollierten. Vgl. Sthamer 1995, S. 5; Houben 2001, S. 47–48; Pistilli 2003, S. 55.

[49] Liber Augustalis, III. 32–33: *De novis aedificiis* und *De prohibita in terra demanii constructione castrorum*. Vgl. HB 4,1, S. 141; Die Konstitutionen Friedrichs II., II, S. 288–290.

[50] Zu den *provisores castrorum* vgl. Sthamer 1995, S. 24–25; Fasoli 1980, S. 32–34; Licinio 1994, S. 124–126; Houben 2005e, S. 278–279 und Houben 2005f; vgl. außerdem Cuozzo 1989, S. 747–748.

[51] HB 4,1, S. 411–414; vgl. auch Sthamer 1995, S. 128–130, die Liste der *castra exempta* ebd., S. 57–58.

52 Die im Statutum de reparatione castrorum zusammengetragenen Angaben sind das Ergebnis einer zwischen 1241 und 1245 durchgeführten Untersuchung. Nach LICINIO 1997, S. 24 halfen sehr wahrscheinlich die *provisores castrorum* den Richtern bei der Zusammenstellung des Inventars, das sich in den Rahmen eines friderizianischen Gesetzesvorhabens zur Rationalisierung einfügt und normannische Gewohnheiten kodifiziert. Das Dokument wurde eingehend von STHAMER 1995, S. 83 – 93 behandelt. Edition des Textes ebd., S. 94 – 127; vgl. außerdem FASOLI 1980, S. 34ff. und HOUBEN 2005g.

53 Zum Verhältnis zur Bevölkerung ist anzumerken, dass mit der Instandhaltung der Kastelle keine benachbarten Gemeinden beauftragt wurden. Möglicherweise waren rechtliche oder politische Aspekte dafür ausschlaggebend. Eine zu starke Bindung mit potentiell gefährlichen Folgewirkungen zwischen Kastell und Gemeinde im Herrschaftsgebiet sollte vermieden werden. Vgl. FASOLI 1980, S. 36; LICINIO 1994, S. 175 – 178 und LICINIO 1997, S. 28; HOUBEN 2005e, S. 280 und HOUBEN 2005g, S. 775.

54 Vgl. CALÒ MARIANI 1992, S. XLV–XLVI. Zum staufischen „Militär-Vokabular" sowie zur Unterscheidung zwischen *castra* und *domus* vgl. LICINIO 1994, S. 128 – 129; CUOZZO/MARTIN 1995, S. 28 – 29; MAURICI 1997, S. 170 – 178; FLAMBARD-HÉRICHER 2000, S. 162. Für eine eingehendere typologische Untersuchung friderizianischer Gebäude vgl. LEISTIKOW 1996.

55 Das Modell des „reisenden Hofs" gehörte zur staufischen Tradition, nicht aber zur normannischen. Beobachtungen hierzu bei CUOZZO/MARTIN 1995, S. 14 und 49 sowie bei MARTIN 2005. Eine Liste der apulischen *domus* bei HOUBEN 2005h, S. 480.

56 Dies ermöglichte die Verwirklichung der so genannten *unio regni ad imperium*, der Vereinigung des Königreichs Sizilien mit dem Römischen Reich, was aus reichhaltigen Quellen friderizianischer Zeit hervorgeht. Vgl. hierzu DELOGU 1995 und KÖLZER 1999, S. 446ff.

57 Vgl. MARTIN 2005, S. 449. Zur Rolle der Natur in den friderizianischen Residenzen vgl. CALÒ MARIANI 2005b mit weiterführender Literatur.

58 CALÒ MARIANI 1995c, S. 39 – 40 und CALÒ MARIANI 2005a, S. 270. Zur Allgegenwart des Kaisers als *iustitia animata*, der überall durch seine Magistrate präsent ist, vgl. den bekannten Ausschnitt aus dem Liber Augustalis, I., XVII (HB 4,1, S. 19 – 20; Die Konstitutionen Friedrichs II., II, S. 26). Vgl. hierzu auch ABBATE 1997, S. 238.

59 CADEI 1995a, S. 374.

60 BERTAUX 1903, S. 699.

61 Die Meinungen reichen von der radikalen Ablehnung durch ABULAFIA 1990b, S. 239: „Friedrich war kein großer Bauherr", bis hin zur vorsichtigen Überlegung bei LICINIO 1995, S. 65, der dahingehend argumentiert, dass bei den meisten als friderizianisch registrierten Bauten ein normannischer Ursprung zu erkennen ist.

62 Zur Orientierung in der unendlichen Fülle der jüngeren Literatur zur friderizianischen Architektur vgl. den nützlichen Artikel von D'ONOFRIO 2003; vgl. außerdem KNAAK 2001a und KNAAK 2001b. Zu den grundlegenden Schriften zum Studium der friderizianischen Architektur gehören HASELOFF 1992; AGNELLO 1935; KRÖNIG 1950; BOTTARI 1950; WILLEMSEN 1979; CADEI 1995b und CADEI 2006 (letztere ist eine Sammlung der wichtigsten Artikel des Autors über die friderizianischen Kastelle). Zu zitieren ist auch die Arbeit von BELLAFIORE 1993. Insbesondere danke ich Prof. Cadei.

63 Vgl. BOZZONI 2005, S. 80. Für eine aktuellere typologische Synthese der friderizianischen Kastelle, die auch auf die ikonologische Betrachtungen dieser Architektur eingeht, vgl. BARGHOLZ 2008.

64 Zum Kastell von Milazzo, das 1240 in der Liste der *castra exempta* erscheint, vgl. Ausst.-Kat. Palermo 1995, Bd. 1, S. 487 – 501 (Alessandra Ministeri/Mirella Vinci).

65 Vgl. hierzu PISTILLI 2003, S. 55ff.

66 Dieses Thema hat eine lange Tradition in der friderizianischen Historiographie ausgehend von dem bekannten Abschnitt der Chronik der Abtei von S. Maria de Ferraria (1224), wo geschrieben steht, dass Friedrich II. *accepit conversos de omnibus abbatiis cistercensis ordinis [...] ad construenda sibi castra et domicilia per civitates regni.* Vgl. Ignotus monachus, Chronica, S. 38. Als Erster hob HASELOFF 1992, S. 31 – 40 diese direkte Verbindung des Ordens mit den friderizianischen Bauten hervor. Vgl. hierzu auch die Studien von CADEI 1980 und CALÒ MARIANI 1984d, S. 87 – 95.

67 Zur Basilica del Murgo vgl. Ausst.-Kat. Palermo 1995, Bd. 1, S. 449 – 451 (Salvatore Arturo Alberti).

68 Zu den drei Gebäuden vgl. Ausst.-Kat. Palermo 1995, Bd. 1, S. 425 – 428 (Salvatore Arturo Alberti) und 465 – 466 (Cono Terranova/Donatella Aprile/Pietro Fasanaro); Ausst.-Kat. Rom 1995, S. 221 – 223 (Valerio Ascani).

69 Der Saal von Castello Maniace gab Anlass zu vielen Spekulationen: So wurde er z. B. als eine „friderizianische Moschee" definiert, vgl. DE ANGELIS D'OSSAT 1968. WAGNER-RIEGER 1957, S. 166 und BELLAFIORE 1993, S. 125 erkannten darin Klosterformen. SANTORO 2006, S. 37 – 38 sah normannische Anklänge. MAURICI 1997, S. 301 – 307 (ebenso MAURICI 1999) schließlich stellte sich ein Monumentalbeispiel der Allegorie königlicher Macht vor.

70 Eingehendere Angaben bei CADEI 2006 und insbesondere CADEI 2001.

71 Man denke nur an den allgemeinen Gebrauch von Mauerwerk, an die Erstellung von geometrischen Anlagen oder an die Einführung von Rundtürmen, die sowohl wirtschaftliche wie strategische Vorteile boten (z. B. die Vermeidung von toten Winkeln) und widerstandsfähiger waren. Vgl. hierzu CADEI 1992.

72 Die bedeutendsten Ähnlichkeiten wurden bei den Festungen Belvoir (Galilea) und Quaranta Colonne (Paphos-Zypern) festgestellt; ebenso bei den Anlagen, die Philipp II. Augustus in Frankreich zu Beginn des 13. Jahrhunderts errichten ließ. Entsprechungen finden sich auch bei den Gründungen der Deutschordensritter in Preußen und den Anlagen der Plantagenets in England, wo allerdings auch lokale Einflüsse deutlich werden. Bei der letzten Gruppe handelt es sich um rechteckige, eingefriedete Anlagen, die verschiedene Gebäude, darunter auch den Donjon, umschließen. Die friderizianischen Kastelle bilden dagegen – wie auch einige Beispiele von Kreuzfahrerburgen – eine quadratische Anlage durch die Verbindung langer Gebäudeflügel um einen Hof herum. Vgl. CADEI 2006.

73 So die traditionell geläufigste These zu den Ursprüngen der quadratischen friderizianischen Kastelle, vertreten vor allem von KRÖNIG 1950 und BOTTARI 1950, die allerdings weder über archäologische Daten noch über direkte Kenntnis der Kreuzfahrer-Architektur verfügten.

74 CADEI 1995b, S. 111; CALÒ MARIANI 2005a, S. 272. Vgl. auch Ausst.-Kat. Bari 1995, S. 245 – 247 (Marcello Bebedettelli), 253 – 258 (Margherita Pasquale) und 273 – 276 (Giovanni Matitecchia).

75 DE FALCO 2000.

76 Zum Kastell in Prato, dessen Datierung sich vor allem auf den Aufenthalt des Kaisers im Jahr 1237 konzentriert, vgl. zuletzt ALCAMO 2006.

77 Zur Verwendung von Buckelquadern in den friderizianischen Werkstätten vgl. CADEI 1992, S. 38 – 39 und DE MINICIS 1999.

78 Eine ironische Entmystifizierung der extravagantesten Theorien bei LICINIO 2001. Zu besonderen historiographischen Berichten vgl. LEISTIKOW 2005 und LEISTIKOW 2008. Vgl. außerdem CADEI 1993; LEISTIKOW 1993; SCHIRMER/SACK 1996; LICINIO 2002 und CALÒ MARIANI 2005a, S. 273 – 275 (um nur die wichtigsten Beiträge in der jüngsten Literatur zum Thema zu nennen).

79 CUOZZO/MARTIN 1995, S. 32.

80 Vgl. hierzu LEISTIKOW 2007.

81 In erster Linie wären hier zu nennen die Pfalzkapelle von Aachen, wo Friedrich II. 1215 zum deutschen König gekrönt wurde, sowie der Felsendom in Jerusalem, den der Monarch während des 6. Kreuzzuges besuchte.

1 Speyer, Dom vom Osten

Matthias Untermann

Die drei Kaiserdome Speyer, Mainz und Worms

Als „Kaiserdome" werden seit dem 19. Jahrhundert die drei großen romanischen Bischofskirchen der Städte Speyer, Mainz und Worms bezeichnet. In Speyer erhebt sich ein Dom, dessen Bau auf die Kaiser Konrad II., Heinrich III. und Heinrich IV. zurückgeht. In Mainz und Worms kommt der Ruhmestitel den Domkirchen vornehmlich als Hauptwerken der romanischen Architektur in Deutschland zu – herrscherliche Initiative lässt sich dort nur beim Baubeginn fassen. Die bald nach dem Tod Kaiser Heinrichs IV. 1106 wohl von Bischof Erlung von Würzburg verfasste Totenklage betont dessen Einsatz für den 1081 brandzerstörten Mainzer Dom und hebt seine vorausgehende Neugestaltung des Speyerer Doms in ungewöhnlichem Wortreichtum hervor: *Heu Mogontia, quantum decus perdidisti, quae ad reparandam monasterii tui ruinam talem artificum amisisti! Si superstes esset, dum operi monasterii tui, quod inceperat, extremam manum imponeret, nimirum illud illi famoso Spirensi monasterio contenderet, quod ille áe fundo fundatum usque mira mole et sculptili opere complevit, ut hoc opus super omnia regum antiquorum opera laude et admiratione dignum sit* („Ach Mainz, eine wie große Zierde hast Du verloren, die Du einen so großen Künstler [Heinrich IV.] entlassen musstest, der Deinen Dom aus den Trümmern hätte wiederherstellen lassen. Hätte er länger gelebt, bis er an den Bau Deines Münsters, den er begonnen hatte, letzte Hand hätte anlegen können, wahrhaftig, dieser Bau könnte wetteifern mit jenem berühmten Speyerer Münster, den er von Grund auf errichtet und vollendet hat in wunderbarer Baugestalt und mit Bildhauerarbeiten, so dass dieses Bauwerk mehr als alle Werke der alten Könige Lob und Bewunderung verdient").[1] Im Speyerer Dom befand sich die Grablege von Heinrichs Großvater Konrad II., seinem Vater Heinrich III. und ihren Gemahlinnen, und auch Heinrich selbst ließ sich dort beisetzen.[2] Der dritte „Kaiserdom" in Worms erscheint hingegen als Initiative seines Sohnes Heinrich V., der dort 1110 an der feierlichen Weihe des östlichen Hauptaltars St. Peter teilnahm.[3]

Beginnend mit Otto dem Großen hatten einzelne deutsche Herrscher Bischofskirchen in ihrem Reich gefördert und sie als Grablege für sich und einige ihrer engsten Angehörigen gewählt: Otto I. den Magdeburger Dom, Heinrich II. den Bamberger Dom – beide hatten allerdings diese Bistümer erst neu geschaffen. In der Regel wurden die mittelalterlichen deutschen Domkirchen ohne ausdrückliche Initiative des Herrschers gebaut – sie sind häufig mit dem Namen eines Bischofs verbunden oder spiegeln sogar „nur" die Bauleistungen der hochadligen Domgeistlichkeit. Mit dem letzten großen Aufflammen des Investiturstreits 1112 und dem Wormser Konkordat 1122 scheinen alle Dombauinitiativen deutscher Herrscher zu enden – später förderten Heinrich V., Lothar von Süpplingenburg, Konrad III. und Friedrich I. Barbarossa Domkirchen nur noch im pflichtgemäßen Umfang und erschienen an keinem Ort als Stifter von Dombauten. Nicht die aktuellen, sondern längst verstorbene Herrscher werden in den großen spätstaufischen Domen als Stifter in Ehren gehalten: in Bamberg Heinrich II. und Kunigunde als Heilige, in Magdeburg Otto der Große, in Merseburg und Basel wiederum Heinrich II.[4]

Die oberrheinischen Domkirchen

Nirgends im mittelalterlichen deutschen Reich standen Domkirchen in so großer räumlicher Nähe zueinander wie in Mainz, Worms, Speyer, Straßburg und Basel – Konkurrenz im Bauen hatte in dieser Region deshalb eine ebenso große Tradition wie enge personelle Verflechtungen der führenden Familien und nicht zuletzt auch künstlerischer Austausch, der sich in der Verwendung hochaktueller Formen und Techniken fassen lässt.[5] Die großen Domkirchen am Oberrhein wurden bereits um und nach 1000 in kurzer Folge in monumentalen Formen neu gebaut. Den Anfang machte Mainz unter Erzbischof Willigis – allerdings brannte sein Domneubau am Tag der Einweihung 1009 ab und war dann erst 1036 wiederhergestellt. Auf den großen, für diese Kirche gegossenen Bronzetürflügeln steht: *Postquam magnus imperator Karolus / suum esse iuri dedit nature / Willigis archiepiscopus ex metalli specie / valvas effecerat primus / Berengerius huius operis artifex lectorem / ut pro eo dominum roges, postulat supplex* („Nachdem Kaiser Karl der Große gestorben war, hat als erster Erzbischof Willigis Türflügel aus Metall gemacht. Berenger, der Meister dieses Werks, bittet den Leser inständig, dass du für ihn zu Gott betest").[6] Es handelt sich in der Tat um die ersten gegossenen Bronzetürflügel im deutschen Raum nach denen der Aachener Pfalzkirche Karls des Großen. Der Gießmeister Berenger dürfte aus Italien nach Mainz geholt worden sein. An der Neuweihe des Mainzer Doms unter Erzbischof Bardo nahm 1036 auch Kaiser Konrad II. teil. In Worms konnte der monumentale Domneubau Bischof Burchards I. 1018 in Anwesenheit Kaiser Heinrichs II. geweiht werden;[7] dieser Herrscher nahm vielleicht auch 1019 an der Weihe der neuen Domkirche in Basel teil, die unter Bischof Adalbero II. erbaut worden war. In Straßburg ließ Bischof Werner seine Domkirche ab 1015 anspruchsvoll neu errichten.[8]

Speyer

Die jüngste – und einzig erhaltene – in dieser Reihe spätottonisch-frühsalischer Dombauten war die Bischofskirche des damals wenig bedeutenden Bistums Speyer. Sie wurde erst nach 1024 auf Initiative des frisch gewählten Königs Konrad II. (ab 1027 Kaiser) ins Werk gesetzt.[9] Nach bescheidenen Anfängen erhielt der Speyerer Dom bald monumentale, auch technisch höchst aufwändige Bauformen: ein ungewöhnlich weit gespanntes Gewölbe im Altarraum, eine einzigartig große Krypta unter dem Querschiff sowie hochmoderne, gewölbte Seitenschiffe von großen Dimensionen. Besonders eindrucksvoll war seine Wandgliederung im Mittelschiff, mit hoch aufragenden Blendbögen und überaus dünnen Halbsäulen.[10] 1045 war das Mittelschiff weitgehend vollendet, nach Errichtung des Westbaus konnte der neue Dom 1061 geweiht werden. Konrad II. und sein Sohn, Kaiser Heinrich III., waren 1039 und 1056 in der noch unfertigen Kirche beigesetzt worden.

Seit etwa 1080 ließ Heinrich IV. den Speyerer Dom aufwändig erneuern,[11] spätestens nach der Rückkehr von seiner Kaiserkrönung 1084 in Rom unter Mitwirkung oberitalienischer Bauleute. Die ältere Ostfassade wurde oberhalb der Krypta durch eine prächtige Apsis ersetzt, mit einer hohen Säulengliederung nach italienischem Vorbild und einem bekrönenden, von zierlichen Säulen getragenen Laufgang, der ersten „Zwerggalerie" der mittelalterlichen Baukunst. Die älteren Osttürme und der überwölbte Altarraum zwischen ihnen blieben demonstrativ bewahrt. Die neuen Mauern des Altarraums wurden nach normannischem Vorbild ungewöhnlich dick ausgeführt. Zu Seiten des Hochaltars konnten zwei kleine Kapellen in der Mauerdicke ausgespart werden, die vielleicht die Sarkophage Heinrichs IV. und seiner Gemahlin Bertha aufnehmen sollten, aber unbenutzt blieben. Die großen Fenster oberhalb dieser Kapellen haben vielteilig profilierte Gewände und zeigen damit ebenfalls die Mauerdicke an. Außen wurde die bekrönende Zwerggalerie über den Fenstern bis an die Türme weitergeführt. Nach dem Neubau des Querschiffs setzte man dann sogar eine zweite Zwerggalerie darüber, um die Höhen anzugleichen (Abb. 1). Zunächst scheint jedoch das bestehende Mittelschiff eingewölbt worden zu sein, das wegen seiner bedeutenden Höhe und Breite nur eine hölzerne Decke, vielleicht ein hölzernes Gewölbe erhalten hatte. Bei den neuen steinernen Gewölben, den größten der damaligen Zeit, orientierten sich die Bauleute an der Form der Kreuzgratgewölbe in den älteren Seitenschiffen der Domkirche. Da das Mittelschiff mit ca. 14 m fast doppelt so breit war wie die Seitenschiffe, nimmt jedes quadratische Gewölbefeld die Länge von zwei Seitenschiffjochen ein. Dieses Verhältnis von 2:1 wurde als Gewölbestruktur für zahlreiche Kirchen in Europa bis weit ins 13. Jahrhundert hinein vorbildlich und wird modern „gebundenes System" genannt. Während die hohen Blendbögen im Mittelschiff zuvor gleichmäßig durchliefen, wurde nun als Gewölbeträger vor jedem zweiten Pfeiler eine neue, dickere Wandvorlage aufgeführt, so dass sich „Hauptpfeiler" und „Zwischenpfeiler" unterscheiden. Die Hauptpfeiler erhielten fast vollrunde Säulenvorlagen mit großartigen, nach antikem Vorbild gearbeiteten Kapitellen;[12] teilweise sind es Kapitelle der korinthischen Ordnung, teilweise Wiegenblattkapitelle. Die allzu lang erscheinenden Säulenschäfte wurden durch ein Zwischenkapitell

2 Speyer, Nordquerhaus

geteilt. Am Querschiff wurden für diesen Teilneubau beide Querarme zu Seiten der hohen Vierungsbögen bis zur Krypta hinunter abgetragen und in großartigen Formen neugebaut. Außen sind die Mauern nun durch kräftige Strebevorlagen, tiefe Blendbögen und zahlreiche, aufwändig profilierte Fenster plastisch reich und monumental gegliedert; innen zeigen wiederum die in die Mauerdicke eingelassenen Kapellenräume die ungewöhnliche Dicke des Mauerwerks an (Abb. 2 und 3).[13] Hohe säulengetragene Baldachine überspannen die beiden Altäre der Querarme. Ein hochmodernes Rippengewölbe nach normannischem Vorbild überspannt jeden Querarm: Jeweils eine kantige Rippe läuft diagonal durch, während die zweite von beiden Seiten gegengesetzt wurde. Diese Rippengewölbe gehören zu den frühesten Beispielen dieser Bauform in Mitteleuropa. In der nordenglischen Kathedrale von Durham wurden sie schon bald nach 1093 konzipiert, in Oberitalien wohl erst um 1110/1120 – die Speyerer Gewölbe dürften um 1100/1110 gebaut worden sein.[14]

Der Tod Heinrichs IV., der den Speyerer Dombau intensiv gefördert hatte, führte 1106 nicht zur Einstellung der Bauarbeiten. Lediglich an den Kapitellen der aufwändigen Zwerggalerie, die im letzten Bauabschnitt als Bekrönung von Querschiff und gesamtem Mittelschiff gebaut wurde, sowie im Dekor der abschließend gebauten Türme lässt sich erkennen, dass die Speyerer Bauhütte nach 1106 schneller, preiswerter und mit weniger hochqualifizierten Bildhauern arbeiten musste[15] – viele Zierelemente der aufwändig konzipierten, nach oberitalienischem Vorbild an antiken Formen orientierten Friese und Kapitelle des Außenbaus und auch der Innenräume blieben unfertig.

Kaiser Konrad II., der 1039 in Utrecht gestorben war, war am östlichen Ende des Langhauses zwischen den damaligen Treppen zur Krypta bestattet worden – am Kreuzaltar. 1043 wurde seine Witwe Gisela zu seiner linken Seite beigesetzt. Um 1050 wurden die Kryptaeingänge an ihre heutige Stelle in den Seitenschiffen verlegt, so dass das Ostende des Mittelschiffs nun ganz den Königsgräbern vorbehalten war.[16] Vor oder nach dem Begräbnis Heinrichs III. 1056 hat man diesen Gräberbereich dann neu gestaltet. 1090 wurde Bertha, die Gemahlin Heinrichs IV., neben Gisela beigesetzt. Der Sarkophag Heinrichs selbst, der 1106 in Lüttich starb, musste allerdings zunächst in der damals noch ungeweihten Afrakapelle zu Seiten des Doms verbleiben, da der Kaiser im Kirchenbann gestorben war. Erst 1111 konnte er neben seinem Vater beigesetzt werden. Mit dem Gedächtnisdienst beauftragte sein Sohn, Kaiser Heinrich V., damals auffallenderweise nicht die Domgeistlichkeit, sondern eine Gruppe von angesehenen Stadtbürgern, die „Stuhlbruderschaft“, die zu Seiten der Grablege ein Chorgestühl erhielt.[17] Das damals der Speyerer Bürgerschaft ausgestellte Freiheitsprivileg wurde in einer Inschrift am Westportal des Doms öffentlich sichtbar gemacht, ist aber heute nur noch aus Abschriften bekannt.[18] Die Stadt Speyer wurde, wie viele andere Bischofsstädte, in der Zeit des Investiturstreits aufwändig neugestaltet.[19]

In staufischer Zeit wurden im Speyerer Dom nur noch wenige Angehörige des Königshauses bestattet; das Benediktinerkloster Lorch blieb weiterhin die wichtigste Grablege der Staufer. Im Zusammenhang mit der Beisetzung des letzten Kaisers aus dem salischen Geschlecht, Heinrich V. († 1125), wurde die Speyerer Königsgrablege erneut umgestaltet und der Fußboden auf das Niveau des Chorbereichs in der Vierung angehoben – die Sarkophage lagen nun tief im Boden. Kaiser Friedrich I. Barbarossa ließ 1184 seine Gemahlin Beatrix und ihre früh verstorbene Tochter Agnes in Speyer beisetzen – er selbst starb auf dem Kreuzzug in Kleinasien. Friedrich II. ließ, nachdem er die deutsche Königswürde gegen Otto IV. erlangt hatte, den Sarg seines Onkels, König Philipps von Schwaben, der 1208 ermordet worden war, 1213 aus dem Bamberger Dom nach Speyer überführen und bedachte das Domkapitel damals mit einer reichen Stiftung für das Seelenheil seiner Vorfahren. Anlass für einen größeren Umbau oder eine aufwändige Neugestaltung sah man damals in Speyer nicht, auch nicht später für einen Neubau in modernen, gotischen Formen – wie ihn im 13./14. Jahrhundert viele andere Domkirchen des römisch-deutschen Reichs erhielten.

3 Speyer, Kapitell der Mauerkapelle im Nordquerarm

Mainz

In Mainz hatte 1081 ein Brand Anlass zum prächtigen Neubau des Doms gegeben.[20] Die von Kaiser Heinrich IV. geförderten Bauarbeiten begannen vermutlich mit dem liturgisch wichtigen Hochaltarbereich im Westen – wegen des späteren Neubaus der Westteile und der unzureichend dokumentierten Fundamentarbeiten 1925/1928 ist dies aber ebenso wenig zu klären wie die Baugestalt des älteren Westabschlusses.[21] Lediglich vom Querschiff blieb die Nordmauer im unteren Teil erhalten. Anschließend, um 1110, wurde der ältere Ostbau mit seiner Apsis weitgehend abgebrochen und zwischen den alten, wie in Speyer demonstrativ bewahrten Osttürmen eine neue, prächtige Ostapsis begonnen.[22] Zu Seiten der Apsis öffnen sich in der Ostfassade der nach Westen ausgerichteten Domkirche reich geschmückte Portale, die in kleine Vorräume führen. Der neue Ostbau umschloss eine Hallenkrypta, die nach zeitweiser Verfüllung 1872 rekonstruiert wurde. Im erhöhten Chorraum stand ehemals ein zweites Chorgestühl der Domherren, der östliche Chor wird – wie sonst in einem Westbau – von Obergeschosskapellen begleitet. Das zweite Obergeschoss dieses Ostbaus wurde erst nach einer Bauunterbrechung und einem Planwechsel fertig gestellt; ein Gerüstholz in diesem Bauabschnitt ist dendrochronologisch auf 1125/1126 datiert.[23]

Säulengliederung und Zwerggalerie der Apsis wiederholen leicht erkennbar das Vorbild des Speyerer Doms Heinrichs IV. Der Mainzer Erzbischof Ruthart (1088 – 1109) stand zwar seit 1096 in heftiger Opposition zu diesem Kaiser, hielt sich aber seit 1098 nicht mehr in Mainz, sondern in Erfurt auf, während in Mainz das Domkapitel den Bau fortführen ließ. Der nachfolgende Erzbischof Adalbert I. (1111 – 1137) war zuvor 1106 – 1110 Kanzler Heinrichs V. gewesen; als Erzbischof wandte er sich bald gegen den Kaiser und wurde 1112 – 1115 auf dem Trifels gefangen gehalten. Die Bildhauer, die die prunkvoll-antikischen und figürlich dekorierten Kapitelle an den Portalen, im Innenraum und an der Zwerggalerie dieses Ostbaus gearbeitet haben, kamen teilweise aus der nach dem Tod Heinrichs IV. 1106 verkleinerten Bauhütte des Speyerer Doms, der damals ohnehin der Vollendung entgegen ging, teilweise wohl unmittelbar aus Oberitalien. Diese Bildhauer haben nach 1125 Mainz verlassen und schufen dann reiche Kapitelle und Friese für die Prämonstratenserstiftskirche Ilbenstadt (um 1130) und sogar für den Dom im schwedischen Lund (1145 geweiht).

Ähnlich wie in Ilbenstadt oder wenig später an der großen Benediktinerkirche Saint-Denis bei Paris sind in Mainz die Westteile und die Ostteile der Kirche älter als das Langhaus (Abb. 4) – in Mainz und Ilbenstadt war dies der letzte Bauabschnitt, in Saint-Denis blieb das karolingische Langhaus zwischen den frühgotischen Bauteilen noch fast 90 Jahre in Benutzung. In Mainz scheinen zunächst nur die Mittelschiffwände neu gebaut worden zu sein,[24] und dies mit möglichst geringem Aufwand. Für die Pfeiler hat man die älteren Fundamente einfach seitlich verbreitert, die Kapitelle blieben unverziert und die Seitenschiff-Außenmauern wurden sogar weitgehend vom Dom des frühen 11. Jahrhunderts übernommen. Gewölbeplanung, Pfeiler und hohe Blendbögen im Mittelschiff zeigen noch einmal überdeutlich das Vorbild des Speyerer Doms (Abb. 5). Da in Mainz von Anfang an feststand, dass das Mittelschiff große Kreuzgewölbe erhalten sollte, konnte man die Gliederung der Pfeiler und Wände gleich an dieses Wölbesystem anpassen; die Blendbögen reichen nur bis zur Unterkante der Fenster, die unter dem Gewölbe paarweise zusammengerückt sind. Für die Ausführung der geplanten Mittelschiffgewölbe reichten die verfügbaren Mittel offenbar nicht mehr aus. Recht schmuckarm blieb auch die von Erzbischof Adalbert I. „von Grund auf" (*a fundamento*) erbaute Doppelkapelle St. Gotthard,[25] die zum bischöflichen Hof gehörte und an die Nordmauer des älteren Westquerschiffs grenzt. Außen ist sie, ähnlich dem Speyerer Dom, durch eine zweiseitig umlaufende hohe Zwerggalerie mit einfachen Würfelkapitellen ausgezeichnet, innen wurde sie mit Kreuzgratgewölben gedeckt. Adalbert I. fand hier 1137 als Stifter sein Grab.

Die nachfolgenden Erzbischöfe und das Domkapitel scheinen der Fertigstellung des Langhauses zunächst keine Aufmerksam-

4 Mainz, Dom von Norden

5 Mainz, Dom, Langhaus nach Westen

6 Mainz, Dom, Westchor

keit gewidmet zu haben. Erzbischof Konrad I. von Wittelsbach (1161 – 1200) betont, er habe den Dom bei seinem zweiten Amtsantritt 1183 „verwüstet, ohne Tür, ohne Dach und jede Ausstattung" (*destructam [...] sine hostio, sine tecto, sine omni commoditate desolatam*) vorgefunden und er habe ihn nun mit Hilfe vieler Menschen „wiederhergestellt, wie man sehen könne" (*qualiter [...] reparata sit, visu discere potestis*).[26] Konrad hatte 1165 mit Kaiser Friedrich I. Barbarossa gebrochen und musste aus seinem Bistum fliehen, und schon seine erste Wahl 1161 stand im Zeichen des päpstlichen Schismas. Unter seinem Kontrahenten Christian von Buch, der sich 1161 zwar nicht durchsetzen konnte, aber Mainzer Dompropst und Reichskanzler wurde, und dann 1165 – 1183 als Erzbischof regierte, soll ein Brand den Dom beschädigt haben.[27] Nach Überlieferung der Gegenseite habe der Brand allerdings unter Konrad stattgefunden, und später habe ein Sturm den westlichen, damals noch hölzernen Vierungsturm zerstört.[28] Der „Realitätsgehalt" dieser Überlieferungen bleibt unklar – die jeweiligen Autoren des 12. und 13. Jahrhunderts bezeugen zwar, diese Ereignisse persönlich gesehen zu haben, setzen sie aber zugleich in engen Bezug zu den politischen Kontroversen in Mainz und zu den Konflikten zwischen Kaiser und Papst.

Die genaue Abfolge der Baumaßnahmen des späten 12. und frühen 13. Jahrhunderts ist am Bauwerk selbst noch nicht geklärt.[29] Vermutlich erhielt nach 1183 zunächst das unfertig gebliebene Mittelschiff moderne spitzbogige Kreuzrippengewölbe, die mit großen Schlusssteinen verziert sind. In den Seitenschiffen kamen schlichte Gratgewölbe zur Ausführung. Der Baumeister scheint den damals wohl noch vorhandenen, frühromanischen Seitenschiffmauern die Gewölbelast nicht zugetraut zu haben und ließ beide Seitenschiffe vor der Einwölbung neu bauen. Wegen der späteren, gotischen Kapellenanbauten sind heute nur noch die spätromanischen Wandsäulen sowie das neu gestaltete, marktseitige Hauptportal erhalten. In diesem Portal wurden die kostbaren bronzenen Türflügel wieder eingesetzt, die Erzbischof Willigis für den 1009 geweihten Dom hatte gießen lassen. Auf diesen Türflügeln war, ähnlich wie in Speyer, das bedeutende erzbischöfliche Freiheitsprivileg von 1135 für die Mainzer Bürger als Urkunde eingraviert worden.[30] Trotz ihres modernen Erscheinungsbilds wurden die Rippengewölbe in traditioneller, dickschaliger Bautechnik gebaut, wie an zeitgleichen elsässischen Kirchen.[31] An der östlichen Apsis hat man damals die Fenster vergrößert und wohl mit bemalten Glasfenstern ausgestattet.

Außerdem ließ Konrad einen prächtigen Neubau des westlichen Hauptchors des Doms mit Querschiff und Altarraum beginnen, der bei seinem Tod 1200 noch unfertig war.[32] Drei hoch aufragende, polygonale Konchen rahmen den Hochaltar, an dem der Priester – wie in der Lateransbasilika des Papstes in Rom – mit Blick nach Osten, zum Volk hin, zelebrierte. Die Vierung mit dem Chorgestühl der Domgeistlichen wird von einem mächtigen, achtecki-

7 Worms, Dom von Nordosten

gen Turm überragt. Moderne gotische Bau- und Schmuckformen, wie die starken Strebepfeiler und die Radfenster am Außenbau sowie die Knospenkapitelle an den Säulenportalen im Innenraum, sind in charakteristischer Weise verbunden mit traditionell wirkenden Rundbogenfenstern, Bogen- und Plattenfriesen, Zwerggalerien und demonstrativer Massigkeit des Mauerwerks in romanischer Formensprache. Als Konkurrenz erscheint der 1196 geweihte, ebenfalls eher konservativ gestaltete Ostbau des Trierer Doms,[33] dessen Erzbischof in einem alten, reichspolitischen Rangstreit mit dem Mainzer Erzbischof stand. Bei der feierlichen Weihe des neuen Westchors 1239 war neben allen Mainzer Suffraganbischöfen auch König Konrad IV. anwesend, der jugendliche Sohn Kaiser Friedrichs II. Der Mainzer Erzbischof Siegfried III. von Eppstein war damals sein Vormund und vertrat den Kaiser zugleich als Reichsprokurator. Die heutige Gestalt des Westchors wird von der Wiederherstellung nach dem Brand von 1767 geprägt (Abb. 6).

Worms

Der Wormser Dom[34] war von alters her die Grablege der Salier.[35] Bischof Burchard hatte sich allerdings 1002 die salische Stadtburg übereignen lassen und dort das Stift St. Paul errichtet. Der erste König aus dem salischen Geschlecht, Konrad II., förderte ab 1024 folgerichtig den Speyerer Dom und wählte ihn als Grablege. Heinrich V., Sohn Kaiser Heinrichs IV., der sich 1104 gegen seinen Vater wandte, aber erst nach dessen Tod 1106 unbestritten herrschen konnte,[36] hat, wie bereits angesprochen, den Speyerer Dom zunächst nicht gefördert und mit dem Memorialdienst für seinen Vater nicht das Domkapitel, sondern die Speyerer Bürgerschaft beauftragt. Er scheint 1106 einen Neubau des alten Wormser Doms begonnen zu haben und nahm 1110 an der feierlichen Weihe des neuen Hochaltars teil.[37] Der Neubau war damals aller-

dings noch unfertig: Im heutigen Dom gehören die unteren Teile der Ostapsis, des Altarraums und des Querschiffs sowie der ersten beiden Langhauspfeiler zum Dombau Heinrichs V. (Abb. 7).[38] Im Äußeren zeigen die Ostteile schwere, stark plastisch gegliederte, aber schmuckarme Formen. Der Altarraum wird durch eine feine Blendarkatur ausgezeichnet. Hier trägt ein Relief der heiligen Juliana die Stifterinschrift eines Münzmeisters Adalbraht, der 1106 und 1109 in Wormser Urkunden fassbar ist. Nach 1112, beim erneuten Aufflammen des Investiturstreits, kam der Neubau wohl ins Stocken – Langhaus und Westapsis der 1018 geweihten Domkirche waren damals allerdings noch benutzbar. Bischof Burchard II., entschiedener Gegner Kaiser Heinrichs V., konnte erst nach dessen Tod 1125 seine Bischofsstadt wieder betreten. Der Dombau wurde rasch wieder aufgenommen, wie auf 1132 und 1135 datierte Gerüstriegel im Querschiff belegen.[39] Die Querarme erhielten nun moderne Kreuzrippengewölbe mit kantigen Bandrippen, wie sie wenig früher im vorbildhaften Querschiff des Speyerer Doms ausgeführt worden waren.[40] Der Altarraum hatte bei Neubaubeginn, wohl ebenfalls nach Speyerer Vorbild, ein weit gespanntes Tonnengewölbe erhalten sollen; nach einem Planwechsel wurde hier um 1137/1140 ebenfalls ein Bandrippengewölbe eingebaut.

Die vermutlich recht schmuckarme Ostfassade wurde mit hohem Aufwand modernisiert – vielleicht noch unter Bischof Burchard II. († 1149), spätestens unter seinem Nachfolger Konrad I. (1150–1171). Vor die Apsis wurde eine demonstrativ gerade Ostwand gesetzt – in gewolltem Kontrast zu den Domkirchen in Speyer und Mainz, auch wenn dadurch die seitlichen Fenster geknickte Lichtschächte erhalten mussten. Die vermutlich schon geplanten Osttürme wurden in die Flucht der neuen Ostwand gestellt. Alle Wandflächen von Türmen und Ostwand werden nun von einer feinen, mehrgeschossigen Gliederung überzogen:[41] Flache, an den Kanten profilierte Lisenen tragen passende Rundbogenfriese; die großen Fenster werden durch vielteilige Profile ausgezeichnet; auf den Sohlbänken sitzen lebendig erscheinende Tiere, die teilweise mit anderen Tieren oder Menschen kämpfen. Die Ostfassade wird – wie in Speyer – von einer hohen Zwerggalerie abgeschlossen. Ihre altertümlichen Säulen, die vielleicht teilweise von einem der Vorgängerbauten stammen, ruhen auf verschiedenartigen Tieren und Menschen, an einer Säule ist wohl der Baumeister dargestellt. Osttürme und Vierungsturm erhielten ungewöhnliche, steinerne Dächer.

Nach weitgehender Fertigstellung der neuen Ostfassade wurde zur Zeit Kaiser Friedrichs I. Barbarossa das kaum begonnene Langhaus weiter gebaut und vollendet; 1161/1162 waren seine ersten Joche schon bis zur Fensterhöhe gediehen. Im Außenbau erhielten die Seitenschiffmauern die Lisenen-Bogenfries-Gliederung der Ostfassade. Innen diente im Mittelschiff ein weiteres Mal der Speyerer Dom als Vorbild. Sein Blendbogenmotiv wurde allerdings vielfältig variiert: Für den Wormser Dom ist in

8 Worms, Dom, Nordportal mit Baldachinsäulen für die Stadtrechtsinschrift (Aufnahme um 1939)

9 Worms, Dom, Westchor

10 Worms, Dom, Modell der ursprünglichen Westchorrose

diesem Bauabschnitt charakteristisch, dass der Wandaufriss von Joch zu Joch ein wenig anders gestaltet wird, besonders in Lage und Größe der Blendbögen. Auch bei den Fenstern erhielt jedes eine andere, reiche Gewändeprofilierung. Über dem stadtseitigen Hauptportal im Norden wurde 1184 – ähnlich wie früher schon in Speyer und Mainz – das Freiheitsprivileg für die Stadtbürger als Inschrift sichtbar gemacht.[42] Ein Baldachin mit ganz ungewöhnlichen, geknickten Säulen zeichnete die (heute verlorene) Inschrift aus (Abb. 8).

Letzter Bauabschnitt war unter Bischof Konrad II. (1171 – 1192) der westliche Altarraum und die Westapsis (Abb. 9). Dabei ließ man beim Abbruch der Westapsis – wiederum wie in Speyer und Mainz – die älteren Westtürme stehen, wohl nicht aus Geldmangel oder praktischen Gründen, sondern als sichtbare Zeugen des hohen Alters und der althergebrachten Würde dieser Domkirche. Die neue, polygonale Westapsis konnte deshalb nur mit Schwierigkeiten an den schmalen, neugestalteten Altarraum zwischen diesen Türmen angeschlossen werden. Bischof Konrad II. weihte den neuen Laurentiusaltar 1181 in Anwesenheit Kaiser Friedrichs I. Barbarossa und fand hier 1192 sein Grab.[43]

An architektonischem Reichtum und an Variationsfreude übertrifft der neue Westbau nicht nur das Langhaus, sondern viele hochrangige Bauwerke seiner Zeit. Das von 24 kleinen Bögen gebildete Rosenfenster der Westwand wird von fünf kleineren, teilweise nur als Blenden gestalteten, unterschiedlich gebildeten Rundfenstern umrahmt; auch die fünf Blendarkaden der Sockelzone waren ursprünglich mit Rundblenden versehen. In demonstrativer Weise „sprengte" überdies die große Rose den architektonischen Rahmen, indem sie innen deutlich breiter war als ihr Wandfeld (Abb. 10). Dabei wurden die beiden angrenzenden Wandsäulen von diesem Fenster verdrängt und verkröpften sich mit vielen Versprüngen seitlich um die Rundung – schon im Spätmittelalter hat man diese ebenso außergewöhnliche wie sprechende Gestaltung als unpassend empfunden und die Säulen gerade durchlaufen lassen. Durch die unterschiedliche Höhenlage der Fenster und Blendbögen – innen wie außen – wirkt die Architektur der Wormser Westapsis noch heute auffallend phantasievoll und reich. Kräftige Profile, Zickzackfriese, schlanke Eckdienste tragen innen wie außen zur ornamentalen, untektonischen Gesamtwirkung bei. Die Säulen der den Außenbau bekrönenden Zwerggalerie stehen wiederum auf Tierfiguren. Das vorgelagerte Joch ist innen ebenfalls vielgestaltig-untektonisch gegliedert und mit einem sehr hoch ansetzenden, achtteiligen Rippengewölbe ausgezeichnet, das außen von einem achteckigen Turm überhöht wird. Die beiden älteren Treppentürme wurden bei diesem Neubau aufgestockt und mit einer umlaufenden Zwerggalerie geziert.

Die ungewöhnlichen Formen dieses Wormser Westbaus und seiner Kapitelle galten in der Kunstgeschichte lange Zeit als so modern, dass man sie 40 – 50 Jahre jünger datieren wollte.[44] Wie schon die Bauformen der Ostfassade und des Langhauses hatten sie eine große Vorbildwirkung für die gesamte süddeutsche Baukunst des späten 12. und frühen 13. Jahrhunderts: Steinmetzen und Bildhauer der Wormser Dombauhütte sind zu zahlreichen kleineren und großen Baustellen vom Elsass bis in den österreichisch-ungarischen Raum hinein berufen worden.[45] Nicht nur Gliederungssysteme und Einzelformen, sondern gerade auch die „wormsische“ Variationsfreude zeichnen die stauferzeitliche Baukunst dieser Region bis um 1240 aus – in demonstrativem Gegensatz zur wohlgeordneten, gleichförmigen Formensprache der zeitgleichen nordfranzösischen und burgundischen Gotik. Nicht wenige südwestdeutsche Bauten sind um 1230/1240 in einer Kombination von charakteristischen Formen „Wormser“ Romanik und „französischer“ Hochgotik gestaltet worden – besonders aufwändig die Pfarrkirche St. Marien in Gelnhausen und die Benediktinerabteikirche Neuweiler im Elsass. Eine Parteinahme für oder gegen das staufische Kaiserhaus lässt sich in solchen Gestaltungsweisen allerdings nicht ablesen. Kaiserliche Bauinitiativen an den drei oberrheinischen „Kaiserdomen“ endeten also schon in salischer Zeit, die Bau- und Schmuckformen dieser Bauwerke prägten aber in vielfältiger Weise die Architektur der staufischen Epoche im römisch-deutschen Reich und wirkten im Norden und Osten sogar über dessen Grenzen hinaus.

1 Vita Heinrici IV. imperatoris, S. 10; Übersetzung nach Quellen zur Geschichte Kaiser Heinrichs IV., S. 409 f. (mit Veränderungen).
2 Meier 1998.
3 Bönnen 2006.
4 Ausst.-Kat. Bamberg 2002; Brandl 2009, S. 72 – 74.
5 von Winterfeld 1988a; von Winterfeld 1993.
6 Mende 1983, S. 25 – 27.
7 Ausst.-Kat. Worms 2000.
8 Meyer 1998.
9 Grundlegend Kubach/Haas 1972; zusammenfassend von Winterfeld 1993, S. 47 – 115; Kubach/Binding 1998; vgl. Ehlers 1996.
10 Hohmann 1999, S. 304 – 307.
11 von Winterfeld 2007; Mertens 1995.
12 Mertens 1995.
13 von Winterfeld 2007, S. 394 f.; Meier 2006.
14 von Winterfeld 1988b; von Winterfeld 2007, S. 384 – 386.
15 von Winterfeld 2007, S. 372 – 379; Hochkirchen 1990.
16 Meier 1998; Meier 2006.
17 Ehlers 1996, S. 124 – 128.
18 Wibel 1918.
19 Porsche 2004, S. 409; Hirschmann 2006.
20 Grundlegend Schneider 1886; Kautzsch/Neeb 1919; zusammenfassend von Winterfeld 1993, S. 119 – 164, Arens/Binding 1998.
21 Kautzsch 1937, S. 207 – 209.
22 Kautzsch 1911 – 1912; Kautzsch 1919; zur Datierung Untermann 1984, Anm. 931, anders von Winterfeld 1993, S. 121, von Winterfeld 2007, S. 382 f. (vor 1106) und Mertens 1995, S. 258 – 266 (um 1120/1130).
23 Hädler 2002, S. 21; von Winterfeld 2007, S. 382.
24 von Winterfeld 1986; von Winterfeld 1988a, S. 241 – 245.
25 Will 1877, S. 304, Nr. 303; überlieferte Weiheinschrift des Gotthard Altars: Arens 1958, S. 18, Nr. 13.
26 Stumpf 1863, S. 114; Will 1886, S. 60, Nr. 91.
27 Will 1886, S. 107, Nr. 367, S. 115, Nr. 405.
28 Liber de calamitate, S. 246; Will 1886, S. 115 Nr. 405.
29 Angekündigt ist: Schwoch 2010.
30 Arens 1958, S. 10 – 16, Nr. 10.
31 Meyer 1999, S. 105 – 159.
32 S. Anm. 28.
33 Ronig 1995.
34 Grundlegend Kautzsch 1938; zusammenfassend von Winterfeld 1994 und Hotz/Binding 1998; für den aktuellen Diskussionsstand vgl. von Winterfeld 1988a. Ergebnisse der laufenden Bauuntersuchung am Ostbau werden Aquilante De Filippo und Wilfried Keil verdankt.
35 Meier 2006, S. 188 – 190.
36 Weinfurter 2009.
37 Bönnen 2006.
38 Untermann 2009.
39 Hollstein 1979; Hollstein 1981.
40 von Winterfeld 1988b; Müller 1992, S. 193 f.
41 Krause 1963.
42 Fuchs 1991, S. 27 – 33, Nr. 26 f.
43 Illert 1942; Hotz 1981; von Winterfeld 1990.
44 Dennoch grundlegend: Kautzsch 1934.
45 Hotz 1985.

1 Genua, Porta Soprana

Henrike Haug

Städtebauliche Strukturen früher Kommunen in Mittel- und Oberitalien

Die kommunal verwalteten Stadtstaaten Mittel- und Oberitaliens reagierten sowohl mit diplomatischen als auch baulichen Mitteln auf die politischen Forderungen Friedrichs I. Barbarossa nach Restitution verlorener Reichsrechte. Viele Städte entsandten Legaten auf seine Hoftage, um die geforderte kaiserliche Oberhoheit formal anzuerkennen, zugleich aber begannen sie mit einem Mauerbau oder der Erneuerung und Verstärkung bestehender Befestigungsanlagen. Bernardo Maragone, der Pisaner Chronist, verbindet deutlich die Arbeiten an der städtischen Mauer mit den drohenden kaiserlichen Maßnahmen gegen die noch junge städtische Freiheit, wenn er schreibt: „Im Februar, März und April des Jahres 1157 [Pisanischer Datierungsstil] umrundeten [die Konsuln] die gesamte Stadt Pisa sowie [die Vorstadt] Kinzica mit hölzernen Türmen, burgähnlichen Vorbauten und Wehrerkern aufgrund der Angst vor der Ankunft von Friedrich, König der Römer."[1] Die damals entstandenen Mauern und Tore können somit als gebaute Antwort auf die neu formulierten imperialen Ansprüche Friedrichs I. Barbarossa gedeutet werden, mit denen der Kaiser die Entwicklung, die seit dem Ende des 11. Jahrhunderts zur Entstehung freier Kommunen in Ober- und Mittelitalien geführt hatte, wenn nicht beenden, so doch stark einschränken wollte.[2] Zugleich ist ihre Bedeutung als symbolhaftes Gemeinschaftswerk des Stadtstaates, dessen Konsolidierungsprozess und Institutionalisierung noch nicht abgeschlossen war, nicht zu unterschätzen.

Auch Genua begann im Jahr der Kaiserkrönung Barbarossas mit dem Bau einer neuen Mauer. Noch heute sind Teile der Stadtmauer und zwei Haupttore erhalten, die Porta Soprana im Nordosten (Abb. 1) und die Porta dei Vacca im Südwesten der Stadt.[3] Der umfangreiche Bericht, mit dem der Genueser Chronist Caffaro im Jahr 1155 die Errichtung von Mauern und Toren mit den guten Werken der Konsuln, die das Gemeinwohl (*res publica*) „viel und viel vermehrten", verschränkt, verdeutlicht dies.[4] Im Anschluss an die Schilderung des kaiserlichen Hoftags in Roncaglia im Jahr 1158 kommt es erneut zu einer hymnischen Schilderung des Mauerbaus: „Tag und Nacht ohne Unterlass tragen die Männer und Frauen, die in Genua waren, Steine und Kalk zur Mauer, so dass sie innerhalb von acht Tagen so viel und Lobenswertes vollbracht haben, wie in einem Jahr keine andere italienische Stadt vollbracht haben könnte. Die übrigen Teile, die die weite Mauer nicht umfing, wurden in drei Tagen mit sehr hohen Wehrbauten befestigt, die aus Schiffsbäumen hergestellt wurden, und mit vielen Wehrerkern und mit großen Schilden, so dass sie ohne Schaden der Belagerung von ganz Italien, der Toskana und Deutschland würden widerstehen können, es sei denn Gott, der Herr, würde es anders wollen."[5] Am Ende der Arbeiten im Jahr 1159 betont Caffaro erneut das gemeinsam von den Bürgern gebaute Werk, das in nur 58 Tagen vollbracht wurde. Bemerkenswert und singulär ist die detaillierte Beschreibung des Bauwerks, die von großem Stolz zeugt und die Bedeutung des Wehrwerks erneut unterstreicht; keine städtische Kathedrale wurde im 12. Jahrhundert so genau beschrieben.[6] Caffaro berichtet, dass auf die Mauer 70 000 Zinnen gesetzt wurden, sowohl für die Schönheit und die Stärke der Mauern als auch für den Nutzen und den Schutz der Stadt und der Bürger.[7] Schutz und Schmuck für die Stadt werden hier als zwei Aspekte des Baus betont.

Die Ummauerung war eine konstituierende Voraussetzung der Stadt und konnte so auch zum bildlichen Kürzel der *civitas* werden, durch sie wurde das von ihr umschlossene Land überhaupt erst als zusammengehöriger Rechtsraum definiert.[8] Wurde einer Stadt die Mauer genommen, verkam diese zum *vicus*, zur unbefestigten Siedlung. Isidor von Sevilla aber gibt zu bedenken: „*Civitas* ist die Vielzahl der Menschen, geeint durch das Band der Gemeinschaft, benannt nach den Bürgern (*cives*), also nach den Einwohnern der Stadt selbst, denn es schließt zur Gemeinschaft zusammen und enthält die Leben der Vielen. Denn *urbs* sind die Mauern selbst, aber die *civitas* wird nicht wegen der Steine (*non saxa*), sondern aufgrund der Einwohner (*cives*) so genannt."[9] Durch den Bau der Mauer also konnte sich die Stadt eine schützende äußere Hülle geben, zugleich aber war der Bau der Mauer als gemeinschaftliches Werk nur durch die in Friedenseinung verschworenen *cives* möglich.

Darüber hinaus ist Stadt ein symbolischer Ort. Die Schilderung der Ankunft des „himmlischen Jerusalems" in der Offenbarung ist der grundlegende Text zum Verständnis der mittelalterlichen *civitas*.[10] Johannes' Schau des himmlischen Jerusalems zelebriert die regelmäßige, wohlgeordnete und heilige Stadt, deren Mauern unter himmlischem Schutz stehen, von Engeln als Wächter bewehrt; der Stadt-Raum wird so auch in christlicher Sicht zum geheiligten Raum ernannt.[11] Eindrucksvolles Zeugnis für die Übernahme dieser biblischen Vorstellungen auf reale Städte bietet das Modeneser Wächterlied, in dem ein Sprecher die irdischen Wächter der Stadtmauer zur Wachsamkeit aufruft und alternierend Christus als himmlischen Schutzherrn um Beistand bittet: „Sei du den

2 Mailand, Sant'Ambrogio, Stadttorsarkophag, Frontseite mit der Darstellung der traditio legis, um 385 n. Chr.

Deinen eine unüberwindliche Mauer, sei du unseren Feinden ein furchtbarer Widersacher! [...] Leg Dich um unsere Festungswerke, Christ, verteidige sie mit deiner starken Lanze!"[12] Historisch und lokal verorten lässt sich das Wächterlied durch die Schilderung der Errettung der Stadt durch ihren Patron Geminianus vor der Hunnengefahr: „Denn zu Zeiten des Attila warst du [Geminianus] klug, durch das Öffnen der Stadttore deine Untergebenen zu befreien. Nun bitten dich wir, deine unwürdigen Diener, du mögest uns vor den Wurfgeschossen der Ungarn beschützen."[13] In historischer Überblendung wurde die gegenwärtige Ungarngefahr des 9. Jahrhunderts mit der Hunnengefahr des 5. Jahrhunderts verbunden. Eine Bauinschrift der Stadtmauer bestärkt dies: Dort tritt der Bauherr und Bischof Leodoinus als Verteidiger und Schutzherr der Gemeinschaft der Bürger in Erscheinung.[14] Wächterlied und Heiligenvita geben als Quellen darüber Auskunft, welche Personen in den „Dunklen Jahrhunderten" ein Überleben der *urbanitas* ermöglichten: Die städtisch-antike Kultur der italienischen Halbinsel hat die Zeit der Goten und Hunnen, der Langobarden, der Franken und Sachsen nicht unbeschadet überstanden. Dennoch muss davon ausgegangen werden, dass auch in der Zeit zwischen dem 6. und dem 10. Jahrhundert die Städte weiterhin besiedelt waren und dass Bischof und Bürger als Organisatoren städtischen Lebens handelnd auftraten – die gleichen Protagonisten, die dann im 12. Jahrhundert Träger der kommunalen Entwicklung werden sollten. Deutlich wird dies in der Übertragung von Mauerbau- und Nutzungsrecht durch Berengar I. am 23. Juni 904 an den Bischof und die Bürger von Bergamo: „Wir befehlen, dass wegen der drohenden Not infolge des Einfalls der Ungarn die Stadt Bergamo wiederhergestellt wird, wo immer es der Bischof und die Bürger für erforderlich halten. Die Türme, die Mauern und die Tore der Stadt, die durch den Einsatz und die Fürsorge des Bischofs, der Bürger und der Flüchtlinge entstehen werden, sollen für immer der Herrschaft des Bischofs und seiner Nachfolger anvertraut bleiben und für ihre Verteidigung zur Verfügung stehen."[15]

Der Stadtpatron – häufig ein Bischof der „Völkerwanderungszeit" – wird hier also zum heiligen und historischen Vorbild der städtischen Führungsschicht.[16] Wie präsent die Vorstellung des heiligen Schutzes der Stadttore und -mauern war, bezeugt der antike Stadttorsarkophag, der vielleicht seit dem 4. Jahrhundert in der von Ambrosius im Jahr 386 gestifteten Kathedrale stand. Er wurde im Jahr 1201 unterhalb der Kanzel aufgestellt, eine Seite zeigt Christus im Kreis seiner zwölf Jünger vor sechs Stadttoren bei der *traditio legis*, darunter ein Fries von aus Stadttoren hinaustretenden Lämmern (Abb. 2).[17] Leider sind keine Quellen erhalten, die über-

3 San Gimignano, Stadtansicht mit Geschlechtertürmen

liefern, inwieweit sich die Stadtgemeinschaft in diesem Bildwerk selbst erkannte, die Translozierung aber legt dies nahe.

Ein Überdauern städtischen Lebens und städtischer Bauaufgaben seit der Antike ist also gesichert, aber ob es einen planenden Städtebau vor dem 13. Jahrhundert gab, ist aus den Quellen nur schwer zu erschließen: Im *Constitutum usus et legis*, der frühen Statutensammlung aus Pisa (veröffentlicht am 31. Dezember 1161) finden sich keine Verordnungen zur Anlage einer „schönen“ Stadt, nur ein kurzer Absatz äußert sich zu Nutzungsrechten der öffentlichen Straßen.[18] Jede Stadt errichtete neue Kirchen, legte Straßen, Brücken und Plätze an, befestigte das Stadtgebiet; die städtische Oberschicht baute sich aufwendige Wohntürme und Häuser.[19] Ihr Aussehen lässt annehmen, dass diese städtebaulichen Eingriffe öffentlich kontrolliert wurden, und es scheint nicht erst im 13. Jahrhundert ein Wille zur Gestaltung der guten Ordnung des Gemeinwesens eingesetzt zu haben.[20] Wenngleich wichtige Bauaufgaben wie der Palazzo Pubblico und wichtige Quellen wie die Stadtstatuten fehlen, ist der Gestaltungswille und somit die Reflexion über das geordnete Bauen doch erkennbar.[21] Hagen Keller vermutet um 1200 einen Mentalitätswandel: „Alles erscheint in einem viel größeren Ausmaße lenkungsbedürftig und veränderungsfähig zu sein als bisher. Die Statutengesetzgebung ist dabei Ausdruck und Vehikel des Gestaltungs- und Ordnungswillens in der Gemeinschaft […].“[22] Möglicherweise aber war dies weniger einem neuen „Lenkungswillen“ geschuldet als vielmehr einer veränderten Art der Beschreibung von Wirklichkeit.

Kommunale Verwaltung bedeutet – auch in der Frühzeit der Stadtstaaten – immer auch die Regulierung der städtebaulichen Strukturen, wie es das Beispiel des Pisaner *Lodo delle Torri* bezeugt: Diese Baubestimmung wurde am Ende des 11. Jahrhunderts durch Bischof Daibert erlassen. Sein Schiedsspruch ist eines der bedeutendsten Dokumente aus der Frühzeit der kommunalen Bewegung, dessen vorderste Absicht die Wiederherstellung der *concordia* unter den Bürgern war.[23] Daibert legt in seiner *securitas*, im Verein mit wichtigen Vertretern der städtischen Oberschicht, die sein Beratergremium bildeten, die Höhe der städtischen Türme fest. Was zunächst wie eine ästhetisch motivierte Baubestimmung erscheint, offenbart sich im Kern als grundlegende Bestimmung über die Kräfteverhältnisse in der Stadt. Die Struktur der Bauten der einzelnen Adelsfamilien, die meist um die eine *domus* oder *casa torre* des Familienvorsitzenden gruppiert waren, beförderte innerstädtische Kämpfe: Wer den höheren Turm hatte, verfügte zugleich über einen strategischen Vorsprung.[24] Noch heute vermittelt die Ansicht von S. Gimignano einen Eindruck, wie eine mittelalterliche Stadt des 12. und 13. Jahrhunderts ausgesehen hat (Abb. 3). Das

4 Pisa, Porta Leone, Zeichnung aus dem 19. Jahrhundert von F. Giuliani, Pisa, Museo Nazionale San Matteo, Fondo Disegni e Stampe, Inv. 937

Schleifen des Turmes als Ausdruck des Sieges richtete sich nicht allein gegen die Ehre des Besiegten, sondern nahm ihm auch die Möglichkeit zu weiterem aggressiven Vorgehen. Daibert formuliert dies deutlich: „Ich Daibert […], Bischof von Pisa, entscheide und bestimme mit Nachdruck, zusammen mit meinen Gefährten, mutigen und weisen Männern (*mihi sociis viris strenuis et sapientibus*), […] das alte Übel der Stadt Pisa, den Hochmut, bedenkend (*considerans Pisane urbis antiquam pestem superbie*), aufgrund dessen tagtäglich unzählige Morde geschehen […], besonders aber aus Anlass der Häuserzerstörung und vielfältiger anderer Übel […], dass niemand von heute an sich anmaße, einen Wohnort zu erbauen oder in irgendeiner Weise instandzusetzen, der an Höhe die Türme von Stefano, Sohn von Balduin, oder Lamberto […] überragt […].“[25] Die kommunale Oberschicht also griff hier regulierend ein, um mithilfe von Bauvorschriften zu verhindern, dass eine Familie in der Stadt sich einen gebauten Vorsprung über die anderen Familien verschaffte und das an sich schon labile Gleichgewicht in der frühen Stadtkommune gefährdete.

Auch bei den Stadttoren ist von einer direkten Einflussnahme auf Lage, Aussehen und Bezeichnung durch die Konsuln auszugehen, erscheinen diese doch sowohl in Pisa und in Genua als auch in Mailand namentlich als Bauherren am Tor. Doch auch darüber hinaus zeugen weitere Bauinschriften von einer direkten Instrumentalisierung dieser monumentalen Werke durch die Kommune: Die Tore sind die Öffnungen der Stadt in ihr Umland, hier kommen die Fremden an, hier kann die Stadt ihr Selbstverständnis offenbaren und kommunizieren. Um den Dombezirk im Norden der Stadt besonders zu schützen, begann beispielsweise Pisa, seine Stadtmauer dort ab 1155 zu erneuern.[26] Heute noch erhalten ist die Porta del Leone, die programmatisch von einer antiken Löwenskulptur als Torwächter überragt wird (*compleverunt murum civitatis a turre, ubi posuerunt leonem marmoreum usque ad turrem*) (Abb. 4).[27] Möglicherweise handelt es sich bei dem Löwen um ein Beutestück, so dass nicht allein die Schönheit der römischen Skulptur zur Stilisierung Pisas als „Neuem Rom“ und die Wächterfunktion des mächtigen Tieres ausschlaggebend für seine Aufstellung waren, sondern zudem noch an einen Kriegserfolg der Seerepublik erinnert wurde.[28] Von dem zweiten Tor, der heute nicht mehr existierenden Porta Aurea, ist allein die Inschrift überliefert:[29] „Von ausgezeichneten Bürgern wird dieses Tor das Goldene genannt, auf dem die Zierde des Adels schreiben lässt: Haltet diese Stadt für den Stolz des ganzen Reiches, die die wilden Nacken des Bösen zu schlagen pflegt.“ Es folgt die Datierung des Tores auf das Jahr 1115 und die Nennung zweier wichtiger Kriegsschauplätze gegen die Sarazenen auf den Balearen, so dass das Tor zum Denkmal des Schlachterfolges der Stadt wird.[30]

In Genua ist eine ähnliche Nutzung der neuerbauten Tore für propagandistische Zwecke vorhanden. Augenfällig ist die imposante Höhe der Tore, die sich nur symbolisch, nicht aber aus reinen Wehrzwecken her begründen lässt und die auch im Aufwand des Bauschmucks weit über das an Verteidigungsbauten Übliche hinausgeht.[31] Die Portale geben sich somit allein schon durch ihre architektonische Form als Denkmale städtischen Stolzes zu erkennen. Auch in Genua wurden die Bauten zu Trägern monumentaler Inschriften, eine Nutzung, die eng mit der städtischen Entwicklung in Nord- und Mittelitalien zusammenhing.[32] Erkennbar erfolgte die Wiedergeburt der monumentalen Inschrift zeitgleich mit der Ausbildung der politischen, sozialen und kulturellen Strukturen der Kommune, als hätte die Kommune in der öffentlichen Inschrift ihr adäquates Medium gefunden.[33] Wie ubiquitär diese öffentlichen Inschriften im kommunalen Umfeld Oberitaliens wurden, zeigen eine Vielzahl weiterer Beispiele, von denen das bekannteste vielleicht Ferrara ist, an dessen Dom die städtischen Statuten von 1173 angebracht wurden, oder Bologna, wo vier Kreuze mit Inschriften die Ecken der Stadt „schützen", die vermutlich ebenfalls im Zusammenhang mit Barbarossas Aufenthalt in Italien aufgestellt wurden (1159).[34]

In Genua finden sich an beiden Toren jeweils zwei große, marmorne Inschriftentafeln, die gut lesbar für Fußgänger wie Reiter im Durchgang der beiden Tore angebracht sind. Der Inhalt der beiden Inschriftentafeln an der *Porta Soprana* kommemoriert wichtige Schlachten der Kommune und nutzt damit das Bauwerk als Erinnerungsmal, wie schon in Pisa gesehen.[35] Die erste Tafel rühmt summarisch die Stärke der Stadt, wobei sie den betrachtenden Leser direkt und in der Ich-Form anspricht: „Ich bin mit Männern bewehrt, von wunderbaren Mauern umgeben und durch meine Tapferkeit vertreibe ich die feindlichen Waffen. Wenn Du Frieden bringst, sei Dir erlaubt, die Türen zu berühren, wenn Du Krieg suchst, wirst Du Dich traurig und besiegt zurückziehen [...]." Die gegenüberliegende Inschrift führt die erste Inschrift fort: „Der Krieg meines Volkes reichte so weit, dass Afrika erschüttert wurde, auch Teile Asiens und von dort dann das gesamte Spanien. Ich habe Almeria eingenommen und Tortosa unterworfen. Sieben Jahre war dieser, und zweimal vier jener [Kriegszug] her, als ich, Genua, diese Befestigung errichtete, elfhundert und 55 Jahre nach der Geburt durch die zu verehrende Jungfrau." Der Stein zitiert alle wichtigen Etappen des antisarazenischen Kampfes Genuas: Erstens die frühen Züge gegen die Araber, die als Beginn des wirtschaftlichen Aufschwungs der Seerepublik gelten können, da nur in der Zurückdrängung der islamischen Piraten die für die Händlerkommune so wichtige Sicherheit der Seewege erreicht werden konnte. Zweitens die Beteiligung am 1. Kreuzzug mit der Eroberung neuer Häfen und Handelsmärkte im östlichen Mittelmeerraum und drittens den Ausbau der Vormachtstellung im tyrrhenischen Meer und die Intensivierung des Handels mit Spanien und Südfrankreich. Zugleich nennt sie das Jahr des Baus und die Namen der zur Bauzeit amtierenden Konsuln und ruft die göttliche Hilfe an. Wie geschickt die kommunale Oberschicht die Neubauten für eigene Darstellungen zu instrumentalisieren verstand, zeigt das Spiel mit Bedeutungen in der Inschrift selbst: Nicht auf das Portal trifft die Aussage „Ich bin mit Männern bewehrt und von Mauern umgeben" zu, sondern auf die Stadt, die hier als Sprecherin auftritt.[36] Genua hebt seine eigene Stärke warnend hervor und ruft gleichzeitig zum Frieden auf – dies umso mehr, als der lateinische Name der Stadt *Ianua* „Tor" bedeutet.[37]

Auch in Mailand kam es durch den Zug Friedrichs I. Barbarossa nach Italien zur Verstärkung der bestehenden Befestigungsanlagen, wie Otto von Freising berichtet: „[Mailand] ist mit einer Mauer umgeben, und außen fließt wie ein Fluss ein breiter, mit Wasser gefüllter Graben um sie herum, den der Konsul der Stadt erst im Jahre vorher aus Furcht vor dem künftigen Krieg trotz des Widerstandes und der Empörung vieler Bürger vorausschauend hatte anlegen lassen."[38] Auch hier taucht erneut das Motiv der „Vorausschau" auf einen „zukünftigen Krieg" auf, das mit dem Erscheinen des Staufers in Italien verknüpft war, und mit einem städtebaulichen Eingriff verbunden wurde. Interessant ist die Einschätzung Ottos, wenn er fortfährt: „Auf die Höhe der Türme legten sie nicht so viel Gewicht wie andere Städte. Denn im Vertrauen auf die Menge und Tapferkeit ihrer eigenen Bürger sowie die der mit ihnen verbündeten Städte, hielten sie es für unmöglich, daß ihre Stadt von irgendeinem König oder Kaiser durch Belagerung eingeschlossen werden könnte."[39]

Waren Pisa und Genua kaiserfreundliche Städte, die ihre Stadt befestigten, wenngleich sie früh eine Bestätigung ihrer Privilegien erreichten, ist Mailand als das Zentrum des antikaiserlichen Widerstandes in der Po-Ebene anzusehen. Nach der Missachtung der Roncaglischen Weisungen begann der Kaiser mit einer vierjährigen Belagerung, die 1162 in der Niederlage und Zerstörung Mailands endete (Abb. 5). Der Chronist Otto Morena berichtet davon: „Am Montag, am 26. März, kam der Kaiser selbst nach Mailand [...] und befahl den Lodesen, die Porta Orientalis, im Volk Arienza genannt, völlig zu zerstören; den Cremonesen übertrug er die Porta Romana, den Pavesen die Porta Ticinese, den Novaresen di Porta Vercellina, den Comasken die Porta Comacina zur Zerstörung, denen von Seprio und der Martesana dagegen die Porta Nuova. Sie alle gaben sich bei der Zerstörung solche Mühe, dass sie bis zum folgenden Passionssonntag so viel von den Mauern abbrachen, wie anfangs niemand glaubte, dass in zwei Monaten zerstört werden könne, und, wie ich wahrhaftig meine, der 40. Teil Mailands blieb nicht

5 Mailand mit stürzenden Toren, Annales Ianuenses, Paris, Bibliothèque Nationale de France, Cod. lat. 10 136, fol. 12r

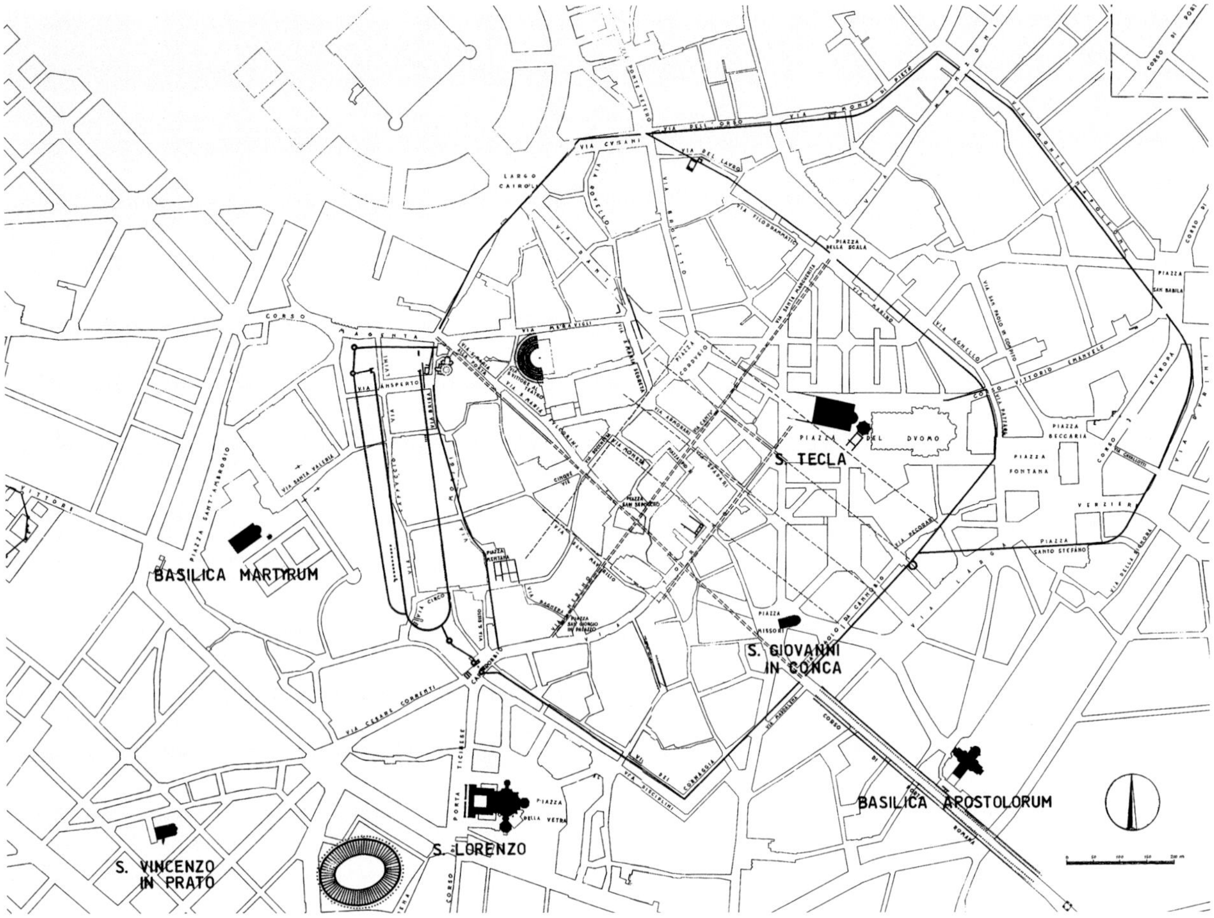

6 Mailand, Plan der antiken Stadt mit Lage der frühchristlichen Kirchen

zur Zerstörung übrig. Es blieb aber fast die gesamte Umfassungsmauer der Stadt, die so gut und aus großen Steinen errichtet und mit fast 100 Türmen geschmückt war, dass, wie ich glaube, keine so gute in Italien jemals gesehen wurde, außer vielleicht der römischen, und danach je gesehen wird."[40] Auch wenn anzunehmen ist, dass Stadtzerstörungen im Mittelalter oftmals eher symbolisch als tatsächlich stattfanden, scheint die Schilderung bei Otto Morena darauf hinzuweisen, dass große Teile der Häuser wie auch sicher die Tore der Stadt niedergelegt wurden.[41]

Barbarossa aber ließ nicht allein die Tore zerstören, sondern zwang auch die Bevölkerung, die Stadt zu verlassen und sich in umliegenden Vorsiedlungen niederzulassen. Erst im Jahr 1167 konnten die Mailänder in ihre Stadt zurückkehren, 1171 begannen sie mit dem Wiederaufbau der Stadttore, von denen eine, die Porta Romana, einen bedeutenden Skulpturenschmuck aufwies.[42] Bei dem heute zerstörten Portal handelte es sich um eine Anlage mit zwei Durchgängen, die mit Reliefs geschmückt war (vgl. S. 234, Abb. 4). Eine Inschriftentafel befand sich im Zwischenraum der beiden Bögen oberhalb des mittleren Kapitells: „Im Jahr der Fleischwerdung des Herrn 1167 […] betraten die Mailänder die Stadt. Im Jahr der Fleischwerdung des Herrn 1171 im Monat März nahm dieses Werk der Türme und Mauern seinen Anfang. Die Kommunalkonsuln, die zu diesem Zeitpunkt amtierten und die dieses Werk machen ließen, waren Passaguadus de Setara, Ardericus de la Turre, Pinamonte de Vimercato, Obertus de Orto."[43] Also wiederum wird das Tor genutzt, um die Namen der Konsuln zu nennen, die Auftraggeber des Bauwerkes waren; zudem wird der Baubeginn und auch der historische Baugrund – die Wiederkehr der Mailänder – aufgeführt. Unter den acht erhaltenen Reliefplatten von unterschiedlicher Länge sind besonders die Darstellung der aus Brescia und Cremona ausziehenden Soldaten und der Zug der Mailänder Bevölkerung zurück in ihre Stadt bemerkenswert, die Bürgerschaft, die sich im Wiederaufbau von Tor und Mauer selbst wieder zur *civitas* formiert.[44]

Anhand der Porta Romana kann noch ein weiterer wichtiger Aspekt der mittelalterlichen städtebaulichen Strukturen erläutert werden: Das Tor erhielt seinen Namen durch die nach Rom führende Straße, die hier die Stadt verließ. Schon im römisch-antiken Mailand befand sich dort ein Stadttor. Die Porta Romana öffnete sich auf eine der beiden Hauptstraßen, den Cardo Maximus, der – wie überall – am städtischen Hauptplatz, dem Forum, den Decumanus Maximus schnitt (Abb. 6). Im heutigen Straßenplan Mailands ist die ehemalige römische Anlage mit dem rechtwinkligen Straßenmuster kaum noch zu erkennen, anders als beispielsweise in Brescia oder in Verona, wo ein Blick auf den Stadtplan die antike Herkunft der Stadtgründung sofort verrät.[45] In Verona hat sich zudem das alte Amphitheater erhalten, wie zum Beispiel auch – in Teilen – in Lucca (Piazza del'Anfiteatro) (Abb. 7) oder in Padua („Arena"-Kapelle). Die Aufmerksamkeit, die solch große antike Bauten auch im Mittelalter bekamen, zeigt sich in der *Iconografia Rateriana*, einer

Stadtansicht aus den 920er/930er Jahren: Das *Theatrum* ist klar erkennbar, ebenso das *Palatium* und der *Pons marmorens*; dies alles wird von einer starken Stadtmauer umfasst, die ein zwar ungeordnetes, doch aber deutlich definiertes Stadtbild zeigt (Abb. 8).[46] Der *Versus di Verona* aus den 790er Jahren berichtet dazu: „Eine große und berühmte Stadt erhebt sich in Italien, in Venetien, wie Isidor lehrt, die seit der Antike Verona genannt wird. Sie ist in quadratischer Form gebaut, fest von Mauern umschlossen, achtundvierzig Türme ragen aus dem Mauerring hervor, von denen acht sehr hoch sind und die anderen überragen. Sie hat ein hohes Labyrinth von großer Ausdehnung, aus dem niemand, der einmal eingetreten ist, imstande ist, wieder herauszukommen, es sei denn mit dem Licht einer Öllampe oder mit einem Garnknäuel, ein weites, geräumiges und mit Steinen gepflastertes Forum, in dem sich auf jeder der vier Seiten ein großer Bogen befindet, Plätze wundervoll gepflastert mit behauenen Steinen, Tempel, erbaut und geweiht in alter Zeit der Luna, dem Mars, der Minerva, dem Jupiter und der Venus, dem Saturn und der Sonne, die mehr als alle anderen glänzt."[47] Die quadratische Form leitet sich von der römischen Anlage ab, wie auch das „Labyrinth", mit dem vermutlich das Amphitheater gemeint ist und das hier durch das Garnknäuel mit Daedalus, Perseus und Ariadne verbunden wird. Die Erinnerung an die römische Vergangenheit kommt auch in der Nennung des Forums wie der heidnischen Göttertempel zum Ausdruck, deren Reste wohl noch gut sichtbar das Stadtgebiet dominiert haben müssen.

Das antike Forum der Stadt ist heute die langgezogene Piazza delle Erbe mit den sie umliegenden wichtigen Gebäuden der Machthaber, bewahrt also auch hier noch antike Siedlungstradition. Diese Reste einer antik-römischen städtischen Kultur konnten selbst durch die Gotenkriege und die langobardische Besatzung in den „Dunklen Jahrhunderten" nie ganz ausgelöscht werden und müssen bei der Betrachtung städtischer Strukturen in staufischer Zeit immer mit in Betracht gezogen werden: Ein konserviertes urbanes Leben konnte durch den Aufschwung im 11. und dann vor allem 12. Jahrhundert durch die Kommune reaktiviert und mit neuer Bedeutung gefüllt werden. Städtische Neugründungen waren selten, so dass Form und Ausdehnung des Stadtgebietes sowie die Lage einzelner Gebäude niemals ganz *ex novo* gefunden wurden.[48]

Neben der Stadtmauer gehörte die Kathedrale – lange vor dem Kommunalpalast – zu den wichtigsten städtischen Bauaufgaben, die durch ihre Größe und Ausstattung von der Macht und dem

7 Lucca, Luftansicht der Piazza del Anfiteatro

8 Ansicht aus der Iconographia Rateriana, Verona, Biblioteca Capitolare, Cod. CXIV (106), fol. 188v / 189r

Stolz der Kommune kündeten. Beide Bauten waren bedeutende Gemeinschaftswerke der Bürgerschaft, die sie für den Schutz, für den Kult und den Nutzen der Stadt errichteten.[49] Weder war dabei die Kathedrale rein religiöser Kultbau, noch waren die Mauer und die Tore reine Zweckbauten zur Verteidigung: Die städtische Hauptkirche war das wichtigste Gemeinschaftshaus (*domus*) mit multifunktionalen Aufgaben, die Mauer aber umschloss wie ein Symbol die Bürgerschaft, definierte den Stadtraum und schützte die innerstädtische Friedenseinung. In vielen Städten wurden zudem in der Kathedrale die kommunalen Schriftstücke aufbewahrt und Rechtsgeschäfte getätigt, die Kirche war der Ort der städtischen Versammlungen. Dem Gebäude kam als kommunalem Ort eine dem städtischen Platz vergleichbare öffentliche Bedeutung zu.[50] Die Kathedrale konnte zudem häufig mit Beutestücken ausgeschmückt und damit zu einem Monument, wenn nicht Museum, der kommunalen Siege werden. Ein eindrucksvolles Beispiel liefert dafür die Kathedrale von Pisa, deren Fassade mit einem Netzwerk unterschiedlicher Inschriften geschmückt ist. Zu den bekanntesten zählt hierbei die sogenannte Gründungsinschrift, in der über den Pisaner Zug gegen die Sarazenen in Sizilien und die Einnahme von Palermo berichtet wird, aus dessen Beute der Dombau finanziert wurde. Mit dieser Inschrift ist ein weiteres Textzeugnis überliefert, das städtebauliche Informationen aus der Frühzeit der Stadtstaaten liefert: „Es heißt, dass die Pisaner Bürger – reich an ruhmvoller Tugend – die Grundsteine dieser Kirche legten, als 1063 Jahre vergangen waren, seitdem Christus von der Jungfrau geboren war. In diesem Jahr wurde eine Expedition an die sizilischen Küsten durchgeführt. Damals segelten alle Großen, Mittleren und Kleinen [Männer aus allen Schichten], nachdem sie unter Waffen und mit einer großen Flotte abgereist waren, zunächst nach Palermo, wie es das Schicksal wollte. Kämpfend drangen sie, nachdem sie die Sperrkette durchtrennt hatten, in den Hafen ein, kaperten sechs mit Schätzen gefüllte große Schiffe, wovon sie eines verkauften und die restlichen verbrannten. Mit den Mitteln jener Beute, so weiß man, wurden diese Mauern errichtet. [...] Nachdem sie die Besiegten in einem Blutbad zurückgelassen hatten, kehrten sie als Sieger wohlbehalten mit großem Triumph nach Pisa zurück."[51] Die Inschrift betont, das alle städtischen Schichten an dem gemeinsamen Kriegszug beteiligt waren; sie nennt das Datum der Grundsteinlegung und erklärt, dass die Mauern der Kirche durch die Mittel finanziert werden konnte, welche die christliche Stadt von den islamischen Einwohnern Palermos erbeuten konnten. Der gemeinschaftliche Kirchenbau wurde somit zum „Museum", zum gebauten Monument der Triumphe Pisas, an und in dem sich die frühe Kommune immer wieder der eigenen Kraft versichern konnte. Nicht minder berühmt ist die Grabinschrift des ersten Dombaumeisters von Pisa, Busketus, in der dieser in gelehrtem Vergleich den Architekten Daedalus und listigen Krieger/Ingenieur Odysseus übertrifft.[52] Diese Art von Nutzung des Doms als kommunalem Erinnerungsort lässt sich nicht nur in Pisa, sondern in vielen weiteren Kommunen Mittel- und Oberitaliens beobachten (Abb. 9).

9 Pisa, Piazza dei Miracoli, Luftansicht von Nordwesten mit Verlauf der Stadtmauer

Mit den hier genannten Beispielen konnte gezeigt werden, dass auch vor der großen Zeit der italienischen Stadtbaukunst, die ab der Mitte des 13. Jahrhunderts und damit nach staufischer Zeit in Italien einsetzte, Bauwerke und Quellen gefunden werden können, die über städtisches Bauen, Stolz auf diese Bauten und symbolischen Wert dieser Anstrengungen Aussage geben können. Es ist dies vor allem die für die Stadtgemeinschaft errichtete Kathedrale, die eine große Anforderung an die noch vollständig institutionalisierte Kommune stellte, finanziell gemeistert werden musste und als wichtigster kommunaler Ort anzusprechen ist. Daneben traten als bedeutende Bauaufgaben die Mauer und die Tore, die häufig durch das Auftreten Barbarossas begonnen wurden. Die Kathedrale war Kult- und Versammlungsort und Stolz der Bürgerschaft – auch in Konkurrenz zu den anderen italienischen Kommunen –, die Mauer hingegen schützte die Gemeinschaft und erlaubte es, an den Toren mit Fremden zu kommunizieren. Die Regulierung der Höhen der Turmhäuser der kommunalen Oberschicht durch den Pisaner Bischof Daibert zusammen mit dem ihn umgebenden Rat zeigte, wie wichtig schon in der Frühzeit der Kommune die Aufsicht über städtisches Bauen war, zur Wahrung der Friedenseinung Stadt.

1 Annales Pisani, S. 16. Zur Mauer von Pisa: TOLAINI 1969; TOLAINI 2005. Der Mauerbau von Pisa wird von Maragone in den Jahren 1155 bis 1161 beschrieben.

2 Die Forschungen zur kommunalen Entwicklung sind unüberschaubar geworden, daher sei hier nur auf einige Klassiker verwiesen: DILCHER 1967; KELLER 1982; BORDONE/JARNUT 1988.

3 DUFOUR BOZZO 1985.

4 Annali Genovesi, S. 41.

5 Annali Genovesi, S. 51.

6 Annali Genovesi, S. 54: *Ut autem de longitudine muri adaugeatur fama laboris, stadiorum octo et pedum quingentorum viginti propagationem eius discrecio presentium futurorumque cognoscat. Stadium quippe longuitudo est passuum CXXV vel pedum DCXXV cum passus sit quinquepedalis dimensio. Est igitur super totum pedes quinque milia quingenti et XX cuius integre quantitatis, ut predictum est, factum est fere quatuor partes supradictis quinquaginta tribus diebus, collectis semper in unum opus, quod civitatis et plebium homines, secundum quarteria et alias suas distinctiones, laborabant per partem diei vel sui aliquando divisionem.*

7 Annali Genovesi, S. 54; GUIDONI 2004.

8 NAREDI-RAINER 1996; SCHMIDT 1950.

9 Isidor von Sevilla, Etymologien, lib. XV, cap. 2, 1, S. 252.

10 BORGER 1974; EHBRECHT 2004; HEIMERL 2008.

11 Offenbarung des Johannes 21,10–27: „Da […] zeigte er mir die heilige Stadt Jerusalem, wie sie von Gott her aus dem Himmel herabkam, erfüllt von der Herrlichkeit Gottes. Sie glänzte wie ein kostbarer Edelstein, wie ein kristallklarer Jaspis. Die Stadt hat eine große und hohe Mauer mit zwölf Toren und zwölf Engeln darauf. Auf die Tore sind Namen geschrieben: die Namen der zwölf Stämme der Söhne Israels. Im Osten hat die Stadt drei Tore und im Norden drei Tore und im Süden drei Tore und im Westen drei Tore."

12 RONCAGLIA 1948; DIETL 1998, S. 40, mit deutscher Übersetzung auf S. 42.

13 DIETL 1998, S. 40, mit deutscher Übersetzung auf S. 42.

14 Die Abschrift der Bauinschrift in Hexameter befindet sich auf fol. 157r der Sammelhandschrift, die auch das Wächterlied (fol. 154v) enthält: Modena, Biblioteca Capitolare O. I. 4. Vgl. DIETL 1998, S. 31.

15 Diplomi di Berengario I., S. 134–139, hier S. 137.

16 PEYER 1955; VON HÜLSEN-ESCH 2004.

17 KÜHNEL 1987; BRANDENBURG 1987; DRESKEN-WEILAND 1998, S. 56–58, Nr. 150.

18 Costituti di Pisa.

19 Allgemein zur städtischen Entwicklung und Stadtbaukunst Italiens: BRAUNFELS 1953; FASOLI 1969; GUIDONI 1970; FASOLI/BOCCHI 1973; NAGEL 1990; MILLER 1995; BORKENSTEIN NEUHAUS 2001; TRAGBAR 2003; CANNIFFE 2008.

20 Präkommunal waren die Stadtherren für die Mauer zuständig, also vor allem die Bischöfe, wenn sie gräfliche Rechte innehatten, ansonsten die Grafen bzw. ihre Verwalter (*vicecomes, Visconti*).

21 ANDENNA 1994.

22 KELLER 2004, S. 34 f.

23 MATZKE 1998, S. 61.

24 TRAGBAR 2003. So auch Benjamin von Tudela, der zu Genua schreibt: „Die Stadt ist von einer Mauer umgegeben. Kein König herrscht über ihre Bewohner, sondern Richter, die jene nach ihrem Willen einsetzten. Jeder Bewohner der Stadt hat einen Turm an seinem Hause. Wenn es in der Stadt Streit gibt, bekämpfen sie einander von der Turmspitze aus." Und zu Pisa: „Pisa ist eine sehr große Stadt. In ihr, an den Häusern ihrer Bewohner, gibt es an die zehntausend Türme, von denen aus zur Zeit des Streites gekämpft wird." (Benjamin von Tudela, Reisen, S. 13).

25 Statuti di Pisa, S. 16 f.; ROSSETTI 1991, S. 27–31.

26 Annales Pisani, S. 16.

27 TEDESCHI GRISANTI 2004, S. 370, Datierung auf S. 373.

28 GREENHALGH 1984, S. 151.

29 SCALIA 1963, S. 269–272; FISHER 1966, S. 166 f.; REDI 1991; BANTI 2001, S. 44. Der vermauerte Bogen ist laut Giuseppe Scalia noch in der rechten Eingangswand des Palazzos zu erkennen, der zwischen der Kirche Madonna dei Galetti und der Via Curtatone e Montanara liegt (lungarno Pacinotti Nr. 36). Die Inschrift befindet sich heute oberhalb der Tür der Chiesa dei Galletti (SCALIA 1972, S. 839).

30 HÖH 2006, S. 219 mit Übersetzung.

31 DI FABIO/DAGNINO 1987, S. 90–92. Einschränkend muss gesagt werden, dass die Porta dei Vacca am Außenbau das Ergebnis einer Rekonstruktion des späten 19. Jahrhunderts ist.

32 PETRUCCI 1986, S. 9 spricht von einer „riscoperta della funzione civile e politica dello spazio urbano aperto".

33 VERZAR BORNSTEIN 1994, S. 495 f., mit Hinweis auf die von den Propheten Enoch und Elias gehaltene Gedenktafel der Gründung des Doms von Modena. Zu weiteren Inschriften im kommunalen Umfeld GIOVÈ MARCHIOLI 1994, v. a. S. 271.

34 FRANCESCHINI 1969. Die Rolle der Kathedrale hebt BREVEGLIERI 1989, S. 397 hervor. Am Modeneser Dom findet sich die Schilderung der Domweihe durch Luzius III. von 1184.

35 DI FABIO/DAGNINO 1987, S. 139.

36 „Sprechenden Bauwerke" können schon in der Antike nachgewiesen werden; aus dem 10. Jahrhundert hat sich eine Quelle erhalten, die bezeugt, dass die Tradition, auf jeden Fall in Italien, ungebrochen fortgeführt wurde (Tarent). Weitere Beispiele überliefert CERVELLINI 1933, so eine Inschrift der Porta Romana in Mailand, die sagt (S. 240 f.): *Dic homo qui transis, dum porte limina tangis. Roma Secunda, vale, Regni decus imperiale. Urbs veneranda nimis, plenissima rebus opimis – te mettunt gentes, tibi flectunt colla potentes. In bello Thebas, in sensu vicinis Athenas.* Es gibt mittelalterliche Tore, die nicht allein sprechen, sondern dabei sogar ihren Namen nennen, so beispielsweise in Viterbo (GUIDONI/DE MINICIS 1993, S. 12): *Nomine Sonsa vocor fulgentis porta Viterbii/est michi grande decus et fungor honore perenni/omnis enim qui servili sub lege gravatur/si civis meus extiterit liber reputatur.* CERVELLINI 1933, S. 241 zu Viterbo, wo die Stadtmauer sagt: *Qui me fundavit Rector, qui sic decoravit. Vivat in eternum cum gente colente Viterbum.*

37 BARBERINI 1977; PETTI BALBI 1989. In späteren Zeiten stilisiert sich Genua als „Tor" in die Lombardei, die Provence und die Toskana.

38 Otto von Freising und Rahewin, Die Taten Friedrichs, lib. III, cap. 40, S. 474–477.

39 Otto von Freising und Rahewin, Die Taten Friedrichs, lib. III, cap. 40, S. 476 f.

40 Otto und Acerbus Morena, Buch über die Taten Kaiser Friedrichs, S. 178 f.

41 FERRARI 2002, S. 120–125.

42 BELTRAMI 1895. Das Tor ist heute nicht mehr erhalten, da es im Jahr 1793 abgetragen wurde, nur Teile des Reliefschmucks wurden in die Fassade eines Hauses integriert, bis sie 1895 in das Museo Patrio Archeologico überführt wurden, eine Rekonstruktion des ehemaligen Aussehens wurde durch Luca Beltrami vorgeschlagen. Die Tafeln befinden sich heute im Museo d'arte antica des Castello Sforzesco. Vgl. VON HÜLSEN-ESCH 1994, S. 49–55; FERRARI 2002, S. 116.

43 VON HÜLSEN-ESCH 1994, S. 48, Abb. 31.

44 Die *Tituli* mit Übersetzung bis auf wenige Änderungen: VON HÜLSEN-ESCH 1994, S. 43–48: „Das Geschehene erklärt zu Freunden. Gott gibt und nimmt. Es zurückgebend sei er gepriesen" und „Christus dankend wollen wir in die Stadt zurückkehren. Dieses Werk hat Girardus mit kunstfertigem Daumen gemeißelt. Christus lobend wollen wir in die vaterländischen Häuser zurückkehren."

45 NAGEL 1990, S. 64–66.

46 Diese Ansicht entstand in der Zeit von Bischof Raterio und ist in zwei neuzeitlichen Kopien erhalten, aus der Feder des Veroneser Historikers Battista Biancolini und von Scipione Maffei: Verona, Biblioteca Capitolare, Codex CXIV (106), fol. 188v/189r.

47 GUIDONI 1980, S. 94.

48 Dies ist in Italien immer im Gegensatz zum nordalpinen Raum zu denken, wo es in frühstaufischer Zeit im 12. Jahrhundert zu vielen Stadtneugründungen kam (sowohl durch Verleihung des Stadtrechts an schon bestehende Siedlungen oder durch tatsächliche Gründung an Orten, die zuvor nicht besiedelt waren), dazu MECKSEPER 1982, S. 59–88.

49 BRAUNFELS 1953, v. a. S. 45–50 und 134–138; RONZANI 1983; FONSECA 1984; NUTI 2002, S. 250; KEEN 2006.

50 DI FABIO 2007; POLONIO FELONI 1993.

51 HÖH 2006, S. 346 f.

52 HÖH 2006, S. 321 f.: „Hier ruht Busketus, von dem man sagt, dass er durch den Einsatz seiner Talente den Herzog von Dulichius (Odysseus) übertroffen hat: Dieser Listige hatte die Mauern Ilions in Trümmer gelegt, die von der Kunst des Busketus errichteten wunderbaren Mauerns siehst du hier vor dir. Mit seiner Klugheit richtete der schlaue Herzog Schaden an, dieser hier war mit seiner Klugheit nützlich. Dass das Labyrinth ein schwarzes Gebäude war, ist dein Lob, Daedalus. Dagegen zeugen von Busketus seine hell strahlenden Kirchen. Unvergleichlich ist die Kirche aus weißem Marmor, die ganz und gar dem Genie des Busketus entstammt. Als der Feind die ihm anvertrauten Teile des Tempels beschädigte, erwies sich der Vorsichtige aufgrund seiner Kunstfertigkeit stärker als dieser. Der Ruhm der Säulen, die er mit unermesslicher Mühe der Tiefe des Meeres entrissen hat, wird diesen Mann zu den Sternen führen. Zehn Tage vor dem Ende des Septembers verlässt er mit Freuden sein irdisches Exil."

Jörg Peltzer

Die Fürsten der Königslandschaft an Rhein, Main und Neckar (1150–1250)

Mitte des 12. Jahrhunderts befand sich im Gebiet zwischen Basel und Mainz „die größte Kraft des Reichs" (*ubi maxima vis regni esse noscitur*).[1] So berichtet es Bischof Otto von Freising in dem vielleicht berühmtesten und von (südwestdeutschen) Mediävisten besonders gern zitierten Nebensatz seiner Beschreibungen der Taten Kaiser Friedrichs I. Otto, Onkel Friedrichs und ein guter Kenner der Materie, brachte damit die zentrale Bedeutung dieses Raums für das (staufische) Königtum zum Ausdruck.

Die Region zwischen Rhein, Main und Neckar war Teil dieser Königslandschaft. Mit ihrem Ressourcenreichtum trug sie dazu bei, die Basis für reichsweites oder gar darüber hinausreichendes königliches Handeln zu schaffen. Weizen, Wein und Wild, so Otto von Freising, waren in der Gegend um Worms so reichhaltig vorhanden, dass der königliche Hof mit all den anwesenden Fürsten hier länger versorgt werden konnte als anderswo.[2] In der Tat wurde das durch den mächtig dahinströmenden Rhein geprägte Land schon seit ur- und frühgeschichtlichen Zeiten von den Menschen als Siedlungsgebiet geschätzt. Die fruchtbaren, noch heute reiche Ernte tragenden Böden der Rheinebene, des Kraichgaus oder des Neckarbeckens sowie die reichliche Wasserversorgung schufen attraktive Lebensbedingungen. Der Rhein wirkte darüber hinaus als Handelsstraße, die, wie schon der Mönch Ermold der Schwarze im 9. Jahrhundert vermerkte, den Franken, Sachsen und Schwaben reiche Ladungen brachte.[3] Anrainerstädte wie die Bischofssitze Worms, Speyer und Mainz profitierten davon und standen mit ihren bis in die Spätantike zurückreichenden Wurzeln schon Mitte des 12. Jahrhunderts für lange Kontinuitäten menschlicher Zivilisation in dieser Gegend.

Bei all diesen Kontinuitätslinien darf aber nicht übersehen werden, dass diese Landschaft im Hochmittelalter nachhaltigen Veränderungen unterworfen wurde. Der von etwa 1050 bis 1250 in hoher Intensität fassbare Prozess der Herrschaftsbildung, des Herrschaftsausbaus und der Herrschaftsintensivierung gestaltete die Landschaft neu. Noch heute lässt sich diese Entwicklung eindrucksvoll an den vielen hochmittelalterlichen Burgen bzw. Burgruinen ablesen, die als zentrales Mittel und kraftvoller Ausdruck adliger Herrschaft und Selbstverständnisses auch die Gegend zwischen Rhein, Main und Neckar präg(t)en. Schon die Zeitgenossen notierten dies. Über Herzog Friedrich II. von Schwaben, zum Beispiel, der in der ersten Hälfte des 12. Jahrhunderts besonders an Ober- und Mittelrhein zahlreiche Burgen errichten ließ, kursierte das Bonmot, dass er am Schweife seines Pferdes immer eine Burg mit sich führte.[4]

Als 1152 Friedrich I. zum König gewählt wurde, hatte die Präsenz des Königtums am unteren Ober- und Mittelrhein schon eine lange Tradition. Es gab sie bereits seit 1024, als der Salier Konrad II. zum König gewählt worden war. Um Worms und Speyer, aber auch im Kraichgau, hatten die Salier ihre Herrschaft systematisch ausgebaut. In Speyer selbst, das sie nach dem Aufstieg zur Königswürde zum neuen Zentrum ihrer Herrschaft etablierten, errichteten sie mit dem Dom ein markantes, weithin sichtbares Zeichen ihres Königtums, das bis zum heutigen Tag kaum etwas von seiner Eindrücklichkeit eingebüßt hat (vgl. S. 200, Abb. 1). Die Salier waren es auch, die den Staufern den Weg in diese Gegend ebneten. 1116 beauftragte Kaiser Heinrich V. Herzog Friedrich II. von Schwaben mit der Verteidigung salischer Interessen am Ober- und Mittelrhein gegen den Mainzer Erzbischof Adalbert. Friedrich erwies sich dabei als so erfolgreich, dass beim Tode Heinrichs V. 1125 er der eigentliche Herr in dieser Region war. Für die Staufer war dies von maßgeblicher Bedeutung, denn nun konnten sie eine Brücke schlagen zwischen ihren angestammten Besitzungen im mittleren Neckargebiet (um die Burgen Büren [Wäschenbeuren] und Staufen) und im Elsass (um Hagenau, den Odilienberg und Schlettstadt). Als 1138 Friedrichs Sohn Konrad III. zum König gewählt wurde, traten die Staufer schließlich in sämtliche ehemals von den Saliern innegehabten Positionen in der Region ein. Deren Konsolidierung und Ausbau betrieb dann mit Umsicht und Nachdruck Konrads Neffe und Nachfolger auf dem Thron, Friedrich I. Barbarossa. Ober- und Mittelrhein wurden zur staufischen Königslandschaft schlechthin, hier massierten sich die Aufenthalte des Königs nördlich der Alpen, hier wurde das Reich gestaltet (Abb. 1).

Bei all seiner Prominenz und zumindest für lange Zeit auch Dominanz war der König nicht der einzige Akteur zwischen Rhein, Main und Neckar. Andere Herren, größere wie kleinere, waren präsent und versuchten sich im Verdrängungswettbewerb um Herrschaft und gesellschaftlichen Rang zu behaupten. Manche taten dies im Windschatten des Königs und agierten dabei äußerst erfolgreich. Reichsministeriale, unfreie und damit eigentlich herrschaftsunfähige Dienstleute des Königs können hierfür als Paradebeispiel angeführt werden. Für erfolgreiche und kontinuierliche Dienste oft mit Besitzrechten entlohnt, kamen sie zu eigenen Herrschaften und

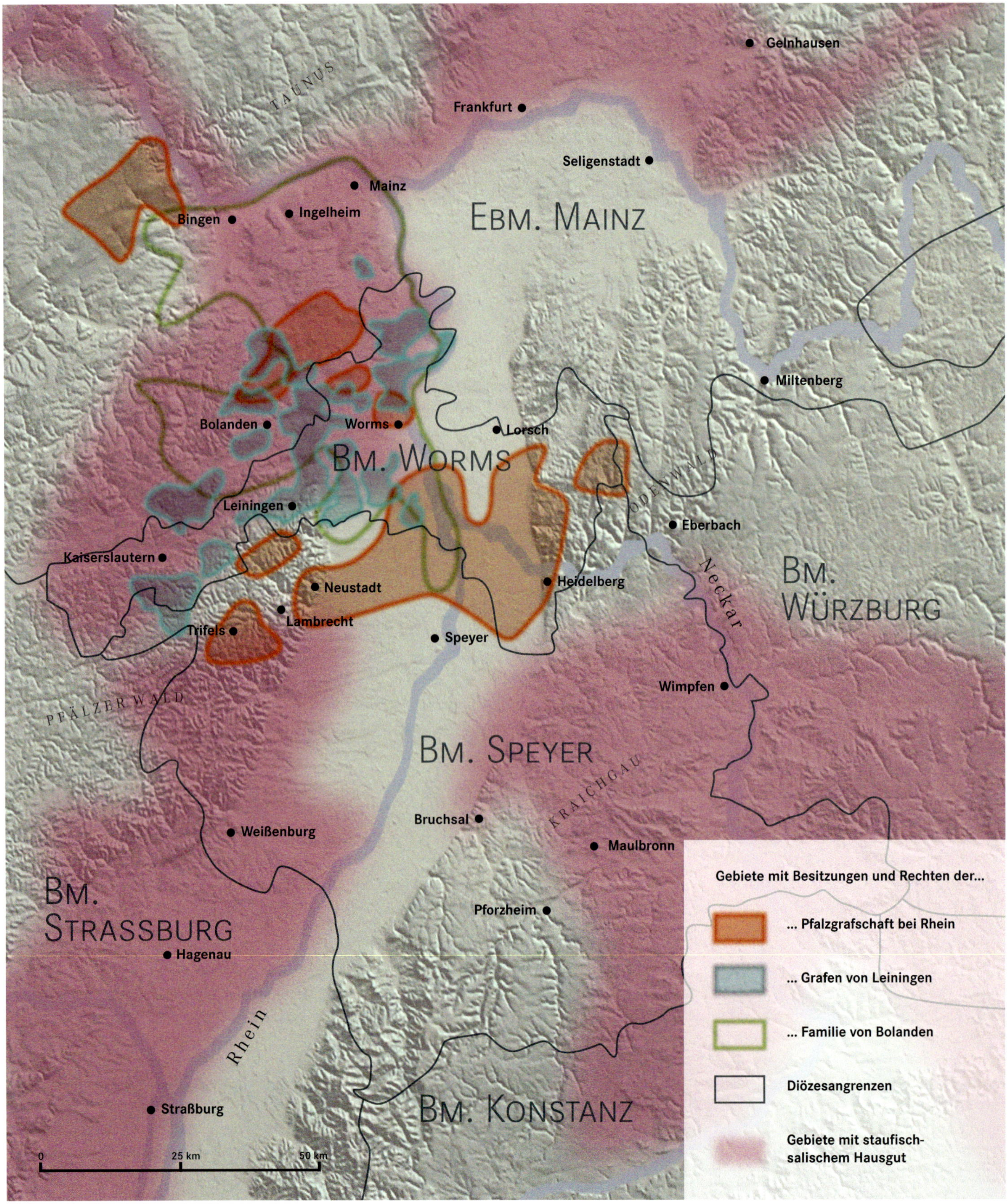

1 Karte der Herrschaftsträger im Rhein-Main-Neckar-Raum

waren so in der Lage, einen adelsgleichen Lebensstil zu führen. Ihre Unfreiheit ging in diesem Prozess in der Regel verloren. Prominente Beispiele aus unserem Raum sind Markward von Annweiler und die Familie von Bolanden. Markward war einer der Schlüsselfiguren der sizilianischen Politik Kaiser Heinrichs VI. Als Dank für seine Dienste schenkte ihm Heinrich 1195 die Freiheit und verlieh ihm die Herzogtümer von Ravenna und Romagna sowie der Mark von Ancona, später noch die Grafschaften von Abruzzen und Molise. 1202 starb Markward wahrscheinlich an der Ruhr. Nicht ganz so spektakulär, aber kaum weniger bemerkenswert und vor allem von längerer Dauer war der Aufstieg der Bolandener im Gefolge Friedrichs I. Barbarossa. Ihre vor allem in der Pfalz zwischen den Flüssen Pfrimm und Nahe konzentrierten Besitzrechte erreichten einen solchen Umfang, dass um 1185 Werner von Bolanden gar ein Lehenbuch anlegen ließ. Dort finden sich neben Kaiser Friedrich noch die Namen von 44 weiteren Lehnsherren Werners.[5] Unfreiheit dürfte Werner kaum gespürt haben. Aus dem Diener (*ministerialis*) war de facto ein Herr (*dominus*) geworden.

Auch für den alteingesessenen Adel konnte das Königtum eine Option sein, die eigenen Interessen zu wahren. Die Grafen von Leiningen (Lkr. Bad Dürkheim) jedenfalls entschieden sich in der zweiten Hälfte des 12. Jahrhunderts für eine verhältnismäßig enge Anbindung an das Königtum. Regelmäßig sind sie am Königshof zu finden, auch dann, wenn er sich nicht in der Region aufhielt. Allerdings stehen die Leininger keinesfalls paradigmatisch für die gräflichen Familien der Gegend um Rhein, Main und Neckar. Die Königsnähe war eine Möglichkeit, keine Notwendigkeit der politischen Ausrichtung (Abb. 2). Das zeigen die Leininger selbst. Denn betrachtet man ihr Verhalten in der ersten Hälfte des 12. Jahrhunderts und sieht ihre Nähe zum Mainzer Erzbischof, wird deutlich, dass es neben dem Königtum noch einen weiteren Bezugspunkt für den lokalen Adel gab: die Fürsten. Auf ihnen liegt im Folgenden das Hauptaugenmerk.

Was einen Fürst eigentlich ausmacht, ihn als solchen kennzeichnet, ist für das Hochmittelalter eine gar nicht so leicht zu beantwortende Frage. Eine ganz eindeutig definierte Gruppe, die rechtlich und sozial vom übrigen Adel klar abgeschichtet gewesen wäre, bildeten die Fürsten lange Zeit nicht. Auch im 12. Jahrhundert war die Situation noch nicht frei von Ambivalenzen. Allerdings wurden nun die Weichen für eine Abschichtung gestellt. Ein Merkmal dieser Entwicklung ist der Titel des Reichsfürsten, des *princeps imperii*, der zwar im 12. Jahrhundert keineswegs neu war, aber unter Barbarossa eine zunehmende Exklusivität gewann – ein Vorgang, der vor allem durch die kaiserliche Kanzlei selbst befördert wurde. Die prominente Stellung der Reichsfürsten im Ordnungsgefüge des Reichs können wir im letzten Viertel des 12. Jahrhunderts anhand des Prozesses Friedrichs I. Barbarossa gegen Heinrich den Löwen, Herzog von Sachsen und Bayern, greifen. 1180 wurde Heinrich in Gelnhausen seiner vom König erhaltenen Lehen, also der Herzogtümer Sachsen und Bayern, für verlustig erklärt.[6] Heinrich verlor damit auch seinen Status als Reichsfürst und wurde auf den Rang eines einfachen Edelfreien reduziert. Ein herber Abstieg, wie die 1181 auf einem Erfurter Hoftag geführten Diskussionen zeigen. Hier ging es, so der Chronist Arnold von Lübeck, hauptsächlich um die Frage der Wiedereinsetzung Heinrichs in den Stand seiner früheren Ehren (*ad statum pristini honoris*). Seine Rückkehr in den Kreis der Reichsfürsten verhinderten schließlich die Fürsten. Sie ließen Barbarossa einen Eid schwören, dass der vormalige Herzog nicht eher in seinen ehemaligen Rang (*in gradum pristinum*) eingesetzt werden dürfe, bevor er nicht allen Genüge getan habe.[7] Reichsfürsten erscheinen hier also explizit als eine Gruppe, deren *status* und *gradus* sich zumindest im Verhältnis zu Edelfreien deutlich abhebt.

Der Prozess gegen Heinrich macht auch auf ein weiteres Merkmal des Reichsfürsten aufmerksam: die enge Bindung an den König. Der Reichsfürst erhielt sein Fürstentum aus der Hand des Königs und leistete dafür den Treueid. In der Tat machte dieses Ritual den Belehnten erst zum Reichsfürsten. Symbolisiert wurde das Fürstentum in der Regel durch eine oder mehrere Fahnen, die dem zukünftigen Fürsten beim Lehnakt durch den König übergeben wurden. Deshalb sprachen schon die Zeitgenossen hier von Fahnlehen.

Neben den etwas über 20 weltlichen Reichsfürsten gab es die sehr viel zahlreichere Gruppe der geistlichen Reichsfürsten (ca. 90), vornehmlich Bischöfe, aber auch die Äbte der Reichsabteien. Für sie galten grundsätzlich die 1122 im Wormser Konkordat erarbeiteten Regeln.[8] Hatten bis dahin die salischen Könige den

2 Der sogenannte Onyx von Schaffhausen gilt als schönstes Kleinod der Stauferzeit und bezeugt die hohe Aufmerksamkeit, die Friedrich II. seinen Gefolgsleuten entgegenbrachte. So erhielt vermutlich Graf Ludwig III. von Frohburg einen aufwändigen Fürspan als Geschenk für seine Dienste im Gefolge des Kaisers in Italien, Oberrhein (Straßburg?), um 1230 – 1240, Schaffhausen, Kanton Schaffhausen Museum zu Allerheiligen, Inv. Nr. 16375

Anspruch gestellt, den Bischof in sein Amt zu investieren, mithin die völlige Kontrolle über Amt und Bistum zu haben, so legte das Konkordat als Ergebnis heftiger Auseinandersetzungen zwischen Kirche und Königtum fest, dass die Wahl des Bischofs kanonisch, das heißt gemäß des kirchlichen Rechts, in Gegenwart des Königs erfolgen solle. Für den Fall, dass sich die Wähler nicht auf einen Kandidaten einigen könnten, lag die Entscheidungsmacht beim König. Der Erwählte sollte dann nicht wie bisher durch den König, sondern durch die zuständige kirchliche Instanz in sein Amt investiert werden. Dem König kam lediglich die Aufgabe zu, dem neuen Bischof die weltlichen Besitzungen des Bistums, die Temporalien, zu verleihen. Im Gegenzug erhielt er den Treueid des Bischofs. Die Übertragung der Temporalien wurde durch ein Szepter symbolisiert. Analog zu den Fahnlehen bei den weltlichen Reichsfürsten spricht man hier deshalb von den Szepterlehen (Abb. 3).

Im Gebiet zwischen Speyer und Mainz gab es in dem hier behandelten Zeitraum bis zu fünf Fürstentümer. Vier davon waren geistlich: das Erzbistum Mainz und seine Suffragane Worms und Speyer sowie die Reichsabtei Lorsch. Während Lorsch in der ersten Hälfte des 13. Jahrhunderts unterging, etablierte sich die Pfalzgrafschaft bei Rhein in der zweiten Hälfte des 12. Jahrhunderts als einziges weltliches Fürstentum in diesem Raum.

Im Wettbewerb um Herrschaft hatten diese fünf Fürstentümer eine jeweils sehr unterschiedliche Fortune. In den Bistümern Worms und Speyer wurde die Entwicklung stark durch den staufischen Herrschaftsausbau geprägt. Die Staufer nutzten Lehen der Hochstifte, so genannte Kirchenlehen, und das Amt des Kirchenvogts, das heißt die Vertretung des Bischofs in den weltlichen Angelegenheiten und die damit verbundene Ausübung wichtiger Herrschaftsrechte (z. B. Hochgerichtsbarkeit), als Instrumente, um eigene Positionen auszubauen. In Speyer übernahmen sie in den 1170er Jahren die Vogtei und gelangten dadurch in den Besitz einer ganzen Reihe von Rechten und Gütern des Bistums. In Maulbronn zum Beispiel lösten die Staufer den Speyerer Bischof als Schutzherrn des Zisterzienserklosters ab. Waren der Expansion Speyers somit relativ enge Grenzen gesetzt, gelang es dem Bistum immerhin, seine älteren Besitzungen um Speyer, an der Mittelhaardt um den Bienwald und um Bruchsal zu wahren.

Noch sehr viel stärker als Speyer spürte Worms die Präsenz der Staufer und spielte in Folge als territorialer Machtfaktor keine wesentliche Rolle mehr im Konzert der Großen. Im Westen bauten die Staufer die Besitzungen um Kaiserslautern auf Kosten wormsischer Positionen aus; im Osten etablierten sie die Pfalz Wimpfen auf Lehen des Bistums (Abb. 4). Dabei ist keinesfalls von einem grundsätzlichen Antagonismus zwischen Bischof und König auszugehen. Das Wimpfener Engagement zum Beispiel begann in einer Phase (1171 – 1217), die als „Höhepunkt im Bündnis zwischen Königtum und Wormser Bischof" (Hubertus Seibert) bezeichnet wurde. Das Bistum dürfte gehofft haben, mit dem König einen wirksamen Schutz gegen die Ambitionen des lokalen Adels gefunden zu haben. Seine Bischöfe Konrad II., Heinrich I. und Lupold waren in dieser Zeit regelmäßig für König und Reich im Einsatz. Wie sehr die Verbindung zum Königtum als Auszeichnung und keinesfalls als Bürde betrachtet wurde, zeigt sich auch in dem in der zweiten Hälfte des 12. Jahrhunderts ausgeführten Umbau des Wormser Doms (vgl. S. 206, Abb. 7): Das Nordportal wurde zum Kaiserportal umgestaltet; der Einzug des Kaisers in die Kirche des Wormser Bischofs sollte in einem ihm angemessenen, ehrerbietenden Rahmen stattfinden können. Die Nähe zum König schien sich 1212 auch in Land auszuzahlen, sicherte Friedrich II. doch Bischof Lupold wegen seiner großen Verdienste urkundlich den Verzicht auf alle Wormser Kirchenlehen zu.[9] Damit war auch die Gegend um Wimpfen wieder in der Hand des Bischofs. Doch waren die Entwicklungen zu weit voran geschritten, als dass man sie mit einem Federstrich hätte rückgängig machen können, zumal Friedrich selbst nicht wirklich an einer dauerhaften Rückgabe interessiert war. 1220 erlangte er mit Nachdruck seine Wiederbelehnung durch den Wormser Bischof Heinrich II. (1217 – 1234).

Aber nicht nur an den Flügeln des Wormser Gebiets waren die Staufer präsent, sondern auch in dessen Kern. Zwischen 1115/1116 und 1125 hatten sie die Stiftsvogtei erhalten, die sie zunächst an die Grafen von Saarbrücken verlehnten. Als 1168 Friedrich I. Barbarossa die Grafen entmachtete, entzog er ihnen wohl auch die Vogtei. Er übertrug sie seinem Halbbruder Konrad, Pfalzgraf bei Rhein. Konrad war eine Schlüsselfigur in Friedrichs Bestreben, die staufische Position am Oberrhein zu etablieren und auszubauen. Als Konrad 1156 von Friedrich das Pfalzgrafenamt übertragen bekam, hielt er aus dem salischen Erbe schon beträchtliche Besitzungen im Wormser Raum. Die Vogtei war hier eine willkommene Ergänzung. Darüber hinaus besaß Konrad auch die Vogtei des reich begüterten Klosters Lorsch. Seine Frau Irmgard von Henneberg hatte hierauf Ansprüche, die wohl mit Hilfe des Kaisers geltend gemacht werden konnten. 1184 schließlich erhielt Konrad von Friedrich noch die Schirmherrschaft über das im Odenwald gelegene Zisterzienserkloster Schönau, eine ursprünglich Wormser Gründung. Da mit dem Pfalzgrafenamt selbst Mitte des 12. Jahrhunderts keine größeren Besitzungen verbunden waren – Konrad übernahm von seinem Vorgänger Hermann von Stahleck lediglich die mittelrheinischen Standorte Bacharach und Burg Stahleck –, erhielt die Pfalzgrafschaft so gewissermaßen en passant als Ergebnis staufischer Herrschaftsbildung ihre territoriale Verankerung am Ober- und Mittelrhein. Ein neuer, weltlicher Fürst erweiterte so die Gruppe der alteingesessenen Kirchenfürsten.

In diesem Prozess der Herrschaftsbildung nutzte Konrad auch ein anderes für die Politik der Staufer typisches Mittel: die Stadt. Sprichwörtlich wie der Burgenbau wurden die staufischen Städtegründungen zwar nicht – was aber vielleicht einzig und allein daran liegt, dass mit Otto von Freising unser auskunftsfreudigster Gewährsmann bereits 1158 verstarb. Eindrucksvoll und nachhaltig war diese Politik trotzdem. Allein im Kraichgau gehen die Städte Sinsheim, Eppingen, Heidelsheim, Waibstadt und das schon erwähnte Wimpfen am Berg auf die Staufer zurück. Am südlichen Rand der hier betrachteten Region sind Ettlingen, Durlach und

3 Darstellung der Königserhebung im Sachsenspiegel des Eike von Repgow (1. – 3. Reihe oben). Als vornehmster weltlicher Reichsfürst und Truchsess wählt der Pfalzgraf bei Rhein nach den Erzbischöfen von Köln, Mainz und Trier, aber vor dem Herzog von Sachsen als Marschall und dem Markgrafen von Brandenburg als Kämmerer. In der letzten Szene (unten) verleiht der Kaiser das Szepter an die geistlichen Fürsten und die Fahne an die weltlichen Fürsten, Heidelberger Bilderhandschrift des Sachsenspiegels, Ostmitteldeutschland, Anfang 14. Jahrhundert, Heidelberg, Universitätsbibliothek, Cod. Pal. Germ. 164, fol. 21r

4 Bad Wimpfen, Pfalz, Östlicher Bergfried (Roter Turm) und Nürnberger Türmchen. Die Anlage wurde vor 1200 auf Wormser Kirchengut errichtet und wurde zu einem bevorzugten Aufenthaltsort König Heinrichs (VII.)

Pforzheim aufzuführen, von den elsässischen Gründungen ganz zu schweigen. Auch wenn diese neuen Städte vielfach an bereits bestehende Siedlungen anknüpften, so veränderten diese Stützpunkte staufischer Herrschaft doch die Landschaft an Ober- und Mittelrhein. Wenn sich Pfalzgraf Konrad also dazu entschied, am unteren Neckar Heidelberg zum herrschaftlichen Zentralort seiner rechtsrheinischen Besitzungen zu machen, so lag er damit gänzlich im Trend der Zeit. Dass dies auf Wormser Lehen geschah, unterstreicht noch einmal die Bedeutung der Kirchenlehen für den Aufbau staufischer, in diesem Fall pfalzgräflicher Herrschaft. Ob Heidelberg dabei schon unter Konrad das Stadtrecht erhielt, ist in der Forschung umstritten. Hierfür werden mit guten Gründen auch die Nachfolger Konrads in der Pfalzgrafschaft, ab 1195 die Welfen und dann ab 1214 die Wittelsbacher, erörtert. Diese wohl kaum endgültig zu klärende Diskussion unterstreicht in jedem Falle die kontinuierliche Bedeutung, die den Städten als Mittel der Herrschaftsentfaltung beigemessen wurde. Die Debatte um die Anfänge Heidelbergs zeigt auch, dass der Wechsel der Pfalzgrafschaft von Konrad auf seinen Schwiegersohn, den Welfen Heinrich von Braunschweig, und dann wiederum auf Heinrichs Schwiegersohn Otto II. von Bayern bzw. bis zu dessen Volljährigkeit auf Ottos Vater Herzog Ludwig II., keine radikalen Brüche für die herrschaftliche Entwicklung der Pfalzgrafschaft bedeutete. Die Interessen in den jeweiligen angestammten Gebieten im heutigen Niedersachsen bzw. in Bayern waren kein Hindernis für die Konsolidierung bzw. den Ausbau der Pfalzgrafschaft.

Die erfolgreiche Politik der Pfalzgrafen stieß bei ihren nördlichen Nachbarn, den Erzbischöfen von Mainz, auf wenig Gegenliebe. Spielte das Erzbistum in der zweiten Hälfte des 12. Jahrhunderts keine große Rolle im Wettstreit um Land, Leute und Ressourcen, musste es quasi aus der Ferne den Aufstieg der Pfalzgrafen beobachten, so änderte sich dies zu Beginn des 13. Jahrhunderts. Erzbischof Siegfried II. von Eppstein wandte sich mit großer Zielstrebigkeit und Energie der Konsolidierung und dem Ausbau der Mainzer Herrschaft zu. Anders als seine Amtskollegen in Worms und Speyer etablierte er seine Kirche unter den dominierenden Herren der Region. Doch die Pfalzgrafschaft machte ihm dabei schwer zu schaffen. Die gegensätzlichen territorialen Interessen beider Fürsten zeigten sich schließlich im Kampf um Lorsch, das fünfte Fürstentum zwischen Rhein, Main und Neckar.

Das alte, in die Karolingerzeit zurückreichende Reichskloster Lorsch verfügte auch noch gegen Ende des 12. Jahrhunderts über Besitzungen, die von Chur im Süden den Rhein entlang bis nach Nimwegen reichten und ihre größte Konzentration rechtsrheinisch zwischen Mannheim und Heidelberg sowie linksrheinisch zwischen Bingen, Mainz und Frankfurt aufwiesen. Aber anstatt daraus selbst Kapital zu schlagen, geriet die Abtei zunehmend unter Druck der expandierenden Nachbarn. Es war dabei ein schwacher Trost, dass aus Sicht des Klosters Pfalzgraf Konrad im Vergleich zu Friedrich I. Barbarossa das kleinere Übel war. Denn Konrad nutzte, wie gesehen, die Vogtei intensiv, um seine eigenen Positionen auszubauen. Alte Lorscher Märkte wie Weinheim oder wohl auch Walldorf kamen so an die Pfalzgrafen und eine Reihe von Lorscher Ministerialen wechselten an den pfalzgräflichen Hof. Die Abtei nahm diese Entwicklung nicht kampflos hin und versuchte sich über Privilegien Papst Alexanders III. zu schützen, die ihnen ihre Besitzungen, die freie Abtswahl und das Tragen bischöflicher Rangabzeichen wie Ring und Mitra garantierten.[10] Weitere Hoffnung versprach eine 1212 von Friedrich II. ausgestellte Urkunde, die die Rückgabe aller Güter Lorschs, die sich in königlichen Händen befanden, zusicherte.[11] Doch das Versprechen war eine Sache, die Umsetzung eine andere. Friedrichs Zusagen vermochten den Griff des Pfalzgrafen nicht entscheidend zu lockern. Dies provozierte mittelfristig das Eingreifen des Mainzer Erzbischofs. Eher besorgt um seine eigene Stellung als die des Klosters, ging Siegfried II. von Eppstein auf mehreren Ebenen gegen die pfalzgräfliche Präsenz auf Lorscher Gut vor. Vor Ort brachte er die Starkenburg, die zentrale Burg der Lorscher Herrschaft rechts des Rheins, in seine Gewalt. Vom König wiederum ließ er sich die Nutzung der königlichen Rechte in Lorsch zusichern. Und beim Papst schließlich gelang es ihm und seinem Nachfolger auf dem Mainzer Stuhl, seinem Neffen Siegfried III. von Eppstein, die klösterliche Lebensweise der Lorscher Mönche derart zu diskreditieren, dass der Papst die Abtei unter erzbischöfliche Aufsicht stellte. Als eine 1231 von Bischof Konrad II. von Hildesheim durchgeführte Visitation, d.h. ein Kontrollbesuch, der Abtei ein vernichtendes Urteil über die Einstellung und Lebensweise der Mönche ausstellte (ob zu Recht oder zu Unrecht, ist heute schwierig einzuschätzen), war das Schicksal von Lorsch besiegelt. Ein Jahr später übertrug Papst Gregor IX. das Kloster der Mainzer Kirche. In seiner Bestätigung dieses Vorgangs sprach Kaiser Friedrich II. davon, dass Lorsch aufgrund seines inneren wie äußeren Verfalls den Rang eines Reichsfürstentums verloren habe.[12] Damit war das Reichsfürstentum Lorsch erloschen. Aus fünf waren nun wieder vier Fürstentümer der Rhein-Main-Neckarregion geworden. 1247 schließlich verglichen sich Erzbischof und Pfalzgraf. Gegen einige Entschädigungen behielt der Pfalzgraf die Vogteigewalt über die Güter der Abtei.[13]

Die hier angerissenen territorialen Auseinandersetzungen zwischen dem Erzbischof von Mainz und dem Pfalzgrafen bei Rhein waren eine Facette des Ringens um Vorrang in der noch lange nicht festgefügten politisch-sozialen Ordnung an der Spitze des Reichs. Diese Ordnung beruhte auf einem Zusammenspiel von König und den ihn wählenden Fürsten. Der König regierte als monarchische Spitze im Konsens mit seinen Fürsten das Reich, für das sie beide Verantwortung trugen – so zumindest die (königliche) Idealvorstellung. Barbarossa inszenierte dies kunstvoll auf seinen zahlreichen Hoftagen, zu denen er die Großen des Reichs zusammenrief. Besonders häufig veranstaltete Friedrich solche Hoftage in der Gegend von Rhein, Main und Neckar. Vor allem Worms, aber auch Mainz und Speyer waren Orte der Zusammenkunft des Reichs. Der prächtigste aller Hoftage fand zweifellos in Mainz an Pfingsten 1184 statt. In Gegenwart zahlreicher Magnaten aus allen Teilen des Reichs nördlich der Alpen sowie prominenter auswärtiger Gäste hielt der Kaiser Hof. Die Dimensionen des Tages, auf dem unter anderem die Söhne des Kaisers zu Rittern geschlagen wurden, waren außergewöhnlich. Der Chronist Gislebert von Mons glaubte sie nicht anders in Worte fassen zu können als von der astronomischen Zahl von 70 000 anwesenden Rittern zu sprechen.[14] Hoftage wie in Mainz präsentierten aber nicht nur das Reich in seiner Gesamtheit, sie führten auch dazu, die Rangordnung unterhalb der Fürsten zu gestalten. Spätestens beim gemeinsamen Mahl wurde deutlich, wer welche Position im Reich einnahm. Dass es dabei in Anbetracht eines fehlenden Protokolls durchaus zu Auseinandersetzungen kommen konnte, überrascht nicht weiter. Auch in Mainz gab es Streitigkeiten. In diesem Fall stritten sich der Erzbischof von Köln und der Abt von Fulda um den linken Platz neben dem Kaiser und damit um den insgesamt dritthöchsten Platz. Während der Fuldaer Abt mit seinem althergebrachten Recht argumentierte, führte der Kölner Erzbischof die jüngere Praxis an, nach der er diesen Platz innehatte, und er argumentierte mit seinem Dienst an König und Reich. Dieser Streit, den Barbarossa schließlich zugunsten des Kölners entschied,[15] macht deutlich, dass überkommene Rechte alleine nicht ausreichten, den beanspruchten Rang auch einnehmen zu können. Er musste immer wieder neu errungen, in jeder Generation aktualisiert werden. Königsnähe, wie hier vom Kölner Erzbischof ins Feld geführt, war dabei von Vorteil.

Unter den Reichsfürsten der Rhein-Main-Neckarregion hatte der Erzbischof von Mainz die besten Voraussetzungen, sich im Wettstreit um Vorrang zu behaupten. Als Primas der Erzbischöfe im Reich waren seine Ansprüche auf den ersten Platz nach dem König in hohem Maße institutionalisiert und konnten auf eine lange Tradition blicken. In seinem direkten Rangumfeld waren es insbesondere die Erzbischöfe von Köln und gelegentlich Trier, die ihm Konkurrenz machten. Gemeinsam zählten sie schon im ersten Drittel des 13. Jahrhunderts zu den bevorrechteten Wählern, den Kurwählern bei einer Königswahl. In der Folgezeit entwickelte sich dieses Vorrecht zu einem Exklusivrecht, das sie nur noch mit vier weltlichen Wählern, darunter auch dem Pfalzgraf bei Rhein, teilen mussten. Bistümer wie Worms und Speyer waren für Mainz dann schon lange keine Konkurrenz mehr. Die beiden Mainzer Suffragane waren nicht in der Lage, Vorrang auf Dauer zu stellen. Allenfalls ein einzelner Bischof wie Lupold, der zu Beginn des 13. Jahrhunderts mit dem Wormser Stuhl, dem Mainzer Erzbistum und der Lorscher Abtei drei Fürstentümer zumindest für eine kurze Zeit in seiner Hand vereinigte, konnte durch hervorragenden Einsatz für den König quasi eine gewichtige Stellung erlangen (Abb. 5).

Sehr viel erfolgreicher erwies sich hingegen der Pfalzgraf bei Rhein in der Institutionalisierung seines Ranges. Eine präzise Analyse der Genese seiner schon um 1200 prominenten Position ist heute kaum mehr möglich, aber folgende Faktoren scheinen im Zusammenwirken hierfür eine wichtige Rolle gespielt zu haben: 1.) Im 12. Jahrhundert sind Bestrebungen von Seiten des Königtums erkennbar, den Amtscharakter der Pfalzgrafschaften (außer der bei Rhein gab es im 12. Jahrhundert noch die von Bayern, Sachsen und Schwaben) zu stärken und dadurch ihre Bindung an das Königtum zu kräftigen. Die Funktion des Amts ist dabei nicht klar zu bestimmen. Bedenkt man aber, dass Pfalzgrafen gelegentlich als königliche Vögte nachweisbar sind, so fällt es nicht schwer, sich vorzustellen, dass das Pfalzgrafenamt leicht mit königlicher Autorität assoziiert wurde. 2.) Anders als in den Gebieten der Pfalzgrafen von Schwaben, Sachsen und Bayern gab es im angestammten lothringisch-fränkischen Gebiet des rheinischen Pfalzgrafen keinen Herzog, der ihm übergeordnet gewesen wäre bzw. seine Entfaltungsmöglichkeiten eingeschränkt hätte. Hier war es der Pfalzgraf selbst, der herzogliche Funktionen übernahm und schließlich als herzogsgleich betrachtet wurde. Der Titel eines Pfalzgrafen bei Rhein wurde gleichbedeutend mit dem Titel eines Herzogs. 3.) Mit Konrad von Staufen (Kat.-Nr. IV.A.5.1) erhielt der Halbbruder des Kaisers das

5 Siegel Bischof des Wormser Bischofs Lupold von Schönfeld an einer Urkunde für den Kustos von St. Paul vom 19. März 1197, Darmstadt, Hessisches Staatsarchiv, A 2 Nr. 255/24

Amt. Konrad brachte somit einen sehr hohen persönlichen Rang in seine neue Position ein und wertete das pfalzgräfliche Amt damit weiter auf. Auch dürfte durch ihn der Aspekt der königlichen Stellvertretung durch den Pfalzgrafen – selbst wenn Konrad mehr als einmal mit Friedrich I. Barbarossa in Konflikt geriet – an Gewicht gewonnen haben. Gegen Ende des 12. Jahrhunderts jedenfalls zählte Konrad zu den vornehmsten Fürsten im Reich; der gut informierte englische Chronist William of Newburgh berichtet gar, dass von Konrad gesagt werde, er habe nach dem Kaiser das höchste Ansehen, den höchsten Rang im Reich (*in imperio summae post imperatorem amplitudinis*).[16]

Wie sehr das Gewicht des Pfalzgrafen wog, zeigen auch die Auseinandersetzungen anlässlich der Doppelwahl von 1198, als mit dem Staufer Philipp von Schwaben und dem Welfen Otto zwei Könige gewählt wurden. Die an Zahl unterlegenen Anhänger Ottos argumentierten unter anderem damit, dass die Wahl Philipps ungültig sei, weil bestimmte Wähler nicht daran teilgenommen hätten. Pfalzgraf Heinrich, Schwiegersohn und Nachfolger des 1195 verstorbenen Konrads, gehörte genauso zu dieser Wählergruppe wie der Erzbischof von Mainz.[17]

Für Heinrich war die Pfalzgrafschaft zunächst wichtiger als er für die Pfalzgrafschaft. Sie machte ihn zum Reichsfürsten. Diese Bedeutung der Pfalzgrafschaft für Heinrich war, wenn man Arnold von Lübeck glauben schenken darf, auch der Grund dafür, warum Heinrich schließlich auf die Seiten Philipps wechselte: Bei weiterer Unterstützung Ottos drohte Philipp ihm mit dem Verlust der Würde des Pfalzgrafenamts.[18] Als Otto aber 1208 nach der Ermordung Philipps unangefochten die Herrschaft im Reich übernahm, konnte Heinrich nun seinerseits die pfalzgräfliche Würde stützen. Er war nun, ganz ähnlich wie sein Vorgänger Konrad, Bruder des von allen anerkannten Königs und zukünftigen Kaisers und vereinte damit hohen persönlichen Rang mit hoher Amtswürde. Gleich zu Beginn von Ottos Herrschaft zeigte sich diese neue, hervorragende Position Heinrichs. Auf einem 1209 in Würzburg abgehaltenen prächtigen, von zahlreichen Fürsten besuchten Hoftag Ottos saß Heinrich zur Rechten des Königs und damit auf dem vornehmsten aller Plätze.[19] Ottos Glück war allerdings von kurzer Dauer. 1212 wählten seine Gegner Friedrich II., den Sohn Kaiser Heinrichs VI., zum König. Zwei Jahre später hatte sich Friedrich durchgesetzt. Auch der welfische Zugriff auf die Pfalzgrafschaft ging zu dieser Zeit verloren. 1214 verlieh Friedrich II. die Pfalzgrafschaft Herzog Ludwig I. von Bayern. Diesmal war der Pfalzgraf dem König zwar nicht durch brüderliche Bande verbunden, doch übte Ludwig zumindest bis Friedrichs Rückkehr nach Italien 1220 eine Politik der konsequenten Herrschernähe aus. Wir finden ihn regelmäßig am Hof des Königs und dort dürfte er, der Inhaber zweier Fürstentümer, eine quasi überfürstliche Rolle ausgeübt haben. Es war deshalb nur folgerichtig, dass er nach der 1220 erfolgten Wahl von Friedrichs minderjährigem Sohn Heinrich zum römischen König und Friedrichs Abzug nach Italien eine führende Rolle in den Reichsgeschäften übernahm. Nach der Ermordung des Regenten, des Kölner Erzbischofs Engelbert 1225, übernahm Ludwig selbst diese Funktion. Den zu dieser Zeit erreichten Institutionalisierungsgrad des Vorrangs des Pfalzgrafen lässt der Sachsenspiegel des Eike von Repgow, eine zwischen 1220 und 1235 zunächst für den privaten Gebrauch verfasste Rechtssammlung, erahnen. Hier wurde dem Pfalzgrafen die erste Stimme unter den weltlichen Königswählern und das Richteramt über den König zugesprochen.[20] Anders formuliert: Der Pfalzgraf begegnet uns hier als der vornehmste Laienfürst im Reich (Abb. 3).

Die Regierungszeit Friedrichs II. akzentuierte die tragende Rolle der Fürsten im Reich. Maßgeblich trug dazu Friedrichs Entscheidung bei, seinen zehnjährigen Sohn Heinrich (VII.) 1220 zum König wählen zu lassen. Schon die Wahl selbst brachte zumindest den geistlichen Reichsfürsten Vorteile. Als Gegenleistung für ihre Stimmen erhielten sie von Friedrich das von der Forschung als *Confoederatio cum principibus ecclesiasticis* bezeichnete Privileg, das ihnen umfassende (Schutz-)Rechte zusicherte. So wurde unter anderem bestimmt, dass die Stellung des Vogts nicht dazu benutzt werden dürfe, den Gütern der Kirche zu schaden; auch sollte weder die Vogtei noch irgendwelche anderen Vorwände dazu benutzt werden, Burgen- und Städtebau auf kirchlichem Grund zu rechtfertigen.[21] Es ging hier also genau um die Instrumentarien, mit denen die weltlichen Großen, allen voran das Königtum selbst, ihre Herrschaftsbildungen auf Kosten der Kirchenfürsten mit großem Erfolg vorangetrieben hatten.

Nach der Wahl Heinrichs betonte die Regentschaft die Verantwortlichkeit der Fürsten für das Reich. Mit dem Bruch aber zwischen Heinrich und Pfalzgraf Ludwig im Jahre 1228 und dem Versuch des nun achtzehnjährigen Königs, selbstständig zu regieren, scheint sich die Rolle der Fürsten in den täglichen Reichsgeschäften vermindert zu haben. Zumindest finden sie sich kaum noch in der Umgebung des jungen Königs. An die Stelle eines Miteinanders trat ein intensives Konkurrenzverhalten. Heinrich hatte dabei mittelfristig die schlechteren Karten, zumal Friedrich ihm die Unterstützung versagte und den Ausgleich mit den Fürsten suchte. 1231 musste Heinrich den geistlichen und weltlichen Fürsten in einem Privileg erhebliche Zugeständnisse machen. In dem in

Worms ausgestellten Dokument ging es vor allem um den Schutz der Fürsten vor königlichem Herrschaftsausbau. Insbesondere die königlichen Städte sollten nicht weiter expandieren oder durch Neugründungen fürstliche Herrschaften beeinträchtigen.[22] 1232 bestätigte Friedrich II. in Cividale (Friaul) dieses Privileg mit leichten Änderungen in dem so genannten *Statutum in favorem principum* (Kat.-Nr. VI.A.3). Die Arenga des *Statutum* machte dabei die Regierungskonzeption Friedrichs in Bezug auf das Verhältnis zwischen Kaiser und Fürsten deutlich: „Unser erhabener Kaiserthron wird erhöht und die wesentlichen Kräfte des Reiches ordnen wir dann in vollem Recht und Frieden, wenn wir mit gebührender Umsicht auf die Rechte unserer Fürsten und Großen schauen; denn – wie auf stattlichen Gliedern das Haupt ruht – erhält unser Kaisertum von ihnen Kraft und Stärke, und der gewaltige Bau kaiserlicher Herrlichkeit führt und fordert diejenigen, von deren Schultern sie gestützt und getragen wird."[23]

In dieser hierarchischen Gemeinschaft von Kaiser und Fürsten sah Heinrich keinen Platz für sich und begab sich in aktive Opposition zu seinem Vater. Als Friedrich aber 1235 über die Alpen ins Reich kam, zerstreute sich die Anhängerschaft Heinrichs rasch. Der junge König suchte deshalb die väterliche Gnade und zog ihm nach Wimpfen entgegen. Friedrich aber weigerte sich ihn zu empfangen, vielleicht weil Heinrich sich geweigert hatte, ihm die Burg Trifels zu überlassen. Stattdessen ließ er seinen Sohn nach Worms führen, um ihn, so berichtet ein Chronist, an jenem Ort, den Heinrich kurz zuvor mit Waffengewalt zu nehmen versucht hatte, um so mehr zu erniedrigen.[24] In Worms musste sich Heinrich öffentlich vor Friedrich in den Staub legen, sein Amt resignieren und ihm die Reichsinsignien aushändigen. Anschließend setzte Friedrich Heinrich gefangen und ließ ihn in die Obhut Pfalzgraf Ottos II. geben, Sohn des 1231 ermordeten Ludwig I.

Wimpfen, Worms, Trifels: Deutlich tritt die Bedeutung des Raumes zwischen Ober- und Mittelrhein, zwischen Main und Neckar für das Königtum zu Tage. Hier wurden die Entscheidungen getroffen, hier wurden die politischen Weichen gestellt und hier wurden die Aushandlungsprozesse geführt. Es war dann auch in Mainz, dass der Kaiser im selben Jahr einen prächtigen, allseits notierten Hoftag abhielt, auf dem die Wiederherstellung der Ordnung des Reichs zur Debatte stand (*pro reformatione tocius terre status*).[25] In ganz prägnanter Weise wurde hier der Glanz und die Herrlichkeit des Herrschers und seine Gemeinschaft mit den Fürsten inszeniert. Gemeinsam beschlossen sie einen Reichslandfrieden, der die in den letzten Jahren doch empfindlich gestörte Ordnung wieder herstellen und das Vertrauen in den Kaiser als obersten Hüter und Stifter des Rechts wieder stärken sollte (Kat.-Nr. VI.A.4).[26] Ebenfalls in Mainz erhob Friedrich Otto von Braunschweig zum Reichsfürsten; ein Vorgang, der das im *Statutum* beschriebene Bild der hierarchischen Gemeinschaft von Kaiser und Fürsten anschaulich machte, es einübte. Der Kaiser empfing in Gegenwart der Reichsfürsten von dem vor ihm auf dem Boden knienden Otto dessen Eigen, vor allem die Burg Lüneburg, und verschmolz es mit Reichsgut, insbesondere der Stadt Braunschweig. Anschließend belehnte er Otto mit dem so neu geschaffenen Herzogtum Braunschweig-Lüneburg und nahm ihn in den Kreis der Reichsfürsten auf. Was in der Urkunde selbst etwas umständlich formuliert wird, nämlich, dass er als Kaiser die Aufgabe habe, „Männer, die Ehren gegenüber würdig sind und für die es nicht unverdient ist, zur Teilhabe an der Herrschersorge zugelassen zu werden, freigebig zu Glanz und Zierde mit dem Namen und Ehrentitel der Reichsherrschaft auszuzeichnen",[27] wird in der vierten Fortsetzung der Kölner Königschronik als öffentliche Inszenierung der Ordnung des Reichs präzise auf den Punkt gebracht: „Diesen Tag [der Erhebung Ottos] bat der Kaiser in allen Jahrbüchern zu verzeichnen, denn an ihm habe er das Reich gemehrt durch Einsetzung eines neuen Fürsten, welchem die Zustimmung aller Fürsten zu Teil wurde."[28] Dieses Bild einer Gemeinschaft bei gleichzeitiger klarer hierarchischer Ordnung dürfte von beiden, dem Kaiser und den Fürsten, dem Haupt und den Schultern, im Grundsatz getragen worden sein. Ein königloses Reich war auch für die Fürsten keine vorstellbare Alternative. Aber selbst Friedrich dürfte 1235 klar geworden sein, dass bei all der gelungenen Inszenierung seines Kaisertums, seines Vorrangs, die Schultern, auch und gerade in Person der beiden dominierenden Fürsten der Rhein-Main-Neckar-Region, des Erzbischofs von Mainz und des Pfalzgrafen bei Rhein, inzwischen ziemlich breit geworden waren. Die Königslandschaft war auf dem Weg, eine Fürstenlandschaft zu werden.[29]

1 Otto von Freising und Rahewin, Gesta Friderici, lib. I, cap. 12, S. 28.
2 Ebd., lib. II., cap. 26, S. 153.
3 Ermold der Schwarze, Carmen exulis in honorem gloriosissimi Pippini regis, S. 79 – 85, 82, Verse 89 – 92.
4 Otto von Freising und Rahewin, Gesta Friderici, lib. I., cap. 12, S. 28.
5 Sauer 1882, S. 13 – 37.
6 MGH D F I., Bd. 4, Nr. 795.
7 Arnold von Lübeck, Chronica Slavorum, S. 67.
8 MGH Const. 1, Nr. 107 und 108.
9 HB 1,1, S. 225 – 226.
10 Codex Laureshamensis, S. 450 – 452 = Chronik, Nr. 164 – 166.
11 Wie Anm. 9. Der Empfänger dieser Urkunde, Bischof Lupold von Worms, war zwischen 1200 und 1214 ebenfalls Abt von Lorsch.
12 HB 4, S. 326 – 329.
13 Schaab/Lenz 1998, Nr. 18.
14 Gislebert von Mons, Chronik, S. 156.
15 Arnold von Lübeck, Chronica Slavorum, S. 88 – 90.
16 William of Newburgh, Historia rerum Anglicarum, Bd. 1, S. 385.
17 Continuationes Weingartenses, S. 480.
18 Arnold von Lübeck, Chronica Slavorum, S. 226.
19 Ebd., S. 289 – 290.
20 Sachsenspiegel, III 52 § 4 und 57 § 2.
21 MGH Const. 2, Nr. 73.
22 Ebd., Nr. 304.
23 Ebd., Nr. 171 (zitiert nach der Übersetzung in: Weinrich 1977, Nr. 114).
24 Continuatio Funiacensis et Eberbacensis, S. 348.
25 MGH Const. 2, Nr. 197.
26 Ebd., Nr. 196.
27 Ebd., Nr. 197 (zitiert nach der Übersetzung in: Weinrich 1977, Nr. 120.)
28 Chronica Regia Coloniensis, S. 267.
29 Zum Thema vgl. Brinken 1974; Bönnen 2005a; Dahlhaus 1999; Doll 1969; Ehlers 1996; Ehlers 2008; Gallé/Peltzer/Schneidmüller/Weinfurter 2008; Gerlich 2001; Gerstner 1941; Goetz 1992; Hillen 1999; Jürgensmeier 2000; Keupp 2002; Kurmann/Zotz 2008; Paulus 2007; Plassmann 1998; Reinhard/Rückert 1998; Rödel 1963 – 1964; Rödel 2007; Rödel 2006; Rösener 2002; Schaab 1963 – 1964; Schaab/Schwarzmaier 2001; Schneidmüller 2000a; Seibert 1995; Spiess 1987; Spiess 2002; Toussaint 1982; Vollmer 1972 – 1988; Weinfurter 1998; Weinfurter 2005a; Weinfurter 2005b; Werle 1962.

1 Relief des Brescianer Stadtpatrons, des hl. Faustinus, Brescia, um 1250, Brescia, Musei Civici (ehemals: Brescia, Stadttor Porta Pile)

Irmgard Siede

„Hoch zu Ross“: Bischof, Stadtpatron und Podestà in Oberitalien

In den Musei Civici zu Brescia (Abb. 1) befindet sich ein Reiterrelief, das bislang von der mediävistischen Forschung kaum beachtet wurde. Durch die Beischrift *S · Faustinus* wird der Dargestellte als heiliger Faustinus identifiziert und damit als Stadtpatron von Brescia. Die Inschrift wurde aus paläographischen Gründen in die Mitte des 13. Jahrhunderts datiert. Dieselbe Datierung wird auch für den Reiter angenommen. Das Relief zeigt Faustinus in etwas plumper Darstellung auf einem sich nach links bewegenden Pferd. Der Bildhauer hat Zaumzeug und Sattel angedeutet; der Reiter steht in den Steigbügeln, die Zügel hält er in der Linken, während die Rechte übergroß und erhoben im Pacificatio- bzw. Adlocutio- oder Gruß-Gestus gezeigt wird. Da der Heilige keinen Nimbus trägt, bleibt einzig die Inschrift, um ihn als Stadtpatron zu erkennen. Diese Ikonographie des Heiligen „hoch zu Ross“ ist die seltenere; gab es doch vor allem Darstellungen von Faustinus als Diakon. Nach der Legende lebte Faustinus gemeinsam mit seinem Bruder Jovita in Mailand. Beide wurden dort von Bischof Apollonius zum Christentum bekehrt. Im Jahr 120 erlitten die beiden Brüder unter Kaiser Hadrian in Brescia durch Enthauptung das Martyrium. Bald entstand über ihrem Grab in Brescia ein Oratorium.

In der ersten Hälfte des 13. Jahrhunderts wurden in Brescia neue Stadtmauern errichtet. Diese Arbeiten der Kommune fanden unter dem Podestà Bonifacio da Bologna 1254 mit der Wiederherstellung der Porta Pile ihren Abschluss. Damals wurde das Relief des die Mauern der Stadt beschützenden Heiligen als Reiterfigur an dem Stadttor angebracht und zwar unmittelbar unter der Lünette, die den Namen des Bauherrn und eine Datierung trug. Die Porta Pile, auch als Porta S. Faustino bekannt, lag am nördlichen Ende der heutigen Via S. Faustino und war damit ein nördliches Stadttor; 1818 wurde sie abgerissen.[1] Eine erstmals 1624 überlieferte Legende sieht in dem Reiter den Dieb der heiligen Kreuze, der zu Pferde fliehen wollte, sich am nächsten Morgen jedoch wieder in Brescia befand und dort von der Stadt bestraft wurde. Diese Legende hat allerdings keinen historischen Ursprung. Der Anbringungsort des Reliefs in unmittelbarer Nähe des namentlich genannten Podestà und sein weiterer Kontext – es wurde zum Abschluss der von der Kommune 1237 – 1254 neu errichteten Stadtmauern eingemauert –, legen nahe, dass die Darstellung des Stadtpatrons als Reiter mit dessen Schutzfunktion der Kommune Brescia zu tun hat.[2]

Gehen wir zunächst den ikonographischen Vorlagen nach: Ein dem Typus nach verwandtes, jedoch nicht mehr erhaltenes gemaltes Bild eines Reiters mit Adlocutio-Gestus befand sich ebenfalls an einem Stadttor, nämlich außen am Rheintor in Basel.[3] Erhalten hingegen und typologisch dem Brescianer Relief ganz entsprechend ist die Reiterdarstellung am Nordturm des Großmünsters in Zürich (Abb. 2). Auch hier handelt es sich um einen Reiter, der nach links reitet. Er ist mit dem Schwert umgürtet und sitzt so im Sattel, dass er in den Steigbügeln zu stehen scheint. Der rechte Arm ist zur Adlocutio erhoben. Auffallend sind die Satteldecke, der Glockenschmuck am Geschirr des Pferdes und die beiden angehobenen Hufe, so als ob das Pferd trabt. Erstmals wird der Reiter im 16. Jahrhundert von Heinrich Bullinger erwähnt.[4] Eine Zeichnung von 1710 gibt das Reiterrelief exakt an der heutigen Stelle wieder, nämlich im dritten Geschoss des nördlichen Glockenturms. Die Türme gehörten der Stadt Zürich, waren daher mit dem weltlichen Leben der Stadt verknüpft. Die Identität des Reiters ist ungeklärt. Nach Reinle könne aus ikonographischen Gründen weder ein Heiliger, noch Konstantin der Große gemeint gewesen sein, sondern eher ein Herrschaftszeichen einer Pfalz oder ein Auftraggeber, wobei aus historischen Gründen Berchthold IV. von Zähringen in Frage käme.[5] Aufgrund stilistischer Beobachtungen wird diese Bildhauerarbeit in den Umkreis der Antelami-Werkstatt eingeordnet und um 1180 datiert. Wenngleich sich das Relief nicht in Oberitalien befindet, ist über diese Werkstatt eine enge Verbindung in die Lombardei, besonders zu Arbeiten in Pavia und Mailand gegeben, – wo auch Berchthold häufiger weilte. Umgekehrt verwies bereits Otto von Freising auf Zürich als kaiserliche Stadt, in der Mailänder mit dem deutschen Kaiser verhandelten.[6] Das ikonographische Vorbild dieses Reiters ist in dem so genannten Regisole von Pavia zu suchen.[7]

Bei dem Regisole handelte es sich um ein antikes Reiterbildnis, das auf dem Platz vor der Doppelkathedrale S. Siro und S. Maria del Popolo zu Pavia aufgestellt war. Für die Statue wurde eine Höhe von 2,12 m errechnet. Eine Zeichnung in der Stadtchronik des Opicinus von 1330 (Abb. 3) zeigt vor S. Maria del Popolo einen Reiter auf einer hohen Säule, der mit der Inschrift *Regisole* versehen ist; der Reiter ist im Paludamentum antiker Feldherrn gezeigt und seine Rechte ist im Adlocutio-Gestus wiedergegeben. Genau diese Elemente finden sich auch bei dem Züricher Reiter. Das Paveser Pferd ist im Trab dargestellt, was in Zürich durch die zwei angehobenen

2 Relief eines Reiters, Antelami-Werkstatt, um 1180, Zürich, Großmünster, Nordturm

Hufe ebenso angedeutet ist. Für alle weiteren Informationen zum Aussehen und zur Herkunft des mittelalterlichen Denkmals sind wir jedoch allein auf die Quellen angewiesen. Dank der Zeichnung und der genauen Beschreibung der Statue durch den Paveser Kleriker Opicinus de Canistris von 1330 in seinem *Liber de laudibus Civitatis Papiae* wissen wir, dass das Reitermonument aus vergoldeter Bronze war.[8] Unter dem rechten Vorderhuf des Regisole befand sich ein Hund. Außerdem erfahren wir, dass er auf einer aus Ziegelstein und einzelnen Steinen gemauerten Säule stand. Die Statue war das Symbol der Stadt. Um sie spielte sich ein großer Teil des öffentlichen Lebens ab, wie das Fest an S. Giovanni, bei dem der Podestà eine Lobrede auf die Stadt hielt. Für den Namen *Radisol* gibt Opicinus drei Erklärungen: Der Reiter könne das Sonnenlicht reflektieren, er scheine fast die Sonne zu tragen und könne durch eine kunstvolle Bewegung den Sonnenlauf nachahmen. Der Reiter wurde, nach den Quellen zu schließen, als Siegestrophäe von Ravenna nach Pavia transportiert, entweder 740, als der Langobardenkönig Liutprand Ravenna eroberte, oder 751 unter Aistulf. Es handelte sich daher nahezu mit Gewissheit um ein spätantikes Monument. Aufgrund dieser Herkunft, seiner Gestalt und Geschichte weckte der Reiter immer wieder Begehrlichkeiten: 1201 wollten die Mailänder den Regisole rauben; als Matteo Visconti 1315 Pavia erobert hatte, ließ er die Skulptur zerlegen und nach Mailand transportieren. 1335 allerdings hatte Pavia den Reiter bereits wieder zurückgekauft. Heute hält die 1937 in der Brera gegossene Nachbildung des Regisole die Erinnerung an den Reiter wach. Am 16. 5. 1796 musste das Reiterdenkmal von seinem Stockel steigen. Eine solche Herrscherdarstellung widersprach den Gedanken der Französischen Revolution. Wenige Jahre danach wurde es eingeschmolzen.[9]

Dass monumentale antike Bronzen in staufischer Zeit auch auf die Bildhauer eine große Vorbildwirkung ausübten, ist andernorts belegt, so z. B. für den Koloss von Barletta, der dort im Hafen lag und den Bildhauern der staufischen Zeit in Apulien vermutlich eine Vorlage für ihre Skulpturen von Köpfen war.[10] Daher ist es naheliegend, dass ein antikes Reitermonument auf einem öffentlichen Platz vorbildlich für stauferzeitliche Reiterdarstellungen wurde – zumal in Pavia, dem wichtigen Verkehrsknotenpunkt der von Casale, Cremona und Piacenza kommenden Verkehrsachsen und der Stadt, in der bis 1155 Könige gekrönt wurden, der letzte war Friedrich I. Barbarossa. Aus dem Chronicon des Benzo von Alessandria von 1320 ist zu schließen, dass der Regisole damals bereits äußerst bekannt war.[11] Er diente, so Benzo, als Lehrstück, wie man richtig auf dem Pferd zu sitzen habe. In der Tat haben uns Dichter und Künstler ab dem 14. Jahrhundert unstrittige Zeugnisse dafür hinterlassen, dass der Reiter eine weithin bekannte Attraktion war, die studiert wurde: So meinte Petrarca anlässlich seines Pavia-Aufenthalts 1365, dass die erfahrensten Maler und Bildhauer von der Paveser Statue sagen würden, dass sie keiner anderen Reiterstatue nachstünde. Als Leonardo da Vinci von 1488 bis 1490 in Pavia weilte, hinterließ er im *Codice Atlantico* seine berühmten lobenden Worte auf den Trab des Regisole und fertigte mehrere Skizzen von ihm an.[12]

Selbst wenn für die Rezeption des Paveser Reiters in Oberitalien im 12. und 13. Jahrhundert keine unmittelbaren Quellen vorliegen, zeigen Darstellungen, dass Bildhauer durch ihn inspiriert wurden: In der größten und wohl wichtigsten Stadt Oberitaliens, in Mailand, befanden sich an der ehemaligen Porta Romana, von der man nach Lodi und letztlich nach Rom gelangte, Reliefs, die heute im Castello Sforzesco in Mailand verwahrt werden (Abb. 4). In langen Streifen zeigen sie die Vertreibung und die Rückkehr der Mailänder Bevölkerung vor bzw. nach der Zerstörung der Stadt 1162 durch die Truppen Barbarossas.[13] Das Motiv eines Reiters mit jener der Antike entnommenen Geste der Adlocutio ist hier gleich dreimal zu bemerken: Bei der als Samson gedeuteten Szene liegt eine Abwandlung vor, da es kein Pferd gibt, doch ist die Redegeste deutlich zu erkennen. Besonders aber ist der Reiter in der Szene der Rückkehr der Mailänder dem Regisole verwandt. Hier ist ein laikal gekleideter Mann mit Bart und Beinlingen „hoch zu Ross“ wiedergegeben. Wie der heilige Faustinus hält er die Zügel in der Linken, steht in den Steigbügeln und hat die Rechte im Grußgestus erhoben. Auch der rechte angehobene Vorderhuf erinnert an den Paveser Reiter. Sodann sind Zurüstung von Pferd und Reiter mit Zaumzeug, Satteldecke, Sattel und Sporen ein Beleg für eine motivische Übernahme.

Dank einer Inschrift sind die Auftraggeber und die zeitliche Einordnung dieses Reliefs bekannt: 1167 konzentrierten die Mailänder Konsuln alle Kräfte auf den Wiederaufbau der Stadtmauern und Stadttore nach ihrer Rückkehr in die Stadt am 27. 4. 1167. 1162 hatte Barbarossa Mailand zerstören lassen. Damit gehören die Stadtmauern Mailands übrigens zu den ersten mit szenischem Schmuck. Das Relief mit dem Reiter befand sich am Mittelpfeiler der Porta Romana an der westlichen Laibungsseite. So war der Reiter auf das Stadtzentrum hin ausgerichtet, als ob es sich um einen Adventus oder Einzug handle. Alle Reliefs aus weißem Marmor wurden in 1,90 m-Höhe angebracht. Wen der Reiter darstellen könnte, wird nur von Andrea von Hülsen-Esch thematisiert und im Kontext der weiteren Reliefs diskutiert:[14] Eventuell handele es sich um einen Capitanus. Da sich hier aber Darstellungselemente von Herrscheradventus (Geste des Reiters, Frau mit Palmzweig wie in den Miniaturen der Bilderchronik des Petrus von Eboli), Prozession (Reliquienkästchen), antiken Ein- und Triumphzügen (am Zügel Führen) vermischten, stehe die Interpretation letztlich noch aus. Wie von Hülsen-Esch angedeutet, spielte sich der Herrscheradventus im Wesentlichen im Innern der Stadtmauer ab, wobei man sich unter *laudes*-Gesängen und unter Mitführen von Palmzweigen zum Gottesdienst begab. Auf den Reliefstreifen ist das Adlocutio-Motiv noch ein drittes Mal dargestellt (ehemals an der Stirnseite des Pfeilers): Bei diesem Reiter könnte es sich um einen weiteren Capitanus handeln. Denn zum einen waren vor der Ära der Podestà die Capitani die höchsten Würdenträger der Kommune. Dass es sich um Capitani handeln dürfte, ist zum anderen auch zeitnahen oberitalienischen Quellen zu entnehmen: So berichtet Otto Morena zum Jahr 1158 zur Vertreibung der Lodeser, dass die Capitani „hoch zu Ross“, deren Frauen hingegen zu Fuß, aber so nah als möglich bei deren Pferden gingen.[15] Motivisch war der Regisole für diese Darstellungen Vorbild. Wahrscheinlich wurden insgesamt gesehen verschiedene Text- und Bildquellen kombiniert, um die Rückkehr der Mailänder zu verbildlichen: Samson galt der romanischen Kunst als ein Symbol der Stärke, an französischen Kathedralen wurde er gern in Beziehung zu den als Konstantin gedeuteten Reitern gesetzt. An der Porta Romana mag er als ein Symbol der neuen Stärke Mailands verstanden werden, was gut zu den einziehenden Stadtvätern passen würde.[16]

3 Federzeichnung des „Regisole“ von Pavia im Liber de laudibus civitatis Ticinensis des Opicinus de Canistris, Pavia, 1330, Vatikanstadt, Biblioteca Apostolica Vaticana, Pal. lat. 1993, fol. 2v (ehemals Pavia, Curia Communis vor der Kathedrale S. Maria del Popolo und S. Siro)

Die Reliefs der Porta Romana gelten als früheste kommunale Kunstwerke. Woher bezogen die Konsuln dieses Darstellungsthema und mit ihm das Ritual des Einzugs? Es ist spannend zu sehen,

4 Relief mit Rückkehr der Mailänder Capitani, Mailand, um 1170, Mailand, Castello Sforzesco (ehemals: Mailand, Stadttor Porta Romana)

dass hier die Kommune – und im Falle der Porta Romana sind die Konsuln die Auftraggeber – eine alte bischöfliche Ehrenformel übernahmen. Bleiben wir zunächst bei Mailand: Als Bischof Arnulf von Mailand 1002 als Gesandter in Konstantinopel ankam, durfte er wie die meisten Kirchenfürsten und weltlichen Herren aus dem Westen „hoch zu Ross" in Konstantinopel einziehen. Sein Pferd erhielt sogar goldenen Schmuck für die Hufe, wie ein Chronist berichtet.[17] Doch war nicht allen Bischöfen in Konstantinopel ein Einritt vergönnt; so musste Bischof Liutprand von Cremona 968 bei seiner zweiten Mission in Konstantinopel darauf verzichten.[18] Personen auch niedrigeren Standes hingegen, die sich um den Kaiser verdient gemacht hatten, wie 1117 der Doktor Anba Sabas, der den Kaiser erfolgreich geheilt hatte, durften sich vereinzelt auch dieses Ehrenrechts bedienen. In Byzanz war also das Einreiten mit besonders geschmücktem Pferd an Ehre und Verdienste geknüpft.[19] Für italienische Prälaten ist ab dem 10. Jahrhundert immer wieder überliefert, dass sie ihren Stand durch besondere Rösser mit goldenem Halsschmuck und vergoldeten Zügeln, silbernem Zaumzeug und sächsischen Sätteln zur Schau stellten. Dies geht indirekt aus der Vita von Bischof Adalbert von Prag (956 – 997) hervor; Adalbert lehnte diesen Prunk ab und lenkte sein Ross mit einem Hanfstrick.[20] Nach Rather von Verona (887 – 954) wollte man nicht täglich auf demselben edlen Ross reiten.[21] Der Erzbischof von Ravenna stellte seinen Vorrang vor anderen Bischöfen durch eine purpurne Reitdecke zur Schau. Im späten Mittelalter versuchten auch die Fürsten, wie der Bericht zur Besichtigung der Ställe des Filippo Maria Visconti (1392 – 1447) in Mailand zeigt, ihre Gäste durch die Purpuraufzäumung der Pferde zu beeindrucken.[22] Dass über die Zurüstung der Pferde der Rang deutlich werden sollte, hing wohl auch damit zusammen, dass sich geistliche Gewänder für lange Ritte wenig eigneten. Daher hatte bereits der heilige Benedikt für Mönche auf Reisen Reithosen genehmigt. Priestern wurde immer wieder befohlen, wenigstens die Stola als Amtsinsignie zu tragen.[23]

Auch außerhalb Italiens gehörten edle Pferde bei Geistlichen wie Weltlichen zu den Rang- und Würdezeichen, wie uns Hinkmar von Reims (845 – 882) überliefert.[24] Vielleicht wurde auch deshalb in Ossiach in Kärnten für das Grabmal des 1089 verstorbenen polnischen Königs Bolesław II. ein römischer Reliefstein gewählt, der ein prunkvoll gesatteltes Pferd zeigt. Der Legende nach hatte sich Bolesław ab 1081 in Ossiach zur Buße zurückgezogen.[25] Gesattelte Reitpferde waren wertvoll. Dies lässt ein Güterverkauf des späten 12. Jahrhunderts erkennen. Vogt Friedrich von Mitterberg im Mühlviertel verkaufte 1181 die Marienkirche zu Zeitlarn (das heutige Margarethenberg an der Alz) an das Kloster Raitenhaslach gegen 70 Talente und ein geschirrtes Pferd.[26] Die Zinsleistung des Bistums Bamberg an den Papst bestand nicht etwa in Geld, sondern seit 1020 jährlich in einem gesattelten Schimmel, also einem Pferd für friedliche Zwecke, das zugleich ein Passgänger (Zelter) war.[27] Wollte man einem Bischof Schmach antun, so sattelte man für ihn ein billiges Pferd, wie uns z. B. Ekkehard IV. von St. Gallen (980/990 – nach 1056) berichtet.[28] Seit dem frühen Mittelalter verfügten Klöster über gesattelte Pferde. Manche widmeten sich, wie für das Kloster Einsiedeln belegt, der Pferdezucht. Nach Italien gelangten gesattelte Pferde offenbar oft von nördlich der Alpen! Como war der wichtigste Umschlagplatz für die Rösser aus dem Norden. Pferde und Waffen waren ein beliebtes Geschenk, wollte man sich das Wohlwollen der Condottieri erkaufen.[29]

Zur Bestätigung des Ranges gehörte neben dem Pferd ein verabredetes Ritual: Wenn sich bei Herrscherbegegnungen z. B. beide Parteien zu Pferde einander näherten, blieb der höhere von beiden beim Begrüßungskuss hoch zu Ross. Muster solcher Zeremonielle und ihrer prozessionsartigen Abläufe lieferten der Adventus Kaiser Augustus' und der Einzug Christi in Jerusalem.[30] Kehrte ein Mailänder Bischof in seine Bischofsstadt zurück, so zog er sicher ebenfalls zu Pferde von einem der Mailänder Stadttore oder – wenngleich weniger wahrscheinlich – einem Nebentor (Pusterla) zu seinem Regierungssitz, dem Bischofspalast, der im 12. und 13. Jahrhundert in unmittelbarer Nähe des Domes stand – ungefähr dort, wo er auch heute steht. Ein Mailänder Ordo des 12. Jahrhunderts, der so genannte Beroldus, überliefert uns das zugehörige Zeremoniell: Beim Bischofseinzug führte ein eleganter *miles* das Pferd des Erzbischofs am Zügel.[31] Eine Bildquelle für einen solchen Bischofseinzug in Mailand aus staufischer Zeit ist nicht bekannt.

Für eine andere oberitalienische Kommune hingegen, nämlich für Modena, ist die Überlieferungssituation gut. Als ab 1099 dort die Kathedrale errichtet wurde, erhielt die Porta dei Principi einen Reliefstreifen mit Szenen aus der Vita des heiligen Geminianus. Geminianus war ein lokaler Bischofsheiliger der Spätantike, der schrittweise zum Stadtpatron der Kommune Modena avancierte. Daher wurden an der Porta dei Principi in sechs Reliefeldern Szenen aus der Vita des Patrons dargestellt (Abb. 5). Es handelt sich um Aufbruch (Profectio), Sturmstillung, Exorzismus der Kaisertochter, Beschenkung, Einzug (Adventus) (Abb. 5a) und Depositio des heiligen Geminianus, die jeweils durch einen Titulus erläutert werden. Als ob dem Bildhauer die seit dem Frühmittelalter virulente Diskussion um die Würdezeichen präsent gewesen wäre, ist in den beiden Szenen mit Geminianus zu Pferde, nämlich Profectio und Adventus, jeweils eine Begleitperson mit dem Bischofsstab gegeben, um den bischöflichen Rang zu vergegenwärtigen. Geminianus ist beide Male auf einem prunkvoll gesattelten und gezäumten Pferd dargestellt; auffallend sind insbesondere die Satteldecke und bei der Profectio das mit Glocken behängte Geschirr des Rosses. Dem Regisole vergleichbar wird das Pferd mit angehobenem Vorderfuß dargestellt, der Bischof mit den Zügeln in der Linken und dem Grußgestus der erhobenen Rechten. In der Adventusszene kommt dem heiligen Geminianus ein Kleriker der Stadt mit Weihrauchfass entgegen. Wie gezeigt werden konnte, wird in den Reliefs nicht allein nur die Bischofsvita erzählt. Der Titulus (*DVM REDIT E CONTRA SIBI CVRRIT CONTIO CVNCTA*) (Als der Bischof zurückkehrt, läuft ihm alles Volk entgegen) verweist auf die gesamte Stadtgemeinde, die bei der Einholung zugegen ist und damit den Bischof als präsidierenden Stadtbischof anerkennt. Hierbei handelt es sich um einen Aspekt der frühen kommunalen Verfassung Modenas bzw. der politischen Realität der frühen Kommunen: die Zustimmung der Bürgerschaft. Die Porta dei Principi ist das südliche Seitenportal des Modeneser Doms; mit ihm wurde der in Oberitalien schulbildende Typ des Baldachinportals, dessen Portikus auf Löwen ruht, ausgebildet. Durch diese Gestalt wurde die Porta unmittelbarer Blickpunkt für den, der von dem Stadttor, der Porta S. Paolo, durch die heutige Via Francesco Selmi kam. Stand man vor diesem Portal, so lag zur Linken der Bischofspalast, zur Rechten im Osten der Piazza ab 1194 der Kommunalpalast und ab 1216/1220 der Palazzo dei Notai. Es bestand also eine äußerst enge Verbindung zwischen der Kathedrale mit Baptisterium, den Darstellungen der Porta dei Principi, der Platea Publica und dem Regierungszentrum. Durch einen Ordo lässt sich belegen, dass in Modena das Adventuszeremoniell fast wie in der Vita dargestellt ablief.[32] Bedenkt man, dass Geminianus als Stadtpatron auch aktueller Bischof war und dass sich auf der Platea Publica die frühe Kommune versammelte, dann wird die Verquickung der Bedeutungsebenen noch brisanter. In der Tat wurde der Stadtheilige in Krisenzeiten aktiviert, sowohl in den Zeiten der Herauslösung aus dem Einfluss Ravennas als auch in den Zeiten der Etablierung der Bürgerschaft.[33] Der Modeneser Reliefstreifen hat nur einmal eine Nachfolge gefunden: Etwa 100 Jahre nach dem Portal von Modena wurde in Massa Marittima dem Stadtheiligen Cerbonius von einem norditalienischen Bildhauer ein Portalarchitrav mit Reliefszenen gewidmet; eine der Darstellungen zeigt zwar einen Reiter bei der Jagd, es gibt aber keine Adventusszene.[34]

Das Beispiel Modena mag verdeutlicht haben, dass die Bildformel „hoch zu Ross“, die seit dem frühen Mittelalter als Eh-

5a ► Relief mit Adventus des Modeneser Stadtpatrons, des hl. Geminianus, Modena, um 1100, Modena, Kathedrale, Porta dei Principi

5 ▼ Am Türsturz der Porta dei Principi sind Szenen des Modeneser Stadtpatrons, des hl. Geminianus, dargestellt, Modena, um 1100, Modena, Kathedrale, Porta dei Principi

6 Relief des Mailänder Podestà Oldrado da Tresseno, Mailand, 1233, Mailand, Broletto, Südfassade

renauszeichnung für ranghohe Personen verwendet wurde, in der kommunalen Ära eine besondere Rolle spielte und vermutlich bewusst eingesetzt wurde, um den Kult eines neuen Stadtpatrons zu befördern. Wie sollten da andere, neu zu Macht Gekommene im 13. Jahrhundert sich dieser Bildformel nicht bedienen? Denn die Zügel des Stadtregiments führte im 13. Jahrhundert in den oberitalienischen Kommunen nirgends mehr ein Bischof, sondern zumeist die Stadtväter oder der Podestà. Diese Veränderung bahnte sich fast überall bereits im ausgehenden 11. Jahrhundert an. Im Zuge der Etablierung der jungen oberitalienischen Kommunen im 12. Jahrhundert wurde der Einfluss der Bischöfe zurückgedrängt. Die Städte strebten nach Selbstverwaltung: Vertreter der Aristokraten oder reichsten Bürger lösten den Bischof ab. Diese Vertretungen oder Stadtväter wählten sich im 13. Jahrhundert dann eine Person, den Podestà (Bürgermeister), der meist von außen kam.[35]

Solange als der Bischof Stadtherr war, waren Kathedrale und Bischofspalast zugleich die Orte der Verwaltung der Stadt. Oft lagen sie auch tatsächlich in der Mitte des Gemeinwesens, so z. B. in Modena, Mailand, Brescia, Bergamo und Como, während andernorts Bischofskirche und Bischofspalast eine Randlage hatten. Dies war bisweilen der Fall, wenn eine Kontinuität von spätantiker Zeit bis ins Mittelalter gegeben war und der Bischof die Märtyrerkirche vor den Toren der Stadt zu seinem Sitz machte, wie z. B. in Vercelli. Die neuen Stadtherren versuchten oft, ihren Regierungssitz so nah wie möglich an den Ort der bisherigen Stadtherrschaft heranzurücken. Daher wurden die Kommunalpaläste vielerorts in unmittelbarer Nachbarschaft der Bischofskirche errichtet, wie bis heute z. B. in Mailand, Cremona und Brescia zu erkennen ist. In Mailand saß die Kommune bis 1228 im alten Broletto des Bischofs, der neue entstand vermutlich 1228 bis 1251. Dieser neue Palast in Mailand lag im Schnittpunkt aller von den Stadttoren auf ihn hinführenden Straßen, was dem Idealbild von Kommunen entsprach.[36]

Genau an diesem Schnittpunkt ließ der Erbauer des Mailänder Rathauses, der Podestà Oldrado da Tresseno, ein Bild von sich „hoch zu Ross“ als deutlich erhaben gearbeitetes Relief anbringen (Abb. 6) – übrigens das einzige bekannte eines Mailänder Podestà. Die Reiterfigur befindet sich an der Südseite des Broletto in einer Blendnische zwischen Fenstern und Arkaden. Es zeigt den Bürgermeister mit knielangem, seitlich offenem Mantel, nach rechts reitend, quasi auf den Dom zu. Eine Inschrift unter der Nische hält für die Nachfolger im Amt die Verdienste des Podestà fest: die Errichtung des Kommunalpalastes und seinen Kampf gegen Häretiker. Sie lautet: *ATRIA QUI GRANDIS SOLII REGALIA SCANDIS / CIVIS LAUDENSIS FIDEI TUTORIS ET ENSIS / PRESIDIS HIC MEMORES OLDRADI SEMPER HONORES / QUI SOLIUM STRUXIT CATHAROS UT DEBUIT UXIT* (Wer auch immer du bist, der du den Thron [Gerichtssitz] besteigst, gedenke des Oldrado, Bürger aus Lodi, Beschützer des Glaubens und des Schwertes [der Macht/der Amtsgewalt], halte den immer in Ehren, der den Kommunalpalast erbaute und der die Katharer, wie es sich gehörte, verbrannte). Eine weitere Inschrift fixiert das Entstehungsdatum 1233 und identifiziert den Reiter als Oldrado. Sind durch die Inschriften über das Datum hinaus Anhaltspunkte gegeben, dass das Reitermonument Dokument eines historischen Ereignisses ist? Die Skulptur wurde aufgrund stilistischer Vergleiche mit den Reitern Benedetto Antelamis (1177 – 1233) in Verbindung gebracht: Neben dem Züricher Reiter (Abb. 2) ist die Personifikation des Monats Mai im Museo dell'Opera del Duomo in Ferrara sehr eng verwandt, ebenso die Personifikation des gleichen Monats in der Kathedrale in Parma.[37] Das Halten der Zügel bei Oldrado und der in die Ferne gerichtete Blick stehen anderen Reiterreliefs in Adventusdarstellungen sehr nahe – wohl deshalb, weil der herausgehobenen Stellung eines Stadtherrn bald nicht mehr nur durch Bauten, sondern zunehmend im zeremoniellen Bereich Ausdruck verliehen wurde. In der Verbindung von Palast, Kapelle, die dem Mailänder Stadtpatron, dem heiligen Ambrosius, geweiht ist, Darstellung und lobenden Versen wird bei Oldrado eindeutig auf bischöfliche Stadtherren und den bischöflichen Adventus Bezug genommen. Außerdem sind, wie festgestellt wurde, bei der Darstellung Oldrados motivische Bezugnahmen auf den Regisole zu bemerken: Zum einen lassen sich sprachliche Assonanzen durch die Worte *Solii Regalia* erkennen; zum anderen erinnert an ihn die Anordnung über einer Säule des Broletto.[38]

Im Mittelalter wäre es undenkbar gewesen, dass ein kirchlicher oder weltlicher Würdenträger in gewöhnlicher Kleidung den Ort seines Wirkens betreten hätte. Vor ca. 900 Jahren erfolgte solch eine Ankunft in einem feierlichen Zeremoniell, durch den Rang und Status des Einzuholenden befestigt wurden. So wollte der Einzelne auch der Nachwelt in Erinnerung bleiben. Weil in den Kommunen im 13. Jahrhundert fast überall der Podestà die Zügel des Stadtregiments führte, war also das Einzelmonument als Ehrenbild für seine Verdienste, als Praemium Virtutis, die logische Konsequenz und der nächste Schritt in der Entwicklung des Reiterbildes. Auch wenn kaum etwas von diesen Ehrenmonumenten erhalten ist, war Oldrado da Tresseno kein Einzelfall:[39] Nach der Chronik des Salimbene da Parma aus den 80er Jahren des 13. Jahrhunderts ließ der Bürgermeister von Reggio, Nazaro Ghirardini da Lucca, ein Reiterrelief aus Stein von sich über der Porta di Berno anbringen; der Podestà hatte während seiner Amtszeit 1229 Teile der Stadtmauer mit der Porta di Berno renovieren lassen.[40] Ein weiterer Podestà als Reiter soll sich am ersten Kommunalpalast von Arezzo, dem 1232 – 1278 erbauten Palazzo del Capitano del Popolo befunden haben. Dieser ist heute am Portal des Palazzo Pretorio in Arezzo vermauert.[41] 1289 hatte der Modeneser Podestà Jacopo Enzola im Dom zu Modena ein gemaltes, heute verlorenes Reiterbild erhalten.[42] In Bologna hat sich ein Teil des Reiterreliefs des unter dem Regime von Kardinal Egidio Albornoz als spanischer Soldat und Podestà von Bologna wirkenden Ferdinando Tamajo di Burgos (Abb. 7) erhalten. Er war am 20. 6. 1361 in der Schlacht von S. Ruffillo ums Leben gekommen. Das Relief, wohl als Epitaph gedacht, befindet sich heute in der Vorhalle von S. Francesco in Bologna. Der Podestà ist zu Pferde in Rüstung gegeben, wie später die Statthalter der gemalten Ehrendenkmäler im Dom von Florenz.[43] Allerdings sind mit diesem Relief unsere Reiter über die Ziellinie dieses Beitrags hinausgeschossen, denn es handelt sich hier um einen neuen Typ von Reiterbild: den Befehlshaber auf springendem Ross.

Nördlich der Alpen gab es keine vergleichbare Entwicklung im monumentalen Bereich. Hier hinkte das Werden autonomer Stadtgemeinschaften Oberitalien hinterher, daher gibt es hier auch keine eindeutig als Stadtherren zu bezeichnenden Darstellungen von Reitern. Der Magdeburger und der Bamberger Reiter können nicht mit den italienischen Monumenten verglichen werden. Im Norden blieb bis weit ins 13. Jahrhundert hinein der Bischof Stadtherr. Auch als Sonderfall anzusprechen sind sicherlich die Brakteaten, die den Mainzer Erzbischof Siegfried III. von Eppstein (1230 – 1249) als Reiter zeigen (Abb. 8) und in der thüringischen Münzstätte Heiligenstadt nördlich von Eschwege geschlagen wurden. Die Brakteaten entstanden nach dem Vorbild der Reiterbrakteaten der Thüringer Landgrafen, wobei der Reiter durch die Mit-

7 Relief des Bologneser Podestà Ferdinando Tamajo di Burgos, Bologna, 1361/1362, Bologna, S. Francesco, Vorhalle

8 Brakteat mit dem Mainzer Erzbischof Siegfried III. von Eppstein, Heiligenstadt, 1230–1249, Mainz, Münzkabinett des Stadtarchivs Inv. Nr. 178 A 3 (Kat.-Nr. IV.A.5.7)

ra als Geistlicher gekennzeichnet wird.[44] Es lässt sich immer wieder beobachten, dass in solche Münzbilder bisweilen politische Anspielungen einflossen: Der Mainzer Erzbischof Konrad I. von Wittelsbach ließ sich 1198 im Münzbild mit Reichsapfel zeigen. Hierin könnte ein Verweis auf die Vermittlerfunktion zu sehen sein, die der Mainzer Erzbischof im Streit zwischen Philipp von Schwaben und dem Welfen Otto IV. einnahm und die ihm 1199 vom Papst übertragen worden war. Möglicherweise sollte der Reichsapfel aber auch auf den Vorrang abheben, den der Mainzer Erzbischof aufgrund der Reichsverfassung hatte. Das Reich blieb so lange bei Konrad, bis der Streit zwischen Philipp und Otto beigelegt war. Erzbischof Konrad hatte auch das Vorrecht, den König zu salben und mit den Insignien zu krönen. Sein Nachfolger Erzbischof Siegfried von Eppstein führte Konrads Reichs- und Territorialpolitik fort und stand auf der Seite Friedrichs II. im Streit gegen Heinrich (VII.). Kaiser Friedrich II. hielt 1235 die große Reichsversammlung ab, die mit dem Erlass des Reichslandfriedens endete. 1241 wandte sich Siegfried gegen Friedrich II. und veranlasste, dass zunächst 1246 Heinrich Raspe und nach dessen Tod 1247 Wilhelm von Holland zum Gegenkönig gewählt wurden: Als Königsmacher dieser beiden ist Siegfried auf seinem Grabdenkmal (Kat.-Nr. IV.A.5.8) dargestellt. Höchstwahrscheinlich schlug sich diese eminente politische Funktion ebenso in den öffentlichen Bildnissen Siegfrieds nieder: Denn fünf Brakteaten des Mainzer Stadtarchivs zeigen Siegfried reitend, drei nach rechts reitend, zwei nach links. Der Typ mit dem Pferd in Bewegung und dem vorgeschobenen Steigbügel erinnert allerdings höchstens sehr entfernt an die oberitalienischen Reiterreliefs, etwa des Faustinus. Bei zwei der Brakteaten ist die Rechte wie bei Geminianus zum Segen erhoben.[45] Dennoch gab es offenbar in Mainz wie in Oberitalien die Verbindung zwischen Reiterbildnis und besonderen politischen Machtbefugnissen.

Sicher ist es kein Zufall der Überlieferung: An den zwei für das Krönungszeremoniell zentralen Orten, Rom und Pavia, standen im Mittelalter antike Reitermonumente: Vor dem Lateran in Rom der Marc Aurel, der damals als Konstantin angesehen wurde, vor der Doppelkathedrale S. Maria del Popolo und S. Siro in Pavia der Regisole. Diese Denkmäler waren Päpsten und Bischöfen, Kaisern und Königen bekannt. Auf diese Plätze zogen die kirchlichen wie weltlichen Würdenträger vom Stadttor hoch zu Ross nach einer zeremoniellen Ordnung. Dies hatte die Auftraggeber kommunaler Kunstwerke, wie die Beispiele zeigten, immer wieder dazu bewogen, diejenigen „hoch zu Ross" darzustellen, denen ein besonderer Rang zukam, die sich besondere Verdienste erworben hatten oder die die Mauern der Stadt beschützen sollten: den Podestà, die Capitani, den Stadtpatron. Dabei knüpften sie an das antike Vorbild an. Insbesondere in Krisenzeiten diente diese Bildformel der Legitimation eines besonderen Status, wie bei Geminianus, den Mailänder Capitani bis hin zu Erzbischof Siegfried von Eppstein verdeutlicht werden konnte. Nach dem Selbstverständnis der Kommunen war die Stadt eine auf Recht gegründete Friedensordnung, die den Stadtpatron in den Mittelpunkt stellte. Daher konnte auch er als Reiter dargestellt werden.[46]

1 Guida d'Italia 1987, S. 600.
2 Panazza 1958, S. 70; Guidoni 1981; Ausst.-Kat. Mailand 1993, S. 305–306.
3 Reinle 1969, S. 35.
4 Reinle 1969, S. 21.
5 Reinle 1969, S. 37–40.
6 Reinle 1969, S. 45, Anm. 31.
7 Reinle 1969, bes. S. 24 und 43; Gutscher 1995, S. 2–3, 8 und 10.
8 Vatikanstadt, Biblioteca Apostolica Vaticana Pal. lat. 1993.
9 Reinle 1969, S. 29–31; Seiler 1989, Bd. 1, S. 31–40; Lomartire 2008.
10 Claussen 1996, S. 204.
11 Mailand, Biblioteca Ambrosiana, Cod. B24 inf., Teiledition bei Berrigan 1967.
12 Seiler 1989, Bd. 1, S. 39; Lomartire 2008, S. 33–34, 37, 39, 71–73.
13 Ausst.-Kat. Mailand 1993, S. 471–472.
14 von Hülsen-Esch 1994, S. 75–82.
15 Zitiert nach: von Hülsen-Esch 1994, S. 80.
16 von Hülsen-Esch 1994.
17 Landulf, Historia Mediolanensis, S. 55–56.
18 Liutprand von Cremona, Legatio, S. 526–527.
19 Ciggaar 2005, S. 287–302, bes. S. 300–302.
20 Fichtenau 1994, S. 95.
21 Fichtenau 1994, S. 95.
22 Fichtenau 1994, S. 73; Selzer 2008, S. 76.
23 Fichtenau 1994, S. 97.
24 Fichtenau 1994, S. 95.
25 Hartwagner 1977, S. 13, 26 und 34.
26 Stadler 1936, S. 2; Krausen 1959, S. 32–33, Nr. 31; Kreilinger 1977, S. 2–3.
27 Fichtenau 1994, S. 293.
28 Fichtenau 1994, S. 95.
29 Selzer 2008, S. 84–86.
30 Fichtenau 1994, S. 75–78.
31 Beroldus, S. 97 und 211–212; von Hülsen-Esch 1994, S. 78. In den Bistümern entstanden jeweils eigene Ordines für den Bischofsadventus: Schmidt 2009, S. 141.
32 Dietl 1998, S. 142–145.
33 Dietl 1993; Dietl 1998.
34 Dietl 1998, S. 18.
35 Keller 1982.
36 Dietl 2000, S. 99.
37 Quintavalle 1990, S. 187, 277, 360 und 373.
38 Seiler 1989, Bd. 1, S. 68–76; von Hülsen-Esch 1994, S. 24–25; Lomartire 2008, S. 65.
39 Von Hülsen-Esch 1994, S. 25–26; Hunecke 2008a, S. 26–29 und 47; Hunecke 2008b, S. 95.
40 Seiler 1989, Bd. 1, S. 41 und 43–44; von Hülsen-Esch 1994, S. 26.
41 von Hülsen-Esch 1994, S. 25.
42 Seiler 1989, Bd. 1, S. 41.
43 Seiler 1989, Bd. 1, S. 64. Nach freundlicher Auskunft von Bernd Kluge, Berlin, sind Münzbilder mit Podestà zu Pferde aus den oberitalienischen Kommunen nicht überliefert.
44 Dobras 2005, S. 11–13.
45 Dobras 2005, S. 5–17 und 92–95.
46 Dietl 2000, S. 90.

Julia Becker

Archimandrit und Bischof: Kirchliche Verwaltung in Süditalien

Im Jahr 1252 bat der Archimandrit Stephan von S. Maria di Terreti um die Bestätigung von fünf Privilegien, die Roger I., Roger II. und Friedrich II. für die in der Diözese von Reggio Calabria gelegene griechische Abtei ausgestellt hatten. Das daraufhin redigierte Notarstranssumpt unterzeichneten neben dem griechischen Notar Nicander aus Reggio und den beiden griechischen Richtern Nikolaus de Sicilia und Basilius Tacchi auch ein Priester namens Cesenius, der als Protopapa der Gebiete von St. Nichite in Kalabrien (*protopapa terre Sancti Nichiti*) geführt wird.[1] Unter der Bezeichnung Archimandrit versteht man in der griechisch-orthodoxen Kirche den Vorsteher eines Klosterverbandes, dem die Aufsicht über andere Klöster und deren Hegumene anvertraut war. Auch wenn die Zentralverwaltung und die Kanzlei am Ausgang der staufischen Herrschaft in Süditalien weitestgehend latinisiert waren und die beiden griechischen Richter Nikolaus und Basilius betonten, dass sie sowohl die griechische als auch die lateinische Sprache verstehen könnten und gleichermaßen die griechischen und lateinischen Privilegien geprüft und durchgelesen hätten (*sciens utramque litteraturam ydiomatis greci et latini, visis et perlectis tam grecis predictis quam latinis privilegiis*), so wird hier doch deutlich, dass die griechischen Strukturen in einigen Gebieten Süditaliens selbst Mitte des 13. Jahrhunderts immer noch verbreitet waren.[2] Der griechisch-byzantinische Ritus war für die griechische Bevölkerung Kalabriens, der Salentinischen Halbinsel (südlich von Tarent und Brindisi) sowie Ostsiziliens (vor allem der Val Demone) ein fester Bezugspunkt und Teil ihrer religiösen Identität. Selbst die Mitglieder der griechischen Oberschicht, die sich in der Sorge um ihren politischen und sozialen Einfluss in die Zweisprachigkeit flüchteten und weitgehend an die Latinisierung anpassten, gingen bezüglich ihres Seelenheils und Totengedenkens keine Kompromisse ein.[3] So trat der Judex Tarentinus, der zwischen 1159 und 1171 als Justitiar (*magister iustitiarius*) am königlichen Hof tätig war, kurz vor Ende seines Lebens als Mönch Clemens dem Archimandritat S. Salvatore di Messina bei und vermachte ihm in seinem Testament im Jahr 1173 einen Teil seiner Güter.[4] Auch der griechische Beamte (*magister dohanae baronum*) Wilhelms II., Eugenios von Palermo, brachte seine geistige Verbundenheit mit diesem Kloster und insbesondere mit seinem Archimandrit Onophrios, dem er die „rechte Leitung des Seelenheils“ (*σοφῷ ποδηγῷ ψυχικῆς σωτηρίας*) zutraute, in einem griechischen Gedicht zum Ausdruck.[5] Zahlreiche weitere griechische Beamten-Familien aus der engeren Umgebung des normannischen Königshofes wirkten an der Gründung von griechischen Abteien mit beziehungsweise privilegierten diese durch Schenkungen, um so ihr Seelenheil und Gebetsandenken zu sichern.[6]

Aus diesem Grunde wird verständlich, warum sich die normannischen Könige in ihrer Kirchenpolitik nicht nur auf die lateinische Bistums- und Klosterstruktur beschränkten, die nach den langen Jahren der Eroberung grundlegend neuorganisiert werden musste, sondern auch das griechische Mönchtum miteinbezogen. Da die griechischen Klöster im Mezzogiorno noch einen entscheidenden Einfluss auf das religiöse Leben der griechischen Bevölkerung ausübten, diente deren Förderung und deren Organisation in Archimandritaten, analog zum Wiederaufbau der lateinischen Bistums- und Klosterstruktur, vorrangig dem Ziel der Herrschaftsstabilisierung.[7] Vor allem für die Einbindung der arabisch-muslimischen Insel Sizilien in ihre Herrschaft waren die normannischen Einwanderer anfangs auf die Akzeptanz und Kooperation der griechischen Bevölkerung angewiesen. Außerdem bevorzugten die sizilischen Muslime bei der Konversion zum Christentum den griechisch-byzantinischen Ritus, der ihnen durch die jahrelange Koexistenz vertrauter war als der für sie abstrakte lateinische.[8] Daneben spielten jedoch auch persönliche, religiöse Motive eine Rolle. Denn für die Sicherung ihres Seelenheils ließen sich die normannischen Herrscher in die Gebetslisten des jeweiligen Klosters eintragen.[9]

Daher erfolgte der Wiederaufbau der kirchlichen Verwaltung Süditaliens vor allem auf zwei Ebenen. Denn einerseits musste in Apulien, Kalabrien und Sizilien eine lateinische, an Rom ausgerichtete Diözesanstruktur eingerichtet werden, wie es Robert Guiscard im Jahre 1059 bei seiner Belehnung Papst Nikolaus II. versprochen hatte.[10] Das Papsttum hatte sein Interesse an der Relatinisierung Siziliens und der Rückgewinnung der süditalienischen Gebiete mehrfach betont, unter anderem im Jahr 1050 durch die Ernennung Humberts von Silva Candida zum Erzbischof von Sizilien oder durch die Zusendung der Petrusfahne nach der Schlacht von Cerami 1063 durch Papst Alexander II., die in Anlehnung an die anglo-normannische Entwicklung die Lehensabhängigkeit Graf Rogers I. vom päpstlichen Stuhl zum Ausdruck bringen sollte.[11] Die grundsätzlichen Ziele der Latinisierung und Romanisierung erklären auch die weitgehende Handlungsfreiheit, die dem ersten normannischen Grafen bei seiner Bistumspolitik von päpstlicher Seite zugestanden wurde und die bis hin zur Verleihung der Apostolischen Legation im Jahr 1098 durch Urban II. führte. Bei der Gründung der Bistümer Troina/Messina, Catania, Syrakus, Agrigent und Mazara auf Sizilien und der Ernennung ihrer zukünftigen Bischöfe handelte Roger I. zwar sehr selbständig, doch im Großen und Ganzen im päpstlichen Einvernehmen. Zunächst galt es die bevorzugten Residenzen des Grafen, Troina auf Sizilien und Mileto in Kalabrien, auch in kirchenpolitischer Hinsicht abzusichern.[12] Bei den sizilischen Bistümern handelte es sich in der Regel um Städte, die in byzantinischer oder arabischer Zeit eine maßgebliche politische Rolle gespielt hatten, und damit für die Konsolidierung der normannischen Herrschaft von entscheidender Bedeutung waren (Abb. 1). Die neuernannten Bischöfe Siziliens entstammten alle dem normannisch-lateinischen Kontext und wurden gezielt in die Verwaltung der Grafschaft eingebunden: Ansgerius von Catania kam ursprünglich aus der Bretagne, Gerlandus von Agrigent aus Besançon, Roger von Syrakus aus der Provence, Stefan von Mazara aus Rouen und Robert von Troina/Messina aus der Lombardei.[13] Auch wenn die Neuorganisation der sizilischen Bistumsstruktur unter der Leitung normannisch-lateinischer Bischöfe erfolgte, so wurden zur Missionierung der Landbevölkerung durchaus griechische Priester und Mönche eingesetzt, wie es das Engagement des griechischen Bischofs Lukas von Isola Capo Rizzuto belegt.[14] In der Cappella Palatina wurde noch unter Roger II. und Wilhelm I. auf Griechisch gepredigt.[15] Nach der Gründung des Königreichs Sizilien vervollständigte Roger II. die Bistumsorganisation der Insel. Die Bistümer Palermo und Messina wurden zu Metropolitansitzen erklärt, Palermo unterstanden die Bistümer Agrigent und Mazara, Messina hingegen Catania sowie die neugegründeten Bistümer Lipari-Patti und Cefalù.[16] Mit der Gründung des Erzbistums Monreale durch König Wilhelm II., dem die Suffragane Catania und Syrakus zugewiesen wurden, war die Neuordnung der sizilischen Diözesanstruktur zunächst abgeschlossen, die auch in staufischer Zeit nicht mehr wesentlich verändert wurde.[17] Bedingt auch durch die Kompetenzstreitigkeiten während des Schismas von 1130 konnten die normannischen Könige entscheidenden Einfluss auf die Besetzung der sizilischen Bischofsstühle mit Kandidaten ihres Vertrauens nehmen. Die daraus folgende starke Orientierung des Episkopats am sizilischen König versuchten die Päpste durch ihre Weigerung, die Weihe der entsprechenden Kandidaten vorzunehmen, zu unterbinden.[18] Erst im Vertrag von Benevent im Jahre 1156 wurde das zukünftige Verhältnis der normannischen Könige zum Papsttum geregelt und der königliche Einfluss auf die Bischofswahlen vor allem auf dem italienischen Festland zurückgedrängt.[19]

Auch das Diözesansystem Kalabriens und Apuliens wurde nach der normannischen Eroberung umgestaltet und latinisiert. Durch das päpstlich-normannische Bündnis von 1059 konnten die ehemals griechisch-byzantinischen Kirchenprovinzen des Mezzogiorno wieder in die römische Obödienz zurückgeführt werden. Die Ausgangsbasis der herrscherlichen Kirchenpolitik gestaltete sich in Kalabrien und Apulien jedoch ganz anders, da hier, im Gegensatz zu Sizilien, noch bestehende Diözesanstrukturen tangiert wurden. Aus diesem Grunde waren die normannischen Herrscher hier stärker auf die Kooperation mit dem Papsttum angewiesen.[20] Bei der Relatinisierung der süditalienischen Kirche gingen die ersten normannischen Herrscher jedoch mit Augenmaß vor und betrieben keineswegs eine antigriechische Politik. Noch amtierende griechische Bischöfe wurden meist erst nach ihrem Tod durch einen lateinischen Kandidaten ersetzt, wie es beispielsweise in Squillace im Jahr 1096 der Fall war.[21] Auch auf dem süditalienischen Festland beschränkte sich die normannische Latinisierungspolitik auf die höheren Schichten der kirchlichen Hierarchie. Der niedere Klerus setzte sich größtenteils weiterhin aus Griechen zusammen. Wichtig war jedoch, dass die römische Obödienz nicht in Frage gestellt wurde. In stark griechisch geprägten Regionen, wie etwa in S. Severina, Crotone, Oppido und Bova der Fall, wurden sogar noch bis ins 13. Jahrhundert griechische Bischöfe berufen.[22] Im Wesentlichen lässt sich auch in den festländischen Gebieten des Königreichs die Tendenz verfolgen, zunächst die politischen Zentren der normannischen Herrschaft durch die Errichtung von Bischofskirchen abzusichern, wie es die Gründung der Rom unmittelbaren Bistümer von Aversa und Mileto belegt.[23] Soweit möglich versuchten die normannisch-sizilischen Könige ihren Einfluss auf die Besetzung der Bischofsstühle geltend zu machen, was aufgrund der regionalen Verhältnisse und der geographischen Nähe zum Königshof in Sizilien und Kalabrien wesentlich erfolgreicher war als im restlichen Regno.

Der ungewöhnlich große Handlungsspielraum, über den die sizilischen Könige noch in staufischer Zeit bei kirchlichen Entscheidungen verfügten, ist nur durch diese besonderen historischen Ausgangsbedingungen, den Einsatz der normannischen Herrscher bei der Reorganisation und beim Wiederaufbau der süditalienischen Kirchenstruktur, zu erklären. Auf lange Sicht lief diese Entwicklung, die im Jahr 1098 mit der Verleihung der Apostolischen Legation einen ersten Höhepunkt gefunden hatte und während des Schismas von 1130 noch erweitert worden war, auf den Ausbau einer stark

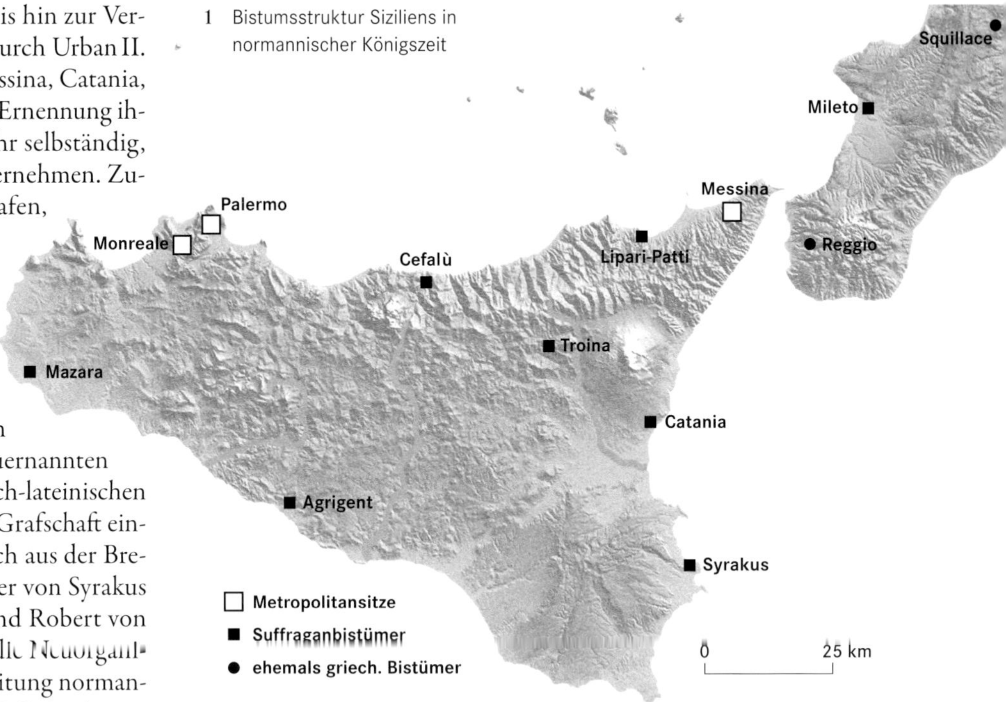

1 Bistumsstruktur Siziliens in normannischer Königszeit

von der Monarchie abhängigen Landeskirche hinaus. Die meisten der insgesamt 145 Diözesen – die große Zahl der Bistümer ist ebenfalls ein Ergebnis der normannischen Neuorganisation – waren auch finanziell an die Krone gebunden, da sie von ihr die Regalzehnten erhielten, welche neben Monopolrechten und lehensähnlichen Besitzungen einen großen Teil des kirchlichen Unterhaltes stellten.[24] Hier sieht Kamp den entscheidenden Unterschied im sizilischen Königreich, wo der Episkopat noch einen integrierenden Faktor der Monarchie darstellte, als die Kirchen im nördlichen Europa sich bereits weithin von dieser emanzipiert hatten und zu einem Faktor staatlicher Desintegration geworden waren.[25]

Die Bischöfe waren jedoch nicht nur finanziell und personell eng an die Monarchie gebunden, sondern hatten auch an der politischen Organisation des Königreichs teil. Als Stadtherren (Catania, Cefalù, Patti) oder als Mitglieder des Familiarenrates, der sich seit Wilhelm II. mehrheitlich aus Bischöfen zusammensetzte, waren sie direkt an der Ausübung der Herrschaft beteiligt. Die Mitglieder des Familiarenrates galten als die engsten Ratgeber des Königs, übernahmen richterliche Aufgaben am königlichen Hof, stellten eigenhändig Justizmandate aus oder wurden im diplomatischen Verkehr eingesetzt und sind damit als unmittelbare Träger der Regierungsgeschäfte zu fassen.[26] So zählte der Erzbischof von Palermo, Berard von Castagna, fast während der gesamten Regierungszeit zu den engsten Vertrauten und Beratern Friedrichs II. Er vertrat den Staufer auf dem Laterankonzil von 1215, begleitete ihn im darauffolgenden Jahr auf seiner Reise nach Deutschland und führte ansonsten in seiner Abwesenheit die Reichsgeschäfte als Statthalter von Sizilien.[27] Die Einbindung des Episkopats in politische Aufgaben nahm erst in den letzten Jahren Friedrichs II. ab, als sich die päpstlich-kaiserliche Auseinandersetzung auf dem Höhepunkt befand.

Grundsätzlich übten die Bischöfe durch ihre Einbeziehung in die Verwaltung und Regierung des Königreichs Sizilien eine herrschaftsstabilisierende Wirkung in normannisch-staufischer Zeit aus. Eine ganz ähnliche Funktion nahmen die lateinischen Abteien im sizilischen Königreich ein, denen neben der Bistumsorganisation aus diesem Grunde die besondere Sorge der normannischen Herrscher galt. Die Gründung und Privilegierung von Benediktinerklöstern in Süditalien sollte zur Ausbreitung des lateinisch-christlichen Elementes und damit zur Konsolidierung der normannischen Herrschaft beitragen.[28] Eine besondere Rolle spielten die frühen normannischen Klostergründungen auf dem süditalienischen Festland, wie Cava, SS. Trinità di Venosa, S. Eufemia, S. Michele Arcangelo di Mileto oder S. Maria di Bagnara, für die Neuorganisation des lateinischen Mönchtums in Sizilien.[29] Denn mit diesen Abteien verfügten die Herrscher über ein Personalreservoir, aus dem sie bei der Besetzung der sizilischen Abts- und Bischofsstühlen schöpfen konnten. So wurde das Kanonikerstift in Cefalù, das mit Regularkanonikern aus S. Maria di Bagnara besiedelt worden war, im Jahre 1131 zum Bistum erhoben und der Prior Jocelmus von Bagnara zum Bischof von Cefalù bestellt. Daraufhin verlor das kalabresische Augustinerchorherrenpriorat seine Romunmittelbarkeit und wurde dem neugegründeten Bistum unterstellt.[30] Auch Bischof Drogo von Agrigent (1104) war zuvor Prior in S. Maria di Bagnara.[31] Mit der Reform des Klosters SS. Trinità di Venosa beauftragte König Roger II. um 1140 zwölf Mönche aus der Benediktinerabtei Cava, die über zahlreiche Priorate in Süditalien und eine Kirche bei Petralìa in Sizilien verfügte.[32] Ebenfalls aus Cava kamen die Mönche, die König Wilhelm II. 1176 zur Besiedelung seiner neugegründeten Abtei und späteren Grablege Monreale holen ließ.[33]

Die Tatsache, dass den süditalienischen Benediktinerabteien zahlreiche kleinere, teils griechische Klöster in Kalabrien und Sizilien unterstellt wurden, deren Existenz durch die langen Jahre der militärischen Auseinandersetzungen bedroht war, hatte die Forschung zunächst als gezielte Latinisierungspolitik ausgelegt, die sich gegen die griechischen Klöster richtete.[34] Mit dem Hinweis auf die Aufgeschlossenheit der Normannen gegenüber dem griechischen Mönchtum, die zahlreiche Schenkungen für griechische Klöster beweisen, konnte von Falkenhausen die These der angeblichen Latinisierungsbestrebungen jedoch widerlegen. Außerdem musste die Unterstellung kleinerer, griechischer Klöster unter lateinische Abteien nicht immer auch deren Latinisierung bedeuten.[35] Vielmehr wurden verlassene griechische Abteien größeren, finanziell und personell bessergestellten Klöstern zugesprochen, die sie wieder mit neuem Leben erfüllen sollten.[36]

In der Tat förderten die normannischen Herrscher neben dem lateinischen Mönchtum die (Wieder-)Errichtung zahlreicher griechischer Klöster. Denn die griechische Sprache, die griechischen Traditionen und der griechisch-byzantinische Ritus waren in der süditalienischen Bevölkerung noch stark verwurzelt.[37] Beispielsweise unterstützte Boemund, der Sohn Robert Guiscards, die Gründung des griechischen Klosters S. Nicola di Casole bei Otranto, in dessen Typikon auch die sizilischen Könige Roger II., Wilhelm I. und Wilhelm II. eingetragen waren.[38] Auffällig ist jedoch besonders das Engagement, das Roger I. zusammen mit seinen griechischen und normannischen Gefolgsleuten bei der Privilegierung der griechischen Klöster Siziliens und Südkalabriens an den Tag legte. Allein in den 90er Jahren des 11. Jahrhunderts war er an der Gründung beziehungsweise Privilegierung 18 griechischer Klöster beteiligt.[39] Dabei ging die Initiative jedoch nicht vom Grafen selbst aus, sondern beruhte meist auf der Bitte des zukünftigen Klostervorstehers oder eines griechischen Amtsträgers Rogers I.[40] Auch unter den normannischen Königen Roger II. und Wilhelm II. setzte sich diese politische Linie gegenüber dem griechischen Mönchtum noch fort.

Die große Anzahl an griechischen Klostergründungen sowie die zunehmende Latinisierung und die damit einhergehende Zurückdrängung der griechischen Kultur und Lebensformen erforderte auf lange Sicht eine organisatorische Gliederung des griechischen Mönchtums. Denn die meisten der griechischen Abteien waren personell und ökonomisch sehr schlecht ausgestattet und daher nicht lange überlebenstüchtig. Von der bischöflichen Jurisdiktion eximiert, standen die griechischen Klöster direkt unter der Schirmherrschaft der normannischen Herrscher, die damit auch für ihr Fortbestehen verantwortlich waren.[41]

Daher gründete Roger II. zwischen 1122 und 1132 das Kloster S. Salvatore di Messina, das im Hafen von Messina (*in lingua phari*) lag (Abb. 2). In der Gründungsurkunde von 1131, die sich heute im Archivo Ducal Medinaceli in Toledo (ADM) befindet, umschreibt der König die Funktionen des Archimandritats folgendermaßen:[42] In Übereinstimmung mit Bischof Hugo von Messina (1127 – 1139) habe er beschlossen, S. Salvatore *μάνδρα* (Gehege) zu

2 Die Kirche S. Salvatore im Hafen von Messina (lingua phari). Stich von Pieter Bruegel dem Älteren von 1561 (Ausschnitt), Florenz, Gabinetto dei Disegni e delle Stampe degli Uffizi

nennen, weil es wie eine Mutter für die von ihm abhängigen Klöster sei, und einen Archimandriten zu ernennen, damit dieser sich wie ein Vater um die ihm unterstellten Äbte (*ἡγουμένοι*) kümmere. Der Name des Archimandriten selbst wird jedoch erst im darauffolgenden Privileg Rogers II. von 1133 genannt, und zwar hatte der normannische König für dieses Amt Lukas, den ehemaligen Abt der bedeutenden griechischen Abtei S. Maria del Patir bei Rossano vorgesehen.[43] Der Archimandrit von S. Salvatore sollte durch die Gemeinschaft der dortigen Mönche gewählt und vom König beziehungsweise seinen Nachfolgern bestätigt werden. In Streitfällen war er nur dem königlichen Gericht verantwortlich. Außerdem wurde festgelegt, dass der Archimandrit von S. Salvatore dem Erzbistum von Messina zur Zinszahlung verpflichtet, aber von der bischöflichen Jurisdiktion befreit sei.[44] Die Anlehnung des Rechtsstatus' von S. Salvatore an denjenigen der kaiserlichen Eigenklöster in Byzanz wird in der Gründungsurkunde von 1131 besonders deutlich. Erzbischof Hugo von Messina verfügte seinerseits im darauffolgenden Jahr, dass der Archimandrit an den Diözesansynoden teilzunehmen und einen Treueid zu leisten habe.[45]

Der Aufbau von S. Salvatore war streng hierarchisch organisiert und auf die Figur des Archimandriten zentralisiert, wie es auch im Typikon festgehalten wurde, in dem Lukas das liturgische und das alltägliche monastische Leben seines Klosterverbandes regelte.[46] Der Archimandrit von S. Salvatore übte seinerseits eine Aufsichts- und Kontrollfunktion, die auch die Jurisdiktion und die Funktionen eines Weihbischofs beinhaltete, über die ihm in Sizilien und Kalabrien unterstellten griechischen Klöster aus.[47] Diese wurden teils als autonome Abteien (*κεφαλικά καὶ αὐτοδέσποτα*), die noch von einem eigenen Abt geleitet wurden und noch eine gewisse Selbständigkeit besaßen, teils als abhängige Klöster (*metochia*) dem Archimandritat zugeteilt. Die Namen der einzelnen Klöster, insgesamt handelte es sich um 31 Abteien in Sizilien und acht in Kalabrien, listete Roger II. in seinem Privileg von 1133 auf.[48] In der lokalen Hierarchie stand der Archimandrit noch über den lateinischen Prälaten und wurde daher in päpstlichen Schreiben direkt nach dem Erzbischof von Messina und dessen Suffraganbischöfen, falls diese aufgeführt waren, genannt.[49] Da das rechtliche Verhältnis zwischen dem Erzbischof von Messina und dem Archimandriten nicht eindeutig geregelt war und der Archimandrit durch seine Aufsichts- und Leitungsfunktion über die ihm in der Diözese von Messina unterstellten Abteien, die Rechte des Erzbischofes einschränkte, geriet ihre Beziehung zum permanenten Streitpunkt. Besonders unter Erzbischof Berard und dem Archimandrit Nymphos führte dies zu einem langjährigen Konflikt, da Berard versuchte, das Kloster seiner Jurisdiktion zu unterstellen.[50] Die Rechte des Archimandriten beeinträchtigten jedoch auch die Rechte anderer Bischöfe, da nicht alle S. Salvatore unterstellten Abteien in der Diözese von Messina lagen.[51]

Bei den S. Salvatore di Messina unterstellten Klöstern fällt auf, soweit noch nachvollziehbar, dass es sich größtenteils um Hauteville-Gründungen handelte. Roger II. schien den Archimandritat von Messina als Art königliches Eigenkloster zu verstehen, wie einerseits an seinem Rechtsstatus und andererseits an Begriffen wie „unser Kloster" (*ἡ ἡμετέρα μονή*) oder „königliches Kloster" (*ἡ βασιλική μονή*), auf die wir in den Urkunden immer wieder stoßen, zu erkennen ist.[52] Unter seinem ersten Archimandrit Lukas (1131 – 1149) bestanden engste Verbindungen zur Familie der Hauteville. Durch zahlreiche Privilegien, in denen er dem Archimandritat umfangreiche Besitzungen sowie Handels- und Steuervergünstigungen ausstellte, sorgte der normannische König dafür, dass S. Salvatore über eine solide wirtschaftliche Basis verfügen konnte und sich schnell zu einer der reichsten geistlichen Einrichtungen Siziliens entwickelte (Abb. 3).[53]

Unter den Nachfolgern Rogers II. ging die Aufmerksamkeit, die die normannischen Könige dem Archimandritat von Messina schenkten, deutlich zurück. Von Wilhelm I., Tankred und Wilhelm III. sind keine Privilegien zugunsten der königlichen Abtei erhalten.[54] Auch bei den Urkunden König Wilhelms II., er bedachte die Abtei zwischen 1168 und 1177 immerhin mit drei Privilegien, handelt es sich im Großen und Ganzen um die Bestätigung der bisherigen Rechte und Besitzungen, ohne dass nennenswerte Neuverleihungen hinzugekommen wären. Im März 1168 übertrug Wilhelm II. S. Salvatore di Messina Waldgebiete im Territorium von Agrò, das bereits Roger II. mit Ausnahme des Waldes dem Kloster geschenkt hatte.[55] Ebenfalls im März 1168 intervenierte er in Besitzstreitigkeiten zugunsten des Messineser Tochterklosters (*metochion*) S. Nicola di Pellero.[56] Schließlich bestätigte Wilhelm II. im Jahr 1177 eine Landschenkung seines Vizekanzlers Matthäus von Aiello aus dem *casale Callura*.[57] Neben Matthäus von Aiello bedachten auch andere griechische Beamte Wilhelms II., darunter

3 Im königlichen Diplom von 1137 werden dem Archimandrit Lukas von S. Salvatore di Messina die Klöster S. Giovanni τοῦ Ψυχροῦ und S. Maria τῆς Βίνας geschenkt, Toledo, Archivo Ducal Medinaceli (ADM), perg. n. 1356

Margaritus von Brindisi, der königliche Hofrichter Judex Tarentinus und Eugenios von Palermo den Archimandritat mit Schenkungen und Aufmerksamkeiten.[58] Auf Bitten König Wilhelms II. bestätigte Papst Alexander IV. 1175 dem Archimandrit Onophrios die Exemtion seines Klosters von der bischöflichen Jurisdiktion, die bereits Roger II. in der Gründungsurkunde von 1131 verfügt hatte, und nahm den Archimandritat in den päpstlichen Schutz auf.[59] Gleichzeitig verfügte der Papst jedoch auch die weitere Zahlung des Jahreszinses an den Erzbischof von Messina, dessen Höhe im Privileg festgelegt wurde.[60] Mit der Verleihung des apostolischen Schutzes stand der Messineser Archimandritat nun auf einer Stufe mit den Dom- und Klosterkonventen von Cefalù, Monreale und Catania. Die Privilegien, die König Heinrich VI. und die Kaiserin Konstanze S. Salvatore di Messina in den Jahren 1195 bis 1197 ausgestellt haben, stellen ebenfalls reine Besitzbestätigungen dar, die noch dazu auf Initiative des Archimandriten Leontios erfolgten.[61]

Unter Friedrich II. verstärkt sich der Eindruck, dass die sizilischen Herrscher das Interesse am einstigen königlichen Hauskloster verloren hatten. Zwar bestätigte der Staufer dem Archimandritat im Juni 1200 alle Privilegien seiner Vorgänger[62] und überließ ihm zwei Jahre später als Gegenleistung für die 60 000 Tarenen, die ihm der Archimandritat geliehen hatte, Ländereien in der Valle Tuccio nördlich von Reggio Calabria.[63] Doch bei der Schenkung von 1210 oder den beiden Besitzbestätigungen vom März 1211 und 1216 wird immer deutlicher, dass sie auf der Initiative des Archimandriten und der Intervention Papst Innozenz' III. beruhten.[64] Darauf weist der Staufer in der Verfügung von 1216 ausdrücklich hin.[65] Von päpstlicher Seite wurde die Immunität des Klosters im April 1216 durch Innozenz III. und im November desselben Jahres durch Honorius III. bestätigt.[66]

In der Einrichtung des Archimandritats von S. Salvatore di Messina und seiner großzügigen Förderung durch Roger II. bündelten sich verschiedene Interessen und Zielsetzungen. Denn einerseits sollte die Bildung eines griechischen Klosterverbandes herrschaftsstabilisierend wirken, da hierdurch der Bestand der griechischen Klöster Siziliens und damit auch der Glaubenstraditionen der Landbevölkerung gesichert wurden. Andererseits diente die Errichtung des Archimandritats zur besseren Verwaltung und Kontrolle der kirchlichen Institutionen, was vor allem in den Anfangsjahren durch das enge Verhältnis zwischen dem normannischen König und dem ersten Archimandrit gewährleistet war. Daneben spielten, abgesehen von religiösen Motivationen, sicherlich auch strategische Überlegungen eine ausschlaggebende Rolle: Denn dadurch, dass S. Salvatore di Messina im Besitz des Hafens von Catona war, der zwischen Villa S. Giovanni und Reggio Calabria gegenüber von Messina lag, nahm die Abtei eine entscheidende Rolle bei der Kontrolle der Meerenge ein. Roger II. bevorzugte scheinbar, die wichtigsten Häfen, die die Verbindung zwischen der Insel und dem Festland sicherstellten, in geistliche Hand zu geben. In dieser Hinsicht ist auch die Unterstellung des an der kalabresischen Küste gelegenen Augustinerchorherrenstiftes von Bagnara an das Bistum von Cefalù zu interpretieren.[67]

Unter den Nachfolgern Rogers II. wurden Schenkungen oder Neuverleihungen zugunsten des Messineser Archimandritats immer seltener. In der Regel handelt es sich bei den überlieferten Privilegien aus normannisch-staufischer Zeit um Bestätigungen der bestehenden Rechte und Besitzungen. Dafür gibt es mehrere Gründe: Der gute Kontakt zur Herrscherfamilie, der zwischen Roger II. und dem Archimandrit Lukas bestanden hatte, war abgebrochen. Die Privilegien Friedrichs II. für S. Salvatore stammen fast alle aus den Anfangsjahren seiner Herrschaft, als er die Urkunden seiner Vorgänger erneuerte. Außerdem stellte der Messineser Archimandritat immer noch einen bedeutenden Wirtschaftsfaktor dar und hatte dem Staufer zu Beginn seiner Herrschaft mehrfach Geld geliehen, wofür sich Friedrich durch Rechtsbestätigungen oder Schenkungen erkenntlich zeigte. In diesem Kontext ist auch sein Engagement für den exkommunizierten Archimandriten Makarios zu sehen, den er im Streit um die Exemtion des Archimandritats gegen den Erzbischof von Messina beim Papst unterstützte, ohne dass man dies als einen expliziten Einsatz für die griechische Kirche werten sollte.[68]

Neben S. Salvatore di Messina, das für die griechischen Klöster Siziliens und Südkalabriens zuständig war, wurden auch die Archimandritate von S. Elia di Carbone und S. Adriano di S. Demetrio bei Rossano gegründet und damit die Organisation und der Bestand des griechischen Mönchtums auch auf dem italienischen Festland abgesichert. Den für die griechischen Klöster Lukaniens und der Basilikata verantwortlichen Archimandritat mit Sitz in S. Elia di Carbone hatte Wilhelm II. 1168 eingerichtet und dem Hegumen (*ἡγουμένος*) Bartholomeus die Archimandritenwürde verliehen. Die Blütezeit von S. Elia di Carbone, das in der zweiten Hälfte des 10. Jahrhunderts gegründet worden war, begann unter seinem Hegumen Nilus (1108/1109 – 1135), der enge Beziehungen zum sizilischen Königshof anknüpfte.[69] Es ist nicht auszuschließen, dass sich bereits Nilus, der die Gründung und den raschen Aufstieg des sizilischen Archimandritates miterlebt hatte, bei Roger II. für die Verleihung der Archimandritenwürde einsetzte. Bereits sein Nachfolger Lukas begegnet im April 1154 als „ehrwürdiger Archimandrit des Klosters von Carbone" (*venerabilis archimandrita monasterii Carbonensis*), was jedoch nicht unbedingt schon die Führung eines Klosterverbandes beinhalten musste.[70] Auch andere griechische Klöster, etwa das eingangs genannte S. Maria di Terreti östlich von Reggio, dessen Privilegien, Abgabenfreiheit und Immunität Friedrich II. dem Archimandriten Johannicius im Jahr 1209 bestätigte,[71] oder die bedeutende griechische Abtei S. Maria del Patir bei Rossano führten ebenfalls den Archimandritentitel, wobei es sich jedoch um einen reinen Ehrentitel ohne Jurisdiktionsbezirk handelte.[72] Erst in einem griechisch-lateinischen Privileg Wilhelms II. von 1168 wurden die Jurisdiktionsbefugnisse und das Territorium beschrieben, für das der Archimandrit von Carbone zuständig war.[73] Interessant ist dabei, dass S. Elia di Carbone im Unterschied zu S. Salvatore di Messina territorial organisiert war. Dem Messineser Archimandritat waren hingegen nicht alle griechischen Klöster der Diözese von Messina unterstellt, sondern nur einzelne ausgewählte Abteien, die von Mitgliedern der Hauteville-Familie gegründet worden waren oder sich auf Wunsch des Klostervorstehers dem Archimandritat angegliedert hatten.[74] Aufgrund der Tatsache, dass im Jurisdiktionsbezirk des Archimandritats von Carbone eine griechisch-byzantinische Bistumsstruktur fehlte, übte der Archimandrit von Carbone eine wichtige spirituelle Funktion für die ihm unterstellten griechischen Klöster aus.[75] Der Archimandritat S. Elia di Carbone wurde auch noch in staufischer Zeit immer wieder mit Privilegien bedacht. So verlieh Kaiserin Konstanze die Archimandritenwürde von Carbone im Jahr 1195 an den Hegumen Hilarius und vertraute ihm die Seelsorge (*curam animarum*) aller im angegebenen Jurisdiktionsbezirk liegenden griechischer Klöster an.[76] Auch Friedrich II. vertrat mehrfach die Interessen des Archimandritats und bestätigte ihm die Privilegien seiner Vorgänger.[77]

Das für das griechische Mönchtum Nordkalabriens und der Sila zuständige Archimandritat von S. Adriano di S. Demetrio Corone befand sich hingegen in einer Region, die noch bis ins 13./14. Jahrhundert von griechischen Bischöfen (Crotone, Rossano, Oppido) besetzt war.[78] Ob der nordkalabresische Archimandritat erst unter König Wilhelm II. oder bereits unter Roger II. errichtet wurde, ist aufgrund der schlechten Überlieferungslage nicht mehr rekonstruierbar. Denn die S. Adriano betreffenden Urkunden zählen zu dem 1943 verbrannten Bestand aus dem Staatsarchiv von Neapel.[79] Nur aus einem fragmentartigen Insert in einem Privileg Ferdinands I. von 1472 erhalten wir die Information, welche Klöster Wilhelm II. im Jahre 1182 S. Adriano unterstellt hatte. Außerdem sind in diesem Privileg auch zwei Urkunden Friedrichs II. inseriert, die dem Archimandritat in den Jahren 1222 und 1224 Privilegien Rogers II. und der Konstanze bestätigen.[80] Daraus geht jedoch nicht hervor, wann und durch welche Initiative der Archimandritatsbezirk eingerichtet wurde. Die im Privileg Wilhelms II. aufgelisteten griechischen Klöster, für die der Archimandritat von S. Adriano zuständig war, lagen vor allem im Gebiet zwischen Catanzaro, Crotone und Cosenza (Nordkalabrien-Sila). Mit den Archimandritaten S. Salvatore für Sizilien-Südkalabrien und S. Elia di Carbone für Lukanien-Basilikata waren nun alle griechischen Klöster des Mezzogiorno in einen übergeordneten Klosterverband eingegliedert.[81]

Insgesamt ist festzustellen, dass der sizilische König bei der Einrichtung der griechischen Archimandritate weitgehend selbständig handelte, während er bei der lateinischen Kirchenorganisation auf die Mitwirkung des Papstes angewiesen war, obwohl auch in diesem Bereich der Herrscher in der Regel die Initiative ergriff und der Papst meistens nur noch zustimmend reagieren konnte. Die geringe Zahl der päpstlichen Urkunden für die griechischen Klöster Süditaliens belegt, dass vor allem zur Zeit Rogers II. der königliche Hof als Entscheidungsinstanz für die Politik gegenüber dem griechischen Mönchtum fungierte.[82] Dies änderte sich in der zweiten Hälfte des 12. Jahrhunderts, als das Königtum keinen ausreichenden Schutz mehr bieten konnte und auch das Interesse der normannischen Herrscher gegenüber dem griechischen Mönchtum aufgrund der zunehmenden Latinisierung der Führungsschicht abgenommen hatte. Außerdem sind vermehrt Versuche der lateinischen Bischöfe und Klöster, ihre Jurisdiktion auf die griechischen Institutionen des Mezzogiorno auszudehnen, zu verzeichnen. Dies zeigt sich deutlich im Fall des Messineser Archimandritats, das sich vor allem während der Abwesenheit Friedrichs II. in den Jahren zwischen 1212 und 1220 mit den Ansprüchen des Erzbischofs von Messina konfrontiert sah.[83] Daher wandten sich die griechischen Klöster ab dem ausgehenden 12. Jahrhundert verstärkt an den Papst, um ihre Privilegien und insbesondere ihre Exemtion aus der bischöflichen Jurisdiktion bestätigen zu lassen. Der normannische König spielte dabei in den meisten Fällen eine vermittelnde Rolle, wie etwa Wilhelm II., der im Jahre 1175 bei Papst Alexander III. für den Archimandriten Onophrios eine Bestätigung seiner Rechte und Privilegien erwirkte.[84]

Grundsätzlich war die Vitalität des griechischen Mönchtums, auch bedingt durch die zunehmende Isolation der griechischen Kirche Süditaliens, nach fast zweihundertjähriger lateinischer Herrschaft am Ende des 12. Jahrhunderts stark beeinträchtigt. Eine Ausnahme bildet dabei lediglich die Region des Salento im Süden Apuliens, wo sich aufgrund der geographischen Nähe zu den Ionischen Inseln die griechischen Kulturkontakte und Traditionen länger lebendig halten konnten. Dort wird sogar in einigen Orten südlich von Lecce (um Calimera) noch heute ein griechischer Dialekt gesprochen.[85] Auch die Spannungen, die der 4. Kreuzzug mit der Eroberung von Konstantinopel und der Gründung des lateinischen Patriarchats von Konstantinopel im Jahr 1205 auslöste, trugen zu einer Verschlechterung der kulturellen Kontakte mit Byzanz bei und entzogen den süditalienischen Griechen einen wichtigen religiösen Bezugspunkt.[86] Der fortgeschreitende Niedergang des religiösen und kulturellen Lebens im griechischen Mönchtum führte sicherlich auch dazu, dass die westliche Kirche mit ihren neuen Ordenskongregationen, insbesondere den Bettelorden, für die süditalienischen Mönche zunehmend interessanter wurde. Trotz dieser grundsätzlichen Krise des griechischen Mönchtums konnte sich der Archimandritat S. Salvatore di Messina am Anfang des 13. Jahrhunderts gegenüber den kleineren Klöstern und den beiden festländischen Archimandritaten in finanzieller und kultureller Hinsicht immer noch eine herausragende Stellung sichern, was seine institutionelle Bedeutung und Nähe zur normannischen Herrscherfamilie belegt.[87]

Fassen wir abschließend zusammen: Geprägt ist die kirchliche Verwaltung Süditaliens in normannisch-staufischer Zeit durch eine weitgreifende Neuorganisation und Umstrukturierung, die aus der Perspektive der sizilischen Könige auf die bessere Verwaltung und Kontrolle der kirchlichen Institutionen abzielte. Sowohl die Wiedererrichtung beziehungsweise Neugründung lateinischer Bistümer als auch die Gründung der Archimandritate dienten dem Ziel der Herrschaftskonsolidierung. Zwar war die Latinisierung des Königreichs und der Zentralverwaltung im ausgehenden zwölften und beginnenden 13. Jahrhundert so weit fortgeschritten, dass man auf die griechische Bevölkerung zur Herrschaftsausübung nicht mehr angewiesen war.[88] Allerdings stellten die griechischen Klöster, deren Bestand und Organisation die Archimandritate sichern sollten, eine Art kulturelles Erbe dar, auf das die sizilischen Könige Rücksicht zu nehmen hatten. Daher bewegten sich die Grundlinien ihrer Kirchenpolitik in normannisch-staufischer Zeit in der Tat zwischen Archimandrit und Bischof.

1 HB 2,1, S. 446.
2 von Falkenhausen 1996, S. 239 – 241; Dies. 2002/2003, S. 35 f.
3 von Falkenhausen 1996, S. 241.
4 Das Testament des Judex Tarentinus findet sich bei Aar 1882, S. 253 – 255.
5 Eugenii Panormitani versus iambici, S. 97 f. Nr. 14.
6 von Falkenhausen 1996, S. 241; Schlichte 2005, S. 175 f.
7 Becker 2008, S. 217.
8 Johns 1995, S. 151 f.
9 von Falkenhausen 1977, S. 214.
10 Liber Censuum, Bd. I, 163, S. 422.
11 Italia Pontificia 10, S. 186 Nr. 73; Gaufredus Malaterra, De rebus gestis Rogerii, lib. 2, cap. 33, S. 45; Becker 2008, S. 130 f.
12 Vgl. Fonseca 1995, S. 12 – 17.
13 Gaufredus Malaterra, De rebus gestis Rogerii, lib. 4, cap. 7, S. 89; Kamp 1994, S. 84 – 86.
14 Hierzu Becker 2006, S. 68 f.; Joannou 1960, S. 175 – 180.
15 Johns 1995, S. 139 – 142; von Falkenhausen 1996, S. 236 f.
16 Houben 1997a, S. 59.
17 Schlichte 2005, S. 194 – 196.
18 Kamp 1979, S. 121 f.; Enzensberger 1980, S. 398.
19 Loud 1982, S. 154 – 159; Schlichte 2005, S. 103 f.
20 Kamp 1979, S. 105 – 107.
21 Becker 2008, S. 166 – 169; von Falkenhausen 1996, S. 236 f.
22 von Falkenhausen 1994b, S. 42.
23 Fonseca 1977, S. 335; Becker 2008, S. 162 – 166.
24 Kamp 1984b, S. 85 – 90.
25 Kamp 1984b, S. 91.
26 Schlichte 2005, S. 120; Kamp 1984b, S. 105.
27 Houben 2008, S. 133; Kamp 1984b, S. 106.
28 Houben 1995, S. 53.
29 Becker 2008, S. 190; Houben 1995, S. 54 f.
30 Italia Pontificia 10, S. 364 Nr. 1; Becker 2008, S. 192 – 194.
31 Libellus de successione pontificum Agrigenti, S. 307.
32 Houben 1995, S. 54 f.
33 Schlichte 2005, S. 154; Houben 1995, S. 60.
34 Ménager 1959, S. 57.
35 von Falkenhausen 1977, S. 210.
36 Ebd., S. 208.
37 Herde 1970, S. 3.
38 Kölzer 1985, S. 420.
39 Becker 2008, S. 208 – 215.
40 von Falkenhausen 1977, S. 212.
41 Ebd.; Becker 2008, S. 215 f.
42 ADM, perg. n. 530. Für die Bereitstellung der Transkriptionen der S. Salvatore di Messina betreffenden Urkunden danke ich Prof. Vera von Falkenhausen.
43 ADM, perg. n. 529; vgl. von Falkenhausen 1994b, S. 45 f.
44 ADM, perg. n. 530; vgl. von Falkenhausen 1994b, S. 45.
45 ADM, perg. n. 107; von Falkenhausen 1977, S. 215; Enzensberger 1980, S. 425.
46 Das Typikon ist im Codex Messinensis gr. 115 überliefert: vgl. Arranz 1969.
47 Enzensberger 1980, S. 425.
48 von Falkenhausen 1994b, S. 46.
49 Vgl. das Schreiben Papst Clemens' IV. von 1266 bei Enzensberger 2000, S. 223 Nr. 1.
50 Enzensberger 2000, S. 214 – 216.
51 Enzensberger 1980, S. 426.
52 Unter anderem im Testament des Judex Tarentinus (Aar 1882, S. 255) und in der Urkunde von 1133 (ADM, perg. n. 529); vgl. von Falkenhausen 1977, S. 217.
53 von Falkenhausen 1994b, S. 48.
54 von Falkenhausen 1994b, S. 50.
55 ADM, perg. n. 109. Vgl. Schlichte 2005, S. 175.
56 ADM, perg. n. 1351.
57 ADM, perg. n. 111; Schlichte, S. 175.
58 Schlichte, S. 175; von Falkenhausen 1994b, S. 51.
59 Italia Pontificia 10, S. 347 Nr. 1; ADM, perg. n. 530.
60 Italia Pontificia 10, S. 347 Nr. 1. Vgl. Enzensberger 1980, S. 425 f.
61 ADM, perg. n. 116; Urkunden der Königin Konstanze, Nr. 18 u. 38.
62 MGH D F II. Nr. 15.
63 MGH D F II. Nr. 42.
64 MGH D F II. Nr. 129, 142 und 352.
65 *Propter quod idem archimandrita celsitudini nostre attentius supplicavit, ut hoc in petitionem suam et apostolicas admonitiones admitteremus benigne.* (*Da der Archimandrit unsere Hoheit diesbezüglich gebeten hat, dass wir auf seine Bitte und die päpstlichen Ermahnungen hin dies freigiebig gewähren mögen.*) MGH D F II. Nr. 352.
66 ADM, perg. n. 130 und 131; Enzensberger 2000, S. 216 f.
67 Houben 1997a, S. 61.
68 von Falkenhausen 1996, S. 255; Hofmann 1994, S. 91.
69 von Falkenhausen 1994a, S. 81 – 83.
70 Urkunden König Wilhelms I., Nr. 2.
71 Reg. Imp. 51,1 Nr. 599.
72 Vgl. Enzensberger 1980, S. 424.
73 Holtzmann 1956, S. 67 – 69 Nr. 8; von Falkenhausen 1994a, S. 84 f.
74 Schlichte, S. 178; von Falkenhausen 1994a, S. 85 f.
75 von Falkenhausen 1994a, S. 86.
76 Urkunden der Königin Konstanze, Nr. 4.
77 Urkunde von 1219 (Reg. Imp. 5,1,1 Nr. 1077); Mandat von 1228 (Reg. Imp 5,4,6 Nr. 300); Urkunde von 1232 (Reg. Imp. 5,1,1 Nr. 1077, 1998).
78 Girgensohn 1973, S. 33 – 41; Schlichte 2005, S. 179.
79 Holtzmann 1963, S. 95.
80 Ediert bei Holtzmann 1963, S. 99 – 103.
81 Holtzmann 1963, S. 96 f.; Schlichte 2005, S. 179.
82 Hofmann 1994, S. 57 f.
83 Hofmann 1994, S. 90 f.; Enzensberger 2000, S. 216 f.
84 Enzensberger 1980, S. 425 f.
85 Rohlfs 1974, S. 75 f.
86 von Falkenhausen 1994b, S. 52.
87 Ebd.
88 von Falkenhausen 1996, S. 254.

Uwe Israel

Personeller Austausch zwischen den Regionen

Der personelle Austausch zwischen den drei Regionen ist vor dem Hintergrund einer langen, bis in die Karolingerzeit zurückreichenden Tradition und einer im Verlauf des Hochmittelalters zunehmenden alpenübergreifenden Migration zu sehen.[1] Seit Karl der Große im Jahre 774 über die Alpen gezogen war, um das Langobardenreich zu erobern, stellte sich die Frage der Integration Italiens zunächst in das fränkische, seit Otto dem Großen in das ostfränkisch-deutsche Reich.[2] In diesen administrativ wenig strukturierten, dafür aber stark personalisierten staatlichen Gebilden des Früh- und Hochmittelalters konnte ein Herrschen aus der Ferne angesichts der weiten Ausdehnung und langwierigen Kommunikation nur erfolgreich sein, wenn gerade in königsfernen Zonen zuverlässige Vertraute aus dem eigenen Umfeld, besser noch Verwandte die Leitungsfunktionen übernahmen.[3] Die Karolinger und Ottonen ersetzten die langobardische Führungsschicht vor allem durch fränkische und alemannische Große und deren Vasallen, was die Verpflanzung einer beträchtlichen Zahl von Menschen aus den alten Kernlanden in den südlichen Reichsteil bedeutete. Hier rückten sie in die entscheidenden politischen und administrativen Positionen ein. Diese mit Familie und Gefolge wohl Zehntausende zählende Zuwanderung war zwar nicht groß genug, um das ethnische Gefüge in Ober- und Mittelitalien zu verschieben, führte aber zu einer neuen Führungsschicht fränkisch-deutscher Herkunft.[4] Bei ausbleibendem Elitentausch konnte eine Integration nicht gelingen, wie sich in den ersten Jahrzehnten des neu gegründeten normannischen Königreichs Sizilien zeigen sollte: Der Festland- und der Inselteil blieben bis in die 90er Jahre des 12. Jahrhunderts, also auch noch nach einem halben Jahrhundert, mangels eines entsprechenden Austauschs getrennte Welten.[5]

Der Austausch zwischen den Regionen war unter den frühen Staufern überwiegend vom Norden her gespeist, doch gab es in Italien selbst und von Richtung Italien aus über die Alpen immer auch eine Gegenbewegung, die sich seit Friedrich II. vom Süden, von seiner ersten Machtbasis, dem Königreich Sizilien, her verstärkte.[6] Wegen der oft langen Aufenthalte der römisch-deutschen Könige nördlich der Alpen ließen sich politisch motivierte Reisen italienischer Großer kaum vermeiden und so sah man sie mit ihrem Gefolge regelmäßig auf Reichsversammlungen in Deutschland.[7] Dies hatte Tradition bis in die Zeit, als langobardische Adlige aus Süditalien vor den normannischen Eroberern geflüchtet waren und am Stauferhof Unterstützung erhofft hatten. Am Hof Konrads III. treffen wir Fürst Robert II. von Capua und Graf Roger von Ariano, die dann im Jahre 1145 sogar in Diensten des Staufers unterwegs waren und Konrads Schwägerin Berta als versprochene Braut für einen Sohn des Basileus nach Byzanz geleiteten.[8]

In Zeiten gering entfalteter Staatlichkeit genügten schriftliche Anweisungen zur Durchsetzung des politischen Willens und zur Gestaltung der Herrschaft alleine nicht: Der Anspruch des Herrschers musste, wo möglich, durch wiederholte persönliche Präsenz manifestiert, es mussten Legaten ausgesandt und probate Stellvertreter vor Ort ernannt werden, wie Friedrich II. im Mainzer Landfrieden von 1235 ausführte.[9] Die Entsendung von Reichslegaten nach Oberitalien mit wichtigen gerichtlichen Aufgaben begann unter Konrad III. im Jahre 1147 mit dem Reichskanzler und Konstanzer Bischof Hermann von Arbon (Thurgau) und Reimbold Graf von Röckingen (bei Dinkelsbühl).[10] Für Friedrich I. Barbarossa war unter anderen der elsässische Edelfreie Berthold von Kunigsberg (Hohkönigsburg) als Legat in Italien. Als eine Art stellvertretende Regierungsinstanz für den Kaiser fungierten bei ihm in Folge die Reichskanzler und Erzbischöfe von Köln bzw. Mainz Reinald von Dassel und Christian von Buch. Bei Christian von Mainz, der lange Jahre im Süden verbrachte und es zu einem stattlichen Hof mit eigener Kanzlei brachte,[11] wird die Kenntnis der italienischen Sprache ausdrücklich hervorgehoben.[12] Italienischkenntnisse dürfen bei den deutschen Amtsträgern aber kaum generell vorausgesetzt werden. Als die Cremonesen im Jahre 1233 mit der Bitte an den Kaiser herantraten, ihnen zur Beilegung innerer Streitigkeiten einen Podestà aus den Reihen seiner Getreuen zu geben, verlangten sie, er solle weder aus Deutschland, noch Oberitalien, noch Tuszien oder der Mark Ancona stammen, allerdings solle er eine Sprache sprechen, die sie verstünden: Friedrich ging offenbar auf die Bitte ein und schickte den aus dem sizilischen Regnum stammenden Thomas von Aquino.[13] Heinrich VI. setzte neben anderen den Wormser Bischof Heinrich von Maastricht und den Reichsministerialen Trushard von Kestenburg (Hambacher Schloss) als seinen Vikar in Italien ein, das heißt als seinen höchsten Amtsträger mit weitreichenden politischen und richterlichen Befugnissen.[14] Friedrich II. entsandte im Jahre 1215 den Wormser Bischof Lupold von Schönefeld/Scheinfeld (Sachsen) als Reichslegaten nach Apulien, wo es ihm gelang, die Anerkennung des jungen Königs in einem Land durchzusetzen, das zuvor zu dessen Gegenspieler, dem Welfen Otto IV., gehalten hatte.[15] Bischof Lupold hatte sich schon unter Philipp von Schwaben neben dem Dienstmann Eberhard von (Kaisers-)Lautern und Heinrich von Schmalegg (bei Ravensburg) bewährt.[16] Für das Jahr 1219, als Eberhard schließlich zum Legaten für die Region Pavia aufwärts ernannt wurde,[17] kann man allein im östlich des Lago Maggiore gelegenen Komitat Varese 38 *missi regis/imperatoris* zählen, die zwar meist vom Pfalzgraf oder anderen Zwischeninstanzen ernannt worden waren, gelegentlich aber auch vom König selbst das Amt des Richters übertragen bekommen hatten.[18]

Als Gegengewicht zur Macht der Fürsten und des Adels stützten sich die Staufer dies- wie jenseits der Alpen stark auf ihre damals durchweg noch persönlich unfreien Dienstmannen.[19] Die Italienzüge waren für die zum Niederadel hindrängende Reichsministerialität Formierungsphase und Aufstiegschance zugleich. Der gemeinsame Einsatz mit adligen Vasallen trug zur Verringerung sozialer Unterschiede bei. Durch die entsandten Amtsträger konnte das Regiment aufrechterhalten werden, wenn sich der Herrscher nördlich der Alpen aufhielt. Doch soll nicht verhehlt werden, dass die Zuständigkeiten der entsandten Amtsträger nicht immer klar voneinander abgegrenzt waren, dass es zu Doppelungen kam, dass sie gegeneinander ausgespielt wurden, ja dass von ihnen Privilegien erlangt wurden, die die Ziele des fernen Königs konterkarierten – alles Resultate einer mangelnden Zentralverwaltung und Dokumentation.[20] Als Herkunft der ministerialischen Amtsträger in Italien lassen sich insbesondere die Landschaften entlang der Rheinachse von Basel bis Mainz und das Rhein-Main-Dreieck bis in die Wetterau ausmachen, in geringerem Maß der Niederrhein und Franken sowie später auch Ober- und Bayerisch-Schwaben, während in diesem Fall wie bei der transalpinen Migration überhaupt Regionen östlich des Rheins und nördlich des Mains deutlich zurücktreten.[21] Die Aufgaben der Minsterialen nahmen nach der Zerstörung Mailands im Jahre 1162 noch einmal deutlich zu: Sie erledigten Boten- und Legatendienste, wurden Podestà in den unterworfenen Städten, kontrollierten strategisch wichtige Reiserouten.[22]

Den wichtigen Weg über den Apennin nach Genua beispielsweise überwachte Siegfried von Lautern von der Burg Gavi aus, einem bedeutenden Stützpunkt kaiserlicher Macht in Norditalien, wohin sich der Kaiser nach der verlorenen Schlacht bei Legnano zurückzog.[23] Mailand wurde bis 1164 durch den wegen seiner Härte bei den Lombarden verrufenen, von der Untermosel stammenden Lütticher Bischof Heinrich II. von der Leyen regiert.[24] Der Podestà von Chieri und Ivrea hieß im Jahre 1187 Trushard von Kestenburg, der von Ferrara im Jahre 1209 Hugo von Worms.[25] Nur vereinzelt wurden Italiener bestallt.[26] Im Aufbegehren gegen die Herrschaft der Fremden, beispielsweise in den Auseinandersetzungen mit dem Lombardenbund, lassen sich trotz vorhandener Vorurteile und gegenseitiger stereotyper Einschätzungen grundsätzlich keine nationalistischen Motive erkennen,[27] gab es doch Nationalstaaten im modernen Sinne noch nicht. „Was man hasste, war nicht die Herrschaft der Deutschen als solche, sondern theils die Herrschaft überhaupt, theils insbesondere die Gewaltherrschaft, wie sie von vielen der Reichsbeamten zweifellos geübt wurde."[28]

In der Nachfolge der Karolinger zogen die römisch-deutschen Könige immer wieder auch in eigener Person über die Alpen: zum Herrschaftsantritt und zur Erlangung der lombardischen Königs- und der Kaiserkrone, zur Sicherung und Ausweitung der Macht und zur Abschöpfung des südlichen Reichtums durch Einforderung der vom Reich beanspruchten Abgaben. Bischof Otto von Freising schreibt in seinen „Taten Barbarossas", seitdem das Römische Reich an die Franken gelangt sei, sei es Sitte, dass die Könige, wenn sie nach Italien ziehen wollten, einige erfahrene Getreue vorausschickten, die durch die Städte reisten, um das dem königlichen Fiskus zustehende *fodrum* einzutreiben.[29] Nicht nur die Abgaben, auch die Anwesenheit eines Repräsentanten des Reichs innerhalb der Mauern oder die Gastung des Königs mit seinen vielen Begleitern war für die Kommunen, die sich während ausgebliebener Königspräsenz in den Zeiten vor Barbarossa selbständig gemacht hatten, oft eine Zumutung, die sie nicht mehr ertragen wollten, weshalb Konflikte nicht ausblieben.[30] Seit Friedrich I. Barbarossa, der die Rechte des Reichs wieder mit Nachdruck einforderte, nahm die Präsenz der römisch-deutschen Könige in Italien kontinuierlich zu. Friedrich I. verbrachte auf sechs Italienzügen 13 von 38 Regierungsjahren (etwa ein Drittel) im Süden, sein Sohn Heinrich VI. auf vier Italienzügen drei von acht (etwa zwei Fünftel); sein Enkel Friedrich II. hielt sich mit 28 von 39 Jahren (etwa drei Viertel)[31] und sein Urenkel Konrad IV. mit zwei von drei Jahren (zwei Drittel) schließlich sogar länger in Italien als in Deutschland auf.[32]

Die Herrscher wurden während ihrer Reisen gen und durch den Süden nicht nur von einem vielköpfigen Heer und dessen Tross begleitet,[33] sondern auch von einem Teil des Hofstaats, zu welchem die personell partiell deckungsgleiche Hofkapelle und Kanzlei gehörten.[34] An Friedrichs II. apulischen Hof strebten neben Flüchtlingen aus Oberitalien auch Handwerker, Künstler, Gelehrte und Spezialisten aus dem Norden, wie beispielsweise zwei Falkner aus Pavia und Imola. Von den Hofgeistlichen stammten allerdings nur wenige nicht aus dem Königreich wie der Notar Guido de Caravate (bei Como).[35] Auf den Italienzügen intensivierte sich die königliche Herrschaftsausübung während großer Reichsversammlungen in der persönlichen Begegnung zwischen den Großen von Nord und Süd und bei diesen Gelegenheiten wie auf dem gesamten Reiseweg in einer gesteigerten Urkundentätigkeit. Zwar fanden Petenten, also Bittsteller, die um die Ausstellung einer Urkunde anhielten, gelegentlich auch den Weg über die Alpen zum deutschen Hof, jedenfalls wenn er sich südlich des Mains aufhielt[36] – so taucht bereits am 28. Juli 1152 auf dem Ulmer Hoftag mit Bischof Ardizzone von Como ein erster Italiener in einer Zeugenreihe des Königs auf –,[37] doch war es natürlich weniger beschwerlich, den König auf seinem Weg durch Italien abzupassen, wovon reichlich Gebrauch gemacht wurde. Unter den späten Staufern drehte sich entsprechend der gewandelten geographischen Schwerpunktsetzung die Marschrichtung dann um und die Bittsteller hatten zum Kaiserhof gen Süden zu ziehen.[38]

Für die Anfertigung der Urkunden war die Kanzlei zuständig. Die Notare unter Friedrichs II. Mutter Konstanze im Königreich Sizilien stammten noch mehrheitlich aus Kampanien, dem wichtigsten Machtbereich der Barone; deutsche Notare sind in der Kanzlei der Kaiserin überhaupt nicht nachzuweisen.[39] Dies passt zu ihrer Entscheidung, nach dem Tode ihres Gemahls Heinrich VI. dessen wichtigste Ratgeber und Helfer, darunter viele Deutsche, des Landes zu verweisen. Sie glaubte, sich mit Unterstützung des Papstes auf das Regnum konzentrieren zu müssen und die teils unpopulären Landfremden durch einheimische Kräfte ersetzen zu sollen. Wenn sich auch nicht alle diesem Zwang beugten, mussten beispielsweise engste Vertraute ihres verstorbenen Mannes wie sein Reichstruchsess Markward von Annweiler und sein Reichsvikar in

1 Der Mainzer Erzbischof Siegfried III. von Eppstein setzt Heinrich Raspe und Wilhelm von Holland, Gegenkönige zu Friedrich II., die Kronen auf. Grabplatte, bald nach 1249, Mainzer Dom (seit 1865 am ersten südlichen Mittelschiffpfeiler) (Kat.-Nr. IV.A.5.8)

Sizilien Konrad von Urslingen, die im Konflikt mit dem Papst standen, das Land verlassen. Die Kanzlei Friedrichs II., aus deren Produktion sich über 2600 Stücke original und kopial erhalten haben, ist recht gut erforscht. Wir kennen etwa 80 Notare namentlich.[40] Hans Martin Schaller, der die Kanzlisten als Kulturträger herausgestellt hat, weist enge personelle und literarische Beziehungen zwischen den Kanzleien der verschiedenen Reichsteile[41] auf und zeigt damit, dass die Grenzen zwischen der Reichskanzlei in Deutschland und in Ober-/Mittelitalien und der Königskanzlei in Unteritalien und auf der Insel Sizilien verschwammen.[42] Gleichwohl war die Kanzlei während Friedrichs II. deutscher Königszeit stärker vom Norden her geprägt, während nach seiner Kaiserkrönung im Jahre 1220 stärker normannisch-sizilische Bräuche hervortraten, was sich gerade auch aus der geänderten personellen Zusammensetzung erklärt.

Die in erster Linie ehrenamtlichen Hofkanzler wie der Speyrer und Metzer Bischof Konrad III. von Scharfenberg (bei Annweiler in der Pfalz), der von Friedrich II. auch als *legatus a latere* nach Italien entsandt wurde,[43] oder sein Nachfolger, der Regensburger Bischof Siegfried Rheingraf vom Stein (Burg Rheingrafenstein bei Bad Kreuznach) zählten nicht zum eigentlichen Kanzleipersonal.[44] Als Protonotar, das heißt als faktischer Kanzleileiter und Siegelbewahrer, der dem König auf seinem Itinerar folgte, fungierte zunächst der schwäbische Adlige Berthold von Neufen, der als Kanoniker und Propst der Kirche von Speyer verbunden war, danach der Dompropst und spätere Bischof von Konstanz Heinrich von Tanne. Die praktische Arbeit wurde vornehmlich von den Notaren geleistet.[45] Notare waren dabei mehr als bloße Urkundenschreiber: Neben ihrer eigentlichen Aufgabe versahen sie auch wichtige Hof- und Provinzämter oder waren in diplomatischer Mission unterwegs. Sie waren meist Kleriker, deren Name oder Herkunft sich nicht immer eindeutig klären lässt. Anfangs hatten jedenfalls Notare deutscher Herkunft das Übergewicht und besorgten auch die meisten Urkunden, unter ihnen ein Ulrich von Bollingen aus einem der vier schwäbisch-alemannischen Orte gleichen Namens, der Friedrich auf dem Romzug zur Kaiserkrönung begleitete; umgekehrt sind acht Kanzlisten bekannt, die Friedrich aus Italien nach Deutschland mitbrachte, darunter ein Oberitaliener sowie ein Johannes, der aus dem abruzzesischen Sulmona stammte.[46] Zu den politisch wichtigen Sizilianern, die den König im Frühjahr 1212 nach Deutschland begleiteten, zählte allerdings Berard, Erzbischof von Bari und Legat Papst Innozenz' III. Nachdem Friedrich als Kaiser die Regierung nach Süditalien verlegt hatte, lassen sich unter den Notaren immerhin noch zwei Deutsche nachweisen, die meisten stammten nun aber aus Kampanien und Sizilien; aus Oberitalien war Guido de Caravate (bei Como) mitgezogen, der gleichzeitig als Kaplan des Kaisers und als Subdiakon unter Papst Honorius III. erscheint, also wichtige Verbindungen zwischen Kaiser- und Papsthof herstellen konnte.[47]

In den erbitterten Auseinandersetzungen Friedrichs II. mit dem Papst und den oberitalienischen Kommunen, welche die letzten anderthalb Jahrzehnte seines Lebens bestimmen sollten, hatte der Kaiser Mühe, für den oft jahrelangen teuren und gefährlichen Waffendienst Ritter aus deutschen Territorien zu rekrutieren, die nicht in seinem unmittelbaren Einflussgebiet lagen. Daher stammten die deutschen Kämpfer in erster Linie aus Schwaben und dem Elsass, wo es ausgedehnte Haus- und Reichsgutkomplexe der Staufer gab.[48] Im Jahre 1238 bat Friedrich den Mainzer Bischof Siegfried III. von Eppstein (westlich von Frankfurt) (Abb. 1) um Unterstützung, nachdem er Heinrich, den Deutschmeister des Deutschen Ordens, und Gottfried, den Grafen der Romagna aus dem fränkischen Adelsgeschlecht derer von Hohenlohe, sowie den aus der oberschwäbischen Adelsfamilie der Waldburg-Tanne stammenden Konrad Schenk von Winterstetten und Konrad von Schmiedelfeld (bei Schwäbisch-Hall) beauftragt hatte, ihm Truppen aus Deutschland nach Italien zuzuführen.[49]

Die Tausende zählenden Kämpfer, die verstärkt seit den späten 30er Jahren des 13. Jahrhunderts über die Alpen zogen, entstammten, wie Hans Niese gezeigt hat, vorwiegend ärmeren Familien der süddeutschen Ritter- und Ministerialengeschlechter.[50] An strategisch wichtigen Stellen wie in Como, wo der über die Bündnerpässe kommende Alpenausgang und damit ein Nachschubweg für den Kaiser blockiert werden konnte, war im Jahre 1240 eine deutsche Besatzung stationiert, deren militärischer Tüchtigkeit Friedrich explizit vertraute.[51] Ein großes Potential für Panzerreiter fand Friedrich auch in Sizilien, wo das Lehens- und Steuerrecht für eine Rekrutierung günstig war und immer wieder *milites* zur Soldnahme bewegt werden konnten. Die ab den Zwanzigerjahren von Inselsizilien nach Lucera (Apulien) deportierten Sarazenen mehrten das ritterliche Heer des Kaisers als seine Leibgarde (leichte Reiter und Bogenschützen) ebenso wie Truppen ihm verbündeter Städte Ober- und Mittelitaliens und sizilische Kriegsknechte (Bogner und Armbrustschützen).[52] Wie das deutsche Aufgebot standen auch diese Gruppen in verschiedenster Weise in einem Untertanen- oder Treueverhältnis zum Kaiser, weswegen sie, auch wenn sie Sold für ihren Dienst erhielten, von der jüngeren Forschung im strengen Sinne nicht als Söldner bezeichnet werden: Deren Zeit sollte erst im 14. Jahrhundert kommen.[53]

Nach dem großen Sieg bei Cortenuova im Jahre 1237 ging Friedrich II. daran, einen gemeinsamen Herrschaftsraum von Süd und Nord, die politische *unio regni ad imperium*, zu verwirklichen, wozu er die Verwaltung auch in Reichsitalien nach dem Vorbild des normannisch-sizilischen Staates reformieren wollte.[54] Zur administrativen Gestaltung dieser Idee stützte er sich nun auf Amtsträger, die sich im südlichen Königreich bewährt hatten. Seit den späten 30er Jahren kam es zu einem massiven Einsatz von sizilischem Personal im Norden[55] und damit zu einer fast vollständigen Ersetzung der zuvor dort tätigen Deutschen – auch aus Reichsitalien stammende Amtsträger finden sich nur noch selten in höheren Positionen.[56] Hierauf traten nun meist Angehörige reichbegüterter, häufig baronaler sizilischer Familien den Weg gen Norden an, um als Podestà, Richter, Justitiare, Notare, Kastellane, Kapitäne, Vikare und auch Bischöfe und andere kirchliche Würdenträger zu wirken.[57] Als Beispiele sollen der Apulier Tommaso de Matera und Berard de Arnario sowie der Kampanier Marinus de Ebulo genannt sein. Tommaso verwaltete vor 1237 als Vikar die Romagna, wo ihm Johann von Worms vorangegangen war, wurde 1238 Podestà von Padua, 1239 von Parma, als er zum Generalvikar für die Lombardei von Pavia abwärts ernannt wurde.[58] Für die Gegend aufwärts dagegen war ab 1241 Marinus de Ebulo zuständig. Diese Region verwaltete schließlich unter König Manfred der Kapitän Berard de Arnario, der im Jahre 1262 mit 200 deutschen Rittern Alessandria besetzt hielt.[59]

In den verstädterten Zonen Mittel- und Norditaliens konnte der Kaiser auf die Loyalität der Süditaliener hoffen, die fern der Heimat keine familiären Rücksichten bei ihren Entscheidungen zu nehmen brauchten und leichter als die Einheimischen wieder versetzt werden konnten. Umgekehrt wurden die Fremden in den Kommunen, die in ständigen Auseinandersetzungen miteinander lagen, eher akzeptiert als Vertreter gegnerischer Städte. Diesen hätte im Konflikt mit dem Herrscher bei den häufig wechselnden Konstellationen zwischen kaisertreuen und kaiserfeindlichen Kommunen leichter der Ausweg eines Fahnenwechsels offengestanden, während den Süditalienern bei Untreue der Rückweg in ihre Heimat versperrt oder mit Repressionen auf ihre dort verbliebenen Familien reagiert werden konnte, was Friedrich in mehr als einem Fall anordnete.[60]

Hingegen hatten sich deutsche Amtsträger gerade in der Frühzeit der staufischen Eroberung des Königreichs Sizilien bewährt. Norbert Kamp kommt aufgrund eingehender prosopographischer Studien zu dem Schluss, dass die deutsche Präsenz in Sizilien in Form von Übernahmen staatlicher und kirchlicher Ämter oder Funktionen „in der staufischen Zeit mit den Nachwirkungen anderer nach Unteritalien führender ritterlicher Wanderungsbewegungen zu vergleichen ist, mit den Normannen, mit den französischen Gefolgsleuten Karls I. von Anjou und den Katalanen Peters III. von Aragon . Allerdings konstatiert er eine generelle Abnahme der Zahl der Deutschen während der gesamten Stauferzeit. Die aus transalpinen Regionen stammenden Ritter kamen meist nur temporär ins Land und vermehrten so nicht die Zahl der Sesshaften. Mit dem Befehl Karls I. vom März 1266 zur Ausweisung aller Deutschen endete die deutsche Präsenz im Königreich dann faktisch.[61]

Unmittelbar mit Eroberung des Königreichs durch Heinrich VI. waren Adlige und Ministerialen aus den Kernregionen staufischer Macht im Südwesten Deutschlands zu höchsten Ämtern gelangt: So wurde der vom oberen Neckar stammende Konrad von Urslingen (heute Irslingen bei Rottweil) im Jahr 1195 zum Herzog von Spoleto und Grafen von Assisi sowie zum Reichsvikar für ganz Sizilien und damit zum Stellvertreter des Kaisers ernannt, womit er in Konkurrenz zur Regentschaft der Kaiserin trat; bei ihm verbrachte Friedrich II. die ersten drei Lebensjahre. Andere Ministerialen wie der Marschall Heinrich von Kalden oder der Schenk Heinrich von Lautern wurden ebenfalls in sizilische Ämter eingewiesen und mit dem konfiszierten Gut oppositioneller Barone ausgestattet.[62] Sie sollten nach ihrer Belehnung auf Dauer im Land bleiben und wenn möglich in die einheimische feudale Gesellschaft eintreten. So heiratete Marschall Eberhard von der Burg Anebos bei Annweiler eine Tochter des Grafen von Acerra (Kampanien)[63] und Markward von Annweiler übernahm eine Patenschaft im toskanischen Grafenhaus der Guidi: Der Knabe wurde nach ihm Marcualdo genannt und als Edelknappe bei ihm erzogen.[64]

Eberhard von Lautern wurde zu einem der beiden Großjustitiare, das heißt zum Appellationsrichter in Strafrechtssachen, und zum Aufseher der Kastelle der Insel, der „Eckpfeiler der staatlichen Gewalt".[65] Die Kontrolle der für die militärische Sicherheit und damit für das Bestehen der neuen Machthaber so wichtigen Burgen wurden im Gegensatz zu anderen Positionen, die zur Wahrung von Kontinuität mit Einheimischen besetzt blieben, nur an vertrauenswürdige deutsche Ritter vergeben. Die im nördlichen, häufig umkämpften Grenzbereich zum Patrimonium Petri gelegenen Burgen Rocca d'Arce und Sorella über Sora führten seit 1191 der Elsässer Konrad von Marlenheim und sein Vetter Hugo. Auch die gefährde-

2 Burgruine Lützelhardt bei Seelbach im Schwarzwald (Ortenaukreis), um 1235 zerstört

ten Grenzprovinzen des Königreichs wurden als Markgrafschaften an deutsche Ritter vergeben: Molise an den aus einer Ministerialenfamilie stammenden Konrad von Lützelhard (bei Seelbach im Schwarzwald, Ortenaukreis) (Abb. 2), der von den Italienern *musca in cerebro*, Fliege im Hirn, genannt wurde; er heiratete eine Einheimische aus abruzzesischem Adel. Bereits unter Barbarossa hatte er sich Herzog von Ravenna und Markgraf von Ancona nennen dürfen.[66] Abruzzo ging an den Reichsministerialen und kaiserlichen Truchsess Markward von Annweiler (Abb. 3 und 4).[67]

Der ebenso mächtige wie einflussreiche Markward ist seit dem Mainzer Hoftag des Jahres 1184 im Gefolge Heinrichs VI. nachweisbar. Im Jahre 1195 schenkte der Kaiser seinem Dienstmann die Freiheit – der einzige bekannte Fall einer derartigen Freilassung in der Stauferzeit. Im gleichen Jahr ernannte er ihn zum Herzog der Romagna und Ravenna sowie zum Markgrafen von Ancona. Im Jahr darauf erhielt er auch noch die Grafschaft Molise. Damit hatte Markward die entscheidenden Brückenterritorien zwischen dem Regnum und Reichsitalien in der Hand, was auch für die Verbindung nach Deutschland entscheidend sein konnte.[68] Nach dem Tod des Kaisers wurde Markward zunächst von Konstanze verbannt, vollstreckte aber nach deren Ableben das Testament Heinrichs VI. und übernahm die Regentschaft für den minderjährigen Friedrich in Sizilien, den er 1201 mit der Hauptstadt Palermo in seine Gewalt brachte. Er war zwar inzwischen von Papst Innozenz III. gebannt worden, hatte sich aber gleichwohl fast die gesamte Insel unterworfen, als er 1202 einer Krankheit erlag.

Zur besseren Einordnung des personellen Austauschs zwischen den Regionen sollen am Ende einige weitere Aspekte transalpiner Wanderungsbewegungen angesprochen werden. Schon im Frühmittelalter hatten sich immer wieder Pilger über die Alpen auf den Weg zu den Apostelgräbern nach Rom gemacht. Durch das Reformpapsttum und die Gottesfriedensbewegung und mehr noch im Gefolge der Kreuzzüge erfuhr das Pilgerwesen einen enormen Aufschwung, ein organisierter Verkehr mit Hospitälern entlang

3 Der Seneschall Markward von Annweiler reicht Kaiser Heinrich VI. von einer Galeere aus ein Schwert. Ausschnitt aus dem Liber ad honorem Augusti des Petrus von Eboli, zwischen 1194 und 1197, Bern, Burgerbibliothek, Cod. 120.II, fol. 131r

der bedeutendsten Pilgerstraßen und in den Wallfahrtszentren entstand.[69] Nun wurden verstärkt auch Pilgerhäfen wie Genua, Venedig und Bari angegangen, um nach Jerusalem zu gelangen. Die Kreuzfahrer selbst vermehrten den Strom der frommen Reisenden gen Süden. Eine Region wie Apulien mit seiner Brückenfunktion ins Heilige Land wurde für die Stauferzeit als „das Land der Pilger und Kreuzzüge" für Deutsche apostrophiert, die hier schon vor der Seereise das Heiligtum des Erzengels Michael, seit jeher Schutzpatron der Deutschen, in Monte Sant'Angelo auf dem Gargano besuchen konnten oder die Basilika des in jener Zeit ungemein populären und auch von den Staufern verehrten Nikolaus von Myra (vgl. S. 51, Abb. 4), des Heiligen der Pilger und Seefahrer, in Bari. Für die Häufigkeit des Besuchs gerade deutscher Pilger in dieser Kirche zeugt die Existenz eines eigenen sprachkundigen Reiseführers (*dragomannus*) für sie in der ersten Hälfte des 13. Jahrhunderts.[70] Für einen anderen der damaligen „Modeheiligen", Jakob den Jüngeren, errichteten deutsche Kreuzfahrer Kirchen in den Hafenstädten Trani, Bari und Barletta, wo später der Landkomtur des Deutschen Ordens seinen Sitz nehmen sollte.[71]

Die zwischen 1191 und 1197 im Königreich Sizilien erworbenen Besitzungen des zu dieser Zeit noch reinen Hospitalordens waren die ersten in Europa.[72] Gerade in seiner Frühzeit waren die Staufer für den Orden als seine Hauptförderer besonders wichtig, es entstanden die Balleien Sizilien, bald die reichste am Mittelmeer, Apulien und Lombardei (Abb. 5).[73] Umgekehrt konnten die Deutschherren nach der Eroberung des Königreichs Sizilien durch Heinrich VI. im Jahre 1194 zu dessen Stabilität beitragen und waren eine Stütze bei der Planung und Durchführung der Kreuzzugsprojekte der staufischen Könige, als es darauf ankam, eine kontinuierliche Verbindung nach Palästina zu halten.[74] Durch die Umwandlung des Hospitalordens in einen Ritterorden im Jahre 1198 gelang „die Anbindung an die Sozialschicht des Reiches, die den Kreuzzugsgedanken trug: Niederadlige, Ministerialität und – vereinzelt – Patriziat der Städte".[75] In den ersten Jahren des Deutschen Ordens auf Sizilien stellten deutsche Ministeriale wie Markward von Annweiler oder der aus Bayern stammende Wilhelm von Schweinspeunt seine Existenz sicher.[76] Einen Höhepunkt der Ausbreitung und des Einflusses im Süden fand der Orden, als Friedrich II. ab 1221 hauptsächlich von Foggia und anderen Orten der apulischen Capitanata aus regierte, während gleichzeitig der aus einer thüringischen Ministerialenfamilie stammende Hochmeister des Ordens und Landkomtur von Palermo, Hermann von Salza, als engster Mitarbeiter des Königs und unermüdlicher Vermittler in der konfliktreichen Beziehung zu den Päpsten wirkte.[77] Wenn es nach Hermanns von Salza Tod im Jahre 1239 auch zu einem Zerwürfnis zwischen dem Kaiser und dem Orden kam, was zur Konfiskation des Ordensbesitzes im Regnum führte, blieben die gemeinsamen Interessen stärker und nach der Versöhnung konnte

4 Die Weisheit hält das Rad der Fortuna, unter das der unterlegene König Tankred von Lecce geraten ist, von dem auf der *sedes sapientiae* thronenden Kaiser Heinrich VI. fern, während Seneschall Markward von Annweiler links eine Galeere zurückhält; rechts von Heinrich der Reichskanzler Konrad von Querfurt, unter ihm der Reichsmarschall Heinrich von Kalden. Liber ad honorem Augusti des Petrus von Eboli, zwischen 1194 und 1197, Bern, Burgerbibliothek, Cod. 120.II, fol. 147r

5 Wappenstein an der Deutschordenskomturei Torre Alemanna, 13. Jahrhundert, Borgo Libertà bei Cerignola, Provinz Foggia, Region Apulien

der Orden sich weiter im Süden entfalten: König Manfred restituierte dem Orden den von seinem Vater beschlagnahmten Besitz und stellte ihm im Jahre 1260 ein umfangreiches Privileg aus.[78]

Wie jüngste Forschungen belegen, stammten die Ordensmitglieder im Süden Italiens von Anfang an bis auf ganz wenige Ausnahmen aus Deutschland, ohne dass dies eine Isolation von der umgebenden Gesellschaft bedeutet hätte, wie zahlreiche Schenkungen belegen sowie die Tatsache, dass Einheimische regelmäßig als Familiaren, also als Laienmitglieder, in den Orden aufgenommen wurden.[79] Um aber einer zu engen Verbändelung mit dem jeweiligen Umfeld und gegebenenfalls daraus resultierenden negativen Auswirkungen auf die Unabhängigkeit der Häuser und deren Disziplin entgegenzuwirken, setzte der Orden ein Rotationsprinzip durch, das nach einigen Jahren die Versetzung der Ordensbrüder in eine andere Region vorsah; und auch während der etwa fünf Jahre, die sie sich lediglich in den italienischen Ordensprovinzen aufhalten sollten, wurden sie häufig von einer Kommende in die andere geschickt, was eine Identifizierung einzelner Mitglieder noch erschwert.[80] Es lässt sich allerdings feststellen, dass die Brüder der Ballei Sizilien eher aus dem Rheinland und den Niederlanden stammten, die der Ballei Apulien aber vor allem aus dem südwestdeutsch-schweizerischen Raum.[81] So lassen sich in Barletta um das Jahr 1230 ein Konrad aus Basel als Komtur und ein Heinrich aus dem elsässischen Zabern nachweisen; 1258 werden dort ein Konrad von Zähringen und ein Heinrich, „genannt Löwe", erwähnt.[82] Bei aller politischen Bedeutung des Ordens für die Staufer darf man die zahlenmäßige Präsenz der Ordensritter aber nicht überschätzen: Für die Mitte des 13. Jahrhunderts wird die Gesamtzahl der Ritterbrüder außerhalb Palästinas rund um das Mittelmeer auf etwa 200 geschätzt.[83] Die durchschnittliche Zahl der Ritter- und Priesterbrüder in den einzelnen apulischen und sizilischen Kommenden blieb mit kaum einmal mehr als einem Dutzend recht bescheiden.[84]

In der Stauferzeit ist dies- und jenseits der Alpen ein ökonomischer wie demographischer Aufschwung zu verzeichnen. Nachdem vom 10. bis 13. Jahrhundert wichtige Seeverbindungen wegen arabischer Dominanz unterbunden waren, kam dem transalpinen Handel eine immer wichtigere Bedeutung zu, aber auch hier ist die Zugrichtung eindeutig: Seit dem 12. Jahrhundert waren insbesondere oberdeutsche Kaufleute in Oberitalien präsent und aktiv – umgekehrt sah man selten italienische Händler in Deutschland,[85] wie die beiden Kaufleute aus Lodi in Diensten des Konstanzer Bischofs, die im Juli des Jahres 1153 beim Hoftag Barbarossas in Konstanz anwesend waren.[86] Auch innerhalb Italiens setzte sich der ökonomisch begründete Zug gen Süden fort: Schon in normannischer Zeit hatten die norditalienischen Seehandelsstädte Pisa, Genua und Venedig Niederlassungen mit zum Teil beträchtlichem Immobilienbesitz in beinahe allen größeren Hafenstädten des Königreichs Sizilien.[87]

Linguistische Untersuchungen belegen, dass die dynastischen Verbindungen zwischen der Familie der normannischen Herrscher Apuliens und Siziliens aus dem Haus Hauteville und den im Piemont ansässigen Aleramiden offenbar zu einer anhaltenden Zuwanderung aus Norditalien und konzentrierten Ansiedlung im Zentrum und Osten Siziliens geführt hatten. Weiteren Zuzug aus dieser Richtung erhielt die Insel später durch Flüchtlinge aus dem durch dauernde Kriege hart geplagten Oberitalien. So erfahren wir aus einer Urkunde Friedrichs II. von 1237, dass er einst den piemontesischen Ritter Otto von Camerana auf Sizilien bei Corleone belehnt habe, der wegen der Verhältnisse im Norden seine Heimat habe verlassen wollen und mit vielen „Lombarden" schließlich nach Sizilien übergesiedelt sei, um ihm dort zu dienen.[88] Diese Lombarden genannten Zuwanderer, die nicht nur aus Piemont und der Lombardei, sondern auch aus Ligurien stammten, könnten nach Steuerverzeichnissen vom Ende des 13. Jahrhunderts vielleicht sogar mehr als zehn Prozent der Herdstellen der Insel besessen haben. Zu dieser Nachricht passt, dass im Jahre 1333 in Corleone eine Lombardeistraße (*contrata Lombardie*) belegt ist. Unfreiwillig ins Regnum gelangten allerdings Hunderte von gefangenen Lombarden, die nach der von Friedrich gegen den Lombardenbund gewonnenen Schlacht bei Cortenuova erst gegen Lösegeld wieder aus den um Neapel gelegenen Kastellen freigelassen werden sollten, auf die sie verteilt worden waren.[89]

Der Zug der Menschen aus dem Norden, die in Sizilien ihr Glück suchten, ist auch im Rahmen von Friedrichs II. Förderung der Ansiedlung von Fremden zu sehen, die zum Ausgleich des Bevölkerungsschwunds gebraucht wurden, der eintrat, als ab den Zwanzigerjahren des 13. Jahrhunderts vielleicht mehrere Zehntausend sizilische Muslime nach Apulien (Lucera) deportiert wurden. Zu einer Bevorzugung der Fremden gegenüber den Landbewohnern etwa durch Befreiung von Abgaben und Zöllen sollte es aber nicht kommen, wie Friedrich II. bereits im Jahre 1220 in den Assisen von Capua festgelegt hatte.[90] Dem Kaiser gelang es jedenfalls, aus Afrika stammende Juden zur Kultivierung von Dattelpalmen in Palermo anzusiedeln.[91] Juden lebten in Sizilien seit der Antike und waren zur Stauferzeit stark arabisiert.[92] Im Jahre 1170 zählte der jüdische Reisende Benjamin von Tudela 200 Juden in Messina und 1.500 in Palermo, der wohl größten Gemeinde Italiens zu jener Zeit. Die Verbindungswege der Juden des Königreichs Sizilien verliefen allerdings nicht gen Norden, sondern nach Ägypten und Nordafrika.[93] In Nord- und Mittelitalien gab es bis zum Ende des 13. Jahrhundert in etwa 20 Zentren nur bescheidene jüdische Niederlassungen.[94] Die Juden zählten zwar bereits vor und während der Stauferzeit zu den – oft gezwungenermaßen – besonders mobilen Menschen. Die Zeit der Einwanderung von Norden her, mit bleibenden engen Verbindungen und beiderseitigem Austausch über die Alpen hinweg, sollte allerdings erst in der zweiten Hälfte des 14. Jahrhunderts im Gefolge der Pestpogrome in Deutschland kommen. Dieser Zuzug war Teil eines größeren, nicht staatlich motivierten transalpinen Zuwandererstroms, der hundert Jahre nach dem Ende der Staufer Italien erreichte und die Menschen dies- und jenseits der Alpen wieder einander näherbrachte – doch gelangte diese Welle auch während ihres Höhepunkts im ersten Drittel des 15. Jahrhunderts nicht über Rom hinaus in den Süden, wohin lange schon die Verbindungslinien zwischen den Regionen abgerissen waren.[95]

1 Maurer/Schwarzmaier/Zotz 2001; Bartlett 1993; Beumann/Schröder 1987.
2 Vgl. Goez 2005.
3 Vgl. Goez 1996; Kölzer 1993a.
4 Hlawitschka 1960, S. 96 f.
5 Houben 2005c, S. 183.
6 Vgl. Voltmer 1996.
7 Keller 2001, S. 297 f.
8 Cuozzo 1995a, S. 25 und 30.
9 MGH Const. 2, Nr. 196, § 28, S. 246 f.: *Trahunt ad se sollicitudinem imperii regimen et diversarum negocia terrarum et regionum, que cum semper expediat per nostram diligentiam expediri, querelancium causas, quibus personaliter presidere non possumus, per virum probate fidei, opinionis honeste, prepostium iudiciis loco nostri volumus terminari.*
10 Goez 1996, S. 103.
11 Hägermann 1995, Sp. 631 f.
12 Ficker 1868 – 1874, Bd. 2, S. 271 und 283.
13 Guyotjeannin 1994, S. 118 f.: *[…] unum virum de vestris fidelibus, providum, industrium et discretum ac omni rectitudinis et iustitie vibramine coruscantem, cuius etiam linguam intelligere valeamus.*
14 Goez 1996, S. 105.
15 Schaller 1993a, S. 127 f.
16 Goez 1996, S. 105.
17 Ficker 1868 – 1874, Bd. 2, S. 491 f.
18 Goez 2005, S. 57.
19 Vgl. Bosl 1950 – 1951.
20 Goez 1996, S. 107.
21 Schulz 2001, S. 183.
22 Schulz 2001, S. 182; Opll 1990, S. 193.
23 Bosl 1950 – 1951, Bd. 2, S. 599.
24 Ficker 1868 – 1874, Bd. 2, S. 188.
25 Goez 1996, S. 106 f.
26 Ficker 1868 – 1874, Bd. 2, S. 266.
27 Vgl. Schmugge 1982.
28 Ficker 1868 – 1874, Bd. 2, S. 270 f.
29 Otto von Freising und Rahewin, Gesta Friderici, lib. II, cap. 15, S. 117 f.: *Mos enim antiquus, ex quo imperium Romanum ad Francos derivatum est, ad nostra usque deductus est tempora, ut quotienscumque reges Italiam ingredi destinaverint, gnaros quoslibet de familiaribus suis premittant, qui sin gulas civitates seu oppida peragrando ea quae ad fiscum regalem spectant, quae ab accolis fodrum dicuntur, exquirant.* Vgl. zum *fodrum* Brühl 1968.
30 Vgl. Voltmer 2002; Fasoli 1968; Dilcher 1967.
31 Vgl. Stürner 2002.
32 Brühl 1968, S. 578 – 583.
33 Vgl. die Tabelle VII.: „Schwäbische und fränkische Begleiter der deutschen Könige (1198 – 1272) in Italien" bei Gudenatz 1909, S. 99 – 101.
34 Schaller 1976, S. 93. Vgl. Schaller 1954/1955.
35 Schaller 1954/1955, S. 488. Vgl. Grebner/Fried 2008.
36 Opll 2002, S. 109 – 113; vgl. die Tabelle 2.2 zur Anwesenheit italienischer Reichsuntertanen am Hof Barbarossas in Deutschland: S. 124 – 129.
37 MGH D F I., Nr. 15 (1152 Jul. 28). Vgl. Goez 1996, S. 104.
38 Kölzer 1993a, S. 42.
39 Kölzer 1984, S. 538 Anm. 28. Vgl. Kölzer 1983; Kölzer 1998.
40 Schaller 1976, S. 84.
41 Vgl. zur Reichskanzlei Koch 2006. Vgl. zur sizilischen Kanzlei: Kölzer 2006a; Kölzer 1984.
42 Schaller 1990, S. 119. Vgl. Enzensberger 1992; Schaller 1976.
43 Ficker 1868 – 1874, Bd. 2, S. 156.
44 Gleixner 2006, S. 483 – 507.
45 Vgl. zu Notaren in Deutschland Meyer 2006; vgl. zu Reichsitalien Tamba 2006; vgl. zum Königreich Sizilien Novarese/Romano 2006.
46 Koch 2006, S. 203; Koch 1994, S. 297; Kölzer 1984, S. 535; Zinsmaier 1974, S. 139 f.
47 Schaller 1976, S. 87 f.
48 Vgl. Fleckenstein 1979/1980.
49 Thorau 1999, S. 622.
50 Vgl. Niese 1905.
51 Reg. Imp. 5,1,1, Nr. 3157 (1240 Dez. 21): *[…] de quorum experta militia specialiter confidentiam gerimus […].*
52 Thorau 1999, S. 601 f., S. 602 – 616 und 621 – 625.
53 Selzer 2001, S. 11.
54 Vgl. Baaken 1993; Baaken 1972.
55 Vgl. Ohlig 1936 mit detaillierten Listen und ausgedehnten Laufbahnbeschreibungen.
56 Ficker 1868 – 1874, Bd. 2, S. 545 f.
57 Voltmer 1996, S. 448; Ficker 1868 – 1874, Bd. 2, S. 547 f.
58 Schneider 1913, S. 3 f.; Ficker 1868 – 1874, Bd. 2, S. 487 – 490.
59 Ficker 1868 – 1874, Bd. 2, S. 500 und 503.
60 Ficker 1868 – 1874, Bd. 2, S. 549.
61 Kamp 1996, S. 144, Zit. ebd.
62 Ehlers 2003, S. 266.
63 Kamp 1996, S. 164 f.
64 Goez 1996, S. 108.
65 Kamp 1996, S. 144, 146, 150 f. und Zit. auf S. 155.
66 Goez 1996, S. 106.
67 Kamp 1996, S. 154 – 156. Vgl. zu Markward Kölzer 2006b.
68 Bosl 1950 – 1951, Bd. 2, S. 590 – 601.
69 Vgl. Schmugge 1984.
70 Houben 2002, S. 51.
71 Schaller 1993a, S. 137.
72 Toomaspoeg 2004, S. 138; Houben 2003a, S. 73.
73 Vgl. Cierzniakowski 2004; Houben 2003b; Toomaspoeg 2003; Toomaspoeg 2002; Arnold 2001; Houben 2000; Wojtecki 1974; Forstreuter 1967.
74 Houben 2002, S. 59 f.
75 Arnold 1994, S. 145.
76 Toomaspoeg 2006, S. 221. Vgl. zu Schweinspeunt Kamp 1991.
77 Houben 2003a, S. 73. Vgl. zu Hermann von Salza Houben 2006b.
78 Hellmann 1967, S. 72.
79 Houben 2003a, S. 74 – 76.
80 Toomaspoeg 2006, S. 206 f.
81 Toomaspoeg 2004, S. 153 f.
82 Houben 2003a, S. 172.
83 Militzer 1999, S. 388 f.
84 Toomaspoeg 2004, S. 153 f.
85 Glauser 2001, S. 284.
86 Keller 2001, S. 297.
87 Voltmer 1996, S. 453.
88 Reg. Imp. 5,1,1, Nr. 2289 (1237 Nov.): *[…] nonnulli homines de partibus Lombardie […] propter bellorum discrimina et oppressionum importunitates, quibus ibidem multipliciter gravabantur ab inde totaliter discedere et apud insulam Sicilie suum transferre desiderant incolatum […].* Vgl. Reg. Imp. 5,1,1, Nr. 3762 (1249 Feb. 20).
89 Voltmer 1996, S. 455, 460 und 462 f.
90 Cuozzo 1996, S. 276.
91 Cohn 1978, S. 31. Vgl. Maschke 1966.
92 Abulafia 2006, S. 483.
93 Simonsohn 2004, S. 127 und 130. Vgl. Zeldes/Frenkel 1998.
94 Vgl. Luzzati 2004.
95 Vgl. Israel 2005.

1 Versinnbildlichung medizinischer Theorie und Praxis in einer Handschrift des *Viaticus Constantini*, einem auf eine arabische Vorlage zurückgehenden Ambulanz-Handbuch der Schule von Salerno, Italien, 12. Jahrhundert, Vatikanstadt, Biblioteca Apostolica Vaticana, Cod. Pal. Lat. 1158, fol. 1v

Volkhard Huth

Wissensaustausch zwischen den Regionen

Voraussetzungen

Alle menschlichen Gesellschaften beruhen in ihrem Fortbestand auf der Weitergabe von Wissen, innerhalb der Generationen und zwischen ihnen. Der Besitz von Wissen (oder der Zugang dazu) allerdings ist in einer Gesellschaft unterschiedlich verteilt.[1] Für die kulturellen Rahmenbedingungen der Stauferzeit bedeutet das in allen hier betroffenen Regionen, dass man es bei ihrer Musterung fast nie mit der wirtschaftlichen Trägerschicht der agrarischen Kultur zu tun bekommt, aus der sich die große Bevölkerungsmehrheit im mittelalterlichen Europa zusammensetzte. Man wird bei der Suche nach Stand und Ausbreitung von Wissen also hier wie sonst mit Wissensmonopolen konfrontiert, stößt auf Formen limitierter Wissensausbreitung. Doch gilt für die Phänomene des Wissens und seiner Weitergabe im hohen Mittelalter auch das, was wir für unsere Gesellschaft als selbstverständlich voraussetzen: Es gab entwickeltes Expertenwissen.[2]

Ihren Siegeszug trat die positive Fachwissenschaft im Abendland sogar genau zu jener Zeit an, die hier im Blickpunkt des Interesses steht, näherhin: seit dem 12. Jahrhundert. Man könnte dieses Jahrhundert insofern, einen Begriff des Philosophen Karl Jaspers entlehnend, als „Achsenzeit" bezeichnen. Jaspers hat diesen Begriff nie für den vorliegenden historischen Kontext gebraucht, aber er lässt sich als dessen Epochensignatur ebenso gut verwenden, wie das zur wissenschaftlichen Interpretation etwas früherer, im Kern gut vergleichbarer Veränderungen im Osten der christlichen Ökumene längst geschieht. Dort vollzog sich zwischen dem 9. und 11. Jahrhundert, der sogenannten mittelbyzantinischen Ära, ein tiefgreifender Prozess der Neuerschließung und Synthetisierung antiken Wissens. Ohne diese „Renaissance" wäre die bald darauf einsetzende intensive Befassung mit antiker Überlieferung an den und jenseits der Ostgrenzen des byzantinischen Reichs nicht möglich gewesen, die dann, eben mit nachhaltiger Wirkung, seit dem 12. Jahrhundert das lateinische Europa erreichen und verändern sollte. Hier formte die Neuaneignung antiker Tradition einen bis heute grundlegenden Wissenskanon.

Er speist sich aus Überlieferungen und den von ihnen angestoßenen Diskursen, die einen lange unterbelichteten Aspekt der neuen Wissenskultur, ein Schlüsselmoment der „Modernität" jener Epoche in den Blick rücken: die bereitwillige Hinwendung an andere Kulturen, ungeachtet aller Frontstellungen der Kreuzzugsära. Dieser Charakterzug der „neuen" Wissenskultur ist der wohl folgenreichste, der das von jetziger Wissenschaft gern über seine „Vielgestaltigkeit" definierte 12. Jahrhundert prägte. In ihm bildet sich eine Weitung des Horizonts im wörtlichen wie im übertragenen Sinne ab. Die hierfür konstitutiven geistigen Austausch- und Assimilationsprozesse sind jedoch weitaus weniger bekannt oder auch nur wissenschaftlich durchleuchtet als etwa die geläufigen europäischen Anleihen bei der islamischen Alltags- und Sachkultur von der Aprikose bis zum Zucker. Freilich sind Bedingungen und unmittelbare Folgen des „cultural borrowing" (Edward Said),[3] die damit verbundenen kognitiven Prozesse wie selbst daraus resultierende soziale Praktiken, meist nicht explizit Berichtsgegenstand jener Quellen, derer sich Historiker noch immer bevorzugt bedienen, wenn sie realhistorische Faktizität oder bestimmende Kräfte und Motive zu ermitteln suchen.

An den frühen, aber grundlegenden Annäherungen an die mediterranen Wissenskulturen der griechisch-hellenistischen Antike wie des islamischen Orients haben das staufische Herrschergeschlecht und seine Sachwalter zweifellos durch lebhafte Anteilnahme, ja durch Protektion und großzügiges Mäzenatentum machtvoll mitgewirkt. Und das nicht erst seit der Regierungszeit des schon in zeitgenössischer Wahrnehmung Staunen erregenden, im vielsprachigen Palermo aufgewachsenen Friedrich II., sondern schon mindestens zwei Generationen zuvor, wie Forschungen erst der allerletzten Jahre klarer erkennen lassen. In der Auswertung und Vernetzung der dabei angefallenen Befunde zeichnet sich ein anderes, neues Bild der Zusammenhänge ab, in die sich etwa schon Kaiser Friedrich I. Barbarossa öffentlich wie privat einfügte.[4]

Die „nährende Mutter der Studien" und ihre europäischen Kinder: Bologna

Über gelegentlich bezeugte (wenn auch signifikant zugeschriebene) Wissbegier des Monarchen oder wohlwollende Förderung durch ihn bzw. sein Umfeld hinaus steht die gesellschaftliche Relevanz des Wissens spätestens dann außer Frage, wenn eine Wechselwirkung von spezifischer Wissenskultur und Herrscherhandeln zutage tritt. Am augenfälligsten erweist sich das in Barbarossas forcierter Anverwandlung des antiken römischen Rechtes, mit der er sich entschlossen in die Phalanx von dessen kaiserlichen Protektoren einreihte – und sowohl in Herrschaftsstil und Machtanspruch als

2 Einblick in das Apothekenwesen um 1200: Ganzseitige Abbildung aus einem Herbarium des sogenannten Pseudo-Apuleius, die das Abwiegen von Drogen festhält. Der zugehörige Text hat eine bis in die Spätantike zurückreichende Tradition, die vorliegende Handschrift entstand zu hochstaufischer Zeit in Deutschland nach einer aus Süditalien vermittelten Vorlage, Windsor, Eton College Library, Ms. 204, fol. 2r

auch als legistisch bestätigter Nachfahre der *divi imperatores,* Konstantins des Großen, Justinians und Valentinians hervortrat.[5]

Den intellektuellen Nährboden hatten Bestrebungen bereitet, das ehedem unter Kaiser Justinian I. kodifizierte römische Recht den Zeitgenossen zu erschließen. Es manifestieren sich darin zunächst ganz allgemein Verständniszusammenhänge zur Beurteilung der geistesgeschichtlichen Lage Reichsitaliens im 12. Jahrhundert:[6] Die systematische Durchdringung und Vermittlung des römischen wie dann auch des kirchlichen Rechts leisteten den wichtigsten Eigenbeitrag dieses Reichsteils zur Rationalitätskultur der Frühscholastik. Dafür steht institutionell die europäische *alma mater studiorum* Bologna, und dieser ältesten „hohen Schule" arbeiteten sowohl der Bologneser Richter Irnerius (Werner/Garnerius), die „Leuchte des Rechts",[7] als auch der Kamaldulensermönch Gratian vor. Letzterer wirkte zwar offensichtlich als Magister der Klosterschule St. Felix und Nabor in Bologna, und insofern war seine – um 1140 abschließend redigierte – monumentale Sammlung kirchlicher Gesetze eigentlich eine Privatarbeit. Doch nach Anspruch und Fernwirkung erreichte diese *Concordantia discordantium canonum* bald einen unvergleichlichen Rang, der sich allein schon in der nachmaligen Werkbezeichnung *Decretum Gratiani* ausdrückt. Seine Sanktionierung durch die Amtskirche verlieh ihm in deren Wirkbereich einen universellen Charakter. Damit wurden aber nicht nur die älteren Rechtssammlungen ersetzt bzw. vereinheitlicht, sondern die Kanonistik öffnete sich ganz grundsätzlich der scholastischen Methode. Diese setzte sich seit der Mitte des 12. Jahrhunderts an der Bologneser „Mutteruniversität" durch. Von ihr leiteten die gesellschaftlichen Eliten auch nördlich der Alpen noch über Jahrhunderte hinweg ihre juristische Ausbildung ab. Ebenso griff diese scholastisch-juristische Prägung innerhalb der kirchlichen Gemeinschaft weit über den Geltungsbereich der Kanonistik insofern aus, als sie eben auch anderweitig handlungsanweisende Orientierung bereitstellte. Denn auch für die Lehre des Kirchenrechts, die bald ebenso wie die Unterweisung im *ius civile* Studenten aus ganz Europa nach Bologna zog, galt, was die scholastische Vermittlung der Digesten des römischen Juristenrechts gleichermaßen erforderte wie gewährleistete: Jeder Student sollte die Textpassage, die im Lehrbetrieb nach logischen Regeln erörtert wurde, in jedem gebotenen Kontext argumentativ (wieder-)verwenden können.[8]

Grundsätzlich verkörpert das *Decretum Gratiani* die scholastisch vollzogene Emanzipation auch der Kanonistik von der Theologie. Gratian erreichte es, eine Vielzahl einander widersprechender Normen „schulmäßig", das heißt didaktisch konsequent zu ordnen und in übergreifende Sachzusammenhänge zu bringen, in denen die Widersprüche aufzulösen waren, ohne Rücksicht auf Schriftautoritäten und geschichtliches Herkommen. Im Nachvollzug bedeutete das die praktische Anerkennung rein innerweltlicher Begründungszusammenhänge auch im Kirchenrecht.

Diese systematisch vermittelbare Vernunftmethode ordnete nicht nur das Chaos überkommener, konkurrierender Rechtsbestände, sondern regelte auch den Unterricht an einer eigens dafür geschaffenen, privilegierten Korporation: der Gemeinschaft der Lehrenden und Lernenden innerhalb der – wie sie bald heißen sollte – Universität. Sie erhielt gleichsam ihre Gründungsurkunde durch die „Authentica *Habita*", mit der Kaiser Friedrich I. Barbarossa 1155 den gelehrten Studienbetrieb in Bologna rechtlich absicherte.[9] Es verdient nähere Beachtung, dass dieses nicht nur sozial- und rechtshistorisch, sondern auch wissenschaftsgeschichtlich bedeutsame Dokument offenbar von einem kaiserlichen Notar verfasst wurde, der neuerdings auch als Vermittler antiker Wissensressourcen gewürdigt wird und über seine Studienetappen wie seine Karriere im Herrscherdienst eine enge Verbindung des italienischen mit dem deutschen Reichsteil markiert: Gottfried von Viterbo.[10]

Die Anwendung der Bologneser Methode ging von den justinianischen Rechtsquellen aus, griff aber alsbald, wie sich gerade in Oberitalien gut beobachten lässt, auch auf Rechtsbereiche über, die aus ganz anderer Wurzel stammten wie beispielsweise das Lehnsrecht. Die Begründung der kirchlichen Rechtswissenschaft, die gleichermaßen mit Bologna zu assoziieren ist, nahm in der zweiten Hälfte des 12. Jahrhunderts ihrerseits eine rasante Weiterentwicklung. Sie garantierte institutionell den Verwissenschaftlichungsprozess der Theologie, der in der Entfaltung der mittelalterlichen Philosophie neue Energien freisetzte.[11]

Neben der Jurisprudenz erblühte von Bologna aus noch eine andere Disziplin, die mit der hohen Schriftlichkeits- und Rechtskultur der oberitalienischen Stadtkommunen in entwicklungs-

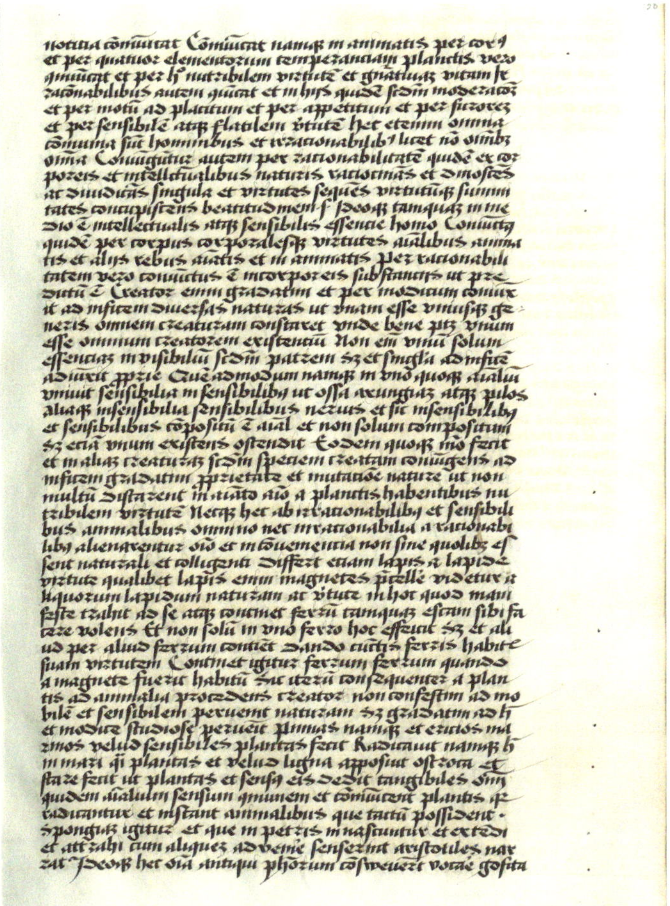

3 Bekenntnis des in Deutschland wie in Italien bepfründeten königlichen Hofkaplans und ambitionierten Autors Gottfried von Viterbo († um 1200) zu seinem Lehrer Marius von Salerno, Auszug aus dem *Pantheon*, Deutschland, 2. Hälfte 15. Jahrhundert, Würzburg, Universitätsbibliothek, M. ch. f. 23, fol. 38r

geschichtlichem Zusammenhang stand, sich bald aber in ganz Europa, in Kirche und Welt zur Schultradition verfestigte: die *ars dictandi*. Sie erhob keine theoretischen Ansprüche, doch leistete auch sie die systematische Ordnung, Durchdringung und Vermittlung heterogener Stofffülle mit dem Ziel, konzeptionell wie rhetorisch geschliffen Geschäftsschriftgut abzufassen. Dabei stand nicht mehr, wie zu Zeiten älterer Formelsammlungen, so sehr das Urkundenwesen im Vordergrund als vielmehr die öffentlichkeitswirksamer gewordene Briefform. Die schulmäßig erlernte „Kunst" der literarischen Briefkomposition gestaltete sich so zu einer eigenen Briefwissenschaft, deren Erzeugnisse heute nicht nur nebenbei vielfältige Einblicke in hochmittelalterliche Lebensformen und Befindlichkeiten erlauben, sondern sich eben auch seinerzeit zu einer eigenen, vormodernen Variation der Literaturwissenschaft auswuchs. Sie ermöglichte den mit ihren Mitteln geschulten Kennern auch die Einübung in wissenschaftliche Fachprosa und ist somit auch als Formenkanon wie Katalysator der theologisch-philosophischen Rhetorik seit dem frühen 12. Jahrhundert nicht zu unterschätzen. Denn sie dokumentiert auf ganz eigene, gattungsgemäß eher prätentiöse Art das „moderne" Selbstempfinden der gebildeten Zeitgenossen. Mit ihr setzten sich die „wahren Gebildeten unseres Zeitalters" (*sapientes nostri seculi*) von den „Verhältnisumkehrungen und ungebräuchlichen Barbarismen" (*reciprocationes et barbaras inusitationes*) früherer Tage ab, wie es der Bologneser Pionier der *ars dictandi*, Adalbertus Samaritanus, in einem Schlüsselwerk der Gattung formulierte, den *Praecepta dictaminum*.[12] Damit konnte man indes nicht nur antike Texte neu ans Licht holen und sachgerecht studieren, sondern auch neu gewonnenen Einsichten und Anliegen die gesucht kunstvolle Form geben, die rasch allenthalben in der Gelehrtengemeinschaft des lateinischen Europa auf Wertschätzung stieß. Davon zeugt eine enorme Verbreitung dieser Briefliteratur, an deren Quelle vor allem Bologneser Meister saßen. Insgesamt lassen sich für die Stauferzeit mindestens fünf Dutzend solcher *artes* nachweisen, die zu Schulzwecken südlich wie nördlich der Alpen gleichermaßen gelesen wurden.[13] Darüber hinaus dokumentieren die handschriftliche Verbreitung und Bearbeitung der Bologneser „Summen-" und „Glossenliteratur" sowie mancher persönliche Bezug, d.h. die Lehrtätigkeit italienischer (oder jedenfalls in Bologna ausgebildeter) Scholaren an deutschen Domschulen – beispielsweise des Sicard von Cremona († 1215) in Mainz – das rasche Ausgreifen der neu etablierten Fachwissenschaft und der ihr zugrunde liegenden Denkweise nach Deutschland,[14] nicht zuletzt in dessen Südwesten. Daneben bezeugt sich die politische Rückbindung dieses Wissens bei Hofe in der Rolle der Rechtsgelehrten als Gutachter bei Königen und Fürsten.[15]

Angewandtes Wissen. Zur politischen Funktion und Wirkung von Gelehrsamkeit

Dort, am Hof, errang die Gelehrtenkultur der Epoche auch jenseits der hohen Schulen Einfluss und Wirksamkeit. Diese Feststellung ist nicht einfach auf die Rekrutierungsstrategien des Monarchen zu beziehen, der für den Hofdienst – etwa in der Kanzlei – gezielt Personen heranzog, die sich an den neuen hohen Schulen die für nötig erachtete *maior scientia* angeeignet hatten.[16] Für den von heutigen Historikern bisweilen immer noch bezweifelten Sitz im Leben, den gelehrtes Wissen bei Hofe und in der Herrschaftspraxis gewinnen konnte, stehen auch Lebenslauf und Wirkzusammenhänge der königlichen bzw. kaiserlichen Vertrauten, der zu geheimen oder jedenfalls heiklen Missionen ausersehenen Unterhändler und Legaten. So wird Barbarossa für die Verhandlungen, die im Anschluss an den die päpstliche Position weitgehend bestätigenden Präliminarfrieden von Anagni einsetzten und schließlich im Juli 1177 in den dann die kaiserliche Seite stärkenden Frieden von Venedig mündeten, oft eine diplomatische Meisterleistung attestiert. Doch übersieht man dabei meist, dass und, vor allem, wie die kaiserlichen Unterhändler sich zur Erreichung ihrer Ziele mit den Gesprächspartnern gleichsam in intellektuellem Wettstreit maßen: im Wege der beiden Seiten geläufigen, scholastisch-diskursiven Verfahrensweise der akademischen *quaestio* nämlich. Unverdächtiger Zeuge hierfür ist ein Hauptberichterstatter, der nach Herkunft, Berichtstendenz wie eben eigenem politischen Auftrag zufolge kein Interesse hatte, den kaiserlichen Unterhändlern intellektuelle Gewandtheit zuzubilligen – und es dennoch unfreiwillig tat.[17]

Romuald war als Erzbischof von Salerno in einem akademischen Milieu zuhause, dessen Bedeutung auch und gerade das unmittelbare Umfeld Kaiser Friedrichs I. durchdrang. Wann und wie auch immer der Lehrbetrieb an der Schule von Salerno aufgenommen worden, wie er in den Anfängen strukturiert und politisch-rechtlich verankert gewesen sein mag: in der zweiten Hälfte des 12. Jahrhunderts war die dortige Medizinschule längst die bedeutendste, weil antike und orientalische Wissensbestände umfassend und praktisch vermittelnde Institution in der gesamten westlichen Christenheit, seit etwa 1150 aber auch zu deren institutionellem Einfallstor für die Rezeption des „neuen Aristoteles" geworden, d.h. der erstmaligen Erschließung und Kommentierung auch des naturwissenschaftlichen und naturphilosophischen Œuvres des Stagiriten.[18]

An der universellen Intellektualitätskultur, die inzwischen an den neuen Hochschulzentren erblüht war, hatten indes die Absolventen der Studien in Bologna ebenso Anteil wie diejenigen in Salerno. Ob und wo zum Beispiel Erzbischof Christian von Mainz († 1183), diplomatisch wie militärisch eine Hauptstütze Barbarossas in Italien, ein solches Studium absolviert hat, wissen wir nicht. Seine lebhafte Gelehrsamkeit offenbart sich in mancher Quelle, oft ganz beiläufig. Nach Albert von Stade soll er sich der „lateinischen, romanischen, französischen, griechischen, apulischen, lombardischen und flandrischen Sprache wie seiner eigenen Muttersprache" bedient haben. Man mag derlei zunächst als pure Übertreibung abtun und sogleich an grotesk anmutende Überzeichnungen in vergleichbaren Charakterskizzen denken, etwa bei Walter Map, der König Heinrich II. von England augenzwinkernd die Kenntnis aller Sprachen zubilligt, die „zwischen der Nordsee und dem Jordan" gesprochen würden.[19] Doch birgt diese Übertreibung einen sehr ernst zu nehmenden Kern: erst die jüngere Forschung hat herausgestellt, wie intensiv der gelehrige König in der arabischen Wissenschaftstradition, namentlich der Mathematik und Sternenkunde, unterwiesen worden ist.[20] Christian von Mainz jedenfalls standen bei seinen Unternehmungen in Italien gelehrte Helfer zur Seite wie jener Protonotar der Mainzer Kurie namens Robert, der den Magistertitel trug und Vertrautheit mit gelehrtem Recht erkennen lässt; möglicherweise handelt es sich bei ihm um einen (als Kapellan) im Dienste des Kaisers stehenden Italiener, der den Erzbischof beim Zug über die Alpen begleitete.[21] Auch sollte Christians Teilnahme am III. Laterankonzil 1179 nicht als bloße Wahrnehmung eines kirchenamtlichen Pflichttermins, sondern durchaus im Licht des wissensgeschichtlich nicht zu unterschätzenden Befundes gesehen werden, dass dort damals auch die großen frühscholastischen Schulhäupter zusammentrafen, „maîtres d'écoles" wie Petrus Cantor oder Petrus von Blois, aber auch der durch Robert von Torigny als „Mann hoher wissenschaftlicher Bildung und Redegewandtheit" (*vir magnae litteraturae et eloquentiae*) apostrophierte Jean de Belles-Mains, Männer mit ausgewiesenem Gelehrtenprofil wie Johannes von Salisbury oder Romuald von Salerno.[22]

Eine Andeutung, wie man sich zumindest das intellektuelle Klima im klerikalen Umfeld des Mainzer Erzbischofs und dessen Standes- wie Selbstbewusstsein vorstellen kann, vermittelt Christians Suffragan, der Basler Bischof Heinrich von Hasenburg, der im Sommer 1182 durch Christian von Mainz in Italien geweiht worden war. Drei Jahre später hob eine von ihm ausgestellte Urkunde, die sich der Ausbildung des Kanonikernachwuchses an seiner Bischofskirche widmet, darauf ab, dass ihm seine „Fürsorgevollmacht" (*potestas procuracionis*) gegenüber diesen Jungen „sowohl aufgrund der Würde eines *magister scolarum* ... als auch aufgrund der bischöflichen Amtsgewalt" (*tam ex dignitate scolarum [...] quam ex episcopatu*) gebühre![23]

Medizin in Theorie und Praxis: salernitanische Fernwirkungen

Der Aufschwung der Schule von Salerno verbindet sich maßgeblich mit Leben und Werk des Constantinus Africanus († 1087). Dieser vielsprachige Gelehrte brachte dort eigentlich erst seinen Lebensabend zu, nach jahrzehntelangen Wandertouren, die ihn durch viele Gegenden des Orients, angeblich sogar nach Indien und Äthiopien geführt hatten. In Salerno begab er sich in den Dienst Robert Guiscards und nahm engen Kontakt zum gelehrten Abt Desiderius von Montecassino auf. In dieser Pflanzschule abendländisch-benediktinischen Mönchtums, aber auch einer Hauptschaltstelle mittelalterlichen Kulturtransfers in Europa, nahm er eine weitreichende Übersetzertätigkeit auf. Er arbeitete zum Teil an griechischen oder arabischen Texten, die er selbst dorthin gebracht hatte und mit dem ihm befreundeten Erzbischof Alfanus von Salerno besprach. Alfanus selbst machte sich einen Namen, der noch zur Stauferzeit – auch in Deutschland – nachhallte, indem er einen Schlüsseltext spätantiker Anthropologie aus dem Griechischen übertrug, ein Werk des Nemesios von Emesa (*De natura hominis*). Constantinus Africanus hingegen soll insgesamt sogar 76 Übersetzungen angefertigt haben. Als bedeutendste ragt zweifellos ein Handbuch heraus, das ganz praxisorientiert in gedrängter Form alle Bereiche der Heilkunst abzudecken suchte. Konzipiert war es für die Heilmaßnahmen am Krankenbett. Es geht zurück auf ein Ende des 10. Jahrhunderts in Kairuan verfasstes Werk eines arabischen Arztes; als *Viaticus peregrinantis* machte es Constantinus Africanus der lateinischen Welt zugänglich. Eine der schönsten illuminierten Handschriften dieses Hauptwerkes, der heutige Cod. Vat. Pal. lat. 1158 (Abb. 1), entstammt dem 12. Jahrhundert, scheint bald nach Deutschland gelangt zu sein und gehörte lange zum medizinischen Kernbestand der Bibliotheca Palatina in Heidelberg, wo man sie im späten Mittelalter offenbar noch rege konsultierte. Von mehreren Händen des 12. Jahrhunderts geschrieben, vergegenwärtigt sie unmittelbar den von diesem Werk ausgehenden Impuls, wie, über ihren realen Gebrauchscharakter, den (auch volkssprachige) Glossen des 13. bis 15. Jahrhunderts verbürgen, gleichsam mittelalterliche europäische Medizingeschichte *in nuce*.[24]

Mit einem zentralen Anliegen wartet die in aufwendiger Deckfarbentechnik angebrachte Miniatur gleich des ersten Blattes auf (1v), deren Stellung im Codex ihre repräsentative Bedeutung unterstreicht. Der Bildraum wird durch zwei sich kreuzende Leisten in vier einzelne Felder aufgeteilt. In jedem Feld ist eine Person abgebildet, die ein Schriftband oder ein medizinisches Gerät in Händen hält. Absicht des Künstlers war es offenbar, die Medizin in ihrer Ganzheit darzustellen: *totum integrum medicinae*, wie es bei Constantinus Africanus heißt. Die Schriftbänder versinnbildlichen die Theorie, die Geräte natürlich die Praxis (hier wohl Aderlassmesser und Harnglas).

Constantinus Africanus lehrte im späten 11. Jahrhundert an der medizinischen Schule von Salerno, die man mit guten Gründen als die erste Universität innerhalb der christlich-abendländischen Welt ansehen könnte. Chroniken schon des 10./11. Jahrhunderts heben das Ansehen der salernitanischen Ärzte quer durch Europa hervor. Die Geschichte der Schule, die man sich aber nicht durchgängig als eine feste Korporation mit geregeltem Studienbetrieb und Examina vorzustellen hat, wird, anhand der bekannten Lehrer und Lehrstoffe, grob in die Phasen Früh-, Hoch- und Spätsalerno eingeteilt, d. h. entsprechend den Eckdaten in die Zeitabschnitte 995 – 1087, 1087 – 1175 und 1175 – 1250. Zu Beginn dieser Spätphase, die freilich längere kriegsbedingte Unterbrechungen des Lehrbetriebs erzwang, stand übrigens mit dem Magister Gerhard von Worms kurzzeitig ein Deutscher, ein Kapellan und enger Vertrauter Heinrichs VI., als Rektor dem Erzbistum Salerno vor.[25]

Den Kern der frühsalernitanischen Lehre, als deren Hauptrepräsentant eben Constantinus Africanus hervortritt, bildeten die über den byzantinischen Kulturraum und aus dem islamischen Bereich durch neue Übersetzungen erschlossenen Schriften des Galen, vor allem zur berühmten Vier-Säfte- oder auch zur Pneuma-Lehre. Auf Galens vielfältigen bzw. auch auf solchen ihm zugeschriebenen Werken beruhten die Studienkompendien, darunter auch das Werk *Pantegni* des Ibn al-Abbas. Doch bearbeitete Constantinus Africanus auch die *Isagoge* (d. h. „Einführung“) des Iohannitius sowie eine Sammlung von Aphorismen des Hippokrates, desgleichen dessen *Prognostikon*, das Galen ehedem kommentiert hatte, und legte seinerseits ein Werk zur Augenheilkunde vor.[26] Nach dem Tode des Constantinus Africanus setzten in der hochsalernitanischen Periode verstärkt Bemühungen um die Assimilation von Schriften der Arzneimittellehre und Pharmakologie ein, aber auch von solchen zur Arzneimittelpraxis, die im 12. Jahrhundert im sich herausbildenden normannischen Königreich Sizilien entscheidend auf die Einrichtung eines öffentlichen Medizinalwesens einwirken sollten (Abb. 2).

Zu beachten bleiben darüber hinaus die Wege, die – auch – von Salerno im 12. Jahrhundert allmählich zur wissenschaftlichen Kanonbildung einerseits wie zur sozialen Korporationsbildung der Wissenschaftler andererseits führten, zu den Universitäten also. Auch viele junge Leute aus dem deutschsprachigen Raum zog es im 12. Jahrhundert nach Salerno; einer von ihnen war der sprühendste Vertreter jener geistvoll-ironischen Vagantenpoesie, die das fahrende Studententum der Zeit charakterisiert. Unter seinem wahren Namen kennt man ihn nicht, wohl aber unter dem ihm vielleicht von einem einflussreichen Gönner beigelegten Scherznamen „Archipoeta“. Doch trotz seines dortigen Studienabbruchs wusste der „Archipoeta“ die *doctrina salerni* zu preisen.[27] Ebenso findet sich ein Reflex der gesamteuropäischen Bedeutung Salernos zu jener Zeit wie der Attraktionskraft seiner medizinischen Hochschule in der mittelhochdeutschen Epik, in der Salerno-Reise des „Armen Heinrich“ bei Hartmann von Aue.[28]

Einer sachgerechten Einschätzung der Wissenskultur nicht erst am Hofe Barbarossas, dem Erkenntnisinteresse an der gesellschaftlichen Rückbindung des Wissens und den Wegen des Wissenstransfers dient der noch viel zu wenig gewürdigte Befund, dass schon Gottfried von Viterbo, Hofkaplan dreier Könige aus staufischem Geschlecht, seinerseits in Salerno studiert hat. Noch in der letzten Werkstufe (*Pantheon*) seiner ambitionierten Weltgeschichte, eigentlich einem philosophisch-naturkundlich-historiographischen Kompendium, das noch im Spätmittelalter große Popularität genoss, leider aber bis heute keine kritische Gesamtedition erfahren hat, bekannte sich Gottfried explizit zu seinem Salernitaner Lehrer Marius (Abb. 3).[29] Vielerlei Reisen trugen Gottfried im Herrscherdienst quer durch Europa, in Deutschland (Speyer) wie in Italien (Pisa, Lucca) hielt er Kanonikatspfründen.

4 Q-Initiale (Textbeginn: *QVADRIMERVM expertum ad asmaticos …*) aus einer Handschrift des *Antidotarius Magnus*, einem Schlüsselkompendium salernitanischen Medizin- und Pharmaziewissens. Der wohl im Scriptorium des Benediktinerklosters Engelberg (in der heutigen Schweiz) gegen Ende des 12. Jahrhunderts hergestellte Codex bietet ein in hochmittelalterlicher Buchmalerei noch äußerst seltenes Sujet: die hier rein säkular aufzufassende Darstellung einer barbusigen Frau, die ihr Kind stillt; an ihrer zweiten Brust saugt ein Drache, der figurativ als Abstrich des Initialbuchstabens dient. Der zuoberst abgebildete Arzt setzt der nackten Frau am Gesäß Schröpfköpfe auf, Basel, Universitätsbibliothek, Cod. D III 14, fol. 104r

Barbarossa, dem Gottfried – auch dies bislang wenig beachtet – wie hernach dem Herrschersohn und Thronfolger Heinrich eine Redaktion seines Opus Magnum gewidmet hat,[30] fühlte sich seinerseits der Schule von Salerno geistig verpflichtet. Wie tief und wie praxisnah, hat er in einem bedeutungsschweren Moment vorausschauend bekannt. Als er zu seinem ersten Italienzug rüstete, ließ er offenbar noch 1153 einen Codex der wichtigsten Kompilation frühsalernitanischer Medizin, des „Antidotarius magnus“, herstellen.[31] Mit diesem Codex, der textlich dem Archetyp von ca. 1080 am nächsten steht und eine gewaltige Fülle von Medikationen sowie pharmazeutischen Rezepturen umfasst, wollte der Monarch wohl dazu beitragen, die auf damaligem Stand bestmögliche medizinische Versorgung seiner Truppen sicherzustellen. Das mag aus heutiger Sicht vergleichsweise innovativ anmuten, an seinem Herrscherhof freilich dürfte Friedrich I. damit nur einem längst be-

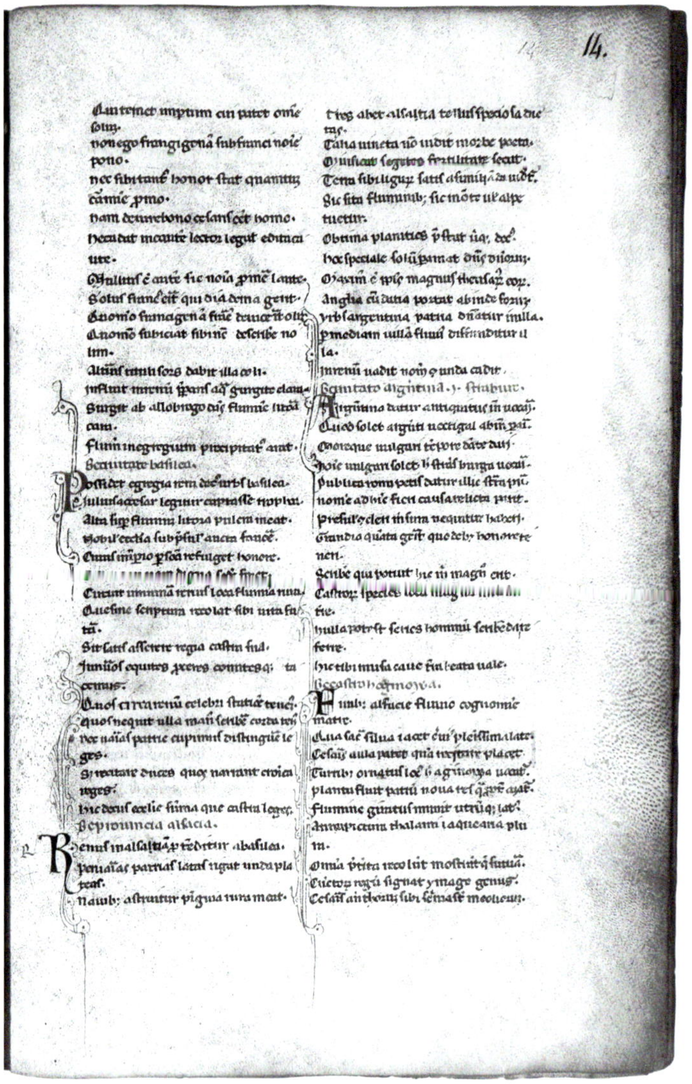

5 Preisung der Bibliotheksschätze in der elsässischen Kaiserpfalz Hagenau durch Gottfried von Viterbo. Zur Regierungszeit Friedrichs I. Barbarossa († 1190) verfügte sie demnach über die bedeutendsten der neu zugänglich gemachten Werke antiker Philosophie und Naturwissenschaft. Auszug *De castro hoginova* aus dem *Speculum regum*, einer redaktionellen Vorstufe des *Pantheon* (vgl. Abb. 3). Paris, Bibliothèque Nationale, Ms. nouv. acq. lat. 299, fol. 14r.

stehenden Wissenskonsens entsprochen haben (Abb. 4): Rainald von Dassel, bekanntlich auch zeitweiliger Mäzen des „Archipoeta", hatte seine frühe wissenschaftliche Lehrzeit vor dem Studium in Frankreich an der Hildesheimer Domschule zugebracht, nicht nur einer Hauptrekrutierungsstätte für Kandidaten des geistlichen Hofdienstes, sondern verblüffenderweise schon in der ersten Hälfte des 12. Jahrhunderts mit dem wichtigsten Bestand an Werken frühsalernitanischen Schrifttums außerhalb Italiens ausgestattet.[32]

Am Ende des 12. Jahrhunderts dürften dann alle rezent verfügbaren Schlüsseltexte antiker Medizin, mitsamt den seinerzeit neu erschlossenen Schriften des Aristoteles, zumindest an einem zentralen Ort des Königtums nördlich der Alpen kompakt greifbar gewesen sein, wie wiederum Gottfried von Viterbo bezeugt (Abb. 5):[33] in der Bibliothek der elsässischen Kaiserpfalz Hagenau, die Barbarossa nur wenige Kilometer entfernt von der Grabstätte seines Vaters hatte errichten lassen. Sie war ihm nicht nur bevorzugter Ruheplatz, sondern offenbar auch Sitz des „Hofstaates" der Kaiserin Beatrix, Jahrzehnte später der Lieblingsaufenthalt ihres Enkels, Friedrichs II., nördlich der Alpen. In dieser *urbs imperialis*, deren geistige Aura Gottfried von Viterbo rühmt, mag wohl auch die rasch wachsende Kinderschar des kaiserlichen Paares ihre prägenden Erziehungseindrücke empfangen haben: darunter vor allem der nachmalige Kaiser Heinrich VI., dessen rasante Intellektualität in allen Reichsteilen Spuren hinterließ, die jedoch erst allmählich wieder freigelegt werden.[34]

Der „Allwissende" von Pisa und die aristotelische Wende

Mit Salerno in mehr als nur informeller Beziehung stand ein Mann, der um 1160 den Ruf des größten Griechischkenners im Abendland genoss: Burgundio von Pisa († 1193).[35] Mehrfach hatte er Byzanz bereist, die Kulturzone der einstigen *Magna Graecia* in Süditalien kennengelernt und mit dem berühmten Salernitaner Lehrer Bartholomaeus eine inspirierende Freundschaft geschlossen. Schon 1136 war er an der aufsehenerregenden Disputation Bischof Anselms von Havelberg mit dessen Kontrahenten, dem Metropoliten Niketas von Nikomedien, in Konstantinopel beteiligt gewesen, als Burgundio dort zusammen mit Jacob von Venedig und Moyses von Bergamo dolmetschte. Die Wirkung dieser beiden Gelehrten, von denen der erste immerhin die Übertragung der „neuen Logik", also der bis dahin noch nicht lateinisch vorliegenden Teile des aristotelischen *Organon* leistete, sollte Burgundio allerdings weit übertreffen, an Umfang wie an Vielseitigkeit. Denn der gebürtige Pisaner, der seit der Mitte des 12. Jahrhunderts den Judex-Titel führte, trat nicht nur in seinem beruflichen Alltagsleben als Rechtsgelehrter in Erscheinung. Als exponierter Vertreter früher Laienbildung übertrug er auch eine Vielzahl von medizinischen Werken, darunter eine mindestens zweistellige Zahl von Galenica, aus dem Griechischen, vor allem aber auch theologische und philosophische Werke. Unter den letzteren waren nicht allein naturwissenschaftliche Schriften des Aristoteles, sondern auch, wie man erst seit 1997 sicher weiß, dessen großes Werk über das Zielgerichtetsein allen menschlichen Handelns und dessen Verpflichtung auf das Gute, gerade im öffentlichen Leben: die „Nikomachische Ethik". Diese Übertragung war, wie auch diejenige des Traktats über „Zeugung und Vergehen" (*De generatione et corruptione*), gegen 1150 in Salerno bekannt. Aber auch Barbarossas Oheim, der staufische Meisterhistoriograph und Reichsbischof Otto von Freising, hat sie gekannt.[36] Sie führt, wie noch andere Autographen auch von Burgundios Hand, in eine interkulturelle Übersetzerwerkstatt zurück, deren genauer Standort noch nicht ermittelt, deren Leiter jedoch ein gewisser Ioannikios gewesen ist, mit dem Burgundio eng zusammengearbeitet hat.[37]

Auch der Kaiser selbst wusste Burgundios Wissen zu schätzen. Als der Pisaner Judex um 1165 seine lateinische Neuübertragung des „Anthropologie"-Traktates des Nemesios von Emesa vorlegte, versah er sie mit einem Widmungsschreiben an Barbarossa, in dem er auf die Gespräche Bezug nahm, die er zuvor mit dem Kaiser

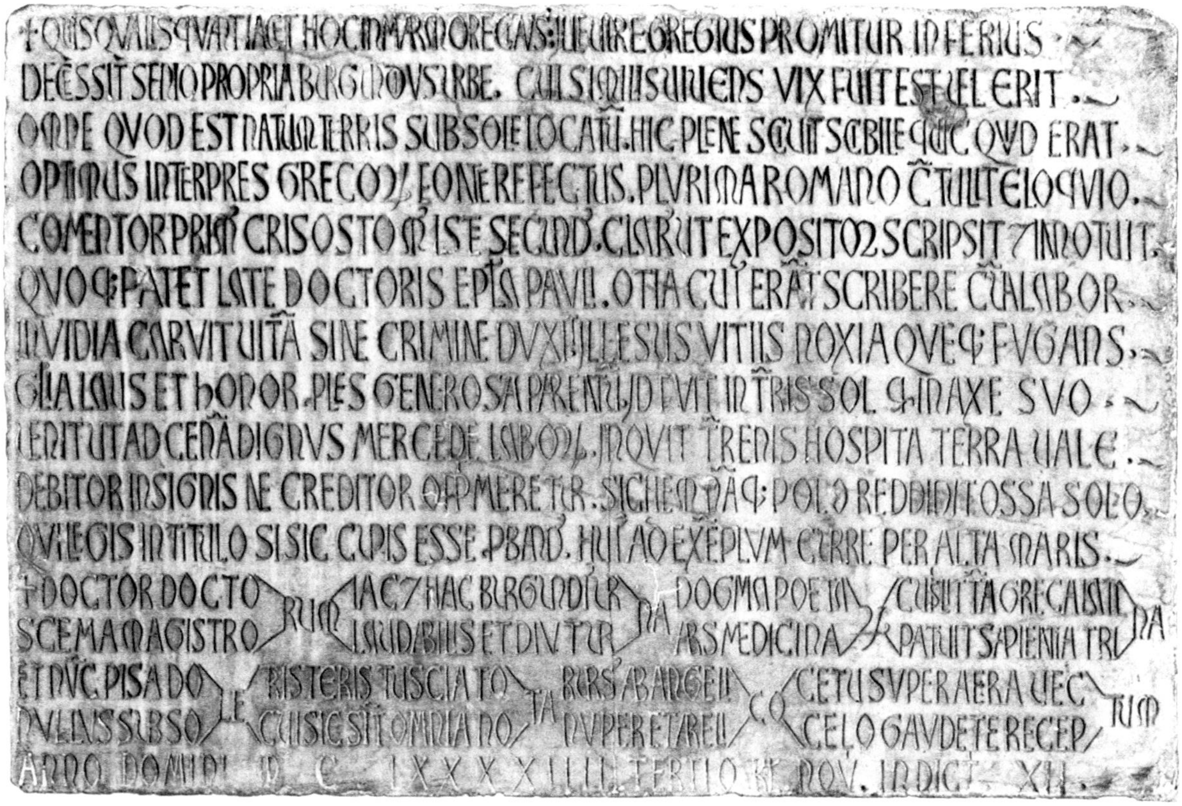

6 Zeitgenössisches Grabmal des Burgundio von Pisa († 1193), Richters in seiner Heimatstadt und vielseitigsten lateinischen Übersetzers wissenschaftlichen Schrifttums der griechischen Antike im 12. Jahrhundert. Bezeugt sind Burgundios Arbeiten für und persönliche Gespräche mit Barbarossa. Pisa, Kirche S. Paolo a Ripa d'Arno.

habe führen können. Er beruft sich darin auf dessen ostentatives Verlangen, „die Beschaffenheiten der Dinge und deren Ursachen verstehen zu wollen". Offenbar hatte er dem Kaiser dabei aber auch in Aussicht gestellt, was dieser künftig noch aus antiken griechischen Schriften würde lernen können, und kündigte entsprechende Übersetzungen an: „über den materiellen Bestand des Himmels, seine Gestalt und seine Bewegungen, über alles, was unterhalb des Himmels ist, über die Milchstraße, die Kometen und die Winde, über Blitz und Donner, über den Regenbogen, über den Regen, Hagel und Tau, warum das Meer salzig ist und wie es kommt, dass das Meer, obwohl so viele Flüsse sich in es ergießen, weder ansteigt noch zu Süßwasser wird"[38] – man vermeint, über die Bespiegelung des kaiserlichen Gesprächspartners schon den unstillbaren Wissensdurst und die Rationalitätszugewandtheit zu fühlen, die Barbarossas großen Enkel über ein halbes Jahrhundert später zu seinen bohrenden „Sizilischen Fragen" anreizten. Noch für dessen Vater, Kaiser Heinrich VI., hatte Burgundio seine letzte bekannte Übersetzungsarbeit angefertigt, die galenische Schrift *De sectis medicorum* (1184/1185).

Ohne jeden Beigeschmack von Ironie bescheinigten die Pisaner ihrem verstorbenen Landsmann und Geisteshelden auf seinem Grabmal, das sich seit 1911 wieder in der heimischen Kirche S. Paolo befindet (Abb. 6), er habe alles gewusst, was wissenswert sei (*scibilis*): eine bewusste Anlehnung an einen Vers aus der Grabschrift Abaelards, des eigenwilligsten Denkers der Epoche.

Dass Burgundio über den Königshof mit dem elsässischen Pfalzdiakon Hugo von Honau, einem engen Vertrauten und Gesandten Barbarossas, in gelehrten Austausch getreten war, lässt sich nicht beweisen, wohl aber mit gutem Grund annehmen.[39] Beide, der Kanoniker des Augustinerchorherrenstiftes Marbach (bei Colmar) wie der Pisaner Laie, gehörten dem gleichen neuen Intellektuellenstand an und wirkten auf je eigene Weise an der „aristotelischen Wende" der Zeit mit: Hugo, der wiederholt nach Konstantinopel reiste, hatte dort Kontakt zu Pisaner Landsleuten Burgundios und Beratern des Basileus. Hugo von Honau, einer der leidenschaftlichsten Anhänger des Gilbert von Poitiers und heftiger Kontrahent des Gerhoch von Reichersberg im Streit um die menschliche Substanz Christi, hat jedenfalls als erster Lateiner in einem eigenen – theologischen! – Werk die „Physik" des Aristoteles zitiert, noch vor deren Bekanntwerden in Frankreich.

Dass solche Pionierleistungen auch im Reich nördlich der Alpen und außerhalb des Hofes Resonanzräume „neuen Denkens" schufen, ist nicht immer leicht, weil eben fast nur im Wege aufwendiger überlieferungsgeschichtlicher und textimmanenter Forschungen zu erweisen. Dass damit aber selbst in kleineren, entlegenen Klöstern oder Stiften gerechnet werden darf, beweist jenseits früher Aristotelica-Überlieferungen aus dem oberösterreichischen St. Florian oder dem niederösterreichischen Klosterneuburg die bescheidene Benediktinerabtei Beinwil (bei Solothurn; wie das Augustinerchorherrenstift Marbach im Mittelalter kirchlich der Diözese Basel zugehörig). Dort entdeckte Paul Lehmann erst nach dem Zweiten Weltkrieg einen Bibliothekskatalog aus der Zeit um 1200, der mit frappierenden scholastischen Titelreferenzen aufwartet.[40] Zur Beantwortung der Frage, woher denn diese frühen Textzeugen der naturwissenschaftlich-naturphilosophischen Aristotelica nach Beinwil gekommen sein könnten, bietet vielleicht ein aus dem

Klosterschatz – im Unterschied zu jenen Handschriften – erhaltener, aus Elfenbein gefertigter Abtsstab gleicher Zeitstellung einen Anhaltspunkt: zweifellos ein Stück unteritalienisch-sizilianischer Herkunft![41]

Bewertung und Ausblick – spätstaufische Hofkultur, oder: „Controllare il mondo con la scienza"[42]

Während die im Schnittfeld unterschiedlicher Religionen und Kulturen liegende Zone Siziliens und des festländischen Unteritaliens sich unter der Normannenherrschaft allseitigen Einflüssen weiter geöffnet hatte, waren die dem Imperium zugehörigen Gebiete Ober- und Mittelitaliens vorwiegend auf sich selbst bezogen, ausgenommen die im ganzen Mittelmeerraum Handel und Politik treibenden Hafenstädte Venedig, Pisa und Genua. Obwohl seit der Mitte des 10. Jahrhunderts dem Reich einverleibt, hatte eine feste politische Integration jener Gebiete sich nicht durchsetzen lassen. Im Spannungsfeld des kaiserlich-päpstlichen Antagonismus scheiterte sie an den Selbständigkeitsbestrebungen der norditalienischen Städte. In ihnen, die seit dem 11. Jahrhundert auch heftige innere Unruhen zu meistern hatten, herrschten eine hohe, ganz eigene Literalitäts- und Rechtskultur, aber jeweils auch eher isolationistische Tendenzen. Insofern war, neben und in engem Austausch mit den Hochschulzentren Bologna und Salerno, seit der zweiten Hälfte des 12. Jahrhunderts der kaiserliche Hof das informelle Bindeglied zwischen den Reichsteilen. Er begünstigte, ja steuerte bisweilen die kreative Aneignung des neu erschlossenen „Corpus Aristotelicum" wie der erstmals zugänglich werdenden Überlieferungen antiker und orientalischer Medizin/Pharmakologie. Ja, die staufischen Herrscher und ihre intellektuellen Ratgeber wussten diese Kenntnisse und Diskurse tatkräftig zu nutzen: „Es war Wissen *am* Hof; es ebnete dem Wissen *durch* den Hof den Weg."[43]

Die neuerliche Trennung der Höfe Deutschlands und Italiens, wie sie sich nach Friedrichs II. Kaiserkrönung ergab, trug zweifellos auch zu einer Separierung der kulturellen Einflusszonen im Reich bei, selbst wenn das unter kaiserlichem Schutz vermittelte Wissen weiterhin nach Deutschland gelangen konnte, durchaus über die Verwerfungen hinweg, die der unerbittliche Konflikt zwischen Kaiser- und Papsttum zeitigte wie zum andern sicher auch das fragile „Stellvertreterkönigtum" von Friedrichs II. Söhnen im deut-

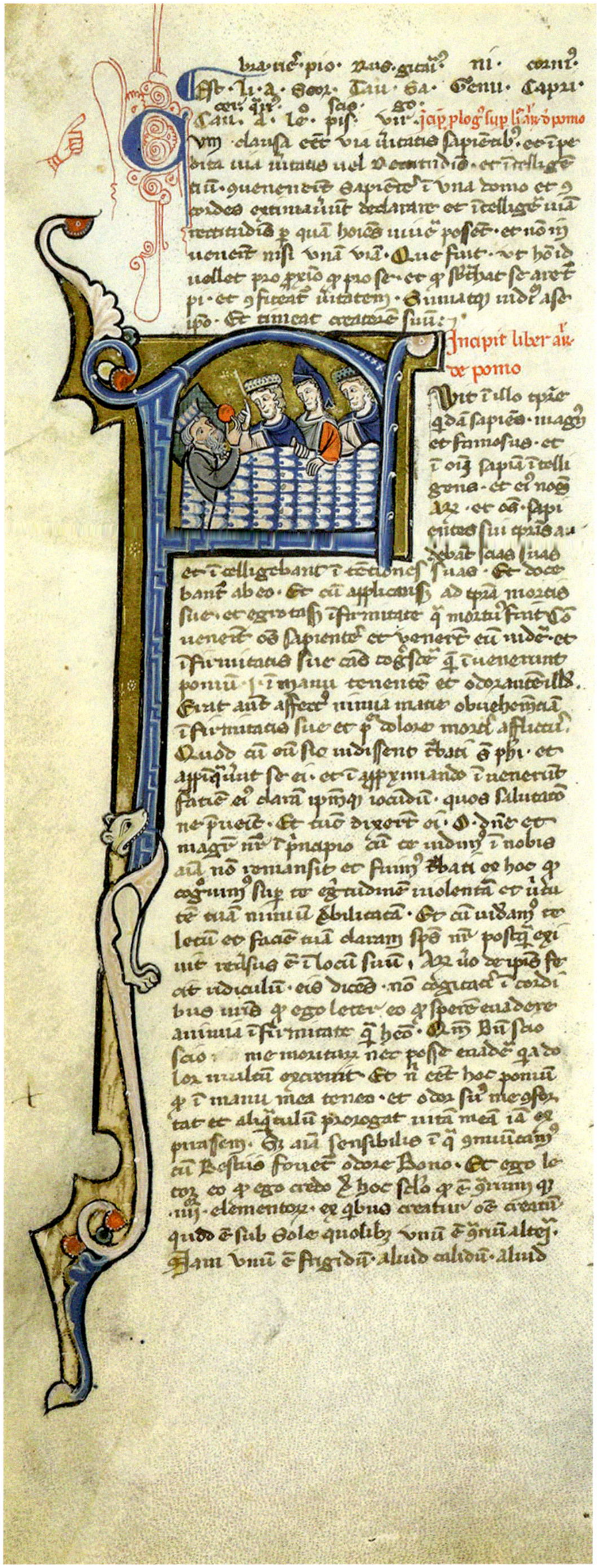

7 Auf dem Sterbebett weist Aristoteles seinen um ihn versammelten Schülern den Weg der Wahrheit, auf dem sie die Philosophie zum Heil führen soll. Letzte Lebenskraft zieht der Weise aus dem Wohlgeruch des roten Apfels, den er während des gesamten Gesprächs in der Hand hält.
Initialminiatur zum *Liber de pomo*, einer weithin zirkulierenden philosophischen Schrift, die im hohen Mittelalter unter dem Namen des Aristoteles umlief. Sie findet sich hier unter mehreren echten wie unechten Werken des Aristoteles, des Albertus Magnus und Michael Scotus wie der islamischen Autoren Avicenna und Averroës in einem Codex, der im letzten Drittel des 13. Jahrhunderts in Italien hergestellt wurde und mit seiner Zusammenführung philosophisch-naturwissenschaftlicher Texte aus Orient und Okzident samt reicher, exzeptioneller Bildausstattung auf die Wissenschaftskultur und die Rationalitätsimpulse zurückverweist, die vom Hof Kaiser Friedrichs II. und seiner Söhne ausgingen.
Schaffhausen, Eisenbibliothek, Mss 20, fol. 15v.

schen Reichsteil. Die *viri docti* bei Hofe, an deren Gesamtheit sich noch Gottfried von Viterbo wandte, gingen südlich und nördlich der Alpen nun zwangsläufig unterschiedliche Wege. Doch kreuzten sich am intellektuell hochsensitiven Kaiserhof nach wie vor viele Übermittlungswege des Wissens,[44] freilich bevorzugt aus dem Süden und Osten des mediterranen Raumes. Friedrich II., in dessen Person sich der schon für seine Eltern- wie Großelterngeneration erkennbare Erkenntnis- und Wissensdrang potenzierte, suchte und förderte den intensiven Kontakt mit arabischer Wissenschaft und islamischen Gelehrten. Augenscheinlich besaß er kein Interesse an lateinischer (gar deutscher) Poesie oder Geschichtsschreibung, auch wenn gelegentlich ein deutscher Gelehrter in Friedrichs Umfeld den Belangen von Kaiser und Hof zuarbeitete. Das gilt aber, so weit zu sehen, ausschließlich für das zoologische und veterinärmedizinische Schrifttum.[45]

Friedrich II. begünstigte vielmehr den Wissenstransfer durch Aufträge zu Übersetzungswerken und Einholung von Fachgutachten. Dazu protegierte er Gelehrte oder berief sie sogar auf ihm wichtige Beraterposten wie Michael Scotus oder Theodor von Antiochien, die des Arabischen (oder Griechischen und Hebräischen) mächtig waren und für den Einzug alter wie neuer Wissensbestände antik-hellenistischer bzw. orientalischer Herkunft bei Hofe sorgten.[46] Von dort aus eroberte sich dieses – im eigentlichen Sinne – Herrschaftswissen langfristig einen bedeutenden Platz in der europäischen Wissenschaftstradition. Vor allem die hermetischen Überlieferungen wie auch die Grundlagenwerke von Astronomie/Astrologie und Mathematik sind hier herauszuheben.

Schon 1224 gründete Friedrich die Staatsuniversität Neapel, einen Hort des Aristotelismus noch vor dessen endgültiger Durchsetzung in Paris. Doch offenbart sich hierin keine scholastische Disposition des Herrschers; unverkennbar sind seine Vorliebe für die Naturwissenschaft und den kritischen Empirismus. Ein Leben lang zog er eigene Erfahrungswerte der Berufung auf anerkannte Autoritäten vor. Das ließ ihn eben selbst vor dem *princeps philosophorum* Aristoteles nicht in Ehrfurcht erstarren: Friedrich zitiert ihn in der Vorrede seines Buches „Über die Kunst, mit Vögeln zu jagen" (*De arte venandi cum avibus*) zwar als respektable Berufungsinstanz, doch scheue er sich nicht, vom aristotelischen Buchwissen dort abzuweichen, wo es mit eigener, empirisch gewonnener Erkenntnis kollidiere.[47] Für Friedrich II., der sich in diesem Prolog selbst als „Forscher und Philosoph" (*vir inquisitor et sapientie amator*) stilisierte, stand der handlungsanweisende Zweck wissenschaftlicher Erkenntnis im Vordergrund: der Philosophenkönig muss verstehen, um kraft seiner *virtus rationalis* vernünftig zu herrschen. Unbändige intellektuelle Neugier und Kampfeslust, die Beglaubigung der Macht durch Wissen waren Friedrichs II. geistige Hauptantriebe, auch in der Förderung der Rechtswissenschaft und des institutionalisierten Rechtswesens. Nachhaltig nahm dieses Gestalt an in den nach normannischen Vorbildern geformten Konstitutionen von Melfi (1231). Sie transponierten das Recht aus der akademischen Schulsphäre in die Praxis und gründeten den Staatsaufbau auf der Rechtsidee. Das setzte eine Abstrahierung des Staates voraus, d. h. überhaupt erst eine Fixierung des „Staatsgedankens".

Friedrichs anregendes Beispiel wirkte verpflichtend für seine Söhne, deren Kunstsinn und Wissenschaftsbegeisterung gleichfalls verbürgt sind, vorzugsweise für den in Unteritalien sich dann mit der konkurrierenden Anjou-Herrschaft auseinandersetzenden Manfred. Manfreds Hof war gleichfalls ein Hort der Wissenschaft; dort wurden neue Übersetzungen angefertigt und wirkten Gelehrte, die nun in einigen Bereichen das integrative Erbe der mediterranen Kulturströmungen vermittelten (Abb. 7). Von hier wirkten sie sogar auf die Kurie ein wie auch, über die Anjou, nach Frankreich.[48] Sichtbarer Ausdruck jenes eigentümlichen Fluidums der staufisch-unteritalienischen Hofkultur war eine generationenübergreifende, dem ganzen Reich als Muster dienende Wissensgesellschaft.[49] Ohne sie wäre jene auch standesüberschreitende Gelehrtengemeinschaft nicht entstanden, die in dieser besonderen Perspektive und zugunsten des gemeinsamen Erkenntnisdranges bisweilen den königlichen Auftrag- oder gar Ideengeber und seine intellektuellen Bezugspersonen zu einer homogenen Gruppe verschmolz. In solcher Tradition versteht es sich, wenn noch 1319 ein englischer Magister seinem Freund schrieb, wie gut und elegant sich doch Robert von Neapel, König von Sizilien, „unter den weltlichen Intellektuellen" (*inter clericos mundi*) wissenschaftlich schlüge.[50]

[1] Allgemein Goody 1990.

[2] Einen prägnanten Gesamtüberblick über die in diesem Essay berührten Traditionszusammenhänge ermöglicht, in weiterem historischen Zuschnitt sowie jeweils gestaffelt nach Wissenschaftsdisziplinen, Autoren/Übersetzern und Texten: Mazal 2006.

[3] Hierzu jetzt Kugler 2006, S. 5 – 11, bes. S. 7 – 8, 11.

[4] Bei genauerem Zusehen darf dies wohl schon für Barbarossas Oheim und Vorgänger im Königsamt, Konrad III., sowie einige Personen seines Umfelds in Anspruch genommen werden; vgl. Huth, 2009, S. 99 – 126, 111 – 113.

[5] Ganz 1992, S. 623 – 650, 633. Vgl. auch die damit korrespondierenden Sprachregelungen zum Herrscherheil in den Arengen der Königsurkunden wie bei der hoforientierten Geschichtsschreibung; insges. Krieg 2003, S. 304 – 316.

[6] Ich nehme hier und im Folgenden (zu der von Bologna abstrahlenden sowie unten zu Beginn des letzten Abschnitts allgemein zur Wissenskultur der oberitalienischen Städte) ausdrücklich Argumentationslinien auf, die ich andernorts in eine übergreifende philosophiehistorische Betrachtung einbinde: Huth (im Druck).

[7] Odofredus, Lectura, fol. 17r; *Qui res* ad C. I, 2, 14.

[8] Wieland 1987, S. 61 – 79, 69.

[9] Stelzer 1978, S. 123 – 165.

[10] Zeillinger 1984, S. 191 – 217.

[11] De Ghellinck 1948, S. 203.

[12] Adalbertus Samaritanus, Praecepta dictaminum, S. 58.

[13] Worstbrock/Klaes/Lütten 1992; vgl. Fried 1990, S. 103 – 145, 133 – 136.

[14] Nur am Rande sei angemerkt, dass dies auch für die theologische Glossen- und Florilegienliteratur festgestellt werden kann, doch wurden hier natürlich die Anleihen vorzugsweise bei französischen bzw. in Frankreich wirkenden Lehrern genommen, so etwa auch zur Glossierung der monumentalen „Sentenzen" des Petrus Lombardus († 1178), dessen unmittelbarer Lehrbereich bekanntlich die frühe Pariser Hochschulszene war. Ein – noch immer vorläufiger, doch bislang unersetzter – Überblick zu den handschriftlichen Zeugen solcher Textgattungen bei Landgraf 1948.

[15] Fried 1974, S. 46 – 61; Fried 1986, S. 163 – 201, bes. S. 192 – 200; Fried 1990. Zur Überlieferung Bologneser Miniaturenhandschriften in Süddeutschland s. Montanari 2006, S. 57 – 66.

16 Ein prägnantes Beispiel erörtert: Johanek 1997, S. 231 – 257, 235.

17 Morpurgo 1995, S. 173 – 224, hier S. 187. Zur intellektuellen Statur Romualds, insbes. zu seiner Rolle als Vermittler medizinischen Wissens der Schule von Salerno, vgl. auch Morpurgo 2000, S. 87.

18 Kristeller 1956, S. 473 – 551; Jacquart 1988, S. 407 – 428.

19 Vgl. Bumke 1986, 2. Bd., S. 436 – 437.

20 Burnett 1997a, S. 31 (Lecture II).

21 Fried 1990, S. 139.

22 Vgl. bes. Guillemain 1982, S. 23 – 31, 25 – 26.

23 Knepper 1905, S. 112; Varrentrapp 1867, S. 96; ergänzend Haskins 1924, S. 221.

24 Ausst.-Kat. Heidelberg 1986, S. 64 Nr. B 10.4: *Viaticus Constantini* (Heinrich Schipperges). Vgl. ferner den Hinweis bei Faraci 2003, S. 48–71, hier S. 60 Anm. 40.

25 Csendes 1993, S. 191 u.ö.

26 Haefeli-Till 1977.

27 Archipoeta, Gedichte, S. 66.

28 Vgl. Penth 2003, S. 65 – 74, 71.

29 Weiterhin wird dessen Autorschaft an einem Werk über die Elemente durch Gottfrieds Angaben beglaubigt; vgl. insges. Gottschall 1991, S. 111 – 113; Burnett 1997b, S. 42 – 79, 60; Huth 2004, S. 6 – 7, 35.

30 Huth 2004, S. 23 – 27, 35 – 38.

31 Florenz, Biblioteca Nazionale, Cod. Pal. lat. 747; vgl. Kramer/Scheidt 1999, S. 109 – 116.

32 Wack 1994, S. 161–202, bes. S. 197 – 202; vgl. Huth 2005, S. 194 – 210, hier S. 199 bzw. S. 206 Anm. 26.

33 Delisle 1890, S. 41 – 50; Huth 2004, S. 5 – 6.

34 Dietl 1995a, S. 155 – 182; Huth 2004, S. 27 – 37.

35 Alle Referenzen bei Classen 1974.

36 Huth 2005, S. 196 – 197.

37 Vuillemin-Diem/Rashed 1997, S. 136 – 198.

38 Flasch 2006, S. 220; vgl. Huth 2004, S. 13 – 15.

39 Huth 2004, S. 245 – 246.

40 Ebd., S. 189 – 190; vgl. Lehmann 1959, S. 156 – 170, sowie Rück 1963/1964, S. 38 – 100, 83.

41 Reinle 1988, S. 176. Ein Beispiel konkreter Verbindungen, die wiederum Marbach zu gleicher Zeit ins apulische Otranto unterhielt, erörtert Huth 2001, S. 139 – 156.

42 So die treffende Überschrift eines entsprechenden Kapitels bei Morpurgo 2000, S. 141.

43 Fried 2003b, S. 141 – 193, 163.

44 Vgl. zu diesem ganzen Abschnitt insges. Stürner 2009, Teil II, S. 342 – 457.

45 Aufmerksam zu machen wäre hier zum einen auf das „vermutlich [...] in Neapel auf Mittelhochdeutsch abgefasste Roßarzneibuch" des sogenannten Meister Albrant, aber auch auf den Autor eines interessanten Werkes über die Pürschjagd, einen gewissen *Guicennas*, hinter dem man mit aller Wahrscheinlichkeit einen Angehörigen des der Ortenau entsprossenen Geschlechts der Lützelhardter erblicken darf, das in Süditalien entscheidend an Rang und Ansehen gewann; zu Herzog Konrad von Spoleto und Markgraf Konrad von Molise aus diesem Hause *Luzinardo* vgl. Kamp 1996, S. 141 – 185, 173. Zur handschriftlichen Überlieferung und dem Wirkzusammenhang: Glessgen/Van den Abeele 2008, S. 157 – 178, hier S. 159 – 160 (Zitat), und Fried 2008, S. 179 – 196, 190.

46 Heiduk 2004, S. 267 – 282; Ackermann 2008, S. 273 – 284.

47 Friedrich II, De arte venandi (b), hier Bd. 1, S. 1 – 2. Zum unmittelbaren geistigen Bezugsrahmen der Selbsteinschätzung vgl. Van Den Abeele 1995, S. 362 – 391, bes. S. 386; Fried 1996a, S. 115 – 156, 144.

48 Ein Gesamtüberblick bei d'Alverny 1994, S. 421 – 462.

49 Fried 2003b, S. 181 – 191.

50 Vgl. Weiss 1977, S. 108–133, 117 – 118, Anm. 53.

V. Gelebte Vielfalt

1 Autorbild zu den Liedern Kaiser Heinrichs in der Großen Heidelberger Liederhandschrift (Codex Manesse), Zürich 1305 bis 1340, Heidelberg, Universitätsbibliothek, Cod. Pal. germ. 848, fol. 6r

Gert Hübner

Höfische Kultur im stauferzeitlichen Europa

König Manfred „hatte aus seinem Hof ein Paradies der Lustbarkeiten gemacht. Es gab dort großzügige Schenkungen und alle irdischen Eitelkeiten: Frauen, Kleider, Schmuck, Speisen, Lieder, Musikinstrumente. Es gab verschiedene Spiele und alle Tröstungen der Welt, alle Vergnügungen sowohl für den König selbst wie für die anderen. Nacht und Tag gab es schönste eitle Mädchen und junge Männer ohne Zahl. Alle hielten sämtliche körperlichen Lüste und Freizügigkeiten für erlaubt. Es gab dort eine Kapelle (*scola*) mit allen Musikinstrumenten und Gesängen der Welt. König Manfred selbst war der prächtigste Sänger und Liedermacher (*inventor cantionum*). An seinem Hof gab es eine Göttin oder Dienerin (*ministra*) der Liebe und einen sogenannten Gott der Eitelkeiten, die die Männer und die Mädchen in allen Praktiken der Liebe unterrichteten. In der Schatzkammer des Königs Manfred gab es alle Musikinstrumente der Welt und es gab keine einzige Stunde bei Tag oder Nacht, in der nicht Orgeln und andere Instrumente zu hören waren. Die Gegend dort ist von Natur aus sehr üppig und freudvoll, denn sie ist aufs Reichlichste mit allen Gütern versehen. König Manfred hatte wie ein zweiter Salomo schönste Frauen und Mädchen ohne Zahl zu seinem Willen. Und wenn er lange Zeit gelebt hätte, hätte er ganz Italien in den Brunnen der Lüste versenkt, und die Kirche wäre völlig heruntergekommen. Weil es dort Vergnügungen im Überfluss gab, liefen alle hin."[1]

Mit seinem Bericht über den letzten staufischen König Siziliens griff der Dominikaner Iacopo d'Acqui um 1300 eine Tradition geistlichen Tadels auf, die Johannes von Salisbury und andere Gelehrte am höfischsten aller europäischen Höfe des 12. Jahrhunderts begründet hatten, dem englischen von König Heinrich II. und Eleanor von Aquitanien.[2] Die moraltheologische Schelte des Hofs als Stätte nichtiger Vergnügungen hatte ihre Standardthemen,[3] genauso wie das in der volkssprachlichen Dichtung beheimatete Lob des Hofs als Ort eines auf aristokratischer Vornehmheit beruhenden glücklichen Lebens. Beides diente mehr der jeweiligen ständischen Selbstvergewisserung als der Beschreibung konkreter Lebenswirklichkeiten; aber so konträr die Standpunkte auch waren, galt das Urteil doch denselben Konzepten. Was Iacopo als Sündenpfuhl unter einer paradiesischen Maske tadelte, hätte jeder höfische Dichter als wahres irdisches Paradies rühmen können – als kollektives aristokratisches Glücksgefühl, das auf Altokzitanisch *joi*, auf Altfranzösisch *joie*, auf Mittelhochdeutsch *vrœde* hieß und das auf materiellem Reichtum, der Allgegenwart von Liedern und der in spielerischen Formen kultivierten Wertschätzung der Sexualität beruhte. Als Kernidee der höfischen Kultur des 12. und 13. Jahrhunderts verdankte diese Freude sich einer gemeinsamen Anstrengung aller Vornehmen, nicht der bloß zerstreuenden Unterhaltung.

Im Tadel und im Lob des Hofs beschäftigten sich die zeitgenössischen Autoren gern und ausgiebig mit den materiellen Aspekten des höfischen Paradieses, denn es war vor allem ein Ort der Pracht. Einrichtungsgegenstände wie die mit kostbaren und farbenfrohen Stoffen überhäuften Prunkbetten in den Festsälen der Burgen, aufwändig geschmückte ritterliche Rüstungen und Waffen, von der Kirche immer wieder verbotene Turniere, bei Festbesuchen ebenso wie im Krieg benutzte Prunkzelte, körperbetonte Kleidermode und Schmuck für beide Geschlechter, das Tafelzeremoniell mit seinen teuren Speisen, Getränken und Gerätschaften, die Jagd als aristokratischer Lieblingssport – all dies hat die Empörung der religiösen Asketen ebenso angespornt wie die Formulierungskunst der höfischen Dichter.[4]

Weniger Interesse hatten beide Seiten an den ökonomischen Grundlagen des Reichtums, über den die Höfe verfügten.[5] Vom 11. bis zum 13. Jahrhundert prosperierte die west- und mitteleuropäische Landwirtschaft dank eines wärmeren Klimas und agrartechnischer Innovationen; ökonomisches und demographisches Wachstum verstärkten einander wechselseitig. Landesausbau im Westen und Kolonisierung im Osten zeugen ebenso wie die neue Prosperität älterer städtischer Siedlungen und eine Vielzahl von Stadtneugründungen von einer enormen Dynamik, die Vergleiche mit dem Zeitalter der industriellen Revolution evoziert hat.[6] Auf dem Land und in zunehmendem Maß in den Städten wurde erwirtschaftet, was die Höfe abschöpften. Im deutschen Sprachraum hatte der Territorialisierungsprozess zur Folge, dass immer weniger Höfe immer mehr Reichtum anhäuften.

Kulturelle Praktiken adeliger Selbstdarstellung gab es selbstverständlich schon vorher, aber die Idee von der diesseitigen höfischen Glückseligkeit war offenbar neu. Ihr Erfolg beruhte auf einer zweiten Innovation: Die Höfe übernahmen von den Klerikern die Technik der Schrift, um ihr kulturelles Programm zum Ausdruck zu bringen, und schufen eine volkssprachliche Schriftdichtung als Medium der Selbstverständigung. Neben den oben erwähnten handfesteren Phänomenen mag die höfische Dichtung des 12. und 13. Jahrhunderts zunächst als kulturelles Produkt unter anderen – und womöglich als das wirklichkeitsfremdeste – erscheinen. Doch war sie es, die allen anderen Produkten und Praktiken der Höfe ihren Sinn zuschrieb. So wenig sie uns die höfische Lebenswirklichkeit zeigen kann, so zuverlässig vermittelt sie die Selbsteinschätzungen der höfischen Kultur, denn sie brachte die höfische Bedeutungswelt zur Sprache.

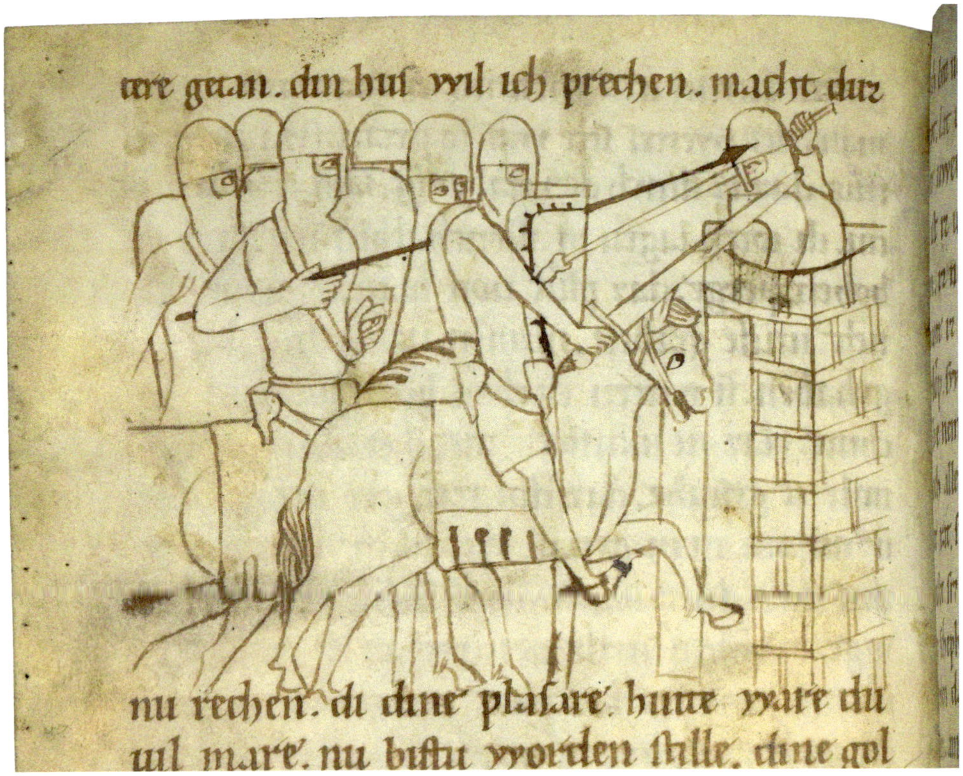

2 Ritter in einer Handschrift des Rolandslieds des Pfaffen Konrad, Regensburg oder Hessen/Thüringen, Ende 12. Jahrhundert. Das um 1170 wahrscheinlich am Hof Heinrichs des Löwen entstandene deutsche Rolandslied gehört zu den ersten aus dem Französischen übersetzen höfischen Texten, Heidelberg, Universitätsbibliothek, Cod. Pal. germ. 112, fol. 57v

Wie im Artusroman kam die Freude des Hofs auch in der Lebenswirklichkeit am besten beim höfischen Fest zur Geltung, der öffentlichen Demonstration von Reichtum, Herrschaft und Rangordnung in friedlicher Gemeinschaft.[7] Friedrichs I. Barbarossa großes Mainzer Hoffest von 1184[8] fand in einer Zeit statt, in der die Höfe im deutschsprachigen Raum sich mit zunehmender Intensität an der neuen Adelskultur orientierten, die im Lauf des 12. Jahrhunderts im okzitanischen und französischen Sprachraum entstanden war. Welche Rolle Barbarossas Kaiserhof jenseits seiner Feste für den großen Kulturtransfer spielte, lässt sich mehr erahnen als dokumentieren. Kaiserin Beatrix von Burgund könnte eine Vermittlerin gewesen sein. Deutsche Minnesänger aus ober- und mittelrheinischen Adelsfamilien werden auf Barbarossas Italienzügen die romanische Liedkunst kennengelernt haben: Friedrich von Hausen – der Familiensitz lag bei Rheinhausen an der Neckarmündung – gehörte zur Reichsministerialität, ist 1175 und 1186/1187 in oberitalienischen Urkunden Friedrichs und seines Sohns Heinrich belegt und begleitete Barbarossa auf dem 3. Kreuzzug. Ulrich von Gutenburg aus einer elsässischen oder einer südpfälzischen Familie urkundete 1186 für Friedrich und Heinrich in Oberitalien. Bligger von Steinach, einer von mehreren Trägern dieses Namens aus einem bei Neckarsteinach ansässigen Geschlecht, hielt sich 1194 bei Heinrich VI. in Italien auf. Der nicht genauer identifizierte Bernger von Horheim erscheint 1196 in zwei oberitalienischen Urkunden Philipps von Schwaben.[9]

Dass diese Minnesänger ihre Lieder am Stauferhof vorgetragen haben, lässt sich nicht nachweisen; unverkennbar ist jedoch ihre teilweise enge Orientierung an romanischen Vorbildern.[10] Die von den rheinischen Minnesängern nachgeahmten Lieder stammen allerdings nicht von jenen Trobadors, die ihren eigenen Texten zufolge in Oberitalien auftraten und die Höfe der Markgrafen von Monferrat in Casale, der Malaspina in Oramala sowie der Este in Ferrara und Verona zu Zentren der okzitanischen Lyrik machten.[11] Auf eine Minnesangkultur am Stauferhof selbst lassen am ehesten drei in der handschriftlichen Überlieferung Kaiser Heinrich zugeschriebene Lieder schließen.[12] Sie eröffnen die nach der Ständehierarchie geordneten Autorenreihen in den beiden größten erhaltenen Sammlungen deutscher höfischer Lyrik, der Weingartner und der Großen Heidelberger (Manessischen) Liederhandschrift. Das der traditionellen Herrscherikonographie (vgl. S. 71 und Kat.-Nr. II.A.20) folgende Autorbild des Kaisers demonstriert am Anfang beider Codices den hohen Repräsentationsanspruch des Minnesangs (Abb. 1).

Die Bedeutung von Barbarossas Hof für die Entstehung deutschsprachiger höfischer Dichtung – einem Medium der Vermittlung romanischer Adelskultur in den deutschen Sprachraum – scheint gleichwohl begrenzt gewesen zu sein. Getragen wurde der Literaturtransfer seit etwa 1170 eher von großen Fürstenhöfen wie dem welfischen in Braunschweig und Regensburg (Abb. 2), dem der Babenberger in Wien und dem der Thüringer Landgrafen.[13] Zwar orientierten sich Organisation und Zeremoniell der Höfe in den entstehenden Landesherrschaften am kaiserlichen Vorbild:[14] Neben den vier Hofämtern gab es hier seit der zweiten Hälfte des 12. Jahrhunderts Hofkapellen und Hofkanzleien, wo Kleriker lateinische Schriftlichkeit pflegten. Doch hatte die neue volkssprachliche Dichtung, auf die diese *litterati* einen erheblichen Einfluss nahmen,[15] an den landesfürstlichen Höfen offenbar einen besseren Stand als am Kaiserhof. Was sich an Literaturproduktion, mehr oder weniger direkt, mit Barbarossas Hof in Verbindung bringen lässt, blieb lateinisch und damit Teil der klerikalen Bildungstradition.[16] Wie sehr der imperiale Anspruch ans Lateinische gebunden war, zeigt noch der Hof Friedrichs II., wo die volkssprachliche Schriftlichkeit eine kleine Insel im lateinischen Meer war und das Sizilianische nur für das alte Paradethema der höfischen Dichtung taugte – die Liebe.

In Gestalt des höfischen Liebeslieds wird die neue Adelskultur um 1100 im heutigen Südfrankreich erstmals greifbar.[17] Die Kernidee lässt sich schon beim ältesten bekannten Trobador, Guilhem de Peitieu, gut erkennen – jenem Herzog Wilhelm IX. von Aquitanien und Grafen von Poitou, der sich der lateinischen Historiographie zufolge anstelle seiner Ehefrau eine anderweitig verheiratete Dame ins Bett geholt haben soll.[18] Die richtige Praxis adeliger Liebe, das poetisch und musikalisch kompetente Singen über diese Liebe und das kennerhafte Verständnis des Publikums für die Qualität von Liebe und Lied konstituieren eine aristokratische Exklusivität, die kollektive diesseitige Glückseligkeit hervorbringt und den Führungsanspruch des laikalen Adels rechtfertigt.[19] Die *fin' amors* der Trobadors zielt darauf, das Begehren zu adeln: Die Selbstunterwerfung des Mannes unter den Willen der Dame verleiht der Liebe wegen ihrer moralischen und emotionalen Qualitäten einen hohen Wert. Es ging dabei nicht so sehr um die Frauen, sondern um ein neues Männlichkeitskonzept, das den Dienstbereitesten als den Souveränsten erscheinen ließ. Ein Minnelied Kaiser Heinrichs VI. spitzt die von den Trobadors in die Welt gesetzte Idee, dass die Liebe für den adeligen Mann alles und dass ohne die Liebe alles nichts für ihn sei, besonders extrem zu: Dem als Weltenherrscher auftretenden Sänger sind die Reiche nur untertan, wenn er bei der Geliebten ist; mit dem Abschied von ihr vergehen Macht und Reichtum. Eher als auf sie will er auf die Krone verzichten (Abb. 3).[20]

Die moderne Literaturwissenschaft hat sich bemüht, den schwer begreiflichen Frauendienst als Metapher für den Lehnsdienst oder als asexuelle Huldigung adeliger Damen zu interpretieren,[21] doch die Texte sprechen zu eindeutig von geschlechtlicher Liebe. Die Höfe waren damit nicht ganz allein: In Klerikerschulen avancierte Ovids Liebesdichtung seit dem späteren 11. Jahrhundert zur Unterrichtslektüre; auf Lateinisch wurden nach seinem Vorbild neue Liebeslieder gedichtet. In Klöstern begann man seit dem frühen 12. Jahrhundert, die Erotika, die in Gestalt des Hohelieds unter die kanonischen Schriften geraten waren, als Liebesdialog zwischen Gott und Maria auszulegen und die Inkarnation als Folge eines heiligen Geschlechtsverkehrs zu deuten. Sowohl der Ovidrezeption als auch der Hoheliedinterpretation verdankt die volkssprachliche Dichtung manches, nicht aber die Idee von der kollektiven Freudestiftung durch Lieder über vornehme Liebe unter Adeligen. Jenseits der poetischen Texte verlautet in den Quellen aus dem 12. und 13. Jahrhundert im Übrigen nichts von Liebesbeziehungen der bei den Minnesängern thematisierten Art, manches hingegen von außerehelichen adeligen Sexualbeziehungen und von emotionaler Zuneigung zwischen adeligen Eheleuten.[22]

Obschon der Frauendienst das prominenteste Thema der okzitanischen Trobadors und der eigentliche Kern des neuen Begriffs *cortesia* – altfranzösisch *cortoisie*, mittelhochdeutsch *hövescheit*, lateinisch *curialitas* – war,[23] handeln ihre Lieder keineswegs ausschließlich von der Liebe. Die Gattung *Sirventes* ermöglichte moralische Belehrung, persönliche Invektive, Lob des ritterlichen Kampfs und vom 2. Kreuzzug an die Propagierung der *militia Christi*.[24] Den ritterlichen Gottesdienst im Heidenkampf, dessen himmlischer Lohn garantiert war, konfrontierten die romanischen und seit dem 3. Kreuzzug auch die deutschen Minnesänger gern mit den unsicheren Aussichten des diesseitigen Frauendienstes. Jenseits des Kreuzlieds blieb von der Ritterschaft im Minnesang

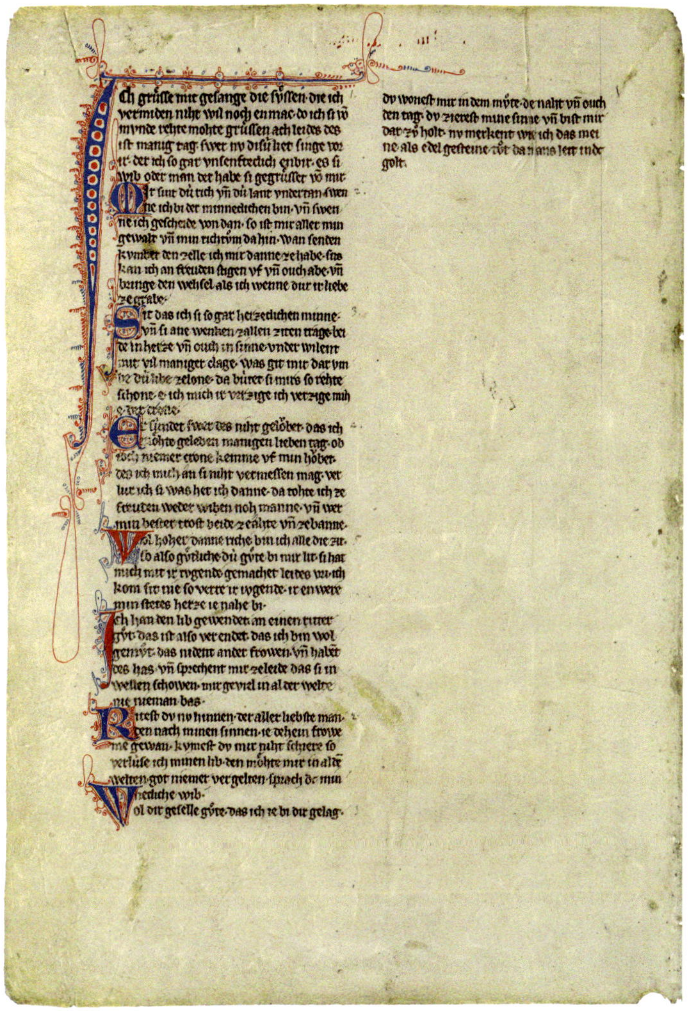

3 Kaiser Heinrich: Ich grüeze mit gesange die süezen, Große Heidelberger Liederhandschrift (Codex Manesse), Zürich 1305 bis 1340, Heidelberg, Universitätsbibliothek, Cod. Pal. germ. 848, fol. 6v
Übersetzung: Ich grüße mit Gesang die süße Geliebte, von der ich nicht ablassen will noch kann. Dass ich sie mit meinem eigenen Mund in der rechten Weise grüßen konnte, ist leider lange her. Wer immer nun dieses Lied vor ihr, die ich sehr schmerzlich vermisse, singt, ob Frau oder Mann, der soll sie damit von mir grüßen. Mir sind die Reiche und die Länder untertan, wenn ich bei der Geliebten bin, und wenn ich Abschied nehme, sind meine Macht und mein Reichtum dahin. Nur sehnsüchtiges Leid ist dann mein Besitz. So steige ich an der Freude hinauf und herab und trage dieses Auf und Ab, glaube ich, wegen ihrer Liebe noch mit ins Grab. Da ich sie so herzlich liebe und sie beständig alle Zeit im Herzen und in den Gedanken trage, manchmal mit großem Leid, was gibt mir die Geliebte dafür zum Lohn? Sie belohnt mich schon richtig gut. Bevor ich auf sie verzichte, verzichte ich lieber auf die Krone. Wer nicht glaubt, dass ich lange glücklich leben könnte, auch wenn nie eine Krone auf meinen Kopf käme, der versündigt sich. Nur ihretwegen kann ich das sagen. Würde ich sie verlieren, was hätte ich dann? Dann würde ich weder Frauen noch Männern zur Freude taugen und meine beste Hoffnung wäre in Acht und Bann.

4 Ritter vor dem Kampf und im Zweikampf, Miniatur aus der Berliner Bilderhandschrift des Eneasromans Heinrichs von Veldeke, Bayern / Österreich, um 1215, Berlin, Staatsbibliothek Preußischer Kulturbesitz, Ms.germ. fol 282, fol. 50r

allein der Dienstgedanke, doch dient der Sänger seiner Dame mit Liedern, nicht mit Waffen.

Ein umfassenderes, nicht ausschließlich auf die Liebe konzentriertes Bild adeliger Männlichkeit entwickelten die höfischen Romane, die seit der Mitte des 12. Jahrhunderts im altfranzösischen Sprachraum entstanden und von denen einige seit den 1170er Jahren auch auf Deutsch bearbeitet wurden. Während Gautier d'Arras Beatrix von Burgund als Adressatin seines französischen Romans „Ille et Galeron" rühmte,[25] gibt es vor der Zeit Heinrichs (VII.) und Konrads IV. keine Belege für Beziehungen deutscher Romandichter zum Stauferhof. Die Gattung scheint eher an landesfürstlichen Höfen beheimatet gewesen zu sein; allerdings fehlt in etlichen prominenten Fällen, etwa in den Artusromanen Hartmanns von Aue oder im Tristanroman Gottfrieds von Straßburg, jede Gönnernennung.

Der höfische Roman war die Gattung, die den Sinn der Ritterschaft als Männlichkeitsideal verhandelte. Die entscheidenden Etappen der Begriffsgeschichte waren freilich im Lateinischen zurückgelegt worden,[26] wo *miles* seit dem 9. Jahrhundert als Bezeichnung für den Vasallen dient, der zu Pferd Kriegsdienst leistet. Im deutschen Sprachraum bezeichnete das lateinische Wort seit dem 11. Jahrhundert außer adeligen Lehnsleuten (*nobiles*) auch Ministeriale, aber keine Fürsten (*principes*). Konstitutiv für diesen älteren, engeren *miles*-Begriff war der berittene Kriegsdienst im Lehns- oder Ministerialenverhältnis. Wahrscheinlich unter dem Einfluss des klerikalen, im Rahmen des Kreuzzugsgedankens entstandenen Konzepts der *militia Christi* erweiterte sich das Bezeichnungsspektrum in der ersten Hälfte des 12. Jahrhunderts auf Hochadelige: Als zu Pferd kämpfende Diener Christi konnten nun auch Könige und Kaiser Ritter sein. Auf dieser Stufe der lateinischen Begriffsgeschichte setzten die altfranzösischen und deutschen höfischen Romane an, deren ritterliche Figuren zumeist Hochadelige sind. *Chevalier* konnte im 12. und 13. Jahrhundert vom kleinen Vasallen bis zum König, *ritter* vom Ministerialen bis zum Kaiser jeden Laien bezeichnen, der dem kulturellen Ideal des höfischen Mannes entsprach. Ohne streng an einen Geburtsstand gebunden zu sein, wurde der Begriff mit der funktionsständischen Idee der drei Ordnungen assoziiert: Ritter waren *pugnatores* im Unterschied zu *laboratores* und *oratores*; die volkssprachlichen Gegenbegriffe waren *vilain* bzw. *dörper* (Bauer) und *clerc* bzw. *pfaffe* (Kleriker). Der Dienstgedanke blieb für die Bedeutung des Begriffs konstitutiv: Der Ritter dient seinem Lehnsherrn, Gott, der Kirche, den Witwen und Waisen, seiner Dame, der höfischen Freude; er dient als Kämpfer, Rechts- und Friedenswahrer, Sänger; indem er dient, zeigt er seine Befähigung, Herrschaft auszuüben.

In höfischen Romanen ist Ritterschaft Kampf zu Pferd, sei es im Ernstfall von Schlacht oder Zweikampf (Abb. 4), sei es in den analogen sportlichen Formen von Turnier oder Tjost. Turniere wurden in Nordfrankreich und Flandern vielleicht schon im späten 11., sicher seit dem frühen 12. Jahrhundert veranstaltet. Als militärische Übungen hatten sie zugleich eine Repräsentationsfunktion und gehörten auch zum höfischen Festprogramm.[27] Im Roman sind Turniere und Ritterkriege glanzvolle Ereignisse; sie dienen dazu, Körperkraft, Kampfkunst und materielle Pracht der Waffen und Rüstungen vorzuführen. Die Ästhetisierung des Kampfs prägt die Gattung von Anfang an; im 13. Jahrhundert leuchten die farbenprächtigen Turnierscharen bei Konrad von Würzburg wie Engel aus dem Paradies.[28] Romanritter kämpfen für ihre Ehre und die Freude des Hofs; als vorbildlich lassen es die Texte erscheinen, wenn sie dabei zugleich Recht und Frieden verteidigen. In solchen ordnungsgerechten Kämpfen zeigt der Romanritter seine Befähigung zum *rex iustus et pacificus*, der er am Ende der Handlung sein soll. Im Verlauf der Gattungsgeschichte gereichen ihm zunehmend auch lebenspraktische Klugheit und Reflexionsvermögen zum Vorteil. Bei allem Kampfesmut zeichnet er sich wegen seiner Anfälligkeit für die Liebe durch ein hohes Maß an Emotionalität aus; die Liebe stärkt seine Kampfbereitschaft, kann seine soziale Position aber auch gefährden. Anders als im Minnesang kann sich die Liebe im Roman als Weg in die Ehe erweisen. Die fundamentalste Eigenschaft des Romanritters ist jedoch die Schönheit seines adeligen Körpers. In Wolframs von Eschenbach „Parzival" reitet Gahmuret unter bewundernden Blicken bartlos, blondgelockt und rubinlippig zum Turnier ein, ein nacktes Bein der besseren Präsentation zuliebe vor sich über den Sattel geschlagen;[29]

sein Sohn Parzival, der schönste Mann seit Adams Zeiten,[30] ist das permanente Objekt interessierten weiblichen Wohlgefallens. Wie bei den gleichfalls immer strahlend schönen Frauenfiguren handelt es sich um eine ständische Eigenschaft; am adeligen Körper wird die geburtsbedingte aristokratische Exklusivität sichtbar. In jugendlicher Blüte, gehüllt in kostbare und formbetonte Kleider, funkelnd vor Schmuck, ist er das eigentliche Kultobjekt des Hofs.[31]

So eigenständig laienadelig die Wertsetzungen auch ausfielen, hätte es höfische Romane ohne die klerikale Bildungstradition doch nicht geben können. Viele Formulierungstechniken der volkssprachlichen Dichter stammen aus dem lateinischen Grammatik-, Rhetorik- und Dialektikunterricht,[32] und gerade die Entstehungsphase der Gattung zeigt deutlich, wie sehr die höfische Kultur dem Wissenstransfer aus der lateinischen Klerikerkultur verpflichtet war.[33] Am englischen Königshof Heinrichs II. und Eleanors von Aquitanien, einer Enkelin des „ersten Trobadors", bearbeitete um 1155 ein Kleriker namens Wace die „Historia regum Britanniae" Geoffreys von Monmouth in altfranzösischen Versen – jene Historia, die eine in der gelehrten Welt zuvor eher randständige Figur namens Arthurus zum Idealkönig promoviert hatte. Wenig später entstanden am englischen Hof drei Antikenromane, die schriftliche volkssprachliche Versbearbeitungen schriftlicher lateinischer Vorlagen sind. Danach erst verschriftlichten gelehrte Dichter mündlich überlieferte keltische Erzähltraditionen, unter ihnen die Geschichten von den verschiedenen Artusrittern und von Tristan und Isolde, in altfranzösischen Versen. Das kulturelle Selbstverständnis des höfischen Romandichters äußert sich, wenn Chrétien de Troyes, der Schöpfer des Artusromans, *chevalerie* und *clergie* programmatisch verbindet[34] oder wenn sich sein deutscher Bearbeiter Hartmann von Aue als *rîter, der gelêret was* vorstellt.[35] Höfische Dichtung brachte die Bedeutungsordnungen des Hofs mit den kulturellen Techniken der Kleriker zur Sprache.

Während die Funktion der volkssprachlichen Dichtung für die höfische Kultur generell eher darin bestand, Muster der Wahrnehmung, des Empfindens, der Rede und des Handelns durchzuspielen und auf diese Weise Modelle für einen höfischen Habitus zu entwerfen, machte Walther von der Vogelweide sie in den Jahren des staufisch-welfischen Thronstreits der expliziten Propagierung von Herrschaftsansprüchen dienstbar.[36] Nach dem unfreiwilligen Abschied vom Wiener Hof fand er um 1198 offenbar für kurze Zeit am Hof Philipps von Schwaben Aufnahme, über dessen Beitrag zur höfischen Kultur sonst keine Nachrichten vorliegen.[37] Wahrscheinlich erst hier griff der Minnesänger Walther mit der Sangspruchdichtung eine andere volkssprachliche Liedgattung auf. Sie wurde von fahrenden Berufssängern betrieben, die den Höfen traditionelle Weisheitslehre boten. Das Renommee der Sangspruchdichter war wesentlich geringer als das der Minnesänger, die als Fürsten, Adelige oder Ministeriale ihre Lieder nicht um materiellen Lohn vortrugen. Walther entwickelte aus der traditionellen Rolle des Sangspruchdichters die eines politischen Ratgebers, der mit höchstem autoritativen Anspruch die Großen des Reichs über die Weltordnung und die Rechtmäßigkeit der Herrschaftsansprüche unterrichtet. Die rhetorische Brillanz dieser Texte ist im deutschsprachigen Umfeld einmalig und erreicht in den Polemiken gegen Papst Innozenz III. das Niveau meisterhafter Perfidie.[38] Wahrscheinlich entstanden die meisten politischen Sangsprüche Walthers im Dienst fürstlicher Staufer- und Welfenanhänger; den Vortrag stellt man sich, ohne dass es sich belegen ließe, auf den großen Hoftagen vor. Am Ende hat der arme Sänger seine große Kunst in einer wohlkalkulierten Bettelstrophe Friedrich II. angetragen – *Von Rôme voget, von Pülle künec, lât iuch erbarmen/daz man mich bî rîcher kunst lât alsus armen!* (Abb. 5) – und wurde dafür, einer Dankstrophe zufolge, mit einem bis heute nicht identifizierten *lêhen* belohnt.[39]

Wie viel das „Staunen der Welt" davon wusste, ist unbekannt. Friedrich II., dessen Muttersprache nicht Deutsch war und der sich nach 1220 in Sizilien und Süditalien, seit den späteren 1230er Jah-

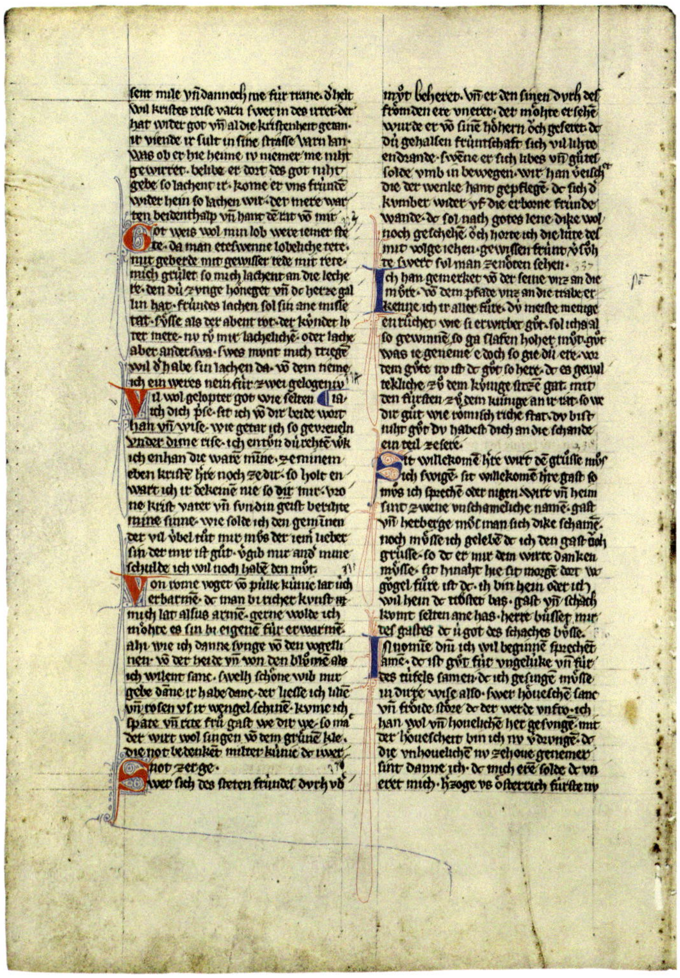

5 Walther von der Vogelweide: Von Rome voget, Große Heidelberger Liederhandschrift (Codex Manesse), Zürich, 1305 bis 1340, Heidelberg, Universitätsbibliothek, Cod. Pal. germ. 848, fol. 139v
Übersetzung: Schutzherr Roms, König von Apulien, lasst Euch erbarmen, dass man mich bei reicher Kunst so arm sieht. Wenn es sein könnte, wollte ich mich gern am eignen Feuer aufwärmen. Hei, wie ich dann von den Vögeln, von der Heide und von den Blumen (d.h. Minnelieder, weil der Sommer für die Liebe steht) singen könnte, so wie früher. Wenn eine schöne Frau mir dann danken würde, ließe ich ihr Lilien und Rosen auf den Wangen leuchten. So aber komme ich spät an und reite früh weg: „Fremder, weh dir!" Der Hausherr kann besser vom grünen Klee (d.h. Minnelieder) singen. Bedenkt diese Not, freigebiger König, damit auch Eure Not vergeht!

6 Friedrich II. im Falkenbuch (*De arte venandi cum avibus*), Süditalien zwischen 1258 und 1266, Vatikanstadt, Biblioteca Apostolica Vaticana, Pal. lat. 1071, fol. 1v (Ausschnitt)

ren oft in Oberitalien aufhielt, konnte nach Salimbenes Auskunft „lesen, schreiben und singen sowie Gesänge und Lieder erfinden“ (*cantilenas et cantiones invenire*).[40] Zeuge seiner Kompetenz als *litteratus* ist das „Falkenbuch“ (Abb. 6), das als gelehrtes vogelkundliches Werk im Kontext eines intensiv gepflegten naturphilosophischen Interesses am Kaiserhof steht.[41] Dessen bedeutendster Exponent ist der Astronom, Aristoteles- und Avicenna-Übersetzer Michael Scotus, der zu den ideengeschichtlichen Weichenstellern des 13. Jahrhunderts gehört.[42] Die Literaturproduktion des Hofs hatte ihren institutionellen Ort an der kaiserlichen Kanzlei in Palermo. Ihre Besonderheiten stehen im Zusammenhang mit der vergleichsweise zentralistischen Verwaltung des Königreichs Sizilien, die kaum durch feudale und städtische Herrschaftsrechte eingeschränkt war.[43] Die gelehrten Notare der *magna curia*, die zum großen Teil aus italienischen Adelsfamilien stammten und ein bruderschaftliches Selbstverständnis pflegten, formulierten und vermittelten in einer hochelaborierten Urkundendiktion ebenso wie in rhetorisch kunstvollem lateinischen Fürstenlob die imperiale Herrschaftskonzeption. Die *ars dictandi*, die seit dem 11. Jahrhundert auf der Grundlage antiker Rhetoriktraktate als Formulierungslehre für Briefe und Urkunden entwickelt worden war, avancierte zum erstrangigen Repräsentations- und Propagandainstrument.[44]

Inmitten dieser lateinischen Literaturproduktion besetzte die volkssprachliche Schriftdichtung nur eine kleine Nische, freilich mit erheblichen Konsequenzen: Am Hof Friedrichs II. beginnt die Geschichte der italienischsprachigen Lyrik.[45] Zumindest einige der etwa 30 namentlich bekannten Autoren der sogenannten Sizilianischen Dichterschule – ein beträchtlicher Teil der Textüberlieferung ist allerdings anonym – gehörten zur *magna curia*, allen voran der *notario* Giacomo da Lentini; andere, wie Guido delle Colonne, sind als königliche Richter belegt. Zu den sizilianischen Hofdichtern zählten auch Pier della Vigna (Petrus de Vinea), der glanzvollste lateinische Stilist unter Friedrichs Notaren und über viele Jahre eine Art Premierminister, der Kaiser selbst sowie seine Söhne Manfred und Enzo. Behandelt wurde als einziges Thema die trobadoreske Liebe; viele Texte dokumentieren eine intime Kenntnis okzitanischer Lieder. Neben der von den Trobadors übernommenen Form der Kanzone taucht bei den Sizilianern zum ersten Mal das Sonett auf. Überliefert sind, von einer Ausnahme abgesehen,[46] ausschließlich Texte. Die alte Deutung, wonach die sizilianischen Dichter die traditionelle Bindung an die Musik aufgegeben und statt Liedern Lesegedichte produziert hätten, wurde in jüngerer Zeit indes bezweifelt, nicht zuletzt unter Berufung auf die Bemerkungen zur Liedkultur am sizilianischen Stauferhof in der lateinischen Historiographie.[47] Die eminente Bedeutung der an der *magna curia* beheimateten rhetorischen Kompetenz für die Textproduktion stellt dies aber nicht in Frage.

Gemessen an der kulturellen Produktivität des Hofs Friedrichs II. hielten seine als deutsche Könige amtierenden Söhne Heinrich (VII.) und Konrad IV., die sich vorzugsweise in den alten schwäbischen Kerngebieten der Staufer sowie in Franken und im Rhein-Main-Gebiet bewegten, staufisches Normalmaß. Die Annahme eines „spätstaufischen Dichterkreises“[48] aus Minnesängern an Heinrichs Hof ist nicht verifizierbar, weil die Identifikation der Liederdichter mit Urkundenzeugen teilweise unsicher und der Stauferhof als Vortragsort in keinem Fall nachzuweisen ist.[49] Burkhard von Hohenfels, der lange Zeit als staufischer Ministerialer galt, könnte auch im Dienst der Konstanzer Bischöfe gestanden haben oder gar mit einem in der zweiten Jahrhunderthälfte belegten Konstanzer Domherrn identisch sein. Gottfried von Neifen, einer der produktivsten und wirkungsmächtigsten deutschen Minnesänger, stammte aus einer den Staufern eng verbundenen schwäbischen Adelsfamilie; die Lokalisierung seiner Lieder am Königshof ist jedoch spekulativ. Unsicher sind die Verhältnisse ebenso bei Hiltbolt von Schwangau, Friedrich von Leiningen und dem Schenken von Limburg.[50] Als Reflex des Interesses für Minnesang am letzten Stauferhof im deutschen Sprachraum überliefert die Manessische Liederhandschrift immerhin zwei Lieder unter der Überschrift *künig Chuonrat der Junge*;[51] wahrscheinlich ist damit Konrads IV. 1252 geborener Sohn Konradin gemeint.

Ein etwas klareres Bild deutet sich in einigen Gönnerpassagen epischer Werke an:[52] Rudolf von Ems, eigener Auskunft nach Ministerialer der Grafen von Montfort im Vorarlberg, nennt in seinem zwischen 1235 und 1243 datierbaren Liebesroman „Willehalm von Orlens“ den Reichsministerialen Schenk Konrad von Winterstetten und in seiner um 1250 verfassten Weltchronik (Abb. 7) König

Konrad als Auftraggeber.[53] Ulrich von Türheim, der um 1240 den Tristanroman Gottfrieds von Straßburg zu Ende dichtete, lobt als Auftraggeber ebenfalls Konrad von Winterstetten.[54] Wahrscheinlich gehören auch Rudolfs Alexanderroman und Ulrichs „Rennewart“ – eine Fortsetzung des „Willehalm“ Wolframs von Eschenbach – in dasselbe Umfeld. Weil Konrad von Winterstetten beiden Kaisersöhnen als Erzieher und Ratgeber diente und weil den genannten Werken Rudolfs von Ems eine deutliche Neigung zum Fürstenspiegel eignet, stellt man sie sich gern als pädagogisches Material für den 1228 geborenen Konrad IV. vor. Mit Ulrich von Türheim wird außerdem ein literarisches Interesse an der Vollendung unfertiger Werke der höfischen Großdichter Wolfram und Gottfried erkennbar. Der Ministeriale Konrad von Winterstetten darf jedenfalls als bedeutender Anreger volkssprachlicher Schriftdichtung gelten; die Initiative zur Produktion epischer Literatur am Hof muss demnach nicht unbedingt vom Herrscher ausgegangen sein. Liebeslieder aber haben die hohen Herren offenbar auch gern selbst erfunden und gesungen; sie gehörten von Wilhelm von Aquitanien über Heinrich VI. bis zu Friedrich II., Manfred und Enzo zu den am höchsten geschätzten kulturellen Produkten der europäischen höfischen Kultur im 12. und 13. Jahrhundert.

7 Eroberung Jerusalems, Miniatur zu 2 Könige 5,6 – 8 in einer Handschrift der Weltchronik Rudolfs von Ems, Zürich, um 1300, St. Gallen, Kantonsbibliothek, Vadianische Sammlung, Ms. 302, fol. 169v

[1] Iacopo d'Acqui, Cronica imaginis mundi, Sp. 1592 (Übersetzung von mir); vgl. Schulze 2004, S. 173 f.
[2] Aurell 2000.
[3] Bumke 1986, 2. Bd., S. 583 – 594.
[4] Bumke 1986; Paravicini 1999; Rösener 2008.
[5] Rösener 2006.
[6] Moore 2000.
[7] Rohr 2002.
[8] Moraw 1988.
[9] Urkundenbelege bei Meves/Meyer/Drostel 2005; Texte in: Minnesangs Frühling 1, Nr. X, XII, XVI, XVIII.
[10] Zotz 2005.
[11] Keller 1995.
[12] Minnesangs Frühling 1, Nr. IX.
[13] Schneidmüller 1995; Peters 1981.
[14] Rösener 2008.
[15] Fleckenstein 1990; Reuvekamp-Felber 2003.
[16] Ganz 1992; Johanek 1992.
[17] Gaunt/Kay 1999; Felbeck/Kramer 2008.
[18] Ordericus Vitalis, Historia ecclesiastica, lib. XII, S. 258 f.
[19] Vgl. z. B. Giuglielmo IX d'Aquitania, Poesie, Nr. VII.
[20] Minnesangs Frühling 1, Nr. IX 5,16.
[21] Überblick bei Harvey 1999.
[22] Rösener 1990; Schnell 2002.
[23] Schmid 1990; Mölk 1990; Ganz 1990.
[24] Léglu 1999.
[25] Gautier d'Arras, Ille et Galeron, v. 16 – 22.
[26] Fleckenstein 1997; Laudage 2006.
[27] Fleckenstein 1985.
[28] Konrad von Würzburg, Engelhard, v. 2645.
[29] Wolfram von Eschenbach, Parzival, 63,13.
[30] Ebd., 123,16.
[31] Bumke 1994.
[32] Kelly 1992, Hübner 2000.
[33] Petit 1985.
[34] Chrétien de Troyes, Cligès, v. 30 – 35.
[35] Hartmann von Aue, Iwein, v. 21.
[36] Scholz 2005.
[37] Csendes 2003, S. 210.
[38] Walther von der Vogelweide, Werke, VI,2 – 8.
[39] Ebd., V,5 – 6.
[40] Salimbene de Adam, Cronica (b), S. 533.
[41] Stürner 2003, S. 429 – 457; Menzel 2008.
[42] Grebner 2008b; Fried/Grebner 2008.
[43] Kölzer 2006.
[44] Schaller 1993a.
[45] Magaletta 1989; Stürner 2003, S. 342 – 457.
[46] Schulze 2002.
[47] Schulze 1989 und 2004.
[48] Kuhn 1967.
[49] Meyer 2007.
[50] Deutsche Liederdichter, Nr. 6, 15, 24, 34.
[51] Deutsche Liederdichter, Nr. 32.
[52] Meyer 2007.
[53] Rudolf von Ems, Willehalm von Orlens, v. 2317 – 2334 und 15 658 – 15 665; Rudolf von Ems, Weltchronik, v. 21656 – 21667.
[54] Ulrich von Türheim, Tristan, v. 25 – 27.

1 Darstellung des Mainzer Hoffest von 1184 in der Sächsischen Weltchronik, Norddeutschland, 1. Viertel 14. Jahrhundert, Berlin, Staatsbibliothek Preußischer Kulturbesitz, Ms. germ. fol. 129, fol. 112r

Jan Keupp

Die erste Hühnerfarm zu Mainz – Zu Ökonomie und Logistik der Hoffeste

Tage des Überflusses

Den Kaiser Friedrich habe ich gesehen, / Hof halten zu Mainz, und muss gestehen, / dass niemals jemand diesem gleich / erschienen – fest versicher ich's euch", so sang der Trouvère Guiot des Provinz sein Loblied auf den Glanz vergangener Festlichkeiten.[1] Dass er die Schwertleite der Söhne Kaiser Friedrichs I. Barbarossa dabei neben die legendären Gastmähler des biblischen Königs Ahasver stellte, war gewiss kein Zufall. Zwar hatte der weitgereiste Dichter die großen Höfe Frankreichs besucht, war nach Konstantinopel und über das Meer nach Jerusalem gefahren. Doch was sich ihm im Mai 1184 auf der Maaraue gegenüber der Stadt Mainz darbot, ließ auch andere Zeitgenossen mühsam um Vergleiche ringen: Keine *hôhzite* habe ähnliche Dimensionen erreicht wie diejenige des Sagenhelden Aeneas, so dichtete der Minnesänger Heinrich von Veldecke, „abgesehen von dem Fest zu Mainz, das ich selbst gesehen habe. [...] Ich glaube, dass alle, die heute am Leben sind, niemals eine größere Feier gesehen haben".[2] Auch der Chronist Arnold von Lübeck griff auf den Vergleich zu den sagenhaften Schwelgereien König Ahasvers zurück, glaubte seinem Publikum indes darüber hinaus ein konkreteres Bild vom Aufwand der kaiserlichen Hofhaltung zeichnen zu müssen. Nur ein kleines Detail wolle er beschreiben, damit der Leser daraus eigene Schlüsse über die Gesamtdimension des Festgeschehens ziehen könne: „Es waren dort zwei große Häuser errichtet, in welchen sich große Räume befanden, die durchweg mit Querstangen versehen waren. Diese Häuser waren von oben bis unten mit Hähnen oder Hennen angefüllt, so dass kein Blick durch sie hindurchzudringen vermochte, zur größten Verwunderung vieler, welche kaum geglaubt hatten, dass soviel Hennen in aller Herren Ländern überhaupt vorhanden wären."[3]

Der rhetorische Kunstgriff des Chronisten vermittelt tatsächlich einen mehr als anschaulichen Eindruck von der Größenordnung des Ereignisses, den andere Geschichtsschreiber allein über die schiere Zahl der Festbesucher zu evozieren suchten: 70 deutsche Fürsten glaubte der Marbacher Annalist gezählt zu haben,[4] während die Sächsische Weltchronik die Zahl der Gäste auf 40 000 Ritter schätzte, „ohne das andere Volk".[5] Als Augenzeuge führte Gislebert von Mons, der Kanzler des Grafen von Hennegau, minutiös die numerische Stärke des Gefolges der bedeutendsten Reichsfürsten auf. Auf weltlicher Seite habe der König von Böhmen 2.000 Panzerreiter mit sich geführt, der rheinische Pfalzgraf und der Landgraf von Thüringen jeweils 1000, während die Herzöge von Sachsen und Österreich immerhin ein Kontingent von 700 bzw. 500 Rittern aufgeboten hätten. In der Summe liegen die von Gislebert notierten Zahlen indes weit unter seiner eigenen Gesamtkalkulation, „wonach gemäß glaubwürdiger Schätzung siebzigtausend Ritter bei diesem Hoftag zugegen waren, wozu dann noch die Kleriker und Leute aus verschiedenen Ständen kamen".[6] Wo alternative Zeugnisse verfügbar sind, zeigen sich in den Zahlenangaben mittelalterlicher Berichterstatter rasch erhebliche Abweichungen: So taxiert Gislebert von Mons das Gefolge des Kölner Erzbischofs Konrad von Hochstaden auf 1700 Ritter, während der Chronist Arnold von Lübeck mit der vermeintlich exakten Angabe von 4064 Gewappneten aufwartet.[7] In ihrem Grundtenor sollen die Berichte hochmittelalterlicher Betrachter vor allem die eindrucksvolle Impression ungeheurer Menschenmassen „der verschiedenen Länder und Zungen" wiedergeben,[8] die sich an der Mainmündung zusammengefunden hatten (Abb. 1).

Grundlagen der Hofversorgung

Rückschlüsse auf die Zahl der konsumierten Lebensmittel – und damit auch auf die Größe des bei Arnold von Lübeck geschilderten Hühnerhauses – lassen sich aus den Zahlenspielereien der Zeitgenossen schwerlich ziehen. Der Aufwand an Konsumgütern sei „gar nicht abzuschätzen, keine Zunge vermag ihn zu beschreiben", so äußerte sich der Chronist selbst.[9] Einig war man sich in staufischer Zeit immerhin, dass die drei Tage des Festes mit „aufs kostbarste ausgerichtete Gastmählern glänzend verbracht worden waren".[10] Neben den Unmengen an Wein, der „rheinaufwärts wie rheinabwärts herbeigeschafft" worden war,[11] mögen dabei auch andere Konsumgüter per Schiff über die großen Flussläufe herangeführt worden sein. Zumindest zum Teil stammten sie vermutlich aus der grundherrlichen Eigenwirtschaft des Herrschers. Ein Verzeichnis über die sogenannten Tafelgüter nennt für die zweite Hälfte des 12. Jahrhunderts in der Region Rheinfranken immerhin 21 königliche Zentralhöfe, die gemeinsam jährlich eine Abgabenlast von

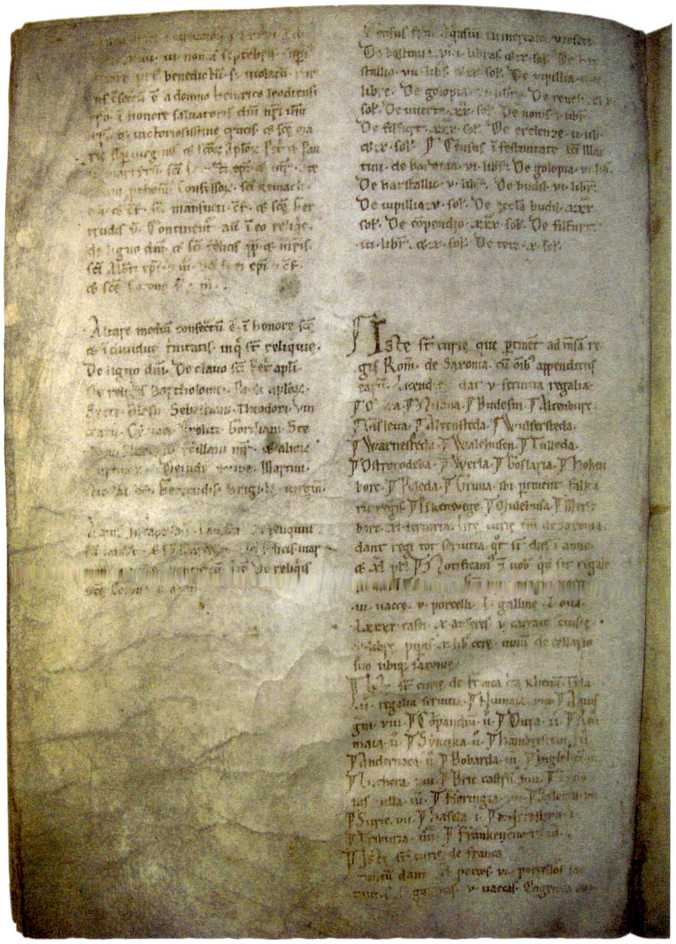

2 Verzeichnis der Tafelgüter des römischen Königs, 2. Hälfte 12. Jahrhundert, Bonn, Universitäts- und Landesbibliothek, Hss. Abt., S 1559, fol. 6v

425 Kühen, 3400 Schweinen und 595 Ferkeln, 850 Gänsen, 4250 Hühnern und 425 000 Eiern zu tragen in der Lage waren. Hinzu trat eine beträchtliche Menge an Käse, Wachs, Pfeffer und Wein (Abb. 2).[12] Auf die drei Tage des Festgeschehens umgeschlagen hätte aus diesen Lebensmitteln die Verpflegung von mehr als 40 000 Hoftagsbesuchern ohne Weiteres sichergestellt werden können.[13] Allerdings waren die genannten Agrarprodukte mehrheitlich nur saisonal verfügbar. Zudem hatten die Tafelgüter die Versorgung des reisenden Herrscherhofes für die verbleibenden Monate des Jahres sicherzustellen. Es ist daher anzunehmen, dass auch Grundherrschaften außerhalb der direkten Verfügungsgewalt des Herrschers Lebensmittel zum Hoffest beisteuerten.

Rechtlich verpflichtet hierzu waren zunächst die Bischofskirchen und zahlreichen Reichsklöster. Als Gegenleistung für die in ihrer Verfügungsgewalt befindlichen Güter und Hoheitsrechte des Reichs hatten sie den reisenden Königshof bei Aufenthalten an bestimmten Orten mit Geld und Nahrungsmitteln zu beliefern. Gut dokumentiert ist diese als *servitium regis* bezeichnete Abgabenpflicht in der zweiten Hälfte des 12. Jahrhunderts für das lothringische Damenstift Remiremont.[14] Für den Fall, dass der König in Metz oder Toul weilte und dort in Rechtsangelegenheiten des Stiftes zu Gericht saß, hatte die Äbtissin Naturalien in exakt bemessenem Umfang aufzubringen. Als Gegenleistung für den aktiv ausgeübten Königsschutz waren bei diesen Gelegenheiten größere Mengen Getreides, nämlich 80 Scheffel Weizen und 400 des billigeren Hafers, aus den 32 Dorfherrschaften und 4 zentralen Getreidespeichern des Stiftsgutes an den Hof abzuführen. Hinzu kamen 20 Kühe, 60 Schweine, 4 Mastschweine, 4 Eber, 400 Hühner, 50 Scheffel Eier und eine Wagenladung Milch zu 12 Scheffeln Hohlmaß. Zulieferungen von Wein und Met wurden jeweils zu 7 bzw. 5 Wagenladungen veranschlagt, zur Beleuchtung des Hofes mussten 12 Tafeln Wachs beigesteuert werden. Schließlich hatte die Äbtissin für ausreichend Schüsseln, Bratspieße und Kohlen zu sorgen und die königliche Küche zusätzlich mit einer dem übrigen Nahrungsangebot angemessenen Menge von Käse und Fischen zu beliefern. Einen besonderen Stellenwert nahm zweifellos die Abgabe von 12 Pfund des kostbaren Importgewürzes „Pfeffer" ein. Er sollte von den Münzern der Siedlungen Remiremont und Filstingen bereitgestellt werden, die unter der Hoheit des Stiftes ein auf königliche Reservatrechte zurückgehendes Gewerbe ausübten. Der Pfeffer galt wegen seines hohen Wertes, des geringen Gewichts und der guten Haltbarkeit als bevorzugte Handelsabgabe. Seine Lieferung an den Herrscherhof lässt indes zugleich Rückschlüsse über die geschmackliche Zubereitung des überaus fleischhaltigen Speiseangebotes der königlichen Tafel zu: „Was du uns gibst, das würze wohl, mehr noch als es billig ist, dass uns werde eine Hitze, [...] mach, dass der Mund uns wie eine Apotheke schmecke!", forderte der Minnesänger Steinmar von Klingenau in der zweiten Hälfte des 13. Jahrhunderts.[15] Zumindest an Festtagen kamen regelmäßig beachtliche Mengen an kostbaren Importgewürzen zum Einsatz, sprachen doch Masse und Exotik der Spezereien für die soziale Qualität des Gastgebers.

Ähnlich der Äbtissin von Remiremont hatte auch der Vorsteher des Klosters Stablo-Malmedy Abgaben an den Königshof zu entrichten. Erfüllungsorte waren hier Stablo und Aachen. Allerdings erfolgte die Leistung bereits in der Zeit Kaiser Lothars III. nicht ausschließlich in Naturalien, sondern konnte wie später allgemein üblich auch in festgelegten Geldbeträgen erbracht werden. Ein Herrscherdiplom des Jahres 1137 fixiert die Beisteuer zu einem Herrscheraufenthalt zu Aachen auf 20 Mark Silber, ein Aufenthalt auf dem Stabloer Klostergut sollte mit 30 Mark bezuschusst werden.[16] Faktisch wurden diese Summen gleichwohl nur dann fällig, wenn der Herrscher tatsächlich auf seinen Reisen durch das Reich am Niederrhein Station machte. Lothar III. besuchte die Pfalzstadt Aachen immerhin bei 8 Gelegenheiten, sein Nachfolger, Konrad III., schlug hier in 14 Jahren nur 4 Mal sein Hoflager auf. Es wundert vor diesem Hintergrund wenig, dass die Frequenz der Servitialleistungen bereits im Vorfeld ihrer schriftlichen Festsetzung umstritten war. Während die Amtsträger des Herrschers auf einer prinzipiellen Leistungspflicht im Rhythmus der jährlichen Ernte bestanden, wollten die Dienstleute das Klosters ein Intervall von jeweils 7 Jahren zwischen den einzelnen Zahlungen durchsetzen. Offenbar empfand man in Kreisen der Funktionsträger der Reichsabtei die zusätzliche Beanspruchung durch den Königsdienst durchaus als drückend. Der Mainzer Erzbischof jedenfalls gedachte noch Jahre nach dem Großereignis von 1184 mit kaum verhohlenem Missmut der „unzählbaren Ausgaben, die wir auf den feierlichen Hoftagen des Herrn Kaisers zu tätigen gezwungen waren".[17]

Die bäuerliche Basis

Die Lasten des Königsbesuches hatten jedoch weniger die geistlichen Reichfürsten zu tragen, die nicht selten durch wertvolle Privilegien und gesteigertes Prestige vom Aufenthalt des Königs zu profitieren vermochten. Das Pfründengut der Klosterinsassen – hier war man sich in Stablo und Remiremont ohnehin einig – sollte durch den Königsdienst nicht belastet werden.[18] Aufgebürdet wurde die Versorgung des Hofes vielmehr unmittelbar den abhängigen Hintersassen der geistlichen Grundherrschaft. Welche Belastung die in der Königsurkunde für Stablo 1137 niedergelegte Zuzahlung von 12 Pfennigen für jede Bauernstelle konkret bedeutete, lässt sich aus den spärlich überlieferten Preisrelationen des Hochmittelalters nur schemenhaft ablesen. Immerhin ließ sich für diesen Geldwert durchaus ein junges Schwein oder ein gutes Dutzend Hühner erwerben. Hinzu tritt der Umstand, dass die Sondersteuer beim Erscheinen des Königs allenfalls ein Drittel der üblicherweise an Abt und Konvent zu leistenden Zahlungen betrug,[19] der Grundherr zudem Anspruch auf weitere Naturallieferungen und Frondienste seiner Hörigen geltend machen konnte. Bereits die reguläre Abgabenlast verschlang den größeren Teil der agrarischen Überschüsse, die im Vergleich zu den Ertragsquoten moderner Landwirtschaftsbetriebe ohnedies äußerst kärglich ausfielen. In staufischer Zeit ließ sich dem Boden kaum mehr als das dreifache Korn abgewinnen, der Bauer musste folglich ein gutes Drittel der Kornente als Saatgut für das kommende Jahr zurücklegen. Der Ertrag je Flächeneinheit lag entsprechend bei 6 bis 8 Doppelzentnern Weizen pro Hektar, während aktuellen Agrarstatistiken zufolge eine Erntemenge von 70 dz bei einer Aussaat von 2 dz erreicht wird (Abb. 3). Ähnliche Relationen ergibt ein Produktionsvergleich im Bereich der Viehzucht. Während ein Rind der Römerzeit eine Schulterhöhe von bis zu 1,40 Meter erreicht hatte, brachten es mittelalterliche Tiere kaum auf mehr als 1 Meter und erst im 19. Jahrhundert stellte sich wieder die römerzeitliche Widerristhöhe ein. Demgemäß lag die jährliche Milchleistung mittelalterlicher Kühe bei etwa 250 l, heute hingegen lassen sich in einzelnen Regionen durchschnittlich mehr als 8000 l *per annum* erzielen. Auf dieser Grundlage vermag ein Landwirt heute 148 Menschen zu ernähren, während im Hochmittelalter mehr als 90 Prozent der Erwerbstätigen mit der Nahrungsmittelproduktion beschäftigt waren.[20] Insgesamt balancierte die bäuerliche Wirtschaft in staufischer Zeit oft genug „auf der Spitze“, und es bedurfte „nur eines geringfügigen Stoßes, um sie aus dem Gleichgewicht zu bringen“.[21] Einen solchen Stoß mochte es bedeuten, wenn der Herrscher mit seinem vielhundertköpfigen Gefolge die Region betrat. Der Ruf „Der König kommt!“ wird daher von vielen Zeitgenossen mit zumindest gemischten Gefühlen aufgenommen worden sein.

Materielle Kultur, Aufwand und Prestige

Doch war ohnehin nicht alles, was Stall und Acker hergaben, zum alltäglichen Eigenbedarf der Produzenten bestimmt. Die Unzahl der in Mainz 1184 zusammengepferchten Hühner besaß zweifellos auch eine symbolische Dimension: Sie diente als Festtagsspeise, die

3 Monatsbild August mit der Darstellung der Kornernte aus einem Nekrolog, sog. Codex Guta-Sintram, Elsass, 1154, Strasbourg, Bibliothèque du Grand Séminaire Ms. 78

sich von der gewöhnlichen Kost der Landbevölkerung erkennbar unterschied. Ganz in diesem Sinne reklamierte der aufmüpfige Bauernsohn Helmbrecht im gleichnamigen Versepos des 13. Jahrhunderts gegenüber seinem bescheiden lebenden Vater: „Iss du nur Deine Grütze, so will ich das essen, was Brathuhn genannt wird. Das lass ich mir nun nicht mehr verbieten!“[22] (Abb. 4)

Die hier am Beispiel von Haferbrei und Brathähnchen vergegenwärtigte Hierarchie der Nahrungsmittel ließ unmittelbare Rückschlüsse auf den sozialen Standort der Konsumenten zu. Die in Fragen gesellschaftlicher Rangfolgen äußerst sensiblen Chronisten des 12. Jahrhunderts hatten diesen Effekt bei ihrer Schilderung sicherlich bewusst mit einkalkuliert. Reichhaltiges und gutes Essen war im Rahmen politischer Repräsentation der Stauferzeit ein deutlicher Indikator herrschaftlicher Potenz. Nicht ohne Grund ließ ein statusbewusster Reichsfürst wie Erzbischof Albero von Trier 1139 bei seinem Eintreffen am Herrscherhof „in einem schier endlosen Wagenzug 30 Fuder Wein und Lebensmittel in unermesslicher Fülle heranrollen“.[23] Er war sich des Prestigewertes dieser Naturalien, die er sogleich großzügig unter die anwesenden Fürsten verteilen ließ, gerade in politisch prekärer Situation durchaus

4 Bankettszene im Psalmenkommentar des Petrus Lombardus, Bayern, letztes Viertel 12. Jahrhundert, Darstellung der Hochzeit König Davids mit Michol als höfische Szene. Von einem Fidler begleitet, tragen zwei Truchsesse mit Amtsstäben Getränke und Geflügel auf, Bamberg, Staatsbibliothek, Msc. Bibl. 59 (olim B I 10), fol. 2v

bewusst, hatte er doch scharfsinnig gefolgert, „dass um zu siegen und die Gemüter der Männer zu gewinnen, mit einem Vorrat an Wein und anderen Lebensmitteln mehr auszurichten war, als mit einem vieltausendköpfigen Heer von armen Schluckern".[24] Der Prälat vermochte bei seinen zahlreichen Hofbesuchen zudem durch weitere Details seiner aufwendigen Ausstattung zu glänzen: Zu Frankfurt war er im August 1149 etwa mit 40 Wohnschiffen und beeindruckender Begleitmannschaft angereist: „Mit diesem großartigen Aufwand und Gefolge stellte er alle anderen Fürsten in den Schatten", so kommentierte sein Biograph Balderich.[25] Unter vergleichbaren Vorzeichen ist auch das Aufgebot des Hennegauer Grafen Balduin V. zu interpretieren, der sich 1184 „mit wackeren und erfahrenen Männern, [...], die prunkvolle seidene Gewänder trugen", nach Mainz aufmachte. Er traf „mit einer großen und köstlichen Ausrüstung, vielen silbernen Geräten und allem, was man bedarf, sowie einer würdig geschmückten Dienerschaft an der Vigil von Pfingsten" beim Kaiser ein. Sein Kanzler Gislebert attestierte dem Grafen bei dieser Gelegenheit, dass er „mehr und schönere Zelte besaß als die übrigen Fürsten".[26]

Die von unverblümtem Stolz kündende Bemerkung des Chronisten wird unmittelbar verständlich, sobald man den Blick auf die Konkurrenz der gräflichen ‚Campingausrüstung' richtet. Kaiser Friedrich I. selbst beispielsweise besaß wohl noch zur damaligen Zeit „ein riesiges prachtvolles Zelt", das er im Jahr 1157 als Geschenk des englischen Königs Heinrich II. erhalten hatte: „Wenn du nach seiner Größe fragst: Es konnte nur mit Maschinen und Werkzeugen aller Art und mit Stützen gehoben werden; wenn du nach seiner Beschaffenheit fragst: Ich glaube, es kann weder im Material noch in der Ausführung jemals von irgendeinem anderen Gerät übertroffen werden", so berichtete der Freisinger Geschichtsschreiber Rahewin über das erstaunliche Erzeugnis englischer Ingenieurskunst.[27] Wie seine Zelte, so hatte sich Balduin von Hennegau offenbar auch die modische Ausstattung seines Gefolges einiges kosten lassen. Dabei verschwieg sein Kanzler Gislebert wohlweislich, dass der Graf ausgerechnet in Mainz auf die Begleitung seines Truchsessen Amando von Saint Saulve verzichten musste. Dieser hatte sich geweigert, die Kosten der prunkvollen Festgewandung aus eigener Tasche zu bezahlen.[28] Wie wenig es sich bei dem Rechnungsposten „Kleidung" um eine Lappalie handelte, belegt die aus der gleichen Zeit überlieferte Angabe über die Kleiderschenkungen des Erzbischofs von Köln an seine bevorzugten Dienstleute. Der mächtige Metropolit verteilte zu Ostern an 30 seiner Ministerialen kostbar gefütterte und gefärbte Mäntel und Pelzröcke, deren Wert auf 6 Mark Silber taxiert wurde und somit die Jahreseinkünfte etlicher Kölner Ritter deutlich überstieg. Mit den Prachtkleidern der mächtigen Magnanten konnten diese Gewandstücke freilich weder in Preis noch in Qualität ernsthaft konkurrieren.[29]

Vor diesem Hintergrund mag auf den ersten Blick der verschwenderische Umgang mit derartigen textilen Kostbarkeiten überraschen. Edle Kleidung wurde in Mainz in großen Mengen unter Bedürftigen sowie herbeiströmenden Spielleuten beiderlei Geschlechts verteilt. Exemplarisch für die demonstrative Entäußerung von Gewandstücken mag eine Episode aus dem um 1260 verfassten *Lippiflorium* des Magister Justinus sein. Berichtet wird darin vom Besuch des Edelherrn Bernhard II. von Lippe auf einem feierlichen Hoftag Friedrichs I. Barbarossa. Als minder bedeutendem Adeligen, dem es als Parteigänger Heinrichs des Löwen zudem an der Gunst des Kaisers gebrach, wurde ihm ein Sitzplatz auf der nackten Erde zugewiesen, während die mächtigen Fürsten auf bequemen Bänken im Umkreis des Herrscher Platz nehmen konnten. Auf diese öffentliche Herabstufung antwortete Bernhard mit einer geschickt kalkulierten Gegeninszenierung: Er setzte sich mit seinen Gefolgsleuten auf den eigenen prachtvollen Mänteln nieder, die er nach Abschluss der Reichsversammlung hinter sich am Boden zurückließ Justinus schilderte eindrücklich die Reaktion der Umstehenden: „Solches erschaute das Volk und ruft sie zurück und ermahnt sie: ‚Hebt die Mäntel doch auf!‘ Aber der Ritter versetzt: ‚Sitte ist es nicht in unserem Land, dass ehrliche Männer tragen ihre Sitze davon, die sie zum Ruhen benutzt‘." Anders ausgedrückt könnte dies heißen: Auch die hohen Fürsten haben ihre Bänke nicht mit sich fortgetragen, als ihnen Gleichgestellte gilt es, ihrem Beispiel zu folgen. Die zeichenhaft codierte Botschaft erreichte das Ohr ihres Empfängers: „Lachen erhebt sich im Volke ringsum, und selbst der König hält nicht das Lächeln zurück, denn ihm gefällt der Scherz“, so der Dichter.[30]

Eine Ökonomie der Ehre

Für ein Lächeln des Herrschers sein Hab und Gut vergeuden? Dem modernen Betrachter mag sich die Logik dieser Erzählung nicht unmittelbar erschließen. Die scheinbare Unbedarftheit, mit der im Rahmen feierlicher Hoftage gewaltige Summen verausgabt wurden, hat unter Historikern bisweilen ein Stirnrunzeln hervorgerufen. Barbarossa und seinen Fürsten wurde dabei mit kritischem Unterton ein „Hang zur Prachtentfaltung“[31] mit einer „Großzügigkeit bis hin zur Verausgabung“[32] unterstellt oder entschuldigend ein „Zwang zum Prestigekonsum“[33] attestiert. Mit den Normen bürgerlicher Ökonomie heutiger Tage ließ sich das Verhalten des stauferzeitlichen Adels jedenfalls kaum in Einklang bringen. Dennoch tradieren die Berichte des Magisters Justinus und Gislebert von Mons aus zeitgenössischer Sicht ausgesprochene Erfolgsgeschichten: Zwar musste Bernhard von Lippe mit ansehen, wie seine kostbaren Mäntel vom fahrenden Volk freudig hinweggetragen wurden. Doch am nächsten Tag ersparte der nunmehr gnädig gestimmte Kaiser dem Edelherrn weitere Verluste: Er wies ihm und all seinen Begleitern einen Platz auf den begehrten Sitzbänken in Thronnähe zu. Analog dazu gelangte Graf Balduin von Hennegau nicht zuletzt dank seiner immensen Aufwendungen in den Genuss besonderer Herrschernähe: Ihm wurde gestattet, während der zeremoniellen Festkrönung des Pfingsttages dem Kaiser das Schwert voranzutragen. Der somit gewährte Kredit an sozialer Anerkennung konnte von beiden Magnaten kurz darauf in profitträchtige Privilegien umgemünzt werden: Bernhard von Lippe erhielt vom Kaiser die Erlaubnis, auf seinen Ländereien eine Marktsiedlung zu errichten, während der Hennegauer in der Erbnachfolge der ausgedehnten Reichslehen seines Onkels Heinrichs von Namur bestätigt wurde. Ging letztere Maßnahme nicht zuletzt zu Lasten des Kölner Erzbischofs, so wusste dieser sich doch vor weiteren Ansehensverlusten zu schützen: Auf das Gerücht hin, der Abt von Fulda wolle ihm den Ehrenplatz zur Linken des Kaisers streitig machen, erschien der Metropolit mit einem glänzenden Aufgebot am Herrscherhof. Dank der tatkräftigen Fürsprache seiner Vasallen konnte er den Staufer auf diese Weise zum Einlenken bewegen.[34]

Die Ökonomie der Hoffeste folgte offenbar einer spezifischen Eigenlogik, welche mit dem Begriff der „Verschwendung“ kaum zutreffend erfasst werden kann. Es scheint mit Blick auf das demonstrative Handeln mittelalterlicher Eliten geboten, den modernen Begriff der „Wirtschaftlichkeit“ um zeitgenössische Zusammenhänge zu erweitern und aus seiner einseitigen Fokussierung auf die Zirkulation von Geld- und Warenströmen zu befreien. Hilfestellung kann hierbei ein Blick in die Theoriebildung der ethnologischen und sozialwissenschaftlichen Forschung leisten. Der Soziologe Pierre Bourdieu etwa schlägt eine Erweiterung des rein ökonomisch definierten Kapitalbegriffs um eine soziale und eine kulturelle Dimension vor. „Kapital“ bezeichnet in seiner Definition nichts anderes als akkumulierte Zeit, die nicht nur in den Erwerb materieller Werte sondern gleichfalls in den Aufbau sozialer Beziehungsnetzwerke und in die Aneignung kultureller Kompetenzen und Bildungsgüter investiert werden könne. Für die westliche Gesellschaft der Moderne konstatiert Bourdieu dabei eine „tendenzielle Dominanz des ökonomischen Kapitals“. Diese sei allerdings keineswegs als alternativlos zu betrachten. Je nach Handlungszusammenhang und sozialer Verfasstheit determiniere „gleich Trümpfen in einem Kartenspiel das Vorhandensein einer bestimmten Kapitalform die Erfolgsaussichten eines Akteurs“ auf dem jeweiligen Feld seines Handelns.[35] Damit wird auf theoretischer Ebene schlagartig die Möglichkeit unterschiedlicher Ökonomien jenseits des rein materiellen Austauschaktes eröffnet.

Auf die Quellenüberlieferung zum Mainzer Hoffest übertragen, fördert diese Perspektive Bemerkenswertes zu Tage. Die Bilanz des Festgeschehens verzeichnet in allen Berichten immense Gewinne immaterieller Natur. Friedrich I. Barbarossa, so meldet die Kölner Königschronik, habe die anwesenden Magnaten „aufs freigebigste“ verköstigt.[36] Der Beifall der Chronisten war ihm dafür gewiss, „großen Ruhm und hohe Ehre“ bescheinigte ihm etwa Albert von Stade.[37] Es sei in Mainz auf Anordnung des Kaisers „der Wert von vielen tausend Mark verzehrt und verschenkt“ worden, so schwärmte auch der Sänger Heinrich von Veldecke. Friedrich habe durch diese Investition „solch große Ehre“ errungen, „dass man bis zum jüngsten Tag davon Erstaunliches berichten kann, ohne zu lügen“.[38] Ja, mehr noch: Die Ausgabenpolitik des Kaisers überzeugte offenbar die Mehrheit der Reichsfürsten, es ihm gleichzutun: „Angelockt durch die Erhabenheit des Reiches“, so Otto von St. Blasien, seien sie auf den Rheinwiesen zusammenströmt und hätten dort ihrerseits gewaltige Summen aufgeboten, „um die Herrlichkeit ihrer Würde anzuzeigen“.[39] Zum Ausdruck kommt dabei das Begehren, das eigene Ansehen vor den Augen anderer zu steigern und damit zu festigen. Dokumentieren lässt sich dies nochmals am Beispiel der Beschenkung der Spielleute am Pfingstsonntag: Pferde, kostbare Kleider, Gold und Silber hätten nicht ohne Kalkül ihren Weg unter das fahrenden Volk gefunden, so Gislebert von Mons: „Die Fürsten und Edelleute taten dies zu Ehren des Kaisers und seiner Söhne, aber auch, um ihren eigenen Ruhm weithin bekannt zu machen."[40]

Die Aufwendungen des Hoffestes stellten nach zeitgenössischer Anschauung demnach keine nutzlose Verausgabung dar. Sie sollten

Gewinn abwerfen, freilich zunächst keinen finanziell fassbaren. Ihr Ziel war der Erwerb von Ruhm und Anerkennung des gesellschaftlichen Ranges, letztlich also von „sozialem Kapital" im Sinne Bourdieus. „Was aus einem engen „ökonomischen" Blickwinkel als reine Verschwendung erscheinen muss", so lässt sich mit dem Pariser Soziologen resümieren, „stellt im Rahmen der umfassenden Logik des sozialen Austausches eine sichere Investition dar, deren Profite über kurz oder lang in monetärer oder anderer Gestalt wahrgenommen werden können".[41] Im Kontrast zur Anhäufung materieller Gewinne in der heutigen Zeit besaß für die Akteure der Stauferzeit offensichtlich die Akkumulation von Ansehen und sozialer Ehre den höheren Stellenwert. Anstelle einer Dominanz des ökonomischen Kapitals lässt sich mit Blick auf die Vergangenheit geradezu von einer ‚Ökonomie der Ehre' sprechen.

In einem Reich ohne geschriebene Verfassung erwies sich eine auf Ansehen und Anerkennung zielende Investitionsstrategie zweifellos als erfolgversprechend. Das Rangsystem der Personengruppen stellte in staufischer Zeit einen konstitutiven Faktor der politischen Ordnung dar, tragfähige Beziehungsnetze schützen vor Verlusten und eröffneten erweitere Realisierungschancen für Besitz- und Rechtsansprüche. Materielle Aufwendungen konnten dabei zu Verschiebungen im Ranggefüge führen, Zugewinne an Prestige, Ansehen und Reputation umgekehrt Chancen auf handfeste Profite eröffnen. Diese Zusammenhänge waren in ihren Grundkonturen vermutlich selbst den bäuerlichen Zulieferern der königlichen Hofhaltung bekannt. Nicht ohne einen Anflug von Standesstolz lehrte der alte Meier Helmbrecht in der Verserzählung des 13. Jahrhunderts daher seinen unzufriedenen Sohn: „Mein lieber Junge du kannst mir glauben: Alle Könige schulden ihre Krone den Abgaben der Bauern. Denn wie vornehm einer auch ist – sein Stolz wäre nichtig, wenn es die Bauernschaft nicht gäbe."[42]

1 Guiot von Provins, Dichtungen, S. 39.
2 Heinrich von Veldeke, Eneasroman, 347, 14ff.
3 Arnold von Lübeck, Chronica Slavorum, lib. III, cap. 9, S. 88.
4 Annales Marbacenses a. 1184, S. 55.
5 Sächsische Weltchronik, S. 232.
6 Gislebert von Mons, Chronik, S. 155f.
7 Gislebert von Mons, Chronik, S. 157f.; Arnold von Lübeck, Chronica Slavorum, III 9, S. 90.
8 Otto von St. Blasien, Chronica cap. 26, S. 37.
9 Arnold von Lübeck, Chronica Slavorum, III 9, S. 88.
10 Otto von St. Blasien, Chronica cap. 26, S. 38.
11 Arnold von Lübeck, Chronica Slavorum, III 9, S. 88.
12 Tafelgüterverzeichnis, S. 52f.
13 Einen skizzenhaften Berechnungsversuch unternimmt Ullrich 2006.
14 Metz 1976, Nr. 2.061, S. 246.
15 Schweizer Minnesänger 1, S. 281.
16 MGH D Lo. III., Nr. 119, S. 190 – 193.
17 Mainzer Urkundenbuch 2,2, Nr. 531, S. 881.
18 Metz 1976, Nr. 2.021, S. 240 und Nr. 2.061, S. 246.
19 Metz 1976, S. 196.
20 Zu den Schätzwerten mittelalterlicher Agrarproduktion vgl. Henning 1994. Ein in vielen Punkten unsicheres Rechenmodell eines mittelalterlichen Landwirtschaftsbetriebes entwirft Abel 1978, S. 98ff. Die aktuellen Zahlenwerte gehen zurück auf: Statistisches Jahrbuch 2008.
21 Rösener 1991a, S. 155.
22 Wernher der Gärtner, Helmbrecht, v. 473 – 479.
23 Gesta Alberonis, cap. 15, S. 253.
24 Ebd.
25 Ebd.
26 Gislebert von Mons, Chronik, S. 155.
27 Otto von Freising und Rahewin, Die Taten Friedrichs (b), lib. III, cap. 7, S. 406, vgl. zu dieser Zeltkonstruktion später auch Gunther der Dichter, Ligurinus, VI 168 – 179, S. 338; Vinzenz von Prag, a. 1158, S. 675.
28 Gislebert von Mons, Ministeria curie Hanoniensis, S. 300.
29 Kölner Dienstrecht, S. 276.
30 Magister Justinus, Lippiflorium, S. 40 – 45.
31 Güterbock 1937, S. 177.
32 Oswald 2004, S. 245.
33 Lindner 1994, S. 166.
34 Arnold von Lübeck, Chronica Slavorum, lib. III, cap. 9, S. 88 – 90.
35 Bourdieu 1985, S. 18 und 10.
36 Chronica Regia Coloniensis a. 1184, S. 133.
37 Albert von Stade, Annales, a. 1184, S. 350.
38 Heinrich von Veldeke, Eneasroman, 347, 24f.; 347, 36 – 40 und 348, 1.
39 Otto von St. Blasien, Chronica cap. 26, S. 38.
40 Gislebert von Mons, Chronik, S. 156f.
41 Bourdieu 1983, S. 196.
42 Wernher der Gärtner, Helmbrecht, v. 553 – 557.

Martina Giese

Die Jagd zwischen höfischem Zeitvertreib und Lebensnotwendigkeit

Kaiser Friedrich II. schreibt in seinem berühmten Traktat über die Beizjagd *De arte venandi cum avibus* („Über die Kunst mit Vögeln zu jagen") einleitend: „Der Nutzen des Werkes ist bedeutend. Denn die Adeligen und Mächtigen (*nobiles et potentes*), mit den Pflichten der Herrschaft belastet, können durch die Ausübung dieser Kunst wohltuende Ablenkung von ihren Sorgen finden. Die Armen (*pauperes*) aber und weniger Vornehmen werden, indem sie jenen dabei dienen, ihren Lebensunterhalt empfangen […]."[1] In diesem Zitat aus dem Prolog spiegelt sich deutlich die Vorstellung von einer schichtenspezifischen Doppelnatur der mittelalterlichen Jagd wider. Für die einen bedeutete sie elitäres Vergnügen mit Erholungswert und willkommene Abwechslung von Alltagspflichten, den anderen diente sie als profaner Zweck zum Broterwerb. Was Friedrich hier mit Blick auf die Falknerei formulierte, gilt modifiziert auch für andere Jagdarten seiner Zeit und führt uns vor Augen, dass das vormoderne Jagdwesen stark von einer Arbeitsteilung zwischen adeligem Jagdherrn als rechtlich und sozial privilegiertem Arbeitgeber einerseits sowie dem professionellen Jagdpersonal in höfischen Diensten andererseits geprägt war. Schon allein aus Zeitgründen bedurfte der einzelne Adelige bei der Ausübung höfischer Jagdmethoden der Unterstützung durch speziell ausgebildete Berufsjäger und -falkner, die sich um die Organisation und Durchführung der Jagden kümmerten und die tierischen Jagdgehilfen wie v.a. Pferde, Jagdhunde sowie Beizvögel betreuten. Höfische Jagdformen waren nicht ungefährlich (angreifendes Wild, Reitunfälle etc.) und vor allem kostenträchtig, denn man benötigte zu ihrer Ausübung neben geschultem Personal eigens trainierte Helfertiere und teure Waffen. Das soziale Renommee der höfischen Jagdarten beruhte auf diesen Voraussetzungen und damit zugleich auf der Zurschaustellung von materiellem Überfluss, weil Aufwand und Ertrag bei der höfischen Jagd in klarer Disproportion standen. Die kulinarische Bereicherung der Tafel durch Wildbret schwang als Absicht zwar auch mit, war aber zumeist nur ein erwünschter Nebeneffekt, der von anderen Interessen überlagert wurde, wie etwa Aspekten der Repräsentation, dem Training des Waffengebrauchs und der Erholungssuche.

Der so zu charakterisierenden Adelsjagd lässt sich generalisierend die Erwerbsjagd als Kategorie zur Seite stellen. Sie zielte primär auf wirtschaftlichen Profit ab, mithin auf die Gewinnung von Fleisch, Pelzen, Leder und anderen verwertbaren Tierbestandteilen.[2] Als Ausübende der Erwerbsjagd begegnen zwei unterschiedliche soziale Gruppen in den Quellen. Erstens das höfische Jagdpersonal, wenn es sich zielgerichtet um die Versorgung des Hofes mit Wildbret kümmerte, zweitens die quantitativ viel größere Gruppe der einfachen Bevölkerung, wenn sie die Fangjagd (mit Fallen, Schlingen, Netzen oder Klebstoffen) oder die Lockjagd (Herbeilockung von Wild durch optische, akustische oder odorische Reize) betrieb, um ihren Lebensunterhalt zu sichern bzw. zu ergänzen. Ausgehend von dieser dreiteiligen Differenzierung, die abhängig vom sozialen Stand der Protagonisten ist, sollen nachfolgend die Themenkreise Erwerbsjagd, höfisches Jagdpersonal und Jagd als Kurzweil des Adels vorgestellt werden.

1 Szene einer Hirschjagd. Ausschnitt aus dem Reiner Musterbuch, um 1200 / 1220, Wien, Österreichische Nationalbibliothek, Cod. 507, fol. 2r (Kat.-Nr. V.0.1)

Erwerbsjagd

Die hier nicht im Detail nachzuzeichnende Entwicklung des Jagdrechts bis in das 12. Jahrhundert hatte die Anzahl der überhaupt jagdberechtigten Personen sukzessive stark eingeschränkt.[3] Für das hinsichtlich der urkundlichen Jagd- und Forstrechtsverleihungen gut untersuchte römisch-deutsche Reich nördlich der Alpen ist davon auszugehen, dass außer dem König nur die adelige Oberschicht und kirchliche Institutionen noch Anteil an der mit Blank- und Schusswaffen legal ausgeübten Jagd hatten. Demgegenüber blieb der restlichen Bevölkerung als Jagdbetätigung in Eigenregie zumeist nur noch der Vogelfang und die Kleintierjagd erlaubt oder die illegale Wilderei übrig. Als Hauptbeweggrund für die legale wie illegale Jagdaktivität der bäuerlichen Bevölkerung sind die Subsistenzsicherung und die Abwehr von Wildschäden zu nennen. Beim Versuch, der Adelsjagd die Erwerbsjagd des einfachen Volkes gegenüberzustellen, sind wir mit dem Quellenproblem konfrontiert, dass wir über die bäuerliche Jagd des Früh- und Hochmittelalters so gut wie nichts wissen. Einige Rückschlüsse erlauben immerhin die jagdrechtlichen Vorschriften. Der von Friedrich I. Barbarossa *per universas regni partes* erlassene Landfrieden vom Juli/August 1152, c. 14 (D F. I. 25) sieht beispielsweise vor, dass niemand Netze, Schlingen oder andere Vorrichtungen aufstellen soll zum Fang von Wildtieren, es sei denn für dem Menschen gefährliches Raubwild wie Bären oder Wölfe bzw. für Flurschäden verursachende Wildschweine. Als Selbstschutz und zum Schutz der Ernte wird die Jagd also frei gegeben, jede andere Jagdbetätigung mit Netzen und Schlingen hingegen verboten. Die spätere Landfriedensgesetzgebung erwähnt ausdrücklich als eigene Personengruppe die *weidelude* bzw. die legalen Jäger (*iusti venatores*), die von der Regelung profitieren sollte. Was demgegenüber unter die Rubrik *venatio iniusta* fiel, führt der Bayerische Landfrieden von 1244 näher aus.[4] Friedlos erklärt werden hier alle *iniusti venatores*, welche mit Schlingen und Fallen jagen oder zur Beizjagd geeignete Vögel (Habichte oder Sperber) aushorsten bzw. wer nächtens, d. h. heimlich, auf die Jagd geht. Die Landfrieden waren ein Versuch, die geradezu endemische Gewaltbereitschaft gleichsam von oben zu kanalisieren und zu beschränken. Neben solchen Vorschriften mit geographisch breitem Geltungsanspruch finden sich auch Regelungen mit kleiner dimensioniertem Bezugsrahmen. So eine Vielzahl von in Urkundenform greifbaren Rechtsansprüchen einzelner Personen oder Institutionen. Am 20. Mai 1210 etwa bestätigte Kaiser Otto IV. dem Abt von Nonantola (bei Modena), dass kein Graf, Verwalter oder sonst wer in den Wäldern des Klosters ohne Erlaubnis des Abtes mit Hunden oder auf andere Weise jagen dürfe.[5] Kaiser Friedrich II. erließ wiederholt Mandate zur Prävention oder Unterbindung der Wilderei (etwa der Einwohner von Eboli) in bestimmten Gebieten.[6] Und nach der Forstordnung der Trierer Bischofskirche von um 1200 sollten auf frischer Tat ergriffene Wilderer, die beim Stellen einer Schlinge oder einer Falle erwischt wurden, mit der Amputation des Daumens bestraft werden, während alle auf andere Art wildernden Personen mit Geldbußen belegt wurden.[7] Durch das Prisma solcher Verbote spiegelt sich einerseits die Praxis der legalen Erwerbsjagd, andererseits der Wildfrevel, der – nach den Rechtstexten zu urteilen – an der Tagesordnung gewesen zu sein scheint. Die Überwachung und Durchsetzung von Jagdverboten gestaltete sich schwierig angesichts der Größe der zu kontrollierenden Fläche und der heimlichen Aktionsweise der Delinquenten. Vielleicht spielte als Motiv bei der stauferzeitlichen Wilderei auch Abenteuerlust und Nervenkitzel eine Rolle, in der Hauptsache dürfte jedoch wirtschaftliche Not die Menschen zur Wilderei verleitet haben.

Höfisches Jagdpersonal

Der Alltag des höfischen Jagdwesens ruhte auf den Schultern professioneller Kräfte, die wir heute als Berufsjäger und -falkner bezeichnen würden.[8] Ihnen diente die Jagdausübung im Auftrag des Adels als Existenzgrundlage. Mehrheitlich begegnet das höfische Jagdpersonal in den Quellen als anonymer Kreis, der sich nicht zuletzt um die Beschaffung von Wildbret kümmerte. Friedrich II. gab zum Beispiel einmal die Anweisung, zur Verpflegung französischer Kreuzfahrer sollten 20 Wildschweine erlegt werden.[9] Während der Belagerung Mailands 1161 durch Friedrich I. Barbarossa und seine Truppen arretierten die Lombarden kaiserliche Jäger und nahmen ihnen den gerade erbeuteten Hirsch ab, den sie zu ihrem Herrn bringen wollten.[10] Der Vorgang fällt in eine Phase beiderseits grassierender Lebensmittelknappheit und rückt den materiellen Aspekt der Jagd in den Vordergrund; zumal Barbarossa selbst eine gezielt die Ernten vernichtende Kriegsführung anwandte, war der Hirsch über seinen Naturalwert hinaus wohl auch eine symbolträchtige Kompensation erlittener Schädigung – eine buchstäbliche Trophäe. Die Episode illustriert zugleich, wie gefährlich sich die delegierte Jagdausübung zwischen den politischen Fronten in Krisengebieten gestalten konnte.

Singuläre Aufschlüsse über das breite Aufgabenspektrum des höfischen Jagdpersonals und über die administrative Seite königlicher Jagdbetätigung gewährt das Registerfragment der sizilischen Kanzlei Friedrichs II., welches für den Zeitraum vom Oktober 1239 bis zum Mai 1240 auf uns gekommen ist.[11] Es steckt voller Anweisungen an die Jäger, Falkner sowie Tierhüter in staufischen Diensten und bezeugt eindrucksvoll, mit welchem Aufwand an Personal (allein 53 Falkner) und Geldmitteln Friedrich diese Leidenschaft betrieb. Aufwändig war schon die Beschaffung von geeigneten Helfertieren. Hunde ließen sich problemlos züchten, bereiteten also immerhin keine notorischen Nachschubsorgen. Im Unterschied dazu mussten Jagdgeparden (Nr. 208) und Beizvögel entweder auf dem (internationalen) Markt gekauft oder in freier Wildbahn gefangen werden. Je nach Region, aus welcher diese Wildtiere ursprünglich stammten, waren damit weite Transportwege verbunden, etwa von Lübeck nach Sizilien für Falkenimporte (Nr. 579). Im Mai 1240 wurde eine Expedition von nicht weniger als 19 Falknern des Hofes ausgestattet, um auf der Insel Malta Falken für Friedrich zu besorgen (Nr. 1048). Ein anderes Mal ordnete der Kaiser an, in einem bestimmten Gebiet alle Sperber für ihn einzufangen und für ihre Abrichtung Sorge zu tragen (Nr. 1000 und 1001). Erst einzufangen waren auch die benötigten Futtertiere bzw. die zu Trainingszwecken benutzten Beutetiere wie Kraniche für die Falknerei (Nr. 571 – 573 und 588, vgl. auch Nr. 479). Als alternative Beschaffungsquelle zu derartigen Fangkommandos bedeutsam war der Erwerb von tierischen Jagdgehilfen als lebendigen Geschenken. König Heinrich III. von England übersandte Friedrich II. anlässlich von dessen Hochzeit mit Isabella von England im Jahr 1235 kostbare skandinavische Gerfalken und ließ seinem Schwager auch 1236 sowie 1248 wiederum je vier Gerfalken zukommen.[12] Von Michael II. Angelos bekam Friedrich II. aus Byzanz zwei Habichte übereignet (Nr. 215 und 217). Ebenso zeitraubend wie diffizil gestaltete sich nicht zuletzt die spezifische Dressur der Helfertiere als unbedingte Voraussetzung für ihren regelmäßigen erfolgreichen Jagdeinsatz. Wir erfahren aus dem Registerfragment von Geparden, die bereits zu reiten gelernt hatten (Nr. 356 und 357). Hierin lag die erste Ausbildungsetappe, wenn man diesen blitzschnellen Exoten von der Kuppe eines galoppierenden Pferdes aus startend zur Hetzjagd auf Wild einsetzen wollte (Abb. 2).

Nähere Einzelheiten über die Abrichtung von Greifvögeln und Hunden zu Jagdzwecken enthüllt die didaktische Jagdliteratur, die schon am normannischen Hof in Sizilien Früchte getragen hatte und unter Friedrich II. dann zur Blüte geführt wurde.[13] Hierbei sind nicht allein sein eigenes Meisterwerk über die Beize, redaktionelle Überarbeitungen bereits existierender Texte und Auftragsübersetzungen aus dem Arabischen an seinem Hof in Rechnung zu stellen, sondern es sind auch Friedrichs Söhne Manfred und Enzo zu erwähnen, die sich in Fortführung der literarischen Ambitionen ihres Vaters intensiv mit dem beizjagdkundlichen Fachschrifttum befasst haben.[14]

Mochte die Jagdausübung im Dienste eines Potentaten im Einzelfall auch als Sprungbrett für den sozialen Aufstieg taugen, bestand gleichwohl ein spürbares Gefälle in der Sozialhierarchie zwischen adeligem Arbeitgeber und subalternem Funktionsträger. Das Bemühen um die Aufrechterhaltung dieser Unterschiede beleuchtet ein Ermahnungsschreiben Friedrichs II. an seinen Sohn Konrad (gest. 1254). Er solle durchaus der Beizjagd und dem Weidwerk frönen als den Königen gewohnte Vergnügungen (*solatia regibus assueta*), jedoch darauf achten, dass er sich im Eifer des Geschehens nicht gemein mache mit den Jägern, den Schützen und den Treibern, so dass die königliche Erhabenheit (*gravitas regia*) durch Frivolitäten Schaden nähme oder die guten Sitten litten.[15] Hier schimmert zum einen das zeitlose Klischee vom Jäger als zügellosem Raubein durch, zum anderen vor allem die Furcht einer für Rangfragen extrem sensibilisierten Gesellschaft vor einer Nivellierung von Standesdifferenzen in einem Moment der Vertraulichkeit wie er sich bei hochemotionalen Aktivitäten wie der Jagd leicht einstellen kann. Ein Indiz für die gesellschaftliche Geringschätzung der Berufsjäger als sozialem Stand ist die diffamierende Herkunftsanekdote, Friedrich II. selbst sei väterlicherseits gar nicht königlicher Abstammung, sondern in Wirklichkeit der Spross eines Falkners – will sagen, eines einfachen Handwerkers.[16] Dass der hiermit Attackierte selbst die Jagd von den servilen Fesseln einer nur zum Lebensunterhalt ausgeübten Beschäftigung mit geringem Sozialprestige befreien wollte, unterstreicht nachdrücklich der Inhalt seines Falkenbuchs mit seinem die Beize umfassend nobilitierenden Tenor.[17] Dieselbe Tendenz wird auch durch eine andere Anekdote bekräftigt: Der Tartarenkönig Dschingis Khan (gest. 1227) soll Friedrich geschrieben haben, er möge an seinen Vorteil denken für den Fall der Unterwerfung und ihn gefragt haben, welches Amt er als Besiegter am Mongolenhof wählen würde.[18] Friedrich soll daraufhin entgegnet haben, er wisse genug über Beizvögel und würde einen guten Hoffalkner abgeben.

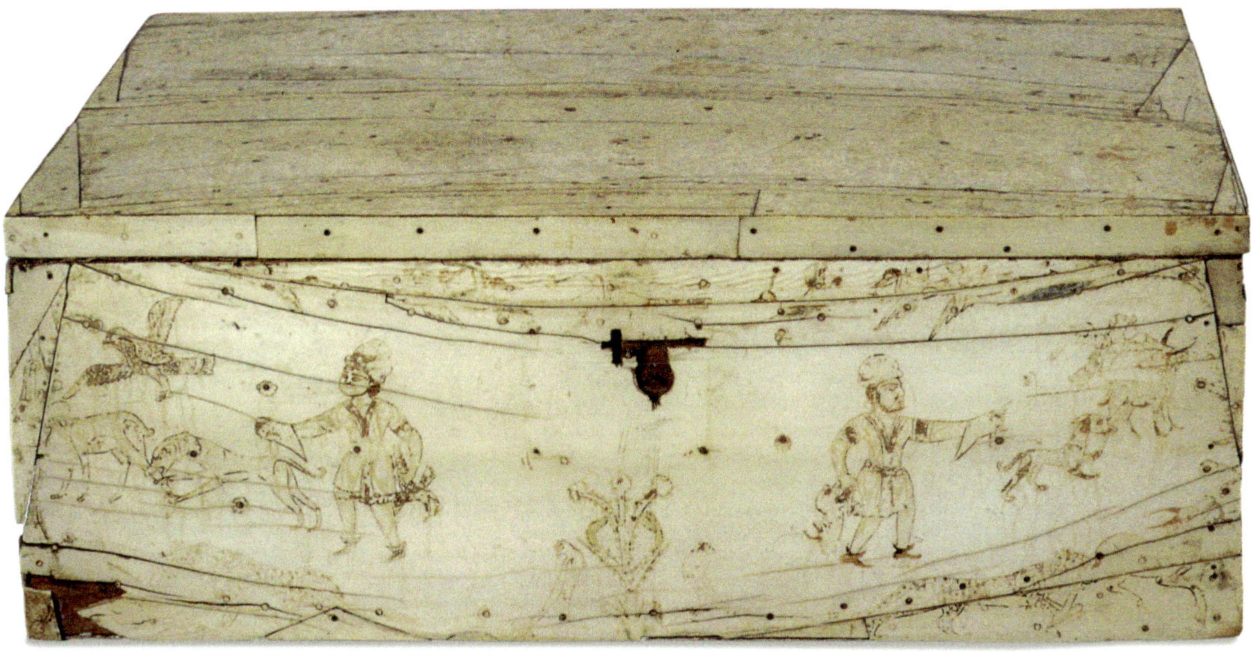

2 Die Kassette aus Elfenbein bündelt als Dekormotive verschiedene im arabischen Raum praktizierte Jagdmethoden, die integraler Bestandteil der adeligen Repräsentationskultur waren, darunter auch die vergleichsweise selten dargestellte Jagd mit Geparden, 13. Jahrhundert, Palermo, Tesoro della Cappella Palatina

Adelige Kurzweil

Die höfische Jagd besaß in der Stauferzeit ein hohes Prestige als bevorzugtes Vergnügen der Oberschicht und hatte Signalfunktion als Standesattribut adeliger Lebensweise (Abb. 1).[19] Diese Qualität offenbart sich schon in der Terminologie, wird die Jagd doch häufig als adelsspezifische Freude und lustbetontes Spiel (*ludus, kurzewîle* oder *spil*) bezeichnet. Neben dichterischen und kunsthistorisch relevanten Quellen dokumentiert insbesondere die Historiographie, wie weit verbreitet die Jagdpassion innerhalb der Aristokratie war. An den Fürstenhöfen im flandrischen Raum schätzte man das herrschaftliche Jagderlebnis ebenso wie an denjenigen Thüringens oder Bayerns. Insofern besitzt die Mitteilung über die elsässische Ritterschaft des beginnenden 13. Jahrhunderts, sie hätte sich regelmäßig an der Jagd, am Fischfang, an Turnieren und an amourösen Eskapaden delektiert, durchaus repräsentativen Aussagewert für das gesamte römisch-deutsche Reich.[20] Komplementär dazu gewährt die deutschsprachige Kaiserchronik aus der Mitte des 12. Jahrhunderts literarisch stilisierten Einblick in den favorisierten Gesprächsstoff der männlichen Eliten im höfischen Kontext als geschlechtsspezifisch präsentierten Expertendiskurs: Sie unterhalten sich über edle Pferde, gute Hunde, Beizvögel und schöne Frauen.[21]

Dass auch die kommunalen Führungsschichten Italiens dem Weidwerk und der Falknerei huldigten, enthüllt die Statutengesetzgebung, beweist aber auch die städtische Geschichtsschreibung.[22] Manifestierte sich schon das Willkürregiment Barbarossas der 1160er Jahre in der Lombardei nach Ansicht seiner Opponenten nicht zuletzt in Jagdverboten gegenüber den Mailändern, die damit offenkundig in ihren bisherigen Gewohnheiten und Rechten beschnitten wurden, so kolportierte 1288 für dieselbe Metropole Bonvesin de la Riva, die reichen Mailänder gingen im Umland mit Habichten und Sperbern zum Vergnügen auf die Beize.[23] Und retrospektiv notierte Galvano Fiamma in seiner bis in das Jahr 1337 geführten Geschichte Mailands, die Beizvögel in der Stadt selbst und im Umland würden mehr Geflügel pro Tag konsumieren als die gesamte Einwohnerschaft von Ivrea, die Hunde mehr Brot als in ganz Lodi.[24] Das hier aufscheinende Missverhältnis zwischen Aufwand und Ertrag bei der Adelsjagd benennt in nachstaufischer Zeit explizit der Bologneser Jurist und bedeutende Agrarschrift-

3 Textanfang des sog. Moamin, eines in Friedrichs II. Auftrag 1240 / 1241 aus dem Arabischen ins Lateinische übersetzten Traktats über Beizvögel und Jagdhunde. Der Moamin wurde im Abendland erheblich breiter rezipiert als Friedrichs eigenes Falkenbuch, das im Mittelalter so gut wie ohne Nachwirkung blieb. Das heute Wiener Exemplar gehörte einst Kaiser Maximilian I. (1459 – 1519) und ist vermutlich die älteste erhaltene Handschrift dieses Textes, spätes 13. / Anfang 14. Jahrhundert, Wien, Kunsthistorisches Museum, P 4984, fol. 1r

steller Petrus de Crescentiis (gest. 1321), wenn er über die Beizjagd mit dem kleinen Merlinfalken ausführt, sie werde mehr wegen der Freude daran betrieben als aus Nützlichkeit (*potius voluptatis quam utilitatis causa existit*).[25] Gedankliche Distanz zu ökonomischen Vorteilserwägungen prägte auch Friedrichs II. Einschätzung, bei der Beizjagd sollte nicht etwa die Beutegier im Vordergrund stehen oder der rein ästhetische Genuss am Flug der Vögel oder die Prahlerei mit der Jagdstrecke (Anzahl und Art der Beutetiere), sondern das oberste Ziel sei der Besitz von besseren Beizvögeln als andere sie hätten. Solche nicht überanstrengten Vögel in bester Verfassung dienten zur Selbstpositionierung innerhalb der Adelselite, indem sie Ruhm und Ehre verschafften.[26] Symptomatisch tritt in diesen kompetitiven Denkmustern der Adelsjagd das materielle Gewinnstreben als verpönt ganz in den Hintergrund.

Die höfische Jagd des Hochmittelalters war ein internationales Elitenphänomen. Beispielsweise jagte Heinrich der Löwe 1185 im englischen Exil gemeinsam mit seinem königlichen Schwiegervater ebenso wie Friedrich I. Barbarossa auf Einladung König Belas von Ungarn 1189 auf dem Weg ins Heilige Land oder die lateinisch-christlichen Kreuzfahrer phasenweise gemeinsam mit ihren muslimischen Gegnern, wie es aus arabischer Perspektive Usāma ibn Munqid (gest. 1188) in seinen Memoiren schildert.[27] Für die ersten Herrscher aus staufischem Hause verfügen wir nur über sporadische Nachrichten zu ihrer Jagdbetätigung. Barbarossas Biograph Rahewin von Freising etwa rühmt gleichermaßen den kaiserlichen Wildpark der Pfalz Kaiserslautern wie die traumwandlerische Treffsicherheit seines Besitzers.[28] Heinrich VI. wurde nicht ohne tadelnden Unterton nachgesagt, er sei ein geradezu besessener Jäger und Falkner gewesen,[29] und Otto IV. vertrieb sich auf dem Weg zu seiner Kaiserkrönung in Rom 1209 die Zeit mit der Beizjagd.[30] Erst unter Friedrich II. nehmen die Zeugnisse quantitativ wie qualitativ sprunghaft zu. Für Friedrich war die Jagd ein unerschöpflicher Quell der Freude, der er viel Zeit und gewiss ein Vermögen opferte. Dieselbe Passion verschuldete aber auch seine schlimmste militärische Niederlage. Denn als die von Friedrichs Truppen belagerten Parmesen 1248 einen Ausfall machten und die kaiserliche Lagerstadt Victoria samt Kronschatz eroberten, da befand Friedrich selbst sich fernab des Geschehens mit der Beizjagd beschäftigt.[31] Kaum erstaunlich ist in Anbetracht solcher Ereignisse, dass die Zeitgenossen Friedrichs Prioritätensetzung kritisierten und ihm wiederholt vorwarfen, über der Jagdobsession seine Herrscherpflichten vernachlässigt zu haben. Im argumentativen Gegenschlag hob Friedrich – wie wir einleitend bereits hörten – auf die Jagd als ebenso exklusive wie existenzielle Rekreationsmöglichkeit für Regierende ab. Diese apologetische Bewertung der Jagd als für den Herrscher notwendige Erholung von den mühselig-drückenden Staatsgeschäften war im lateinisch-christlichen Westen keineswegs neu und steht auch in völligem Einklang mit arabischen Traditionen, von denen Friedrich Kenntnis hatte. So findet sich im Vorwort des heute als „Moamin" bezeichneten arabischen Jagdbuches, das Friedrich ins Lateinische übersetzen ließ, der apodiktische Satz „Könige als solche kennen außer der Jagd kein wirkliches Vergnügen" (Abb. 3).[32]

Von immateriellen Interessen dominierte höfische Jagdformen blieben bis weit in die Neuzeit hinein das exklusiv-elitäre Vergnügen des europäischen Adels par excellence. Die Verteidigung dieses Monopols (zumal der Jagd auf Hochwild) gegen Bedürfnisse und

4 Onyx von Schaffhausen, Rückseite mit Falkner, 13. Jahrhundert. Das Schmuckstück zeigt eine der ältesten abendländischen Darstellungen einer Falkenhaube, d. h. jener im arabischen Raum gebräuchlichen ledernen Kopfbedeckung für Beizvögel, welche erst Friedrich II. im christlichen Europa populär gemacht hatte, Schaffhausen, Kanton Schaffhausen Museum zu Allerheiligen, Inv. Nr. 16375.

Forderungen der Erwerbsjagdbetreibenden sollte noch im Verlauf des Mittelalters immer wieder zu heftigen Konflikten führen. Für die Genese dessen, was uns heute noch als das „edle Weidwerk" gilt, war die Stauferzeit zweifellos eine Schlüsselphase. Welche jagdhistorischen Spuren hinterließen die Staufer selbst? Die von Friedrich II. praktizierte Jagd mit exotischen Geparden blieb kulturgeschichtlich Episode. Seine Einführung der sogenannten Falkenhaube, einer ursprünglich arabischen Innovation, in die abendländische Falknerei hingegen hatte wegweisenden Charakter, ist dieses meist aus Leder hergestellte Hilfsmittel zur Abschirmung des Vogels vor unerwünschten optischen Reizen doch bis heute im Gebrauch (Abb. 4). Friedrichs Jagdschloss Castel del Monte ist ein Touristenmagnet Apuliens, inspirierte Umberto Eco zu seinem Bestseller „Il nome della rosa" von 1980, zählt seit 1996 zum UNESCO Welterbe und hat es 2001 auf die Rückseite der italienischen 1-Cent-Münze geschafft. Mit seinem berühmten Falkenbuch hat sich Friedrich ebenfalls nachhaltig in das historische Gedächtnis eingeschrieben und gilt nicht zuletzt wegen dieses literarischen Denkmals wie kaum ein zweiter mittelalterlicher Herrscher als Prototyp des vollendeten Nimrods. Sein 1268 in Neapel enthaupteter Enkel Konradin schließlich, mit dessen Tod die Stauferherrschaft ihr tragisches Finale fand, wurde immerhin als Beizjäger in den Miniaturen des nicht minder prominenten Codex Manesse verewigt (Abb. 5).[33] Am Ende des Mittelalters erzählte man sich das Gerücht, Friedrich I. Barbarossa sei sogar der Erfinder der Beizjagd gewesen, und auf der Iberischen Halbinsel wurde behauptet, die Falkenjagd habe als Kulturtechnik hier erst nach der Hochzeit Ferdinands III. (gest. 1252) von Kastilien und Léon mit der Tochter Philipps von Schwaben, Beatrix der Jüngeren, im Jahr 1219 Einzug gehalten.[34] Beides ist faktisch unzutreffend, reflektiert als Legende noch vor Anbruch der Neuzeit aber, welch großen Stellenwert man den Staufern rückschauend bei der Popularisierung der Jagd zuzu schreiben bereit war.

5 Konradin auf der Beizjagd. Die Illustration zeigt Konradin den Jungen (1252 – 1268), den Sohn König Konrads IV. (1228 – 1254), welcher als König von Jerusalem und Sizilien eine Krone trägt, zu Pferde auf der Beizjagd mit einem berittenen Begleiter und zwei gefleckten Bracken als Stöberhunden, entstanden 1305 – 1340, Heidelberg, Universitätsbibliothek, Cod. Pal. germ. 848, fol. 7r

1 Friedrich II., De arte venandi (a), P. I, 6, S. 6, Z. 12 – 15. Vgl. Ausst.-Kat. Oldenburg 2008, Begleitband. – Die nachfolgenden Belege beschränken sich bewusst auf ein Minimum. Als Überblicke für breitere Kreise vgl. Galloni 2000; Boccassini 2003; Rösener 2004; Bord/Mugg 2008; künftig meine Habilitationsschrift „Der König als Jäger im früh- und hochmittelalterlichen Europa".
2 Vgl. Galloni 1993, S. 127 – 141.
3 Vgl. als Überblick Manfredini 2006, bes. S. 58 – 68; daneben zum Folgenden zuletzt Dasler 2008.
4 MGH Const. 2, Nr. 427, S. 570 – 579, hier cap. 35, S. 575 Z. 3 f.
5 Reg. Imp. 5,1, Nr. 404.
6 Friedrich II., Register, Nr. 145, 424 und 735.
7 Urkundenbuch zur Geschichte der mittelrheinischen Territorien, Nr. 15, S. 391 – 426, hier S. 402, zu den Geldstrafen S. 402 f.
8 Vgl. Giese 2007, bes. S. 24 – 28.
9 Friedrich II., Register, Nr. 735.
10 Gesta Federici I. imperatoris in Lombardia auctore cive Mediolanensi, S. 49.
11 Friedrich II., Register (nachfolgend im Text mit Nr. zitiert). Vgl. Giese 2008b, S. 123 f. und 127 – 129.
12 Nachweise ebd., S. 138 f.
13 Zuletzt Georges 2008, bes. S. 22 – 24 und 27; Grebner/Fried 2008.
14 Vgl. Giese 2008a, S. 255 f.
15 HB 6, 1, S. 245 f.
16 Nachweis bei Sommerlechner 1999, S. 450.
17 Vgl. Menzel 2003.
18 Chronica Albrici monachi Trium Fontium, S. 943 Z. 44 – 46.
19 Nachweise hierzu und zum Folgenden bei Rösener 2004, bes. S. 125 – 149.
20 De rebus Alsaticis ineuntis saeculi XIII, cap. 14, S. 236 Z. 15 f.
21 Die Kaiserchronik eines Regensburger Geistlichen, v. 4423 – 4429.
22 Vgl. zusammenfassend Galloni 1993, bes. S. 80 – 84.
23 Gesta Federici I. imperatoris in Lombardia auctore cive Mediolanensi, S. 59; Bonvesin de la Riva, De magnalibus Mediolani, cap. 34, S. 76 und 94/96.
24 Galvano Fiamma, Manipulus florum, cap. 326, Sp. 711 f.
25 Petrus de Crescentiis, Ruralia commoda, lib. X, cap. 13.1, S. 180 Z. 7 f.
26 Friedrich II., De arte venandi (a), P. II, 81 – 85, S. 354 – 358.
27 Vgl. Voss 1987, S. 121 Anm. 49, S. 168 f. und 170 f.; Ehlers 2008, S. 365 f.; Akasoy 2007.
28 Nachweise bei Giese 2008b, S. 133 Anm. 53 und S. 146.
29 Nachweis ebd., S. 133 Anm. 53.
30 Reg. Imp. 5,1, Nr. 291 *e.
31 Vgl. hierzu und zum Folgenden die Nachweise bei Sommerlechner 1999, S. 405 – 408, 427 und 440 f.; Giese 2010, bei Anm. 59.
32 Georges 2008, S. 120.
33 Heidelberg, Universitätsbibl., Cod. Pal. germ. 848, fol. 7r (entstanden 1305 – 1340).
34 Willemsen 1970, S. 50 Anm. 3 und S. 65 Anm. 320.

Wolfgang Spindler

Musik der Stauferzeit

„Zur Blum aus Syrierland,
mein Lied, den Gang nun lenke,
und sag ihr, die mein Herz gefangen hält,
dass sie in Höfischkeit
gar minniglich gedenke
des, der sich ganz in ihre Dienste stellt
und nun aus Minne leidet sehnende Not,
wenn er nicht ganz erfüllet, was sie gebot!
Und bitte sie in ihrer holden Güte,
dass sie ein stetes Herze mir behüte"

(Friedrich II., Canzona an eine Orientalin aus dem Gefolge seiner Frau Isabella)[1]

„Es ist die Absicht dieses Werkes,
die Dinge, die sind,
so darzustellen wie sie sind"

(Friedrich II., Einleitung Falkenbuch)[2]

Unübersehbare Bollwerke des Mittelalters: Kirchen und Burgen. Ihre Monumentalität und Dominanz ergriffen Himmel und Erde. Von hier aus regierten mit mehr oder minder starker Faust Erzbischöfe, Bischöfe oder Äbte. Die weltlich gebliebene Verwandtschaft zeigte im Stein ihrer Häuser Pracht, Prunk und Drohung zugleich. Die geistlichen Fürsten schufen den Raum des „himmlischen Jerusalem" in den hoffenden Seelen ihrer Gläubigen, die anderen hochadeligen Familienmitglieder suchten ihr Paradies schon hier auf dieser Erde einzurichten: Kleidung, Pferde, Jagd, Turniere, Schmuck, Waffen, Essen und Trinken. Aber mit den Türmen und Mauern der neuen gotischen Kathedralen erhob sich eine ebenso neue Generation von Männern und Frauen, die nicht mehr im mystischen Dunkel der romanischen Kirchen das Seelenheil in den unveränderten Schriften der Kirche suchten, sondern in den von Licht durchfluteten Räumen den Blick in die sie umgebende Welt des 12. und 13. Jahrhunderts richteten: Zum Glauben kam die Vernunft, dem Denken stellte sich die Logik zur Seite, die Suche nach der Wahrheit begann.

Himmlische Musik

Tausend Jahre der christlichen Liturgie hatten feste Formen der Kirchenmusik geschaffen. Aus dem jüdischen Erbe kamen die Psalmen, die in allen Gemeinschaften den Hauptbestandteil der täglichen Gebete bildeten. Diesen „Gesängen mit Saitenspiel" stellten sich immer mehr kirchliche Texte zu Seite, die man auf Papst Gregor den Großen (um 540 – 604) zurückführte. Ihre Melodien waren ihm, wie die Kirche lehrte, vom Heiligen Geist ins Ohr gesungen, eine Musik aus dem Paradies, geschaffen vor aller Zeit, *prius factus.* Diese durfte daher nicht mehr verändert werden. Sie ging vom Lehrer zum Schüler, von der römischen Mutterkirche ausstrahlend in alle anderen Länder. In jedem Kloster, jeder Bischofs- oder Pfarrkirche, in den Kapellen der Burgen: Überall herrschte eine wunderbare Einheit des christlichen Gesanges und damit des Gottesdienstes. Zuständig für diese Tradition waren zwar die Kantoren, aber auch fast alle Oberhirten hatten den Weg damaliger Kirchenmusiker hinter sich: Als Knaben im Chor dienend, hatten sie in den besten Lernjahren hunderte von Gesängen auswendig gelernt, lebten dann als erwachsene Geistliche voll in dieser festen Tradition. Man kannte und brauchte keine Noten zum Aufschreiben dieser Musik. Mit den Texten in den großen Chorbüchern verband sich die jahrelang auswendig gehörte und mitgesungene jeweilige Melodie.

Mit der Fülle neuer Texte, allein mit den über hundert Formen vom einfachsten bis zum feierlichsten Alleluja-Gesang, wuchs die Notwendigkeit einer Notierung. Die gelehrten Sangesmeister schrieben sich ihre Melodien als Handbewegungen neben und in die Schriften: Neumen, Handzeichen. Man erinnerte sich nun anhand dieser Schnörkel leichter an die richtige und zutreffende Melodie, aber: „Choral wurde nicht *nach* einer Notierung in einem Buch gesungen, sondern gemäß einer solchen aus dem Gedächtnis."[3]

Die Notenzeichen des frühen Mittelalters sind bis auf eines durch die revolutionäre neue Notenschrift der Stauferzeit verschwunden und vergessen. Nur die stillen Gemeinschaften der Mönche hüten heute noch dieses Erbe des frühen Mittelalters: Die Clivis oder Flexa, den vielfältigen Torculus, Porrectus, Scandicus und Climacus, das Quilisma... Nicht mehr bekannt ist die Kunst der hochvirtuosen Sänger der Kathedralen mit der Neume namens Gutturalis. Von diesem Reichtum blieb nur der Punctus, die Einzelnote. Aber diese Jahrhunderte waren genial und wohl nie mehr erreichbar in der einstimmigen Gesangsdarbietung der Berufssänger. Diese hatten stets bei herausragenden Lehrern der Kirche gelernt, die Sangeskunst auch in Form einer „Plica" darzubieten – „mit partiell geschlossener Epiglottis bei subtiler Repercussio des Kehlkopfes". So berichtet Pseudo-Aristoteles, ein anonymer Theoretiker um 1200.[4]

Diese tradierte musikalische Liturgie bestimmte auch den Gottesdienst bei Erzbischof Odo von Sully (1196 – 1208), der seinen Sitz in der neu gebauten Kathedrale von Notre-Dame zu Paris hatte, die zugleich die Kirche einer ebenso neuen Universität war, die sich aus den umgebenden Schulen gebildet hatte.

Im Verlauf des festlichen Gottesdienstes zur Weihnacht des Jahres 1198 geschah ein Ereignis, welches den Verlauf und damit die Geschichte der musikalischen Kultur völlig veränderte, bis auf den heutigen Tag. Zuständig für den zeitlichen Ablauf dieses Pontifikalamtes waren die Sänger dieser Kirche in der Choralschola. Sie boten die Texte der Gebete in der überlieferten Ordnung des Gregorianischen Chorals. Das galt aber nur für den Verlauf der Melodie. Man hatte längst entdeckt, dass die dazu streng parallel verlaufenden Stimmen in der Oberoktav oder der Oberquinte einen geradezu wundervollen neuen Klang in die hallenden Kirchenräume brachten, ja sogar die stets behauptete Anwesenheit der Engel („… mit den Engeln lasst uns singen") widerspruchslos beweisen konnte: Beim Schluss-Ton dieses Parallel-Organums erklang nämlich neben den drei von Menschen gesungenen Tönen ein vierter in der tiefen Oktave des Grundtones, den eben nur ein unsichtbarer Engel dazu geben konnte!

Damals kamen Sänger aus der Schola an die Brüstung der Sängerbühne und sangen *cum abundantia colorum armonicae artis* den Gradualgesang *Viderunt omnes fines terrae salutare Dei nostri – jubilate Deo omnis terra*.[5] Dieser Jubel bis an alle Grenzen der Erde wurde dem Chronisten nach also im „Überfluss des Schmuckes der Kunst der Harmonie" gesungen. Es war der gleichzeitige vierstimmige Zusammenklang der Stimmen, deren Einzeltöne „wie ein Uhrwerk" in untrennbarer gegenseitiger Exaktheit abliefen.[6] Vier verschiedene Melodien und trotzdem in Einheit von Zeit und Ordnung, „mächtige Strukturen in der Geschichte der mittelalterlichen Kirchenmusik ohne Vorbild".[7] Diese Strukturen prägen heute unsere polyphone Musik. Die Überlieferung erzählt vom „erschreckenden Staunen" über dieses Novum.[8]

Erzbischof Odo hatte mit diesem Gesang eine Erhöhung der Feierlichkeit gewollt und gab den Sängern dafür außerordentliche finanzielle Zuwendungen. Er bekam zum Stephanstag des folgenden Jahres ein weiteres derart kühnes und mächtiges Quadruplum. Nie mehr, so sagt die Musikwissenschaft mit Blick auf die folgenden 800 Jahre, habe der Gradualgesang diese Höhepunkte überbieten können.[9] Nach einer bisher nicht unterbrochenen Tradition der einstimmigen Melodie gab es nun die Mehrstimmigkeit. Hatte sie ihre Parallele in den immer größer wachsenden Geläuten der Stadtkirchen? Dieses überaus technisch diffizile und nur von den Berufssängern der Kathedralen beherrschbare Stimmengeflecht überrascht mit namentlich bekannten Autoren: Magister Leoninus (tätig von 1180 – 1201) und Perotinus Magnus (um 1170 – 1246). Diese beiden Kantoren hatten zwei Neuerungen der Musikpraxis in ihre auffallend mathematische Gelehrsamkeit übernommen: Erstens die Möglichkeit einer ganz exakten Notenschrift nach dem Benediktinermönch Guido von Arezzo (um 992 – 1050), der die Lehre der Geometrie und ihre Linienparallelen zu Hilfe genommen hatte, um damit Tonabstände fixierbar zu machen. Zweitens hatte man sich, wohl an der Universität zu Paris, Gedanken über die Möglichkeit gemacht, Tondauern schreiben zu können, rhythmische Werte und Pausen. Die neue Musik an Notre-Dame war also Mensuralmusik, gemessene Musik in der Zeit. Sie war trotz des Wegfalls der alten Neumen nur für die gelehrten Musiker lesbar. So konnte die Einzelnote, der Punctus, in Form einer Brevis perfekt oder imperfekt sein, also drei oder nur zwei Zählzeiten haben. Der Kantor fand dafür einen Kreis, als Symbol für die Vollkommenheit oder den imperfekten Halbkreis, als „Vorzeichen" zu Beginn seiner Notenzeile. Wollte man das Tempo verdoppeln, zog man einen Strich durch dieses Symbol. Dann gab es die Prolatio: Das Maß der Semibrevis. Als Zeichen dafür nahm man einen Punkt in Kreis oder Halbkreis zu Hilfe. Aber auch die Longa hatte ihre Werte, genannt Modus. Die Musiker kannten auch die Minima und die Semiminima. Das hohe Mittelalter erfand hiermit unsere heutige Notenschrift und ließ keine Beliebigkeit des lehrenden Kantors mehr zu.

Was nun in Paris zur feierlichen Liturgie gehörte, erklang wenig später in allen ranggleichen Kirchen Europas, den Bischofskirchen der Staufer in Deutschland, Ober- und Süditalien, denn „das neue mehrstimmige Repertoire, das die beiden Komponisten schufen, hatte ungeheuren Einfluss".[10] Noch im 14. Jahrhundert schrieb man die *Organa* von Leoninus und Perotinus ab.

Dabei stand anfangs Erzbischof Odo sicherlich gegen seinen obersten Musikwächter an Notre-Dame, Petrus Cantor, seit 1183 wohl bis 1197 amtierend. Dieser war strikt gegen die Mehrstimmigkeit und hielt sie für Sünde, wie schon vorher der oberste Zisterzienser Bernhard von Clairvaux (1090 – 1153), aber Franziskaner und Dominikaner wurden schnell begeisterte Anhänger der neuen Kunst. Odo von Sully blieb diplomatisch: Zu bestimmten, außerordentlichen Festen sei Mehrstimmigkeit erlaubt *pro ornatu*, zum Schmucke der Liturgie.

Höfische Musik

Vor den Mauern dieser Kirchen erklang die Musik der Handwerker und Bürger. In den Städten mit hohen Schulen war die vor allem nächtelang singende Welt der Scholaren zu hören, die in Beispielen wie der *Carmina Burana* auf uns gekommen ist. Johannes de Grocheo wird um 1280 in seinem *Tractatus de musica* diese neue, gotisch-erhellte Denkweise beschreiben: Eine Beschäftigung mit dem Gesang der Engel sei Sache der Theologen oder Propheten, nicht jene des Musikers.[11] Er erlaubt uns einen Blick in die *musica simplici vel civili, vulgarem musicam apellamus*. Diese Musik der einfacheren Leute war einstimmig und hatte weltliche Texte. Dagegen setzte sich deutlich die *musica composita vel regulari vel canonica* ab, die auch „musica mensurata" genannt wurde. Zur Stadtkultur gehörten die musikalischen Formen der Ductia und Stantipes (Estampien), die eine hohe Virtuosität voraussetzten. Überdies verlangte diese Kultur nun drei- bis vierstimmige weltliche Motetten, womit die Kunst der Quadrupla also auch außerhalb der Kirche praktiziert wurde. Der festlich-feierlichen Klangpracht der Kirchen wollten die hohen Höfe eben nicht nachstehen und erschufen nun eine neue Literatur. Latein blieb die Sprache der Kirche, aber die Dichter der großen „Lieder" wählten die Volkssprache: Nibelungenlied und Gudrunlied fanden in der staufischen Epoche ihre Endfassung in der allgemein verständlichen Umgangssprache.

Als Kaiser Friedrich I. im Jahr 1159 in Modena Ostern feierte, sah man die jüngeren Ritter *choreas suas luderant*, Tänze aufführen. Im Palast war es üblich, dass die Männer mit den Damen tanzten und sprangen *unt sungen ze tanze manec hübschiu liet*.[12] Die fürst-

1 Einzug Tankreds von Lecce in Palermo im Liber ad honorem Augusti des Petrus von Eboli, zwischen 1194 – 1197, Bern, Burgerbibliothek, Cod. 120.II, fol. 102r

lichen Klänge der Trompeten und Trommeln ließ man dabei gerne vor der Türe, denn die edlen Frauen ließen sich eher von Fideln, Harfen, Rotten und anderen lieblicheren Instrumenten bezaubern.

Graf Richard von Cornwall (1225 – 1272), Bruder Heinrichs III. von England, besuchte Kaiser Friedrich II. 1241 in Sizilien. Matthew Paris berichtet über die „professionellen Unterhaltungskünste am Hof", *cum delectatione inspexit ludorum ignotorum et instrumentorum musicorum*, wobei ihm vor allem die Sarazenenmädchen, *corporibus elegantes*, auffielen, die auf Kugeln tanzten, sangen und dabei auf klingenden Zimbeln und Holzklappern sich begleiteten. Er beschrieb es als, „ein wunderbares Schauspiel" (vgl. S. 338, Abb. 7).[13]

Mögen die Falken die große Liebe Friedrichs gewesen sein, die Musik hatte stets ihren unangefochten prominenten Platz im bunten Leben der damaligen Herrscherhöfe. Unnachahmlich kaiserlich präsentierte sich der Tross des Herrschers, wenn die Erde vom Tritt seines Elefanten erbebte, auf dessen Rücken Trompeten, Trommler und Pfeifer Platz fanden.

Kein festliches Mahl der geistlichen und weltlichen Fürsten in späteren Zeiten war ohne die nötige Tafelmusik, der Hof dieses Regenten wirkte vorbildhaft: Prächtig gekleidete Mohrenknaben bliesen auf silbernen Trompeten, was die Aragonesen und Anjou, „die den Kaiser überall nachahmten" sofort als Tischkultur übernahmen.[14] Bei Heinrich von dem Türlin kommen zuerst zwanzig Kämmerer und Edelknappen, dann Diener mit Kerzen, jetzt dreißig Fidler (*drizic videlaere*) zusammen mit Sängern vor der Folge von Speisen. Wirnt von Grafenberg lässt es unüberhörbarer angehen: Posaunen und Trommeln erfüllen mit lautem Schall den großen Saal. Wo hatte man *hundert harpfaere* her, *die machten da vil süezen don*?[15]

Die Zeit der Staufer zeigt uns eine klingende Welt, bei Tag und Nacht, himmlische und irdische Musik in kaum trennbarer Verknüpfung. Roger von Wendover begleitete die englische Prinzessin Isabella im Jahre 1235 zu ihrer Hochzeit mit Friedrich II. Bei der Ankunft in Antwerpen läuteten alle Glocken und die unzähligen Geistlichen sangen Freudenlieder. Bemerkenswert ist dabei die Zeile des genannten Chronisten: *magistri cujuscumque generis musicae artis cum suis instrumentis*. Von diesen Meistern der Instrumentalmusik wurde die künftige Kaiserin fünf Tage auf ihrem Weg bis Köln unterhalten. Dort hatte sich die Festregie wiederum Neues einfallen lassen: Auf den geheimnisvoll im Trockenen fahrenden Schiffen spielten *clerici suaviter modulantes cum organis bene sonantibus audientibus inauditas cum stupore fecerunt melodias*.[16] Auffallend sind hierbei zwei Hinweise: Die geistlichen Herren spielten auf wohlklingenden Orgeln und die Zuhörer wunderten sich über bisher unbekannte Melodien.

Politisch kleinere Herren zelebrierten ihre Aufzüge entsprechend einfacher, aber für das Volk doch immer wieder Aufsehen erregend, wie im Fall des ritterlichen Minnesängers Ulrich von Liechtenstein, der im Jahre 1227 von Friaul nach Kärnten zog: *der busunen lut erschal*, die Signale von zwei Trompetenbläsern neben der Fahne des Ritters, nun mehrere schöne Pferde, von Knappen geführt, jetzt Schild und Helm des rauflustigen Dichters, *dar nach ein holreblaser sluoc einen sumber meisterlich genuoc*, womit das stets bewunderte Ein-Mann-Orchester des Einhand-Flöters benannt ist, der mit der anderen Hand die Trommel schlug. Für Augen und Gemüt der Männer stellte nun Herr Ulrich zwei weiß gekleidete Mädchen in diese Reihe und *dar nach zwene fideler guot riten, die mich hoch gemuot machten: wan si fidelten ho ein reisenot*.[17] Jetzt erst folgte der optische Höhepunkt: Der Ritter im prächtigen Venuskostüm!

Bildzeugnisse erzählen ebenfalls von diesen einmaligen Erlebnissen, wie die Berner Handschrift des *Liber ad honorem Augusti* von Petrus von Eboli (Abb. 1). Sie zeigt König Tankred beim Einzug in Palermo. Bogenschützen gehen voraus, dahinter Reiter, nun eine Musikkapelle mit Trompetern, Beckenschlägern und Trommlern. Die aus glänzendem Metall gefertigten Blasinstrumente der Trompeten und Posaunen waren das unüberhörbare Zeichen der höchsten Herren, streng gehütet, ihr Spiel bei Strafe allen anderen verboten.

Klang- und Formenreichtum

Die nun angebrochene Zeit der Scholastik zeigt einen verblüffenden Reichtum an tradierten und neuen Musikinstrumenten. Darüber berichten uns zwei zutreffende Quellen: Einmal der Codex Manesse, die Große Heidelberger Liederhandschrift, und dann die Sammlung des Alonso el Sabio zu den Cantígas de Sta. Maria. Geradezu handgreifliche Bildführung zeigt die „Manesse". In dieser wichtigsten Überlieferung mittelhochdeutscher Lyrik, also nicht mehr im Latein der Kirchensprache, was ja seine Parallele in der Dichtkunst des Volgare in Italien hat, sind 140 Dichter mit 5240 Liedstrophen dokumentiert. Das gewichtige Buch von 14 Pfund zeigt uns die Ordnung der Welt: Kaiser und Könige, Herzöge, Grafen und Markgrafen, dann ritterbürtige Sänger und am Ende die Nichtadeligen, Bürger, titellose Spielleute. Wohl um 1300 entstanden, sammelt sie den ganzen Reichtum einer glanzvollen Vor-Epoche, jene der Stauferzeit. Mit Heinrich VI., dem Sohn Barbarossas und zugleich Vater Friedrichs II., beginnt die Bilderfolge. Sie „präsentiert ihn im Bild als strahlenden Herrscher und in den Versen als glühenden Liebhaber" (vgl. S. 268, Abb. 1).[18] Auf dem königlichen Blatt des Wenzel von Böhmen spielen die meistgehörten Musikinstrumente des damaligen Abendlandes ihre unüberhörbare Rolle (fol. 10r): Der Herrscher versammelt Hofbeamte, Waffen tragende Ritter und zwei Spielleute mit Fidel und Schalmei um seinen Thron. Aus dem unübersehbaren und verwirrenden Reichtum der Saiteninstrumente des frühen und hohen Mittelalters haben sich die im Codex bedachten Dichter und Spielleute drei Repräsentanten gewählt: Die im Königsdienst Lob spendende Urform unserer heutigen Violine, dann der Psalter, als das damals lebendige Erbe der Antike, weiter die baugleich auf uns gekommene Harfe.

Die oben genannte Hierarchie scheint nicht immer einhaltbar zu bleiben, denn Meister Heinrich Frauenlob, in den Endbildern des Codex anzutreffen, trägt einen überaus kostbaren Umhang von Hermelin und wird zum Lebensende ein Grab im Dom von Mainz erhalten. (Abb. 2) Auf seinem Bild steht der Fidler auf einem eigenen Teppich und die anderen Instrumente der bunt geschreckten Musikerschar schweigen: Trommel, Holzflöte, Schalmei, Psalter und Sackpfeife. Die besten dieser Truppen schafften es durchaus, in den sicheren Dienst eines Hofes zu treten, die auffallende Kleidung des Vagabunden gegen ein Dienstkleid des Gefolges zu tauschen,[19] wie man es bei Markgraf Otto von Brandenburg erkennen kann

2 Autorbild zu den Liedern Heinrichs „Frauenlob" von Meissen in der Großen Heidelberger Liederhandschrift (Codex Manesse), Zürich, 1305 bis 1340, Heidelberg, Universitätsbibliothek, Cod. Pal. germ. 848, fol. 399r

3 Autorbild zu den Liedern des Markgrafen Otto von Brandenburg in der Großen Heidelberger Liederhandschrift (Codex Manesse), Zürich, 1305 bis 1340, Heidelberg, Universitätsbibliothek, Cod. Pal. germ. 848, fol. 13r

(Abb. 3): Das Schachspiel der Herrschaft bietet die Opferzüge der Bauern zur Sackpfeife, ein Trommler in der Mitte, sein Fell mit einer Schnarrsaite aufreizend versehen, spielt hörbar die verlaufende Zeit des Kampfes mit ihrer knisternden Spannung zwischen berechneten und unerwarteten Zügen. Die kühnen Wege der ritterlichen Figuren um König und Dame aber werden von den ihrem Rang entsprechenden privilegierten golden leuchtenden Blasinstrumenten paariger Businen begleitet. Nur sie schmettern die Signale, welche die Bewegungen einer Kriegsführung lenken und leiten.

Die Maler und Bildhauer kirchlicher Darstellungen liebten Abbilder eines seit Jahrtausenden überkommenen Saiteninstruments mit dem Namen „Psalter". Dreimal spielt dieses Instrument im Codex Manesse (Abb. 4). Er wird fachgerecht mit dem Plektrum gezupft. Zither und Hackbrett sind seine heute noch baugleich tönenden Verwandten. Die verflossenen Zeiten der deutschen Romantik gaben den Minnesängern grundsätzlich eine Harfe in die Hände. Die „Manesse" zeigt sie nur zweimal: Herr Bligger hat sie nur im Wappen (Abb. 5) und ein rotgewandeter „Wilder Alexander" auf schwarzem Ross lässt das Instrument über den Zinnen seines Bildes von einer Dame spielen (fol. 412r). Eine nicht illuminierte Federzeichnung zeigt neben der Turnierszene zwei Spielleute (Abb. 6). Einer bläst ein schwer identifizierbares Blasinstrument, wohl eine Schalmei, der andere, weiblich behaubt, musiziert auf dem kleinsten Einmann-Orchester seiner Zeit: Trommel und Schwegelpfeife. Diese Schnabelflöte hat nur drei Grifflöcher und kann daher einhändig gespielt werden. Durch die Technik des Überblasens erzeugt das sehr eng mensurierte Flötenrohr aber alle nötigen Melodietöne. Die hölzerne Querflöte taucht zweimal auf, stets mit einer Fidel zusammen gespielt. Wie im Nibelungenlied steht also die Fidel unangefochten an der Spitze jener Instrumente, die von den Minnelyrikern gebraucht wurden. Ihr folgt die Schalmei, deren Klang in unserer heutigen Oboe weiter lebt. Alle Musikinstrumente der „Manesse" sind im Grunde eine nie unterbrochene Brücke in die Welt der Antike. Sie waren von Anfang an durch ihre handliche Größe und Stabilität zum Herumreisen geeignet. Auf ihnen spielte schon das Hoforchester des Königs Nebukadnezar (Daniel 3,5).

Große Feste lockten die umherziehenden Musiker in Scharen an. Wenn man von *driu hundert wälscher gigaere* liest, dazu *sehzic*

4 Psalterspieler zwischen einem Liebespaar in der Großen Heidelberger Liederhandschrift (Codex Manesse), Zürich, 1305 bis 1340, Heidelberg, Universitätsbibliothek, Cod. Pal. germ. 848, fol. 271r

5 Die Harfe im Wappen des Bligger von Steinach, Autorenbild in der Großen Heidelberger Liederhandschrift (Codex Manesse), Zürich, 1305 bis 1340, Heidelberg, Universitätsbibliothek, Cod. Pal. germ. 848, fol. 182v

tiutscher spilman die horte man da strichen, den kunde niht gelichen, öffnet sich ein Fenster in mittelalterliche Zeiten.[20] Völlig andere Klangperspektiven öffnen sich, wenn Musiker einen dauerhaften Platz erwerben können und zu den bereits vorhandenen Instrumenten neue Größen und Formen, wohl durch das Vorhandensein handwerklicher Werkstätten entwickeln können. Nun gab aber die Entstehung des Minnesangs der Kulturgeschichte lange Zeit Rätsel auf. Man wunderte sich, dass diese neue Kunst, zumindest der inhaltliche Schwerpunkt eine bisher nie gekannten Verehrung der Frau, wie ein plötzlicher Zufall vom Himmel in staufische Gefilde fiel. Das war absolut nicht die Realität. Die Wurzeln lagen damals im Westen des Abendlandes und hatten arabische Tradition. Sie werden zu einer Blüte der südfranzösischen Troubadour- und nördlichen Trouveres-Musik schon um 1125, lebten auch in spanischer Volkssprache, verdichteten sich am Hofe König Alfons X., des Weisen (Alonso el Sabio) (1230 – 1284). Hier lebten arabische, jüdische und christliche Musiker und Dichter. Beatrix von Schwaben († 1235), die Mutter des in der Kulturgeschichte ebenso einmaligen Zeitgenossen Kaiser Friedrichs II., jenes „Alonso el Sabio", kam aus dem Hause und der Kultur des Stauferhofes. Alfons' Hofleute sind ebenso bunter Herkunft wie jene am staufischen Hof in Sizilien. Sein Sohn Sancho IV. lässt uns in die Gehaltslisten blicken: 27 Spielleute, darunter 13 Mauren, 1 Jude, 12 Christen, dabei weibliche Musikerinnen. Was in den Palästen von Toledo und Sevilla erklang, lässt sich noch aus den Bildern des prachtvollen „Codex princeps" der Bibliothek „El Escorial" ersehen. Es sind Dutzende von meist doppelt abgebildeten Musikinstrumenten und kein neues Bild gleicht dem anderen. Dass auf diesen Bildern Juden, Christen und Araber zusammen musizieren (Abb. 7), verwundert nicht. Die Saiteninstrumente haben die Formen der Fideln oder der Rebecs, zeigen die nur stationär spielbaren Größen der Basslauten, geben sehr exakt gezeichnete Konstruktionen der Harfen wider. Die Blasinstrumente zeigen wohl die extraordinäre Kunst jener Virtuosen, die gleichzeitig mehrere Instrumente spielen konnten, ob in Holz oder Metall. Glockenspiele, Schlagwerke, Grifflochhörner (Zinken?), Schwegelpfeifen, übergroße Platerspiele mit gekrümmten weitmensurierten Rohren und ein geheimnisvoller Kasten mit Zugschnüren lassen die Sehnsucht wachsen,

6 Unfertig gebliebene Darstellung einer Turnierszene mit Speerkämpfern und Spielleuten zu Pferde in der Großen Heidelberger Liederhandschrift (Codex Manesse), Zürich, 1305 bis 1340, Heidelberg, Universitätsbibliothek, Cod. Pal. germ. 848, fol. 196r

diesen Klang des Mittelalters nicht nur optisch erahnen zu können. Die Miniaturen gelten insgesamt „als der bedeutendste illustrierte Musikinstrumentenkatalog des gesamten Mittelalters“.[21]

Musiker der Stauferzeit

Die Höfe der Herrscher sind die Träger dieser musikalischen Entwicklung. Die Bildungselite des staufischen Hofes in Italien war arabisch, jüdisch, griechisch und christlich. Aus der jedem Gebildeten bekannten Liturgie der Kirche nahm man aber auch die geistvolle Waffe der Parodie. So sang man gegen die Habgier des Papstes Hymnen, Litaneien und sogar Ordinariumsteile der Messe. „Geldevangelien“ erreichten durch ihren Witz schnell die Massen. Aus St. Marcus wurde die heilige „Marca“, der Cardinale zum raffgierigen „Carpinale“.[22]

Die Musik des deutsch-italienischen Stauferhofes wird in den Gestalten der Söhne des Kaisers Friedrich II. sichtbar. Enzo, der Sohn einer Unbekannten, war durch und durch gebildet, dem Vater äußerlich am ähnlichsten. Er wurde „falconello“ genannt, ein Dichter, „aus dessen Cantilenen Lebensfreude und Lebensfülle klang, selbst als der Sänger im Kerker sein Leben vertrauerte“.[23] Aber in dem anscheinend sehr offenen Gefängnis der Stadt Bologna kamen die gebildeten jungen Männer der Stadt und musizierten mit ihm. Er sammelte seine Werke und sehnsuchtsvollen Erinnerungen in Liederheften, *Va, cansonetta mia, salutami Toscana*. Dann Sohn und König Heinrich (VII.), Rebell gegen den eigenen Vater: Sänger seiner Gefolgschaft erzählten, dass er morgens, als man ihm die Rüstung abnahm, noch gesungen habe und erst abends geweint.[24] Ein weiterer Sohn, aus dem Orient mitgebracht, von einer unbekannt gebliebenen Mutter, die durchaus die Schwester Al-Kamils gewesen sein könnte, war Friedrich von Antiochia, zugleich „tapferer Krieger und Dichter zarter Kanzonen“.[25] Frucht einer hohen Zeit: „Jauchze Jerusalem, den Namen des Herrn zu verehren, weil als hehrer König einst Jesus, jetzt Kaiser Friedrich in Deinem Glanze erhöht sind.“[26] Seine Lieder waren anscheinend nicht von jenen des „Re Federigo“ zu unterscheiden. König Manfred, der Sohn Friedrichs II. aus dritter Ehe, lässt uns eine außergewöhnliche Nachricht erfahren: Pferde habe man aus Spanien, Kleidung aus Frankreich, man singe und tanze auf provenzalische Art, aber mit neuen Instrumenten aus Deutschland.[27] Seine Lieder sind ebenso verklungen wie jene seines geliebten Großkämmerers, des Grafen Manfred Maletta, „...der der Beste war und vollkommen im Erfinden von Canzonen wie im Erfinden von Melodien, der im Klingenlassen der Saitenspiele seinesgleichen in der Welt nicht hatte“.[28] Überdies hatte Manfred stets eine „Unzahl deutscher Fidler um sich“. Deren Lieder hatten die Sprache des „Volgare“, wie es anscheinend als Vorbild Petrus de Vinea gezeigt hatte.

7 Maurischer und christlicher Lautenspieler, Miniatur aus Cantigas de Santa Maria des Alfons des Weise, Kastilien, 13. Jahrhundert, Madrid, Patrimonio Nacional, Biblioteca de El Escorial b.I.2, fol. 125r

Der bedeutendste Unterschied der Hofhaltungen Kaiser Friedrichs II. in Italien gegenüber jenen in deutschen Landen war, dass die Sänger und Dichter nicht als Fahrende, nicht zum Gelderwerb diese Kunst betrieben. Die Personen waren zugleich Beamte, Träger des Königreichs. Wenn Friedrichs II. Höfe zu Palermo oder Foggia Treffpunkte der Dichter und Gelehrten Europas waren, so war die Ausstattung der sesshaften Musiker wohl entsprechend. Die Handwerksbetriebe des Kaisers, *nobiles officinae*, hatten sich von überall her die besten Meister geholt, arbeiteten mit Gold, Silber, Edelsteinen, Perlen, Elfenbein und Seide. Im Zusammenspiel des griechisch-byzantinischen, lateinischen und sarazenischen Kulturkreises entstanden die gewünschten Luxusgüter. Musik war so selbstverständlich im täglichen und vor allem feiertäglichen Leben, dass man sie nicht ausdrücklich erwähnte aber doch in Ibn Ǧubairs Reisebericht von 1182 erfährt: „Palermo [...] ist die Wiege der Kultur auf dieser Insel [...] sie verfügt über alles, was das Ohr und das Auge verzaubern kann."[29]

Venedig war überdies ein Zentrum europäischer Gebrauchsgüter höchster Güte und stets ein Mittelpunkt des Musik-Instrumentenbaus. In italienischen Städten im Machtbereich der Staufer wird schon in frühen Zeiten Musikgeschichte beschrieben. In Mailand, dem Kulturzentrum seit römischen Zeiten, wurden die Neuerungen der gotischen Musik schnell aufgegriffen. 1211 ließ Erzbischof Gerardo da Sessa dort aber unschickliches Singen, unangemessenes Instrumentalspiel und das Tanzen in der Kirche verbieten. Bei einem seiner Vorgänger um 1100 fanden *psalterio et timpano et caeteris bene sonantibus ecclesia instrumentibus* Eingang in die Liturgie, also der Klang der Psalter, gezupft oder mit Hämmerchen geschlagen, kleine Pauken, weitere „gut klingende" Instrumente.[30] Der Stadtadel neben den Kirchen pflegte mit viel Geld seine Künstler. Padua, 1164 schon eigene Stadtrepublik geworden, seit 1222 mit eigener Universität, pflegte seitdem bezeugt im Liber Ordinarius des Domes das mehrstimmige Singen und zelebrierte besonders in der franziskanischen Liturgie das *Offizium rhythmicum*, das von Julianus von Speyer um 1233 in Noten gesetzt wurde – und bis 1737 im Gebrauch blieb.[31] Vom bürgerlichen Musikleben der Stadt Brescia hören wir erst in den *Statua criminalia* von 1355, da sich die Musiker an keine nächtliche Sperrstunde hielten.[32] Bologna lässt uns etwas näher an die damalige Kultur heran, da die Quellen des 13. Jahrhunderts von den blühenden Schulen der Franziskaner und Dominikaner berichten, die neben der Universität staufischer Zeiten in *scholae puerorum* die Blüte der Musik, der Dichtkunst und des Schauspiels hervorbrachten. Giovanni Virgilio berichtet um 1200 von Gesängen und Tänzen, die öffentlich in der Stadt aufgeführt wurden. 1324 schreibt ein Cecco d'Ascoli, dass alle Bolognesen *cantatores* und *tripudiatores*, Sänger und Tänzer, seien!

Welch eine musikalische Dichte in diesen Mauern herrschte, kann man an der wachsenden Zahl von letztlich über 150 Kirchen erahnen: Glockengeläut, Orgelmusik, Sängerknaben, Choralschola, Prozessionen mit den Stadtpfeifern ...[33]

Im Stammland der Staufer ragen drei Kaiserdome in Speyer, Worms und Mainz zum Himmel. Ihre Geschichte der Musik ist noch nicht geschrieben. Aber die Innovationen staufischer Herrschaft klingen heute noch in ihren Mauern.

1 Wies 2002, S. 186.
2 Wies 2002, S. 7.
3 Flotzinger 2007, S. 143.
4 Munrow 1976, S. 12.
5 Coussemaker 1864, Bd. 1, S. 342.
6 Heinicke 2005, S.10.
7 Munrow 1976, S.12.
8 Deller 1966, Harmonia mundi.
9 MGG 5, S.659.
10 Munrow 1976, S. 11.
11 Hickmann 1971, S.76.
12 Bumke 1986, S. 309/310.
13 Bumke 1986, S. 303.
14 Kantorowicz 2003, S. 242.
15 Bumke 1986, S. 255, 257, 307.
16 Bumke 1986, S.290/291.
17 Bumke 1986, S. 292.
18 Schneidmüller 2006.
19 Ulsamer/Stahmer 1973, S 21.
20 Bumke 1986, S. 307.
21 MGG 2 1995, S. 385.
22 Kantorowicz 2003, S. 379.
23 Kantorowicz 2003, S. 359.
24 Kantorowicz 2003, S. 311.
25 Kantorowicz 2003, S. 483.
26 Kantorowicz 2003, S. 158.
27 Kantorowicz 2003, S. 258.
28 Kantorowicz 2003, S. 258.
29 Schubert 2009, S. 8/9.
30 MGG 5 1996, S. 1582.
31 MGG 7 1997, S. 1313.
32 MGG 2 1995, S. 141.
33 MGG 2 1995, S. 23 – 25.

Werner Rösener

Klosterwirtschaft und Stadthöfe. Innovative Stadt-Land-Beziehungen in der Stauferzeit

1. Strukturwandlungen im Hochmittelalter

Die Frage nach den Innovationsregionen im hochmittelalterlichen Europa lenkt den Blick zunächst auf die allgemeinen Strukturwandlungen, die Wirtschaft, Gesellschaft und Herrschaft im 12. und 13. Jahrhundert erlebten.[1] Das Hochmittelalter war geprägt von einer Aufschwungsphase, die zu starken Veränderungen in Agrarwirtschaft, Handwerk und Handel führte und in Mitteleuropa eine Periode der Urbanisierung einleitete. Nach Wilhelm Abel fand im Hochmittelalter eine solche Intensität des Wandels in Stadt und Land statt, dass seit dieser Zeit eine Zäsur gesetzt werden kann, die „das Zeitalter der (relativ) autarken Hauswirtschaft von dem Zeitalter der arbeitsteilig gegliederten Verkehrswirtschaft" scheidet.[2] Die Bevölkerung wuchs seit der Mitte des 11. Jahrhunderts in erheblichem Maße und vermehrte sich in den Hauptländern Europas bis zum ausgehenden 13. Jahrhundert um das Zwei- bis Dreifache. Diese starke Bevölkerungszunahme trieb den Landesausbau weiter voran: Wälder wurden gerodet, Sumpfgebiete trockengelegt und neue Ackerflächen geschaffen, um der anwachsenden Bevölkerung genügend Nahrungsmittel zur Verfügung zu stellen. Aufgrund der großräumigen Landerschließung, der Ausweitung des Getreidebaus und der Intensivierung der Agrarwirtschaft konnte auch die Versorgung der zunehmenden Bevölkerung der expandierenden Städte gewährleistet werden. Zwischen Stadt und Land entstand auf diese Weise während des Hochmittelalters eine Arbeitsteilung, bei der sich das Land auf die Produktion und den Absatz von Agrarerzeugnissen konzentrierte und die Städte zu Zentren von Handel und Gewerbe wurden. Die Ausweitung der Marktvernetzung, die Zunahme des Geldumlaufs und der Aufschwung der Stadtwirtschaft führten letztlich dazu, dass das Stadium der frühmittelalterlichen Naturalwirtschaft endgültig überwunden wurde und sich eine arbeitsteilige Verkehrswirtschaft ausbreitete.

Im Kontext dieser allgemeinen Veränderungen in Wirtschaft und Gesellschaft kam es während des Hochmittelalters in den einzelnen Regionen zu markanten Wandlungen in der Agrarverfassung.[3] Das alte Fronhofsystem zerfiel und die Grundherren lösten die Villikationen, in denen auf den Fronhöfen lange Zeit Eigenwirtschaft betrieben worden war, weitgehend auf. Mit dem Übergang von der Fronhofwirtschaft zum überwiegenden Zins- und Rentensystem waren freiere Formen der Landnutzung verbunden, die den Grundherren eine aktive Gütererwerbspolitik und lukrative Methoden der Agrarökonomie ermöglichten. Alte Reichsabteien wie St. Gallen, Lorsch und Fulda gerieten im Zuge dieses Wandels der Grundherrschaftsverfassung häufig in große finanzielle und organisatorische Schwierigkeiten. Die Grundherrschaft der Abtei St. Gallen erlebte im 12. und 13. Jahrhundert einen einschneidenden Wandlungsprozess, der folgenreiche Auswirkungen auf die Klosterökonomie hatte.[4] Unter dem Einfluss der expandierenden Märkte löste sich das St. Galler Villikationssystem besonders im 12. Jahrhundert allmählich auf, die grundherrliche Eigenwirtschaft auf den Fronhöfen wurde zunehmend reduziert und das Salland der Höfe gegen Zinsleistung verliehen. Während des 12. und 13. Jahrhunderts transformierte sich die St. Galler Klosterökonomie so von einer villikationsmäßig geprägten Bewirtschaftungsform zu einer Rentengrundherrschaft, bei der die Einziehung der bäuerlichen Natural- und Geldabgaben im Vordergrund stand. Durch diesen Strukturwandel ihrer Grundherrschaft geriet die Reichsabtei St. Gallen in eine schwere Krise, die lange nachwirkte und die Substanz des Klosterbesitzes angriff.

Markante Krisensymptome sind in der Mitte des 12. Jahrhunderts auch in der bedeutenden Grundherrschaft der Abtei Fulda zu beobachten, als Abt Markward (1150 – 1165) durch einschneidende Reformen die hohen Besitzverluste des Klosters einzudämmen und den unaufhaltsamen Zerfallsprozess der Villikationen zu steuern versuchte. Fulda war ebenso wie St. Gallen stark durch Reichsdienste belastet und hatte heftige Auseinandersetzungen mit seinen Vasallen und Ministerialen durchzustehen, so dass die Abtei mit ihren ausgedehnten Besitzungen im Laufe des 12. Jahrhunderts in eine schwere ökonomische und politische Krise geriet. Die großen wirtschaftlichen Schwierigkeiten der Abtei werden in dem instruktiven Rechenschaftsbericht deutlich, den Abt Markward damals zur Lage der Fuldaer Fronhöfe und Güterkomplexe abgefasst hat.[5] Darin schildert er mit klaren Worten, wie die Ministerialen und Vasallen des Klosters einen großen Teil der Erträge der Fronhöfe aufzehren, jeweils die besten Hufen innerhalb der Villikationen an sich reißen und sie als erbliche Lehen beanspruchen. Benachbarte Magnaten hätten außerdem viele Klostergüter und Villikationen geraubt und wollten sie als Benefizien innehaben. Die Bauern nähmen selbstständig Rodungen in den Klosterwäldern vor und legten dort Dörfer an. Von neuen Einkünften der Abtei Fulda durch

1 Mönch beim Kornmähen, Initiale aus Moralia in Job des hl. Augustinus, Cîteaux, Anfang 12. Jahrhundert, Dijon, Bibliothèque Municipale, Ms. 170, fol. 75v

Beteiligung an den expandierenden städtischen Märkten und von lukrativen Erträgen durch Nutzung der sich verstärkenden Stadt-Land-Beziehungen ist aber keine Rede.

2. Der Erfolg der Zisterzienserklöster

Im Unterschied zu den alten Benediktinerabteien mit ihrer überlebten Fronhofsverfassung nutzten die Zisterzienser und andere Reformorden die neuen wirtschaftlichen Chancen, die sich im Hochmittelalter boten. Die Ausbreitung der sich auf eigenbewirtschaftete Höfe (Grangien) stützenden Zisterzienserklöster vollzog sich im 12. Jahrhundert mit einer erstaunlichen Geschwindigkeit.[6] Obwohl das Stammkloster Cîteaux erst 1098 in Burgund gegründet worden war, gehörten im Jahre 1151, zwei Jahre vor dem Tod Bernhards von Clairvaux, schon 333 Abteien dem stark expandierenden Reformorden an. Ein Jahrhundert später, gegen Ende der Stauferzeit, waren weitere 314 Niederlassungen hinzugekommen, so dass der Zisterzienserorden 1251 bereits 90 Prozent der endgültigen Gesamtzahl an Klöstern erreicht hatte.

Welches sind die Gründe dieser fulminanten Ausbreitung der Zisterzienser? Neben den religiösen Faktoren, wie der Anziehungskraft der zisterziensischen Spiritualität, und personalen Momenten, wie der Ausstrahlung der Persönlichkeit Bernhards von Clairvaux, waren es offenbar besondere wirtschaftliche, soziale und politische Faktoren, die während des 12. und 13. Jahrhunderts die schnelle Ausbreitung des Zisterzienserordens verursachten.[7] Der beeindruckende Reichtum vieler Zisterzienserabteien im 13. Jahrhundert weist darauf hin, dass die Expansion des Ordens nicht zuletzt auch eine Folge besonderer ökonomischer und organisatorischer Elemente war. Durch ihr Engagement in Agrarwirtschaft, Landesausbau und Handel waren die Zisterzienserklöster intensiv an der Ausweitung der Marktbeziehungen und dem Aufschwung der Stadtwirtschaft beteiligt und profitierten sichtbar von den Auswirkungen des hochmittelalterlichen Wirtschaftsaufschwunges, wie an der Grangienwirtschaft, der Handelsaktivität und den Markbeziehungen von zwei mittelrheinischen Zisterzienserklöstern gezeigt werden soll. Nur durch eine aktive und innovative Beteiligung an den vielfältigen Wirtschaftschancen der Stauferzeit konnten die Zisterzienser genügend Grundbesitz, Rohstoffe und Geld für den Aufbau ihrer mitgliederstarken Konvente gewinnen (Abb. 1).

Der Aufstieg der Zisterzienserklöster wurde im 12. und 13. Jahrhundert auch durch die politische Unterstützung begünstigt, welche die Stauferherrscher den Zisterziensern gewährten. Die Stauferkönige haben die Zisterzienserklöster in ihrem Herrschaftsbereich besonders durch Zoll- und Handelsprivilegien in ihrer wirtschaftlichen Entwicklung gefördert.[8] Eine Durchsicht der Königsurkunden der Staufer zeigt, dass ein großer Teil der von Königen und Kaisern erteilten Zollprivilegien Zisterzen gewährt worden ist. Mit vorsichtiger Zurückhaltung wird man sagen können, dass die Zisterzienserklöster seit der zweiten Hälfte des 12. Jahrhunderts einen nicht zu übersehenden Faktor im Wirtschafts- und Handelsleben des Stauferreiches darstellten und dieser nicht nur auf den lokalen und regionalen Marktverkehr beschränkt war. Diese vielfach recht auffälligen Handelsaktivitäten großer Zisterzen haben in der Forschung lange Zeit keine entsprechende Beachtung befunden. Zwar wurde die Erlangung von zahlreichen Zollprivilegien registriert, aber das Interesse an den Gründungsgeschichten der Zisterzen und an der agrarwirtschaftlichen Fundierung der Klöster stand in der Regel so stark im Vordergrund, dass die Handels- und Zollpolitik keine gleichwertige Berücksichtigung fand. Für die westdeutschen Zisterzienserklöster erlangte der Rhein mit seinen Nebenflüssen Mosel, Main und Neckar seit dem ausgehenden 12. Jahrhundert eine zunehmende Bedeutung als wichtigster Verkehrs- und Handelsweg Mitteleuropas, der zugleich eine zentrale Verbindungsfunktion nach Flandern und England besaß.

Nachdem bereits Konrad III. die Zisterzienser stärker in seine Politik einbezogen hatte, wiesen die ersten Regierungsjahre Friedrichs I. Barbarossa eine dichte Serie von Privilegien für oberdeutsche und burgundische Zisterzen auf.[9] Zwar ist dann im Zuge der Auseinandersetzungen zwischen Kaiser Friedrich I. und Papst Alexander III. kein vollständiger Bruch in diesen Beziehungen erfolgt, aber eine Belebung und Zunahme von Kaiserurkunden für die Zisterzienser setzte besonders in der Zeit um 1180 ein und riss dann bis zum Tode Heinrichs VI. im Jahre 1197 nicht mehr ab. Eine Intensivierung der Kommunikation der Zisterzienser mit den Staufern begann wieder mit dem Regierungsantritt Friedrichs II. In den acht Jahren seines ersten Aufenthalts im deutschen Reichsteil ist in dichter Folge eine große Zahl von Urkunden und Privilegien durch den Stauferkönig für deutsche Zisterzienserklöster ausgestellt worden, so dass man auf enge Beziehungen schließen kann, die Friedrich II. zum Zisterzienserorden unterhielt. Aufschlussreich für das nahe Verhältnis des Kaisers zum Zisterzienserorden ist auch die Tatsache, dass Friedrich II. im Jahre 1250 kurz vor seinem Tode die graue Kutte der Zisterzienser anlegte.[10]

Im Kontext dieses engen Verhältnisses der Zisterzienser zu den Staufern ist auch die kaiserliche Schirmvogtei zu sehen, die die Stauferherrscher im 12. und 13. Jahrhundert zeitweise über die deutschen Zisterzienserklöster beanspruchten.[11] Die kaiserliche Schirmvogtei (*defensio imperialis*) erreichte vor allem bei den Zisterzienserklöstern in Südwestdeutschland, dem Kernraum der Staufer, eine besondere Ausprägung. Die Schirmherrschaft der Stauferkaiser, die in den Königsurkunden mit Ausdrücken wie *protectio imperialis* oder *defensio specialis* bezeichnet wird, ist im 12. und 13. Jahrhundert bei Salem und Maulbronn am stärksten vertreten. Beide Abteien liegen in Gebieten, in denen die staufische Reichslandpolitik bedeutende Erfolge erzielte und in denen die Stauferherrscher auch in der Lage waren, die unter ihrer Schirmvogtei stehenden Zisterzienserklöster durch reichsministerialische Beamte und Schultheißen schützen zu lassen: Salem im staufisch beherrschten Gebiet des Bodensees und Oberschwabens, Maulbronn im Raum zwischen Rhein und Neckar, der mit Reichsgut und Reichsrechten durchsetzt war. Die Zisterzen Herrenalb, Schönau und Bebenhausen wurden dagegen nicht nur vom König und seinen Reichsbeamten geschützt, sondern es waren vor allem die Stifterfamilien und benachbarte Herrengeschlechter, die als *defensores* den Schirm ausübten.

3. Grangienwirtschaft und Stadthöfe als innovatorische Elemente der Zisterzienser

In der „Carta Caritatis" und in den frühen Statuten des Zisterzienserordens wurden Wirtschaftsprinzipien formuliert, die für alle Zisterzienserklöster verbindlich sein sollten.[12] Zu diesen Wirtschaftsvorschriften zählen vor allem die Eigenwirtschaft der Klöster auf ihren Höfen und Werkstätten sowie die Verpflichtung aller Klosterangehörigen zur Handarbeit. Die Zisterzienser sollen ihren Lebensunterhalt durch körperliche Arbeit in der Landwirtschaft verdienen und Grangien einrichten, die von Konversen bebaut werden. Ausdrücklich werden diejenigen Einkünfte genannt, die den Zisterziensern untersagt sind; hierzu zählt man neben den Einnahmen aus Kirchen- und Altarpfründen vor allem Rentenbezüge aus grundherrlichen Gütern und Rechten wie Zehnten, Dörfern und Mühlen sowie Abgaben höriger Bauern. Die Zisterzienser lehnten also in ihren ursprünglichen Grundsätzen mit Entschiedenheit die grundherrliche Wirtschaftsverfassung der älteren Benediktinerabteien ab und verlangten für ihre Neugründungen eine klösterliche Eigenwirtschaft abseits vom Getriebe der Welt.

Von entscheidender Bedeutung für die tatsächliche Entwicklung von Zisterzienserabteien war die Frage, ob Neugründungen in altbesiedelten oder in Rodungsgebieten vorgenommen wurden. Neuere siedlungshistorische Untersuchungen haben gezeigt, dass die ältere Auffassung von den Zisterzen als ausgeprägten Rodungsklöstern nicht haltbar ist, da die Zisterzienserklöster nur in wenigen Fällen in völliger Wildnis errichtet wurden. Mit der Gründungslage der Zisterzienserklöster und den unterschiedlichen Voraussetzungen in Alt- und Neusiedelgebieten ist zugleich die Frage verknüpft, in welchem Ausmaß sich die Zisterzienser an Rodung und Landerschließung beteiligten. Man muss bei dieser Problematik die Tatsache bedenken, dass im 12. Jahrhundert viele Zisterzienserklöster in altbesiedelten Räumen wie Zentralfrankreich, England, Oberitalien und Westdeutschland gegründet wurden, wo der Landesausbau bereits weit vorangeschritten war und keine großen Rodungsflächen mehr zur Verfügung standen. Der Anteil der Zisterzienser an der Landerschließung war daher in diesen Ländern weit geringer als die ältere Forschung annahm.[13]

Mit welchen Methoden wurden die Grangien, die Nahtstellen der zisterziensischen Klosterwirtschaft, errichtet, wenn sie in vielen Fällen nicht auf Rodungsland aufbauen konnten? In neueren Untersuchungen zum Grangiensystem und zur Grundbesitzentwicklung süddeutscher Zisterzienserklöster konnte aufgezeigt werden, dass die Klöster ihre größtenteils im Altsiedelland gelegenen Grangien durch eine planmäßige Gütererwerbsstrategie aufbauten.[14] Auf der Basis von zahlreichen Käufen, Tauschhandlungen und Schenkungen vergrößerten die Mönche ihren Landbesitz im

Umkreis der Grangien, arrondierten die Ackerflächen und suchten möglichst zusammenhängende Hofgemarkungen herzurichten. Bei der Vergrößerung von Hofflächen schreckten die Zisterzienser auch nicht davor zurück, zielbewusst Bauernland aufzukaufen, Bauernhöfe und Dörfer niederzulegen und den so gewonnenen Boden dem Grangienland hinzuzufügen.

Die Errichtung von Grangien durch umfangreiche Güterkäufe erforderte zweifellos beträchtliche Geldmittel. Aufgrund einer effizienten Bewirtschaftung ihrer Eigenbauhöfe konnten die Zisterzienser beachtliche Überschüsse an Getreide, Wein und Viehprodukten erzielen und gewinnbringend auf den Märkten benachbarter Städte absetzen. Das gewonnene Geldkapital wurde dann in die Grangienwirtschaft investiert und zum Ankauf weiterer Landflächen verwandt. Der Absatz von Vieh und Fleisch spielte neben dem Getreideverkauf eine wichtige Rolle, da den Zisterziensern aufgrund der strengen Speisevorschriften des Ordens der Fleischgenuss untersagt war. Rinder- und Schafherden bildeten wertvolle Bestandteile vieler Grangien, wie sich aus Inventaren ergibt; einerseits trugen Viehherden zu einer besseren Düngung der Ackerflächen bei, und andererseits sorgten sie für einen optimalen Zugtierbestand bei der Feldbestellung. Neuartig war auch die erstaunliche Größe vieler Grangien. Die durchschnittliche Flächengröße der südwestdeutschen Grangien betrug etwa 170 bis 200 Hektar; sie erreichten damit in der Regel die vier- bis fünffache Größe von hochmittelalterlichen Herrenhöfen,[15] die im Durchschnitt nur 30 bis 40 Hektar umfassten. Die Wirtschaftshöfe der Zisterzienser stellten somit hinsichtlich Größe, Landausstattung und Arbeitskräftebedarf innovative Betriebsformen dar, die sich deutlich von den Fronhöfen der älteren Grundherren und den kleinen Hofstellen der Hufenbauern unterschieden.

Die produktive Bewirtschaftung der Grangien, die hohe Überschüsse an Getreide, Wein und Viehprodukten entstehen ließ, brachte viele Zisterzienserklöster unaufhaltsam in engen Kontakt zu den Märkten der benachbarten Städte, die im Hochmittelalter mächtig expandierten. Unrealistische Vorstellungen von der weltabgewandten Lage der Zisterzienserklöster und restriktive Bestimmungen der Ordensstatuten zum Marktbesuch haben oft den Blick dafür verstellt, dass die Zisterzienser schon früh intensive Beziehungen zu den Märkten der benachbarten Städte pflegten. Für ihre umfangreichen Landkäufe benötigten die Zisterzen beträchtliche Geldmittel, die sie vor allem durch den Verkauf von Agrarprodukten auf den Märkten gewinnen konnten. Der große Erfolg der zisterziensischen Klosterwirtschaft und die schnelle Ausbreitung des Ordens lassen sich nur vor dem Hintergrund dieser engen Wirtschaftsverflechtung der Klöster mit den aufblühenden Städten verstehen. Nahtstellen dieser erfolgreichen Vernetzung waren die zisterziensischen Stadthöfe, die seit der Mitte des 12. Jahrhunderts in vielen Städten bezeugt sind und in der nachfolgenden Zeit eine zunehmende Bedeutung für den Absatz von Klosterprodukten und den Einkauf von Waren gewannen.[16] Neben Agrarprodukten wie Getreide und Wein spielten manchmal auch gewerbliche Erzeugnisse eine bedeutende Rolle in den Handelsbeziehungen der Zisterzienserklöster. Jede Zisterze besaß bekanntlich im Klosterbezirk eine Reihe von Werkstätten, in denen Laienbrüder und Klosterbedienstete Rohstoffe verarbeiteten und Artikel wie Schuhe, Kleidungsstücke und Gebrauchsgegenstände des alltäglichen Bedarfs herstellten.

4. Grangien und Stadthöfe der Zisterzienser im Mittelrheingebiet

Anhand der Grangien und Stadthöfe der beiden Zisterzienserklöster Eberbach und Schönau können die innovativen Elemente der zisterziensischen Klosterwirtschaft im Mittelrheingebiet der Stauferzeit exemplarisch verdeutlicht werden. Das Kloster Eberbach im Rheingau, das 1136 gestiftet wurde, gehörte zu den frühesten Gründungen der Zisterzienser im rechtsrheinischen Deutschland.[17] Eberbach entwickelte sich dank der Unterstützung durch die Erzbischöfe von Mainz und den mittelrheinischen Adel zu einem bedeutenden Kloster, das in vielen Orten seiner Umgebung reich begütert war und in der Zeit um 1200 über einen Konvent von mindestens 300 Mönchen und Konversen verfügte. Überblickt man die Besitzentwicklung der Abtei Eberbach im 12. Jahrhundert, so nehmen zuerst die Schenkungen geistlicher und weltlicher Herren die wichtigste Stelle beim Ausbau des Eberbacher Grundbesitzes ein (Abb. 2).

2 Grangien und Besitzungen des Zisterzienserklosters Eberbach bis 1250

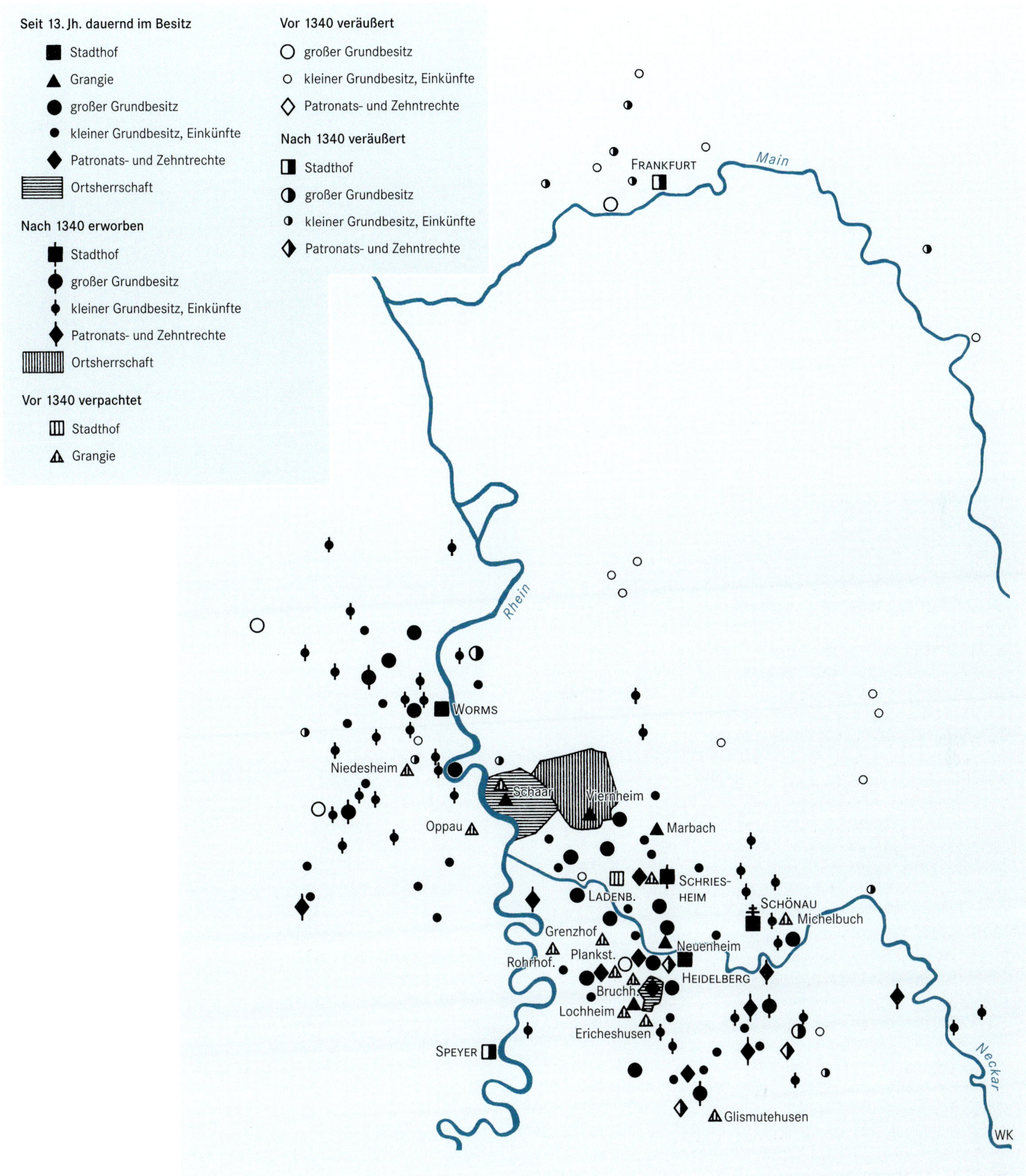

3 Der Besitz des Zisterzienserklosters Schönau im Spätmittelalter

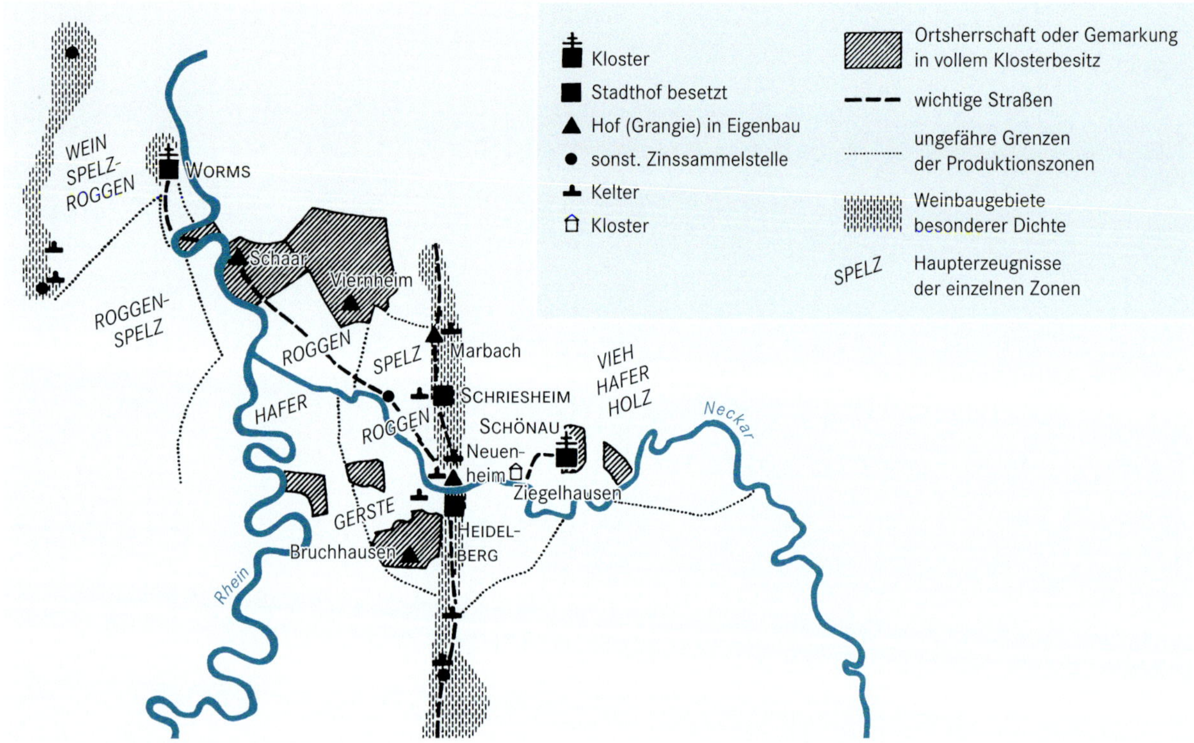

4 Produktionszonen, Verwaltung und Verkehrslage der Besitzungen des Klosters Schönau um 1550

Mit der zunehmenden Vergrößerung des Konvents wuchs der Bedarf an Klosterbesitz und Einkünften, so dass dringend weitere Güter erworben werden mussten. Auf der Grundlage der Frühausstattung bemühten sich die Eberbacher Mönche auch besonders darum, Grangien aufzubauen und sie mit Hilfe ihrer Laienbrüder und Lohnarbeiter rationell zu bewirtschaften. Gemäß der Papsturkunde von 1163 war Eberbach im Besitz von zwölf Grangien, die teils im näheren Umkreis der Abtei im Rheingau, teils in der weiteren Umgebung bis in die Darmstädter Gegend und weit nach Rheinhessen hinein lagen. Im Laufe der Zeit kamen noch weitere vier Grangien hinzu, so dass Eberbach gegen Ende des 13. Jahrhunderts eine Gesamtzahl von 16 Grangien aufwies.

In wirtschaftlicher Hinsicht leisteten die Eberbacher Grangien zweifellos einen wichtigen Beitrag zur Agrarwirtschaft des Mittelrheingebiets, da sie hervorragend ausgestattet waren und über große Hofflächen verfügten. Naturgemäß standen bei diesen Grangien der Getreideanbau und die Viehwirtschaft im Mittelpunkt der Hofökonomie. Die Eberbacher Höfe waren nicht nur in der Lage, den Klosterhaushalt mit genügend Getreide zu versorgen, sondern konnten auch beträchtliche Mengen an die Märkte benachbarter Städte abgeben. Neben der Getreideproduktion war die Erzeugung marktfähiger Überschüsse an Wein ein besonderes Kennzeichen der Eberbacher Zisterzienser. Ihr Kloster war in starkem Maße auf den Weinbau ausgerichtet und zählte zu den Hauptlieferanten des Kölner Weinmarktes. Obwohl nur ein relativ kleiner Teil der ausgedehnten Klosterbesitzungen für den Weinbau genutzt wurde, bildeten die Erlöse aus dem Weinverkauf schon im Hochmittelalter eine Haupteinnahmequelle des Eberbacher Finanzetats. Die Verschiffung der Weinfässer erfolgte seit dem 12. Jahrhundert vom nahe am Rhein gelegenen Kloster Reichartshausen mit klostereigenen Schiffen, die von den Zollprivilegien des Klosters profitierten.[18]

Wichtige Nahtstellen der Beziehungen Eberbachs zu den Städten und Märkten der näheren und weiteren Umgebung waren die Stadthöfe, die Eberbach zielorientiert in elf Städten einrichtete, wobei die Stadthöfe in Mainz, Frankfurt und Köln die größte Bedeutung besaßen.[19] Schon 1162 bestätigte Papst Alexander III. der Abtei Eberbach den Besitz eines Stadthofes in Köln; im Jahre 1177 wird auch bereits ein Eberbacher Stadthof (*curia*) in Mainz genannt. Während des 12. und 13. Jahrhunderts erhält man immer wieder Urkundenhinweise zum Eberbacher Hof in Köln, der sich in günstiger Lage nahe dem Rheinufer befand und über umfangreiche Gebäude mit Vorrats- und Wirtschaftskomplexen verfügte.[20]

Das Kloster Schönau bei Heidelberg, das 1142 vom Wormser Bischof Burchard II. gegründet wurde, erhielt seinen ersten Konvent vom Mutterkloster Eberbach.[21] Es stand demnach in der Filiation von Clairvaux und hatte zu Schwesternabteien Otterberg, Arnsburg in der Wetterau und Val Dieu in Luxemburg. Versuche, die alte Benediktinerabtei Lorsch zu einer Tochterabtei von Schönau umzuwidmen, scheiterten 1231. Dieser Plan offenbart aber zugleich die Überlegenheit der Zisterze Schönau mit ihren modernen Wirtschaftsformen. Zu den frühen Wohltätern Schönaus gehörte der vom Wormser Bischof belehnte Adel im Neckartal. Aus diesen Wurzeln stammte die Grundausstattung der Abtei im Steinachtal, entlang der Bergstraße und auf dem Neckarschwemmkegel. Die Schutzherrschaft des Wormser Bischofs über Schönau wurde eine Zeitlang durch die kaiserliche Schutzvogtei abgelöst; von 1184 an dominierte aber bereits der Schirm des sich am unteren Neckar festsetzenden rheinischen Pfalzgrafen. Schönau wurde Grablege und Hauskloster der Pfalzgrafen, die ihre Schirmherrschaft über die zum reichsten Kloster ihres Territoriums aufsteigenden Zisterze jahrhundertelang ausübten.

Bis zur Mitte des 13. Jahrhunderts war die Schönauer Wirtschaftstätigkeit vor allem auf den Aufbau eines leistungsfähigen Grangiensystems ausgerichtet.[22] In Konzentration auf den unteren Neckarraum entstanden die großen Grangien des Klosters mit einer leistungsfähigen Ökonomie in Ackerbau, Viehzucht und Weinbau. Außerhalb der 14 Grangien erstreckte sich der Streubesitz in unterschiedlicher Dichte bis an den Rand des Pfälzer Waldes. Die Schönauer Besitzungen wiesen insgesamt eine von ihrer Frühgeschichte her angelegte Ausrichtung auf die Verkehrsachse von Heidelberg nach Worms auf und erfassten damit den Kernraum der Wormser Diözese. Der Odenwald als nahes Waldgebirge und zur Gründungszeit noch in der Erschließung stehendes Rodungsgebiet spielte für die Schönauer Mönche nur eine periphere Rolle (Abb. 3).

Für den Absatz der Schönauer Wirtschaftsproduktion an Getreide, Wein und Gewerbeerzeugnissen hatten die Stadthöfe in Heidelberg, Worms, Speyer und Frankfurt eine eminente Bedeutung und legten die finanzielle Basis für den zunehmenden Reichtum des Klosters.[23] Schönau war bereits in der zweiten Hälfte des 12. Jahrhunderts so weit entwickelt, dass es nicht nur mit den Städten enge Wirtschaftskontakte aufnahm, sondern in den Städten auch Häuser und eigene Niederlassungen erwarb.

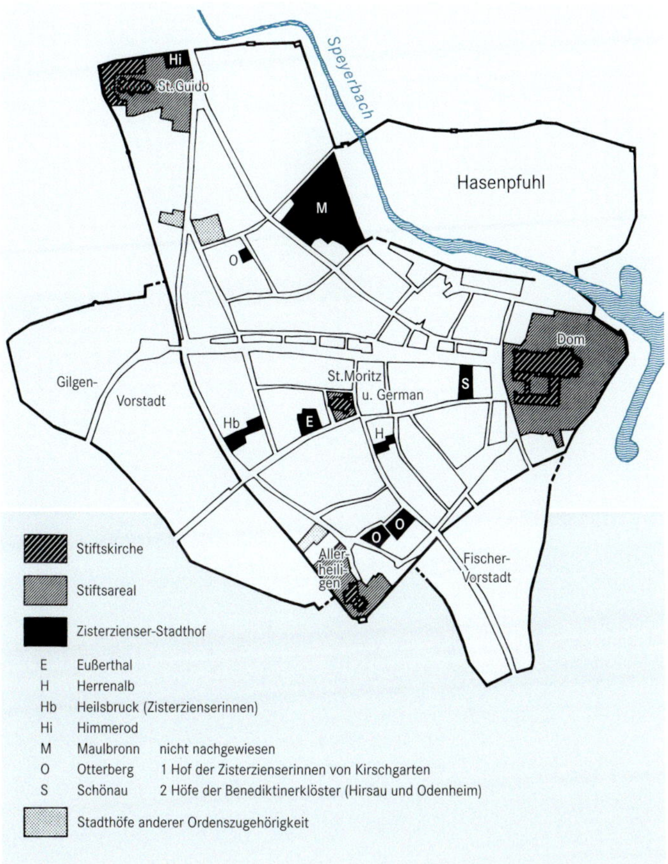

5 Stadthöfe der Klöster in Speyer

Der früheste Besitz eines Stadthofes der Schönauer Mönche lässt sich in Heidelberg in der Zeit um 1200 nachweisen.[24] Neben dem Immobilienbesitz erwarb sich Schönau in Heidelberg auch bereits früh die Verfügungsgewalt über die Neckarfähre, ferner Privilegien für die freie Ein- und Ausfuhr seiner Erzeugnisse. Die pfalzgräflichen Privilegien gestatteten den zollfreien Verkauf der Klosterprodukte und vor allem den freien Weinausschank. Hinzu kam der hohe Wert des Heidelberger Stadthofes als Vorratslager, da in unruhigen Zeiten das Inventar und die Vorräte der Grangien auf dem flachen Land leicht räuberischen Übergriffen ausgesetzt waren (Abb. 4).

Nur wenig später als in Heidelberg müssen die Schönauer Mönche sich auch in Worms festgesetzt haben. Im Jahre 1216, bei der ersten urkundlichen Erwähnung, diente der Wormser Stadthof dem Pfalzgrafen bereits als Quartier, was auf eine stattliche Ausstattung des Hofes mit Räumen schließen lässt. Die folgenden Jahre ergaben umfangreiche Vergrößerungen des Hofes durch Schenkungen von Wormser Bürgern und durch planmäßige Ankäufe der Schönauer Mönche.[25] Die Freiheiten des Wormser Hofes hingen eng mit der Einsetzung des Schönauer Abtes als Konservator päpstlicher Privilegien für die Stadt Worms zusammen; sie waren jedoch nicht so weitgehend wie in Heidelberg. Das Kloster Schönau besaß in Worms Bürgerrecht und konnte seine Produkte dort zollfrei einführen und lagern. Der Verkauf von Klosterprodukten war dagegen an die übliche Ungeldabgabe gebunden. Zum Schönauer Hof gehörte bereits 1263 eine Kapelle; es ist anzunehmen, dass schon längere Zeit vorher ein Priestermönch im Pfleghof saß, wie dies später mehrmals bezeugt ist. 1277 ist vom Pfleger (*procurator*) des Schönauer Konvents im Wormser Hof die Rede. Im Spätmittelalter fungierten Schönauer Priestermönche ebenfalls oft als Verwalter des Wormser Hofes, wobei mindestens drei von ihnen zu Äbten des Klosters aufstiegen.[26] Man ersieht daraus die große Bedeutung, die der Wormser Stadthof für die Abtei Schönau hatte.

In Speyer scheint Schönau ebenfalls früh zu einem Hof und bürgerlichen Rechten gekommen zu sein (Abb. 5). Im Jahre 1224 wurden seine dortigen Zoll- und Steuerfreiheiten durch den Bischof bestätigt; 1241 wird ausdrücklich ein Verwalter (*magister curie*) des Schönauer Stadthofes in Speyer erwähnt.[27] Zum Hof gehörte eine Kapelle, für die verschiedene Speyerer Bürger Messen stifteten. Auch in der bedeutenden Handelsmetropole Frankfurt besaß Schönau schon im 13. Jahrhundert einen wichtigen Pfleghof, zu dem neben den Vorratsgebäuden auch eine Kapelle gehörte. Der Schönauer Stadthof lag am Kornmarkt und war das später unter dem Namen „Zum Fraß" bekannte Gebäude, das der Abtei Schönau eine wichtige Präsenz am Messestandort Frankfurt verschaffte.[28] Gegenüber den vier Stadthöfen in Heidelberg, Worms, Speyer und Frankfurt hatten die Häuser der Abtei Schönau in den kleineren Städten kaum eine Bedeutung. Erwähnenswert ist lediglich der Schönauer Hof in Ladenburg, der während des 13. Jahrhunderts allmählich durch Zusatzkäufe verstärkt wurde. Er bildete einen relativ ansehnlichen Komplex und diente auch als Verwaltungszentrum für Schönauer Besitzungen.[29]

Fragt man nach diesem Überblick über die Stadthöfe der Zisterzienserklöster Eberbach und Schönau nach der Funktion dieser Höfe im Spannungsfeld von Stadt und Land, so muss man zunächst feststellen, dass man von mehreren Funktionen auszugehen hat. Stadthöfe waren zweifellos auch Absteigequartiere der Klöster und ihrer Repräsentanten am Sitz des Diözesan- und Landesherrn, wie dies bei den Schönauer Höfen in Heidelberg und Worms deutlich zu erkennen ist. Die wichtigste Aufgabe der zisterziensischen Stadthöfe war aber die des Absatzes klösterlicher Agrarprodukte, die dort gelagert und dann im Klein- und Großhandel auf den städtischen Märkten abgesetzt wurden. Die beträchtliche Zunahme der Stadtbevölkerung und der Boom der Stadtwirtschaft im 12. und 13. Jahrhundert verschafften den sich ausbreitenden Zisterzienserklöstern hervorragende Absatzmöglichkeiten für Agrarprodukte, die auf ihren effizient geführten Grangien erzeugt wurden.[30] Für die anwachsende Stadtbürgerschaft war insbesondere die Versorgung mit Getreide wichtig, das in größeren Mengen von den innovativ betriebenen Grangien der Zisterzienser geliefert werden konnte. Wein und Produkte der Viehwirtschaft fanden neben dem Getreide ebenfalls einen festen Kreis von Abnehmern in den Städten. Die Einordnung der zisterziensischen Klosterwirtschaft in die sich entwickelnden Stadt-Land-Beziehungen erfolgte dabei in Etappen und war abhängig vom Entwicklungsgrad der jeweiligen Region. Die Stadthöfe der Zisterzienser im Mittelrheingebiet erfüllten, wie gezeigt wurde, eine wesentliche Funktion im Absatz von Agrarprodukten und waren Bindeglieder zwischen ländlicher Agrarwirtschaft und städtischer Welt mit ihren Handels- und Gewerbeformen. In Einzelfällen lässt sich sogar eine Zuordnung von Grangien in Stadtnähe und einem Stadthof in der jeweiligen Stadt erkennen. Einige Stadthöfe der Zisterzienser übernahmen im Laufe der Zeit auch Verwaltungsfunktionen für Klosterbesitzungen im Umkreis der Städte.

1 Vgl. Rösener 1996, S. 70 – 95.
2 Abel 1967, S. 54.
3 Rösener 1991b, S. 557 – 566; Abel 1967, S. 46 – 56.
4 Rösener 1989, S. 174 – 197.
5 Ebd., S. 195.
6 Vgl. Lekai 1958, S. 47 – 57.
7 Rösener 1996, S. 71.
8 Vgl. Schulz 1979, S. 29 – 59; Schich 1979, S. 133 – 168.
9 Schulz 1982, S. 165 – 193.
10 Ebd., S. 165.
11 Rösener 1974, S. 24 – 52.
12 Higounet 1980, S. 345 – 368; Rösener 1979, S. 60 – 93.
13 Rösener 1996, S. 82.
14 Rösener 1982, S. 137 – 164.
15 Ebd., S. 147.
16 Schneider 1979, S. 11 – 28; Rösener 2007, S. 85 – 99.
17 Vgl. Mossig 1978; Schnorrenberger 1977; Rösener 1999, S. 21 – 37.
18 Schnorrenberger 1977, S. 163.
19 Rösener 2007, S. 93.
20 Vgl. Steinwascher 1981, S. 22 – 29.
21 Vgl. Schaab 1963; Rösener 1975, S. 1 – 16.
22 Schaab 1975a, S. 10.
23 Vgl. Schaab 1963, S. 94 – 99.
24 Ebd., S. 94.
25 Ebd., S. 95.
26 Ebd., S. 95.
27 Ebd., S. 95.
28 Ebd., S. 96.
29 Ebd., S. 96.
30 Vgl. Rösener 2007, S. 98.

Eduard Sebald

ein hausz ist ein gut sicherheit …[1] Staufische Wohn- und Profanbauten in Mainz, Worms und Speyer

Im Unterschied zur weitgehend erforschten romanischen Sakralarchitektur der Städte Mainz, Worms und Speyer fehlen moderne bauhistorische Untersuchungen der zeitgenössischen Profanbauten. Dies mag der Tatsache geschuldet sein, dass nur vier mehr oder minder vollständig erhalten sind – zwei in Mainz und je einer in Worms und Speyer. Gemessen an der Zahl nachgewiesener Bauten standen in Mainz, als größter Stadt, anscheinend die meisten, doch mahnt die äußerst spärliche und daher zufällige Befundlage zur Vorsicht – zumal die beiden anderen Städte im 12. und 13. Jahrhundert ebenfalls wichtige Zentren des Rhein-Main-Neckar-Raums waren, wie u. a. die häufigen Aufenthalte staufischer Herrscher vornehmlich in Speyer und Worms bezeugen. So erhoben sie Speyer zu ihrer *houbestat*, zu einem ihrer wichtigsten Stützpunkte.[2] Und von der Bedeutung der Stadt Worms kündete das Stadtprivileg Friedrichs I. Barbarossa auf der berühmten Bronzetafel über dem Nordportal des Doms. Im Folgenden sollen der Bestand erhaltener und bekannter romanischer Profanbauten dargestellt und Gemeinsamkeiten aufgezeigt werden.

Betrachtet man eine der ältesten Stadtansichten von Mainz – den Holzschnitt Franz Behems von 1565 (Abb. 1) –, fällt die hohe Zahl spätgotischer Putzbauten mit Treppengiebeln oder steilen Dächern auf, daneben viele Fachwerkhäuser, die z. T. auf der rheinseitigen Stadtmauer aufsitzen. Romanische Massivbauten mit flacher Dachneigung sind kaum abgebildet bzw. schwer zu identifizieren. Mag dies in Details auf den eher geringen Genauigkeitsgrad der Abbildung zurückgehen, so gibt sie doch grundsätzlich die Situation im 12./13. Jahrhundert wieder, denn Massivbauten bildeten schon damals die repräsentative Ausnahme der vornehmen Oberschicht. Das Gros der Einwohnerschaft wohnte in Fachwerkhäusern, die nicht mehr erhalten sind. Die Wertschätzung der Massivbauten spiegelt sich u. a. in jüngeren Hausbeschreibungen, in den oftmals ausdrücklich auf ein *steinern Haus* hingewiesen wird.

Die Gruppe der Wohnbauten führt das „Haus zum Stein“ (Weintorstraße 1, Abb. 2) an, das älteste und zugleich einzig erhaltene Wohnhaus der drei Städte.[3] Der 1747 als „höchstes und ältestes Haus in Mainz“[4] bezeichnete Bau stand in einem weitläufigen, dreiseitig umbauten Hofareal in der Nähe des südöstlichen Abschnitts der spätrömischen Stadtmauer, die Erzbischof Hatto in der Zeit um 900 ausgebessert bzw. ausgebaut hatte. Das 1238 im Besitz eines *Eberhardus de Lapide* (daher der Name) vermeldete, ursprünglich dreigeschossige Haus entstand Ende des 12. Jahrhunderts über längsrechteckigem Grundriss. Älteste Bauteile sind die gequaderten Kanten, die gesamte Nordmauer mit Fenstern im ersten Obergeschoss und die Südmauer bis zum ersten Obergeschoss. Um 1250 wurde es erweitert und erhöht, was u. a. an Ziergliedern, wie Säulchen etc., ablesbar ist. Im 16. Jahrhundert erhielt das Bauwerk eine neue Geschossteilung, neue Rechteckfenster sowie ein Giebeldach. 1981 – 1983 wurden die unteren Geschosse und ihre Details nach Befund rekonstruiert, aber auch zwei neue Obergeschosse aufgesetzt, was einer spekulativen Erfindung gleichkommt.

Ursprünglich war der turmartige Wohnbau durch die starke Kantenquaderung und die vermutlich anfangs vorhandene Zinnenbekrönung wehrhaft instrumentiert. Das nur wenig unter Bodenniveau eingetiefte Untergeschoss aus kleinteiligem Kalksteinmauerwerk erreicht eine Höhe von rund 2 m und wird an der Straßenseite von zwei monolithen Schlitzfenstern ca. 1 m über dem Boden belichtet. Dagegen setzen sich die beiden oberen Geschosse mit unterschiedlichen Höhen (4 – 5 m) markant ab. Der Haupteingang befand sich im Hochparterre, erreichbar über einen Treppenanbau, der im Unterschied zu heute an der Nordseite anlag. Im ersten Obergeschoss der nördlichen Giebelwand sind zwei über je einem Pfeiler gekuppelte Doppelarkaden eingelassen. Von ähnlichen Arkaden fanden sich an den anderen Seiten die Sohlbänke, so dass die Fenster analog rekonstruiert wurden. Charakteristische Details an den Säulen der Obergeschosse sind die Basen mit Eckspornen und die Kapitelle in Würfelform, daneben die in Rollen auslaufenden Kämpfer, u. a. mit Spiralmuster, die die Datierung bestätigen. Trotz Verlusten und Um- bzw. Ausbau ist das „Haus zum Stein“ eines der seltenen Beispiele eines wehrhaften Stadtwohnbaus der Romanik in Deutschland und darüber hinaus frühester patrizischer, stadtherrlicher Architektur.

Ebenso interessant wie stattlich war ein Wohnhaus in der ehemaligen Bocksgasse 27, das hinter dem Chor der barocken Ignazkirche nahe dem Rheinufer stand.[5] Es wurde 1879 abgetragen, als die heutige Templerstraße bis zur Rheinstraße verlängert wurde. Vor dem Abriss entstand ein Foto (Abb. 3), F. Harx erstellte ein

1 Mainz, Ansicht der Rheinfront, Holzschnitt von Franz Behem, aus: Almanach Meyntzisch von 1565, Stadtarchiv Mainz BPS 12 B

Aufmaß. Der Wohnbau hatte drei Geschosse mit zwei Dachgeschossen hinter dem bauzeitlichen Stufengiebel der Südseite. Die Fassade zur Bocksgasse zierte eine schwache Kantenquaderung. Dazwischen öffneten sich im Untergeschoss und im ersten Obergeschoss je zwei nachtäglich eingebrochene bzw. erweiterte Rechteckfenster mit Mittelpfosten. Im zweiten Obergeschoss saßen Fenster mit einer Kleeblattrahmung, die ursprünglich vorhandenen Doppelarkaden fehlten. In den leicht aus der Achse gerückten Fenstern des ersten Giebelgeschosses wurden zwei weitere Doppelarkadenfenster von Kleeblattbogen umfangen. Im Scheitel war ein längliches Rundbogenfenster eingelassen, nochmals aus der Achse gerückt. Singulär waren die hölzernen Laubengänge der Rheinseite, die eine freie Sicht über die in unmittelbarer Nähe verlaufende Stadtmauer gewährten. Freilich ist nicht zu klären, ob die später beseitigten Aufbauten bauzeitlich waren. Die Unregelmäßigkeit der Giebelseite untermauert diese Skepsis.

Im Inneren war das nur wenig eingetiefte Untergeschoss balkengedeckt, vergleichbar dem des Hauses zum Stein. Der Raum wurde von einer Arkadenreihe mittig halbiert. Auch der Wohnbereich in den beiden Obergeschossen war ursprünglich durch Zwischenwände in zwei Schiffe geteilt. Eine Rundbogentür mit flankierender Doppelarkade verband beide Räume im Hochparterre. Hier lag auch der rückwärtige Eingang. Das ehemalige Haus in der Bocksgasse kann mit seinen gerahmten Doppelarkadenfensterreihen und dem Treppengiebel mit kölnisch-niederrheinischen Wohnbauten der ersten Hälfte des 13. Jahrhunderts verglichen werden, wovon das Kölner „Overstolzhaus“ das bekannteste ist. Insofern wurde eine Datierung um 1240/1250 vorgeschlagen. Auch die längsteilende Zwischenwand verweist auf diesen Kunstkreis, wie das Beispiel des ehemaligen erzbischöflichen Palasts in Köln zeigt. Ein räumlich näheres und noch bestehendes Vergleichsbeispiel ist das sogenannte „Graue Haus“ in Winkel, das dendrochronologisch um 1170/1180 datiert wird.[6] Ob die Raumteilung tatsächlich einen eigenen Bautyp mit Zwischenwand indiziert und typisch für gehobene Immunitätsbauten ist,[7] sei dahingestellt. Das Haus in der Bocksgasse soll jedenfalls zum Templerhof gehört haben.

Neben diesen beiden komplett erhaltenen oder dokumentierten Wohnbauten sind vier weitere nur in Resten greifbar. Durch die Bombardierung der Stadt im Zweiten Weltkrieg trat in der Mailandsgasse 3 knapp hinter der Stadtmauer und nördlich des Doms an einer den Markt mit dem Rhein verbindenden wichtigen Verkehrsachse die nördliche Giebelwand eines stattlichen Hauses zu Tage, die kurz danach abgetragen werden musste.[8] Sie gehörte zu einem ursprünglich dreigeschossigen Giebelhaus über leicht verzogenem Rechteckgrundriss. Das Bruchsteinmauerwerk aus Kalkstein wies an den Kanten Quaderungen auf. Der Bau verfügte über einen Zugang mit äußerem Treppenanbau. Innen lag der Untergeschosskeller mit flachem Tonnengewölbe nur wenig tiefer als das Außenniveau. Das unbelichtete Geschoss diente der Einlagerung von Vorräten oder Waren, die beiden oberen Geschosse Wohnzwecken, wie u.a. Kamine zeigten. Das Hochparterre diente als Hauptwohngeschoss mit einer Raumhöhe von 4 m. In seiner Giebelwand waren der Rundbogeneingang eingelassen, daneben zwei überkuppelte Doppelarkaden, die von Bogenblenden umfasst wurden. An der Innenseite waren Sitznischen ausgebildet, die Fenster waren verschließbar (mit Holzläden). Das erste Obergeschoss war mit einer Deckenhöhe von 2,5 m verändert: Ursprünglich hatte es ebenfalls ein Doppelarkadenfenster. Der Dachraum wurde durch

2 Mainz, Haus zum Stein, Ansicht von Süden

3 Mainz, Bocksgasse 27, Templerhof, historische Aufnahme vor 1877

ein weiteres reich verziertes Doppelfenster aus zwei Monolithen in einer Kleeblattblende belichtet. Den Scheitel zierte ein Vierpass aus einem weiteren Sandsteinmonolith. Der Aufriss mit Blendelementen und der Arkadenfenstertyp mit achteckiger Mittelsäule, Basen mit Eckzehen und Kapitellen in Kelchknollenform zeigen die Datierung in die Zeit um 1250 an.

Wesentlich reicher ausgestattet war offenbar das sogenannte „Haus des Kalonymos". Reste davon fanden sich in einer Abschlussmauer des Gebäudekomplexes des Reichsklarenklosters, die 1904 abgetragen wurde. Geborgen wurden Teile der Bauplastik, die heute im Landesmuseum Mainz aufbewahrt werden – u.a. ein skulptierter Fenstermittelpfeiler (Abb. 4) und ein Giebelsturz mit Kreuz aus Kerbschnittkreuzen. An der Stirnseite des Pfeilers ist ein nackter Mann im ¾-Profil dargestellt, der möglicherweise in einer angedeuteten Landschaft liegt. Über dem Kopf mit stilisiertem Haar ist ein Tondo mit einem zweiten Kopf en face gezeigt. Das Relief wurde als „Traum Adams" gedeutet, aus dem Eva hervorgeht, die im Tondo über ihm schwebt.[9] Die Seiten des Pfeilers sind mit Flechtband geziert. Am profilierten Kapitell ist über der Szene ein Adler reliefiert, der für das Verständnis des Pfeilers von Bedeutung ist. Der Fensterpfeiler wird traditionell ins 11. Jahrhundert datiert und mit einem jüdischen Haus in Verbindung gebracht.[10] Allerdings legt der Stil der Bauplastik eine Datierung in die zweite Hälfte des 12. Jahrhunderts nahe. Gleiches gilt für den architektonischen Rahmen, denn ein solch opulenter Fensterpfeiler einer Doppelarkade wird kaum vor dem 12. Jahrhundert entstanden sein. Schließlich spricht auch das Adlerkapitell sowohl für die Zuschreibung an den eher christlich geprägten Kulturkreis als auch für die Datierung. Zu fragen ist hier, ob der Adler zur alttestamentlichen Szene des Traums Adams gehört oder als weltliches Emblem gedeutet werden kann, gleichwohl sprechen beide Deutungen gegen eine Zugehörigkeit zu einem Haus des jüdischen Kalonymos. Insofern wurde der Pfeiler zu Recht als Teil eines (Patrizier-?)Hauses mit reicher Ausstattung gedeutet.[11] In diesem Kontext ist darauf hinzuweisen, dass der Adler als Hoheitszeichen der deutschen Regenten gilt und erst von den Staufern als solches verstärkt benutzt wurde. Sein Auftreten an einem Wohnhaus – noch dazu an einem repräsentativen Fenster – spricht für einen höhergestellten Bauherren und einen bedeutenden Bau.

Daneben sind noch zwei kleinere Bauten fassbar: So stand neben dem oben genannten Haus in der Mailandsgasse 3 vermutlich ein weiterer Massivbau (Mailandsgasse 5), von dem nur zwei Vollgeschosse belegt sind.[12] Und unter dem Haus in der Mitternachtsgasse 3 ist ein quadratischer, kreuzgratgewölbter Keller mit zentraler Mittelstütze erhalten, der vielleicht nachträglich gewölbt wurde. Die Formen legen eine Datierung ans Ende des 12. oder an den Anfang des 13. Jahrhunderts nahe.[13] Möglicherweise ist der Keller eines der wenigen Zeugnisse eines Bürgerhauses.

Offenbar gehörten zu den Wohnbauten und Hofanlagen auch steinerne Nutzbauten, von denen zwei bekannt sind. In der Nähe des Holzturms und direkt hinter der Stadtmauer ist in der Gallusgasse 7 ein heute nicht mehr bestehendes ehemaliges Hinterhaus nachgewiesen, das um 1250 datiert wird.[14] Der gedrungene Rechteckbau besaß ein Unter- und ein Hochparterregeschoss, darauf ein flaches Satteldach. Im Unterschied zu den Wohnbauten lag der Zugang im Untergeschoss. Das Hochparterre wurde durch je ein rechteckiges Zwillingsfenster in der Nord- und der stark gestörten Südgiebelwand belichtet, die beiden Langseiten waren wahrscheinlich ohne Öffnungen. Gesims und Rahmen des Fensters waren aus Gelbsandstein, ebenso dessen Mittelstütze. Ein wichtiger Befund

4 Mainz, sog. Haus des Kalonymos, Fensterpfeiler, Landesmuseum Mainz, Inv. Nr. S 3091

ist der Riegelkanal in der Laibung, der zeigte, dass die Fenster gesichert werden konnten. Der Dreiecksgiebel hatte unten eine quadratische Öffnung, am Nordgiebel folgte ein Doppelarkadenfenster in einer Rundbogenblende. Innen ist zwischen Unter- und Hochparterregeschoss eine Balkendecke durch Balkenlöcher gesichert, zudem ruhten die Deckenbalken auf Längsunterzügen. Die Treppe lag im Hausinneren, auch dies ein Unterschied zu den Wohnbauten. Die Balkendecke über dem Hochparterre lag auf Konsolen auf, sie stand vermutlich mit dem Dachwerk in konstruktiver Verbindung. Wegen des fehlenden Obergeschosses diente der bescheidene Bau vermutlich als Lager- und Vorratshaus. Ob die Sicherung der Fenster anzeigt, dass hierin besondere Waren bzw. Güter des nahen, später untergegangenen Mauritiusstifts bewahrt wurden, kann nicht überprüft werden.

An der vom Dietmarkt, dem heutigen Schillerplatz, zur ehemals römischen Rheinbrücke führenden Hauptstraße stand an der Stelle der heutigen Zeughausgasse 4 ein im Kern mittelalterlicher Bau im Umfeld des 1601 – 1610 errichteten Zeughauses.[15] Der gedrungene Rechteckbau wies als Besonderheit an der rückseitigen Giebelmauer Fischgrätmauerwerk auf. Die „opus spicatum" genannte Mauerweise wurde auch an Teilen der mittelalterlichen Stadtmauer beobachtet. Ins Untergeschoss führte eine Rundbogentür, recht hoch im Obergeschoss lag ein kleines querrechteckiges Fenster mit Steingewände, im flachen Dreiecksgiebel folgten zwei kleine Plattenfenster. Der Standort an einer wichtigen Verkehrsachse, sowie Grund- und Aufriss legen eine Deutung als Speicherbau des 12./13. Jahrhunderts nahe. Möglicherweise stand er auch mit den Schiffsmühlen in Zusammenhang, die vor dem in der Nähe stehenden Mühlentor der Stadtmauer im Rhein lagen.

Neben den patrizischen Wohn- und Wirtschaftsbauten bildeten „geistliche" Wirtschaftshöfe, u.a. Niederlassungen auswärtiger Klöster, eine zweite Gruppe. In Mainz sind drei frühe Beispiele nachgewiesen. In der Himmelsgasse 9 erhebt sich der „Erbacher Hof", ursprünglich der 1177 ersterwähnte Hof des Zisterzienserklosters Eberbach im Rheingau (Abb. 5).[16] Am zweigeschossigen Hauptbau konnten die Gründungspfähle des Südflügels dendrochronologisch auf 1197 datiert werden, der Nordflügel ist wahrscheinlich im Kern älter. Ungewöhnlich ist der große Keller, der als zweischiffige Pfeilerhalle angelegt ist – möglicherweise ein Hinweis auf eine Nutzung als Weinlager. Der Mittelbau mit einer der heiligen Anna geweihten Kapelle entstand um 1250. Der giebelständige Bau mit dreibahnigem Maßwerkfenster im oberen Kapellengeschoss wird von Strebepfeilern an der Stirnseite flankiert. In der Kapelle, einem dreijochigen, kreuzrippengewölbten Rechteckraum, sind originale Blattkapitelle und die bauzeitliche Ausmalung erhalten.

In der Heiliggrabgasse 2 war die Kommende „Zum Heiligen Grab" des erstmals 1281 nachweisbaren Johanniterordens beheimatet.[17] Noch 1968 wurde die spätromanische Kapelle mit Dreikonchenchor abgetragen. Die markante Form verwies auf Kölner Vorbilder und indizierte eine Entstehung in der ersten Hälfte des 13. Jahrhunderts. Ein wohl dreigeschossiger Wohnturm, der hypothetisch ans Ende des 12. Jahrhunderts datiert wurde, ist nur durch Bildquellen überliefert.

Der dritte Klosterhof des frühen 13. Jahrhunderts ist der des Klosters Arnsburg (Grebenstraße 8).[18] Der Name erinnert an das

5 Mainz, Kapelle des Hofs Eberbach, Ansicht von Norden

Zisterzienserkloster in der Wetterau, das das Anwesen 1312 vom Bamberger Domkapitel kaufte. Bedeutendster Rest der älteren Hofanlage ist der rechteckig abschließende, tonnengewölbte Chor der Bernharduskapelle des frühen 13. Jahrhunderts.

Die dritte wichtige Bauaufgabe der Profanarchitektur, öffentliche bzw. städtische Bauten, prägte das repräsentative Bild einer Stadt entscheidend mit. In Mainz ist mit dem wohl bald nach 1236 begonnenen „Heilig-Geist-Hospital" (Rentengasse 2) das älteste Bürgerspital Deutschlands erhalten (Abb. 6).[19] 1236 hatte Erzbischof Siegfried III. die Verlegung des in der Nähe des Doms gelegenen domstiftischen Hospitals an den Rhein verfügt, 1244 wurde dessen Verwaltung an den Stadtrat übertragen. Nach 1462, als Mainz wieder vollkommen unter erzbischöfliche Gewalt und das Hospital unter die Oberaufsicht des Domkapitels gelangte, wurde in der Nordhälfte eine zweischiffige, das Obergeschoss einbeziehende Halle mit Netzgewölben und zwei- bzw. dreibahnigen Maßwerkfenstern eingezogen. Weitere bauliche Eingriffe erfolgten kurz nach 1860, so auch 1862, als das ehemalige Ostportal in den Nordquerarm des Doms vor die Gotthardkapelle versetzt wurde. 1975 wurden verschiedene romanische Dreibogenfenster recht be-

6 Mainz, Heilig-Geist-Hospital, Ansicht von Nordwesten

denklich rekonstruiert – auch der Zinnenkranz, der allein auf der Stadtansicht von Merian von 1633 basiert, ist skeptisch zu bewerten. Zuletzt wurde der Bau 1998/1999 restauriert.

Der zweigeschossige Putzbau mit Schauseite zum Rhein und hohem Walmdach erhebt sich über einem Rechteckgrundriss. Ursprünglich stand er mit knapp der halben Schmalseite vor der Stadtmauer. Im späteren 13. Jahrhundert wurde ein ausbauchendes Stadtmauerstück aus Sicherheitsgründen um das Spital „gelegt". Die Südostecke bildete dabei mit einem halbrund auskragenden Chörlein einen Vorsprung. Das Äußere wird durch Lisenen an den Kanten und den Wandflächen sowie Bogenfriesen gegliedert, den oberen Abschluss bildet ein umlaufender Zinnenkranz. In jede Seite waren Stufenportale eingelassen. Ursprünglich saßen im Untergeschoss und an den Schmalseiten Rundbogenfenster, im Obergeschoss Drillingsfenster in Kleeblatt- oder Stufenblenden.

Innen erstreckte sich anfangs eine Pfeilerhalle aus sieben quer gerichteten Schiffen zu vier Jochen über das gesamte Untergeschoss. Nach dem Umbau von 1462 blieben die drei südlichen Schiffe übrig. Im Obergeschoss lagen weitere Krankensäle und die o. g. Kapelle. Das Mainzer Heilig-Geist-Hospital ist trotz der Veränderungen des 15. und 19. Jahrhunderts ein bedeutendes Zeugnis städtischer Kultur der Mitte des 13. Jahrhunderts. Wenig später entstand das 1277 genannte Rathaus am Brand. Auf dessen Nebenhaus, der „Rente zum Loneck", geht der Name Rentengasse zurück. Wichtige städtische Funktionen waren also an der rheinseitigen Mauer vereint, in unmittelbarer Nähe des Heilig-Geist-Hospitals.

Wenngleich nur wenig erhalten blieb, ermöglicht der Bestand an Profanbauten mit der gebotenen Vorsicht interessante Einblicke in die Wohnkultur in Mainz im 12. und 13. Jahrhundert. Offenbar gehörten die Mainzer Wohnbauten zum Typ des süddeutschen Hauses, in dem, im Gegensatz zum niederdeutschen Haus, die Wohnungen primär im Obergeschoss lagen. Das Untergeschoss diente in der Regel wirtschaftlichen Zwecken. Da zumindest in Rheinnähe Hochwassergefahr bestand, waren die Häuser meist nicht unterkellert, die Waren lagerten entweder im Untergeschoss oder über den Wohngeschossen. An den Speicherbauten überrascht, dass auch deren Fenster künstlerisch gestaltet waren. Den Typ „wehrhafter Wohnbau" mit weitem, ummauertem Hof repräsentiert das „Haus zum Stein" aus dem späten 12. Jahrhundert, Wohntürme, wie z. B. der Frankenturm in Trier, sind nicht nachzuweisen. Schließlich ist das Heilig-Geist-Hospital ein überregional bedeutendes Zeugnis des sozialen Lebens.

Bislang wenig beachtet blieb der Umstand, dass nahezu alle genannten Bauten nahe der Stadtmauer standen und dass die meisten zeitgleich mit dieser in der ersten Hälfte des 13. Jahrhunderts errichtet wurden. Im Einzelfall reichen die Verbindungen möglicherweise bis in die Mauertechnik. Die mittelalterliche Stadtmauer von Mainz wurde großteils um 1200 begonnen. In die Vorgeschichte war Friedrich I. Barbarossa direkt involviert. Die Stadt und ihre Bürgerschaft profitierten in der ersten Hälfte des 12. Jahrhunderts vom allgemeinen Aufschwung der Städte.[20] Die positive Entwicklung fand 1160/1163 ein abruptes Ende, als Erzbischof Arnold von Selenhofen im Streit mit Ministerialen seines Erzstifts im Juni 1160 im Kloster St. Jakob vor der Stadt erschlagen wurde. Zuvor hatte Friedrich 1153 Erzbischof Heinrich I. absetzen und seinen Kanzler Arnold aus dem Ministerialengeschlecht Selenhofen gegen den Willen der Stadt zum Erzbischof erheben lassen. Nach dem Verbrechen wurde Mainz im Juli 1160 exkommuniziert, 1161 folgte der päpstliche Bann und drei Jahre später, im April 1163, ging Friedrich gegen die Aufrührer und die Stadt vor: Er enthob sie ihrer Privilegien und ließ die weitgehend erhaltene spätantike und um 900 von Erzbischof Hatto ausgebesserte Stadtmauer als „äußeres Zeichen" großteils zerstören.[21] Mainz war faktisch unbewehrt, auch während des berühmten Reichsfests Barbarossas auf der Maaraue im Jahr 1184 und während des Mainzer Reichstags im Jahr 1188. Erst um 1200 sind Bauarbeiten an der Mauer nachweisbar: Bis Mitte des 13. Jahrhunderts wurden u.a. die südliche Vorstadt Selenhofen einbezogen und an der Rheinfront die Mauer zwischen der Mailandsgasse und der Mühlpforte sowie am Ausgang der Zeughausgasse über die Linie der alten Hatto-Mauer zum Rhein hin verschoben. U.a. die unteren Geschosse des rheinseitigen Eisenturms neben dem Heilig-Geist-Hospital werden um 1240 datiert. Dass die geographische und chronologische Nähe nicht auf der zufälligen Befundlage beruht, belegen einige Bauten mit konkreten Bezügen zur Stadtbefestigung. Aber schon vor dem Neubau der Mauer waren die Bauten offenbar auf die Rheinseite konzentriert, wie ein prominenter Zeuge, Otto von Freising, Mitte des 12. Jahrhunderts beschrieb: „Die genannte große und mächtige Stadt liegt am Rhein und ist auf der Seite, mit der sie ihn berührt, dicht bebaut und bevölkert, auf der anderen Seite aber leer, hat dort nur wenige Bewohner, hat lediglich die starke, mit nicht wenigen Türmen bewehrte Mauer, die sie umgibt. Die Stadt ist ungeheuer in die Länge gestreckt und nicht sehr breit. Diese Gestalt ist ihr von der Örtlichkeit aufgezwungen, denn auf der nach Gallien zu gelegenen Seite beengt sie eine mäßige Anhöhe, auf der anderen, nach Germanien schauenden Seite der Rhein. Daher ist sie in der Nähe des Rheins von feinen Gotteshäusern und weltlichen Bauwerken bedeckt und bietet sich nach dem Berge zu dem Weinbau und anderen Nutzungen an."[22] Die Beschreibung des Bischofs und der Bestand des 13. Jahrhunderts legen die These nahe, dass man schon im 12. und 13. Jahrhundert bestrebt war, die Schauseite der Stadt am Rhein zu errichten, nicht nur aus geographischen sondern vermutlich vornehmlich aus repräsentativen Gründen.

Im Unterschied zu Mainz sind die Bestände von Worms und Speyer derart dezimiert, dass keine Aussage zu Form und Verteilung der Bauten in den Städten gemacht werden kann. Dies liegt wohl in erster Linie an den Verwüstungen des Pfälzischen Erbfolgekriegs. Ältere Stadtansichten, wie der sogenannte „Kipfelsau-Plan", die älteste Stadtansicht Speyers aus der ersten Hälfte des 16. Jahrhunderts, und die Ansicht Sebastian Münsters von Worms aus der Zeit um 1550, belegen den ehemals reichen mittelalterlichen Bestand.

In Worms ist nur die nördliche Giebelwand eines zweigeschossigen, unterkellerten Eckhauses mit Dreiecksgiebel und Satteldach (Römergasse 44, Abb. 7) aus der Zeit um 1200 erhalten.[23] Das heute steinsichtige Quadermauerwerk wird an der rechten Seite von der charakteristischen Kantenquaderung begrenzt. In der Fläche sind drei romanische gekuppelte Fenster mit Überfangbogen und ein gotisches Doppelfenster aus der Zeit um 1300 unregelmäßig angeordnet.

In Speyer steht die Ruine des ehemaligen Hauptbaus des „Retscherhofs" (Große Himmelsgasse 3a, Abb. 8).[24] Die Hofanlage des 1241 genannten Patriziergeschlechts ist erstmals 1289 als *curia Sifrids Retzelin* bezeugt und wurde nach 1800 endgültig abgetragen. Der lang gestreckte, nur wenig unter Laufniveau eingetiefte Rechteckbau hatte ursprünglich vier Geschosse, heute sind noch die Umfassungsmauern dreier Geschosse vorhanden. Der Putzbau war im Untergeschoss durchfenstert (in gotischer Zeit verändert). Im Hochparterre sitzen an der nördlichen Langseite zwei weit auseinander liegende Doppelarkadenfenster der Bauzeit in Kleeblattbogenblenden, ansonsten jüngere Rechteckfenster. Im ersten Obergeschoss folgen fünf Doppelarkadenfenster in Kleeblattbogenblenden und zwei angespitzte Bogenblenden, in die Blendbogen sind Vierpässe einbeschrieben. Die Dreiecksgiebel saßen auf vorkragenden, profilierten Giebelfüßen. Innen ist ein großer Kamin bemerkenswert. U.a. die Form der Arkadenfenster und die fein profilierten Fenstergewände sprechen für die Datierung um 1240/1250.

Trotz des geringen Bestands können im Abgleich mit Bauten außerhalb der drei Städte gewisse Gemeinsamkeiten in Grund- und Aufriss der Wohnbauten festgestellt werden. Sie hatten in der Regel einen Rechteckgrundriss und besaßen drei Geschosse. Die Untergeschosse lagen meist nur wenig unter Bodenniveau. Es folgten Hochparterre und Obergeschosse, beides Wohngeschosse, die in der Regel höher waren als das Untergeschoss. Sie konnten auch

7 Worms, Römerstr. 44, Giebelwand, Ansicht von Norden

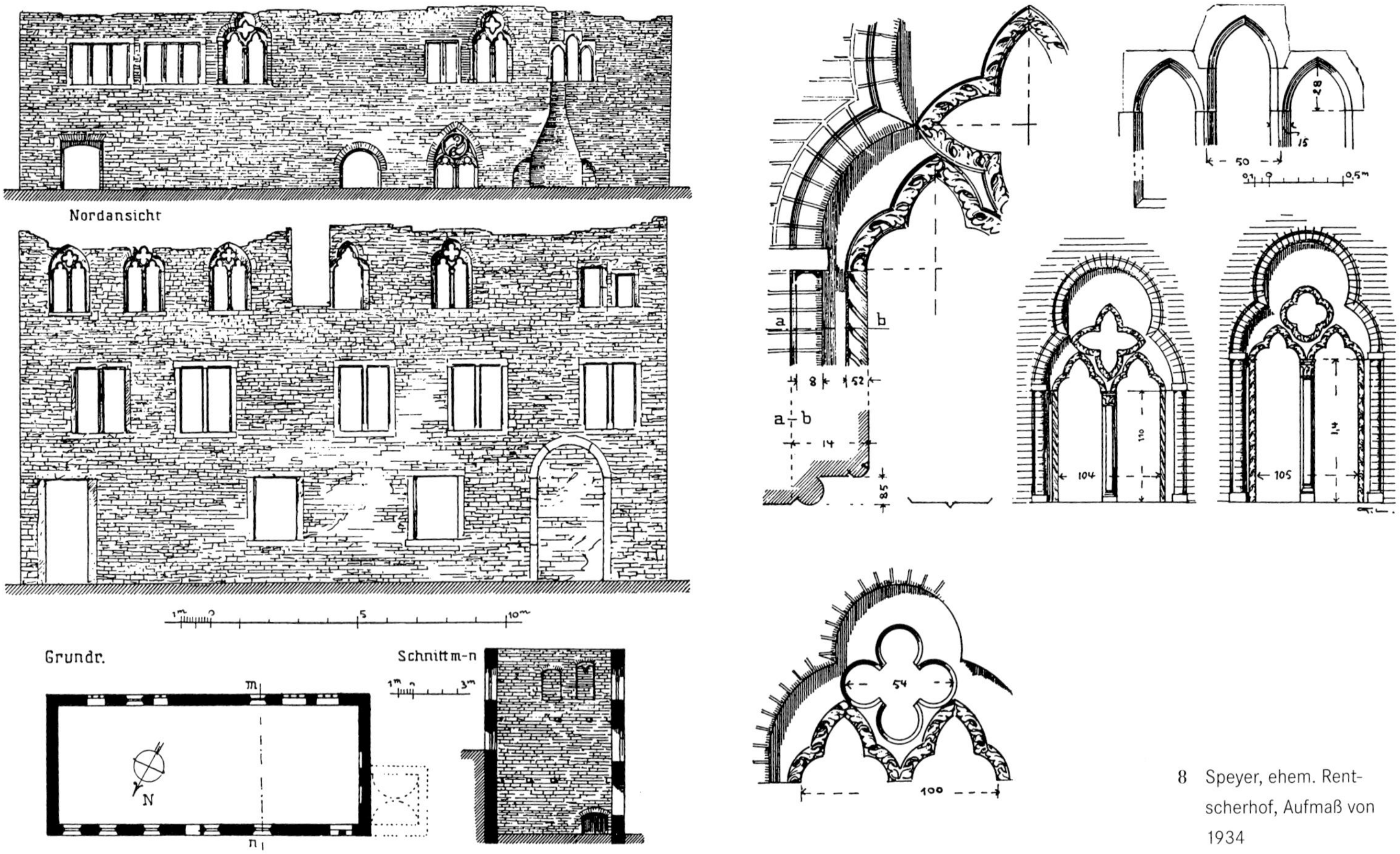

8 Speyer, ehem. Rentscherhof, Aufmaß von 1934

der Länge nach unterteilt sein. Kamine, verschließbare Fenster mit Holzläden, Außen- oder Innentreppen lassen einen gewissen Luxus an Wohnlichkeit erkennen. Das verputzte Bruchsteinmauerwerk wurde außen in der Regel von Quaderungen an den Kanten eingefasst. In den oberen Geschossen öffneten sich repräsentative Reihen von Doppelarkadenfenstern, teils mit reicher Bauplastik geziert. Die Charakteristika finden sich auch an Bauten der näheren Umgebung (nur bestehende): am bereits genannten „Grauen Haus" in Winkel aus der Zeit um 1170/1180, am „Alten Rathaus" in Gelnhausen, das dendrochronologisch 1185 datiert werden konnte, am romanischen Haus in Seligenstadt aus der Zeit um 1180/1190, am „Wormser Hof" in Wimpfen aus der Zeit um 1230/1250, am „Großen Haus" in Neufen aus dem 13. Jahrhundert, am romanischen Haus in Oberehnheim/Elsass aus dem frühen 13. Jahrhundert, schließlich am Wohnturm in Rosheim/Elsass aus der zweiten Hälfte des 12. Jahrhunderts.

1 Zeile eines Gedichts, aus: Fischart, Ehzuchtbüchlein, 1591, zitiert nach: Grimm 1984, Sp. 642.
2 Zitat aus der Deutschen Kaiserchronik in: Voltmer 1983, S. 276 (dort auch genaue Quellenangabe).
3 Stephan 1974, S. 15 – 17; Wiedenau 1983, S 166 – 169; Karn 1984, S. 82; Wegner 1988, S. 23, 330; Glatz 1998, S. 1083.
4 Gudenus, Codex diplomaticus, S. 555 im Kapitel „Syllabus veterum moguntiae".
5 Stephan 1974, S. 22 f.; Wiedenau 1983, S. 161 f.; Kubach/Verbeek 1989, S. 540.
6 Zuletzt Frank 1996, S. 124, Anm. 33.
7 Wiedenau 1983, S. 14.
8 Stephan 1974, S. 17 – 19; Wiedenau 1983, S. 165 f.
9 Weber 1983, S. 17 – 19.
10 Klingelschmitt 1927, S. 39 – 47; Weber 1983, S. 17 – 19; Ausst.-Kat. Speyer 2004, Abb. auf S. 60.
11 Arens 1980, S. 72 f.; Wiedenau 1983, S. 165.
12 Stephan 1974, S. 19.
13 Wegner1988, S. 23, 268.
14 Stephan 1974, S. 19 – 22; Wiedenau 1983, S. 162 f.
15 Stephan, 1974, S. 23 f.; Wiedenau 1983, S. 170 f.
16 Wegner 1988, S. 212; Glatz 1998, S. 1082 f.
17 Stephan1974, S. 25; Arens 1981, S. 81 – 102; Wiedenau 1983, S. 164; Wegner 1988, S. 206 – 208; Glatz 1998, S. 1073.
18 Wegner 1988, S. 196 f.; Glatz 1998, S. 1073, 1082.
19 Karn 1984, S. 77 – 80; Wegner 1988, S. 22, 288; Falck 1998a, S. 115 f.; Glatz 1998, S. 1081.
20 Wegner 1988, S. 19 – 21; Falck 1998a, S. 126 – 128.
21 Wegner 1988, S. 64 – 68; Falck 1998a, S. 130 f.; Glatz 1998, S. 1080 f.
22 Zitiert nach Falck 1998a, S. 125.
23 Wiedenau 1983, S. 196 – 198; Spille 1992, S. 146 f. Der im Kern barocke Putzbau des nahen Sophienstifts (Römerstraße 20/22) datiert ins 11./12. Jahrhundert, hierzu: Huyer 2005, S. 118 – 121.
24 Wiedenau 1983, S. 235 – 238; Dellwing 1990, S. 102.

Gian Pietro Brogiolo

Staufische Wohnarchitektur in der Ost-Lombardei

In der Lombardei kann man im Gegensatz zu Venetien nur schwer von staufischer Architektur sprechen. In Venetien behauptete sich zumindest mit Ezzelino, dem Verbündeten Friedrichs II. in den 30er Jahren des 13. Jahrhunderts eine Herrschaftsarchitektur, die wie im Fall der Festung von Monselice den großen, vom Kaiser in Süditalien in Auftrag gegebenen Bauwerken angeglichen wurde. Das Fehlen staufischer Architektur im Osten Italiens hängt auch damit zusammen, dass sich die meisten Bürgerkommunen und lokalen Potentaten mit wenigen Ausnahmen (wie z. B. die Stadt Como und einige ghibellinische Lehensherren aus der Garda-Gegend wie die Familie *da Manerba*), gegen die Staufer verbündet und die Lombardische Liga gegründet hatten. Die Zeit der Staufer ist eher als eine Zeit des wirtschaftlichen Aufschwungs zu definieren, der mit der vollen Blüte der Romanik einhergeht. Aus dieser Epoche sind vor allem die Entfaltung der religiösen Architektur (Kirchen und Klöster), der Festungsbauten (neue Verteidigungsmauern in Bergamo und Brescia; Kastelle überall in der Lombardei) und der Paläste der Kommunalverwaltung (in Bergamo und Brescia) bekannt (Abb. 1). Sehr viel weniger erforscht ist die Wohnarchitektur. Und doch ist diese es, die den umfassenden Aufschwung des Baubetriebes – von der Herstellung der Materialien bis zur Baustelle – überzeugend dokumentiert. Das wird sowohl im städtischen als auch im ländlichen Bereich erkennbar. So erfolgt beispielsweise in der Stadt die Erweiterung der bebauten Zonen durch Ausdehnung des Mauerumfangs und Parzellierung der Leerflächen innerhalb der Stadtmauern, welche im Hochmittelalter entstanden waren. Brescia ist für dieses Phänomen beispielhaft. Auch in den ländlichen Gebieten entwickelte sich eine klerikale Wohnarchitektur um die Pfarreien und Klosterzentren, sowie eine bürgerliche innerhalb der Kastelle und Wehrdörfer, von denen einige gerade in staufischer Zeit neu gegründet worden waren. Gezielte archäologische Forschungen, die im Stadtzentrum von Brescia und im Umkreis von Brescia und Bergamo seit den 70er Jahren durchgeführt werden, haben diese Bauwerke minderer Qualität in ein neues Licht gerückt: Sie bestehen aus mehr oder weniger grob verarbeiteten, in regelmäßigen Reihen gesetzten Bruchsteinquadern.

Wir wollen uns im Folgenden zunächst mit Brescia und dann mit den ländlichen Gebieten befassen.

Wohnarchitektur in Brescia

Zu Beginn des 12. Jahrhunderts ist die Baulandschaft Brescias noch recht heterogen mit ihren unterschiedlichen, meist frühmittelalterlichen Bautypen. Die Quellen nennen, der Reihenfolge nach, beginnend bei den ärmlichsten, einstöckige Häuser (*casae terrinae*) aus Holzbrettern oder verkleidetem Astholz (*cum asseribus o de cratibus*) oder zweistöckige, gemauerte *domus* mit Ziegeldächern, gefolgt von Türmen und Turmhäusern. Von den Gebäuden aus leicht vergänglichem Material zeugen nur die archäologischen Ausgrabungen; von den anderen sind noch reichliche Überreste im aufgehenden Mauerwerk erhalten.[1]

(a)

Holzhäuser, die vom 6. bis 11. Jahrhundert in der Stadt bestimmend waren, sind noch in notariellen Urkunden Anfang des 12. Jahrhunderts erwähnt. Diese im Allgemeinen einräumigen Gebäude waren zwischen 32 und 48 m² groß und wurden von Menschen aus den ärmsten Gesellschaftsschichten bewohnt. Eine Urkunde aus dem Jahr 1119 erwähnt z. B. die Gewährung der Erbpacht seitens der Äbtissin des Klosters Sta. Giulia, Irmgard, für ein Gelände in der Nähe der Porta di Sant'Andrea zu einem Jahreszins von vier Soldi. Dem aus einem Dorf zugewanderten Pächter, Pietro da Calione, wurde das Recht zuerkannt, bei Ablauf der Pachtzeit das Bauholz zu verkaufen, wobei das Kloster allerdings das Vorkaufsrecht mit einem Preisnachlass von 12 Denaren für sich beanspruchte.[2]

Die Ausgrabungen in der Via Alberto Mario, im östlichen Teil der Stadt, haben oberhalb der schwarzen Erdschichten, die von der Konstanz der ländlichen Bebauung seit dem 7. Jahrhundert zeugen, vier kleine, einstöckige Häuser ans Licht gebracht. Sie waren zwischen dem 11. und 12. Jahrhundert mit Dimensionen von ca. 5 m Breite und etwas mehr als 5 m Länge errichtet worden. Sie liegen mit der Front zur Straße und verfügen auf der inneren Seite der Häusergruppe über einen kleinen Hof. Mindestens ein Haus war vollständig aus Holz gebaut. Zwei der drei noch erhaltenen Grundrissmauern sind Trockenmauern, auf denen wahrscheinlich Querbalken ruhten, während sich die Fassade hingegen auf einen weiteren, auf einer Pflastersteindecke liegenden Querbalken stützte (Abb. 2). Im Innern trennten vertikale Pfähle den mit einer Feuerstelle ausgestatteten Küchenbereich vom Wohnbereich ab.

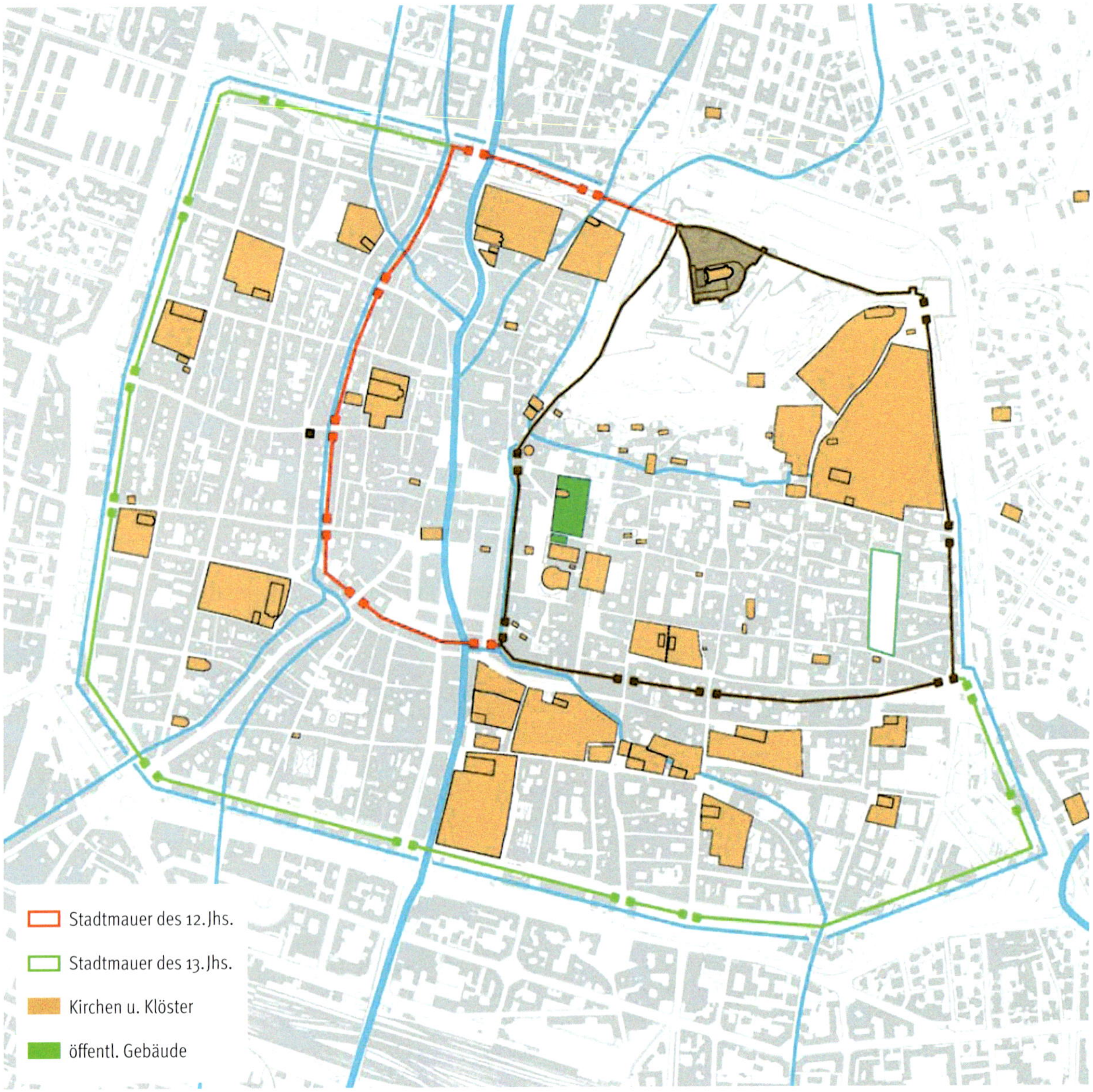

1 Die Stadt Brescia zwischen dem 12. und dem 13. Jahrhundert (nach Andrea Breda)

Zwischen dem 12. und dem 13. Jahrhundert – also während der Stauferzeit – wurden die Holzhäuser allmählich durch solide, technisch gute Mauerwerke ersetzt,[3] wobei zuweilen die Fläche unter Einbeziehung der benachbarten Parzelle verdoppelt wurde. Diese Entwicklung ist ein Beweis für den zunehmenden Wohlstand einiger Besitzer, die anhand der geborgenen Metallfunde als Handwerker ausgewiesen werden können.

(b)

Rechteckige, zweistöckige Häuser mit Ziegeldächern, die in den erhaltenen Quellen als *domus solariatae* beschrieben werden, sind Wohnhäuser wohlhabender Bürger. Sie sind das Ergebnis einer langen Entwicklung von der ländlichen und militärischen Wohnarchitektur der Römerzeit hin zu den größeren und vornehmeren Gebäuden (*domus*) mit Säulengang. Ein berühmtes, in ganzer Höhe erhaltenes Beispiel hierfür ist der kürzlich nach langwierigen Restaurationsarbeiten wieder völlig hergestellte Bischofssitz von Parenzo in Istrien. Zahlreiche weitere, archäologisch dokumentierte Beispiele finden wir in Cividale und Grado. In Brescia ist heute noch die innere Fassade des Hauptgebäudes des Klosters Sta. Giulia erhalten, das 753 gegründet und dem heiligen Salvator geweiht worden war. Aus dieser Zeit stammen auch der doppelbogige Portikus im Erdgeschoss und die Triforiumsfenster im Obergeschoss. Die Öffnungen des Portikus und der Drillingsbogen sind von Blendbogen eingerahmt.

Diese Architekturformen lieferten das Modell für die qualitativ gehobenere Bauweise, die seit dem 12. Jahrhundert allmählich die bescheideneren Holzkonstruktionen ersetzte. Ein Gebäude in der Via Piamarta in Brescia ist ein eindeutiges Beispiel für diese Entwicklung: im 12. Jahrhundert wurde es neu aufgebaut unter Beibehaltung des rechteckigen Grundrisses von 20 × 11 m und mindestens zwei Seiten des frühmittelalterlichen Gebäudes, das

2 Brescia, Via Alberto Mario. Grundriss der Gebäude aus dem 12. Jahrhundert

sich durch ein Mauerwerk in *opus listatum* auszeichnet, bei dem sich Ziegelbänder und grob verarbeitete Steine ablösen.[4] Im Bau des 12. Jahrhunderts wird die Holzdecke entlang der Mittellinie von drei Pfeilern und einer wieder verwendeten römischen Säule getragen, auf denen Rundbögen aufsitzen. Diese Lösung wurde sehr wahrscheinlich schon beim frühmittelalterlichen Gebäude angewandt. Auch die Öffnungen sind hier gleich: im Erdgeschoss haben sie Rundbogenform auf Pfeilern und Bogenrücken aus glattem Stein, im Obergeschoss sind es Schlitzfenster.

Die exakte Funktion dieses Gebäudes, ist uns nicht bekannt. Man nimmt an, es sei ein als Hospital (*Xenodochium*) genutzter Nebentrakt des Klosters gewesen, Vom Typus her unterscheidet es sich jedoch nicht von den Wohngebäuden der Vasallen niederen Rangs. Diese verwalteten die Güter des Klosters, waren ihm somit verbunden und erhielten als Gegenleistung neben finanziellen Vergütungen auch eine angemessene Unterkunft. Aus den Urkunden der ersten Hälfte des 12. Jahrhunderts geht hervor, dass diese Vasallen sich in klostereigenen Gebäuden niedergelassen hatten. So gab es z. B. eine *casa solariata*, die im Jahr 1127 von der Familie der Calcaria in *curte que dicitur de subtus solariata* bewohnt wurde. Es handelte sich dabei um den südlichen Klosterbereich in der Nähe der Kirche der Sta. Maria Calchera, deren Namen sich die Familie offensichtlich angeeignet hatte. Von diesem Gebäude sind ein Teil der Nordseite und die gesamte Westflanke bis zum ersten Stockwerk erhalten geblieben. Die Westseite misst 16,20 m und weist ein Rundbogen-Portal mit Rahmung in Bossenwerk auf. Eine zweite *casa solariata* – mit Gemüsesgarten und Kelter ausgestattet – befand sich zusammen mit anderen, klostereigenen Häusern *in loco ubi dicitur Gromethello* gegenüber dem Kloster, an der Südseite der Hauptstraße.[5] Im Jahr 1139 wohnte hier eine Familie Grumetelli, die – wie im vorgenannten Fall – den Namen ihres Wohnsitzes angenommen hatte. Zwei Häuser könnte man als Wohnsitz der Grumetellis identifizieren. Vom ersten ist der 12,80 m lange Westflügel erhalten, der im Erdgeschoss eine Rundbogen-Öffnung mit glatten Schmucksteinen zeigt, sowie Fensterkreuze im Obergeschoss. Auf der Nordseite befinden sich zwei große Flachbogen-Öffnungen. Vom zweiten Haus sind nur Mauerteile mit einem Portal sichtbar.

Anhand der erhaltenen Quellen und des noch sichtbaren aufgehenden Mauerwerks lassen sich in Brescia zweistöckige Gebäude mit Innenhöfen entlang der Straßen erkennen. Einige wenige römische Marmorfragmente wurden vor allem bei Tür- und Eckpfosten wiederverwendet. Hauptsächlich wurde Stein aus lokalen Steinbrüchen (dem sogenannte Medolo) benutzt, der mit Meißel oder Spitzhacke zu Blöcken verarbeitet wurde, aber innerhalb desselben Gebäudes unterschiedliche Ausmaße und Merkmale aufweisen konnte. Während die Blöcke in den unteren Bereichen große oder mittlere Dimensionen haben (bis zu 50 × 100 cm), nimmt ihre Größe nach oben hin ab (bis max. 20 cm). Bei den größeren Blöcken zeigt die Ansichtseite manchmal grobes Bossenwerk, in anderen Fällen stellt sie sich regelmäßiger dar. Diese Unterschiede sind wohl eher auf die verschiedenen Stärken der Ablagerungsbänke in den Steinbrüchen zurückzuführen als auf spezifische Verarbeitungstechniken.

Insgesamt kann man hier von Bauformen sprechen, die zur Mittelschicht der damaligen Gesellschaft gehörte. Die hier angewandte Bautechnik ist keine andere als die der zeitgleichen romanischen Kirchen. Direkt vergleichbar sind die Gebäude, die ungefähr zur selben Zeit im 12. Jahrhundert im monastischen Bereich entstanden, wie z. B. die Kirche Sta. Maria in Solario, die neue Krypta der Basilika S. Salvatore sowie ein Teil der Kreuzgänge dort. Es ist offensichtlich, dass für die Sakralgebäude wie für die bedeutendsten Wohnhäuser der Bürger dieselben Handwerker und dieselben Bautechniken eingesetzt wurden.

(c)

In den höchsten Qualitätsbereich des Wohnungsbaus in jenen Jahren gehören die ebenfalls der frühmittelalterlichen Tradition entsprechenden Turm-Häuser, die die Wachtürme der Stadtmauern imitieren. Sie waren zuweilen – nach einer alten, seit dem 5. Jahrhundert für Konstantinopel bestehenden Gewohnheit – Privatpersonen zum Gebrauch überlassen worden.[6] Diese Leute gehörten einer Gesellschaftsschicht an, die sich im Laufe des 11. Jahrhunderts im Schatten der großen kirchlichen Institutionen (Klöster und Bischof) behauptet hatten und für das Leben der Stadtgemeinde in Brescia eine wichtige Rolle spielten: die Familien Sale, Poncarale, Brusati, Cazzago, Lavellolongo sowie seit 1100 die Familien Ugoni, Bagnolo, Confalonieri, Ello und Rodengo. Sie stellten die Äbtissinnen für das Kloster Sta. Giulia und kontrollierten über sie Klostereinkünfte und -eigentum.[7] Symbol ihres Reichtums und gesellschaftlichen Ranges waren die Turmhäuser, die zwischen dem 11. und 12. Jahrhundert – der glanzvollsten Zeit dieser Elite-Gruppen – errichtet wurden (Abb. 3). Vor allem auf dem Land wie beispielsweise in einigen Orten im Camonica-Tal (Pisogne und Esine) wurden sie auch noch im 13. und 14. Jahrhundert gebaut.

In manchen Stadtvierteln waren die Turmhäuser sogar dominierend. Dort gab es neben dieser architektonischen Form, die eher Element der Verteidigung und Symbol der Macht war als Zeichen der Wohnkultur, noch andere Gebäudearten wie die Hütten der Diener und Untergebenen sowie mindestens eine gemauerte *casa solariata* für die dominierende Familie. Es ist bemerkenswert, dass diese Art herrschaftlicher Residenz genau zu Beginn jener Zeit der Machtfragmentation innerhalb der Kommunen *palatium* genannt wurde, was zuvor ausschließlich den Sitz der öffentlichen Macht

3 Brescia, Überreste des Turms von Ugoni Gambara

bezeichnete. Eine derartige architektonische Situation ist in Brescia nicht mehr zu erkennen, da dort einige, Ketzern gehörende Turmhäuser 1225 auf Befehl des Papstes und andere 1258 auf Initiative Ezzelinos abgerissen worden waren; die verbleibenden sind heute in einem kompakten Baugefüge eingebunden. Der älteste, sogenannte Herkules-Turm, der der Familie Palazzi gehörte, war wahrscheinlich im 11. Jahrhundert südlich des Forums unter Wiederverwendung römischer Marmorteile errichtet worden. Der Turm der Familie Poncarale ist älter als das Rathaus, das aus dem 13. Jahrhundert stammt, und wegen der Bauweise in Bossenwerk dem 12. Jahrhundert zugeordnet werden kann.

Wohnungsbau in ländlichen Gebieten

Als der kleine Palast von Kastell Calepio (Bergamo) Anfang der 60er Jahre entdeckt wurde, hielt man ihn für ein öffentliches Gebäude aus dem Hochmittelalter (Abb. 4). Eine öffentliche Funktion nahm auch Jörg Jarnut an, der die Entstehung des Gebäudes auf der Grundlage der schriftlichen Quellen zwischen der ottonischen Zeit und dem Jahr 1127 ansetzt, als es erstmals erwähnt wurde.[8] In Wirklichkeit fallen in diese Gebäudetypologie, die im 12. und 13. Jahrhundert in Brescia bekannt war, auch die Wohnbauten der Bürger und Kirchenvertreter. Das Gebäude von Kastell Calepio erhebt sich auf einem rechteckigen Grundriss von 10 × 18,5 m in eine Höhe von 9 m. Es gab keine Binnenunterteilung. Die Decke war aus Holz gefertigt. Die Portale mit Bögen aus Bossenwerk befinden sich an den beiden kürzeren Seiten und messen 1,90 × 3,00 m. Im Obergeschoss erscheinen an den Längsseiten je vier Fenstertüren, an den Kurzseiten nur eine Öffnung (0,80 – 1,85 m) jeweils über dem Portal. Wahrscheinlich waren sie der Zugang zu Holzbalkons, was an den Öffnungen ersichtlich ist, in denen die Stützbalken

4 Bergamo, Kastell Calepio, Kleiner Palast, Abwicklung der Außenansicht

ruhten. Weiter oben befinden sich kleine Fenster (0,30 × 0,70 m) sowie Fensterschlitze. Bautechnik und Gebäudeform entsprechen dem Turm am Eingang des Dorfes Calepio, einem mächtigen Gebäude mit Ausmaßen von 10,5 × 9,3 m bei einer Höhe von 12,50 m,[9] sowie in zahlreichen anderen Gebäuden in der Gegend um Bergamo und Brescia. Das Haus von Gorlago,[10] wenige Kilometer von Calepio entfernt erhebt sich auf einem rechteckigen Grundriss von 10 × 16 m bei einer Gesamthöhe von 13,50 m über drei Stockwerken (Abb. 5). Im Inneren gab es Holzdecken, aber ohne Raumeinteilung. Die im unteren Bereich fast 1 Meter dicken Mauern verjüngen sich nach oben hin. An der Nordseite des ersten Stockwerks ist ein Fensterschlitz eingelassen; an der Ostseite ist ein Portal mit einem Bogen aus drei falschen Bossenquadern erhalten und im ersten Geschoss Spuren eines ähnlichen Portals. An der Südseite ist ein kleines Fenster mit einem dreieckigen Architrav erkennbar sowie monolithische Sockelmauern und Spuren des antiken Schutzwalls.

Einen sicheren chronologischen Bezugspunkt für diese Gebäudeform bietet das Frauenkloster Sta. Maria von Valmarina, das unweit von Bergamo zwischen 1146 und 1153 gegründet worden war.[11] Es weist bauliche Merkmale und eine Form der Öffnungen auf, die denen der kleinen Paläste ähneln, auch wenn Grundriss und Verteilung der Räume funktionsbedingt natürlich anders sind. So zeigt der Grundriss einen rechteckigen Korpus, der mit der kreuzförmigen Kirche verbunden ist. Der Wohntrakt im Erdgeschoss ist in vier Räume unterteilt: der größte, vielleicht als Kapitelsaal anzusprechende im Zentrum ist von kleineren Räumen flankiert, von denen einer mit einem Kamin ausgestattet ist. Für das Obergeschoss kann man aufgrund der Position der Öffnungen von einer Aufteilung in drei unterschiedlich große Räume ausgehen: der kleinste, neben der Kirche gelegen, mochte das Zimmer der Äbtissin gewesen sein; der größte könnte dem gemeinsamen Schlafraum entsprechen, während der dritte – mit Fenstertür – ein Lagerraum gewesen sein könnte.

Auch das sogenannte „Monastero“ von Canzanica[12] hat einen rechteckigen Grundriss, keine gemauerte Innenaufteilung und war ursprünglich drei Stockwerke hoch. Die Verkleidung besteht aus durchschnittlich 15 – 20 cm hohen Steinquadern und kleineren, verarbeiteten Blöcken; in den oberen Teilen sind dünnere (10 – 12 cm dick), längliche Platten angebracht (Abb. 6). An der Südseite befinden sich zwei Rundbogenportale, von denen eines heute noch in Gebrauch ist. Es hat Sockel aus quadratischen Steinblöcken. Der Rundbogen ist in gleicher Art gearbeitet. Dieses Gebäude, von dem man annimmt, dass es zu einem Kloster gehörte, wurde aufgrund eines Vergleichs des Mauerwerks mit der Anfangsphase der Klöster von Sant'Egidio in Fontanella (Gründung 1080) und S. Benedetto in Vallalta (Gründung 1136) in die Zeit zwischen dem Ende des 11. und Anfang des 12. Jahrhunderts datiert.

In der Gardagegend um Brescia weist das Pfarrhaus der Kirchengemeinde von Tremosine ähnliche Baumerkmale auf.[13] Der Grundriss ist rechteckig (17,59 × 9,14 m, einschließlich Wandstärke). Das Erdgeschoss bestand ursprünglich aus einem einzigen großen Raum mit zwei Rundbogentüren auf der Nordseite. Weitere Öffnungen befanden sich jeweils auf der Süd- und Westseite, wobei die erste bogenförmig war, während die zweite, kleinere einen rechteckigen Rahmen hatte und wahrscheinlich als Nebeneingang diente. Drei kleine, rechteckige und nach innen sich weitende Schlitzfenster sind noch auf der Ost- und Südseite erkennbar.

In den Ortsteilen Prabione und Gardola der nahe gelegenen Gemeinde Tignale gibt es eine Gruppe kleiner romanischer Paläste. Sie weisen horizontal verlaufende Kragsteinmauern auf und Öffnungen mit Steinrahmen oder mit Steinarchitraven, entweder als Luke oder in Rundbogenform. Ähnlich geartete Gebäude sind in vielen anderen Orten in der Gegend um Brescia erhalten – von Gargnano über Iseo bis zu den Orten des Camonica- und Sabbia-Tals.

5 Gorlago bei Bergamo, Kleiner Palast

6 Canzanica (Bergamo)

Architektur und wirtschaftliche soziale Entwicklung

Die Typen der Wohnbauten vom 11. bis 13. Jahrhundert sind zwar gewissermaßen eine Weiterentwicklung jener aus dem Frühmittelalter. Die große Neuerung im Vergleich dazu ist aber der umfangreiche Aufschwung der Bautätigkeit, die sich im Frühmittelalter vorwiegend noch auf die Wiederverwendung von Materialien aus antiken Gebäuden gestützt hatte. Der Innovationsprozess in staufischer Zeit ist in den Gebirgsregionen und Vorgebirgsgegenden gut erkennbar, wo ausschließlich Material von Steinbrüchen aus Sedimentschichten benutzt wurde. Der im Steinbruch geschlagene Stein wurde zur Baustelle transportiert, wo er an Ort und Stelle verarbeitet und anschließend in regelmäßigen Reihen angeordnet wurde. Auch wenn dabei nur selten die Qualität des *opus quadratum* erreicht wurde, vermittelt diese Verarbeitungsweise die Vorstellung von Macht, die den dominierenden Schichten und dem neuen Bürgertum, das sich in jener Zeit allmählich durchsetzte, wohl sehr gefallen hatte.

Das Baugewerbe wurde also wieder – wie schon in der Antike – zu einer soliden Komponente der Wirtschaft, dessen positive Auswirkungen noch zu untersuchen sind; förderlich waren sowohl das Wachstum der Landwirtschaft dank bedeutender Kanalisations- und Bewässerungsprojekte und der Erschließung und Bebauung neuer landwirtschaftlicher Gebiete, als auch eine umfangreiche Handwerksproduktion in den Städten vor allem im Textilbereich dank reichhaltiger Wollbestände. Sichtbare Bestätigung dieses wirtschaftlichen Aufschwungs war in Brescia die Ausdehnung des Stadtumfangs, was die Gemeindeverwaltung veranlasste nacheinander drei Erweiterungsphasen der Stadt zu planen.[14]

Die erste, die sich von Ende des 11. bis Anfang des 12. Jahrhunderts erstreckte, hatte die Neuordnung der landwirtschaftlich genutzten Areale innerhalb der Stadtgrenze zum Ziel; das Kloster Sta. Giulia parzellierte in dieser Phase die südlich der Hauptstraße gelegenen, klostereigenen Ländereien, wie z. B. jene in der Alberto-Mario-Straße. Die zweite Phase, von 1174 bis 1186, war charakterisiert durch die Erweiterung der Stadtmauer nach Westen, um somit die im Zuge des Anwachsens von Produktionsstätten und Kirchen seit dem 9. Jahrhundert entstandenen Vorstadtviertel mit einzubeziehen. Dieser Schritt war kurz nach der Planung der Mitte der großen Wiese im Jahr 1172 erfolgt, die in der frühen langobardischen Ära im Ostteil der Stadt entstanden war. Um einen 10 000 m² großen, für den Markt bestimmten Platz herum wurden als Alternative zu den vorhergehenden Marktorten im Forum und bei den Kathedralen Baugrundstücke in zwei verschiedenen Größen abgesteckt; die Grundstücke der ersten, bei weitem größeren Gruppe maßen zwischen 32 und 96 m² (43 Baugrundstücke – fast 90 %); die zweite Gruppe – mit Abmessungen zwischen 128 und 244 m² – bestand aus nur 5 Einheiten. Das klare Übergewicht der ersten Gruppe erklärt sich aus der Tatsache, dass Handel und Handwerk in jenen Jahren an Bedeutung gewannen, was zur Niederlassung zahlreicher Handwerker führte: unter ihnen Bäcker, Kastanienverkäufer, Händler, Maurermeister, Kunsthandwerker. Es waren vorwiegend einfache Leute vom Land, die sich durch die günstige Konjunktur von der Stadt angezogen fühlten, zunächst aber nur über bescheidene Mittel verfügten, was gut an einem in der Albert-Mario-Straße ausgegrabenen Beispiel für diese einfache Bauweise zu sehen ist. Die größeren Wohnhäuser – Vorrecht einer mit dem Kloster verbundenen Mittelschicht – zeugen von einer mittlerweile reifen Baukunst, wie sie im Übrigen auch an den zeitgleichen, öffentlichen Gebäuden und vor allem an den zahlreichen Kirchen festzustellen ist. Das neue Bauhandwerk war im Territorium gut verwurzelt und stützte sich auf eine inzwischen komplexe Arbeitsorganisation, in der Steinbrecher, Träger, Steinhauer, Maurer, Zimmerleute, Ziegelsteinhersteller usw. zusammenarbeiteten.

Die dritte Phase der Urbanisierung fiel in die Jahre zwischen 1237 und 1254, als nach Abschluss der Bauarbeiten für die Erweiterung der Stadtmauern des 12. Jahrhunderts eine weitere, große Ausdehnung geplant wurde, wobei – wie auch in anderen Städten – das entsprechende Areal schließlich erst in der Neuzeit bebaut wurde. Unter Beibehaltung der Mauern aus dem dritten Viertel des 12. Jahrhunderts wurden die Gräben aufgeschüttet und die Stadt vor allem nach Süden und Westen hin vergrößert; es wurden Straßen angelegt und der Fluss Garza begradigt, der in der Vergangenheit in diesen Stadtteilen Überschwemmungen verursacht hatte. Auf den neu urbanisierten Grundstücken wurden die großen Klöster der Bettelmönche, Produktionsstätten, Krankenhäuser, Hospize und Schulen errichtet; vor allem aber entstanden neue Kirchen, die sich – nach Berechnungen von A. Breda – gegenüber dem Rhythmus im Frühmittelalter mit 30 Neugründungen im 13. Jahrhundert verdoppelt hatten, ohne die Wiederinstandsetzung der bereits bestehenden mitzuzählen. Teil dieser städtebaulichen Entwicklung, die insbesondere der Verbesserung der öffentlichen Strukturen der Stadt diente, muss auch die 1219 begonnene monumentale Rekonstruktion des Rathauspalasts gezählt werden, der noch zu Ende des 12. Jahrhunderts eine Holzloggia (*laubia lignorum*) aufwies.

Aus dem Italienischen übersetzt von Dorothee Wolff Bascone

[1] Brogiolo/Zonca 1989; Cortelletti/Cervigni 2000; Cervigni 2007.
[2] Andenna 1992, S. 97.
[3] Brogiolo 1988.
[4] Breda 1990, S. 162–165.
[5] Andenna 1992, Anm. 23–24.
[6] Ch. Th. XV,1,51
[7] Menant 1992; Panazza 1964, S. 1071, 1094.
[8] Jarnut 1974.
[9] Gennari 2009, S. 306.
[10] Tosi/Macario 1984.
[11] Brolis 2004.
[12] Macario/Zonca 1987.
[13] Brogiolo 1989; Brogiolo/Zonca 1989.
[14] Andenna 2007, S. 22–27.

Kristjan Toomaspoeg

Wohnkultur in Palermo

Als Hauptstadt des Königreichs Sizilien spielte die Stadt Palermo[1] eine besondere Rolle in der Geschichte der Staufer. Kaiser Heinrich VI., der erste staufische König Siziliens, residierte relativ kurz in der Stadt. Für seinen Sohn Friedrich II. war Palermo aber jener Ort, an dem er seine ganze Kindheit und einen Teil seiner Jugend bis 1212 verbrachte. Danach kam er nicht mehr hierher zurück, und auch seine Söhne und Nachfolger Konrad IV. und Manfred regierten vom Festland des Königreichs aus. Auch wenn die Staufer also nur weniger als zwanzig Jahre direkt in Palermo residierten, war ihr Einfluss auf die Entwicklung der Hauptstadt so anhaltend und bedeutend, dass sich die staufische Stadt deutlich von jener der normannischen Zeit unterschied.

Palermo war ursprünglich eine punische Gründung, demnach eine römische Hafenstadt, die nach dem Untergang des antiken Kaiserreichs in die Herrschaft der Vandalen übergegangen war und 535 von den Byzantinern erobert wurde. Diese Herrschaften hinterließen in der Stadt deutlich weniger Spuren als die darauffolgende islamische Regierung vom Ende des 9. Jahrhunderts bis ins Jahr 1071 oder die bis 1194 regierende normannische Dynastie. Zur Zeit der Kindheit Friedrichs II. zeigte Palermo in der Architektur und Kunst aber auch in der Bevölkerung und der Wohnkultur noch eine Mischung aus arabisch-berberischen und normannisch-lateinischen Elementen.

Die Stadt liegt an der Küste des Mittelmeers, umgegeben von einem fruchtbaren Hinterland, der Conca d'Oro, zwischen drei Flüssen: der Oreto verlief östlich außerhalb der Mauern und die Flüsse Papireto und Kemonia flossen innerhalb der Mauern.[2] Die beiden letzteren bildete mit ihrem sumpfigen und nicht immer fruchtbaren Gelände die natürliche Grenze für die verschiedenen Stadtviertel. Die Fatimiden hatten in Palermo im 10. Jahrhundert ein städtebauliches Experiment vollbracht: Nach dem Vorbild der Neugründung Kairos im Jahr 969 wurde die Stadt zweigeteilt. Auf der einen Seite gab es das „Eliteviertel" von *Kalsa* (*Khalisah*), umgeben von einer eigenen Mauer, die einen Palast, eine Moschee und einen Defileeplatz umschloss. Auf der anderen Seite, fand sich alles „Alltägliche" wie z. B. die Märkte, die Geschäfte und die Wohnungen, aber auch die zahlreichen (vielleicht sogar 300) Moscheen. Dieser restliche Teil der Stadt setzte sich aus drei Wohnvierteln zusammen: *Seralcadi* (dem „Sklavenviertel"), *Harat al Djadida* (dem „Neuen Viertel") und dem Viertel der *Mosquee Ibn Saqlab*.

Mit der Ankunft der Normannen kam es zu wichtigen Veränderungen in den Strukturen der Stadt.[3] *Kalsa* wurde ein herkömmliches Wohnviertel und die lokalen muslimischen Regierungs- und Prestigegebäude wurden abgerissen. Um den neuen Königspalast entstand das neue Hauptviertel *Cassaro*, weil Kalsa und Harat al-Djadida inzwischen zusammengewachsen waren. *Seralcadi* blieb und im südöstlichen Teil wurde das neue Viertel von *Albergheria* geschaffen. Diese Teilung in vier Hauptviertel hat sich im Zentrum von Palermo bis heute erhalten. Durch die Stadt führte eine Hauptstrasse, die *Via Marmorea*, die in direkter Achse vom Palast zum Hafen verlief, wo auch die meisten Geschäfte lagen (Abb. 1).[4]

Zur Zeit der Staufer war Palermo eine große Stadt mit etwa 30 000 Einwohnern, von denen die vier Wohnviertel bevölkert wurden. Diese gliederten sich selbst wiederum in kleinere Viertel, die sogenannten *contrade* (Abb. 2).[5] Das Straßennetz hatte sich zur Zeit der Normannen ziemlich verändert, zeigte aber immer noch Spuren der muslimischen Vergangenheit. So gab es einige größere Straßen aus dieser Zeit, jene *ruge magne*, wie die bereits erwähnte *Ruga Marmorea* oder im Osten der Stadt die *Ruga Magna Porte Thermarum*. Auf diesen Straßen konnte Palermo relativ schnell erschlossen werden. Daneben gab es Plätze, die sogenannten *platee*, wie die ausgedehnte *Platea Marittima*, die zwischen Hafen und *Ruga Marmorea* lag. Bei den meisten Straßen handelte es sich aber um kleine Nebenstrassen, die zur Zeit Friedrichs II. normalerweise noch ihren arabischen Namen *zucac* trugen und lateinisch als *vanelle* oder *ruge* bezeichnet wurden.

Diese Strassen bildeten eine Einheit mit kleinen Plätzen, die sogenannten *darb*, die eigentlich Innenhöfe waren mit umgebenden Wohngebäuden und einem gemeinsamen Brunnen im Zentrum. Diese Höfe hatten nur einen oder wenige Eingänge, so dass Fremden oder Feinden der Eintritt ganz unmöglich war. Diese Gebäudeformen waren bis ins 14. und 15. Jahrhundert üblich, als die Adeligen vermehrt vom Land nach Palermo zogen und dort ihre Residenzen errichteten.[6] Heute findet man einen solchen *darb* noch neben der ehemaligen Johanniterkommende von S. Giovanni della Guilla.[7]

Größere Gebiete der Stadt innerhalb der Mauern waren am Anfang des 13. Jahrhunderts jedoch noch unbebaut oder wurden als Ackerland benutzt: besonders im Wohnviertel von *Seralcadi* mit seinen Gärten und Weinbergen, aber auch in *Kalsa*, wo der große Garten der lokalen Deutschordenskommende lag, der später durch die Gründung einer *Ruga Nova Alamannorum* teilweise urbanisiert wurde. In der Nähe des Papireto gab es noch sumpfige, zum Leben ungeeignete und gefährliche Ländereien.

Die Wohnhäuser der Palermitaner waren noch ziemlich bescheiden. Beherrschender Gebäudetypus war ein niedriges, ebenerdiges Haus (*domus terranea*) mit einem Dach aus Ziegeln oder mit einer

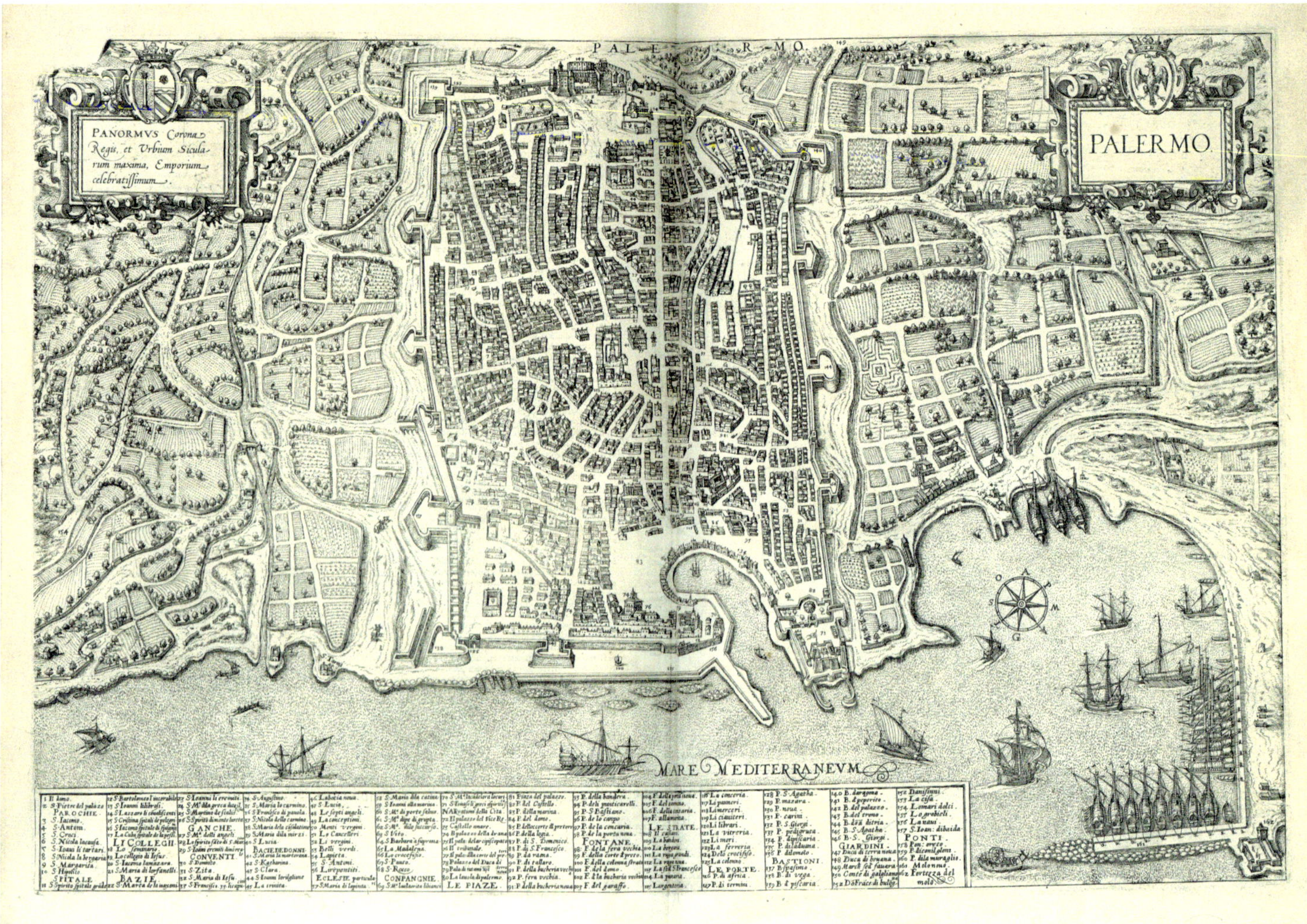

1 Palermo in einer Lithographie von Georg Braun und Franz Hogenbergius im „Theatrum Urbium Praecipuarum Totius Mundi", Köln 1593

Dachterrasse. Einige, die *domus soleratae*, waren auch zweigeschossig. Es standen nur wenige größere Bauten. Daneben gab es auch überall die sogenannten *casalinae* beziehungsweise ruinöse Häuser, die als Gärten benutzt wurden, weil ihre Mauern noch Schutz vor Eindringlingen boten, sowie mehrere, nicht näher zu spezifizierende Häuschen (*domuncula*).

Die Innenausstattung der Häuser war sehr einfach und spärlich.[8] Auf blankem Erdboden gab es nur wenige Möbel. Tische und Betten waren dreibeinig. Der einzige Luxus bestand aus den Tuchen: In Sizilien hergestellte Seide konnten sich auch die Armen leisten. Zur damaligen Zeit aß man nicht zu Hause. Manchmal kochte man im Innenhof, aber meistens kauften die Leute ihre Speisen auf dem Markt. Bis heute hat sich in Palermo die mittelalterliche Tradition gehalten, auf der Straße die traditionellen Speisen wie *malcuchinato* (Kuttel), den Kuchen mit Milz oder die *stigghioli* (Bratspieß mit Ziegenkuttel) zu essen. Seit arabischer Herrschaft gab es in Palermo auch Geschäfte, in denen man die *maccheroni* kaufen konnte. Ein großer Teil des Lebens in Palermo spielte sich also außerhalb der Häuser ab. Dazu zählte auch die bis ins 15. Jahrhundert noch sehr lebendige Tradition, ins Thermalbad zu gehen.

Palermo war ein kosmopolitisches und multireligiöses Zentrum, wie schon eine Miniatur des *Liber ad honorem Augusti* vom Ende des 12. Jahrhunderts illustriert, auf der alle Bevölkerungsgruppen, nämlich Lateiner, Araber, Juden und Griechen, die den Tod Wilhelms II. betrauern, versammelt sind (Abb. 3).[9] Zu Beginn des 13. Jahrhunderts bestand etwa ein Viertel der Bevölkerung aus „Lateinern", also römischen Christen, die aber oft verschiedener Herkunft waren.[10] In der Stadt gab es starke Kaufmannskolonien, angefangen mit dem Viertel von *Amalfitania* bis hin zu *Seralcadi*, und auch nicht wenige Deutsche, Norditaliener und andere. Indizien für diese Bevölkerungsschicht finden sich aber auch in der Bezeichnung der Straßen als *Ruga Pisanorum* und *Ruga Catalanorum*.

Die Griechen und insgesamt die Orthodoxen bildeten eine wichtige Minderheit, und seit Jahrhunderten gab es in Palermo eine große jüdische Gemeinschaft, die in einem eigenem Wohnviertel in der Umgebung des Thermalbads von *Balneum Jauhar* (im heutigem Stadtteil von Ballarò), in *Albergheria*, residierte.[11] Die muslimische Bevölkerung hatte sich während des 12. Jahrhunderts stark vermindert, existierte aber immer noch in staufischer Zeit bis etwa 1219/1220. Jedoch hatten mehrere Muslime ihre Konfession gewechselt, so dass wir zum Beispiel in der *Kalsa* mehrere Orthodoxe mit arabischen Familien- oder Nachnamen finden.[12] Ähnlich wie die Lateiner waren auch die „Araber" verschiedener Herkunft, von der Küste Spaniens über Nordafrika bis nach Bagdad. Manche kamen aus arabisierten berberischen oder persischen Gebieten. Untereinander teilten sich die Muslimen in Schiiten und Sunniten.

Die Lebensweise der Einwohner, lateinisch oder nicht, war stark von der orientalischen Tradition geprägt, und noch 1330 bezeichnete der deutsche Reisende Ludolf Sudheim Palermo als eine Stadt des Orients: In einigen Kirchen zelebrierte man die Messe in griechisch oder sogar in arabisch, die Hauptgebäude der Stadt sahen „arabisch" aus, überall gab es Gärten, die der Stadt eine eigentümliche Prägung verliehen. Die Sprache, die Kleider und das Essen der Einwohner erinnerten an Städte an der Küste Afrikas oder in der byzantinischen Welt.[13]

Diese Vielfalt entwickelte sich dank der Toleranz der verschiedenen Herrscher der Stadt von muslimischer bis in staufische Zeit. Es handelte sich freilich nicht um Toleranz in der heutigen Vorstellung, sondern um Toleranz im Wortsinn. Die Machthaber tolerierten die „Anderen", sofern diese treue Untertanen blieben und ihre Steuer- und andere Verpflichtungen leisteten. Es hat den Anschein, als sei in Palermo die Religion der Bewohner bis ins 14. Jahrhundert nicht sehr ernst genommen worden. Die Beispiele der Intoleranz und der Übergriffe etwa gegen die jüdische Gemeinschaft treten erst im 14. Jahrhundert auf und beginnen unter der Herrschaft Friedrichs III. (1296–1337).

Wir können uns fragen, wie diese kosmopolitische und chaotische Stadt die Entwicklung des jungen Friedrich II. beeindrucken und beeinflussen konnte. Es ist jedenfalls ganz sicher, dass der junge König niemals allein durch die Straßen der Hauptstadt spazierte, wie die Legende wissen wollte. Für seine „Beschützer" (*custodes*) war er zu „wertvoll", um eine solche Unachtsamkeit zu riskieren.[14] Die Kindheit Friedrichs II. spielte sich an einem ganz anderen und viel angenehmeren Schauplatz ab: dem normannischen Königspalast in Palermo und in dessen Umgebung.[15]

Diese Orte übernahmen eine wichtige Rolle im Leben des Staufers. Später, in den 1220er Jahren, nahm er die normannischen Paläste zum Vorbild für seine zwei Residenzen in Foggia.[16] Der große Königspalast in Palermo, der heutige Palazzo dei Normanni,[17] bot im 13. Jahrhundert ein anderes Bild als heute (Abb. 4): Das Zentralgebäude war mit Mauern umgrenzt, innerhalb derer sich eine Reihe von anderen Bauten, Gärten usw. befand.

Die sichersten Residenzen für den jungen König waren aber die normannischen Lustpaläste in der Umgebung der Stadt wie Favara, Zisa und Cuba.[18] Diese waren nach typischen arabisch-normannischen Modellen erbaut und besaßen weite Gärten, Wald- und Wasseranlagen, Seen und auch Jagdgebiete. Diese Bauweise wurde im Königspalast von Pantanum Sancti Laurentii in der Nähe von Foggia wieder aufgegriffen.[19] Favara, heute als Maredolce bekannt, befand sich östlich außerhalb der Stadtmauern und war von König Roger II. nach 1130 als seine neue Residenz errichtet worden (vgl. S. 193, Abb. 4).[20] Zisa wurde von den beiden Nachfolgern Rogers, Wilhelm I. und Wilhelm II., etwa zwischen 1165 und 1180 erbaut.[21] Cuba war um 1180 vollendet.[22] In diesen Gebäuden wohnte der König wie ein orientalischer Herrscher ohne direkten Kontakt mit seinen Untertanen – eine Gewohnheit, die Friedrich II. während seines ganzen Lebens bewahrte.

Wie beeinflussten die Staufer selbst die Entwicklung der Stadt Palermo? Die stärksten Veränderungen dieser Zeit erfolgten in der Epoche, nachdem Friedrich II. 1212 aus Sizilien abgezogen war. Als direkte Folge der Abwesenheit des Königs und seiner Administration verlor der Palast von Palermo seine zentrale Stellung in der Stadt. Die ganze Welt der Geschäfte oder Tavernen, die im Umfeld des Regierungsapparats erblühte, brach zusammen; man wanderte in andere Viertel ab. Das neue Zentrum der Stadt wurde das Hafengebiet, besonders der Platz von *Platea Marittima*.[23]

Infolge der Innenpolitik Friedrichs II. veränderte sich auch die Bevölkerung Palermos. Nach einem Aufstand im zweiten Jahrzehnt des 13. Jahrhunderts verließen mehrere Einwohner arabischen Ursprungs die Stadt, und manche Stadtteile entvölkerten sich daraufhin fast völlig. In den 1220er und 1230er Jahren, als Friedrich II. die Zerstörung einiger aufständischer Städtchen in Ostsizilien

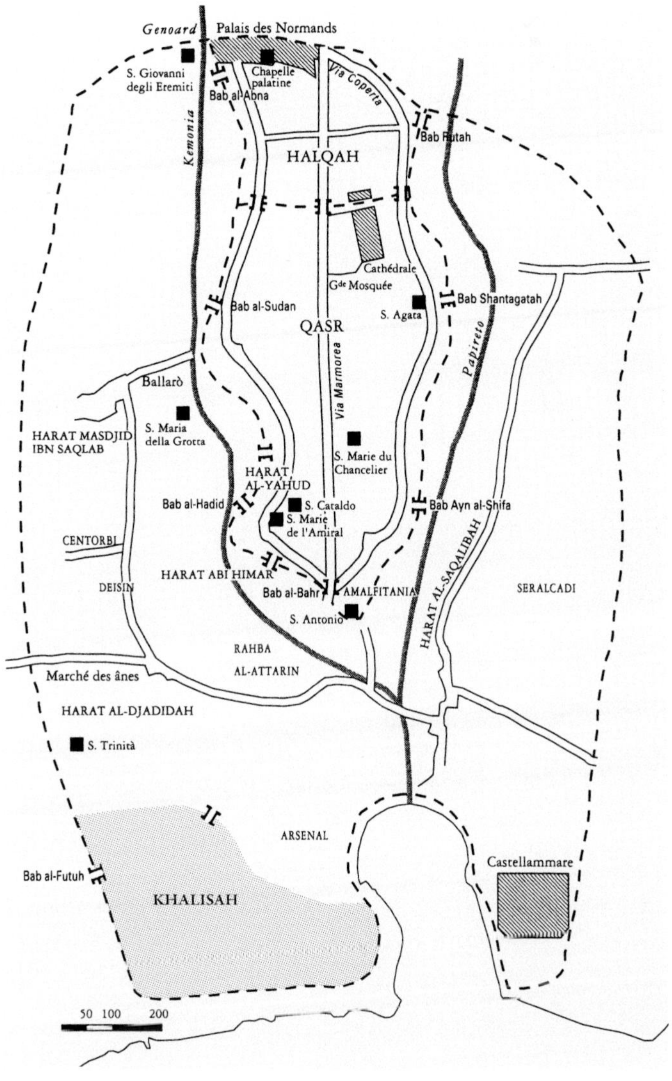

2 Palermo in staufischer Zeit

3 Verschiedene Bevölkerungsgruppen betrauern den Tod Wilhelms II. Miniatur aus dem Liber ad honorem Augusti des Petrus von Eboli, zwischen 1194 – 1197, Bern, Burgerbibliothek, Cod. 120.II, fol. 98r

4 Palermo, Palazzo dei Normanni

(Capizzi, Centuripe, Mineo und Montalbano) befahl, setzte er fest, dass die Bewohner dieser Städte teilweise nach Palermo umgesiedelt werden sollten. So wurden im Rahmen der Deportationspolitik Friedrichs II., in Palermo neue Straßen wie die *Ruga Centorbii*, *Magna Ruga Capicii* und *Ruga Mineo* angelegt und damit auch – unter der Kontrolle kaiserlicher Beamter – neue Wohnungen, aber auch kommerzielle Gebäude erbaut. In ähnlicher Weise veränderte sich auch die jüdische Gemeinschaft, als Friedrich II. die sogenannten Juden von Djerba (eigentlich aus dem weiterem Gebiet in Nordafrika und dem südlichen Teil der iberischen Halbinsel) in Sizilien ansiedelte.[24]

Die staufische Städtebaupolitik ist heute nur durch drei Urkunden dokumentiert: Im September 1248 erhielt ein Beamter des Kaiserhofs, Walter von Fisaula, den Auftrag, die leeren Wohnungen im Viertel von *Seralcadi* zu registrieren und diese den neuen Siedlern zu übergeben.[25] Aus der Zeit Manfreds, im Mai 1256, besitzen wir ein königliches Mandat, das den neuen Einwohnern des Viertels von *Seralcadi* und der Straßen von *Centorbio*, *Mineo* und *Capicii* Grund überträgt, damit sie hier Geschäfte, Häuser und Weinberge errichten können. Diese Urkunde wurde den neuen Einwohnern im Oktober 1256 auch notariell bestätigt.[26] Zur Zeit Friedrichs II. und Manfreds befanden sich diese Siedlungsprojekte jedoch noch in einer Anfangsphase. Erst zum Ende des 13. Jahrhunderts entwickelte sich in Palermo eine deutlich urbanisierte und strukturierte Stadtplanung.

Einige Historiker interpretieren die Herrschaft der Staufer über Palermo als Rückschlag. In dieser Zeit wurde die Stadt nicht nur entvölkert, sondern verlor ihren Hauptstadtstatus. Die staufischen Könige errichteten hier auch keine neuen Bauten. Zwischen 1194 bis 1265 entstand in Palermo kein Monumentalbau, weder im weltlichen noch im kirchlichen Bereich. Die drei wichtigsten Kirchen des 13. Jahrhunderts, die der Augustiner, Dominikaner und Franziskaner, stammen aus der Zeit der Anjou und der Aragon.

Jedoch war das Erscheinungsbild Palermos zum Jahr 1194 ein ganz anderes als das der Stadt im Jahr 1265. Die Veränderungen ließen sich vor allem im Straßennetz ablesen und resultierten aus der Tätigkeit der privaten Grundbesitzer bzw. der Klöster, die ihr beträchtliches, aber zum Großteil zuvor unbewirtschaftetes Patrimonium in der ersten Hälfte des 13. Jahrhunderts nutzbar machten. Die Einwohner der Stadt erhielten Grundstücke zu einer geringen Jahresmiete und sollten im Gegenzug darauf Häuser erbauen oder Gärten und Weinberge anlegen.

Palermo wurde unter den Staufern eine Hauptstadt in der Peripherie. Deren Bevölkerung setzte sich aus ausländischen Kaufleuten und Handwerkern, Siedlern aus Ostsizilien und religiösen Minderheiten zusammen. Noch bis noch ins 14. Jahrhundert war dort keine Einheit zu finden. Auf dieser Basis formierte sich langsam eine eigene sizilianische Identität und eine eigene Sprache.

1 Zur Geschichte und Wohnkultur der Stadt Palermo im Mittelalter, siehe Bresc 1981, S. 155 – 186; Bresc 1972, S. 55 – 127; La Duca 2003; D'Agnelo 2002 und das eher populärwissenschaftliche, jedoch nicht uninteressante Werk Bresc/Bresc-Bautier 1993.

2 Zur Kartographie von Palermo siehe die in Anm. 1 zitieren Werke von Bresc und D'Angelo. Ferner La Duca 1962. Als praktisches Hilfsmittel bietet die Karte Palermo. Carta monumentale (1:5000, 1:25 000, 1: 300 000), hg. von Azienda Autonoma Provinciale per l'Incremento Turistico di Palermo, Palermo 1997 eine Übersicht der Bauten der Stadt, deren unterschiedliche Entstehungszeiträume farbig gekennzeichnet sind.

3 Eine gute Beschreibung der normannischen Stadt leistete der arabische Reisende Ibn Ǧubair. Sein Reisebericht: Ibn Ǧubair, Voyages.

4 Die Strukturen der mittelalterlichen Stadt können mit Hilfe der zahlreichen mittelalterlichen Notariatsakten, die heute in Staatsarchiv Palermo aufbewahrt werden, oder anhand der städtebaulichen oder archäologischen Untersuchungen rekonstruiert werden. Darüber hinaus gibt es eine Reihe nützlicher neuzeitlicher Beschreibungen Palermos, so z. B. Palermo 1816; Morso 1827; La Lumia 1875; Di Giovanni 1884; Di Giovanni 1989.

5 Siehe Contrade e chiese 1999.

6 Siehe z. B. Sardina 2003.

7 Zur Kommende siehe Fodale 1994, S. 361 – 373, hier S. 368; Salerno/Toomaspoeg 2008, S. 127 – 128.

8 Zu diesem Thematik geben die Notariatsinventare Auskunft: Bresc 1995, S. 109 – 187.

9 Bern, Burgerbibliothek, Cod. 120.II, fol. 98.

10 Siehe z. B. Toomaspoeg 2006, S. 205 – 224.

11 Bresc 2001; Ausst.-Kat. Palermo 2002.

12 So in Toomaspoeg 1996, S. 7 – 21. Siehe auch Bresc 1998, S. 134 – 156.

13 Ludolph, De itinere (a), S. 20. Siehe auch die anderen Editionen: Ludolf, De itinere (b), S. 305 – 377; Ludolf, Reise; Ludolf, Le Chemin, S. 1029 – 1056.

14 So Houben 2008.

15 Zum Leben Friedrichs II. siehe Stürner 1992; Houben 2008.

16 Martin 1998a, S. 71, 77.

17 La Duca 1998.

18 Goldschmidt 1898, S. 542 – 590; Meier 1994b; Bresc 1994, S. 239 – 258.

19 Favia/Annese/Giuliani/Massimo (im Druck).

20 Goldschmidt 1895, S. 199 – 215; Braida 1965, S. 27 – 34.

21 Caronia 1982.

22 Caronia/Noto 1988.

23 Di Stefano 1995, S. 289 – 292, hier S. 290.

24 Peri 1978, S. 153.

25 1248 September 11: Archivio di Stato di Palermo, Tabulario della Magione, Nr. 49, Regest in Toomaspoeg 2003, S. 591, Nr. 98. Siehe auch Paolucci 1900 – 1901, S. 48; Peri 1978, S. 137, Di Stefano 1995, S. 289.

26 Nur das Notariats-Transumpt vom Oktober 1256 ist erhalten: Archivio di Stato di Palermo, Tabulario della Magione, Nr. 65, Regest in Toomaspoeg 2003, S. 596 – 597, Nr. 115 und 116.

Alfred Haverkamp

Jüdische Kultur beiderseits der Alpen in kulturlandschaftlichen Differenzierungen

Überblick eines Zeitzeugen

Zu Beginn der sechziger Jahre des 12. Jahrhunderts trat Benjamin, Sohn des Jona, eine lange Reise an. Sie führte ihn von seiner Heimatstadt Tudela am Ebro im Norden der iberischen Halbinsel über die südfranzösischen Küstenstädte nach Süditalien und von dort bis nach Bagdad und Persien. Er kehrte über den Indischen Ozean, Ägypten und Sizilien 1172/1173 nach Tudela zurück. Dort berichtete er über seine Reise,[1] in der er einen großen Teil der damaligen jüdischen Diaspora persönlich näher kennengelernt oder doch darüber Wesentliches erfahren hatte. Er war durch die besondere Lage Tudelas sowohl mit dem sefardischen, von der arabischen Sprache und Kultur bestimmten Judentum auf der iberischen Halbinsel als auch mit seinen Glaubensbrüdern nördlich der Pyrenäen vertraut. In diesen weiten Erfahrungshorizont Benjamins sind auch seine Ausführungen über Niederlassungen von Juden in den sehr verschiedenartigen Kulturlandschaften beiderseits der Alpen – einschließlich Siziliens – einzuordnen.[2]

An der französischen Mittelmeerküste fand er in Narbonne, Montpellier, Lunel und Marseille jüdische Gemeinden mit jeweils etwa 300 Juden vor – wahrscheinlich volljährige, verheiratete Männer, deren Zahl auch im Folgenden stets nur „ungefähr" bezeichnet werden kann. Er lobte diese Städte wegen ihrer herausragenden jüdischen Gelehrten und sehr angesehenen Hochschulen in der Tora und im Talmud. Er erwähnte nicht, dass dort schon seit dem 11. Jahrhundert grundlegende Werke aus dem Arabischen ins Hebräische übersetzt und so auch den Juden außerhalb der arabischen Kultur zugänglich wurden.

Für seine nächste Station, die mächtige und unabhängige Seehandelsstadt Genua, notierte er nur zwei Juden aus Ceuta (an der nordafrikanischen Küste gegenüber Gibraltar), die dorthin, wie zu erschließen ist, vor den Verfolgungen der auch auf der iberischen Halbinsel antijüdisch und antichristlich agierenden Dynastie der Almohaden geflüchtet waren. In der Konkurrenzstadt Pisa lebten immerhin 20 Juden, darunter offenbar keine für Benjamin bemerkenswerten Gelehrten. Letzteres trifft auch für das nordwestlich von Pisa gelegene Lucca zu, wofür er 40 Juden notierte.

Auf der langen Strecke von Pisa respektive Lucca zum Süden traf er erst in Rom wieder auf eine Judengemeinde. Über die gegenwärtigen „großen Gelehrten" unter den 200 Juden äußerte er sich vergleichsweise sehr karg, über den Leiter einer Hochschule machte er keine weiteren Angaben. Einige der Juden standen, so Benjamin, in päpstlichen Diensten. Der junge und kluge Jechiel – ein Enkel des Rabbi Nathan (gest. 1106), Verfassers des „Aruch" (eines bis heute hochgeschätzten Wörterbuchs zum Talmud) – ging im „Palast" Papst Alexanders III. ein und aus und verwaltete dessen Haushalt und Besitzungen.

„Große Gelehrte" unter den 300 Juden hielt Benjamin auch für seine nächste Station in Capua fest, ohne sie näher zu charakterisieren. Es folgen in ähnlicher Weise Angaben über Neapel mit 500 Juden. Für die weiter südlich gelegene Küstenstadt Salerno nannte er als erstes Charakteristikum die christliche Hochschule für Medizin und hob anschließend hervor, dass sich unter den 600 Juden hervorragende Gelehrte befanden. An erster Stelle nannte er den Sohn des ‚Großen Rabbi' Jitzchaq bar Malki-Tzedeq, der aus der Stadt Siponto stammt" – der von Benjamin sonst nicht mehr erwähnten apulischen Stadt (südlich des Gargano), aus der sich noch im ersten Drittel des 11. Jahrhunderts fünf Juden zum Studium nach Bagdad begeben hatten.[3] Jitzchaq hatte diesen Ehrennamen wegen seiner herausragenden Leistungen als Mischna- und Talmudgelehrter erhalten. Einen anderen bezeichnete Benjamin als Griechen, einen weiteren nach seiner Herkunft aus Narbonne. Nicht für Salerno, sondern für die unweit westlich gelegene Hafenstadt Amalfi nannte Benjamin unter den 20 dort lebenden Juden an erster Stelle einen Arzt.

Ohne Angaben über Gelehrte folgen Benevent und Melfi mit jeweils 200 und Ascoli Satriano mit 40 Juden. Ähnliches gilt für die apulische Hafenstadt Trani mit 200 Juden. In Bari lebten, so Benjamin, zur Zeit seines Aufenthalts weder Christen noch Juden als Folge der Zerstörung der ehemals byzantinischen Hauptstadt des Katepanats Italia durch den normannischen König Wilhelm I. (1156). Für Tarent notierte Benjamin unter den 300 Juden auch Gelehrte. In der Hafenstadt Brindisi, die ebenfalls durch Wilhelm I. verwüstet worden war, lebten nur zehn Juden, allesamt Färber. Hingegen konstatierte er für Otranto, die südlichste apulische Hafenstadt, 500 Juden, ohne einen Gelehrten zu nennen. Von dort aus begann er seine Schiffsreise in den Osten.

Erst auf der Rückreise kam Benjamin in die Hafenstadt Messina, wo nach seinen Worten 200 Juden lebten, und anschließend in die normannische Hauptstadt Palermo. Darin wohnten neben vielen

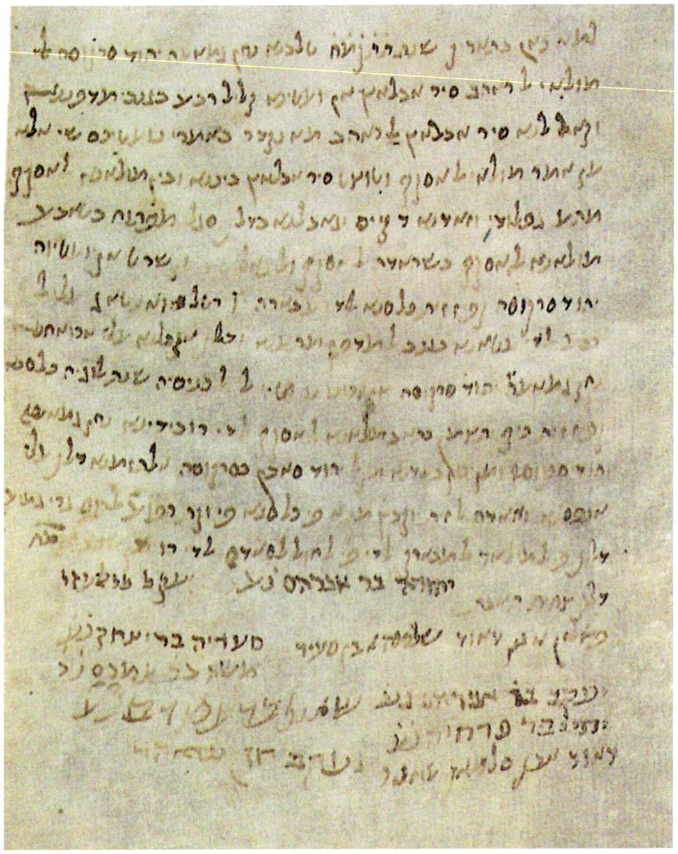

1 Urkunde des Bischofs von Cefalù für die jüdische Gemeinde der Stadt. Es handelt sich um die einzige erhaltene Pergamenturkunde dieser Art aus dem 12. Jahrhundert, in der charakteristischen judäo-arabischen Form, die arabischen Dialekt ins Hebräische überträgt, Palermo, Archivio di Stato, Tabulario di Cefalù, Pergamena n. 25

Christen und Muslimen 1500 Juden, ohne dass Benjamin auf Gelehrte hinwies. Nach der bloßen Aufzählung weiterer sizilianischer Städte folgen sehr summarische Angaben über die Reisemöglichkeiten in den Norden über Rom, Lucca und die Westalpen nach Verdun, dem „Beginn des Landes Alemannien". Die wenigen Sätze seines Reiseberichts über das Land, das „Aschkenas genannt wird", lassen erkennen, dass Benjamin selbst nicht über die Alpen gereist ist. Sie bieten nur die Namen von 16 – nach anderen Quellen größtenteils zutreffenden – urbanen Zentren, in denen es jüdische „Gelehrte und Gemeinden gibt", nicht aber Zahlen über die darin ansässigen Juden oder Namen ihrer führenden Mitglieder.

Über das von „Aschkenas" unterschiedene westslavische „Land Böhmen" äußert sich der Text nur in sehr vagen Formulierungen. In den abschließenden kurzen Bemerkungen über „Tzarephat" (Zarfat), die französischen Kronlande, lobte er Paris: Dort „leben schriftgelehrte Leute – ihresgleichen findet man auf der ganzen Welt nicht wieder –, die sich Tag und Nacht in die Tora vertiefen".

Diese höchste Auszeichnung von Paris – Hauptstadt und Sitz christlicher Hochschulen, aus denen bald eine der ersten und attraktivsten Universitäten entstand – und somit auch von Zarfat ist auf den ersten Blick nur schwer zu vereinbaren mit den Schilderungen Benjamins über die vielen anderen Zentren jüdischen Lebens im zentralen und östlichen Mittelmeerraum – ganz zu schweigen von Mesopotamien und insbesondere von Bagdad, dessen jüdische Bewohner er auf 40 000 schätzte und für die er zehn jüdische Hochschulen aufzählte. Im engeren westeuropäischen Blickwinkel Benjamins kommen diesem Lob über Paris-Zarfat am ehesten nahe die Juden im mediterranen Südfrankreich und – freilich mit Abstufungen – in Süditalien einschließlich der Kapitale Rom.

Sizilien

Sizilien gehörte nach der Einschätzung Benjamins nicht zu den Landschaften mit hochrangiger jüdischer Gelehrsamkeit, obwohl er für die Hauptstadt Palermo mit 1500 die weitaus höchste Zahl von jüdischen Einwohnern im westeuropäischen Teil seiner Reise nannte. Dem entspricht, dass Maimonides (1136 – 1204) – der aus Córdoba stammende größte jüdische Gelehrte des Mittelalters – um 1200 in Fustat-Kairo davon ausging, dass die Kenntnisse der Tora in der jüdischen Gemeinde von Syrakus zu unzureichend seien, um ein von ihm erbetenes Rechtsgutachten ohne eine ausführliche Erklärung zu verstehen. Dafür erbat er die Hilfe von Anatoli ben Joseph, dem aus Marseille stammenden Leiter einer Hochschule in Alexandria.[4] Maimonides war über Sizilien, wie aus anderen Quellen hervorgeht, zweifellos gut informiert.

Sizilianische Juden waren in der ägyptischen Hauptstadt wie auch generell in Ägypten und in den weiteren Regionen Nordafrikas spätestens seit dem 11. Jahrhundert im Warenhandel stark engagiert und über Ägypten und Aden (Jemen) an dem „Welthandel" beteiligt, der vom Mittelmeer über den Indischen Ozean bis nach Indien führte.[5] Die wichtigste Voraussetzung für diese Fernhandelsaktivitäten war die sprachliche und kulturelle Zugehörigkeit der weitaus meisten sizilianischen Juden zur arabischen „Welt" seit der muslimischen Eroberung des Großteils der Insel im 9. Jahrhundert. Sie blieb noch weit über die Eroberung Siziliens durch den Normannenfürsten Roger hinaus wirksam und wurde durch Zuwanderung von Juden aus Spanien und Nordafrika unterstützt (Abb. 1). Sie erschwerte die Intensivierung ihrer Kontakte mit ihren nordwestlich „benachbarten" Glaubensangehörigen im griechischen und/oder lateinischen Süditalien, mit denen sie seit den dreißiger Jahren des 12. Jahrhunderts in einem, wenn auch sehr heterogenen Reich vereint waren.

Die normanisch-staufische Herrschaft und die Folgen der Kreuzzüge veränderten langfristig die politischen Voraussetzungen für ihre Handelsbeziehungen und weiteren Kontakte zu den der Insel im Süden naheliegenden muslimisch beherrschten Reichen. Sie waren daher umso weniger in der Lage, ihre bisherige Rolle im Fernhandel insbesondere gegen die italienischen Seehandelsmächte Genua, Pisa und Venedig zu behaupten. Ihre Beteiligung am Geldverleih war noch weit über die staufische Zeit hinaus unbedeutend. Charakteristisch blieben für sie, neben ihrer Beteiligung am lokalen Marktgeschehen, ihre Tätigkeit in der Gartenkultur und in vielen Sparten des Handwerks. Dazu gehörte wahrscheinlich auch die Seidenweberei; diese wollte Roger II. 1147 durch die Ansiedlung von griechischen Christen und Juden, die sein Heer auf dem Beutezug in Byzanz gefangen genommen hatte, in Palermo verbessern.

Weil die auf der Insel ansässigen Juden dazu offenkundig nicht in das Lage waren, setzte Kaiser Friedrich II. 1239 Juden aus Nordafrika für die Steigerung der Produktivität königlicher Dattelpalmhaine in der Umgebung Palermos und für den Anbau von Indigo und Henna ein, was allerdings zu Spannungen mit den einheimischen Juden Palermos führte.[6]

Süditalien

Im Süden der Halbinsel waren die Juden, deren Ansiedlungen dort ähnlich wie in Sizilien teils bis weit in die Antike zurückgingen, offenkundig erheblich weniger als auf der Insel im Handel tätig; er wurde vielmehr von christlichen Kaufleuten, seit dem 12. Jahrhundert zunehmend aus Mittel- und Norditalien, beherrscht. Sie verdienten ihren Lebensunterhalt überwiegend mit handwerklicher Arbeit – vornehmlich im Tuchgewerbe, in dem sie sich vor allem auf die Färberei konzentrierten. Im Unterschied zu ihren Glaubensbrüdern in Sizilien nahmen sie im jüdischen Geistesleben bis zum 12. Jahrhundert eine herausragende Stellung ein. Das Judentum Süditaliens war, wie Yacov Guggenheim formuliert, die „Wiege des europäischen Judentums, realiter und in der historischen Erinnerung von Sefarad und von Aschkenas".[7] Sie war fundiert in den in größeren Teilen Süditaliens lange nachwirkenden griechisch-byzantinischen Traditionssträngen, die in der *Magna Graecia* am längsten prägend blieben, mit intensiven Verbindungen in den Orient wie auch in der Nähe zum lateinischen Europa.

Die Brückenfunktion des süditalienischen Judentums zwischen dem mediterranen Osten und Westen wie auch zwischen dem mediterranen Süden und dem kontinentalen Norden ging seit dem späteren 12. Jahrhundert aus mehreren Gründen zurück. Dazu gehörte die Abtrennung der griechischen Juden von ihrem byzantinischen Verbund, was sich auf christlicher Seite auch im Bedeutungsverlust der Griechen gegenüber der vielseitig wirksamen „Latinisierung" äußerte. Insgesamt verschoben sich die intellektuellen Zentren auch im Judentum vom mediterranen Osten und Westen in den Süden Frankreichs und in den kontinentalen Norden von Zarfat und Aschkenas.[8] Einige Juden aus Frankreich nahmen seitdem – trotz ihrer anfangs bestehenden Unkenntnis des Arabischen und des dortigen jüdischen Rechtslebens – sogar wichtige Positionen im Judentum Ägyptens ein.[9]

2 Die Versöhnung des Esau mit Jakob. Miniatur aus dem ersten Band des Bibelkommentars des Raschi, Würzburg, zwischen 1233 und 1250. Die Gesichter der Dargestellten wurden nachträglich wegen halachischer Normen ausgelöscht, München, Bayerische Staatsbibliothek, Cod. hebr. 5(1, fol. 29v

Rom

Von diesen langfristig wirksamen Veränderungen waren auch die Juden in Rom betroffen, die in intensiven Beziehungen zu den Päpsten standen. Im Vergleich zu den meisten Juden in Süditalien waren sie viel stärker im Handel (insbesondere mit Tuchen) und – damit eng verbunden – auch in der Geldleihe engagiert, auch wenn sie darin jeweils in scharfem Wettbewerb mit einheimischen und vor allem mit mittel- und norditalienischen Christen standen. Rom war, wie wiederum der Reisebericht Benjamins zeigt, der bedeutendste Mittelpunkt jüdischer Gelehrsamkeit auf der Halbinsel nördlich der süditalienischen jüdischen Zentren und behauptete diese Position auch über das Ende der Stauferzeit hinaus. Noch in der zweiten Hälfte des 11. Jahrhunderts reichte ihre Ausstrahlung bis ins Zentrum des aschkenasischen Judentums. Dafür sei nur beispielhaft erwähnt, dass aus Rom Kalonymus ben Sabbatai stammte, der seit etwa 1070 längere Zeit die talmudische Hochschule in Worms leitete, an der wenige Jahre zuvor auch Schelomo ben Isaak (Raschi) – der herausragende Kommentator des babylonischen Talmuds und der Tora – studiert hatte, ehe dieser im Jahre 1070 in Troyes (Champagne) seine auch für das aschkenasische Judentum höchst wirkungsvolle Hochschule gründete (Abb. 2). Diese Ausstrahlung der römischen Juden außerhalb Italiens ging offenkundig seit dem endenden 12. Jahrhundert zurück. Sie ist somit in die Befunde über Süditalien einzuordnen.

Mittel- und Norditalien

Die römische Judengemeinde bildete die „Pflanzstätte" für die Ausbreitung und Intensivierung des Judentums zunächst im Patrimonium Petri und danach im weiteren Mittel- und Oberitalien. Diese zunächst vom Papsttum stark geförderte Expansion setzte jedoch erst in nachstaufischer Zeit und zunächst nur in wenigen Orten ein – also im Vergleich zu Sizilien, Süditalien und Rom und sogar zu Aschkenas in verschiedenen Graden extrem verspätet. In Reichsitalien, der am stärksten urban geprägten Landschaft Europas, lebten Juden bis um 1300 nur in wenigen Städten – um 1300 kaum zwanzig – und dies zudem in kleinen Gemeinden, die nur sehr selten eine längere Kontinuität hatten.

Unter den Gründen für diese Verspätung war wohl entscheidend, dass in den meisten größeren Städten Ober- und Mittelitaliens der Anteil von Kaufleuten und von Geldverleihern in den christlichen Führungsgruppen hoch war und diese daher an einer Konkurrenz mit Juden nicht interessiert waren. In Reichsitalien waren weder Bischöfe und Adlige noch das staufische Kaisertum in der Lage, auf diese Gegebenheiten nachhaltig zugunsten von Juden einzuwirken. Neue Rahmenbedingungen ergaben sich erst in nachstaufischer Zeit seit der Durchsetzung von Signorien („Alleinherrschern“) in den Städten, unter denen jedoch die größten die Ansiedlung von Juden noch lange ausschlossen.

Römisch-deutsches Reich

Nördlich der Alpen hingegen bestanden innerhalb des Geltungsbereichs des römisch-deutschen Königreichs um 1300 bereits etwa 500 jüdische Niederlassungen.[10] Die frühestens im späten 9. Jahrhundert einsetzende kontinuierliche jüdische Ansiedlung geschah – anders als im mediterranen Süden – in engem Zusammenhang mit der noch über die Stauferzeit hinausreichenden Urbanisierung, die mit regional unterschiedlichen Zeitabständen der Christianisierung folgte. Dementsprechend lagen die frühesten dauerhaften Niederlassungen von Juden westlich des Rheins und – mit der Ausnahme von Prag – südlich der Donau; also in Regionen, die dem alten, mediterranen Europa und zugleich der Romania im Westen und Süden am nächsten waren. Sie befanden sich bis zu den schweren Judenverfolgungen (1096) zur Zeit des 1. Kreuzzugs wohl ausschließlich in Kathedralstädten (Bischofssitzen). In denselben urbanen Mittelpunkten, den größten Städten innerhalb der Bistümer, entfalteten Christentum und Judentum ihr wirtschaftliches, religiös-kultisches und insgesamt kulturelles Leben am frühesten und stärksten. In ihnen entstanden die ersten und lange Zeit führenden jüdischen Gemeinden und seit dem ausgehenden 11. Jahrhundert ebenfalls die bedeutendsten, in vielerlei Hinsicht maßgeblichen christlichen Gemeinden (Abb. 3).

Im 12. Jahrhundert ließen sich Juden auch in Kathedralstädten östlich des Rheins und nördlich der Donau und zudem in jüngeren Städten nieder, die in der Regel Reichsbischöfen, vereinzelt auch direkt dem Königtum, unterstanden. Bis zum Ende der Stauferzeit erfolgten weitere jüdische Niederlassungen auch östlich des Rheins mit einer Verdichtung in den staufischen Reichslanden am unteren Main, in Franken und Schwaben, somit auch in Königsstädten. Im niederdeutschen Raum nördlich der Linie Magdeburg-Xanten einschließlich Flanderns waren offenbar bis in die zweite Hälfte des 13. Jahrhunderts keine Juden ansässig.

Die jüdischen Niederlassungen außerhalb der Bischofssitze waren der Gemeinde in den Kathedralstädten untergeordnet, was primär in den nahe den Bischofssitzen gelegenen jüdischen Friedhöfen begründet war. Die Reichweite dieser jüdischen Organisationsform deckte sich in der Regel mit jener der Bistümer. Wohl erst während des 13. Jahrhunderts erhielten auch einige Judengemeinden in größeren jüngeren Städten einen Friedhof und eine entsprechende Zentralfunktion. In diesen Befunden äußern sich zugleich die engen politischen Beziehungen der Juden zu den Reichsbischöfen und zu den Königen wie auch zur christlichen Bevölkerung in den Kathedralstädten und in den königsnahen urbanen Zentren.

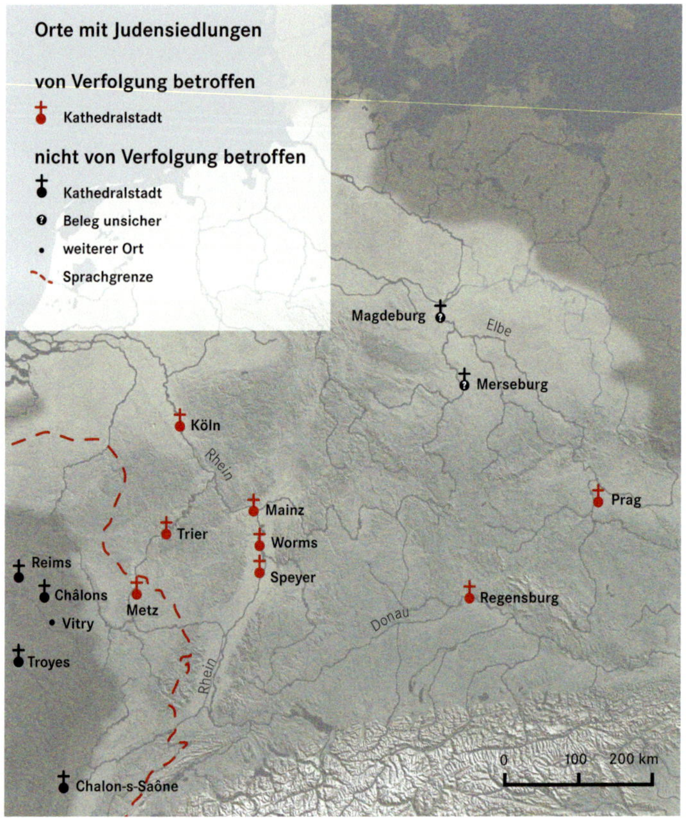

3 Judenansiedlungen zur Zeit der Verfolgungen von 1096

Jenseits von Elbe und Saale erfolgten jüdische Niederlassungen seit dem späteren 12. Jahrhundert erstmals in größerer Zahl im Rahmen der „Ostsiedlung“. Dort waren Juden, die offenbar überwiegend aus dem Westen des Reichs stammten, einige aber wohl auch westslavischen Ursprungs waren, zusammen mit den christlichen Zuwanderern aus den deutschsprachigen Gebieten und christianisierten Slaven an der seitdem in diesen Regionen erstmals im größeren Umfang einsetzenden Urbanisierung beteiligt. Hier war die kulturelle und politische Zentralfunktion der Kathedralstädte geringer ausgeprägt, was der minderen politischen Bedeutung des Königtums und der Bischöfe auch für die Juden gegenüber den weltlichen Adligen und Fürsten in diesen Regionen entsprach (Abb. 4).

Entgegen dieser Vielfalt und Vielschichtigkeit der politischen Beziehungen der Juden nördlich der Alpen war für die Juden in Sizilien und Süditalien nur das normannisch-staufische Königtum/Kaisertum entscheidend, wenn auch einige Bischöfe vor allem im Süden der Halbinsel größere Anteile an den Abgaben und Steuern der Juden besaßen. In Mittel- und Norditalien war das staufische Kaisertum für die Juden offenkundig bedeutungslos.

Nördlich der Alpen ergab sich aus der engen Verknüpfung der jüdischen Niederlassungen mit den Urbanisierungsschüben, dass die Juden in der Regel im nächsten Umfeld der Hauptstraßen, Märkte und/oder der Hauptkirchen wohnten. Da die Einwohnerzahl der großen Städte nördlich der Alpen in der Regel viel geringer war als im mediterranen Süden, war hier der Anteil der Juden an der jeweiligen städtischen Bevölkerung zumeist höher als in Sizilien und Süditalien, ganz zu schweigen von Nord- und Mittelitalien. Dies galt trotz der Tatsache, dass die Zahl der Juden in den größeren Städten nördlich der Alpen zumeist erheblich niedriger war als in vielen jüdischen Gemeinden Süditaliens und Siziliens.

Zudem bildeten die Juden nördlich der Alpen die einzige religiöse Minderheit. Hingegen waren in vielen Städten Siziliens, wenn auch mit wechselnden Anteilen, alle drei monotheistischen Religionen präsent. In Süditalien – wie bald auch in Sizilien – bestanden zwischen dem griechisch-orthododoxen und dem römisch-lateinischen Christentum starke, auch politisch und sozial relevante Differenzen. Die religiöse Andersartigkeit der Juden war daher in den urbanen mitteleuropäischen Zentren viel exponierter als in Süditalien und vor allem in Sizilien, wo jeweils, vornehmlich in den Küstenstädten, ein Großteil der Bevölkerung mit der kulturellen und religiösen Vielfalt der „mediterranen Gesellschaft“ vertraut war.

Aus diesen Gründen waren Leib und Leben der Juden in Aschkenas weitaus stärker als im mediterranen Süden durch religiös motivierte und mobilisierte antijüdische Stimmungen gefährdet. Während südlich der Alpen Judenverfolgungen auf wenige lokale Fälle beschränkt blieben, geschahen in Aschkenas, wie bereits

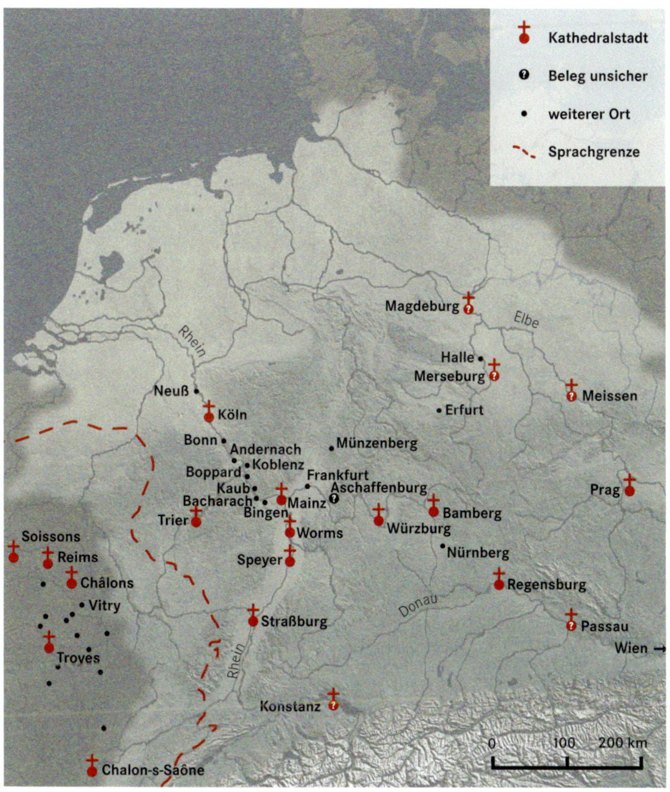

4 Jüdische Ansiedlungen im Regnum Teutonicum um 1200

1096, vor allem im Zusammenhang der weiteren Kreuzzüge immer wieder antijüdische Bewegungen und Pogrome. Dagegen gingen Konrad III. (1146), Friedrich I. (1188), Heinrich VI. (1188 und 1195) und Friedrich II. (1235/1236) vor, waren dabei aber nur teilweise erfolgreich.

Das aschkenasische Judentum wurde in seiner konstituierenden Phase von Juden aus dem westlichen Mittelmeerraum – insbesondere aus dem Süden Italiens und Frankreichs – und aus dem nordfranzösischen Westen mit langfristig wirksamen Verbindungen geprägt. Aufgrund ihrer durch Religion und Herkunft hoch entwickelten Schriftkultur und ihrer größeren Kenntnisse und Erfahrungen in wichtigen urbanen Bereichen – insbesondere im Handel, in der Geldwirtschaft oder auch Medizin – hatten die Juden nördlich der Alpen vornehmlich in den ersten Jahrhunderten ihrer Niederlassung wesentliche Vorzüge gegenüber den meisten Christen. Sie blieben im 12. und auch noch im 13. Jahrhundert am Fernhandel beteiligt (Abb. 5). Ihre stärkere Konzentration auf die Geldleihe erfolgte offenbar erst seit der Wende zum 14. Jahrhundert.

Nachhaltig auf alle Lebensbereiche wirkte das Studium vieler aschkenasischer Juden an den führenden Zentren für Tora- und Talmudstudien in Frankreich, vornehmlich in der Champagne, wo ein dichtes, bis in die Nähe von Paris reichendes Netz jüdischer Siedlungen mit herausragenden jüdischen Gelehrten und Schulen, darunter in Troyes, bestand. Dabei kamen den Juden zugute, dass in ihren linksrheinischen Gemeinden bis zum 13. Jahrhundert die französische Sprache neben den deutschen Dialekten gebräuchlich war. Diese Aufenthalte nahmen seit dem ausgehenden 11. Jahrhundert zu: Etwa zur selben Zeit, in der sich auch viele Christen aus dem römisch-deutschen Reich zum Studium vornehmlich der christlichen Theologie und Philosophie an die französischen hohen Schulen respektive Universitäten begaben. Jüdische und christliche Lehrer und Studenten ließen sich von ähnlichen Denkansätzen vernünftigen Abwägens leiten.

In Aschkenas bildeten die Judengemeinden in den außergewöhnlich nahe beieinander liegenden mittelrheinischen Kathedralstädten Mainz, Worms und Speyer das dichteste Kommunikationsnetz, was ebenso für die auch in politischen Belangen miteinander verwobenen christlichen Stadtgemeinden zutraf. Die Verbundenheit wurde ebenfalls gestützt durch die Zugehörigkeit insbesondere von Worms und Speyer zu den salisch-staufischen Haus- und Reichslanden und durch die damit zusammenhängende Nähe der christlichen und jüdischen Gemeinden wie auch deren Bischöfen zur Reichsherrschaft. Diese jüdischen SchUM-Gemeinden – nach den Anfangsbuchstaben der drei hebräischen Städtenamen abgekürzt – bildeten mit ihren herausragenden Gelehrten und Schulen die wichtigste Ausgangsbasis für die in Frankreich studierenden deutschen Juden. Nach ihrem Studium wirkten viele von ihnen in anderen Gemeinden auch weit außerhalb der Rheinlande, trugen so wesentlich zur Ausbildung neuer Zentren des Tora- und insbesondere des Talmudstudiums bei und bestimmten maßgeblich die Rechtsprechung in den Gemeinden und langfristig vor allem das religiöse und geistige Leben der Juden.

Diese herausragende Rolle charakterisierte Isaak ben Moses, nach seinem Hauptwerk auch Or Sarua genannt (ca. 1180–1250), um 1200: „Wie sehr gehören unsere Lehrer in Mainz, in Worms und in Speyer zu den gelehrtesten der Gelehrten, zu den Heiligen

5 Juden als Händler mit kostbaren Waren auf dem Markt (vielleicht in Bingen). Miniatur aus dem Rupertsberger Scivias-Codex der hl. Hildegard von Bingen (Visio II,7), Bingen, um 1180, Original 1945 verschollen, Handkopie 1928–1933, Abtei St. Hildegard, Eibingen, fol. 116r

des Höchsten [...] von dort geht die Lehre aus für ganz Israel [...] Seit dem Tage ihrer Gründung richteten sich alle Gemeinden nach ihnen, am Rhein und im ganzen Land Aschkenas."[11] Der Autor stammte aus Böhmen, studierte in Speyer und Worms und danach in Frankreich, unter anderem in Paris. Er wirkte als Lehrer unter anderem in Würzburg und Regensburg, seit den zwanziger Jahren in Wien. In seinen Schriften bezog er sich auf viele jüdische Autoritäten aus den deutschen Landen, Frankreich, Spanien, Nordafrika, Italien und Böhmen. Er stand in engen Kontakten mit dem hervorragenden Talmudisten Abigedor ben Elijah ha-Kohen, der aus den Rheinlanden stammte und spätestens nach 1250 in Wien lebte. Er förderte Meir ben Baruch von Rothenburg, den bedeutendsten Gelehrten unter den deutschen Juden während der zweiten Hälfte des 13. Jahrhunderts (ca. 1220 in Worms geboren und in der von König Rudolf I. veranlassten Gefangenschaft gestorben). Or Sarua, Abigedor und Meir waren auch südlich der Alpen bei jüdischen Gelehrten – etwa aus Trani, Rom und Pesaro (zwischen Rimini und Ancona) – hoch angesehen; ein Schüler Meirs stammte aus Mantua.

Mit dem weiten Spektrum jüdischer Bildung verbunden war eine elitäre Minderheit unter den Juden, die vor der Mitte des 12. Jahrhunderts in den Städten am Rhein – vornehmlich in Worms und Speyer – unter Einbeziehung von Traditionen, die in der aus dem griechischen Süditalien stammenden Familie der Kalonymiden überliefert war, eine mystische und streng asketisch-religiöse Bewegung ins Leben rief. Sie drang zugleich – entgegen der verbreiteten Praxis in den Gemeinden – auf eine striktere Abgrenzung der jüdischen Glaubensgemeinschaft von den Christen. Die Distanzierung gegenüber den Christen wurde wachgehalten durch die vornehmlich von rheinischen Juden in „Berichten“ und Trauergedichten literarisch gestalteten und kultisch fixierten Erinnerungen an die Greuel der Pogrome von 1096, an die späteren akuten Gefährdungen und Verfolgungen und durch den damit verbundenen Märtyrerkult. Die Verehrung der Märtyrer und die Mystik erhielten um dieselbe Zeit auch im Christentum starke neue Antriebe. Aus der mystischen Bewegung der rheinischen Juden erwuchs das Buch der Frommen (*Sefer Chassidim*). Dessen Hauptverfasser war der in Speyer geborene und 1217 in Regensburg verstorbene Jehuda – Sohn Samuels des Frommen, der ebenfalls in Frankreich studiert hatte. Darin spielten Exempel eine wesentliche Rolle, die sich gleichzeitig in der christlichen Literatur großer Beliebtheit erfreuten. Die Bewegung der Chassiden hatte langfristig große Auswirkungen, unter anderem auf die frühe Kabbala in der Provence und auf der iberischen Halbinsel.

Langfristig wirksam war ebenfalls die Vermittlung von Kompilationen jüdischer Rechtssatzungen aus Nordfrankreich ins nordalpine Reich um 1200 wohl durch aschkenasisische Studenten. Teile dieser Sammlungen wurden bereits in die Statuten aufgenommen, die die mittelrheinischen SchUM-Gemeinden, Speyer, Worms und Mainz, seit dem frühen 13. Jahrhundert gemeinsam erließen. Diese Traditionen wurden im 15. Jahrhundert über aschkenasische Juden bis nach Oberitalien gebracht.

Wissen, das über mehrere Jahrhunderte unter Juden bewahrt worden war, wirkte über führende Mitglieder der Gemeinden auf die Formulierung der Privilegien ein, die Kaiser Heinrich IV. im Jahre 1090 den Juden von Worms und Speyer gewährte. Darin wurden wesentliche Bestandteile von Privilegien der Karolinger für einzelne Juden aufgenommen. Die Bestimmungen, insbesondere über Zwangstaufen, entsprachen jüdischen Rechtsvorstellungen, standen aber im Widerspruch zu Normen, die inzwischen von Kirchenrechtlern gefordert wurden. Die Wormser Juden ließen ihre derart fixierten Grundrechte 1157 durch Kaiser Friedrich I. bestätigen. Sie waren auch maßgeblich daran beteiligt, dass dessen Enkel Friedrich II. 1236 das traditionsreiche Privileg von 1157 auf „alle zu unserer kaiserlichen Kammer unmittelbar gehörigen Juden“ des „deutschen“ Königreichs ausdehnte und sie von dem für sie lebensgefährlichen Vorwurf des Ritualmordes freisprach. Der Kaiser sicherte beide Akte mit dem Anspruch ab, das alle Juden „Knechte“ (*servi*) der kaiserlichen Kammer und so unantastbar seien.[12] Das Rechtsmodell der „Kammerknechtschaft“ übernahm der Kaiser bereits einige Monate später für die Juden in seinem Königreich Sizilien. Dort wirkte es sich vor den Vertreibungen von 1492 und 1541 insgesamt positiv auf die Situation der Juden aus. Im Patrimonium Petri und in Reichsitalien blieb es bedeutungslos. Hingegen diente es in den deutschen Landen seit dem ausgehenden 13. Jahrhundert Königen und Fürsten als Vorwand für die rücksichtslose Ausbeutung der Juden. Wesentliche Bestandteile des Privilegs von 1236 wurden berücksichtigt in den seitdem von Fürsten respektive Königen erlassenen Judenordnungen in Österreich, in Ungarn, in Böhmen und Mähren, Großpolen, Schlesien und in Litauen (mit Gültigkeit teils bis ins 18. Jahrhundert). Auf das im Augsburger Rechtsakt ausgeweitete Wormser Privileg stützten sich auch aschkenasische Juden, die seit der zweiten Hälfte des 14. Jahrhunderts in großer Zahl nach Italien einwanderten, in ihren Verträgen mit den christlichen Stadtgemeinden, bezeichnenderweise jedoch ohne Bezug auf die Kammerknechtschaft.

1 Maßgebliche Edition: Binyāmîn Ben-Yônā, Itinerary; als neuere Übersetzung: Benjamin von Tudela, Petachja von Regensburg. Jüdische Reisen. Über das Itinerar Benjamins und über die Überarbeitungen und die Überlieferung des bisher unzureichend edierten Textes vgl. mit wesentlichen neuen Erkenntnissen Jacoby 2008, S. 135 – 164.

2 Vgl. auch für das Folgende Haverkamp (im Druck); Cluse 2004.

3 Goitein 1967, S. 52 f.

4 Simonsohn 1997, Nr. 203, S. 438 f, vgl. ebd., S. XI; zu Anatoli vgl. Goitein 1967, S. 53, 67.

5 Vgl. Goitein/Friedman 2008.

6 Vgl. Simonsohn 1997, Nr. 174, S. 396 f. (1147); ebd., Nr. 215 f., S. 454 – 456 (1239).

7 Guggenheim 2004, S. 103; von Falkenhausen 2008.

8 Vgl. Ta-Shmà 1994, S. 169 – 176, besonders S. 173 f.

9 Goitein 1967, S. 67.

10 Vgl. das kommentierte Kartenwerk: Haverkamp 2002.

11 Lipa/Höschel 1862, S. 217b, hier zitiert nach: Barzen 2004, S. 248.

12 Vgl. für die Editionen und Überlieferung der Diplome von 1090, 1157 und 1236: MGH D F I., Nr. 166, S. 284 – 286.

1 Darstellung des feierlichen Einzugs Heinrichs VI. in Palermo, Ausschnitt aus dem Liber ad honorem Augusti des Petrus von Eboli, zwischen 1194 und 1197, Bern, Burgerbibliothek, Cod. 120.II, fol. 134r

Richard Engl

Safran, Schach und Sondersteuern. Arabisch-muslimische Lebensformen im Königreich Sizilien

Orientalische Prachtentfaltung empfing den Stauferkaiser Heinrich VI., als er 1194 triumphal in die Hauptstadt des Königreichs Sizilien einzog (Abb. 1).[1] Vor ihm, dessen Vorgänger generationenlang vergeblich die Hand nach dem Südreich ausgestreckt hatten, neigten sich die Bewohner Palermos zu Boden; Weihrauchduft lag in der Luft, Muslime bliesen Posaunen und Eunuchen übergaben arabische Verwaltungsbücher und den Staatsschatz.[2] Heinrich, dem das Königreich nach seiner Heirat mit der Normannenprinzessin Konstanze zugefallen war, muss das unbekannte Land zugleich wunderbar und verwirrend erschienen sein.[3] Immerhin befand es sich an der Grenze zwischen Orient und Okzident, zwischen lateinisch-christlicher, griechisch-byzantinischer und muslimischer Welt, inmitten eines mediterranen Kulturraumes ganz eigenen Charakters.[4]

Zur Exotik der Insel, die mit dem süditalienischen Festland das Königreich Sizilien bildete, trug das arabisch-muslimische Element wesentlich bei. Es war das Erbe jener zwei Jahrhunderte nach 827, in denen Sizilien zur expandierenden Welt des Islam gehört und Einwanderungen vor allem aus dem benachbarten Nordafrika und dem muslimischen Spanien erlebt hatte. Im 11. Jahrhundert hatten zwar die christlichen Normannen Sizilien erobert und einen Latinisierungsprozess eingeleitet; viel Vorgefundenes aber lebte in ihrem Reich fort. Noch am Ende der Normannenherrschaft stellte der muslimische Pilger Ibn Ǧubair befriedigt fest, dass – bis auf Messina, das „mit Anbetern des Kreuzes vollgestopft war" –, in den Städten, Dörfern und Höfen der Insel Muslime lebten, oft sogar in gleicher Zahl wie die Christen.[5] Diese Muslime, von einfachen Bauern auf den Feldern christlicher Grundherren bis hin zu den mächtigen Funktionären in engster Nähe des christlichen Königs, prägten Sizilien weiterhin entscheidend. Ihre Lebensformen, die die Staufer vorfanden und als Nachfolger und bald auch Nachfahren der Normannen teilweise sogar übernahmen, behandeln die folgenden Ausführungen.

Das normannische Erbe

Am Ende der normannischen und zu Beginn der staufischen Epoche war die Präsenz der Muslime dominierend auf dem Land (Abb. 2). Abgesehen vom nordöstlichen Drittel der Insel, wo griechisches Christentum aus der vormuslimischen Zeit und zeitgenössische Zuwanderung aus Norditalien sich konzentrierten, war die außerstädtische Bevölkerung noch weitgehend islamisiert.[6] Die verbliebenen Christen lebten Tür an Tür mit den Muslimen und hatten sich der fremden Kultur angepasst. Man verständigte sich hauptsächlich auf Arabisch, daneben auch auf Griechisch, so dass von einer weitverbreiteten Zweisprachigkeit der Bevölkerung auszugehen ist.[7]

Die muslimischen Eroberer Siziliens hatten eigene landwirtschaftliche Kulturen von jenseits des Meeres mitgebracht:[8] Angebaut wurden die im damaligen Europa seltenen und überaus luxuriösen Farbpflanzen Safran, Henna, Pastell und Indigo; außerdem exotische Früchte wie Datteln, Feigen, Zitronen und Limonen. Besonders reiche Einnahmen brachten Überschüsse beim Anbau des exquisiten Rohrzuckers. Seidenraupenzucht auf Maulbeerbäumen und Baumwollpflanzung ermöglichten die Herstellung feiner Textilien. Voraussetzung für das Florieren all dieser Kulturen war der gleichzeitige Import landwirtschaftlicher Techniken aus der arabischen Welt gewesen; insbesondere benötigten die meisten Pflanzen intensive Bewässerung, in deren Anlage die Muslime große Meisterschaft erlangt hatten. Noch heute kann man über zehn Meter tief im Untergrund Palermos gut erhaltene *qanāts*, arabische Wasserleitungen, bewundern, die die Stadt und ihre Umgebung jahrhundertelang mit Quellwasser aus den Bergen versorgten (Abb. 3).[9]

Die arabisch-muslimisch geprägte Landschaft war im Allgemeinen von den Siedlungen aus organisiert, die von Gärten und im weiteren Umkreis von offenen Feldern und Weideland umringt waren.[10] In diesem Rahmen wurden die erwähnten exotischen Pflanzen kultiviert, überwiegend fanden aber auch ganz alltäglicher Anbau von Getreide, Obst, Wein und Oliven sowie Viehzucht statt.[11]

In den Siedlungen gingen die Muslime zudem handwerklichen Tätigkeiten nach. Wiederum gab es gewöhnliche Grundversorgung – beispielsweise Holz-, Metall-, Keramik- und Glasverarbeitung – Seite an Seite mit niveauvoller arabisch-muslimischer Kunstfertigkeit wie Seidenweberei.[12]

Politisch drückte das Gros der Muslime auf dem Land die Verpflichtung zu Abgaben als Hörige und das Verbot, die Güter ihrer christlichen Herren zu verlassen.[13] Hinzu kam eine religiös begründete Sondersteuer, die die Muslime wohl allgemein an ihre neuen Herren zu zahlen hatten.[14] Vorbild dieser *ǧizya* war die entsprechende Abgabe, zu der Christen und Juden in muslimischen

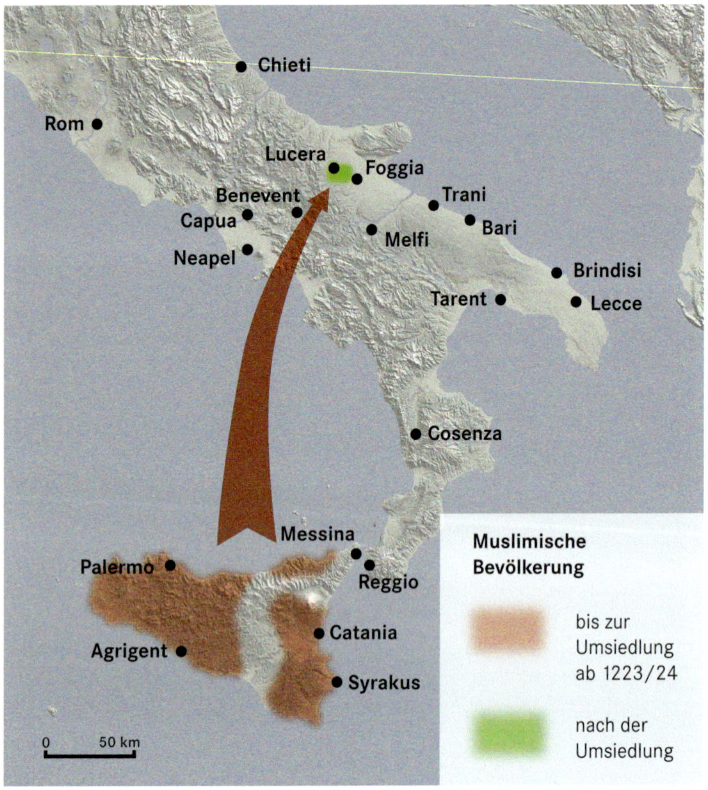

2 Muslimische Bevölkerung im Königreich Sizilien in normannisch-staufischer Zeit

Ländern verpflichtet waren. Ansonsten aber blieb den Muslimen auf lokaler Ebene häufig weitgehende Autonomie. Auf dem Land wie in der Stadt lebten sie unter ihrem Scharia-Recht der *Mālikī*-Schule, schworen sogar gegenüber Christen auf den Koran und hatten eigene Magistrate.[15] Ihre sozialen und juristischen Autoritäten beispielsweise waren die sogenannten Kadis, Koran- und Rechtslehrer unterrichteten an Schulen oder Moscheen, es gab muslimische Notare und Marktaufseher.[16]

Ihre Religion konnte die islamische Mehrheitsbevölkerung auf dem Land wie auch in der Stadt weiterhin ausüben. Inwieweit es innerhalb der niederen muslimischen Bevölkerung Konversionen zum Christentum gab, ist eine in der Forschung diskutierte Frage.[17] Von kirchlicher und herrschaftlicher Seite bestand offenbar kein allzu großer Druck, solange ein Muslim keine bedeutende Position im politisch-sozialen Gefüge einnahm.

Auch wenn manche Moscheen zu Kirchen umgewandelt wurden und die Freitagspredigt verboten war, konnten sich die Gläubigen in den vielen verbliebenen Gotteshäusern zum Gebet versammeln.[18] In manchen Städten war der Ruf des Muezzin zu hören. Der heilige Monat Ramadan wurde öffentlich begangen: Es gab Festbeleuchtungen und zu seinem Ende lautstark gefeierte Prozessionen. Auch wenn nicht sicher ist, wie viele sizilische Muslime die Pilgerfahrt nach Mekka antreten konnten, berichtet Ibn Ǧubair, dass sie Nächstenliebe übten, Almosen gaben, Reisende und Pilger unterstützten und Gefangene freikauften.[19]

Die Städte Siziliens waren aufgrund der florierenden Landwirtschaft der Insel zu mächtiger Größe herangewachsen: Palermo war eine der bevölkerungsreichsten Metropolen des damaligen Europa.[20] In den muslimischen Vierteln befanden sich noch Ende des 12. Jahrhunderts eigene Moscheen und Märkte. Es gab Herbergen nach dem Vorbild von Karawansereien – manche von muslimischen Reisenden, andere von Christen bevorzugt.[21] Die vielen Bäder der Insel waren Ausdruck antiker wie islamischer Kultur der Reinlichkeit. Die Hospitäler Siziliens entsprachen dem erstaunten Zeugnis muslimischer Pilger zufolge dem Vorbild arabischer *māristān*.[22] Städtebaulich spiegelte die Anlage der muslimischen Viertel arabische Tradition wieder: Von breiten Hauptstraßen gingen – häufig durch Tore verschließbare – Nebenstraßen ab, die sich wiederum in ein verwirrendes Durcheinander von Sträßchen und Sackgassen verzweigten, deren Häuser unregelmäßig geformte Innenhöfe umschlossen.[23]

Die hier lebenden Muslime waren an ihren Turbanen unschwer zu erkennen (vgl. S. 322, Abb. 3).[24] Allerdings beeindruckten die langen Seidengewänder und eleganten Mäntel der feinen muslimischen Stadtgesellschaft die Christinnen offenbar derart, dass sie an Festtagen die arabische Mode kopierten, sich verschleierten und mit Henna schmückten, was wiederum große Faszination auf die muslimischen Männer ausübte.[25]

Die in den Städten lebenden Muslime bestritten ihren Lebensunterhalt unter anderem als Handwerker und Händler. Letztere konnten beispielsweise auf den Schiffen der Genuesen bis nach Nordafrika und Spanien gelangen.[26] Muslimische Magistrate oder vornehme Herren mit weitverzweigtem Immobilienbesitz und Kontakten zum Königshof bildeten eine dünne städtische Oberschicht. Ihr Leben verlief in völlig anderen Bahnen als etwa das ihrer Glaubensbrüder auf dem Land. Als Angehörige einer kleinen Elite vererbten sie die Anführerschaft der sizilischen Muslime von Generation zu Generation, stellten Palermos Kadi, der in innermuslimischen Rechtsstreitigkeiten zu Gericht saß.[27] Sie traten als Mäzene leichtlebiger intellektueller Zirkel in Erscheinung, in deren Kreis sich hohe muslimische Regierungsbeamte Siziliens mit Gelehrten und Dichtern von jenseits des Meeres bei Picknicks und Poesie vergnügten. Latent war das unbekümmerte Leben jedoch immer bedroht, konnte die Ungnade des christlichen Königs schnell den Verlust von Besitz und Ämtern nach sich ziehen.

Das Hofleben der Normannenzeit wies so vielfältige Anleihen arabisch-muslimischer Lebensformen auf, dass die christlichen Könige beinahe als orientalische Monarchen wahrgenommen wurden.[28] Eine große Zahl von Muslimen und Konvertiten versah zahlreiche Aufgaben bei Hof: Für Leib und Leben des Herrschers waren sie verantwortlich als Wachpersonal, als Aufseher der Küche sowie als Ärzte und – in der arabisch-mittelalterlichen Medizin ebenso entscheidend – als Astrologen (Abb. 4).[29] Ein luxuriöses Hofleben gewährleisteten Falkner und Pfleger der königlichen Menagerie,[30] ein Trupp schwarzer muslimischer Sklaven und nicht zuletzt die Dienstmägde des Palastes, über deren mögliche sexuelle Zusatzleistungen in einem Harem die Forschung uneins ist.[31] Die königlichen Hofwerkstätten beschäftigten einheimische muslimische und seit 1147 auch kriegsgefangene byzantinische Fachkräfte, die auf höchstem Niveau kostbarste Stoffe aus Seide und Brokat webten, färbten, mit Stickereien, Edelsteinen, Perlen und Emails verzierten, Gold schmiedeten und Elfenbein bearbeiteten, möglicherweise auch Bergkristall schnitten.[32] Ihre bedeutendste Schöp-

3 Palermo, Qanat Gesuitico Basso, unterirdischer Stollen

4 Darstellung eines Arztes (mit Uringlas) und eines Astrologen (mit Astrolabium) am Bett des kranken Königs, Ausschnitt aus dem Liber ad honorem Augusti des Petrus von Eboli, zwischen 1194 und 1197, Bern, Burgerbibliothek, Cod. 120.II, fol. 97r

fung waren die bis 1792 von den römisch-deutschen Königen und Kaisern getragenen Krönungsgewänder mit gestickten arabischen Inschriften (Abb. 5).[33]

Vor allem die Bauprojekte der Normannenkönige zogen kunstfertige muslimische Handwerker von jenseits des Meeres an, die das orientalische Element im Stilgemisch der sizilischen Kunst ausprägten.[34] Unter einzelnen Herrscherpersönlichkeiten wurde der Normannenhof sogar Ziel muslimischer Dichter und Gelehrter aus Übersee, wenn auch die Emigration der geistigen Elite seit der christlichen Eroberung Siziliens nicht mehr kompensiert wurde.[35]

Ebenfalls von fern – und zwar wohl schon als Kinder – kamen die Eunuchen an den Hof.[36] Gemäß den Gepflogenheiten östlicher Monarchien waren sie aufgrund ihres körperlichen Status für die Dienste in intimster Nähe zur Königsfamilie prädestiniert. Offiziell zum Christentum konvertiert, hingen sie höchstwahrscheinlich mit herrscherlicher Duldung weiterhin dem Islam an.[37] Als persönliche Diener, Bewacher des Herrschers und der Frauen, insbesondere aber als Richter, Finanzverwalter, Mitglieder des innersten Regierungsrates und militärische Führer konnten sie größeren Reichtum und Einfluss erlangen als jeder lateinische Höfling. Es gab ganze Zweige arabischer Administration unter ihrer Leitung. Der sogenannte Diwan war für Verwaltung, Steuereinzug und Verleihung von Land und Leuten des Königs auf Sizilien verantwortlich; arabisch firmierte er als *Dīwān al-maʿmūr* oder *Dīwān al-taḥqīq al-maʿmūr* – wobei die genaue Beziehung beider umstritten ist.[38] Wohl nach dem Vorbild des zeitgenössischen fatimidischen Ägypten hinterließ eine Vielzahl von arabischen Schreibern Urkunden von außergewöhnlicher Schönheit und Eleganz.[39]

Gegen die Eunuchen, die auch als Angehörige des innersten Machtzirkels im Königreich, ja sogar als Leiter der Regierung abhängig und sozial isoliert blieben, konnten Neid und Intrigen nicht ausbleiben.[40] Viele von ihnen wurden in Zeiten innerer Wirren als Sündenböcke jäh gestürzt. Als der Hass erst eskaliert war, richtete er sich in der zweiten Hälfte des 12. Jahrhunderts zunehmend auch gegen die muslimische Bevölkerung insgesamt: In den frühen 1160er Jahren und nach 1189 kam es zu blutigen Ausschreitungen.[41]

Unter starken Herrscherpersönlichkeiten jedoch halfen die muslimischen Höflinge, das autokratische Königtum der Normannen zu fördern,[42] wie auch die Herrscherfamilie selbst ein Leben führte, dessen Vorbilder zu einem beträchtlichen Teil im Orient lagen. Arabisch anmutende Paläste – Favara, Altofonte, Zisa und Cuba (Abb. 6) – umgaben Palermo „wie Perlen den Hals einer jungen Frau“[43]. Prächtige Gärten mit Wasserspielen, künstlichen Seen und sorgfältig zusammengetragenen Baum- und Tierarten[44] bildeten die Kulisse eines Lebens glänzender Feste mit Gelagen, Dichtung und Tanz; Musik erklang wohl auf typisch arabischen Lauten, Psaltern, Flöten und Trommeln;[45] auch das Schachspiel war schon seit dem 10. Jahrhundert auf Sizilien bekannt, um von hier aus wie über Spanien seinen Siegeszug ins christliche Europa anzutreten[46] – ein adeliges Idealleben also, wie es in den Augen muslimischer Künstler nicht weit von der Vorstellung des koranischen Paradieses entfernt war.[47]

5 Mantel Rogers II. mit Kufi-Inschrift aus den königlichen Hofwerkstätten, Palermo, 1133/1134, Wien, Kunsthistorisches Museum, Weltliche Schatzkammer, Inv. Nr. XIII 14

6 Palermo, Cubula, 2. Hälfte 12. Jahrhundert

Die staufischen Umbrüche

Mit dem Tod des letzten Normannenkönigs Willhelm II. 1189 waren die schönen Tage in Palermo allerdings zunächst zu Ende. Wie schon einige Jahrzehnte zuvor, kam es anlässlich der Thronvakanz zu inneren Wirren und Krawallen, in deren Verlauf zahlreiche Muslime den Tod fanden. Auch die Machtübernahme der Staufer ab 1194 brachte keine dauerhafte Besserung, im Gegenteil. Dass die hungrigen Truppen Heinrichs VI. vor ihrem Einzug in Palermo die in arabischer Tradition gepflegte Menagerie der Normannenkönige verspeisten, mag nur Episode gewesen sein.[48] Spätestens Heinrichs Sohn Friedrich II. hatte aber jahrzehntelange Auseinandersetzungen mit den Muslimen der Insel zu bestreiten. Der frühe Tod seiner Eltern Heinrich und Konstanze im Abstand nur eines Jahres 1197 und 1198 hatte dem südlichen Königreich kaum Zeit zur Konsolidierung gelassen. Unter dem fremdbestimmten Kindkönigtum Friedrichs II. versank Sizilien endgültig in einen Zustand der Anarchie. Die Muslime im Süden und Westen der Insel wurden Opfer wie auch Täter von Übergriffen, verschleppten 1208 sogar den Bischof von Agrigent.[49] Als Friedrich II. jedoch, endlich volljährig geworden, im Glanz des römischen Kaisertums 1220 nach Süditalien zurückkehrte, war der Anfang vom Ende der dortigen Muslime gekommen. Sie hatten sich in den mittleren Westen der Insel zurückgezogen, wo sie in schwer zugänglichen Höhenfestungen den Heeren des Kaisers erbitterten Widerstand leisteten. Die Macht eines ihrer Führer, Ibn ʿAbbād, war so groß, dass er in offener Zurückweisung herrscherlicher Autorität eigene Münzen unter seinen Glaubensbrüdern zirkulieren ließ. Doch auch wenn die Muslime Friedrich II. über zwei Jahrzehnte hinweg große Anstrengungen abverlangten, wurden sie schließlich doch etappenweise überwunden und ihre Führer getötet.

Entscheidend für das Schicksal der Besiegten war die radikale Lösung, zu der Friedrich II. zwischen 1223 und 1246 griff.[50] Er ließ die Muslime ins über 800 Kilometer entfernte apulische Lucera im Südosten des italienischen Festlandes deportieren, womit die Jahrhunderte muslimischen Lebens auf der größten Mittelmeerinsel zu Ende gingen (Abb. 2). Eventuell verbliebene Muslime dürften nur mehr eine unbedeutende Kraft gewesen sein: zahlreiche Sklaven und wenige Kaufleute.[51] Die arabische Sprache überlebte lediglich in jüdischen Gemeinschaften und Friedrichs II. Versuche zur Wiederbelebung der sizilischen Indigo-, Henna-, Seiden- und Dattelproduktion zeigten wenig bleibenden Erfolg.[52]

Vor allem aber endete das landesweite Nebeneinander von Muslimen und Christen. Die Anhänger des Islam lebten nun im und um das apulische Lucera, weit stärker als bisher auf eine Region konzentriert. Von Christen umgeben, waren sie vom Kaiser besonders abhängig.

Nach anfänglichen Versuchen Einzelner zur Rückkehr in ihre sizilische Heimat[53] arrangierten sich die Muslime mit ihrem Schicksal und wurden schließlich zu treuen Anhängern Friedrichs II. und seiner staufischen Nachkommen. Immerhin durften sie ihre Religion wie in besten sizilischen Zeiten frei ausüben, weshalb es eine Moschee in Lucera gab, vielleicht auch eine Koranschule.[54] Besucher aus der islamischen Welt berichteten sogar von öffentlicher Freitagspredigt.[55] Politisch genoss die Stadt den gewohnten Grad innerer Autonomie: Kadis aus den Reihen der führenden Familien leiteten die Gemeinschaft und sprachen Recht.[56] Da die Muslime nun auf der Domäne des Kaisers lebten, entrichteten sie an seine Verwaltung die bisher an ihre sizilischen Herren geschuldete *ǧizya* und Abgaben vom Bodenertrag.[57] Weil das Prosperieren der Gemeinschaft „seiner" Muslime auch dem Kaiser zugute kam, brachte er ihre Wirtschaft durch Stellung tausender Zugtiere sowie durch Abmachungen mit christlichen Magnaten über Ackernutzungs-, Weide- und Wasserrechte voran.[58] Überhaupt war das Lucera umgebende Gebiet der Capitanata ein fruchtbares Land, das zuvor nur dünn besiedelt gewesen war, unter Friedrich II. jedoch zum Kernraum des Südreiches aufstieg. Hier wurden vorwiegend Getreide und Oliven angebaut, was wohl auch für die Muslime galt.[59] Die Mehrzahl von ihnen war in der Landwirtschaft tätig und machte Lucera, die größte Stadt der Capitanata, auch zum größten Getreideproduzenten der Region.[60] Hinsichtlich der muslimischen Viehwirtschaft ist neben Schafen und Kühen wieder Exotischeres zu nennen: Afrikanische Leoparden wurden von Tierpflegern für den Hof gehalten; daneben gab es Personal für jene Kamele, die Friedrich II. in der Region nicht ohne gewissen Erfolg einführte.[61] Auch im Bereich des Handwerks waren Luceras Muslime partiell für den Hof tatig: als Zimmerleute, Hersteller von Waffen und Sätteln, Intarsiatoren und Teppichknüpfer.[62] Luceras Töpfer führten die siculo-arabische Keramiktradition fort. Muslimische Händler aus Lucera vertrieben die Produkte ihrer Glaubensbrüder zeitweise zollfrei auf dem gesamten süditalienischen Festland, dann wieder in Lucera selbst auf einem von Friedrich II. eingerichteten jährlichen Markt.[63]

Die Krone zog die Muslime zur Arbeit an königlichen Bauprojekten und zur Stellung militärischer Kontingente in Kriegszeiten heran. Die muslimischen Soldaten Luceras waren von erheblicher militärischer Bedeutung in den Kriegen ihrer staufischen Herren und erregten inmitten der christlichen Heere viel Aufmerksamkeit.[64] Sie waren hauptsächlich mit Bogen, zusätzlich mit Kurzschwertern oder Messern bewaffnet und kämpften als bewegliche Truppe zu Fuß oder zu Pferd. In den oberitalienischen Kriegszügen Friedrichs II. spielten sie 1237 und 1248/1249 eine Schlüsselrolle, aber auch in den großen Schlachten seiner Nachfolger 1266 und 1268 kamen sie als treuer, gegenüber päpstlichen Bannsprüchen unempfindlicher Kern zum Einsatz. Vor Ort schützten sie das nahe Foggia, seit dem Apulienliebhaber Friedrich II. bevorzugter herrscherlicher Residenzort.

Das muslimische Hofpersonal der Stauferzeit hatte kaum noch politisch-administrativen Einfluss. Der Diwan in Palermo verlor schrittweise seine überregionale Zuständigkeit.[65] Für die Abfassung arabischer Dokumente musste man nun im Bedarfsfall auf kundige Einzelne zurückgreifen. Schließlich gab es kaum noch muslimische oder griechische Beamte unter Friedrich II. Nur in Einzelfällen gelangten Personen arabischer oder afrikanischer Herkunft in höhere Positionen. Der begabte Johannes Morus beispielsweise war als schwarzer Sklave bei Hof aufgewachsen, von Friedrich II. „entdeckt“ und um 1239 mit der kaiserlichen Kammer betraut worden.[66] Unter Friedrichs II. Sohn Konrad IV. war er unter anderem für die Muslime Luceras zuständig.

Von einer solchen Ausnahmepersönlichkeit abgesehen, ging die Masse der staufischen Hofmuslime in persönlichem Dienst, Unterhaltung und Verbreitung orientalischen Glanzes auf. Ein Trupp schwarzer Sklaven zum Beispiel war sorgfältig im Spiel auf silbernen Trompeten ausgebildet; schöne musizierende Sarazenenmädchen glitten auf Kugeln elegant über den blanken Palastboden (Abb. 7).[67] Die einst mächtigen Eunuchen waren nun ausschließlich für die Bewachung der Frauen des Hofs verantwortlich.[68] Ein Harem existierte wohl nur in der Polemik der Gegner Friedrichs II.[69] Fortgeführt wurde allerdings die Beschäftigung der Hofwerkstätten, wenn diese auch 1220 Palermo verließen, um auf dem Festland einen Nachhall der Tradition aus normannischer Zeit aufrecht zu erhalten.[70]

Die rückläufige Entwicklung durchbrach unter Friedrich II. allein die enorme Vergrößerung der muslimischen Tierpflegerschar. Der jagdbegeisterte Kaiser zog zum einen zahlreiche muslimische Falkner aus Ländern wie Ägypten und Arabien an seinen Hof, zum anderen erhielt er aufgrund seiner guten Kontakte zu Herrschern des Orients viele spektakuläre Tiergeschenke, deren hoch spezialisierte Betreuer gleich mit übersandt wurden.[71] Einige dieser Muslime gelangten in Friedrichs II. buntem Gefolge sogar bis zum Rhein, wo sie gemeinsam mit den fremdartigen Tieren die Wirkung ihres Herrn als faszinierender Ausnahmeherrscher bestärkten.[72]

Tatsächlich bewahrte Friedrich II. gewisse Elemente arabisch-muslimischer Lebensart. Er hatte wohl das Arabische gelernt.[73] Mit

7 Darstellung musizierender Sarazenenmädchen auf Kugeln in der Chronica Maiora des Matthew Paris, St. Albans, Mitte 13. Jahrhundert, Cambridge, Corpus Christi College MS 16, fol. 149

den Herrschern des Orients tauschte er sich, deren Sitte gemäß,[74] über mathematische und naturwissenschaftliche Fragen aus, wofür er entsprechende Experten an seinem Hof hielt. Der Herr Ägyptens, al-Kāmil, sandte ihm den Mathematiker und Astronomen 'Alam al-Ḥanafī.[75] Vor allem aber lag Friedrich II. die Übernahme von Wissen und Techniken der geliebten Jagd am Herzen: Als Erster führte er die Falkenhaube und den Einsatz von „reitenden" Jagdgeparden aus dem Orient in Europa ein.[76]

Dennoch, in der Gesamtbilanz war das muslimische Element in Reich, Hof und Lebensart des Stauferkaisers Friedrich II. im Vergleich zu seinen normannischen Vorgängern auf dem Rückzug. Von vielen Zeitgenossen wurde dies allerdings – absichtsvoll oder unwissend – nicht wahrgenommen. Da Friedrich II. als römisch-deutscher König und Kaiser, Kreuzfahrer und Objekt päpstlicher Hetze auf einer großen lateinisch-christlichen Bühne in Erscheinung trat, musste er sich an den Herrschern jenes Raumes messen lassen. Und in solcher Gegenüberstellung war er noch von viel muslimischer Exotik umgeben. Basierend auf diesem Wahrnehmungsungleichgewicht der Zeitgenossen stilisierten spätere Historiker Friedrich II. bekanntermaßen als bis zur Seelenverwandtschaft tolerant.

Auch Friedrichs II. Sohn Manfred, der nach Konrads IV. Tod offiziell ab 1258 über das Königreich Sizilien gebot, beherrschte nach arabischem Zeugnis die Sprache der Muslime, scharte viele von ihnen in höchsten Positionen um sich, interessierte sich für die spekulativen Wissenschaften und ließ Lucera seine Freiheiten,[77] ohne damit dieselbe Aufmerksamkeit zu finden.

Die Päpste, die seit Friedrichs II. letztem Lebensjahrzehnt erbitterte Gegner der Staufer waren, verwendeten deren Verbundenheit mit den Muslimen wiederholt als propagandistische Waffe. 1245 sah sich Friedrich II. unter anderem mit dieser Begründung für abgesetzt erklärt.[78] 1255, 1263 und 1267 diente Lucera gar als Argument für die Ausrufung von Kreuzzügen gegen Friedrichs II. Sohn Manfred und seinen Enkel Konradin.[79] Als Streiter der Kirche marschierte Karl I. von Anjou, Bruder des französischen Königs, ins Königreich Sizilien ein und besiegte Manfred und sein christlich-muslimisches Heer 1266 bei Benevent.

Als der junge Konradin jedoch 1267 in Italien erschien, um sein Erbe zurückzuerobern, stellten die Muslime noch einmal ihre Staufertreue unter Beweis. Bevor Friedrichs II. Enkel allerdings seine muslimischen Unterstützer erreichen konnte, wurde er 1268 bei Tagliacozzo besiegt und in Neapel hingerichtet.

Die Stauferzeit im Süden war zu Ende. Bis zuletzt waren die Schicksale der Staufer mit denen der Muslime im Königreich Sizilien verknüpft gewesen. Nun gerieten die Anhänger Allahs mit dem übrigen Königreich unter die Herrschaft der Anjou. Obwohl Karl von Anjou als Bekämpfer des Islam ausgezogen war, begnadigte er Lucera. Für weitere drei Jahrzehnte begann ein neues, letztes Kapitel muslimischen Lebens in Unteritalien.

1 Vgl. Csendes 1993, S. 152.
2 Vgl. Kölzer/Stähli 1994, S. 197; Abb. von fol. 134r, S. 191; Otto von St. Blasien, Chronica, cap. 40, S. 62 f.
3 Vgl. zur Wahrnehmung des sizilischen Königreichs insges. Musca 1999, hier insbes. Guyotjeannin 1999; Bresc 1989.
4 Vgl. Takayama 2004, S. 58 f.
5 Ibn Ǧubair, Riḥla, S. 117 – 119.
6 Vgl. Metcalfe 2002, S. 289, 291 f.
7 Vgl. ebd., S. 311.
8 Vgl. zum Folgenden Bercher/Courteaux/Mouton 1979, S. 528 – 530; Martin 1994, S. 192 f.; Kühnel 1994, S. 8, 16; Ausst.-Kat. Sizilien 2004, S. 108.
9 Vgl. Ausst.-Kat. Sizilien 2004, S. 103 – 106.
10 Vgl. Bercher/Courteaux/Mouton 1979, S. 529, 531.
11 Vgl. ebd., S. 528 f.; Martin 1994, S. 189 – 192.
12 Vgl. Bercher/Courteaux/Mouton 1979, S. 534 – 536.
13 Vgl. Johns 2004a, S. 246.
14 Vgl. Johns 2002, S. 35 – 38 mit ausführlicher Diskussion und Metcalfe 2002, S. 296 im Gegensatz zu Amari 1937, Bd. 3, S. 260 – 263.
15 Vgl. Metcalfe 2002, S. 295 f.; Udovitch 1994, S. 192.
16 Vgl. Bercher/Courteaux/Mouton 1979, S. 533 f.
17 Vgl. die Diskussion bei Metcalfe 2002, S. 305 – 316.
18 Vgl. ebd., S. 307; zum Folgenden auch Ibn Ǧubair, Riḥla, S. 125, 130, 135.
19 Vgl. Ibn Ǧubair, Riḥla, S. 121 f., 142 f.
20 Vgl. Metcalfe 2002, S. 289.
21 Vgl. Ausst.-Kat. Sizilien 2004, S. 180; Ibn Ǧubair, Riḥla, S. 132.
22 Vgl. Ibn Ǧubair, Riḥla, S. 126.
23 Vgl. Ausst.-Kat. Sizilien 2004, S. 193, 212 f.
24 Vgl. Kölzer/Stähli 1994, Abb. von fol. 98r, S. 47; zum Hintergrund Stillman 1994, S. 173 f.
25 Vgl. Ibn Ǧubair, Riḥla, S. 131 f. Vgl. muslimische Legendenbildungen um schöne Christinnen ebd., S. 134.
26 Vgl. ebd., S. 132.
27 Vgl. zum Folgenden Johns 2002, S. 240 f., 252.
28 Vgl. Ibn Ǧubair, Riḥla, S. 120; Johns 2002, S. 255.
29 Vgl. Ibn Ǧubair, Riḥla, S. 120; Kölzer/Stähli 1994, Abb. von fol. 57r, S. 43; Thoma 2004, S. 109.
30 Vgl. Johns 2002, S. 244.
31 Vgl. Metcalfe 2002, S. 299 beispielsweise im Gegensatz zu Johns 2002, S. 244.
32 So Distelberger 2004. Vgl. insges. Jacoby 2004, S. 64.
33 Vgl. Bauer 2004b.
34 Vgl. Ausst.-Kat. Sizilien 2004, S. 124 – 126; Johns 2002, S. 267.
35 Vgl. Metcalfe 2002, S. 299 f.; gegen eine zu weitgehende Verarmungsthese allerdings Udovitch 1994, S. 197 f.
36 Vgl. zu den Eunuchen Johns 2002, S. 249 – 253; Corsi 1991.
37 Vgl. Metcalfe 2002, S. 304.
38 Vgl. die ausführliche Erörterung in Johns 2002, S. 193 – 201.
39 Vgl. ebd., S. 257 – 283.
40 Vgl. ebd., S. 288.
41 Vgl. beispielsweise Tramontana 1983, S. 152 f.; Tramontana 1985, S. 152; Houben 1994, S. 183.
42 Vgl. Johns 2002, S. 253 – 256, 284 – 291.
43 Ibn Ǧubair, Riḥla, S. 129.
44 Vgl. Hauck 1963, S. 60 – 62.
45 Vgl. Gramit 1985, S. 16 – 25.
46 Vgl. Petzold 1987, S. 66; Schafroth 2002, S. 40; Salierno 2006, S. 115.
47 Vgl. Gramit 1985, S. 36 f.; Salierno 2006, S. 122 – 124.
48 Vgl. Otto von St. Blasien, Chronica, cap. 40, S. 61 f.
49 Vgl. zum Folgenden Stürner 2003, Bd. 2, S. 66 – 71; Taylor 2004, S. 7 f.
50 Vgl. Stürner 2003, Bd. 2, S. 68 – 72; Taylor 2004, S. 11 – 19.

[51] Vgl. METCALFE 2002, S. 317; ABULAFIA 2004, S. 226; allgemein ABULAFIA 1990a.
[52] Vgl. MARTIN 1994, S. 193; WATSON 1994, S. 203; VÀRVARO 2004, S. 199.
[53] Vgl. TAYLOR 2004, S. 45.
[54] Vgl. ebd., S. 68, 71.
[55] Vgl. Abū'l-Fidā', Kitāb al-muḫtaṣar, S. 527; kritisch CLEMENS/MATHEUS 2008, S. 92.
[56] Vgl. TAYLOR 2004, S. 83.
[57] Vgl. SALIERNO 2000, S. 108.
[58] Vgl. HB 5,1, S. 627 f.; TAYLOR 2004, S. 41, 99.
[59] Vgl. SALIERNO 2000, S. 112.
[60] Vgl. ebd., S. 107; TAYLOR 2004, S. 83.
[61] Vgl. TAYLOR 2004, S. 100 – 102.
[62] Vgl. HB 5,2, S. 764; LICINIO 1991, S. 162.
[63] Vgl. TAYLOR 2004, S. 111.
[64] Vgl. zum Folgenden SALIERNO 2000, S. 111 f.
[65] Vgl. zum Folgenden STÜRNER 2003, Bd. 2, S. 37; JOHNS 2002, S. 245; TAKAYAMA 2004, S. 74.
[66] Vgl. zu ihm STÜRNER 2003, Bd. 2, S. 247; SALIERNO 2000, S. 120.
[67] Vgl. HB 5,1, S. 535 f., 5,2, S. 676 f.; Matthaeus Paris, Chronica majora, Bd. 4, S. 147; STÜRNER 2003, Bd. 2, S. 348.
[68] Vgl. CORSI 1991, S. 275 f.
[69] Vgl. STÜRNER 2003, Bd. 2, S. 349 f.; LEDER 2008, S. 84.
[70] Vgl. ANADLORO 2004, S. 32; BAUER 2004a, S. 121.
[71] Vgl. GIESE 2008, S. 129 f.
[72] Vgl. STÜRNER 2003, Bd. 2, S. 348 mit Nachweisen.
[73] Vgl. LEDER 2008, S. 85; STÜRNER 2003, Bd. 1, S. 112, Anm. 109; zweifelnd VAN EICKELS 2008, S. 75.
[74] Vgl. sogar VAN EICKELS 2008, S. 75.
[75] Vgl. KANTOROWICZ 1927, S. 315.
[76] Vgl. GIESE 2008, S. 132 – 135 und DIES. in diesem Band.
[77] Vgl. Abū'l-Fidā', Kitāb al-muḫtaṣar, S. 527; SALIERNO 2006, S. 161 – 163.
[78] Vgl. TAYLOR 2004, S. 56.
[79] Vgl. ebd., S. 131, 133, 143.

Vera von Falkenhausen

Sprachengewirr – wer behält das letzte Wort? Sprachliche Vielfalt im sakralen und profanen Kontext

Süditalien und Sizilien zur Zeit der normannischen Eroberung

Um die Wende zum ersten Jahrtausend wanderten einige normannische Ritter in Süditalien ein und verdingten sich als Söldner bei den verschiedenen lokalen Machthabern. Ihr Beispiel machte Schule, und alsbald folgten ihnen weitere abenteuerlustige junge Männer aus der Normandie und anderen Teilen Frankreichs.[1] Nachdem sie die politische Schwäche des süditalienischen Staatensystems durchschaut hatten, schlossen sich einige von ihnen unter der Führung eines gewählten Grafen zusammen und begannen in den vierziger Jahren des 11. Jahrhunderts mit der systematischen militärischen Eroberung der Region. Im Gegensatz zu der etwa gleichzeitigen Eroberung Englands durch den Herzog der Normandie war also die normannische Expedition in Süditalien eine private Unternehmung, die ganz ohne dynastische Unterstützung durchgeführt wurde.

Im Süden der italienischen Halbinsel trafen die Normannen auf in politischer, kultureller und religiöser Hinsicht ungemein vielgestaltige Strukturen. Die im Wesentlichen politisch unabhängigen langobardischen Fürstentümer von Benevent, Capua und Salerno in Kampanien unterstanden der kirchlichen Jurisdiktion Roms; die Kultursprache der Bevölkerung, die nach langobardischem Recht lebte, war das Lateinische. Ähnlich verhielt es sich bei den kleinen Herzogtümern an der tyrrhenischen Küste, Neapel, Amalfi und Gaeta, wobei dort jedoch nicht das langobardische, sondern das römische Recht galt. Apulien, Kalabrien und Teile der Basilicata gehörten zum byzantinischen Reich und wurden von einem jeweils für einige Jahre aus Konstantinopel entsandten Gouverneur (Katepan) mit Sitz in Bari regiert. Allerdings waren die byzantinischen Provinzen keineswegs einheitlich strukturiert: Kalabrien und Südapulien (das Salento) hatten eine überwiegend griechische Bevölkerung und unterstanden der kirchlichen Jurisdiktion des Patriarchen von Konstantinopel, während Nord- und Mittelapulien, ebenso wie der größere Teil der Basilicata, lateinisch waren und zum Jurisdiktionsbereich der römischen Kirche gehörten.

Schließlich waren seit der Mitte des 10. Jahrhunderts zahlreiche kalabresische und sizilianische Griechen wegen der wiederholten arabischen Überfälle gen Norden ausgewandert, und zwar sowohl ins byzantinische Apulien als auch in die langobardischen Fürstentümer, besonders ins Cilento. In ihren neuen Siedlungsgebieten unterstanden sie dann automatisch der kirchlichen Jurisdiktion Roms. Sizilien war in mehrere arabische Emirate unterteilt und überwiegend islamisch. Im Nordosten der Insel lebte allerdings eine stattliche christliche Minderheit griechischer Sprache, während in anderen Teilen auch christliche Araber und zahlreiche jüdische Gemeinden belegt sind. Es ist verständlich, dass in diesem Staatengewirr nicht nur die politischen, sondern auch die kulturellen Grenzen einigermaßen fließend waren. Es gab z. B. arabische Minderheiten in Südkalabrien, und da sich das Fürstentum Salerno zeitweise bis nach Nordkalabrien ausgedehnt hatte, wurden auch die dortigen Diözesen Bisignano, Malvito und Cosenza, dem Erzbischof von Salerno und damit Rom unterstellt.

Besonders in Grenzgebieten muss man mit einer gewissen Zweisprachigkeit der Bevölkerung oder zumindest einiger Bevölkerungsgruppen rechnen: Für einige Griechen in Südkalabrien sind Arabischkenntnisse belegt,[2] während in Nordkalabrien auch die lateinische Sprache verbreitet war. Auf jeden Fall entsprach nicht in allen Teilen die sprachliche und religiöse Ausrichtung der Bewohner ihrer politischen Zugehörigkeit. Die Normannen selbst hatten sich inzwischen längst von ihrer skandinavischen Vergangenheit gelöst und sprachen einen gallo-romanischen Dialekt. Zahlreiche Termini aus den Bereichen des Feudalsystems, der kirchlichen Hierarchie Süditaliens oder auch einige Eigennamen sind über die gallo-romanische und nicht über die lateinische Form in die griechische und arabische Sprache Kalabriens bzw. Siziliens eingedrungen. Man denke z. B. an griechisch *τερρέριος* aus *terrier* (Grundherr), *σεργέντης* aus *sergent* (Knappe), *καπριλίγγας* aus *camberlenc* (Kämmerer),[3] an arabisch *ğntr* aus *chantre* (Kantor) oder *ğblh* aus *chapelle*,[4] oder *Ἰοφρές* aus *Geoffroy* (und nicht aus Goffredus).[5]

Süditalien und Sizilien in normannischer Zeit

In den achtziger Jahren des 11. Jahrhunderts war die normannische Eroberung Süditaliens und Siziliens im Wesentlichen abgeschlossen. Die Herrschaft über die eroberten Gebiete teilten sich zwei Brüder aus der Familie Hauteville: Robert Guiskard († 1085) war 1059 vom Papst mit den eroberten Territorien belehnt und offiziell zum Herzog ernannt worden. Dieser belehnte später seinen jüngeren Bruder, Roger I. († 1101), mit der Grafschaft von Kalabrien und Sizilien. Die Bevölkerung des normannischen Herzogtums, das Apulien, Kampanien, die Basilicata und Nordkalabrien umfasste, war insofern einigermaßen homogen, als, abgesehen vom griechischen Salento und von Teilen Nordkalabriens, die allgemeine Kultursprache das Lateinische war und im religiösen Bereich schon immer der römische Ritus vorgeherrscht hatte. Wegen dieses gemeinsamen kulturellen Hintergrundes hatte es in diesen Gebieten die einheimische langobardische Oberschicht leichter, sich mit den normannischen Eroberern zu arrangieren. Ehen zwischen Normannen und Langobarden waren nichts Ungewöhnliches, und Amatus, ein Mönch von Montecassino, schrieb um 1083 eine lateinische Chronik der normannischen Eroberung.[6] Da die griechischen Immigrantengemeinden in Apulien und Kampanien keinen Nachschub mehr aus Kalabrien und Sizilien bekamen, passten sie sich nach und nach der Sprache ihrer lateinischen Nachbarn an. Mit der Umstellung des religiösen Ritus ging es wohl etwas langsamer. In einer Urkunde Wilhelms II. (1168) für das griechische Kloster S. Elia di Carbone in der Basilicata ist z. B. die Rede von Klostergemeinschaften in Apulien, Kampanien und der Basilicata, die zwar nach der griechischen Regel lebten, aber die lateinische Sprache benutzten (*τοῖς ἔχουσι τὴν μὲν πολιτείαν γρέκην, τὸν δὲ διάλεκτον λαττίνον*).[7]

Anders in der Grafschaft von Kalabrien und Sizilien, wo die Normannen einer überwältigenden Mehrheit von griechisch orthodoxen Christen und arabischen Muslimen gegenüberstanden: Im Gegensatz zu ihrer außerordentlichen Tapferkeit und militärischen Effizienz verfügten die normannischen Ritter über keinerlei Verwaltungserfahrung; und die nicht sehr zahlreichen Kleriker, die in ihrem Gefolge nach und nach aus dem Norden einwanderten, waren im Allgemeinen für die gehobenen geistlichen Laufbahnen bestimmt. Deshalb betrauten Graf Roger I. und der normannische Feudaladel in Kalabrien fast ausschließlich byzantinisch ausgebildete griechische Notare mit der Verwaltung der Grafschaft. Auf diese Weise bildete sich dort eine schriftkundige griechische Mittelklasse, bestehend aus Notaren und Klerikern, die in der Bürokratie ebenso wie in den unteren und mittleren Rängen der Kirche den Ton angab. Die Sprache der kalabresischen Urkunden in normannischer Zeit war bis auf wenige Ausnahmen griechisch, und noch über das 12. Jahrhundert hinaus blieb in dieser Region vielerorts das Griechische die vorherrschende Urkundensprache.[8] Auch die Handschriften, die damals in Kalabrien geschrieben und gelesen wurden, sind überwiegend griechisch.[9]

In Sizilien war die Situation noch komplizierter. Ein Teil der gebildeten arabischen Oberschicht war anscheinend nach der normannischen Eroberung nach Spanien, Ägypten oder Ifriqiya emigriert. Für das 11. Jahrhundert zitiert Ibn al-Qattā 170 sizilianische Dichter, dagegen kennt er für das 12. nur noch ganz wenige.[10] Allerdings scheinen die Araber sizilianischer Herkunft den Kontakt zu ihrer alten Heimat nicht ganz abgebrochen zu haben. Besonders Angehörige der ehemaligen Oberschicht bewegten sich anscheinend weiterhin ziemlich ungehindert zwischen Ägypten, dem Maghreb und Sizilien.[11] Da die ersten beiden Generationen der Eroberer den islamischen Arabern nicht so recht trauten, wurde die Insel zu einem Einwanderungsland: Siedler aus Norditalien, die so genannten Lombarden, und Kleriker aus Frankreich und England wurden ermuntert, sich in Sizilien niederzulassen. Am Ende des 11. Jahrhunderts vergab Ambrosius, der Abt des Bartholomäus-Klosters auf Lipari, Ländereien des Klosters bei Patti zu besonders attraktiven Bedingungen an *homines quicumque sint latine lingue*.[12] Außerdem ermutigten die Normannen gebildete griechische Kalabresen zur Einwanderung auf die Insel. Gemeinsam mit einigen sizilianischen Griechen, die vermutlich teilweise zweisprachig waren, übernahmen sie die Verwaltung nicht nur der Grafschaft, sondern auch die der Lehen der normannischen Barone.[13] Infolgedessen ist die überwiegende Mehrzahl der erhaltenen sizilianischen Privaturkunden und Diplome aus dieser Zeit in griechischer Sprache abgefasst, und zwar selbst dann, wenn sowohl die Aussteller als auch die Empfänger lateinisch waren.[14] Die Griechen waren wenigstens Christen, wenn auch aus der Sicht Roms und der Normannen vielleicht Christen zweiter Klasse, aber an das Zusammenleben mit einer nicht-christlichen Bevölkerung musste man sich erst langsam gewöhnen.

Während der Regierungszeit Rogers II. wurden schließlich auch zahlreiche nordafrikanische Araber in Sizilien angesiedelt, teils Flüchtlinge, die ihr Land während einer Hungersnot in Tunis verlassen hatten, teils Gefangene aus den Feldzügen des Königs gegen Djerba (1135, 1153/1154).[15] Nach der Eroberung hatten die Normannen sofort alle Bistümer ihres neuen Staates der päpstlichen Jurisdiktion unterstellt. In Sizilien setzten die Eroberer in die neu eingerichteten Diözesen weitgehend Bischöfe normannischer und französischer Herkunft ein;[16] in Kalabrien wurden dagegen die griechischen Bischöfe nach und nach durch lateinische Kandidaten ersetzt. Nur in einigen Diözesen an der ionischen Küste, z. B. in Rossano, Santa Severina, Crotone und Gerace, und im Aspromonte, z. B. in Oppido und Bova, amtierten noch bis ins 13. und sogar 14. Jahrhundert nach wie vor griechische Bischöfe.[17] Es ist allerdings irreführend, in diesem Zusammenhang von einer systematischen ‚Rekatholisierung' Süditaliens zu reden, wie es manchmal geschieht, denn der griechische Ritus scheint damals weder durch die normannischen Herrscher noch durch die römisch-katholische Hierarchie bekämpft oder auch nur eingeschränkt worden zu sein: sowohl in Kalabrien, als auch in Sizilien und im Salento blieb der niedere Klerus noch auf lange Zeit großenteils griechisch. Sogar die christliche Mission bei den sizilianischen Muslimen wurde oft von Griechen betrieben. Man denke z. B. an den griechischen Mönch Lukas, später Bischof von Isola Capo Rizzuto an der ionischen Küste.[18] Außerdem wurden viele griechische Klöster neu gegründet, wieder gegründet und oft von den normannischen Herrschern und ihren Baronen reich beschenkt und privilegiert.[19] Ebenso gab es in Sizilien, besonders im Süden und Westen der Insel, weiterhin zahlreiche Moscheen. Es wäre in der Tat politisch unklug gewesen, die Mehrheit der Bevölkerung bei der Ausübung ihrer angestammten Religion zu behindern.

Während Roger I. und später seine Witwe, die Regentin Adelasia, hauptsächlich im südkalabresischen Mileto oder im Nordosten Siziliens residierten, wurde seit dem Beginn der selbständigen Herrschaft Rogers II. (ab 1113) die alte arabische Hauptstadt Palermo offizieller Sitz der Grafen von Kalabrien und Sizilien. Als sich Roger dann nach dem Aussterben der Linie der Herzöge von Apulien im Dezember 1130 in Palermo zum König krönen ließ und in jahrelangen Kämpfen alle normannischen Besitzungen in Süditalien und Sizilien unter seiner Herrschaft vereinte, wurde Palermo die Hauptstadt des neuen Königreichs. In dieser Stadt mit einer drei-

1 Darstellung der dreisprachigen Kanzlei König Tankreds mit griechischen, arabischen und lateinischen Notaren, Ausschnitt aus dem Liber ad honorem Augusti des Petrus von Eboli, zwischen 1194 und 1197, Bern, Burgerbibliothek, Cod. 120.II, fol. 101r

sprachigen Bevölkerung – *urbs felix, populo dotato trilingue*, wie Petrus von Eboli am Ende des 12. Jahrhunderts schreibt –,[20] zelebrierten sich die normannischen Herrscher sozusagen multikulturell: im Zeremoniell imitierten sie sowohl den Hof der Fatimiden in Ägypten als auch den des byzantinischen Kaisers. Die Kathedrale und die Cappella Palatina, die Hofkapelle der normannischen Könige, ebenso wie die als Grablegen bestimmten Klosterkirchen von Cefalù und Monreale, sind mit teils griechisch und teils lateinisch beschrifteten Mosaiken und arabischen Marmorinschriften dekoriert. In der lateinischen Kathedrale von Palermo ebenso wie in der Cappella Palatina konnte man auch den bedeutenden griechischen Prediger Philagathos Kerameus hören.[21] Die königliche Kanzlei war dreisprachig (Abb. 1), wobei der größere Teil der Urkunden für Empfänger in Sizilien und Kalabrien auf griechisch ausgestellt wurde, und griechisch war auch die charakteristische – allerdings nicht eigenhändige – Unterschrift Rogers II.,[22] die Bleisiegel des Königs waren normalerweise zweisprachig, griechisch-lateinisch,[23] aber alle normannischen Könige hatten auch ein arabisches „Alama".[24] Nach arabischen Quellen sollen Roger II. und die beiden Wilhelme auch arabisch gesprochen haben, aber das ist eher unwahrscheinlich.[25] Allein die Geschichtsschreibung im normannischen Sizilien ist mit Gaufredus Malaterra und dem so genannten Hugo Falcandus rein lateinisch, denn Araber und Griechen hatten dort keine eigene Geschichte mehr. Hatte in der ethnischen und sprachlichen Zusammensetzung der Bevölkerung der normannischen Grafschaft von Kalabrien und Sizilien das griechische bzw. arabische Element vorgeherrscht, so gewann nach der Gründung des Königreichs die lateinische Komponente im Staat die Oberhand. Gut ausgebildete lateinische Notare aus Apulien und Kampanien, wie der *amiratus amiratorum* unter Wilhelm I., Maio aus Bari († 1160), und der Notar und spätere Kanzler König Tankreds, Matthäus aus Salerno († 1193), übernahmen wichtige Posten sowohl in der königlichen Kanzlei als auch in der Zentralverwaltung in Palermo und ersetzten, besonders nach dem Tod Rogers II. viele griechische Beamte. Letztere konnten sich nur halten, wenn sie mindestens zweisprachig waren, wie der so genannte Iudex Tarentinus oder *Κριτὴς Ταραντινός*, ein hoher griechischer Richter aus Tarent, der zwar am Ende seines Lebens in ein griechisches Kloster eintrat, aber während seiner Amtszeit im Wesentlichen in Prozessen auftrat, die zwischen lateinischen Parteien geführt wurden.[26] Entsprechend gering ist die Anzahl der griechischen Diplome, die aus den Kanzleien Wilhelms I. (1154 – 1166), Wilhelms II. (1166 – 1189) und Tankreds (1190 – 1194) hervorgingen.[27]

Nach der Krönung König Rogers II. waren dann auch die Araber intensiver in die normannische Verwaltung einbezogen worden. Der Großemir oder Großadmiral (*ἄρχων τῶν ἀρχόντων καὶ ἀμηρᾶς τῶν ἀμηράτων*) Georgios von Antiochia, ein levantinischer Grieche, der zeitweise in arabischen Diensten gestanden hatte, 1108/1109 zu den Normannen übergelaufen war und schließlich in Palermo eine große Karriere machte, reformierte die normannische Zentralverwaltung nach fatimidischem Vorbild.[28] Deshalb wurden alsbald vermehrt Araber am Hof und in den Büros der Zentralverwaltung von Palermo eingesetzt, teils einheimische, teils maghrebinische Sklaven.[29] Als der spanische Kaufmann Ibn Jubayr im Jahre 1184

Sizilien bereiste, traf er dort besonders im Süden der Insel, in der Gegend von Agrigent, und im Westen, zwischen Alcamo und Trapani, auf zahlreiche teils wohlsituierte muslimische Araber und auf solche, die sich pro forma hatten taufen lassen, aber im Geheimen ihrer alten Religion anhingen. Er äußerte sich erstaunt über deren oft prominente Stellung am königlichen Hof.[30] In der urkundlichen Dokumentation ist allerdings die arabische Bevölkerung Siziliens entschieden unterrepräsentiert, denn die Überlieferungschancen arabischer Privaturkunden waren schlecht. Da man sie im späteren Mittelalter nicht mehr lesen konnte, gingen sie, nutzlos geworden, entweder verloren oder wurden vernichtet. Wir können also wohl davon ausgehen, dass die wenigen erhaltenen Archivalien nur einen ganz geringen Prozentsatz dessen darstellen, was tatsächlich im 12. Jahrhundert ausgestellt wurde.

Süditalien und Sizilien in staufischer Zeit

Als Heinrich VI. am 20. November 1194 in Palermo zum König von Sizilien gekrönt wurde, sah die sprachliche Situation in seinem Königreich etwa folgendermaßen aus: Der größte Teil des Reichs war inzwischen ganz lateinisch; in der Hauptstadt und in der Zentralverwaltung machte sich ein erheblicher Rückgang des Griechischen gegenüber dem Lateinischen und – in geringerem Maße – dem Arabischen bemerkbar. Nur noch einige wenige zwei- oder dreisprachige Abkömmlinge der alten griechischen Beamtendynastien konnten sich in gehobenen Positionen halten. So der Admiral oder Emir Eugenios von Palermo, der griechische Verse schrieb und arabische und griechische Texte ins Lateinische übersetzte. Beruflich wurde er sowohl in Apulien als auch in Kampanien, also in Provinzen lateinischer Sprache, eingesetzt; seine Unterschrift ist jedoch immer griechisch.[31] Auch die Zahl der in Palermo ausgestellten griechischen Privaturkunden nimmt langsam ab. Dagegen hielt sich die griechische Sprache im Nordosten Siziliens, also in dem Teil der Insel, der schon vor der normannischen Eroberung weitgehend von Griechen besiedelt war (Abb. 2).[32] Bei der Bevölkerung des Salento und Kalabriens war das Griechische gegenüber dem Lateinischen immer noch vorherrschend (Abb. 3); dabei scheint allerdings die Sprachgrenze nicht nur durch geographische, sondern auch durch soziale Faktoren bestimmt gewesen zu sein: Während das Griechische die Sprache der ländlichen Bevölkerung und der inzwischen zumindest teilweise zweisprachigen Mittelschicht blieb, war die Kultursprache des grundbesitzenden Feudaladels und der Mehrheit der Bischöfe das Lateinische.

Petrus von Eboli erzählt z. B., dass König Tankred, der ehemalige Graf von Lecce, während der Kämpfe mit Heinrich VI. seiner Frau einen Brief geschrieben habe (Abb. 4). „Die Schrift war griechisch, die er als Verbannter gelernt hatte."[33] Tankred hatte tatsächlich einige Jahre lang im byzantinischen Exil gelebt, aber anscheinend kommt der Autor nicht auf die Idee, dass der König die Sprache in seiner salentinischen Grafschaft, wo alle Welt griechisch sprach, gelernt haben könnte. Friedrich II. war anscheinend ungewöhnlich interessiert und begabt, was das Erlernen fremder Sprachen anging. Wenn wir auch nicht wissen, wie weit diese Sprachkenntnisse gingen, so war diese sprachliche Neugier seinen Zeitgenossen und späteren Chronisten aufgefallen und als erwähnenswert erschienen.

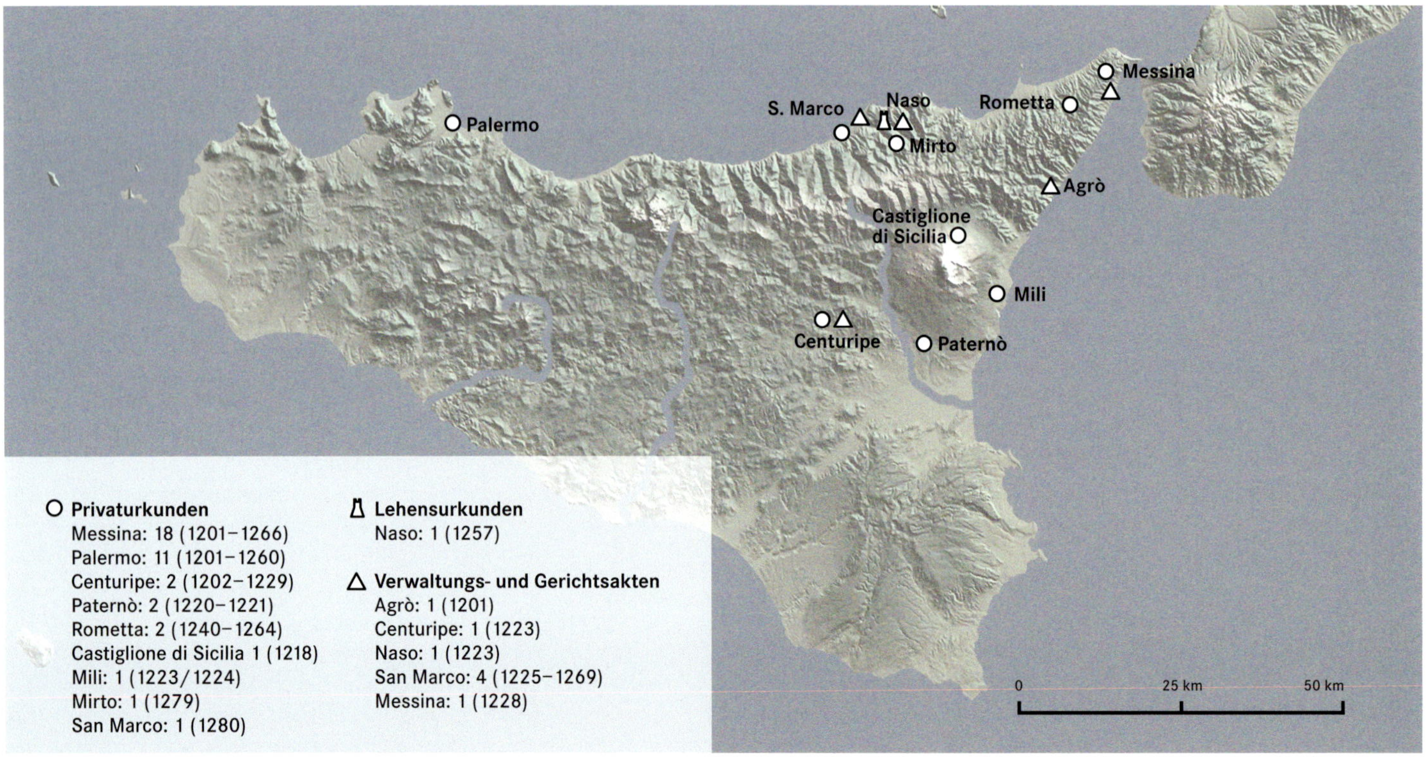

2 Griechische Urkunden in Sizilien im 13. Jahrhundert

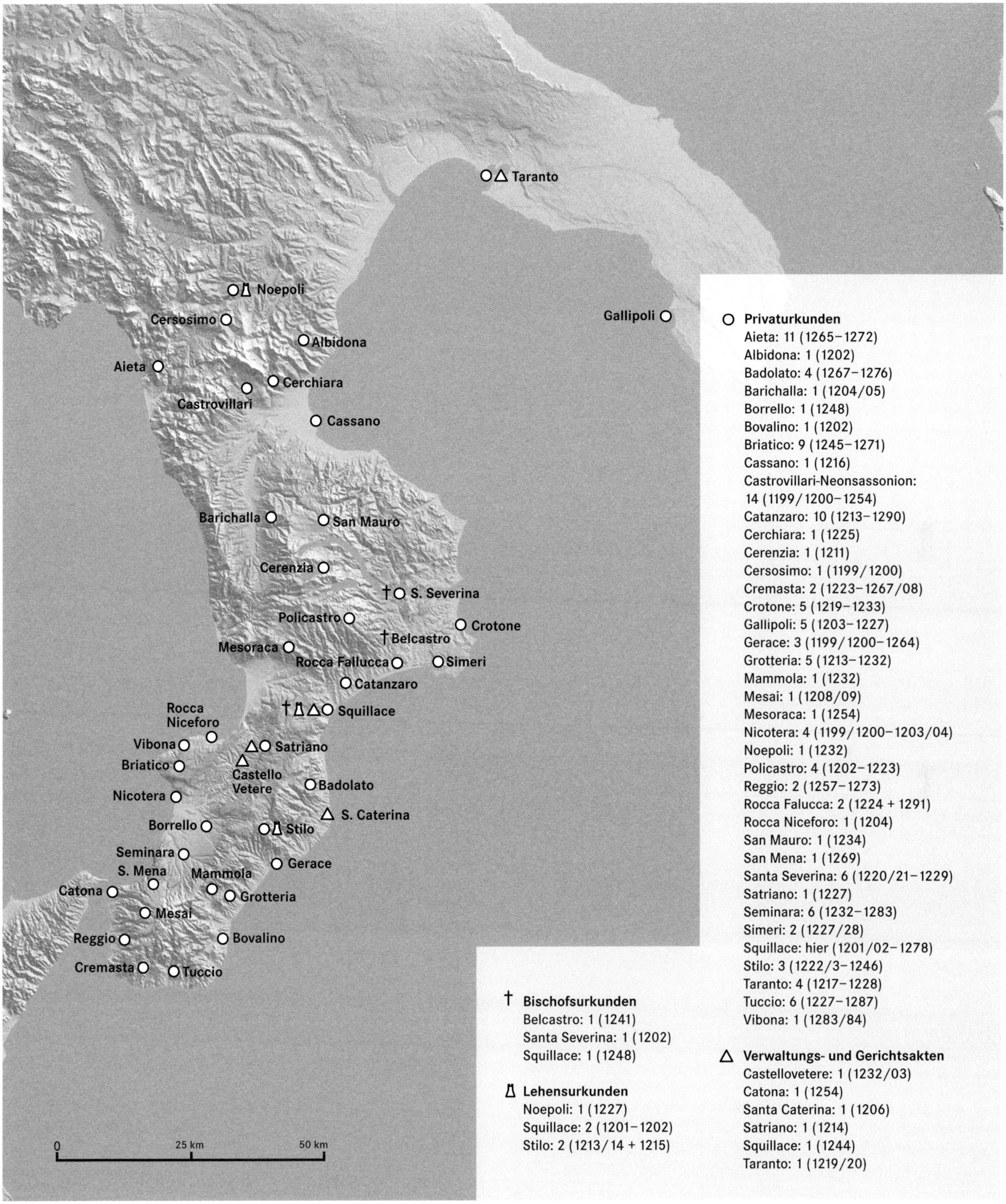

3 Griechische Urkunden in Süditalien im 13. Jahrhundert

4 König Tankred schreibt einen Brief an seine Frau, Ausschnitt aus dem Liber ad honorem Augusti des Petrus von Eboli, zwischen 1194 und 1197, Bern, Burgerbibliothek, Cod. 120.II, fol. 124r

Nach Salimbene de Adam soll er viele verschiedene Sprachen gesprochen haben, während es bei Giovanni Villani, der in der ersten Hälfte des 14. Jahrhunderts schrieb, heißt: *seppe la lingua latina, e la nostra volgare, tedesco, e francesco, greco, e saracinesco.*[34] In diesem Zusammenhang soll auch auf das erstaunliche und oft zitierte Sprachexperiment hingewiesen werden, das Friedrich laut Salimbene de Adam unternommen haben soll. Um herauszufinden, welche Sprache die Menschen sozusagen von Natur aus sprächen, ob Hebräisch, Griechisch, Lateinisch oder die Sprache der Familie, aus der sie stammten, habe er einige neugeborene Kinder Ammen anvertraut mit der Auflage, sie zu stillen, zu baden und zu säubern, aber ohne je ein Wort mit ihnen zu reden. Das Experiment sei ein Mißerfolg geworden, denn alle Kinder seien aus Mangel an Zuwendung früh und sprachlos gestorben.[35] Trotzdem ist die Vielsprachigkeit im Königreich Sizilien gerade unter der Regierung Friedrichs II. erheblich zurückgegangen, und das gilt aus ganz unterschiedlichen Gründen sowohl für das Griechische als auch für das Arabische.

1204 waren Konstantinopel und große Teile des byzantinischen Reichs von den lateinischen Kreuzfahrern erobert worden. Der griechische Patriarch war abgesetzt und durch einen Venezianer ersetzt worden. Von da an verschärften sich zunehmend die religiösen Spannungen zwischen Griechen und Lateinern, sodass es auch in Süditalien immer weniger opportun war, sich zum griechischen Ritus zu bekennen. Dazu kam, dass die Griechen in Kalabrien und Sizilien sozusagen in einer intellektuellen Diaspora lebten, mit wenig Kontakt zum geistigen Leben im byzantinischen Reich, während das allgemeine intellektuelle und geistliche Klima im lateinischen Italien dagegen im frühen 13. Jahrhundert besonders anregend war: man denke z. B. an die Anfänge der Scholastik und der Universitäten und an die Entstehung der Bettelorden. Da die Bildungsinstitutionen lateinisch waren, mussten auch die jungen Griechen, wenn sie akademische Ambitionen hatten, auf Lateinisch studieren, und von da war es nur noch ein kleiner Schritt zur vollständigen Latinisierung. Außerdem hatte Friedrich II. in seinen Konstitutionen Klerikern den Zugang zur Notariats- und Richterlaufbahn verboten. Nach der byzantinischen Tradition waren aber die griechischen Notare im Allgemeinen Kleriker, und da die griechischen Priester verheiratet sein durften und meistens waren, gab es in Kalabrien zahlreiche griechische Familien, in denen sich die Kombination von geistlichem und notariellem Beruf über Generationen hin tradierte, und deren Bildung und soziales Standing auf dieser Doppelfunktion beruhten. Friedrichs Verbot, das eine Entscheidung zwischen der geistlichen und der notariellen Laufbahn verlangte, und anscheinend relativ streng eingehalten wurde, verursachte also eine zunehmende Latinisierung des ehemals griechischen „Bildungsbürgertums“ und führte zu einem drastischen Absinken des intellektuellen Niveaus des griechischen Klerus.[36] Schon in der zweiten Hälfte des 13. Jahrhunderts wurde es schwierig, geeignete Kandidaten für die Besetzung der wenigen griechischen Bischofssitze in Kalabrien zu finden. Dagegen hielt die ungebildete ländliche Bevölkerung noch lange an der griechischen Sprache fest. Im Vorwort zum altfranzösischen „Roman de Troie“ (Ende 13. Jahrhundert) heißt es, dass die Bauern in Kalabrien nur griechisch sprächen;[37] und noch bis ins 20. Jahrhundert wurde in den Bergdörfern des Aspromonte ein griechischer Dialekt gesprochen.

Im Salento war die Situation etwas anders, denn der leichte und kontinuierliche Kontakt mit der östlichen Adriaküste hielt dort die griechische Sprache und Kultur noch auf längere Zeit am Leben. Im Gegensatz zu Kalabrien und Sizilien, wo man inzwischen fast nur noch liturgische, patristische und hagiographische Handschriften kopierte,[38] befassten sich die griechischen Kommitenten, Schreiber und Leser im Salento auch weiterhin mit weltlicher Literatur und rezipierten byzantinische Neuerscheinungen.[39] Der *γραμματικός* Nikolaos von Otranto, der später unter dem Namen Nektarios Abt des Klosters Casole wurde (1155/1160 – 1235), Verfasser von griechischen Epigrammen, theologischen Traktaten und Übersetzungen ins Lateinische, ist ein hervorragender Exponent des kulturellen Lebens im Salento. Dank seiner Sprachgewandtheit wurde er mehrfach vom Papst und von Friedrich II. in diplomatischer Mission nach Konstantinopel und Nikaia geschickt.[40]

Das Verschwinden der arabischen Sprache hatte dagegen ganz andere Gründe. Da die Konflikte im Zusammenleben der lateinischen und arabischen Bevölkerungsgruppen in Sizilien immer virulenter wurden, war es schon unter König Tankred zu arabischen Aufständen gekommen, die nach der Rückkehr Friedrichs II. aus Deutschland wieder auflebten, und erst nach mehrjährigen Kämpfen brutal niedergeschlagen wurden. Zwischen 1224 und 1245 siedelte der Kaiser Tausende sizilianischer Araber nach Lucera um. Durch diese groß angelegte und ziemlich kostspielige Aktion versuchte der Kaiser, die aufständischen Muslime aus ihrem sozialen Kontext zu lösen und damit ihre Widerstandskraft zu schwächen.[41] Allerdings hatten die Sarazenen in Lucera nicht nur eine Moschee und genossen das Privileg der freien Religionsausübung, sondern nach dem Bericht des zeitgenössischen syrischen Historikers Giamâl ad-dîn Ibn Wâsil (1207 – 1298) soll dort auch ein Institut zum Studium der Naturwissenschaften eingerichtet worden sein.[42] In den ersten Jahrzehnten scheinen die Sarazenen ohne Identitätsverlust in der fremden Umgebung überlebt zu haben, denn als König Manfred auf der Flucht im November 1254 vor den Mauern von Lucera stand und Einlass in die befestigte Stadt begehrte, konnte er nur durch einen Mann aus seinem Gefolge, der *idioma Saracenum bene noverat,* mit der sarazenischen Besatzung verhandeln.[43] Erst unter den Anjou verschwanden die arabischen Siedlungen in der Capitanata.

Ein Wort noch zu den Juden im Königreich Sizilien. Seit der Antike sind bedeutende jüdische Gemeinden in Süditalien und Sizilien belegt. Im Allgemeinen beherrschten die Mitglieder neben dem Hebräischen die Sprache der Provinz, in der sie lebten. Im mittelalterlichen Sizilien waren sie im Wesentlichen arabisiert. Als am Ende des 13. Jahrhunderts in Palermo zweisprachige griechisch-arabische Urkunden aus normannischer Zeit ins Lateinische übertragen wurden, übersetzten griechische Kleriker den griechischen Teil und jüdische Ärzte den arabischen.[44] Um die Wende zum 14. Jahrhundert schrieb der spanische Rabbiner Abraham b. Samuel Abulafia, dass die Juden normalerweise die Sprache der Bevölkerung des Landes sprächen, in dem sie leben: arabisch in islamischen Ländern, griechisch unter Griechen; in Italien italienisch, in Deutschland deutsch, unter den Türken türkisch. „Aber erstaunlich ist das Benehmen der Juden in Sizilien. Sie sprechen nicht nur die Landessprache und griechisch, wie die anderen Leute, die dort wohnen, sondern sie haben auch die arabische Sprache bewahrt, die sie in der Vergangenheit gelernt haben, als Sizilien ein islamisches Land war."[45]

Von den Gelehrten, mit denen Friedrich II. sich umgab, um über arabische Philosophie und Naturwissenschaften zu diskutieren, stammte allerdings keiner aus Sizilien: Die einzigen befriedigenden Antworten auf seine sogenannten „Sizilianischen Fragen", mit denen er sich an arabische Gelehrte im ganzen Mittelmeerraum gewandt hatte, sollen von dem Spanier Ibn Sab' īn aus Ceuta gekommen sein.[46] Am kaiserlichen Hof wirkte als Arzt, Astrologe und Übersetzer der Magister und „philosophus" Theodor von Antiochia, ein christlicher Syrer.[47] Friedrich II. vertraute ihm und schickte ihm sogar *cartam sigillatam et non scriptam*, damit er in seinem Namen einen arabischen Brief an den Herrscher von Tunis schriebe.[48] Der wichtigste wissenschaftliche Berater des Kaisers auf dem Gebiet arabischer philosophischer Texte war der Schotte, Michael Scotus, der zeitweise in Toledo gelebt und gelernt hatte und sowohl das Hebräische als auch das Arabische beherrscht haben soll.[49] Außerdem kennen wir zwei jüdische Gelehrte am Hof Friedrichs II.: Juda b. Salomon ha-Cohen aus Toledo und Jacob b. Abba Mari Anatolio aus Marseille, der sich zwischen 1230 – 1231 in Neapel niederließ. Ersterer arbeitete über naturwissenschaftliche Texte und Probleme. Seine wissenschaftliche Sprache war das Arabische. Letzterer übersetzte verschiedene Werke über Logik und Astronomie aus dem Arabischen ins Hebräische. Er arbeitete mit Michael Scotus zusammen, den er hoch schätzte, und scheint gemeinsam mit ihm und Friedrich II. über philosophische und naturwissenschaftliche Probleme diskutiert zu haben.[50] Von ihm stammt folgende Interpretation der Geschichte des Turmbaus von Babel: Gott habe, als mit der Bevölkerungszunahme auch die Zahl der Unwissenden und Törichten gewachsen sei, die Sprachen vervielfältigt, damit die Menschen sich nicht zu gemeinsamem Handeln verständigen könnten. Denn die sprachliche Vielfalt verhindere koordinierte Aktionen.[51]

In diesem Sprachengewirr war vermutlich die Umgangssprache in den verschiedenen geographischen Regionen und sozialen Schichten des Königreichs das italienische oder sizilianische Volgare,[50] ein Idiom, das Friedrich II. auch auf literarischer Ebene in der so genannten sizilianischen Dichterschule förderte.[51] Das war die Sprache der Zukunft. Dabei ist interessant zu beobachten, dass damals sowohl süditalienische Griechen als auch Juden Texte in der Vulgärsprache in griechischer bzw. hebräischer Schrift aufzeichneten.[52] Inzwischen wurde die kulturelle Identität der verschiedenen Bevölkerungsgruppen nicht mehr durch die Sprache, sondern durch die Schrift ausgedrückt.

1 Hoffmann 1969, S. 95 – 144.
2 Gaufredus Malaterra, De rebus gestis, lib. 4, cap. 2, S. 86; Amatus Casinensis, Storia, lib. 5, cap. 24, S. 244.
3 von Falkenhausen 1980, S. 224 – 228.
4 Vàrvaro 1981, S. 198 – 204.
5 von Falkenhausen 2005, S. 383 – 384.
6 Amatus Casinensis, Storia, S. XXII–LXI.
7 Holtzmann 1956, S. 68.
8 von Falkenhausen/Amelotti 1982, S. 11.
9 Lucà 1993, S. 1 – 91.
10 Metcalfe 2003, S. 28 – 29, 100 – 102.
11 Udovitch 1998, S. 107 – 109.
12 Brühl 1987, Nr. 23, S. 64 – 65; White 1938, S. 84 – 85.
13 von Falkenhausen 2002, S. 38 – 41.
14 Ebd., S. 42 – 65 und Karte 1 – 2.
15 Metcalfe 2003, S. 47, 60 – 62; Mandalà 2008a, S. 153 – 164.
16 Kamp 1994, S. 81 – 87.
17 Kamp 1975, S. 872 – 880, 882 – 886, 937 – 938, 955 963, 965 – 973, 982 – 983.
18 Vita di S. Luca, S. 90; von Falkenhausen 1983, S. 180 – 181.
19 Scaduto 1982, passim.
20 Kölzer/Stähli 1994, Vers 56, S. 45.
21 Filagato da Cerami, Omelie, S. 227 – 231, 176 – 182.
22 von Falkenhausen 1998, S. 284 – 285, Tafel IV, VII.
23 Ebd., S. 286 – 289; Engel 1882, S. 83, Tafel I, 9 – 10, 13.
24 Johns 2002, S. 277 – 278; Johns/Jamil 2004 S. 181 – 184.
25 Metcalfe 2003, S. 99.
26 Jamison 1967, S. 289 – 344.
27 von Falkenhausen 1998, S. 265 – 267.
28 Johns 2002, S. 72 – 90, et passim.
29 Ebd., S. 212 – 256.
30 Ibn Ǧubair, Viaggio, S. 221 – 244; Johns/Jamil 2004 S. 187 – 190.
31 Jamison 1957, passim und Tafel I – III; von Falkenhausen 1993, S. 502 – 505.
32 von Falkenhausen 2002, S. 65 – 72, Tafel 2 – 3.
33 Kölzer/Stähli 1994, Vers 869, S. 149.
34 Giovanni Villani, Nuova Cronica, lib. 7, cap. 1, S. 276.
35 Salimbene de Adam, Cronica, S. 535.
36 von Falkenhausen 1996, S. 255 – 261; von Falkenhausen 2007, S. 25 – 35.
37 Rohlfs 1979, S. 8; von Falkenhausen 2007, S. 26, 42 – 43.
38 Lucà 1999, S. 307 – 320.
39 Jacob 1980, S. 54 – 77; Jacob 1982, S. 49 – 69; Jacob 2006, S. 55 – 65.
40 Hoeck/Loenertz 1965, passim.
41 Stürner 2009, II, S. 66 – 74.
42 Gabrieli 1956, S. 219 – 225; Clemens/Matheus 2008, S. 91 – 93.
43 Niccolò Jamsilla, Le gesta di Federico II, S. 170; Sivo 1995, S. 89.
44 Spata 1862, S. 451 – 456; Garufi 1899, S. 29 – 33; Mandalà 2008b, S. 43 – 51.
45 Zitiert nach Metcalfe 2003, S. 69, 244.
46 Mandalà 2007, S. 25 – 94.
47 Burnett 1995, S. 225 – 285; Stürner 2009, II, S. 422 – 429.
48 HB 5,2, S. 726 – 727, 745.
49 Stürner 2009, II, S. 400 – 422.
50 Sirat 1989, S. 169 – 174, 181 – 191.
51 Bonfil 1995, S. 167.
52 Sirat 1989, S. 175 – 176.
53 Antonelli 1998, S. 242 – 256.
54 Distilo 1990, passim; Sermoneta 1969, passim.

1 Gastmahl im Haus des Pharisäers, Detail aus dem Chorfenster mit Darstellungen des Wirken Christi, um 1235, Erfurt, Barfüßerkirche

Bernd Mohnhaupt

Bildzyklen zur Deutung der Welt: Typologien und Text-Bild-Zusammenhänge

Das Bild tritt im Mittelalter häufiger als in anderen Epochen im Plural auf: als ein System, das aus mehreren Bildern besteht. Dies lässt sich quer über fast alle Medien und Gattungen beobachten. Die Dominanz solcher Bildsysteme von der Spätantike bis zum ausgehenden Mittelalter hat Wolfgang Kemp auf Spezifika der christlichen Religion zurückgeführt. Idealtypisch handelt es sich um die Kombination narrativer Elemente (Erzählungen aus Bibel und Heiligengeschichte) mit Bildern und Zeichen des Übergeschichtlichen, der Transzendenz, der Zeugen und Vermittler von Heilsgeschichte. Prinzipiell zielen solche Bildsysteme auf die Darstellung der Totalität des christlichen Welt- und Geschichtsmodells ab.[1] So lässt sich die im zweiten Viertel des 13. Jahrhunderts entstandene Ausmalung des Vierungsgewölbes im Braunschweiger Dom als eine Darstellung des Himmlischen Jerusalems mit dem Lamm im Zentrum lesen. „Gefüllt" wird diese Architektur einerseits mit narrativen Bildern, die zentrale Szenen des Neuen Testaments schildern (Inkarnation, Auferstehung, Emmausmahl als „Ersatz" für das Abendmahl, Pfingsten), andererseits mit Figuren der Propheten und Aposteln – den aufeinander bezogenen Vertretern des Alten und des Neuen Testaments. Dieses Bildsystem steht wiederum mit den anderen im Kirchenraum verteilten Wandmalereien in einem Zusammenhang: Der Pantokrator in der Apsis verdoppelt die Endzeitthematik, die Wurzel Jesse im Chor bestätigt auf einer anderen Ebene die Kontinuität zwischen Altem und Neuem Testament. Die narrativen Zyklen im Querhaus ergänzen diese überzeitlichen Bilder durch eine stärker an den konkreten Ort gebundene Komponente: Drei Märtyrerviten (Johannes der Täufer, Blasius, Thomas Becket) nehmen auf das Patrozinium der Kollegiatsstiftskirche Bezug, die Legende von der Auffindung des Kreuzes durch die heilige Helena kann dagegen als ein Reflex auf die Pilgerfahrt Heinrichs des Löwen nach Jerusalem und als Hinweis auf den Anspruch des Welfenhauses auf den Kaiserthron gedeutet werden.[2]

Hier zeigt sich ein Phänomen, das seit der Wende zum 12. Jahrhundert häufiger auftritt: die Öffnung scheinbar hermetischer Bildsysteme für (sehr unterschiedliche) zeitgenössische Themen und Ansprüche. Diesem Thema soll im zweiten Teil dieses Aufsatzes anhand der Integration von hagiographischen Elementen in typologische Systeme nachgegangen werden. Der erste Teil des Aufsatzes versucht dagegen an zwei Beispielen darzustellen, wie sich typologische Bildzyklen zu großer Komplexität entwickelt haben, zu Medien der Weltdarstellung und der Weltdeutung. Dass sowohl die Blütezeit typologischer Kunst in der zweiten Hälfte des 12. und der ersten Hälfte des 13. Jahrhunderts als auch die verstärkte „Aktualisierung" solcher Bildsysteme in die Zeit der staufischen Herrschaft fallen, sollte allerdings nicht dazu verleiten, diese Phänomene als „staufische Kunst" in Anspruch zu nehmen,[3] obwohl ein Zusammenhang mit bestimmten kultur- und auch herrschaftsgeschichtlichen Entwicklungen existiert.

Typologie als Denk- und Bildform

Als Typologie im engeren Sinne bezeichnet man Bezüge (bzw. die Herstellung von Bezügen) zwischen Ereignissen und Personen aus dem Alten Testament (Typus, Präfiguration) mit solchen des Neuen Testaments (Antitypus), wobei in der Regel eine Steigerung nach dem Prinzip „Verheißung – Erfüllung" erkennbar ist. Typologie tritt nicht erst als eine Form der Bibelexegese auf, sondern ist essentieller Bestandteil der kanonischen christlichen Texte: Bereits in den Evangelien und von Paulus werden explizite typologische Bezüge hergestellt – so wenn Jesus die bevorstehende Zeitspanne zwischen Grablegung und Auferstehung mit dem dreitägigen Aufenthalt des Propheten Jonas im Bauch eines Wals vergleicht (Mt 12, 40) oder wenn Paulus auf zahlreichen Ebenen die Antithese zwischen dem „alten Adam" und dem „neuen Adam" Christus entwickelt (Röm 5, 12). Typologische Bezüge können, wie man sieht, sowohl aufgrund von Ähnlichkeit wie auch durch einen zugespitzten Gegensatz funktionieren – häufig fällt beides zusammen. Neben solchen expliziten Typologien existiert aber auch eine enorme Anzahl an impliziten Bezugnahmen: „Die Zahl solcher Verweise des NT auf das AT ist sehr groß: sie findet sich in jedem Buch – vielleicht sogar in jedem Vers des NT […]."[4] Das solcherart bereits im Neuen Testament angelegte und die Einheit der Bibel konstituierende typologische Verfahren wurde von den frühchristlichen Exegeten zu einem flächendeckenden System erweitert, dem bis ins Hochmittelalter allenfalls noch Nuancen hinzugefügt wurden.

Vor allem in Deutschland war die Anwendung des Typologiebegriffs auf verwandte Phänomene lange umstritten. Inzwischen hat die essentialistische Definition aber zugunsten einer Auffassung von Typologie als Denkform an Boden verloren. Letztere formu-

2 Klosterneuburger Altar (ehem. Amboverkleidung) des Nikolaus von Verdun, 1181 (Umbau 1329/1331), Gesamtansicht, Klosterneuburg, Augustiner-Chorherrenstift

lierte Erich Auerbach bereits 1939: „Die Figuraldeutung stellt einen Zusammenhang zwischen zwei Geschehnissen oder Personen her, in denen eines von ihnen nicht nur sich selbst, sondern auch das andere bedeutet, das andere hingegen das eine einschließt oder erfüllt. Beide Pole der Figur sind zeitlich getrennt, liegen aber beide, als wirkliche Vorgänge oder Gestalten, innerhalb der Zeit."[5] Typologie ist auf dieser abstrahierten Ebene eine flexible Struktur, die eine Anwendung des Begriffs in sehr unterschiedlichen Zusammenhängen erlaubt. Das beinhaltet halbbiblische Typologien, etwa die postfigurale Bezugnahme von Heiligenviten auf die Christusvita, aber auch nichtchristliche Relationen, die im Grenzbereich zu Denkformen wie der Analogie liegen.[6] Gerade die „Anschlussfähigkeit" des Systems Typologie für hagiographische Inhalte ist in unserem Zusammenhang wichtig.

Visualisierte Typologie existiert solange wie christliche Kunst überhaupt. Wesentliche Merkmale sind bereits in der Spätantike ausgebildet. Dabei lässt sich auch hier zwischen impliziter und expliziter Typologie unterscheiden: erstere kommt im 4. und 5. Jahrhundert besonders häufig vor, insbesondere bei alttestamentlichen Rettungsszenen als Typen der Auferstehung und bei Präfigurationen der bekanntlich lange Zeit als Skandalon empfundenen Kreuzigung Christi.[7] Regelmäßig kommt es aber bereits in der Spätantike zu expliziten Gegenüberstellungen alt- und neutestamentlicher Szenen, manchmal auch in Form relativ verdichteter Bildsysteme.[8] Spätestens seit dem 11. Jahrhundert häuft sich das Vorkommen komplexer typologischer Zyklen, seit der Mitte des 12. Jahrhunderts kann man von einem regelrechten Boom sprechen. Sein Ursprung lässt sich nicht auf ein künstlerisches Zentrum eingrenzen, auch wenn die inzwischen von der Forschung in ihrer Bedeutung stark relativierte „Kunstpolitik" des Abts Suger von St. Denis eine gewisse Rolle gespielt haben mag. Das Vorkommen typologischer Bildzyklen ist spätestens seit dem Ende des 12. Jahrhunderts in allen künstlerischen Zentren zu beobachten, mit Schwerpunkten in der Île-de-France und vor allem im Rhein-Maas-Gebiet. Auch erscheint visualisierte Typologie in fast allen Gattungen und Medien.

Ein charakteristisches Beispiel soll kurz näher betrachtet werden: Der Tragaltar aus der Abtei Stavelot (Abb. 5), heute in Brüssel, ist um Mitte des 12. Jahrhunderts entstanden.[9] Die Mensa des Werkes zeigt in Emailarbeit ein typologisches Bildsystem: Um den Altarstein mit Kreuzespartikel ist ein Vierpass gelegt, in dem (von oben im Uhrzeigersinn gelesen) Ecclesia, Jonas und der Wal, Synagoge sowie Samson mit den Türflügeln von Gaza zu erkennen sind. Die Zwickel des Vierpasses zeigen (von oben links im Uhrzeigersinn) Abraham und Isaak auf dem Weg zum Opfer, Moses mit der ehernen Schlange, Abel mit dem Lamm und Melchisedech am Altar. Schließlich auf dem unteren und oberen Viertel der Mensa ein kleiner christologischer Zyklus: Abendmahl, Christus vor Pilatus, Geißelung (unten) sowie Kreuztragung, Kreuzigung und Auferstehung (oben). Bemerkenswert ist die Polyvalenz der typologischen Bezüge: Melchisedech und Abel sind traditionelle Präfigurationen des Messopfers – die auf dem Portatile immer wieder vollzogene eucharistische Handlung bildet hier den Antitypus, konkretisiert im Altarstein des Mittelfeldes. Ebenso beziehen sich die beiden alttestamentlichen Figuren aber typologisch auf die darunterliegenden Szenen: Melchisedech auf das letzte Abendmahl, Abel auf den gepeinigten Christus. Ähnliches lässt sich auch bei anderen Szenen feststellen: Moses mit der ehernen Schlange, einer der geläufigsten Typen der Kreuzigung Christi, verweist hier auch auf die über diesem Bildfeld liegende Auferstehung Christi. Der ungewöhnliche Kunstgriff, nicht das Isaakopfer selbst, sondern

3 Klosterneuburger Altar (ehem. Amboverkleidung) des Nikolaus von Verdun, 1181 (Umbau 1329/1331), Mitteltafel, Klosterneuburg, Augustiner-Chorherrenstift

dessen Vorbereitung zu zeigen, schafft eine sinnvolle Parallele zur Kreuztragung, weist aber gleichzeitig auf die Kreuzigung voraus. Dabei wird durch das jeweils von Isaak bzw. Christus geschulterte Holz bzw. Kreuz eine unmittelbar erfahrbare visuelle Analogie hergestellt. Das System arbeitet mit komplexen Vermischungen des typologischen und des narrativen Modus. Vor allem lässt es sich nicht nur als Umsetzung theologisch fixierter Figuralbeziehungen lesen, sondern schafft durch die Positionierung der Bildfelder zueinander und Ähnlichkeiten zwischen den Bildern neue Sinnzusammenhänge. Darüber hinaus lässt sich durch die Integration der beiden Personifikationen Ecclesia und Synagoge die mittlere vertikale Achse als komprimierte Aussage zur Wertigkeit von Neuem und Altem Testament lesen: Die Bezüge zwischen der Kreuzigung und Ecclesia sowie zwischen Synagoge und den Juden vor Pilatus ergeben zusammen mit dem Altarstein in der Mitte eine von unten nach oben zu lesende „Achse des Heils".

Typologische Bildzyklen als Form der Weltdeutung: Der Klosterneuburger Ambo

Während der Tragaltar von Stavelot gemäß seiner Funktion ein typologisches Programm verwirklicht, das auf die Themenkreise Passion und Auferstehung beschränkt ist, existieren einige typologische Bildsysteme, die Anspruch auf die Darstellung der gesamten christlichen Heilsgeschichte erheben. Neben den Visualisierungen der Welt als Raum, insbesondere in den mittelalterlichen Weltkarten und einigen verwandten Zyklen, ist die (meist typologisch) strukturierte Visualisierung der Zeit die andere Möglichkeit, die Totalität des christlichen Weltbildes darzustellen. Als paradigmatisches Werk in dieser Hinsicht gilt der sogenannte Klosterneuburger Altar im Augustiner-Chorherrenstift Klosterneuburg, der in seiner ursprünglichen Gestalt von 1181 eine Amboverkleidung aus 45 Emailtafeln war (Abb. 2–4).[10] Die Widmungsinschrift teilt uns neben der Funktion des Werks das Weihedatum (1181), die Stifter (die Augustinerchorherren des Klosterneuburger Stifts, vertreten durch Propst Wernher) und den Künstler (Nikolaus von Verdun) mit. In fünfzehn nebeneinander angeordneten vertikalen Achsen sind jeweils drei Emailtafeln übereinander angeordnet: in der mittleren wird ein Ereignis aus dem Heilszustand sub gratia gezeigt, also aus der Zeit seit der Inkarnation Christi. Dem ist typologisch oben immer eine Szene aus dem Zustand ante legem – also vor der Gesetzesübergabe an Moses – und unten eine Szene aus der Zeit sub lege (nach der Gesetzesübergabe) zugeordnet. Die neutestamentlichen Szenen in der Mitte bilden einen horizontal zu lesenden narrativen Zyklus von der Verkündigung an Maria bis Pfingsten, während die alttestamentlichen Szenen oben und unten meistens ohne narrativen Zusammenhang bleiben und nur von ihrem neutestamentlichen Antitypus in der Mitte erschlossen werden können. Der Rezipient des Werks wird sich in der Regel am Erzählfluss des christologischen Zyklus orientieren und die Präfigurationen als Ergänzung wahrnehmen. In den letzten beiden vertikalen Achsen wird allerdings ein anderes Ordnungssystem eingeführt: Hier sind die zweite Ankunft Christi und das Jüngste Gericht dargestellt – ohne Präfigurationen flächendeckend über alle drei Felder verteilt.

4 Klosterneuburger Altar (ehem. Amboverkleidung) des Nikolaus von Verdun, 1181 (Umbau 1329 / 1331), vier Szenen des rechten Seitenflügels (Himmelfahrt Christi, Himmelfahrt des Elias, Pfingsten, Gesetzesübergabe an Moses), Klosterneuburg, Augustiner-Chorherrenstift

Die kunsthistorische Forschung hat sich fast ausschließlich entweder mit dem frappierend antikisierenden Stil des Werks und – damit verbunden – der Meisterfrage gewidmet, oder versucht, das typologische Programm auf Schriftquellen zurückzuführen. Einen der wenigen Versuche, die Gestaltung der Bilder und das typologische System miteinander in Verbindung zu bringen, stammt von Martina Pippal: sie erkannte am Klosterneuburger Werk den Höhepunkt des „Prinzips der möglichst großen Angleichung der Bildmuster typologisch zusammengehöriger Darstellungen".[11] In der Tat ist dieses nicht neue Verfahren der „geschauten Similitudo" (Pippal) in Klosterneuburg sehr präsent: Typen und Antitypen werden nicht nur als zusammengehörig erkannt, weil sie im Bildsystem benachbart sind, sondern auch, weil die Bilder möglichst ähnlich gestaltet wurden. Das fällt in den ersten drei Achsen des Werks besonders leicht, weil hier die Antitypen Verkündigung, Geburt und Beschneidung Christi den gleichen Ereignissen im Leben Isaaks und Samsons gegenübergestellt sind. Aber auch Szenen wie der Einzug Christi in Jerusalem und die Rückkehr Mosis nach Ägypten ähneln sich durch die Darstellung eines reitenden Mannes – gelegentlich scheinen die Präfigurationen sogar nach dem Maßstab maximal möglicher visueller Verähnlichung ausgesucht worden zu sein. Nicht immer müssen allerdings die visuell übereinstimmenden Merkmale in Typ und Antityp auch auf der Bedeutungsebene übereinstimmen – teilweise kommt es hier zu einer Verselbstständigung der Bildsprache.

Besonders interessant sind die Ähnlichkeiten zwischen Bildern, die nicht durch einen theologisch abgesicherten typologischen Bezug legitimiert sind: so verweist die Figurenkonstellation der Himmelfahrt Christi auf den Stadtgrundriss des Himmlischen Jerusalems im Jüngsten Gericht. Noch auffälliger ist die „Similitudo" zwischen dem auferstehenden und dem richtendem Christus. Solche „wilden", quer durch das Bildsystem schießenden Rekurrenzen deuten auf ein Charakteristikum des Werks hin, das meist ausschließlich auf einer theologischen Ebene erklärt wird: Die Eschata sind Bestandteil des typologischen Systems, Antitypen des christologischen Heilsgeschehens.[12] Dass mit der Aufnahme der Eschata ein eklatanter Bruch im Bildsystem verursacht wird, ist aber erklärungsbedürftig. Tatsächlich wird das über dreizehn Achsen nach unterschiedlichen heilsgeschichtlichen Zuständen strukturierte System am Ende in ein räumliches Kontinuum verwandelt: oben befindet sich in der vierzehnten Achse der wiederkehrende Christus, in der Mitte die von ihm beauftragten posaunenblasenden Engel und unten die auferstehenden Toten. Ebenso funktioniert die fünfzehnte und letzte Achse, in der Christus die Welt in oben (Himmlisches Jerusalem) und unten (Hölle) trennt. Nicht nur auf dieser allgemeinen Ebene wird hier Zeit zum Raum, sondern auch ganz konkret: Die zeitliche Abfolge der Szenen Christus in der Vorhölle – Auferstehung Christi – Himmelfahrt Christi erscheint in der letzten Achse auf die Vertikale gespiegelt: deutlich sind die visuellen Bezüge zwischen den drei christologischen Szenen und den Eschata. Darüber hinaus präfigurieren viele der Szenen ante legem und sub lege nicht nur ihre Antitypen in der Mitte, sondern auch das Himmlische Jerusalem bzw. die Auferstehung der Toten und die Hölle – besonders auffällig im letzten regulären Bild sub lege, in dem die Gesetzesübergabe an Moses ungewöhnlicherweise von Posaunenengeln begleitet wird, die ein Bild weiter rechts im eschatologischen Modus wiederum auftauchen und die letzte aller Zeitenwenden verkünden. Nicht durch die relativ einfache Strukturierung des Bildsystems in drei heilsgeschichtliche Zeitalter, sondern erst durch den mehr oder weniger subkutanen präfigurierenden Bezug vieler Szenen auf die Eschata, die Umwandlung von „Zeit" bzw. „Geschichte" in Raum und die Aufschlüsselung des Zyklus vom Ende her kann die Klosterneuburger Amboverkleidung des Nikolaus von Verdun beanspruchen, die gesamte Heilsgeschichte darzustellen, ein Bildzyklus zur Deutung der Welt zu sein.

Exkurs: Text und Bild

Wie kaum ein anderes Werk der mittelalterlichen Monumentalkunst setzt der Klosterneuburger Ambo auf die Ergänzung der Bilder durch Schrift: u.a. eine lange Widmungsinschrift in Hexametern, Tituli unter den 45 Szenen, elaborierte Legenden zu jedem Bild, Benennungen der drei Zeitalter neben den drei Zeilen und – wenn auch selten – Schriftbänder in den Bildern. Diese Koexistenz von Schrift und Bild ist in mittelalterlichen Bildzyklen der Normalfall, wenn auch meist nicht auf so vielen Ebenen wie in

Klosterneuburg. Die Benennung von Szenen bzw. von Figuren in den Szenen ist der einfachste und häufigste Modus. Er findet sich in Klosterneuburg in Form der Tituli unter den Bildern, aber auch im Tragaltar von Stavelot (Abb. 5). Komplizierter verhält es sich mit den Bildlegenden, die beim Ambo um die Bildfelder gelegt sind und in gereimter Form auf unterschiedlichen Ebenen Umschreibungen des Inhalts oder Gehalts der Szenen geben: *Turba deo plaudit qui quos vult salvat et audit* heißt es etwa zum Einzug Christi in Jerusalem. Dass sich die gereimte Form der Legenden auch selbstreferentiell auf die visuellen „Reime“ der typologisch zusammengehörigen Bilder bezieht, ist zumindest als Hypothese denkbar. Noch näher liegt die Vermutung der Selbstreferentialität bei einigen Spruchbändern innerhalb der Szenen: Im ersten Bild oben links, der Verkündigung an Abraham, überreichen die drei Engel dem Patriarchen ein Schriftband, auf dem geschrieben steht: *Tres vidit et unum adoravit*. In einem typologischen Kontext ist dieser Hinweis auf die Dreifaltigkeit eigentlich nebensächlich. Als Aufforderung an den Rezipienten des Werks gibt sie aber Sinn: Auch er soll in jeder Achse die Einheit dreier zusammengehöriger typologischer Bilder erkennen. Dass bei der untersten Szene der dreizehnten Achse, dem „letzten“ Bild des regulären typologischen Programms vor den Eschata, Moses bei der Gesetzesübergabe ein Schriftband mit dem Text *Deus tuus deus unus est* überreicht bekommt, ist ein weiterer Hinweis auf die Evidenz dieser Hypothese. Texte in einem Bild(system) können also zur Eindeutigkeit durch Benennung von Szenen und Figuren beitragen. Sie können durch Nennung von Auftraggeber, Künstler und Funktion auch den Kontext des Werks festhalten, wie das in der Widmungsinschrift geschieht, die zudem gewissermaßen eine Gebrauchsanweisung für das Werk vorlegt.[13] Sie können, wie die Bildlegenden und insbesondere die Schriftbänder, aber auch auf verschiedenen Sinnebenen argumentieren, zuweilen sogar in einem Spannungsverhältnis oder Widerspruch zu den Aussagen der Bilder stehen.[14]

5 Tragaltar mit typologischem Bildprogramm, Abtei Stavelot, um 1150, Bruxelles, Musées Royaux d’Art et d’Histoire

Auf einer grundsätzlicheren Ebene ist es eine häufig diskutierte Frage, inwieweit Bilder oder Bildzyklen des Mittelalters Illustrationen von Texten sind. Im Fall Klosterneuburg war es Ziel einer überwiegend ikonographisch motivierten Forschung, für jede im Bild dargestellte typologische Beziehung und für das Ordnungssystem des Werks Schriftquellen zu benennen. Das gelang auch weitgehend, wobei allerdings konkrete Quellen aus dem 12. Jahrhundert anscheinend eine weniger wichtige Rolle gespielt haben als die omnipräsente typologische Exegese seit der Patristik.[15] Was dabei aber vernachlässigt wurde, waren die spezifischen Aussagen der Bilder und insbesondere die Bedeutung ihrer Kombination: Wenn ein Werk allein als Visualisierung einer Reihe von Textbausteinen verstanden wird, generiert es keine eigene Bedeutung. Nur so war es möglich, dass lange Zeit weder das Verfahren der „geschauten Similitudo“ noch die individuelle Handhabung des Verhältnisses von Raum und Zeit in Klosterneuburg erkannt wurden.

Gerade narrative Zyklen dürfen nicht als getreue Umsetzung einer oder mehrerer schriftlicher Vorlagen gelesen und begriffen werden, sondern als Erzählungen eigenen Rechts, wie die kunsthistorische Erzählforschung seit einiger Zeit herausgearbeitet hat.[16] Zyklische Bilderzählungen sind keine Addition einzelner Szenen in chronologischer Reihenfolge. Sie erzeugen im Gegenteil aus einem bestimmten Erzählstoff durch Verdichtungen, Auslassungen, Wiederholungen, Oppositionen und topologische Positionierungen in einem Bildsystem eigene Bedeutung. Vor allem die Integration narrativ-zyklischer Elemente in typologische Bildsysteme und die Parallelführung mehrerer zyklischer Erzählungen haben kein Pendant in Schriftform.

Typologie und Hagiographie

Dass hagiographische Erzählungen in Wort und Bild oft in den Spuren der Vita Christi wandeln, ist keine Neuigkeit. Allerdings stieß die Anwendung des Typologiebegriffs auf derartige Phänomene immer wieder auf Kritik. Selbst Friedrich Ohly als Vertreter einer erweiterten Definition akzeptierte zwar Bezüge zwischen alttestamentlichen Figuren und christlichen Heiligen, betonte aber, dass

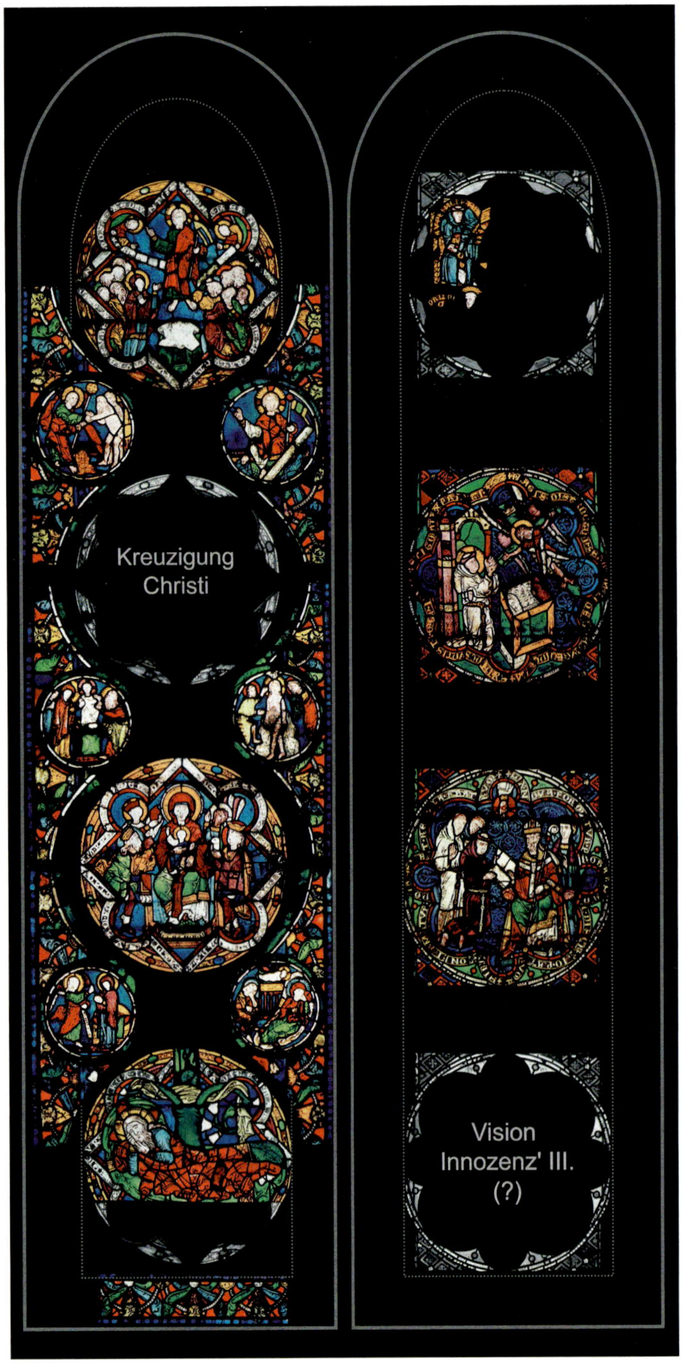

6 Chorfenster mit Darstellungen der Wurzel Jesse (links) und des Franziskuslebens (rechts), um 1235 (Rekonstruktion), Erfurt, Barfüßerkirche

„Christus als der Erzantitypus in der Mitte der Zeiten" nie „durch etwas ihn Übertreffendes geschmälert" werden dürfe.[17] Ohly lehnt deshalb den zugehörigen Begriff der „Postfiguration" für eine historische oder legendäre Nachfolge Christi ab. Allerdings bedeutet „Postfiguration" keine Steigerung Christi, sondern als Pendant zur „Präfiguration" die abgeschwächte Wiederholung des Antitypus.[18] Diese Wiederholung stellt sich in Einzelfällen als eine bewusste Imitatio Christi durch den Heiligen dar, in den meisten Fällen aber als eine auf der Ebene der Legende hergestellte fiktive Angleichung des Heiligen an Christus. Hier ist eine Entwicklung von der vergleichsweise einfachen frühmittelalterlichen Nachahmung von Motiven aus der Christusvita hin zu reflektierten Konzepten wie der Compassio des heiligen Franziskus festzustellen. Eine zentrale Funktion der permanenten postfiguralen Bezugnahme auf Christus, für die A. C. Charity das Wort „subfulfillment" geprägt hat,[19] ist die Vergegenwärtigung des Heils in der oftmals unheilvollen Realgeschichte.[20]

In Bildsystemen funktioniert das Verfahren bei postfiguralen Bezugnahmen nicht anders als bei der biblischen Typologie: Analoge Szenen werden innerhalb des Systems durch ihre Positionierung miteinander in Verbindung gebracht, zudem sind die hagiographischen Bilder gelegentlich den christologischen Mustern angeglichen. Es gibt Heiligenzyklen, die sich implizit auf die Christusvita beziehen. Auf der anderen Seite existieren schon sehr früh explizite Gegenüberstellungen: Das bekannteste Beispiel ist der karolingische Goldaltar von S. Ambrogio in Mailand (840), auf dessen Vorder- und Rückseite sich ein Christus- und ein Ambrosiuszyklus gegenüberstehen.[21]

Anfang des 13. Jahrhunderts trat bekanntlich mit Franziskus von Assisi ein neuer Heiligentypus auf den Plan, bei dem das Merkmal der Christiformitas bestimmend wurde.[22] Die Ähnlichkeit mit Christus war schon von Franziskus selbst in einer vorher nicht gekannten Weise angestrebt worden und wurde in der ersten Lebensbeschreibung des Thomas von Celano stark akzentuiert. Während in Italien diese Parallelität erst 1260 mit dem Unterkirchenzyklus von Assisi zum ersten Mal ins Bild gesetzt wurde, gibt es in Deutschland ein bemerkenswert frühes Beispiel: Um 1235, bereits ein Jahrzehnt nach der Ankunft der Franziskaner in Erfurt, entstanden für den Chor der dortigen Kirche dieses Ordens drei Glasfenster. Sie genossen offenbar hohe Wertschätzung, sodass sie Anfang des 14. Jahrhunderts an gleicher Stelle in den Neubau der Erfurter Barfüßerkirche übernommen wurden. Obwohl die Fenster nur fragmentarisch erhalten sind, lässt sich das Programm relativ sicher rekonstruieren (Abb. 1 und 6).[23] Das als Wurzel Jesse gestaltete mittlere Chorfenster zeigte einen christologischen Zyklus von der Verkündigung bis zur Himmelfahrt, während das nördliche Seitenfenster vier ausgewählte Szenen aus dem Wirken Christi enthielt. Im südlichen Chorfenster war dagegen in vier Szenen einer der frühesten Franziskuszyklen überhaupt dargestellt. Die drei Fenster sind nicht bis ins letzte Detail aufeinander abgestimmt. Trotzdem gibt es mehrere hagiographisch-typologische Bezüge. Um nur ein Beispiel zu nennen: In der zweiten horizontalen Zeile der drei Fenster fanden sich nebeneinander Maria Magdalena, die Jesus die Füße salbt (nördliches Fenster), die Hll. Drei Könige vor dem Christuskind (mittleres Fenster) und die Regelbestätigung durch Papst Honorius III. Franziskus wird durch seinen Kniefall formal mit den drei Königen und Magdalena analogisiert, der thronende Papst dagegen zweimal mit Christus. Die Beziehung zwischen Magdalena und Franziskus erscheint besonders sinnfällig, da es sich bei beiden Figuren um Sündenheilige handelt. Bemerkenswert ist auch die hervorgehobene und christusgleiche Position des Papstes. In Erfurt wird die Christusgleichheit des neuen Heiligen noch sehr zurückhaltend behandelt, was sich später ändern sollte.[24] Legitimiert und nobilitiert wird Franziskus hier vor allem, weil er in die altehrwürdige Form eines typologischen Bildsystems mit seinen Analogiebildungen aufgenommen worden ist.[25]

Ein kurzer Blick auf die bildlichen Darstellungen auf Reliquienschreinen seit dem zweiten Viertel des 12. Jahrhunderts zeigt, dass innerhalb eines Jahrhunderts eine zunehmende Flexibilisierung hagiographisch-typologischer Bildsysteme stattfand, die bereits von Werner Telesko konstatiert worden ist.[26] Am Anfang der Schreinikonographie des 12. Jahrhunderts steht der Hadelinusschrein, bestimmt für die Abtei Celles (Dinant), heute in Visé. Hier konzentriert sich das Bildprogramm auf die Erzählung des Heiligenlebens, wobei die Imitatio Christi eine wichtige Rolle spielt. In der Folgezeit werden die Schreinprogramme wesentlich komplexer – die Heiligenviten erscheinen in größere typologische Programme eingebunden, z. B. am Kölner Heribertschrein (ca. 1150 – 1160 und 1165 – 1175), bei dem der Zyklus mit dem Leben des Heiligen auf den Dachflächen die Reihung von dreidimensionalen Aposteln und zweidimensionalen Propheten an den Längsseiten ergänzt. Durch diese explizit gezeigte Nachfolge wird die Bilderzählung des Heiligenlebens gewissermaßen entlastet: Sie argumentiert weniger mit christologischen Topoi, sondern freier, in gewisser Weise „historischer".[27] Der Aachener Karlsschein (vor 1215) liefert ein besonders markantes Beispiel für die Flexibilität solcher Bildsysteme, indem hier bekanntlich die Apostel- bzw. Prophetenreihungen der Längsseiten durch eine Abfolge von Königen und Kaisern ersetzt wurde, was durch die Erzählung der Karlsvita auf den Dachflächen als „Kriegschronik" ergänzt wird.[28] Im Marburger Elisabethschrein (1236 – 1249) wird schließlich ein komplexes heilsgeschichtliches System mit eschatologischen Implikationen durch einen bewusst schlichten Elisabethzyklus konterkariert.[29] Hier liegt wie beim Erfurter Franziskusprogramm die Vermutung nahe, dass der auch von Elisabeth repräsentierte neue Heiligentypus durch die Einbindung in ein heilsgeschichtliches Bildsystem legitimiert werden sollte.

In solchen flexiblen typologisch-hagiographischen Bildsystemen konnten unterschiedliche, sich ergänzende, ja sogar widersprüchliche Schwerpunkte gesetzt werden. Da man heute zunehmend Bildprogramme wie die der großen Reliquienschreine nicht mehr als einheitliche, abgeschlossene Entwürfe aus einer Hand, sondern eher als Kombination unterschiedlicher Auftraggeber- und Rezipienteninteressen deutet,[30] lässt sich der Prozess der Flexibilisierung hermetischer heilsgeschichtlicher Systeme à la Klosterneuburg auch auf dieser Ebene erklären. Die traditionelle biblische Typologie in Bildform existierte dagegen zwar noch lange weiter, fand mit den großen, weit verbreiteten Sammelwerken wie der *Biblia Pauperum* nach der Mitte des 13. Jahrhunderts sogar zuvor unbekannte Verbreitung, verdichtete sich aber nur noch selten zu komplexen Bildsystemen, die mit visuellen Mitteln den Anspruch der Weltdeutung erhoben.

1 Kemp 1994, S. 46 – 48.
2 Klamt 1968; Kemp 1994, S. 36 – 37.
3 Zu dieser Problematik vgl. Sauerländer 1977a, S. 205 – 206.
4 Frye 1988, S. 65. Neben der Unterscheidung von impliziter und expliziter Typologie wird auch häufig zwischen der typologischen „Realprophetie" und der Wortprophetie differenziert.
5 Auerbach 1939, S. 77. Das lateinische figura entspricht dem griechischen typos, dementsprechend ist „Figuraldeutung" synonym zu „Typologie".
6 Michel 1992; Mohnhaupt 2000, S. 19 – 23.
7 Schwab 1981; Schrenk 1995.
8 Kemp 1994, S. 84 – 87, 183 – 286.
9 Ausst.-Kat. Köln 1972, S. 252; Kemp 1987, S. 63 – 66.
10 Die ursprüngliche Gestalt des Ambos ist nicht genau zu rekonstruieren; vgl. dazu Fillitz/Pippal 1987, S. 201 – 202. Die Ambosverkleidung wurde 1329 oder 1331 um zwei Achsen ergänzt und zu einem Flügelaltar umgestaltet. Zum unsinnigerweise auch „Verduner Altar" genannten Werk vgl. u. a. Röhrig 1955; Buschhausen 1980; Mohnhaupt 2000, S. 118 – 138.
11 Pippal 1994, S. 369. Dazu auch Mohnhaupt 2000, S. 44 – 45, 121-122.
12 Hansen/Villwock 1988, S. 8; Michel 1992, S. 50 – 51.
13 Zur Inschrift: Mohnhaupt 2000, S. 118 – 119, 136 – 138.
14 Vgl. zur Text-Bildforschung u. a. Ott 2003; Horstkotte/Leonhard 2006.
15 Arnulf 1995, S. 41.
16 Vgl zur Erzählforschung u. a. Kemp 1987; Bogen 2001; Figge 2000.
17 Ohly 1977, S. 367.
18 Schulmeister 1971, S. 71 – 74; Earl 1992.
19 Charity 1966, S. 17.
20 Mohnhaupt 2000, S. 143 – 149.
21 Vgl. dazu die Analyse des Werks bei Figge 2000, S. 50 – 75.
22 Vgl. z. B. Fleming 1977, S. 66 – 84.
23 Haetge 1931, S. 241 – 245; Maercker 1976, S. 11 – 16.
24 Vgl. z. B. Rave 1984, bei dem Überlegungen zum Einfluss der sogenannten Spiritualen auf die franziskanische Kunst angestellt werden.
25 Es existiert ein weniger signifikanter Parallelfall in den etwa zeitgleichen Chorfenstern von St. Kunibert in Köln, wo einer Wurzel Jesse in den seitlichen Fenstern Zyklen mit den Leben des heiligen Clemens und des heiligen Kunibert beigesellt worden sind. Vgl. Ausst.-Kat. Köln 1985, Bd. 2, S. 271 – 273.
26 Telesko 1993.
27 Wittekind 1998, S. 20; Belghaus 2005, S. 204. Vgl. als ausführliche Analyse des Heribertzyklus Figge 2000, S. 29 – 49.
28 Belghaus 2005, S. 75 – 105.
29 Dinkler-von Schubert 1964; Telesko 1993, S. 375 – 377; Belghaus 2005, S. 121 – 180.
30 Belghaus 2005, S. 212 – 214.

Verwandlungen des Stauferreichs VI.

1 Christus und Ecclesia als Sponsus und Sponsa in inniger Umarmung. Durch das Tor des himmlischen Jerusalem berührt Christus eine zweite Frau, die Personifikation der irdischen Ecclesia, Federzeichnung aus dem Hoheliedkommentar des Honorius Augustodunensis, Süddeutschland, 2. Hälfte 12. Jahrhundert, München, Bayerische Staatsbibliothek, Clm 4550, fol. 1v

Arnold Angenendt

Die religiöse Welt um 1200

I. Der Neuaufbruch

Seitdem der Amerikaner Charles H. Haskins 1927 das 12. Jahrhundert als „Renaissance" bezeichnet hat, steht dessen besonderer Charakter allgemein fest, allerdings weniger als Wiedergeburt der Antike denn als Neugeburt des Okzidents.[1] Wie in vielem sonst war es gerade auch im Religiösen eine Wendezeit, in der sowohl eine neue Theologie mit ihren Gottesbeweisen wie ebenso eine neue Mystik mit ihrer Gotteserfahrung entstanden. Beides ist als Konsequenz des ersten Christengebots zu verstehen: „Gott zu lieben mit ganzem Herzen und ganzer Seele, mit all deinen Gedanken und all deiner Kraft" (Mk 12,30). Gegenüber der alttestamentlichen Version dieses Erstgebotes ist bei Jesus zusätzlich die Vernunft (*dianoia*) hinzugenommen, eine griechische Zufügung gegenüber dem sonst in der Bibel hervorgehobenen Herz. So ergab sich eine doppelte Initiative: die neue Aktivierung der Verstandeskräfte zur Suche nach Vernunftgründen und Gottesbeweisen, zugleich die Aktivierung der Kräfte des Herzens mit dem Verlangen nach Gottinnigkeit und Seelentrost. Beide Bewegungen haben ihre spezielle Ausrichtung: die Scholastik als die begrifflich-verstandliche Gottesargumentation in den theologischen Schulen und an den neuen Universitäten, die Monastik als die beschaulich meditierende Gotteserfahrung in den Klöstern. Um 1200 ist bereits ein Höhepunkt wie auch ein gewisser Sättigungsgrad erreicht, woraufhin dann das 13. Jahrhundert die großen Systeme in Philosophie, Theologie, Kirchenrecht und Mystik schafft.

Am Anfang der neuen Theologie steht noch ein Klostermann, Anselm von Canterbury († 1109), der „Vater der Scholastik". Als Abt des in der Normandie gelegenen Klosters Bec nahm der spätere Erzbischof von Canterbury 120 wissbegierige Aspiranten auf – für mehr reichte sein Kloster nicht. Die Fragen, mit denen die Neuankömmlinge ihren Abt bedrängten, waren „rational": Er möge die Glaubenswahrheiten mit dem Verstand erklären und nicht mehr nur mit den altüberlieferten Autoritäten. Eben darauf ging Anselm ein: Mit dem Verstand Gottes Existenz und Handeln aufzuweisen, ja vor Gott sogar die Warum-Frage zu stellen: *Cur deus homo* / Warum wurde Gott Mensch? Formuliert war damit, was die Scholastik ausmacht: Der Glaube sucht die Vernunft (*fides quaerens intellectum*).[2] Das Vertrauen in den Verstand war emphatisch. Anselm bestürmte noch auf dem Sterbebett seine Mitbrüder, ihm bei Gott noch drei letzte Tage zu erwirken, um ein Problem zu lösen, was er keinem anderen zutraue. In eine akademische Arena verwandelte das Kloster Peter Abaelard († 1142), ein bretonischer Rittersohn, gepriesen als „Fürst der Studien" und als „Sokrates Galliens". Ungeniert brüstete er sich seiner Erfolge: „Wie sich die Hörsäle füllten", „wie meine Einnahmen aus Hörgeldern sich mehrten", „wie mein Ruhm anstieg".[3] Aber es folgte sein Sturz, die Liebschaft mit der wissbegierigen Heloisa und der gemeinsame Entschluss, ins Kloster zu gehen.

Die monastische Gegenseite stand indes längst bereit in der Person des Bernhard von Clairvaux († 1153). Sein Konzept war ein ganz anderes, das des lesenden und meditierenden Betens. Gegen Anselms „perfekt logisiertes göttlich-menschliches Rechtssystem"[4] stellte Bernhard die Logik der Liebe. Die bedeutungsvollste Bibelstelle war ihm das johannesche Wort: „Gott ist die Liebe" (1Joh 4,16; Vulgata: *deus caritas est*). In einer Serie von Predigten über das alttestamentliche „Hohelied der Liebe" – eigentlich erotische Liebeslieder – sang er einen „Hymnus auf die Liebe, wie ihn die Geschlechterliebe kaum je anzustimmen vermochte".[5] (Abb. 1)

Mit der neuen Theologie erhob sich zugleich das alte Gespenst der Häresie, welcher das paulinische „verflucht" (Gal 1,8: *anathema*) entgegenzuschleudern war. Als Bernhard von Clairvaux gegen Abaelard und später gegen Bischof Gilbert von Poitiers anging, musste er vor deren intellektueller Agilität kapitulieren. Abaelard appellierte an den Papst und wurde in Rom zum Häretiker erklärt. Seine Bücher wurden ins Feuer geworfen, nicht aber er selbst; er fand wohlwollende Aufnahme in Cluny und konnte zuletzt mit Bernhard wie auch mit dem Papst versöhnt sterben.[6] Gilbert von Poitiers musste ebenso eine Bücherverbrennung hinnehmen, konnte jedoch in Ehren zu seinem Bischofsstuhl in Poitiers zurückkehren.[7]

Wir haben hier jene drei Momente beieinander, die das Präludium für alles bildeten, was die Religiosität der Stauferzeit ausmacht, nämlich der doppelte Neuaufbruch mit einem Rausch von brillanter Intellektualität und nicht minder einem Rausch von mystischer Ekstase, begleitet obendrein von einem nie zuvor erlebten Sturm um die Rechtgläubigkeit. Den größeren Zeitrahmen für diesen Aufbruch schufen die (hier nicht weiter auszuführenden) soziokulturellen Umwälzungen mit Bevölkerungsvermehrung und Städtegründungen, sodann christentumsgeschichtliche Besonderheiten. Von neuem wurde sich die Christenheit ihrer Einheit bewusst. Alles, was sich nun herausbildete, geschah „international", allenfalls mit regionalen Schwerpunkten. Als organisierendes Zentrum fungierte das Papsttum, das – anders als zuvor – nicht mehr nur reagierte, sondern höchst aktiv agierte.[8] Die neuen zur Homogenität des europäischen Sozial- und Kulturraums drängenden Kräfte resultierten aus dem Wirken des „religionsgeschichtlich einmaligen Phänomen[s] der Papstkirche".[9] Obwohl seit Gregor VII. († 1085) dem päpstlichen Universalanspruch die Aura anhaftete „Der Papst kann alles", entschieden die Päpste keineswegs allein. Bei fundamentalen Regelungen beriefen jetzt sie – und nicht mehr die Kaiser – die gesamtkirchlichen Konzilien ein: die vier Laterankonzilien, gipfelnd im Vierten von 1215 mit Innozenz III. († 1216) an der Spitze, gefeiert als der Papst des Mittelalters, obendrein noch Vormund des jungen Staufers Friedrichs II. († 1250) (Abb. 2).

II. Die Monastik

Wenden wir uns zuerst den Klöstern zu, den Pflegestätten der Monastik. Obwohl sie mit ihrer Beschaulichkeit in der mehr traditionellen Linie standen, erfuhren auch sie eine wahre Umwälzung. Das bis dahin schlechthinnige Kloster der westlichen Christenheit, Cluny, wirkte nach 1100 nur mehr abstoßend: Wie zuvor gepriesen als reich an Gebeten, so nun verdammt als Latifundien-Besitzer und Geld-Eintreiber. Mit Beginn der Stauferherrschaft endete die Epoche der schwarzen Mönche, der Benediktiner.[10] Primär als Beter hatten sie sich verstanden, die bei Gott für die Sünden der Menschen eintraten, auf diese Weise die verdorbene Welt austarierten und noch die Toten aus dem Fegefeuer herausbeteten. Aber sie hatten dafür Stiftungen verlangt, sogar massenweise Landübertragungen, was die Klöster zu Großgrundbesitzern und Herrschaftsträgern hatte aufsteigen lassen. Dagegen formierte sich jetzt geschlossener Protest: Ob denn Klöster überhaupt Großgrundbesitz haben könnten und den Tausch von weltlichen gegen geistliche Gaben tätigen dürften, was doch eine Erkaufung des Heils suggeriere und als simonistisch verworfen werden müsse. Als erste reformierten sich die Kanoniker, die seit Ludwig dem Frommen († 840) klösterlich zusammenlebten, aber kein Armutsgelübde befolgten; nun wollten sie ganz auf persönlichen Besitz verzichten, nicht indes auf Stiftungen. Die Kathedral-Kanoniker sollten alsbald den ersten Anlauf zur Scholastik leisten. Die neuen Orden der Zisterzienser, Prämonstratenser, Gilbertiner, Kartäuser und erst recht die Bettelorden der Franziskaner und Dominikaner wollten gleichfalls das Gebot der Armut einhalten und nur von Spenden leben. Geistliche Gegenleistungen lehnten die Zisterzienser von vornherein ab; zwar durften Schenkungen angenommen werden, aber bei Land nur mit eigener Bearbeitung; zur Toten-Memoria verweigerten sie Einzelgedenken, beteten nur noch für die Äbte und die Großen der Welt. Die Grandmontenser und besonders die Kartäuser widersetzten sich noch entschiedener, bei den Kartäusern ohne tägliche Messe im Kloster. Franziskus wollte nur eine Messe im Konvent, auch bei Anwesenheit mehrerer Priester; die Verlockung, für Messfeiern Stiftungen anzunehmen, sollte erst gar nicht aufkommen. Gestützt wurde das neue Konzept durch eine ebenso neue Ökonomie. Europa monetarisierte sich wieder und organisierte eine städtische Arbeitsteiligkeit mit entsprechendem Finanzverkehr, infolgedessen Geldspenden und Renten angemessener und obendrein ergiebiger erschienen.

Letztlich aber scheiterte dieser Neuansatz. Um weiterhin eine Memoria zu erhalten, übten vor allem die Herrscher unwiderstehlichen Druck aus. Friedrich I. Barbarossa († 1190) hielt sich indes bei Stiftungen reserviert;[11] anders als alle Herrscher zuvor, hat er kaum Messstiftungen getätigt, wohl aber sein als Nichtchrist gescholtener Enkel Friedrich II. († 1250), der sich sogar auf dem Sterbebett das Mönchsgewand überziehen ließ.[12] Der englische König Heinrich II. († 1189), der in die Ermordung des Erzbischofs Thomas von Canterbury († 1170) verwickelt war, stiftete 41 000 Pfund Silbergeld an Klöster, bei den neuen Orden 3000 Pfund für die Grandmontenser, 2000 für Fontevrault, 2000 für die Kartäuser, 2000 für die Zisterzienser, zuletzt noch 1000 für Cluny; neben dieser Silbergeld-Stiftung erfolgte weiter noch eine solche in Gold, nämlich 500 Pfund als Heiratsausstattung für mittellose Frauen.[13] Die neuen Orden, die sich doch allesamt gegen solche Stiftungen gewehrt hatten, sind unterschiedslos mit einbezogen, was sie dann mit Mess-Zelebration und Psalter-Rezitation zu entgelten hatten.

Auffällig, wenn auch nicht neu, sind die Doppelklöster. Die Wanderprediger Norbert von Xanten († 1134) und Robert von Arbrissel († 1116) fassten ihre Jünger wie auch Jüngerinnen klösterlich zusammen, wobei Robert seine Stiftung in Fontevrault der Leitung einer Frau unterstellte, die dort das volle Regiment innehatte, ohne dass sie aber Liturgin hätte sein können. Die Liturgie blieb Männersache, und das II. Laterankonzil von 1139 machte den Zölibat zur unabdinglichen Voraussetzung für die höhere Liturgie.

Viel nachhaltiger war die Neuausrichtung in der Spiritualität. Wenn Religion für die blindwütigen Zufälle des Lebens und gerade auch für den unabwendbaren Tod eine Antwort bieten will, provoziert sie die Frage, ob denn der Verstand diese Rätselhaftigkeit zu lösen vermöge oder nicht vielmehr vor dem „Unaussprechlichen" verstummen müsse. Aber die Verstandesbegeisterung der neuen Theologen ließ sich nicht bremsen. Anselm von Canterbury hatte die Frage, warum Gott in Jesus Christus Mensch geworden sei, mit dem Argument beantworten wollen, dass eine Genugtuung der menschlichen Sünden bei Gott auf gleicher Ebene erfolgen müsse, also nur vom Gottessohn angemessen erfüllt werden könne – das war ihm ein „rationaler" Beweis. Hingegen argumentierte Bernhard von Clairvaux mit der Liebe: Sie ist die Kraft, die nicht auf eigener Ehre und auf Wiedergutmachung besteht, auch keine angemessene Sühne einfordert. Denn nicht auf gleicher Ebene bleibt die Liebe, steigt vielmehr herab, vergisst sich selbst, um sich ganz den Unteren, den Schwachen und Sündern zuzuwenden. Statt Vergeltung erscheint hier die Verzeihung, die Vergebung aus Liebe, und ohne jedwede Erwartung einer Wiedergutmachung. Das war die Geburt der Liebesmystik: „Die Erkenntnis wird durch ein emotionales Element, das Liebesempfinden, vermittelt."[14] Ausgangstext war das alttestamentliche „Hohelied der Liebe", eine erotische Liedersammlung, die nun das Verhältnis der Einzelseele zu Gott bzw. Jesus Christus interpretierte. Im 12. Jahrhundert entstanden dazu 30 Kommentare, mehr als in den tausend Jahren zuvor. Die bräutliche Liebe erhielt dabei „einen sinnlichen Zug".[15] Mit ihrem Bräutigam Christus verkehrt die einzelne Seelenbraut in erotischen Liebeserweisen: Koseworte, Küsse, In-die-Augen-Blicken, Sich-Berühren, Saugen an den Brüsten, Verzückung, Leidenschaftlichkeit, Genießen, Umschlungensein, Am-Herzen-Ruhen, ungestörtes miteinander Schlafen.[16] Für Bernhard war das Hohelied die Summe all dessen, was ihn bewegte.

Ungestüm verlief die Entwicklung in den Frauenklöstern. Gerade Nonnen pflegten die mystische Frömmigkeit. Für Deutschland ragt Hildegard von Bingen († 1179) hervor. Sie war Benediktinerin, aber auch Medizinerin und Predigerin, dazu Äbtissin und Mystikerin. In der Folgezeit erhielten Frauen kirchenrechtlich die Möglichkeit, sich in Gemeinschaftshäusern zusammenzutun und ohne Vormundschaft eines Mannes als ihres Hauptes zusammenzuleben. Viele solcher Gemeinschaften schlossen sich den neuen Orden an. In der religiösen Frauenbewegung, die zwischen 1230 und 1250 ihren Höhepunkt erreichte, bildeten die Zisterzienserinnen-Klöster die attraktivsten Zentren der Frauenmystik.[17] Erinnert sei an das Kloster Helfta mit den drei Mystikerinnen Mechthild von Magdeburg († 1282), Mechthild von Hackeborn († 1299) und Gertrud von Helfta († 1302). Mechthild von Magdeburg steigert ihre Visionen bis zur erotischen Entkleidungsszene vor dem himmlischen Bräutigam. Noch stärker öffneten sich der Mystik die Dominikanerinnen, zumal im deutschen Südwesten; angeregt von Meister Eckhart († 1328) und seinen Schülern Johannes Tauler († 1361) und Heinrich Seuse († 1366), pflegten sie eine Mystik von mehr ethisch-intellektueller Art, nämlich als Dreischritt von Reinigung, Erleuchtung und Gotteinung. Um ihre „erfahrene […] Metasprache in unsere Menschensprache“[18] zu übersetzen, erweiterten die Mystikerinnen ihr Deutsch um eine internalisierte Empfindsamkeit.

Aber es gab noch andere Richtungen in der Monastik. Der Zisterzienser Joachim von Fiore († 1202), apostrophiert als „einer der größten Mönchstheologen des 12. Jahrhunderts“,[19] sah sich am Vorabend des Höhepunkts der Geschichte, nämlich direkt vor dem Zeitalter des Heiligen Geistes, der alle mit geistiger Erkenntnis erfülle und die Amtskirche wie das Papsttum erübrige. Mit der Erwartung einer grundlegend besseren Zukunft wurde Joachim der Vater der religiös-politischen Utopien, bei Verzicht übrigens auf jede Gewalt.[20] Resonanz fanden Joachims Spekulationen unter den franziskanischen Spiritualen, die in Franziskus bereits das Reich des Geistes gekommen sahen. Tatsächlich hatte dieser die herkömmlichen Obrigkeitsstrukturen mit ihren Oberen und Untergebenen wenigstens fürs Kloster aufzulösen gesucht: „Und keiner soll ‚Prior‘ genannt werden, sondern alle sollen schlechthin ‚Mindere Brüder‘ heißen.“[22]

Zuletzt aber sahen sich auch die Monastiker genötigt, ihre zunächst ablehnende Haltung gegen die neue Universitätstheologie aufzugeben und Ordens-Studien aufzubauen. Auf diese Weise mündete die Monastik in die spätmittelalterliche „Frömmigkeitstheologie“, die keineswegs unwissenschaftlich sein wollte, aber doch statt hoher Spekulation mehr der Frömmigkeit auch des einfachen Volkes dienen wollte. Noch Martin Luther kann heute in die Reihe der monastischen Theologen gestellt werden.

III. Die Scholastik

Nicht minder neuartig und tiefgreifend gestaltete sich der rational-intellektuelle Aufbruch. „Nie war das Ringen um grundsätzliche Fragen heftiger als im 11. und 12. Jahrhundert.“[22] In Bologna bildete sich eine Rechtsschule, die sich mit ihrer rationalen Argumentation zur ersten Universität entwickelte. Friedrich I. Barbarossa gewährte seinen Schutz, und sofort finden sich in seiner Umgebung auch „Gesetzeskundige“.[23] Dieselbe rationale Argumentationsweise ergriff die Theologie, ja ließ diese erst wieder erstehen, zunächst an Kathedralschulen wie Reims, Lüttich, Laon und Chartres, dann in Paris an der ersten Universität für Theologie.

2 Das Fragment aus dem Apsismosaik aus Alt-St. Peter in Rom zeigt wahrscheinlich Papst Innozenz III., Rom, Museo di Roma

Die große Entdeckung war das Werk des Aristoteles († 322 v. Chr.), insbesondere dessen „Logik“. Der Durchbruch des Aristoteles-Studiums in Paris gilt als „Umschwung von weltgeschichtlicher Bedeutung“.[24] Da aber diese Philosophie nicht wenige gegenchristliche Gedanken enthielt, musste Aristoteles zuerst „getauft“ werden. Frappierenderweise wurde er für die scholastischen Theologen „der Philosoph“ schlechthin, wobei in nicht wenigen Punkten das neue Denken eine Säkularisierung bewirkte, zumal durch das Naturrecht, das Mensch, Recht und Staat als „natürlich“ zu erklären ermöglichte.

Der erste Schritt zu organisierter Wissenschaftsarbeit geschah mit der Schaffung von Grundlagen-Büchern. Anhand des antiken Codex Justinianus, zumal an dessen „Digesten“ mit ihren Rechtsbegründungen, entstand zu Bologna eine durchgehende Kommentierung bzw. Glossierung, die eine umfassende Rechtsordnung vorgab und eine neue Rechtspraxis einleitete. Anschließend übertrug sich diese Kommentierung auf die Bibel, wodurch „das 12. Jh. das kreativste Jahrhundert der mittelalterlichen Bibelauslegung" wurde.[25] Dabei entstand die seit dem 14. Jahrhundert so bezeichnete *Glossa ordinaria*, die durchgehende Erläuterung aller Bücher der Bibel, erarbeitet, wenn auch nicht vollendet, im 12. Jahrhundert in der Schule zu Laon. Die Glosse wurde „zur ‚Zunge' des biblischen Textes".[26] Neu war das Bestreben, nicht bloß Väter-Sentenzen zu wiederholen, sondern einzelne Fragen in Exkursen „rational" abzuhandeln, wodurch die bis dahin als *Sacra pagina* (heilige [Buch-]Seite) bezeichnete Theologie sich in Exegese und Dogmatik aufzuspalten begann.

Von den exkurshaften Quaestionen, Disputationen und Sentenzen führte der Weg stracks in die Dogmatik. Hier schuf Petrus Lombardus († 1160) mit seinen 1155/1158 vorgelegten „Sentenzen in vier Büchern" einen ersten Gesamtentwurf systematisch-spekulativer Theologie: Gott und Trinität, Schöpfung und Erschaffung des Menschen samt dem Sündenfall, Christologie und Erlösung, Sakramente und Eschatologie. Das IV. Laterankonzil (1215) empfahl diese Sentenzen, infolgedessen sie „zum wichtigsten theologischen Schulbuch"[27] avancierten. Wer zum akademischen Lehrer aufsteigen wollte, hatte den Lombarden, wie noch Martin Luther, zu kommentieren, und tatsächlich sind 1500 solcher Kommentare überliefert (Abb. 3).

Das dritte Grundbuch ist das (erst später so genannte) *Corpus iuris canonici*, die Sammlung des kirchlichen Rechts. Die Grundlage dafür legte der Mönch und Magister Gratian († um 1150), der „Vater der Kanonistik"; er schuf mit seinem 1140 vollendeten „Dekret" die wichtigste „Sammlung des mittelalterlichen Kirchenrechts".[28] An die 4000 Kapitel aus Konzilien, Synoden, Bußbüchern und Papstbriefen sind darin zusammengestellt. Wiederum wird mehr versucht als nur eine Aneinanderreihung, nämlich eine „Konkordanz nicht-konkordanter Kanones", also eine Harmonisierung der vielfältigen Überlieferung. Weit über das hinaus, was heute unter Kirchenrecht verstanden wird, sind darin die essentiellen Fragen des gesellschaftlichen Lebens behandelt: Ehe und Familie, Krieg und Frieden, Geld und Wucher, Liturgie und Buße. Insofern war die Kanonistik die Vorläuferin späterer Moral- und Sozialtheologie.

Das Ergebnis ist erstaunlich genug: Für die drei jetzt sich etablierenden Zweige der Theologie, für Exegese, Dogmatik und Kanonistik, schuf das 12. Jahrhundert die Grundlagen, auf denen das weitere Mittelalter aufbauen und dementsprechend den Lehrbetrieb strukturieren konnte. Während das Studium dem „Hören" gewidmet war, beförderte die Abschlussprüfung zum *baccalaureus*, welcher „Assistent" eines Magisters werden konnte und als *baccalaureus biblicus* die *Glossa ordinaria* und als *baccalaureus sententiarius* die Sentenzen des Lombarden auszulegen hatte.

Seit 1200 wurde vornehmlicher Ort der neuen Theologie die aus den Kathedralschulen hervorgegangene Universität. Bis heute wird sie als überragende Leistung des Mittelalters gefeiert: „Keine andere europäische Institution hat wie die Universität mit ihren überlieferten Strukturen und ihren wissenschaftlichen Leistungen in der ganzen Welt universale Geltung erlangt."[29] Antrieb war der *amor sciendi*: die intellektuelle Redlichkeit, umfassendes Wissen und gedankliche Klarheit.[30] Als absolut verpflichtend galten das

3 Petrus Lombardus als Autor schreibend am Pult sitzend, Initial-Miniatur im Sentenzenwerk des Petrus Lombardus, Nordfrankreich, Mitte 12. Jahrhundert, Bamberg, Staatsbibliothek, Msc. Patr. 120, fol. 3r

Wahrheitsgebot und die Wissenschaftlichkeit, dazu die „Anerkennung der wissenschaftlichen Leistungen Andersdenkender, Andersgläubiger, gesellschaftlich Tieferstehender und die Bereitschaft, die eigenen Irrtümer durch überzeugende Erkenntnisse welcher Herkunft auch immer korrigieren zu lassen".[31] Das war das Unterscheidende gegenüber allem Früheren: „Es handelt sich tatsächlich um eine neue Institution."[32] Auch die Päpste, die doch die Tradition und das Dogma zu hüten hatten, gaben ihre Zustimmung. Innozenz III. († 1216), selbst zuvor ein Pariser Student, hatte „ein Ohr für die Wünsche der neu entstehenden *universitates*".[33]

Aufbauend auf diesen neuen Grundlagen und auf der Philosophie des Aristoteles ging man daran, das ganze Feld des Glaubens argumentativ auszuleuchten und logisch abzuklären. Das Grundelement scholastischer Theologie, der „Artikel", „ist zunächst und eigentlich eine Frage",[34] erwachsen aus dem Zweifel und aus der Suche nach begründeter Erklärung; konfrontiert werden alle möglichen Argumente und Autoritäten, und darauf hat der Magister die Antwort zu geben. „Die Disputation war das Turnier der Kleriker."[35] Die einzelnen Artikel bilden zusammengestellt die *Summa*, in der des Thomas von Aquin († 1274) ganze 6000.[36] Der dabei vollzogene Übergang von der exegetisch-allegorischen Monastik zur philosophisch-spekulierenden, auf begriffliche und dogmatische Distinktionen ausgerichteten Scholastik hat „einen Sprachwandel ohnegleichen" bewirkt, so dass die von Augustinus bis ins hohe Mittelalter dominierende Sprache in Metaphern „wie mit einem Male ausgelöscht“ war.[37]

Die Eingriffe, die im Feld der Theologie erfolgten, schufen eine neue Basis. So stand bei den heilschaffenden Riten zur Frage, welche die unabdinglich notwendigen seien und welche nur zur Zierde und Ausdeutung geschähen. Von den über dreißig Riten, die als höchstwertig, als Sakramente galten, verblieben nur sieben: Taufe, Firmung, Buße, Eucharistie, Priesterweihe, Ehe und Letzte Ölung. Nicht mehr gehörten dazu Kirchweihe, Königssalbung, Ordal, Mönchs- und Nonnenweihe und anderes sonst.[38] Wie schwer allerdings solche Radikalität gegen das Herkommen zu kämpfen hatte, ja dabei erliegen konnte, zeigt der Zentralakt der Liturgie, die Messe. Sie galt als heilbringender Ritus für alles nur Erdenkliche, für ewiges Heil so gut wie für die Abwehr von Not und Tod, für die Befreiung der Seelen aus dem Fegefeuer wie noch zur Bekämpfung von Feuersbrünsten. Millionenfach wurden Messen für das seelische wie aber auch das leibliche Wohlergehen gestiftet und zelebriert. Aber eine neue Mess-Theologie hat die Scholastik nicht zustande gebracht. „Wurde die Messe behandelt, dann ging es höchstens um mehr oder weniger periphere Einzelfragen.“[39]

Bei allem Scharfsinn verblieb die Frage, ob denn die rational-begriffliche Theologie die Rätselhaftigkeit von Welt und Menschenleben zu lösen vermöge. So erhob sich Protest, sogar aus den Reihen der Magister selbst, am schärfsten von dem Franziskaner Bonaventura († 1274); er war selber Pariser Magister und später General seines Ordens. Er beschwor die Gefahr der Begriffstheologie, als gerade Bettelordens-Professoren sich in die Pariser Universität etablierten. Neu suchte er die mystischen Positionen des Augustinus, des Pseudo-Areopagita und des Bernhard von Clairvaux herauszustellen. Im 15. Jahrhundert stieg er zur Idealfigur der Frömmigkeitstheologie auf und wurde damals auch heilig gesprochen.

IV. Die Häretiker

Die frühe Christenheit hatte bei Häresie geistig-geistliche Strafen verhängt, später zusammen mit den Kaisern auch Körperstrafen, aber keine zum Tode. Nach der Hinrichtung des zum Häretiker verurteilten Priszillian im Jahre 385 am Kaiserhof zu Trier[40] hat es „in der Antike [...] keinen weiteren [staatlichen] Ketzer- und Hexereiprozeß gegeben“.[41] Das änderte sich nach der Jahrtausendwende. Neu stellte sich die Frage, wer als Ketzer anzusehen sei, nämlich nur, wer wider bessere Einsicht am Falschglauben festhalte. Ebenso neu stellte sich die Frage, wer für die Untersuchung und Aburteilung zuständig sei: die versammelten Bischöfe oder auch der Papst. Theologisch war ein Ketzer-Urteil gar nicht so einfach: „Ein Häretiker im kirchenrechtlichen engeren Sinn des Wortes konnte nur genannt werden, wer nach Anzeige, einem Gerichtsverfahren und der Ermahnung zur rechten Lehre bei seinen Irrtümern verblieb; Häresie war die Lehre eines solchen verurteilten Häretikers.“[42] Am schwierigsten war die *„pertinacia*, die Beharrlichkeit oder Hartnäckigkeit aufzuweisen, mit der der Irrtum oder die Abweichung gegen alle Einreden und Ermahnungen der Kirche verteidigt und festgehalten wird“.[43] So stand bei Häretikern ein kompliziertes Verfahren an, nämlich eine genaue Untersuchung (*inquisitio*) über wirkliche Falschlehren, weiter ein klares Geständnis mit gegebenenfalls Reue und Buße, sodann ein prozessuales Urteil und zuletzt die Vollstreckung.

War die Alte Kirche hauptsächlich mit Falschlehren befasst gewesen, so stellten sich jetzt vielfach Fragen der Praxis; am drängendsten, ob sündige Priester wirklich die Sakramentsgnade zu vermitteln vermöchten,[44] was Augustinus aber längst beantwortet hatte: Gott greife durch den sündigen Spender hindurch und vermittle einem jeden Empfänger die notwendige Gnade. Oder wie sollte man über Franz von Assisi befinden, der eine so nie zuvor praktizierte Radikalarmut lebte und zur Grundlage eines neuen Ordens machte? Aber Innozenz III. verstand ihn. Joachim von Fiore († 1202), der ein Zeitalter des Geistes ohne Papst und Kirchenapparat ankündigte, wurde vom IV. Laterankonzil verurteilt, aber „nie von der Kirche als Häretiker angesehen“.[45]

Von den nun vermehrten Theologen wurden bald auch einige der Häresie bezichtigt. Im Ganzen aber sind direkt gegen Theologen angestrengte Prozesse „meist im Sande verlaufen“.[46] Jenseits der Universität ist eine Verwissenschaftlichung der Ketzer-Verfahren festzustellen. Erfolgte ursprünglich eine Beratung auf einer Bischofssynode, so trat nun an deren Stelle ein Expertenkreis aus theologischen Fachleuten, die über eine mehr oder minder lange Liste von verdächtigten Artikeln entschieden. Das endgültige Urteil sprach dann der Inhaber der kirchlichen Amtsgewalt aus, also der Bischof oder der Papst, bzw. ein von diesen delegierter Richter.[47] Und nicht nur erfolgte die Beiziehung von Sachverständigen, sondern bald geschah auch eine Differenzierung in der Beurteilung, nämlich anhand einer Skala von Bewertungen wie „irrig“, „dumm“, „verwegen“, „lachhaft“, wie aber auch „falsch“ oder „häretisch“.[48] Im 13. Jahrhundert beschränkte sich das päpstlich-kuriale Häresie-Verfahren in der Regel auf „Zensurierung“, wobei einzelne Sätze, nicht aber der jeweilige Autor verurteilt wurde: „Verlangt wurde in allen diesen Fällen lediglich ein Widerruf bestimmter Sätze, ohne daß der Autor persönlich weiter belastet wurde. An der Kurie verstand man in Regel sehr wohl zu unterscheiden.“[49] Das gilt auch für den Prozess gegen Meister Eckhart. Getroffen wurde nicht seine Person, ja nicht einmal seine Lehre: „[V]erurteilt wurde eigentlich nicht das, was der Meister Eckhart wirklich gesagt hat, vielmehr das, was die Verurteilenden und mit ihm viele andere sich dabei gedacht und was sie verstanden hätten“, also „keinesfalls die Person Eckharts“.[50] Der altkirchliche Grundsatz „Liebe den Sünder, aber verabscheue die Sünde“, sollte weiterzuführen sein: „Liebe den Häretiker, aber verabscheue die Häresie“. Die Person war zu achten, die falschen Lehren zu verwerfen.

Hielt sich der akademische und wissenschaftliche Streit in Grenzen, so schien die Ketzerei des Katharismus ins Grenzenlose anzuwachsen, zu einer nie dagewesenen Massenbewegung, der große Bevölkerungsteile Südfrankreichs und Norditaliens anhingen, bei freilich nur wenigen Tausend als hartem Kern. Sie sahen Gut und Böse dualistisch gegeneinander gestellt und verstanden Gott und Teufel als mindest zeitweilig gleichmächtige Kontrahenten. Infolgedessen hatte sich die Einzelseele radikal von aller teuflischen Materialität loszulösen, zumal von mancherlei Nahrung, so dass nicht wenige der Radikalanhänger verhungerten; ebenso hatte man sich loszulösen von Sexualität und Ehe, die zur Hurerei absank. Der Katharismus war in „seinen Grundlagen nicht christlich“.[51] Hinzu kamen die Waldenser, eine Bewegung von Laien, die sich zunächst zur Predigt beim Volk aufmachten und so auch die Katharer bekämpfen wollten, sich zuletzt aber zu einer eigenen Kirche formierten.[52]

Die Papstkirche sah sich doppelt herausgefordert, nämlich zur Verurteilung der Falschlehre und zur Bekehrung der Ketzer, wofür die Inquisition geschaffen wurde. Als Verfahren war diese eigentlich ein Rechtsfortschritt; denn statt des archaischen Ordals, das man oft auch gegen Ketzer angewandt hatte, sollte eine genaue Untersuchung stattfinden und daraufhin das Urteil erfolgen. Hauptsächlich der neue Orden des Dominikus († 1221), der zur Häretiker-Bekämpfung strengste Askese mit bester Gelehrsamkeit verbinden wollte, sollte die Gegenwehr leisten, zuerst mit Predigt zur Umkehr, nötigenfalls aber auch mit Gericht über die Hartnäckigen. Das war der Schritt von der Pastoral zur Justiz. Das Verfahren der Inquisition, das mit seiner rational verfahrenden Untersuchung und dem begründenden Urteil an sich ein „großer Fortschritt" war,[53] pervertierte zu einem Schnellverfahren, wo die Ankläger zugleich Richter sein konnten und obendrein die (damals weithin übliche) Folter erstmals auch im Kirchengericht zugelassen wurde.[54]

Mit der Inquisition formierte sich endgültig auch „der weltliche Arm". Seit karolingischer Zeit hatte die weltliche Gewalt die geistliche bei der Verfolgung von Unbußfertigen unterstützt, dabei aber keine Tötung vollstreckt. Das änderte sich nach 1000 und wurde jetzt zum System, nämlich die Auslieferung hartnäckiger Ketzer an die weltliche Gewalt, sogar zur Tötung. Gratian rezipierte in seinem „Dekret" die spätantik-kaiserlichen Häretiker-Strafen, ob auch bis zur Todesstrafe, ist umstritten. Angesichts der massenhaften Ketzer-Bewegung der Katharer wie dann auch der Waldenser waren es die Päpste, die ein neues juristisches Instrumentarium ausbildeten, jetzt in Zusammenarbeit mit der weltlichen Gewalt. Darin einbezogen wurden auch die Staufer. Friedrich I. Barbarossa und Papst Lucius III. († 1185) einigten sich auf ein Doppelverfahren: zuerst die kirchliche Aufspürung und gegebenenfalls Verurteilung zum Ketzer, dann bei Ketzerspruch die Überstellung an den weltlichen Arm.[55] Auf dem IV. Laterankonzil erfolgte die Verendgültigung dieses Doppelverfahrens: „Mit Exkommunikation und Anathem belegen wir jede Häresie, die sich gegen diesen heiligen, rechtgläubigen und katholischen Glauben erhebt [...] Die Verurteilten werden den anwesenden weltlichen Gewalten oder deren Vögten überlassen."[56] Doch wahrte Innozenz III. noch „große Umsicht";[57] die Todesstrafe scheint er „nicht im Auge gehabt zu haben".[58] Indes übernahmen die Kanonisten die antik-kaiserlichen Häretiker-Strafen, blieben allerdings bei der Todesstrafe zunächst noch „sehr vorsichtig",[59] stimmten jedoch zuletzt zu.[60] Gregor IX. († 1241) hat die Todesstrafe dann „endgültig approbiert".[61] Hinzu kam die Billigung des Ketzer-Kreuzzugs. Schon seit karolingischer Zeit war die Königsgewalt gegen unbußfertige Große eingeschritten; jetzt aber wurde zum Kreuzzug gegen all solche aufgerufen, die Ketzer beschützten. Hieraus entstand der berüchtigte Katharer-Kreuzzug in Südfrankreich.[62] Der altkirchliche Verzicht, auch bei Ketzern nicht selbstmächtig zur Tötung zu schreiten, ist hier aufgegeben. Die Zahl der Hingerichteten ist schwer abzuschätzen, ist aber mit Sicherheit auf etliche Tausende zu veranschlagen.

Zugestimmt hat auch die Theologie, so der Dominikaner und das „Haupt der Scholastik", Thomas von Aquin: Hartnäckige Ketzer verdienen, „nicht nur von der Kirche durch den Bann ausgeschieden, sondern auch durch den Tod von der Welt ausgeschlossen zu werden"; wenn schon Münzfälscher staatlicherseits den Tod erführen, „so können um so mehr die Häretiker [...] auch rechtens getötet werden"; den ausgeschlossenen Häretiker „überläßt die Kirche dem weltlichen Gericht, damit er durch den Tod aus der Welt getilgt werde".[63]

Für Deutschland hatte die Absprache Barbarossas mit Papst Lucius III. zunächst kaum Folgen. Das Wüten des Konrad von Marburg ließ die Bischöfe ein für allemal vor weiterer Inquisition zurückschrecken.[64] Die folgenden Herrscher ergriffen kaum entsprechende Maßnahmen. Friedrich II. († 1250) dekretierte reichsrechtlich, dass verurteilte Häretiker der weltlichen Obrigkeit zu überstellen seien, die dann die Hinrichtung durchzuführen habe.[65] Dieses System galt noch bis zu Martin Luthers Reichsacht. Weiterbetrieben wurde die Inquisition in Deutschland auf der mittleren Ebene der Territorien. Im weltlichen Recht kennt Eike von Repgow († nach 1233) „den Feuertod explizit als Strafe für überführte Ketzer".[66] Doch fehlen in Deutschland die gegen die Katharer angewandten „sozial- und materiell-repressive[n] Maßnahmen der Ketzer und dere[r] Begünstigter [...] völlig".[67]

V. Die Fremden: Moslems und Juden

Zu den stimulierendsten Gelehrten des christlichen Hochmittelalters zählt ein Muslim: Ibn Ruschd / Averroës († 1198). Er gilt als Höhepunkt wie zugleich als „Schlußpunkt islamischer Philosophie während des Mittelalters"; für seinen Einfluss auf jüdische wie christliche Philosophie „findet sich in der islamischen Welt keine Parallele".[68] Während sich aber die islamische Welt fortan jeder autonomen Philosophie versagte und Ibn Ruschd verbannte, lebte dessen Philosophie im Westen erst richtig auf. Als herausragend erwies sich seine Kommentierung des Aristoteles, die bald ins Hebräische und Lateinische übersetzt wurde und dann im Abendland revolutionierend wirkte. Die Folge war der mittelalterliche Aristotelismus mit seinem „Versuch der Selbstbehauptung profanwissenschaftlicher Autonomie in einer gläubigen Welt",[69] obendrein mit dem Bemühen, „die Natur und den Staat als etwas anzusehen, was den Ursprung seiner Entwicklung in sich selbst hat, was nicht nur als Symbol oder als materielle Voraussetzung der Religion gilt".[70] Es ist ein veritables Paradox, dass das „Drama der Scholastik" „seinen Anfang bei den Arabern nimmt".[71] Zuvor hatten allerdings die Araber die antike Philosophie von den nestorianischen und jakobitischen Christen erhalten.[72] Wir sehen hier einen der verschlungenen Wege, auf denen sich der „Weltgeist" bewegt.

Im 12. Jahrhundert veränderte sich ebenso die Judenschaft. Hier wird von dem überhaupt tiefsten Umbruch gesprochen, sowohl im jüdischen Selbstverständnis wie im jüdisch-christlichen Verhältnis.[73] Es entstand „eine elitäre Religionspraxis mit starkem ethischen Beigehalt".[74] Nicht anders als bei den Christen kam der Anstoß „aus dem arabischen Bereich".[75] Infolgedessen wirkten nun auch im Judentum „unterschiedliche, teils gegensätzliche Strömungen zwischen Mystik und rational fundiertem Verständnis religiöser Sinngehalte".[76] Philosophen erstanden; als herausragendster der in Toledo geborene Moses Maimonides († 1204), der den Höhergebildeten eine philosophische Wahrheit des Judentums vermitteln wollte.[77] Den innerjüdischen Streit über „Gehorsamsgebote" und „Vernunftgebote" radikalisierte er zugunsten der „Vernunft", betrachtete das Zeremonialgesetz nur als Zugeständnis an das gemeine Volk.[78] Maimonides' letztes Buch „Führer der Unschlüssigen", das man als „vielleicht rationalistischstes Buch des Mittelalters" bezeichnet hat,[79] nannte Jesus wie auch Mohammed „Wegbereiter des Messias", dessen Reich in neuer Gotteserkenntnis bestehe, auf welche Judentum, Christentum und Islam gleichermaßen hinstrebten.[80] Hiermit aber löste Maimonides schweren innerjüdischen Streit aus. Ungewohnte Orthodoxie-Kämpfe setzten ein: Sowohl orthodoxe Rabbiner wie rationale Philosophen bannten sich gegenseitig mit Strafen wie „Geld- und Körperstrafen, Konfiszierung von Eigentum, vor allem jedoch der Bann (Cherem), der den Betroffenen aus der Gemeinschaft ausschloss, ihm dadurch verbot, am öffentlichen Gebet teilzunehmen, die Gemeindeeinrichtungen zu benutzen und Kontakte jeglicher Art zu Gemeindemitgliedern zu unterhalten".[81]

Wie es einen islamisch-christlichen Austausch gab, so auch einen jüdisch-christlichen. Die Forschung misst heute der Anziehungskraft des Christentums auf das Judentum „ein größeres Gewicht bei",[82] dass mancherlei Übereinstimmungen „auf christliches Gedankengut zurückgehen könnten, das in die jüdische Welt Eingang gefunden habe"; denn die religiöse Welt des frühen Christentums war den Gelehrten des Talmud bekannt und ist „bei ihnen auf ein doppeltes Echo, auf Anerkennung und auf Ablehnung, gestoßen".[83] Umgekehrt bemühten sich christliche Exegeten neu um den Literalsinn und traten dabei in Kontakt mit jüdischen Schriftgelehrten.[84] Hugo von St. Viktor († 1141), Mitglied des gleichnamigen, für die aufkommende Scholastik so wichtigen Pariser Kanoniker-Stiftes, suchte jüdische Hilfe für das alttestamentliche Hebräisch.[85] Beeindruckt von Moses Maimonides zeigte sich auch ein Thomas von Aquin und übernahm manches von dessen Kritik am alttestamentlichen Zeremonialgesetz; überhaupt gehörte der „Führer der Unschlüssigen" zur Studienbibliothek vieler Scholastiker, so dass Maimonides für Meister Eckhart sogar eine Autorität wie die Kirchenväter darstellte.[86] Dennoch blieb ein „grundsätzliches Konfliktpotential":[87] „Das Anderssein in einem Zentralbereich des Lebens mußte Reaktionen hervorrufen, um so mehr, als beide Glaubensvorstellungen einen Ausschließlichkeitsanspruch beinhalteten, der von der anderen Seite als Herausforderung empfunden wurde".[88] Und das sollte sich im Spätmittelalter in den zahllosen Judenvertreibungen entladen.

Zu Recht gilt heute das 12. Jahrhundert als „Wende des Mittelalters". Für die Zeit der Staufer verzeichnen wir einen epochalen Neuaufbruch in Gesellschaft und Religion, in Theologie und Mystik, stimuliert noch durch einen interreligiösen Austausch. Europa suchte sich selbst neu zu begreifen und ergriff dafür Maßnahmen.[89] Eine Ordnung sollte entstehen, wie sie christlich geboten schien. Extreme gesellten sich zueinander: die franziskanische Liebe und die inquisitorische Verfolgung. Intellektuell begann ein Prozess, der später Europas Aufstieg zur Weltgeltung herbeiführen sollte. Wie immer man hierüber urteilen mag, kaum zu bestreiten ist, dass Europa in der Neuzeit eine wissenschaftliche Weltposition beanspruchte. Der Aufstieg dazu begann mit der in der Stauferzeit geweckten Geistigkeit, insbesondere mit den damals entstandenen Universitäten. Im historischen Vergleich zeigt sich, dass „eine Wechselwirkung von Magistern und kritischen Intellektuellen nur im lateinischen Europa möglich war, weder im Islam noch im Judentum oder in Byzanz. Im hohen Mittelalter gewann das ‚Abendland' zweifellos den weltgeschichtlich entscheidenden Vorsprung gegenüber den anderen Kulturen. In Byzanz und im Islam waren damals die Versuche gescheitert, den Rationalismus im Kern des Bildungswesens selbst zu verankern" – so Michael Borgolte in seinem Buch „Christen, Juden, Muselmanen".[90]

1 Kintzinger 2003b.
2 Dreyer 1995.
3 Angenendt 1983.
4 Ratzinger 1968, S. 189.
5 Ruh 1990, S. 267.
6 Borst 1958.
7 Fichtenau 1992, S. 277 f.
8 Schieffer 2002.
9 Mitterauer 2003, S. 180.
10 Engen 1986.
11 Borgolte 2000, S. 43.
12 Schaller 1995.
13 Gillingham 2008, S. 522.
14 Ruh 1993, S. 27.
15 McGinn 1996, S. 312.
16 Leclercq 1975.
17 Altermatt 2004, S. 712.
18 Ruh 1993, S. 281.
19 Pásztor 1991, Sp. 486.
20 Lerner 1988, S. 87.
21 Franziskus von Assisi, Nicht bullierte Regel 6, zitiert nach: Franziskus von Assisi, Schriften, S. 184.
22 Fichtenau 1992, S. 7.
23 Leyser 1994, S. 143 – 155.
24 Flasch 1989, S. 30.
25 Riedlinger 1983, Sp. 50.
26 Smalley 1984, S. 452.
27 Imbach/Ricklin 1995, Sp. 1767.
28 Landau 1985, S. 124.
29 Rüegg 1993b, S. 13.
30 Rüegg 1993a, S. 46.
31 Rüegg 1993a, S. 47.
32 Verger 1993, S. 49.
33 Nardi 1993, S. 87.
34 Chenu 1960, S. 100 f.
35 Chenu 1960, S. 95.
36 Pesch 1988, S. 130.
37 Ohly 1990, S. 27.
38 Wenz 1998, S. 668.
39 Iserloh 1985, S. 391.
40 Prinz 1996.
41 Girardet 1984, S. 50.
42 Fichtenau 1992, S. 11.
43 Miethke 2001, S. 23.
44 Grundmann 1967, S. G14f.
45 Pásztor 1991, Sp. 485 – 487.
46 Ruh 1996, S. 324.
47 Miethke 2001, S. 39.
48 Koch 1973.
49 Trusen 1988b, S. 177.
50 Trusen 1988b, S. 122 f.
51 Rottenwöhrer 2007, S. 293.
52 Cameron 2003.
53 Trusen 1988a, S. 168.
54 Vones 1996.
55 Diehl 1989.
56 IV. Laterankonzil – 1215. Const. 3, zitiert nach: Dekrete der ökumenischen Konzilien, Bd. 2, S. 233.
57 Ragg 2006, S. 67.
58 Ragg 2006, S. 139 f.
59 Ragg 2006, S. 87.
60 Ragg 2006, S. 95 f.
61 Ragg 2006, S. 151.
62 Costen 1997; Oberste 2004.
63 Thomas von Aquin, Summa theologica II-II,11,3, zitiert nach: Thomas von Aquin, Glaube als Tugend, S. 24 – 243.
64 Kurze 1993.
65 Friedrich II., Erlaß zur Verfolgung deutscher Ketzer, März 1232, zitiert nach: Mokrosch/Walz 1980, S. 132.
66 Ragg 2006, S. 181.
67 Ragg 2006, S. 185 f.
68 Hjärpe 1980, S. 52.
69 Kluxen 1980, S. 60.
70 Flasch 1986, S. 288 f.
71 de Libera 2003, S. 79.
72 de Libera 2003, S. 79.
73 Chazan 1997, S. 19 – 40.
74 Toch 1998, S. 27, 29.
75 Haverkamp 2004, S. 29.
76 Haverkamp 2004, S. 25.
77 Hayoun 1997.
78 Funkenstein 1970, S. 161.
79 Niewöhner 1988, S. 28.
80 Niewöhner 1988, S. 17.
81 Toch 1998, S. 20 f.
82 Toch 1998, S. 123.
83 Yuval 1999, S. 12, 14.
84 Dahan 1999, S. 359 – 387.
85 Awerbusch 1980, S. 197 – 230.
86 Liebeschütz 1972.
87 Toch 1998, S. 3.
88 Graus 1988, S. 377 f.
89 Moore 2001.
90 Borgolte 2006, S. 583 f.

1 Statue des hl. Homobonus, Bildhauer aus dem Umkreis Benedetto Antelamis, Anfang 13. Jahrhundert, Cremona, SS. Egidio ed Omobono

Mariella Morandi

Neue Wege zur Heiligkeit: Homobonus von Cremona

Am 12. Januar 1199 erhob Papst Innozenz III. den Cremoneser Kaufmann Homobonus Tucenghi mit der Bulle *Quia pietas* zur Ehre der Altäre. Nur zwei Jahre waren seit dem Tod des Mannes am 13. November 1197 vergangen, der als der erste heilig gesprochene Laie des Mittelalters in die Geschichte eingehen sollte.[1] Die Bulle entsprach den Forderungen des Bischofs von Cremona, Sicardo, der sich mit einer beachtlichen Delegation aus Geistlichen und angesehenen Diözesanmitgliedern zum Papst begeben hatte, um sich für die Heiligsprechung des *beati viri et re nomine Homoboni* zu verwenden. Zu diesem Zweck legte die Delegation mündliche und schriftliche Beweise mit für die vorbildliche Lebensführung dieses Mannes vor, die in der Bulle in vier Punkten zusammengefasst sind. Homobonus hatte dem Herrn durch Gebet, Buße und Taten gottesfürchtig gedient. So hatte er sich für die friedliche Beilegung der Konflikte unter seinen Mitbürgern eingesetzt, hatte die Armen stets mit Almosen versorgt und energisch die Ketzer bekämpft. Dabei war er Kirche und Klerus immer treu verbunden geblieben.

Wer war dieser Homobonus Tucenghi? Die uns zur Verfügung stehenden Informationen lassen sich den Lebensbeschreibungen (*Vitae*) entnehmen, die dem Heiligen gewidmet sind und kurz nach dessen Tod in den letzten Jahren des 12. Jahrhunderts und nochmals Ende des 13. Jahrhunderts gewidmet worden waren. Sie stellen die direktesten Informationsquellen zu seiner Person dar. Die älteste Vita (*Cum orbita solis*), wird Bischof Sicardo zugeschrieben.[2] Er soll die Schrift unmittelbar nach dem Tod Homobonus' abgefasst haben, auch um ihn im Hinblick auf seine Kanonisation darin Papst Innozenz III. vorzustellen. Die Kanonisationsbulle berief sich auf diese Quelle.[3] Allerdings ist das Leben des Homobonus in dieser Schrift vor allem einer spirituellen Sicht verpflichtet, sodass seine Persönlichkeit fast unbeachtet bleibt. Einen anderen Zugang verschafft die Biographie aus dem dritten/vierten Jahrzehnt des 13. Jahrhunderts (*Quoniam historiae*). Hier erscheinen Berichte, Fakten, Alltagsgewohnheiten und Anekdoten, die eine konkrete Nachzeichnung der Figur des Homobonus möglich machen.[4] Weitere Informationen liefert die dritte Biographie aus dem letzten Drittel des 13. Jahrhunderts (*Labentibus annis*).[5] Jedes einzelne dieser Werke entspricht ganz präzisen Anforderungen der Heiligen-Verehrung und reflektiert sowohl in der Weise, wie die Figur des Homobonus dargestellt wird, als auch in der Auswahl der erzählten Fakten den Umständen seiner Entstehungszeit.[6]

Aus diesen Quellen geht hervor, dass Homobonus Tucenghi um 1117 als Sohn einer Kaufmannsfamilie geboren wurde, und dass er selbst ungefähr bis zum Alter von 65 Jahren ein hochrangiger Handelsherr war und Reisen zu Land und übers Meer unternommen hatte. Neben diesem Beruf war er (gemäß der *Quoniam historiae* und der *Labentibus annis*) auch Schneider, was später seine Verehrung als Schutzpatron der Schneider-Zunft bewirkte. Bei der Ausübung der Berufe zeichnete er sich stets durch Ehrlichkeit und Korrektheit aus und gelangte dennoch zu beachtlichem Reichtum. Er wohnte in der Nähe der Kirche S. Egidio in der „Neustadt" (*Cittanova*), d. h. im Handwerker- und Händler-Viertel, das sich im Zuge des wirtschaftlichen Aufschwungs nach der Jahrtausendwende entwickelt hatte. Als einziger, um den alten römischen Kern von Cremona entstandener Weiler, hatte sich dieses Viertel so ausgedehnt und verdoppelt, dass es schließlich als „neue Stadt" (*Cittanova*) bezeichnet wurde. Mit dem Bau der neuen Stadtmauern zwischen 1169 und 1187 wurde die *Cittanuova* auch räumlich in das Stadtgebiet eingegliedert.

Homobonus war verheiratet und hatte Kinder. Im Alter von ungefähr 65 Jahren änderte er sein Leben von Grund auf. Möglicherweise geschah dies in der Folge eines schmerzlichen Anlasses, auf den in der Vita *Cum orbita solis* angespielt wird, wenn von Qualen die Rede ist, die ihn wie Gold im Hochofen läuterten. Es war eine totale Umkehr. Homobonus gab den Handel auf, verkaufte einen Großteil seiner außerhalb der Stadt liegenden Ländereien und begann für Gebet, Buße und Wohltätigkeit zu leben. Er legte die kostbaren Gewänder des wohlhabenden Kaufmanns ab und kleidete sich in dunklem, für die Büßer jener Zeit charakteristischem Gewand. Es war eine Entscheidung, für die seine Familie nur zum Teil Verständnis aufbrachte. Seine Angehörigen waren verärgert über seine Großmut gegenüber den Armen, welche ihrer Ansicht nach die Familie in den Ruin treiben würde. Lediglich seine Frau hatte – nach der *Quoninam historiae* – die Heiligkeit ihres Ehemannes rechtzeitig verstanden und sie den Kindern prophezeit. In späteren Quellen wurde diese weibliche Figur allerdings in düstereren Farben dargestellt. So wird in der *Labentibus annis* behauptet, sie hätte alles getan, um die Wohltätigkeitswerke ihres Mannes sogar mit Flüchen und Verwünschungen zu behindern. In der hagiographischen Tradition nahm sie die Züge einer bissigen, unerträglichen Ehefrau an.

Die *Quoniam historiae* liefert außerdem einige Hinweise auf das Äußere von Homobonus: er sei großgewachsen und schlank, sein

Teint dunkel gewesen. Diese Angaben wurden, soweit es möglich war, von der Skelettform der Reliquien bestätigt.

Die Bekämpfung der Häretiker, die Ende des 12. Jahrhunderts in Cremona recht zahlreich gewesen sein mussten, wobei es nur geringfügige Angaben dazu gibt, wird in den *Vitae* nur verbrämt in Metaphern ausgedrückt. So berichtet z. B. die *Quoniam historiae,* dass Homobonus, wenn er in seinen Weinbergen außerhalb der Stadt arbeitete, oft vom Teufel gemeinsam mit einer Unzahl von hässlichen Geistern heimgesucht wurde, die ihn bis zur Erschöpfung geißelten. Hinter der Metapher lässt sich erahnen, dass Homobonus wohl auch in gewalttätige Ereignisse verwickelt sein musste.

Nach seiner Bekehrung war der Tagesablauf des Homobonus vom Gebetsrhythmus bestimmt. Auch der Tod ereilte ihn, während er betete. Am Vormittag des 13. November 1197 ging er nämlich, trotz seines hohen Alters bei guter Gesundheit, wie gewohnt zur Frühandacht in die Kirche S. Egidio. Nach der Andacht kniete er wie immer in Erwartung der Heiligen Messe vor dem Kruzifix nieder und betete. Dort fiel er in sich zusammen und verschied. Bis zur Lesung hatte es niemand bemerkt. Als er dazu nicht aufstand, näherte sich ihm jemand und erkannte, dass er tot war. Das hölzerne Kruzifix, vor dem der Heilige der Überlieferung nach gestorben war, befindet sich heute noch in Cremona in jener Kirche, die später den Heiligen Aegidius und Homobonus geweiht wurde. Nach dem Tod des Homobonus traten zahlreiche Wunder auf, die seine Heiligkeit bestätigten, von deren Aura er bereits zu Lebzeiten umgeben war. Die Bulle zur Heiligsprechung erwähnt nur ein Wunder, das sich auf eine vom Dämon besessene Frau bezieht, die man zum Grabmal des Homobonus gebracht hatte, um sie von den bösen Geistern zu befreien. Viele andere sind in *Cum orbite solis* aufgeführt und möglicherweise hergeleitet von jenen Wunderaufzeichnungen (*libellus miracolorum*), die gewöhnlich unmittelbar nach dem Tod eines Heiligen im Hinblick auf seine Kanonisation erstellt wurde. Darin ist die Rede von der Heilung von Stummen, Tauben, Krüppeln, von Teufelsaustreibung, aber auch von der Geschichte eines Kreuzfahrers, der Heilung erfahren hatte, nachdem er aufgrund einer unter den Mauern von Jerusalem zugezogenen Verwundung am Hals zehn Jahre lang stumm gewesen war.

In *Labentius annis* wird darüber hinaus von drei Wundern berichtet, die zu Lebzeiten des Homobonus geschehen sein sollen. Es handelt sich zum einen um das Wunder von den Toren der Kirche S. Egidio, die sich selbstständig öffneten, um den Heiligen noch vor der Frühandacht einzulassen, während die Priester noch schliefen. Zum anderen werden zwei Wunder nach der Art des Evangeliums erzählt: die Vermehrung des an die Armen verteilten Brotes und um das Wunder des in Wein verwandelten Wassers, das den Arbeitern in seinen Weinbergen gebracht worden war. Hier beginnt die historische Wirklichkeit allerdings in der Hagiographie zu verblassen, obwohl der Verfasser des Textes sich bemühte, Augenzeugen zu nennen. Derselbe Verfasser erwähnte auch das Thema vom ahnungsvollen Traum des Papstes in der Nacht vor der Ankunft der Cremoneser Delegation. Dies ist ein hagiographischer Topos, das auch in der zeitgleichen Biographie des heiligen Franziskus erscheint.

Die Heiligsprechung des Homobonus war die erste in einer langen Reihe, die für das Pontifikat von Innozenz III. charakteristisch werden sollten und wurde extrem schnell bewerkstelligt. Grundlegend dafür war, dass der Antrag von Bischof Sicardo vorgelegt worden war, der von 1185 bis zu seinem Tod 1215 Graf und Bischof von Cremona war. Als ein ebenso geschickter Unterhändler wie begnadeter Geistlicher und Literat war es ihm gelungen gute Beziehungen zum kaiserlichen Hof aufrecht zu erhalten und dabei dennoch dem Papst stets treu ergeben zu sein und die weltlichen Rechte der Kirche zu verteidigen. Von Bedeutung war seine Vermittlung bei den heftigen Auseinandersetzungen zwischen *populus* und *milites* in seiner Stadt, die 1197, dem Todesjahr des Homobonuns, mit dem Aufstand des *populus* gegen den Adel ihren Höhepunkt erreicht hatten. Dieses Ereignis spaltete die Stadt: der Podestà richtete sich zusammen mit der Kommune im Stadtviertel von *Cittanova* ein, wo die Händler, Handwerker und Geschäftsleute wohnten, und richtete gleichsam eine Parallel- und Gegenregierung zur Regierung der „Alt-Stadt" ein, wo um das Zentrum der Kathedrale der Adel lebte. In diesem Kontext war die Gewährung der Heiligsprechung des Homobonus, der von Beruf Kaufmann gewesen war und eben in der Cittanova gewohnt hatte, auch politisch bedeutsam, denn der Bischof konnte auf diese Weise die Gunst der unteren Bevölkerungsschichten gewinnen und seine Position in der Stadt festigen. In der Bulle hatte es der Papst allerdings vorgezogen die Tatsache, dass Homobonus aus der Schicht der Kaufleute stammte, nicht zu erwähnen. Vielmehr hatte er dessen Verzicht auf den Handel, der Gelegenheit zur Sünde bot, gelobt. Damit bekräftigte er eine damals konsolidierte Vorstellung, dass das Seelenheil nicht durch Arbeit erreicht werden können, sondern nur durch den Verzicht darauf und durch ein Büßerleben, in Unterwerfung und Gemeinschaft mit den Mönchen und dem Klerus. Homobonus wurde also nicht zum Heiligen, weil er seine Arbeit ehrlich tat, sondern weil er sie aufgab.

Immerhin ist die Heiligsprechung von Homobonus laut André Vauchez „eine erste Geste der römischen Kirche – welcher bald weitere folgten – sich die religiöse Dynamik des *populus* der lombardischen Kommunen zunutze zu machen, der damals zwischen Orthodoxie und Häresie schwankte, und die Gunst der Cremoneser zu gewinnen, die nach ihrer Verbündung mit Alexander III. gegen Friedrich I. Barbarossa nun wegen der weltlichen Ansprüche des Papstes und ihres Bischofs besorgt waren".[7]

Der Papst hatte in seiner Urkunde neben der Wertschätzung eines der Barmherzigkeit und dem Gebet gewidmeten Lebens vor allem den Einsatz Homobonus' zur Befriedung der gegnerischen Parteien hervorgehoben. Außer den kargen Worten in der Bulle und in den *Vitae* gibt es keine Angaben über die tatsächliche politische Rolle des Homobonus. Einen institutionellen Auftrag ausschließend, der demjenigen untersagt war, der das Büßerleben gewählt hatte, muss man annehmen, dass er sein Ansehen als wohlhabender und einflussreicher Kaufmann zur Vermittlung zwischen den gegnerischen Lagern einsetzte. Dabei stellte er sich aber eindeutig auf die Seite des Bischofs und sorgte wohltätig für die Bedürfnisse der ärmsten Schichten. Andererseits war das Wirken für Frieden und Eintracht geämß der Frömmigkeit jener Zeit eine Art sich der Christusnachfolge (*militia Christi*) zu verpflichten und so das Heil zu erlangen.

Aus der Sicht Bischof Sicardos und von Papst Innozenz' III. konnte die Kanonisation des Homobonus noch einen weiteren

Zweck erfüllen, konnte nämlich als Mittel im Kampf gegen die Ketzerei eingesetzt werden. Einen Mann zu den Ehren der Altäre zu erheben, der – wie es in der Bulle heißt – *haereticorum, quorum pernicies partes illas infecit, austerus extitit aspernator* und ihn somit zum Vorbild zu machen, war ein deutliches Zeichen, dass allein das Festhalten an der Rechtgläubigkeit den Weg zu den himmlischen Herrlichkeiten öffnete. Im 12. Jahrhundert hatte sich bekanntlich in ganz Europa die Bewegung der Katharer verbreitet. In Italien folgte sie bevorzugt dem Flusslauf des Po. Der Kern der Sekte bestand aus der Elite der Vollkommenen (*Perfecti*), die das Ur-Christentum durch Übung persönlicher Armut und Wanderpredigen wieder erwecken wollten. Homobonus hatte mit dem für seine Bekehrung kennzeichnenden Verzicht auf materielle Güter bewiesen, dass man Armut üben und dennoch mit der Kirche verbunden bleiben konnte. Die *Quoniam historiae* bestätigt auch explizit, dass er sich trotz mehrfacher Aufforderungen stets entschieden geweigert hatte zu predigen: *Fratres carissimi, ego litteras nescio, predicare ignoro, breviter concludo: Quod vobis non vultis, aliis facere nolite.* Auf diese Weise gab er implizit zu verstehen, dass das Predigen gebildeten Männern, also Männern der Kirche vorbehalten wäre.

Obwohl die Papst-Bulle die kaufmännische Herkunft des Homobonus verschwieg, war das Leben dieses Heiligen doch zweifellos Ausdruck einer neuen Kultur, d.h. der Kultur der Kommunen. Homobonus war tatsächlich der Vertreter einer neuen Schicht – des Bürgertums – und seine Heiligsprechung ist eines der ersten Beispiele für die Abkehr einer im Mittelalter lang gepflegten Vorstellung, nach der Heiligkeit mit adeliger Herkunft verbunden war. André Vauchez schrieb dazu: „Es ist nicht verwunderlich, dass in dieser Region, die damals die politisch und sozial am höchsten entwickelte des ganzen Westens war, die ersten Laien-Heiligen auftauchten. Der heilige Homobonus ist nicht der älteste, wohl aber der erste, dessen Verdienste die römische Kirche durch die Heiligsprechung offiziell anerkannt hat."[8]

Mit der Erhebung des Homobonus zur Ehre der Altäre erkannte der Papst außerdem den büßenden Laien als Vorbild an, das in der Lombardei bald reichlich Nachahmung finden sollte. Dieser Zug seines irdischen Lebens erscheint auch in den *Vitae*, wo die Modalitäten des vollständigen wie des teilweisen Fastens in den verschiedenen Zeiten des Kirchenjahrs bis in alle Einzelheiten beschrieben sind. Gleiches gilt auch für den Gebrauch des Bußgürtels zur Geißelung, das Anlegen des braunen Gewands der öffentlichen Sünder und das ständige Gebet. Als weiteres Verdienst wird Homobonus durch seine Heiligsprechung zuerkannt, dass er die Barmherzigkeit zum Lebensstil erhoben hatte. Auf diese Weise wurde er zum Vorreiter für ein neues Verständnis dieser sich im 12. Jahrhundert ausbreitenden Praxis. Zuvor galt Armut als Bestrafung für die begangenen Sünden und Reichtum als ein Zeichen göttlicher Gunst, da damit die Chance bestand durch Hilfe am Nächsten Verdienste zu erlangen. Im 12. Jahrhundert war dagegen die Anteilnahme am Leid der Armen wesentlich intensiver und emotionaler, was die Entstehung einer Unzahl von organisierten Hilfsinitiativen, wie die Gründung von Spital- und Wohltätigkeitsorganisationen zur Folge hatte.

In eigener Person Wohltätigkeit üben und nicht nur durch Vermittlung der Kirche mit den ihr anvertrauten Almosen, d.h.

2 Statue des Heiligen Homobonus, Marco Romano, um 1310, Cremona, Cattedrale

3 Der hl. Homobonus verteilt Almosen ungeachtet des Protestes seiner Frau im Hintergrund, Bartolomeo Bersani, 1604 – 1605, Cremona, Palazzo Comunale

direkten Kontakt zu den Armen pflegen, wurde Teil einer spirituellen Erfahrung, die im Armen das Abbild der Menschlichkeit Christi sah. Homobonus widmete sich zwar mit großer Hingabe der Wohltätigkeit, bewahrte sich aber sein konkretes Denken und seinen Sinn für das Praktische, die ihn zu einem durchaus der zeitgenössischen Spiritualität entsprechenden Heiligen machten. Er traf keine extremen Entscheidungen, machte sich nicht zum Ärmsten unter den Armen wie der heilige Franziskus, sondern behielt von seinem Vermögen, was er für sich und seine Familie zum Leben benötigte. Den Rest bestimmte er für die Armen. Er opferte also nicht das Wohl seiner Angehörigen für seine Entscheidung, sondern ermöglichte ihnen bequem zu leben. Nur sich selbst läuterte er, indem er fastete und den Armen das zukommen ließ, was er selbst nicht benötigte.

Auch der ehemalige Unternehmer in ihm verschwand nicht gänzlich mit dem neuen Lebensstil, sondern wurde in den Dienst am Nächsten gestellt. Wie es in der Bulle zur Heiligsprechung heißt, nutzte Homobonus diese Gabe um stets nach neuen Einnahmequellen für seine Hilfstätigkeit zu suchen.

Das irdische Dasein von Homobonus Tucenghi endete am 13. November 1197. Der späteren Vita (*Labentibus annis*) zufolge strömten zu seinem Begräbnis die Armen der Stadt in Tränen aufgelöst herbei. Einige Lahme und Krüppel wurden dabei auf wunderbare Weise geheilt. Diese Wunder und die, die in den darauf folgenden Tagen geschahen, festigten noch mehr die Idee der Heiligkeit des Homobonus.

Der Sarg mit seinem Leichnam wurde daher unter dem Altar der Kirche S. Egidio plaziert. Im Anschluss an die von Bischof Sicardo propagierte Kanonisation wurde 1212 ein Teil der Reliquien in die Kathedrale von Cremona überführt, die dadurch zum primären Kultort wurde, während in S. Egidio das Kruzifix, vor dem der Heilige verstorben war, sowie einige andere Reliquien aufbewahrt wurden. Zu Ehren des neuen Heiligen wurde Anfang des 13. Jahrhunderts neben dieser Kirche eine weitere errichtet. Dort wurde auch das früheste erhaltene Bildnis von Homobonus aufgestellt, eine 2,70 m hohe Marmorstatue, die Künstlern aus dem Kreis um Antelami zugeschrieben wird (Abb. 1).[9] Diese Statue wurde zum ikonographischen Modell, das auch in späteren Jahren Nachahmung finden sollte: Homobonus trägt eine Tunika nach antikem Vorbild mit Gürtel und Umhang; in einer Hand hält er eine Geldbörse, mit der anderen deutet er die Almosengeste an. Er trägt eine Kappe, unter der Haare erkennbar sind. Diese, wie auch der Bart, waren durch feine, regelmäßige Schnitte im Marmor gearbeitet. Das heute recht beschädigte Antlitz zeigt noch sichtbare Stirnfalten und einen ernsten Gesichtsausdruck, der die naturgetreue Wiedergabe des Dargestellten erahnen lässt. Das Pendant zur Figur des Homobonis bildet die Statue des heiligen Aegidius, die zwar wahrscheinlich von demselben Bildhauer gefertigt wurde, aber sehr viel steifer, feierlicher und idealisierter angelegt ist. Man hat fast den Eindruck, dass der Bildhauer bewusst die echten Züge des Cremoneser Heiligen übermitteln wollte, die Anfang des 13. Jahrhunderts allen noch in guter Erinnerung waren. Anfang des 17. Jahrhunderts wurden beide Statuen in die neue Kirche einbezogen, die der gemeinsamen Erinnerung an die beiden Heiligen gewidmet war. Sie wurden in zwei Nischen in der Fassade platziert, wo sie sich auch heute noch befinden.[10]

Nach dem Tod von Sicardo (1215) kam die Homobonus-Verehrung, die der Bischof gefördert hatte, sehr wahrscheinlich zum Stillstand. Die Cremoneser Kirche durchlief eine schwere Krise

4 Die wundersame Verwandlung von Wasser in Wein, Bartolomeo Bersani, 1604 – 1605, Cremona, Palazzo Comunale

und hatte in der zweiten Hälfte des 13. Jahrhunderts keine guten Beziehungen zum Papst. Zudem war die Stadt seit 1228 eine ghibellinische Hochburg in der Lombardei, Friedrich II. bis zu dessen Tod treu ergeben und mit dem Papst auch nach dem Tod des Staufers noch verfeindet. In diesem Klima blühte die Ketzerei. Ein ungünstiger Boden für die Verbreitung des Kults um einen Heiligen, der dem Bischof stets treu geblieben war, und der die Ketzer bekämpft hatte. Die Rückkehr der Guelfen an die Macht am Ende des 13. Jahrhunderts sowie die Normalisierung des kirchlichen Lebens war der Wiederbelebung der Homobonus-Verehrung förderlich. Um 1290 wurde Homobonus gemeinsam mit dem heiligen Imerius im Hellebarden-Saal des Cremoneser Stadtpalastes dargestellt. Homobonus wurde so offiziell als einer der Schutzpatrone der Stadt anerkannt. Wenige Jahre später, um 1310, gab Bischof Rainerio de Casulis bei dem Bildhauer Marco Romano die Marmorstatuen der beiden Heiligen in Auftrag, die an der Fassade der Kathedrale rechts und links neben der Jungfrau Maria aufgestellt wurden. Auch hier unterscheidet sich das Bildnis des heiligen Homobonus von dem der beiden anderen Statuen durch die Suche nach naturgetreuer Wiedergabe und einen besonders freundlichen Gesichtsausdruck (Abb. 2). Im Unterschied zu den bis dahin geschaffenen Bildnissen und auch gegenüber den späteren Werken ist der heilige Homobonus mit seinem charakteristischen Attribut, der Tasche, aber ohne Bart dargestellt. Dies ist eine Besonderheit, die sich wahrscheinlich in Bezug auf das religiöse Klima jener Jahre erklärt, als die Barttracht nicht modern war und mit einem ketzerischen oder in jedem Fall der Kirche nicht genehmen Lebensstil assoziiert wurde.[11]

In diesen Jahren ist auch ein wesentlicher Wandel spürbar in der Verehrung des heiligen Homobonus und in der Art wie er den Gläubigen als Vorbild präsentiert wurde. Während er bisher wegen seines Büßerlebens als nachahmungswürdiges Beispiel angesehen wurde, galt er vom 14. Jahrhundert an als Beispiel aktiver Nächstenliebe. In seinem Namen begründete Bischof Ugolino degli Ardengheri 1357 in Cremona eine Wohltätigkeitsinstitution, das sogenannte *Consorzio di sant'Omobono* (Konsortium des heiligen Homobonus). Mitglieder waren vorwiegend wohlhabende Bürger und Adlige, die aufgerufen wurden, dem Vorbild des Heiligen zu folgen und durch Gebet und Almosen innerhalb der eigenen Kirchengemeinde zu wirken.[12]

Das *Consorzio* wurde bald zu einer wichtigen karitativen Vereinigung in Cremona, wodurch die Bedeutung des heiligen Homobonus als Schutzherr der Stadt zunahm. Jedoch erst im Jahre 1634 wurde Homobonus fast einstimmig vom Gemeinderat von Cremona zum einzigen Schutzheiligen der Stadt erkoren.

Gleichzeitig wurde Homobonus im Zuge einer veränderten Haltung der Kirche gegenüber dem Wirtschaftsleben nicht mehr als der Kaufmann angesehen, der auf einen tadelnswerten Lebensstil verzichtet hatte, um sich der Buße und der Ketzerbekämpfung zu widmen. Er galt jetzt vielmehr allgemein als der reiche Wohltäter, der die Einkünfte aus seiner Arbeit für die Besitzlosen verwendet hatte, und als „Volksheiliger", mit dem sich Handwerker und Händler identifizieren konnten. Seit dem 15. Jahrhundert verbreitete sich der Kult um ihn, welcher sich bis dahin fast ausschließlich auf seine Geburtsstadt beschränkt hatte, über ganz Italien und Europa; es entstanden immer mehr Schneider- und Textilarbeiterzünfte, die ihn zu ihrem Schutzpatron machten.[13] Der heilige Homobonus wurde somit zum Heiligen der Arbeit und der Arbeiter, ohne jedoch den Ruf des Heiligen der Wohltätigkeit zu verlieren. Die Berufsinnungen, die ihn als Schutzpatron wählten, verfolgten tatsächlich auch wohltätige Zwecke, und die „Tasche des heiligen Homobonus" wurde zum Symbol für die Verteilung von Hilfsgütern und Almosen.

In der Ikonographie kam vor allem dieser Aspekt der Persönlichkeit des Homobonus zum Tragen. Fast immer wurde er mit der Geldbörse in der Hand oder beim Verteilen von Almosen, manchmal im dunklen Gewand der Büßer, dargestellt. Nur der in zwei Phasen, 1604/1605 und 1614, vom Cremoneser Maler Bartolomeo Bersani geschaffene Bilderzyklus berichtet ausführlich von Leben, Tod und Wundern des Heiligen. Die erste, aus zehn Szenen bestehende Bildergruppe war für den Saal der Kongregation des *Consorzio di Sant'Omobono* entstanden (Abb. 3 – 5). Sie zeichnet sich durch eine lebendige Darstellungsweise aus, durch den Realismus des umgebenden Ambientes, die komplexe Komposition sowie durch Elemente, die dem gemächlichen und bedachten Genießen der im Saal versammelten Konsortiumsmitglieder entsprach. Die spätere zweite, aus acht Gemälden bestehende Gruppe, war dagegen für die feierliche Prozession gefertigt worden, mit der die neun heiligen Leichname in die Kathedrale zurück gebracht wurden, nachdem sie während der Arbeiten in der Krypta ausgelagert worden waren. Zu diesem Anlass schmückte das Konsortium einen dem Heiligen gewidmeten Triumphbogen entlang des Prozessionsweges und präsentierte die bereits in seinem Besitz befindlichen zehn Szenen. Diese zeigten Augenblicke aus dem

5 Die Tore der Kirche S. Egidio öffnen sich auf wunderbare Weise vor dem hl. Homobonus, Bartolomeo Bersani, 1604 – 1605, Cremona, Palazzo Comunale

Leben und Wirken des Heiligen. Die acht neuen, der Grablegung und den Wundern gewidmeten Szenen waren, verglichen mit dem ersten Zyklus, wesentlich einfacher gemalt, da sie rascher und im Vorbeiziehen der Prozession betrachtet werden mussten.[14] Der Maler hatte von dem Werk *Divi Homoboni vita* inspirieren lassen. 1570 auch in italienischer Sprache in Cremona auf Initiative des Domkapitels herausgegeben, sollte diese Schrift alle Berichte über den Heiligen aus mittelalterlichen Quellen in einem einzigen Text zusammenfassen.[15]

Aus dem Italienischen übersetzt von Dorothee Wolff Bascone

1 Innozenz III., *Quia pietas* (Lateran, 12.1.1199) bei Piazzi 1991, S. 14 – 18.

2 Das älteste Manuskript dieses Werks befindet sich in der Biblioteca Marciana, Ms. lat. IX, XXVIII (2798), fol. 133 – 134r bei Piazzi 1991,S. 25 – 43.

3 Vauchez 2001, S. 39 – 45.

4 Das älteste Manuskript dieses Werks befindet sich in der Biblioteca Marciana, Ms. Lat. IX, XXVIII (2798) fol.134v–136v bei Piazzi 1991, S. 49 – 58.

5 Das älteste Manuskript dieses Werks befindet sich in Reggio Emilia, Archiv des Kapitels von St. Prospero, *incipit vita sancti Homoboni confessoris*, Ms. Sec. XIV, ohne Bezeichnung, fol. 141r–142r, bei Piazzi 1991, S. 59 – 69.

6 Piazzi 1991, S. 25 – 91.

7 Vauchez 2001, S. 33 – 34.

8 Vauchez 1987, 80 – 81.

9 Voltini 1999a, S. 99 – 103.

10 Voltini 1999c, S. 133 – 140; Bonometti 1999, S. 141 – 150.

11 Voltini 1999b, S. 103 – 105.

12 Politi 1985, S. 168 – 315; Corsi 1980, S. 15 – 17.

13 Vauchez 2001, S. 92 – 101; Rota 1999, S. 155 – 157.

14 Morandi 2001, S. 99 – 120; Morandi 2007, S. 19 – 25.

15 Divi Homoboni vita.

Giulia Orofino

Eine neue Welt: Geschichte und Wissenschaft in der staufischen Buchmalerei Süditaliens

O votive puer, renovandi temporis etas,
Ex hinc Rogerius, hinc Federicus eris,
Maior habendus avis, fato meliore creatus,
Qui bene vix natus cum patre vincis avos.
Pax oritur tecum, quia te nascente creamor[1]

Die neue Welt, die Petrus von Eboli gemeinsam mit Friedrich II. schuf, erfuhr ihre getreuste und lebendigste bildliche Wiedergabe auf den Seiten einer Gruppe von „profanen" Prachthandschriften, die zwischen dem zweiten und dritten Viertel des 13. Jahrhunderts in einem Skriptorium in Süditalien ausgeführt worden waren und deren Miniaturmalereien Themen aus Geschichte und Wissenschaft darstellen.[2]

Aus diesem Skriptorium stammen mit Sicherheit die beiden Zwillings-Herbarien, die heute in der Biblioteca Medicea Laurenziana in Florenz (Cod. Laur. 73.16) bzw. in der Österreichischen Nationalbibliothek in Wien (Cod. Vindob. 93)[3] aufbewahrt werden. Der Wiener Codex ist geringfügig später datiert und dem *Liber astrologiae* von Fendulus aus der Bibliothèque Nationale de France in Paris (Cod. Paris. lat. 7330)[4] sehr ähnlich, ebenso wie der *Historia de preliis* der Universitätsbibliothek Leipzig (Cod. Rep. II. 4°.143) aus der Zeit Manfreds.[5] Manfredisch ist auch die Kopie des von Friedrich II. verfassten Falknereitraktats *De arte venandi cum avibus*, die sich in der Biblioteca Apostolica Vaticana befindet (Cod. Vat. Pal. lat. 1071),[6] ebenso wie die Kopie des Lehrgedichtes *De Balneis Puteolanis* in der Biblioteca Angelica in Rom (Cod. 1474),[7] das Petrus von Eboli zwischen 1211 und 1220 dem Kaiser gewidmet hatte. Weniger gewiss ist der staufische Bezug bei dem *Liber Pantheon* des Gottfried von Viterbo aus der Bibliothèque Nationale de France in Paris (Cod. Paris. lat. 5003)[8] sowie bei dem *De chirugia liber* von Roland von Parma aus der Bibliothek Casanatense in Rom (Cod. 1382), für den eine Datierung zwischen dem ersten Viertel und der zweiten Hälfte des 13. Jahrhunderts diskutiert wird.[9]

Zu den noch vorhandenen Codices gehört auch die 1228 Friedrich II. zugeeignete Vorlage des *Liber introductorius* von Michael Scotus in der Bayerischen Staatsbibliothek in München (Cod. Clm 10268),[10] dessen ältester erhaltener Textzeuge in Padua im ersten Viertel des 14. Jahrhunderts entstand.[11] Die expliziten, im Text erscheinenden Anmerkungen beweisen, dass das Exemplar illustriert gewesen sein muss. So fügte Michael Scotus zum Beispiel zu Beginn der zweiten Distinctio neben der Beschreibung jeder einzelnen Sternkonstellation *sic in pictura figuratur* hinzu (Cod. Clm 10268, fol. 55v).

Im Zuge der „negationistischen" Thesen des Historikers Abulafia, der die politische und intellektuelle Statur Friedrichs II. drastisch herabsetzte,[12] wurde auch die Rolle des Staufers als Auftraggeber dieser Bücher angezweifelt und eingeschränkt. Andreas Bräm vertritt in einem Artikel, dessen Titel vielsagend als Frage formuliert ist – Friedrich II. als Auftraggeber von Bilderhandschriften? – die Ansicht, dass es kein Hofskriptorium gegeben hätte, das für Friedrich II. und Manfred arbeitete: beide hätten sich bereits bestehender Werkstätten vielleicht in Neapel, Salerno oder Cava bedient.[13] Diese Behauptung erfolgte, nachdem er bereits den friderizianischen Bezug zu den Wiener und den Leipziger Handschriften und selbst die getreue Wiedergabe der manfredischen Kopie des *De arte venandi cum avibus* gegenüber dem väterlichen Prototyp geleugnet hatte. Der These Bräms stehen zwei, nur schwer zu widerlegende Tatsachen gegenüber: auf der einen Seite ist da die Stil-Einheit der Gruppe, die nur scheinbar „eklektisch" ist, und auf der anderen ihre Einzigartigkeit, die im „courant normal" der süditalienischen Buchmalerei des 13. Jahrhunderts nichts Ebenbürtiges aufzuweisen hat.[14]

Unabhängig davon, ob es um Heilkräuter oder Thermalkuren, um Sternbilder oder Jagd, um historische Ereignisse oder Ritter-Abenteuer geht, die Ausgaben sind stets prachtvoll ausgestattet – echte Bilderbücher, in denen das Bedürfnis der Didaktik sich mit der Absicht verbindet, den gewöhnlichen Leser zu vergnügen. Aufgrund von Funktion und Verwendung dieser Codices kann ihr Bestimmungsort kaum weit vom Kaiser oder zumindest seiner Umgebung entfernt gewesen sein. Sie erforderten in der Tat einen hochgestellten, reichen, gebildeten Auftraggeber und damit Skriptoren und Miniatoren, die fähig waren, den Auftrag zufriedenstellend auszuführen. Es ist allerdings schwer feststellbar, wo diese Kopisten und Künstler wirkten.

Die frenetischen Ortswechsel Friedrichs II. und seines Gefolges[15] scheinen an sich schon der Vorstellung von einer Hofkunst zu widersprechen,[16] wenn man nicht die ebenso außergewöhnlichen wie originellen kulturellen Dynamiken berücksichtigen würde, welche militärische und politische Pflichten in kulturelle Anlässe verwandelte,[17] Schlachtfelder und selbst Gefängnisse in Orte, an denen Bücher gelesen, korrigiert, übersetzt und geschrieben wurden.[18]

Und hierfür gilt auch der innovative Begriff des „Skriptoriums ohne Skriptorium", der für die Bettelorden geprägt worden war,[19] die zwar traditionelle Werkstätten hatten, allerdings ohne definierte, physische Räumlichkeiten, da sie Wanderprediger waren – so wie die Bibliothek des Kaisers eine Wanderbibliothek war.

Gerade in den Armarien der Bibliothek Friedrichs II. hatten viele der hier genannten profanen Codices eine angemessene Aufbewahrung gefunden. Sie standen dort zusammen mit den anderen, „in verschiedenen Sprachen und verschiedener Form geschriebenen Büchern". Der Kaiser las sie gern in den wenigen Augenblicken der Muße, die er den Regierungsgeschäften abringen konnte, wobei er das Tastgefühl des „Seitenwendens" genoss. In dem Begleitschreiben zur Übersendung der Übersetzungen einiger aristotelischer Werke an die Universität Bologna 1232 bekräftigte Friedrich II.,[20] dass es ohne Wissen keine Freiheit gebe.

Die erhaltenen Handschriften stimmen perfekt mit dem Plan Friedrichs II. überein, nach dem Wissenschaft, Geschichte und Macht miteinander verbunden werden sollten – *machina mundi* und *machina imperii*. Die Miniaturen, die diese Handschriften illustrieren, zeigen vielleicht am wirkungsvollsten und dokumentieren am besten den politischen Willen zur Umsetzung eines ehrgeizigen imperialen Programms, sowie das Bedürfnis nach neuen, kognitiven und damit repräsentativen Formen für die Erkenntnis und damit auch für die Darstellung der Realität. In *De arte venandi cum avibus* wurde das Bild einer am realen Vorbild getesteten, neuen Natur durch das hieratische Porträt der kaiserlichen Majestät bestätigt (Cod. Vat. Pal. lat. 1071, fol. 1v): die Kunst des Jagens und die Kunst des Regierens stützten sich auf rationale Normen, zu denen allein Friedrich II. den Schlüssel hatte.[21]

So wie sich in der wissenschaftlichen Ikonographie quasi als Anhang die zeitlosen Muster der Machtsymbolik einfügten, so wurde in der historischen Ikonographie der zeremonielle Zweck durch die gewaltige Kraft jenes Jahrhunderts, den Wunsch die Welt zu erkennen, belebt. Die Buchmaler setzten also nicht nur die Gegenwart mit der ganzen Dringlichkeit und Lebendigkeit des unmittelbaren Berichts in Szene, sondern „kleideten" die Vergangenheit modern. Geschichte wurde zur Chronik, zum Roman, zum Manifest.

Ein neues Buch für eine neue Welt: Der Autoren-Codex in der Stauferzeit

Die erste Erneuerung der profanen Bildformen fällt in die frühstaufische Zeit, als die Begegnung zwischen der weltlichen Tradition Unteritaliens und den damals neuen, nördlichen und westlichen Modellen zum Entstehen einer neuen bildlichen Darstellung der Geschichte beitrug.

Der *Liber ad honorem Augusti* des Petrus von Eboli, der sich heute in der Burgerbibliothek in Bern befindet (Cod. 120.II), ist die echte Inkunabel der Codices Friedrichs II. und Manfreds, deren Stil, Technik und Ikonographie er vorwegnimmt. Mit Sicherheit auf die Zeit zwischen 1195 und 1197 datiert und für den Vater Friedrichs II., Heinrich VI., bestimmt, ist der Ursprungsort auch heute noch ungewiss und wird unterschiedlich mit Palermo oder Salerno angegeben. Die außergewöhnliche figurative Ausstattung hat in Wirklichkeit weder diesseits noch jenseits der Straße von Messina etwas überzeugend und genau Vergleichbares. Mit den bekannten Beispielen der zeitgleichen oder früheren Buchmalerei Siziliens und Kampaniens verbindet sie höchstens eine vage „air de famille".[22]

Der *Liber* war Gegenstand ausgiebiger Studien,[23] die den grundlegenden ideologischen Anstoß entschlüsselten, d.h. die große Frage der *unio regi ad imperium,* also der Einheit von Sizilien mit dem Reich, sowie die reichlich komplexe kompositorische Entstehungsgeschichte.

Die ersten beiden Bücher sind dem wirren Übergang von der normannischen zur staufischen Herrschaft gewidmet: ausgehend von Roger II. zeigen sie den Wechsel vom Regnum zum Imperium durch die Heirat seiner Erbin Konstanze von Hauteville mit Heinrich VI. und die militärischen Unternehmungen Heinrichs VI. gegen den Usurpator Tankred von Lecce, bis hin zur Geburt von Friedrich Roger, die die Begegnung zwischen den beiden Dynastien festschreibt und auf die fruchtbare, neue Zeit hindeutet. Dem episch-narrativen Tenor der Textabschnitte entspricht eine Konstruktion der Bilder in mehreren, von oben nach unten und von links nach rechts zu lesenden Registern sowie in dicht gedrängten und dramatischen Kompositionen. Im dritten Buch wird der Übergang von der Erinnerung an die Ereignisse zur Mythologisierung des Reichs – dem neuen goldenen Zeitalter, den *Saturnia regna,* in dem sanfte und wilde Tiere gemeinsam an derselben Quelle trinken – durch ganzseitige, symbolisch-allegorische Miniaturmalereien unterstrichen. Hierbei ist die Figur des auf dem Thron sitzenden Kaisers vorherrschend; Heinrich VI. ist sogar als ein neuer, von der Sapientia zur Tugend erzogener Salomon dargestellt. Auf Sapientias Wink stürzt die Fortuna den Rebellen Tankred unter ihr Rad.

Die klare Zäsur zwischen den beiden ersten Büchern und dem dritten findet ihre Bestätigung in der kodikologischen Analyse und wird ebenso erkennbar an der Verteilung der Schreiberhände und den Abänderungen der Illustrationen, die noch während des Arbeitsprozesses angebracht worden sind. So wies die wissenschaftliche Untersuchung der Miniaturen die Hinzufügung von Gold und Zinnober im ersten Teil nach – wo sie ursprünglich nicht vorgesehen war – um die Figuren der staufischen Familie hervorzuheben; ferner Nachbesserungen auf abgeschabtem Pergament bei der Figur des Rebellen Tankred, der so verändert wurde, dass er ein entstelltes und affenähnliches Profil erhielt oder die Tilgung der Szene vom wenig würdevollen Tod des Friedrich I. Barbarossa am Fluss Salef (fol. 107r), die mit einem arabeskierten Streifen in blau überlagert wurde.[24] Diese aus eindeutig politischen Gründen angebrachten Änderungen waren mit großer Wahrscheinlichkeit vom Kanzler und kaiserlichen Legaten, Konrad von Querfurt, empfohlen worden. In der Widmungsszene, die nicht zufällig zwischen das zweite und dritte Buch eingefügt ist (fol. 139r), führt dieser dem Kaiser den Dichter vor und wird dann in den abschließenden Miniaturen des Berner Codex selbst zur absoluten Hauptfigur.[25]

Der Codex, der in seiner endgültigen Form schon im Auftrag eines anderen Mäzens – der gelegentlich mit Konstanze von Hauteville identifiziert wird[26] – zusammengestellt war, wurde also nach relativ kurzer Zeit abgeändert und erhielt ein drittes Buch, während die vorhergehenden Teile tiefgreifend korrigiert wurden. Aus einer „offiziellen" Kopie wurde somit eine „Arbeitskopie".

1 Kreuzzug und Tod des Friedrich Barbarossa, Einzug Heinrichs VI. in das Königreich Sizilien, Liber ad honorem Augusti des Petrus von Eboli, zwischen 1194 – 1197, Bern Burgerbibliothek, Cod. 120.II, fol. 107r

Die Veränderungen konnten nur mit der konkreten Beteiligung des Autors erfolgt sein, und zwar unmittelbar nach der Begegnung mit dem neuen Auftraggeber. Man weiß allerdings nicht, wo dies geschehen ist. Die Biographie des Petrus von Eboli ist nicht sehr ergiebig. Es wurde angenommen, dass er eine Lehre im Umkreis der normannischen Kanzlei gemacht hatte,[27] nichts aber beweist, dass er je seine Heimatgegend um Salerno verließ, wo sich im Juni 1196 auch Konrad von Querfurt aufhielt, wie aus einer Urkunde der Minoritenkirche hervorgeht.[28] Petrus von Eboli muss in jedem Fall die Buchmaler aus der Nähe beaufsichtigt und sie auch unterstützt haben, Bilder aus einer beträchtlichen Anzahl von Vorlagen an seinen Text anzupassen.

Zu den Motiven der klassischen und spätantiken Bildvorlagen – wie die Ankunft des Kaisers (fol. 108r) – gesellen sich die Erinnerungen an die jüngere, unteritalienische Buchkunst, die bereits die Idee, das Geschichtsgedächtnis in Bildern festzuhalten und zu erhalten, umgesetzt hatte: Dazu zählt die Geschichte der Klöster im Gebiet von Benevent und Cassino: Vom *Chronicon Sanctae Sophiae* aus Benevent (Cod. Vat. lat. 4939) bis zum *Regesto di Sant'Angelo in Formis* (Montecassino, Archivio dell'Abbazia, Cod. Reg. 4) und zum *Chronicon di San Vincenzo al Volturno* (Cod. Vat. Barb. lat. 2724) sind alle innerhalb der ersten Hälfte des 12. Jahrhunderts entstanden. Dazu gehört auch die heidnische Geschichte von Orosius, die sich durch die am Rand des Codex Vat. lat. 3340 wahrscheinlich im tyrrhenischen Raum hinzugefügten Federzeichnungen aus dem ersten Viertel des 12. Jahrhunderts in ein wahrhaft mittelalterliches Epos mit Duellen, Schlachten und Banketten verwandelte. Und da ist weiter die Chronik des Giovanni Scilitze, die in der griechischen Handschrift von Madrid (Biblioteca Nacional, Cod. Vitr. 26-2) überliefert ist und im normannischen Sizilien um 1170 angefertigt worden war. Im madrilenischen Codex ist der Text innerhalb einer Schriftspalte von mehr als 500 Miniaturen unterbrochen, die das Werk eines „polyglotten Teams" aus orientalischen und europäischen Meistern sind. Diese Buchmalereien setzten die verworrenen byzantinischen Geschehnisse jener Zeit in Szene: Verschwörungen und Morde, Botschaften und Verrat, Krönungen und Beerdigungen, Seeschlachten und Rosskämpfe. Dies wurde erreicht durch eine Reihe von stereotypen Formeln, die sich nach Belieben den Themen entsprechend auseinander nehmen und wieder zusammensetzen ließen, und die damit ein für die Illustratoren des *Liber ad honorem Augusti* recht nützliche Vorlage darstellten. Sie kopierten daraus sogar die neusten Steinwurfmaschinen, die in der Militärtechnik nicht vor der Mitte des 12. Jahrhunderts aufgetaucht waren, wobei allerdings unbekannt ist, ob dies auf direkte Einsichtnahme hin geschah.[29]

Obwohl die Miniatoren des *Liber* mit der Kunst des Regnum wohl vertraut waren, konnten sie nicht – und sei es nur um der politischen Kohärenz willen – die andere Seite, nämlich das Imperium, vernachlässigen. Die Anordnung der Szenen in übereinander stehenden Registern, die durch Hinzufügung einzelner, eher nebeneinander als hintereinander ausgeführter Einheiten erstellt wurde, findet sich zum Beispiel in den deutschen Chroniken aus der Zeit kurz vor dem *Liber*, so z. B. in der *Chronica sive historia de duabus civitatibus* des Otto von Freising. Ein weiteres „Autorenbuch", an dessen dekorativer Gestaltung nach Lammers Otto von Freising selbst mitgewirkt hatte,[30] illustrierte die Ereignisse einer nicht minder brisanten Geschichte. Das erste Zeugnis davon, auf die Zeit zwischen 1175 und 1185 datierbar, befindet sich heute in der Universitätsbibliothek in Jena (Cod. Bose q.6).[31]

Petrus von Eboli selbst hielt sich im Übrigen weniger an die normannischen Chroniken seiner Heimat,[32] als vielmehr an kaiserfreundliche, geschichtsverherrlichende Werke. Im *Liber* nimmt Friedrich I. Barbarossa, dessen außerordentlichen Heldentaten Petrus ein heute verschollenes Werk[33] gewidmet hatte, eine herausragende Rolle ein. Dem Vater Heinrichs VI. ist die göttliche Legitimierung des Italienfeldzuges (fol. 107r) (Abb. 1) anvertraut, dargestellt in der Spiegelparallele zwischen seinem Kreuzzug und der Landung seines Sohnes in Sizilien. Dazwischen steht die Szene vom Tod auf dem Schlachtfeld des Märtyrer-Herrschers, der im Fluss ertrinkt, während schon ein Engel seine Seele (*animula*) zum Himmel empor trägt. Später wurde das Bild des vom Pferd gestürzten Kaisers als unrühmlich erachtet und daher zensiert.[34]

Im dritten Buch, das zeitgleich mit Heinrichs VI. Entschluss entstanden war, das letzte politische Ziel seines Vaters aufzugreifen und ebenfalls die Karte des Kreuzzugs auszuspielen, mündet Friedrich I. Barbarossas Expedition in die Heilsgeschichte (fol. 143r) (Abb. 2). Barbarossa und seine Erben Heinrich und Philipp sind in der Seitenmitte abgebildet. Sie verkörpern die Perfektion des sechsten Zeitalters nach dem Pantokrator, nach Noah, Abraham, Moses und David, die gleichsam als Fresken auf den Wänden der im oberen Drittel dieser Miniatur angedeuteten Kaiserpalasts dargestellt sind. Die im unteren Teil erscheinende Episode vom 3. Kreuzzug, in der Friedrich I. seine Soldaten anweist, einen Wald in Ungarn abzuholzen, bestätigt diesen Anspruch auf Perfektion.

Diese Miniatur auf fol. 143r ist eine echte, mit strenger Logik und großer Wirkungskraft geführte Lektion zum Thema Kunst und Politik. Und sie sagt viel aus über die verschiedenen Zutaten, die der Künstler gemischt hatte, um zu solch einem Ergebnis zu gelangen: in den alttestamentarischen Szenen, die in der Ekphrasis des Petrus von Eboli den wirklichen oder phantastischen Palast schmücken, ist die religiöse Ikonographie der dynastischen Verherrlichung angepasst. Die auf den Köpfen seiner Söhne liegenden Hände des Kaisers ahmen die christologische Geste nach und betonen die Identifizierung Friedrichs I. als *homo novus.* Der Feldherr, der die Abholzung des Waldes befiehlt, ist ein Topos der klassischen militärischen Kunst, der auch in der Orosius-Handschrift der Biblioteca Vaticana präsent ist (Cod. Vat. lat. 3340, fol. 24v) und zur Betonung des Heldenhaften eingesetzt wird.

Neben Erinnerungen an die Antike, Teilstücken der byzantinischen und germanischen Gegenwart, Andenken an Montecassino und vielleicht auch an die Monumentalkunst Siziliens gehörte zur figürlichen Ausstattung des *Liber* als Teil des normannischen Erbes jedoch auch der Wandteppich von Bayeux. Hier wurde schon das Thema von der Ächtung des Verräters antizipiert, das in den Karikaturen des schrecklichen, zwergenhaften Tankred, dem abscheulichen Monster und grotesken Affenmenschen, oder auch in jenen des Matthäus von Aiello seinen Höhepunkt erreichte, jener grauen Eminenz des antistaufischen Aufstands. Er ist in einer Miniatur verewigt, wie er seine Gicht mit dem Blut eines Kindes schwarzer Hautfarbe kuriert.

Die Buchmaler des *Liber* kannten das ganze Bildgut ihrer Zeit und bewiesen, dass sie es geschickt anzuwenden wussten. Keine, sprachlich noch so gut abgefasste Untersuchung konnte bisher jedoch der Neuheit der Illustrationen im Berner Codex gerecht werden. Mit Sicherheit waren diese von einem Konzepteur angeregt worden, dessen Identifizierung mit Petrus von Eboli aufgrund verschiedener Indizien naheliegt.

Im aufgeschlagenen Buch ergibt sich ein intensiver Dialog zwischen den geschriebenen Versen links und den in unterschiedlicher Zahl und unterschiedlichem Format und ohne starr angelegten Umbruch platzierten Miniaturen rechts. *Jene* Miniaturen waren genau für *jene* Verse ersonnen, d.h. geschriebene Erzählung und bildhafte Erzählung waren von Anfang an als eine organische Einheit geplant. Einige der Figuren scheinen nicht nur den Inhalt der Verse genau wiederzugeben, sondern sogar den Stil des Petrus von Eboli. In der Darstellung der Schlacht von Capua (fol. 123r) wiederholt die parataktische Serie einzelner, unzusammenhängender, über die Seite verstreuter Momente – der Ansturm auf die Stadtmauern, Duelle, gebrochene Gliedmaßen und abgeschlagene Köpfe sowie die Trostlosigkeit der Leichentfernung – die entsprechenden Versblöcke, wie z.B. *Loricam lorica premit, furit ensis in ensem […] Hic ferus, ille ferox, hic ferit, ille ferit/hic salit, ille salit, tenet ille, tenetur ab illo […] Hic ruit a muris precepsque suum trahit hostem;/A victo victor, victus ab hoste cadit […] Si ruit, ambo ruunt, unus et alter obit.*[35]

Andere Miniaturen haben sogar eine noch größere rhetorische Wirkung als der Text. So fasst eine einzige, grandiose Komposition die militärische Macht der Vasallen Heinrichs VI. (fol. 131r) zusammen, die in den Versen dagegen zu Tausenden in einer monotonen Liste der verbündeten Truppen inventarisiert sind.[36] Details der Miniaturen fügen Informationen, Namen, Episoden und weitere Themen für die Erzählung hinzu: Konstanze, die den neugeborenen Friedrich in Windeln der Herzogin von Spoleto anvertraut (fol. 138r); die neapolitanischen Frauen, die nicht aus der Stadt dürfen, am Spinnrad sitzend (fol. 113r); die salernitanischen Frauen hingegen sind gezwungen mit ihren Kindern zu fliehen, um der Belagerung zu entkommen (fol. 132r); das auf geringsten Raum gepferchte Volk von Palermo beweint den guten König Wilhelm II. (fol. 97r), den die Ärzte vergeblich behandeln (fol. 97r); die von Kraken und Fischen bevölkerte Straße von Messina bäumt sich wie ein vertikales Meer auf (fol. 120r); im Innern der Palatinischen Kapelle ist der Altar mit liturgischen Dekorationen geschmückt (fol. 97r und 98r). Die Auswahl der Illustrationen setzt eine tiefe Kenntnis des *Liber* und einen leidenschaftlichen, parteiischen Kommentar und damit das persönliche Zutun des Autors voraus.

Selbst die Technik, die Textabschnitte und dazugehörige Tafel auf Verso und Recto der Seite in der Tradition des Bilderkodex gegenüberstellt, muss Petrus von Eboli zugeschrieben werden; denn dieselbe Technik verwendete er auch etwa zwanzig Jahre nach dem *Liber ad honorem Augusti* auf das Heilgedicht *De Balneis Puteolanis* das Friedrich II., dem *Sol Mundi,* gewidmet ist. Obwohl das Original verloren gegangen ist, entspricht seine Anordnung der gesamten Handschriftenüberlieferung, angefangen bei dem ersten bekannten Exemplar, der Biblioteca Angelica (Cod. 1474), das offensichtlich als Vorlage diente.[37]

Der „De Balneis"-Zyklus ist einzigartig in der mittelalterlichen Buchmalerei, denn kein anderer Traktat des 13. und 14. Jahrhunderts, der sich mit den Vorzügen von Thermalbädern befasst, ist illustriert. Die Anregung dazu kam von der Kenntnis der be-

2 Szenen aus dem Alten Testament, Friedrich Barbarossa mit seinen Söhnen Heinrich und Philipp, Friedrich Barbarossa ordnet eine Waldabholzung an, Liber ad honorem Augusti des Petrus von Eboli, zwischen 1194 – 1197, Bern, Burgerbibliothek, Cod. 120.II, fol. 143r

schriebenen Stätten, in denen bereits in klassischer Zeit in Stuck modellierte oder gemalte Bilder (*ymagines*) Badende darstellten, die auf ihre kranken Organe zeigen. Der Verweis auf die spätrömischen, auch im Mittelalter noch zu sehenden Dekorationen[38] dient jedoch in der Angelicanischen Handschrift nur als Anstoß, die quirlige, zeitgenössische Welt um die Phlegräischen Thermen herum zu erzählen, die mit Friedrich II. zu neuem Glanz gelangt waren: Im Innern der Badeanlagen oder in der von glänzenden Farben erleuchteten Vulkanlandschaft kuren Männer und Frauen, essen und schlafen, kommen und gehen, zu Fuß oder auf Eseln, das Bündel am Stock befestigt; währenddessen graben die Diener Löcher, um das Wasser herausquellen zu lassen; fachen mit Blasebalgen die Flammen an, damit die Schwefeldämpfe aufsteigen können; kontrollieren die Wassertemperatur. Die Miniaturen geben präzise die Gelände- und Umwelt-Bezüge der Verse

3 Das Bad von Tipergola, De balneis Puteolanis des Petrus von Eboli, Süditalien, 1260 – 1270, Rom, Biblioteca Angelica, cod. 1474, fol. 10r (Kat.-Nr. VI.C.4)

wieder: Der See von Agnano ist voll von Fröschen und Schlangen *ranis plenusque colubris* (fol. 2r); das Wasser des *Balneum de ferris* ist eisenhaltig und deshalb von roten Lichtspuren durchzogen (fol. 13r). Sie übermitteln jedoch auch die Empfindung des Wunderbaren, indem sie die Legenden sichtbar machen, die in der Volksphantasie das *Sudatorium* von San Germano mit dem Eingang ins Fegefeuer identifizierten (fol. 2r) und das *Balneum Tripergula* in der Nähe des Averno-Sees mit dem Ort, an dem Christus die Tore der Hölle sprengte (fol. 10r, Abb. 3). Auch in diesem Fall stammen die einzelnen Motive aus verschiedenen medizinischen und religiösen Quellen, und auch hierbei muss Petrus von Eboli die Miniatoren angewiesen und sie durch den Umgang mit vertrauten, erinnerten oder in den Büchern der Werkstatt bekannten Themen zu der neuen Art der Dichtung angeleitet haben. Mit Petrus von Eboli wird der Autor selbst zum Produktionsort seines Werkes und aktives Subjekt in der Ausarbeitung seines Dekorationsplans.

In der Stauferzeit sind zahlreiche illustrierte Ausgaben von zuvor unbekannten profanen Texten entstanden, bei denen es für das Verständnis der übermittelten Inhalte unerlässlich ist, dass malerische und verbale Elemente zusammen gelesen werden.

Der Traktat *De arte venandi cum avibus* ist das „Manifest“ dieser „nouvelle vague“. Das älteste Exemplar (Cod. Vat. Pal. lat. 1071) wurde von Manfred sicher nicht vor 1258 in Auftrag gegeben, da darin der Sohn Friedrichs II. stets die Bezeichnung *rex* hat (Manfred wurde am 10. August 1258 zum König von Sizilien gekrönt). Es überliefert die Kurzform des berühmten Traktats Friedrichs II., also nur die beiden ersten Bücher. Das erste ist der allgemeinen Vogelkunde gewidmet (Klassifizierung der Vögel, Beschreibung ihrer anatomischen, biologischen und morphologischen Merkmale sowie Flugweisen und Wanderung der Zugvögel). Das zweite ist der Falknerei als solcher gewidmet (Methoden und Ausrüstung für Fang und Dressur der Vögel, Aufbräuen, Beschaffenheit der Klauen, Beschreibung der körperlichen und charakterlichen Eigenschaften des Falkners). Manfred ordnete den väterlichen Text neu, machte Ergänzungen, die in der Handschrift namentlich gekennzeichnet sind (*Rex, Rex Manfridius, addidit Rex*).

Der Codex, dessen Anfangsblätter Porträts des Kaisers zeigen (fol. 1r, 1v, 5v), ist mit reichhaltigen, wenn auch unvollendeten Illustrationen ausgestattet. Randminiaturen schmücken fast jedes Blatt, ganz und gar im Einklang mit dem experimentellen Naturalismus von Friedrichs II. Traktat und mit seinem typischen Stil: das ist die Beobachtung der Vögel, ihrer Gewohnheiten und ihrer Umgebung, sowie die exakte Beschreibung der verschiedenen Dressurphasen fast „Minute für Minute“. Alle Bilder haben ihren Ursprung und ihre Erklärung auf der Seite, auf der sie angeordnet sind, ja sogar auf derselben Zeile, in der das Schlüsselwort erscheint. Die strenge physische Verbindung zwischen Miniaturen und entsprechendem Text wird ausnahmslos und selbst auf Kosten eines geordneten „layout“ angewandt. Damit wird der erläuternde und wissenschaftliche Charakter der Illustrationen unterstrichen.

Was die Kritiker des ikonographischen Zyklus des Cod. Vat. Pal. lat. 1071 am meisten beschäftigt hat, ist die Frage, ob und inwieweit dieser den friderizianischen Codex reflektiert. Die Frage wird unbeantwortet bleiben, da vom kaiserlichen Exemplar jede Spur verschwunden scheint. Ebenso verliert sich allerdings auch die recht unsichere Spur, nach welcher der Cod. Vat. Pal. lat. 1071 mit dem am 18. Februar 1248 in dem von den belagerten Parmensern im Feldlager von Vittoria geraubten Codex identisch war, der dann von dem Mailänder Kaufmann, Wilhelm Bottatius zurück geholt und 1264/1265 Karl von Anjou geschenkt worden war. Die dem Franzosen – damals noch Herzog der Provence aber schon Gegner von König Manfred und kurz danach dessen Nachfolger – überreichte Handschrift war so außerordentlich schön, dass es „nicht genügend Worte gibt, um ihre Schönheit und ihren Wert zu beschreiben“, wie der Kaufmann in seinem Begleitschreiben erklärte. Wilhelm Bottatius fand aber die Worte und beschrieb zu unserem Glück die Kostbarkeit ganz genau und hinterließ damit ein wertvolles Zeugnis darüber, wie Friedrich II. ein mit Miniaturen ausgeschmücktes Buch konzipierte.[39] Das zweibändige Werk war vermutlich auf dem Einband mit Gold- und Silberfriesen und dem Porträt der kaiserlichen Majestät geschmückt. In Kapitel unterteilt, enthielt es Anmerkungen zu Zucht, Zähmung, Krankheiten und ihrer Heilung von Falken, Habichten, Jagdfalken, Sperbern und allen Hundearten, sowie

Unterweisungen zu den verschiedenen Jagdarten. Die Seitenränder wurden durch Bilder von Hunden und Vögeln *ingeniosissime dipicti* noch reicher gestaltet; die Miniaturen, die *universa sicut per littera denotantur* waren *ad decus etiam et utilitatem operis* konzipiert.

Heute tendiert man dazu, diese Handschrift mit „Ein zweites Falkenbuch" zu identifizieren, einer Art Mischung aus verschiedenen Werken zur Zynegetik. Einige davon wurden in normannischer Zeit am sizilischen Hof zusammengestellt, andere sind moderner.[40] Sicher ist jedoch, dass das Buch, das in den Händen des Bottatius gelandet war, bemerkenswerte Analogien mit dem Cod. Vat. Pal. lat. 1071 aufweist. Manfred kannte sowohl den aus dem kaiserlichen Zelt während der Belagerung von Parma (an der er selbst teilgenommen hatte) geraubten Codex als auch das Original *De arte venandi cum avibus.* Als er beschloss, eine Kopie davon erstellen zu lassen, war er im Stande, die Künstler anzuhalten, die vom Vater für dessen illustrierte wissenschaftlichen Texte erlassenen Leitlinien zu respektieren: zum Schmuck und zum Gebrauch (*decus et utilitas*).

4 Darstellung verschiedener Vogelarten im Falkenbuch (*De arte venandi cum avibus*) Friedrichs II., Süditalien, zwischen 1258 und 1266, Vatikanstadt, Biblioteca Apostolica Vaticana, Pal. lat. 1071, fol. 39v

Im Codex Vat. Pal. lat. 1071 mindert der Lehrcharakter vor allem bei den sich wiederholenden Miniaturen zur Klassifizierung der verschiedenen Vogelarten (fol. 39v) (Abb. 4) keineswegs den ästhetischen Wert: die Buchmaler entledigten nämlich die Falkner ihrer vom Autor vorgeschriebenen Tarnkleidung und gaben ihnen Gewänder in den grellsten Modefarben der Zeit (fol. 90v) (Abb. 5). Sie ergriffen jede Gelegenheit sich vom Text zu entfernen: vom Bootsausflug in Erwartung der Zugvögel (fol. 15r) zum Jäger, der sich während der Verfolgung seiner Beute beim Schwimmen erfrischt (fol. 69r), und zu den Ausritten mit den Sperbern in den verschiedenen Jahreszeiten (fol. 99v–100v).

De cisternibus veteribus aquas novas: Die Erneuerung antiker Bildformen in der Stauferzeit

Nutzen und Schönheit sind auch die Kriterien für die illustrativen Ausschmückungen der Texte der antiken Wissenschaft, die Friedrich II. wieder in Umlauf brachte, um sie denjenigen zu schenken, die es verstanden, aus alten Quellen neue Wasser zu schöpfen (*de cisternibus veteribus aquas novas*).[41]

Im *Liber astrologiae* des Georgius Fendulus (Cod. Paris. lat. 7330) ist das Kompendium der lateinischen Übersetzung des Werkes von Abu Ma'shar, dem arabischen Astronomen, auf kurze Bildunterschriften als Kommentar zu den astronomischen Tafeln reduziert. Das Wechselspiel zwischen Tierkreiszeichen und den entsprechenden Dekaden, welche nach der griechischen, nach der indischen und nach der persischen Himmelssphäre interpretiert sind, wird durch den Rückgriff auf zwei Techniken und zwei unterschiedliche Illustrationssysteme betont: zum einen ganzseitige Miniaturen für die Sternkreiszeichen, die sich vom hellblauen Grund abheben durch ihre starken, matten und deckenden Farben, die die Blätter wie Edelsteine funkeln lassen; zum anderen die in Registern angeordneten, aquarellierten Zeichnungen in sanften Farben für die Dekane.

Die Ikonographie der Sternkreiszeichen ist die klassische.[42] Ein Zeichen, das der Zwillinge (fol. 11r) (Abb. 6), weicht allerdings von den Vorschriften der Tradition ab und beweist damit, dass der Buchmaler arabische Quellen konsultiert haben muss. Das Sternzeichen wird als siamesische Zwillinge dargestellt, mit zwei Köpfen und einem einzigen Körper. Dies ist eine Variante, die im Westen im *Liber de astromagia* des Alfons X. von Kastilien (1252–1284) (Cod. Vat. Reg. lat. 1238, fol. 4v) übernommen wurde.[43] Auch der *Liber introductorius* des Michael Scotus erneuerte die mittlerweile veraltete Tradition der westlichen Arateer, mit der er sehr wahr-

5 Darstellung von Falknern im Falkenbuch (*De arte venandi cum avibus*) Friedrichs II., Süditalien, zwischen 1258 und 1266, Vatikanstadt, Biblioteca Apostolica Vaticana, Pal. lat. 1071, fol. 90v

6 Das Sternzeichen der Zwillinge im Liber astrologiae des Fendulus, Süditalien, 2./3. Viertel 13. Jahrhundert, Paris, Bibliothèque nationale de France, Cod. lat. 7330, fol. 11r

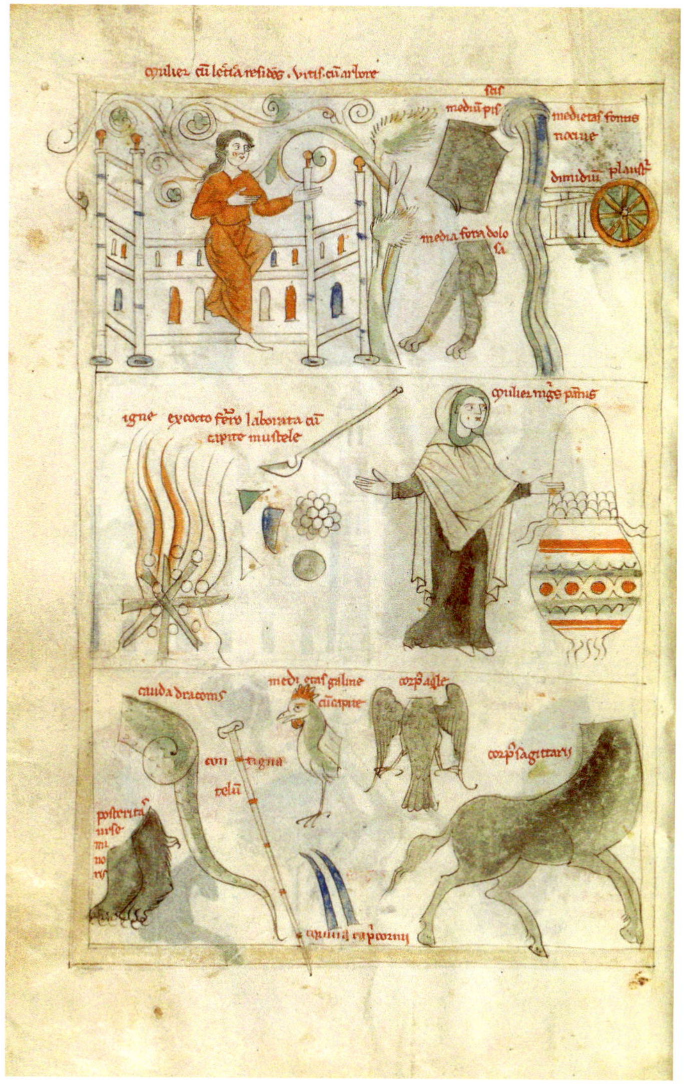

7 Zweiter Dekan des Steinbocks im Liber astrologiae des Fendulus, Süditalien, 2./3. Viertel 13. Jahrhundert, Paris, Bibliothèque nationale de France, Cod. lat. 7330, fol. 29v

scheinlich über eine Handschrift von Montecassino in Kontakt gekommen war. Diese enthielt einen islamischen Einschub, der ganze Konstellationen bot, wie z. B. das Tarabellum (Cod. Clm 10268, fol. 84r) und das Vexillum (Cod. Clm 10268, fol. 84v) und einige einzelne Attribute wie z. B. der aus den Venen der Kassiopeia quillende Blutstrom (Cod. Clm 10268, fol. 81r), oder der Dämon Algol, der das Haupt der von Perseus eroberten Medusa ersetzt (Cod. Clm 10268, fol. 81v).[44]

Die Arkane – Symbole der Dekanen – beflügelten die Einfallsfreiheit des staufischen Buchmalers im Cod. Paris. lat. 7330 (Abb. 7). Bereits aus der Anordnung der Konstellationen, die häufig in den falschen Registern abgebildet und mehr nach künstlerischen als nach wissenschaftlichen Kriterien arrangiert sind, wird klar ersichtlich, dass die didaktische Strenge bei der Zusammenstellung des illustrativen Zyklus nicht vorrangig war. Dies zeigen zunächst die Ergebnisse von Übersetzungsfehlern – die „Frau von großer Schönheit, sitzend" des Abu Ma'shar wird zur *mulier camelum sedens* (Cod. Paris. lat. 7330, fol. 27r) aufgrund des Missverständnisses zwischen den beiden, sich nur durch ein diakritisches Zeichen unterscheidenden arabischen Vokabeln für „Schönheit" und „Kamel".[45] Hinzu kommt eine Vielzahl von Gegenständen und Figuren, die mit den Aktivitäten der Dekane zusammenhängen, wie Ritter, Seeleute, Frauen am Spinnrad und eitle Frauen beim Kämmen, wirkliche oder der Phantasie entsprungene Tiere, der Schwarze Mann und der Minotaurus sowie ein ganzes Inventar von Gegenständen, von Waffen über Spiegel und Olifanten bis zu Kinderwiegen.

Dieselbe fabelhafte Ader kommt in den Herbarien der Laurenziana und jenen in Wien zum Ausdruck, wo die Bilder von Pflanzen des Pseudo-Apuleius zusätzlich durch andere Szenen hervorgehoben sind. Diese zeigen die mythischen Entdecker der Heilpflanzen: Äskulap beim Pflücken von Zehrkraut, den Kentaur Chiro,

8 Szene einer Entbindung aus einem Herbarium, Süditalien, 2./3. Viertel 13. Jahrhundert, Florenz, Biblioteca Medicea Laurenziana, Ms. Plut. 73.16, c. 127v (Kat.-Nr. VI.C.3)

9 Szene einer Entbindung aus einem Herbarium, Süditalien, 2./3. Viertel des 13. Jahrhunderts, Wien, Österreichische Nationalbibliothek, Cod. 93, fol. 102r

der von Diana die drei Arten von Beifuß erhält, Achilles, der an Telephos die Heilwirkung von Scharfgarbe erprobt, Merkur beim Überreichen von Wollkraut an Odysseus, damit dieser ihn vor den Verwünschungen der Circe schütze; ferner die magischen Rituale der Wurzelsammler, leidende Kranke; Ärzte, die Verwundete verbinden, Augentropfen eingeben, Geburtshilfe leisten (Abb. 8–9), Salben auftragen, Tassen und Kelche reichen. Dabei sind sie von ihren Arbeitsinstrumenten umgeben: Mörser, Stößel, Filter, Schüsseln. Die staufischen Buchmalereien verwandelten das spätantike medizinische Allerlei eines technischen Handbuchs in ein gemeinverständliches Werk.

Die beiden Codices sind Zwillingswerke, denn sie haben Nummer, Thema, Anordnung, Ikonographie der Illustrationen und sogar einige kuriose Missverständnisse gemeinsam, wie die verkehrte Stadt (Cod. Laur. 73.16, fol. 18v; Cod. Vindob. 93, fol. 12v) oder die als bärtiger Mann dargestellte Diana (Cod. Laur. 73.16, fol. 44v; Cod. Vindob. 93, fol. 32v) und die durch das Kraut Moly in zwei Zweige verwandelten Flügel des Merkur (Cod. Laur. 73.16, fol. 80r; Cod. Vindob. 93, fol. 61v).

Keine der Handschriften leitet sich von der jeweils anderen ab. Beide wurden vielmehr zu verschiedenen Zeiten vom selben Modell kopiert, wobei der Wiener Codex geringfügige Varianten und einige stilistische Anpassungen aufweist. Die in der Wiener Handschrift präsenten Anweisungen für den Buchmaler (fol. 9r, 10r, 13v, 44v, 67r, 119r, 133r) lassen die Überlegung zu, dass die beiden Codices auf einem „motif book" beruhen. Wahrscheinlicher ist aber, dass sie von einer Originalhandschrift, vielleicht einer Neuauflage des von Friedrich II. angeregten Herbariums, kopiert wurden. Friedrich war von seiner Wissbegierde für die antike Wissenschaft getrieben, aber gleichzeitig auch angezogen von der – wenn auch eingebildeten – Assoziation der zahlreichen hier gesammelten Texte mit kaiserlichen Schirmherren: Maecenas, an den der Brief des Hippokrates gerichtet ist; Oktavianus Caesar, dem Idpartus sein *De taxone* gewidmet haben soll, und Augustus, dessen Hauptarzt Antonius Musa der Autor von *De herba bettonica* ist.

Diese Neuausgabe weist typische Elemente der Beta-Rezension des Pseudo Apuleius auf, die sich seit dem 10. Jahrhundert in Montecassino befand (Cod. Laur. 73.41), dann in normannischer Zeit nach Unteritalien kam (London, British Library, Cod. Harley 5294, zweite Hälfte des 12. Jahrhunderts) und von dort nach Stavelot im heutigen Belgien gelangte. Möglicherweise wurde sie von Abt Wibald dorthin gebracht, dem Ratgeber von Lothar III., Konrad III. und Friedrich I. Barbarossa und für 48 Tage des Jahres 1136 Abt von Montecassino, welcher eine Kopie davon anfertigen ließ (London, British Library, Cod. Harley 1585, zwischen 1145 und 1158). Die Ausgabe weist aber auch karolingische und antikisierende Elemente auf (Cod. Vat. lat. 6862, Mitte des 9. Jahrhunderts).[46]

Die antikisierende Wiederholung tritt in den Indices erneut auf, die den einzelnen Traktaten der Sammlung vorangestellt sind, ähnlich wie die Kanontafeln der Evangelien unter Architraven, die von Vogelpaaren flankiert sind; ebenso wie in der Darstellung mit den *pondera medicinalia,* d. h. den Gewichten und Maßeinheiten, auf die in den Rezepten Bezug genommen wird und schließlich in den Bildern von Plato, Hippokrates und Dioscorides.

Das Ziel der *utilitas* rechtfertigt in der wissenschaftlichen staufischen Buchmalerei die Wiedereinführung des klassischen Stils. Bei den in den beiden Herbarien gemalten Pflanzen und Tieren ist die Ablehnung an die abstrakten Stilisierungen des Hochmittelalters ersichtlich, ebenso wie der Wunsch, wirkungsvolle Mittel zur wahrheitsgetreuen Reproduktion der Natur mit Hilfe der unmittelbaren Überprüfung zu finden. Bestimmte Figuren, wie Wölfe, Wildschweine, Löwen und Geier, die den Text des sechsten *Placitus Papyriensis* in Cod. Laur. 73.16 und Cod. Vindob. 93 begleiten, spiegeln das umfassende Interesse Friedrichs II. für die Tiere wider, die er züchtete, studierte und sammelte. Die gezielte Einrichtung eines Tiergeheges, das dem Kaiser überall in Italien und sogar in Deutschland folgte, hatte auch in der Kunst beachtliche Ergebnisse gezeitigt.

Die Tiere scheinen aus der kaiserlichen Ménagerie auf die Seiten der Handschriften – und zwar nicht nur der wissenschaftlichen – zu wandern, so zum Beispiel im manfredischen Exemplar der *Historia de preliis* von Leipzig (Cod. Rep. II. 4°.143). Dort sind es die Elefanten, gegen die Alexander der Große in Indien kämpft (fol. 50v, 71r) (Abb. 10) oder die Kamele, die von schwarzen Treibern geführt, das makedonische Heer auf dem Marsch nach Persepolis begleiten (fol. 49).

Der Codex von Leipzig, Prachtausgabe eines der beliebtesten Erzeugnisse der Unterhaltungsliteratur des Mittelalters, zeugt von der Pionierrolle des staufischen Auftraggebers bei der Erneuerung der wissenschaftlichen Ikonographie, aber auch bei der Ausführung und Übermittlung der höfischen Ikonographie.

Friedrich II. kannte die altfranzösischen Ritterromane. So besaß er z. B. eine Handschrift des Palamedès, die 1240 über einen gewissen Romancier Johannes zu ihm gelangt war. Er ließ die *Prophécies de Merlin* ins Arabische übersetzen, um sie dem Sultan von Ägypten, Al-Kamil, im Austausch zum *Sidrach* zu schicken,[47] bewunderte die Minnesänger und belehnte in der Tat während seiner ersten Reise nach Deutschland Walther von der Vogelweide, welcher ihm einen Spruch gewidmet hatte.[48]

Die Vergnügungen bei Hof sind das Thema einer Reihe von kolorierten Federzeichnungen im Anhang des *Liber astrologiae* des Fendulus (Cod. Paris. lat. 7330). Die Zeichnungen, denen andere mit der Beschreibung der Kapricen der Fortuna vorausgingen (fol. 79v–85r), sind mit Sicherheit derselben Ausführungsphase wie die astrologischen Miniaturen[49] zuzuschreiben. Sie stellen Bankettszenen dar, in denen die gekrönten Gäste an Tischen mit gestickten Tafeldecken und wertvollem Porzellan sitzen, während die Diener Becher und Messer bringen. Die Gelage werden von Jongleuren, Musikern, Tänzern, und Akrobatinnen belebt, während der Hochzeitszug, der ein Mädchen vor einen jungen König begleitet, die Feststimmung in den staufischen Palästen und Kastellen veranschaulicht. Der in der *Historia de preliis*, der lateinischen Version des Alexander-Romans des Pseudo Callistus, gefeierte König ist mit Sicherheit nicht der General von Plutarch und Arrianus, sondern ein mittelalterlicher Held.

Ein kräftiger Modernisierungsprozess machte das byzantinische Modell fast unkenntlich, das sich seinerseits aus spätantiken Quellen herleitete und das die manfredischen Künstler vor Augen hatten. Die Miniaturen übertrugen die Unternehmungen Alexan-

10 Alexander der Große kämpft gegen Poros, den König Indiens, in der Historia de preliis, Süditalien, 3. Viertel 13. Jahrhundert, Leipzig, Universitätsbibliothek, Rep. II 143 (Leihgabe Leipziger Stadtbibliothek), fol. 59v

ders in die damalige Ist-Zeit, indem sie dem makedonischen Epos alle Topoi der ritterlichen und höfischen Phantasiewelt anpassten: Turniere, Reisen in ferne Länder, feudale Ehrerbietung, Faszination eines durch die Kreuzzüge und die Karawanenstraßen näher gebrachten Orients, Liebe zu exotischen Objekten. Den Palast von Poros (fol. 60v) schmücken goldene Säulen, die mit ebenfalls goldfarbenem Weinlaub umrankt sind, mit Trauben aus Kristall, Perlen, Rubinen und Smaragden; die Wände sind mit dicken Goldfolien bedeckt, die Türen sind aus Elfenbein, die Luken aus Ebenholz, die Räume mit Zypressenholz getäfelt. Im Hof gibt es goldene Standbilder und Bäume, in deren Zweigen sich mechanische Vögel aller Arten aufhalten, die mit ihrem Gesang den Herrscher ergötzen. Nachdem die Königin Candake Alexander dem Großen die Wunderdinge ihres Königreichs gezeigt hat – darunter das feuerfeste, unzerstörbare Bett (fol. 93r) und das von zwanzig Elefanten gezogene Haus auf Rädern (fol. 94r) – schickt sie ihm 200 Papageien in goldenen Käfigen, 100 äthiopische Kinder, 200 Affen, 450 Elefanten, 80 Rhinozerosse, 40 Leoparden-Felle, eine Krone und einen mit Sternen bestickten Purpurumhang (fol. 90v, 96r, 96v).

Die Galerie der 15 Kaiser, von Kyros bis Oktavian (dabei kommen die leider verschwundenen Porträts der normannischen und staufischen Könige in Erinnerung, die auf der Fassade der Kathedrale von Cefalù gemalt waren, und bei denen als Auftraggeber Friedrich II.[50] vermutet wird), die die Handschrift beschließt, kann mit ihrer feierlichen Förmlichkeit die „Leichtigkeit" dieses „Alexander historiatus" nicht ausstechen.

Das Geschichtsbuch am Ende der Stauferzeit ist weit entfernt von jenem seiner Anfänge. In der Buchmalerei unter Friedrich II. und Manfred findet man in der Tat nicht mehr das heftig bewegte Engagement, das die Seiten des Berner *Liber ad honorem Augusti* so leuchtend gemacht hatte. Die politische Propaganda war der *ars dictandi* des Petrus von Vinea anvertraut; das neue Manifest der auf Gesetz und Gerechtigkeit gegründeten kaiserlichen Autorität ist in den Marmor des Tors von Capua gehauen.

Das Erbe des Petrus von Eboli wurde dagegen in den Büchern der italienischen Kommunen gesammelt, von Notaren und Malern, die in die Miniaturen Stadtchroniken, Statuten und Register der Künstler, der Korporationen und Vereinigungen dieselbe „profane" Leidenschaft des Petrus selbst einbringen.

Aus dem Italienischen übersetzt von Dorothee Wolff Bascone

1 Petrus von Eboli, Liber ad honorem, lib. II, pars XLIII, v. 1377 – 1381, S. 208.
2 Orofino 1994a.
3 Orofino 1990.
4 Fendulus, Liber Astrologiae.
5 Orofino 1995.
6 Orofino 2001.
7 Maddalo 2003.
8 Avril/Gousset 1984, Nr. 188, S. 160, Pl. CXV–CXVII.
9 Torroncelli 1986; Alfinito 1988, S. 130. Toesca 1927, S. 1133 datierte das Manuskript auf das Ende des 13. Jahrhunderts.
10 Bauer 1983.
11 Mariani Canova 2008, S. 494.
12 Abulafia 1990b.
13 Bräm 1996.
14 Orofino (im Druck).
15 Brühl 1994; Kiesewetter 2005.
16 Bräm 1996, S. 176.
17 Morpurgo 1995, S. 197; Morpurgo 1997, S. 119, 131 – 132.
18 Während der Belagerung von Faenza vom 26. August 1240 bis zum 14. April 1241 übersetzte Meister Theodor für Friedrich II. das arabische Traktat von Moamin über die Falknerei, das der Kaiser selbst während der Belagerung korrigierte: Van den Abeele 1995, S. 377; Fried 1996b. Am 9. August 1232 hatte Heinrich von Köln in Melfi im Hause des kaiserlichen Leibarztes Volmar eine Kopie des von Michael Scotus aus dem Arabischen ins Lateinische übersetzte D*e animalibus* von Avicenna ausgeführt: Friedrich II., De arte venandi (a), S. CXXX, Anm. 168. Der kaiserliche Notar Peter von Prezza, sandte aus dem Gefängnis in Parma Bittbriefe, um die Werke von Livius, Isidor von Sevilla, Cicero und Seneca geliehen zu bekommen: Morpurgo 1995, S. 175. Des Kaisers Sohn Enzo beauftragte vom Kerker aus Daniel von Cremona mit der Übersetzung vom Lateinischen ins Provenzalische von zwei Abhandlungen über die Falknerei: Trombetti Budriesi 1996, S. 219.
19 Troncarelli 1997, S. 165 – 168; Troncarelli 2004, S. 364.
20 HB 4,1, S. 383 – 385. Der Brief wurde Manfred zugeordnet und auf 1263 – 1264 datiert: Delle Donne 2001, S. 88.
21 Cardini 1986.
22 Kraft 2006. S. 78 – 82.
23 Georgen 1975; Manselli 1978; Georgen 1981; Kölzer/Stähli 1994; Orofino 1994b; Kraft 2006.
24 Stähli 1994; Fuchs/Mrusek/Oltrogge 1994.
25 Stähli 1994, S. 255 – 256; Kraft 2006, S. 327 – 331.
26 Stähli 1994, S. 256; Kraft 2006, S. 329.
27 Frova 1978.
28 Kölzer 1994.
29 Tsamakda 2002, S. 316.
30 Lammers 1963.
31 Nilgen 1994.
32 Delle Donne 2001, S. 73.
33 Das erklärt Petrus von Eboli in der auf fol. 19v des Exemplars von De Balneis Puteolanis erscheinenden Widmung (Rom, Biblioteca Angelica, Cod. 1474).
34 Frugoni 1978, S. 160.
35 Petrus von Eboli, Liber ad honorem, lib.I, pars XXVIII, v. 823 – 841, S. 164.
36 Petrus von Eboli, Liber ad honorem, lib. II, pars XXVI, v. 1119 – 1144, S. 190.
37 Maddalo 2003, S. 32.
38 Kauffmann 1959, S. 59 – 65.
39 Der Brief ist wiedergegeben in: Friedrich II., De arte venandi (a), S. XLVII–XLVIII.
40 Fried 1996a; Fried 1996b; Fried 2008; Glessgen/Van den Abeele 2008; Georges 2008.
41 Der Wunsch Friedrichs II. erscheint im Begleitschreiben der zitierten Übersendung von artistotelischen Werken an die Universität Bologna: HB 4,1, S. 383 – 385.
42 Armstrong Clark 1979, S. 114 – 127.
43 Fendulus, Liber Astrologiae, S. 93.
44 Bauer 1983, S. 52, 133.
45 Garcia Aviles 2007, S. 230.
46 Collins 2000, s. 199 – 209.
47 Antonelli 1995, S. 323 – 324; Meneghetti 2005, S. 439.
48 Palermo 2005, S. 914 – 915.
49 Orofino 1999.
50 Andaloro 2000, S. 20 – 21.

Peter Kurmann und Marc Carel Schurr

Kulturtransfer im späten Stauferreich. Überlegungen zur Adaptation französischer Sakralbaukunst der Gotik in Deutschland und Italien*

Im Jahre nach der Hinrichtung Konradins, die den endgültigen Untergang der Stauferherrschaft besiegelte, gab Richard von Deidesheim, seines Zeichens Dekan des am Ufer des Neckars gelegenen Ritterstifts St. Peter zu Wimpfen, den Neubau seiner Stiftskirche in Auftrag (Abb. 1). Als ihn um 1300 sein Amtsnachfolger Burkhard von Hall ob seiner Frömmigkeit und ruhmreicher Taten würdigte, hob er den Neubau der Stiftskirche als sichtbares Zeichen für alle Reformen disziplinarischer, liturgischer und ökonomischer Art hervor, die Richard seiner Institution auferlegt hatte.[1] Das Bauwerk, so berichtet der Chronist, sei nach „französischer Art" (*opere francigeno*) errichtet worden. Dies darf man wohl als Indiz dafür betrachten, dass man sich zur Zeit der Herrschaft der späten Staufer über den französischen Ursprung der Gotik im Klaren war und damit ein Verständnis für das an den Tag legte, was wir heute Kulturtransfer nennen. Obwohl aber der Begriff des *opus francigenum* unter den Kunsthistorikern unentwegt die Runde macht, sei auf die Seltenheit, ja Einmaligkeit dieser Quelle hingewiesen. Der Wimpfener Chronist war sich indessen seiner Sache sicher, berichtet er doch, der Architekt der neuen Kirche sei kurz vorher aus Paris gekommen. Vermutlich hatte der Baumeister der Wahrheit etwas nachgeholfen. Er mag durchaus als junger Steinmetz einmal in Paris gewesen sein, aber gemäß der Art und Weise, wie er die Kirche in Wimpfen gestaltet hat, muss er als Baumeister in einer Hütte im westlichen Teil des Reichs, wahrscheinlich in Lothringen, ausgebildet worden sein. In anderen Fällen aber erstreckte sich die Mobilität von Baumeistern und Künstlern der Gotik tatsächlich über weite Teile Europas. Berühmt wurde etwa der des Bauwesens kundige Pikarde Villard de Honnecourt aufgrund seiner Sammlung von Zeichnungen und Notizen.[2] Um 1230 reiste er bis nach Ungarn und notierte sich derart Vieles und Verschiedenartiges, dass zu vermuten ist, er habe dieses Wissen gesammelt, um sich einer der großen Bauhütten zur Anstellung zu empfehlen.

Villard de Honnecourt dürfte nur einer von mehreren solcher französischer „Globalplayers" gewesen sein. Dank ihnen wird wohl im 13. Jahrhundert europaweit tatsächlich das Bewusstsein entstanden sein, dass die Gestaltungsweise, die wir „gotisch" nennen, in Frankreich ihren Ursprung hatte. In welchem Maße aber waren sich die Zeitgenossen der späten Stauferherrschaft der Verschiedenartigkeit visueller Phänomene überhaupt bewusst? In Anlehnung an die antike Rhetorik war es gewiss möglich, die Lehre der verschiedenen *modi* auch für visuelle Phänomene anzuwenden, aber leider bleiben die mittelalterlichen Quellen diesbezüglich fast immer stumm. Sie berichten höchstens vom Gegensatz zwischen

1 Bad Wimpfen im Tal, Ritterstiftskirche St. Peter, südliche Querhausfassade, 1270er Jahre

den *antiqui* und den *moderni*, vermeiden es aber, die beiden Positionen genau zu definieren. Auch die moderne Kunstgeschichte leistete bisher wenig Hilfe. Entstanden im Zuge der nationalen Selbstfindung während des 19. Jahrhunderts, bewegt sie sich selbst heute noch innerhalb dieses Bezugsrahmens und lässt europaweite Perspektiven vermissen. Noch immer ist sie bestrebt, einerseits die vom französischen Ursprungsland der Gotik ausgegangenen „Einflüsse“ anhand des konkreten Formenbestand nachzuweisen und andererseits die Art und Weise, wie außerhalb des kapetingischen Königreichs auf französische Vorbilder reagiert wurde, als etwas Nationaltypisches darzustellen. Als ob es jemals eine „deutsche“ oder eine „italienische“ Gotik gegeben hätte, deren Beispiele, definierbar anhand eindeutiger Wesensmerkmale, sich innerhalb der heutigen ethnisch-staatlichen Einheiten ausgebreitet hätten! Auch heute, nach 60 Jahren friedvollen Lebens in einem politisch und wirtschaftlich sich immer stärker integrierenden Europa, ist eine europäische Sichtweise auf die Kunst- und Architekturgeschichte in den einzelnen Ländern des Subkontinents immer noch keine Selbstverständlichkeit. Dabei ginge es keineswegs darum, das in schmerzhaften historischen Prozessen gewonnene Bewusstsein nationaler Kulturen in einem übergeordneten Europa einfach aufzulösen. Im Gegenteil, diese nationalen Identitäten sollten Eingang finden in eine europäische Perspektive, die sie kaleidoskopartig bündelt und in der synthetischen Zusammenschau in eine neue, von einer ungeheuren Vielfalt zeugenden europäischen Identität überführt. In diesem Sinne sei hier anhand einer kurzen Skizze versucht, die Entstehung und Entfaltung der gotischen Baukunst im kulturell äußerst vielfältigen, „supranationalen“ Herrschaftsbereich der Staufer als europäisches Phänomen darzustellen und dabei die aus den verschiedenen nationalen Perspektiven gewonnenen Erkenntnisse der Forschung fruchtbar zu verbinden.

Der Verzicht auf eine national oder gar ethnisch bestimmte Betrachtungsweise lässt folgende zwei Sachverhalte klar erkennen: Zum einen zeigt die gotische Architektur (nur diese, nicht die Bildkunst) in ihrem nordfranzösischen Kerngebiet von ihren Anfängen bis gegen 1300 eine erstaunlich stetige, in gewisser Weise geradezu logisch anmutende Entwicklung.[3] Auf dem Arbeitsmarkt herrschte dort ein harter Wettbewerb zwischen hochqualifizierten Architekten, für den die ständig höher geschraubten Ambitionen der kirchlichen Auftraggeber das Klima schufen. Jede neue Kathedrale sollte diejenige der Nachbardiözese übertreffen, und auch die großen Abtei- und Stiftskirchen hatten sich daran zu messen. Das führte dazu, dass sich im Pariser Becken und den angrenzenden Gebieten seit ca. 1130 eine Architektur von immer ausgefeilter durchlichteten Skelettbauten ausbildete. Kurz nach 1190 vollzog sich ein formaler Umbruch, der die preziöse Feingliedrigkeit der bisherigen Großbauten durch eine kraftvolle Monumentalität ersetzte; die Zeit der „klassischen“ Kathedralen von Soissons, Chartres, Reims und Amiens war angebrochen. Aber diese Phase der „Hochgotik“ war entwicklungsgeschichtlich betrachtet eigentlich nur ein Intermezzo, denn bald war wieder eine entschiedene Verfeinerung gefragt. Jetzt glichen die Baumeister Struktur und Zieraten einander immer mehr an, was durch die Erfindung des sogenannten Maßwerks, eines geometrisch angelegten Steingitters zur Unterteilung der riesigen Fensterflächen, entschieden gefördert wurde. Im Extremfall führte dies zur Bildung von Bauwerken, deren Struktur derart dünngliedrig geworden ist, dass man sie als völlig durchlichtete „Glashäuser“ bezeichnen könnte. Es hat sich eingebürgert, diese um 1230 einsetzende Richtung mit dem Namen „Rayonnant“ zu versehen, und tatsächlich vermittelt diese Architektur den Eindruck von etwas Strahlendem. Die verfeinerte Hochgotik des zweiten Drittels des 13. Jahrhunderts bot die Voraussetzung für alle späteren Spielarten der französischen, aber auch der englischen Gotik.

Zum anderen wird im Laufe des 13. Jahrhunderts die in Frankreich entwickelte Gotik ohne Zweifel zum gesamteuropäischen Phänomen. Offensichtlich empfand man vielerorts das *opus francigenum* als etwas Überlegenes. Dennoch führte die neue Bauweise, der neue „Stil“, nur selten zur totalen Übernahme des in sich geschlossenen Formensystems. Vielmehr veranlasste das französische Strukturangebot und der dazugehörige Formenschatz die Künstler der verschiedenen Länder und Regionen Europas, die einheimische Tradition zu hinterfragen und damit zu neuen, eigenständigen Schöpfungen zu gelangen. Diese unterscheiden sich von den Erzeugnissen der heimischen Tradition ebenso wie von der genuinen französischen Gotik. Es entstand daraus also etwas Neues. Die eminente Rolle, welche die französische Gotik in Europa spielte, ist weniger in ihrem Struktur- und Formensystem zu sehen, als in dessen Funktion als Katalysator, der allenthalben neue Impulse freisetzte. Es offenbaren sich hier die Mechanismen eines veritablen Kulturtransfers, der einen künstlerischen Innovationsprozess in Gang setzte. Leider lassen die Quellen wie bereits angedeutet einen direkten Einblick in die Motivationswelt sowohl der Auftraggeber als auch der ausführenden Künstler vermissen. Noch weniger gibt es Aussagen über die Reflexionen, die dieser Paradigmenwechsel in der Baukunst bei den Zeitgenossen zweifellos ausgelöst hat.

Um so mehr ist das Kunstwerk selbst als Quelle ernst zu nehmen. Die genaue und sorgfältige Analyse der künstlerischen Form ist mindestens so aussagekräftig wie die Interpretation eines jahrhundertealten Textes. Aber mit den Mitteln der Kunstgeschichte allein wird es wohl kaum gelingen, den künstlerischen Innovationsprozess in seiner gesellschaftlich-kulturellen Bedingtheit erschöpfend zu erfassen und zu erklären. Dies kann aber auch nicht die Aufgabe des Kunsthistorikers sein, denn nur ein echtes interdisziplinäres Vorgehen wird zu diesem Ziele führen. Hingegen vermag die Kunstgeschichte allein diesen Prozess durch eine eingehende Analyse der Formen sichtbar zu machen und damit eine Schnittstelle zu den Erkenntnissen anderer historischer Forschungszweige zu schaffen. In dieser Hinsicht ist ein weiterer Gesichtspunkt von großer Wichtigkeit, nämlich die Funktion des jeweiligen Bauwerks. Darunter sind zunächst die konkreten Primärfunktionen zu verstehen. Für den mittelalterlichen Kirchenbau betrifft das an erster Stelle die Liturgie, die Sakramentenspendung und im Zeitalter der Bettelorden auch die Predigt. Auf anderen, nachgeordneten Ebenen kommen aber noch Funktionen politischer, repräsentativer und nicht zuletzt medialer Art hinzu. Mit anderen Worten stellt sich immer wieder die Frage, welche Botschaften die Bauwerke zu transportieren hatten. So verstanden ist „Funktion“ ein kulturwissenschaftlich sehr weit gefasster Begriff, der von der Forschung zur gotischen Architektur in Europa bisher nicht annähernd mit Leben und Inhalten gefüllt wurde. Besonders fruchtbar verspricht dieser Ansatz zu werden, wenn es gelingt, die Analyse der Funktion mit derjenigen der Form und des entwicklungsgeschichtlichen Stellenwerts des Kunstwerks zu verbinden. Hier liegt ein großes Erkenntnispotenzial verborgen, welches an den Tag zu befördern hohe Ansprüche an die zukünftige Forschung stellt, die Mühe aber lohnen würde.

Wie sehr die von Westen beziehungsweise über die Alpen kommende gotische Baukunst im Reich der Staufer seit dem frühen 13. Jahrhundert als eine künstlerische Innovation empfunden wurde, welche tief greifenden Veränderungen in manchen wichtigen Bereichen des sozialen, kulturellen und religiösen Lebens sie mit sich brachte, belegt in erster Linie die Beschaffenheit der Bauten selbst, deren Architekten beziehungsweise Auftraggeber mit französischer Gotik in Berührung gekommen waren. Kühnheit und Unsicherheit, Virtuosität und Ungeschick wechselten im Umgang mit den neuen Formen miteinander ab. Es resultierte daraus eine faszinierende Vielfalt der Erscheinungsformen. Östlich von Maas und Mosel empfand man die französische Architektur der Gotik nicht von Anfang an als etwas Überlegenes, sondern nur als eine zusätzliche mögliche Ausdrucksform. Während am Rhein zwischen 1150 und 1250 die romanische Baukunst ihre letzte große Blüte erlebte und zweifellos als Alternative zur Gotik verstanden wurde, wollte in Magdeburg ein Erzbischof, der in Paris studiert hatte, eine gotische Kathedrale an der Stelle des 1207 abgebrannten Doms Ottos des Großen errichten.[4] Die Leitbilder waren für den Auftraggeber zweifellos die Kathedralen im nordfranzösischen Kulturraum. Französisch-gotisch ist aber in Magdeburg nur der Grundriss des neuen Domchors mit seinem Kapellenkranz, denn alles Aufgehende ist noch vollkommen vom Wunsch der Romanik nach massiven Mauern bestimmt (Abb. 2). Trotzdem stellt dieser Massenbau im Verhältnis zu allen romanischen Vergleichsbeispielen etwas völlig Neues dar. Der Architekt, der den Chorumgang errichtete, war durchaus in der Lage, sich gotischer Formen zu bedienen, wie etwa die mehrfache Einstufung der Fensterrahmen an den Kapellen lehrt. Diese versucht ein Phänomen zu reproduzieren, wie es etwa an den entsprechenden Teilen der Kathedrale von Noyon zu sehen ist. Da aber die Profilierung der Magdeburger Fensterrahmen trotz ihrer Zartheit die Mauer nicht auflöst, weil die Öffnungen extrem klein bleiben, demonstriert sie, wie dick die Bausubstanz geblieben ist. Hier wurde die Gotik mit ihren eigenen Mitteln ins Gegenteil verkehrt. Die Kenntnis der Gotik, verbunden mit der Absicht, ihre Formen selektiv zur Geltung zu bringen, führte zu einer völlig eigenständigen Schöpfung. Diese als „gotisch" zu bezeichnen ist missverständlich, sofern man für die Begriffsbestimmung den um 1200 erreichten Entwicklungsstand der nordfranzösischen Architektur für verbindlich hält.

Nicht immer gestaltet sich der Umgang mit französischen Vorlagen derart selbständig wie am Chorerdgeschoss des Magdeburger Doms.[5] Betrachtet man beispielsweise die Ostteile des Langhauses am Freiburger Münster, so meint man geradezu die Begeisterung, aber auch die Bestürzung der Steinmetzen im Hinblick auf die neue aus Frankreich kommende Formenwelt spüren zu können. So präsentieren sich die von der eleganten Pfarrkirche Notre-Dame in Dijon inspirierten Kleeblattbögen der Wandarkaturen in den Freiburger Seitenschiffen als wulstig-plumpe Profile, die auch noch dreifach übereinander gestaffelt sind. In ähnlicher Weise hat

2 Magdeburg, Dom, Äußeres des Chorumgangs, 1. Viertel 13. Jahrhundert

man in Freiburg die moderne Erfindung des Maßwerkfensters anhand grober und kantiger Profile realisiert, die nach dem Vorbild oberrheinischer Romanik mit Kügelchen verziert sind, und altmodische Vogel- oder Akanthuskapitelle stehen gleichberechtigt neben modernen gotischen Knospenkapitellen. Trotzdem sind die gotischen Züge der Architektur unverkennbar und bezeugen im Vergleich zu den romanischen Ostteilen des Münsters einen markanten Stilwechsel. Besonders aufschlussreich ist dabei die Herkunft der neuen Formen. Man hat sich in den deutschsprachigen Gebieten nicht immer an Paris und Nordfrankreich orientiert, sondern auch an den benachbarten Regionen des östlichen Frankreich. In Freiburg lassen sich ebenso wie an den frühesten Teilen des Strassburger Münsterlanghauses Einflüsse aus Burgund und der Südchampagne festmachen, die von dort aus bis in die 1280er Jahre nach Regensburg weitergegeben wurden. Diese frühe Transferlinie der gotischen Architektur wurde bislang von der Forschung kaum wahrgenommen, eröffnet aber eine spannende europäische Perspektive. Neben Straßburg dürfte die wichtigste Drehscheibe die-

3 Toul, Kathedrale, Inneres nach Osten, ab 1220

4 Trier, Liebfrauenkirche, Inneres nach Osten, ab 1227

ses Übermittlungsstrangs das spätromanisch-frühgotische Basler Münster gewesen sein, das einerseits gewisse Formen weiter nach Osten vermittelte, andererseits kirchenpolitisch zur burgundischen Sphäre gehörte, weil die Diözese Basel zum Erzbistum Besançon gehörte.

Die burgundische Transferlinie hat für die Gotik östlich des Rheins allerdings bei weitem nicht die Bedeutung besessen, welche den Verbindungen zukommt, die sich zu den lothringischen Bauhütten aufzeigen lassen.[6] Betrachtet man diesen zweiten Strang der Übermittlung französischer Formen näher, so wird ein zentrales, zunächst bremsendes und später beschleunigendes Moment im Kulturtransfer von West nach Ost erkennbar. Ganz offensichtlich war der Hauptfaktor, der zu Beginn des 13. Jahrhunderts einer modernen, an die französische Gotik angelehnten Neugestaltung der großen Kirchen östlich des Rheins entgegenstand, die Befürchtung der Stifts- und Domkapitel, wichtige Traditionen ihrer Institutionen im Neubau nicht mehr abgebildet zu sehen. Immerhin erinnerte die lange, mindestens bis zur Zeit der Ottonen oder auf noch ältere Epochen zurückreichende, künstlerische Tradition der betreffenden Institutionen an das ganze Prestige des Reichs als politische wie als kulturelle Einrichtung und letztlich sogar häufig an die Strahlkraft des westlichen Kaisertums. Erst die vom Architekten der ab 1220 errichteten Kathedrale im lothringischen Toul erzeugte Verbindung des typischen Erscheinungsbildes des alten romanischen Vorgängerbaus mit einem aktuellen französischen Formenrepertoire schuf die Grundlage für eine weiträumige Rezeption des neuen Baustils im Reich. Wie bedeutsam die in eine modernste Formulierung umgegossene, traditionelle „Erinnerungsgestalt" der Tullenser Kathedrale für den Durchbruch der Gotik im Reich war, hat die Forschung erst vor kurzem erkannt. In Toul war ein Werk entstanden, das ein tief in der Tradition der deutschsprachigen Länder verwurzeltes Bauprogramm – eine monumentale Apsis mit Chorflankentürmen, ein mächtiges, einschiffiges Querhaus und ein Fassadenmassiv im Westen[7] – mit den völlig neuartigen Formen der Kathedrale von Reims verband (Abb. 3). Ohne Übertreibung kann man sagen, dass dadurch die Tullenser Bischofskirche – ausgedrückt in den Kategorien der traditionellen Gotikforschung – zum „Schöpfungsbau der deutschen Gotik" wurde und damit das stilgeschichtliche Äquivalent dessen darstellt, was die Abteikirche von Saint-Denis für die Entstehung und Entwicklung der gotischen Baukunst in Frankreich bedeutete. Die beiden ersten im voll entwickelten gotischen Stil erbauten

5 Marburg, Elisabethkirche, Äußeres des Trikonchos, ab 1235

Kirchen des deutschen Sprachraums, die Trierer Liebfrauenkirche (Baubeginn um 1227, Abb. 4) und die Elisabethkirche in Marburg (Baubeginn 1235, Abb. 5), ersetzen keinen bedeutenden Vorgängerbau. Auch fallen sie von ihrer Grundkonzeption her – ein Zentralbau als Kombination eines griechischen Kreuzes mit einer Rotunde in Trier und eine dreischiffige Hallenkirche mit Trikonchos in Marburg – völlig aus der Reihe. Kein Wunder, dass sich die Kunstgeschichte stets schwer getan hat, direkte Vorbilder für die Grundkonzeption der beiden Bauten zu benennen. Sämtliche Einzelformen jedoch lassen sich mühelos über die Bauhütte von Toul auf die Kathedrale von Reims zurückführen. Diese beiden frühesten gotischen Bauten in Deutschland zeigen sehr deutlich, wie groß die Scheu war, auf das voll entwickelte System der französischen Kathedrale der Gotik zurückzugreifen. Selbst das Vorbild der Tullenser Kathedrale wurde zunächst nur in einzelnen Elementen übernommen. Es ist charakteristisch für den zäh beginnenden Rezeptionsprozess, dass die neue gotische Architektur zuerst anlässlich zweier Bauaufgaben Eingang in die deutschsprachigen Gebiete fand, die ganz offensichtlich experimentellen Charakter hatten und außerhalb jeder Tradition standen. Die Trierer Domkanoniker, denen die Liebfrauenkirche gehörte, dürften sich vor allem deshalb für den Kathedralbau in Toul interessiert haben, weil die Diözese Toul Suffragan ihres Erzbischofs war. Dass das Tullenser Domkapitel einen dermaßen aufwendigen Neubau im Reimser Stil begann, dürfte allein schon Grund genug für die Trierer Kanoniker gewesen sein, etwas Ähnliches in Auftrag zu geben, und dies um so mehr, als es zwecks Wahrung der Tradition ganz und gar unmöglich schien, den auf frühchristliche Zeiten zurückgehenden Trierer Dom durch einen Neubau zu ersetzen. In Marburg ging es darum, für eine soeben verstorbene, äußerst populäre neue Heilige eine Grab- und Wallfahrtskirche zu errichten, deren Konzept keine Rücksicht auf ältere Traditionen zu nehmen hatte. Der Deutsche Orden als Bauherr entschied sich nicht für eine gängige Choranlage, sondern für einen Trikonchos und wählte damit eine Form, die im Kölner Raum um 1200 beim Neubau mehrerer prestigereicher Stiftskirchen verwendet wurde und die wohl dort als Rekurs auf die Antike und damit als deutliches Zeichen für die Traditionspflege in der von den Römern gegründeten Großstadt am Niederrhein zu verstehen ist.[8] Ganz im Gegensatz zu seinen Kölner Berufsgenossen übersetzte aber der Marburger Baumeister den frühchristlichen Typus des Dreikonchenbaus in die neue Sprache der Gotik, und ausschlaggebend dafür dürfte die Trierer Liebfrauenkirche gewesen sein. Geradezu unerhört ist dann aber die Kombination des gotischen Trikonchos mit einem Hallenlanghaus. Damit rekurrierten die Marburger Bauherren auf die wohl von ihnen als äußerst progressiv verstandene Hallenarchitektur Westfalens, wo seit dem frühen 13. Jahrhundert – zu nennen wären unter anderen Beispielen die Stiftskirche in Herford und der Dom in Paderborn – die über dynastische Verbindungen vermittelte Bauform der angevinischen Gotik zu einer eigenständigen Variante des gotischen „neuen Bauens" weiterentwickelt worden war.

Zwar löste der bereits dem Rayonnant verpflichtete, gestalterisch erstklassige Dombau in Metz die Tullenser Hütte in ihrer Rolle als Impulsgeber seit ca. 1250 ab, dennoch oder vielleicht gerade deswegen blieben aber auf Jahrzehnte hinaus die Leistungen der in Lothringen verwurzelten Netzwerke von Bauleuten für die gotische Baukunst im Reich das Maß der Dinge. Diese Netzwerke lassen sich anhand zahlreicher, archäologisch nachweisbarer baulicher und ornamentaler Details recht genau rekonstruieren, und ihre Ausstrahlung reichte lange Zeit regelmäßig nicht nur bis nach Straßburg und Köln, sondern weit darüber hinaus, etwa nach Naumburg oder Halberstadt.[9] Erst in der Zeit nach dem Zusammenbruch des Stauferreichs bildeten sich zunehmend eigenständige Bauzentren innerhalb des deutschen Sprachraums, die ihrerseits über größere Entfernungen hinweg die Entwicklung und Verbreitung des architektonischen Formenrepertoires zu beeinflussen vermochten. Bis zur Mitte des 13. Jahrhunderts war es aber das sorgfältige Austarieren von traditionellen Architekturmotiven und modernen Stilformen, das als das Leitmotiv der Baukunst in den deutschsprachigen Regionen bezeichnet werden kann. Der Ausdruck der Legitimation, der durch das Beibehalten bestimmter formaler Charakteristika der Vorgängerbauten in ein architektonisches Bild umgesetzt wurde, scheint in vielen Fällen überhaupt erst die Anwendung innovativer Gestaltungsprinzipien erlaubt zu haben.

Dies änderte sich jedoch mit den seit den späten 1240er Jahren realisierten Bauprojekten des Straßburger Münsterlanghauses und des Kölner Doms. Beide übernahmen die modernsten Errungenschaften der französischen Rayonnant-Gotik. Insbesondere der Neubau des Kölner Domes brach in radikaler Weise mit der Tradition seines Vorgängers. Mit einem Schlag zeigte man sich hier auf der Höhe des künstlerischen Diskurses, wie er in Paris, Amiens und Beauvais gepflegt wurde, und es entstand am Rhein eine Kathedrale, die geradezu modellhaft die aktuellste französische Gotik repräsentierte. Noch heute fasziniert der grelle Kontrast zwischen dem gotischen Filigranbau und den nur wenig älteren, dem Ideal des reich dekorierten Massenbaus verpflichteten, romanischen Kirchen der Stadt. Wie bestürzend andersartig und unerhört modern muss der gotische Kölner Dom erst auf seine Zeitgenossen gewirkt haben! Mehr und mehr geriet nun ganz offensichtlich das Neue, die Innovation, zu einem Wert an sich. In gleichem Maße wie man nun im Reich nicht mehr nur die von Westen her einströmenden Einflüsse aufnahm, sondern in eigener Regie weiterentwickelte, wurde die Treue zur Erinnerungsgestalt der Vorgängerbauten immer weniger zum Thema. Der Neubau des Kölner Domes ist hierfür das herausragendste Beispiel. Auf einmal war es erstrebenswert, modern, ja vielleicht sogar modisch zu sein. Bekanntlich wurde im 13. Jahrhundert die Mode zu einem gesellschaftlichen Phänomen *par excellence*.[10] Das Kölner Domkapitel, Bauherr der Kathedrale, rekrutierte sich aus den ersten Familien des deutschen Hochadels. Den Zusammenhängen zwischen adeliger Repräsentation und dem Zurschaustellen modischen Designs, von der Kleidung bis zur Architektur, sollte einmal intensiver nachgegangen werden, denn es könnte sich hierbei durchaus um ein kulturgeschichtliches Schlüsselphänomen der Gotik handeln.

In seiner Innovationskraft nochmals übertroffen wurde der kreative Geist, der beim Kölner Dombau herrschte, von den Entwerfern der 1277 begonnenen Straßburger Westfassade.[11] Die Eleganz, der Formenreichtum und die technische Brillanz des freistehenden Maßwerkschleiers der Straßburger Hauptfront waren und blieben einzigartig. Die hier realisierte Architektur darf mit Fug und Recht als Höhepunkt jener nach Neuerungen geradezu süchtig erscheinenden Phase der Gotik bezeichnet werden, die mit dem Ende der Stauferzeit im Reich einsetzte. Speziell in den Jahrzehnten um 1300 hatte die Straßburger Münsterbauhütte ein künstlerisch-technisches Niveau und eine gestalterische Eigenständigkeit erreicht, wie sie in Europa zu dieser Zeit nur noch Italien, aber in ganz anderer Weise, an den Tag legte.

Die Auseinandersetzung mit der Gotik führte in Italien während des 13. Jahrhunderts zu Schöpfungen, die sich durch eine besondere Weite der Räume, Klarheit und Übersichtlichkeit des architektonischen Gefüges auszeichnen. Der Höhepunkt dieser produktiven Gotikrezeption ist mit dem Namen Arnolfo di Cambio verbunden, der für das um 1295 in Gang gesetzte Neubauprojekt des Florentiner Doms verantwortlich zeichnete. Der überwältigenden Größe der nordfranzösischen Kathedralen hielten die Italiener die kraftvolle Monumentalität einer Baukunst entgegen, die nach wie vor vom antiken Vorbild gegliederter Mauermassen geprägt war. In einem Land, das nach allen Seiten offen war und dessen Architekten sich während des ganzen Mittelalters eklektizistisch verhielten, indem sie antike, byzantinische und aus dem Bereich nördlich der Alpen stammende Formen verarbeiteten und ohne Scheu miteinander kombinierten,[12] stellte seit ca. 1220 die Gotik eine zusätzliche Option dar. Um *à jour* zu bleiben, demonstrierte man die Kenntnis der Gotik anhand eines partiell eingesetzten neuen Formenmaterials, aber nie ging es darum, bestimmte nördlich der Alpen gelegene Vorbilder gleichsam wörtlich umzusetzen. Das gilt selbst für Süditalien unter der Herrschaft der französischen Könige aus dem Hause Anjou, die dort 1266 die Nachfolge der Staufer angetreten hatten.[13]

Insbesondere in ihren Anfängen erweist sich die „italienische Gotik" als ein Phänomen, das aus lauter voneinander unabhängigen Einzelfällen besteht. Von einer geradlinigen „Entwicklung" kann noch weniger die Rede sein als in den deutschsprachigen Gebieten. Dies lässt sich anhand der vier wohl wichtigsten Bauwerke aufzeigen, die in Italien zwischen 1220 und 1250, also zur Zeit der kaiserlichen Herrschaft Friedrichs II., in der nördlichen Hälfte der Apenninhalbinsel errichtet oder zumindest angefangen wurden. Es handelt sich ausnahmslos um Ordenskirchen.

Sant'Andrea in Vercelli ist das früheste Bauwerk Italiens, das eindeutig mit Elementen der Gotik versehen wurde, die sich nicht auf das Dekorative beschränkten. Als 1219 erfolgte Neu-

6 Vercelli, Sant'Andrea, Äußeres von Südwesten, 1220er Jahre

7 Vercelli, Sant'Andrea, Inneres nach Nordosten, 1220er Jahre

gründung der Augustiner-Chorherren von Saint-Victor in Paris hatte die Anlage keinen Vorgängerbau zu ersetzen, und sie diente auch nicht als Pfarrkirche.[14] Ein Konzept, das an ältere Traditionen hätte erinnern sollen, war also keineswegs zwingend (Abb. 6). Trotzdem reiht sich die Gestalt des Außenbaus mit ihrer „Schirmfassade", ihrer rund um den Bau laufenden Zwerggalerie und ihrem achteckigen Vierungsturm ganz in die Tradition der oberitalienischen Romanik ein. Die schlanken, neben der Fassade stehenden Westtürme greifen das nur weniger ältere Vorbild der (gerade in diesem Bereich unvollendeten) Wallfahrtskirche von Borgo S. Donnino (Fidenza) auf.[15] Das einzig „Gotische" am Außenbau von Sant'Andrea sind die Strebebögen, aber sie fallen im „romanischen" Gesamtbild kaum ins Gewicht. Die äußere Gestalt von Sant'Andrea hat eine emblematische Funktion; mit ihr demonstrierten die Viktoriner ihre Einbindung in das lokale Ambiente, und es wird wohl Kardinal Guala Bicchieri, der aus Vercelli stammende Gründer der Institution gewesen sein, der dafür den Ausschlag gab. In großem Kontrast zum Äußeren ist das Innere dieser dreischiffigen Basilika mit gestaffelten Chorapsiden eindeutig von der Gotik Frankreichs geprägt (Abb. 7). Die Pfeiler – Rundstützen, deren Kern zwischen den darum herum gruppierten Säulchen sichtbar bleibt – imitieren eine Form, die sowohl in den Langhausseitenschiffen von Notre-Dame in Paris (ab ca. 1180) als auch in der Kathedrale von Bourges (ab ca. 1195) zu sehen ist. Vor allem die Kohärenz des Systems, die darin besteht, dass den Säulchen je nachdem die Profile der Arkaden, Rippen oder Gurtbögen entsprechen, spricht für eine genaue Kenntnis des gotischen Gliederungssystems nördlich der Alpen.

Einem völlig anderen Bauprogramm folgt die 1228 begonnene Hauptkirche der Franziskaner in Assisi (Abb. 8).[16] Mit dem Neubau von S. Francesco schenkte Papst Gregor IX. dem neuen Orden ein Bauwerk, das die Funktion der Begräbnisstätte seines soeben heiliggesprochenen Gründers mit derjenigen der Pilger- und Klosterkirche vereinigte. Eine architektonische Umformulierung älterer Traditionen wäre hier geradezu widersinnig gewesen. Vielmehr war, genauso wie für die fast gleichzeitig entstandene Elisabethkirche in Marburg, etwas grundsätzlich Neues gefragt. In Assisi war das eine Gesamtform, die das Armutsideal des heiligen Franz nicht allzu offensichtlich Lügen strafte. Die Lösung bestand in der Kombination zweier übereinander gelagerter Saalbauten

8 ▲ Assisi, S. Francesco, Äußeres von Südosten, ab 1228
9 ► Florenz, S. Maria Novella, Inneres nach Südosten, ab ca. 1245

aus dicken Mauern, beide mit sehr tiefen Jochen und Querhaus. Die für das Heiligengrab und die Pilger bestimmte kryptenhafte Unterkirche wirkt mit ihren mächtigen Bandrippengewölben „romanisch", während die Oberkirche eindeutig der französischen Gotik verpflichtet ist. Das bezeugen die dünngliedrigen, in die dicke Mauerschale gleichsam hineingestellten „Baldachine" der Gewölbe, aber auch die Kapitellplastik und die Maßwerke der Fenster. Der Laufgang, der wie in den Seitenschiffen von Notre-Dame zu Reims über einem massiven Wandsockel um das ganze Bauwerk herumführt, verwandelt sich im Querhaus sogar in eine kathedralhafte Triforiengalerie. Dennoch vermittelte S. Francesco vor der erst später eingeplanten Freskierung der Wände ursprünglich anders als heute nicht nur an seinem Äußeren, sondern auch in seinem Inneren den Eindruck monumentaler Schlichtheit, was von der Blankverglasung (nur das Chorhaupt hatte farbige Fenster) noch unterstrichen wurde.[17] Allein schon die Wahl des Bautypus Saalkirche war vom Wunsch nach lapidarer Einfachheit bestimmt, Analogien mit süd- oder westfranzösischen Beispielen sind zufällig. In der Oberkirche von Assisi ging es darum, mit den Mitteln der modernsten Gotik ein Bauwerk zu verwirklichen, das als Antithese zum überwältigenden Formenreichtum der Kathedralen Frankreichs oder der spätromanischen Bauten im deutschen Sprachraum verstanden werden sollte.

Erstaunlicherweise haben aber die Bologneser Franziskaner kurz danach eine Kirche errichtet, die sich sehr stark an den nordfranzösischen Kathedralen orientierte, auch wenn der architektonische Luxus der Vorbilder wohl in Anlehnung an die in Burgund von den Zisterziensern inszenierte Vereinfachung des Kathedraltypus gemildert wurde. Begonnen um 1236, weist S. Francesco in Bologna einen Chor mit Umgang und neun Radialkapellen, ein Querhaus und ein Längsschiff mit sechsteiligen Kreuzrippengewölben und Stützen auf, von denen einige die westlichen Querhauspfeiler von Notre-Dame in Paris „zitieren". Man kann das als Reaktion auf Assisi innerhalb des Ordens verstehen; dass damit an die Verbindung zur wissenschaftlichen „Kaderschmiede" der Franziskaner an der Pariser Sorbonne erinnert werden sollte, die ihrerseits in Konkurrenz zur Bologneser Universität stand, ist zwar eine bestechende Hypothese, aber keinesfalls sicher.[18]

Als die Florentiner Dominikaner in den 1240er Jahren den Bau ihrer Kirche Sta. Maria Novella planten,[19] waren sie sich wohl nicht bewusst, dass sie damit die wichtigste Etappe im Prozess der italienischen Auseinandersetzung mit der nordalpinen Gotik einleiteten: die Kreation der toskanischen Trecento-Architektur (Abb. 9). Der Grund- und Aufriss von Sta. Maria Novella, einer kreuzrippengewölbten Pfeilerbasilika mit rechteckigen Chorkapellen, Querhaus und dreischiffigem Langhaus, entspricht dem Typus einer Zisterzienserkirche, wie er in Italien um die Wende vom 12. zum 13. Jahrhundert mit den Bauten von Fossanova, Casamari und S. Galgano eingeführt worden war. Diese drei Bauwerke wurden immer wieder als „Promotoren" der Gotik in Italien bezeichnet, zu Unrecht, denn ihrer Struktur und ihrem Formenkanon nach gehen sie auf eine Gruppe von burgundischen Zisterzienserkirchen zurück, die, obwohl großenteils mit Kreuzrippengewölben versehen, nach den gängigen Kriterien der Stilgeschichte eindeutig „spätromanisch" sind.[20] Da das Management des kurz vor 1227 begonnenen Sieneser Doms jahrzehntelang in den Händen von Zisterzienser-Konversen lag, hat man die Baugestalt dieser hochbedeutenden Bischofskirche ebenfalls mit der „Zisterziensergotik" verbunden. Auch das war falsch, denn vor ihrer um 1300 erfolgten Aufstockung mit einem hohen gotischen Fenstergeschoss im Mittelschiff stand die Architektur des Sieneser Doms ausschließlich in der Tradition der nord- und mittelitalienischen Romanik, wofür unter anderem die kräftigen Gliederpfeiler mit dicken Halbsäulen, die Bandrippen und ein extrem niedriger Obergaden zeugten.[21] Auch die partielle Verwendung von französisch-frühgotischen Knospenkapitellen (ein Typus, der in Oberitalien bereits in der zwischen 1179 und 1207 errichteten Krypta von Borgo S. Donnino vorkommt[22]), ändert daran nichts. Derselbe stilistische Befund gilt auch für Sta. Maria Novella. Gotisch, oder anders ausgedrückt „modern" daran sind nicht die Einzelheiten von Struktur und Formenschatz, sondern eine bisher ungeahnte Weiträumigkeit. Die in den Ostteilen annähernd quadratischen, weiter westlich zusätzlich in die Länge gezogenen Joche und die sich durch die extreme Spannweite ergebende große Höhe der Arkaden lassen zusammen mit der niedrigen, lediglich durch Oculi beleuchteten Hochschiffzone einen breit gelagerten Raum entstehen, dessen Kompartimente fast ungehindert ineinander zu fließen scheinen. Dieses Raumbild nimmt dasjenige vorweg, das um 1300 den Dom zu Orvieto und in Florenz die Kathedrale ebenso wie die Franziskanerkirche Sta. Croce in noch viel monumentalerer Form bestimmen wird. Die „Gotik" im eigentlichen Sinne wird sich dabei auf die Fenstermaßwerke sowie am Florentiner Dom auf die Marmorinkrustation beschränken, die den Außenbau verkleidet, und das gilt auch für die Fassaden der Dome von Siena und Orvieto.

Doch diese überragenden Schöpfungen gehören einer Zeit an, in der die Herrschaft der Staufer längst erloschen war. Da aber bereits in der ersten Hälfte des 13. Jahrhunderts der Kulturtransfer stattfand, der die französische Gotik in das Heilige Römische Reich eindringen ließ, ist die Adaptation der neuen Bauformen in dem Sinne, wie sie hier anhand einiger repräsentativer Beispiele beschrieben wurde, zumindest in chronologischer Hinsicht eng mit dem Namen dieses Herrscherhauses verbunden. Ob das Neue der aus Frankreich stammenden Bau- und Dekorationsformen etwa von einem Friedrich II. zur Kenntnis genommen wurde, ist eine Frage, die uns keine Schriftquelle beantwortet. Aber die Vorstellung, dass der Kaiser anlässlich seines Aufenthaltes in Marburg, als er am 1. Mai 1236 zusammen mit den Erzbischöfen von Köln, Mainz, Trier und Bremen, dem Bischof von Hildesheim und Hermann von Salza, dem Hochmeister des von ihm so sehr geförderten Deutschen Ordens, der *Elevatio* des Leibes der heiligen Elisabeth nicht nur beiwohnte, sondern das Haupt der Heiligen mit einer Krone schmückte,[23] einen Einblick in die Baupläne der in Entstehung begriffenen Elisabethkirche genommen hat, ist verlockend. Zumindest wird man sagen dürfen, dass sich Friedrich II. als Auftraggeber zahlreicher Burgen und Residenzen generell für Architektur interessierte. Eine besondere Herzensangelegenheit scheint ihm die Anlage von Castel del Monte in Apulien gewesen sein. Ein Indiz dafür ist das berühmte Mandat, das der Kaiser am 29. Januar 1240 nach fünf Jahren Abwesenheit auf dem Rückweg in sein Königreich erließ. Darin fordert er seinen in Foggia sitzenden Großjustiziar eindringlich auf, in größtmöglicher Eile das nötige Baumaterial für diese Burg bereitzustellen, die damals wohl bereits in Arbeit war. Über die Zweckbestimmung dieses enigmatischen Bauwerks, bestehend aus einem zweigeschossigen mit einem Innenhof versehenen Oktogon, an dessen Kanten sich je ein ebenfalls achteckiger Turm erhebt, ist sich die Forschung bis heute uneinig.[24] Einigermaßen sicher ist nur, dass dieses herausragende

10 Castel del Monte, Saal im Obergeschoss, Kapitell einer Wandvorlage, 1240er Jahre

Stück Idealarchitektur weniger für praktische Funktionen als für solche der Repräsentation vorgesehen war. In unserem Zusammenhang ist es besonders interessant, dass bei der Gestaltung der luxuriösen Säle des Obergeschosses neben Formen aus der Antike durchaus auch solche der damals modernsten französischen Gotik zur Anwendung kamen (Abb. 10). Kennzeichnend dafür sind die Kreuzrippengewölbe mit Birnstabprofil. Aber bewusst wurden Kapitelle mit frühgotischen Knospen und solche aus naturalistischem, an den Dekor der Pariser Sainte-Chapelle erinnerndem Blattwerk mit antikischem Akanthus vermischt. In Castel del Monte gibt es nicht nur kanellierte Pilaster mit gotischen Blattkapitellen, sondern auch dreiteilige Säulenbündel *à la française*, deren Knospen- oder Blätterschmuck in geradezu ironischer Weise zu einem einzigen großen Kapitellkorb zusammenwächst – für einen orthodoxen Gotiker ein Horror! Es ist wenig wahrscheinlich, dass sich der letzte große Stauferkaiser persönlich um solche Details kümmerte, aber immerhin bestätigt Castel del Monte auf das Schönste, dass die neue Formensprache der Gotik selbst im multikulturellen süditalienischen Königreich Friedrichs II. für die Spitzenkräfte des Bauwesens eine ernstzunehmende Option bedeutete, sofern sie sie mit größtmöglicher Freiheit handhaben durften.

* Die Einleitung schrieb Peter Kurmann, Marc Carel Schurr steuerte längere Zusätze dazu bei. Die Ausführungen über die lothringische und mitteleuropäische Gotik stammen von Marc Carel Schurr. Die Teile, welche die französische und italienische Gotik betreffen, verfasste Peter Kurmann.

1 Kurmann 2007, S. 175 – 185.

2 Barnes 2009.

3 Kimpel/Suckale 1985.

4 Ausst.-Kat. Magdeburg 2009.

5 Für das Folgende siehe Schurr 2007a, S. 50 – 58 und 91 – 93.

6 Ebd., S. 12 – 49 und 65 – 112.

7 Die Westfassade von Toul stammt zwar erst aus dem 15. Jahrhundert, aber ein repräsentativer Westabschluss war wohl von Anfang an vorgesehen (siehe Villes 1983, S. 131 – 157).

8 Nussbaum 2005, S. 111 – 117.

9 Schurr 2007a, S. 59 – 173.

10 Scott 2007.

11 Schurr 2007b, S. 79 – 88.

12 Trachtenberg 1991, S. 22 – 37.

13 Bruzelius 2005.

14 Schilling 2004, S. 189 – 197.

15 Dazu siehe demnächst die Dissertation (HU Berlin) von Reinhard Rupert Metzner, Zwischen Krone und Kurie – sakrale Baukunst des 12. Jahrhunderts entlang der Wege nach Rom.

16 Rocchi Coopmans de Yoldi 2002, S. 17 – 111.

17 Martin 1998b, S. 15 – 17, 19 – 20, 53, 79 – 82.

18 Schenkluhn 1985, S. 114 – 185.

19 Paatz 1937, S. 15 – 17, dem wir für die absolute Chronologie folgen; die relative Chronologie, erörtert von Fiamminghi 2004, S. 233 – 242, widerspricht ihr nicht.

20 Winterfeld 2006, S. 519 – 520.

21 Ebd., S. 521 – 542.

22 Kojima 2006, S. 18 – 19, 70 – 73, Taf. 4, 142 – 155.

23 Reudenbach 2007, S. 193 – 202.

24 Der jüngste Vorschlag – Initiationstempel eines vom Kaiser geplanten Juristenordens – fügt sich in die Reihe anderer esoterischer Interpretationen ein, obwohl der Verfasser die Forschungslage verdienstvoll zusammenfasst: Legler 2008.

Martin Kintzinger

Macht des Wissens: Die Universitäten Bologna und Neapel

1. Wissen, Innovation, Region, Macht

„Wissen" ist heute zu einem erstrangigen Schlagwort in der öffentlichen Diskussion geworden. Es wird in Zusammenhang von schulischer wie universitärer Bildung und von funktionaler Ausbildung wie beruflicher Qualifikation zitiert. Nicht selten wird es mit dem programmatischen Anspruch zusammengedacht, dass optimiertes Wissen für die Zukunftsfähigkeit der Gesellschaft notwendig sei. Wissen ist damit stets in einen zugeschriebenen Bedeutungsdualismus hineingestellt: zwischen allgemeinen Wissenshorizonten, Tradition und Erfahrung einerseits, aktuellem Spezialwissen und notwendig praktisch nutzbarer Kenntnis andererseits.

Diese Feststellungen gelten wie für die gegenwärtige so auch für die mittelalterliche Realität Europas. Indessen sind unsere Begriffe nur der heutigen, nicht auch einer vormodernen Realität entnommen. Es gibt unterschiedliche Wortprägungen aus der Zeit, die das Gemeinte beschreiben, indem sie es zugleich bewerten. Man unterschied im Mittelalter zwischen erstrebenswertem, gottgewolltem oder nützlichem Wissen und solchem, das als schädlich und unnütz galt. Ähnlich unterschied man zwischen einer Erneuerung, die als Reform frühere Idealvorstellungen wieder beleben wollte und einer solchen, die als Modernismus die Grundlagen der Tradition willkürlich verließ. Ein Gelehrter (*eruditus*) war derjenige, der die gelehrte Tradition des Wissens beherrschte und daraus Nutzen für die Gegenwart ziehen konnte. Weil er sich damit nach der Überzeugung seiner Zeit durch gelehrtes Wissen der Weisheit Gottes anzunähern vermochte (auch wenn er sie nie erreichen konnte), so galt er selbst als Weiser (*sapiens*). Gerade für das Wissen und die Wissenden war ein weites Wortfeld ausgeprägt worden.

Als Wissen kann (und soll im Folgenden) jede durch lernenden Erwerb und erfahrungsbedingte Einübung verdichtete Kenntnis verstanden werden, die den Wissenden zu besonderer Kompetenz in der Gesellschaft seiner Zeit qualifiziert. In der deutschen Gegenwartssprache ist der Begriff des Wissenden allerdings kaum eingeführt, anders als etwa im Französischen, das die *Gens de savoir* kennt, über deren mittelalterliche Repräsentanten der Pariser Historiker Jacques Verger 1997 ein instruktives Buch geschrieben hat.[1] Die wissensmäßige, zugleich funktionale und damit auch soziale Elite innerhalb dieser Personengruppe stellen die Gelehrten (im Französischen die *Savants*) dar, so insbesondere die graduierten Absolventen von Universitätsstudien.

Die Geschichte des Wissens im Mittelalter ist im Laufe einer langen Forschungsentwicklung beschrieben worden, früher als Bildungs-, dann genauer als Wissenschaftsgeschichte oder als Geschichte von wissenschaftlichen Disziplinen, des methodischen Denkens, der Universitäten und der Gelehrten, zuletzt als Geschichte einer Wissensgesellschaft im Mittelalter.[2]

Dagegen steht die Untersuchung von Innovation (ursprünglich ein Ansatz der Ökonomie) mit den Methoden der historischen Kulturwissenschaften noch am Anfang und ist insbesondere in der Mittelalterforschung bislang kaum thematisiert worden. Eine aktuelle einschlägige Studie behandelt die Innovationen und Innovationsregionen in der mittelalterlichen Universitätsgeschichte und ist von dem Berner Historiker Rainer C. Schwinges 2001 vorgelegt worden.[3] In der Adaptation auf die Erkenntnishorizonte der Mittelalterforschung ist im interdisziplinären Diskurs neuerdings die frühere Annahme eines solitären Innovators zugunsten des Innovationspotentials wissensbasierter Akteure relativiert worden. Vergers *Gens de savoir* und die Gesamtheit der Universitätsangehörigen jener Zeit könnten hier genannt sein. Entscheidend für die Zuordnung von Exempla wird indes die in der Ökonomie entwickelte Definition sein, wonach eine Innovation dann vorliegt, wenn aus einer Erfindung (Invention) eine dauerhaft wirksame Veränderung folgt.

In den historischen Kulturwissenschaften ist während der letzten Jahre die Raumperspektive ein zunehmend wichtiger Parameter geworden. Nicht zufällig behandelt einer der beiden jüngsten Aufsatzbände zum Thema der Innovation die „Innovationsräume". Dabei werden Räume als reale, raumzeitlich fassbare, aber auch als konstruierte Räume verstanden und es wird nach dem Konstruktcharakter historisch überlieferter Raumordnungen und Raumvorstellungen gefragt. Ein Entwicklungsraum (oder als kulturelle Einheit gefasst eine Entwicklungsregion) ist zweifellos beeinflusst, vielleicht auch geprägt von Zentren politischer Herrschaft, nicht aber mit diesen identisch. Im europäischen Mittelalter lassen sich derartige Entwicklungsregionen beispielsweise anhand von Verdichtungen des Handelsverkehrs oder kultureller Transferprozesse fassen. Beides war vor allem in Regionen mit besonderer Präsenz von Städten der Fall. Entwicklungsregionen des Mittelalters sind zumeist Regionen bzw. Räume von Urbanität, womit die erfolgreiche Entwicklung von Städten als Rechtskörperschaften, als Handelsplatz und Wirtschaftsstandort, als Ort (alternativer) sozialer Ordnungen und als Zentrum der Verdichtung und des Transfers von Kulturtätigkeit und Kulturbeziehungen bezeichnet ist.[4]

Seit Beginn der europäischen Universitäten im frühen 12. Jahrhundert und bis zur heutigen Gegenwart sind Universitäten stets in urbanen Räumen entstanden und entwickelt worden. Die Universitäten waren immer in einer Stadt lokalisiert, ohne doch dieser Stadt zugehörig zu sein. Sie waren niemals städtische Institutionen, sondern von Beginn an eigene Rechtskörperschaften innerhalb der Rechtsordnung einer Stadt. Krisen und Spannungen waren darin angelegt und führten vielfach zu Konflikten. Die drei Regionen staufischen Wirkens, die in der Ausstellung präsentiert werden sollen – der Rhein-Main-Neckar-Raum, Oberitalien und Sizilien – sind ihrerseits durch urbane Räume geprägt, und innerhalb derer finden sich drei Universitäten von herausragender Bedeutung – Heidelberg, Bologna und Neapel –, von denen die beiden letzten Gründungen der Stauferzeit sind.

Zugleich sollen die drei erwähnten Regionen als Räume der (staufischen Macht- und) Herrschaftsverdichtung verstanden werden. Damit ist zuletzt der Zusammenhang von Macht und Wissen zu überdenken. Wie Macht und Wissen eigenwillige und spannungsreiche Verbindungen eingehen können, ist bis heute bekannt. Dass Macht auf Wissen angewiesen ist, dürfte nicht umstritten sein. Inwieweit Macht sich aber Wissen zu Diensten machen und, vor allem, ob Wissen sich der Macht zu diesem Zweck anbieten dürfe, wird hingegen eher kontrovers beurteilt. Vorrangig ist nach den wissensbasierten Akteuren zu fragen, denjenigen also, die Macht einerseits und Wissen andererseits tragen und formen und jene, derer sie sich dabei bedienen. Königliche wie fürstliche oder bischöfliche Herren und städtische Räte kommen damit ebenso in den Horizont wie das Milieu der Wissenden und diese keineswegs nur als Ausführende oder auf obrigkeitliche Politik Reagierende, sondern als im eigenen Interesse selbstorganisiert und aktiv Handelnde. Die Entstehung und Entwicklung von Universitäten innerhalb der urbanen Zentren von Innovationsregionen stellt sich als komplexer Prozess der Kommunikation und des Konflikts zwischen unterschiedlichen Interessen und ihren Vertretern dar.

2. Universitätsgeschichte zwischen Region und Urbanität

Nicht vor 1348 konnte die erste Universität im Reich nördlich der Alpen eingerichtet werden. Der seit zwei Jahren amtierende deutsche König Karl IV. (1316 – 1378) gründete sie in Prag. Allerdings nahm er die Gründung nicht als deutscher König vor (oder etwa im Vorausgriff auf seine spätere Kaiserkrönung). Vielmehr legte er Wert darauf, als böhmischer Landesherr die Universität in seiner Residenzstadt zu stiften, damit seine dortigen Untertanen nicht länger zu Studienzwecken nach Italien reisen müssten. Gleichzeitig konnte er so der Neigung böhmischer Studienabsolventen entgegenwirken, am Ort ihrer Studien in der Ferne zu bleiben und nicht zurückzukehren. Wenn sie hingegen in Prag studiert hatten, konnte sie der König anschließend unmittelbar in seinen Dienst nehmen. Vor allem Juristen waren gefragt und insbesondere solche, die das römische Recht studiert hatten, die Legisten. Folgerichtig war die Universität Prag zunächst als Juristenstudium eingerichtet worden.

Von wenigen Ausnahmen abgesehen, wurden die europäischen Universitäten des weiteren 14. und des 15. Jahrhunderts ebenfalls von Fürsten gegründet, stets erklärtermaßen mit denselben Absichten, wie sie in Prag 1348 benannt worden waren. Dies galt auch für die Universität Wien 1365, eine Gründung des Herzogs von Österreich. In der heutigen Chronologie der Universitätsgründungen gilt Prag als die erste Universität auf dem Boden des Heiligen Römischen Reichs, Wien als die erste innerhalb des deutschen Reichs. Unmittelbar angeregt durch seinen Kontakt zu Kaiser Karl IV. gründete als nächstes der Herzog von der Pfalz die Universität Heidelberg 1386.[5] Gegenüber den west- und südeuropäischen Ländern zeigte das Reich in der Geschichte seiner Universitätsgründungen allerdings unübersehbar einen auffälligen Entwicklungsrückstand. Hier mag man tatsächlich von einem Süd-Nord-Gefälle sprechen.[6]

Diese Feststellung gilt für die Situation im Spätmittelalter wie auch für diejenige zwischen dem 11. und 13. Jahrhundert. Für die Regierungszeit Kaiser Friedrichs II. (1194 – 1250) in Sizilien ist das Süd-Nord-Entwicklungsgefälle jetzt, 2010, von Gundula Grebner am Beispiel der unterschiedlichen Formate hofgebundener Wissenskultur aufgezeigt worden.[7] Näherhin wird dabei nach dem Transfer mathematischen Wissens aus den Kulturen des Orients und anderen Wissensbeständen gefragt, die am Hof Friedrichs geschätzt und gefördert wurden, aber nicht unmittelbar mit universitärer Vermittlung verbunden waren. Dennoch seien derartige Inhalte von „intellektuelle[n] Praktiken" durchdrungen worden, die „dem universitären Umgang mit Wissen" entlehnt gewesen seien.[8] Jedenfalls am Hof des Königs von Sizilien in der Zeit Friedrichs II. ist das zeitgenössische wissenschaftliche und universitäre Wissen in Inhalten und Methoden rezipiert worden.[9]

In seiner Zeit reichte an Friedrich lediglich König Alfons X., der Weise, von Kastilien und Léon (1221 – 1284) heran, der bei der Doppelwahl von 1257 kurzzeitig die deutsche Krone beanspruchen konnte. Alfons förderte die kastilische Literatur, die Geschichtsschreibung und die Kodifizierung des Rechts, wirkte selbst als Autor literarischer und wissenschaftlicher Texte, förderte eine bedeutende Übersetzerschule in Toledo und erhob die bestehende Schule von Salamanca 1254 in den Rang einer Universität.[10]

Wissenschaften zu fördern hieß seit Jahrhunderten, Orte ihrer Pflege und Vermittlung zu gründen und auszustatten. Am Anfang aber stand ein völlig anderes Geschehen. Bereits seit dem frühen 12. Jahrhundert begannen aus teils weit älteren Schulen (für verschiedene Disziplinen und gelehrte oder auch praktische Wissensbestände) sogenannte Hohe Schulen hervorzugehen, die sukzessive dem institutionellen Zugriff der Kirche entwuchsen und nach einer Phase der Verselbständigung in frühe Formen von Universitäten übergingen. Solche Vorgänge fanden vielerorts statt, als geradezu autonome Formen der Selbstorganisation, die durchaus gegen die

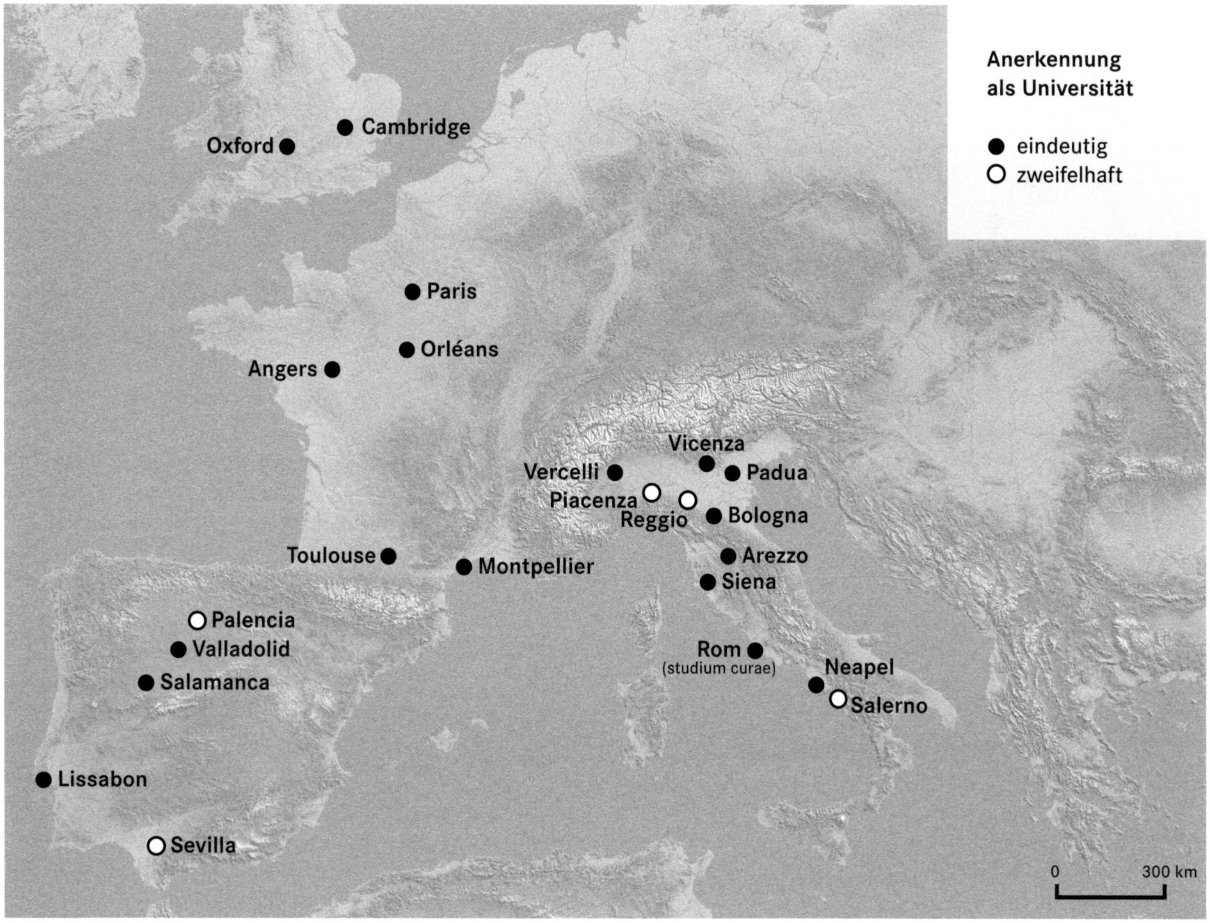

1 Universitätsgründungen vor 1300

etablierten Ordnungen und Institutionen, jedenfalls ohne deren Billigung abliefen.

Fürstliche Förderer konnten einen solchen Prozess der Verselbständigung neuer Formen von Wissenschaft und Wissensvermittlung gleichzeitig oder später durch Privilegierungen wirksam (oft sogar notwendig) unterstützen und sich zugleich den eigenen Nutzen durch Zugriff auf oder Anwerbung von Wissenden sichern, die in solchen Schulen und Universitäten ausgebildet worden waren. Dass ein Fürst einen Ort der Wissenschaft von sich aus stiftet und gründet, aus moderner Sicht vielleicht die naheliegendere Variante, war während der mittelalterlichen Anfänge der Universitätsgeschichte aber erst der zweite Schritt. Oberitalien und Sizilien als Entwicklungsräume der frühen Universitätsgeschichte bieten für beide Formen der Förderung geradezu paradigmatische Beispielfälle: Bologna und Neapel. Sie zeigen, dass in den staufischen Innovationsregionen des Südens sowohl aus der Selbstorganisation von innen als auch durch steuernden Eingriff von außen richtungweisende Impulse gegeben wurden. Die Innovation lag in beiden Fällen in der Entstehung und Etablierung einer Universität als Ort der Wissenschaft mit hohem gesellschaftlichem Nutzungspotential.

Höfe und Orte der Wissenschaft gingen im Rahmen der geschilderten Prozesse eine durch Interessenkonvergenz geprägte, ungewohnte Verbindung ein und gaben damit innovativen Regionen Kontur. Zugleich ließen sich in dieser Zeit die wissenschaftliche Arbeit von Gelehrten und ihre Wissensvermittlung an Schüler und Studenten noch kaum voneinander trennen: Schulen und frühe Universitäten waren nur ansatzweise institutionalisiert. Entscheidend für ihr Funktionieren waren die Personalität des Verfahrens von Wissenschaft und Unterricht und die personellen Netzwerke zwischen Lehrern und Schülern.

Aus der Sicht der Schüler und der Höfe, die gelehrte Absolventen suchten, war der Ort der Wissenschaft und Lehre weniger als Institution interessant und auch nicht über die Stadt, in der er sich befand, sondern über Ansehen und Leistung jener Lehrer, um deretwillen die Schüler genau diesen Ort aufgesucht hatten. Auch Lehrerpersönlichkeiten konnten so den Ruf einer Innovationsregion begründen und stärken.

Eine Karte der wissenschaftlichen Innovationsregionen des 13. Jahrhunderts müsste neben Sizilien und Oberitalien auch den Zentralraum der iberischen Halbinsel, die Mitte und den Süden Frankreichs sowie den Süden Englands umfassen. Sie wäre weitgehend deckungsgleich mit der Karte der Universitäten um 1300 (Abb. 1).

Dass sämtliche Universitäten in Städten angesiedelt waren, bestätigt sich in der Chronologie ihrer Entstehungen einmal mehr: Paris, Bologna und Oxford, die frühesten europäischen Universitäten im 12. Jahrhundert wie auch jene 16 Universitäten, die zwischen Vicenza 1204 und Montpellier 1289 im 13. Jahrhundert gegründet wurden, sowie die 26 Gründungen des 14. und die 32 des

15. Jahrhunderts waren allesamt in einer Stadt angesiedelt.[11] Dass Urbanität ein zentrales Element bei der Universitätsentstehung war – vor allem weil die Städte Rechtssicherheit und alltagspraktische Infrastruktur boten – ist seit langem bekannt. Im Umkehrschluss hat man die erstaunliche und schnell wachsende Prosperität der mitteleuropäischen Städte und die urbane Kultur seit der Zeit um 1000 auch mit der Erfolgsgeschichte der zur selben Zeit entstehenden Universität erklärt.

3. Bologna und Neapel und die zwei Wege der Universitätsentstehung

Die Anfänge der Universität Bologna stehen für das erste der hier skizzierten Entwicklungsmodelle, die Selbstorganisation – und liegen deshalb im Dunkeln. Was genau wann geschah, als Angehörige von vorhandenen Schulen sich zu einer größeren, mehr oder weniger geschlossenen Einheit fügten, hat keinen Niederschlag in schriftlichen Aufzeichnungen gefunden und ist daher nicht mehr nachvollziehbar. Paris und Bologna führen sich gleichermaßen auf Anfänge im späten 11. Jahrhundert zurück und können zahlreiche spätere Privilegierungen, nicht aber eine Gründungsurkunde vorweisen.[12]

Nur aus moderner Sicht ist in diesem Befund ein Problem zu sehen, weil man gern Gewissheit hat und Ereignisse genau datieren möchte. Mittelalterliches Denken war etwas anders organisiert: Als vornehmste Legitimation bestehender Zustände galt die Tatsache, dass es sie schon lange gab und sie aus der Tradition hergeleitet waren. Je länger eine Einrichtung bestand, desto mehr Ansehen konnte sie beanspruchen, und für diese Argumentation mochte es sogar günstig sein, wenn die eigenen Anfänge im Dunkeln lagen. Dann datierte man sie in längst vergangene, „unvordenkliche" Zeiten zurück. Der Phantasie waren hier kaum Grenzen gesetzt, so dass zahlreiche spätere Institutionen sich mit betonter Selbstverständlichkeit etwa als Gründung Karls des Großen ausgaben. Auch Orte der Wissenschaft erhoben diesen Anspruch. Andere führten sich auf spätantike Kaiser zurück, so den für seine Förderung der Rechte gerühmten Kaiser Justinian aus dem 6. Jahrhundert oder sogar die legendarische Figur des Königs Artus, der angeblich in der derselben Zeit gelebt haben soll.[13]

Auch in Bologna verfuhr man so. In einer undatierten Handschriftenillumination vermutlich aus dem späten 15. Jahrhundert ist dargestellt, wie ein Kaiser und ein Papst – wahrscheinlich Theodosius II. (401–450), auch er ein wirksamer Initiator von Rechtssammlungen und Förderer einer bedeutenden, später vielfach als frühe Universität bezeichneten gelehrten Schule in Konstantinopel sowie ein zeitgenössischer (?) Papst – Privilegien an die Universität Bologna verleihen. Die Urkunde des Kaisers nimmt der heilige Petronius, in der Zeit des Theodosius Bischof von Bologna und später zum Patron der Stadt erhoben, in Empfang. Wie üblich in der Kunst der Zeit, sind die Personen in Kleidung und Habitus als Menschen des späten Mittelalters gezeigt (Abb. 2).

Auf der unteren Bildhälfte findet sich die entwickelte Universität selbst, repräsentiert durch das Kollegium der Doktoren (den Professorentitel führte man erst später ein).[14] Folgerichtig war die Handschrift, der man diese aufwendig gestaltete Miniatur einfügte, ein Statutenbuch der Universität Bologna, das unter anderem die Satzungen der Universität und ihre erhaltenen Rechtsverleihungen dokumentiert. Die bildliche Darstellung illustriert eine Gründungslegende, die mithilfe eines gefälschten Privilegs, angeblich aus spätantiker Zeit, in der Mitte des 13. Jahrhunderts entworfen worden war und seither nacherzählt wurde.[15]

Tatsächlich nachweisbar sind die ersten Spuren einer organisierten Gemeinschaft von Lehrenden und Lernenden in Bologna erst 1155. Als Friedrich I. auf dem Weg zu seiner Kaiserkrönung in Rom Bologna erreichte, traten die dortigen *scolares* (was sowohl Schüler als auch Gelehrte und insofern Lehrer heißen kann) an ihn heran und legten ihm eine in Gedichtform gefasste Bittschrift vor. Sie bezeichneten sich selbst als jene, die ein Studium durchführen wollten (*studium exercere volentes*, was allgemein das Bemühen um – in diesem Fall – die Wissenschaft meinte), zu diesem Zweck nach Bologna ziehen und sich dort aufhalten müssten. Von dem künftigen Kaiser erbaten sie nun eine Schutzzusage, damit sie auf ihren Wegen nach und von Bologna und in der Stadt selbst (*stantes nec euntes nec redeuntes*) gegen die Übergriffe Dritter geschützt seien.[16]

Als Friedrich drei Jahre später, nach erfolgreicher Kaiserkrönung, wieder in Bologna war, ließ er eine Urkunde ausfertigen, die dem damaligen Verlangen der Gelehrten entsprach. Er maß ihr so weitgehende Bedeutung zu, dass er sie in die Sammlung der kaiserlichen Rechtsverordnungen aufnehmen ließ. Nach ihrem ersten Wort wird sie als Authentica „Habita" bezeichnet. Darin erklärt der Kaiser, dass er die zu Studienzwecken wandernden Scholaren (*causa studiorum peregrinantur scolar[es]*), die wegen ihrer Liebe zur Wissenschaft vor Ort Fremde geworden seien (*amore scientie facti exules*), unter seinen Schutz stelle: Sie sollten fortan vor jeder Art der Nachstellung sicher sein und durften sich im Konfliktfall einem ihrer Lehrer (*magister*) als Richter unterstellen.[17] Aus späteren Berichten wissen wir, dass Lehrende und Lernende auf ihrer Wanderschaft und in der Stadt seither vielfach genauso wenig gesichert waren wie zuvor. Eine solche kaiserliche Rechtsverleihung zu erhalten, war eine Sache, ihre Geltung durchzusetzen, eine andere. Universitätsgeschichtlich bedeutsam ist aber, dass die bestehende Gemeinschaft der *scolares*, ohne dass irgend Näheres über sie zu erfahren ist, als Gemeinschaft angesprochen war, der eine Schutzzusage und Rechtskompetenzen verliehen wurden. Sie wurde damit zur Rechtskörperschaft erklärt. Als solche war sie mit ihren Angehörigen dem üblichen Instanzenzug der Rechtsprechung entzogen, nicht mehr zwangsläufig der Jurisdiktionsgewalt des Ortsbischofs oder seiner Funktionsträger unterstellt, sondern berechtigt, sich bei Bedarf einen eigenen Richter aus den Reihen der Lehrenden zu wählen.

Auch der Kaiser vollzog damit einen innovativen Akt. Was aber Bologna als Ort einer Innovationsregion erkennen lässt, war die Vorgeschichte: Die Existenz einer offenbar nicht wenige Personen aus verschiedenen Regionen Italiens und Europas umfassenden Gruppe von Rechtskundigen, die sich in der Sammlung, Auslegung und lehrenden Vermittlung des gelehrten Rechts etabliert

2 Fiktive Szene der Übergabe von Gründungsprivilegien für die Universität Bologna durch Kaiser Theodosius II. und einen Papst in einem Statuten- und Matrikelbuch des Collegio dei dottori, giudici e avvocati von 1467, Bologna, Archivio di Stato, Cod. min. 40, fol. 1r

hatten. Sie waren sehr wahrscheinlich deshalb von weither nach Bologna gekommen (weshalb sie Schutz auf den Wegen benötigen), weil sie von dem Ruf der dortigen Rechtsschulen gehört hatten, dort lernen und vielleicht vor Ort bleiben oder das Gelernte wieder mit in ihre Herkunftsregionen nehmen wollten. Die Rede davon, dass die Untertanen nordalpiner Reiche zum Studium nach Italien zögen, wie sie in späteren Generationen üblich und zur Begründung eigener Universitätsgründungen herangezogen wurde, kam also nicht von ungefähr. Bologna blieb das Zentrum, doch schon bald kamen weitere Universitäten in Oberitalien hinzu, die unter jeweils eigenen Umständen, aber auf der Grundlage eines Gründungsaktes entstanden, so etwa Arezzo 1215 und Padua 1222 oder Siena 1245.[18]

Ganz ähnlich verlief die Entwicklung in Paris und vermutlich ungefähr gleichzeitig. Innovation bedeutet zumeist nicht, etwas völlig Neues zu installieren, sondern eine neue, nützliche und zukunftsweisende Entwicklung in der eigenen Zeit aufzunehmen, sich anzueignen, sie strukturell zu integrieren und selbst weiterzuentwickeln. Es gibt viele Unterschiede zwischen den Anfängen der Universitäten in Paris und Bologna, insbesondere dass in Paris die vier Fakultäten der *Artes*, der Theologie, der Medizin und der Rechtswissenschaften gelehrt wurden, in Bologna hingegen nur die Rechte. Was beide gemeinsam hatten, war die Teilhabe an der aktuellen wissenschaftlichen Methode ihrer Zeit, der seit dem beginnenden 12. Jahrhundert aufkommenden (Früh-)Scholastik. Wenn tatsächlich die vorhandenen Schulen älter waren, hier wie dort, dann haben sie diese Methode nicht selbst entworfen, sondern übernommen, weil sie ihrer wissenschaftlichen Arbeit nützlich war oder (modern gesprochen) weil sie deren Innovationspotential erkannten. Zu Beginn des 12. Jahrhunderts setzte in Bologna nachweislich die wissenschaftliche Bearbeitung des überlieferten gelehrten Rechts ein, zunächst des römischen (oder Kaiserrechts, der Legistik), dann seit dem ersten Drittel des Jahrhunderts auch des kirchlichen Rechts (der Kanonistik), mit den Methoden der Scholastik. Im Kern bestand diese Methode darin, Autoritätentexte nicht mehr vorrangig zu rezipieren, sondern sie mit logisch deduzierten, kritischen Fragen zu konfrontieren, um durch das argumentative Abwägen von Für und Wider zu Entscheidungen oder Kompromissen finden zu können. Im Ursprung ein Verfahren der Philosophie, also der Artisten, wurde die scholastische Methode bald auf die Theologie angewandt und sodann auf die Rechtswissenschaft.

Es ging bei solcher methodischen Durchdringung wissenschaftlicher Arbeit keineswegs nur um eine theoretische Herausforderung. Was die Scholastik innerhalb der Rechtswissenschaft so erfolgreich machte, war die forensische Strategie argumentativer Logik, derer sich die Legisten im Dienst ihrer Auftraggeber bedienten, um deren Interessen berechenbar und nachhaltig durchzusetzen. Allmählich verbreitete sich an den Höfen, in der Kirche und auch in den Städten (in Oberitalien früher als im übrigen Europa) die Einsicht, dass man zur Wahrung der eigenen politischen, administrativen, wirtschaftlichen oder sonstigen Interessen des Rates und Dienstes gelehrter Legisten und Kanonisten nicht mehr entbehren könne. Ein zuvor in dieser Form unbekannter Arbeitsmarkt entstand, bei dem die Nachfrage nach rechtsgelehrten Spezialisten dem Angebot an Absolventen von den Orten der Rechtsgelehrsamkeit, den Universitäten, gegenüberstand. Der einzigartige Ruf Bolognas im hohen und späten Mittelalter gründete auf diesen Umständen und führte zu regem Besuch der Universität durch Studenten aus ganz Europa.

In der Frühphase der Universität behielten die entsprechenden Einrichtungen allerdings noch ihre Bezeichnung als Rechtschulen; der Universitätsbegriff wurde erst später auf sie angewandt. Wie erwähnt, waren die frühen Universitäten wie die früheren und zeitgleichen Schulen noch keine organisierten Institutionen, sondern personal gefügte, nur wenige Personen umfassende Verbände von Lehrern und ihren Schülern. Wenn an einem Ort der Wissenschaft von „Schulen" gesprochen werden kann, dann ist von dem Vorhandensein mehrerer solcher Verbände auszugehen. In ihren Anfängen während des frühen 12. Jahrhunderts wird sich die Universität Bologna in dieser Form dargestellt haben. So sind auch die Namen von bekannten Lehrern zu verstehen, die als bedeutende Kommentatoren des Rechts galten. Ihren Unterricht suchten die Studenten in Bologna, um von ihnen und ihren methodischen Arbeiten zu lernen. Ein Lehrer namens Pepo soll bereits im späten 11. Jahrhundert in Bologna gewirkt haben, von dem man aber wenig mehr weiß, als Lobpreisungen aus späterer Zeit berichten. Insbesondere der zwischen 1116 und 1140 in Bologna lehrende Irnerius fand zu bleibender Berühmtheit. Er war es, der eine logisch-kritische Fragetechnik auf die überlieferten Rechtstexte anwandte, die der Methode der Frühscholastik entsprach. Die seit dem 6. Jahrhundert ständig erweiterte Sammlung des Kaiserrechts wurde mit den Kommentaren (Glossen) des Irnerius der wissenschaftlichen Interpretation erschlossen. In der Bologneser Zeit des Irnerius – ob durch sein Wirken angeregt, lässt sich nicht mehr sagen – entstand schließlich die von Beginn an denselben methodischen Prämissen verpflichtete Sammlung des Kirchenrechts, die der Rechtsgelehrte Gratian (gest. 1160) um 1140 in Bologna initiierte. Er trug aus Rechtsurteilen der Päpste und Konzilien, aus den Schriften der Bibel sowie der Kirchenväter und einer Vielzahl anderer Textgattungen zusammen, was sich bis dahin als rechtsrelevante Überlieferung der Kirche angesammelt hatte, und fügte es in seine bis heute als *Decretum Gratiani* bezeichnete Zusammenstellung. Wie die Sammlung des Kaiserrechts so wurde auch diejenige des Kirchenrechts fortan beständig (und letztere sogar bis zur Gegenwart) fortgeführt: Die beiden großen lateinischen Rechtssammlungen der mittelalterlichen Welt waren entstanden und sie sind untrennbar mit der scholastischen Methode und mit der Universität Bologna verbunden.

Diese Innovation wirkte im besten Sinne universal, weil das Kaiser- oder römische Recht und das Kirchenrecht sowie die wissenschaftlichen Disziplinen ihrer Erforschung – die Leges bzw. die Legistik und die Dekretalen bzw. die Kanonistik – in der gesamten christianisierten Welt (und teilweise darüber hinaus) rezipiert und auf praktisch sämtliche gesellschaftlichen Realitätsbereiche angewandt wurden. Ihre Entstehung verdankte dieser Umstand letztlich dem Entwicklungspotential der selbstorganisierten Rechtsgelehrten von Bologna und ihrer Anwendung der scholastischen Methode auf die Rechtswissenschaft. Die Wirkung jenes gelehrten Rechts aber verdankte sich der Inanspruchnahme durch weltliche wie geistliche, fürstliche wie kommunale Obrigkeiten. Sie förderten die Rezeption des gelehrten Rechts, indem sie universitär gebildete Juristen anstellten, neue Universitäten mit juristischen

Fakultäten gründeten und ihre Herrschaft mithilfe des gelehrten Rechts (neu) organisierten. Dass die Juristen und insbesondere die Gelehrten des römischen Rechts, die Legisten, darüber eine beispiellose Karriere durchliefen und die Rechtswissenschaften bald als „einträgliche Wissenschaften" (*scientiae lucrativae*) galten, ergab sich geradezu zwangsläufig: „Die Bologneser Rechtswissenschaft verdankt ihre große Ausstrahlung ihrer Brauchbarkeit."[19]

Parallel zur methodischen Innovation an den Rechtsschulen entstanden in deren unmittelbarem Umfeld besondere Schulen für die Vermittlung der Notariatskunst (*Ars notariae*) und der Briefstellerei (*Ars dictandi*). Kanzleiorganisation und administrative Effektivierung von Herrschaft, im 12. und 13. Jahrhundert ein erstrangiges Thema an den europäischen Höfen wie in den aufkommenden urbanen Zentren, fand in Bologna ebenfalls das benötigte kompetente Personal. Schließlich gelang im 13. Jahrhundert, also noch zur Zeit der Staufer, in Bologna der Durchbruch einer neuen methodischen Lehre der Medizin, die später stark nachgefragt war und große Wirkung hatte.

Die Geschichte der Universität Neapel hingegen ist von Beginn an untrennbar mit dem Gestaltungswillen eines Herrschers verbunden, Kaiser Friedrichs II., bzw. mit dessen Regentschaft im Königreich Sizilien seit 1208. Als historischer Kern hinter den Mythen um Friedrich zeichnet sich eine intellektuell ungewöhnlich offene und interessierte Persönlichkeit ab, die auch wissenschaftliches Schriftgut, Denkansätze und Experimente rezipierte und als Autor und „Forscher" selbst mitgestaltete. Vor allem mathematisch-naturwissenschaftliche Fragestellungen fanden sein Interesse. In Sizilien, besonders am Ort seiner Jugendjahre, in Palermo, konnte er in wiederum singulärer Weise neben der lateinischen auch die griechische christliche Kultur sowie Einflüsse der arabischen Kultur kennenlernen und aufnehmen. An seinem Hof rief er später einen Kreis von christlichen, muslimischen und jüdischen Gelehrten zusammen, deren Dialoge und Werke von bedeutendem wissenschaftlichem Rang waren. Bis heute umstritten ist aber, inwieweit Friedrich nicht nur Initiator und Förderer, sondern auch selbst Teilnehmer an deren Arbeit war.[20] In dem von ihm selbst verfassten Buch über die Jagd mit Vögeln bezeichnete sich Friedrich als Forscher (*inquisitor*) und Liebhaber der Weisheit (*sapientie amator*).[21]

Systematisch oder enzyklopädisch waren seine Neugier und sein wissenschaftliches Interesse aber offenkundig nicht. Der Biograph Hubert Houben fasste den weiten Horizont seiner Interessen in die Bezeichnung als „Jäger und Intellektueller".[22]

Zu den verbindenden Linien zwischen den vielfältigen, persönlichen Interessengebieten Friedrichs gehört die praktische Nutzbarkeit wissenschaftlicher Erkenntnis. Aus seiner Einsicht in die Bedeutung der Medizin folgte die Regelung deren fachlicher Ausbildung an der Universität Salerno in den frühen zwanziger Jahren des 13. Jahrhunderts und die erste förmliche Approbationsordnung für praktizierende Apotheker und Ärzte 1231 und 1241. Nach der Aussage eines arabischen Chronisten ließ Friedrich in Lucera eine Einrichtung gründen, an der Fragen der Naturwissenschaften erforscht werden sollten.[23]

Auch Friedrichs Hinwendung zum gelehrten Recht erklärt sich aus der Absicht des praktischen Nutzens für seine Herrschaft. In seiner Zeit hatte sich ein Ringen zwischen Vertretern des römischen und des kanonischen Rechts um den Einfluss auf die weltliche Gesetzgebung ergeben.[24] Friedrich ließ auch hier einen Kreis von Gelehrten zusammenkommen und von ihnen ein grundlegendes Gesetzeswerk erarbeiten, das die rechtlich-administrative Gestaltung der Herrschaft im Königreich Sizilien auf eine gesicherte Grundlage stellen sollte. Als Konstitutionen von Melfi 1231 veröffentlicht, später vielfach erweitert und verändert, darf das Ergebnis jener im Auftrag des Königs erfolgten gelehrten Arbeit als eine frühe Form von politisch-rechtlicher Verfassungsordnung im Mittelalter gelten. Andernorts kaum in dieser Bedeutung erkannt und (vielleicht wegen der massiven, antistaufischen Propaganda der päpstlichen Kurie) kaum rezipiert, belegen die Konstitutionen eindrucksvoll die Stellung des Königreichs Sizilien unter Friedrich II. als Innovationsregion im damaligen Europa.

Ähnliches ließe sich zur Gründung der Universität Neapel bereits 1224 sagen, die allerdings in den anderen Reichen von den Zeitgenossen und Nachlebenden ebenso wenig (und vielleicht aus denselben Gründen wie bei den Konstitutionen von Melfi) als vorbildgebend erkannt, jedenfalls nicht als solches zitiert wurde. Gründungsurkunden für Universitäten des 13. bis 15. Jahrhunderts verwiesen gewöhnlich darauf, dass sie eine Einrichtung nach dem Vorbild der Pariser Universität schaffen wollten. Neapel wurde nicht als Bezugspunkt genannt. Dennoch hätte es sich institutionengeschichtlich genau genommen eher für eine solche Herleitung angeboten, denn Paris war wie Bologna selbstorganisiert entstanden, Neapel hingegen, wie sämtliche fürstlichen Gründungen des späteren Mittelalters, durch einen herrscherlichen Gründungsakt. Die Universität Neapel Friedrichs II., die bis heute seinen Namen trägt, war die erste landesherrliche (zudem ohne kirchliche Beteiligung entstandene) Universitätsgründung überhaupt, denn die erklärte Absicht ihres Gründers bestand darin, gelehrte „Beamte" für den königlichen Dienst und die Effektivierung der herrscherlichen Administration im Königreich Sizilien auszubilden, sie ausschließlich aus den Untertanen des eigenen Reichs zu rekrutieren und ihnen den Besuch anderer Universitäten zu untersagen.[25]

Die Universität Neapel wird allerdings bis heute gewöhnlich nicht unter den Orten der Wissenschaft genannt, zu denen Bologna ebenso selbstverständlich gezählt wird, und die Gründung der Universität Neapel durch Friedrich II. wird im Rahmen seiner territorialpolitischen und administrativen Maßnahmen behandelt, nicht im Zusammenhang seiner wissenschaftlichen Interessen.[26] Der Biograph Wolfgang Stürner hat 2000 die einzige aktuelle deutschsprachige Abhandlung zur Universitätsgründung Friedrichs veröffentlicht. Er betont, dass es sehr wahrscheinlich keine fest eingerichteten Schulen gegeben habe, an die die Universität hätte anschließen können, und dass Friedrich etwa mit programmatischen Überlegungen zu einem Stipendienangebot und zu einer angemessenen Besoldung der Lehrenden ungewöhnliche (moderne) Wege beschritten habe. Überraschenderweise und trotz aktueller politischer Spannungen verwies er offiziell auf das Vorbild Bolognas. Er bezog sich damit auf das Privileg seines Großvaters, Kaiser Friedrichs I., von 1158 für die dortigen *Scolares*. Die Universität Neapel kann deshalb als „Neubeginn von Grund auf, [...] ein Produkt allein des herrscherlichen Willens" verstanden werden. Gerade darin und insofern als Vorläufer der späteren territorialfürstlichen Landesuniversitäten wirkte Neapel wiederum vorbildgebend für die wenig späteren Gründungen einer päpstlichen Universität in Rom und der Universitätspolitik Alfons' von Kastilien.

Anders als Bologna ist aber Neapel sehr wahrscheinlich nicht in den Rang einer eigenständigen Rechtskörperschaft erhoben worden.[27] Auch in Neapel waren namhafte Gelehrte des römischen wie des kanonischen Rechts und auch der *Artes* tätig, die der Universität einen Ruf als angesehener Ort der Wissenschaft sicherten. Insoweit waren die Anforderungen der Wissenschaft und der herrscherliche Anspruch auf Ausbildung von Verwaltungs- und Rechtsfachleuten vereinbar. Hingegen scheint aber Friedrich ein Studium der Theologie nicht vorgesehen und das Studium der Medizin an der renommierten Schule in Salerno belassen zu haben. Unweit von Neapel gelegen, trug auch Salerno zur Bedeutung Süditaliens als universitätsgeschichtliche Innovationsregion erheblich bei.

Wie Bologna in Oberitalien von anderen prosperierenden Kommunen und späteren Universitätsstandorten umgeben war, so stand auch Neapel als urbanes Zentrum in Süditalien nicht allein. Der dortigen Universität kam der Rang einer eigenwilligen, in ihrer Zeit auffälligen, wenn auch umso mehr zukunftsweisenden Institution zu. Bei allen erheblichen Unterschieden zwischen beiden Räumen werden sie beide unbestritten in der Geschichte der Wissenschaft und der Universität im 12. bzw. 13. Jahrhundert als Innovationsregionen gelten dürfen.

1 Verger 1997.
2 Kintzinger 2003b; Kintzinger 2009, S. 290 – 299; Fried 2003a; Burke 2001.
3 Schwinges/Messerli/Münger 2001; Grasshoff/Schwinges 2008; Schwinges 2001, S. 31 – 44.
4 Schroer 2006, S. 227 – 231.
5 Salerno 1991, S. 146 – 153; zu Prag Kintzinger 2003a, S. 422 f.
6 Kehnel 2010, S. 265.
7 Grebner 2010, S. 220 – 229; vgl. Grebner/Fried 2008.
8 Grebner 2010, S. 229.
9 Vgl. Menzel 2003, S. 342 – 359.
10 Herbers 2006, S. 216 f. u. ö.
11 Die Zahlenangaben sollen lediglich die ungefähren Größenverhältnisse verdeutlichen und erheben keinen Anspruch auf Vollständigkeit. Übernommen aus: Cardini/Fumagallo Beonio-Brocchieri 1991, S. 230 f.
12 Kintzinger 2009, S. 291 – 299.
13 Vgl. Rexroth 1998, S. 13 – 48.
14 Vgl. die Beiträge des Sammelbandes: Schöpfer Pfaffen/Schwinges 2007.
15 Weimar 1983, Sp. 375.
16 Begegnung Kaiser Friedrichs I. mit Professoren und Studenten in Bologna (1155), in: Rüthing 1973, S. 32 – 34, hier S. 33.
17 Die Authentica „Habita" Kaiser Friedrichs I. (November 1158), in: Ebd., S. 34.
18 Müller 2008, S. 423; Verger 1993, S. 59.
19 Weimar 1983, Sp. 375.
20 Houben 2008, S. 146 – 150.
21 Ebd., S. 144.
22 Ebd., S. 140.
23 Ebd., S. 148.
24 Stürner 1996, S. 2 f.
25 Stürner 2000, S. 47 – 57, bes. S. 48 f., das folgende Zitat S. 49; Rüegg 1993a, S. 35; vgl. Friedl 2005.
26 Houben 2008, S. 42 f. Der thematisch überaus instruktive Katalogband: Ausst.-Kat. Oldenburg 2008 enthält keinen eigenen Artikel zur Universitätsgründung.
27 Stürner 2000, S. 49 – 51; Nardi 1993, S. 95.

Bernd Kluge

Die Monetarisierung Europas in staufischer Zeit

Wenn wir unter Monetarisierung den zum Alltag gehörenden selbstverständlichen Gebrauch von Münzgeld in allen Schichten der Gesellschaft verstehen wollen, so war Europa zu großen Teilen in staufischer Zeit davon noch weit entfernt und auch am Ende des Mittelalters war dieser Zustand keineswegs überall erreicht. Aber man wird durchaus sagen dürfen, dass in staufischer Zeit fast überall in Europa wichtige Entwicklungen auf diesem Weg erfolgt sind und die ersten Schritte getan wurden, mit denen das aus karolingischer Zeit stammende mononominale Pfennigsystem zu einem differenzierteren, mehrstufigen Geldsystem, wie es für Spätmittelalter und Neuzeit charakteristisch ist, umgebaut wurde.

Das europäische Geld zu Beginn der Stauferzeit ist Pfenniggeld und dies auf Grundlage des durch die karolingischen Reformen Ende des 8. Jahrhunderts geschaffenen Systems: 12 Pfennige galten einen Schilling (*Solidus*), 20 Schillinge (240 Pfennige) galten ein Pfund bzw. eine Mark. Schilling, Pfund und Mark sind reine Rechengrößen und als Münzen real nicht geprägt worden. Ausnahmen von diesem System bilden lediglich die seit dem 8. Jahrhundert durch die arabische Eroberung zur islamischen Welt gehörende iberische Halbinsel mit einer Währung aus Gold und Silbermünzen (*Dinare* bzw. *Dirham*), sowie das südliche Italien, wo unter byzantinischem und arabischem Einfluss sowohl Gold-, Silber- als auch Kupfermünzen benutzt wurden.

Außerhalb Iberiens und Süditaliens aber war der silberne Denar (Pfennig) der einzige Münzwert im Geldverkehr. Es gab ihn in sehr unterschiedlichem Äußeren und mit den vielfältigsten Bildern, aber immer auf der Basis von Silber und einer seit dem 10. Jahrhundert kaum noch 1,5 Gramm überschreitenden Gewichtsnorm. Im 11. und 12. Jahrhundert ging das Gewicht der Pfennige weiter zurück, wobei diese Gewichtsreduktion regional unterschiedlich stark ausfiel und eine einzelne Pfennigmünze im Extremfall nur noch 0,2 Gramm wog.

Seit dem 11. Jahrhundert sind auch Unterschiede im Silbergehalt festzustellen. So sind z. B. die französischen Pfennigmünzen im Silbergehalt schlechter als die gleichzeitigen englischen oder deutschen Pfennige.

Es ist zweifellos bemerkenswert, wenn am europäischen Geld- und Währungssystem über fast 500 Jahre keinerlei einschneidende Veränderungen festzustellen sind. Dieses Faktum lässt sich einerseits positiv als ein hohes Maß an Stabilität, andererseits negativ als Indiz für Stillstand bzw. nur sehr geringe Dynamik der wirtschaftlichen Entwicklung werten. Es ist als Tatsache zu konstatieren, dass ein in den karolingischen Reformen des 8. Jahrhunderts geschaffenes Währungssystem den folgenden fünf Jahrhunderten durchaus genügte, mit einem einzigen Münzwert auskam und alle Geschäfte auf der Basis von kleinen Silberpfennigen abwickeln konnte. Gegenüber dem ausgefeilten System der Spätantike mit mehreren Münzwerten in drei Metallen (Gold, Silber, Bronze bzw. Messing) wird deutlich, welche geldwirtschaftliche Talsohle das frühe und hohe Mittelalter bedeutete und wie vollständig die monetären Traditionen der Antike beseitigt worden sind.

Die Statik des Systems darf aber nicht darüber hinwegtäuschen, dass es im Laufe der Zeit sehr wohl Weiterentwicklungen gegeben hat, die vor allem mit der Ausweitung der Pfennigwährung auf bis dato münzlose Räume verbunden sind. Markierte der Rhein um 900 noch die Grenze der Münzgeldwirtschaft, so verschob sie sich im Laufe des 10. Jahrhunderts bis an die Elbe. Um die Jahrtausendwende traten dann die östlichen und nördlichen Länder Europas (Böhmen, Ungarn, Polen, Dänemark, Schweden, Norwegen) aktiv in die Münzprägung ein, auch wenn dort bereits Münzen in Form von Importen vor allem aus dem Kalifat und dem römisch-deutschen Reich, aber auch aus England und Byzanz, nicht unbekannt waren. Sie dienten aber fast ausschließlich der Hortung, wie zahlreiche Schatzfunde bezeugen. Sofern sie als Zahlungsmittel benutzt wurden, geschah dies nicht als genormtes Zahlungsmittel wie im Westen, sondern als Silber nach Gewicht im System einer Gewichtsgeldwirtschaft. Die skandinavischen und slawischen Silberschatzfunde zeigen, dass im 11. Jahrhundert bereits ein beachtliches europäisches Münzpotenzial existierte, dessen Hauptproduzenten das römisch-deutsche Reich und England waren. So häufig deren Zahlungsmittel in den nordischen und östlichen Schätzen auftreten, so selten werden sie in den Ursprungsländern gefunden. Dieses Phänomen ist in der Numismatik vielfach diskutiert worden. Die darauf gegebenen Antworten sind unterschiedlich. Zum einen wird angenommen, dass die deutsche wie die angelsächsische Münzproduktion hauptsächlich auf diesen „Export" in den Norden ausgerichtet war, wobei sich für die angelsächsischen Münzen aus den in den Schriftquellen genannten hohen Tributen an die Wikinger (*Danegeld*) eine Bestätigung dieser Deutung ergibt. Ähnliche Tributzahlungen sind für das Reich nicht überliefert, so dass der Abfluss deutscher Münzen in den Norden vor allem mit dem Fernhandel erklärt wird, und in der Numismatik vom „Zeitalter des Fernhandelsdenars" gesprochen wird. Möglicherweise waren die Münzen im Inland auf Grund der hohen Exportnachfrage so knapp, dass sie aus diesem Grund nicht zur heimischen Schatzbildung genutzt wurden bzw. mit größerem Gewinn an die auf Silber fixierten Wikinger und Slawen abgegeben werden konnten. Es ist zumindest theoretisch nicht auszuschließen, dass die in den Wikingerschätzen deponierten deutschen Münzen ein gutes Geschäft für ihre Produzenten und einstigen Besitzer im Reich darstellten. Der meist erbärmlich abgenutzte Zustand der Münzen, die bisweilen kaum noch das Gepräge erkennen lassen, macht den Gedanken nicht ganz abwegig, dass man auf diese Weise auch nicht mehr kursfähiges Geld bei den Wikingern noch vorteilhaft loswerden konnte. In der ersten Hälfte des 12. Jahrhunderts läuft dieser „Münzexport" in den Norden aus. Die letzten großen Fernhandelsschätze dieser Zeit sind in Südschweden, auf der Insel Gotland und in Estland deponiert worden.

In Europa werden in staufischer Zeit ganz neue Entwicklungen in der Produktion, Benutzung und Aussehen des Münzgeldes sichtbar. Betrachten wir zunächst die Verhältnisse im römisch-deutschen Reich. Dort schlagen sich diese neuen Entwicklungen vor allem in drei Bereichen nieder: in der Frage des Münzrechts, in der räumlichen und zeitlichen Gültigkeit der Münzen sowie in der Veränderung der äußeren Form des Münzgeldes.

Betrachten wir zunächst das Münzrecht und damit die Frage nach den Urhebern der Münzen, den Münzherren. Das Münzrecht gehört zu den Regalien, d. h. zu den besonderen, allein dem König vorbehaltenen Rechten. Unter den ottonischen und salischen Herrschern ist es bereits, meist durch besondere urkundliche Verleihung, vorzugsweise an den geistlichen, in geringerem Umfang an den weltlichen Hochadel weitergegeben worden. Neben dem König existierten daher im römisch-deutschen Reich zu Beginn der Stauferzeit zahlreiche weitere Münzberechtigte. Dazu gehörten alle Erzbischöfe, die meisten Bischöfe, die Äbte bzw. Äbtissinnen der reichsunmittelbaren Klöster, die Herzöge und einzelne Grafen.

Der letzte Salier Heinrich V. (1105 – 1125) besaß exklusiv einige Münzorte (Reichsmünzstätten) wie Goslar, Duisburg, Dortmund, Aachen sowie Münzrechte in einigen, meist rheinischen Bischofsstädten. Diese Positionen sind dem Königtum unter Lothar von Süpplingenburg (1125 – 1137) und Konrad III. (1138 – 1152) weitgehend entglitten oder nicht zur Geltung gebracht worden. Unter dem Süpplingenburger scheint die königliche Münzprägung im Reich fast auf Null zurückzugehen, wobei allerdings zu berücksichtigen ist, dass wir für dessen kurze Regierungszeit durch eine im Inneren nach wie vor geringe Thesaurierungsrate und das gleichzeitige Auslaufen der Exportschätze des Nordens eine nur sehr geringe Überlieferung des tatsächlich umlaufenden Pfenniggeldes besitzen. Ähnliches gilt auch für den ersten staufischen König, der aber immerhin numismatisch etwas besser da steht.

Umso erstaunlicher ist der kraftvolle Wiederaufbau der königlichen Position im Münzwesen unter Friedrich I. Barbarossa. Dessen Politik ist nicht allein auf die Rückgewinnung des salischen Erbes gerichtet, sondern setzt neue Schwerpunkte. Die salischen Reichsmünzstätten Goslar, Duisburg, Dortmund und Aachen wurden sämtlich durch Barbarossa erfolgreich wiederbelebt und ihre Produktion zum Teil deutlich gesteigert. Das Entscheidende an Barbarossas Politik aber ist die Gründung neuer bzw. die Übernahme bereits existierender Münzstätten und dies bei allen sich bietenden Gelegenheiten und in den verschiedensten Teilen des Reichs (Lübeck, Altenburg, Saalfeld, Nordhausen, Mühlhausen, Nürnberg, Eger, Wetzlar, Frankfurt/Main, Gelnhausen, Oppenheim, Kaiserslautern, Annweiler, Hagenau, Schwäbisch Hall, Ulm, Überlingen, Schongau, Ravensberg). In dieser Politik war Barbarossa so erfolgreich, dass sie unter Sohn und Enkel, die sich persönlich nur selten im Reich aufhielten, offenbar als erprobte Konstante der Wirtschaftspolitik von der staufischen Reichsregierung fortgeführt wurde. Es ist kein Zufall, dass Friedrich II. 1220 bzw. 1232 den geistlichen und weltlichen Fürsten ausdrücklich versprechen musste, in ihren Territorien künftig keine königlichen Münzstätten mehr einzurichten.

Die Neugründung königlicher Münzstätten in der zweiten Hälfte des 12. Jahrhunderts steht in der Linie eines allgemeinen Gründungsbooms von Münzstätten in jener Zeit. Während für die ottonische und salische Zeit, also für den Zeitraum 919 – 1125, etwa 160 Münzstätten auf dem Gebiet des Regnum bekannt sind, von denen nur eine geringe Zahl kontinuierlich in Betrieb war, steigert sich diese Zahl in staufischer Zeit auf ca. 400, von denen allerdings auch nur ein geringerer Prozentsatz über den gesamten Zeitraum aktiv blieb. Hintergrund dieser Entwicklung ist zum einen ein höherer Geldbedarf und zum anderen ein Geldverkehr, der durch ein besonderes Regulierungssystem auf die am jeweiligen Ort oder in einer Region selbst produzierten Pfennige beschränkt wurde. An dieser regionalen Münzproduktion ist nun nicht nur der König, sondern in noch viel stärkerem Umfang auch der geistliche und weltliche Adel beteiligt. Überall schießen Münzstätten aus dem Boden, als deren Herren und Nutznießer sich Erzbischöfe und Bischöfe, Äbte und Äbtissinnen, Herzöge, Markgrafen, Grafen, Vögte und einfache Edelherren zu erkennen geben – oder eben auch nicht, denn zahlreiche der neuen Pfennige sind anonym, bisweilen auch „stumm", d. h. ohne brauchbare oder auch ganz ohne Schriftinformation. Während für die ottonisch-salische Zeit mit ihrem weiträumigen Münzexport in den Norden in der Numismatik die Bezeichnung der „Periode des Fernhandelsdenars" verwendet wird, spricht man von der staufischen Zeit als der „Periode des Regionalpfennigs". Etwas überspitzt ausgedrückt bedeutet dies: Der Pfennig galt nur dort, wo er geprägt wurde. Fremde Pfennige wurden im Geldverkehr ausgeschaltet, indem der Lokal- oder Regionalherr, gleich ob König, geistlicher oder weltlicher Fürst, den sogenannten Währungszwang praktizierte, d. h. den Zwangswechsel des fremden in sein eigenes Geld durchsetzte. Praktisch sah das so aus, dass ein Kaufmann auf einem Markt erst dann Geschäfte tätigen konnte, wenn er sich auch mit dem dort gültigen einheimischen Geld versorgt, d. h. sein mitgebrachtes Geld bei einem Wechsler entsprechend umgetauscht hatte.

Zu der regionalen Begrenztheit der Pfennige trat auch eine zeitlich beschränkte Kursfähigkeit. Über die Gültigkeitszeiträume der Münzen der ottonisch-salischen Zeit wissen wir nichts Genaues. Aus der Tatsache, dass auch in dieser Zeit ein Münzherr in seiner Regierungszeit mehrere Münztypen ausgab, lässt sich nicht zwingend folgern, dass damit die älteren Münzen jeweils ungültig wurden, doch dürfte wohl auch damals ein Umwechseln alter gegen neue Münzen mit Gebühren verbunden gewesen sein. In staufischer Zeit wurde nun dieser Münzwechsel zu einem perfekten Instrument der Geldpolitik. Sicherte der Zwangsumtausch fremder Währung dem Münzherrn die Besteuerung fremder Kaufleute, so konnten mit den Verrufungen (wie der regelmäßige Umtausch der eigenen Münzen genannt wird) auch die einheimischen Geldbesitzer erreicht und zur Kasse gebeten werden. Praktisch muss man sich das so vorstellen, dass zu jedem Jahrmarkt eine neue Pfennigemission aufgelegt wurde und man mit den Pfennigen des vergangenen Jahres nicht mehr bezahlen konnte, sondern sie ebenfalls erst einmal wechseln musste. Dass dabei der Münz- und Marktherr wiederum eine Gebühr einstrich, liegt auf der Hand. Genaue Angaben hierzu existieren nur vereinzelt, doch dürfte der Münzwechsel immer mit Verlust verbunden gewesen sein, wobei die gelegentlich bezeugte Rate von 12 alten Pfennigen (= 1 Schilling) für 9 neue Pfennige eine Vermögenssteuer von 25 Prozent bedeutete.

Ihren charakteristischen Ausdruck findet die neue Struktur eines regional beschränkten und zeitlich verkürzten Münzumlaufs in den Brakteaten – dünnen, leichten, einseitigen Silberpfennigen, die im zweiten Drittel des 12. Jahrhunderts in Ostsachsen und Thüringen aufkommen und bis zum Ende des 13. Jahrhunderts das Münzwesen im östlichen und südwestlichen Deutschland sowie in der Schweiz und in großen Teilen Nord- und Osteuropas bestimmen. Das Charakteristikum dieser neuen Münzsorte ist ihre Herstellung mit nur einem Münzstempel, so dass sie nur eine Vorderseite, aber keine Rückseite besitzen und auf Grund des hohen Reliefs sowie der außerordentlichen Dünne die Vorderseite auf der Rückseite in negativer Form zu sehen ist. Ihre extreme, fast papierne Dünne ist namensgebend für diese Münzen geworden, denn das lateinische Wort *bractea* bezeichnet ein dünnes Metallplättchen. Die deutsche Übersetzung wäre „Hohlpfennig", denn dem Wert nach waren die neuen Münzen, wie die normalen zweiseitigen Münzen auch, Pfennige. Die im Westen weiterhin in zweiseitiger Form gemünzten Pfennige bezeichnet die Numismatik zur Unterscheidung von den Brakteaten als Denare, gelegentlich auch in älteren Werken als „Dichtpfennige". Terminologisch korrekt ist die Bezeichnung Brakteat für eine hohl geprägte Pfennigmünze nur für die Zeit vor dem Aufkommen höherwertiger Münzen (Groschen), d. h. für den Zeitraum der regionalen Pfennigwährung mit den Brakteaten als einzigem Münzwert. In der späteren, je nach Region im Laufe des 14. Jahrhunderts sich unterschiedlich ausbildenden vielstufigen Wertelandschaft des Geldes ist die Bezeichnung Hohlpfennig angemessener, um auf diese Weise den Wert des zur untersten Nominalstufe gewordenen Hohlgeldes auszudrücken.

Eine Kosten sparende Münzherstellung mit nur einem Stempel, die im 13. Jahrhundert durch die Verwendung einer sogenannten Prägebüchse zur Herstellung mehrerer Brakteaten in einem einzigen Prägevorgang noch weiter rationalisiert wurde, ordnet sich einerseits gut in eine Entwicklung zu höherem Geldbedarf ein, und ist andererseits wiederum am ehesten in Gebieten vorstellbar, die selbst noch nicht durch monetäre Traditionen geformt sind. Insofern ist es nicht verwunderlich, dass die Brakteaten zur typischen Geldform der deutschen Ostkolonisation wurden. Thüringen und die Mark Meißen, Brandenburg, Mecklenburg, Pommern, Schlesien, Polen und das Gebiet des Deutschen Ordens sind klassische Brakteatenlandschaften gewesen. Andererseits haben aber auch Niedersachsen, der deutsche Südwesten und die Schweiz, wo die Münztraditionen durchaus weiter zurückreichen, die Brakteatenform übernommen. In Niedersachsen westlich der Weser, in Westfalen und den Rheinlanden ist man bei der gewohnten Münzform des zweiseitigen Pfennigs geblieben und in diesen Gebieten hat sich das System von Währungszwang und Verrufung auch nicht in so extremer Weise durchgesetzt. Das mag vor allem damit zusammenhängen, dass in Westdeutschland mit dem Kölner Pfennig die beste und verbreiteteste deutsche Pfennigsorte existierte, die gegenüber den andernorts rasch um sich greifenden Münzverschlechterungen stabil blieb und im Wirrwarr der lokalen Pfennigsorten einen relativ verlässlichen Maßstab bildete, auf den die anderen Währungen häufig umgerechnet wurden.

Ein rigide gehandhabtes System örtlicher und zeitlicher Kursbeschränkungen des Geldes dürfte in der Etablierungsphase monetärer Austauschverhältnisse mancherlei Vorteile gehabt haben. Es sorgte dafür, dass das Geld zirkulierte und nicht als Hortungskapital dem Geldumlauf entzogen wurde. Es sicherte nicht nur die Existenz zahlreicher Münzstätten, sondern mindestens ebenso zahlreicher Märkte (wo eine Münzstätte war, muss auch ein Markt existiert haben, sonst machte die Münzstätte wenig Sinn) und schützte beide in der Anfangsphase vor unliebsamer Konkurrenz. Die ständige Einlieferung und das Umprägen des Münzgeldes sicherte zugleich die Silberversorgung der Münzstätten, wobei durch neu entdecktes Bergsilber (1168 wurden die erzgebirgischen Vorkommen um Freiberg entdeckt) zusätzlicher Rohstoff zur Geldproduktion hereinkam und die kursierende Geldmenge weiter gesteigert werden konnte. Markt und Münze waren wesentliche Instrumente zum fürstlichen Territorialausbau im 12. Jahrhundert. Askanier, Ludowinger, Welfen und Wettiner sind damit groß geworden, aber eben auch die Staufer. Im Gefolge der Großen bauten auch zahlreiche kleinere Territorialherren mit den gleichen Instrumenten ihre Stellung aus, so etwa die Herren von Lobdeburg in Thüringen, die Münzstätten in Jena, Roda und Schleiz anlegten.

Haben Währungszwang und Verrufungen in der ersten Generation zweifellos einen bedeutenden Schub in der Monetarisierung von Wirtschaft und Gesellschaft gebracht, so traten in der zweiten und dritten Generation bald auch die Nachteile deutlicher hervor. Auf Dauer konnte ein ständiger Münzwechsel weder durchgehalten werden, noch ließen sich auf einer solchen Basis Handel und Wirtschaft großräumiger organisieren. Dafür war letztlich eine verlässliche, ausreichend und überall verfügbare und anerkannte Münze vonnöten. Insbesondere die Städte waren auf eine stabile Münze angewiesen und drängten auf einen nicht ständig erneuerten, sondern auf einen „ewigen" Pfennig. Dieses Bedürfnis erklärt den Siegeszug des Hellers. Ursprünglich eine von vielen Regionalmünzen mit der Heimat Schwäbisch Hall, in seiner innerer Güte durchaus nicht einmal zu den besten Münzsorten zählend, sondern eher im Gegenteil eine vergleichsweise schlechte Pfennigmünze darstellend, brachte er auf Grund seines verrufungsstabilen, unveränderten Erscheinungsbildes bei hohem Produktionsvolumen eine wesentliche Voraussetzung für ein überregionales Zahlungsmittel mit: Er war immer und überall verfügbar, und das Pfund Heller wurde ein Basiswert für das kaufmännische Geschäft. Nicht ohne Bedeutung für den Siegeszug des Hellers war sicherlich auch, dass es sich um eine Münzsorte aus einer königlichen Münzstätte handelte. Die Anfänge sind umstritten, doch dürfte die Gründung auf Friedrich I. Barbarossa zurückgehen. Größere Bedeutung erlang te die Münzstätte Schwäbisch Hall ab etwa 1200. Im Laufe des 13. Jahrhunderts verdrängte der Heller zahlreiche andere Regionalwährungen, wurde zur bedeutendsten Pfennigmünze Deutschlands im Spätmittelalter und neben Schwäbisch Hall in weiteren Münzstätten ausgegeben. Der am Beispiel des Hellers festzustellende Verdrängungs- und Konzentrationsprozess innerhalb der Regionalwährungen im Verlauf des 13. Jahrhunderts führte dazu, dass sich in der Regel die Münzen der politisch bedeutenderen Territorialfürsten gegenüber ihren kleineren Konkurrenten durchsetzten und deren Münzstätten wieder aufgegeben wurden.

Mit der Durchsetzung größerer Währungsräume war allerdings nicht immer der Verzicht auf die zyklischen Münzverrufungen verbunden. Der praktisch eine Steuer auf Barvermögen darstellende Münzumtausch bedeutete eine nicht unerhebliche Einnahmequelle, auf die von den werdenden Landesherren ungern verzichtet wurde. So hat in der Mark Brandenburg der jährliche Münzwechsel bis weit in das 14. Jahrhundert stattgefunden. Erst 1369 haben die Städte durch Zahlung großer Summen vom Markgrafen den Verzicht auf diese Praxis und gleichzeitig das landesherrliche Münzrecht für sich selbst erworben.

Wenn wir über das römisch-deutsche Reich hinausschauen, so lässt sich ein ähnliches System von Lokal- und Regionalwährungen bei deutlicher Zunahme der kursierenden Geldmenge in den meisten Ländern Europas feststellen. Eine Ausnahme bildet lediglich England, wo bereits seit dem Ende des 10. Jahrhunderts landesweit einheitliches Geld existierte. Größere Unterschiede gibt es in den Regelungen zur zeitlichen Gültigkeit der Münzen. In dieser Frage ist nach zwei Grundmodellen verfahren worden. Das eine ist das am Beispiel Deutschlands gezeigte Modell der periodischen Münzerneuerung durch Verrufungen. Es trifft auf den größten Teil Europas mit Ausnahme Frankreichs und der inzwischen durch die Reconquista wieder christlich gewordenen Teile der iberischen Halbinsel zu. Italien und England nehmen eine Sonderstellung ein.

Das französisch-iberische Modell kennt keine festen Verrufungszyklen und beruht auf einer längeren Gültigkeit der Münzen, die in der Regel nur bei Regierungsantritt eines neuen Herrschers verändert wurden. Ob damit auch ein Zwangsumtausch der alten Gepräge verbunden war, ist offen. Die Schwäche des französischen Königtums im 10. und 11. Jahrhundert und das gleichzeitige Erstarken der feudalen Gewalten spiegeln sich im Münzwesen dergestalt wider, dass die königlichen Münzen nur eine von vielen Geldsorten des Landes darstellten. Es dominierten die sogenannten Féodalprägungen, Pfennige, die von den zahlreichen Grafen und Vizegrafen sowie der Kirche ausgegeben wurden. Fast allen diesen Münzen ist eine Tendenz zur Immobilisierung zu eigen, d.h. sie wurden über Jahre und Jahrzehnte, in Einzelfällen sogar über mehr als ein Jahrhundert im Prinzip bildlich nicht verändert. Dabei wurde das ursprüngliche Bild immer schematischer und bisweilen fast zur Karikatur entstellt, wie bei den weit verbreiteten und andernorts nachgeahmten Münzen von Chartres (Typ *bléso-chartraine*). Die immobilisierten Pfennigsorten von Chartres, Le Mans, Le Puy, Melgueil, Poitou und Valence bildeten das vorgeschriebene Geld des französischen Heeres auf dem 1. Kreuzzug. Durch die Messen der Champagne wurden die Pfennige von Provins zu einer der wichtigsten und auch über Frankreich hinaus verbreiteten Pfennigsorte.

In den meisten Fällen ist es unmöglich, für die immobilisierten Münzsorten den individuellen Münzherrn und genauen Zeitpunkt der Ausgabe zu ermitteln. Bei dem Modell immobilisierter Regionalpfennige konnte zwar der Währungszwang, d.h. die Monopolstellung der einheimischen Münzsorte, durchgesetzt, aber keine Einnahmen aus Verrufungen erzielt werden, da der einmal in die Welt gesetzte Pfennig von Chartres oder Provins dort praktisch unbegrenzt lange gültig war. Für den Geldbesitzer war dies von Vorteil, er konnte sich der Kursfähigkeit seiner Münze auch im nächsten und übernächsten Jahr sicher sein und sich dementsprechend bevorraten. Für den Münzherrn stellte sich allerdings das Problem, wie er unter diesen Umständen seinen Münzgewinn realisieren wollte, da die Einnahmen aus dem Münzwechsel nur die fremden, nicht aber die eigenen Münzen betrafen. Vermutlich ging man den Weg eines erhöhten Zwangskurses der eigenen Münzen, d.h. allen Münzen eines solchen Typs *immobilisé* wurde ein Zahlwert verordnet, den nur die erste Emission hinsichtlich Gewicht und Silbergehalt noch erfüllte. Die danach aufgelegten Emissionen hatten bei gleichem Kurs ein geringeres Gewicht und einen verringerten Silbergehalt. Man kann diese Entwicklung am Erscheinungsbild französischer oder norditalienischer Pfennigmünzen deutlich ablesen, die im Laufe des 12. Jahrhunderts viel stärker an Gewicht und Edelmetall verloren als die deutschen oder englischen Pfennigmünzen. Die nicht mehr weiter zu treibende Verringerung der Pfennige war der Grund für den frühen Übergang zu Pfennigvielfachen (Groschen) in Norditalien am Ende des 12. Jahrhunderts. In Frankreich ist der Weg zum Groschengeld erst ab 1266 beschritten worden. Zunächst wurde unter Philipp II. Augustus (1180 – 1223) das System immobilisierter Pfennigmünzen mit einer neuen besseren Pfennigsorte, dem *Denier tournois*, reformiert und für ein gutes halbes Jahrhundert stabilisiert. In Deutschland und England mit ihren vergleichsweise guten Pfennigmünzen ist die Einführung von Groschengeld erst im späten 13. und 14. Jahrhundert erfolgt.

Neben dem in Deutschland und weiten Teilen Europas herrschenden System der Regionalpfennige als dem Normalfall geldgeschichtlicher Innovation der Stauferzeit, sind in zwei Regionen Entwicklungen zu verzeichnen, die bereits über dieses System hinausreichen und den Übergang zum höheren Monetarisierungsgrad des Spätmittelalters einleiten. Diese Regionen sind England und Italien. Von England ist ein eher konservativer Reformansatz innerhalb des bestehenden Pfennigsystems, von Italien eine das bisherige Pfennigsystem aufgebende völlige Neustrukturierung des Geldes ausgegangen. Betrachten wir zunächst England.

Seit 975 war das englische Geld landesweit einheitlich. Es wurde alle sechs Jahre, seit 1035 alle drei Jahre, eingezogen und durch neues ersetzt, was sich an dem regelmäßigen Bildwechsel der Gepräge ablesen lässt. In den anarchischen Zuständen nach dem Tode Heinrichs I. (1100 – 1135), seit Ende der 1130er Jahre, brach dieses unter Kontrolle der Krone stehende und bis dahin hervorragend organisierte System weitgehend zusammen. Unter Heinrich II. (1154 – 1189), dem ersten Plantagenet auf dem englischen Thron, wurde das Münzwesen reorganisiert und 1158 ein neuer, wieder einheitlicher Münztyp eingeführt, der nun nicht mehr nach drei Jahren wieder verrufen wurde, sondern bis 1180 unverändert blieb (sogenannter Cross-Crosslet oder Tealby-Typ). Die 1180 durchgeführte zweite Münzreform Heinrichs II. war von noch größerer Tragweite. Mit ihr wurde ein neuer, bedeutend schwererer Pfennigtyp eingeführt, für den sich bald die Bezeichnung Sterling einbürgerte. Sein Feingehalt von 925/1000 (Sterlingsilber) und das Pfund Sterling(e) (240 Stück) sind bis in die Neuzeit wichtige Größen im europäischen Münzwesen geblieben. Der erste Sterlingtyp (Short Cross-Sterling) blieb beinahe 70 Jahre, 1180 bis 1247, unverändert im Verkehr. Das bedeutete die völlige Abkehr vom Verrufungssystem und die Einrichtung einer stabilen und ausreichend verfügbaren Pfennigwährung. Nicht einmal die Namen der zwischenzeitlich regierenden Könige Richard Löwenherz (1189 – 1199) und Johann ohne Land (1199 – 1216) wurden auf den Münzen berücksichtigt, sondern der Name Heinrichs II. wurde beibehalten. 1247 wurde unter Heinrich III. (1216 – 1272) der Short Cross-Sterling durch den zweiten Sterlingtyp Long Cross ersetzt. Die Long Cross-Sterlinge waren über 30 Jahre bis 1279 im Verkehr. Beide Sterlingtypen stellten in ihrer Zeit, da das mittelalterliche Pfennigsystem in Europa allmählich aus den Fugen geriet, die weitaus stabilsten Münzen dar. Ihr Einfluss ist aus den Münzfunden und den zahlreichen Nachahmungen jenseits des Kanals, vor allem in den Niederlanden und Westfalen ersichtlich.

Zur Verbreitung und Beliebtheit der englischen Sterlinge in Europa trug auch das Lösegeld für den 1192 auf der Rückkehr vom Kreuzzug vor Wien gefangen genommenen englischen König Richard Löwenherz (1189 – 1199) bei. Von Herzog Leopold von Österreich an Kaiser Heinrich VI. ausgeliefert, wurde Richard auf der Burg Trifels in der Pfalz so lange gefangen gehalten, bis das riesige Lösegeld von 100 000 Mark Silber gezahlt worden war. Das Lösegeld ist in bar entrichtet worden, darunter wohl großenteils in Sterlingen, wobei 100 000 Mark einer Zahl von 2,4 Millionen Sterlingen entsprechen würden. Es ging zur Hälfte an Kaiser Heinrich VI., der daraus die Eroberung Siziliens finanzierte und das staufische Imperium nach Süditalien ausdehnte. Die andere Hälfte bekam Herzog Leopold, der zum Umprägen des englischen Silbers in eigene Münze die Münzstätte Wien einrichtete und auf diese Weise die Monetarisierung Österreichs einleitete.

Ausgangspunkt der Neuordnung der Geldverhältnisse in Norditalien war das starke Absinken des Pfenniggeldes. Seit der Mitte des 12. Jahrhunderts ist dabei in einer Differenzierung der Pfennigsorten der Ansatz für höhere Münzwerte erkennbar. In der Auseinandersetzung Friedrichs I. Barbarossa mit den lombardischen Städten, insbesondere mit Mailand, waren 1161/1162 neue kaiserliche Pfennige eingeführt worden, die Imperiales hießen und doppelt so viel wert waren wie die meisten Pfennige der italienischen Städte. Die eigentlich gegen Mailand gerichtete kaiserliche Maßnahme ist von der Stadt erfolgreich in ihr Gegenteil verkehrt worden, indem Mailand selbst *denarii imperiales* im Wert von zwei alten Mailänder Pfennigen prägte. Auch Brescia, Cremona, Mantua und Piacenza führten eine solche *moneta mezzana* ein. Neben dem Imperialis spielte der aus Kärnten eindringende Friesacher Pfennig der Erzbischöfe von Salzburg eine Rolle in der Bodenbereitung für die neuartigen abgestuften Münzsysteme. Ein Friesacher Pfennig hatte den Wert von 14 Veroneser (Berner) oder venezianischen Pfennigen.

Ende des 12. Jahrhunderts und in der ersten Hälfte des 13. Jahrhunderts entstanden in der Lombardei und der Toskana verschiedene Grossi, die den Gegenwert von 8 bis 12 Pfennigen, in Venedig bis zu 26 Pfennigen verkörperten und aus hochwertigem Silber bestanden. Der Beginn dieser Entwicklung um 1170/1180 scheint von Genua und Pisa ausgegangen zu sein, doch sind an der frühen Phase der Grossiprägung zwischen ca. 1180 und 1250 zahlreiche Städte beteiligt: Bergamo, Bologna, Brescia, Como, Cremona, Florenz, Genua, Lucca, Mailand, Parma, Pavia, Piacenza, Pisa, Siena, Trient, Venedig, Verona. Das revolutionär Neue besteht also nicht nur in der Überwindung der Pfennigwährung und Schaffung neuer, werthöherer Zahlungsmittel, sondern auch darin, dass erstmals seit der griechischen Antike die Städte wieder eine führende Rolle in der Gestaltung der Währung übernehmen, auch wenn sie vielfach in die Bilder und Umschriften der neuen Grossi die deutschen Könige/Kaiser setzen, denen sie ursprünglich ihr Münzprivileg verdanken. Ungeachtet der unterschiedlichen Bilder vermitteln die Grossi auf Grund des Gewichts, der Größe und des Stils einen einheitlichen Eindruck, in dem sich offenbar Münzabsprachen und Vereinbarungen der italienischen Städte dokumentieren.

Die Grossi spiegeln eindrucksvoll Wirtschaftskraft und Souveränität der lombardischen und toskanischen Städte in der ersten Hälfte des 13. Jahrhunderts wider. Handelsüberschüsse strömten in Form von Silber über die Messen der Champagne nach Italien zurück, Transport und Versorgung der Jerusalem-Pilger und Kreuzfahrer, Handel mit der Levante und Byzanz hatten für bedeutende Edelmetallmengen in den italienischen Städten, namentlich Venedig, Pisa, Genua, Mailand gesorgt und zugleich den Ware-Geld-Verkehr angekurbelt.

Bildlich stellen die meisten Grossi praktisch vergrößerte Pfennige dar. Sie sind auch im wahrsten Sinne die „großen Pfennige", denn zu dieser Zeit dürfte ein Grosso in etwa die Kaufkraft eines Denars aus der karolingischen Grundlegung des Pfennigsystems im 8. Jahrhundert gehabt haben. Je nach Qualifizierung der Tätigkeit verkörperte er den Tages- oder Wochenlohn eines Lohnarbeiters. Für die Münzproduktion bedeutete die Groschenprägung einen beachtlichen Rationalisierungseffekt, wenn nur noch ein einziges statt 8, 12 oder 24 einzeln zu fertigender Geldstücke hergestellt werden musste.

Den Durchbruch der italienischen Grossi zu einem weit über Norditalien hinausreichenden Gebrauch größeren Silbergeldes schaffte die venezianische Groschenmünze, der Matapan (*grosso matapan, ducato argento*). Seine umfangreiche Prägung erklärt sich aus dem 4. Kreuzzug. Venedig hatte sich verpflichtet, den Transport des Kreuzfahrerheeres ins Heilige Land per Schiff zu übernehmen, wozu der Bau der benötigten Flotte zunächst vorfinanziert werden musste. Als die Kreuzfahrer die vereinbarten Summen nicht zahlen konnten, ist als Gegenleistung für die Venezianer erst Zara in Dalmatien erobert und dann der Kreuzzug Richtung Byzanz umdirigiert worden. Die Eroberung von Byzanz und die Errichtung des lateinischen Kaiserreiches 1204 brachten der Lagunenstadt und ihrer Währung den Vorrang im östlichen Mittelmeerhandel. Nicht von ungefähr lehnte sich das Bild der Matapane eng an die Bildersprache der byzantinischen Münzen an.

Das Münzwesen des südlichen Italien (Apulien, Kalabrien, Kampanien, Sizilien) vereint bis ins 13. Jahrhundert byzantinische, arabische und europäische Elemente. Nirgendwo sonst in Europa ist diese Mischung anzutreffen, so dass Süditalien bis zur Stauferzeit numismatisch eine Sonderrolle spielt. Das normannische Münzwesen seit der ersten Hälfte des 12. Jahrhunderts besteht aus Goldmünzen (*Tari*), die sich nach arabischem, sowie Silber- und Kupfermünzen, die sich an byzantinischem Standard bzw. Äußeren orientieren. Die Gewichte der Taris schwanken stark, so dass offenbar nach Gewicht gezahlt wurde. Unter den Staufern sind die byzantinischen Muster durch Pfenniggeld nach europäischem Vorbild ersetzt worden. Diese Pfennige sind unter Friedrich II. (1197 – 1250) ständig verschlechtert worden und enthielten am Ende kaum noch Silber. Im Jahre 1231 führte Kaiser Friedrich II. eine neue Goldmünze nach europäischem Typ ein, den Augustalis.

Tafel 1
Deutsche Münzen der Stauferzeit

Brakteaten:

1 König Konrad III., um 1150, Münzstätte Mühlhausen?
2 Kaiser Friedrich I., um 1180, Münzstätte Altenburg / Saalfeld
3 Kaiser Heinrich VI., 1191 – 1197, Münzstätte Ulm
4 Kaiser Friedrich II., um 1230/40, Münzstätte Überlingen
5 Graf Bernhard von Anhalt, um 1170/80, Münzstätte Köthen
6 Herren von Lobdeburg, um 1180/90, Münzstätte Schleiz
7 Herzog Heinrich der Löwe, um 1170, Münzstätte Braunschweig
8 Erzbischof Christian von Mainz, um 1180, Münzstätte Aschaffenburg

Denare:

9 Kaiser Friedrich I., Münzstätte Frankfurt / Main
10 Kaiser Heinrich VI., Münzstätte Aachen
11 Kaiser Friedrich II., Münzstätte Dortmund
12 Erzbischof Adolf von Köln, Münzstätte Köln
13 Bischof Bernhard IV. von Paderborn, Münzstätte Warburg
14 Graf Adolf I. von Mark (1197 – 1249), Münzstätte Iserlohn
15 Markgraf Albrecht II. von Brandenburg (1205 – 1220), Münzstätte Brandenburg / Stendal
16 Herzog Heinrich der Löwe, um 1170/80, Münzstätte Regensburg
17 Schwäbisch Hall, Heller, 1. Hälfte 13. Jh.

18

19

20

21

22

23

24

25

26

27

28

29

30

31

32

33

34

35

36

37

Tafel 2
Europäische Münzen der Stauferzeit

Frankreich:
18 Grafen von Chartres,
Denier (Typ bléso-chartraine), 11./12. Jh.
19 Grafen der Champagne, Provins,
Denier, 12./13. Jh.
20 König Philipp II. August (1180 – 1223),
Denier tournois.
England:
21 Penny, ab 1158 (Tealby-Typ)
22 Short Cross-Sterling, ab 1180
23 Long Cross-Sterling, ab 1248.

Österreich:
24 Friesacher Pfennig der Erzbischöfe von Salzburg,
um 1170 – 1200
25 Herzoglicher Pfennig, um 1190 – 1210
Norditalien:
26 Verona, Denaro („Berner Pfennig"), um 1150 – 1200
27 Mailand, Imperialis (zu 4 Denaro), nach 1162
28 Lucca, Grosso (zu 4 Imperialis), ab 1180
29 Venedig, Grosso / Ducato argento / Matapan (zu 26
Denaro), ab 1194
30 Bergamo, Grosso (zu 6 Imperialis), ab 1236.

Süditalien und Sizilien:
31 Heinrich VI., Tari, ab 1194
32 Heinrich VI. und Konstanze, Denaro, ab 1194
33 – 35 Friedrich II., Tari, ab 1220, Augustalis, ab 1230,
Halbaugustalis.
36 Floren (Fiorino d'oro, Goldgulden), Florenz, ab 1252
37 Dukat (Zecchino), Venedig, ab 1284.

(Alle Münzen stammen aus dem Münzkabinett der Staatlichen Museen zu Berlin und sind im Maßstab 1,3 : 1 abgebildet. Details zu den Münzen im Interaktiven Katalog des Münzkabinetts im Internet unter www.smb.museum/ikmk.)

Die in Messina und Brindisi gemünzten Augustalen Friedrichs II. sind die ersten Bildnisgoldmünzen des abendländischen Kaisertums seit Ludwig dem Frommen (814 – 840). In der Kaiserdarstellung ganz im Stil römischer *Aurei/Solidi* gehalten, entsprachen sie in Gewicht (5,32 g) und Feingehalt (20,5 Karat = 851 / 1000, 4,54 g Feingold) aber weiterhin byzantinischem (Hyperperon) und arabischem (Doppeldinar) Standard. Aus der großen Zahl der verwendeten Stempel und der Existenz von halben und ganzen Augustalen lässt sich schließen, dass es sich nicht nur um Repräsentationsgepräge handeln kann. Ihre Ausmünzung wurde auch nach dem Tod Friedrichs II. bis 1266 fortgesetzt.

Mit den Augustalen sind in Europa nach mehr als 400 Jahren erstmals wieder Goldmünzen auf den Geldmarkt gebracht und damit für die Zeitgenossen reguläre Münzen mit bis dahin unvorstellbarer Wertgröße ausgegeben worden. Zwar war Goldgeld in Form byzantinischer Solidi und arabischer Dinare nicht ganz unbekannt, ist aber wohl nicht als Zahlungsmittel betrachtet worden, sondern war Pretiose und Teil von Fürstenschätzen. Die Benutzung der Augustalen im Geldverkehr dürfte sich auch auf die durch Byzanz und Araber an Goldgeld gewöhnte Zone des südlichen und östlichen Mittelmeers beschränkt haben. Die neue Entwicklung ist aber alsbald durch die in diesem Raum Handel treibenden norditalienischen Städte aufgegriffen worden. 1252 gaben zeitgleich Florenz und Genua Münzen aus praktisch reinem Gold heraus, die bei einem Gewicht von 3,5 Gramm den Wert eines ganzen Pfundes Pfennige (240 Stück) in einer Münze verkörperten. 1284 folgte Venedig diesem Beispiel. Der *Fiorino d'oro* (Floren) aus Florenz und der *Ducato* (Dukat) aus Venedig sind von kaum zu überschätzender Bedeutung für die europäische Geldgeschichte geworden. Damit war ein dreiteiliges Wertesystem des europäischen Geldes erreicht, das bis zum Ende des Mittelalters zwar noch weiter verfeinert und untergliedert, dessen grundsätzliche Struktur aber nicht mehr verändert wurde. Es bestand in seiner unteren Wertskala aus dem Pfenniggeld (wozu die Werte von ½ bis 2 Pfennig gerechnet wurden), im mittleren Wertebereich aus Groschengeld (4 bis 24 Pfennig) und im oberen Bereich aus Goldgeld (Floren / Dukat, 240 Pfennige). Goldgeld hatte keinen festen Kurs zum Silbergeld, sondern regelte sich nach dem schwankenden Wertverhältnis von Gold und Silber. Im Allgemeinen betrug dieses Verhältnis etwa 1:12. Auf dieser Basis ist schrittweise die weitere Monetarisierung Europas im Mittelalter erfolgt, wobei die Unterschiede zwischen geldwirtschaftlich entwickelten und unentwickelten Gebieten durchaus beträchtlich blieben.

Auf einen verschiedentlich schon angeklungenen Faktor von entscheidender Bedeutung für die Monetarisierung Europas soll abschließend noch kurz eingegangen werden. Gemeint sind die seit 1095 massenhaft unternommenen Fahrten in das Heilige Land, sowohl die Pilgerwallfahrten als auch die bewaffneten Kreuzzüge. Während einfache Pilger noch hoffen konnten, sich innerhalb von einigen Jahren mit Arbeit und milden Gaben auf irgendeine Weise nach Jerusalem durchzuschlagen, war ein Pilger, der seine Fahrt in geplanter Zeit zu Ende bringen wollte, auf ausreichendes Bargeld angewiesen. Ein Ritter, der das Kreuz nehmen wollte, musste sich dabei auch Gedanken über die Finanzierung machen und konnte nicht nur auf Gott und die mögliche reiche Beute vertrauen. Als das 1099 im 1. Kreuzzug eroberte Jerusalem 1187 wieder an die Muslime fiel, sollte mit einem gewaltigen 3. Kreuzzug die Stadt zurückerobert werden. Mit Kaiser Friedrich I. Barbarossa, dem englischen König Richard Löwenherz und dem französischen König Philipp II. August stellten sich die prominentesten Herrscher Europas an die Spitze der Bewegung. Für den Kreuzzug ist umfangreich gerüstet worden. Dafür ist in England und Frankreich 1188 eine besondere Steuer, der sogenannte Saladin-Zehnt, aufgelegt worden. Er betrug für jedermann zehn Prozent des Jahreseinkommens und des Wertes der beweglichen Güter. Lediglich die aktiven Kreuzzugsteilnehmer waren davon ausgenommen. In Deutschland wurde diese recht unpopuläre und schwer durchzusetzende Steuer nicht erhoben, sondern man setzte verstärkt auf die Spendenbereitschaft der Bevölkerung. Die deutschen Kreuzfahrer mussten jeder das Geld für zwei Jahre, mindestens aber 3 Mark Silber mitbringen. Dem lag ein Tageskostensatz von 2 / 3 Pfennig pro Mann zugrunde (3 Mark Silber = 480 Pfennige = 720 Manntage). Diese Zahl verdeutlicht, dass für ein großes Heer auch gewaltige Bargeldvorräte in Kriegskassen mitgenommen werden mussten. Vor einigen Jahren ist eine dieser Kassen aufgetaucht – ein in der Türkei gemachter großer Schatzfund deutscher Münzen aus der Zeit des 3. Kreuzzugs. Mit einem Gesamtgewicht von 8 kg Silber (ca. 35 Mark, etwa 7000 Münzen und Hacksilber) ist er etwas vorschnell zur „Kriegskasse Barbarossas" erklärt worden. Bei genauerer Betrachtung enthält diese Kasse allerdings nur Geld für umgerechnet etwa 8400 Manntage, hätte also nur ausgereicht, um 11 – 12 Kreuzfahrer zu unterhalten und wäre somit noch nicht einmal eine „Kompaniekasse". Der 1190 auf dem Kreuzzug verstorbene Landgraf Ludwig III. von Thüringen brachte allein 400 Mark mit, hätte davon also theoretisch 133 Mann unterhalten können. (64 000 Denare / Pfennige = 96 000 Manntage). Das französische Kreuzfahrerheer ist durch die Genuesen per Schiff ins Heilige Land befördert worden. Für 650 Ritter, 1300 Knappen und ebenso viele Pferde, Proviant und Futter für acht Monate und Wein für vier Monate kassierte Genua 5850 Mark Silber, also etwa knapp 1400 kg. Für diese Summe wiederum hätten im deutschen Kontingent 1950 Kreuzfahrer für zwei Jahre unterhalten werden können.[1]

[1] Allgemeine vertiefende Darstellung zum Thema bei Kluge 2007 und Spufford 1988. Rösch 1993 lenkt den Blick aus dem wirtschaftsgeschichtlichen Ansatz stärker auf den Bereich außerhalb des Münzgeldes („Ersatzwährungen" und bargeldloser Zahlungsverkehr). – Für die Stauferzeit in Deutschland bietet Nau im Katalog der Stauferausstellung 1977 einen detaillierten Münzkatalog und einen anregenden Essay zu Münze und Geld (Nau 1977a und Nau 1977b). Klein 1977 liefert dazu einen kompletten kommentierten Katalog der Münzstätten im Reich und Norditalien. Die Münzpolitik der staufischen Herrscher ist durch Kamp 1963 und Kamp 2006 (spät gedruckte Dissertation von 1957) bahnbrechend untersucht. Vielfach überholt, als Überblick aber immer noch zu verwenden, sind Gaettens 1963 und Suhle 1968. Für die zentrale Rolle des Kölner Pfennigs immer noch Hävernick 1930. Aus der zahlreichen Literatur zu den Brakteaten sei neben Nau 1977a und Nau 1977b nur Kluge 1979 und das Bilderbuch der Bundesbank: Brakteaten der Stauferzeit 1978 erwähnt. – Für die Verhältnisse im übrigen Europa sei für England auf die Handbücher von Brooke 1950 und Challis 1992, für Frankreich auf Bompaire / Dumas 2000, für Italien auf Grierson / Travaini 1998 und Travaini 2007 verwiesen. – Die frühe italienische Grossi-Prägung der italienischen Städte ist durch Matzke 1993 und Matzke 2000 genauer herausgearbeitet, die berühmten Augustalen Friedrichs II. sind durch Kowalski 1976 detailliert untersucht worden. – Näheres zur „Kriegskasse Barbarossas" im 3. Kreuzzug bei Hiestand 1991 und Ausst.-Kat. München 1991.

Stefan Weinfurter

Konkurrierende Herrschaftskonzepte und Ordnungsvorstellungen in den Stauferreichen nördlich und südlich der Alpen

Über einhundert Jahre lang trugen die Staufer die Würde des Königs und nur einige Jahre weniger diejenige des Kaisers. Wofür waren sie damit zuständig? Welche Räume waren ihnen zugeordnet? Von einem „Stauferreich" kann man schwerlich sprechen, denn das Reich nördlich der Alpen, das Königreich Burgund (das in den folgenden Überlegungen allerdings keine Rolle spielt), das Königreich Italien und schließlich das Königtum Sizilien waren in ihren Ordnungsstrukturen so fundamental verschieden, dass sie alles andere als eine Einheit bildeten (vgl. S. 22, Abb. 2). Wurde die verbindende Klammer durch das Kaisertum geschaffen? In der Tat wird man das Kaisertum als integrative Kraft hoch veranschlagen müssen. Aber war es mehr als eine Idee? Immerhin signalisiert die Formel von der *unio regni ad imperium*, die um 1200 große Bedeutung erlangte, dass das „Kaiserreich" im politischen Bewusstsein eine wichtige Rolle spielte. Das Regnum Sizilien, das von Heinrich VI. 1194 in Besitz genommen wurde, stand im Begriff, in das *imperium* eingegliedert zu werden – für den Papst und die apulischen Barone ein Vorgang von höchster Bedrohung. Aber war dieses Modell eines integrativen und umfassenden staufischen Kaiserreichs erfolgreich?[1]

Im Reich nördlich der Alpen kann man seit Konrad III., der 1138 den Aufstieg der Staufer zur Herrscherwürde einleitete, eine auffällige Hervorhebung der imperialen Würde erkennen. Er, der niemals die Kaiserkrone erlangte, schmückte sich und den Hof mit imperialen Bezeichnungen. Insbesondere in den Verhandlungen mit dem Kaiser von Byzanz und in dem darüber geführten Briefwechsel ließ er sich als Augustus und imperialer Herrscher darstellen. Eine derartige Handlungsweise, sich möglichst rasch die höchsten herrscherlichen Abzeichen und Rangbezeichnungen zuzulegen, ist in solchen Fällen, in denen sich Herrscherdynastien neu etablierten, nicht selten.

Man muss bei den Staufern aber wohl einen Schritt weiter gehen und fragen, ob die Betonung der imperialen Würde nicht auch als ein Instrument der Autoritätssteigerung zu verstehen ist, das anderen Herrschaftsansprüchen gezielt entgegengesetzt wurde. Zuerst muss man hier die Konkurrenz zum Papsttum in den Blick nehmen. Der apostolische Stuhl in Rom hatte sich seit etwa 1120 zu einer Macht entwickelt, die sich ihrerseits mit imperialen Zeichen schmückte: Der Hauptsitz des Papstes wurde unter Calixt II. (1119 – 1124) im kaiserlichen Lateranpalast eingerichtet, und die Verleihung der Kaiserwürde machte den Papst im Verlauf des 12. Jahrhunderts zum „wahren Kaiser", wie die Formel der Rechtsgelehrten um 1160 lautete. Vielzitiert sind die Worte des päpstlichen Legaten, der 1157 auf dem Hoftag zu Besançon ausgerufen haben soll: „Von wem hat er denn das Kaisertum, wenn nicht vom Papst?" Am Ende des Jahrhunderts, um 1200, konnte Innozenz III. (1198 – 1216) auf dieser Grundlage seinen Anspruch entwickeln, die Wahl des römisch-deutschen Königs zu überprüfen. Nur derjenige konnte König werden, der die Kriterien erfüllte, die der Papst an einen künftigen, von ihm zu krönenden Kaiser stellte (vgl. S. 361, Abb. 2).

Zu Beginn der Herrschaft Friedrichs I. Barbarossa waren diese Positionen noch keineswegs entschieden. Unmittelbar nach seiner Wahl 1152 pochte der Staufer in der Wahlanzeige, die er Papst Eugen III. (1145 – 1153) schickte, auf die Gleichrangigkeit der beiden höchsten Gewalten, der geistlichen und der weltlichen, repräsentiert von Papst und Kaiser. Damit war in seinen Augen, wie schon unter seinem Vorgänger, auch sein Königtum imperial aufgeladen. Allein der imperiale Anspruch hob ihn unter den anderen Königen Europas heraus. Diese Konzeption richtete sich gegen die Vision einer Gemeinschaft gleichrangiger Völker und Könige, die im Gehorsam vor dem Papst vereint sein sollten – propagiert erstmals von Papst Gregor VII. (1073 – 1085).

In den folgenden Jahren bestimmte der Kampf um die „Ehre des kaiserlichen Reichs" (*honor imperii*) das politische Denken und Handeln Barbarossas und seiner Umgebung in hohem Maße. Er vergab Ämter und Herrschaften im gesamten Raum des „Kaisertums", der im Grunde gar nicht definiert werden konnte. Der Graf von Dachau wurde Herzog von Kroatien und Dalmatien, Welf VI. Herzog von Spoleto und der Herzog von Zähringen Statthalter in Burgund – ohne dass über solche Funktionen wirklich verfügt werden konnte. Das „Kaisertum" schien dem staufischen Hof und seinen fürstlichen Gefolgsleuten zu gehören. 1157 konnte Friedrich I. Barbarossa auf der Grundlage solcher Vorstellungen in einem Rundbrief formulieren, dass nicht der Papst über die Kaiserwürde verfüge. Vielmehr sei er durch Gottes Willen und durch die

Wahl der Fürsten nicht nur zum König, sondern auch schon zum künftigen Kaiser bestimmt: „Als wir kürzlich auf dem Hoftag zu Besançon waren und über die ‚Ehre des Kaisertums' (*de honore imperii*) und das Wohl der Kirchen in großer Sorgfalt verhandelten, kamen Legaten des Papstes und brachten vor unserer Majestät eine solche Botschaft vor, dass die Ehre des kaiserlichen Reichs daraus nicht geringen Schaden erleiden müsste. [...] Der Inhalt des Briefes besagte, dass wir uns immer vor Augen stellen sollten, dass der Herr Papst uns das Herrschaftszeichen der kaiserlichen Krone (*insigne imperialis coronae*) übertragen hat und dass es ihn nicht reuen würde, wenn unsere Exzellenz noch größere Wohltaten (oder Lehen: *beneficia*) von ihm erhielte. [...] Da uns aber Reich und Kaisertum durch die Wahl der Fürsten allein von Gott gegeben sind, der in der Passion Christi, seines Sohnes, den zu regierenden Erdkreis zwei erforderlichen Schwertern unterstellte, und da der Apostel Petrus die Welt mit dem Lehrsatz ausstattete: ‚Fürchtet Gott und ehrt den König', wird fortan derjenige, der behauptet, wir hätten die kaiserliche Krone als Wohltat (oder als Lehen) vom Herrn Papst empfangen, ein Widersacher der göttlichen Einrichtung und der Lehre des Petrus sein und sich der Lüge schuldig machen."[2]

Zum ersten Mal in der Geschichte des Mittelalters wurde mit diesen Sätzen eine Theorie formuliert, nach welcher die Fürsten nicht nur den König, sondern auch den Kaiser wählen. Der Wählerkreis der Fürsten rückte damit geradezu auf die Stufe des Wahlgremiums der Kardinäle. Eine „deutsche" Königswahl sollte fortan im Ordnungsgefüge der römischen Christenheit einen besonderen Stellenwert einnehmen.

Diese Vorgänge waren von großer Tragweite für die Geschichte und die Geschicke der „staufischen Reiche". Sie bildeten eine der Ursachen dafür, dass Friedrich I. Barbarossa in ungewöhnlich enger Gemeinschaft mit den Fürsten über viele Jahre hin „seine" kaiserliche Herrschaft in Reichsitalien zur Geltung zu bringen trachtete. Die kaiserliche Autorität verlangte ihre Anerkennung in den „staufischen Reichen". Seit 1155, insbesondere seit 1158, nahmen die Kriegszüge und Verwüstungen in der Lombardei und den angrenzenden Regionen kein Ende mehr. Eine ganze Generation von jungen Adligen, Rittern und Ministerialen ließ sich in den Dienst der imperialen Herrschafts- und Ordnungsidee nehmen – und sehr viele von ihnen kamen dabei in den Kämpfen und durch Krankheiten (vor allem 1167 vor Rom) ums Leben.

In Oberitalien aber wuchs der Abscheu vor den *Teutonici,* der „deutschen Raserei" (*furor teutonicus*). Der Kampf gegen die deutsche „Fremdherrschaft", der in den lombardischen Reihen große Opfer forderte, überdeckte die heftigen Konflikte, von denen die oberitalienischen Städte in ihren Beziehungen untereinander bis dahin geleitet waren. Schritt um Schritt schloss man sich in Kampfbündnissen zusammen und vereinigte sich 1167 in der *Lega Lombarda*. In der Schicksalsgemeinschaft bildete sich erstmals ein „italienisches" Gemeinschaftsbewusstsein aus. „Ganz Italien" (*universa Italia*) habe sich gegen den Kaiser zur Wehr gesetzt, so sollen die Abgesandten der Lombarden 1177 zu Papst Alexander III. gesprochen haben.[3] „Ehre und Freiheit Italiens" (*honor et libertas Italie*) habe man verteidigt.

Womit Friedrich I. Barbarossa in Oberitalien konfrontiert wurde, war aber nicht nur die Auflehnung gegen hohe Abgaben und sonstige Leistungen, die der Kaiser und seine Bevollmächtigten mit großer Härte einforderten. Vielmehr prallte sein imperiales Autoritätskonzept auf ein völlig andersartiges politisches und gesellschaftliches Ordnungsmodell. Der Chronist Otto von Freising hat es 1157/1158 treffend beschrieben: Grundlage sei die bürgerliche Gemeinde. In der Verwaltung der Städte und in der Bewahrung der Herrschaftsform würden sich die Lombarden am Vorbild der alten Römer orientieren. Vor allem „lieben sie die Freiheit so sehr, dass sie sich jedem Übergriff der Gewalt entziehen und sich lieber von Konsuln als von Herrschern regieren lassen." Um keinen Hochmut aufkommen zu lassen, würden die Konsuln nicht aus einem, sondern aus allen Ständen gewählt, und damit sie sich nicht durch Herrschsucht verleiten ließen, würden sie fast jedes Jahr ausgetauscht. So komme es, dass das Land fast vollständig unter Stadtstaaten aufgeteilt sei und dass jeder dieser Stadtstaaten die umliegenden Bewohner zum Zusammenleben mit ihnen zwinge. Es gebe auch kaum einen Adligen oder Großen, der sich nicht der Herrschaft eines solchen Staates beuge. Unter allen Städten dieses Volkes nehme Mailand den ersten Rang ein.[4]

Man wird dem Chronisten zugestehen müssen, dass er über die Ordnung der lombardischen Städte aus eigener Anschauung gut informiert war.[5] Während die Machtverhältnisse im Reich nördlich der Alpen von den großen Adels- und Bischofsherrschaften bestimmt waren, hatten die oberitalienischen Stadtkommunen das Land unter sich in Gebiete aufgeteilt, die sie als ihre *Comitate* oder *Contados* beanspruchten und in denen sie allein zu herrschen suchten. In dieser Gesellschaft ließ sich kaum mehr ein Adliger finden, der es sich leisten konnte, den Geboten seiner Stadt nicht zu folgen. Die Stadt selbst jedoch stand nicht unter der Herrschaft eines Stadtherrn, wie das im deutsch-römischen Reich die Regel war, sondern wurde von Konsuln gelenkt. Diese wurden für eine begrenzte Amtszeit gewählt. Diese Verfassung der Stadt sollte, wie Otto von Freising bemerkte, vor Herrschaftswillkür schützen und die Freiheit garantieren.

Die sich damit abzeichnende politische und soziale Struktur der lombardischen Städte um die Mitte des 12. Jahrhunderts, auch das gibt Otto von Freising exakt wieder, war durch drei Stände geprägt: Die der *Capitane*, der *Valvassoren* und einer weiteren Schicht, die in den Quellen des 12. Jahrhunderts durch die Begriffe *cives, populus* oder *populares, plebs* oder *plebeii* gekennzeichnet wird. Die Stände unterschieden sich, wie wir aus anderen Quellen wissen, in ihrer politischen, rechtlichen und wirtschaftlichen Stellung erheblich voneinander. Aber dennoch: An der Leitung der Stadt hatten alle drei Stände Anteil. Die Quellen geben keine Anhaltspunkte dafür, dass ein Konsul aus den Reihen des Volkes in seinen Amtsbefugnissen einem Konsul aus dem Stand der *Capitane* nicht gleichgestellt gewesen wäre. Im Verlauf des 12. Jahrhunderts wuchsen die politisch führenden Familien aus allen drei Ständen sogar zu einer neuen „Konsulats-Aristokratie" zusammen.

Wer waren die *Capitane* und die *Valvassoren*? Die lateinische Form *capitaneus* bedeutete soviel wie „Häuptling", „Anführer", und bezeichnete ganz allgemein die wichtigsten Männer eines Gebietes, eines Verbandes oder einer Institution. Die Beschreibungen in den Quellen machen deutlich, dass aus der Schicht der *Capitane* die hohen Amtsträger und Lehnsträger kamen und zunächst aus dem hohen Adel des Umlands stammten. Sie wurden vom *princeps* selbst belehnt, also vom Kaiser oder von einem geistlichen oder weltlichen Fürsten. Solche Lehen umfassten häufig einen Pfarrsprengel oder Teile eines Pfarrsprengels, also ein Gebiet, das durch kirchliche Grenzen bestimmt war. Sie bezogen sich nicht nur auf den Zehnten und andere Einkünfte, sondern auch auf Herrschaftsrechte weitester Art. Als *domini loci* bzw. als *capitanei de plebe* übten sie die Herrschaft über einzelne Orte oder über ganze Pfarrsprengel im *Contado* aus. „*Capitaneus*" meinte also den Mann, der die Gerichtsbarkeit wahrnahm, dem die Abgaben zustanden, in dessen Hand sich das benachbarte Kastell befand und der von Vasallen umgeben war, die er seinerseits wieder mit Lehen ausstattete. Aus der Schicht der *Capitane* ragten die Herzöge, Markgrafen oder Grafen nur durch ihr Amt heraus; sie stellten aber keine eigene, darüberstehende soziale Gruppe dar. Diese Schicht der *Capitane* ging Verbindungen ein mit den aufsteigenden, reich werdenden Händler-, Handwerker- und Kaufmannsclans der Städte, die sich ihrerseits wieder Adelsgüter auf dem Land kauften. Auf diese Weise wuchsen die *Capitane* in eine Doppelstellung in Stadt und Stadtumland hinein. Die adlig-ritterliche Oberschicht, aufgefrischt durch aufgestiegene Familien, kontrollierte die Herrschaft in der Stadt und im Gebiet um die Stadt herum, also im *Contado*.

Unterhalb dieser obersten Schicht stand die Gruppe der *Valvassoren*. Sie waren diejenigen, die von alters her Lehen von den *Capitanen* empfingen. Sie besaßen seit vielen Generationen die Lehnsfähigkeit und leisteten den Familien der *Capitane* Vasallendienste. Wie die *Capitane* wurden auch die *Valvassoren* zu den *milites*, den Rittern, gerechnet, und man sieht daran, dass diese beiden Gruppen sehr nahe beieinander standen. Mitunter werden beide in den Quellen auch zu einem Stand zusammengefasst, nämlich zum Stand der *nobiles*, und vom Stand des *populus* abgegrenzt.

Im Verlauf dieser Entwicklung kam es zu Konkurrenzsituationen zwischen einzelnen Städten. Städte wie Como, Lodi, Piacenza, Tortona, Brescia, Pavia, Cremona und Bergamo kämpften um den Vorrang. Mailand, so stellte schon Otto von Freising fest, behauptete sich dabei am besten. Die Stadt mit weit über hunderttausend Einwohnern setzte sich an die Spitze der Entwicklung. Seit dem ausgehenden 11. Jahrhundert bildete Mailand das ökonomische Zentrum in der Lombardei und verdrängte Pavia aus dieser Position. Das bedeutete, dass die pavesische Münze, die lange Zeit als die eigentliche lombardische Reichsmünze galt und bis Rom verbreitet war, von der mailändischen Münze verdrängt wurde. In der ersten Hälfte des 12. Jahrhunderts griff der *denarius mediolanensis* auf die benachbarten Stadtherrschaften von Como, Lodi, Bergamo und Novara über und verbreitete sich nach Osten bis Brescia und Mantua und nach Südosten bis Parma (Abb. 1).

An der demographischen und wirtschaftlichen Potenz sowie an der politischen Beweglichkeit des kommunalen Systems der Lombardei zerbrach am Ende der Gewaltakt des Kaisers. Auf dem Hoftag in Roncaglia hatte er noch 1158 eine gesetzliche Grundlage der kaiserlichen Ansprüche erstellen lassen. Altes römisches Kaiserrecht und neues Lehnrecht wurden zu diesem Zweck eingesetzt. Rechtsgelehrte aus Bologna sollten ihre Kenntnisse zur Verfügung stellen. Aber am Ende war alles vergeblich. Die Kraft der kaiserlichen Heere verkümmerte, weil sich die Fürsten zunehmend der Heerfolge verweigerten. Die Niederlagen gegen die Städte häuften sich, und schließlich uferten die Kriegskosten dermaßen aus, dass die Kämpfe nicht mehr fortzuführen waren. Die Niederlage bei Legnano 1176 bildete nur noch den Schlusspunkt der Entwicklung. Im Frieden von Konstanz am 25. Juni 1183 musste der Kaiser eingestehen, dass sein Konzept der imperialen Herrschaft in Oberitalien gescheitert war (Kat.-Nr. IV.B.3.8). Die Selbstverwaltung der Städte, die sich bald systematische Gesetzessammlungen (Statuten) für die Rechtspflege anlegten, wurde prinzipiell anerkannt (Kat.-Nr. VI.B.6). Mailand selbst übernahm die Interessensvertretung für den Kaiser – ein glänzender und Weichen stellender Sieg der kommunalen Kraft und ihrer Organisationsformen.

Etwa zur selben Zeit musste Friedrich I. Barbarossa auch sein Vorhaben einstellen, dem Papsttum eine unabhängige imperiale Autorität entgegenzustellen. Als 1159 zwei Päpste gewählt wurden und sich das Konzil von Pavia unter dem Druck des Kaiserhofes gegen Alexander III. (1159 – 1181) und für Viktor IV. (1159 – 1164) entschied, war Barbarossas Politik fortan in höchstem Maße davon bestimmt, „seinem" Papst die Anerkennung in der westlichen Christenheit zu verschaffen. Der Kaiser bewies seine Autorität im traditionellen Verständnis dadurch, dass er der Kirche Schutz garantierte und dafür sorgte, dass sie sich ohne Beeinträchtigungen entfalten konnte. Dazu gehörte auch ein allgemein anerkannter Papst. Von Alexander III. wusste Barbarossa allerdings, dass er dem staufischen Hof nicht sonderlich gewogen war. Da es für die Feststellung der Rechtmäßigkeit einer Papstwahl noch keine eindeutigen Kriterien gab, dürfte die prokaiserliche Einstellung Viktors IV. eine nicht geringe Ursache für seine Favoritenrolle am Kaiserhof gewesen sein.

Was nun folgte, war ein beinahe zwanzig Jahre währendes, zähes Ringen um die Frage, ob der Kaiser die Entscheidung in einem Papstschisma herbeiführen darf, welche Kompetenzen ihm hierbei

1 Mailand, Friedrich I., Denaro scodellato (*Imperialis*), Münzkabinett der Staatlichen Museen zu Berlin, Objektnr. 18218859 (Kat.-Nr. IV.B.4.11).

zustanden, ja, noch mehr: ob er überhaupt Rechte in dieser Hinsicht beanspruchen durfte. Barbarossa suchte mit allen Mitteln zu erzwingen, dass „sein" Papst allgemeine Anerkennung fände, und entsprechend bekämpfte er den anderen Papst, Alexander III. Dabei stützte er sich auf kaiserliche Handlungsvorbilder aus der Antike. Das „Reform"-Papsttum dagegen war seit der gregorianischen Epoche am Ende des 11. Jahrhunderts von der Idee geleitet, dass alle Menschen, auch Könige und der Kaiser, dem Papst zu gehorchen hätten. Schon ein Gregor VII. hatte 1076 betont, dass diese Maxime sowohl für geistliche wie auch für weltliche Angelegenheiten gelte. Ganz so sah es auch Alexander III. Nach diesem Ordnungsmodell durfte sich ein Kaiser nicht mehr in die Wahl oder Erhebung eines Papstes einmischen und auch nicht eine Entscheidung herbeiführen in der Frage, wer bei einem Schisma der rechtmäßige Papst sei.

Dass sich Barbarossa anders verhielt, hat in der westlichen Christenheit zu scharfen Protesten geführt. Sein Verhalten hat auch dazu beigetragen, dass die Autorität des Kaisertums erheblich beeinträchtigt wurde. Berühmt ist der Satz von Johannes von Salisbury, den er in einem Brief formulierte: „Wer hat den Deutschen das Recht erteilt, über das Haupt der Christenheit zu entscheiden?" Auch die westlichen Könige waren grundsätzlich der Meinung, dass der Kaiser in ihren Reichen keinerlei Kompetenz besitze. Das Kaisertum sank in den Augen der Gelehrten und Theologen in den anderen Reichen zu einer „deutschen" Angelegenheit herab.

Andererseits wurde vom Kaiserhof aus die imperiale Erhöhung mit großartigen Selbstbezeichnungen vorangetrieben. 1157 findet sich in den Urkunden Friedrichs I. Barbarossa erstmals die Formel „heiliges Reich". Die lateinische Wendung dafür lautete *sacrum imperium*. Das Wort *sacer* meinte keineswegs eine abgeleitete Heiligkeit, wie dies im Wort *sanctus* zum Ausdruck kommt. Das „heilige Reich" war also nicht als ein Pendant zur „heiligen (geheiligten) Kirche" (*sancta ecclesia*) konzipiert, sondern als eine Gegengröße. Das *sacrum imperium*, so lautete die Botschaft, war in seiner Heiligkeit von der Kirche gänzlich unabhängig. Ja noch mehr: Das „heilige Reich" konnte sogar einen Vorrang vor der Kirche beanspruchen, weil es von sich aus „heilig" war, wie das byzantinische Reich. Als dann 1165 die Gebeine Karls des Großen in Aachen feierlich erhoben und sich durch die Translation die Heiligkeit des ersten Kaisers des „Abendlandes" (*Hesperia*) manifestierte, besaß das „heilige Kaiserreich" auch eine heilige Symbolfigur.

Es liegt auf der Hand, dass sich angesichts dieser konzeptionellen und ideologischen Zuspitzung auf beiden Seiten der Konflikt zwischen Friedrich I. Barbarossa und Papst Alexander III. Schritt um Schritt verschärfte. Für den Kaiser wurde er geradezu zum Prüfstein für sein Ordnungsmodell. Die imperiale Unangefochtenheit war seinem Verständnis nach erst mit einem Sieg über Alexander III. erwiesen. Nur so ist es zu erklären, dass er sich auf dem Würzburger Hoftag 1165 zu einer einzigartigen Handlung hinreißen ließ. Er zwang nicht nur alle Fürsten des Reichs, die weltlichen wie die geistlichen, dazu, einen Eid darauf abzulegen, dass keiner von ihnen zeitlebens Alexander III. als Papst anerkennen würde, sondern er legte diesen Eid auch für seine eigene Person (*personaliter*) ab. Dieses Vorgehen war überaus ungewöhnlich. Ein König oder ein Kaiser legte sonst niemals persönlich einen Eid ab, sondern er ließ durch Stellvertreter schwören. In diesem Fall aber sollte es für niemanden mehr ein „Schlupfloch" geben, auch nicht für ihn, den Kaiser selbst. Im Kampf mit dem Papst ging es, so gesehen, um „Sein oder Nichtsein" des imperialen Ordnungsentwurfs des Stauferherrschers.

Als sich Papst Alexander III. mit den lombardischen Städten schließlich zu einer Koalition zusammenschloss, als er Unterstützung aus mächtigen Reichen, vor allem dem Normannenreich in Sizilien, erhielt, und als am Ende die deutschen Fürsten, Ritter und Kriegerscharen von dem jahrelangen Plündern und Morden erschöpft und dezimiert waren und eine Fortsetzung ihres Engagements verweigerten, war für Friedrichs I. Barbarossa Idee der imperialen Autorität das Ende gekommen. 1177 musste er sich Papst Alexander III. auf dem ersten großen europäischen Friedenskongress in Venedig unterwerfen. Er musste ihn als rechtmäßigen Papst anerkennen und sich seinerseits als Büßer zeigen. Vor der Markuskirche hatte er sich vor dem Papst und den Kardinälen im Büßergewand und barfüßig auf den Boden zu werfen und dem Papst die Füße zu küssen, bis ihn dieser gnädig aufhob. Dann folgten Selbstbeschuldigungen des Kaisers sowie Gesten und Rituale, die den Gehorsam ausdrücken sollten, den er fortan dem Papst erweisen würde. Das gesamte Zeremoniell mit immer wieder neuen Schauplätzen dauerte drei Wochen. Vertreter aller Reiche und Herrscher der westlichen Christenheit waren anwesend und verfolgten das „Spektakel".

So war Friedrich I. Barbarossa mit seinem imperialen Konzept nicht nur bei den Lombarden, sondern auch beim Papsttum gescheitert. Das Unternehmen, die imperiale Autorität mit antiker Orientierung zu erneuern, war den neuen Ordnungsmodellen der Reformkirche und der kommunalen Bewegung in Oberitalien nicht gewachsen. Das Jahr 1177 erscheint daher als ein Wendejahr für das staufische Kaisertum. Der 3. Kreuzzug 1189/1190 brachte zwar den Kaiser nochmals an die Spitze der Christenheit, aber dies war doch nur mehr ein Nachklang, zumal Barbarossa das Heilige Land gar nicht erreichte, sondern bereits auf dem Hinmarsch in Anatolien ums Leben kam. 1177, oder sagen wir besser um 1180, zeigt sich somit ein starker Einschnitt im Ringen der verschiedenen Ordnungskonfigurationen im staufischen Reich südlich und nördlich der Alpen.

Um 1180 musste der staufische Herrscher freilich noch eine weitere Niederlage hinnehmen, die deutlich machte, dass er es auch im Reich mit neuen Herrschaftskonzepten zu tun hatte. Es handelt sich dabei um den epochalen „Sturz Heinrichs des Löwen". Die vordergründige Geschichte ist rasch erzählt: Heinrich der Löwe, Herzog von Bayern und Sachsen, der viele Jahre lang Seite an Seite mit Friedrich I. Barbarossa in Italien gekämpft hatte, verweigerte sich 1176 weiterer Hilfsaktionen. Es soll sogar zu dem vieldiskutierten Kniefall Barbarossas in Chiavenna gekommen sein, der den Löwen freilich nicht umstimmen konnte (Abb. 2). Schon längere Zeit klagten die sächsischen Grafen über eine despotische Gewaltherrschaft ihres Herzogs im Herzogtum Sachsen. Vor allem der Erzbischof von Köln war immer wieder in Konflikte mit dem Löwen geraten, weil in Westfalen die Herrschaftsinteressen der beiden aufeinanderstießen. Überdies blieb der Bischof von Halberstadt, der von Herzog Heinrich einst von seinem Amtsstuhl verjagt worden war, nicht untätig und verlangte Genugtuung. So braute sich 1176/1177 eine mächtige Koalition

2 Darstellung des Kniefalls, den Friedrich I. Barbarossa 1176 Heinrich dem Löwen in Chiavenna geleistet haben soll. Sächsische Weltchronik, vor 1290, Bremen, Staats- und Universitätsbibliothek, msa 0033, fol. 88va

von Kaiser, Bischöfen, Fürsten und Grafen gegen den Löwen zusammen. Ihr war Heinrich am Ende trotz erbitterter Gegenwehr nicht gewachsen. 1180 wurde er entmachtet.

Aber es war keine Stärkung der kaiserlichen Autorität damit verbunden, ganz im Gegenteil. Der Sturz Heinrichs des Löwen steht für ein neues Herrschaftskonzept der Fürsten und eine neue Ordnung im Reich. Der jahrelange, am Ende erfolglose Einsatz für die imperialen Ansprüche in Italien hatte auch für die Fürsten eine Neuorientierung ihrer politischen Ziele bewirkt. Ihre Konzentration richtete sich fortan noch mehr als zuvor auf den Ausbau ihrer Herrschaften. „Territorialpolitik" rückte in den Mittelpunkt. Imperiale Konzepte im Dienste des Kaisertums waren dafür immer weniger von Bedeutung. Fortan ging es um die Herausbildung einer Fürstenelite im Reich. Heftige Kämpfe zwischen den Großen ganzer Landstriche begannen sich zu entwickeln, etwa in Bayern, wo in den neunziger Jahren geradezu ein Krieg „jeder gegen jeden" ausbrach.

Aber es handelte sich nicht nur um Machtpolitik. Auch das politische System veränderte sich. Seit der Mitte des 12. Jahrhunderts formte sich das Lehnrecht als neue strukturierende Kraft für die politische Ordnung aus. Die Lehnsbindung, mit der sich ein Lehnsmann einem Lehnsherrn eidlich verpflichtete und sich unter dessen Schutz stellte, gab es schon seit Jahrhunderten. Aber erst in staufischer Zeit wurden die damit verbundenen Rechte und Pflichten genauer definiert und zu einem regelrechten Rechtssystem ausgebaut. Die höchsten Amtsträger, Bischöfe und Herzöge, sahen sich fortan als eine lehnrechtlich abgeschlossene Spitzengruppe von Feudalfürsten, die sich auch gegenüber dem Lehnsherrn, dem König oder Kaiser mit ihren Rechten artikulieren konnte. So war es auch beim Sturz Heinrichs des Löwen. In den Augen der Fürsten waren sie es, die einen aus ihrem Kreis, den Herzog von Bayern und Sachsen, ausschlossen. Aus diesem Grunde erfolgte die Verurteilung und Entmachtung des Löwen auf der Grundlage des Lehnrechts (*iure feodali*), wie der berühmten Gelnhäuser Urkunde von 1180 zu entnehmen ist.[6] Das Lehnrecht stärkte auf diese Weise mehr die Fürsten als den Kaiser – auch wenn jeder neue Bischof oder Herzog vom Herrscher belehnt wurde. Die neuen, aufsteigenden Landesherrschaften der Fürsten wurden durch das Lehnswesen abgesichert, indem ihnen Rang und Platz im Reichsgefüge durch die Belehnung bestätigt wurden (Abb. 3).

3 Die sog. Heerschildordnung bietet eine Standesgliederung der mittelalterlichen Gesellschaft. Eike von Repgow ordnet darin zu Beginn des 13. Jahrhunderts die Lehensfähigkeit des Adels ausgehend vom König, über die Reichsfürsten, freien Herren sowie deren Vasallen und Schöffenbarfreie, Heidelberger Bilderhandschrift des Sachsenspiegels, Ostmitteldeutschland, Anfang 14. Jahrhundert, Heidelberg, Universitätsbibliothek, Cod. Pal. Germ. 164, fol. 1r

Erneut zeigt sich daran, dass sich um 1180 in der Konkurrenz der Herrschaftskonzepte und Ordnungsvorstellungen ein tiefgreifender Wandel auf den verschiedenen politischen Bühnen vollzog – sei es im Verhältnis von Kaisertum und Papsttum, sei es in der Konfrontation von imperialer und kommunaler Ordnung oder sei es in der Struktur des Reichs nördlich der Alpen. Gleichsam mitten in der Herrschaftszeit Friedrichs I. Barbarossa wurden die Weichen neu gestellt.

Die Entwicklung hin zu einem „Fürstenreich" war von da an nicht mehr aufzuhalten. Nicht erst der Thronstreit von 1198, als mit dem Staufer Philipp von Schwaben und dem Welfen Otto IV. zwei Könige um den Thron kämpften und das Reich in jahrelange Wirrnisse stürzten, löste diese Entwicklung aus. Aber er beschleunigte sie. In einer beispiellosen Schaukelpolitik nutzten die Fürsten ihren Vorteil, indem sie in kurzen Abständen die Partei wechselten, ohne Rücksicht auf heilige Eide und Verträge, einzig auf Machtgewinn und Stärkung der territorialen Potenziale ausgerichtet. Der „Fürst" (*princeps*) und seine unangefochtene Autorität in seinem „Land" (*terra*) bildeten fortan die Leitlinie der politischen Handlungsmaxime. Von nun an kam es zu einem Jahrzehnte dauernden Ausscheidungskampf in der Herausbildung der Landesfürstentümer. Dabei kristallisierte sich noch eine „Spezialgruppe" heraus, die für sich in Anspruch nahm, den König an erster Stelle wählen zu dürfen. Noch bis zur Mitte des 13. Jahrhunderts formte sich daraus der Kreis der Fürsten, der später als Kurfürstenkollegium bezeichnet wurde.

Es liegt ganz auf der Linie dieser Entwicklung, dass sich diese neue, lehnrechtlich definierte und machtpolitisch agierende Fürstenelite in einer Serie von Rechtsübereinkünften abzusichern suchte. Die geistlichen Fürsten machten den Anfang. Ihnen garantierte Friedrich II., der 1212 die Königsherrschaft im Reich angetreten hatte, in der *Confoederatio cum principibus ecclesiasticis* („Vereinbarung mit den geistlichen Fürsten") ihre Rechte.[7] Es ging vor allem darum, dass sich weder der König selbst noch seine Beauftragten oder weltliche Fürsten irgendwelche Gerichts- und Herrschaftsrechte in geistlichen Territorien aneignen dürften. 1231/1232 folgte dann eine Rechtsvereinbarung mit den geistlichen und den weltlichen Fürsten (*Statutum in favorem principum*) (Kat.-Nr. VI.A.3).[8] Kurze Zeit später, 1235, wurde auf dem Hoftag in Mainz eine ausführliche Regelung der fürstlichen Rechte erlassen, erstmals in lateinischer und deutscher Sprache (Abb. 4).[9] In völlig neuartigen Formen und in einer allgemein gültigen, schriftlichen Niederlegung entstanden auf diese Weise Vereinbarungen über die politische Ordnung im Reich. Dem Herrscher wurde dabei die Rolle des Rechtswahrers zuerkannt, aber über die konkreten Herrschaftsrechte verfügten die Fürsten.

So befand sich das Reich nördlich der Alpen auf dem Weg zu einem „konfoederalen" Gebilde, in dem der Wille der Fürsten ausschlaggebend wurde. Bezeichnend sind dafür ihre „Willebriefe", die im 13. Jahrhundert zur Absicherung königlicher Entscheidungen erforderlich wurden. Imperiale Autorität war hier nicht mehr zu entwickeln.

Folgerichtig hat Friedrich II., als er die imperialen Konzepte neu zu installieren suchte, das Reich nördlich der Alpen verlassen. 1220 überließ er das Königtum den deutschen Fürsten und seinem minderjährigen Sohn, Heinrich (VII.), der vor einer aussichtslosen Aufgabe stand und am Ende von seinem eigenen Vater abgesetzt und 1235 in lebenslange Kerkerhaft genommen wurde. Das Reich regelte sich durch Fürstenkoalitionen, Städtebünde und Ausbau der Territorialherrschaften – ein Reich ohne handlungsfähigen Herrscher.

Der Kaiser baute sein Machtzentrum unterdessen im Königreich Sizilien auf. Dort war durch die Normannen ein straffes zentralistisches Regiment vorbereitet worden. König Roger II. (1101/1112 – 1154) hatte damit begonnen, die Gottunmittelbarkeit seines Königtums durch Verordnungen und Repräsentationsakte herauszustellen. Widerspruch gegen den Willen des Herrschers wurde gemäß den *Assisen* von Ariano (1140) als Majestätsbeleidigung eingestuft und mit dem Tode bestraft. Über die Kirchen und die Einsetzung der Bischöfe verfügte allein der König. Freilich, die Regentschaft durch Papst Innozenz III. (1198 – 1216) hatte hier manches zugunsten der Kirche verschoben, aber die Traditionen waren noch lebendig. An sie konnte Friedrich II. anknüpfen.

Wie er sich seine Herrschaft vorstellte, legte er im Proömium seines großen Gesetzeswerks für sein Königreich, der Konstitutionen von Melfi von 1231, dar (vgl. S. 28, Abb. 4). Infolge des biblischen Sündenfalls, so wird hier ausgeführt, drohe den Menschen ständig Gefahr und Untergang aus Hass, Krieg und Egoismus. Gott selbst habe zur Rettung der Menschen den Herrscher eingesetzt, damit dieser geeignete Gesetze erlasse, um auf diese Weise Recht und Gerechtigkeit durchzusetzen. Der Herrscher unterstand dieser Konzeption nach weder der Aufsicht durch die Kirche noch durch den Papst, sondern war allein Gott verantwortlich. Er hatte die göttlichen Gebote zu beachten, aber seine Gesetzgebung war rein weltlicher Natur. Damit formte sich ein Ordnungsmodell heraus, das die kaiserliche Autorität wieder unabhängig neben die kirchliche Gewalt stellte – im Grunde ein verstärktes Wiederaufgreifen der Konzeption Friedrichs I. Barbarossa in den Anfängen seiner Herrschaftszeit. Friedrich II. stützte sich dabei allerdings in viel höherem Maße auf die antik-mediterranen Traditionen des Kaisertums. Vor allem im Aufbau einer „Beamtenverwaltung" orientierte er sich am byzantinischen Reich. Wesentliche Neuerungen bestanden darin, dass er für den Adel seines Reichs ein absolutes Fehdeverbot erließ. Nicht einmal das Waffentragen war erlaubt. Das Recht sollte allein von königlichen Gerichten ausgehen. Um ein reibungslos funktionierendes Gerichtswesen zu garantieren, wurden Richtlinien für die Justizbeamten sowie Bestimmungen für die Arbeit der Gerichtshöfe erlassen. Um den Nachwuchs für das Justizwesen heranzubilden, erfolgte 1224 die Gründung der Universität Neapel. Es war die erste rein „staatliche" Universität des Abendlands – das Vorrecht des Papstes, Universitätsgründungen zu genehmigen, blieb unbeachtet. „Landeskinder" wurden darauf verpflichtet, nur an dieser Universität zu studieren.

Auch die anderen Lebensbereiche der Menschen wurden einer weitgehenden Regulierung unterzogen. Es gab Verordnungen über die Reinheit der Luft und der Gewässer, über die Ausbildung der Ärzte und Apotheker und über die Kosten der Medikamente. Zur Förderung der Wirtschaft wurde die Währung vereinheitlicht, wurden Musterbetriebe eingerichtet und Produktionsmonopole geschaffen. Ein lückenloses Zoll- und Steuersystem, insbesondere die seit 1235 regelmäßig erhobene Generalkollekte, schöpfte in hohem Maße Gewinne ab. Um den Adel für diese Maßnahmen zu gewinnen, wurde er mit hohen Posten am Hof und in der Verwal-

4 Darstellung Kaiser Friedrichs II. zu Beginn des Textes des Mainzer Reichslandfriedens Ausschnitt aus der Dresdner Bilderhandschrift des Sachsenspiegels, um 1350, Dresden, Sächsische Landesbibliothek – Staats- und Universitätsbibliothek, Mscr. Dresd. M. 32, fol. 1r

tung eingebunden. Auch die Bischöfe des Landes sahen sich dem Herrscher verpflichtet.

So entstand eine „frühstaatliche" Ordnung, wie sie bis dahin im Mittelalter einzigartig war. Das Kaisertum schuf sich auf diese Weise eine völlig neuartige Handlungsbasis, die nicht mehr aus der Schutzpflicht für die römische Kirche resultierte, sondern auf konkreten Macht- und Herrschaftsgrundlagen beruhte.

Dieses Kaisertum musste zur existenziellen Bedrohung für den Führungsanspruch des Papsttums werden. In den Augen der Päpste Gregor IX. (1227 – 1241) und Innozenz IV. (1243 – 1254) stellte sich dieser Kaiser außerhalb der Aufsicht, der Normen und Gesetze der Kirche und wurde zum Verfolger und Erzfeind der Kirche schlechthin. Mit diesem Kaiser, der seine Herrschaft auf ganz Italien auszuweiten suchte, wollte man am Ende keine Verhandlungen mehr führen. Allein mit den Mitteln des kanonischen Rechts und der kanonisch-rechtlichen Urteilsinstanzen ging Innozenz IV. gegen den vermeintlichen Vorboten des Antichristen vor. Auf dem Konzil von Lyon wurde Friedrich II. 1245 förmlich und in einer

Art Musterprozess verurteilt und abgesetzt. Ja, mehr noch: Im Grunde wurde das Kaisertum selbst, das sich zu verselbständigen drohte, verurteilt. Dieses Ordnungsmodell entsprach nicht den Ordnungsvorstellungen der kirchlichen Leitung dieser Zeit.

Im Schatten dieses Konflikts um die „Weltordnung" wurden unterdessen in der Städtelandschaft Oberitaliens neue Formen der städteübergreifenden Herrschaftsbildung erprobt. Ein Ezzelino da Romano (gest. 1259) baute von Verona und Vicenza aus, teils mit kaiserlicher Unterstützung, teils auf eigene Faust, eine Machtstellung auf, die auf die Städte Padua, Belluno, Feltre, Trient und zeitweise Brescia ausgriff. Unter dem Etikett der Partei der „Ghibellinen" rechtfertigte er sein Vorgehen gegen die guelfischen Gegner. Die kommunale Ordnung geriet in Bewegung, und das spätere Modell der Signorie kündigte sich an. Die eigentliche Macht, so möchte man hinzufügen, ging auf die neuen Banken- und Handelsdynastien über, und Venedig eilte der Entwicklung mit der Beherrschung des Mittelmeerhandels voraus.

So zeigen sich in den über hundert Jahren staufischer Herrschaft eine ungemein dynamische Entwicklung und eine heftige Konkurrenz zwischen den verschiedenen Ordnungsentwürfen und Ordnungsvorstellungen. In den Regionen nördlich und südlich der Alpen suchten die Staufer ihre imperiale Autorität zu verankern und zur Geltung zu bringen – mit sehr unterschiedlichen Instrumentarien und Konzepten. Das Kaisertum der Staufer stellt sich in diesem Prozess selbst als eine ständig in Veränderung begriffene Konzeption mit mannigfaltigen Variationen heraus. Das imperiale Modell reagierte durchaus auf die verschiedenen Voraussetzungen und Entwicklungen, war aber am Ende den Kräften der Regionen, der Fürsten- und Städteherrschaften und der römischen Kirche nicht gewachsen. Mit dem Ende der Staufer war auch das Kaisertum als Inbegriff einer umfassenden und anerkannten Schutzordnung für das Abendland und als Kraftquelle der Integration ein Auslaufmodell, das man für den politischen Alltag nicht mehr benötigte. Nur als Ordnungsvision blieb es von Wert.

1 Zum Thema: Andenna 2000; Görich 2001; Görich 2006b; Friedl 2005; Haverkamp 2003; Houben 2005c; Houben 2008; Keller 1979; Kreutz 2005; Schimmelpfennig 1996; Schneidmüller 2007; Seibert/Dendorfer 2005; Stürner 1983; Stürner 2009; Weinfurter 2002b; Weinfurter 2008a; Weinfurter 2008b; Burkhardt/Metz/Schneidmüller/Weinfurter 2010.

2 MGH D F I., Nr. 186.

3 Romuald von Salerno, Chronik, S. 316.

4 Otto von Freising, Gesta Friderici, lib. II, cap. 14.

5 Keller 1979, S. 19ff.

6 MGH D F I., Nr. 795.

7 MGH Const. 2, Nr. 73.

8 MGH Const. 2, Nr. 171.

9 MGH Const. 2, Nr. 196.

Anhang

Bildnachweis

Titelabbildung

The Metropolitan Museum of Art, Mrs. Stephen V. Harkness Fund, 1922. (22.31.2), Foto © The Metropolitan Museum of Art

Kapiteleingangsseiten

S. 31: Reiterdenkmal Friedrichs I. vor der Kaiserpfalz in Goslar von Robert Toberentz, aufgestellt 1900, Foto: akg-images | S. 71: Ausschnitt aus dem Herrscherbild in der Welfenchronik. Kaiser Friedrich I. zwischen seinen Söhnen König Heinrich VI. und Herzog Friedrich V., Fulda, Hochschul- und Landesbibliothek, Cod. D 11, fol. 14r , Foto: Hochschul- und Landesbibliothek Fulda | S. 127: Goldbulle Friedrich Barbarossas, Revers, Wolfenbüttel, Niedersächsisches Staatsarchiv, Inv. Nr. 1: Urk. 1, Foto: Niedersächsisches Staatsarchiv, Inv. Nr. 1: Urk. 1; Foto: Chr.- Treptow-Göse | S. 161: Castel del Monte, Ansicht von Osten, Foto: Digital Image 2008 (c) De Agostini Picture Library, Scala, Firenze | S. 267: Verschiedene Bevölkerungsgruppen betrauern den Tod Wilhelms II. Ausschnitt aus dem Liber ad honorem Augusti des Petrus von Eboli, Bern, Burgerbibliothek, Cod. 120.II, fol. 97r, Foto: Bern, Burgerbibliothek, Codex II.120, fol. 97r | S. 357: Adlerfibel, Darmstadt, Hessisches Landesmuseum Darmstadt, Inv.-Nr. Kg 31:10, Foto: Hessisches Landesmuseum Darmstadt

Angenendt, Arnold (S. 358 – 365)
Abb. 1: Bayerische Staatsbibliothek München | Abb. 2: Bridgeman Art Library/Alinari Archives, Museo di Roma, Rome/Lauros/Giraudon | Abb. 3: Staatsbibliothek Bamberg Msc. Patr. 120, © Foto: Gerald Raab

Becker, Julia (S. 239 – 246)
Abb. 1: Entwurf: Julia Becker – Umsetzung: Homann . Güner . Blum, Visuelle Kommunikation, Hannover | Abb. 2: ©2010. Photo Scala, Florence – courtesy of the Ministerio Beni e Att. Culturali | Abb. 3: Fundación Casa Ducal de Medinaceli

Brogiolo, Gian Pietro (S. 313 – 318)
Abb. 1: Vorlage: Gian Pietro Brogiolo | Abb. 2, Abb. 3, Abb. 5, Abb. 6: Foto: Gian Pietro Brogiolo | Abb. 4: aus: Chiodi 1971

Burkhardt, Stefan (S. 72 – 80)
Abb. 1: Fulda, Hochschul- und Landesbibliothek, Handschrift D 11, fol. 13v | Abb. 2: Vorlage und Aufnahme: Hauptstaatsarchiv Stuttgart |Abb. 3: Photo Scala, Florence 2006 | Abb. 4: Photo Scala, Florence 2007

Calò Mariani, Maria Stella (S. 138 – 149)
Abb. 1, Abb. 2, Abb. 7, Abb. 8 und Abb. 10: Vorlage: Archiv Calò Mariani, Foto: Beppe Gernone | Abb. 3 – Abb. 5: Soprintendenza per i Beni Storici Artistici ed Etnoantropologici della Puglia – Bari | Abb. 6: Troia, Museo della Cattedrale | Abb. 9: Vorlage: Archiv Calò Mariani | Abb. 11: Digital Image 2010 (c)De Agostini Picture Library, Scala, Firenze

De Filippo, Aquilante (S. 150 – 160)
Abb. 1 und Abb. 2: Aquilante De Filippo, Walldorf (Baden) | Abb. 3: Alinari Archives, Florence | Abb. 4 und Abb. 5: Wilfried E. Keil, Möckmühl | Abb. 6: Michele Luigi Vescovi, Pavia | Abb. 7: Emilio Scoti, Milano | Abb. 8 und Abb. 9: Michele Luigi Vescovi, Pavia | Abb. 10: Andreas Diener, Institut für Europäische Kunstgeschichte, Universität Heidelberg

Engl, Richard (S. 332 – 340)
Abb. 1: Bern, Burgerbibliothek, Cod. 120.II, fol. 134r | Abb. 2: Entwurf: Richard Engl – Umsetzung: Homann . Güner . Blum, Visuelle Kommunikation, Hannover | Abb. 3: © Museum Ohne Grenzen, Wien-Brüssel | Abb. 4: Bern, Burgerbibliothek, Cod. 120.II, fol. 97r | Abb. 5: Kunsthistorisches Museum, Wien | Abb. 6: Foto: Irmgard Siede 2009 | Abb. 7: Cambridge, Parker Library, The Master and fellows of corpus christi college, Cambridge

Friedhoff, Jens (S. 46 – 58)
Abb. 1, Abb. 2, Abb. 4: Foto: J. Friedhoff 2009 | Abb. 3 und Abb. 5: Hessisches Staatsarchiv Darmstadt | Abb. 6: Sammlung J. Friedhoff | Abb. 7 – Abb. 9: Europäisches Burgeninstitut Braubach | Abb. 10: Bildarchiv Arthur Haseloff, Kunsthistorisches Institut, Universität Kiel Inv. Nr. 5990

Gangemi, Francesco (S. 189 – 199)
Abb. 1: Alinari Archives, Florence | Abb. 2: Digital Image 2010 (c) Photo Scala, Firenze | Abb. 3: aus: Zoric 1998, S. 111 | Abb. 4: Galleria Regionale di Palazzo Abbatellis, Palermo, Gabinetto Disegni e Stampe, D. 313 | Abb. 5: aus: Cadei 2006, Tafel I.1 | Abb. 6: aus: Cadei 2006, Tafel V.1 | Abb. 7: aus: Cadei 2006, Tafel IV.1 | Abb. 8: Digital Image 2008 (c) Photo Scala, Firenze | Abb. 9: aus: Cadei 1995b, S. 114 | Abb. 10: Digital Image 2010 (c) Photo Scala, Firenze

Giese, Martina (S. 283 – 288)
Abb. 1: ÖNB/Wien, Bildarchiv, Cod. 507, fol. 2r | Abb. 2: aus: Ausst.-Kat. Wien 2004, Kat.-Nr. 49, S. 218 – 220 | Abb. 3: Kunsthistorisches Museum, Wien | Abb. 4: Museum zu Allerheiligen Schaffhausen, Inv. Nr. 16375 | Abb. 5: Universitätsbibliothek Heidelberg / Cod. Pal. germ. 848, / fol. 7r

Haug, Henrike (S. 210 – 220)
Abb. 1: Foto: Henrike Haug | Abb. 2: Photo PCSA Archives | Abb. 3: Digital Image 2010 (c) Photo Scala, Firenze | Abb. 4: SBAAAS PI dig. 01287 su concessione del MiBAC/ Soprintendenza Pisa, Prot. 2045 del 23/07/10 | Abb. 5: Paris, Bibliothèque Nationale de France, Manuscrits occidentaux-LATIN 10 136, fol. 12r | Abb. 6: aus: Traversi 1964 | Abb. 7: ullstein bild – Alinari Archives, Florence | Abb. 8: Biblioteca Capitolare di Verona, Cod. CXIV (106) | Abb. 9: AEROCENTRO VARESINO, Bild Nr. 32708

Haverkamp, Alfred (S. 325 – 331)
Abb. 1: aus: Ausst.-Kat. Palermo 2002, Kat.-Nr. 190, S. 425 f. | Abb. 2: Bayerische Staatsbibliothek München | Abb. 3 und Abb. 4: Entwurf: A. Haverkamp – Vorlage der Zeichnung: M. Grün, Trier – Umsetzung: Homann . Güner . Blum, Visuelle Kommunikation, Hannover | Abb. 5: Abtei St. Hildegard, Eibingen

Hübner, Gert (S. 268 – 275)
Abb. 1: Universitätsbibliothek Heidelberg / Cod. Pal. germ. 848, / fol. 6r | Abb. 2: Universitätsbibliothek Heidelberg / Cod. Pal. germ. 112, / fol. 57v | Abb. 3: Universitätsbibliothek Heidelberg / Cod. Pal. germ. 848, / fol. 6v | Abb. 4: Staatsbibliothek zu Berlin – Preußischer Kulturbesitz, Ms. germ. fol. 282 | Abb. 5: Universitätsbibliothek Heidelberg / Cod. Pal. germ. 848, / fol. 139v | Abb. 6: Rom, Biblioteca Apostolica Vaticana, Pal. lat. 1071, fol. 1v by permission of Biblioteca Apostolica Vaticana, with all rights reserved | Abb. 7: Foto: Codices Electronici AG, www.e-codices.ch

Huth, Volkhard (S. 256 – 266)
Abb. 1: Biblioteca Apostolica Vaticana, Cod. Pal. Lat. 1158, fol. 1v by permission of Biblioteca Apostolica | Abb. 2: Reproduced by permission of the Provost and Fellows of Eton College | Abb. 3: Universitätsbibliothek Würzburg, , M. ch. f. 23 | Abb. 4: Basel, Universitätsbibliothek, Cod. D III 14 | Abb. 5: Paris, Bibliothèque Nationale de France, Manuscrits occidentaux-NAL 299, fol. 14r | Abb. 6: SBAAAS PI 257758 su concessione del MiBAC/Soprintendenza Pisa, Prot. 2045 del 23/07/10 | Abb. 7: Eisenbibliothek, Stiftung der Georg Fischer AG

Israel, Uwe (S. 247 – 255)
Abb. 1: Mainz, Bischöfliches Dom- und Diözesanmuseum Mainz, © SENSUM Graphikbüro Bernd Schermuly | Abb. 2: Marcus Hafner www.badische-seiten.de | Abb. 3: Bern, Burgerbibliothek, Cod. 120.II, fol. 131r | Abb. 4: Bern, Burgerbibliothek, Cod. 120.II, fol. 147r | Abb. 5: Foto: Pfalcone, Wikipedia, GNU gemeinfrei

Kaul, Camilla (S. 59 – 70)
Abb. 1: Stiftung Schloss Friedenstein, Gotha, Schlossmuseum, Inventarnummer 9251 | Abb. 2: Vorlage: Niedersächsische Staats- und Universitätsbibliothek Göttingen | Abb. 3: © 2003, Photo Scala, Florence | Abb. 4: Stiftung Stadtmuseum Berlin | Abb. 5: Foto: Camilla Kaul | Abb. 6: © 1990, Photo Scala, Florence – courtesy of the Ministerio Beni e Att. Culturali | Abb. 7: Digital Image 2010 (c) De Agostini Picture Library, Scala, Firenze | Abb. 8: Stadtarchiv Göppingen, Aufnahme: Dieter Dehnert, Göppingen

Keupp, Jan (S. 276 – 282)
Abb. 1: Staatsbibliothek zu Berlin – Preußischer Kulturbesitz, Ms germ. fol. 129 | Abb. 2: Bonn, Universitäts- und Landesbibliothek, Hss-Abt., S 1559 | Abb. 3: Staatsbibliothek Bamberg Msc. Bibl. 59 © Foto: Gerald Raab

Kintzinger, Martin (S. 395 – 402)
Abb. 1: Vorlage: Verger 1993 – Umzeichnung: Homann . Güner . Blum, Visuelle Kommunikation, Hannover | **Abb. 2:** Marco Ravenna, Bologna, Italy

Kluge, Bernd (S.403 – 410)
Tafel 1 und **Tafel 2:** Berlin, Staatliche Museen zu Berlin – Preußischer Kulturbesitz, Münzkabinett, Fotos: Lübke & Wiedemann / Reinhard Saczewski

Körntgen, Ludger (S. 107 – 115)
Abb. 1: Biblioteca Apostolica Vaticana, Barb. lat. 2738, fol. 104v-105r by permission of Biblioteca Apostolica Vaticana | **Abb. 2:** Biblioteca Apostolica Vaticana, , Vat. Lat. 2001, fol. 1r by permission of Biblioteca Apostolica Vaticana | **Abb. 3:** Bern, Burgerbibliothek, Cod. 120.II, fol. 129r | **Abb. 4:** akg-images

Kurmann, Peter / Schurr, Marc Carel (S. 385 – 394)
Abb. 1 – Abb. 5: Fotō: Marcel C. Schurr | **Abb. 6, Abb. 7, Abb. 9, Abb. 10:** Foto: P. Kurmann | **Abb. 8:** Foto: B. Kurmann-Schwarz

Mohnhaupt, Bernd (S. 348 – 355)
Abb. 1: CVMA Deutschland Potsdam/Berlin-Brandenburgische Akademie der Wissenschaften | **Abb. 2 – Abb. 4:** akg-images / Erich Lessing | **Abb. 5:** © Royal museums of Art and History – Brussels | **Abb. 6:** CVMA Deutschland Potsdam/Berlin-Brandenburgische Akademie der Wissenschaften (Rekonstruktion: Frank Martin)

Morandi, Mariella (S. 366 – 372)
Abb. 1 – Abb. 5: © studio fotografico NOVA FOTO – DIOTTI Cremona

Musall, Heinz / Scheuerbrandt, Arnold (S. 162 – 175)
Abb. 1, Abb. 2 und **Abb. 4:** Entwurf und Vorlage: Heinz Musall | **Abb. 3, Abb. 5** und **Abb. 8:** Vorlage: Heinz Musall | **Abb. 6:** Foto: Arnold Scheuerbrandt | **Abb. 7:** Foto: Arnold Scheuerbrandt

Nilgen, Ursula (S. 86 – 96)
Abb. 1: akg-images | **Abb. 2:** © Domkapitel Aachen (Foto: Ann Münchow) | **Abb 3:** Cambridge, Parker Library, The Master and fellows of corpus christi college, Cambridge | **Abb. 4:** aus: Ewald 1931, Tafel 1, Abb. 1 | **Abb. 5:** © Domkapitel Aachen (Foto: Ann Münchow) | **Abb. 6:** bpk / RMN / Daniel Arnaudet | **Abb. 7:** © Domkapitel Aachen (Foto: Ann Münchow) | **Abb. 8:** akg-images / Bildarchiv Steffens | **Abb. 9:** Musée de l'Oeuvre Notre Dame de Strasbourg. Photo Musées de la Ville de Strasbourg, A. Plisson | **Abb. 10:** Bern Burgerbibliothek, Codex II.120, fol. 139r

Orofino, Giulia (S. 373 – 384)
Abb. 1: Bern, Burgerbibliothek, Cod. 120.II, fol. 107r | **Abb. 2:** Bern, Burgerbibliothek, Cod. 120.II, fol. 143r | **Abb. 3:** su concessione del Ministero per i Beni e le Attività Culturali | **Abb. 4:** Rom, Biblioteca Apostolica Vaticana, Pal. lat. 1071, fol. 39v by permission of Biblioteca Apostolica Vaticana, with all rights reserved | **Abb. 5:** Rom, Biblioteca Apostolica Vaticana, Pal. lat. 1071, fol. 90v by permission of Biblioteca Apostolica Vaticana, with all rights reserved | **Abb. 6:** Paris, Bibliothèque Nationale de France, Manuscrits occidentaux-LATIN, 7330, fol. 11r | **Abb. 7:** Paris, Bibliothèque Nationale de France, Manuscrits occidentaux-LATIN, 7330, fol. 29v | **Abb. 8:** Su concessione del Ministerio per i Beni e le Attività Culturali | **Abb. 9:** ÖNB/Wien, Bildarchiv, Cod. 93, fol. 102r | **Abb. 10:** Universitätsbibliothek Leipzig

Peltzer, Jörg (S. 221 – 229)
Abb. 1: Entwurf: Thomas Haas – Umsetzung: Homann . Güner . Blum, Visuelle Kommunikation, Hannover | **Abb. 2:** Museum zu Allerheiligen Schaffhausen, Inv. Nr. 16375 | **Abb. 3:** Universitätsbibliothek Heidelberg / Cod. Pal. Germ. 164 / fol. 21r | **Abb. 4:** akg-images / Erich Lessing | **Abb. 5:** Darmstadt, Hessisches Staatsarchiv

Rösener, Werner (S. 297 – 304)
Abb. 1: Bibliothèque Municipale de Dijon, Ms. 170, fol. 75v (Foto: E. Juvin) | **Abb. 2:** aus: Mossig 1978, nach S. 524, Umzeichnung: Joachim Schreiber | **Abb. 3:** aus: Schaab 1983, S. 75, Abb. 3; Umzeichnung: Joachim Schreiber | **Abb. 4:** aus: Schaab 1983, S. 71, Abb. 2, Umzeichnung: Joachim Schreiber | **Abb. 5:** aus: Schaab 1983, S. 75, Abb. 7, Umzeichnung: Joachim Schreiber

Rosendahl, Wilfried (S. 81 – 85)
Abb. 1: Stadtarchiv Göppingen, Aufnahme: Atelier Alexy, Birenbach | **Abb. 2:** Foto: Cornholio, Wikipedia, GNU gemeinfrei | **Abb. 3:** Stadtarchiv Göppingen, Aufnahme: Siegfried Hopf, Göppingen | **Abb. 4:** Stadtarchiv Göppingen | **Abb. 5:** Vorlage und Aufnahme: Anton Hegele, Göppingen | **Abb. 6a** und **Abb. 6b:** Grafik W. Rosendahl | **Abb. 7:** Stadtarchiv Göppingen, Aufnahme: Dieter Dehnert, Göppingen

Schneidmüller, Bernd (S. 19 – 30)
Abb. 1: Entwurf: Mona Alina Kirsch – Grafik: Tobias Mittag | **Abb. 2:** Entwurf: Thomas Haas – Umsetzung: Homann . Güner . Blum, Visuelle Kommunikation, Hannover | **Abb. 3:** Staatliche Schlösser und Gärten, Foto: Roman von Götz | **Abb. 4:** Biblioteca Apostolica Vaticana, Cod. Reg. lat. 1948, fol. 4r by permission of Biblioteca Apostolica Vaticana | **Abb. 5:** Photo Scala, Florence 2006

Schubert, Alexander (S. 32 – 38)
Abb. 1: akg-images | **Abb. 2:** Rom, Biblioteca Apostolica Vaticana, , Cod. Chigi L VIII 296, fol. 112v by permission of Biblioteca Apostolica Vaticana, with all rights reserved | **Abb. 3:** Fürst Thurn und Taxis Hofbibliothek, Regensburg. FHB Perg. III, fol. 165r | **Abb. 4:** Rom, Biblioteca Apostolica Vaticana, Cod. Urb. lat. 365, fol. 203r by permission of Biblioteca Apostolica Vaticana, with all rights reserved

Sebald, Eduard (S. 305 – 312)
Abb. 1: Stadtarchiv Mainz | **Abb. 2:** Petra-Marie Jöbges, Ratingen | **Abb. 3:** GDKE, Landesdenkmalpflege Mainz | **Abb. 4:** GDKE, Landesmuseum Mainz, Foto Ursula Rudischer | **Abb. 5 – Abb. 7:** Petra-Marie Jöbges, Ratingen | **Abb. 8:** GDKE, Landesdenkmalpflege Mainz, Repro Helga Eckert

Settis, Salvatore (S. 128 – 137)
Abb. 1: Photo Scala, Florence 2006 | **Abb. 2:** D-DAI-Rom, Inst. Neg. 75.891, Foto: Christoph Rossa | **Abb. 3 – Abb. 6:** Photo Scala, Florence 2006 | **Abb. 7:** The State Hermitage Museum, St. Petersburg, Photograph © The State Hermitage Museum / Photo by Vladimir Terebenin, Leonard Kheifets, Yuri Molodkovets | **Abb. 8:** © TheTrustees of the British Museum | **Abb. 9:** Soprintendenza Speciale per il Patrimonio Storico Artistico ed Etnoantropologico e per il Polo Museale della città di Roma

Siede, Irmgard (S. 230 – 238)
Abb. 1: per concessione dei Civici Musei d'Arte e Storia di Brescia | **Abb. 2:** Kantonale Denkmalpflege Zürich, 8600 Dübendorf | **Abb. 3:** Biblioteca Apostolica Vaticana, Pal. lat. 1993, fol. 2v by permission of Biblioteca Apostolica | **Abb. 4:** Mailand, Civiche Raccolte d'Arte Antica del Castello Sforzesco – alle Rechte vorbehalten | **Abb. 5** und **Abb. 5a:** Franco Cosimo Panini Editore © Management Fratelli Alinari | **Abb. 6:** Photo Scala, Florence 2007 | **Abb. 7:** Foto: Irmgard Siede | **Abb. 8:** Stadtarchiv Mainz, MK 178 A 3

Spindler, Wolfgang (S. 289 – 296)
Abb. 1: Bern, Burgerbibliothek, Cod. 120.II, fol. 102r | **Abb. 2:** Universitätsbibliothek Heidelberg / Cod. Pal. germ. 848, / fol. 399r | **Abb. 3:** Universitätsbibliothek Heidelberg / Cod. Pal. germ. 848, / fol. 13r | **Abb. 4:** Universitätsbibliothek Heidelberg / Cod. Pal. germ. 848, / fol. 271r | **Abb. 5:** Universitätsbibliothek Heidelberg / Cod. Pal. germ. 848, / fol. 182v | **Abb. 6:** Universitätsbibliothek Heidelberg / Cod. Pal. germ. 848, / fol. 196r | **Abb. 7:** Madrid, Patrimonio Nacional, Biblioteca de El Escorial b.I.2, fol. 125r

Sprenger, Kai (S. 39 – 45)
Abb. 1: DVD-Cover © 2009 MARTINELLI FILM COMPANY INTERNATIONAL S.r.l. All Rights Reserved | **Abb. 2:** Archivio notarile distrettuale Pavia | **Abb. 3:** Comune di Milano, Galleria d'Arte Moderna, Milano | **Abb. 4:** Foto: Kai Sprenger

Toomaspoeg, Kristjan (S. 319 – 324)
Abb. 1: Universitäts- und Landesbibliothek Sachsen Anhalt in Halle (Saale) | **Abb. 2:** aus: Bresc/Bresc-Bautier 1993, S. 250 | **Abb. 3:** Bern, Burgerbibliothek, Cod. 120.II, fol. 98r | **Abb. 4:** Foto: Irmgard Siede 2010

Trombetti Budriesi, Anna (S. 116 – 125)
Abb. 1: akg-images / Erich Lessing | **Abb. 2:** Biblioteca Apostolica Vaticana, Vat. lat. 36, fol. 522v by permission of Biblioteca Apostolica Vaticana | **Abb. 3:** Biblioteca Apostolica Vaticana,. Cod. Chigi L VIII 296, fol. 85r by permission of Biblioteca Apostolica Vaticana | **Abb. 4:** Biblioteca Apostolica Vaticana, Pal. Lat. 1071, fol. 5v by permission of Biblioteca Apostolica Vaticana | **Abb. 5:** Biblioteca Apostolica Vaticana, Cod. Chigi L VIII 296, fol. 82v by permission of Biblioteca Apostolica

Türck, Verena (S. 176 – 188)
Abb. 1, Abb. 2 und **Abb. 4:** Cambridge, Parker Library, The Master and fellows of corpus christi college, Cambridge | **Abb. 3:** © Bibliothèque royale de Belgique | **Abb. 5:** Copyright © The British Library Board, All Rights Reserved, Ms. Add. 28681, fol. 9r | **Abb. 6:** Paris, Bibliothèque Nationale de France, Cartes et Plans, MSO Arabe 2221 | **Abb. 7:** Courtesy of the National Library of Ireland | **Abb. 8:** University Library Ghent, Ms. 92, fol. 241r | **Abb. 9:** Herzog August Bibliothek Wolfenbüttel: Cod. Guelf. 1 Gud. lat. 2°, fol. 69v-70r

Untermann, Matthias (S. 200 – 209)
Abb. 1: akg-images | **Abb. 2:** akg-images/Bildarchiv Monheim | **Abb. 3** und **Abb. 8:** © Bildarchiv Foto Marburg | **Abb. 4:** akg-images / Jost Schilgen | **Abb. 5:** LMZ RP / Karl Kinne | **Abb. 6:** akg-images/Bildarchiv Monheim | **Abb. 7:** akg-images / Bildarchiv Steffens | **Abb. 9:** akg-images / Stefan Drechsel | **Abb. 10:** Foto Aquilante De Filippo (Heidelberg)

von Falkenhausen, Vera (S. 341 – 347)
Abb. 1: Bern, Burgerbibliothek, Cod. 120.II, fol. 101r | **Abb. 2** und **Abb. 3:** Entwurf: Vera von Falkenhausen – Umsetzung: Homann . Güner . Blum, Visuelle Kommunikation, Hannover | **Abb. 4:** Bern, Burgerbibliothek, Cod. 120.II, fol. 124r

Weinfurter, Stefan (S. 411 – 419)
Abb. 1: Berlin, Staatliche Museen zu Berlin – Preußischer Kulturbesitz, Münzkabinett, Foto: Reinhard Saczewski | **Abb. 2:** Sächsische Weltchronik, Staats- und Universitätsbibliothek Bremen msa 0033, fol. 88va | **Abb. 3:** Universitätsbibliothek Heidelberg / Cod. Pal. Germ. 164 / fol. 1r | **Abb. 4:** Sächsische Landesbibliothek – Staats- und Universitätsbibliothek Dresden (SLUB) Deutsche Fotothek, 01054 Dresden

Weller, Tobias (S. 97 – 106)
Abb. 1: aus: Sybel/Sickel 1880–1891, Tafel X/3 | **Abb. 2:** Gelnhausen, Heimatmuseum **Abb. 3:** Bern, Burgerbibliothek, Cod. 120.II, fol. 96r | **Abb. 4:** Bern, Burgerbibliothek, Cod.

(Bibliographie s. Band 2: Objekte)